本书为吉林省社会科学基金项目研究成果
（项目编号：2012WT05）

吉林省地下文化遗产的考古发现与研究

（上）

赵宾福　杜战伟　郝军军　张　博　编著

科学出版社
北　京

内 容 简 介

本书分旧石器时代、新石器时代、青铜时代、两汉时期、高句丽时期、渤海时期、辽代、金代、元代、明代、清代等11个部分，系统地搜集和梳理了半个多世纪以来吉林省通过考古调查和发掘所获得的地下文物资料，全面总结了吉林省在地下文化遗产揭示和认识等方面取得的重要成果和主要成就。对石器时代和青铜时代的地下文化遗产进行了考古学文化的划分和发展阶段及主要特征的界定，并以此为基础进一步构建其时空框架、探讨其谱系格局。对两汉及其以后各阶段的地下文化遗产进行了认真的分类和总结，并以此为基础通过与周邻地区同期同类遗存的比较和分析，探讨了彼此间的交往和联系。

本书可供从事考古、历史、文博、文化遗产研究的学者及大专院校相关师生阅读和参考。

图书在版编目（CIP）数据

吉林省地下文化遗产的考古发现与研究：全两册 / 赵宾福等编著. —北京：科学出版社，2017.5

ISBN 978-7-03-052883-4

Ⅰ.①吉…　Ⅱ.①赵…　Ⅲ.①考古发现-吉林　②文物-研究-吉林　Ⅳ.①K872.34

中国版本图书馆CIP数据核字（2017）第108847号

责任编辑：王琳玮 / 责任校对：高明虎　樊雅琼　孙婷婷

责任印制：肖　兴 / 封面设计：北京美光设计制版有限责任公司

科学出版社 出版

北京东黄城根北街16号

邮政编码：100717

http://www.sciencep.com

中国科学院印刷厂 印刷

科学出版社发行　各地新华书店经销

*

2017年5月第　一　版　　开本：787×1092　1/16

2017年5月第一次印刷　　印张：57　1/2　插页：6

字数：1370 000

定价：398.00元（上、下册）

（如有印装质量问题，我社负责调换）

目　录

（上）

（下）

插图目录

前　言

吉林省位于中国东北地区中部，南接辽宁省，西邻内蒙古自治区，北连黑龙江省，东与俄罗斯接壤，东南与朝鲜民主主义人民共和国隔江相望。吉林省地貌差异明显，形态多样，得天独厚的地理环境为这里的古代先民们劳动、生息提供了优越的条件。他们凭借着勤劳与智慧在这片肥沃的土地上创造了灿烂多彩的古代文化，更为后代留下了丰富多样的文化遗产。

文化遗产作为不可再生的宝贵资源，是一个地区一个民族长期形成的物质文明和精神文明的结晶。吉林省的地下文化遗产不仅是吉林省悠久历史的稀世物证，更是文化延续和传承的重要载体。地下文化遗产是指埋藏于地下的古代人类活动遗留下的具有历史、艺术、科学价值的遗存，是物质文化遗产（或称有形文化遗产）的重要组成部分。在很大程度上，与考古学中所提到的考古学研究的资料和凭据——“文化遗存”“物质遗存”意思相近。就目前的情况来看，吉林省地下文化遗产的发现与研究工作主要是由考古工作者承担和完成的。

若依“史迹之调查虽可视为现代考古学一项内涵，相对于史迹调查来说，考古发掘才是现代考古学的重要内涵，是现代考古学出现的标志”，[1]那么，1937年4月，鸟山喜一、藤田亮策对珲春八连城宫殿址和寺庙址的发掘[2]——吉林省境内最早的考古发掘——可视为吉林省考古学开始的标志。自1937年至2012年，[3]吉林省考古已走过了七十五年的发展历程。回顾吉林省地下文化遗产七十五年来的考古发现与研究历程，可将其大体划分为三个阶段。

第一阶段为中华人民共和国成立之前。在该阶段，吉林省的考古活动及相关研究主要是由日本学者所把持。如1905～1918年，鸟居龙藏、关野贞、黑板胜美等人先后到集安进行调查；1935年，池内宏、梅原末治、三上次男等对集安高句丽墓葬和城址进行了较大规模的调查，并出版了大型报告《通沟》（上、下卷）；1937年，鸟山喜一、藤田亮策在延边地区调查期间，对珲春八连城及和龙西古城进行了发掘；1938年，藤田亮策、山田文英、竹下晖彦等人在延吉市郊发掘了50余座青铜时代墓葬；1940年，鸟山喜一调查了桦甸苏密城，藤田亮策调查了吉林市西团山遗址和龙潭山山

[1] 张忠培：《再谈梁思永先生与中国考古学——“纪念梁思永先生发掘昂昂溪遗址80周年暨昂昂溪文化学术研讨会”上的发言》，《文物》2013年第7期，第38页。

[2] 鸟山喜一：《满洲国间岛省内古迹调查略报》，《考古学杂志》1937年第27卷第8号。

[3] 本书所采用的材料主要是截止至2012年发表的考古发掘简报、报告及相关研究文章。

城；1941、1942年，斋藤甚兵卫（斋藤优）调查、发掘珲春半拉城（即八连城），并编写了报告《半拉城——渤海的遗迹调查》。[1]中国学者在这一时期的考古活动较少，但在极其困难的情况下仍做出了可贵的贡献。其中比较重要的工作有：20世纪30年代，李文信先生对吉林市郊区的调查，并在《满洲史学》上连续发表了其调查成果；[2]1948年，杨公骥先生对吉林西团山遗址的发掘，[3]是中国学者在吉林省境内进行的首次考古发掘。

该阶段有关吉林省地下文物的考古发现与研究，主要集中在高句丽、渤海考古，青铜时代与两汉时期考古也略有涉及。总体而言，在这一阶段，无论是研究的广度还是深度都很有限。

第二阶段是从中华人民共和国成立至1978年。新中国成立后，中国学者开始全面接手吉林省的考古工作。这一阶段的考古活动以调查为主，伴有小规模的发掘，并取得了一定的成果。

榆树周家油坊[4]、乾安大布苏[5]、安图石门山[6]、大安傲包山[7]、吉林二道岭子、小阿什、碾磨山[8]等遗址的调查和发掘收获，证明吉林省也曾存在着

[1] 李莲：《日本人在我国东北考古情况简介》，《东北亚历史与考古信息》1984年总第3期，第50～62页。

[2] 李文信：《吉林龙潭山遗迹报告》，《满洲史学》1937年第1卷第2、3号、1938年第2卷第2号。

[3] 杨公骥：《西团山史前文化遗址初步发掘报告》，《东北日报》1949年2月11日第4版。

[4] 参见尤玉柱、张振标、李毅、李西坤、张普林：《吉林前郭查干泡发现的人类化石与古生态环境》，《史前研究》1984年第4期，第70～74页。邱中郎：《含氟量分析在中国几种人类化石上试用的初步报告》，《古生物学报》1965年第4期，第65～72页。孙建中、王雨灼、姜鹏：《吉林榆树周家油坊旧石器文化遗址》，《古脊椎动物与古人类》1981年19卷第3期，第281～290页。

[5] 孙建中、姜鹏、王雨灼：《乾安大布苏泡子一带第四纪地质、古生物调查报告》，《吉林地质》1978年第1期，第43～49页。

[6] 姜鹏：《吉林安图晚更新世洞穴堆积》，《古脊椎动物与古人类》1975年13卷第3期，第197～198页。

[7] 张忠培：《白城地区考古调查述要》，《吉林大学社会科学学报》1963年第1期，第80～82页。

[8] 张忠培：《吉林市郊古代遗址的文化类型》，《吉林大学社会科学学报》1963年第1期，第69～79页。

史前遗存。通过对大安汉书[1]、东山头[2]、扶余长岗子[3]、吉林西团山[4]、骚达沟[5]、土城子[6]、两半山[7]、长蛇山[8]、猴石山[9]、永吉大海猛[10]、汪清新华闾北山、新安闾[11]、延吉柳庭洞[12]、德新金谷[13]等遗址和墓地的发掘，曾引起学界的普遍关注，辨识并命名了"西团山文化"这一青铜时代考古学文化。发掘农安田家坨子[14]、大安渔场[15]、珲春一松亭[16]等遗址，获得一批两汉时期的重要材料；张忠培先生在20世纪60年代根据吉林市郊的调查材料命名的"文化三"[17]为后来的夫余文化研究奠定了基础。关于高句丽时期的考古活动较多，在墓葬方面的收获尤为显著，发掘墓葬近千座，其中比较重要的墓葬有集安五盔

[1] 吉林大学历史系考古专业、吉林省博物馆考古队：《大安汉书遗址发掘的主要收获》，《东北考古与历史》第1辑，文物出版社，1982年，第136～140页。

[2] 吉林省博物馆：《吉林大安东山头古墓葬清理》，《考古》1961年第8期，第407～410页。

[3] 张忠培：《吉林市郊古代遗址的文化类型》，《吉林大学社会科学学报》1963年第1期，第69～79页。

[4] 东北考古发掘团：《吉林西团山石棺墓发掘报告》，《考古学报》1964年第1期，第29～49页。吉林大学历史系文物陈列室：《吉林西团山石棺墓发掘记》，《考古》1960年第4期，第35～37页。

[5] 段一平、李莲、徐光辉：《吉林市骚达沟石棺墓整理报告》，《考古》1985年第10期，第885～900页。吉林省博物馆、吉林大学考古专业：《吉林市骚达沟山顶大棺整理报告》，《考古》1985年第10期，第901～907页。

[6] 吉林省博物馆：《吉林江北土城子文化遗址及石棺墓》，《考古学报》1957年第1期，第43～52页。

[7] 张忠培：《吉林两半山遗址发掘报告》，《考古》1964年第1期，第31～39页。

[8] 吉林省文物工作队：《吉林长蛇山遗址的发掘》，《考古》1980年第2期，第123～134页。

[9] 吉林地区考古短训班：《吉林猴石山遗址发掘简报》，《考古》1980年第2期，第135～141页。

[10] 刘振华：《永吉杨屯遗址试掘简报》，《文物》1973年第8期，第63～68页。

[11] 王亚洲：《吉林汪清县百草沟遗址发掘简报》，《考古》1961年第8期，第411～422页。

[12] 延边博物馆：《吉林延吉柳庭洞发现的原始文化遗存》，《考古》1983年第10期，第950、951页。

[13] 延边朝鲜族自治州博物馆：《延吉德新金谷古墓葬清理简报》，《东北考古与历史》第1辑，文物出版社，1982年，第191～199页。

[14] 吉林大学历史系考古专业：《吉林农安田家坨子遗址试掘简报》，《考古》1979年第2期，第136～140页。

[15] 吉林省博物馆文物队、吉林大学历史系考古专业：《吉林大安渔场古代墓葬》，《考古》1975年第11期，第356～362页。

[16] 李云铎：《吉林珲春南团山、一松亭遗址调查》，《文物》1973年第8期，第70～72页。

[17] 张忠培：《吉林市郊古代遗址的文化类型》，《吉林大学社会科学学报》1963年第1期，第69～79页。

坟4号、5号墓[1]、通沟12号壁画墓[2]、麻线沟1号壁画墓[3]、长川1号[4]、2号壁画墓[5]、禹山41号壁画墓[6]、七星山96号墓[7]、万宝汀242号积石墓[8]等；同时对城址及建筑址也做了一些工作，如调查了集安丸都山城、国内城和高句丽南、北道上的几处重要的关隘和城堡，[9]并对国内城城墙进行了解剖，获得了国内城建筑年代和建筑结构的重要资料，[10]清理发掘集安东台子高句丽王室祭祀遗址。[11]渤海考古同样集中于墓葬方面，如敦化贞惠公主墓[12]、六顶山渤海早期王室贵族墓地[13]、和龙河南屯古墓[14]、北大墓葬[15]等的发掘为渤海考古研究工作的开展奠定了基础。该阶段关于吉林省辽金元明清时期的考古以田野调查、文物

[1] 吉林省博物馆：《吉林集安五盔坟四号和五号墓清理略记》，《吉林集安高句丽墓葬报告集》，科学出版社，2009年，第10页。

[2] 王承礼、韩淑华：《吉林集安通沟第十二号高句丽壁画墓》，《吉林集安高句丽墓葬报告集》，科学出版社，2009年，第20页。

[3] 吉林省博物馆集安考古队：《吉林集安麻线沟一号壁画墓》，《吉林集安高句丽墓葬报告集》，科学出版社，2009年，第27页。

[4] 吉林省文物工作队、集安县文物保管所：《集安长川一号壁画墓》，《吉林集安高句丽墓葬报告集》，科学出版社，2009年，第65页。

[5] 吉林省文物工作队：《吉林集安长川二号封土墓发掘纪要》，《吉林集安高句丽墓葬报告集》，科学出版社，2009年，第91页。

[6] 吉林省博物馆文物工作队：《吉林集安两座高句丽墓》，《吉林集安高句丽墓葬报告集》，科学出版社，2009年，第39页。

[7] 集安县文物保管所：《集安县两座高句丽积石墓的清理》，《吉林集安高句丽墓葬报告集》，科学出版社，2009年，第48页。

[8] 吉林集安县文管所：《集安万宝汀墓区242号古墓清理简报》，《吉林集安高句丽墓葬报告集》，科学出版社，2009年，第86页。

[9] 吉林省博物馆辑安考古队、辑安县文物保管所：《吉林辑安高句丽南道和北道上的关隘和城堡》，《考古》1964年第2期，第76页。方起东：《吉林辑安高句丽霸王朝山城》，《考古》1962年第11期，第569页。

[10] 集安县文物保管所：《集安高句丽国内城的调查与试掘》，《文物》1984年第1期，第47页。

[11] 吉林省博物馆：《吉林辑安高句丽建筑遗址的清理》，《考古》1861年第1期，第50页。

[12] 金毓黼：《关于"渤海珍贵公主墓碑的研究"的补充》，《考古学报》1956年第2期，第69～75页。

[13] 王承礼、曹正榕：《吉林敦化六顶山渤海古墓》，《考古》1961年第6期，第298～301页。王承礼：《敦化六顶山渤海墓清理发掘记》，《社会科学战线》1979年第3期，第200～210页。

[14] 郭文魁：《和龙渤海古墓出土的几件金饰》，《文物》1973年第8期，第41～48页。

[15] 延边朝鲜族自治州博物馆、和龙县文化馆：《和龙北大渤海墓葬清理简报》，《东北考古与历史》第1辑，文物出版社，1982年，第200～210页。

征集居多，其中调查规模较大的城址有偏脸城[1]、塔虎城[2]、秦家屯古城[3]、乌拉古城[4]、辉发城[5]等；偶有墓葬和窖藏及文物发现，如梨树偏脸城附近辽墓[6]、扶余西山屯金墓[7]、扶余土城子明墓[8]、吉林荣光窖藏[9]、集安钟家村窖藏[10]等。

通过该阶段的调查和发掘工作，中国学者开始逐渐掌握了吉林省考古的话语权，并在文化遗存的空间分布和时间延续方面大大减少了空白。需要指出的是，由于工作规模和质量的限制，该阶段的研究还存在较大的局限性，比如对部分先秦两汉时期遗存的认识还比较模糊，甚至将一些青铜时代遗存误认为属于新石器时代；高句丽、渤海考古侧重于墓葬研究，其他方面的探索相对滞后；而辽金元明清考古多为调查，相关研究极少，且争议颇多。

第三阶段自1979年开始。基于考古学文化区系类型思想[11]的指导，同时得益于基础建设的快速发展和学术课题意识的增强，在中国考古事业突飞猛进的背景下，吉林省的文物考古工作也取得了长足的发展。通过配合基础建设的抢救性发掘与自主课题设置下的主动性发掘，吉林省的田野考古获得突破性进展，发掘出土了大量各种类型的文化遗存，提供了丰富的科学的基础资料，大大推动了吉林省古代各时期地下文化遗产的研究，所取得的科研成果亦令人瞩目。

[1] 吉林省文物管理委员会：《吉林梨树县偏脸城址调查记》，《考古通讯》1958年第3期，第26～31页。段静修：《吉林梨树县偏脸古城复查记》，《考古》1963年第11期，第612～615页。

[2] 李健才：《吉林塔虎城调查简记》，《考古》1964年第1期，第46～48页。

[3] 陈相伟：《吉林怀德秦家屯古城调查记》，《考古》1964年第2期，第79～82页。

[4] 陈相伟：《明代扈伦四部乌拉部故址——乌拉古城调查》，《文物》1966年第2期，第28～35页。

[5] 张满庭：《辉发城调查简报》，《文物》1965年第7期，第35～43页。

[6] 吉林省文物管理委员会主编：《吉林梨树县偏脸城址调查记》，《考古通讯》1958年第3期，第26～31页。

[7] 匡瑜：《吉林省扶余县的一座辽金墓》，《考古》1963年第11期，第618、619页。

[8] 吉林省文物工作队：《夫余县明墓发掘简报》，《黑龙江文物丛刊》1983年第3期，第48～55页。

[9] 吉林市博物馆：《吉林市郊发现的金代窖藏文物》，《文物》1982年第1期，第59～64页。

[10] 吉林省博物馆辑安考古队、辑安县文物管理所：《吉林辑安县钟家村发现金代文物》，《考古》1963年第11期，第616、617、629页。

[11] 苏秉琦先生早在1975年便给吉林大学考古专业师生作了考古学文化的区、系、类型的演讲，但是这一学术思想在全国范围内开始产生重要影响还应该是始于1979年4月苏秉琦先生在西安召开的“全国考古学规划会议”“中国考古学会成立大会”的发言，后又在《关于考古学文化的区系类型问题》（《文物》1981年第5期）一文中进一步深入探讨、阐述了考古学文化区系类型理论。

在先秦两汉地下文化遗产的考古发现与研究方面，新确定了前郭青山头[1]、长春红嘴子[2]、蛟河仙人桥洞[3]、桦甸仙人洞[4]、抚松西山[5]、辉南邵家店[6]、安图立新[7]、和龙石人沟[8]、和龙柳洞[9]、和龙大洞[10]等数十处旧石器时代遗址及地点，表明在旧石器时代，吉林省已经普遍存在古人类的活动，并有学者开始对发现的石制品进行工业类型的划分。考古学者据农安左家山[11]、长岭腰井子[12]、东丰

[1] 尤玉柱、张振标、李毅、李西坤、张普林：《吉林前郭查干泡发现的人类化石与古生态环境》，《史前研究》1984年第4期，第70～74页。

[2] 程新民、陈全家：《长春郊区红嘴子发现哺乳动物化石》，《长春地质学院学报》1993年第2期，第71～78页。

[3] 陈全家：《吉林市地区首次发现的旧石器》，《东北亚旧石器文化》，白山文化出版社，1996年，第247～258页。

[4] 陈全家、李其泰：《吉林桦甸寿山仙人洞旧石器遗址试掘报告》，《人类学学报》1994年第1期，第12～19页。陈全家、赵海龙、王法岗：《吉林桦甸仙人洞旧石器遗址1993年发掘报告》，《人类学学报》2007年第3期，第222～236页。

[5] 陈全家：《吉林市地区首次发现的旧石器》，《东北亚旧石器文化》，白山文化出版社，1996年，第247～258页。

[6] 陈全家、李有骞、赵海龙、王春雪：《吉林辉南邵家店发现的旧石器》，《北方文物》2006年第1期，第1～7页。

[7] 陈全家、赵海龙、方启、程新民、王法岗、郑钟仁：《延边安图立新发现的砾石石器》，《人类学学报》2008年第1期，第45～50页。

[8] 陈全家、王春雪、方启、赵海龙：《延边地区和龙石人沟发现的旧石器》，《人类学学报》2006年第2期，第106～114页。陈全家、赵海龙、方启、王春雪：《延边和龙石人沟旧石器遗址2005年试掘报告》，《人类学学报》2010年第2期，第105～114页。

[9] 陈全家、王春雪、方启、胡钰、赵海龙：《吉林和龙柳洞2004年发现的旧石器》，《人类学学报》2006年第3期，第208～219页。陈全家、赵海龙、霍东峰：《和龙柳洞旧石器地点发现的石制品研究》，《华夏考古》2005年第3期，第50～59页。

[10] 陈全家、陈胜前、刘爽、方启、赵海龙、汪光：《和龙市大洞旧石器时代遗址》，《中国考古学年鉴2008》，文物出版社，2009年，第194页。李霞：《和龙崇善大洞旧石器遗址（07年）发掘的石器研究》，吉林大学硕士学位论文，2008年。赵海龙、顾聆博、杨春：《吉林和龙大洞旧石器时代遗址》，《中国考古新发现年度记录2010》，中国文物报社，2011年，第114～119页。

[11] 吉林大学考古教研室：《农安左家山新石器时代遗址》，《考古学报》1989年第2期，第187～212页。

[12] 吉林省文物考古研究所、白城地区博物馆、长岭县文化局：《吉林长岭县腰井子新石器时代遗址》，《考古》1992年第8期，第673～688页。

西断梁山[1]、白城靶山[2]、镇赉黄家围子[3]、和龙兴城[4]、龙井金谷[5]、大安汉书[6]、洮北双塔[7]、永吉大海猛[8]、舒兰黄鱼圈珠山[9]、吉林猴石山[10]、泡子沿前山[11]、东团山[12]、帽儿山[13]、榆树老河深[14]、四平二龙湖古城[15]、双辽

[1] 吉林省文物考古研究所：《吉林东丰西断梁山新石器时代遗址发掘》，《考古》1991年第4期，第300～312页。

[2] 吉林省文物考古研究所：《吉林白城靶山墓地发掘简报》，《考古》1988年第12期，第1072～1084页。

[3] 吉林省博物馆：《吉林镇赉县黄家围子遗址发掘简报》，《考古》1988年第2期，第141～150页。

[4] 吉林省文物考古研究所、延边朝鲜族自治州博物馆：《和龙兴城——新石器及青铜时代遗址发掘报告》，文物出版社，2001年。

[5] 延边博物馆：《吉林省龙井县金谷新石器时代遗址清理简报》，《北方文物》1991年第1期，第1～9页。

[6] 王洪峰：《汉书遗址》，《田野考古集粹——吉林省文物考古研究所成立二十五周年纪念》，文物出版社，2008年，第25、26页。

[7] 王立新：《双塔遗址》，《田野考古集粹——吉林省文物考古研究所成立二十五周年纪念》，文物出版社，2008年，第23、24页。

[8] 吉林市博物馆：《吉林永吉杨屯大海猛遗址》，《考古学集刊》第5辑，中国社会科学出版社，1987年，第120～149页。吉林省文物工作队、吉林市博物馆、永吉县文化局：《吉林永吉杨屯遗址第三次发掘》，《考古学集刊》第7辑，中国社会科学出版社，1991年，第23～50页。

[9] 吉林省文物工作队：《吉林舒兰黄鱼圈珠山遗址清理简报》，《考古》1985年第4期，第336～348页。

[10] 吉林省文物考古研究所、吉林市博物馆：《吉林市猴石山遗址第二次发掘》，《考古学报》1993年第3期，第311～349页。

[11] 吉林市博物馆：《吉林市郊泡子沿前山遗址和墓葬》，《考古》1985年第6期，第497～507页。

[12] 唐音：《东团山遗址》，《田野考古集粹——吉林省文物考古研究所成立二十五周年纪念》，文物出版社，2008年，第43、44页。

[13] 刘景文：《帽儿山墓群》，《田野考古集粹——吉林省文物考古研究所成立二十五周年纪念》，文物出版社，2008年，第45～48页。

[14] 吉林省文物考古研究所：《榆树老河深》，文物出版社，1987年，第11～86页。

[15] 四平地区博物馆、吉林大学历史系考古专业：《吉林省梨树县二龙湖古城址调查简报》，《考古》1988年第6期，第507～512页。吉林省文物考古研究所、四平市文物管理委员会办公室：《吉林省四平市二龙湖古城址发掘报告》，《边疆考古研究》第12辑，科学出版社，2012年，第87～125页。王洪峰：《二龙湖古城》，《田野考古集粹——吉林省文物考古研究所成立二十五周年纪念》，文物出版社，2008年，第39、40页。

后太平[1]、通化赤柏松古城[2]、万发拨子（亦称王八脖子）[3]、长白干沟子[4]等地点的发掘材料，命名了多个考古学文化，在分期编年研究的基础上，初步建立起吉林省新石器时代至两汉时期地下文化遗产所表述的考古学文化的编年序列，并对文化谱系进行了初步讨论，对于材料积累丰富的考古学文化，也做了一些专题探索。高句丽和渤海时期地下文化遗产的考古学研究，长期以来都是学术界工作的重心。在该阶段发掘了丸都山城[5]、国内城[6]、西古城[7]、八连城[8]等都城及白山永安[9]、蛟河七河道[10]等建筑址，勘测、清理了集安高句丽王陵[11]、临江云峰水库高句丽墓

[1] 吉林省文物考古研究所、四平市文物管理委员会办公室、双辽市文物管理所、双辽市郑家屯博物馆：《后太平——东辽河下游右岸以青铜时代遗存为主的调查与发掘》，文物出版社，2011年。

[2] 王义学：《赤柏松山城》，《田野考古集粹——吉林省文物考古研究所成立二十五周年纪念》，文物出版社，2008年，第41、42页。赵海龙：《2011年吉林通化赤柏松汉代古城考古新发现——为我国汉代东北史地研究提供了新材料》，《中国文物报》2012年4月27日第8版。

[3] 金旭东、安文荣、杨立新：《探寻高句丽早期遗存及起源——吉林通化万发拨子遗址发掘获重要收获》，《中国文物报》2000年3月19日第8版。吉林省文物考古研究所、通化市文物管理委员会办公室：《吉林通化市万发拨子遗址二十一号墓的发掘》，《考古》2003年第8期，第32～44页。

[4] 吉林省文物考古研究所：《吉林长白县干沟子墓地发掘简报》，《考古》2003年第8期，第45～66页。

[5] 吉林省文物考古研究所、集安市博物馆：《丸都山城——2001～2003年集安丸都山城调查试掘报告》，文物出版社，2004年。

[6] 吉林省文物考古研究所、集安市博物馆：《国内城——2000～2003年集安国内城与民主遗址试掘报告》，文物出版社，2004年。

[7] 吉林省文物考古研究所、延边朝鲜族自治州文化局、延边朝鲜族自治州博物馆、和龙市博物馆：《西古城——2000～2005年度渤海国中京显德府故址田野考古报告》，文物出版社，2007年。

[8] 吉林大学边疆考古研究中心、吉林省文物考古研究所：《吉林珲春市八连城内城建筑基址的发掘》，《考古》2009年第6期，第15～22页。

[9] 吉林省文物考古研究所：《吉林浑江永安遗址发掘报告》，《考古学报》1997年第2期，第237～254页。

[10] 吉林市博物馆：《吉林省蛟河市七道河村渤海建筑遗址清理简报》，《考古》1993年第2期，第134～141页。

[11] 吉林省文物考古研究所、集安市博物馆：《集安高句丽王陵——1990～2003年集安高句丽王陵调查报告》，文物出版社，2004年。

群[1]、和龙贞孝公主墓[2]、敦化六顶山墓葬群[3]、和龙龙头山古墓群[4]、永吉查里巴墓地[5]等地点，均获得重要发现，积累了一批丰富的材料。伴随着历次的调查和发掘，同时进行了有关城址、墓葬、壁画、好太王碑等专题研究，综合研究也已开展，并发表出版了一批重要学术成果，由此也大大推动了高句丽和渤海历史的研究。辽金元明清时期虽然在吉林省分布有大量文化遗产，但是考古工作开展较少，直到近些年才有一些起色。敦化敖东城[6]、前郭塔虎城[7]、德惠后城子古城[8]、通化辉发王城[9]、梨树叶赫古城[10]、镇赉后少力古城[11]、敦化永胜遗址[12]、白城金家

[1] 安文荣：《云峰水库淹没区高句丽墓群》，《田野考古集粹——吉林省文物考古研究所二十五周年纪念》，文物出版社，2008年，第49～52页。

[2] 延边博物馆：《渤海贞孝公主墓发掘清理简报》，《社会科学战线》1982年第1期，第174～180页。

[3] 吉林省文物考古研究所、敦化市文物管理所：《六顶山渤海墓葬——2004～2009年清理发掘报告》，文物出版社，2012年。

[4] 赵海龙：《龙头山古墓群》，《田野考古集粹——吉林省文物考古研究所二十五周年纪念》，文物出版社，2008年，第80～82页。

[5] 吉林省文物考古研究所：《吉林永吉查里巴靺鞨墓地》，《文物》1995年第9期，第29～47页。

[6] 王培新、傅佳欣、彭善国、王晓明：《吉林敦化市敖东城遗址发掘简报》，《考古》2006年第9期，第40～54页。

[7] 刘景文：《塔虎城》，《田野考古集粹——吉林省文物考古研究所二十五周年纪念》，文物出版社，2008年，第92～95页。

[8] 庞志国、刘红宇：《吉林省德惠县后城子金代古城发掘》，《考古》1993年第8期，第721～733页。

[9] 刘晓溪：《吉林辉南明代辉发王城》，《中国考古新发现年度记录2010》，中国文物报社，2011年，第121、122页。

[10] 刘景文：《叶赫古城调查记》，《文物》1985年第4期，第80～84页。

[11] 郭珉、宋德辉：《吉林省镇赉县后少力古城调查》，《北方文物》2003年第4期，第48～52页。

[12] 吉林大学边疆考古研究中心、吉林省文物考古研究所：《吉林敦化敖东城及永胜遗址发掘的主要收获》，《边疆考古研究》第2辑，科学出版社，2003年，第30～36页。

遗址[1]、永平遗址[2]、双辽电厂贮灰场遗址[3]、德惠揽头窝堡遗址[4]、前郭查干吐莫辽墓[5]、双辽县高力戈辽墓群[6]、梨树胡家屯辽代壁画墓[7]、扶余油田砖厂明墓[8]、德惠顺城堂明墓[9]、龙井朝东女真人墓[10]、珲春黄家店明墓[11]、通榆兴隆山清代公主墓[12]、大安后宝石公主墓[13]、榆树韩家屯墓地[14]、梨树龙王屯柳条

[1] 吉林省文物考古研究所：《吉林省白城市金家金代遗址的发掘》，《边疆考古研究》第12辑，科学出版社，2012年，第63～86页。

[2] 李丹：《吉林白城永平金代遗址》，《2009中国重要考古发现》，文物出版社，2010年，第160～165页。李丹、解峰、庞志国、高秀华：《吉林白城永平金代遗址》，《中国考古新发现年度记录2009》，中国文物报社，2010年，第68～71页。李丹、解峰、庞志国、马洪、高秀华：《白城市永平金代遗址》，《中国考古学年鉴2010》，文物出版社，2011年，第207、208页。李丹、解峰、刘玉成：《吉林白城永平金代寺庙遗址》，《中国考古新发现年度记录2010》，中国文物报社，2011年，第119、120页。李丹、解峰、刘玉成：《白城市永平金代寺庙遗址》，《中国考古学年鉴2011》，文物出版社，2012年，第198、199页。

[3] 吉林省文物考古研究所、四平市文管会办公室、四平市博物馆：《吉林双辽电厂贮灰场辽金遗址发掘简报》，《考古》1995年第4期，第325～337页。

[4] 吉林省揽头窝铺遗址考古队：《吉林德惠市揽头窝堡遗址六号房址的发掘》，《考古》2003年第8期，第67～78页。

[5] 吉林省文物考古研究所：《吉林前郭查干吐莫辽墓发掘》，《边疆考古研究》第4辑，科学出版社，2006年，第348～379页。

[6] 吉林省文物考古研究所：《吉林双辽县高力戈辽墓群》，《考古》1986年第2期，第138～146页。

[7] 刘勇：《吉林梨树胡家屯辽代壁画墓》，《博物馆研究》1996年第3期，第93～101页。

[8] 吉林省文物考古研究所：《扶余明墓——吉林扶余油田砖厂明代墓地发掘报告》，文物出版社，2011年。

[9] 刘红宇、佟阿伟：《吉林德惠顺城堂明墓清理简报》，《辽海文物学刊》1988年第2期，第50～55、63页。

[10] 严长录：《龙井县朝东明代女真人墓的发掘》，《博物馆研究》1986年第2期，第74～81页。

[11] 李正凤、朴润武：《吉林珲春黄家店古墓清理简报》，《博物馆研究》1987年第1期，第71～76页。

[12] 吉林省文物工作队、白城地区文管会、通榆县文化局：《吉林通榆兴隆山清代公主墓》，《文物》1984年第11期，第76～84页。

[13] 康广敏：《大安县后宝石村公主陵发掘侧记》，《博物馆研究》1989年第3期，第24、72、73页。

[14] 吉林省文物考古研究所、榆树市博物馆：《吉林省榆树市上台子墓群发掘报告》，《北方文物》2010年第1期，第20～28页。

边[1]、临江宝山——六道沟冶铜遗址[2]等的调查与发掘，获得了相关研究的基础材料。三普中在吉林西部发现四处辽代行宫“春捺钵”遗址群，为探讨辽代上等阶层的活动提供了新材料。大量金代遗址的发掘使得辽、金遗存的界定标准日趋清晰。同时还发现了一批重要窖藏，[3]丰富了我们对该时期文化遗产的认识。但是辽金元明清时期地下文化遗产的考古学研究明显滞后于日益增加的材料。

此外，该阶段现代科技手段在吉林省地下文化遗产的发现与研究中得到更为广泛的应用，如对考古出土人骨的体质人类学研究、金属器的金相学分析、动植物遗存的浮选及鉴定、骨骼的稳定同位素分析、古DNA研究等，拓展了考古研究的视域，提高了文物保护的水平，并取得了一定的成果。

在吉林省考古七十五年的发展历程中，经过数代人的努力，不仅积累了极为丰富的田野材料，亦取得了成绩斐然的研究成果。特别是进入到新世纪，伴随着吉林省考古工作的全面开展，涌现出大量各种类型的文化遗产，有些材料填补了某些领域的空白，有些材料则印证了过去的学说，深化了我们的认识，也有一些材料对传统的认识产生了巨大的冲击，甚至纠正了过去的错误看法。遗憾的是，至今关于吉林省地下文化遗产的大规模的综合性研究开展得还很不够。所以，现在对吉林省出土的地下文化遗产进行阶段性的梳理与综合研究不仅是必要的，也是可行的。同时，在国家大力提倡文化大发展大繁荣这一新的历史条件下，深化对吉林省地下文化遗产的考古学研究，深度发掘地下文化遗产的历史文化价值，不仅有利于从考古学的角度展示吉林省丰富多彩的古文化面貌，而且有利于阐扬吉林省古代各民族对祖国历史文化的形成与发展所做的突出贡献。

正是基于以上考虑，我们根据最新的考古发掘材料，结合前人的研究成果，依时代早晚顺序，对吉林省出土的旧石器时代、新石器时代、青铜时代、两汉时期、高句

[1] 宋玉彬、黎久有：《梨树县龙王屯柳条边遗迹》，《中国考古学年鉴1995》，文物出版社，1997年，第130页。

[2] 赵海龙：《宝山—六道沟冶铜遗址》，《田野考古集粹——吉林省文物考古研究所二十五周年纪念》，文物出版社，2008年，第83、84页。

[3] 朴润武：《吉林和龙出土的金代窖藏铜铁器》，《北方文物》1990年第4期，第27～31、37页。吉林省博物馆辑安考古队、辑安县文物管理所：《吉林辑安县钟家村发现金代文物》，《考古》1963年第11期，第616、617、629页。吉林省博物馆、农安县文管所：《吉林农安金代窖藏文物》，《文物》1988年第7期，第74～81页。刘雪山：《吉林镇赉县出土金代窖藏文物》，《考古》2000年第1期，第95、96页。姚震威：《吉林敦化市出土金代窖藏瓷器》，《博物馆研究》1996年第3期，第102、101页。洪峰、志立：《吉林省前郭县金代窖藏瓷器》，《北方文物》1991年第2期，第34、35页。吉林大学边疆考古研究中心、敦化市文物管理所：《吉林省敦化市双胜村元代窖藏》，《边疆考古研究》第7辑，科学出版社，2008年，第438～445页。呼国柱：《略述延吉市发现的朝鲜古铜钱》，《博物馆研究》1989年第2期，第83～85页。

丽时期、渤海时期、辽代、金代、元代、明代、清代共十一个时间段的文化遗产进行了全面梳理和综合研究。相应的，该书也共分为十一章。

第一章为旧石器时代的地下文化遗产。首先回顾了吉林省旧石器时代地下文化遗产的考古发现与研究历史，然后在全面收集以往吉林省各区域发掘和调查材料的基础上，对每个遗址出土的石制品、骨器、动物遗骸等进行了全面介绍，最后从文化特点、技术传统和分布地域等方面分析，总结和概括了吉林省旧石器时代文化的工业类型及各工业类型的特征。

第二～四章分别为新石器时代、青铜时代、两汉时期的地下文化遗产。根据吉林省出土的这些时期的文化遗产面貌，对其进行考古学文化属性的判定；接着在考古学文化的层面上，从各类物质文化遗产所反映的分布范围、居住方式、墓葬特征、时间延续、渊源流向、文化交流、生业方式等诸多方面对以往的发现与研究进行了总结和概括，并阐述了笔者的最新认识；然后在确立了吉林省各区域文化编年的基础上，通过各区域考古学文化的横向比较，将吉林省该时期的地下文化遗产划分为若干发展阶段，并探讨了诸发展阶段的特点。

第五、六章分别为高句丽、渤海时期的地下文化遗产。在以往学术界研究成果的基础上，结合文献记载，介绍了关于高句丽、渤海时期的重要考古发现，通过对都城、山城、墓葬、宗教建筑等主要遗迹及陶瓷器、金属器、建筑构件、漆器、丝织品等遗物的整理，讨论了高句丽、渤海城址的结构布局、演变，分析了高句丽、渤海墓葬的类型、演变、葬俗，总结了重要遗物的类型与特征等内容，从不同的角度，再现了该时期这些在中国古代历史上具有重要地位的民族所创造的灿烂物质文明。

第七～十一章分别为辽、金、元、明、清代时期的地下文化遗产。近些年来，关于辽金元明清的各类文化遗产大量涌现，为深入研究该阶段的历史文化面貌提供了极为重要的材料。该部分主要依据最新的考古材料，在以往认识的基础上，从城址、一般居民址、墓葬、窖藏、窑址、宗教遗迹及重要遗物等方面的内容进行了总结和分析，以期深化对该阶段大放异彩的民族历史文化的认识，扭转有关研究相对滞后的局面。

另外，为了更加全面地体现吉林省地下文化遗产七十五年来的考古发现与研究成果，我们还在书后增加了两个附录：吉林省考古文献目录（1908～2012年）、吉林省地下文化遗产统计表（1937～2012年）。

最后需要说明的是，吉林省地下文化遗产的考古发现与研究能够取得今天的成就是几代考古人不断辛勤奋斗的结果，他们的田野工作和科研成果是该书得以完成的重要基础。

第一章　旧石器时代的地下文化遗产

从目前的考古发现与研究成果来看，吉林省境内有人类活动的历史至少可追溯到距今20万年左右。吉林省旧石器时代地下文化遗产的考古工作主要是在新中国成立之后进行的。在20世纪的90年代之前，吉林省旧石器时代考古工作较少，但是仍取得了可喜的成果。该阶段发现了榆树周家油坊[1]、榆树大桥屯[2]、乾安大布苏[3]、安图石门山[4]、前郭青山头[5]、汪清新兴村洞穴[6]、长春红嘴子[7]等旧石器地点，特别是榆树人、安图人[8]、青山头人[9]的发现与确认为探讨吉林省旧石器时代的古人类提供了宝贵的材料。这一阶段的相关研究较为沉寂，发表成果不多。[10]

自1990年始，吉林省的旧石器时代考古取得重要进展。大量旧石器时代遗址被发

---

[1] 尤玉柱、张振标、李毅、李西坤、张普林：《吉林前郭查干泡发现的人类化石与古生态环境》，《史前研究》1984年第4期，第70～74页。孙建中、王雨灼、姜鹏：《吉林榆树周家油坊旧石器文化遗址》，《古脊椎动物与古人类》1981年19卷第3期，第281～290页。

[2] 姜鹏：《吉林榆树大桥屯发现的旧石器》，《人类学学报》1990年第1期，第9～14页。

[3] 孙建中、姜鹏、王雨灼：《乾安大布苏泡子一带第四纪地质、古生物调查报告》，《吉林地质》1978年第1期，第43～49页。吉林省文物工作队：《吉林乾安县大布苏泡东岸遗址调查简报》，《考古》1984年第5期，第396～402页。董祝安：《大布苏的细石器》，《人类学学报》1989年第1期，第49～57页。

[4] 姜鹏：《吉林安图晚更新世洞穴堆积》，《古脊椎动物与古人类》1975年13卷第3期，第197～198页。

[5] 尤玉柱、张振标、李毅、李西坤、张普林：《吉林前郭查干泡发现的人类化石与古生态环境》，《史前研究》1984年第4期，第70～74页。

[6] 史前：《汪清蛤蟆塘乡发现的动物化石》，《吉林日报》1986年9月23日。

[7] 程新民、陈全家：《长春郊区红嘴子发现哺乳动物化石》，《长春地质学院学报》1993年第2期，第71～78页。

[8] 姜鹏：《吉林安图人化石》，《古脊椎动物与古人类》1982年20卷第1期，第66～70页。

[9] 李西昆、张普林、刘学良、李春田：《吉林青山头人与前郭人的发现及其意义》，《吉林地质》1984年第3期，第23～26页。

[10] 姜鹏：《吉林旧石器时代晚期人类生活环境的探讨》，《东北考古与历史》第1辑，文物出版社，1982年，第72～79页。孙建中：《松辽平原旧石器考古问题》，《北方文物》1983年第2期，第48～54页。姜鹏：《吉林乾安大布苏晚更新世以来自然环境变迁的探讨》，《博物馆研究》1983年第2期，第112～123页。姜鹏：《中国东北旧石器时代晚期文化和狩猎生活

现，如桦甸仙人洞[1]、蛟河砖场[2]、蛟河仙人桥洞[3]、前郭王府屯[4]、抚松仙人洞[5]、抚松西山[6]、辉南邵家店[7]、和龙柳洞[8]、和龙石人沟[9]、和龙青头[10]、

之研究》，（美国）《更新世近期研究》1986年第3期。姜鹏：《中国东北旧石器时代晚期人类生活环境的研究》，《更新世近期研究》（美国）1987年第4期。匡瑜：《东北地区的旧石器时代考古学文化》，《考古与文物》1982年第2期，第31～37页。孙建中：《东北石器断代问题——答安志敏先生》，《史前研究辑刊》，1988年，第72～80页。张镇洪：《东北亚地区旧石器时代古人类分布特点初探——东海走廊的佐证》，《人类学研究》（续集），中国社会科学出版社，1987年，第256～265页。

[1] 陈全家、李其泰：《吉林桦甸寿山仙人洞旧石器遗址试掘报告》，《人类学学报》1994年第1期，第12～19页。陈全家、赵海龙、王法岗：《吉林桦甸仙人洞旧石器遗址1993年发掘报告》，《人类学学报》2007年第3期，第222～236页。

[2] 陈全家：《吉林市地区首次发现的旧石器》，《东北亚旧石器文化》，白山文化出版社，1996年，第247～258页。

[3] 陈全家：《吉林市地区首次发现的旧石器》，《东北亚旧石器文化》，白山文化出版社，1996年，第247～258页。

[4] 姜鹏：《吉林省旧石器时代考古概说》，《东北亚历史与考古信息》1993年1、2合刊，第1～12页。

[5] 王文兴：《吉林抚松发现旧石器时代文化遗址》，《人类学学报》1993年12卷第2期，第89～94页。姜鹏：《吉林抚松仙人洞旧石器时代遗址》，《东北亚旧石器文化》，白山文化出版社，1996年，第205～210页。

[6] 陈全家、赵海龙、王春雪：《抚松新屯子西山旧石器遗址试掘报告》，《人类学学报》2009年第2期，第147～153页。

[7] 陈全家、李有骞、赵海龙、王春雪：《吉林辉南邵家店发现的旧石器》，《北方文物》2006年第1期，第1～7页。

[8] 陈全家、赵海龙、霍东峰：《延边和龙柳洞发现的旧石器》，《旧石器时代论集——纪念水洞沟遗址发现八十周年》，文物出版社，2006年，第171～179页。陈全家、王春雪、方启等：《吉林和龙柳洞2004年发现的旧石器》，《人类学学报》2006年第3期，第208～219页。陈全家、赵海龙、霍东峰：《和龙柳洞旧石器地点发现的石制品研究》，《华夏考古》2005年第3期，第50～59页。

[9] 陈全家、王春雪、方启、赵海龙：《延边地区和龙石人沟发现的旧石器》，《人类学学报》2006年第2期，第106～114页。陈全家、赵海龙、方启、王春雪：《延边和龙石人沟旧石器遗址2005年试掘报告》，《人类学学报》2010年第2期，第105～114页。

[10] 陈全家、方启、李霞、赵海龙、陈新民、郑钟仁：《吉林和龙青头旧石器遗址的新发现及初步研究》，《考古与文物》2008年第2期，第3～9页。

和龙西沟[1]、珲春北山[2]、图们下白龙[3]等三十多处地点，并获得较为丰富的文化遗物。这些成绩的取得与吉林大学边疆考古研究中心和吉林省文物考古研究所等相关单位在吉林省所做的系统的旧石器时代考古专题调查和发掘工作有着密不可分的关系。众多旧石器时代地点的确认，不仅填补了旧石器时代遗址在吉林省分布空间上的空白，而且几处旧石器时代早、中期遗址的发现，大大弥补了前一阶段仅见旧石器时代晚期遗址的不足，为研究该省旧石器时代早、中期的文化面貌与特征，提供了极为重要的线索。随着材料的逐渐丰富，发表的相关研究文章也日益增多。这些文章既有对单个遗址材料的分析，[4]也有对区域遗存的综合讨论，[5]亦存在不少专题性探

[1] 陈全家、赵海龙、方启、陈新民、贺存定：《吉林省和龙西沟发现的旧石器》，《北方文物》2010年第2期，第3～10页。

[2] 陈全家、张乐：《吉林延边珲春北山发现的旧石器》，《人类学学报》2004年第2期，第138～145页。

[3] 陈全家、霍东风、赵海龙：《图们下白龙发现的旧石器》，《边疆考古研究》第2辑，科学出版社，2004年，第1～14页。

[4] 陈全家、赵海龙、霍东峰：《和龙柳洞旧石器地点发现的石制品研究》，《华夏考古》2005年第3期，第50～59页。王春雪、陈全家：《试析吉林和龙石人沟旧石器时代晚期遗址古人类的技术与行为》，《边疆考古研究》第6辑，科学出版社，2007年，第39～55页。赵清波、陈全家、王春雪：《试析吉林省和龙市柳洞旧石器时代晚期遗址的古人类行为和石器技术》，《草原文物》2012年第2期，第88～94页。王春雪、赵海龙、陈全家：《试析桦甸仙人洞旧石器遗址的石器技术》，《博物馆研究》2008年第1期，第40～46页。

[5] 姜鹏：《吉林省旧石器时代考古概说》，《东北亚历史与考古信息》1993年第1、2合刊，第1～12页。何贤武等：《东北亚地区旧石器文化比较研究》，《东北亚旧石器文化》，白山文化出版社，1996年，第211～214页。陈全家：《（东北）旧石器时代考古》，《东北古代民族·考古与疆域》，吉林大学出版社，1998年，第171～197页。赵宾福：《东北石器时代考古》，吉林大学出版社，2003年，第1～155页。吕烈丹：《东亚地区更新世末期到全新世初期的文化发展初探》，《东亚古物》2004年A卷，第1～18页。朱之勇：《俄罗斯海滨地区与我国东北地区旧石器时代晚期文化之比较》，《人类学学报》第23卷增刊（纪念裴文中教授百年诞辰论文集），2005年，第199～210页。赵宾福：《东北旧石器时代的古人类、古文化与古环境》，《学习与探索》2006年第2期，第188～191页。傅仁义：《试论我国东北地区旧石器时代晚期文化及主要特征》，《旧石器时代论集——纪念水洞沟遗址发现八十周年》，文物出版社，2006年，第1～16页。赵宾福：《东北旧石器文化与邻近旧石器文化的关系》，《内蒙古大学学报（人文社科版）》2008年第1期，第46～51页。李有骞、陈全家：《朝鲜半岛旧石器材料及工业类型的初步研究——兼谈对吉林省东部地区旧石器研究的几点认识》，《边疆考古研究》第7辑，科学出版社，2008年，第10～33页。陈全家、王春雪：《东北地区近几年旧石器考古的新发现与研究》，《考古学研究（七）》，科学出版社，2008年，第183～204页。陈全家、王春雪：《吉林省旧石器考古的新发现》，《贾兰坡院士百年诞辰纪念文集》，科学出版社，2008年，第167～185页。〔韩〕河文植：《图们江流域及其周边地区旧石器时代晚期文化》，《博物馆研究》2009年第2期，第46～50页。李有骞：《东北地区末次冰期以来旧石器遗存的分期、类型及相关类型》，《中原文物》2009年第3期，第25～35页。

讨。[1]特别是近些年来，伴随着吉林省东部地区多处以黑曜岩石制品为代表的旧石器遗址材料的刊布，逐渐形成了一个围绕黑曜岩、细石器及相关问题的研究热潮。[2]

迄今为止，吉林省已经发现的旧石器时代地点共计42处，其中已经发表材料的有31处（图一）。[3]他们主要处于旧石器时代的晚期，个别遗址属于旧石器时代中期，甚至早到旧石器时代早期。这些遗址分布于吉林省的各个区域，出土的大量文化遗物及人类化石、动物化石，为研究吉林省境内早期先民的生活生产、迁徙交流，对环境的适应、开发、改造等问题提供了弥足珍贵的科学资料。

---

[1] 姜鹏：《东北更新世动物群与生态环境的探讨》，《中国东北平原第四纪自然环境形成与演变》，哈尔滨地图出版社，1990年。傅仁义：《中国东北地区第四纪哺乳动物群的时代及其特征》，《辽宁考古文集》，辽宁民族出版社，2003年，第170～180页。程新民、陈全家、赵海龙、李阳、丁未：《吉林省东部旧石器时代人地关系初探》，《边疆考古研究》第7辑，科学出版社，2008年，第1～9页。

[2] 王春雪、陈全家：《图们江流域旧石器时代晚期黑曜岩遗址人类的适应生存方式》，《边疆考古研究》第4辑，科学出版社，2006年，第26～35页。朱之勇：《中国细石器起源之我见》，《北方文物》2008年第4期，第3～6页。刘杨、陈全家、侯亚梅：《吉林东部含细石器遗存的初步研究》，《第四纪研究》2008年第6期，第1042～1049页。刘爽、吴小红、陈全家：《黑曜岩产源研究的国内外研究现状及发展趋势综述》，《边疆考古研究》第7辑，科学出版社，2008年，第34～40页。刘爽、吴小红、陈全家：《黑曜岩风化层与非风化层化学成分变化与风化环境》，《边疆考古研究》第11辑，科学出版社，2008年，第383～387页。任海云：《中国北方细石器的发现与研究》，《考古学研究（七）》，科学出版社，2008年，第272～281页。陈胜前：《细石叶工艺的起源——一个理论与生态的视角》，《考古学研究（七）》，科学出版社，2008年，第244～264页。王春雪、赵海龙、陈全家、方启：《试析东北地区东部与朝鲜半岛旧石器时代细石业工业之间的文化关系》，《内蒙古文物考古》2009年第2期，第35～49页。王春雪、陈全家、赵海龙、方启：《吉林东部地区旧石器时代晚期细石叶工业技术分析》，《边疆考古研究》第8辑，科学出版社，2009年，第1～13页。刘爽、吴小红、陈全家：《黑曜岩的考古学研究概述》，《边疆考古研究》第8辑，科学出版社，2009年，第301～308页。赵海龙：《细石叶剥制实验研究》，《人类学学报》2011年第1期，第22～31页。李有骞：《日本海西北岸旧石器时代的细石叶技术及其与相邻地区的关系》，《北方文物》2011年第2期，第21～27页。

[3] 图们歧新B地点、歧新C地点、龙井后山地点、乾安命字井西南岗子遗址、乾安泥林博物馆遗址、前郭那木斯砖厂遗址、前郭哈玛马尔遗址、前郭东灯娄库遗址、和龙广坪林场遗址、和龙广坪林场遗址第二地点、和龙水南遗址等11处旧石器时代地点的材料尚未发表。参见陈全家：《延边地区图们江流域旧石器考古新发现》，《人类学学报》2003年第1期，第62页。吉林省文物考古研究所、吉林大学边疆考古研究中心：《图们江流域旧石器地点》，《中国考古学年鉴2003》，文物出版社，2004年，第146页。赵海龙、顾聆博、苏作巍：《吉林省旧石器时代考古专题调查》，《中国考古学年鉴2010》，文物出版社，2011年，第196、197页。

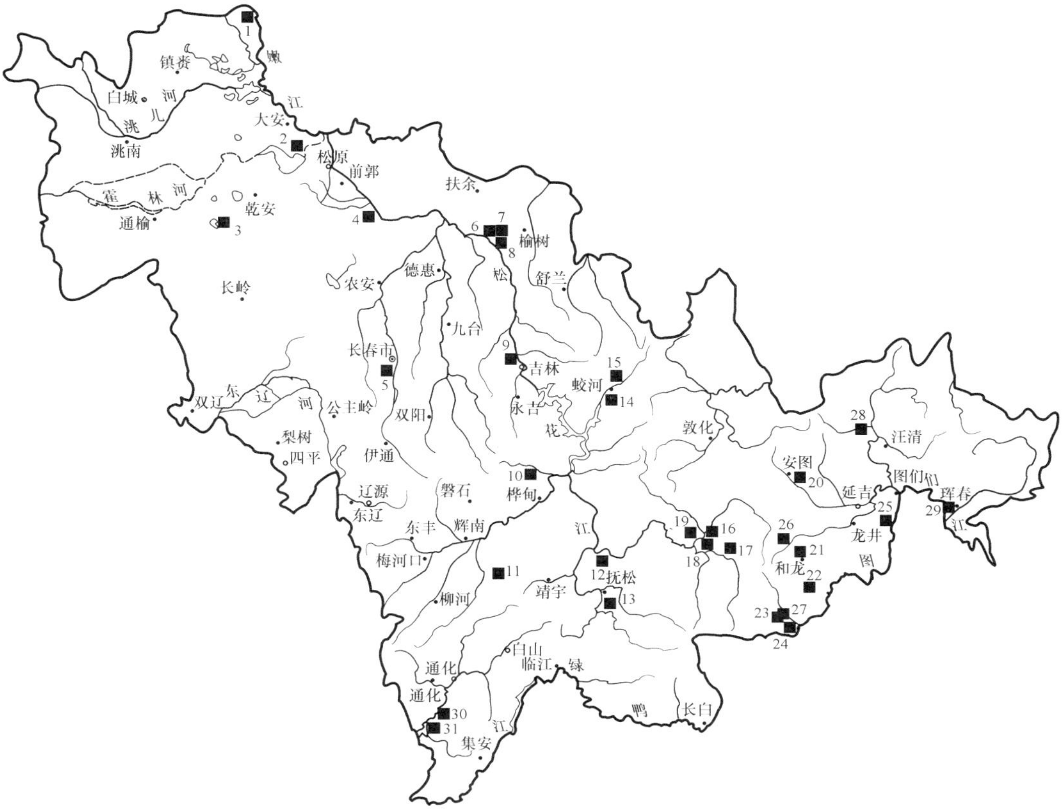

图一　吉林省旧石器时代主要遗址分布示意图

1. 镇赉大坎子　2. 前郭青山头　3. 乾安大布苏　4. 前郭王府屯　5. 长春红嘴子　6. 长春合发砖厂　7. 榆树大桥屯　8. 榆树周家油坊　9. 吉林西山　10. 桦甸仙人洞　11. 辉南邵家店　12. 抚松西山　13. 抚松仙人洞　14. 蛟河转场　15. 蛟河仙人桥洞　16. 安图立新　17. 安图沙金沟　18. 安图海沙金矿　19. 安图石人沟　20. 安图石门山　21. 和龙青头　22. 和龙柳洞　23. 和龙石人沟　24. 和龙大洞　25. 图们下白龙　26. 和龙西沟　27. 和龙石人沟林场　28. 汪清新兴洞　29. 珲春北山　30. 集安南台子南　31. 集安北屯孤山

一、西流松花江流域的旧石器时代遗存

西流松花江系松花江的正源，亦称第二松花江，发源于长白山天池。西流松花江流域的范围覆盖吉林、长春、榆树、安图、敦化、抚松、辉南等26个市、县。这一区域旧石器时代考古工作开展较早，目前发现的旧石器时代地点较多，已经发表材料的地点共计16个，分别为桦甸仙人洞、前郭王府屯、蛟河砖场、蛟河仙人桥洞、榆树周家油坊、榆树大桥屯、长春红嘴子、长春合发砖厂、吉林西山、辉南邵家店、抚松仙人洞、抚松西山、安图立新、安图沙金沟、安图海沙金沟、安图石人沟等地点。上述地点多属于旧石器时代晚期，个别地点的时代可早到旧石器时代早、中期。

（一）桦甸仙人洞遗址

仙人洞遗址位于吉林省桦甸市西北约23千米的寿山东坡上，西南距榆木桥子镇约2.3千米。地理坐标为北纬43°9′，东经126°37′。该洞穴海拔高度为460米，距地表110米。洞口南偏东12°，高2.87、宽3.1米，全长约300米。洞内有人类活动堆积的部分可分成前后两室，前室长约9米，后室略低于前室，长约25米，后室向内分成两个支洞。洞穴总面积约为100平方米。洞外有一个3米长的平台，其下为悬崖。

1991年，吉林大学考古学系在吉林地区进行旧石器野外考古调查时，首次发现了寿山仙人洞旧石器时代遗址，并在距洞口7米处进行了试掘，开1米×3米的探沟一条，获得石制品47件，骨器2件，及部分动物化石。[1]

1993年，吉林大学考古学系和吉林省文物考古研究所等单位对该遗址进行了正式发掘，揭露面积17平方米，获得了大批珍贵的文化遗存。发掘共分A、B、C三区（图二）。其中A区位于洞口处，紧靠1991年试掘区，发掘面积14平方米；B区位于后室，距A区24米，发掘面积2平方米；C区位于A、B两区中间，距A区10米，发掘面积1平方米。此次发掘获得石制品197件，骨器19件，及丰富的动物化石。[2]

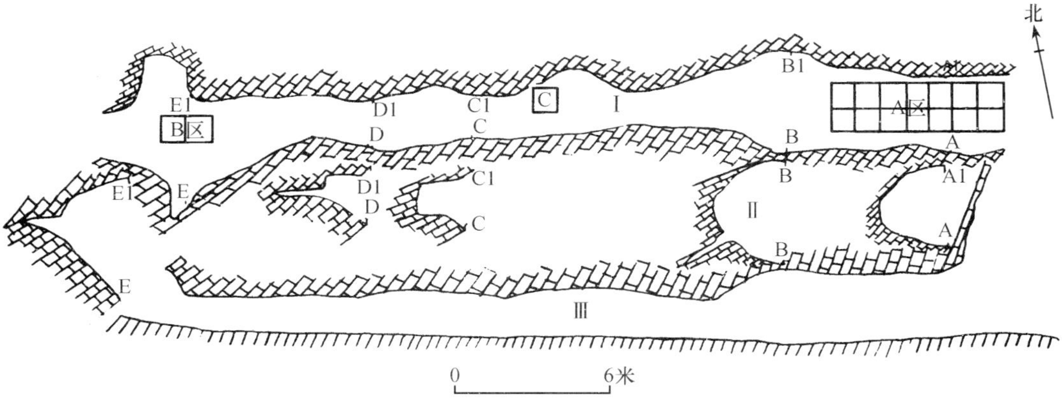

图二　桦甸仙人洞遗址的平剖面图及发掘区分布图

（Ⅰ为平面图　Ⅱ为各处的横剖面图　Ⅲ为纵剖面图）

这两次发掘共获得骨器21件，石制品244件，及大量的动物化石。

从1993年发掘的A区东壁来看，地层堆积自上而下可分为5层（图三）。第1层为黑色砂质土层，地层中包含有近现代瓷片和铁钉等，系近现代堆积层，厚0.1～0.16

[1]　陈全家、李其泰：《吉林桦甸寿山仙人洞旧石器遗址试掘报告》，《人类学学报》1994年第1期，第12～19页。

[2]　陈全家、赵海龙、王法岗：《吉林桦甸仙人洞旧石器遗址1993年发掘报告》，《人类学学报》2007年第3期，第222～236页。

米。第2层为黄色亚黏土层，土质坚硬，含有较多的大小不一的石灰岩块。包含有人工制品和动物化石。厚0.44～0.48米。第3层为黄褐色亚黏土层。土质坚硬，夹有较多的石灰岩块。包含有较为丰富的石制品、骨器和动物化石等。厚约0.8米。第4层为红褐色亚黏土层，土质较硬，同样夹杂有较多的石灰岩块，含有少量的石制品和较多的动物化石。第5层为棕红色亚黏土层，土质黏重，含有少量的石灰岩块及动物化石，不见石制品。厚0.2～0.3米。

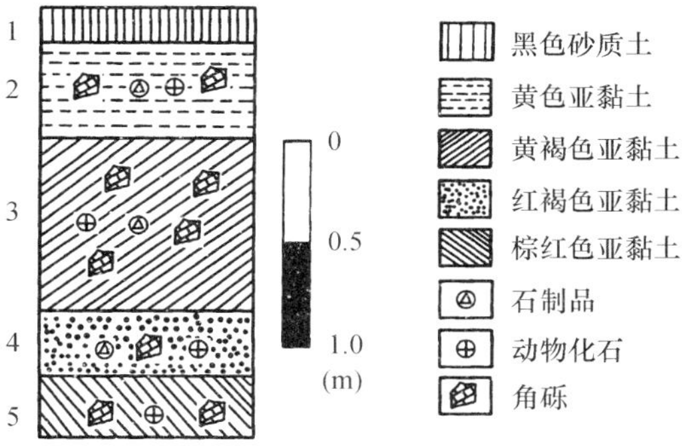

图三　桦甸仙人洞遗址地层柱状图

根据地层的测定年代、石制品的特征、磨制骨器的出现等因素，可将1993年发掘的文化层划分为两期，其中第4和第3层为下文化层，第2层为上文化层。将这两次发掘的地层进行对比，1993年试掘所获的石制品应属于1993年发掘所划分的上文化层。[1]

下文化层出土的石制品125件，其中A区117件，B区8件。A区还发现打制骨器9件。

石制品包括石核1件，石片86件，断块28件，第二类工具3件，第三类工具7件（图四）。[2]原料系就地取材，有角岩、石英、硅质灰岩、石英岩、流纹岩和流纹斑岩，其中角岩居多，占63.2%，其次为石英，为19.2%。石制品多为小型，其次为中型和微型，未见大型者。

石核呈不规则锥形，系双台面锤击石核，两台面呈钝角相交。主台面经过修整，有两个工作面，每个工作面上均见有多个长型剥片疤；另一台面位于主台面一侧，呈不规则梯形，上有多个石片疤。石核底部有反向破碎的小疤，可能是将石核置于石砧上打片时受反作用力所致。石片的数量较多，共计86件，占石制品的68.8%。依完整程度可分为完整石片和断片两种。其中完整石片38件，剥片方法均为锤击法。人工台面者稍多，见有素台面和有疤台面，自然台面分为点状台面、线台面、天然台面。石片腹面多为较平，放射线和同心波不甚明显。石片背面多为全疤，背疤见有同向和异向之分，后者稍多。断片48件，占石制品的38.4%，多为小型。断块28件，石料有角岩、硅质灰岩、石英、石英岩等，最小的重1.6克，最大的重114.1克，平均重20克。

第二类工具较少，仅3件，均为刮削器。形状比较规整，刃口锋锐，并见有不连续的使用疤痕。第三类工具7件，仅占石制品总数的5.6%，成器率较低。该类工具多以石片为毛坯，另有少量的断片、断块，制作粗糙，多为单层修疤，刃缘也不甚平齐，以

［1］　王春雪、赵海龙、陈全家：《试析桦甸仙人洞旧石器遗址的石器技术》，《博物馆研究》2008年第1期，第40～46页。

［2］　工具的划分采用陈全家先生的分类方法。一类，天然砾石未经加工而直接使用者，即石锤、石砧；二类，石片未经加工而直接使用者，即使用石片；三类，片状毛坯经过第二步加工或块状毛坯直接加工成工具者。

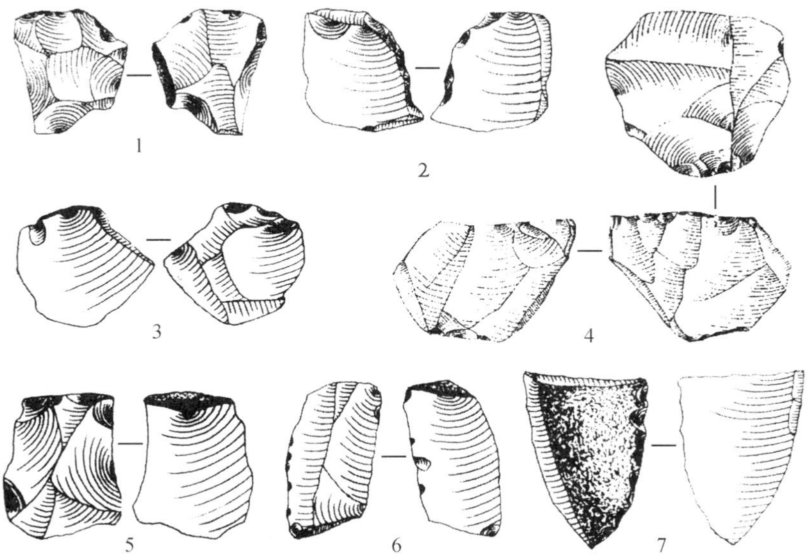

图四　桦甸仙人洞遗址下层的石制品
1、2、7. 刮削器　6. 琢背小刀　3、5. 石片　4. 石核

向背面加工居多，另有少量的复向和向破裂面加工。组合比较简单，以单刃刮削器为主，还见有尖状器和琢背小刀。刮削器5件，占第三类工具的71.4%。皆为单刃，据刃部形状可细分为凸刃、直刃、凹刃刮削器。凸刃刮削器2件，毛坯皆为石片，均为向背向加工。直刃刮削器2件，毛坯为角岩断片，向背向加工。凹刃刮削器1件，以角岩断块为毛坯，采用向断面加工，修疤浅平，刃缘较短。尖状器1件，系角尖尖状器，以石英断片为坯料。刃部分别采用背面加工和复向加工，一侧修疤浅平，刃缘较直，比较薄锐，另一侧修疤比较细小、浅平、连续。琢背小刀1件，坯料为角岩石片。在石片一侧有一纵向石片疤，形成薄锐的刃口，另一侧采用对向加工，修疤垂直于石片，形成一平面。破裂面比较凸出，背面比较内凹，都比较光滑。

骨器8件，均为打制骨器（图五），器形简单。其中6件为刮削器，以动物长骨骨片为坯料。有5件刮削器是在一侧加工出刃口的边刃刮削器，另1件为在一端加工出刃口的端刃刮削器。采用雕刻器打法的骨器2件，以骨壁较厚的骨片为坯料，在一端向两

图五　桦甸仙人洞下层骨器
1、3、4. 刮削器　2. 雕刻器

侧打击从而形成凿子形刃口，形似屋脊型雕刻器。

桦甸仙人洞下文化层有1个测年数据，第4层出土的动物化石经铀系法测定年代为距今16.21±1.80万年。参考这一数据，结合出土石器的特征，推测桦甸仙人洞下文化层的年代为旧石器时代早期之末至中期。

桦甸仙人洞上文化层共发现石制品119件，其中1991年试掘出土47件，1993年发掘出土72件；骨器12件，其中1991年试掘出土打制骨器2件，余为1993年发掘出土。

上文化层出土的石制品种类丰富，包含石核、石片、断块、第一类工具、第二类工具、第三类工具（图六）。石制品的原料有角岩、石英、石英岩、流纹岩、流纹斑岩、硅质灰岩、黑曜岩、板岩等，其中以角岩居多，其次为石英、石英岩、硅质岩，另有少量的流纹岩、板岩和黑曜岩，黑曜岩石制品可能是外来的输入品。石制品多为小型，其次为中型，还见有少量大型和微型石制品。石制品的棱角分明，未见被水冲磨的痕迹，但多数标本的表面有不同程度的风化迹象。

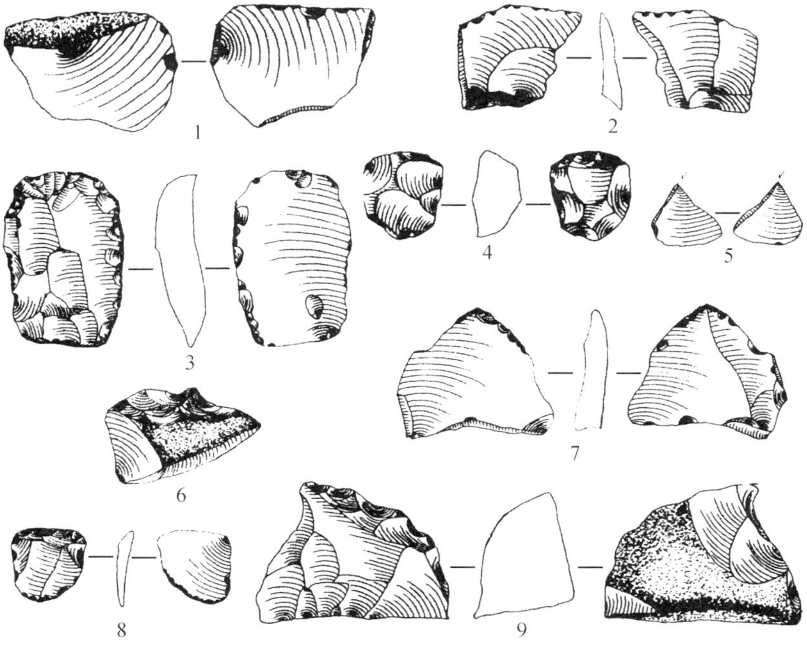

图六　桦甸仙人洞遗址上层的石器

1～3. 刮削器　4、8. 锛形器　5. 雕刻器　6. 钻器　7. 尖状器　9. 砍砸器

石核4件，根据打片方法的不同可分为锤击石核和砸击石核，前者为主。锤击石核3件，又可细分为单台面石核和多台面石核。单台面石核1件，整体近正方形，以石英为原料。工作面上遗有多层碎疤和剥片疤。多台面石核2件，原料为角岩。砸击石核1件，以石英为原料，整体略呈三棱形。背面上部保留有自然面，两端均见有剥片疤痕。石片72件，占石制品的60.5%。均为锤击石片。可分为完整石片和断片。其中

完整石片38件，超过石片半数。台面包括点状、线状、天然面、素台面、有疤台面等多种，其中天然台面居多。腹面多较平，同心波和放射线不甚明显。背面多为全疤，不见全砺者，背疤多为同向。断片又可分为横向断片和纵向断片，前者数量居多。横向断片多为远端，近端和中端很少。纵向断片不多，既有左边，也见有右边。断块15件，重量大小不一。

工具数量不多，但是种类较为多样，三类工具均有发现。多以石片为毛坯，少量为块状毛坯。采用锤击法进行修理，向背向加工者和复向加工者数量基本相等。除个别工具加工比较细致外，大多比较粗糙。

第一类工具只在1991年出土1件，系锤击石锤。这件标本整体呈长方形，背面两侧多为自然面，也见有崩疤，上端为破损面，前缘有三个集中的打击点。另一端有几个石片疤，所以这件石器还曾是锤击石核。第二类工具6件，出土有刮削器和砍砸器两种，前者居多。刮削器4件，从使用痕迹分析，均为单刃。使用疤痕多不连续。砍砸器2件，一件为半圆形角岩石片，未经修理，在使用的弧刃上可见不规则的石片疤，另一件的毛坯为断片，呈长条形，器身见有不规则、不连续的使用疤。第三类工具20件，包括刮削器、尖状器、雕刻器、锛形器、砍砸器、钻等。刮削器9件，占第三类工具的45%。根据刃口数量，可分为单刃、两刃和复刃三种。单刃刮削器5件，依刃部形状，又可细分为直刃刮削器和凸刃刮削器，前者1件，后者4件。两刃刮削器2件，呈三角形，背面皆见有一纵脊，以断片为毛坯，刃口均在毛坯两侧边。复刃刮削器2件，其中一件系用黑曜岩加工而成，制作较为精致。这件刮削器长身圆头，整体呈舌状。背面全疤，中有一脊。采用锤击法修理，在远端向背面修理出一圆弧形刃，两侧边分别采用复向和向背面修理，比较平直，修疤较浅平，刃缘较为平齐。尖状器2件，系用角岩石片加工而成，可分为角尖和正尖两种。雕刻器2件，系屋脊型雕刻器，为片状毛坯。锛形器2件，均以石片为毛坯。一件呈梯形，远端和两侧边皆经过复向加工，修疤不均匀，相对粗糙。另一件在石片较厚的一侧边向背面加工成较钝的刃口，另一端经复向加工修理，可能用来装柄。砍砸器4件，既有块状毛坯，也存在片状毛坯。其中一件以角岩石核为坯料，一面可见有多个石片疤，另一面较为平整，在远端向凸面修理，修疤不均匀，刃缘呈弧形。钻器1件，系短尖双肩石钻。以较厚的左边断片为毛坯，向背面连续修理，中间留有一短尖，形成多层修疤，而且修疤较深。

在12件骨器中，除1件为磨制骨器外，其余均为打制而成，打制骨器包括刮削器、尖状器、凿状器（图七）。磨制骨器系用动物肋骨加工而成，可能是骨锥的中间部分，通体磨光，可见数个清楚的磨制平面，平面上有清楚的磨痕。该标本截面呈不规则半圆形，一端较粗，另一端稍细。打制骨器中，刮削器数量最多，共计6件，占骨器的半数。骨制刮削器可分为端刃刮削器和侧刃刮削器。端刃刮削器4件，系在骨片的长轴一端加工修理出刃口。侧刃刮削器2件，在骨片长轴的侧边连续打击，形成与长轴平行的刃口。尖状器3件，均由长骨骨片加工而成，在骨片的一端向两侧修理，形成中间

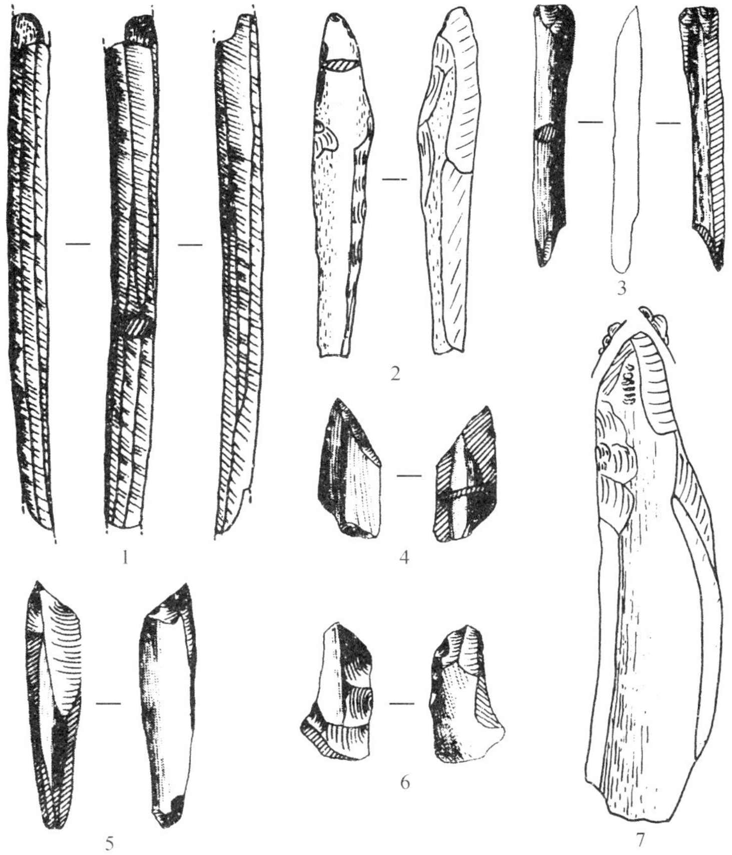

图七　桦甸仙人洞遗址上层的骨器

1. 磨制骨器　2、4. 尖状器　3. 凿形器　5～7. 刮削器

的锐尖，比较锋利。凿状器2件，以较厚的长骨骨片为毛坯，一端为薄锐的刃口，另一端可见劈裂的疤痕。

上文化层出土的通体磨制骨器及以黑曜岩为原料加工精制的长身圆头刮削器及锛形器，反映出旧石器时代晚期特征。出自该遗址第2层的动物化石碳十四测年数据为距今34290 ± 510年（未经树轮校正），也与上述年代分析吻合。

总之，桦甸仙人洞遗址的年代跨度较大，从旧石器时代早期之末或中期延续到旧石器时代晚期。

（二）前郭王府屯遗址

王府屯遗址地处吉林省前郭尔罗斯蒙古族自治县东南50千米的哈拉毛都乡王府屯西北沟，地理坐标为东经125°7′，北纬44°51′，海拔高度为238米。1990年，吉林省文物考古研究所对前郭王府屯遗址进行试掘，首次在平台组和白土山组地层中发现人工石制品，共计14件。这些石制品体现出华北旧石器文化所共有的性质，如主要为片状毛坯，刮削器较多，以向背面加工居多，以小型器为主。从目前的地质资料来看，其时代与河北阳原泥河湾组小长梁和东谷坨旧石器文化接近，发掘者据此提出该地点出土石器的年代有可能早到旧石器时代的早期，[1]从而为探讨吉林省旧石器时代早期遗存提供了宝贵的线索。

该遗址的地层自下而上可分为11层，其中第9层、第6层和第4层的含砾细砂层、砾石层中发现有石制品。在王府屯遗址下更新统的三个不同层位中发现的有打击痕迹的石质标本，都有严重的水流冲磨痕迹，多数为有疤砾石和砾石片，缺乏连贯性和使用有效性，因此可能是水流碰撞而成的，仅有少数石器标本属于人工制品。

出自第9层的人工石器有3件，其中石核1件、刮削器2件，系平台组。石核为单台面石核，近似漏斗形，顶面是非砾石面的平面，可能是打击而成的，其前缘可见有明显的打击点和两块疤。刮削器可分为端刃刮削器和单凹刃刮削器。端刃刮削器，在一块残片的周边都有类似修理疤。依破裂面上端定位，从背面看，上端先打下两个较大的片，在左侧一半的疤上有细疤，与破裂方向几乎垂直，夹角为86°。左侧上部向破裂面，下部向背面有鳞状疤，各疤相互连接边缘因严重磨蚀而变钝。下端两层疤，都是向背面的，疤痕分别为三角形和梯形；单凹刃刮削器，自然台面、打击点和半锥体模糊，右侧和下缘各有一个较大的疤，小疤连贯，主要见于破裂面，背面也有几个不连贯的疤，使刃缘微内凹。

出于第6层的人工石器有4件，其中刮削器3件，尖状器1件，系白土山组。其中一件刮削器的自然台面、打击点和半锥体清楚。左侧大部分为砾石面，其下部和端边均向背面几近垂直打琢，且均有两层小疤。近缘细碎，远缘浅宽。腹背两缘有极小的破碎痕迹，右侧中上部两面有小疤，边缘扭曲。第二件刮削器为单直刃刮削器，很像砸击石片，砸痕见于上端，有清楚的剥落碎屑痕迹，使裂片上部变得不平，呈多阶状，其右侧和下端的背面有细匀的小疤，边缘较直。另一件刮削器为单直刃刮削器，在裂面上有几块浅凹而长的疤，背面基本保留砾石面，其右侧有两层疤。近缘细碎，远缘较大而宽，系向破裂面击打，尾端两侧缘有不连贯的细疤。尖状器为正钝尖尖状器，该标本可能是锤击石片。左侧背面只有一层浅平的小疤，打击方向较斜，刃缘匀称，呈缓弧形。左侧小疤见于中上部，系垂直打击，疤长而浅，至前端相交成钝尖，尖端有宽1毫米的叶形疤，使尖变薄。

出自第4层的人工石器有7件，包括石核1件，刮削器5件，尖状器1件。石核系多面体石核，这是一件多疤的石块，局部保留砾石面。顶面观，其左侧疤因后来的打击而变得不完整，但仍可见部分同心波，由此可辨破裂方向。其腹背两面都有剥片痕迹，

[1] 姜鹏：《吉林省旧石器时代考古概说》，《东北亚历史与考古信息》1993年第1、2合刊，第1～12页。

腹面的打击点清楚，此外还可以见几个疤。刮削器可分为凹刃刮削器、凹缺刮削器、复刃刮削器、两刃刮削器、凹凸刃刮削器。凹刃刮削器的自然台面、打击点和半锥体依稀可辨。背面有多块较大的疤，右侧背面凹缺内有细疤。凹缺刮削器为平坦裂面的小石块，细疤见于左侧的破裂面上，由于受力的轻重不一，边缘显得曲折。复刃刮削器的台面为自然打击，打击点在台面棱背的前缘上，半锥体较凸，背面有两块浅平的石片疤，破裂方向大体与破裂面一致。由背面观，左侧是向破裂面的，边缘较直，前端和右侧是向背面的，他们边缘虽较曲折，但小疤是连贯的，都是凸刃。两刃刮削器的打击台面、打击点和半锥体不明显，但有弧形凹窝和清晰的放射线，其背面有明显打击痕迹，留下三块长形和叶形的疤。其左右两侧均为凸刃型，两面均可见细疤，右侧基本上见于破裂面。凹凸刃刮削器，右侧有以砾石为台面，向破裂面作重击打击，疤短宽，下端有坎，是打片不成功的痕迹。其左侧背面有小疤，使边缘不平，类似两个短斜刃，但中间稍突，只有一层疤，多短宽，呈凹凸型；钝尖尖状器，打击台面、打击点和半锥体清楚，放射线稀疏，小疤主要见于台面相对的边上，见于背面的近缘。左侧仅重击了一下，成一凹缺与右侧相交成钝尖，尖端两面有小疤。

这批发现于砂砾石层中并有打击痕迹的石制品，表面同时又有较为明显的冲磨痕迹，但是考虑到，在7件石片中有3件是打击台面，有2件正反两面有同向打击痕迹，使用转向打法和重复的同向打击都是人工石制品常见的特点，其石片角相对稳定，最大的为108°，最小为97°，反映了在剥离母体时有一定的倾斜，与压挤垂直造成者不同。此外，作为石器，其加工有一定的部位，且有主要的加工方式。综合以上分析，发掘者倾向于认为他们是人工制品，至少目前没有足够的证据肯定他们是自然力造成的。[1]

（三）蛟河砖场遗址

新乡砖场遗址位于吉林市东北部的蛟河盆地北缘拉法河二级阶地上，高出附近地面约10米，西望拉法河。地属蛟河市拉法镇新乡村，北距拉法乡约3千米，南距蛟河市约6千米，东距长春—图们铁路线约100米。地理坐标为北纬43°48′，东经127°20′。遗址长约60米，宽约30米，总面积在1800平方米左右。1991年春，吉林大学考古学系的部分师生在吉林市地区进行旧石器考古调查时，首次发现该遗址；翌年夏，又对其进行复查。两次调查共发现6件石制品标本和较多的动物化石。[2]

据砖场常年取土形成的比较完整的地层剖面，及遗址堆积土质的岩性及包含物等

[1] 姜鹏：《吉林省旧石器时代考古概说》，《东北亚历史与考古信息》1993年第1、2合刊，第1～12页。

[2] 陈全家：《吉林市地区首次发现的旧石器》，《东北亚旧石器文化》，白山文化出版社，1996年，第247～258页。

特点，可将该遗址自下而上划分为6层（图八）。第1层为黄褐色砂砾石层，包含的砾石磨圆度较好，分选较差，最大砾石径20厘米，厚1米，未见底。第2层为灰绿色淤泥层，土质细腻，黏重，厚约0.5～2米。第3层为黑褐色泥炭层，夹灰绿色淤泥透镜体。第4层为红褐色黏土层，夹砂质透镜体，含石制品和动物化石，厚约0.5～2米。第5层为浅黄色蒜瓣状亚黏土层，未见任何文化遗物，厚约1～2米。第6层为黑色土壤层，包含有近代瓷片等，厚约0.5～0.8米。从地层的岩性特征及包含物分析，第1、2层应为河湖相堆积，到了第3层时，湖水退缩，形成了沼泽，部分地方存有小泡子。从第2、3层之间的冻融现象看，当时的冬季是比较寒冷的，季节分明。到第4层时，小水泡子也已经消失了，大量的动物在盆地内觅食栖息，当时人们在此进行着狩猎和采集活动。

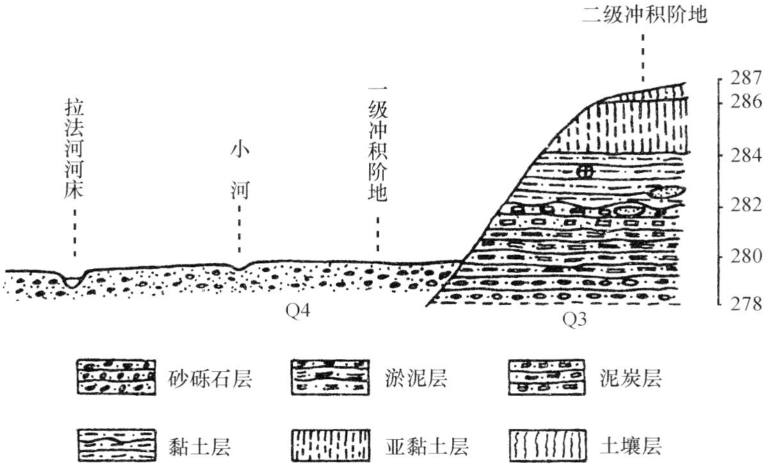

图八　蛟河砖场遗址地层剖面图

采集到的6件石制品皆以砾石为原料，见有黑色的角页岩、硅质灰岩和火山凝灰岩。除一件石制品的修疤有轻微的水磨痕外，其他石制品片疤棱角分明，均未被水冲磨过。石制品毛坯均为块状，采用锤击法和碰砧法打击石片，采用锤击修理法进行交互、复向加工而成，修理比较粗糙。石制品可分初级产品和工具两类，器类有石核、砍砸器和手斧，而不见刮削器等，均为大型工具，不见小型者，石器工具的平均长度为142、宽109、厚61毫米。

石核4件，按照剥片方法的不同，可以分为锤击石核、砸击石核和碰砧石核三类。锤击石核2件，原料为硅质灰岩。石核经两次使用，前一次使用的石核为自然的单台面，工作面上至少可以见到三个剥片疤，其余被后一次打片所破坏，最大的片疤长110、宽55毫米。前一次剥片所产生的石片疤风化严重，表面呈灰白色，与砾石的表面颜色相同。后一次使用的石核为双台面，其中一个为自然台面，而另一个为打制台面，自然台面的工作面与前一次的工作面垂直相交，破坏了前一次的部分工作面。工作面上有多次打击的痕迹，疤痕重叠。而打制的台面是以前一次打片所留下的石片疤为台面，工作面上有两处小的片疤。后一次剥片疤的表面颜色呈深灰色，风化的迹象不明显，但表面有钙质胶结物。从两次剥片疤的风化程度来看，前后两次使用所形成的疤痕时间相距较远，可以说明前一次使用者将石核废弃后，又被后一次使用者捡来继续使用所致。砸击石核1件，以火山凝灰岩为原料。其砸击法有别于传统的平面垂直砸击法，而是将大而厚重的石核侧边放置在带棱脊的石砧上，然后用石锤砸击垫在石砧棱脊上的相对侧边，由于石核垫在石砧上，当石锤打在石核上时会使石核的两端同时受力，可同时产生石片，石片的破裂面上具有锤击打片的特征，有打击点、半锥体和台面，而不具备两极打片的特征。碰砧石核1件，以硅质岩为原料，呈长方形，横截面呈三角形，体积非常大，在其一端的侧边上有一大的剥片疤。打击点散漫，半锥体浅平，有清楚的放射线，片疤宽大于长。

工具仅有两件，砍砸器和手斧各1件。砍砸器以硅质灰岩砾石为原料，在砾石的锐棱上采用锤击修理复向加工而成，刃缘呈弧形，刃口较平齐。手斧以黑色的角页岩为原料，以砾石为毛坯（图九）。采用锤击修理法直接加工而成。其修理方法是先修理一个侧边，然后再修理另一侧边。每个侧边的修理均是先修理右面刃后再修理左面刃。器身左右基本对称，布满石片疤。在器身的中上部因左右修疤相交，形成一突起的棱脊。尖端的左侧边有许多小疤痕。器体的根部和器身的少部分保留有砾石面。器体的两侧边均作修理，其中左侧面修理完好，从修疤的先后关系分析至少经过三次修整。右侧面由于受节理的限制，只是修理出较小的修理面。从动态分析，其目的是要修理成规整的两面器“手斧”。虽然修理不甚规整，但已具备了“手斧”的特征，故暂将其归入“手斧”类。

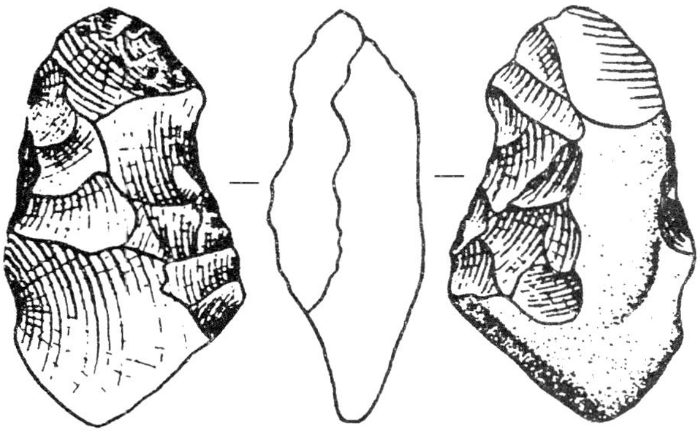

图九　蛟河砖场遗址的手斧

发现的动物化石主要有牙齿、角和肢骨等，均为哺乳类。经初步鉴定有3个种属：松花江猛犸象、马和牛。其中松花江猛犸象的骨骼最多，80%是松花江猛犸象的牙齿和肢骨，有15%是牛的炮骨和角，而马的掌骨仅占5%。大部分骨骼保存完整，而少部分的长骨，中间断裂，断口参差不齐，有可能是敲骨取髓所致。部分骨骼的表面有食肉动物的咬痕，而且主要位于骨体两端的骨松质处。

经北京大学考古学系实验室采用铀系法年代测定，新乡砖场出土的猛犸象牙标本的绝对年代为6.2±0.6万年。该数据与根据动物群的性质、文化遗存埋藏的层位，以及手斧的原始特征等推测的年代基本吻合，因此文化层的地质年代应为晚更新世早期偏晚，相当于旧石器时代中期的晚段。[1]

（四）蛟河仙人桥洞遗址

仙人桥洞遗址位于吉林省蛟河市拉法镇小砬子山仙人桥下。小砬子山地处蛟河盆地北缘，由七个较大的山峰组成，主峰海拔577米。仙人桥处于小砬子北侧，海拔481米。整个山体由花岗岩组成，局部地方存在伟晶岩。拉法河在小砬子山的西边由北向南穿过，最后注入松花湖。南侧是开阔的蛟河盆地，水系非常发育。仙人桥洞的洞口现高0.75、宽1.8、长13.1米。洞口朝向西北方。从洞的成因来看，应该是构造坍塌洞。该遗址南距蛟河市约10千米，西南距拉法镇约1.5千米，北距新站镇约5千米。地理坐标为北纬43°50′，东经127°20′。1993年夏，吉林大学考古学系师生在蛟河市调查时，首次发现了这处旧石器时代遗址，并在洞口附近进行了试掘，发现了人类用火遗迹和石器。试掘面积很小，仅1.5米×1.5米，未清理到底。[2]

从地层的岩性特征分析，该地点的地层堆积自下而上可以划分为3层。第1层为黄色亚黏土夹碎石层，土质较硬呈黄色，堆积较厚。出有大量的红烧土和炭屑，局部地方有灰烬堆积，还出土了两件石器，未见动物化石，堆积厚20厘米，未见底。第2层为黄褐色亚黏土夹碎石层，土质较硬，呈黄褐色。包含有较多的红烧土碎块和岩屑，在其底部局部见有灰烬堆积。碎石块较多，大小不等，未出土石器和动物化石，厚53厘米。第3层为含碎石的腐殖土层，土质松软，呈黑色。出有近代的陶瓷片，厚53厘米。根据地层堆积和岩性特征来看，第1、2两层大体相同，其年代也应相近，由于试掘面积有限，在第2层内虽然未发现文化遗物，但存在用火遗迹，可以证明当时人类在此继续居住。第3层则是近现代堆积层。

受试掘面积限制，所获文化遗物数量较少，只有两件石器。这两件石器分别为尖状器和刮削器（图一〇）。尖状器以灰绿色的硅质岩为原料，以锤击石片为毛坯，长51、宽70、厚10毫米。石片台面小，为有疤台面。破裂面的打击点不集中，半锥体浅平，有清楚的放射线。背面可见三个较大的横向剥片疤，据疤痕分析，该毛坯的剥片为转向打法。该工具的尖刃位于毛坯的右侧，采用锤击加工修理。端边修理是向背面加工，而侧边的修理主要是向背面加工，也有三个剥片疤是位于破裂面，修疤比较浅平。刮削器以细粒花岗岩为原料，以锤击石片为毛坯，台面呈点状，背面有一条棱脊，截面呈三角形。破裂面有清楚的打击点、同心波、放射线和半锥体，工具的修理采用锤击法，由破裂面向背面加工，修疤较小。

---

［1］　陈全家：《吉林市地区首次发现的旧石器》，《东北亚旧石器文化》，白山文化出版社，1996年，第247～258页。

［2］　陈全家：《吉林市地区首次发现的旧石器》，《东北亚旧石器文化》，白山文化出版社，1996年，第247～258页。

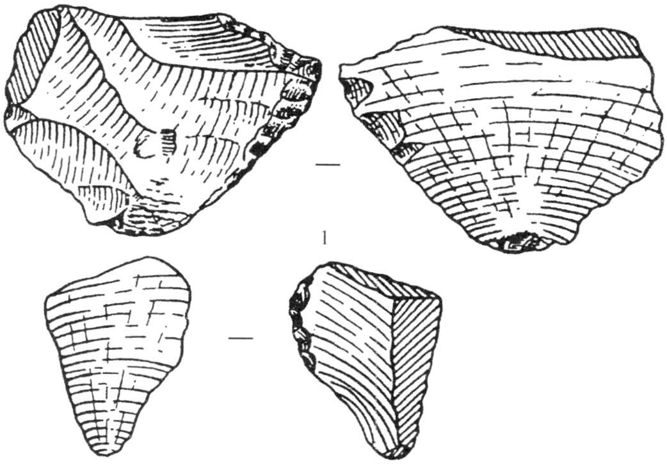

图一〇 蛟河仙人桥洞遗址的石制品
1. 尖状器 2. 刮削器

仙人桥洞遗址内仅发现有打制石器，尚未见到其他遗物。根据洞穴分布的高度、堆积的岩性和石器特征等分析，其地质时代应该属于晚更新世晚期或略早一点，所以暂定为旧石器时代晚期。

（五）榆树周家油坊遗址

周家油坊遗址坐落于吉林省榆树市西南18千米周家油坊村前河谷阶地上，地理坐标为东经126°21′，北纬44°43′。周家油坊位于松花江和拉林河之间的一块黄土台地，台顶较为平整，高出松花江面50～70米。台地已被松花江和拉林河切割得支离破碎，形成起伏不平的岗垄地形。周家油坊村前的一条小河从东北向西南注入松花江，河流两岸形成了明显的两级阶地。石制品和动物化石主要发现于二级阶地的下部。二级阶地高出河床8～12米，由晚更新世地层组成，相当于顾乡屯组。下部以灰绿色蓝黑色淤泥为特征，有时相变为灰色、灰黑色淤泥质亚砂土及黄色砂层。

周家油坊因盛产第四纪哺乳动物化石而闻名中外，并引起国内一些考古、地质和古生物学者先后多次前来考察。第一次调查是在1951年，东北工学院地质系师生在这一带采集到一批哺乳动物化石，还发现经人类加工的石片1件、人的胫骨化石1根和顶骨碎片化石两块。[1]1956年，裴文中教授和吉林省博物馆的同志在这里调查时又获得了1枚幼儿臼齿和一批哺乳动物化石及石制品，并把人类遗骸化石称为“榆树人”。后

［1］ 参见尤玉柱、张振标、李毅、李西坤、张普林：《吉林前郭查干泡发现的人类化石与古生态环境》，《史前研究》1984年第4期，第70～74页。邱中郎：《含氟量分析在中国几种人类化石上试用的初步报告》，《古生物学报》1965年第4期，第65～72页。

因层位不清和人顶骨化石含氟量较低，而难以确定准确时代。[1]为了解决榆树动物群的层位问题和探索有关古人类活动的遗迹，1977年吉林省地质研究所和吉林省博物馆等单位在这里进行了发掘，共发掘了七个地点，除第三地点外，其他六个地点都出土了较多的化石，同时在第一、二、四、七各地点的上更新统原生地层中还发现了石制品、骨器和哺乳动物化石，[2]具有极为重要的学术意义。

1977年在周家油坊遗址发现的石制品共发现20件。其中有15件是出土于第一地点的地层中，其余5件则为采集所得。石制品的原料是主要来自于附近松花江边的玄武岩、石英闪长斑岩、脉石英、流纹岩、细晶岩。石制品以中小型为主，重量最大的为346克，最小的11克。石制品的种类有石核、石片、石屑、刮削器、尖状器等（图一一）。

石核2件，盘状石核和棱柱状石核各1件。盘状石核以石英闪长斑岩为原料，重75克。围绕石核四周向两面中心打击，形成中间厚四周薄的特点。两面分别有5、6个石片疤，打击点是互相错开的。石核利用非常充分，几乎不能再用以产生石片。棱柱状石核呈四棱柱状，系用一较大的粗粒玄武岩砾石打制而成，一端的侧面还留有砾石的磨圆面，重346克。各方向都有打击石片的痕迹。石片共计5件，有利用自然砾石面打击的石片，也有打制台面的石片，亦发现利用石核棱脊打成的石片。其中一件石片的背面由三个石片疤形成一个棱脊，右侧缘有明显使用痕迹，可能曾作为刮削器使用。不成形的石屑较多，达10件。

工具共计3件，均为采集所得，其中刮削器2件，尖状器1件。刮削器可分为菱形刮削器和指状刮削器两类，皆采自周家油坊西沟。菱形刮削器以含针状长石斑晶的玄武岩为原料。腹面为沿天然节理的破裂面。下端有一石片疤是为了削薄成刃而打去的，其他均为从破裂面向背面加工。下侧和左侧分别有两、三个石片疤，组成粗糙的刃口。上侧轻击四下，形成锯齿状锐刃，并有使用痕迹。另一件刮削器的原料为白色半透明脉石英，呈三棱形。腹面为一平滑的节理面。同样主要是从破裂面向背面加工。围绕左右下方有一系列的小石片疤，在右下方形成一个圆弧形凸刃。尖状器以石英闪长斑岩为原料，器形比较规整，整体呈心形。腹面半锥体十分明显，只是右下方沿节理面破裂成一向内倾的斜面。背面的下部中间有一个较为明显的石片疤。这件石器的尖端两侧有一系列小石片疤，经过两面修理，而不是由破裂面向背面的单向加工。

该遗址发现的有人工加工和使用痕迹骨片和骨器较多，达51件。其中层位明确的有28件，分别出自于第一、二、四、七地点。此外还有一些具有打片痕迹的披毛犀等动物肢骨化石。除一件以猛犸象门齿为原料外，大部分系用大型哺乳动物的管状骨制成。制法多样，采用了直接打击法、刮削、璇刮、错磨、锯错等方法。骨器最长的为

[1] 陈全家：《榆树周家油房地点》，《东北古代民族·考古与历史》，吉林大学出版社，1998年，第188、189页。

[2] 孙建中、王雨灼、姜鹏：《吉林榆树周家油坊旧石器文化遗址》，《古脊椎动物与古人类》1981年19卷第3期，第281～290页。

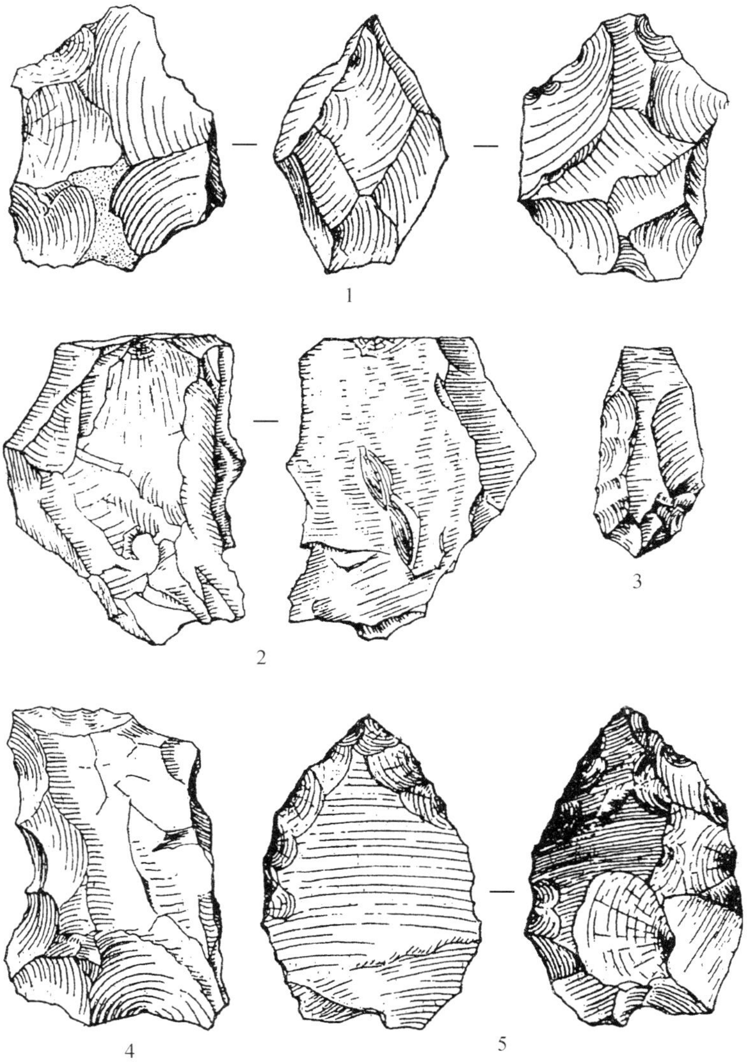

图一一　榆树周家油坊遗址的石制品

1. 盘状石核　2. 石片　3. 指状刮削器　4. 菱形刮削器　5. 尖状器

265毫米，最短的为75毫米。主要器型有象牙铲状器、骨刮削器、骨尖状器、骨挖掘器和骨矛头铤等（图一二）。象牙铲器1件，原料为猛犸象门齿的釉质层。在背面右侧有一个打片的疤痕，以形成锐刃。由于长期使用，铲器两面都有磨光面，背面左上方磨得十分圆滑明亮，腹面右上方也有部分磨光。骨圆头刮削器1件，以动物骨片加工而成，端部的弧形锐刃由腹面向背面采用单向打击而成。骨矛头铤1件，矛头尖端已缺损，仅残存铤部。以动物管状骨骨片为原料。在下侧两边各打出一个缺口形成铤肩，而且背面右下侧缺口在打片之后还采用璇刮的方法使其十分光滑。背面右下端经双向加工形成对称的铤尖。背面中部有几道啮齿类动物门齿咬啮的浅沟痕迹。骨尖状器数

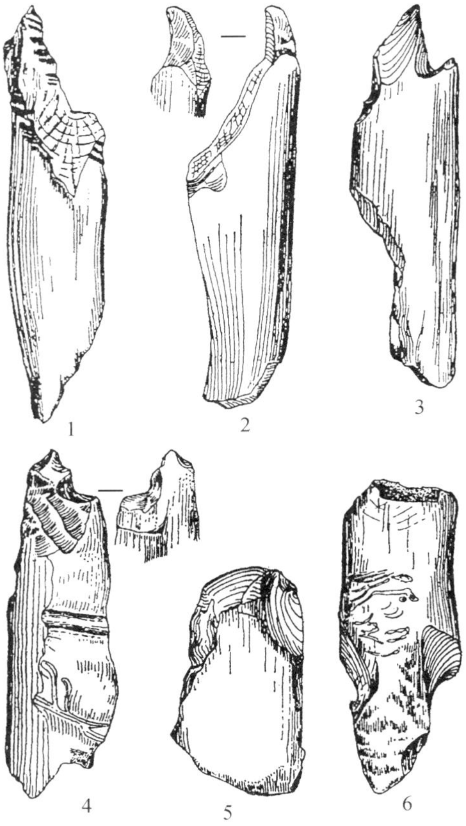

图一二　榆树周家油坊遗址的骨器
1～4. 骨尖状器　5. 象牙铲状器　6. 骨矛头铤

量较多，尖部较为锋利。特别值得一提的是，其中两件尖状器采用雕刻器打法制作而成。一件先从左上方打去一大片，然后从上方向下打下一片，从而形成歪尖，右侧再错成鹰嘴式；另一件是由右上侧由上向下打去一片，左侧经刮削而成歪尖。骨挖掘器共发现5件。这些挖掘器都是尖端磨光而其他部位则棱角具在，显然不能用流水冲磨来解释。

与文化遗物共存的哺乳动物化石共有12种：分别为披毛犀、真猛犸象、松花江猛犸象、最后鬣狗、虎、蒙古野马、东北野牛、原始牛、驼鹿、东北狍子、华北鼢鼠、普氏羚羊。这些动物都是猛犸象——披毛犀动物群中的常见种。猛犸象——披毛犀动物群是一个公认的、典型的冰缘动物群，表明当时的气候比较严寒，而且“榆树人”以猛犸象——披毛犀动物群为狩猎的主要对象。

依据第一地点文化层中出土的树枝化石的碳十四测定结果，周家油坊遗址的年代距今大于4万年，应该属于旧石器时代的晚期。

（六）榆树大桥屯地点

大桥屯地点位于吉林省榆树市刘家乡大桥屯的黄土台地上，南距周家油坊约2千米，东北距榆树县城16千米。地理坐标为东经126°20′，北纬44°43′。黄土台地标高200～220米，被小河切割成为起伏不平的岗垄地形。

1988年9月，当地村民在大桥沟发现一批哺乳动物化石。榆树县博物馆和吉林省文物考古研究所闻讯后，立即派考古人员前往现场调查。从发现的动物化石和一件石制品分析，认为这是一处旧石器时代晚期人类曾经活动过的场所。为进一步探索有关古人类的活动遗迹，吉林省文物考古研究所于同年11月对该地点进行了试掘，获得了一些文化遗物和相当数量的哺乳动物化石。[1]

1999年春，长春市文物保护研究所与吉林大学考古学系对该遗址再次进行调查，

［1］　姜鹏：《吉林榆树大桥屯发现的旧石器》，《人类学学报》1990年第1期，第9～14页。

共发现哺乳动物化石22件，其中3件遗有人工痕迹，未发现石制品。[1]

拉林河的支流自北向南流经该地点，河流两岸发育着不对称的两级阶地。二级阶地高出河面10米左右，一级阶地高出水面约5米（图一三）。二级阶地的沉积物主要由灰绿色淤泥质中细砂组成，内含有大量的哺乳动物化石。一级阶地下部为灰黑色淤泥质亚砂土、砂组成，上部为灰色、灰黄色亚黏土互层，水平层理较发育，属河漫滩相。地层状况与周家油坊一级阶地组成物质相同。参考周家油坊一级阶地下部含树枝碳十四测定年代数据（距今7380 ± 100 ~ 6060 ± 100年），一级阶地沉积物应属全新世的产物。大桥屯地点的文化遗物和大部分哺乳动物化石，出自于全新统地层中。从该处动物化石与邻近地区的顾乡屯组出土的哺乳动物化石种属相似、石化程度相仿和部分化石表面具有水磨痕迹来看，这里的文化遗物和动物化石应是从顾乡屯组经过搬运的次生堆积，因此仍把这些遗物看作是旧石器时代的文化遗存。

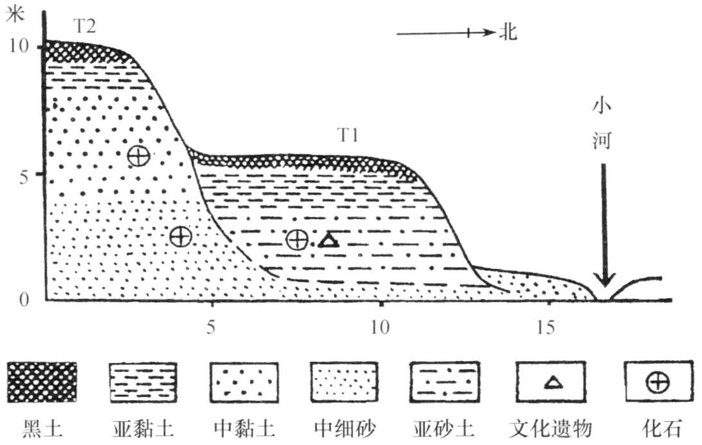

图一三　榆树大桥屯地点地层剖面图

大桥屯地点石制品的原料有石英岩、脉石英、石英闪长斑岩、硅质岩，其中石英岩、脉石英最为多见。打片技术都是采用锤击直接打法，修理工具的方式主要为向背面加工。共发现石制品17件，器类有石核、石片、刮削器、尖状器和砍砸器（图一四）。工具所占比重较大，达石制品的47%，其中刮削器的数量最多。

石核6件，可分为单台面石核和多台面石核两种。单台面石核2件，以石英岩和脉石英为原料。石核上的打击点较为集中，放射线比较清楚。台面未经修理，工作面上的石片疤不多。多台面石核4件，至少有2 ~ 3个台面。原料有石英岩、脉石英和石英闪长斑岩。其中一件台面经过修理，台面上可见多块石片疤，其余3件为打击台面。石片3件，两件为梯形，另一件形状不规则。刮削器的数量较多，共计5件。根据刃部形

[1] 长春市文物保护研究所、吉林大学边疆考古研究中心：《长春地区（99）发现的动物化石和旧石器》，《北方文物》2003年第2期，第1 ~ 9页。

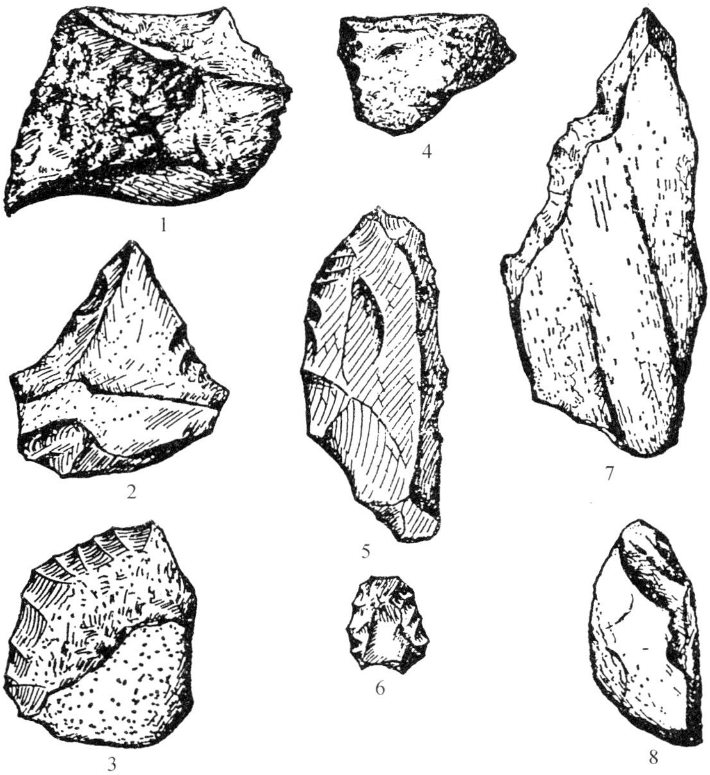

图一四　榆树大桥屯地点的石制品和骨角制品
1. 多台面石核　2. 尖状器　3. 砍砸器　4. 单直刃刮削器　5. 单凸刃刮削器　6. 圆端刃刮削器　7. 骨尖状器
8. 象牙单凸刃刮削器

状，可分为直刃刮削器、圆刃刮削器和端刃刮削器。其中单直刃刮削器1件，为石英岩石片制成。由破裂面向背面加工成直刃。刃缘平直，刃口较锐利，刃口经过修理，可见鳞片状修理疤；单凸刃刮削器2件，为黑色硅质岩和石英闪长斑岩制成。其中一件标本的刃口在左侧，是由背面向破裂面加工而成。从刃口上遗留的许多浅平的小石片疤可以看出，刃口经过细致修理，呈缓弧形凸刃，刃口不甚平齐。圆端刃刮削器2件，分别以石英岩和脉石英为原料。在石片左侧交互加工成弧形的刃口，刃口较为锐利。尖状器2件，原料为石英岩和脉石英，均为片状毛坯。两件尖状器皆为正尖尖状器，都是由两侧面向背面加工并相交于一端而形成一尖刃。标本背面前端可见一明显的纵脊，横断面呈三角形。砍砸器1件，系单凸刃砍砸器。原料为石英岩，由石核制成。刃口在左侧，由背面向破裂面加工而成，刃口上遗有大小、深浅不一的石片疤。

在地层中发现了大量的碎骨，部分碎骨上面有人工打击和加工的痕迹，碎骨的打法多为从骨内壁向外壁打击。人工打击过的碎骨共35件，其中加工成器的2件。一件骨制品为尖状器，系用动物胫骨打下的骨片制成的，骨片远端两侧由骨内壁向外壁加工成相交一端的尖刃；另外一件为象牙单凸刃刮削器，用猛犸象门齿釉质层残片加工而成。由牙齿外壁向内壁加工成弧形刃口，刃口较钝，但见有使用痕迹。

该地点发现了较为丰富的哺乳动物化石，但是由于保存较差，绝大部分已成碎片。据观察，许多化石表面上遗有人工和动物咬啃的痕迹。经鉴定计有鸟类1种，哺乳类16种：分别为棒鸡、东北旱獭、狐、狼、最后鬣狗、真猛犸象、松花江猛犸象、普氏野马、马、披毛犀、河套大角鹿、东北马鹿、野猪、东北狍子、野牛、普氏羚羊、蒙古野驴。以上这些哺乳动物化石，均属于东北地区晚更新世猛犸象——披毛犀动物群中常见的种类。除猛犸象、披毛犀、最后鬣狗和河套大角鹿等是为数不多的绝灭种外，大部分为现代动物群中的属种。从各类动物的比例来看，以食草类为主。从大桥屯动物群的属种来看，都是榆树动物群中常见的喜冷性动物种类。从哺乳动物化石的生态环境分析，当时大桥屯一带应该是草原茂密，森林稀少的疏林草原环境。从文化遗物和动物化石的层位来看，大桥屯地点不应该是旧石器时代人类的居住址，这些种类、数量众多的化石如此集中，当与经搬运再沉积有关。

榆树大桥屯文化遗物和动物化石均出自于同一个地点的一级阶地地层当中，其形成时代当属全新世。但是从石、骨制品和动物化石的特点及性质分析，他们应属于旧石器时代晚期的遗物，主要依据是：第一，大桥屯出土的石器，以石片工具为主，类型以刮削器居多，以单面加工和锤击为主，这些特点具有我国旧石器工具的一般特征，所以大桥屯发现的石器应属于旧石器时代的遗物；第二，从骨制品分析，发现的骨制品现都已有一定的石化，骨器应在石化前制作，石化后骨骼或牙齿弹性小、脆性大，不适宜制作骨制品。依此推断大桥屯地点骨制品的时代应在距今万年以前；第三，根据大桥屯出土的动物化石种类和性质分析，大桥屯动物群的时代应属于更新世晚期，相当于旧石器时代晚期；第四，从动物化石表面上的啃咬痕迹分析，大桥屯发现被动物咬过的标本共103件，其中被最后鬣狗咬过的就有68件，占动物咬啮标本总数的66%。不难看出在更新世晚期，最后鬣狗在此地曾活跃一时，但在全新世来临时就不见它的踪迹了。这说明最后鬣狗咬过的标本，是更新世晚期的产物，与全新世无关。[1]

综合以上分析，大桥屯地点出土的文化遗物和动物化石，虽出自全新世地层中，但应属旧石器时代晚期遗存。

（七）长春红嘴子地点

红嘴子地点位于长春市郊幸福乡红嘴子村东南0.5千米的伊通河畔的一级阶地上，北距长春市8千米。地理坐标为北纬43°41′，东经125°15′。1987年，长春地质学院师生野外实习时，在该地点发现了猛犸象化石和石制品。随后，长春地质学院和吉林大学

[1] 姜鹏：《吉林榆树大桥屯发现的旧石器》，《人类学学报》1990年9卷第1期，第9～14页。

从事旧石器考古研究工作的人员前往调查并进行了试掘，又发现了一些石制品和哺乳动物化石。[1]

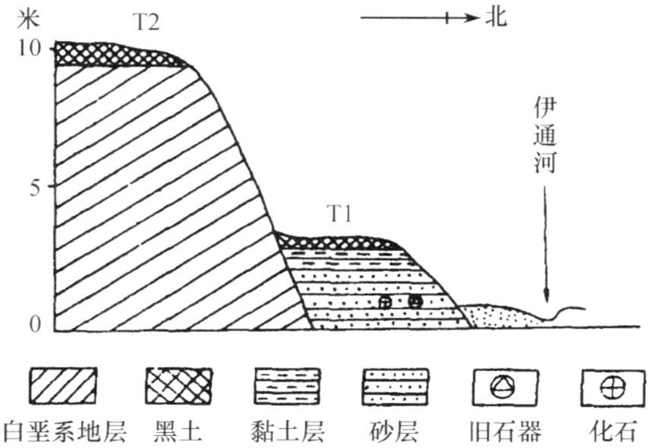

图一五　长春红嘴子地点地层剖面图

伊通河在平原区发育有两级阶地，二级阶地高于河水面约10米，海拔高度在200米以上，主要由白垩系泉头组含砾的砂岩、粉砂岩和粉砂质页岩、泥岩组成。一级阶地高出河水面约3米，下部为斜层理发育的黄褐色含砾砂层，上部为黑灰色粉砂质黏土层（图一五）。文化遗物及动物化石埋藏出自于下部的含砾砂层中。

石制品共计3件，其中石核1件，石片1件，刮削器1件（图一六）。石核系锤击石核，整体器形近似方形。长5.5、宽6、厚6厘米。原料为石英岩砾石。单台面，台面为平坦的天然台面，台面角94°。器体上遗有一完整的剥片疤，可见打击点、同心波、半锥体。石片系锤击石片，原料为水晶，

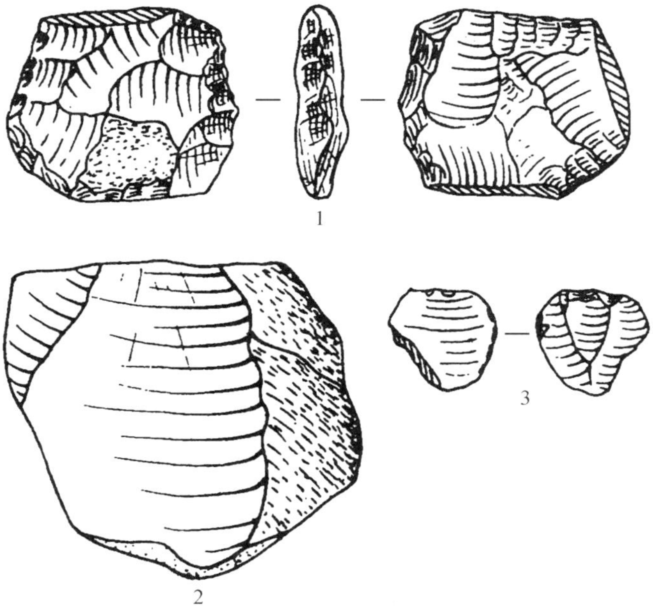

图一六　长春红嘴子地点的石制品
1. 两刃刮削器　2. 锤击石核　3. 锤击石片

[1]　程新民、陈全家：《长春郊区红嘴子发现哺乳动物化石和旧石器》，《长春地质学院学报》1993年第2期，第71～78页。

器体小而扁薄，整体呈心形，横截面呈梯形。长1.8、宽1.9、厚0.5厘米。石片的台面为素台面，台面角为93°。破裂面上见有打击点、同心波、放射线、半锥体，其中半锥体较平，后侧边缘有数个小疤。背面的台面脊缘有一纵向的石片疤，从而形成两条纵脊。侧边有数个小疤，可能为使用所致。刮削器呈方形，器体扁薄。以酸性火山岩为原料。采用锤击法两面加工修理而成，除一个对角边保留有原石皮外，其余部分均经过修理，修疤长而浅平。刃缘曲折，不甚平齐。整体观之，这件标本的加工较为细致，但是刃口特征表现出一定的原始性。

同石制品共出的哺乳动物化石共有25件，其中可鉴定的种类有真猛犸象、松花江猛犸象、棕熊、东北野牛。这些动物是东北地区晚更新世猛犸象——披毛犀动物群中的常见种。猛犸象——披毛犀动物群是一个公认的、典型的冰缘动物群，表明当时为寒冷的冰缘冻土地带的气候环境。

虽然化石埋藏的层位属于全新世，但文化遗存和动物化石应该是经短距离搬运再沉积而成的，3件石制品及化石表面轻微的水磨痕迹也证明了这一点。考虑到出土的哺乳动物化石为标准的晚更新世动物群，所以其原生层的地质时代应为晚更新世晚期，相当于旧石器时代晚期。[1]

（八）长春合发砖厂地点

合法砖厂地点位于吉林省长春市五棵树镇西南郊的松花江二级阶地上，西距西流松花江1500米，海拔为181米。地理坐标为北纬126°09′，东经44°08′。1999年，长春市文物保护研究所和吉林大学考古学系联合对长春市郊区进行旧石器考古专题调查时发现该遗址，获得石制品1件、骨器1件及部分动物化石。[2]

该地点的地层堆积自上而下可划分为7层（图一七）。第1层为黑土层。富含植物根茎，厚约0.8～1米。第2层为黄色亚黏土层，厚约0.8～1米。第3层为浅黄色细砂层，水平层理发育，厚约2～3米。第4层为黄褐色亚黏土层，厚约5米。第5层为褐色的古土壤层，厚约1～2米。第6层为灰绿色黏土层，呈透镜体状，包含动物化石，最大厚度约6米。第7层为黄色细砂层，暴露厚度约3米，未见底。

发现的石器系短身圆头刮削器，保存完整（图一八，1）。长22、宽19、厚7毫米，重量为4.3克。该标本的原料为燧石，以锤击石片为毛坯。台面系人工打制。破裂面经人工有意修理，已不见打击点和半锥体。背面可见一条纵脊。石器的修理采用了指垫法锤击修理，局部见有压制工艺。石片的两侧边经锤击法有破裂面向背向加工为

[1] 陈全家：《红嘴子地点》，《东北古代民族·考古与历史》，吉林大学出版社，1998年，第187、188页。

[2] 长春市文物保护研究所、吉林大学边疆考古研究中心：《长春地区（99）发现的动物化石和旧石器》，《北方文物》2003年第2期，第1～9页。

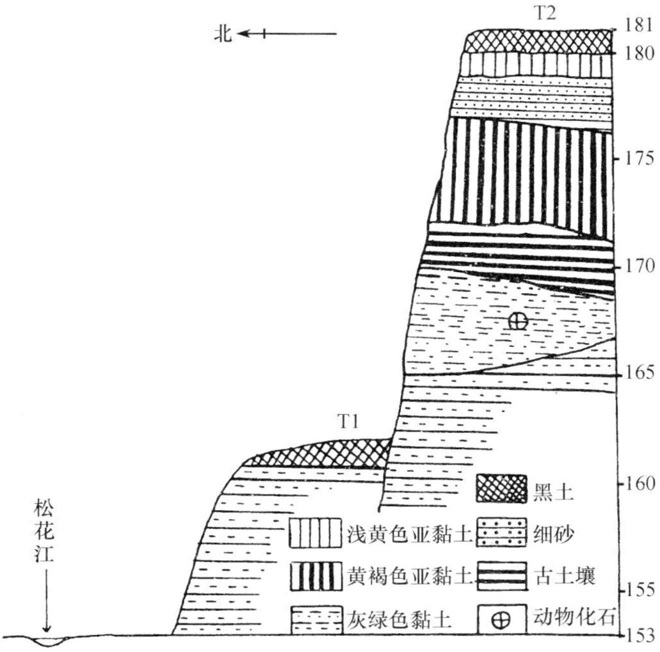

图一七　长春合发砖厂地点地层剖面图

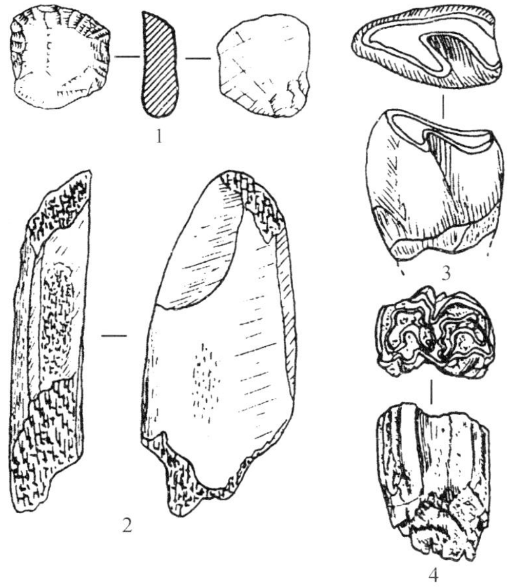

图一八　长春合发砖厂地点的石器、骨器和动物化石

1. 刮削器　2. 磨制骨器　3. 披毛犀左下第二前臼齿

4. 牛右上第二臼齿

平行的直边，修疤细小重叠。端刃系向背面加工为弧形，并采用压制修理。端刃和侧边可见有明显的分界线。左边角为70°，右边角为72°，端刃角稍钝，为81°。这件刮削器器形规整，加工精致。

骨器系用大动物的肋骨加工而成，尖部已残（图一八，2）。局部可见刮磨痕迹。可能为尖状器的残部。残长75、宽35、厚15毫米。

从该地点发现的刮削器加工特点来看，应属于北方小石器系统，同时又具有细石器的一些特征，结合发现有磨制骨器，而不见陶片这些情况，这一地点的年代应处于旧石器时代晚期之末。

（九）吉林西山遗址

西山遗址是吉林大学考古系师生于1991年春在吉林市郊进行旧石器时代考古调查时发现的，并在该遗址采集到石制品11件。1992年对该遗址进行复查时，又获得石制品5件。两次调查共获得石制品16件。

西山遗址位于吉林市郊的九站西山上，东南距吉林市约6.5千米，吉长铁路在山脚下穿过，西南约300米处为九站火车站。地理坐标为北纬43°57′，东经126°28′。该地点处于长白山系张广才岭的余脉与松辽平原交汇地带，其南侧是隆起的群山，北侧为山间冲积平原。东望松花江，江水由东向西流过，该段江转曲严重，致左岸因严重侵蚀而缺少二级阶地。石制品直接埋藏于高出松花江水面30米的三级阶地内的黄色亚黏土层中。该遗址受采石破坏较为严重，大部分的文化堆积已不复存在，现存留的面积仅50余平方米。[1]

虽未对该遗址进行发掘，但是据采石坑所提供的剖面，其地层堆积由下而上可以分为4层（图一九）。第1层为火山岩层，厚约20米，未见底。第2层为黄褐色亚黏土含角砾层，角砾轻度磨圆，部分棱角清晰，未见任何文化遗物，厚0.5米。第3层为黄色亚黏土层，土质胶结较好，石制品发现于此层，不见动物化石，厚约1.5米。第4层为黄褐色亚黏土含角砾层，土质较疏松，厚约1米，该层是在采石时，将下面的土层翻上来后形成的再生堆积。

通过考古调查，获得了石核、石片、石块、工具等石制品（图二〇）。这些石制品的原料有脉石英、硅质岩、黑曜岩、水晶，其中脉石英居多，占石器总数的75%，其次为硅质岩，黑曜石和水晶最少。大部分石制品表面程度不同的保留有砾石面。这些原料在江边的漫滩中均可以见到，亦可以证明原料来源于当地。石制品棱角分明，没有被水冲磨的痕迹。石器以片状毛坯为主，极少数为块状。打片方法以锤击法居多，兼有砸击法。修理均采用锤击法，除了自由式打法外，还运用了指垫法进行修

[1] 陈全家：《吉林市地区首次发现的旧石器》，《东北亚旧石器文化》，白山文化出版社，1996年，第247～258页。

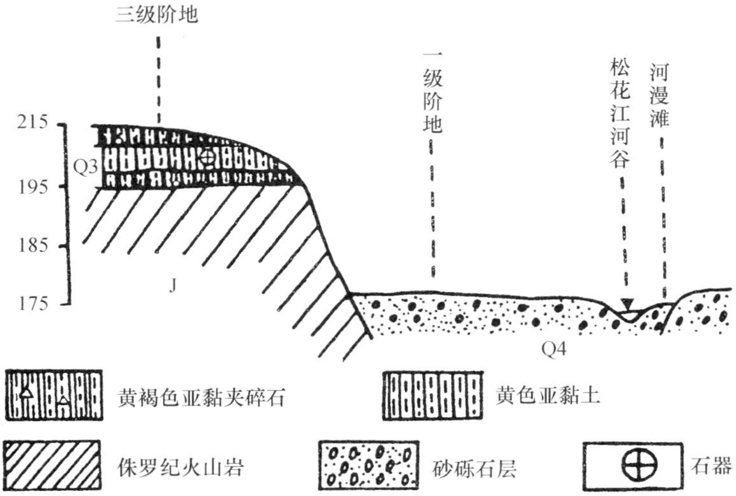

图一九 吉林西山遗址地层剖面图

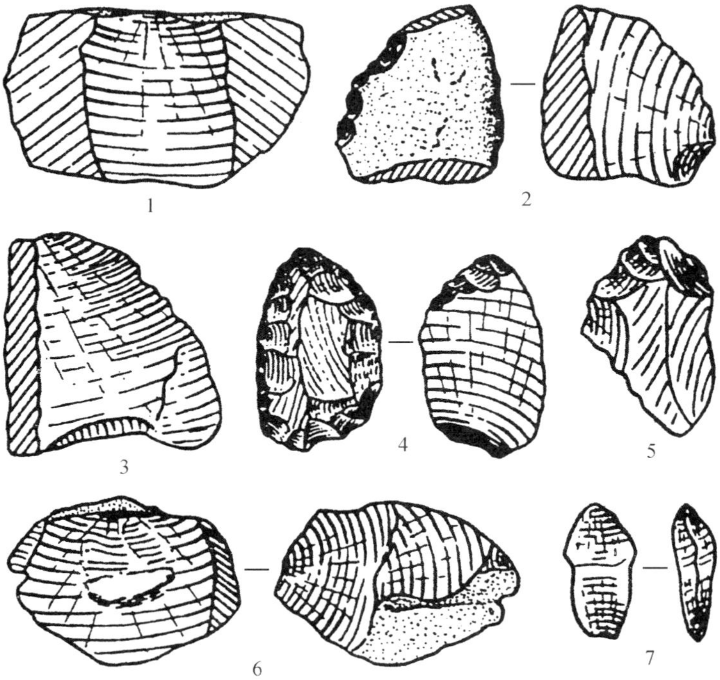

图二〇 吉林西山遗址的石制品

1. 单台面石核 2. 单直刃刮削器 3. 右半边石片 4. 尖状器 5. 单凸刃刮削器 6. 石片 7. 砸击石核

理。修理方式多为向背面加工，局部见有向破裂面加工。

石核共计3件，可分为锤击石核和砸击石核两种，后者居多。锤击石核1件，为单台面石核，原料系石英岩砾石，从石核上可见到一处清楚的剥片痕，以天然的砾石面为台面，打击点和放射线较为清晰；砸击石核2件，均以砾石为原料，整体形状呈枣核形，两端均有砸痕。石片5件，分完整石片和断片两种。完整石片2件，以石英和浅黄色的硅质灰岩为原料，采用锤击法打片，有小的天然台面。打击点集中，同心波和放射线不甚清楚，半锥体凸出，在半锥体的稍下处有一大锥疤。石片的背面有两个剥片后留下的阴痕，均由左向右连续打击而成。依完整的石片疤特征观察，打击点集中，半锥体小而凸，有放射线等。断片3件，均由打击点处纵向断裂而成，有左半边石片2件，右半边石片1件。断片的原料为紫色的硅质岩。从石片特征分析，台面进行了修理，向破裂面连续数次打击而成，台面形成了叠层疤痕。石片破裂面可见到打击点和半锥体，打击点集中，半锥体较凸，放射线不甚清晰。石片背面除保留部分的节理面外，还有一处与剥片方向相同的疤痕。石块4件，形状各异，大小不等，为打片过程中崩裂下来的碎块。除1件原料为水晶外，其余原料皆为石英。

工具共4件，可以分为刮削器和尖状器两种，以刮削器为主，不见砍砸器，其中尖状器加工的非常规整和细致，平均长度为43、宽13毫米，为小型工具。刮削器3件，均为单刃刮削器。据刃部形状，可进一步细分为单凸刃刮削器、单直刃刮削器。单凸刃刮削器2件。其中一件以石英岩为原料，片状毛坯，仍可看出石片毛坯的破裂面和背面来。破裂面不平，背面是天然的砾石面，比较光滑平整。这件刮削器采用锤击法反向加工，修理简单，修疤较大且浅平，刃缘弧度较大呈深弧型；另一件刮削器系用深灰色硅质岩石片制作而成。采用锤击修理正向加工，刃缘不规整，刃口呈锯齿型，修疤大小中等。单直刃刮削器1件，以石英为原料，以锤击石片为毛坯，破裂面上已不见打击点，尚可见半锥体。背面为天然砾石面。采用锤击修理正向加工，仅一个修疤为反向，刃缘不甚平齐。正向修疤小，加工距离近，反向修疤大，加工距离远。尖状器1件，以黑曜石为原料，质地细腻，制作精致。利用锤击石片加工而成，毛坯的破裂面可见同心波和放射线，台面和打击点部分被修理掉，背面有一条纵向的棱脊，由于背脊的控制形成了较长的石片。尖刃部分位于石片远端的正中，为正尖尖状器。修理采用锤击法，背面的尖刃部分均采用正向加工，而尖端的右侧少部分为反向加工。器体的两侧边均做了细致的修理，左侧刃较直，刃缘规整平齐，刃口薄锐。从修疤的特征分析，经过多次反复修整，修疤浅平呈叠层状，修疤大，加工距离远，应为指垫法修理。左刃呈弧形，修理稍差，刃缘不甚规整，修疤呈普通型，加工距离远，反向修疤浅平，呈叠层状，加工距离远。

吉林九站西山地点出土的文化遗存，埋藏于高出江面约30米的三级阶地内的黄色亚黏土层中，内涵仅见打制石器，不见新石器时代的任何因素。从上述特征分析，暂可将其地质年代定为晚更新世的晚期，下限不会晚于全新世，相当于旧石器时代晚期。

（十）辉南邵家店地点

辉南邵家店地点位于吉林省的东南部，地处通化市辉南县样子哨镇邵家店村东北的山坡上。其南为辉发河支流坦平河。遗址海拔为414米，相对高度200米。地理坐标为北纬42°27′05″，东经126°15′30″。该地点耕土层下即为基岩，不见石制品的原生层位。

2003年8月，吉林大学边疆考古研究中心部分师生在这一地区调查时发现该地点，并采集石制品8件；翌年6月对其复查，并进行了小面积试掘，又发现49件石制品。[1]两次所获石制品均为地表采集，未见其他人工制品和动物骨骼。

两次工作共获得石制品57件。原料可见石英、黑曜岩、蛋白石、燧石和流纹岩，其中石英和黑曜岩的数量较多，其次为蛋白石，其他石料较少。石英占石器总数的45.6%，且主要用于制作砸击石核和砸击石片；黑曜岩占31.6%，多用于加工工具，可见在制作石器时，对石料具有较强的选择性。石器表面棱脊分明，不见风化痕迹。除1件大石片和1件琢背刀外，其余石器均不超过50毫米，该地点的石器工业属于典型的以小石器为主体的工业类型。石制品种类有石核、石片、第二类工具、第三类工具等（图二一）。

石核发现7件。砸击石核居多，达6件，原料皆为石英。石核形状除3件近长方形外其余均不规则。石核两端薄锐，可见到砸痕。另一件为细石核，以带有白色斑点的肉红色燧石为原料，以石片为毛坯，整体为楔形，截面呈三角形。石核台面经从右向左修理平整，石核的右侧布满锤击修理后的疤痕。工作面右半部分可见3个剥片留下的细小疤痕，左半部分有一个从中部折断的石片疤。石片数量较多，达23件，占石制品总数的40.35%。原料以石英居多，其次为黑曜岩，蛋白石和燧石数量不多。该地点主要采用锤击剥片技术，其次为砸击剥片技术，仅1件石片采用间接剥片技术。根据剥片方法可以将石片分为砸击石片和锤击石片两类。前者数量较少，共计7件，皆以石英为原料。其中两端石片6件，另一件石片一端有砸痕，另一端为断口。形状不甚规整，破裂面内凹。锤击石片数量较多，共16件，其中超过半数以黑曜岩为原料。锤击石片中人工台面者8件，自然台面者仅3件，其余因为残断，情况不明。石片背面多为全疤，个别为岩石的节理面。其中完整石片和断片各8件。前者多为点状台面，仅1件为零台面。破裂面多内凹、半锥体缓平。黑曜岩者同心波和放射线清晰。根据断裂方向可将断片分为横断和纵断两类。后者3件，皆为黑曜岩，形状不甚规整，同心波和放射线较为明显；横向断片5件，又可分为近端、中段和远端，其中前者3件、后两者各为1件。断块15件，大多是剥片时崩裂的部分，形状不规整。

工具12件，类型较为简单，不见第一类工具。第二类工具（使用石片）2件，原料

[1] 陈全家、李有骞、赵海龙、王春雪：《吉林辉南邵家店发现的旧石器》，《北方文物》2006年第1期，第1～7页。

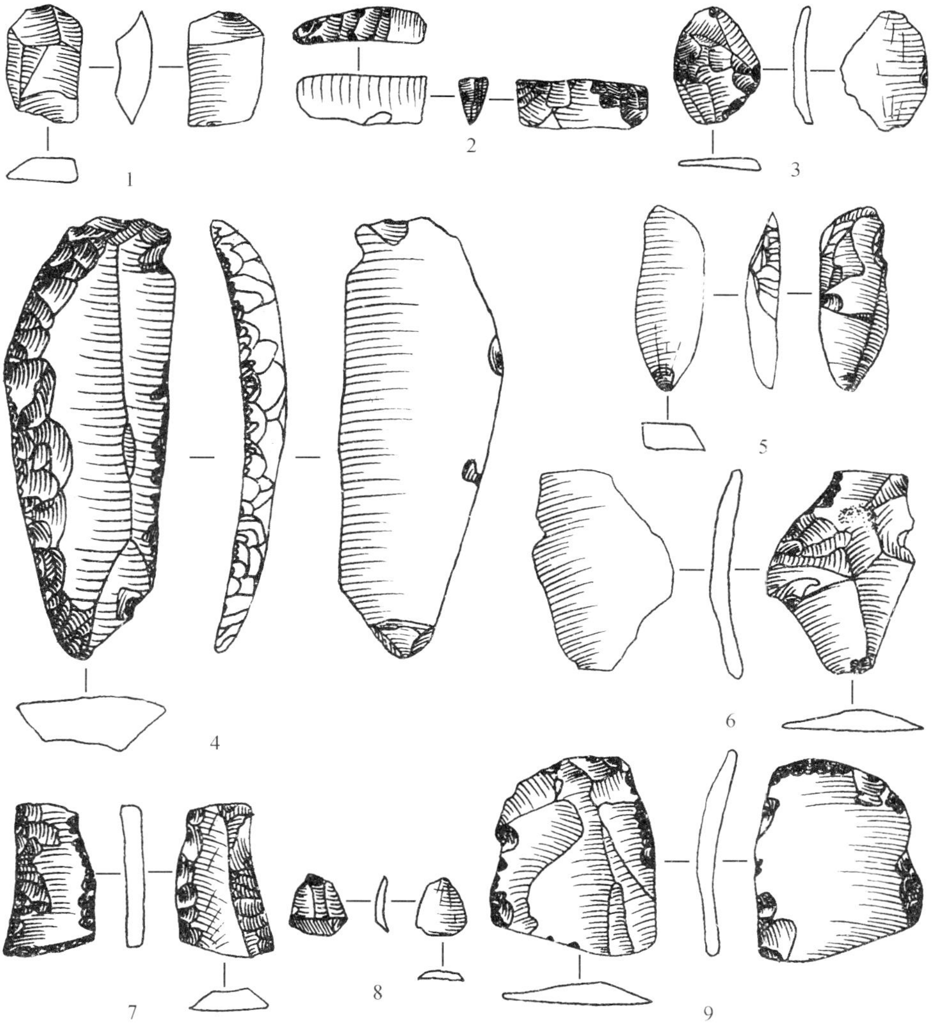

图二一　辉南邵家店地点的石制品

1. 砸击石核　2. 细石核　3. 砸击石片　4、5. 琢背刀　6、7. 刮削器　8. 锤击石片　9. 尖状器

为燧石，以锤击石片为毛坯，在远端的一角均被折断，背面均见有剥片疤痕。第三类工具以黑曜岩为主要原料，多以石片为毛坯，全部采用锤击法加工，正向加工居多，少数为复向加工。器类有刮削器、琢背刀和不典型的尖状器，以琢背刀最具代表性。刮削器5件，其中以石片为毛坯者3件，以石叶为毛坯者2件。据刃口的多少可分为单、双刃刮削器。前者所占比例较大，共计4件，根据刃口的形状又可分为直、凸、凹刃刮削器。直刃刮削器2件，以流纹岩石片和黑曜岩石叶为毛坯加工制作而成。凸刃刮削器1件，刃部呈弧形，采用锤击修理，正向加工，修疤浅平紧密规整。凹刃刮削器1件，原料为蛋白石，以石片中段为毛坯。破裂面微凹，背部可见数条纵疤。刃缘略凹，系正向加工。双刃刮削器仅1件，原料为黑曜岩，毛坯系石叶中段，两侧边分别修理成

凸、凹刃。皆采用锤击法修理，复向加工，修疤深浅不一，刃缘规整。该工具因经过长期使用刃口已变钝。尖状器1件，原料为黑曜岩，片状毛坯，略呈梯形。破裂面上放射线清晰可见，端缘见有修理的痕迹。背面有大的石片疤，直刃近尖处有修理痕迹。尖部采用指垫法修理，错向加工。局部既有正向亦有反向加工且无规律，刃部经长期使用已变钝。琢背刀3件，以黑曜岩为原者2件，石英者1件。为方便装柄或把握，此类工具只修理与刃相对的背侧，而刃部不作修理。其又可分为装柄和不装柄两种。前者1件，以黑曜岩的石叶为毛坯，柳叶形。放射线和同心波较为明现，背面有双脊，截面呈梯形。刀背采用锤击修理，多为正向加工，仅一处为反向加工，可能系误打所致，可见3层密集的石片疤。刃部未作修理，可见使用疤痕。在刃部的一端有一凹缺，可能是为固定绑柄之用。不装柄的琢背刀2件，皆以石片为毛坯，此类工具如果用拇指和中指夹住刀身，食指摁住刀背，十分利于切割。此外，还采集残断的工具1件，已无法辨认其器形，器体上可见连续的修理疤痕。

辉南邵家店地点不见磨制石器和陶器，工具加工精致，且含有细石器工业组合的琢背刀，石制品具有中国北方主工业类型的典型特征，其年代应为旧石器时代晚期。

（十一）抚松仙人洞遗址

抚松仙人洞遗址坐落于吉林省白山市抚松县东南二千米的马鹿沟内，地理坐标为北纬42°18′，东经127°17′。仙人洞洞口朝南，洞口处最高约3米，海拔高度为551米。1992年和1994年，吉林省抚松县文物管理所曾对该洞穴遗址进行过两次调查，发现一批最后鬣狗、披毛犀、野马和马鹿等哺乳动物化石。吉林省文物考古研究所后来对其复查，又获得了一些动物化石和石制品。[1]

仙人洞为发育于震旦系的石灰岩溶洞，洞内堆积层次简单且清晰，自上而下可分为3层。第1层为黑褐色土，土质疏松，夹有碎石，厚7～10厘米。第2层为黄灰色亚黏土，土质黏性较大，未见文化遗物和动物化石，厚约5厘米。第3层黄褐色亚黏土，土质黏，含有石制品和哺乳动物化石，厚13～20厘米。

该遗址发现的石制品共计5件，有石片、刮削器和砍砸器三种（图二二）。石制品以石英斑岩和玄武岩为原料。石片2件，均为锤击石片。石片的原料一件为玄武岩，另一件是石英斑岩。工具均以石片为毛坯，类型以刮削器为主。刮削器共发现2件，均为单刃，依刃部形状，可分为单直刃刮削器和单凸刃刮削器，在刮削器的背面见有较多锰的染色体。单直刃刮削器器体近似三角形。系打击台面，因打击之故，在破裂面中部形成一脊，在其左侧由背面向破裂面采用锤击法修理成刃，修理疤较大，刃口平

[1] 王文兴：《吉林抚松发现旧石器时代文化遗址》，《人类学学报》1993年12卷第2期，第89～94页。姜鹏：《吉林抚松仙人洞旧石器时代遗址》，《东北亚旧石器文化》，白山文化出版社，1996年，第205～210页。

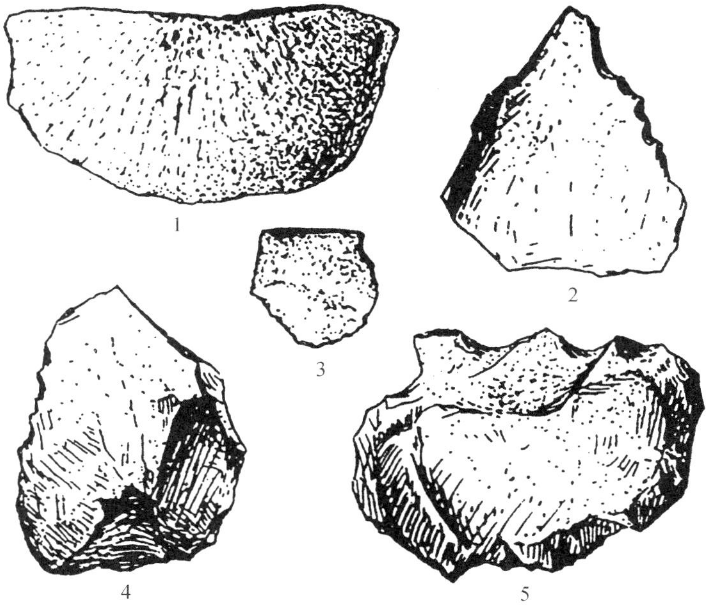

图二二　抚松仙人洞遗址的石制品
1、5. 石片　2. 单凸刃刮削器　3. 砍砸器　4. 单直刃刮削器

直。长11.8、宽9.6、厚3.9厘米。单凸刃刮削器呈三角形，以石英斑岩为原料。在其左侧向破裂面采用锤击修理成刃，呈缓凸弧形。在刃口的上端见有两个修理疤系交互加工，该标本以单向加工为主。长11.8、宽9.8、厚2.3厘米。砍砸器1件，标本存有较小的自然台面。器身的右侧与下端呈弧形，在背面沿着弧形向破裂面加工成刃。右侧的修理疤大于下端的疤痕。标本长16.2、宽14.1、厚1.2毫米。

仙人洞遗址5件石制品的特点是工具均为石英斑岩，打片技术均采用锤击法，修理工具采用锤击法以向破裂面加工为主，其中仅见一件石器工具刃口上端遗有两个修理疤为交互加工。石器工具虽少，但以刮削器为主，占工具总数的66.6%。仙人洞的石器比较粗大，从尺寸来看，大者16.2厘米，小者11.8厘米，若依石器组群来看，属于大工具类型，与俄罗斯中西伯利亚几处旧石器时代晚期文化遗址中出土的一些石器工具颇为相近。这是目前东北地区20多处旧石器时代晚期遗址或地点中很少见的大石器工具类型，可能反映了某些地域特征。

与石制品共生的哺乳动物化石，石化程度不高，未见较完整的头骨和骨骼，多已破碎。经鉴定有狼、熊、最后鬣狗、披毛犀、野马、野猪和马鹿。从出土的哺乳动物化石的种类和性质来看，它们都属于东北地区晚更新世猛犸象——披毛犀动物群中常见的属种，该动物群几乎遍布于吉林境内和东北地区的中北部。仙人洞发现的哺乳动物化石种类虽少，但含有两种绝灭种，占东北地区晚更新世动物群绝灭种的40%。从仙人洞出土的各类动物化石的比例分析，食草类略多于食肉类，占动物群总数的

57%。从仙人洞哺乳动物化石的生态分析，当时抚松仙人洞的周围是一片森林草原环境。

根据化石的性质、石制品的特点和地层堆积的时代，推断桦甸仙人洞遗址应是一处旧石器时代晚期的文化遗址。

（十二）抚松西山遗址

抚松西山遗址发现于2002年，位于白山市抚松县新屯子镇西山，地理坐标为东经127°16′11″，北纬42°33′。该遗址坐落于山间盆地内，盆地东西宽约4.5千米，南北宽约15千米，遗址海拔为572米。1999年秋，当地村民在山上挖人参地时，发现一个重达17.4千克的大型黑曜岩石叶石核。鉴于其重要性，2002年9月底至10月初，吉林大学边疆考古研究中心、吉林省文物考古研究所、抚松县文物管理所联合对石核发现地点进行了抢救性试掘，揭露面积70平方米。[1]发掘时间虽短，但是收获颇为丰富，于黄色亚黏土层中发现一处用石块围成的椭圆形遗迹以及人工石制品30件，为吉林省旧石器时代考古研究提供了重要材料。

遗址地表由西南向东北倾斜，堆积物呈西厚东薄，自上而下可分为3层（图二三）。第1层为黑色表土层，土质松散，堆积较薄，不见任何文化遗存，厚15厘米。第2层为黄色亚黏土层，土质较黏，含石圈遗迹和石制品，系文化层，厚10～25厘米。第3层系基岩风化壳，由大小不等的破碎玄武岩组成，未见底。

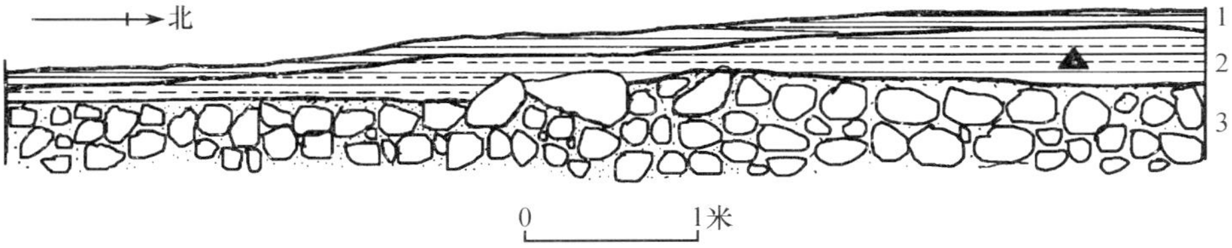

图二三　抚松西山遗址地层剖面图

（▲代表石制品）

石圈遗迹是由采自周边的玄武岩石块围成的，整体呈椭圆形（图二四），其东部已被破坏。石圈遗迹呈内、外两圈双层结构，内、外石圈间距为0.3～0.4米。内圈由14块石块组成，东西长5.6米，南北宽3.7米；外圈由18块石头组成，东西长6.5米，南北宽4.8米。石圈内的东侧有三块大的岩石相连，高于石圈内地面，由西向东逐渐变高，其面积为东西长2.4米，南北宽2.05米。紧邻石圈外的南侧，三块大的岩石呈西北——

［1］　吉林省文物考古研究所、吉林大学边疆考古研究中心：《抚松新屯子镇西山旧石器时代遗址》，《中国考古学年鉴2003》，文物出版社，2004年，第147页。陈全家、赵海龙、王春雪：《抚松新屯子西山旧石器遗址试掘报告》，《人类学学报》2009年第2期，第147～153页。

东南向排列，并于地面平齐。在石圈遗迹内共获得25件石制品，达到了石制品总数的83.33%，除了重达17.4千克的石叶石核外，余者皆为剥片产品，而不见工具类。其中，两组石片可以拼合，涉及4件石制品，拼合率较低。可拼合的石片组合一处位于石圈遗迹的西北部，间距为55厘米，另一处位于石圈遗迹的东部，间距约2米。关于石圈的性质，发掘者推测可能与古人类建筑窝棚有关，石头用来加固茅草；石圈内的中西部地面平坦，比室外地面略低，推测是古人类活动的场所。古人类在这里剥制石叶，同时可能进行工具的修理加工，并将工具带到他处使用。

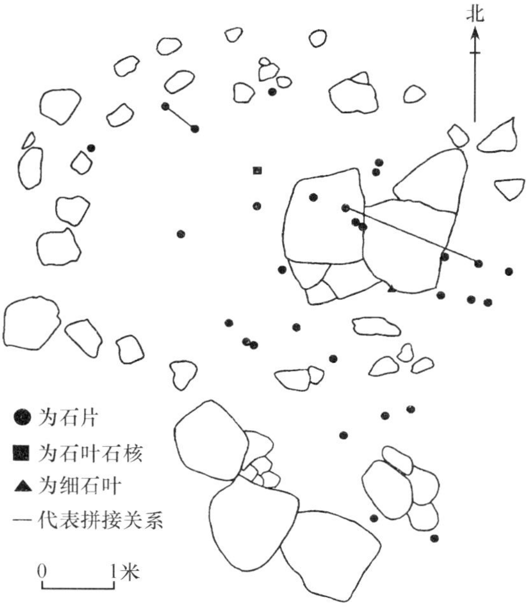

图二四　抚松西山遗址石圈遗迹平面图

石制品的原料皆为黑曜岩。石制品类型简单，仅发现石核、细石叶和石片，未见工具（图二五）。

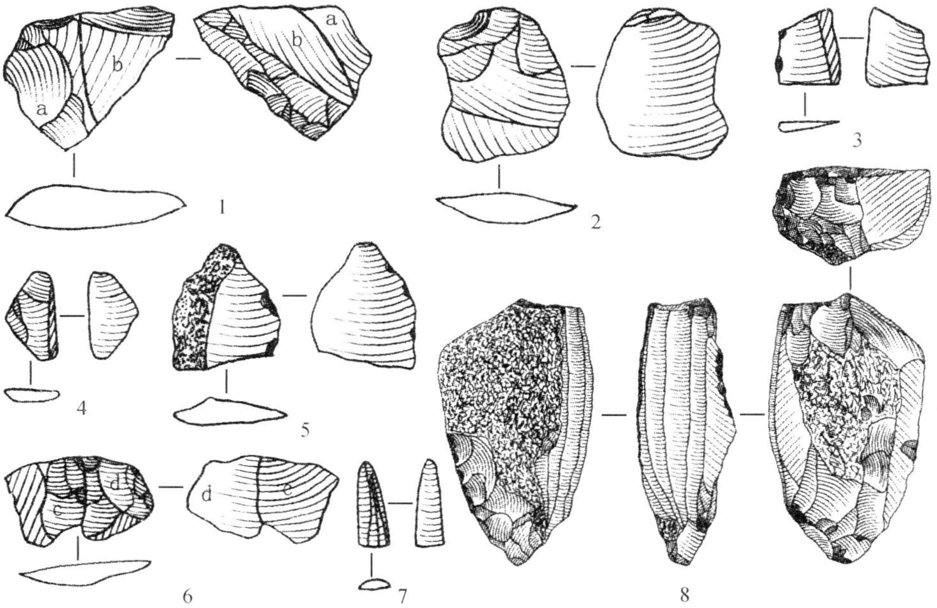

图二五　抚松西山遗址的石制品

1～6. 石片　7. 细石叶　8. 石叶石核

石核系石叶石核，仅1件。器形硕大，呈楔形。长412、宽153、厚为225毫米，重达17.4千克，如此巨大的黑曜岩石核在国内极为罕见。其台面长215、宽110毫米，由自然台面、修理台面和有效台面组成，修理台面是在自然台面的基础上加工而成，有效台面又是在修理台面的基础上进一步加工而成。自然台面处于台面的后端，向后倾斜，长100毫米。修理台面位于台面的中前部，采用锤击法将原自然台面修理成人工台面，由石核左右两侧对向加工，修疤大小不等。位于台面前缘的有效台面，长20毫米，由两块修疤组成，从石核的前缘向后打击形成。随着工作面的不断剥片而有效台面也会不断的修整后移。石核工作面较大，最大长386毫米，使用长326毫米，最大宽153毫米，使用宽103毫米。使用工作面上留有五次剥片阴痕，从剥片阴痕观察，剥片技术熟练，打击点集中，半锥体凸出，两侧边平齐，其中仅有一次剥片是失败的，成功剥离的石叶宽而长。最后一次剥落的石叶长322毫米，宽44毫米。在工作面的远端可见一个较大的凹面，其亦是向右侧面修理所使用的台面。石核的右侧面大部分为岩流与地面相接触时形成的麻面，在石核底端的后缘有修理时形成的疤痕，使底部呈锥形。石核的左侧表面多为修理痕迹，部分为岩石凝固时形成的流纹。从修疤痕迹的性质分析，剥片方法为硬锤加工，其目的一是修理石核，二是为了剥取石片。石核后面多为自然面，仅底端有向上修理的疤痕。

细石叶仅1件，已残，现存近端。残长17.5、宽5.75、厚2.02毫米，重0.3克。其台面小而薄，腹面打击点集中，半锥体凸出，同心波比较清晰。背面见有两条平行纵脊，截面呈梯形。台面后缘的背侧有一个剥片前调整台面角时产生的纵向小修疤。

石片28件，所占石制品总数的比例较大，系剥片或者修理工具产生。以微型和小型石片居多。石片可分为完整石片和断片，其中前者9件，后者19件。断片又可分为近端、中段和远端断片，分别为7件、10件和2件。完整石片均为人工台面，以点状台面居多，线台面、有脊台面者数量较少。由于已经较为熟练地掌握石核预制技术，所以原料的利用率较高，剥离的石片也多为非初级剥片产品。石片的剥片方法为锤击法。大多石片表面存在不同程度的磨蚀，边缘也多见埋藏过程中碰撞形成的零星不连续的小片疤。

抚松西山遗址发现的石制品出土在高于第二级阶地的山坡台地内的黄色亚黏土层中，根据吉林省第四纪地层的堆积年代分析，其原生层位属于上更新统。[1]此外，该遗址未发现任何的磨制石器和陶片。综合考虑，推测该遗址的年代可能属于旧石器时代晚期或稍晚。

（十三）安图立新遗址

立新遗址位于延边地区安图县永庆乡立新村东北约2千米的第四级阶地上，地理坐

[1]　吉林省区域地层表编写组：《东北地区区域地层表：吉林省分册》，地质出版社，1982年，第124～126页。

标为东经128°11′15.3″，北纬42°41′37.6″，西距永庆乡至两江镇的公路约1千米，距富尔河约315千米。

2006年9月，吉林大学边疆考古研究中心与吉林省文物考古研究所联合在延边地区进行旧石器考古调查发现该遗址，并采集到54件石制品。为弄清石制品的出土层位，布置了4个1米×1米的探方，发掘面积为4平方米，从粉砂质黄土地层中发现6件石制品。同年，张森水先生等人复查该地点，又采集石制品11件。[1]两次共获得石制品71件。

地层堆积自上而下分为3层（图二六）。第1层耕土层，包含现代的瓷片，厚8～10厘米。第2层为粉砂质黄土层，土质较细腻，呈黄色，含石制品，厚10～22厘米。第3层为黄色细砂层，夹薄层钙质结核，含砾石，深50厘米，未见底。从冲沟断面观测，其深约在30米以上。

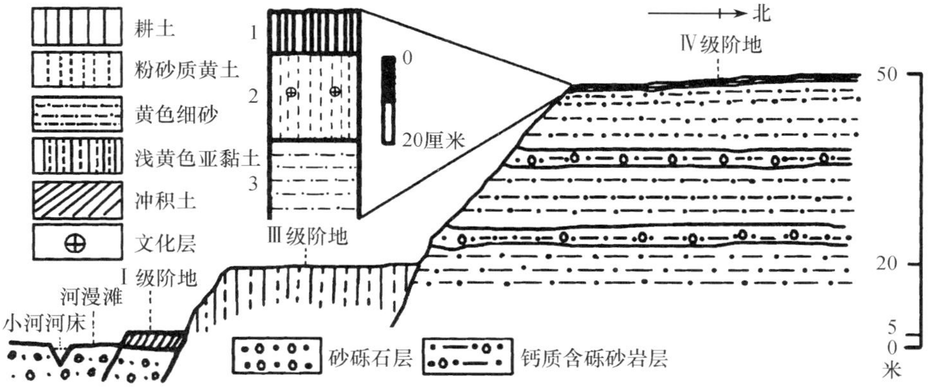

图二六　安图立新遗址地层剖面示意图和柱状图

该遗址发现的71件石制品，类型多样，包括石核、石片、细石叶、断块和工具（图二七）。石制品主要由砾石工具组成。原料以流纹斑岩为主，占53.5%，其次为黑耀岩和石英岩，并有少量石英和砂岩。

石核17件，可分为锤击石核和砸击石核两类。锤击石核12件，根据台面数量可分为单、双和多台面3种；砸击石核5件，个体多较大，形状不规则。石片29件，部分石片台面经过简单的修理，其中完整石片19片，皆为锤击石片，长度在12.3～98.6毫米，宽12.4～1.6毫米，多宽型石片，台面角69°～122°，平均103.7°，余为断片。细石器1件，系地层中发掘出土，腹面较平，背面有两条脊，截面呈不规则的梯形。断块5件，多呈不规则多面体状。

工具可分为三类。第一类工具3件，由锤击和砸击石锤组成。其中，锤击石锤2件，

[1] 陈全家、赵海龙、方启、程新民、王法岗、郑钟仁：《延边安图立新发现的砾石石器》，《人类学学报》2008年第1期，第45～50页。

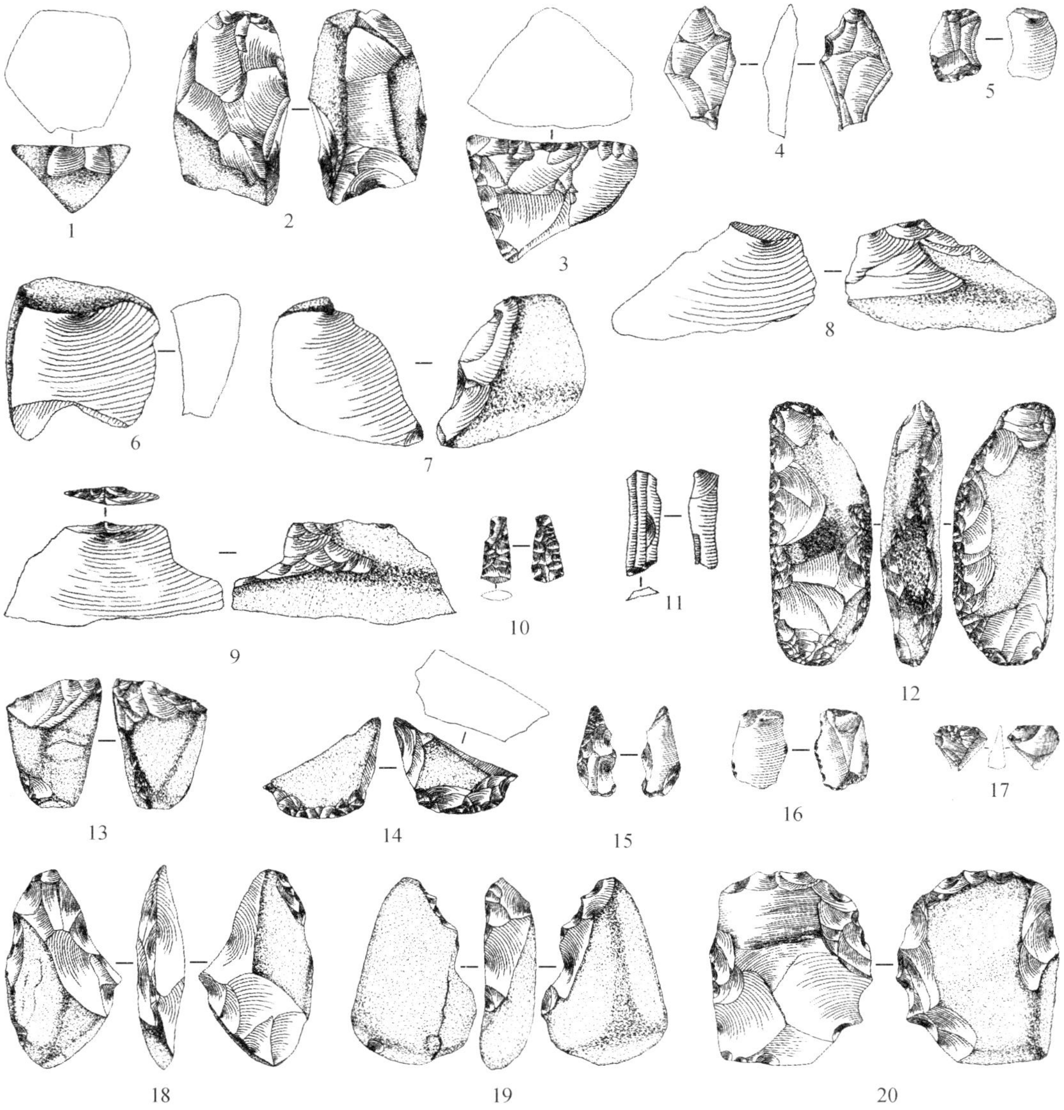

图二七　安图立新遗址的石制品

1 ~ 3. 锤击石核　4. 砸击石核　5 ~ 9. 石片　10、15. 尖状器　11. 细石叶　12、13. 手锤　14、17. 刮削器　16. 第二类工具　18. 手斧　19、20. 砍砸器

一端石锤和两端石锤各1件；复合石锤1件，为锤击和砸击合用石锤。第二类工具（使用石片）3件，按使用刃口数量和形状可分为双直刃使用石片（1件）和单凹刃使用石片（2件）。第三类工具13件，包括刮削器、尖状器、手斧和砍砸器，占石制品总数的18.3%。毛坯以砾石为主，占46.2%，其他毛坯为断块和石片等。该类工具以大型居多，其中大型砍砸器占53.8%。刮削器3件，皆为单刃，按刃口形状可分为直刃和凸刃两类，其中前者两件，后者一件。尖状器2件，其加工方法采用压制修理技术。手斧1件，采用锤击修

理，两面加工，多两层修疤，修疤多宽大，刃缘不平齐。砍砸器7件，按刃口的数量和形状可分为单凸刃和单直刃两种，其中前者4件，后者3件。工具采用锤击法和压制法修理。修理方式以复向为主，其次为单向，另外少量经过通体修理。

石制品发现的粉砂质黄土层在吉林——延边小区属于新黄土，形成于上更新统。[1]相邻的朝鲜半岛的砾石工具多出现于旧石器时代的早、中期，但也有证据显示一直延续到3万年前后。[2]由于细石叶的存在，发掘者认为安图立新遗址的时代可能为旧石器时代晚期或稍早些。

（十四）安图沙金沟遗址

沙金沟遗址坐落于延边地区安图县城（明月镇）西南约45千米的松江镇沙金沟村北山上，位于松花江上游二道松花江的小支流沙金河右岸的三级阶地。地理坐标为东经128°16′02.9″，北纬42°36′05″。遗址海拔为646米，高出河面36米。2006年4月，吉林大学边疆考古研究中心与吉林省文物考古研究所进行联合调查时发现该遗址，并在地表和含角砾的黄色亚黏土层中发现石制品82件。[3]

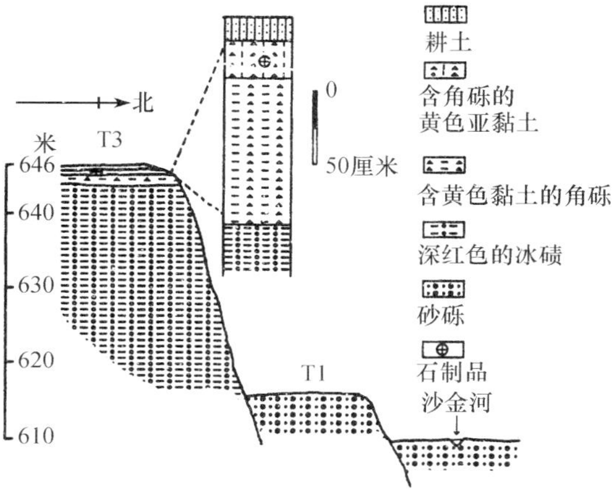

图二八　安图沙金沟遗址地层剖面图及柱状图

遗址地层自上而下分为4层（图二八）。第1层为耕土层，厚0.11～0.16米。第2层为含角砾的黄色亚黏土层，角砾呈次棱角砾，发现有石器和炭屑，厚0.20～0.24米。第3层为含黄色黏土的角砾层，厚1米，未见底。第四层为深红色的冰碛层，厚10米。

采集石制品的原料以黑曜岩为主，占90.2%，石英、石英岩和燧石所占比重较小。黑曜岩质的石器均有比较明显的同心波，部分可见清晰的放射线，是由岩石的性质所决定的。石制品类型多样，包括石核、石片、石叶、细石叶、第二类工具、第三类工

[1]　吉林省区域地层表编写组：《东北地区区域地层表——吉林省分册》，地质出版社，1978年，第81～126页。

[2]　Lee Hoen-Jong. Middle Paleolithic studies on the Korean Peninsular. *Archaeology Ethnology and Anthropology of Eurasia*, 2002（2）: 87-104. Lee Hoen-Jong. The Middle to Upper Paleolithic transition and the tradition of flake tool manufacturing on the Korean Peninsular. *Archaeology Ethnology and Anthropology of Eurasia*, 2003（1）: 65-79.

[3]　陈全家、赵海龙、方启、程新民、李有骞、郑钟仁：《安图金沙沟旧石器遗址发现的石器研究》，《华夏考古》2008年第4期，第51～58页。

具（刮削器、尖状器、雕刻器和砍砸器）等（图二九），除砍砸器外，其余石制品均为小型。

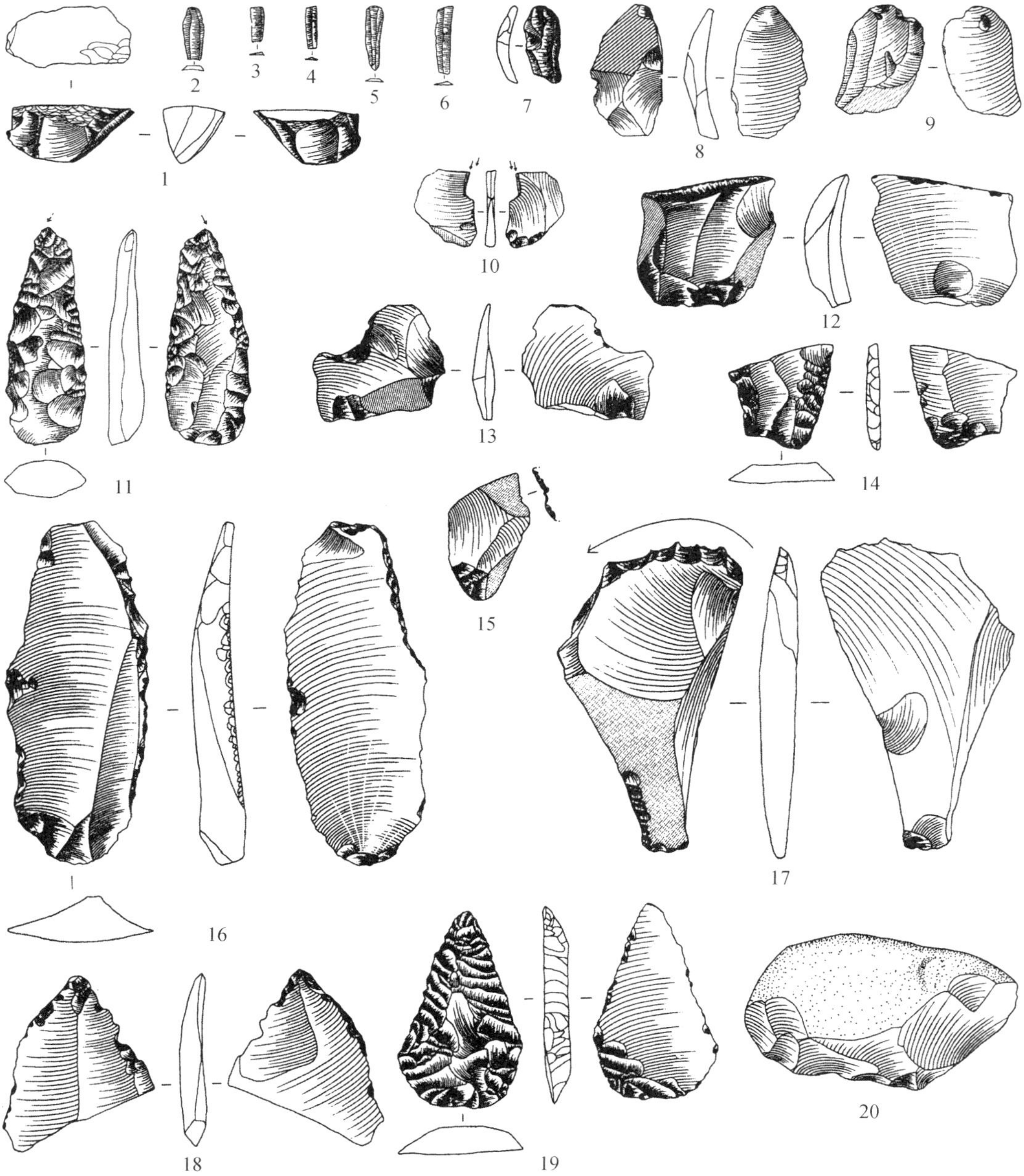

图二九　安图沙金沟遗址的石制品

1. 细石核　2～6. 细石叶　7、8. 石片　9. 使用石片　10. 角雕刻器　11. 修边雕刻器　12. 单直刃刮削器　13、15. 单凹刃刮削器　14. 双刃刮削器　16. 直凸双刃刮削器　17. 单凸刃刮削器　18、19. 尖状器　20. 砍砸器

石核共发现3件，可分为锤击石核和细石核两类。多台面锤击石核1件，原料为黑

曜岩，形状不规则。船形细石核2件，均为黑曜岩，台面简单修理或者不修理，侧面的修理以从台面向底缘的打击为主，在核体的侧面靠近台面处见有细小的阶梯状修疤。剥片面的细石叶阴痕轻微扭曲。石片共计35件，可分为完整石片和断片，前者9件，后者26件。石片形状多不规整，以线状台面和点状台面为主。在石片中存在台面和破裂面夹角凸显唇面的现象，应为软锤剥片所形成的。在石片背面靠近台面处存在小碎片疤的情况，这与调整台面角的特殊剥片有关。石叶发现2件，皆为黑曜岩，均保存完整。点状台面，半锥体凸出，靠近台面的位置有多片小石片疤，一件背面有两条脊，另一件背面中间位置保留有部分自然面，系从石核上打下的第一片石叶。细石叶5件，皆为黑曜岩，仅一件完整。具有小的素台面，破裂面轻微扭曲，系间接剥制而成。断块共计7件，除1件石英外，其余为黑曜岩，体积十分微小，其中最大的一件长也仅有8.3毫米，平均重量不足0.1克。

工具的毛坯包括石片、石叶和砾石。工具的刃缘一般可见双层或者多层修疤，修疤常呈定向排列，个别修疤窄长、浅平、相互平行，反映出已经掌握了娴熟的压制修理技术。该遗址未见第一类工具，发现一定数量的二类、三类工具。第二类工具系石片未经加工而直接使用者，仅见刮削器类，根据刃口的多少可以分为单刃和双刃两型。前者6件，后者1件，均为黑曜岩。根据刃口的形状，单刃型刮削器又可细分为直、凸、凹刃三亚型。其中部分石器的侧边在背面和破裂面见有不连续、大小不一的小片疤，应为使用所致。第三类工具系片状毛坯经过第二步加工或块状毛坯直接加工成工具者。该遗址共发现此类工具23件，包括刮削器、雕刻器、尖状器、砍砸器，及工具残块1件。该类刮削器共计11件，除两件为石英外，余者皆为黑曜岩。根据刃的数量可分为单刃和双刃两型。单刃刮削器9件，据刃口形状可进一步分为直刃刮削器、凸刃刮削器、凹刃刮削器和圆头刃刮削器。双刃刮削器2件，又可细分为直—直刃刮削器和直—凸刃刮削器。毛坯有石片、石叶、断片等。部分刮削器可见使用时所留下的疤痕。一件凸刃刮削器的破裂面左中下部有一大的石片疤（可以作为固定柄的凹槽），底边被从两面修理得十分薄锐，从器物形状和刃部以外的修理特点推测，可能为装柄使用。雕刻器均以黑曜岩为原料，见有单刃的修边雕刻器、角雕刻器和屋脊形雕刻器，除角型雕刻器为2件外，余者各1件。多以石片为毛坯，个别雕刻器以石叶为毛坯。尖状器3件，仅见单尖器，据修边的形状特征可以分为双直边和直凸边两型。双直边型1件，原料为黑曜岩，以石片为毛坯，刃缘可见零星的大小不一的小片疤，应为使用所致，从窄长的浅修疤的特点来看，该件标本应为压制修理而成。直凸边型2件，一件为正向加工修理，一件为复向加工修理。砍砸器2件，皆为石英岩，均为单刃砍砸器，据刃口的形状可分为直刃和凸刃两型。前者以石片为毛坯，在石片侧边由背面较平的自然面向破裂面锤击修理；后者以砾石为毛坯，锤击修理，正向加工，呈凸刃，修疤短浅，双层修疤。此外，还发现1件黑曜岩工具残块，长边可见浅长的双层修疤。

沙金沟遗址中所发现的工具占石器比重达到三分之一强，还见有工具的修片。从目前所获得材料来看，推测其应为一处古代的营地。据该遗址所处的三级阶地的埋藏情况和石制品的特征，调查者暂将其地质年代推测为晚更新世的晚期，即旧石器时代晚期。

（十五）安图海沟金矿地点

2006年4月，吉林大学边疆考古研究中心与吉林省文物考古研究所联合对延边朝鲜族自治州进行旧石器时代遗址专项调查，发现安图海沟金矿地点。[1]其位于延边地区安图县两江镇海沟金矿南1.5千米，古洞河从遗址北面流过，分布面积约150×150平方米。地理坐标为东经128°07′48.4″，北纬42°40′58″。调查所获得的9件石制品全部采自第三级阶地的黄色耕土层上（图三〇）。

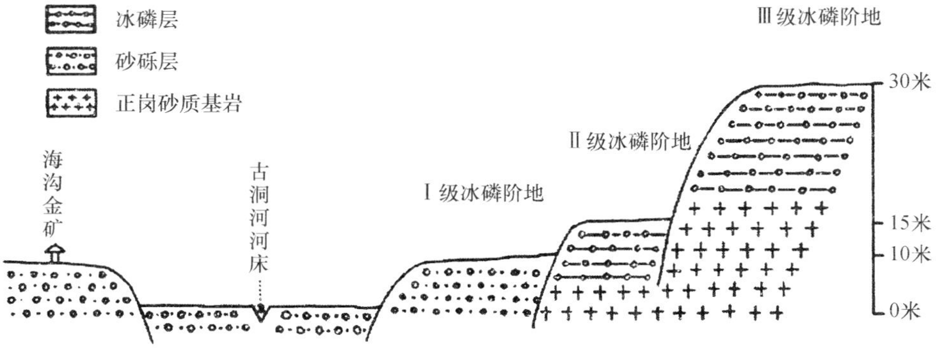

图三〇　安图海砂金矿地点地貌剖面示意图

安图海沟金矿地点的石制品原料以石英为主，凝灰岩次之，黑曜岩、玄武岩较少，所占比例依次为44.4%、33.4%、11.1%、11.1%。石制品的类型较少，包括石片、断块及第三类工具（图三一）。

石片3件，原料分别为玄武岩、凝灰岩和黑曜岩，形状各异，大小不一。剥片方法为锤击法。石片以自然台面为主，背面全疤者和有疤且有砾石面者各两件。其中，完整石片仅一件，余为横向断片和纵向断片。断块发现1件，可能因为凝灰岩节理发育，使之在打制过程中容易断裂，但是也不排除石器制造者技术不娴熟的缘故。

工具5件，多数保存完好，类型较少，仅见第三类工具，可分为刮削器、尖状器和钻器三类。原料以石英居多，其次为凝灰岩。工具的成器率较高，以毛坯片状为主，块状者较少，小型工具为主，中型工具次之。加工修理多采用硬锤，以正向加工为主，反向修理较少。其中，刮削器3件，原料以石英为主，凝灰岩次之，多以石片为毛坯，一件为直接选择较扁的砾石加工而成。修理方式均采用锤击法。据器刃的数量，

[1]　陈全家、赵海龙、卢悦：《吉林两江镇旧石器地点发现的石器研究》，《草原文物》2011年第2期，第1～14页。

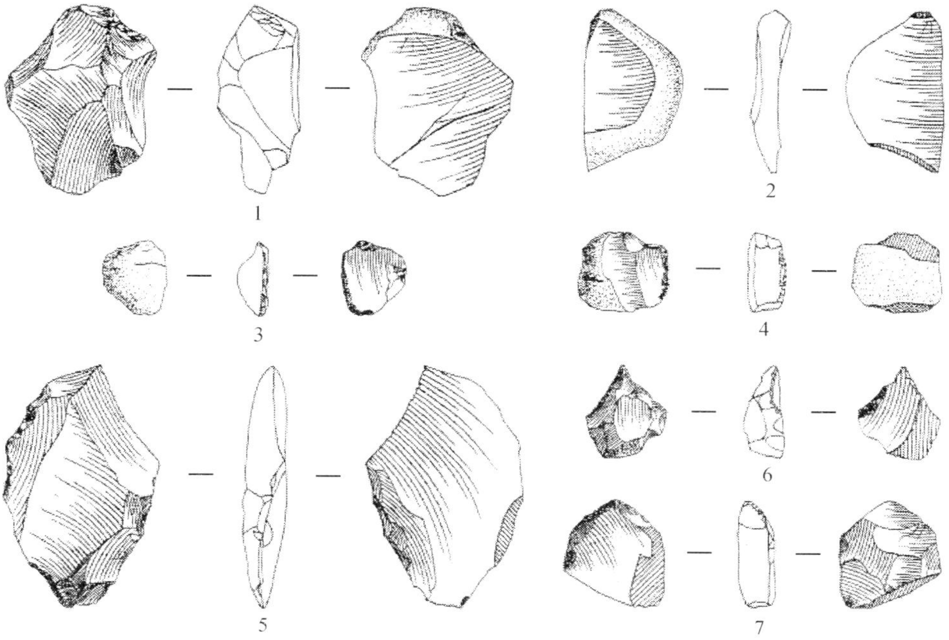

图三一　安图海砂金矿地点的石制品
1、2. 石片　3～5. 刮削器　6. 钻器　7. 尖状器

可分为单刃刮削器和双刃刮削器。其中单刃刮削器又可分为单直刃、单凸刃两类。单直刃刮削器用较扁的石英直接加工而成，刃部可见锤击法加工修理的两层修疤，第一层首先对刃部进行修薄，疤痕较大；第二层对刃部进行连续密集的修理，疤痕较小且浅平，使刃部变得薄锐、锋利。单凸刃刮削以石英石片的远端为毛坯，采用反向加工方法自上而下进行修理，修疤细小密集。破裂面较为平坦，打击点处有剥片留下的小疤，背面较为光滑，向上微凸。双刃刮削器形状较大，原料为凝灰岩。选择石片的远端和侧边修理出两刃，一刃较长，系正向修理形成的凸刃，可见两层修疤，第一层为一大一小的长条形修疤，疤痕较浅；第二层为修疤自下而上修理，呈现多层密集的细小鱼鳞状，刃部锋锐。另一侧刃较短，为直接使用形成的凹刃，刃部虽未经过加工，但有使用后留下的崩疤。该刮削器的打击点附近为把握部分，此部位稍加修理，规整且厚钝，便于把握。尖状器1件，器形较小，整体略呈四边形，选择石英石片的远端和侧边较薄处锤击修理加工而成，修疤较小且层叠密集，两条修理边形成一较为厚钝的尖刃。破裂面较平坦，其上可见清晰的打击点、放射线，背面略有凹凸，留有复向剥片形成的疤痕。钻器1件，器形小巧，原料为石英，为块状毛坯。其尖部稍残。边缘经过修理，片疤大而深，尖部的两侧形成有肩的钻头。

鉴于海沟金矿地点采集的工具均属于小型工具，所使用的坯材也多为小的石片或砾石，据其石器特征，可将该地点归入东北地区以小石器为主的工业类型。但是石制品的制作工艺与加工技术的稍逊于周边遗址，且不见周边地区旧石器晚期向新石器过渡的细石器，也缺少加工制作更为精致的器形。综合观之，海沟金矿地点的文化年代应为旧石器时代晚期。

（十六）安图石人沟地点

石人沟地点于2006年发现，位于延边朝鲜族自治州安图县两江镇石人沟村北偏东1千米。[1]其分布面积约为150×100平方米。地理坐标为东经128°02′52.7″，北纬42°41′13.6″。

石人沟地点的地层堆积自上而下分为4层（图三二）。第1层为浅黄色的耕土层，厚15厘米。第2层为含黄色黏土的角砾层，出有石制品，厚20厘米。第3层为黄色的残坡积角砾层，厚20厘米。第4层为基岩，未见底。

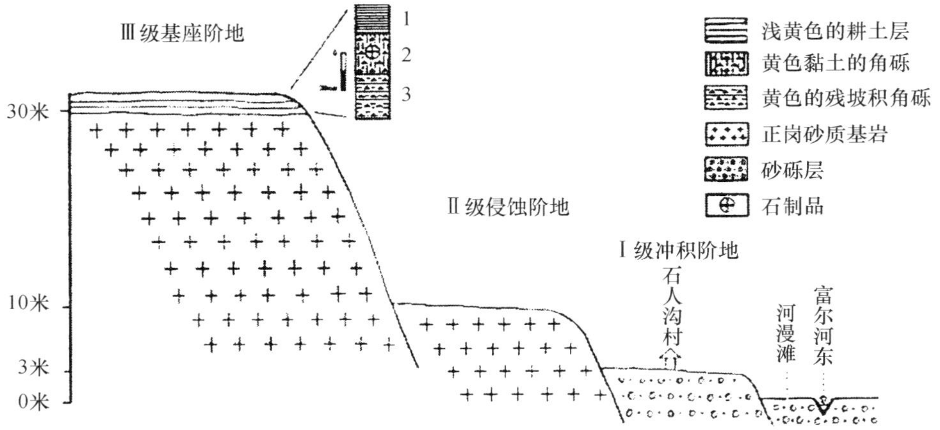

图三二　安图石人沟地点地貌剖面示意图与地层柱状图

该地点共获石制品28件。原料以黑曜岩为主，占石制品的75%；其次为凝灰岩，占11%；花岗岩、石英岩、闪长岩、板岩较少。所使用的坯材更为广泛，不仅局限于小的石片和砾石，对于需要精细加工才能获得的石叶、细石叶也得到充分的利用。石制品包括石核、石片、断块、工具等（图三三）。

石核2件，石片石核和细石核各一件。石片石核以凝灰岩为原料，共四个台面，其中三个为自然面，分别选择石核的上部、底部和侧面进行剥片，另一为有疤台面，选择剥落石片的阴面继续剥片。石核的台面虽然未经过修理，但剥片面积比较大，剥片数量比较多，石核上所留下的石片疤，清晰可见打击点、放射线及剥片的先后顺序。据阴痕分析，最多的剥片可达12个，利用率较高。但是因石核本身节理发育，能

[1] 陈全家、赵海龙、卢悦：《吉林两江镇旧石器地点发现的石器研究》，《草原文物》2011年第2期，第1～14页。

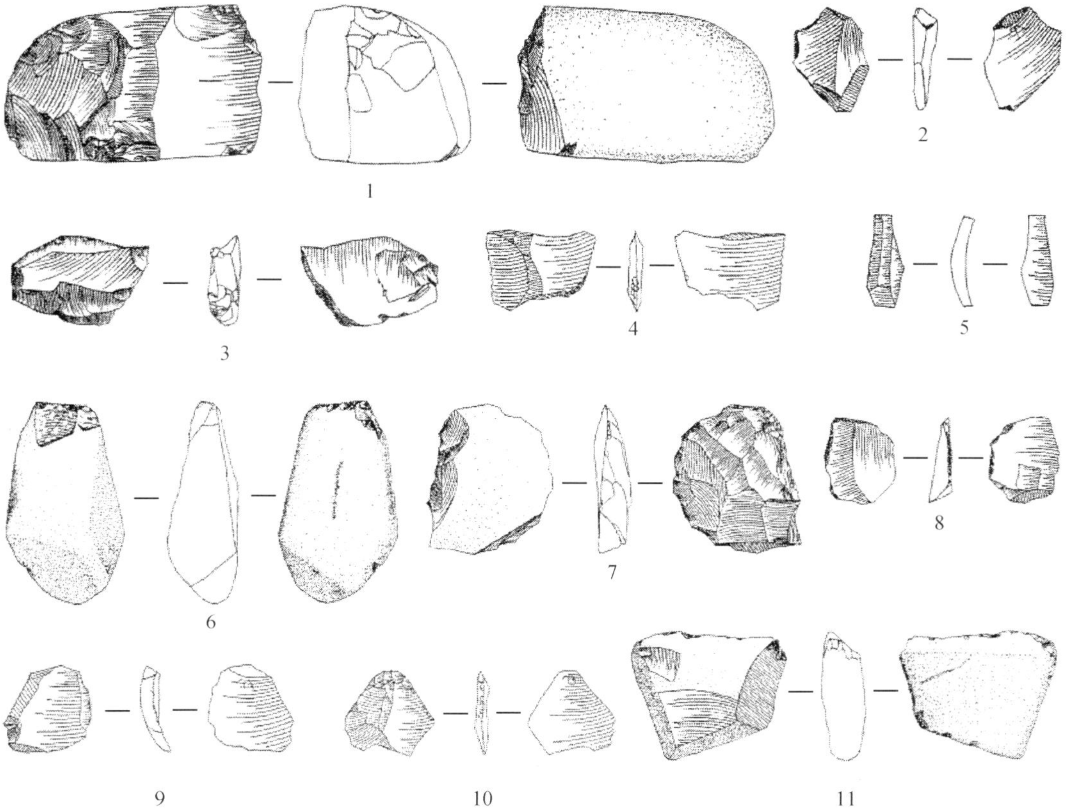

图三三　安图石人沟地点的石制品

1. 锤击石核　2. 石片　3. 细石核　4、5、7～10. 刮削器　6.石锤　11. 砍砸器

剥落下的大石片较少，多于远端折断。细石核以黑曜岩为原料，器形较小。以石片为毛坯，属石核的预制阶段。台面系剥落一个长条形石片之后的石片疤，石核的底缘和后缘经过加工处理，石核基本修理成形，但未经任何剥片。石片共6件，原料均为黑曜岩，系锤击法剥片，大小不一，均为背面全疤。根据完整程度、剥片原因可分为完整石片、断片和修片三类，各2件。断块2件，原料分别为凝灰岩和黑曜岩，形状不规则，为剥片时崩裂所致。

工具以微型为主，小型次之，中型及大型较少。多采用硬锤加工，个别采用软锤和指垫法。修理方式以正向加工居多，反向加工者较少。工具共18件，包括第一类工具、第二类工具（使用石片）和第三类工具。第一类工具仅见石锤1件，以花岗岩为原料，器体较大，表面光滑。石器较粗大的一端为手握处，另一端见有大小不一的使用疤。第二类工具数量较多，共13件，在所有石制品中所占比重较大，约72.2%，为石人沟地点的工具特色。包括刮削器和砍砸器。刮削器11件，均系黑曜岩，器形较小。该类刮削器皆为直刃，根据刃缘数量可细分为单直刃刮削器和双直刃刮削器。单直刃刮削器数量较多，共计9件，锤击法剥片，自然台面，毛坯多样，见有石叶、细石叶、石片、断片，一般选择毛坯较直的薄锐边为刃部。双直刃刮削器2件，分别以断片和细石叶中段为毛坯，未经加工，直接使用形成。砍砸器2件，以板岩和闪长岩为原料，选择较为厚重且便于把握的砾石，在其较为薄锐锋利的边缘直接使用成刃。第三类工具数量较少，共4件，均为刮削器，保存较为完好。根据刃缘数量将其分为单刃刮削器、双刃刮削器。根据刃缘形状，又可将单刃刮削器分为单直刃刮削器、单凸刃刮削器，各1件。单直刃刮削器以黑曜岩为原料，器形较小。在断片远端经过正向加工修理形成刃部，修疤细密。刃部稍有残断，可能为使用所致。单凸刃刮削器以凝灰岩为原料，块状毛坯，器体较大。先采用软锤复向加工打薄、修理刃部，使其薄锐锋利。把握部分经过多次剥片，变得钝厚，从而利于把握。双刃刮削器2件，个体较小，皆以石片为毛坯。其中一件双刃刮削器的原料为黑曜岩，以纵向断片为毛坯。刃部分别选择断片的远端和侧边，采用正向和反向两种修理方法。较长的侧刃经过两层修理。另一件双刃刮削器以石英岩为原料，以石片近端为毛坯。采用正向和反向修理将石片两侧缘加工为刃部，从修疤的形状较小而浅、连续密集来看，应使用了压制法。

该地点在埋藏特征、石器原料、剥片技术和工具类型等方面与周边和龙、延边等旧石器时代地点的面貌基本一致，具有明显的区域性特征。据此，调查者将其暂定为旧石器时代晚期。

二、图们江流域的旧石器时代遗存

图们江位于吉林省东部边境，是中国、朝鲜和俄罗斯的界河。图们江发源于长白山东南部石乙水，流经和龙、安图、龙井、延吉、汪清、图们、珲春等市、县，最后注入日本海。这一区域目前已发表材料的旧石器时代地点有安图石门山、汪清新兴村洞穴、珲春北山、和龙石人沟、和龙柳洞、和龙青头、和龙西沟、和龙石人沟林场、和龙大洞、图们下白龙等10处地点。这些地点的年代均处于旧石器时代晚期。

（一）安图石门山遗址

安图石门山洞穴位于吉林省安图县石门镇石门山南坡，西北距明月镇2.5千米。地理坐标为北纬43°5′，东经128°55′。该洞穴南临布尔哈通河，洞穴高出河床25米。

1963年末，安图县石灰场工人在石门山采石时于该洞穴发现一批哺乳动物化石。1964年初，吉林省博物馆和延边朝鲜族自治州博物馆曾先后派人前往现场调查，确定其应该是一处晚更新世洞穴堆积。[1]同年五月，吉林省地质局区测大队、东北地理研

[1] 姜鹏：《吉林安图晚更新世洞穴堆积》，《古脊椎动物与古人类》1975年第13卷第3期，第197、198页。

究所和吉林省博物馆等单位联合对石门山洞穴残留的堆积进行了清理，从中发现了大量的哺乳动物化石和一枚古人类牙齿化石。[1]

人类化石为一枚右下第一前臼齿，保存完整，已石化（图三四）。牙冠近中侧呈乳白色，远中侧和牙根为浅黄色。牙冠和咬合面有数条轻度的隐裂。从颊面观牙齿上宽下窄近似梯形，牙冠的近中边缘角比远中边缘角小。牙根较长，近根尖部三分之一弯向中远侧，根尖部有轻度吸收。在根颈三分之一的舌侧有粗糙面。牙齿咬合面的釉质磨损较重，牙齿质已暴露，但是可以看出颊尖和舌尖的形状与现代人相似。

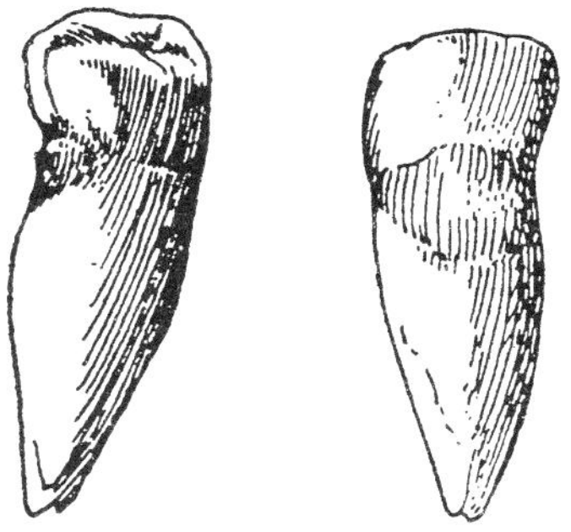
图三四　“安图人”牙齿

通过对牙齿的进一步观察，研究者认为这枚牙齿曾患有龋病、牙周萎缩和根尖部轻度吸收等疾病。牙颈的舌侧有一暗灰色的浅窝，表面凹陷粗糙，属龋齿的早期阶段。在舌侧和近远中牙颈部以及部分牙根表面呈现出凹陷的粗糙面，与牙周萎缩有关。牙齿的根尖孔较大，存在轻度的根尖部吸收。

从牙齿咬合面磨损程度来看，相当于现代人的四级磨损程度，年龄应属中、壮年。根据牙齿形态结构与共生的哺乳动物判断，应该属于晚期智人阶段的古人类。

与人类共生的哺乳动物化石共有19种，分别为鼠兔、花鼠、狼、貉、狐、棕熊、猞猁、虎、最后鬣狗、真猛犸象、野马、马、披毛犀、斑鹿、马鹿、驼鹿、狍子、东北野牛、野牛。这个动物组合总的面貌属于现代类型，但含有为数不多的绝灭种。从化石种类和性质来看，均属于猛犸象——披毛犀动物群中常见的种类。猛犸象——披毛犀动物群是生活在冰缘气候条件下的指示动物。这个动物群延续的时间较短，因此，在中石器时代开始前，猛犸象、披毛犀、野牛和延续时间较长的鬣狗等都先后绝灭了。

安图石门山洞穴的孢粉组合以草本花粉为主，占孢粉总数量的48.5%，其次为木本花粉35.4%，蕨类孢子最少，仅占15.8%。草本花粉以蒿属、菊科居多，其次还有藜科、十字花科、虎尔草科等；木本花粉以松属、云杉属、冷杉属占优势，其次为桦属和少量的榆属；蕨类孢子有水龙骨科和卷柏属等。从这些孢粉组合来看，安图洞穴一带的植被为森林草原。它们的分布状况大致是在洞穴及其附近的山地上生长着松、云杉和冷杉，同时还夹杂一些桦和榆。林下有水龙骨科、卷柏等植物。在山间平地和河谷两岸草木丛生，主要生长着茂密的蒿科和菊科、十字花科植物。

综合地层岩性和动物化石以及植被材料的分析，安图洞穴及其毗邻地区当时的生态环境属于森林——草原景观，受到冰缘气候或大理冰期气候的影响，气候比较寒冷。

---

[1] 姜鹏：《吉林安图人化石》，《古脊椎动物与古人类》1982年第20卷第1期，第66～70页。

安图石门山洞穴出土的真猛犸象肩胛骨、真猛犸象臼齿、披毛犀臼齿等化石的碳十四测年数据为距今26600 ± 550年、35400 ± 1800年和28700 ± 750年，由此可知“安图人”所处的时代应属于旧石器时代晚期，相当地质时代的晚更新世晚期。

（二）汪清新兴村洞穴地点

新兴村洞穴地点位于吉林省汪清县蛤蟆塘乡新兴村东山采石场，东南距汪清县城约26千米。洞穴系裂隙堆积，洞穴基岩为下二迭统庙岭组石灰岩。裂隙被黄色亚黏土和碎石填充。在裂隙中获得一些具有人工打击的碎骨和一些哺乳动物化石。[1]

人工打击的碎骨有披毛犀尺骨、野马肱骨、野马掌骨、野马跖骨、鹿掌骨。据这些标本分析，当时人类打击骨骼时大部分是从骨内壁向外壁打的。其中，披毛犀尺骨的远端断口处遗有从骨内壁向外壁打的骨片疤。野马左肱骨远端背侧面的内外两侧都有人工打的骨片疤，骨体背侧面上端呈尖状，背侧面内侧有连续打击的两个疤痕，外侧打击点较清楚。其中一个野马掌骨残片标本上遗有四个打的疤痕，应是先将骨体打掉一骨片，然后在骨骼的外壁内侧向外侧连续打击产生的疤痕；另一个野马掌骨残片，近端背侧面下方有三个打的疤痕，打击点清楚。野马趾骨残片的近端背侧面下方见有5个从骨内壁向外壁打击形成的疤痕。鹿掌骨残片，是先经人工打击之后，又被流水搬运磨蚀，使骨骼破裂面和骨的尖端较光滑。若对该标本不作仔细观察，容易误认为骨尖状器。

在新兴村洞穴发现的哺乳动物化石共有6种，分别为最后鬣狗、披毛犀、野马、马鹿、驼鹿和野牛。依据动物化石碳十四年代测定，该地点距今为2.1万年左右，属于旧石器时代的晚期。

（三）珲春北山地点

珲春北山地点位于延边朝鲜族自治州珲春市西南郊的北山台地上，海拔114.1米，高出第一级阶地约20米。其西距图们江4千米左右，南距珲春—图们公路约0.5千米，地理坐标为东经130°15′8″，北纬49°8′3″。

2002年5月，吉林大学边疆考古研究中心的部分师生在珲春市文物管理所同志的协助下，对图们江流域和珲春河沿岸进行旧石器考古调查时发现该地点，同时进行了小面积的试掘，共获得石制品52件，其中地表采集51件，地层中出土仅1件，未发现动物化石和其他文化遗物。[2]

[1] 史前：《汪清蛤蚂塘乡发现的动物化石》，《吉林日报》1986年9月23日。

[2] 陈全家、张乐：《吉林延边珲春北山发现的旧石器》，《人类学学报》2004年第2期，第138 ~ 145页。

该地点的地层剖面自上而下可划分为3层（图三五）。第1层为黑垆土层，土质纯净，未见文化遗存，厚3～4厘米。第2层为黄色亚黏土层，系文化层，含有石制品，厚10～12厘米。该层在部分区域已经裸露于地表，51件采集品即从该区域获得。第3层为棕红色黏土层，呈颗粒状，土质纯净黏重，不见文化遗存，厚18厘米，未见底。

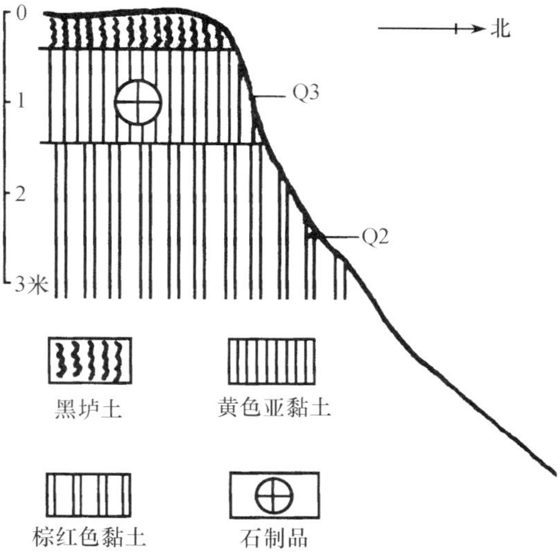

图三五　珲春北山地点地层剖面图

该地点发现的52件石制品以黑曜岩、流纹岩、脉石英、角页岩和凝灰岩为原料，其中黑曜岩所占比重较大，达86.5%，其他原料较少。因为多为优质原料，所以制作的工具也较精致。石制品表面棱脊清晰，未见有水冲磨的痕迹，但有不同程度的风化，严重者已失去光泽。石制品的剥片方法以锤击法为主，也见有砸击法，同时存在着间接剥片技术。石制品以小型居多，石片的平均大小为22毫米×21毫米×418毫米，工具的平均大小为37毫米×26毫米×9毫米。器类除石核、石片外，还见有第二类工具和第三类工具（图三六）。

石核3件，以黑曜岩为原料者2件，另1件为脉石英。皆为砸击石核，保存状况良好。石核长略大于其宽，两端可见到明显的砸痕与剥片痕迹。石片在石制品中所占比重明显较大，共计42件，包括38件锤击石片、3件压制石片和1件细石叶。在所有锤击石片中，由台面后缘向背面修理的标本所占比例较高，修片也占一定比例。压制石片皆为薄锐细长黑曜岩石片，而且背后有脊，此类标本应是压制技术的产物。细石叶以黑曜岩为原料，残留中段，两侧边平直，背后有一条纵脊。

工具7件，主要以石片为毛坯，其次以石叶。修理方法以压制技术为主，其次为锤击和砸击修理。修理方式以向背面加工和双面加工者居多，还见有向破裂面和错向加工。工具类型简单，以刮削器为主，另有使用石叶、尖状器和矛形器。第二类工具（使用石叶）仅发现1件，以黑曜岩为原料，毛坯系形体较大的石叶中间断片。其破裂面稍凸起，背面见有两条与侧边近似平行的纵脊。右侧边分布有连续的细小疤痕，为使用的刃缘，远端被一块小疤打破。第三类工具包括刮削器、尖状器和矛形器，共发现6件。其中以黑曜岩为原料者占半数，火山凝灰岩、石英和流纹岩者各1件。刮削器4件，占工具比例达57.1%。根据刃口数量，可以分为单刃刮削器和双刃刮削器。根据刃口形态又可将前者细分为单直刃刮削器和单凸刃刮削器。尖状器1件，为角尖尖状器。以脉石英为原料，石片毛坯。采用锤击法错向修理，背面的右侧刃呈弧形，向背面加工修理；而破裂面的右刃较直，由背面向破裂面加工修理。矛形器1件，原料是流纹

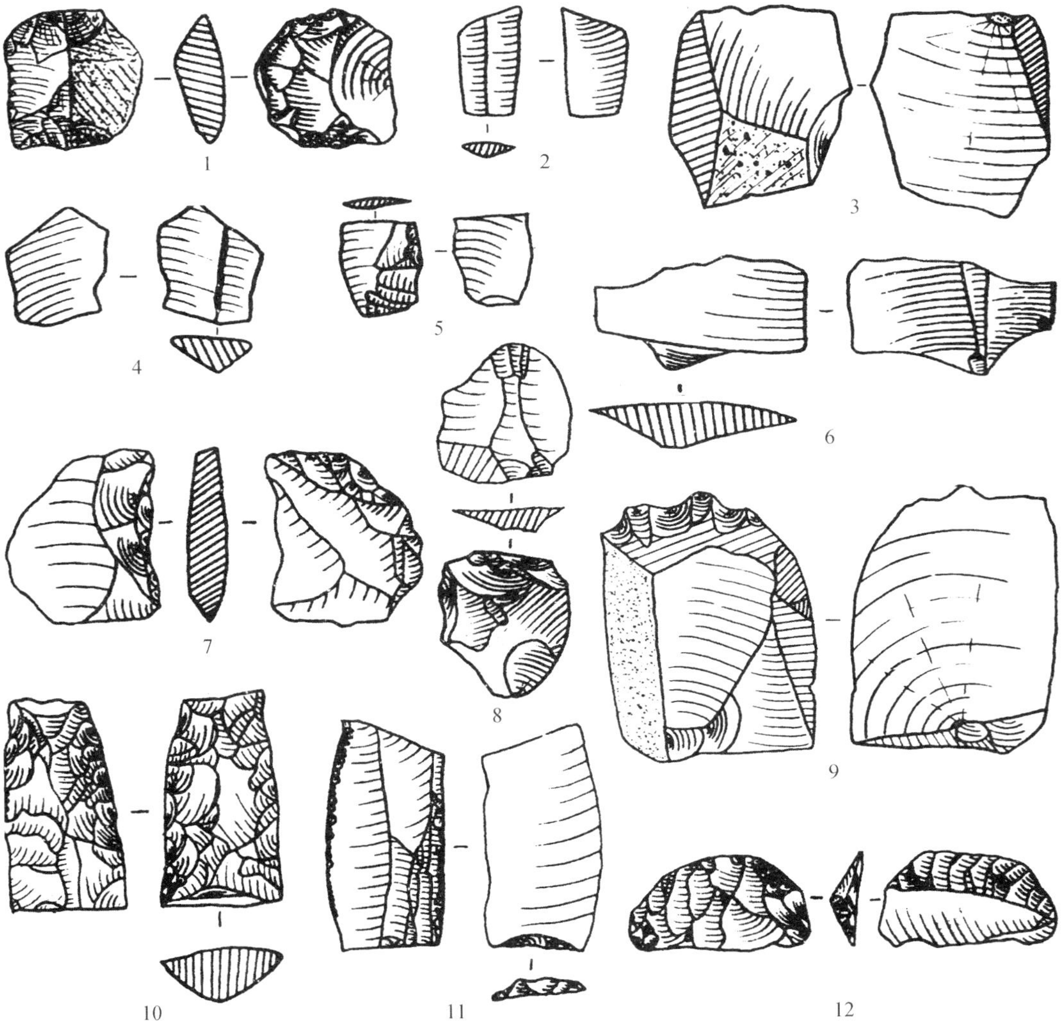

图三六　珲春北山地点的石制品

1. 砸击石核　2. 细石叶　3 ~ 5. 石片　6. 使用石片　7. 尖状器　8. 单直刃刮削器　9、12. 单凸刃刮削器　10. 石矛头　11. 双刃刮削器

岩。器形规整，采用软锤加工和压制法通体修理，截面呈三角形，一侧面修理的相对较平，而另一面的中间有一条隆起的纵脊。器体向上渐收，但尖端已残。

虽然有51件石制品均采于黄色亚黏土的地表，仅1件石制品出于第二阶地的黄色亚黏土层中，考虑到采集石制品未见水冲磨痕迹，黄色的亚黏土层应该是采集石制品的原生层位。根据吉林省第四纪地层的堆积年代分析，可以确定其原生层位属于上更新统。[1]结合遗址点不见磨制石器和陶片，以及与周边国家遗址的比较，调查者认为北

［1］　吉林省区域地层表编写组：《东北地区区域地层表：吉林省分册》，地质出版社，1982年，第124 ~ 126页。

山地点年代不会晚于旧石器时代晚期，绝对年代可能在2万年左右。

（四）和龙石人沟遗址

和龙石人沟遗址位于延边朝鲜族自治州和龙市龙城镇石人村的西山上。遗址坐落于缓坡的台地上，背山面河，海拔790米，河床的海拔675米，地理坐标为东经128°48′45″，北纬42°11′20″。遗址面积约3万多平方米。2004年5月，吉林大学边疆考古研究中心、吉林省文物考古研究所及和龙市文物管理所对该遗址调查时，获得石制品40件。[1]鉴于该遗址的重要性，2005年夏，以上单位对其进行试掘，发掘面积52平方米，获得石制品1291件，其中地层出土1267件，地面采集24件。[2]这两次工作共获得石制品达1331件，为研究图们江流域旧石器时代晚期的文化面貌及人类的适应行为方式提供了难得的材料。

据2005年的发掘情况来看，该遗址的地层堆积自上而下可分为6层，其中第2～4层为文化层。第1层为黑色腐殖土层，厚0.3米。第2层为黄色亚黏土夹角砾层，含石制品，厚0.2米。第3层为含黄土的粗砂夹角砾层，质地疏松，含石制品，厚0.25米；第4层为浅黄色粗砂质黄土夹角砾层，质地致密，含石制品，厚0.25米。第5层为浅黄色粉砂质黄土夹角砾层，质地致密，厚0.3米。第6层为红褐色黄土夹角砾层，质地致密，可见厚度0.25米，未见底。

在1331件石制品中，以黑曜岩为原料者占绝对优势，除此之外，仅有2件碧玉，反映了古人对原材料有着较高的认知水平。剥片技术除了锤击法、砸击法外，还存在间接剥片技术。石制品以微型为主，小型也占有一定比例，中型较少，不见大型。器形变异较少，制作规整。石制品类型丰富，包括石核、石片、石叶、细石叶、断块、碎屑、第二类工具（使用石片）、第三类工具（刮削器、雕刻器、琢背小刀、石钻）。

石核14件，据剥片方式的不同可分为石片石核和石叶石核（图三七，1～3、6、7）。根据器形的差异，又可将后者分为楔形、船底形和锥形。石核以楔形细石叶石核为主，其次为船底形、锥形和锤击石核。石核大小存在较大差异。打片之前会对石核的台面进行修整。依统计结果，存在预制及使用阶段的细石叶石核，多数核体上的石片疤为2～5个，台面角范围在62°～97°，石核多进行两面修整，使其棱脊部位在剥片时可以发挥控制作用，说明石核精细加工技术被广泛采用，石核利用率较高。石片数量较多，共计629件，占所有石制品的47.3%（图三七，11～14）。原料皆为黑曜岩。可分为完整石片和断片，后者居多，约占四分之三，完整石片较少。完整石片多采用锤

[1] 陈全家、王春雪、方启、赵海龙：《延边地区和龙石人沟发现的旧石器》，《人类学学报》2006年第2期，第106～114页。

[2] 陈全家、赵海龙、方启、王春雪：《延边和龙石人沟旧石器遗址2005年试掘报告》，《人类学学报》2010年第2期，第105～114页。

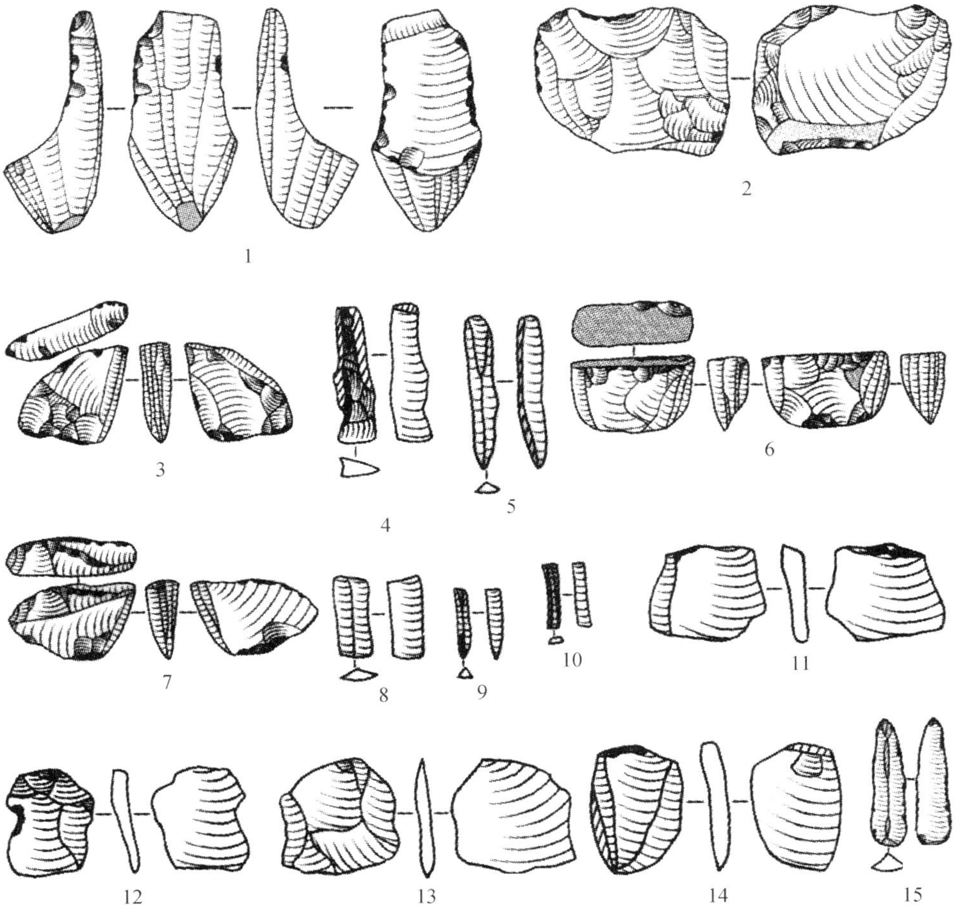

图三七　和龙石人沟遗址的石制品

1. 锥形石核　2. 双台面石片石核　3、7. 楔形细石核　6. 船形细石核　4、15. 石叶　5、8～10. 细石叶　11～14. 石片

击法，偶有砸击法。多为小型和微型，器形多较规整。以点状、刃状台面石片居多，其次为线状、素台面者，有脊、有疤、自然台面者很少，反映出较高的石核预制台面技术。石片多为非初级剥片，连续剥片经常发生，也从侧面反映了石核较高的产片率。断片以横向断片居多，反映出早期人类是有目的的在制作横向断片。断片背面保留自然面的者较少。细石叶224件，占石制品的16.8%（图三七，5、8～10）。以单脊者居多，双脊者次之。台面多为点台面，其次为刃状台面和线台面，素台面和零台面数量较少。从其完整程度观之，以中段细石叶居多，近端、远端次之，完整较少。石叶21件，均以黑曜岩为原料。根据石叶背面情况将其分为初次剥离的石叶和普通石叶两种（图三七，4、15）。前者背脊系预制石核时修理出来的，不规则，4件；后者的背脊平行且较直，17件。从石叶断片截断处可以看出，存在两种截断方式：一种为平齐的断口，另一种为将石叶垫在带棱脊的物体上，在其上用硬物轻磕，使其折断。碎

屑和断块共计235件，前者系剥片或石器的二次加工过程中崩落的小片屑，共144件；后者为剥片时沿自然节理断裂的石块或破裂的碎块，多呈不规则形，个体差异较大，有91件。

工具数量为208件，除1件为碧玉原料，余者皆为黑曜岩。工具以石片为毛坯者占绝大多数，其次为细石叶，石叶、块状毛坯数量较少。工具以小型为主，微型和中型也占有一定比例。多采用锤击法加工而成，其中软锤修理占有较大比例，亦存在压制法。修理方式以正向加工为主，其次为反向加工，复向、错向、两面和对向加工不多，工具修理较为精致。工具类型包括第二类工具和第三类工具，不见第一类工具（图三八）。第二类工具（使用石片）102件，占石制品数量的7.7%。使用石片以小型居多，毛坯多为石片，其次为石叶、细石叶。从刃部形态来看，以单刃居多，双刃次之。单刃者又以单直刃为主，单凸刃、尖刃次之；双刃者多为双直刃，直凸刃、直凹刃较少。大多数标本的刃口仍较锋利。第三类工具106件，占石制品总数的8%。原料皆为黑曜岩。刮削器和雕刻器是该遗址工具的主要类型，此外还有琢背小刀和钻。刮削器共67件，是该遗址第三类工具中数量最多的工具类型，占63.2%。刮削器以小型居多，亦存在个别中型标本。以片状毛坯为主，石叶、块状毛坯数量较少。片状毛坯中石片占优势，细石叶次之。修理方法以锤击法为主，其次为压制法。刃缘超半数为正向加工，其次为反向和错向加工，已存在少量复向、两面加工者。从刃部形态看，以单直刃为主，尖刃次之，双直刃、直凸刃、圆头刮削器较少。雕刻器共32件，占第三类工具总数的30.18%。片状毛坯占绝大多数，少数为块状毛坯。修理方法主要为锤击法。雕刻器存在有意截断的加工方法，[1]颇具特色。琢背小刀5件，均以石片为毛坯，石片背面有一纵脊，较厚的一侧边琢出一列疤痕，薄锐的一侧边作为使用刃缘，可见使用后留下的细小疤痕。推测其可能作为复合工具的刃部。石钻2件，以石叶为毛坯，皆采用压制法正向或对向加工修理，可见细小浅平、排列规整的压制修疤。尖刃角平均为36°。

从石制品的技术特征来看，该遗址发现的石器明显具有旧石器时代晚期的细石叶工业类型的特点。另外，出土石制品的黄色亚黏土层属于晚（上）更新统，[2]也支持将该遗址的年代归入旧石器时代晚期。

（五）和龙柳洞地点

和龙柳洞地点位于延边朝鲜族自治州和龙市南坪镇柳洞村西北约500米。遗址面积

[1]　王春雪、陈全家：《试析吉林和龙石人沟旧石器时代晚期遗址古人类的技术与行为》，《边疆考古研究》第6辑，科学出版社，2007年，第39～55页。

[2]　吉林省区域地层表编写组：《东北地区区域地层表：吉林省分册》，地质出版社，1982年，第124～126页。

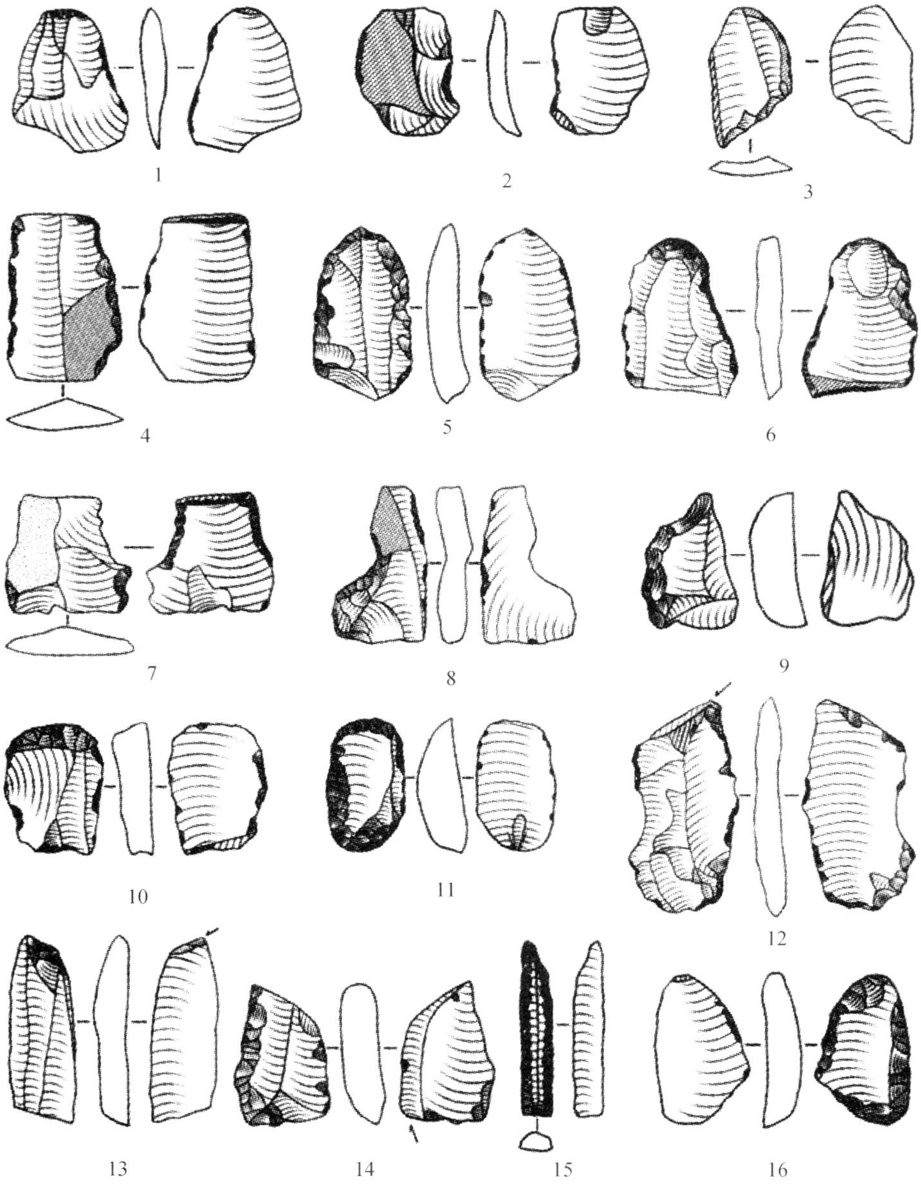

图三八　和龙石人沟遗址的石制品

1～3. 第二类工具　4. 直凸刃刮削器　5. 尖刃刮削器　6. 复刃刮削器　7. 双凹刃刮削器　8. 直凹刃刮削器　9. 单凸刃刮削器　10、11. 圆头刮削器　12～14. 雕刻器　15. 钻器　16. 琢背刀约400平方米。坐落于图们江中游高于河面20米的二级阶地上，其北、西、南部背靠南岗山山脉，南侧一条小河自西向东流过，注入图们江，左右两侧是开阔的河谷地带，可以说是人类非常理想的栖居之所（图三九）。地理坐标为东经129°6′23″，北纬42°19′11″。

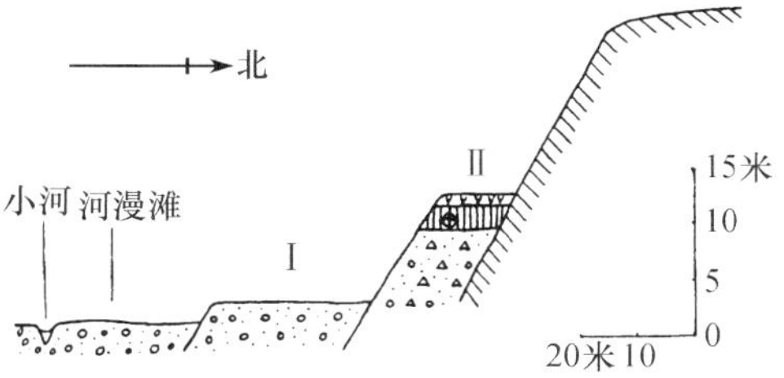

图三九　和龙柳洞遗址地貌剖面示意图

2002年5月，吉林大学边疆考古研究中心与和龙市博物馆在图们江流域进行考古调查时发现该遗址，并采集石制品89件；[1]2004年5月，对其进行复查和小面积发掘，找到了石制品的原生层位，获得石制品142件，其中地层出土了4件，地表采集138件。[2]

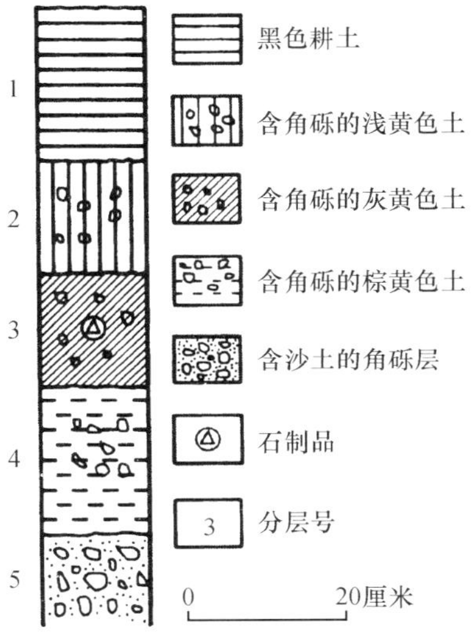

图四〇　和龙柳洞遗址地层剖面柱状图

从2004年发掘的情况来看，地层堆积自上而下可分为5层（图四〇）。第1层为黑色耕土层，大部分已被雨水冲刷剥蚀掉，夹杂小石块，不见文化遗存，厚10～20厘米。第2层为浅黄色土层，在遗址的部分区域已暴露于地表，含少量碎石块，138件石制品即为从该区域采集，厚12～15厘米。第3层为灰黄色土，含石制品和白色腐殖物，系文化层，厚10～15厘米。第4层为棕色黄土层，含少量碎石块，厚15～20厘米。第5层为夹黄色沙土的角砾，不见文化遗存，未发掘到底。

两次考古工作获得的石制品数量可观，达231件。石制品表面棱脊清晰，不见水冲磨的痕迹，但有不同程度的风化，严重者已失去光泽。这些石制品的原料多样，有黑曜岩、安山岩、流纹岩、石英岩、角页岩、泥岩、玛瑙等，其中黑曜岩居多，占95.67%，其余原料均较少。石制品种类丰富，包括石核、石片、石叶、断块、石砧、砍砸器、刮削器、雕刻器、尖状器、琢背刀、矛头等。

石核16件，见有砸击石核、锤击石核及楔形细石核三类（图四一，1～4）。砸击石核9件，其中一件已残。原料均为黑曜岩，个体较小。石核两端可见砸击痕迹，核体上分布着由两端向中央延伸的对向浅平石片疤及崩裂时产生的小碎疤。锤击石核2件，

［1］　陈全家、赵海龙、霍东峰：《和龙柳洞旧石器地点发现的石制品研究》，《华夏考古》2005年第3期，第50～59页。陈全家、赵海龙、霍东峰：《延边和龙柳洞发现的旧石器》，《旧石器时代论集——纪念水洞沟遗址发现八十周年》，文物出版社，2006年，第171～179页。

［2］　陈全家、王春雪、方启等：《吉林和龙柳洞2004年发现的旧石器》，《人类学学报》2006年第3期，第208～219页。

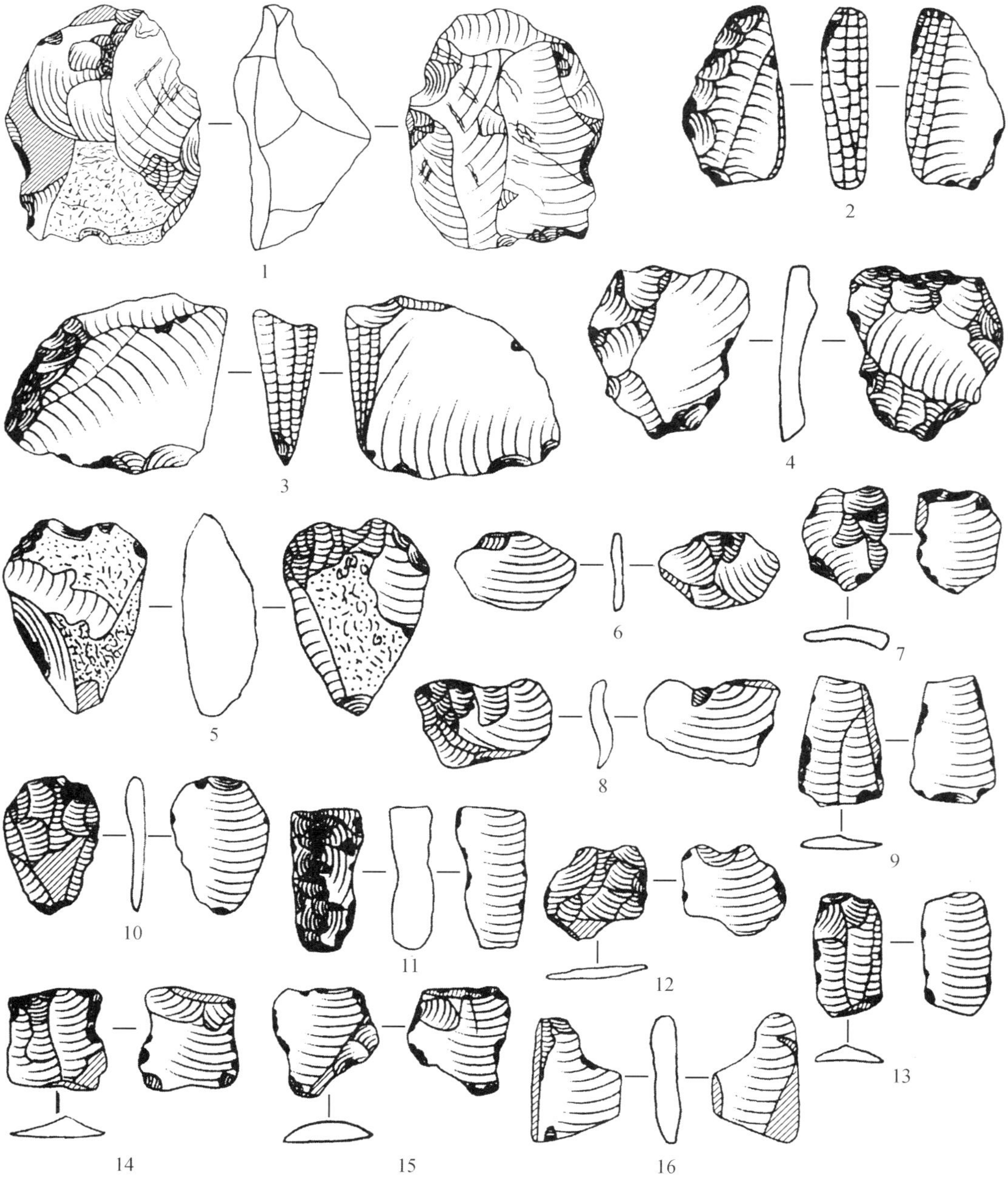

图四一　和龙柳洞遗址的石制品

1. 多台面石核　2、3. 楔形石核　4、5. 砸击石核　6. 素台面石片　7. 有疤台面石片　8. 点状台面石片　9、12、14、15. 横向断片　10. 修理台面石片　11、13. 细石叶　16. 纵向断片

黑曜岩、玛瑙者各一件。均为多台面石核，既以砾石面为台面，又见有石片疤台面。楔形细石核5件，整体呈楔形。原料均为黑曜岩。石核的台面和核体均做过修理。部分石核为预制石核，部分为使用阶段的石核。通过对核体上剥片后的多条疤痕分析，

可以判断出有的石核利用率较高。石片发现较多，共计130件（图四一，6～10、12、14～16）。除两件流纹岩和一件石英原料外，其他皆为黑曜岩。根据其完整程度，分为完整石片、断片和废片。完整石片32件，小而薄，且多不规则。剥片方法以锤击法为主，偶尔使用砸击法。石片台面以素台面居多，其次为有疤台面和点状台面，修理台面最少，仅1件。石片腹面多较平，破裂面的同心波较为清晰，上面常见1～2个锥疤，背面一般较平。断片33件，据断裂方向的不同可分为纵向、横向断片。废片65件，系为修理石核或者工具的过程中产生，形体普遍较小。据腹面与台面处的唇面来看，应为软锤工具修理所产生的。石叶9件，均以黑曜岩为原料（图四一，11、13）。除1件完整外，其余皆残断，横截面多呈三角形。根据背脊的情况可以将其分为初次剥离的石叶和典型石叶两种。前者可见预制石核时修理出来的不规则的背脊；后者的背脊平行且较直。初次剥离的石叶1件，背面有一条预制石核时修理出来的、与石片疤相交形成的脊，较弯曲。典型石叶8件，其中完整、近段各1件，中段5件，远段1件。完整、近段石叶台面均为有疤台面。腹面均较平滑，放射线、同心波较明显。背面有双脊的1件，其余均为一条纵脊，大多较直。断块37件，除1件为玛瑙外，其余皆为黑曜岩。

工具共计39件，占石制品数量的16.88%。原料除黑曜岩外，还见有安山岩、角页岩、玛瑙等。工具多以石片为毛坯，石叶和块状毛坯较少。工具的修理主要为锤击法，且以软锤修理居多，同时也见有压制法。修理方式以向背面加工为主，其次为复向加工，少量为向破裂面、对向、交互加工。小型工具数量居多，中型和大型工具较少。工具种类多样，包括了第一类工具、第二类工具和第三类工具。

第一类工具仅见1件石砧（图四二，1）。其一面较平，另一面稍外凸。在较平的一面中央有一个用砸击法打片时所留下的坑痕，使用面的下端的斜面上可清楚地看到研磨痕；另一面的两端散布数个疤痕。第二类工具（使用石片）15件（图四二，3～6）。除一件以安山岩为原料外，其余皆为黑曜岩。以石片为毛坯者居多，其余为石叶。器身上可见使用时所留下的细小疤痕。据工具刃缘的使用数量可以将使用石片划分为单刃和双刃两种。前者据刃口的形状，又可以细分为单直刃和单凸刃两型，单直刃者8件，单凸刃者4件，双刃者3件。第三类工具23件，组合有刮削器、雕刻器、尖状器、砍砸器、矛头、琢背小刀，其中圆头刮削器最具代表性（图四二，2、7～16）。刮削器13件，在第三类工具中所占比例最大，达56.52%。原料均为黑曜岩。个体较小，刃口修理较为细致。根据刃口的数量又可进一步分成单刃刮削器、双刃刮削器和复刃刮削器。单刃刮削器11件，根据刃口形状和位置，又可细分为单直刃刮削器、单凸刃刮削器、单凹刃刮削器和圆头刮削器。单直刃刮削器1件，以石叶中段为毛坯，截面近似三角形。石片背面有一大而浅平的石片疤，其与自然面相交而形成一条纵脊，远端一疤痕将其打破；左右侧均分布不连续的细小疤痕。腹面左侧边分布断续、大小不一的疤，右侧边复向加工成一直刃。单凸刃刮削器6件，多以石片为毛坯，

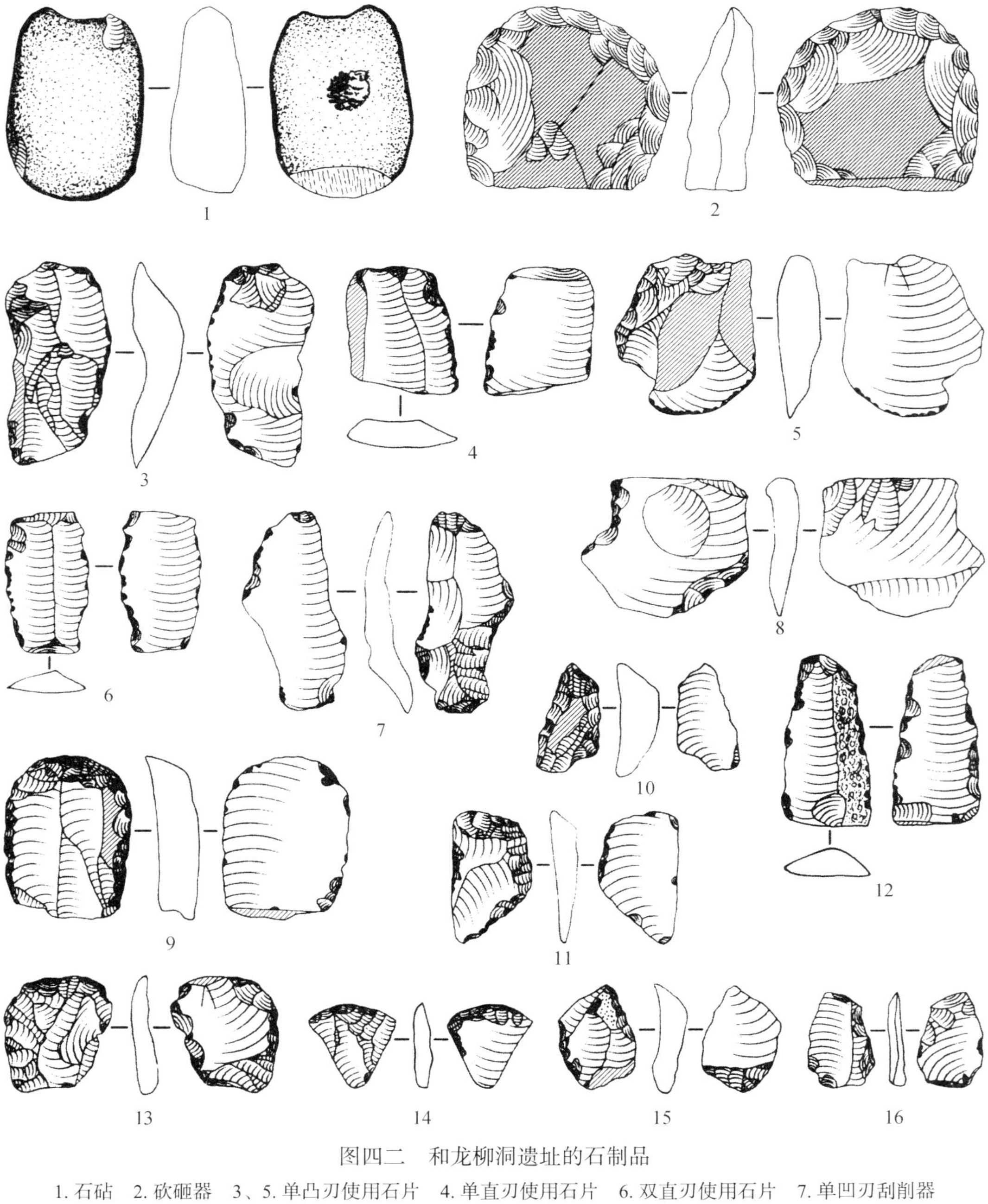

图四二　和龙柳洞遗址的石制品

1. 石砧　2. 砍砸器　3、5. 单凸刃使用石片　4. 单直刃使用石片　6. 双直刃使用石片　7. 单凹刃刮削器　8. 双凹刃刮削器　9. 圆头刮削器　10. 尖状器　11. 复刃刮削器　12. 单直刃刮削器　13、14. 单凸刃刮削器　15. 雕刻器　16. 琢背小刀

加工方法多采用压制法，修理方式有背向加工和复向加工。单凹刃刮削器3件，器形不甚规整。圆头刮削器1件，采用石叶中段为毛坯，整体呈长方形。腹面平滑，同心

波、放射线较为清晰。刃缘系压制法向背面加工而成，两侧边也进行压制修理，修疤排列规整。双刃刮削器为凹刃刮削器，仅1件，以锤击石片为毛坯。腹面微凸，半锥体较凸，放射线、同心波明显，近台面处有一锥疤，左侧和右下侧边均保留有对向加工的疤痕，均向腹面软锤加工而成。复刃刮削器1件，毛坯为锤击石片中段，腹面较平。背面轻微隆起，中间有2块大片疤，近端、右侧边及远端采用软锤复向加工，修疤浅平规整。雕刻器5件，除一件原料为玛瑙外，其余皆为黑曜岩，可分为屋脊型雕刻器、喙嘴型雕刻器和修边雕刻器三种。其中屋脊型雕刻器1件，以石片残片为毛坯，在毛坯的一段交叉打下两石片成型。喙嘴型雕刻器2件，分别以残片和锤击石片为毛坯。其中一件从毛坯的远端一侧向台面方向打下一块石片，形成石器刃部；另一件在石片远端的侧边上修去一块石片形成长疤，以此为基础打下一块小疤形成尖角。修边雕刻器2件，黑曜岩和玛瑙原料者各一件。前者毛坯为锤击石片，破裂面稍凹，远端进行修理，疤痕浅平。由石片背面近端斜向打下一块石片，形成尖刃。背面保留少许自然面，两侧边均进行修理。尖状器1件，原料系安山岩，以锤击石片中段为毛坯。采用软锤锤击和指垫法压制而成。其背面隆起，除保留部分节理面外，布满细长、规整、浅平、平行排列的压制修疤。砍砸器1件，系端刃砍砸器，以扁平角页岩为原料，两面中部均可见部分节理面。器刃经过交互加工而成，刃缘呈“S”形。矛头1件，已残。原料为黑曜岩。系用软锤加工修理和压制修理。整体呈三角形，通体加工，两面布满浅平的修疤。两端为断面，两侧边为修理的刃缘。据整个器形来看，原器物应为较大的矛形器。琢背小刀2件，可能为复合工具上的刃部。原料均为黑曜岩，分别以细石叶和锤击石片为毛坯。前者的一侧边琢出一列疤痕，另一侧边为使用过程中留下的痕迹；后者较厚的一侧边琢出一列疤痕，薄锐的一侧边作为使用器刃。

该地点部分工具上存在细长、浅平、排列规整的压制修痕，表明其压制技术已相当发达。细石核、圆头刮削器、琢背小刀及尖状器等典型器型也具有旧石器时代晚期细石器工业传统的特征。此外，考虑到石制品出土的原生层位——灰黄色土层属于上更新统，[1]所以综合来看，该遗址的年代应为旧石器时代晚期。

（六）和龙青头遗址

和龙青头遗址位于延边朝鲜族自治州和龙市龙城镇青头村北约800米的三级阶地上。遗址地处长白山系的南岗山脉，周围山峦起伏，森林茂密。遗址的西侧为一条冲沟，东侧有一条河流，海拔约725米，高出河水面25米。地理坐标为东经128°58′20.7″，北纬42°48′51.9″。

该遗址最早发现于2005年春。翌年春，吉林大学边疆考古研究中心与吉林省文物

[1]　吉林省区域地层表编写组：《东北地区区域地层表：吉林省分册》，地质出版社，1982年，第124～126页。

考古研究所对其进行复查，并进行了试掘，发掘面积较小，约4平方米。[1]但是通过发掘，从地层中出土19件石制品，为确定石制品的原生层位提供了重要信息。加上地表采集的197件石制品，共获得石制品216件。

该遗址的地层堆积自上而下可分为4层（图四三）。第1层为耕土层，不见文化遗存，厚约15～20厘米。第2层为黄褐色的亚黏土层，系文化层，包含有石器及碎屑，厚约40～45厘米。第3层为灰黑色的古土壤层，未发现石器，厚约26厘米。第4层为浅黄色的砂砾石层，未发掘到底。

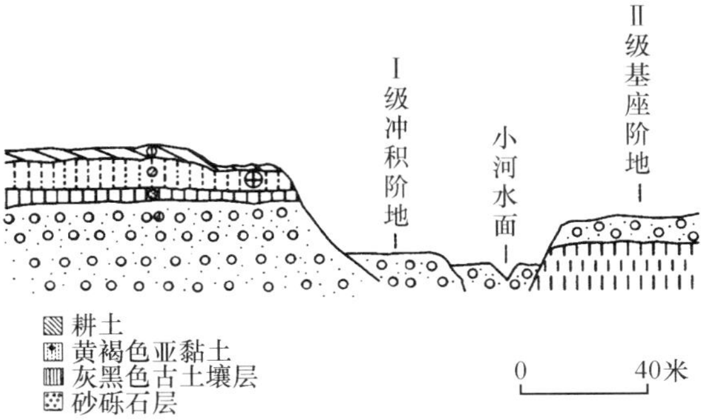

图四三　和龙青头遗址地貌地层剖面示意图

石制品的原料以黑曜岩为大宗，达84.3%，安山岩、石英、板岩数量较少。优质原料所占比例较高，制作的工具也相对精致。剥片技术以锤击法为主，也见有砸砧法，亦存在间接剥片法。工具的修理采用锤击法和压制法，以正向加工为主要的修理方式，其次为复向加工。石制品表面的棱脊比较清晰，未见水冲磨的痕迹，但石制品表面存在不同程度的风化，严重者已失去光泽。石制品种类包括石核、石片、石叶和工具（图四四）。

石核仅发现2件，均为采集品，系船底形石核，未发现细石核。原料分别为安山岩和板岩。器形较大，核体可见数个剥片疤。石片数量较多，共86件，占石制品总数的40.1%。原料以黑曜岩居多，少量为石英、板岩、安山岩。石片形状多小而薄，不规则。据其完整程度，可分为完整石片、断片和废片三类。完整石片25件，据剥片方式的不同可以分为锤击石片和砸砧石片。前者24件，石片的形体较小，腹面打击点集中，半锥体凸出，同心波与放射线较为清晰，背面多为全疤；后者仅1件，以安山岩为原料。个体较大，腹面打击点散漫，半锥体浅平，背面则保留部分砾石面。断片有19件，皆为横向断裂，腹面可见明显的同心波和放射线，背面布满疤痕。可分为近端、中段和远端断片，近端10件，中段6件，远端3件。废片数量较多，数量达到42件。石叶8件，皆以黑曜岩为原料，其同心波和放射线较为清晰，背面布满疤痕，且多为全

[1] 陈全家、方启、李霞、赵海龙、陈新民、郑钟仁：《吉林和龙青头旧石器遗址的新发现及初步研究》，《考古与文物》2008年第2期，第3～9页。

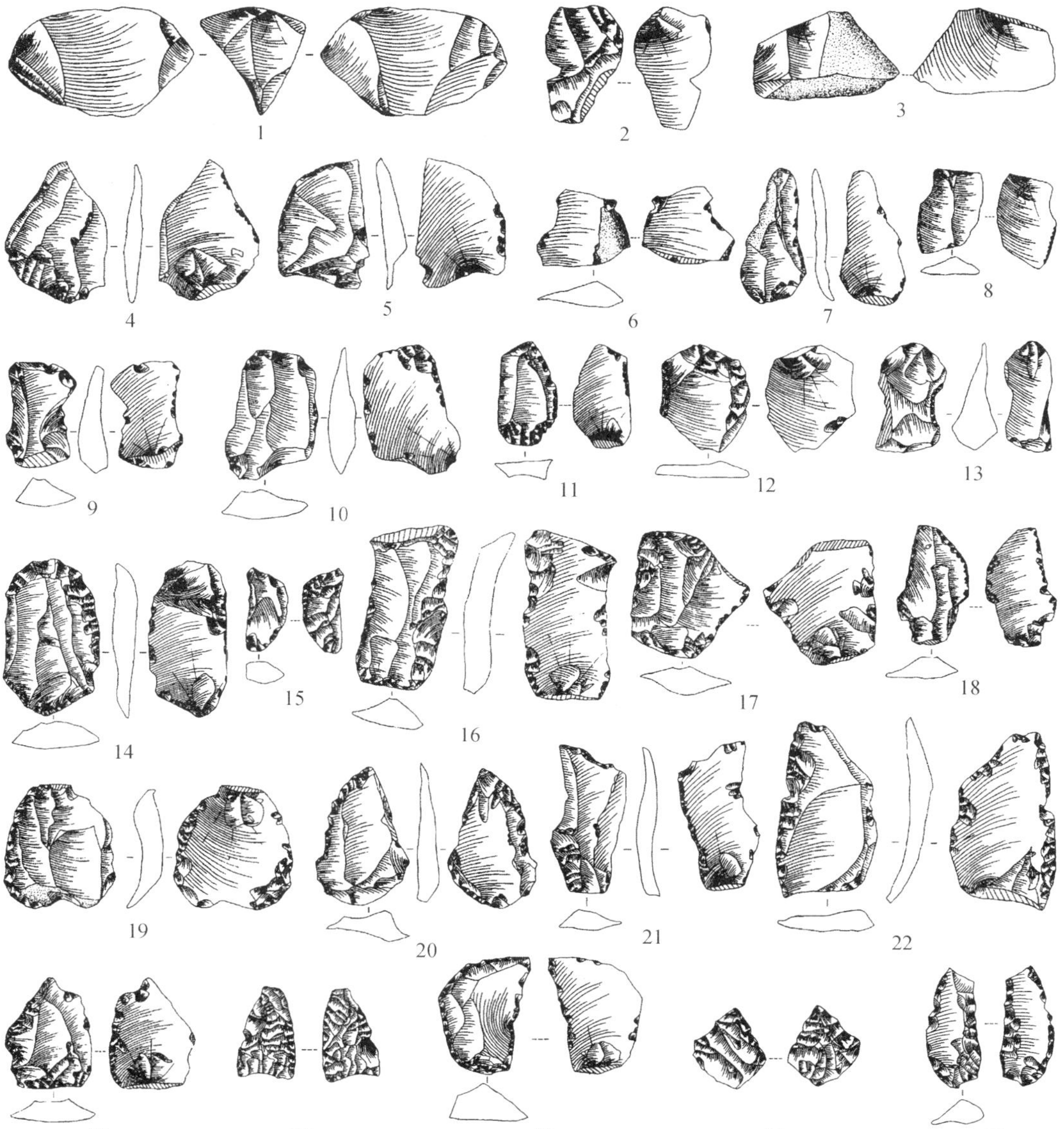

图四四　和龙青头遗址的石制品

1. 石核　2. 锤击石片　3. 砸砧石片　4～11. 使用石片　12. 单直刃刮削器　13. 单凹刃刮削器　14. 圆头刮削器　15. 单凸刃刮削器　16. 双直刃刮削器　17. 直凹刃刮削器　18、22、23. 直凸刃刮削器　19. 复刃刮削器　20. 双凸刃刮削器　21. 尖直刃刮削器　24. 石镞　25、26. 尖状器　27. 琢背小刀

疤。细石叶10件，均以黑曜岩为原料。腹面较为平滑，可见清晰的放射线和同心波，背面两侧边平直，都有一条或两条脊，其中一条纵脊者9件，纵脊一般较直。其中完整细石叶2件。断块32件，以黑曜岩为主要原料，其次为石英。断块上见有疤痕，但无打击点。

工具共计78件，占石器总数的36.11%，仅见有第二工具和第三类工具，不见第一类工具。第二类工具（使用石片）32件，皆作为刮削器使用，原料为黑曜岩，工具的边缘较为薄锐，刃缘可见细小而不连续的使用疤痕。腹面打击点多集中，半锥体凸出，同心波和放射线多较为明显，背面多布满疤痕，部分亦见有纵脊。据刃口数量可以分为单刃和双刃两型。单刃使用石片20件，根据刃口的形状可进一步分为凸刃、凹刃和直刃三亚型。其中凸刃者5件，凹刃者4件，直刃者11件。双刃使用石片12件，根据刃口的形状又分为双直刃、直凸刃和双凹刃三亚型，分别为8件、2件、2件。第三类工具共46件，以黑曜岩为主要原料，达84.8%，板岩、石英、安山岩数量较少。该类工具毛坯以石片居多，占89%。器形多样，可以分为刮削器、尖状器、石镞、琢背小刀和砍砸器五类。其中刮削器的数量最多，为33件。多以石片为毛坯，刃缘多采用复向加工，亦见有正向加工和反向加工。修疤多细密浅平，排列有序，刃部锋利。根据刃口数量可以分为单刃、双刃和复刃三型。单刃刮削器14件，据刃口的形状和位置，可细分为直刃、凸刃、凹刃和圆头四亚型，分别为5件、2件、4件、3件。双刃刮削器16件。根据刃口的形状又分为双直刃、直凹刃、直凸刃、双凸刃和尖直刃五亚型，分别为5件、3件、6件、2件、1件。复刃刮削器发现3件。尖状器6件，皆以黑曜石为原料，石片毛坯居多，形状不尽相同，或由一直边和一凸边组成尖刃，或由两条直刃相交构成尖刃，修痕多细长浅平，排列紧密。石镞2件，原料均为黑曜岩，其中1件完整，另1件已残。完整者系凹底石镞，器型规整，刃部薄锐，中间略微隆起，进行压制通体加工，疤痕细长浅平，排列有序，制作较为精致。琢背小刀2件，原料系黑曜岩，以石片为毛坯。其中一件整体呈长条形，腹面平滑，背面有一纵脊，较厚的一侧复向琢出一列疤痕，薄锐的一侧复向修整成刃口，可以清楚地看到使用后留下的不规整疤痕。砍砸器2件，皆系地面采集所得，原料分别为石英和安山岩。平均长为145.7、平均宽为92.7、平均厚29.6毫米，平均重490克。

该遗址的年代可从以下三个方面进行分析：首先，从石器的埋藏环境来看，通过试掘可以确定石器的原生层位为黄褐色的亚黏土层，据吉林省第四纪地层的堆积年代分析可知其原生层位形成于上新统。[1]其次，该遗址不仅存在间接剥片技术，而且其压制技术已经相当娴熟。圆头刮削器、尖状器、石族和琢背小刀等典型器型的存在，也表明该遗址具有旧石器时代晚期细石器工业的特征。最后，该遗址的文化内涵与和

[1] 林省区域地层表编写组：《东北地区区域地层表——吉林省分册》，地质出版社，1978年，第81~126页。

龙石人沟[1]、和龙柳洞[2]、珲春北山[3]等遗址在文化内涵上存在较大的一致性，表现出明显的地域特征，他们的年代也应接近。所以可暂将该遗址的年代定为旧石器时代晚期或新旧石器过渡阶段。

（七）和龙西沟地点

和龙西沟地点位于延边朝鲜族自治州和龙市龙城镇西沟村西南约800米，东依海兰江，处于高出水面约50米的IV级侵蚀阶地上（图四五）。地理坐标为北纬42°34′13.6″，东经128°59′22.9″。遗址面积约250万平方米，由于水土流失严重已无文化层。2006年6月，吉林大学边疆考古研究中心、吉林省文物考古研究所和和龙市文物管理所进行旧石器考古调查时发现该地点。[4]

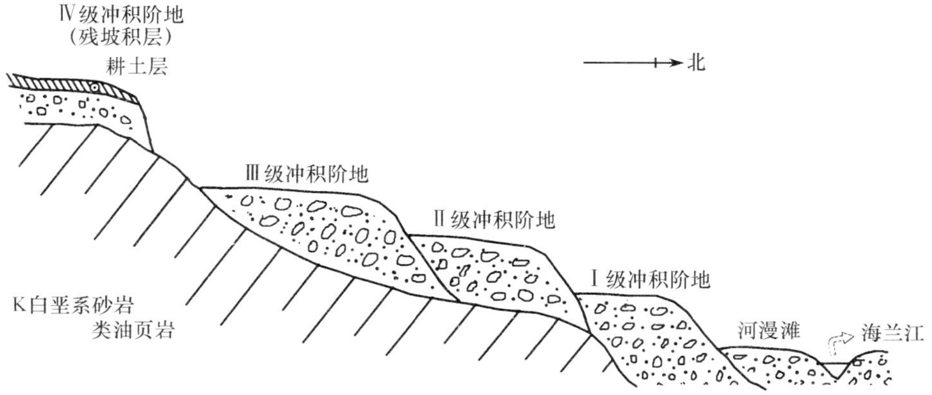

图四五　和龙西沟地点地貌地层剖面示意图

此次调查共采集石制品102件。石制品以小型和微型为主，少量为中型，个别为大

[1] 陈全家、王春雪、方启等：《延边地区和龙石人沟发现的旧石器》，《人类学学报》2006年第2期，第106～114页。陈全家等：《延边和龙石人沟旧石器遗址2005年试掘报告》，《人类学学报》2010年第2期，第105～114页。

[2] 陈全家、赵海龙、霍东峰：《和龙柳洞旧石器地点发现的石制品研究》，《华夏考古》2005年第3期，第50～59页。陈全家等：《延边和龙柳洞发现的旧石器》，《旧石器时代论集——纪念水洞沟遗址发现八十周年》，文物出版社，2006年，第171～179页。陈全家、王春雪、方启等：《吉林和龙柳洞2004年发现的旧石器》，《人类学学报》2006年第3期，第208～219页。

[3] 陈全家、张乐：《吉林延边珲春北山发现的旧石器》，《人类学学报》2004年第2期，第138～145页。

[4] 陈全家、赵海龙、方启、程新民、贺存定：《吉林省和龙西沟发现的旧石器》，《北方文物》2010年第2期，第3～10页。

型。原料以黑曜岩居多，占总数的69.61%，其次为石英岩，占11.76%，另有少量凝灰岩、石英、长石石英砂岩、板岩和玛瑙。石器种类多样，包括石核、石片、石叶、断块、第一类工具、第二类工具和第三类工具（图四六）。其中，第二类工具所占比例较高，达21.57%，第三类工具也占较大比例，为18.63%。受风化影响，石制品表面多失去光泽。除凝灰岩类石器外，其他石制品皆棱脊清晰，磨蚀不明显。

石核5件，皆为锤击石核。其中2件以凝灰岩为原料，剥片较多，剥片面不甚规整，且有阶梯状剥片疤，剥片疤小而不完整，不连续，似为剥片不理想所致。2件石英石核剥片很少。还有1件石英岩石核，为双台面石核，剥片也很少，形制也不太规整。石片共计39件，可分为完整石片、断片和废片。完整石片10件，原料以黑曜岩居多，少量为石英岩。黑曜岩者皆为锤击法剥片，个别石英者则采用平面垂直砸击法剥片。据台面形状的不同，可分为素台面、点状台面、线状台面、有疤台面和刃状台面。素台面石片数量最多，为4件；点状台面和线状台面次之，各为2件；有疤台面和刃状台面最少，均1件。石片均较小，打击点较为清楚，半锥体略凸，形状不固定。背面多布满大小不等的疤痕，保留砾石面者较少。断片16件，原料均为黑曜岩，皆为横向断片，楃部位不同又可分为近端、中段、远端断片，分别为10件、2件、4件。废片系打片或加工修理时产生的碎小石片，共13件，皆以黑曜岩为原料，形态碎小薄锐。石叶2件，原料皆为黑曜岩，其中一件完整，另一件残断。完整者形制不甚规整，打击点和半锥体较为清晰，系硬锤锤击剥片，背面可见两条不规则纵脊，腹面略有弯曲，两侧边缘较为平齐，可能经过预制修理。断块13件，占石制品总数的12.75%，原料多样，其中石英5件，黑曜岩和石英岩各3件，凝灰岩和玛瑙各1件，重量不一，差别较大。

工具共发现42件，在石制品中所占比例较高，达41.17%。以石片为毛坯者占绝大多数，仅个别工具毛坯为细石叶和块状。工具加工主要为正向加工，其次是反向加工，并存在复向和错向及通体加工；工具修理以硬锤锤击修理居多，亦见有少量压制修理和软锤修理。工具种类包括石锤、第二类工具（使用石片）、刮削器、端刮器、雕刻器、锛形器和砍砸器等。第一类工具仅发现一件石锤，以长石石英砂岩为原料，整体呈长条状，截面近圆形，使用痕迹明显。第二类工具（使用石片）数量较多，共22件。原料以黑曜岩为主，达18件，其余为石英。完整石片直接使用者占绝大多数，部分为断片，该类工具中有2件为典型细石叶。该类工具均为刮削器类，皆是小型和微型工具，刃缘可见较为明显的使用痕迹。据工具刃缘形态可以分为直刃型、凹刃型和凸刃型三种。其中，直刃者17件，且主要为主要是单直刃，少量为双直刃，前者13件，后者4件；凹刃型共3件；凸刃型2件。第三类工具19件，其中以黑曜岩为原料者11件，凝灰岩者6件，余为石英岩和板岩。器形见有刮削器、端刮器、雕刻器、锛形器、砍砸器5类。刮削器7件，以黑曜岩为原料者占绝大多数，仅1件为石英岩。器体较小，个别为中型制品。加工方式以正向加工居多，也见有反向加工和交互加工。修理方法以锤击修理为主，少量为压制修理。根据刃口形态和数量可进一步细分为直刃、

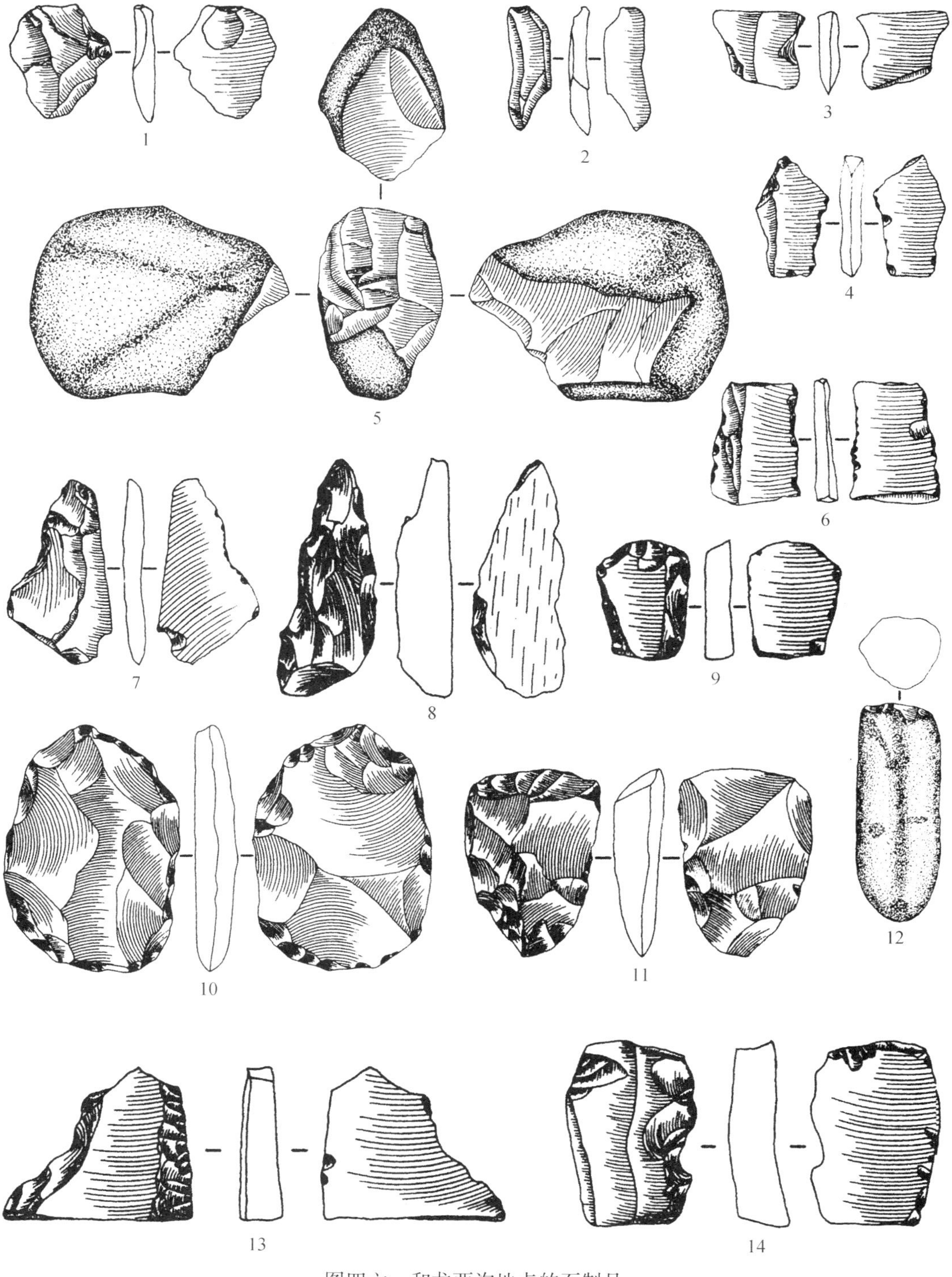

图四六　和龙西沟地点的石制品

1、3. 石片　2. 细石叶　4、6、7. 使用石片　5. 石核　8. 雕刻器　9. 端刮器　10. 砍砸器　11. 锛形器　12. 石锤　13、14. 刮削器凸刃、凹刃、直凹刃、直凸刃五型，其中直刃刮削器和凸刃刮削器各2件，凹刃刮削器、直凹刃刮削器和直凸刃刮削器各1件。端刮器6件，占石器总数的5.89%。除1件端刮器以凝灰岩为原料外，其余均为黑曜岩。加工方式以正向加工居多，仅见1件为复向加工。形制均较规整，器身多经过细致加工，部分刃缘可能采用了压制修理。此类工具以小型和微型为主，仅1件为中型制品。雕刻器仅发现1件，系修边雕刻器，以板岩为原料。腹面为板岩自然节理面，非常平坦。加工方式为正向加工，在背面形成一条纵向隆起，两侧边均有锤击修理，由一侧边斜向下打下一片，形成尖刃，尖刃角72°。锛形器4件，为中型或大型工具，原料皆为凝灰岩。采集的4件锛形器处于锛形器从制作到使用的三个阶段，为复原古人制作锛形器的工艺流程提供了重要实物材料。两件锛形器系毛坯阶段，整体轮廓已经形成；一件处于锛形器半成品阶段，轮廓较为规整，端刃刃口也已加工出雏形，刃口较钝，局部还未作细致修理；另一件则为锛形器成品，器形规整，经过精致加工，由于长期使用，棱脊疤痕已有不同程度磨损。砍砸器仅1件，系复刃型砍砸器，为大型工具，以凝灰岩为原料。整体形状近椭圆形，较扁平。器刃采用复向加工。特别值得注意的是，在刃缘一侧有火熏烤过的痕迹。

根据采集石制品的加工技术、工具组合以及和周边遗址的比较，调查者推测该地点的年代为旧石器时代晚期。

（八）和龙石人沟林场地点

和龙石人沟林场地点位于延边朝鲜族自治州和龙市龙城镇石人沟林场东北约300米，东北距和龙市约4千米，东南距图们江约1千米。遗址地处长白山山系的南岗山山脉，坐落于红旗河二级阶地上，高出水面约16米，背山面河，海拔692米。其地理坐标为东经128°50′56″，北纬42°10′59.5″。

2007年8月，吉林大学边疆考古研究中心和吉林省文物考古研究所联合调查时发现该地点，并对其分两个区域进行试掘，揭露面积69平方米，出土86件石制品，另采集石制品30件，共获得116件石制品。[1]

该地点由于火山沉积活动活跃，地层堆积情况复杂，依A区南壁剖面自上而下分为9层（图四七）。第1层为黑色腐殖土层，质地疏松，夹有植物的根茎，厚10～30厘米。第2层为褐色火山灰土层，夹砂，土质疏松，厚18～32厘米。第3层为浅黄色砂质黏土层，土质较硬，部分探方缺失该层，含石制品，厚0～45厘米。第4层为褐黄色的砂质黏土层，较疏松，夹有小石粒，含少量石制品，厚20～95厘米。与第3层同为文化层。第5层为浅黄色的亚黏土，风成堆积，土质较紧密，未见石制品，厚0～57厘米。第6层为棕红色的黏土，风成堆积，较致密，未见石制品，厚0～38厘米。第7层为粗沙层，河漫滩堆积，质地松散，未见石制品，厚0～13厘米。第8层为砂与黏土互层，河

[1] 陈全家、赵海龙、方启、贺存定：《石人沟林场旧石器地点试掘报告》，《人类学学报》2010年4期，第373～382页。

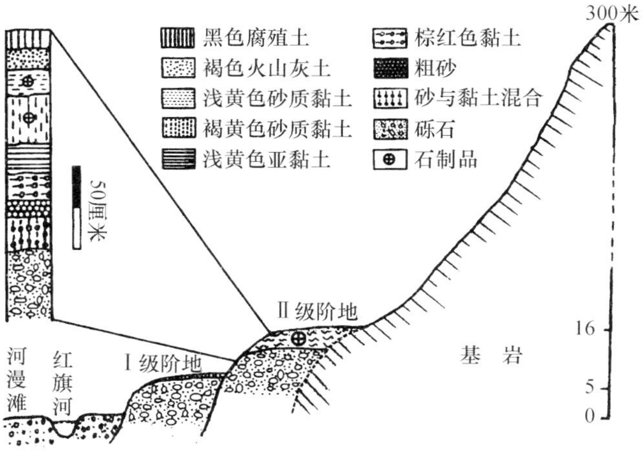

图四七　和龙石人沟林场地点地层剖面示意图

漫滩堆积，较疏松，未见石制品，厚9～55厘米。第9层为砾石层，古河床堆积，出露花岗岩砾石层，未见石制品，未见底。

此次发掘及采集所获石制品的原料除2件板岩和1件凝灰岩外，其余皆为黑曜岩，占总数的97.42%。以小型和微型石制品为主，个别为中型，未见大型者。剥片技术主要是锤击法，亦存在间接法。石制品类型简单，包括石核、石片、细石叶、工具等（图四八）。工具数量较少，仅占石制品总数的11.19%；而断片、断块和废片所占比重较大，达68.96%。

石核仅发现1件，系初级阶段的细石叶石核，整体呈楔形。器身见有两个剥片面，彼此互为台面进行剥片，相交夹角约60°。石核底缘经过修整，可见连续的修疤，从而形成薄锐的底缘。剥片面右侧棱也略有修整，剥片较少，成功剥片不多，个别石叶窄长。完整石片14件，均为锤击法剥片，形状多不规则，器体较小。石片台面可见线状台面、点状台面、有疤台面和素台面。其中线状台面为主，其次为点状台面和有疤台面，少量为素台面。石片背面形态除个别为疤砾结合外，基本为全疤。腹面平坦或略弧。打击点较为清晰，半锥体稍凸，个别可见有锥疤。断片共29件，占石制品总数的25.0%。原料多为黑曜岩，仅一件为板岩。除一件为中型外，其余均为小型和微型者。断面形状多不规则，呈钝角三角形者占一定比例。断片台面见有线状台面、点状台面和刃状台面。皆为横向断片，据部位不同又可分为近端、中段和远端断片。细石叶8件，占石制品总数的6.91%，器形较小。部分细石叶与细石核共存于地层中。见有点状台面、线状台面和有脊台面，台面后缘均有细碎微疤。背面有1～3条纵脊，断面较齐整。均被截断，近端、中段和远端细石叶均有发现。

工具数量很少，仅发现15件。见有石片毛坯和块状毛坯，前者占绝大多数，达98.62%。工具修理以硬锤锤击修理为主，软锤修理不多；修理方式以正向加工居多，压制、反向加工次之。包括第二类工具（使用石片）和第三类工具，不见第一类工

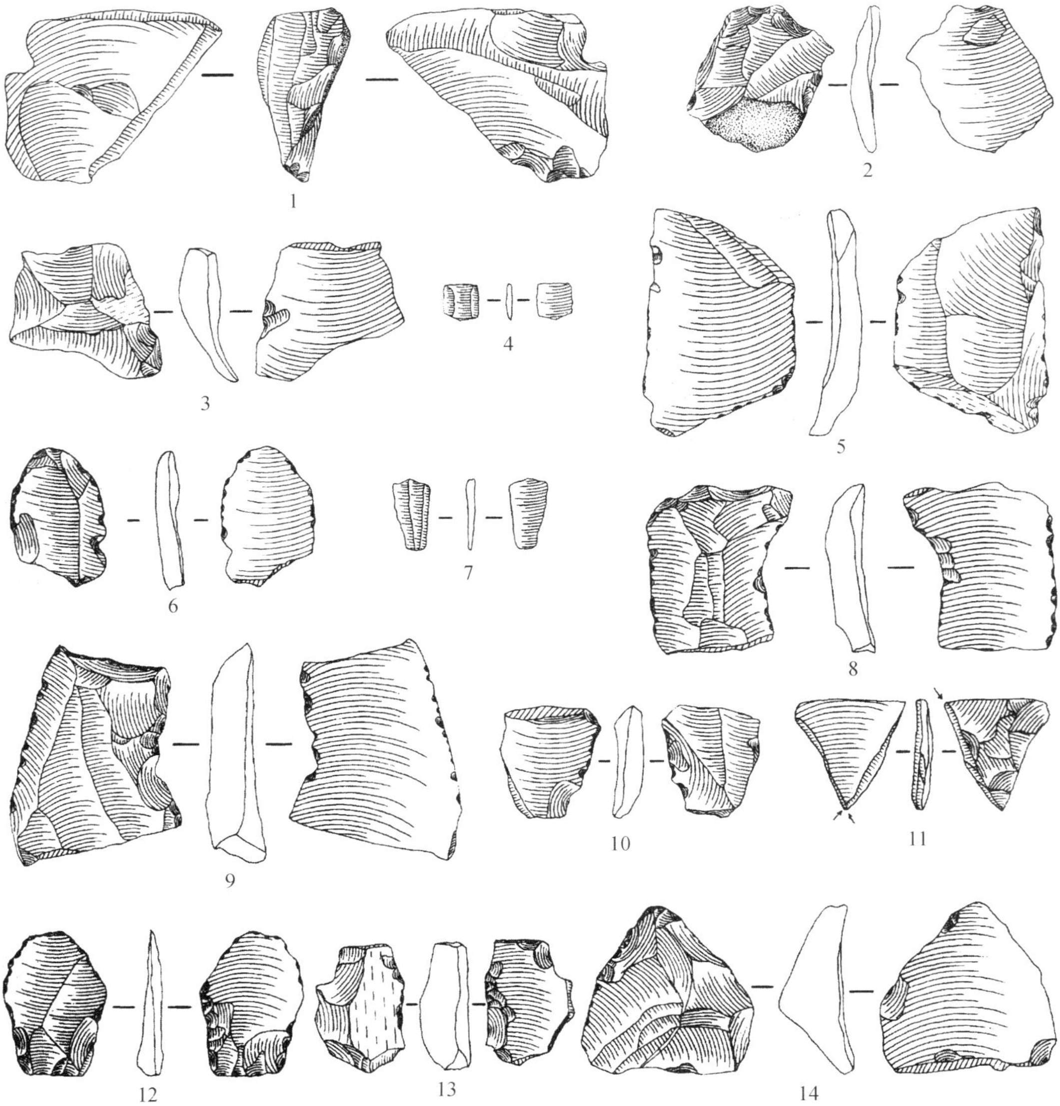

图四八　和龙石人沟林场地点的石制品

1. 石核　2、3. 石片　4、7. 细石叶　5、6、10. 使用石片　8、9、13. 刮削器　11. 雕刻器　12. 端刮器　14. 尖状器

具。第二类工具（使用石片）5件，系小型、微型器。主要以完整石片直接使用者为主，部分系断片直接使用。刃锋处均有使用时所遗留下的细小疤痕。根据工具刃缘数量，可分为单刃型、双刃型。其中，单刃型3件，形态各异，刃缘的使用疤痕大小不一，少有多层重叠，均较浅平且不连续；双刃型2件，一件为直凸刃，另一件为双凸刃。器身疤痕均较浅，大小不等，同心波和放射线较清晰。第三类工具8件，组合包括刮削器、端刮器、尖状器、雕刻器、残器5类。刮削器3件，均以石片为毛坯，主要为小型和微型。加工方式以正向加工为主，个别系反向加工。修理方法主要采用锤击修

理，疤痕多大小深浅不一，修理连续。同心波和放射线较为清晰。刃缘多具有细碎不很连续的疤痕，为使用时所遗留。根据刃口数量可分为单刃和复刃两型，前者一件，后者两件。端刮器1件，整体略呈拇指形。采用石片远端加工而成，整体较薄锐，端刃缘未作修理而直接使用，刃缘具有崩落的碎小疤痕。底端经正向锤击修理。尖状器1件，略呈杏仁状，以石片为毛坯，背面呈龟背状突起，腹面略为内弧。器刃经过简单的锤击修理，底端亦经过正向加工修整，边缘使用痕迹明显。雕刻器1件，毛坯为石片，略呈等腰三角形。器体较薄，背面布满浅平的疤痕，腹面微弧，同心波和放射线清晰。在石片近端分别向两侧边打片，形成屋脊形雕刻器刃角，并利用石片远端断面的一角向石片近端方向打片，形成角雕刻器刃。残器发现2件。其中一件上部残断，根据其器型走向，推测可能为矛形器或刮削器；另一件尖部和底端都稍有残断。整体形状呈三角形，通体压制修理，精致规整，可能与镞有关，但也不排除为尖状器尖部的可能。

石人沟林场地点距红旗河水面很近，直线距离不及20米，虽然便于取水和狩猎，但是考虑到汛期涨水及野兽饮水的威胁，这里并不适合作为居住场所；从石制品的出土情况分析，石制品数量少而分散，加工修理产生的副产品较多，而工具所占比例较小，并未形成专门的石器加工场。故从遗址的环境位置和文化遗物的埋藏情况综合分析，该地点不具备作为长期居址的条件，其该地点可能为古人类临时性的活动场所。

该旧石器地点的年代可从以下几个方面进行分析：首先，从其埋藏环境来看，其原生层位为浅黄色和褐黄色砂质黏土层，据吉林省第四纪地层的堆积年代分析，属于上更新统。[1]其次，根据石制品的特征、工具组合分析，该地点的石制品具备较多旧石器时代晚期细石器工业类型传统的特征。最后，通过与周边遗址比较，可以发现其与和龙石人沟[2]、和龙柳洞[3]、和龙青头[4]、珲春北山[5]等遗址，在文化面貌上非常接近，年代应为相近。因此，推测该地点年代为旧石器时代晚期应该不误。

[1] 吉林省区域地层表编写组：《东北地区区域地层表——吉林省分册》，地质出版社，1982年，第124～126页。

[2] 陈全家、王春雪、方启等：《延边地区和龙石人沟发现的旧石器》，《人类学学报》2006年第2期，第106～114页。陈全家等：《延边和龙石人沟旧石器遗址2005年试掘报告》，《人类学学报》2010年第2期，第105～114页。

[3] 陈全家、赵海龙、霍东峰：《和龙柳洞旧石器地点发现的石制品研究》，《华夏考古》2005年第3期，第50～59页。陈全家等：《延边和龙柳洞发现的旧石器》，《旧石器时代论集——纪念水洞沟遗址发现八十周年》，文物出版社，2006年，第171～179页。陈全家、王春雪、方启等：《吉林和龙柳洞2004年发现的旧石器》，《人类学学报》2006年第3期，第208～219页。

[4] 陈全家、方启、李霞等：《吉林和龙青头旧石器遗址的新发现及初步研究》，《考古与文物》2008年第2期，第3～9页。

[5] 陈全家、张乐：《吉林延边珲春北山发现的旧石器》，《人类学学报》2004年第2期，第138～145页。

（九）和龙大洞遗址

和龙大洞遗址位于吉林省延边朝鲜族自治州和龙市崇善镇大洞村，坐落在图们江与其支流红旗河交汇处的平缓玄武岩台地上，西距长白山天池约80千米，北距和龙市约40千米。2007年9月，由吉林省文物考古研究所和吉林大学边疆考古研究中心组成的考古队在野外调查时发现该遗址，初步推测其面积在100万平方米以上。当年对其进行了试掘，揭露面积49平方米，出土3000余件石制品，另在地表采集石制品达8000余件。[1]2010年6月，吉林省文物考古研究所对该遗址进行了正式的考古发掘，揭露面积为50平方米，发现石制品1030件，在文化层底部还发现了人类用火留下的少量红烧土块、炭屑及表面有烧灼痕迹的动物骨骼残块。[2]两次考古工作共发现石制品12000多件。

该遗址表土下即为旧石器时代晚期文化层。从试掘的情况来看，该遗址的地层至少可分为7层。第1层为深褐色表土层，土质疏松，富含腐殖质，含有磨圆的小砾石，石制品丰富。第2层缺失。第3层为浅灰色亚黏土，土质坚硬，可见深入下层的冰楔，石制品比较丰富。第4层为黑色黏土层，较致密，呈块状结构，含小砾石，被上层的冰楔打破，下界呈波浪状，含少量石制品。第5层为黄色黏土层，厚重，呈块状结构，含少量石制品。第6层为黄色砂层，疏松，含小砾石，未见石制品。第7层为砾石层，含砂和大块的玄武岩角砾，未到底，未见石制品。[3]

虽然目前有关该遗址的材料发表较少，但是从有限的信息中我们还是可以了解到其石制品特征的概况。石制品的原料99%为黑曜岩。石制品器类丰富，包括石核、石片、石叶、细石叶、石砧、刮削器、雕刻器、尖状器、矛头、两面器等（图版一，1），以及加工石器时所产生的断块和碎片；特别值得一提的是，在正式发掘中于文化层底部还发现了一件加工精美，并且局部磨光的角锥状石器。该件石器采用黄褐色火山凝灰岩为原料，三棱角锥状，器形修长，在打制毛坯的尖端有明显的整形磨光的痕迹，末端局部有装柄痕迹，说明其可能作为一种用于刨戳的复合工具的一部分。大洞遗址的石器加工方法主要采用直接锤击法，其次为砸击法、压制法和间接法；加工方式多样，以正向加工为主，通体加工亦占一定比例。在清理出土的石砧周围还发现石屑、灰烬、及少量动物骨骼化石。

---

[1] 陈全家、陈胜前、刘爽、方启、赵海龙、汪光：《和龙市大洞旧石器时代遗址》，《中国考古学年鉴2008》，文物出版社，2009年，第194页。李霞：《和龙崇善大洞旧石器遗址（07年）发掘的石器研究》，吉林大学硕士学位论文，2008年。

[2] 赵海龙、顾聆博、杨春：《吉林和龙大洞旧石器时代遗址》，《中国考古新发现年度记录2010》，中国文物报社，2011年，第114～119页。

[3] 陈全家、陈胜前、刘爽、方启、赵海龙、汪光：《和龙市大洞旧石器时代遗址》，《中国考古学年鉴2008》，文物出版社，2009年，第194页。

和龙大洞遗址规模庞大，文化遗物蕴藏丰富，在东北亚地区同时代的遗址中极为罕见。特别是磨制角锥状器的发现，更是证明了当时人类已经采用了磨制技术，体现出人类的石器制作水平进入到新的阶段，预示着生产力朝着更高水平迈进。磨制石器作为旧石器时代与新石器时代分野的重要标志之一，这件角锥状器又与大量细石器共出，无疑使得和龙大洞遗址在今后关于相对薄弱的新、旧石器时代过渡阶段的研究中具有重要的学术价值。

（十）图们下白龙地点

图们下白龙旧石器地点发现于2005年5月，位于延边朝鲜族自治州图们市月晴乡白龙村二队北约600米处，坐落于图们江左岸的二级阶地上，东距图们江约800米，背靠南岗山，南北是开阔的河谷走廊，台地高出河床约13～20米。[1]地理坐标为东经129°47′57″，北纬42°47′41″。

从阶地前后缘的冲沟所提供的剖面观察，该地点的地层自上而下大致可分为4层（图四九）。第1层为黑色耕土层，厚薄不均，厚5～20厘米，地表不见陶片。第2层

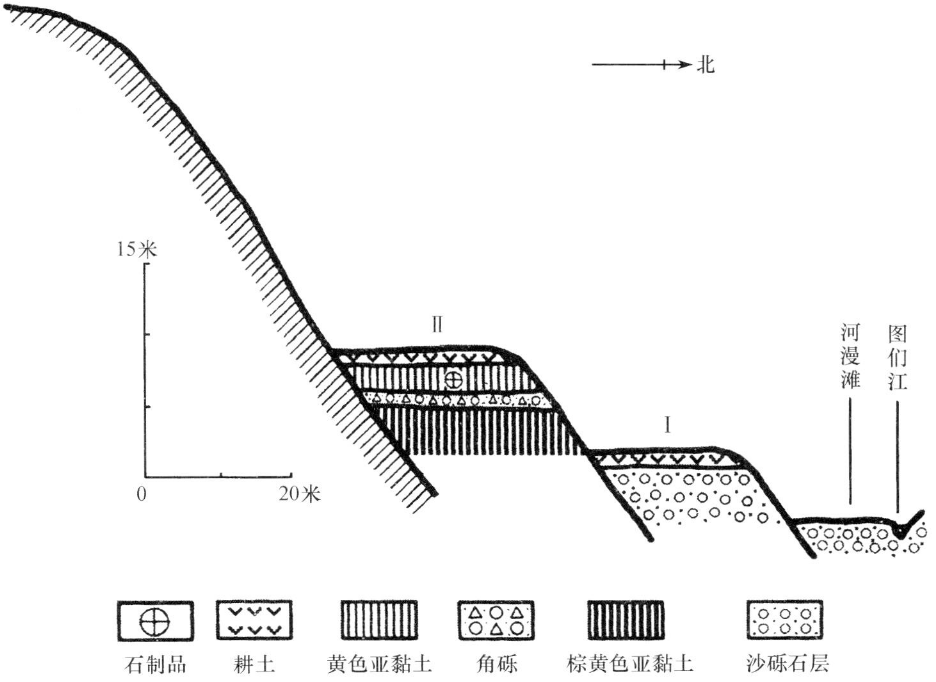

图四九　图们下白龙地点地层剖面图

［1］　陈全家、霍东风、赵海龙：《图们下白龙发现的旧石器》，《边疆考古研究》第2辑，科学出版社，2004年，第1～14页。吉林省文物考古研究所、吉林大学边疆考古研究中心：《图们江流域旧石器地点》，《中国考古学年鉴2003》，文物出版社，2004年，第146页。

为黄色亚黏土层，紧密的质黏土，厚30～40厘米。根据采集到的石制品所分布区域内的地表土颜色分析，推测石制品可能出于该层。第3层为角砾层，以小沙砾为主，厚20～25厘米。第4层为棕黄色亚黏土层，土质较黏，厚约50厘米，未见底。

调查所获的31件石制品的原料多为采自江边的河漫滩，种类多样化，有安山岩、流纹岩、板岩、玄武岩、砂岩、石灰岩、角岩等，以板岩为主，占58%，其他岩类的数量与其相差较多。板岩和砂岩多用于制造工具，后者多用于制作大型工具。石器制作者已对相关岩性有了一定的了解，所用石材硬度较高，优质原料所占比例较高，适于制作加工工具。通过观察研究，可将石制品分为石核、石片、第二类工具、第三类工具（图五〇）。

石核3件，分别以板岩、玄武岩、角岩为原料。石块毛坯居多，因此石核形状也多不规则。单台面，以打制台面为主。采用锤击法剥片，石核剥片面上的石片疤比较浅，形状亦不规则。石片共计10件，占石制品总数的32.3%，皆为锤击石片，形状不甚规整。原料有板岩、石灰岩、角岩、安山岩，其中板岩数量最多，占到一半，其次为安山岩和石灰岩。石片台面见有自然台面和打制台面，所占比例相差无几，后者又可分为素台面和脊状台面。石片中完整者3件，断片为7件，皆为横向断片。

工具共计18件，占石制品的比重较大，达58.1%。该地点的工具多加工粗糙，也有部分工具器形规整，修疤浅平，加工比较精致。工具修理方法为锤击法，修理方式以向背面和复向加工为主，还见有向破裂面加工和交互错向加工者。工具以大中型者为主，而小型者比较少。其中以刮削器和砍砸器数量最多，其次是尖状器和钻，圆头刮削器最具特色。

第二类工具（使用石片）共为3件，皆为锤击石片，保存较为完好。原料为板岩者2件，器形较小；安山岩者1件，器形较大。使用石片的台面多为打制台面，并经人工修理，采用锤击法剥片，部分可能为软锤打击的石片。石片远端皆有使用所留下大小不一的疤痕。第三类工具发现16件，据功能不同，可分为刮削器、尖状器、矛形器、砍砸器和钻五类。刮削器共计8件，乃该地点发现数量最多，同时也是最为复杂的工具。石料种类多样，有板岩、流纹岩、安山岩、角岩四种，其中板岩最多。毛坯皆为石片。刃部多选择在坯料较厚陡的远端边缘加工，在侧边者较少。石片修理方法为锤击法，修理方式以向背向加工和复向加工居多，也存在向破裂面加工和交互加工。修疤形态表现为不规则和不稳定状况，多为浅平小疤，呈半圆形、扇形等。修疤多成层分布，单层者极少。根据刃口的形状可分为直刃、圆头、凸刃和复刃四型，其中直刃者4件，圆头者2件，凸刃者1件，复刃者1件。尖状器1件，原料为板岩，以石片为毛坯。打击点位于台面的一侧，破裂面上可见清晰的放射线和同心波，不见半锥体。石器的背面保留自然的砾石面。该石器的修理方式为错向加工，一侧刃由破裂面向背向加工，另一侧刃由背面向破裂面加工而成。修疤浅平，排列规整。刃角较钝，刃部可见使用痕迹。矛形器1件，原料为板岩，毛坯为石片。破裂面较为平整，不见打击点、

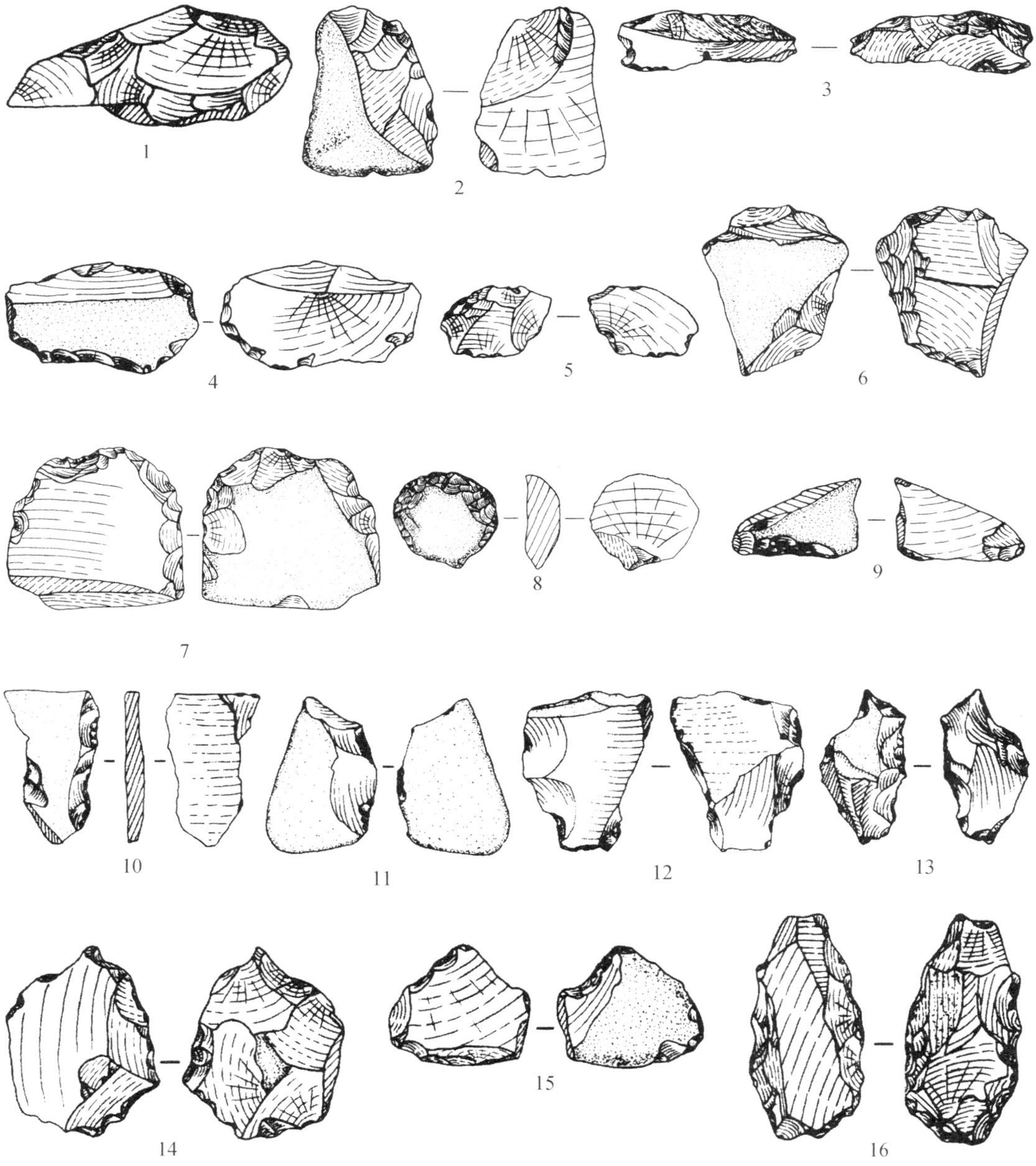

图五〇　图们下白龙地点的石制品

1. 石核　2、3. 石片　4. 复刃刮削器　5、9. 直刃刮削器　6. 凸刃刮削器　7、8. 圆头刮削器　10～13. 砍砸器　14. 石钻　15. 尖状器　16. 矛形器

半锥体等。背面多见人工修理痕迹。该器边缘均经过复向加工修理，修疤排列较规整。砍砸器4件，以石片为毛坯者3件，另一件用砾石毛坯加工而成，均为单刃。石器背部多保留有砾石面。修理方式有向背面加工、复向、交互加工，其中半数为复向加工。修疤多排列不甚规整，刃部多平齐而直。钻1件，系用板岩石片加工而成。破裂面可见同心波和两处修疤痕，背面多为剥片的阴痕和修理痕迹。采用错向加工修理出一

个较小的尖部。

石制品表面未见有水冲磨痕迹，可以初步判断其应属于原地埋藏类型；另外，工具种类丰富，在石制品所占比例较高，达58%，而且多数工具的使用痕迹明显，所以图们下白龙地点很可能是一处古人类居住活动的场所。

至于该遗址的年代，调查者认为：虽然未能找到石制品的原生层位，但是推测石器应该出于黄土层内，而黄土的地质年代属于晚更新世；在石制品采集的区域内不见新石器时代及以后的磨制石器和陶片；该遗址与吉林抚松仙人洞[1]和乌苏里江流域的饶河小南山遗址[2]的文化面貌接近，三者的年代应向去不远。所以调查者推断该地点的地质年代为更新世晚期，文化年代为旧石器时代的晚期。[3]

三、嫩江流域的旧石器时代遗存

嫩江系松花江的最大支流，发源于大兴安岭伊勒呼里山南麓，南流至扶余县三岔河附近与西流松花江汇合注入松花江干流。该区域目前仅3处旧石器时代地点发表了相关材料，即镇赉大坎子遗址、乾安大布苏地点、前郭青山头遗址。上述三个地点在年代上均属于旧石器时代晚期，但也不排除个别遗址处于新、旧石器时代过渡时期的可能。

（一）镇赉大坎子遗址

大坎子遗址又称白沙滩遗址，位于吉林省白城市镇赉县丹岱乡北约2千米的嫩江左岸的二级阶地，西北距黑龙江省泰来县西五家村约2千米。地理坐标为东经123°54′，北纬46°17′。遗址海拔高度为157.6米。

考古工作者曾对该遗址进行过两次调查和一次抢救性发掘。1998年春，吉林大学考古学系部分师生在吉林西部地区进行考古调查时首次发现了该地点。1999年春，吉林大学考古学系和长春科技大学地质系又对其进行了复查。两次调查共采集石制品86件，动物化石标本45件。[4]2005年，为配合“引嫩入白”水利工程的兴建，吉林省文物考古研究所联合镇赉县文物管理所对镇赉大坎子遗址局部进行了抢救性考古发掘。

[1] 王文兴：《吉林抚松发现旧石器时代文化遗址》，《人类学学报》1993年第2期，第89～94页。姜鹏：《吉林抚松仙人洞旧石器时代遗址》，《东北亚旧石器文化》，白山文化出版社，1996年，第205～210页。

[2] 杨大山：《饶河小南山新发现的旧石器地点》，《北方文物》1981年第1期，第49～52页。

[3] 陈全家、霍东风、赵海龙：《图们下白龙发现的旧石器》，《边疆考古研究》第2辑，科学出版社，2004年，第1～14页。

[4] 陈全家：《吉林镇赉丹岱大坎子发现的旧石器》，《北方文物》2001年第2期，第1～7页。

由于施工破坏，遗址上部已被破坏，所以直接从距离地表深约21米处的第7层的底部开始进行发掘，在第7层出土了石制品1件和动物化石11件。[1]三次考古工作共收获石制品87件，动物化石标本56件。

该遗址的地层堆积自上而下可分为7层（图五一）。第1层为黑土层，富含植物根系，厚度约1米。第2层为灰白色细砂层，夹粉砂质黏土层，形成许多个互层，每个互层厚度不等，该层厚3～4米。第3层为褐红色粉砂质黏土层，含有哺乳动物化石，厚约2～3米。第4层为灰白色细砂层，具有水平、交错和斜层理，厚约2～3米。第5层为灰黄色亚黏土层，含猛犸象和披毛犀等动物化石，厚约2～3米。第6层为黄色细砂层，厚度约2.5米。第7层为灰绿色泥沙层，含猛犸象、披毛犀等动物化石和人工打制的石制品，厚5～6米，未见底。该层间或夹有厚度约10～20厘米的泥炭层，偶含淡水螺类化石。

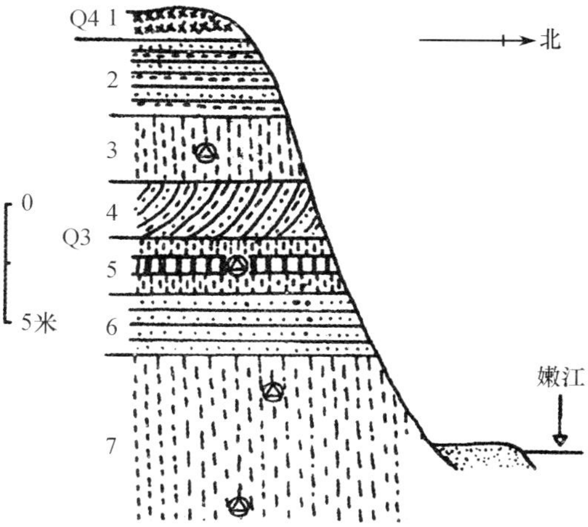

图五一　镇赉大坎子遗址地层剖面图

所获的87件石制品，表面棱脊清晰，未见有水冲磨的痕迹。制作石制品的原料有角岩、玛瑙、碧玉、霏细岩、流纹岩、蛋白石、硅质岩、玄武岩和凝灰岩，其中角岩和玛瑙居多。这些原料多为就地取材，来源于江边漫滩上的。器类多样，包括石核（8件）、刮削器（8件）、尖状器（1件）、锛状器（1件）、雕刻器（1件）、舌行器（2件）、石片（55件）和断块（11件）等（图五二）。这些石制品的特点是选材丰富，制作精致，器体较小。修理台面的楔形石核比较具有特点，石片与石叶的数量所占比例较大，剥片技术以锤击法为主。刮削器在工具中占有较大比重。工具修理方式除极少量者为向破裂面加工外，多为向背面加工。

调查者根据石制品的表面未见水冲磨的任何痕迹，从石制品存有较多初级石核、石叶石核和砸击石核，以及大量的石片，尤其是修理工具时被剥落大量废片的存在分析，认为大坎子遗址可能是一处石制品加工场。

发掘和采集获得56件的动物化石标本，均已石化，可鉴定的种属有鸵鸟、草原旱獭、普氏羚羊、野马、河套大角鹿、披毛犀、猛犸象、骆驼、野驴、野牛等。它们均属于东北更新世晚期猛犸象——披毛犀动物群，[2]有些动物也见于哈尔滨的“阎家岗

[1]　吉林省文物考古研究所、镇赉县文物管理所：《吉林省镇赉县白沙滩旧石器遗址出土的石器和动物化石》，《北方文物》2010年第4期，第3～6页。

[2]　周明镇：《东北第四纪哺乳动物化石》，《中国科学院古脊椎动物与古人类研究所甲种专刊》第3号，科学出版社，1959年。

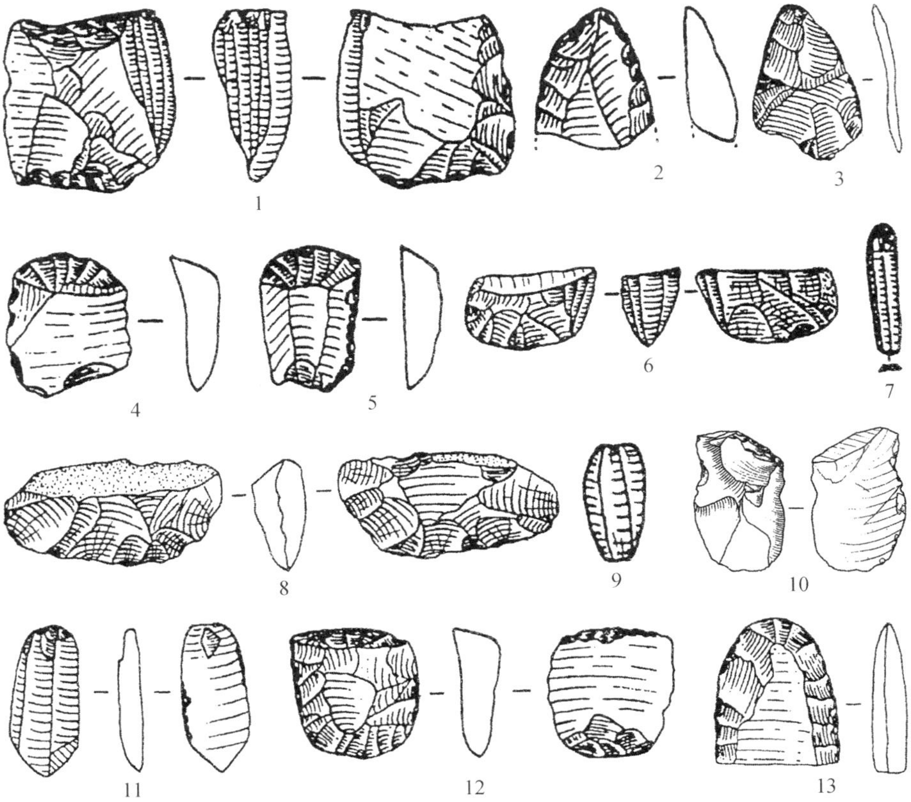

图五二　镇赉大坎子遗址的石制品

1. 楔形石核　2. 尖状器　3～5. 刮削器　6. 船底形石核　7. 石叶　8. 初级石核　9. 砸击石核　10. 石片　11. 使用石片　12. 锛形器　13. 舌形器

动物群”。[1]其中河套大角鹿、披毛犀、猛犸象和野牛四种为绝灭种属，其余为现生种属。以上出土的动物化石，既有适应草原环境的野马、野驴、普氏羚羊，又有生活在沙漠草原环境的骆驼和鸵鸟，由此推断当时的环境应该是以疏林草原为主，周围还有大片荒漠。根据披毛犀和猛犸象的存在以及对地层岩性的分析，推测当时气候应该比较干冷。

虽然发掘者认为，从遗址第7层堆积的特征和遗物的埋藏情况来看，该层堆积应为再生堆积，出土的石器和动物化石之间的关系暂不清楚。但是，根据动物绝灭种属数量和细石器的器物组合以及加工技术分析，调查者认为该地点的年代可能相当于地质年代的晚更新世晚期之末期，文化年代或为旧石器时代晚期的末期或者是新、旧石器时代的过渡时期，这一推断还是比较可信的。

[1]　黑龙江省文物管理委员会等：《阎家岗——旧石器时代晚期古营地》，科学出版社，1987年。

（二）乾安大布苏地点

大布苏地点位于吉林省松原市乾安县工农湖镇大布苏泡子东岸第二级阶地前缘，又称大麻苏泡、碱泡子、工农湖等。西距所字乡学字井村1千米，地理坐标为东经123°42′，北纬44°48′。大布苏泡为松嫩平原汇水洼地中心，为封闭内流盆地，总面积56平方千米，是吉林省西部面积较大的内陆咸水湖。大布苏泡水面标高122米，其中周围地势标高在150米以下。在湖的周围形成较明显的两级阶地。一级阶地较窄，高出湖面5～8米。上部为黄土状堆积，下部为细砂。二级阶地宽平，高出湖面20～30米。上部为黄土状堆积，其间夹有古土壤，含细石器，下部为淤泥质亚黏土。

最早是日本学者在大布苏一带进行的考察，发现过一些化石，但没有找到石器。20世纪50年代佟柱臣首次提到在这里发现过石器。20世纪70年代以后，孙建中、姜鹏等学者多次到这一带进行第四纪地质和考古调查。[1]吉林省文物工作队还曾对这里进行过试掘。[2]

1985年6月，中国科学院古脊椎动物与古人类研究所在乾安县所字乡一带进行野外调查时对大布苏地点进行正式发掘，首次在大布苏一带发现有确切层位关系的细石器地点。根据获得的石制品和少量动物化石推断，其时代为1万年前，相当于旧石器时代晚期之末。[3]

从1985年发掘所提供的剖面来看，可将该地点的地层自下向上划分为8层（图五三）。第1层为灰白、灰绿色砂层，含黏土，水平层位发育，较为松散，出露厚度约15米，未见底。第2层为棕红色砂质黏土层，不见钙质结核和假菌丝体。岩性比较稳定，分布广泛，连续性好，厚0.4米。第3层，黄土状堆积，灰黄色，多孔，垂直节理发育，可见水平层理，厚4米。第4层为棕红色黏土质粉砂层，含钙质结核和假菌丝体，厚0.5米。第5层同第3层，厚4米。第6层为棕红色古土壤条带与灰白、灰黄色粉细砂互层。共有四五个内含钙质小结核和假菌丝体古土壤条带，最顶部一层厚约10～20厘米的古土壤条带内出土有石制品和动物化石。该层水平节理发育，厚约1.5米。第7层同第3层，厚2米。第8层为黑褐色粉砂层，局部交有少许泥炭，厚1米。

［1］　孙建中、姜鹏、王雨灼：《乾安大布苏泡子一带第四纪地质、古生物调查报告》，《吉林地质》1978年第1期，第43～49页。姜鹏：《吉林乾安大布苏晚更新世以来自然环境变迁的探讨》，《博物馆研究》1983年第2期，第112～123页。

［2］　吉林省文物工作队：《吉林乾安县大布苏泡东岸遗址调查简报》，《考古》1984年第5期，第396～402页。

［3］　董祝安：《大布苏的细石器》，《人类学学报》1989年第1期，第49～57页。

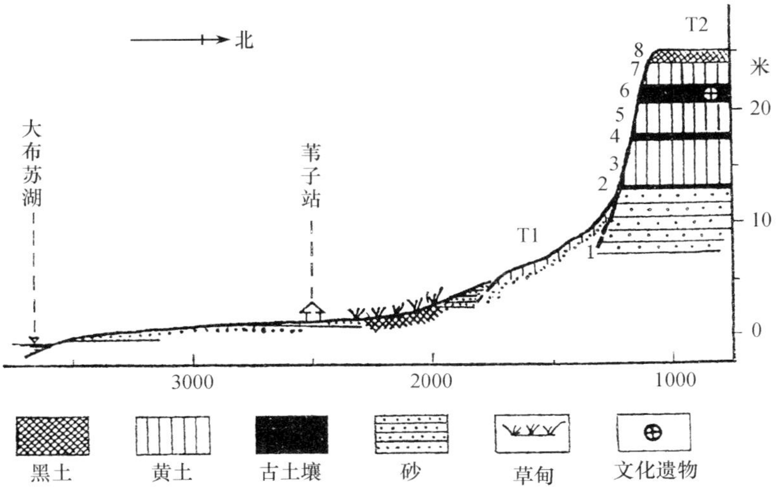

图五三　乾安大布苏遗址地层剖面图

这次发掘共见486件石制品，包括细石核、细石叶、石片、研磨石块、刮削器、废品等（图五四）。其中以细石叶和细石核居多，石片和用石片加工的工具数量较少，另外还发现较多在加工和修理石制品过程中产生的碎屑以及不成功的打片所造成的废品。石制品原料以燧石为主，其次为石英、蛋白石、黑曜石等。有13%的石制品带有自然面，从所保留的自然面看，素材可能为磨圆不好的砾石和结核。

细石核4件，分半锥形石核和楔状石核两类，各2件。原料为燧石、黑曜岩、蛋白石。台面修理细致，前者的台面角较大，后者的台面角较小。细石叶121件，完整者仅9件，绝大多数不完整，近端36件，远端12件。细石叶窄长，长度一般是宽度的3倍

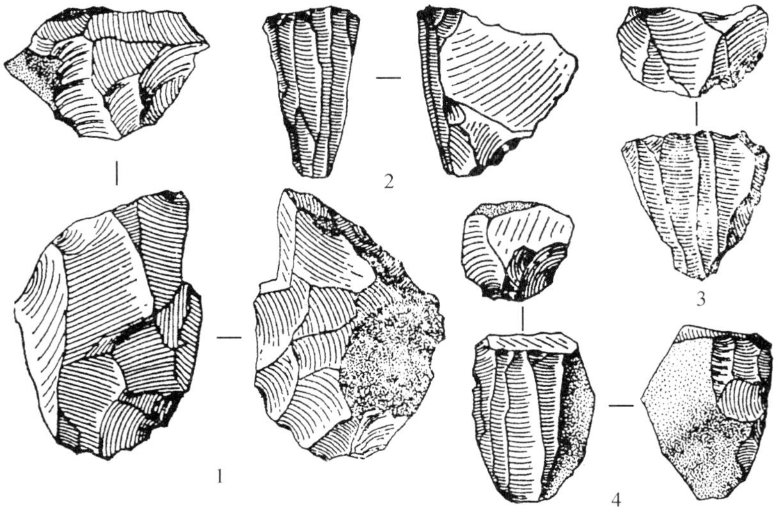

图五四　乾安大布苏地点的细石器

1、2. 楔状石核　3、4. 半锥状石核

左右，甚至达到5～7倍，两侧几乎平行。长度多在15～18毫米之间，平均宽度为4.5毫米。台面一般很小，多数打击点不明显，半锥体较显著，个别小而圆凸。以素台面为主，少数台面上可见细小的疤，与细石核台面的细致修理相呼应。石片110件，有台面的75件，没有台面的断片35件。台面一般较小。素台面最多，占45%，其次为有脊台面和线台面，自然台面和修理台面较少。石片形状多样，见有长方形、梯形、三角形、多边形和不规则形。工具数量很少，仅发现8件，且均为刮削器。根据器形、刃缘数可分为短身圆头刮削器、单凸刃刮削器、单直刃刮削器、单凹刃刮削器、单凹缺刮削器和双直刃刮削器6种，皆为片状毛坯。多为向背面加工，流行锤击法修理。研磨石器1件，已残，以砂岩为原料，扁平状，一面有相互平行的几条擦痕，另一面较为光滑，仅有几个小坑痕。废品242件，约占石制品的一半，体形大多比较细小，重不及0.1克。

通过对石制品的全面分析研究，可将大布苏石器的总体特征概括为：①石器的原料以燧石为主，其次是石英、蛋白石和黑曜石等。②打片方法以间接法为主，直接的锤击法为辅，偶尔使用砸击法。间接打片技术具有较高的水平。③没有发现磨光石器。④工具数量少，器类单一，仅刮削器一种，并以单刃为主。⑤石器中的碎石片和石叶占绝对多数。⑥石器工具全部由石片制成。采用锤击法修理，绝大部分采用腹面向背面加工而成，极少数为两面加工。⑦整个石制品都非常小，除研磨石块外，最大者不超过40毫米，大多数在10毫米以下。工具一般长宽都小于20毫米，重量为1～2克。[1]

从石器数量少，类型单调，缺乏一些典型细石器地点常见的石器类型，废品占较高比例，以及石制品在地层中垂直分布和水平分布都十分有限等情况来看，大布苏细石器地点很可能是一个临时性的石器加工点。细石叶在石制品所占比例较高和间接打片技术水平的提高，综合特征比较典型，表明其应属于以细石器为主体的石器工业。

（三）前郭青山头遗址

青山头遗址坐落于吉林省前郭尔罗斯蒙古族自治县穆泉乡查干泡北岸，地理坐标为东经124°18′，北纬45°17′。查干泡地处松花江、嫩江和西辽河之间广阔闭流区的东北端，区内沼泽发育，湖泊星罗棋布，是吉林西部的沉降带。查干泡为众多湖泊中最大的一个，水域面积宽广，碱水化程度没有其他湖泊严重。湖泊两岸发育着两级阶地，第一级湖岸阶地面较窄并向湖心略有倾斜，后缘高出湖水面8～10米。阶地沉积物由下部砂层和上部黑土组成，第二级湖岸阶地高出湖面33米。

1981年，吉林省地震局野外地质工作人员在白城地区进行新构造调查时，于前郭

[1] 陈全家：《大布苏地点》，《东北古代民族·考古与历史》，吉林大学出版社，1998年，第190～191页。

尔罗斯蒙古族自治县查干泡北岸的青山头垄岗上采集到一具人类头骨和若干件遗骨。

1982年，吉林省地质局区域地质调查大队到查干泡一带考察第四纪地层时，又在同一地点及附近发现了一批人骨、装饰品和脊椎动物骨骼。为了搞清这些遗物的地质时代，他们还进行了小规模试掘，并发现了另外一处埋藏较深层位不同的地点，出土一件人类股骨化石（标本编号：青山头3号）及一些脊椎动物化石。

1983年，中国科学院古脊椎动物与古人类研究所和吉林省地质局区域地质调查大队组成了一个联合工作队到该地点进行考察。考察之后认为，所发现的青山头3号人类股骨化石应属旧石器时代晚期智人，其余的人骨材料均为新石器时代遗物。[1]

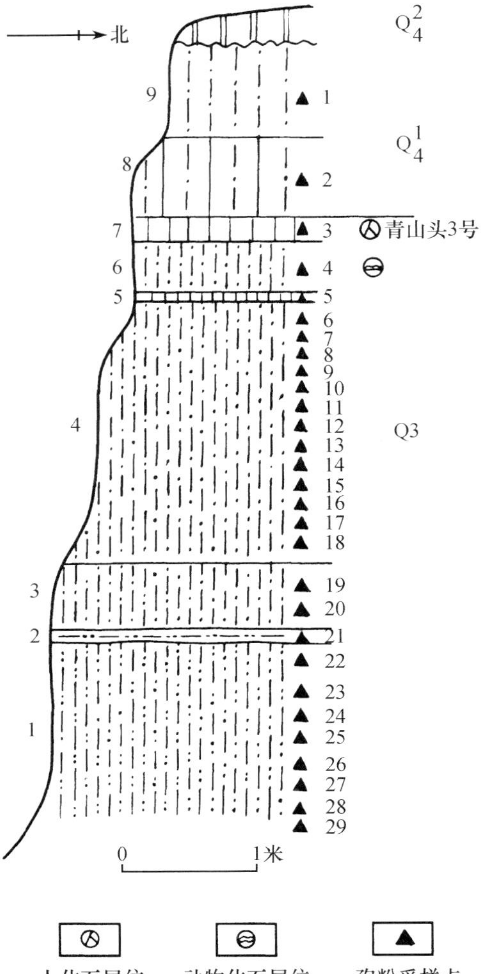

图五五　前郭青山头山5号地点地层剖面图

出土人类股骨化石地点的地层自下而上可划分为10层（图五五）。第1层为淡黄色细砂层，含砂量较高，厚度超过150厘米，未见底。第2层为灰黄色粉砂层，质地纯净，偶见钙质结核，厚10厘米。第3层为棕黄色亚黏土层，含腐殖质，厚50厘米。第4层为灰黄色亚砂土层，夹粗砂透镜体，层理明显，出有动物化石，厚200厘米。第5层为灰黑色含炭屑亚砂土层，厚10厘米。第6层为黄褐色亚砂土层，发现有动物化石，厚40厘米。第7层为灰黄色粉砂、亚砂土层，夹棕红色古土壤条带。该层出土有人类及动物化石，厚20厘米。第8层为黄褐色黄土状亚砂土层，具柱状节理，含较多的钙质结核，直径在1～6厘米。出土有人类和脊椎动物遗骨，厚60厘米。第9层为炭黑色、灰褐色粉砂质亚砂土层，上部颜色较深，向下渐变为黄色，厚70厘米。第10层为黑土层，富含植物根、茎、叶及螺、蚌等。厚度不等，最厚处达120厘米。其中第1～7层属更新世晚期，即旧石器时代地层，第8～10层为全新世，系新石器时代地层。

［1］　尤玉柱、张振标、李毅、李西坤、张普林：《吉林前郭查干泡发现的人类化石与古生态环境》，《史前研究》1984年第4期，第70～74页。

青山头3号人骨化石出自遗址第7层顶部，系左侧股骨一根，保存股骨头以下至髂面上方4～5厘米处的骨干，其上端的大转子、转子间窝以及大部分小转子已断裂，下端自腘平面中部以下全部破损。骨长366.5毫米。表面颜色略呈褐黄色，内部为灰白色，石化程度明显。据股骨体较粗壮，股骨头较大分析，该标本可能是成年男性个体。另外，从股骨体的形态特征和中段髓腔的大小来看，青山头人的股骨具有较明显的原始特征，与我国已知化石人类的股骨性状很相似。由此可知“青山头人”[1]与山顶洞人、下草湾人和柳江人一样具有一系列的原始特征，均属于更新世晚期智人。

该遗址采集的6件石制品，包括一件雕刻器，一件刮削器，另外四件为石片。这些石制品均以燧石为原料，表面皆附着一层石锈。在华北地区通常认为附有石锈的应是旧石器时代的产物，但在东北西部地区由于盐碱化严重，含钙量较高，即使是新石器时代的石制品也常有附着石锈的现象。另外，还发现25件包括石镞、压制石片等采集于地表的石制品。由于东北地区的细石器延续时间很长，可从新石器时代早期一直到青铜时代，因此这些采集于地表的石制品，时代尚难确定。

哺乳动物化石主要出自遗址的第7层和第6层。分布比较分散，保存也较差。经鉴定计有13个属种，分别为西伯利亚旱獭、达乌尔黄鼠、拟布田鼠、东北鼢鼠、阿曼鼢鼠、西伯利亚五趾跳鼠、似浣熊貉、狐、普氏野马、披毛犀、野猪、野牛、鹿。在这些属种中，啮齿类占46%，有蹄类占38%，食肉类占16%。其中属于地方绝灭种的有五种，即达乌尔旱獭、五趾跳鼠、披毛犀、普氏野马和野牛，占总数的38%。这个动物群的属种几乎都可在著名的哈尔滨顾乡屯动物群中找到相同种或近似种，因此它是东北地区晚更新世时期广泛分布的该类动物群的一部分。此外在查干泡西南的大麻苏泡东岸第二湖岸阶地上，也曾发现过披毛犀——猛犸象动物群。这些发现，预示着在吉林西部的湖泊区确实存在着一个分布较广的晚更新世晚期的化石层位。[2]据记载，大麻苏泡所产的脊椎动物化石有真猛犸象、披毛犀、河套大角鹿、野牛、野马、野驴、虎和骆驼，最近又发现了达乌尔旱獭、五趾跳鼠、东北鼢鼠等，构成典型的喜冷动物群。与此相同，查干泡下部层位中与青山头人共生的动物群也反映了当时偏冷的气候条件。该动物群中，披毛犀、野牛、鹿、似浣熊貉和狐是林地或草原边缘灌丛带的居住者，而普氏野马和啮齿类是栖息于草原之上的种类，特别是啮齿类的几种至今仍然生活在东北大兴安岭东麓或内蒙古及蒙古东部的草原上。[3]

从孢粉分析结果来看，青山头遗址的第1～3层木本植物花粉有云杉、松和桦属，

---

[1] 李西昆、张普林、刘学良、李春田：《吉林青山头人与前郭人的发现及其意义》，《吉林地质》1984年第3期，第23～26页。

[2] 尤玉柱、张振标、李毅、李西坤、张普林：《吉林前郭查干泡发现的人类化石与古生态环境》，《史前研究》1984年第4期，第70～74页。

[3] 中国科学院动物研究所兽类研究组：《东北兽类调查报告》，科学出版社，1958年。A·T·邦尼柯夫：《蒙古人民共和国哺乳动物检索表》，科学出版社，1958年。

其中云杉占50%。草本以藜科和蒿属为主。蕨类有水龙骨科。反映了冰缘气候下的森林——草原植被类型；第4层以松、桦、蒿、藜科孢粉为基本组合，反映出干冷气候的稀树草原植被；第5～7层为云杉、松、桦孢粉组合，这种孢粉组合与东北晚更新世晚期含披毛犀——猛犸象动物群所反映的比较湿冷的自然环境相似。由此看来，查干泡一带更新世晚期的气候变化经历了一个由湿冷到干冷再到湿冷的变化过程。而青山头人生活的时期则是处于湿冷阶段，植被为森林——草原环境。

第7层顶部的碳十四年代测定数据为10940±170年，应属旧石器时代末期。而第8层（新石器时代文化层）为7870±95年和9860±150年。表明吉林西部地区晚更新世与全新世或称旧石器时代与新石器时代的界线可划在10000年前后。

四、鸭绿江流域的旧石器时代遗存

鸭绿江发源于长白山主峰南麓海拔2300米处的长白山天池，然后流向西南，经中国吉林、辽宁两省，于丹东市东港附近汇入黄海北部的西朝鲜湾，是位于中国和朝鲜之间的一条界江。最近几年，吉林大学边疆考古研究中心和吉林省文物考古研究所在浑江流域的考古调查，为了解吉林省鸭绿江流域的旧石器时代遗存提供了线索。

（一）集安头道南台子南遗址

集安头道南台子南遗址位于通化市集安市头道镇长江村南台子遗址的南侧，故称南台子南遗址。遗址坐落于浑江左岸的三级阶地的前缘，海拔330米，高出河面30米。地理坐标为东经125°45.256′，北纬41°27.490′。2007年，吉林大学边疆考古研究中心和吉林省文物考古研究所在浑江流域进行联合调查时发现该遗址，并采集到石制品47件。[1]石制品的原生层位已全被破坏。

该遗址所见石制品的原料种类多样，有凝灰岩、角岩、石英砂岩、板岩和石英，其中，凝灰岩最多，占70.2%；其次为角岩，占石制品总数的14.9%；石英砂岩、板岩和石英数量较少，分别占8.5%、4.3%和2.1%。剥片和修理方法皆以锤击法为主。石制品包括石核、石片、断块和工具（图五六）。

石核仅发现1件，系锤击石核，以凝灰岩为原料。背面见有一个剥片疤，自然台面，台面角为61°。石片21件，原料以凝灰岩为主，角岩次之，另有板岩、石英各1件。据其完整程度可分为完整石片和断片。其中，完整石片5件，根据台面形状又可细分为素台面石片、有疤台面石片和点台面石片，前两者各2件，后者1件。断片16件，

---

［1］　陈全家、赵海龙、王欢：《浑江流域（2007年）发现的石器研究》，《北方文物》2012年第1期，第3～10页。

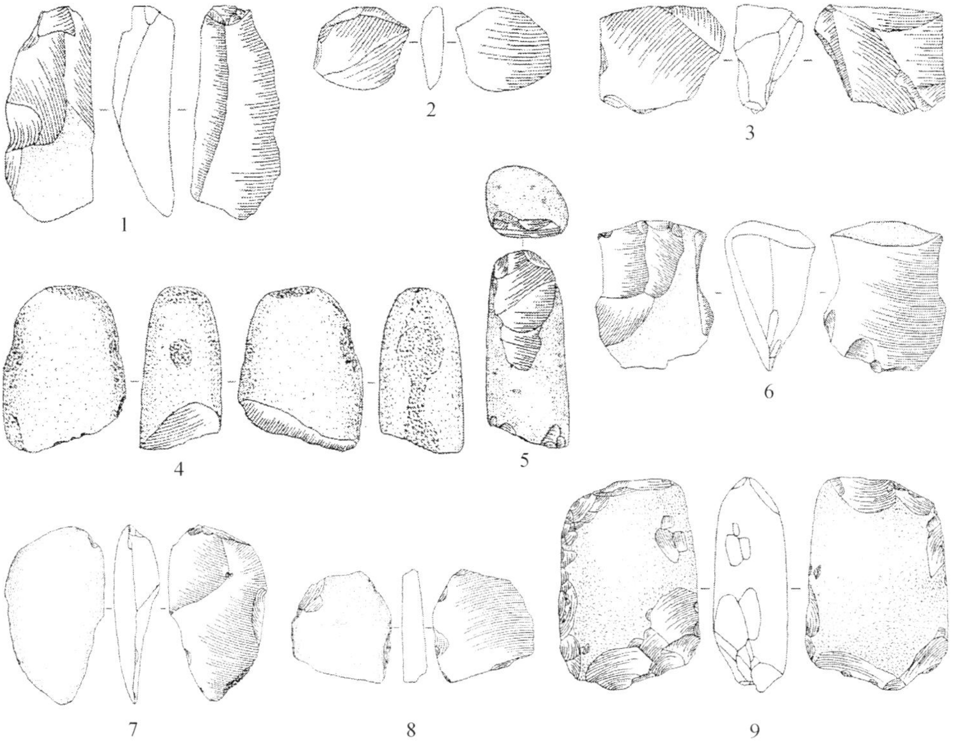

图五六　集安南台子南遗址的石制品

1. 断片　2. 石片　3. 断块　4、5. 石锤　6. 砍砸器　7、8. 刮削器　9. 石斧

据断裂方向的不同，可分为纵向断片和横向断片。又以横向断片居多，为13件，根据部位不同可分为近端、中段和远端。纵向断片3件。断块10件，除1件以原料为板岩外，其余皆为凝灰岩。

工具共15件，占石制品总数的31.91%，包括石锤、砍砸器、刮削器和石斧四类。石锤数量较多，共7件，约占工具数量的46.67%，可分为锤击石锤和锤击-砸击石锤。锤击石锤4件，皆为单端使用石锤。以凝灰岩与石英砂岩为原料者各两件。凝灰岩质石锤毛坯横截面近圆形，石英砂岩质石锤的横截面为扁圆形。锤击-砸击石锤3件，从形状和使用情况推测，既可用于锤击也可用于砸击。砍砸器共3件，原料为凝灰岩者2件、角岩者1件。其中一件砍砸器为未经加工而直接使用的石片。另两件砍砸器的毛坯经过加工，一件为凝灰岩，一件为角岩。手握处经过细致的锤击修理，刃部可见使用时形成的不连续小疤。刮削器4件，原料均为凝灰岩。其中2件刮削器为直接使用石片，皆有明显的使用痕迹。一件呈椭圆形，另一件风化较为严重，近半圆形。另2件刮削器系第三类工具，根据刃的数量可以分为单刃和双刃刮削器。石斧发现1件，以凝灰岩为原料，形制较规整，略呈梯形，经过磨制，其年代应该属于新石器时代。

这批石制品均为采集，未发现原生层位，也不见动物化石伴出，其年代只能根据石制品的特征及与周边类似遗址的比较来判断。鉴于该遗址磨制石斧的存在，通过与集安地区其他遗址的比较，调查者推测该遗址的年代可归为旧石器时代晚期至新石器时代。

（二）集安北屯孤山遗址

集安北屯孤山遗址发现于2007年，其位于集安市财源镇北屯村北屯五队西1千米，地理坐标为东经125°40.646′，北纬41°23.053′。遗址坐落于鸭绿江支流浑江左岸的二级阶地上，海拔高度为326米，高出河面约30米。[1]2007年，吉林大学边疆考古研究中心和吉林省文物考古研究所曾在该遗址采集29件石制品。

该遗址所采集的人工石制品既有打制石器，亦见有磨制石器。其中磨制石器为石斧2件，石刀1件，这3件石器皆通体磨制，制作精细，应为新石器时代遗物。打制石器的原料以凝灰岩居多，超出石制品数量的一半，角岩、石英次之，安山岩、流纹岩和板岩数量较少。打制石制品包括石核、断块、石锤、刮削器、尖状器（图五七）。

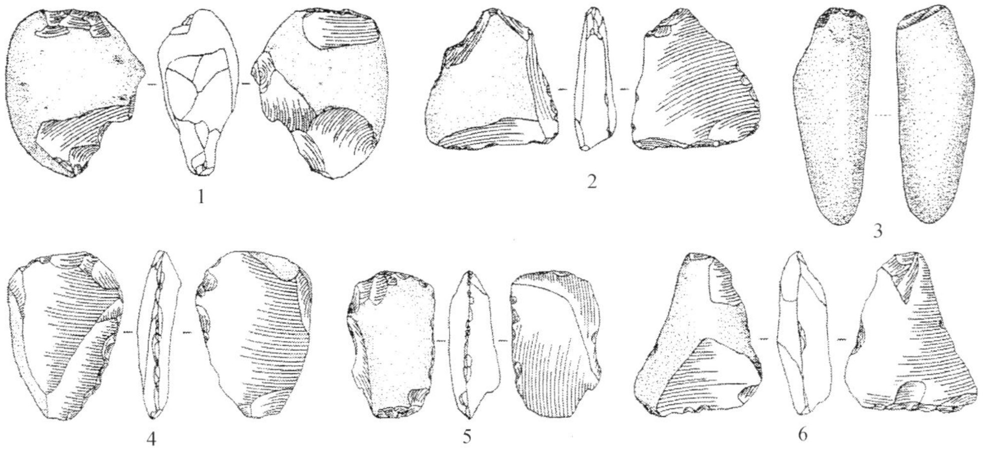

图五七　集安孤山遗址的石制品

1. 石核　2. 尖状器　3. 石锤　4、5. 刮削器　6. 断块

石核1件，以扁圆形凝灰岩砾石为原料。在砾石的三个方向进行锤击剥片，打击点均位于同一平面。器体上仍留有大部分的砾石面。断块共20件，数量较多，占石制品总数的69%。原料以凝灰岩为主，占50%，其次为石英和角岩，流纹岩数量最少，仅1件。石锤2件，系第一类工具，皆为锤击石锤。一件以为角岩原料，另一件的原料为安山岩。后者为中型石锤，既可以打片，也可用作修理工具。剖面近三角形，破损

[1]　陈全家、赵海龙、王欢：《浑江流域（2007年）发现的石器研究》，《北方文物》2012年第1期，第3～10页。

面呈立壁状，叠压的石片疤的形状大小不一。刮削器2件，属第三类工具，皆以凝灰岩为原料，且均为单刃。以石片为毛坯，主要为背面加工，刃部经过精致修理，较为锋利。据刃缘形状可分为直刃者刮削器和弧刃刮削器。前者整体形状近三角形，保留自然台面，腹面较为平坦，背面有两个较大的石片疤。上端经过修理。左侧留有一部分砾石面，右侧有一段直刃。弧刃者为一件圆头刮削器，形状近梯形。背面为砾石面，腹面有两个疤痕，其中完整疤痕的放射线清晰。刃部可见有连续的修疤。尖状器1件，单尖刃，系用凝灰岩石片为毛坯复向加工而成。腹面半锥体微突，放射线明显。背面微突，略呈三角形。前端刃尖两面修理，在腹面形成层叠的修疤。手握处亦经复向修理，留有大小不一的层叠修疤。

鉴于该遗址存在磨制精细的石斧、石刀及制作规整的圆头刮削器，通过与集安地区其他遗址的比较，调查者推测该遗址的年代可归为旧石器时代晚期至新石器时代。

五、旧石器时代的工业类型及其特征

吉林省发现的旧石器时代遗存，代表了旧石器时代从早到晚的不同发展阶段。从测年数据、石器特征及动物化石分析来看，桦甸仙人洞下文化层的年代上限已进入到旧石器时代早期之末，而前郭王府屯遗址发现的石器品也有可能处于旧石器时代早期，蛟河砖场遗址的年代属于旧石器时代中期的晚段，其余遗址多处于旧石器时代晚期，个别遗址可能处于旧石器时代向新石器时代的过渡时期。虽然目前吉林省发现的地点多为旧石器时代晚期，关于旧石器时代早、中期的地点发现较少，但是仍为我们了解该省旧石器时代的工业类型提供丰富的材料。

曾有学者将东北地区的旧石器时代遗存划分为三种不同工业类型，即以大石器为主体的石器工业类型、以小石器为主体的工业类型和以细石器为主体的石器工业类型。[1]从目前发现的旧石器时代材料分析，这三种工业类型的划分不仅仍然适用于吉林省旧石器时代遗存，而且不少新发现则进一步丰富了相关认识。

吉林省发现的以大石器为主体的石器工业类型，以蛟河砖场遗址为代表，还包括抚松仙人洞、安图立新、图们下白龙等地点。这种工业类型主要分布于吉林省的东部，至少在旧石器时代中期便已存在，延续至旧石器时代晚期。其突出特点是采用锤击法和碰砧法剥片，砍砸器在工具组合中占有较高比例，工具以大型工具为主，修理较为简单，加工粗糙。该工业类型中也存在一定的差异，如蛟河砖场遗址和安图立新遗址均以砾石石器为主，而抚松仙人洞遗址发现的石器则皆为片状毛坯。这几处遗址

[1] 陈全家：《（东北）旧石器时代考古》，《东北古代民族·考古与疆域》，吉林大学出版社，1998年，第196、197页。

发现的石制品与辽宁省本溪庙后山[1]、黑龙江省饶河小南山[2]等遗址在石器整体特征方面表现出较多的相似性，应属于同一工业类型。

属于以小石器为主体的工业类型的旧石器时代地点在吉林省发现较多，以桦甸仙人洞遗址和榆树周家油坊遗址为代表，另包括前郭王府屯、安图沙金沟、安图海沙金沟、安图石人沟、榆树大桥屯、长春红嘴子、长春合发砖厂、吉林西山、辉南邵家店、珲春北山、和龙柳洞、和龙青头、和龙西沟等地点。需要说明的是，虽然安图沙金沟、珲春北山、和龙柳洞、和龙青头等遗址也发现有细石器，但是细石器在石制品中所占比重极小，所以暂将这些遗址归入以小石器为主体的工业类型。这种工业类型在以往多认为主要分布于东北的中部丘陵地点，根据最新发现的材料来看，其在东部山地也多有分布。该工业类型在吉林省的存续时间很可能是始于旧石器时代早期，至旧石器时代晚期成为吉林省主要的工业类型。该类型石器的主要特点是打片基本不采用碰砧法，主要使用锤击法，偶尔采用砸击法。工具以中小型居多，而且修理较为精致。各类小型的刮削器和尖状器在工具组合中所占比重较大，砍砸器较为少见。这些地点与辽宁省营口金牛山[3]、海城小孤山[4]、喀左鸽子洞[5]、黑龙江省哈尔滨阎家岗[6]等地点同属于小石器工业类型。

属于以细石器为主体的工业类型的旧石器时代地点目前在吉林省发现不多。其中比较有代表性的地点有乾安大布苏地点和和龙石人沟，另包括镇赉大坎子、和龙石人沟林场、和龙大洞等地点。以往学术界多认为该工业类型分布于东北地区的西部草原地带，但是从近些年新发现的材料来看，该类型在东部山地地区亦有分布。该类型

---

[1] 辽宁省博物馆、本溪市博物馆：《庙后山——辽宁本溪市旧石器文化遗址》，文物出版社，1996年。

[2] 杨大山：《饶河小南山新发现的旧石器地点》，《北方文物》1981年第1期，第49～52页。

[3] 金牛山联合发掘队：《辽宁营口金牛山旧石器文化研究》，《古脊椎动物与古人类》1978年第2期，第129～143页。傅仁义、顾玉才：《金牛山遗址考古新收获及其研究进展》，《辽海文物学刊》1988年第1期，第62～67页。吕遵谔：《金牛山遗址1993、1994年发掘的收获和时代的探讨》，《东北亚旧石器文化》，白山文化出版社，1996年，第131～144页。

[4] 傅仁义：《鞍山海城仙人洞旧石器时代遗址试掘》，《人类学学报》1983年第1期，第56～61页。张镇洪、傅仁义、陈宝峰、刘景玉、祝明也、吴洪宽、黄慰文：《辽宁海城小孤山遗址发掘简报》，《人类学学报》1985年第1期，第71～78页。辽宁省文物考古研究所：《小孤山——辽宁海城史前洞穴遗址综合研究》，科学出版社，2009年。

[5] 孙守道：《辽宁喀左鸽子洞旧石器文化遗址首次探掘报告》，《东北亚旧石器文化》，白山文化出版社，1996年，第145～160页。鸽子洞发掘队：《辽宁鸽子洞旧石器遗址发掘报告》，《古脊椎动物与古人类》1975年第2期，第122～136页。

[6] 魏正一、杨大山、尹开屏、聂启新、于汇历：《哈尔滨阎家岗旧石器时代晚期地点》，《北方文物》1986年第4期，第8～15页。黑龙江省文物管理委员会等：《阎家岗——旧石器时代晚期古营地遗址》，文物出版社，1987年。

的突出特点是剥片技术不仅存在锤击法和砸击法，还采用间接打片技术，而且后者已达到较高的水平。压制修理法也是该工业系统比较有特点的技术。大部分工具形体细小，加工精制。石器组合以刮削器和尖状器为主，新出现了一些复合工具。从吉林省的细石器工业类型分析，在石制品的原料上存在一定的地域差异。西部地区的乾安大布苏地点和镇赉大坎子遗址发现的石制品多以燧石、角岩等为原料，而东部地区几处地点的石制品原料中，黑曜岩占绝对优势。属于这一工业类型的地点在东北地区还见于黑龙江省昂昂溪大兴屯[1]、呼玛（现为塔河县）十八站[2]等处。据张森水先生的研究，我国北方的细石器工业类型是在旧石器时代晚期，于小石器工业类型的文化传统基础上，又加入了新的成分，从而派生出新的“变体类型”。[3]从目前的材料分析，细石器工业类型并未完全取代小石器工业类型，而是在一定时期曾与小石器工业类型并行发展。[4]

[1] 黄慰文、张镇洪、缪振棣、于海明、初本君、高振操：《黑龙江昂昂溪的旧石器》，《人类学学报》1984年第3期，第234～242页。高星：《昂昂溪新发现的旧石器》，《人类学学报》1988年第1期，第84～88页。

[2] 魏正一、干志耿：《呼玛十八站新发现的旧石器》，《求是学刊》1982年第1期，第23～28页。

[3] 张森水：《中国旧石器文化》，天津科学技术出版社，1987年，第298页。

[4] 陈全家、王春雪：《东北地区近几年旧石器考古的新发现与研究》，《考古学研究（七）》，科学出版社，2008年，第183～204页。陈全家、王春雪：《吉林省旧石器考古的新发现》，《贾兰坡院士百年诞辰纪念文集》，科学出版社，2008年，第167～185页。

第二章　新石器时代的地下文化遗产

新石器时代的地下文化遗产在吉林省境内有着广泛的分布，可以说遍布吉林省的各个地区（图五八）。相关的新石器时代考古工作大致可以分为两个阶段。

图五八　吉林省新石器时代主要遗址分布示意图

1. 农安左家山　2. 农安元宝沟　3. 长岭腰井子　4. 长春腰红嘴子　5. 长春北红嘴子　6. 东丰西断梁山　7. 镇赉黄家围子　8. 镇赉向阳南岗　9. 白城靶山　10. 镇赉聚宝山　11. 白城双塔　12. 大安后套木嘎　13. 通榆长坨子　14. 通榆傲包山　15. 珲春迎花南山　16. 和龙兴城　17. 龙井金谷

第一阶段是在20世纪80年代之前，这一阶段的新石器时代考古工作以调查为主，发掘活动极少。由于材料多为采集所得，而且数量较少，学术界对吉林省的新石器文化遗存的了解不够系统，认识比较有限，甚至将一些青铜时代遗存也归入了新石器时代。难能可贵的是，该阶段对西流松花江流域“文化一”[1]和嫩江流域“细石器文化”[2]的认识，仍为之后深入探索吉林省新石器时代文化遗存奠定了基础。

第二阶段是在20世纪80年代之后，吉林省的新石器时代考古工作和全国的考古工作一样，进入一个快速发展阶段。农安县左家山[3]、元宝沟[4]、东丰县西断梁山[5]、长岭县腰井子[6]、龙井县金谷[7]、和龙县兴城[8]、白城市靶山[9]、镇赉县黄家围子[10]、洮北县双塔[11]、大安市后套木嘎[12]等重要遗址的发掘，出土了大批重要的科学材料，使得学术界对吉林省新石器时代遗存的文化内涵和特征有了较为全面的认识，并初步建立起各地区新石器时代文化的编年序列，实现了吉林省新石器时代考古的重大突破。

根据现有的材料，并结合自然条件和文化传统，可初步将吉林省发现的新石器时代遗存划分为10种不同的文化类型，大致分布于三个地区，即西流松花江流域、图们江流域和嫩江流域。

[1] 张忠培：《吉林市郊古代遗址的文化类型》，《吉林大学社会科学学报》1963年第1期，第69～79页。

[2] 张忠培：《白城地区考古调查述要》，《吉林大学社会科学学报》1963年第1期，第80～82页。

[3] 吉林大学考古教研室：《农安左家山新石器时代遗址》，《考古学报》1989年第2期，第187～212页。

[4] 吉林省文物考古研究所：《吉林农安县元宝沟新石器时代遗址发掘》，《考古》1989年第12期，第1067～1075页。

[5] 吉林省文物考古研究所：《吉林东丰西断梁山新石器时代遗址发掘》，《考古》1991年第4期，第300～312页。

[6] 吉林省文物考古研究所、白城地区博物馆、长岭县文化局：《吉林长岭县腰井子新石器时代遗址》，《考古》1992年第8期，第673～688页。

[7] 延边博物馆：《吉林省龙井县金谷新石器时代遗址清理简报》，《北方文物》1991年第1期，第1～9页。

[8] 吉林省文物考古研究所、延边朝鲜族自治州博物馆：《和龙兴城——新石器及青铜时代遗址发掘报告》，文物出版社，2001年，第1～52页。

[9] 吉林省文物考古研究所：《吉林白城靶山墓地发掘简报》，《考古》1988年第12期，第1072～1084页。

[10] 吉林省博物馆：《吉林镇赉县黄家围子遗址发掘简报》，《考古》1988年第2期，第141～150页。

[11] 王立新：《双塔遗址》，《田野考古集粹——吉林省文物考古研究所成立二十五周年纪念》，文物出版社，2008年，第23、24页。

[12] 王立新、霍东峰、石晓轩、史宝琳：《吉林大安后套木嘎遗址发掘取得重大收获》，《中国文物报》2012年8月17日第8版。

一、西流松花江流域的新石器时代文化

西流松花江流域的考古工作起步较早，可追溯至20世纪的30年代。[1]但是在20世纪80年代之前，该地区的新石器考古工作相对较为薄弱。所做工作以调查为主，发掘工作甚少，而且多为小规模发掘。[2]受工作规模和质量的限制，直接导致对该地区新石器时代遗存的认识比较模糊，存在将部分青铜时代遗存误认为属于新石器时代的现象。而张忠培先生在1963年将识别出的少量新石器时代遗存定名为“文化一”，并将西团山文化界定为青铜时代考古学文化，[3]从而为西流松花江流域的新石器时代考古发现和研究提供了可靠的基点。

自20世纪80年代起，西流松花江流域的新石器时代考古取得重大进展。在20世纪80年代开展的广泛调查的基础上，[4]对农安县左家山[5]、元宝沟[6]、东丰县西断梁山[7]、长岭县腰井子[8]、长春腰红嘴子、北红嘴子[9]等遗址的发掘，获得了一

[1] 三上次男：《满洲吉林团山的遗物》，《人类学杂志》第45卷6号。

[2] 比较具有代表性的有董学增：《吉林市郊二道岭子、虎头砬子新石器时代遗址调查》，《文物》1973年第8期，第55～62页。吉林省博物馆：《吉林永吉星星哨新石器时代遗址调查与试掘》，《考古学集刊》第2集，科学出版社，1982年，第25～34页。

[3] 张忠培：《吉林市郊古代遗址的文化类型》，《吉林大学社会科学学报》1963年第1期，第69～79页。

[4] 洪峰：《吉林省辉发河流域原始文化简析》，《北方文物》1985年第3期，第22～28页。吉林大学历史系考古专业：《吉林省农安德惠考古调查简报》，《北方文物》1985年第1期，第30～38页。长春市文物管理委员会：《吉林饮马河沿岸古文化遗存调查简报》，《考古》1986年第9期，第782～791页。吉林省文物考古研究所：《1985年吉林东丰县考古调查》，《考古》1988年第7期，第584～591页。何明：《吉林省伊通河上游考古调查》，《北方文物》1990年第3期，第11～16页。郭珉等：《吉林省乾安县新石器时代遗址调查》，《北方文物》1992年第2期，第22～24页。迟勇：《辉南县原始文化遗址调查》，《博物馆研究》1993年第3期，第56页。

[5] 吉林大学考古教研室：《农安左家山新石器时代遗址》，《考古学报》1989年第2期，第187～212页。

[6] 吉林省文物考古研究所：《吉林农安县元宝沟新石器时代遗址发掘》，《考古》1989年第12期，第1067～1075页。

[7] 吉林省文物考古研究所：《吉林东丰西断梁山新石器时代遗址发掘》，《考古》1991年第4期，第300～312页。

[8] 吉林省文物考古研究所等：《吉林长岭县腰井子新石器时代遗址》，《考古》1992年第8期，第673～688页。

[9] 吉林省文物考古研究所等：《长春市腰红嘴子与北红嘴子遗址发掘简报》，《考古》2003年第8期，第12～31页。

批重要的科学资料，使得学术界对该地区新石器时代考古学文化有了全新的认识。随着材料的积累，围绕该地区新石器时代考古的有关问题，相继发表了一些高质量的研究成果。这些文章既有针对某个遗址材料的个案分析，[1]也有对区域文化的综合探讨，[2]极大地推进了该地区的新石器时代考古工作。

从已发表的材料出发，在前人研究的基础上，可将西流松花江流域的新石器时代遗存划分为两种考古学文化，分别为左家山下层文化和左家山上层文化。

（一）左家山下层文化

左家山下层文化是以农安左家山遗址第一、二期遗存为代表的考古学文化。在已往的研究中，多将以左家山遗址第一期为代表的遗存称之为左家山一期文化，以左家山遗址第二期为代表的遗存称之为左家山二期文化。这里之所以将原认为的“左家山一期文化”和“左家山二期文化”统称为同一种考古学文化，主要是因为虽然“左家山一期文化”和“左家山二期文化”稍有缺环，但是他们均是以陶器表面施之字纹为标识的考古学文化，故以之字纹为着眼点，可将西流松花江流域出土的以施之字纹陶器为代表的遗存定名为“左家山下层文化”。至于“左家山一期文化”和“左家山二期文化”之间所存在的差异，当是同一考古学文化内部不同发展阶段的反映。

除了左家山遗址之外，在农安县元宝沟遗址、长岭县腰井子遗址和东丰县西断梁山遗址也出土有较为丰富的此类遗存。

左家山遗址地处松花江的支流伊通河北岸的二阶台地上，现残存面积约1200平方米。1984年，吉林大学考古专业在农安县进行野外调查时发现该遗址。[3]翌年春，对其进行正式考古发掘，发掘面积共计400平方米，揭露房址一座、烧土遗迹两处、灰坑20个，出土了一批陶器、石器、骨器等重要遗物。[4]发掘者根据层位关系和遗迹遗物

[1] 陈全家、赵宾福：《左家山新石器时代遗址的分期及相关文化遗存的年代序列》，《考古》1990年第3期，第234～238页。刘景文：《论腰井子新石器时代文化类型——兼谈吉林省西北部新石器时代文化若干问题》，《博物馆研究》1990年第3期，第56～63页。金旭东：《试论西断梁山新石器时代遗存》，《考古》1992年第9期，第849～853页。陈雍：《左家山新石器时代遗存分析》，《考古》1992年第11期，第1033～1038页。

[2] 金旭东：《第二松花江流域新石器时代遗存研究》，《中国考古学会第八次年会论文集·1991年》，文物出版社，1996年，第13～34页。何明：《试论第二松花江流域的新石器时代文化遗存》，《内蒙古东部区考古学文化研究文集》，海洋出版社，1991年，第182～187页。赵宾福：《东北石器时代考古》，吉林大学出版社，2003年，第327～339页。

[3] 吉林大学历史系考古专业：《吉林农安德惠考古调查简报》，《北方文物》1985年第1期，第30～38页。

[4] 吉林大学考古教研室：《农安左家山新石器时代遗址》，《考古学报》1989年第2期，第187～212页。

特点，将左家山遗址出土的遗存划分为三期四段[1]，其中第一、二期遗存属于左家山下层文化。

元宝沟遗址东北距农安县巴吉垒乡元宝沟村300米，坐落于敖宝图泡旁的土岗缓坡上。1985年，吉林省文物考古研究发掘了该遗址，发掘面积373平方米，共清理灰坑5座，出土遗物丰富。[2]据发表的材料观察，该遗址的包含物内涵比较单纯，均属于左家山下层文化。

腰井子遗址位于长岭县北部三十号乡腰井子村北一条西南东北走向的大沙岗上，东南距长岭县城45千米。遗址东西长1000米左右，南北宽70～80米，面积约8万平方米。1986年，吉林省文物考古研究所和白城市博物馆对其正式发掘，发掘面积550平方米，清理房址7座，灰坑1个，墓葬两座，出土了较多的骨器、石器，陶器数量较少。[3]发掘者认为出土遗存自身特征鲜明，代表了吉林省西北部一种新的考古学文化，[4]并将其称为“腰井子文化”。[5]从发表的材料来看，腰井子遗址出土的遗存文化内涵比较复杂，可能包含了多种不同时期文化性质亦有差别的遗存，其中部分遗存应属于左家山下层文化。

西断梁山遗址位于东丰县西南部，坐落在漫岗上，地势西高东低。1986年和1987年，吉林省文物考古研究所对该遗址进行了两次发掘，共计发掘534平方米，揭露房址3座，清理灰坑6个，出土陶器、石器若干。[6]发掘者将该遗址出土的遗存划分为具有年代早晚关系的两期，其中第一期遗存属于左家山下层文化。

除上述4处典型遗址外，在长春市腰红嘴子[7]、北红嘴子[8]、乾安县传字

[1] 陈全家、赵宾福：《左家山新石器时代遗址的分期及相关文化遗存的年代序列》，《考古》1990年第3期，第234～238页。

[2] 吉林省文物考古研究所：《吉林农安县元宝沟新石器时代遗址发掘》，《考古》1989年第12期，第1067～1075页。

[3] 吉林省文物考古研究所、白城地区博物馆、长岭县文化局：《吉林长岭县腰井子新石器时代遗址》，《考古》1992年第8期，第673～688页。

[4] 刘景文：《论腰井子新石器时代文化类型——兼谈吉林省西北部新石器时代文化若干问题》，《博物馆研究》1990年第3期，第56～63页。

[5] 刘景文：《腰井子遗址》，《田野考古集粹·吉林省文物考古研究所成立二十五周年纪念》，文物出版社，2008年，第17、18页。

[6] 吉林省文物考古研究所：《吉林东丰西断梁山新石器时代遗址发掘》，《考古》1991年第4期，第300～312页。

[7] 吉林省文物考古研究所、长春市文物管理委员会办公室：《长春市腰红嘴子与北红嘴子遗址发掘简报》，《考古》2003年第8期，第12～31页。

[8] 吉林省文物考古研究所、长春市文物管理委员会办公室：《长春市腰红嘴子与北红嘴子遗址发掘简报》，《考古》2003年第8期，第12～31页。

井[1]、德惠县大青嘴[2]、二青嘴[3]、九台县偏脸城[4]、伊通县东河北[5]、杏山[6]、吉林市二道岭子[7]、通榆县周荣屯北岗[8]、东辽县大架子山[9]、梨树县长山（也称陈家屯、敖包山）[10]、长岭县前蛤蟆沁屯铁架山[11]、西八大公司屯西坨子[12]、公爷府屯[13]、后四十七号屯北三道岗子[14]、北正镇屯南岗[15]、后四方坨子屯西岗[16]、五十二号屯西南岗[17]、太平川镇东坨子[18]、前三十七号屯南岗[19]、光

[1] 郭珉、李景冰：《吉林省乾安县新石器时代遗址调查》，《北方文物》1992年第2期，第22～24页。吉林省文物志编委会：《乾安县文物志》，1985年，第13～18页。

[2] 长春市文物管理委员会办公室：《吉林省饮马河沿岸古文化遗存调查简报》，《考古》1986年第9期，第782～791页。吉林省文物志编委会：《德惠县文物志》，1983年，第12～14页。

[3] 吉林大学考古专业：《吉林农安德惠考古调查简报》，《北方文物》1985年第1期，第30～38页。

[4] 长春市文物管理委员会办公室：《吉林省饮马河沿岸古文化遗存调查简报》，《考古》1986年第9期，第782～791页。吉林省文物志编委会：《九台县文物志》，1984年，第14～16页。

[5] 何明：《吉林省伊通河上游考古调查》，《北方文物》1990年第3期，第11～16页。金旭东：《1990年四平地区新石器时代遗址调查简报》，《博物馆研究》，1994年第2期，第65～71页。

[6] 金旭东：《1990年四平地区新石器时代遗址调查简报》，《博物馆研究》1994年第2期，第65～71页。

[7] 董学增：《吉林市郊二道岭子、虎头砬子新石器时代遗址调查》，《文物》1973年第8期，第55～62页。

[8] 吉林省文物志编委会：《通榆县文物志》，1985年，第40～42页。

[9] 吉林省文物考古研究所：《东辽河上游考古调查发掘简报》，《辽海文物学刊》1995年第2期，第1～10页。

[10] 刘景文：《梨树陈家屯遗址调查》，《博物馆研究》1984年第3期，第85～87页。金旭东：《东辽河流域的若干古文化遗存》，《考古》1992年第4期，第347～356页。吉林省文物志委员会：《梨树县文物志》，1984年，第13～19页。

[11] 吉林省文物志编委会：《长岭县文物志》，1986年，第16～20页。

[12] 吉林省文物志编委会：《长岭县文物志》，1986年，第22～24页。

[13] 吉林省文物志编委会：《长岭县文物志》，1986年，第24～27页。

[14] 吉林省文物志编委会：《长岭县文物志》，1986年，第29～31页。

[15] 吉林省文物志编委会：《长岭县文物志》，1986年，第34～35页。

[16] 吉林省文物志编委会：《长岭县文物志》，1986年，第39～41页。

[17] 吉林省文物志编委会：《长岭县文物志》，1986年，第41、42页。

[18] 吉林省文物志编委会：《长岭县文物志》，1986年，第44、45页。

[19] 吉林省文物志编委会：《长岭县文物志》，1986年，第46、47页。

荣坨子[1]、东龙凤屯东南坨子[2]、中兴屯北岗[3]、大兴屯南岗[4]、王祥正屯东北岗[5]等多处遗址也不同程度的发现有左家山下层文化的遗物。

根据以上遗址的位置分析，可知左家山下层文化的分布范围大抵处于西流松花江以西，北至霍林河下游，南抵辉发河，而内蒙古科左中旗敖恩套布等遗址[6]采集的含有左家山下层文化因素的遗存，反映出左家山下层文化向西可能已经到达科尔沁沙地东北地区。

1. 房址特征

目前，共发现左家山下层文化房址9座，其中左家山遗址1座，腰井子遗址7座，西断梁山遗址1座。房址的面积普遍不大。居住面多抹有黏土，较为平整坚硬。多数房址具有圆形柱洞，分布于穴壁四周。灶址为土坑灶，普遍位于房址中央，呈圆形、方形或者瓢形。除个别房址发现有门道外，多数房址的门道不甚清楚。依据房址的平面形制，可将左家山下层文化的房址分为两类：

第一类房址的平面呈圆角方形或长方形，共计5座。其中左家山遗址1座，长岭腰井子遗址4座。以左家山F1、腰井子F3、F4为代表。

左家山F1的西南部和西北部被5座灰坑所打破，形制已不太清楚，从分布于房址四周的柱洞分析，房址平面大体呈方形（图五九）。柱洞大小深浅不一，里面均有生土二层台。靠近门道的两个柱洞的周围还残存有夯土，高于地面约0.15米，深入生土0.25米。门道朝向西南方，平面呈舌形，斜坡状。瓢形灶位于房址中部偏北，灶口朝南，底部有一层厚约5厘米的浅红色烧土硬面。该房址的出土遗物较少，见有陶器、骨器等。

腰井子F3，平面形状近似圆角长方形（图六〇）。南壁破坏较为严重。面积约20平方米。居住面系用3～4厘米厚的黄白色黏土铺垫而成。居住面的四周有用同样黏土修筑的宽6～10、高4～6厘米的漫圆形凸棱。灶址平面近圆角方形，四壁及周边的烧结面呈黑红色，位于房址中部偏东。灶内堆满了白色的草木灰。在房址南边近东端居住面外有宽约90厘米较硬的黑褐色路土，疑似门道。未发现柱洞。该房址居住面上的遗物不多。

腰井子F4的居住面经过焙烧，比较坚硬。该房址内有两个灶址，其中一个位于居

[1] 吉林省文物志编委会：《长岭县文物志》，1986年，第49、50页。
[2] 吉林省文物志编委会：《长岭县文物志》，1986年，第50页。
[3] 吉林省文物志编委会：《长岭县文物志》，1986年，第37、38页。
[4] 吉林省文物志编委会：《长岭县文物志》，1986年，第38、39页。
[5] 吉林省文物志编委会：《长岭县文物志》，1986年，第42、43页。
[6] 朱永刚、郑钧夫：《科尔沁沙地东北部地区新石器时代遗存初探》，《边疆考古研究》第11辑，科学出版社，2012年，第89～108页。

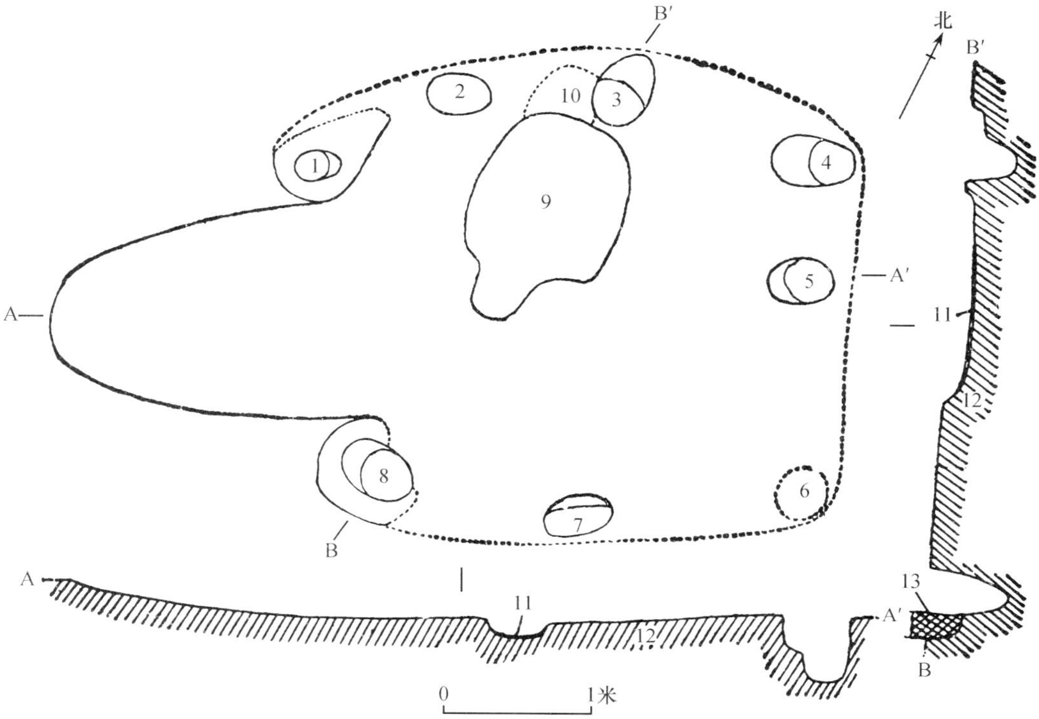

图五九　左家山F1平、剖面图
1～8. 柱洞　9. 灶　10. 灰烬堆积　11. 红烧土　12. 生土　13. 夯土

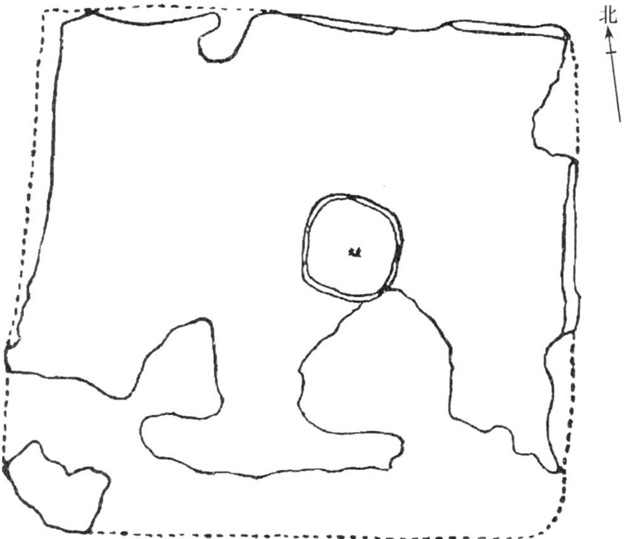

图六〇　腰井子F3的平、剖面图

住面的中部，平面形状呈椭圆形。另一个灶址位于其东边22厘米处，呈椭圆形，南北宽48、东西长53、高6厘米，修筑灶址的棱台宽6厘米，该灶址的西北角有一宽12厘米的豁口。

第二类房址的平面形状呈椭圆形和近似圆形。在腰井子遗址与西断梁山遗址发现此类房址4座，以腰井子F1、F2和西断梁山F3为代表。

腰井子F1保存较为完整，仅东部边缘稍遭破坏。居住面垫有黏土层，在周边修建有外侧较竖直，内侧斜直的台棱，宽约7、高约4厘米。在居住面的中央可见一呈不规则圆形的土坑灶，平底，直径64、深14厘米，未发现柱洞和门道。

腰井子F2西北部和东南部边缘稍遭破坏（图六一）。房址东西长3.2、南北宽3米，方向为180°。居住面厚1.5～2厘米，周边的鱼脊形棱台稍高，约8～10厘米。南边中部有一段没有台棱，而且台棱的断处修抹规整，在这个豁口向内及向外均有一层夹杂有鱼骨的黑褐色路土，推测这里应为门道所在。在居住面四周发现柱洞6个，大小深浅不一。在居住面中部偏东处有一呈圆角长方形的土坑灶，平底，其内堆满白色的草木灰。居住面上出土有陶器、石器、骨器等遗物，还发现有鱼、兽骨堆积。

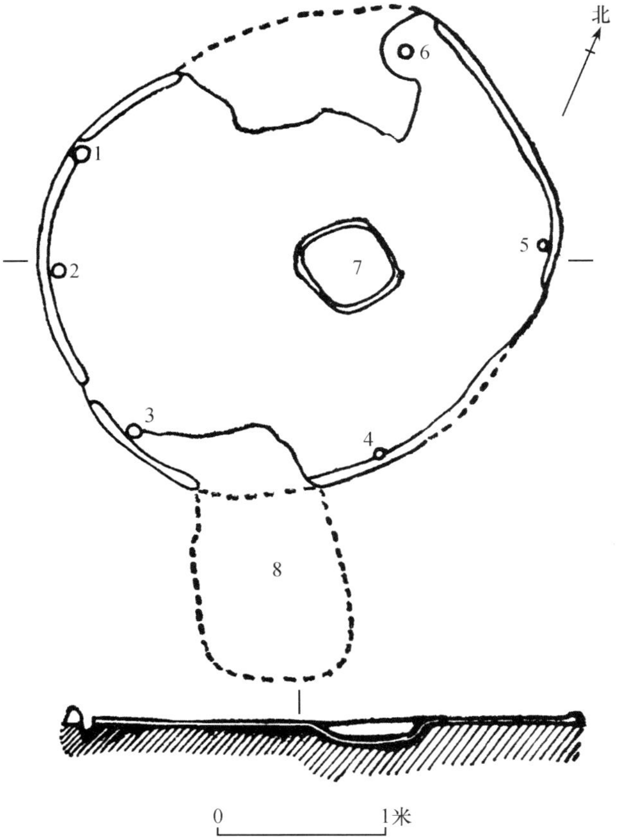

图六一　腰井子F2平、剖面图

1～6. 柱洞　7. 灶　8. 路土

西断梁山F3的平面形状大致呈圆形（图六二）。东西长6.01米，南北长约5.98米。房址依山势修建，所以房址南深北浅。居住面为黄色硬土，不见人工修整痕迹。灶址位于房址中部偏北处，为椭圆形土坑灶，长0.85、宽0.5、残深0.22米，其内堆满了红烧土，旁边见有数块石块。房址内未发现柱洞。长条形门道位于房址的东北处，呈阶梯状，宽约0.75米。阶梯分为三级，每级长约0.4～0.5米，最下面一级高出居住面0.2米。该房址内出土遗物较为丰富，见有筒形罐、钵、石斧、石锛等。

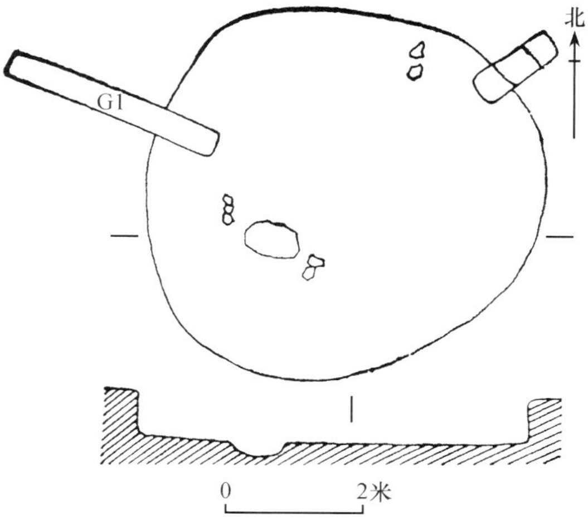

图六二 西断梁山F3平、剖面图

2. 墓葬特征

墓葬仅在腰井子遗址发现两座。墓葬较为简单，均为土坑竖穴墓，皆为单人葬，不见或少见随葬品，无葬具。其中M1的西南角被破坏，平面形状呈圆角长方形，长140、宽65、残深61厘米，墓向为25°（图六三）。葬式为仰身直肢葬。墓主人系女性。随葬品仅见石管4件。M2为成年男性墓，单人二次葬。墓圹长176、宽90厘米，墓向为200°。未发现葬具和随葬品。

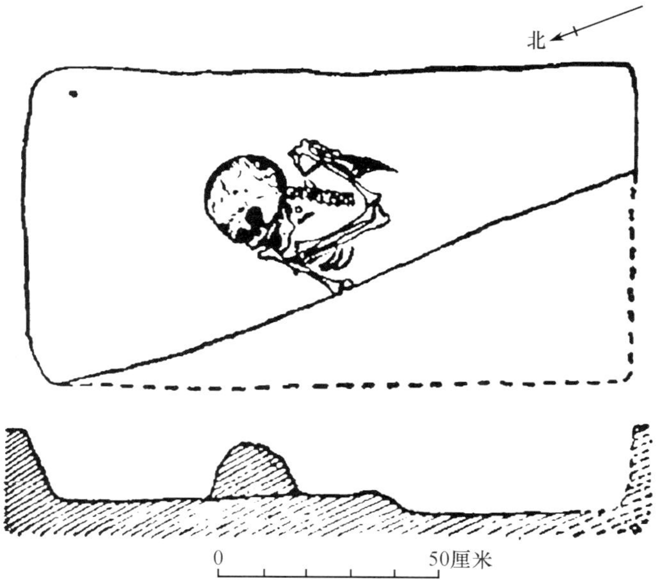

图六三 腰井子M1的平、剖面图

3. 遗物特征

陶器见有夹砂陶、夹蚌陶和泥质陶。其中夹砂陶最多，其次为夹蚌陶，泥质陶数量极少。褐陶所占比重最多，另有少量黑陶和红陶。陶器多采用泥圈套接法制成，表面多经打磨。造型流行小侈口和直口，部分口沿外侧加一周泥条形成厚唇，器底普遍较小，而且底与壁的结合处较为圆滑，不见棱角。陶器表面普遍施有纹饰，主要为刻划纹和戳压纹。有的陶器纹饰占器表的二分之一左右，近底部不施纹，打磨光滑，也有一些陶器表面几近通体施纹。纹饰种类丰富多样，见有之字纹、菱形纹、席纹、弦纹、人字纹、平行线纹、连点纹、网格纹、几何形纹、折线纹等。左家山下层文化比较流行纹饰呈横向平行或阶梯形带状分布。不同纹带之间，还往往有一定的空白间隔，或施直线或施刻划连点线纹加以分隔。陶器的种类较少，出土有筒形罐、鼓腹

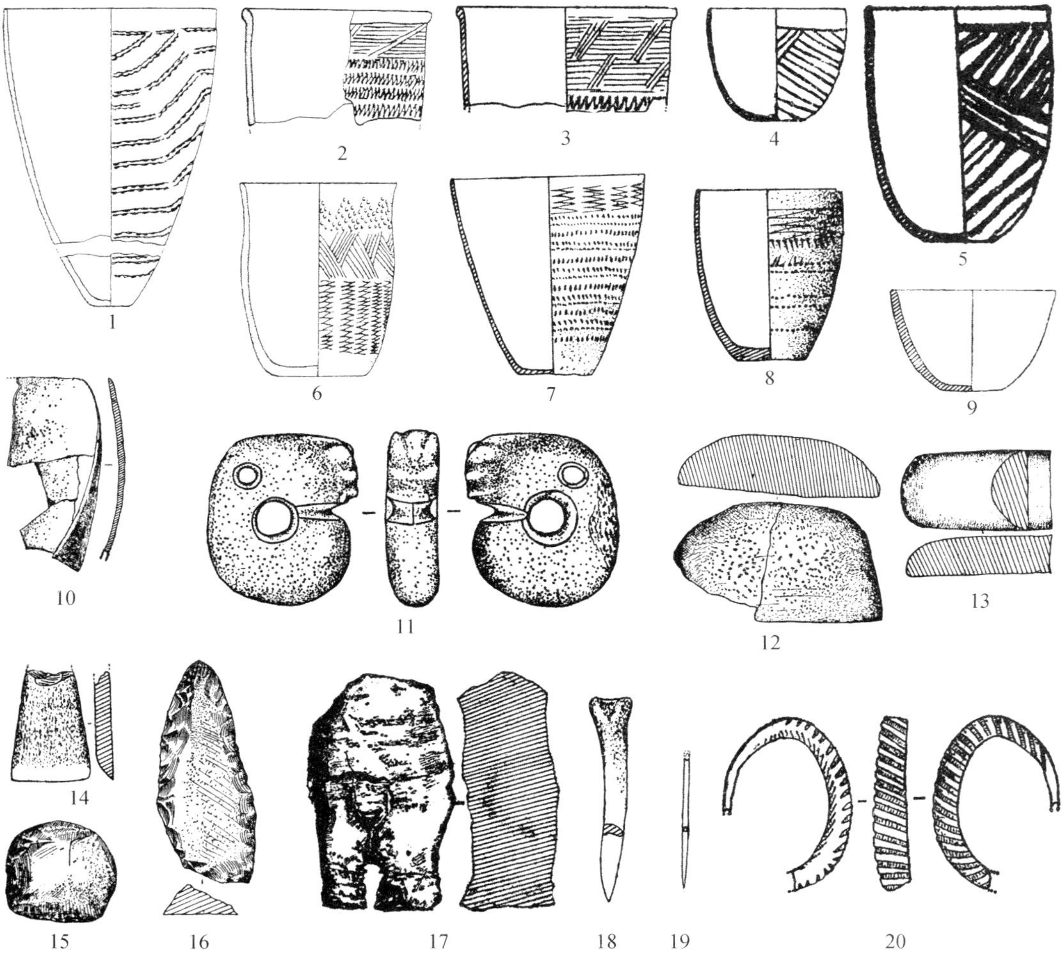

图六四　左家山下层文化遗物

1～8. 筒形罐　9. 碗　10. 斜口器　11. 石龙　12. 磨盘　13. 磨棒　14. 石锛　15. 石球　16. 梭形器　17. 雕塑　18. 骨锥　19. 骨针　20. 蚌耳环（1、2、3、6、11、12、14、18～20. 左家山　4、5、9、10、17. 元宝沟　7、8、13、15、16. 西断梁山）

罐、斜口器、钵、杯等。

除陶器外，左家山下层文化还发现有石器、骨角器、蚌器、玉器等（图六四）。左家山下层文化的石器较多，可分为磨制石器、打制石器和细石器，前者居多。器类丰富，出土有斧、刀、磨盘、磨棒、镞、网坠、锛、钻、刻刀、石球、石环、石龙、尖状器、刮削器、石叶等。其中左家山遗址出土的一件石龙（图六四，11；图版一，2）较为特别，系用灰白色霏细岩磨制而成，周身光滑无纹。整体呈蜷曲状，首尾衔接如壁，头部有突起的五官，背有一孔，用于穿绳悬挂。造型较为原始，可能是辽西地区红山文化“兽首玦”（也称玉猪龙）的祖形。[1]在元宝沟遗址出土一件塑像（图六四，17），为男性下半身裸体像，用砂岩磨制而成。另外还发现有一定数量的骨角器。骨角器多用动物的长骨和鹿角为原料磨制而成，有锥、针、刀、凿、匕、矛、镞、铲、梭形器、钻、笄、管等，其中骨锥的数量较多。左家山下层文化还零星发现有玉质装饰品的出土。

4. 分期

从左家山遗址所提供的层位关系出发，结合对遗物的比较分析，可将左家山下层文化划分为早、中、晚三期。早期以左家山一期早段遗存为代表，中期以左家山一期晚段遗存为代表，晚期以左家山二期遗存和西断梁山一期遗存为代表。

早期陶器以夹砂灰褐陶为主，还见有少量的夹砂红、黑褐陶。器类主要为平底筒形罐，兼有少量鼓腹罐、钵。陶器均为小侈口，短唇、唇部明显加厚，且起棱明显。陶器普遍施纹，且多从口沿下开始施纹，面积占陶器表面的三分之二左右。纹饰见有压印之字纹、连点线纹、阶梯形纹、席纹、弦纹、菱形纹等，其中之字纹排列紧密规整，纹带较窄（图六五）。

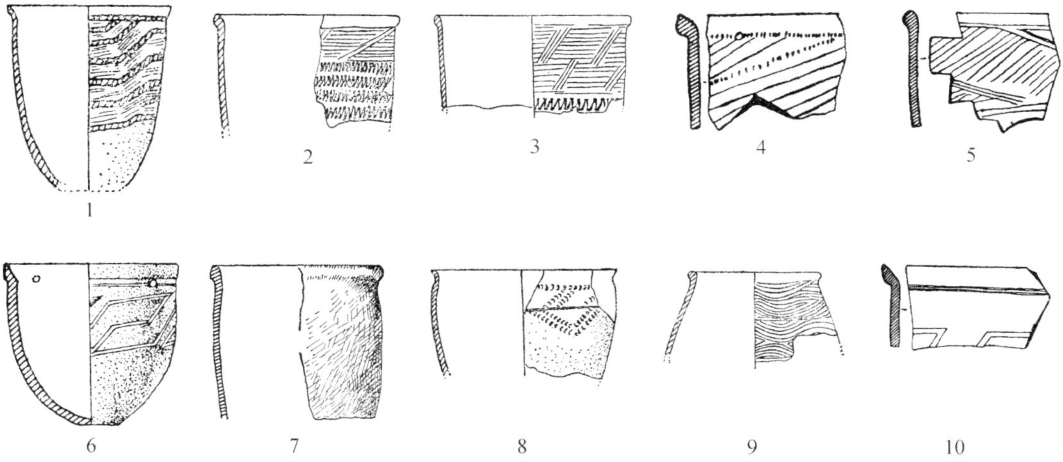

图六五　左家山下层文化早期代表性的陶器

1～10. 筒形罐（1～3、8、9. 左家山　4～7、10. 腰井子）

[1]　赵宾福：《关于辽西史前玉器的几个问题》，《玉魂国魄——中国古代玉器与传统文化学术讨论会文集》，北京燕山出版社，2002年，第135～148页。

中期以夹砂灰褐陶为主，不见夹砂红、黑陶。器类以平底筒形罐居多，新出现了斜口器，还有少量鼓腹罐、钵等。筒形罐多侈口，少量为直口。绝大多数陶器仍然唇部加厚，但厚唇宽薄，起棱已不甚明显。纹饰多从口沿处开始，施纹面积约占陶器器身的三分之二或通体施纹，流行压印之字纹、阶梯形纹，还见席纹、弦纹、连点线纹等纹饰，新出现扭曲纹、刻划之字纹、席纹组成的三角平行带饰。该段的压印之字纹排列仍然较为规整，纹带较窄，新出现的极少量刻划之字纹纹带稍宽（图六六）。

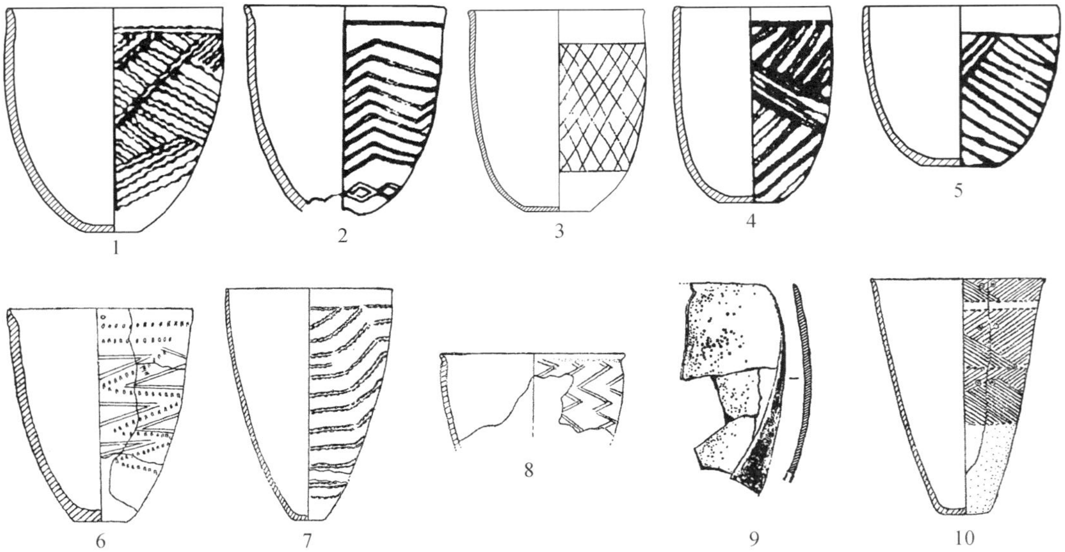

图六六　左家山下层文化中期代表性的陶器

1～8、10. 筒形罐　9. 斜口器（1～5、9. 元宝沟　6、8、10. 左家山　7. 腰井子）

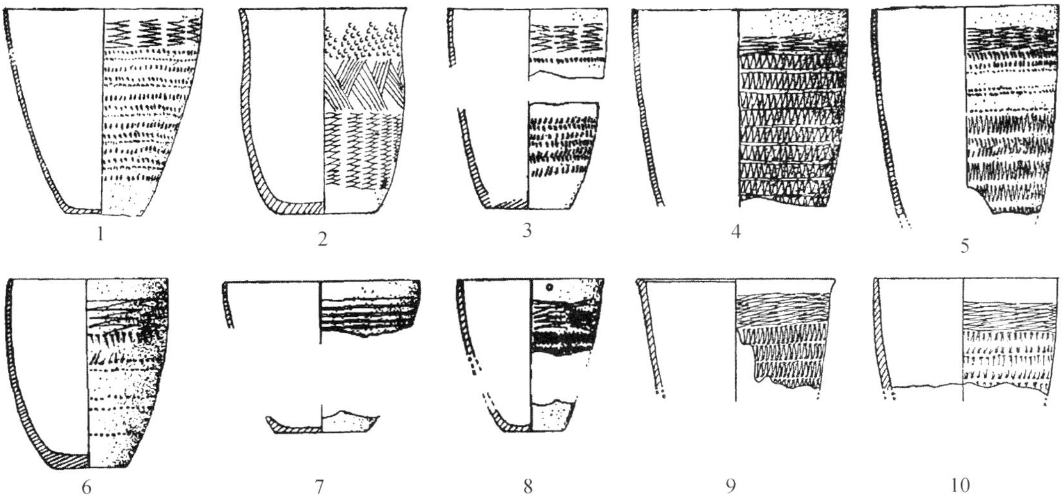

图六七　左家山下层文化晚期代表性的陶器

1～10. 筒形罐（1、3～8. 西断梁山　2、9、10. 左家山）

晚期陶器以夹砂灰褐陶居多，其次为夹蚌黄褐陶和夹蚌灰褐陶。平底筒形罐所占比重最大，以直口器居多，少量口部微侈，唇部不做加厚处理。平底筒形罐器底与器壁接合处折角不明显，较为弧圆。流行刻划之字纹、压印之字纹，纹带较宽，排列不甚规整。新出现三角形席纹、波浪纹、附加堆纹等，由两种或两种以上纹饰组成的复合纹带尤具特色（图六七）。

5. 与周边文化的关系

仔细观察左家山下层文化的陶器，不难发现部分陶器与周边考古学文化的陶器存在一定的共性，这些共性陶器的存在，反映出左家山下层文化在其发展过程中曾与周边文化有着较为广泛的交流与影响。

左家山下层文化早期与东高台山一期类型和兴隆洼文化晚期遗存之间的交流较为明显。东高台山一期类型以1980年发掘的东高台山遗址一期遗存为代表，[1]与左家山下层文化早期的部分陶器特征完全一致。如左家山T16④：6筒形罐与东高台山一期T1⑥：10筒形罐相比，器形相同，口沿微侈，厚唇，在口沿处施压印规整的由横线和斜线组成的席纹，主体施压印整齐的横排之字纹，纹饰也一致。左家山下层文化早期的陶器口沿唇部流行加厚处理，起棱明显，这种厚唇风格在兴隆洼文化晚期中也较为常见。目前，学术界普遍认为之字纹应该起源于辽西地区，包括西流松花江流域在内的周边地区发现的之字纹应该是受到辽西地区之字纹的影响而产生的。左家山下层文化早期与兴隆洼文化晚期的压印横排之字纹形态十分接近。部分陶器口部所施的压印席纹，象征席篾的横斜线条排列有序，非常规整，与兴隆洼文化晚期的同类纹饰极为相像，[2]反映出东北地区早期新石器时代文化的席纹形态比较规整，写实风格更为强烈。

在中期阶段，左家山下层文化与赵宝沟文化交流广泛。这时左家山下层文化新出现了数量不多的折线纹标本，而这类纹饰是赵宝沟文化的典型纹饰之一，在内蒙古敖汉旗赵宝沟遗址[3]中有大量发现。左家山下层文化发现的呈“己”字形的刻划几何形纹饰与属于赵宝沟文化的小山F2②：4[4]所施的刻划纹十分接近。左家山下层文化中

---

［1］ 沈阳市文物管理办公室：《新民东高台山第二次发掘》，《辽海文物学刊》1986年第1期，第16～29页。

［2］ 中国社会科学院考古研究所内蒙古工作队：《内蒙古敖汉旗兴隆洼遗址发掘简报》，《考古》1985年第10期，第865～874页。

［3］ 中国社会科学院考古研究所：《敖汉赵宝沟——新石器时代聚落》，中国大百科全书出版社，1997年，第152～155页。

［4］ 中国社会科学院考古研究所内蒙古工作队：《内蒙古敖汉旗小山遗址》，《考古》1987年第6期，第481～506页。

期发现的菱形纹形制规整，同样的纹饰也见于赵宝沟文化。[1]元宝沟遗址H5出土的一件泥质钵较为特别，口沿施条带状朱彩，类似的彩陶钵在小山遗址中发现有数件。[2]在器形方面，元宝沟H5：36筒形罐，直口，浅腹，器壁近底处弧收，与小山遗址出土的F2②：36筒形罐[3]形态相仿。元宝沟H5：24筒形罐与赵宝沟F105②：15[4]形态一致，均为直口，深腹。

左家山下层文化晚期的部分陶器与分布于辽西地区的红山文化的器物存在一定的共性，这些陶器的存在表明二者曾进行过文化间的交流。如属于左家山下层文化晚期的西断梁山ⅡF3：7筒形罐，与属于红山文化早期的小东山F2：9筒形罐[5]在器形和纹饰方面均表现出极大的相似性；西断梁山ⅡH6：2筒形罐与属于红山文化早期的西水泉F13：10筒形罐[6]器物造型相同，而且均施竖排之字纹和横排之字纹；西断梁山F3：9筒形罐与四棱山T4：1筒形罐[7]，均为敛口，上腹较鼓，形态接近。伊通杏山遗址发现的属于左家山下层文化的弧线之字纹，是红山文化早期遗存中较为常见的之字纹样式；[8]左家山遗址H11出土的一件陶钵，口部施数周戳点纹，其下刻划整齐的席纹，类似的纹饰也见于红山文化早期；[9]左家山遗址H11出土的另一件纹饰标本，施数周刻划横线纹和复线波浪纹组成的复合纹饰，与那斯台遗址发现的纹饰标本[10]十分相像。

---

[1] 中国社会科学院考古研究所：《敖汉赵宝沟——新石器时代聚落》，中国大百科全书出版社，1997年，第170页。

[2] 中国社会科学院考古研究所内蒙古工作队：《内蒙古敖汉旗小山遗址》，《考古》1987年第6期，第481～506页。

[3] 中国社会科学院考古研究所内蒙古工作队：《内蒙古敖汉旗小山遗址》，《考古》1987年第6期，第481～506页。

[4] 中国社会科学院考古研究所：《敖汉赵宝沟——新石器时代聚落》，中国大百科全书出版社，1997年，第108页。

[5] 辽宁省文物考古研究所、朝阳市博物馆、朝阳县文物管理所：《朝阳小东山新石器至汉代遗址发掘报告》，《辽宁省道路建设考古报告集（2003）》，辽宁民族出版社，2004年，第1～95页。

[6] 中国社会科学院考古研究所内蒙古队：《赤峰西水泉红山文化遗址》，《考古学报》1982年第2期，第183～198页。

[7] 辽宁省博物馆、昭乌达盟文物工作站、敖汉旗文化馆：《辽宁敖汉旗小河沿三种原始文化的发现》，《文物》1977年第12期，第1～22页。

[8] 内蒙古文物考古研究所、赤峰市博物馆：《元宝山哈喇海沟新石器时代遗址发掘报告》，《内蒙古文物考古》2008年第1期，第1～19页。

[9] 内蒙古文物考古研究所、赤峰市博物馆：《元宝山哈喇海沟新石器时代遗址发掘报告》，《内蒙古文物考古》2008年第1期，第1～19页。

[10] 巴林右旗博物馆：《内蒙古巴林右旗那斯台遗址调查》，《考古》1987年第6期，第507～518页。

6. 年代

通过与周边文化的比较，我们可以看出左家山下层文化早期应与兴隆洼文化晚期、东高台山一期遗存有着明显的文化交流，这同时也表明他们的年代也应大体相当。参考兴隆洼文化晚期的年代，[1]可推测左家山下层文化的年代上限当不晚于公元前5000年。鉴于左家山下层文化中期大量陶器在器形与纹饰方面与赵宝沟文化陶器相同或相似，说明他们的年代应该比较待近。赵宝沟文化的年代大约为公元前5000～前4500年，[2]所以左家山下层文化中期的年代也应大抵如此。最新的研究成果表明，红山文化早期大约处于公元前4500～前4000年，[3]所以我们认为与红山文化早期存在文化交流的左家山下层文化晚期也应该大致处于这一时间范围。

（二）左家山上层文化

左家山上层文化主要以左家山遗址的第三期文化遗存[4]为代表，此外，还包括西断梁山遗址的第二期遗存[5]及永吉星星哨遗址采集的部分标本[6]。

从目前公开发表的材料来看，左家山上层文化的文化遗存主要包括房址、陶器、石器、骨器等。

1. 房址特征

该文化的房址发现较少，共计3座（含1座疑似房址）。其中在西断梁山遗址发现两座，保存较为完整，另在左家山遗址发现一座疑似房址，破坏较为严重。

西断梁山遗址的房址平面形状皆为圆形，均为半地穴式建筑，面积较小，不见柱洞。F1的南部被冲沟破坏。房内的居住面为掺杂少量砾石的黄土，较为坚硬，但未见人工修筑的痕迹。房址残深60厘米。门道位于房址的北部，平面呈长方形，宽75厘

[1] 赵宾福：《辽西地区汉以前文化发展序列的建立及文化纵横关系的探讨》，《边疆考古研究》第10辑，科学出版社，2011年，第191～207页。

[2] 赵宾福：《辽西地区汉以前文化发展序列的建立及文化纵横关系的探讨》，《边疆考古研究》第10辑，科学出版社，2011年，第191～207页。

[3] 赵宾福、薛振华：《以陶器为视角的红山文化发展阶段研究》，《考古学报》2012年第1期，第1～22页。

[4] 吉林大学考古教研室：《农安左家山新石器时代遗址》，《考古学报》1989年2期，第187～212页。

[5] 吉林省文物考古研究所：《吉林东丰西断梁山新石器时代遗址发掘》，《考古》1994年4期，第300～312页。

[6] 吉林市博物馆：《吉林永吉星星哨新石器时代遗址调查与试掘》，《考古学集刊》第2辑，科学出版社，第25～34页。

米，深40厘米，距居住面20厘米。门道底部系用两层垒砌而成，形状规整。房址内出土筒形罐、钵、亚腰石铲、石镞等。F2位于F1的东部，相距270厘米。其东西径325厘米，南北径330厘米，残深75厘米。居住面平整坚硬，系板结状黄土。灶址位于房址南部，采用6块大小不一的石块围制而成，平面形状近呈圆形，南北径为140厘米，东西径为120厘米。石圈内发现大量的红烧土和厚厚的灰烬层，并含有大量的陶器残片。在房址的东北部有一长条形门道，深度几乎与房深等同，宽约99厘米，其东部为一现代墓葬，无法继续扩方，所以门道长度不清。该房址内出土遗物丰富，有筒形罐、钵、杯、石斧、石铲、石镞等（图六八）。

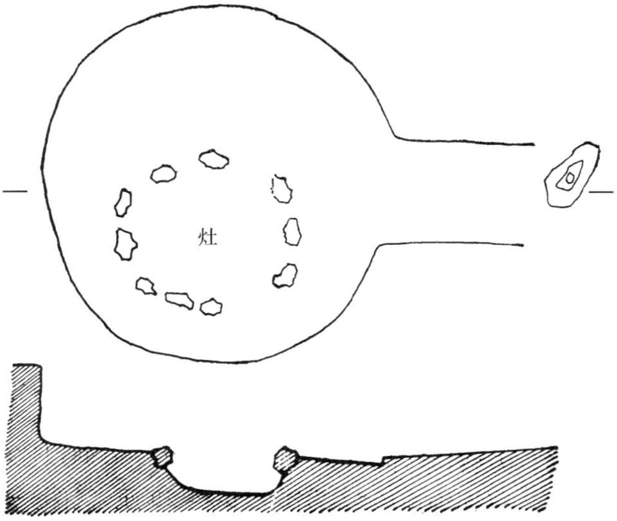

图六八　西断梁山F2平、剖面图

左家山遗址的疑似房址为一烧土遗迹。形状不规则，残长160厘米，残深100厘米，厚约10厘米。烧土面的四周分布有6个柱洞，大小深浅不一。烧土西面有一灰烬堆积，灰烬西南又有一蚌壳堆积。烧土面上有一件破碎的筒形罐。

2. 遗物特征

陶器以夹蚌陶为主，泥质陶极少，从左家山遗址的统计结果来看，前者占陶片总数的98.6%。黄褐陶所占比重明显加大，灰褐陶数量较少。陶器多采用泥圈套接制法，少数口沿系慢轮修整，有些小型器物则是捏制而成。陶器多为直口，侈口者较少，唇部不加厚，器底与器壁的结合处可见明显的折棱。陶器的烧制火候不高，表面多未打磨。素面陶所占比重加大，施纹饰者较少。纹饰多系尖头工具刻划而成，一般呈横条带状施在器物的器身上部，器身下部一般没有纹饰。纹饰多样，主要为刻划纹，如人字形纹、三角形内填斜线纹、网格纹、斜线纹等，此外还见有戳压的鱼鳞纹、指甲纹、花边口沿及附加堆纹等（图六九）。器类主要为筒形罐，还有斜口器、盆、钵、

图六九　左家山上层文化陶器纹饰

1～3、5、8、9、11、12. 人字纹　4、6. 平行线纹与三角形内填斜线纹　7. 平行短斜线纹　10. 鱼鳞纹与人字纹　13. 竖线纹　14. 人字纹与Y形纹（1～6、10、14. 左家山，余为西断梁山）

碗、杯、漏斗、圜底器、轮形器、纺轮、印行器、雕塑等（图七〇）。

石器的原料多为砂岩、大理岩、花岗岩、泥岩和燧石等，包括磨制石器和打制石器，前者居多。主要器形有石斧、石铲、石锤、石杵、磨盘、磨棒、石镞、石矛、石球、网坠、砺石、砍砸器、敲砸器、刮削器、尖状器等（图七一，1～18）。

玉器仅一件，已残。黄白色。圆形、圆孔，器壁较薄。

骨角器数量较多，皆为磨制，一般在器身上可见刮磨痕，包括骨锥、骨刀（柄）、骨铲、骨匕、骨针、骨镞、鱼鳔、梭形器、笄、凿、尖状器、骨管、刻纹骨

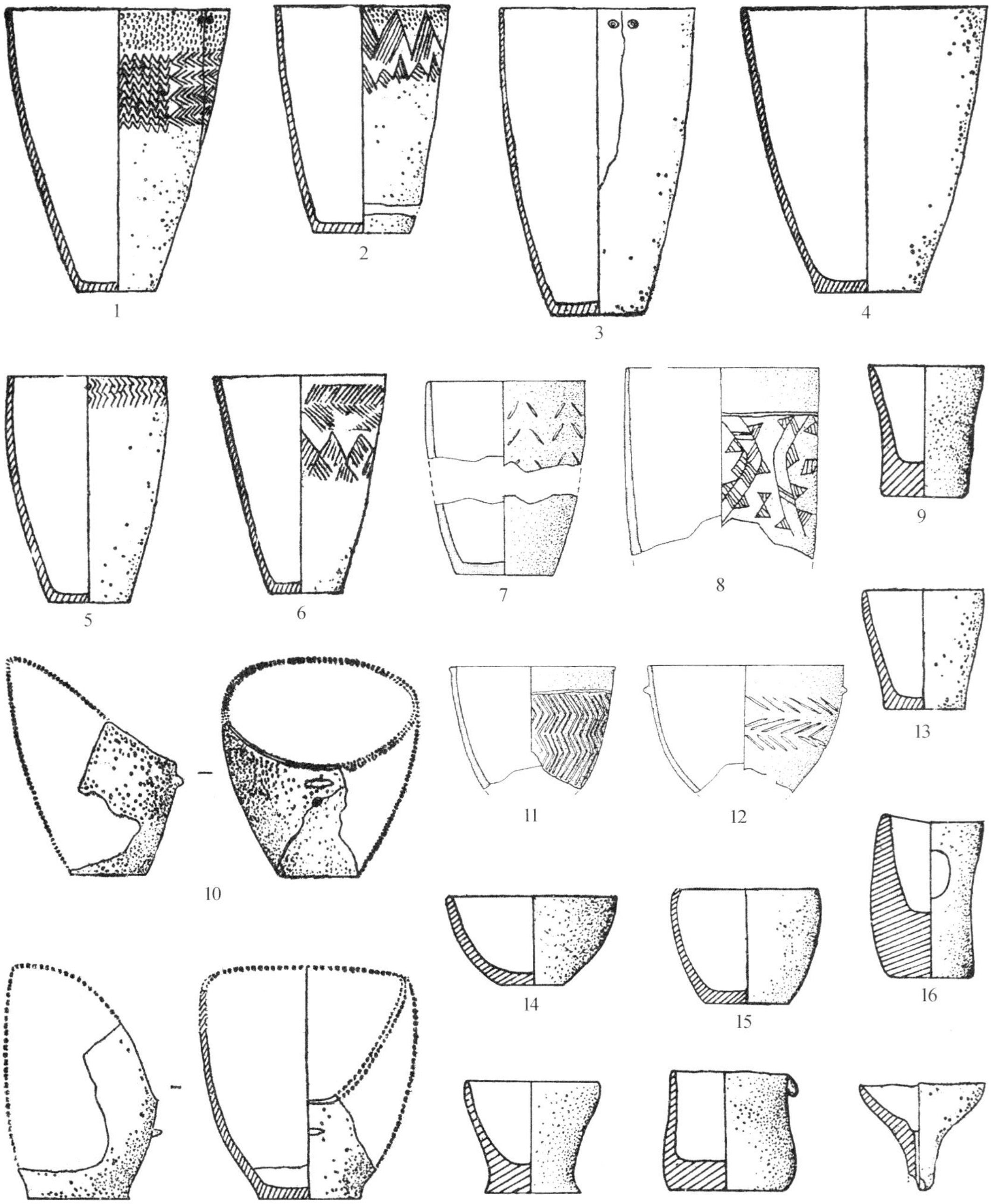

图七〇　左家山上层文化陶器

1～8、11. 筒形罐　9、13、16、18、19. 杯　10、17. 斜口器　12.盆　14、15. 碗
20. 漏斗形器（1～6、10、13、17、20. 左家山，余为西断梁山）

片等（图七一，20～29）。

蚌器一件，长条形，一端呈圆弧形，上有一钻孔，另一端残断（图七一，19）。

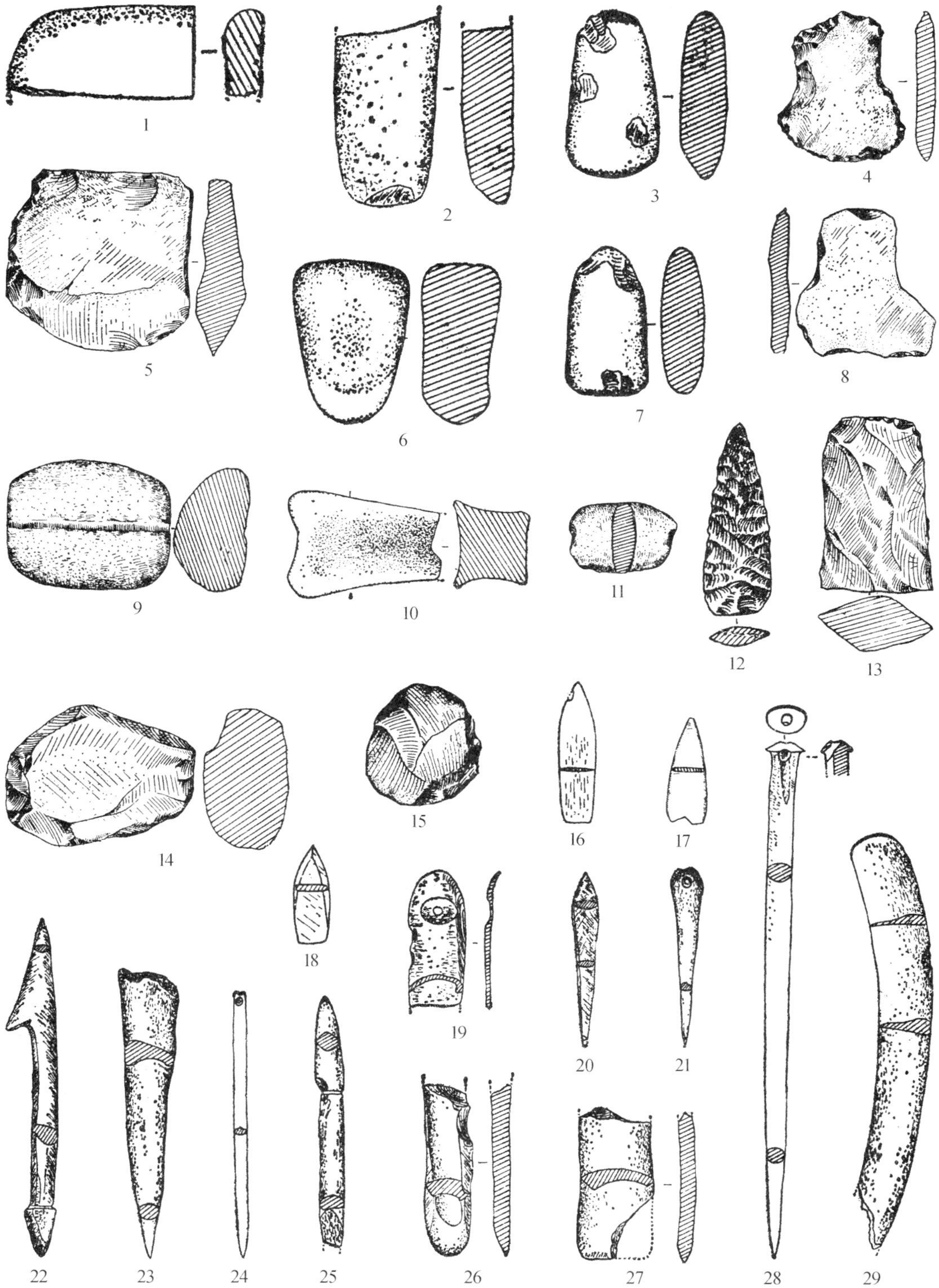

图七一 左家山上层文化遗物

1. 石磨盘 2. 石磨棒 3、5. 石斧 4、8. 石铲 6. 石杵 7. 石锤 9. 沟磨石 10. 砺石 11. 石网坠 12. 尖状器 13. 研磨器 14. 敲砸器 15. 石球 16～18. 石镞 19. 蚌饰 20. 骨镞 21、23. 骨锥 22. 骨鱼镖 24. 骨针 25. 骨梭形器 26. 骨凿 27. 骨铲 28. 骨笄 29. 骨刀（1～3、6、7、10、12、16、18～29. 左家山，余为西断梁山）

3. 年代

左家山上层文化出土的陶器多为筒形罐，而且其纹饰以各类刻划纹为主，流行刻划人字纹、平行线纹、网格纹、斜线纹等纹饰。综观东北地区的新石器文化，不难发现辽东半岛南端以郭家村遗址下层和吴家村遗址为代表的小珠山中层文化同样存在大量类似的纹饰。二者在陶器纹饰方面表现出一定的共性，可见其年代也应大体相当，大致处于公元前3500～前3000年。

二、图们江流域的新石器时代文化

在20世纪的50年代，有学者曾误将在吉林省境内图们江流域调查采集的部分遗存归入新石器时代，[1]但是从现有认识出发，这些陶器均为素面，不见任何纹饰，其年代应该晚于新石器时代。自20世纪70年代始，这一地区的新石器时代考古发现与研究工作才有较大起色。通过考古调查，发现了一批新石器时代遗址。特别是龙井县金谷早期遗址[2]与和龙县兴城遗址[3]的发掘，出土了较丰富的遗物，为学术界认识图们江流域新石器时代的文化面貌提供了科学的资料。从目前发表的材料来看，可将图们江流域的新石器时代遗存划分为三种文化类型，即以迎花南山H1为代表的遗存、兴城下层文化、金谷文化。

（一）以迎花南山H1为代表的遗存

迎花南山遗址位于吉林省珲春市凉水乡迎花村东南1千米处山坳的山坡上，在其西、西南方向约2.5千米图们江自西北向东南蜿蜒流过。1988年5月至7月，由吉林省文物考古研究所、延边自治州博物馆、珲春市文管所组成的图珲铁路考古发掘队对其进行抢救性发掘，揭露面积380平方米，清理房址4座，灰坑1座，墓葬3座。[4]其中仅灰

[1] 白瑢基：《吉林延吉县龙井镇附近发现新石器时代遗址》，《考古》1957年第1期，第52、53页。金万锡：《延边汪清县西崴子发现新石器时代遗址》，《考古》1958年第5期，第32、33页。

[2] 延边博物馆：《吉林省龙井县金谷新石器时代遗址清理简报》，《北方文物》1991年第1期，第3～9页。

[3] 吉林省文物考古研究所：《和龙县兴城遗址发掘》，《博物馆研究》1988年第2期，第63页。吉林省文物考古研究所、延边朝鲜族自治州博物馆：《和龙兴城——新石器及青铜时代遗址发掘报告》，文物出版社，2001年。

[4] 吉林省图珲铁路考古发掘队：《吉林省珲春市迎花南山遗址、墓葬发掘》，《考古》1993年8期，第701～708页。

坑H1为新石器时代遗存。

该灰坑平面形状呈椭圆形，斜壁（图七二）。坑口长径3.56米，短径3.3米；坑底长径1.3米，短径0.9米，残深0.8米。坑内堆积包含有陶片、石斧、石料及零星木炭。

从发掘报告中，我们可以了解到该灰坑出土陶片的陶质为夹砂陶，陶色分黄褐、灰褐两种。制法皆为手制。发表的四件标本皆施有纹饰，见有戳印纹、三角形戳点纹、椭圆形戳点纹、戳压线纹（图七三），存在不同纹饰复合构图的风格。

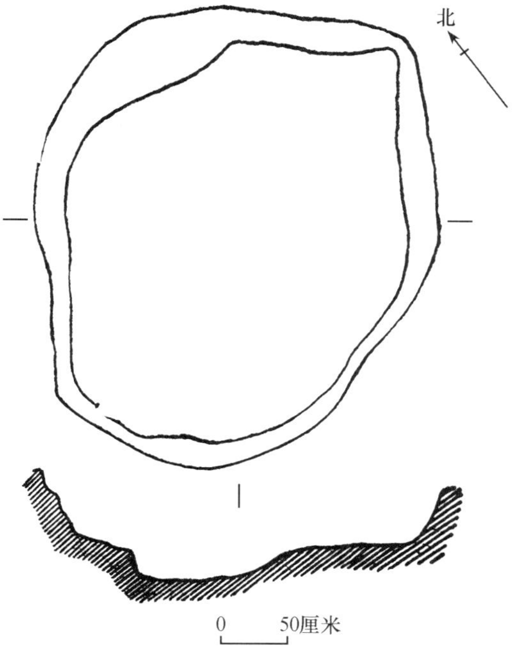

图七二　迎花南山H1平、剖面图

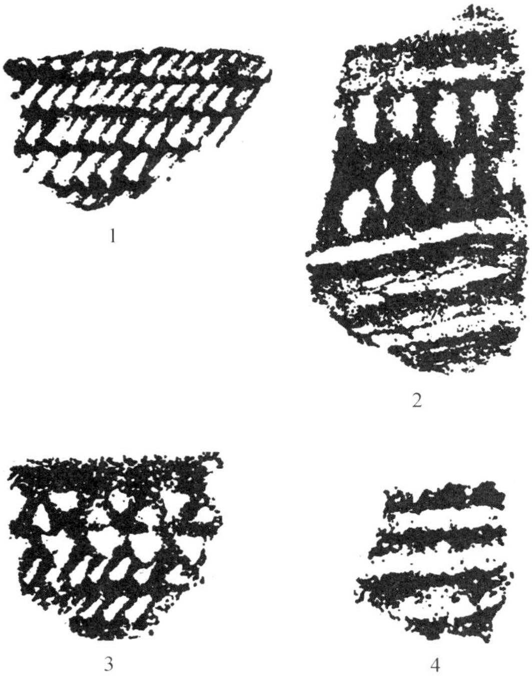

图七三　迎花南山H1出土陶器纹饰

石斧1件，磨制而成，原料为灰绿色沉积岩。器身略呈梯形，刃部为弧形，断面为椭圆形。器长15.2厘米，刃宽5.1厘米，厚2.6厘米（图七四）。

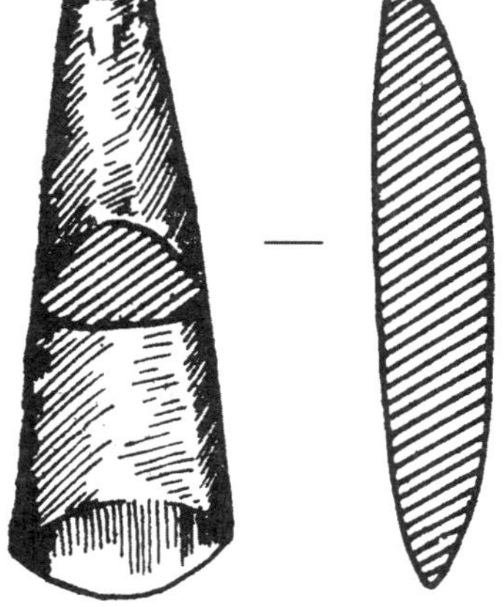
图七四　迎花南山H1出土石斧

迎花南山遗址H1出土的材料虽然很少，但是表现出鲜明的自身特征，与图们江流域新石器时代晚期的兴城文化和金谷文化面貌迥异，在我国代表了一种新的考古学文化。考虑到目前我国境内还未发现其他此类遗存，在遗址和文化内涵进一步丰富之前，暂称此类遗存为“以迎花南山H1为代表的遗存”。

虽然以迎花南山H1为代表的遗存在我国发现还很

少，但是当我们把研究视域跨出国界，则不难发现同类遗存还见于朝鲜咸镜北道罗津遗址，他们应属于同一考古学文化。参考这类遗存与三江平原地区新开流-鲁德纳亚文化晚期陶器纹饰的相似性，可最终判断其年代约在公元前4500～前4000年范围内。[1]

（二）兴城下层文化

兴城遗址位于吉林省和龙县东城乡兴城村三社500米的山冈缓坡上。1979年文物普查时发现该遗址。由于遗址遭到群众挖沙破坏，1986年7月延边博物馆对破坏较为严重的遗址西南部进行抢救性发掘。1987年夏，吉林省文物考古研究所联合延边博物馆、和龙县文管所对兴城遗址进行大规模发掘。两次发掘共清理房址29座，墓葬3座，出土文物1100多件。从《和龙兴城：新石器及青铜时代遗址发掘报告》发表的材料来看，该遗址包含了新石器时代和青铜时代两个时代的遗存。[2]其中，“兴城一期遗存”和“兴城二期遗存”属于新石器时代，他们在文化面貌上表现出较多的共性，虽稍存一定差别，实际上应是同一文化不同发展阶段的反映。鉴于发掘者将以兴城遗址三、四、五期为代表的青铜时代遗存命名为“兴城文化”，为避免混淆，我们将以兴城一期和兴城二期为代表的遗存称为“兴城下层文化”。

除了兴城遗址，在吉林省境内的大墩台遗址[3]、琵岩山遗址[4]、三合邮电局遗址[5]和岐新六队[6]等遗址也采集到部分兴城下层文化的遗物。

与兴城下层文化类似的遗存在图们江流域的朝鲜和俄罗斯境内也有发现。朝鲜东北部咸镜北道雄基郡西浦项遗址[7]出土的新石器时代第3期遗存多为筒形罐，器表普遍施纹，呈长椭圆形及枣核形的划点纹数量最多，占主导地位，部分短颈鼓腹罐上

---

［1］　杨占风：《鸭绿江、图们江及乌苏里江流域的新石器文化研究》，吉林大学博士学术论文，2009年。

［2］　吉林省文物考古研究所、延边朝鲜族自治州博物馆：《和龙兴城——新石器及青铜时代遗址发掘报告》，文物出版社，2001年，第1～52页。

［3］　吉林省文物志编委会：《延吉市文物志》，1985年，第22、23页。侯莉闽：《吉林省延边新石器时代文化及初步研究》，《博物馆研究》1994年第2期，第51～64页。

［4］　吉林省文物志编委会：《龙井县文物志》，1984年，第17页。侯莉闽：《吉林省延边新石器时代文化及初步研究》，《博物馆研究》1994年第2期，第51～64页。

［5］　吉林省文物志编委会：《龙井县文物志》，1984年，第18～20页。侯莉闽：《吉林省延边新石器时代文化及初步研究》，《博物馆研究》1994年第2期，第51～64页。

［6］　吉林省文物志编委会：《图们市文物志》，1985年，第14～16页。侯莉闽：《吉林省延边新石器时代文化及初步研究》，《博物馆研究》1994年第2期，第51～64页。

［7］　金勇玕、徐国泰：《西浦项原始遗址发掘报告》，《考古民俗论文集》（第4辑），社会科学出版社，1972年。

施有螺旋纹。与这类经常伴出的是以黑曜岩为原料的各类石制品。黑狗峰[1]、凤仪面[2]等遗址也见有类似陶器。俄罗斯境内的格沃兹杰沃-4遗址[3]第3层出土陶器未见完整器，但是从陶片观察，器表普遍施有刻划纹、长枣核纹等，纹饰特征与兴城下层文化及西浦项新石器时代第3期遗存完全一致。所以他们的文化性质相同，应属于同一个考古学文化。从目前的考古材料来看，兴城下层文化在图们江流域有着广泛的分布范围。

1. 房址特征

目前，共发现兴城下层文化的房址8座，分布在兴城遗址A、B两个发掘区。房址的平面均为圆角长方形，多未发现门道。穴壁多呈斜坡状。居住面一般不经修整，不加焙烧，地面也不甚平整，有的居住面四周明显高于中心部位。多数房址发现有灶址。灶址可分为两类：一种是位置不固定的地面灶，另一种为圆形或椭圆形浅坑灶。8座房址皆见数量不等的柱洞，甚至部分柱洞内还残存有竖立的木炭。柱洞多位于室内，少量发现在穴壁外侧。这8座房址的面积差别较大，按照面积大小，可将其分为三类。

第一类房址的面积较大，仅见87AF16（图七五）一座，达到100余平方米。该房址长10.7、宽9.8米，由于被多座青铜时代的房址所打破，残存面积仅30平方米。残存东、南、西壁，未发现门道。居住面经过平整并压实，四周略高于中部。残存居住面上可见两处灶址。一处位于东北角，系圆形浅坑灶；另一处位于西北角，系地面灶，边缘有三块大小不一的石块，其中一块部分埋入居住面中，其上灰烬堆积呈圆形。发现18个柱洞，分布于三壁之下，部分柱洞底部见有作为础石的石板。该房址居住面上出土有陶罐、杯、碗、石铲、磨盘、磨棒等。

第二类房址的数量较多，面积多在四五十平方米，如87AF14、87AF17、87BF6。其中87BF6（图七六）开口部分长8.6、宽6.4米，底部长8.1、宽6米。被青铜时代房址打破，现有三壁完整，未发现门道。居住面系用含沙的褐色黏土铺垫。居住面上共发现27个柱洞，除两个位于室内偏北处外，其余则沿三壁分布。由于被晚期房址破坏严重，未发现灶址。在居住面上发现陶罐和石锄各一件。

第三类房址的面积较小，仅十余平方米，如87AF1、87AF3。其中87AF1（图七七）长4、宽33.4米。北壁被青铜时代房址打破。门道位于南部中部，门向为182°。居住面未经平整。居住面的东南部有一地面灶址，其周边散见一些陶片。柱洞

[1] 黄基德：《豆满江流域和东海岸一带遗迹调查》，《文化遗产》1957年第6号，科学院出版社。

[2] 有光教一：《朝鲜栉目纹土器研究》，京都，1962年。

[3] A.H.波波夫、C.B.巴塔尔舍夫：《滨海边疆区哈桑地区2000年的考古调查》，《远东考古学和文化人类学》，俄罗斯科学院远东分院，符拉迪沃斯托克，2002年。

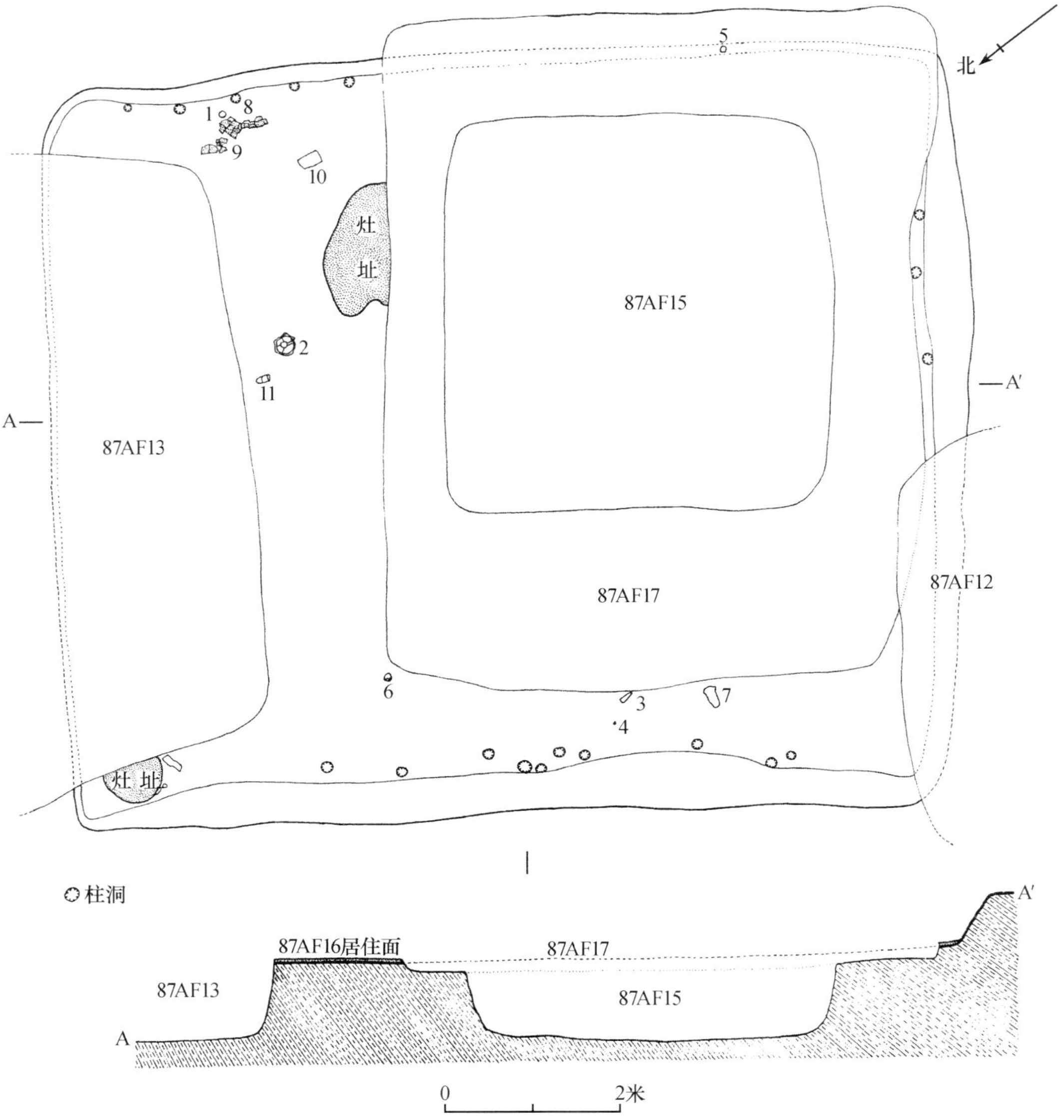

图七五　兴城87AF16平、剖面图

共发现5个，其中中部偏西处有一个，东壁下两角各一个，西壁外两角处各一个。该房址居住面上发现遗物不多，见有少量陶器及石器。

2. 遗物特征

兴城下层文化发现的遗物主要为陶器和石器，且主要出土于兴城遗址，其他遗址仅见少量陶片。兴城遗址发现大量新石器时代陶片，但多不能复原，出土石器89件，此外还发现未经加工的黑曜岩石片140余件。

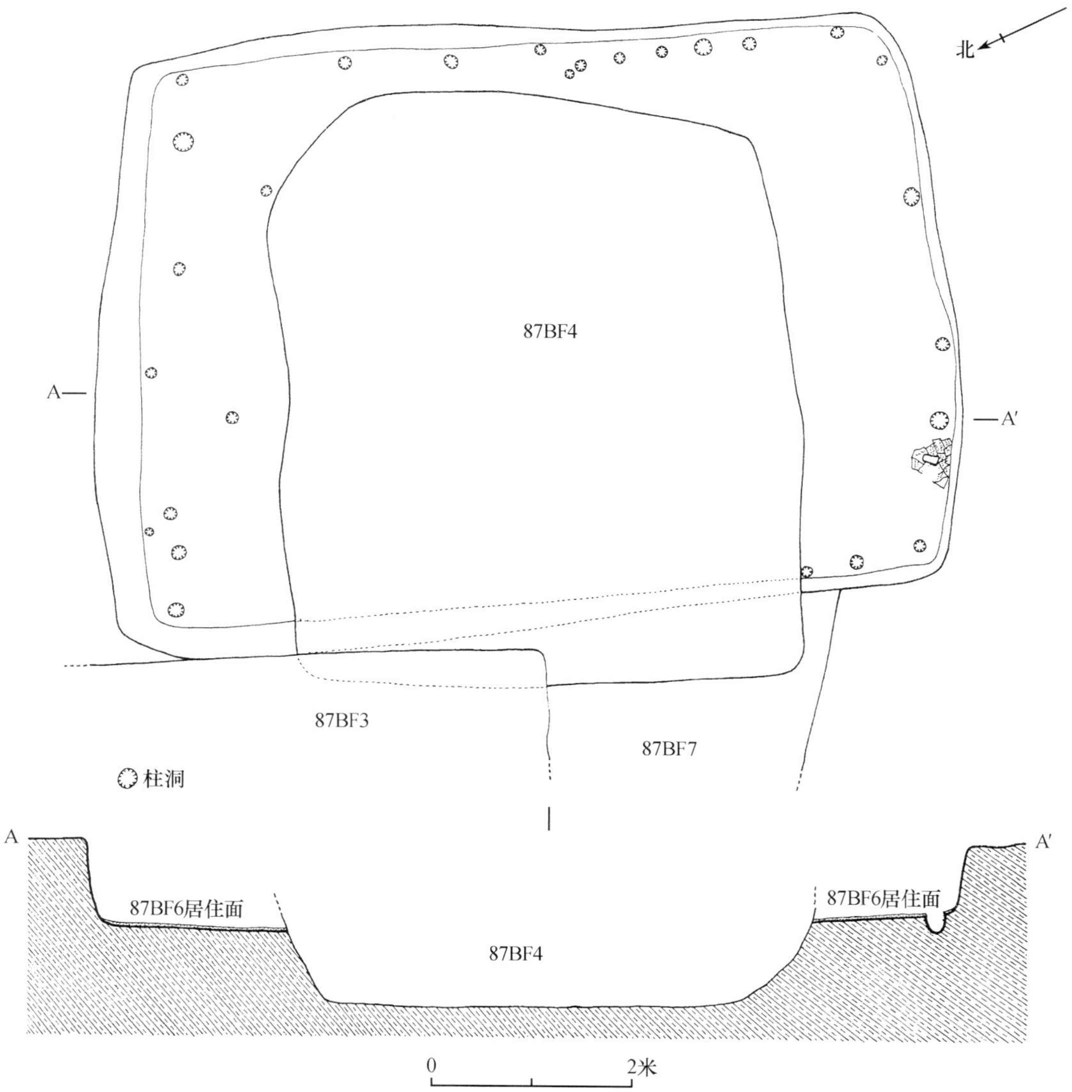

图七六　兴城87BF6平、剖面图

《和龙兴城：新石器及青铜时代遗址发掘报告》发表了兴城下层文化陶器20件，另公布陶器口沿标本20件，器底标本5件，器耳1件，纹饰标本96件，为我们了解该文化的陶器特征提供了重要的材料。

夹砂陶在该文化中占绝对优势，泥质陶所占比重不足1%。夹砂陶中又以夹粗砂陶居多，且多为形制较大的器类，烧制火候较低；夹细砂陶多为小型器，器表经过打磨，火候较高，陶质较硬。受烧制过程中氧化不均的影响，陶色多不均匀，多呈红褐、黄褐、黑褐色，另见少量黑褐、橘黄、橘红色。特别值得一提的是，在部分房址的居址面上发现少量红衣陶残片，且内外均饰红衣，皆为夹细砂，器壁较薄，烧制火

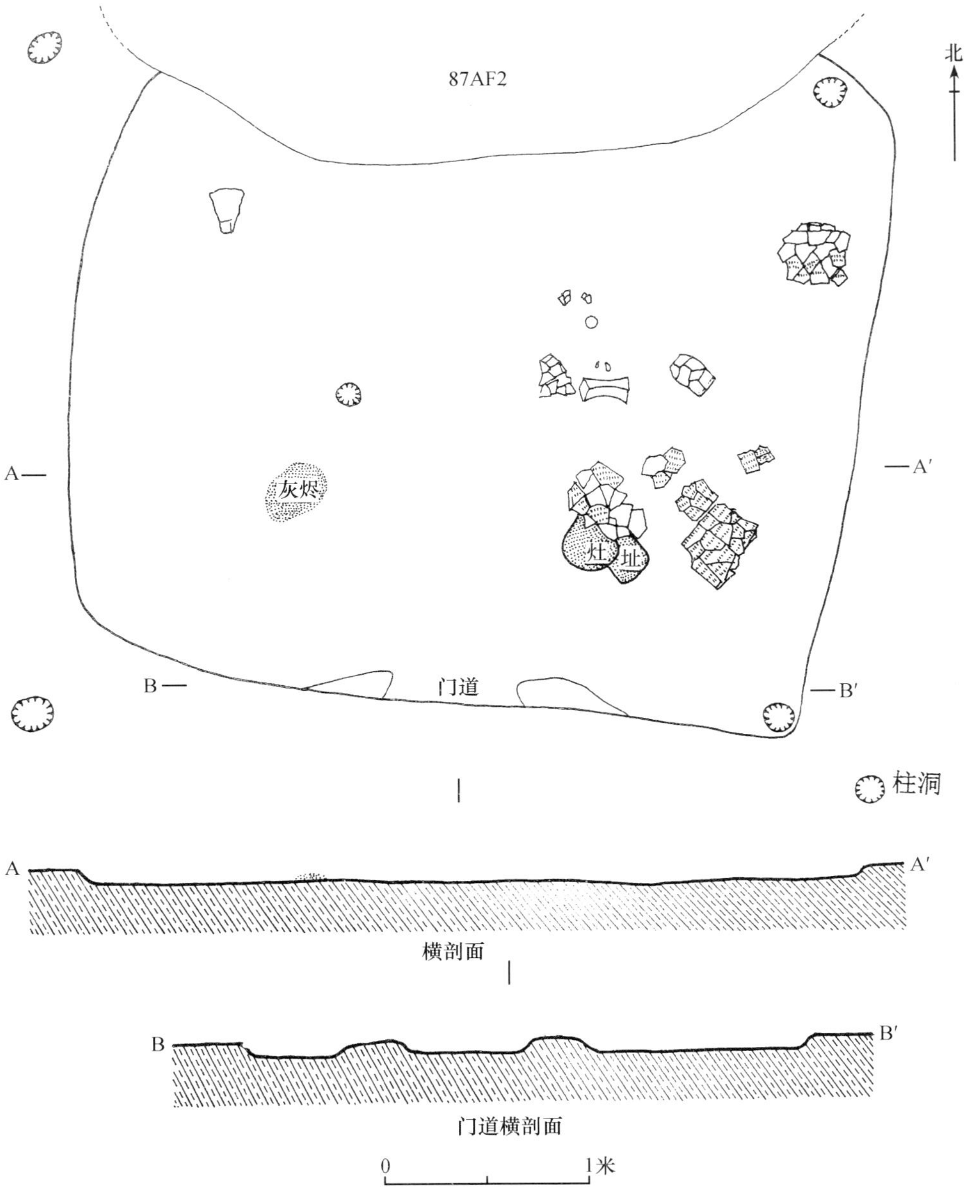

图七七　兴城87AF1平、剖面图

候较高，出土时色泽鲜亮。陶器皆为手制。器形较为单一，出土有陶罐、盆、盘、碗、盅、纺轮等（图七八），其中筒形罐的数量最多。据统计，直口器占半数以上，其次为侈口器，敛口器的数量较少。以平底器为大宗，另见少量矮圈足器底。器表多施纹饰，且纹样丰富，是该文化的一大特点。戳印枣核纹、戳点纹、刻划斜线纹、人字纹较为流行，枣核纹、涡纹、雷纹颇具特点。此外，还存在弦纹、弧线纹、水波纹及复合纹等。

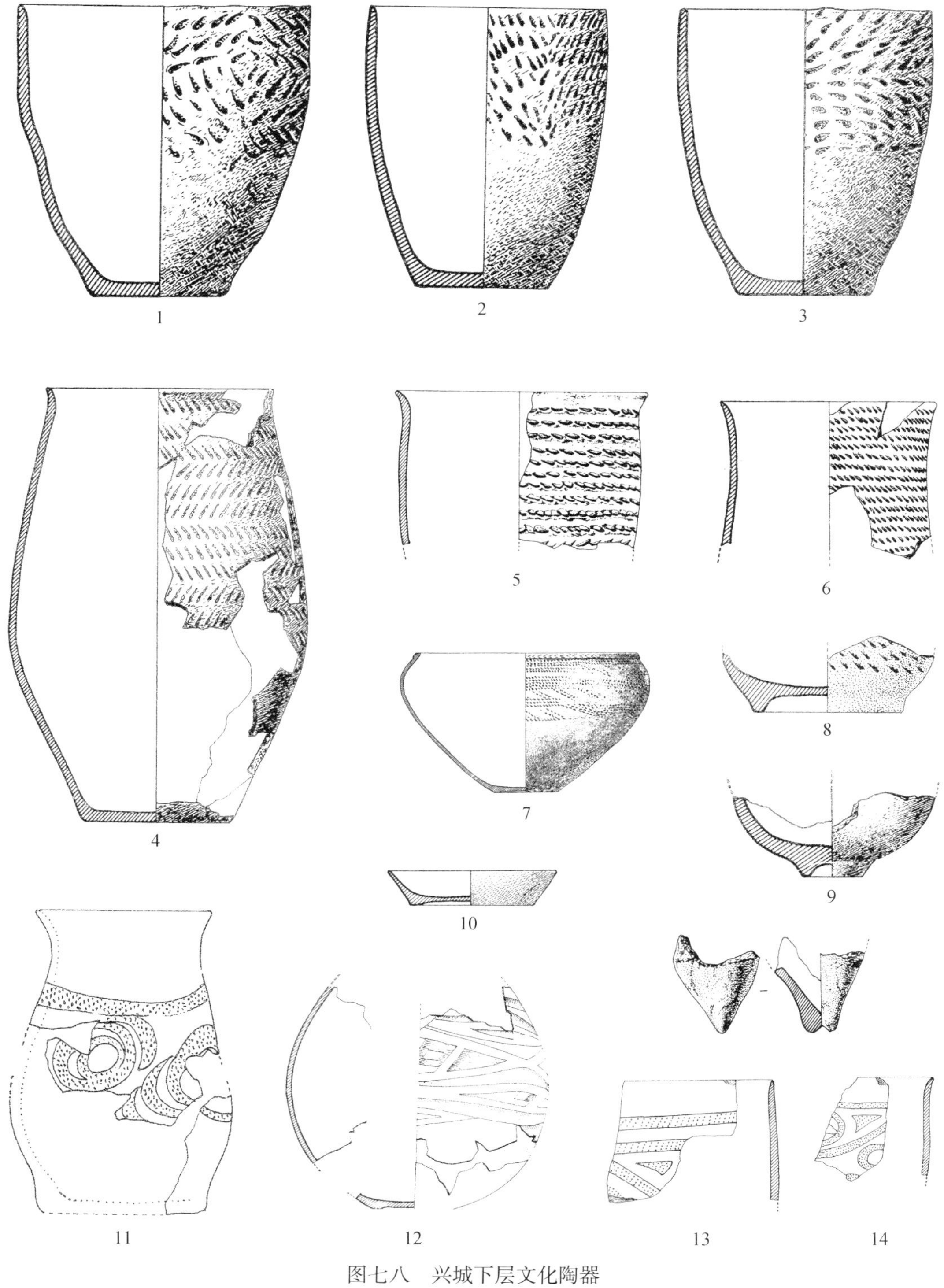

图七八　兴城下层文化陶器

1～6、11、12. 罐　7. 盆　8、9. 器底　10. 盘　13、14. 几何纹陶器（均出自兴城遗址）

兴城遗址出土的89件新石器时代石器，皆为生产工具，其中房址中出土31件。按其制法，可分为打制、琢制和磨制三种，以前两种数量居多。器形有锄、斧、铲、镞、矛、磨棒、研磨器、砺石、刮削器、砍砸器、尖状器等（图七九）。石锄颇富文化特色，直柄、宽刃、整体呈倒T字形。石斧数量较少，略呈梯形。石镞数量较多，且以黑曜岩为原料，见有凹底等腰三角形、柳叶形、平底短三角形。石铲器身上窄下宽，略呈板状长条形，圆弧刃。

3. 年代

通过对兴城下层文化的特征及与周边文化的比较分析，可以看出该文化应处于新石器时代晚期。此外，兴城遗址87AF1木炭标本测年数据为距今4800 ± 140年，87AF3木炭标本测年数据为距今4615 ± 150年（以上均为树轮校正值）。结合这两个碳十四测年数据，兴城下层文化的年代应大体为公元前3000～前2500年。

4. 渊源

从陶器的亲缘传承关系分析，学术界普遍认为西浦项新石器时代第3期遗存是由西浦项新石器时代第2期遗存发展而来。目前，中国境内还未发现与西浦项新石器时代第2期相对应的文化遗存。兴城下层文化应该同样也是由以西浦项新石器时代第2期为代表的遗存发展而来，而且这种以施刻划纹为代表的平底陶器的渊源甚至可以上溯到公元前4000年以远的分布于太子河上游的水洞下层文化。[1]

（三）金谷文化

金谷文化因延边朝鲜族自治州龙井县金谷新石器时代遗址的发掘而得名。发掘者考虑到金谷新石器时代遗址附近还存在大片的其他时期的居住址和墓地，所以将该新石器时代遗址称作“金谷早期遗址”。[2]该遗址于1979年发现。1979年7月和翌年6～9月，延边博物馆、延边文管会、龙井县图书馆联合对其进行了抢救性发掘，共清理房址6座，出土遗物350余件。此外，在大苏遗址、琵岩山遗址和三合邮电局遗址[3]也曾采集到少量金谷文化的陶片标本。

---

［1］　赵宾福、杜战伟：《太子河上游三种新石器文化的辨识——论本溪地区水洞下层文化、偏堡子文化和北沟文化》，《中国国家博物馆馆刊》2011年第10期，第6～18页。

［2］　延边博物馆：《吉林省龙井县金谷新石器时代遗址清理简报》，《北方文物》1991年第1期，第1～9页。

［3］　吉林省文物志编委会：《龙井县文物志》，1984年，第18～20页。侯莉闽：《吉林省延边新石器时代文化及初步研究》，《博物馆研究》1994年第2期，第51～64页。

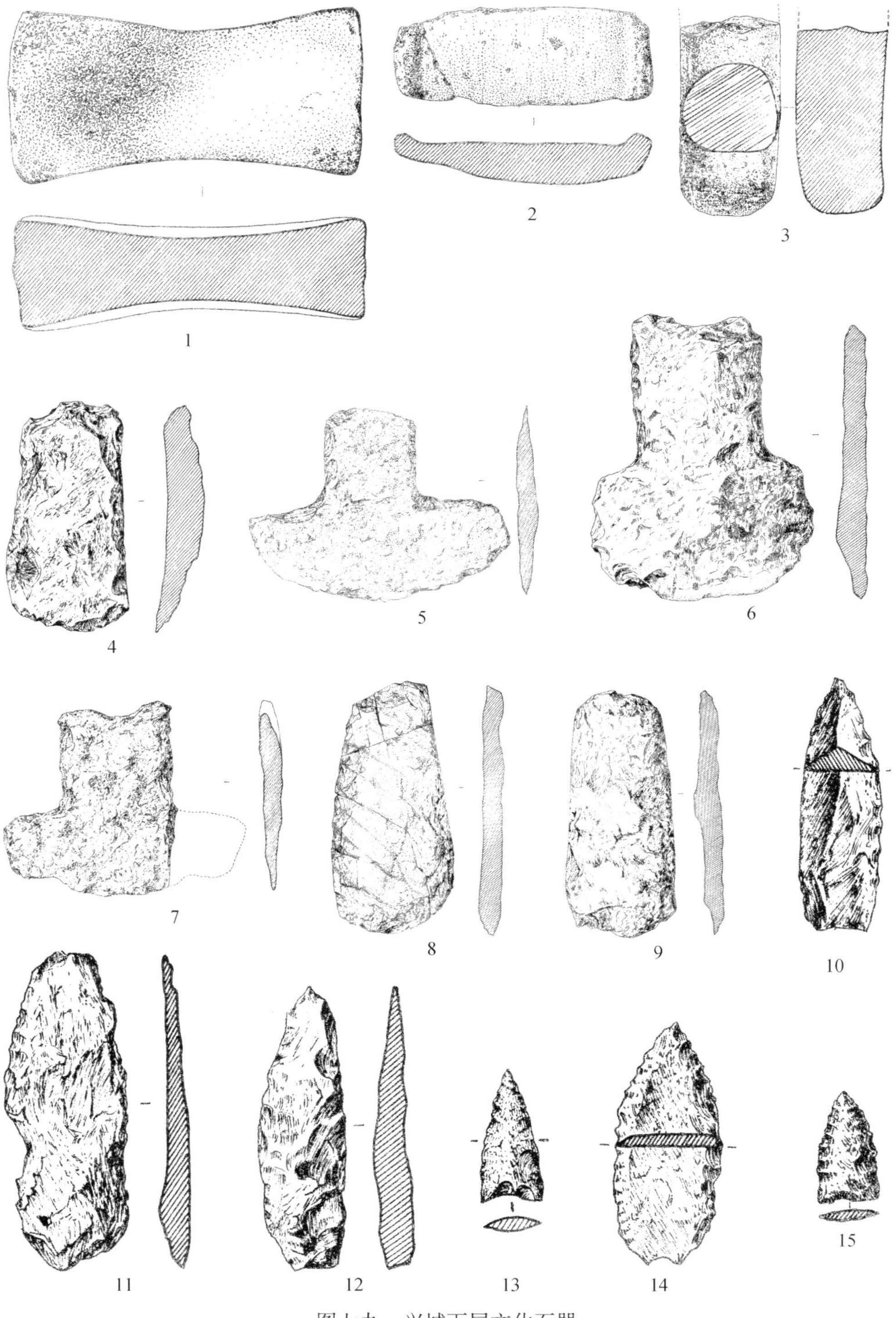

图七九　兴城下层文化石器

1. 砺石　2、3. 磨棒　4. 石斧　5～7. 石锄　8、9. 石铲　10、13～15. 石镞

11、12. 石矛（皆出自兴城遗址）

1. 房址特征

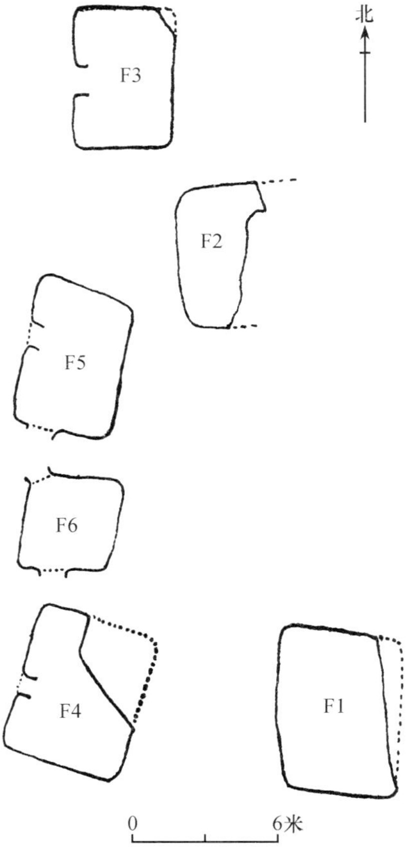

图八〇　金谷遗址房址分布图

金谷早期遗址清理出的6座房址坐落于山脊上，分布较为密集，间距约2～5米（图八〇）。房址皆为半地穴式，平面形状呈圆角长方形或圆角方形，面积一般在30平方米左右，F6的面积稍小，约15平方米。多存在门道和柱洞。简报对F3和F5进行了较为详细的描述。F3呈圆角长方形，面积约25平方米（图八一，上）。顺山势东高西低，西壁已不见，东壁残深0.7米。居住面未经特殊加工，系原生黄黏土。门道位于西侧中部，宽1.4、长0.5米。靠东壁偏北处的居住面上有一圆形红烧土面，当为灶址。在居住面上发现9个柱洞，大小深浅不一。在北壁内侧偏东部有两个坑，直径30～40、深23～28厘米，其内积满烧土和炭渣，发掘者推测其可能是保存火种或者放置陶器的设施。该房址出土陶器、石器、骨角器等60多件。F5的形制与前者略同（图八一，下）。面积约27平方米，东壁残深0.8米。门道位于西侧中部稍偏北处。房址南部偏西侧有一通道与F6相连。圆形灶址处于居住面偏西处。居住面上发现4个柱洞，1个在东北角，其余在中部偏东处，排成三角形。另外，紧靠北壁处排列有4坑，其可能是保存火种或者放置陶器的场所。该房址最为引人瞩目的是，在居住面的北半部发现4具男性遗骸。东部的一具头朝北，双臂上举，右臂折上，呈挣扎状。其余3具在其西侧皆为头东脚西，南北排列。骨架上下和周围发现大量碎陶片。经鉴定，系老年、中年、青年、少年各一人。推测可能由于某种突发性原因导致房子倒塌，4人未能及时离开而被埋于其中。该房址出土器物40多件。

2. 遗物特征

目前，金谷文化的陶器主要出土于金谷早期遗址。该遗址完整和可复原的陶器较少，只有20多件，另有残器40余件。以夹砂褐陶居多，夹细砂的黑灰陶数量较少。器物多采用泥圈套接法制作，小型陶器则是手捏而成。陶器的造型以直口器为多，侈口和敛口者较少。多为平底器，部分陶器器壁近底处折收形成假圈足器。器物表面多有纹饰，素面者较少。纹饰多为刻划而成，施于器身的中上部，腹下部则不见纹饰。纹饰种类有人字纹、斜线纹、点线纹、回纹等，亦存在复合纹，其中人字纹较多。器形

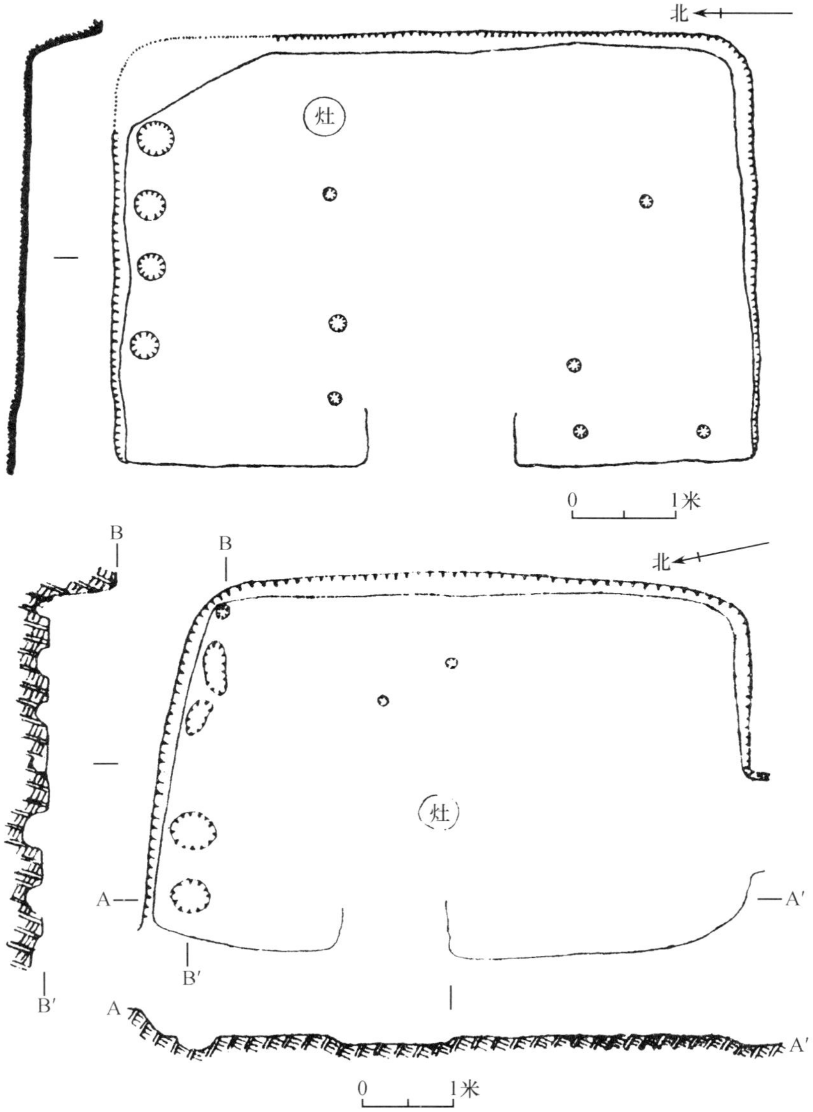

图八一　金谷F3与F5的平、剖面图

主要为筒形罐，另见有少量的盆、碗、钵等（图八二）。

石器数量较多，达230余件。石料有黑曜岩、砂岩、安山岩等，前者所占比重最大。石器可分打制石器和磨制石器两种。打制石器有石锄和各类黑曜岩石器，磨制石器包括斧、铲、锛、凿、镞、磨盘、磨棒及部分玉石坠等。骨器20件，颇具特点，均系采用鸟、兽肢骨磨制而成。此外，还发现了一些角器、牙器和贝饰（图八三）。

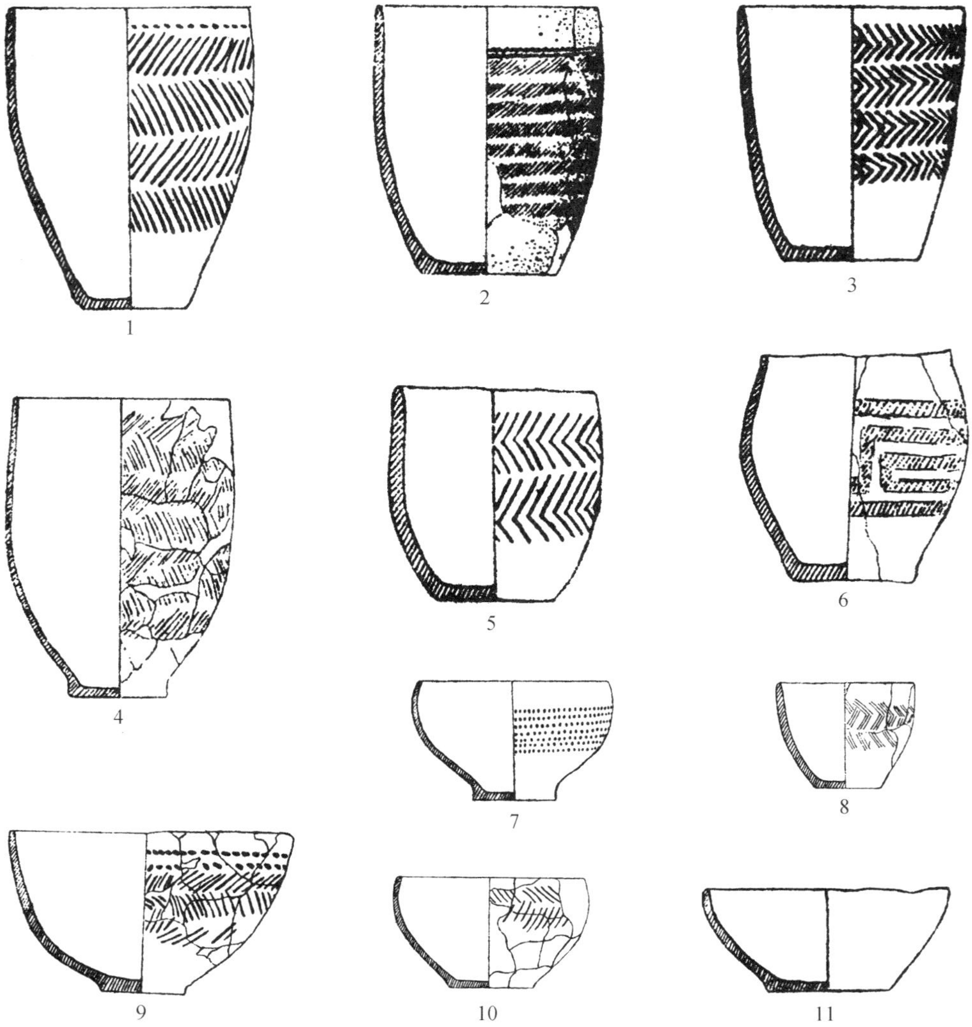

图八二　金谷文化陶器

1～5. 筒形罐　6. 鼓腹罐　7～11. 碗（均出自金谷早期遗址）

3. 年代

金谷早期遗址共有3个碳十四测年数据，F4①木炭标本为距今4000±85年（公元前2050年），树轮校正值为公元前2551～前2280年；F4②木炭标本为距今4020±105年（公元前2070年），树轮校正值为公元前2571～前2280年；F3①木炭标本为距今4110±85年（公元前2160年），树轮校正值为公元前2651～前2458年。[1]同时结合金

［1］　中国社会科学院考古研究所：《中国考古学中碳十四年代数据集（1965～1991）》，文物出版社，1991年，第84、85页。

谷文化的陶器特征来看，金谷文化应该是由兴城下层文化发展而来的，其年代也应晚于兴城下层文化，大致在公元前2500～前2000年范围内。

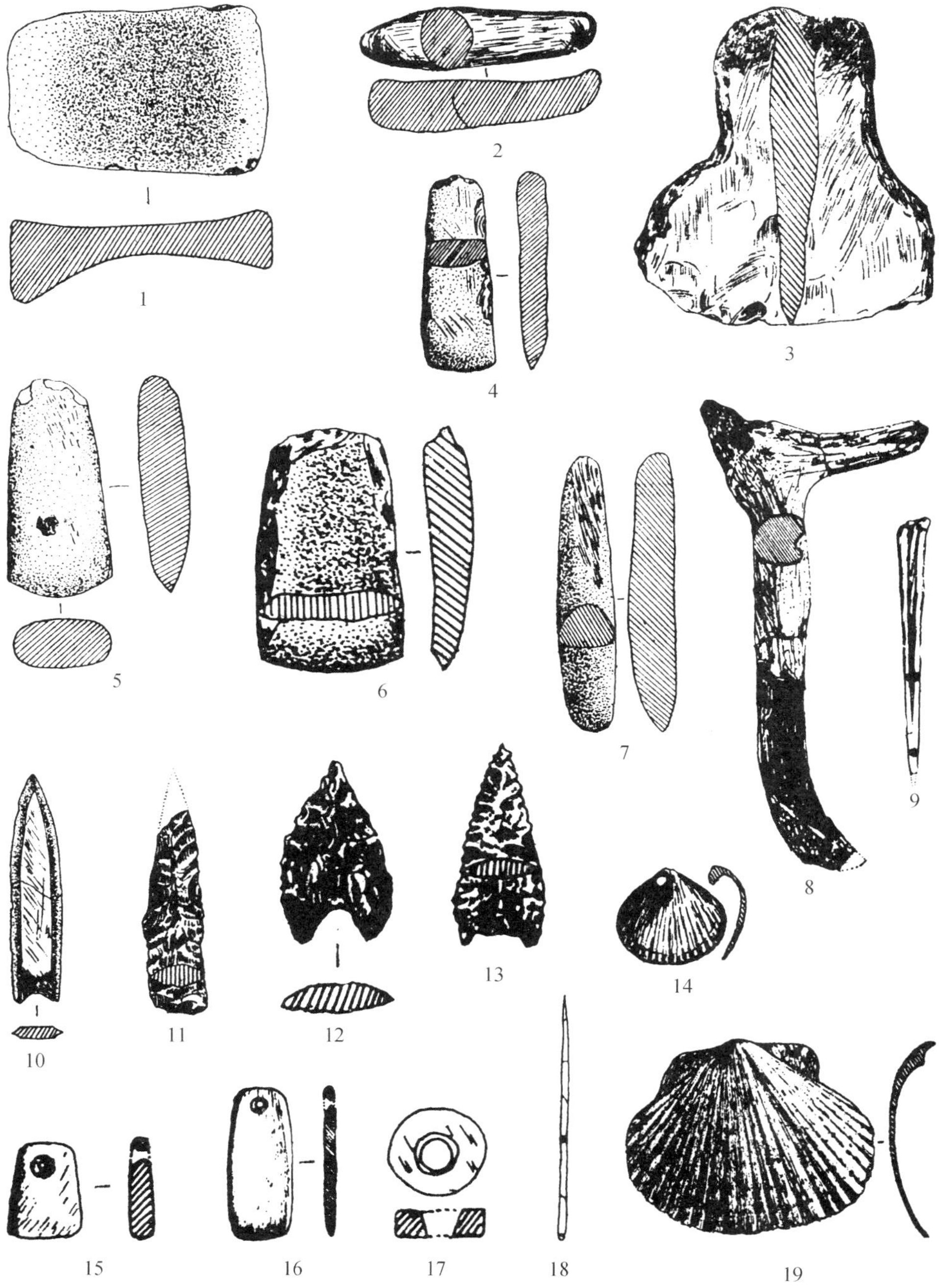

图八三　金谷文化遗物

1. 石磨盘　2. 石磨棒　3. 石锄　4. 石锛　5、6. 石斧　7. 石凿　8. 鹿角器　9. 骨锥　10～13. 石镞　14、19. 贝饰　15、16. 玉石坠　17. 贝珠　18. 骨针（均出自金谷早期遗址）

三、嫩江流域的新石器时代文化

吉林省嫩江流域的新石器时代考古工作多是在新中国成立之后开展的。在20世纪下半叶，该地区的考古工作较少，仅发掘了傲包山[1]、靶山[2]、黄家围子[3]、聚宝山[4]4处地点，其余皆为调查。[5]这一时期发表了一些关于该地区新石器时代考古的研究成果，[6]而且也多是围绕昂昂溪文化展开。进入到新世纪，该地区的考古工作取得了新的进展。调查活动明显增多，[7]新发现了一批新石器时代遗址，发掘了洮北双

[1] 张忠培：《白城地区考古调查述要》，《吉林大学社会科学学报》1963年第1期，第80～82页。

[2] 吉林省文物考古研究所：《吉林白城靶山墓地发掘简报》，《考古》1988年第12期，第1072～1084页。

[3] 吉林省博物馆：《吉林镇赉县黄家围子遗址发掘简报》，《考古》1988年第2期，第141～150页。

[4] 吉林省博物馆：《吉林镇赉县聚宝山新石器时代遗址》，《考古》1998年第6期，第39～46页。

[5] 吉林省博物馆：《吉林镇赉县细石器文化遗址》，《考古》1961年第8期，第398～403页。张忠培：《白城地区考古调查述要》，《吉林大学社会科学学报》1963年第1期，第80～82页。吉林省文物工作队：《吉林大安县洮儿河下游右岸新石器时代遗址调查》，《考古》1984年第8期，第689～697页。王国范：《吉林通榆新石器时代遗址调查》，《北方文物》1984年第4期，第50～59页。郭珉、李景冰：《吉林省乾安县新石器时代遗址调查》，《北方文物》1992年第2期，第22～24页。镇赉县文物管理所：《吉林镇赉县马场北山遗址调查》，《考古》1996年第3期，第81、82页。

[6] 佟柱臣：《试论中国北方和东北地区含有细石器的诸文化问题》，《考古学报》1979年第4期，第403～422页。大贯静夫：《东北亚洲中的中国东北地区原始文化》，《庆祝苏秉琦考古五十五年论文集》，文物出版社，1989年，第38～64页。冯恩学：《东北平底筒形罐区系研究》，《北方文物》1991年第4期，第28～42页。刘雪山：《洮儿河下游左岸原始文化综述》，《博物馆研究》2003年第4期，第41～49页。冯恩学：《我国东北与贝加尔湖周围地区新石器时代文化交流的三个问题》，《辽海文物学刊》1997年第2期，第72～77页。赵宾福：《吉林省出土的史前玉器及相关问题》，《东亚玉器·Ⅰ》，香港中文大学中国考古艺术研究中心编印，1998年，第164～170页。

[7] 白城市博物馆、通榆县文管所：《吉林省通榆县敖包山遗址复查》，《博物馆研究》2006年第4期，第42～47页。朱永刚、郑钧夫：《通榆县三处史前遗址调查与遗存分类》，《边疆考古研究》第7辑，科学出版社，2008年，第334～352页。王立新、宋德辉、夏宏宇：《吉林洮南四海泡渔场家属区遗址的复查与初步认识》，《边疆考古研究》第8辑，科学出版社，2009年，第353～364页。王立新、豆海峰：《吉林洮南四海泡子四处遗址调查与初步认识》，《边疆考古研究》第9辑，科学出版社，2010年，第343～363页。金旭东、褚金刚、王立新：《吉林通榆长坨子四处遗址的调查》，《北方文物》2011年第3期，第55～61页。聂勇：《吉林省镇赉县史前遗址调查与遗存分类》，《东北史地》2012年第5期，第19、20页。

塔遗址[1]和大安后套木嘎遗址[2]等遗址，出土了较为丰富的遗物，获得较为重要的收获。该阶段的研究状况也得到较大改观，刊发了一些高质量的学术论文，[3]大大推动了该地区新石器时代考古研究。

目前，可将该地区已发表的新石器时代遗存主要区分为四种文化类型，分别为长坨子类型、哈民忙哈文化、靶山类型、昂昂溪文化。

（一）长坨子类型

2007年4月，吉林省文物考古研究所和吉林大学边疆考古研究中心对白城市通榆县团结乡新春村七组潘家窝棚村北的长坨子遗址群进行调查时，于长坨子Ⅲ和Ⅳ号遗址采集到部分施篦齿纹的新石器时代陶片。调查者注意到此类遗存有别于该地区以往所知的考古学文化，遂将其简称为“长坨子A类遗存”，[4]后有学者则进一步称其为“长坨子类型”。[5]

此类遗存除在长坨子Ⅲ、Ⅳ号遗址有所发现外，据《通榆县文物志》记载，靠山

[1] 王立新：《双塔遗址》，《田野考古集粹——吉林省文物考古研究所成立二十五周年纪念》，文物出版社，2008年，第23、24页。据报道双塔一期遗存的年代可能早到距今万年左右，但是由于材料尚未正式发表，具体情况不明，可参见王立新、段天璟、汤卓炜：《吉林白城双塔遗址发现万年前后陶器》，《中国文物报》2012年9月14日第6版。

[2] 王立新、霍东峰、石晓轩、史宝琳：《吉林大安后套木嘎遗址发掘取得重大收获》，《中国文物报》2012年8月17日第8版。材料尚未正式发表。

[3] 赵宾福：《嫩江流域三种新石器文化的辨析》，《边疆考古研究》第2辑，科学出版社，2003年，第101~112。赵宾福：《嫩江流域新石器时代生业方式研究》，《考古》2007年第11期，第55~61页。赵宾福：《东北石器时代考古》，吉林大学出版社，2003年，第339~354页。赵宾福：《东北地区新石器时代考古学文化的发展阶段与区域特征》，《社会科学战线》2004年第4期，第172~176页。赵宾福：《东北新石器文化格局及其与周边文化的关系》，《中国边疆史地研究》2006年第2期，第88~97页。李有骞、陈全家：《嫩江流域汉代以前的石制品研究》，《边疆考古研究》第6辑，科学出版社，2007年，第56~77页。董学增：《吉林新石器时代文化述论》，《辽宁省博物馆馆刊》第3辑，辽海出版社，2008年，第252~282页。赵宾福：《东北新石器文化的时空框架及文化系统》，《庆祝宿白先生九十华诞文集》，科学出版社，2012年，第12~19页。朱永刚、郑钧夫：《科尔沁沙地东北部新石器时代遗存初探》，《边疆考古研究》第11辑，科学出版社，2012年，第89~108页。张全超、汤卓炜、王立新、段天璟、张萌：《吉林白城双塔遗址一期动物骨骼的稳定同位素分析》，《边疆考古研究》第11辑，科学出版社，2012年，第355~360页。

[4] 金旭东、褚金刚、王立新：《吉林通榆长坨子四处遗址的调查》，《北方文物》2011年第3期，第55~61页。

[5] 朱永刚、郑钧夫：《科尔沁沙地东北部新石器时代遗存初探》，《边疆考古研究》第11辑，科学出版社，2012年，第93页。

屯遗址也发现有类似遗存。[1]

目前发现的长坨子类型的陶器无完整器，从发表的陶片标本来看，陶质为夹蚌砂质陶，陶色为红褐色或灰褐色。烧制火候较低，质地疏松。陶器系手制，器形不甚规整。采集标本为口沿和器腹残片。多直口器，亦见少量敛口和敞口器。圆唇者数量居多，也存在一定的方唇。器表纹饰发达，多为压印和戳印而成，其中以压印篦齿纹和戳印的珍珠纹为主，也最具特色，两者多配合使用。此外还见有拍印方格纹和指甲纹。纹饰多斜向排列呈带状规整的施于器表，有的陶器唇面上亦压印有纹饰，部分陶器内壁接近口沿的部位也施有篦齿纹（图八四）。

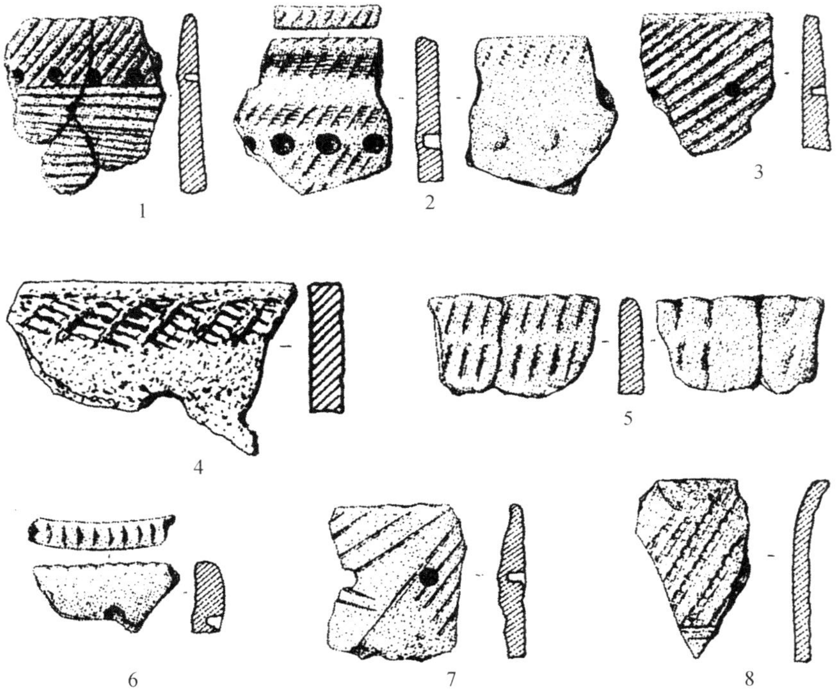

图八四　长坨子类型遗物

1～4、6～8. 篦齿纹陶器口沿残片　5. 篦齿纹陶片（均采自长坨子Ⅲ号遗址）

虽然此类遗存目前在嫩江流域发现还不多，但是特征鲜明，对于完善该地区新石器文化序列具有重要意义。据《中国文物报》最近报道的大安市后套木嘎遗址的发掘收获，后套木嘎一期遗存的陶器器表普遍施有篦齿纹，而且发掘者认为该遗址第一期遗存的陶器“具有东北亚地区早期新石器时代陶器的一般特征……总体上看应当属于新石器时代偏早阶段的遗存之一”。[2]后套木嘎一期遗存和长坨子类型在纹饰风格上

［1］　吉林省文物志编修委员会：《通榆县文物志》，1985年，第30页。

［2］　王立新、霍东峰、石晓轩、史宝琳：《吉林大安后套木嘎遗址发掘取得重大收获》，《中国文物报》2012年8月17日第8版。

的相似性表明两者之间可能存在一定联系，但是他们之间究竟是何种关系，囿于后套木嘎遗址的发掘材料尚未正式公布，尚无法做出准确判断，还有待于日后材料丰富后作进一步的深入研究。此外，与长坨子类型类似的篦齿纹在我国牡丹江流域的振兴文化[1]和乌苏里江流域的新开流文化[2]中也多有发现，俄罗斯安加拉河下游的科瓦河口遗址[3]亦发现纹饰风格与其极为接近的陶器。可见，当时以篦齿纹为代表的各类遗存在我国东北地区的北部及俄罗斯西伯利亚地区的南部存在着较大的分布范围，而且互相之间亦保持着较为紧密的联系。

关于长坨子类型的年代，调查者通过将其与周边文化的比较，并结合此类遗存的陶器特征，推测其年代在公元前4000年以前。

（二）哈民忙哈文化

哈民忙哈文化因内蒙古科左中旗舍伯吐镇哈民忙哈新石器时代遗址的发掘而得名。[4]从目前发表的材料来看，该文化主要分布于科尔沁地区东北部，其遗址多位于勒高琴格讷乌河、霍林河、新开河干流区域。吉林省境内经过发掘的哈民忙哈文化遗址仅洮北双塔遗址[5]一处，此外在通榆县敖包山[6]、张俭坨子[7]、大坝坨子[8]、

[1]　黑龙江省文物考古研究所：《河口与振兴——牡丹江莲花水库发掘报告（一）》，科学出版社，2001年。

[2]　黑龙江省文物考古工作队：《密山县新开流遗址》，《考古学报》1979年第4期，第491～518页。

[3]　冯恩学：《俄国东西伯利亚与远东考古》，吉林大学出版社，2002年，第147～149页。

[4]　内蒙古文物考古研究所、科左中旗文物管理所：《内蒙古科左中旗哈民忙哈遗址2010年发掘简报》，《考古》2012年第3期，第3～19页。内蒙古文物考古研究所、吉林大学边疆考古研究中心：《内蒙古科左中旗哈民忙哈新石器时代遗址2011年的发掘》，《考古》2012年第7期，第14～19页。朱永刚、吉平：《探索内蒙古科尔沁地区史前文明的重大考古新发现——哈民忙哈遗址发掘的主要收获与学术意义》，《吉林大学社会科学学报》2012年第4期，第82～86页。

[5]　王立新：《双塔遗址》，《田野考古集粹·吉林省文物考古研究所成立二十五周年纪念》，文物出版社，2008年，第23、24页。

[6]　吉林省文物志编修委员会：《通榆县文物志》，1985年，第12～21页。朱永刚、郑钧夫：《通榆县三处史前遗址调查与遗存分类》，《边疆考古研究》第7辑，科学出版社，2008年，第334～352页。

[7]　吉林省文物志编修委员会：《通榆县文物志》，1985年，34～36页。

[8]　朱永刚、郑钧夫：《通榆县三处史前遗址调查与遗存分类》，《边疆考古研究》第7辑，科学出版社，2008年，第334～352页。

长坨子Ⅱ号[1]、项家窝堡西南岗[2]、洮南县四海泡渔场家属区[3]、四海泡子第Ⅲ地点、四海泡子第Ⅳ地点[4]、镇赉县向阳南岗[5]等9处遗址也调查发现有此类遗存。

1. 文化面貌

吉林省境内发现的哈民忙哈文化遗存多系调查所得，双塔遗址虽经过正式考古发掘，清理了4座相关墓葬，但是具体材料尚未刊布。而最近内蒙古哈民忙哈遗址的发掘，为我们了解哈民忙哈文化的面貌提供了较为翔实的材料。

哈民忙哈文化的房址皆为半地穴式，平面形状呈凸字形，居室平面为圆角长方形或圆角方形，面积多为10～40平方米，还未发现面积较大者。均有门道，呈长方形，集中朝向东南方。灶位于居室的中南部，往往正对门道，平面呈圆形，斜壁，平底或者圜底。多数房址发现有柱洞。居住面多经过加工，平整坚实，部分墙壁发现有火烤加工迹象。部分房址因为火烧，较好的保存了房址的木质架构，为房址的复原提供了难得的材料。遗物数量较多，多发现于房址的居住面。哈民忙哈遗址的房址排列有序，布局规整，该聚落应经过统一规划。墓葬皆为长方形土坑竖穴墓，面积较小，系单人仰身屈肢葬，下肢屈折较甚，随葬品较少。哈民忙哈文化遗物包括陶、石、玉、骨、角、蚌器等，其中陶器和石器数量较多。陶器以砂质陶居多，还有少量泥质和夹砂陶，陶色以黄褐色和红褐色居多。皆手制，部分口沿部位为慢轮修整。除素面外，器表多施滚压窝纹和拍印斜方格纹，[6]压印之字纹、刻划纹亦占一定比例，此外还发现少量的彩陶片。陶器组合为筒形罐、壶、盆、钵等（图八五），尤以施窝纹或斜方格纹的斜直壁筒形罐、小口双耳溜肩壶比较具有代表性。石器多为工具，见有磨盘、磨棒、斧、锛、凿、耜、刀、杵、镞等。玉器数量不多，种类有斧、璧、双联璧、玉佩、环、钺等。骨、角器以锥、匕、针居多。部分蚌壳的边缘经过磨制，应为蚌刀。

---

［1］金旭东、褚金刚、王立新：《吉林通榆长坨子四处遗址的调查》，《北方文物》2011年第3期，第3～7页。

［2］吉林省文物志编修委员会：《通榆县文物志》，1985年，第44、45页。

［3］王立新、宋德辉、夏宏宇：《吉林洮南四海泡渔场家属区遗址的复查与初步认识》，《边疆考古研究》第8辑，科学出版社，2009年，第353～364页。

［4］王立新、豆海峰：《吉林洮南四海泡子四处遗址调查与初步认识》，《边疆考古研究》第9辑，科学出版社，2010年，第343～363页。

［5］聂勇：《吉林省镇赉县史前遗址调查与遗存分类》，《东北史地》2012年第5期，第19、20页。

［6］部分陶器在施纹后经过刮抹，造成有的窝纹和方格纹模糊不清，近麻点状，所以在一些调查和发掘报告中，也将这种纹饰称为麻点纹。

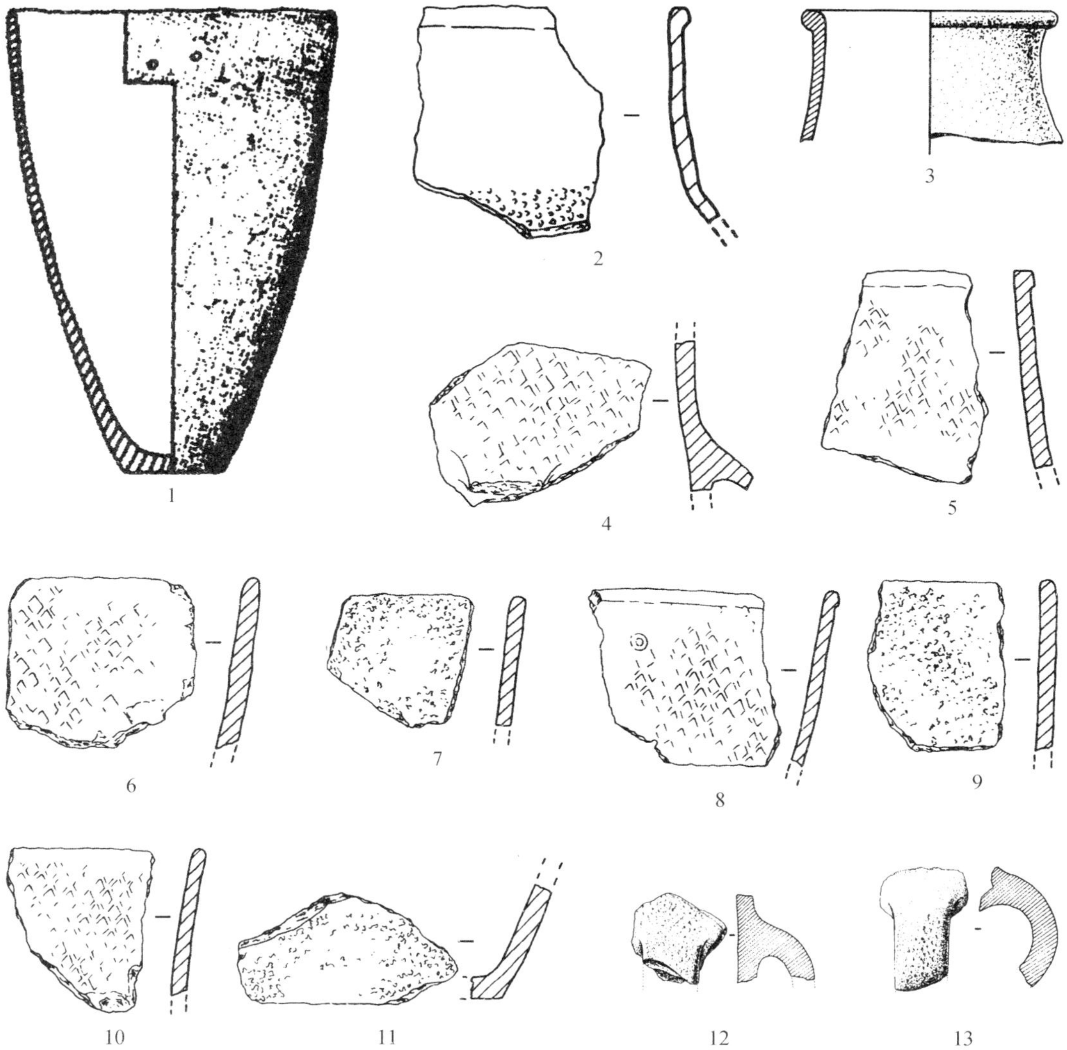

图八五　哈民忙哈文化陶器

1. 筒形罐　2、3. 壶口沿残片　4～11. 纹饰陶片　12、13. 器耳（1. 长坨子Ⅱ号遗址　2、4～11. 敖包山　3、12、13. 四海泡渔场家属区遗址，以上均为采集）

2. 与周边文化的关系

虽然以施压印窝纹和拍印斜方格纹的陶器群为代表的此类遗存文化面貌特征鲜明，与东北地区以往发现的考古学文化有着显著差别，但是哈民忙哈文化的分布区域位于辽西地区、第二松花江流域、嫩江流域三大文化区的交汇地带，由于地缘原因，周边文化对该地区的渗透和影响在哈民忙哈文化遗存中表现得较为明显。其中，红山文化对哈民忙哈文化的影响尤为突出，后者发现的压印之字纹与红山文化的之字纹别无二致；后者出土的舌状足外撇的三足罐不仅施之字纹，而且造型也与白音长汗遗址M15：1[1]极为相似；哈民忙哈文化彩陶片中所施的横向条形黑彩的纹样明显是受到红山文化的影响；哈民忙哈文化发现的少量玉璧、双联璧、兽面纹玉佩等与红山文化的玉器在材质、造型和制作工艺上都表现出较大的一致性。在以往的相关研究中，学者多注意到红山文化对哈民忙哈文化的影响，但是，这里需要特别指出的是，红山文化亦受到了哈民忙哈文化的影响，如在巴林左旗二道梁遗址[2]、东山嘴遗址[3]中便发现有与哈民忙哈文化压印窝纹、拍印方格纹一样的纹饰；巴林左旗二道梁遗址采集的一件小口深腹壶[4]与哈民忙哈文化的深腹双耳壶形制一致。可见，哈民忙哈文化与红山文化之间是存在双向交流的，只是后者对前者的影响更为深刻。此外，哈民忙哈文化的筒形罐一般为斜壁、深腹、小平底，器形与左家山上层文化的筒形罐[5]造型极为相似，而且哈民忙哈文化中出土的少量刻划人字纹也是左家山上层文化较为常见的纹饰，可见两者之间也曾存在一定的文化交流。

3. 年代

关于哈民忙哈文化的年代，双塔遗址的发掘者较早就注意到遗址墓葬中随葬的玉器与红山文化风格接近，推断哈民忙哈文化的年代与红山文化相当。[6]哈民忙哈遗址的发掘者则进一步指出哈民忙哈文化的年代大体处于红山文化晚期，距今5500～5000年。[7]在上文的分析中，哈民忙哈文化与周边考古学文化相同文化因素的存在，不仅反映了考古学文化之间的交流、影响、渗透与融合，同时也为我们判断哈民忙哈文化的年代提供了重要参考。根据哈民忙哈文化与红山文化晚期及左家山上层文化的关系，我们认为哈民忙哈文化的年代大致处于公元前3500～前3000年。

---

[1] 内蒙古文物考古研究所：《白音长汗——新石器时代遗址发掘报告》，科学出版社，2004年，第445页。

[2] 内蒙古文物考古研究所：《巴林左旗旗友好村二道梁红山文化遗址发掘报告》，《内蒙古文物考古文集》第一辑，中国大百科全书出版社，1994年，第96～112页。

[3] 郭大顺、张克举：《辽宁省喀左县东山嘴红山文化建筑群址发掘简报》，《文物》1984年第11期，第1～11页。

[4] 内蒙古文物考古研究所：《巴林左旗旗友好村二道梁红山文化遗址发掘报告》，《内蒙古文物考古文集》第一辑，中国大百科全书出版社，1994年，第96～112页。

[5] 赵宾福：《东北石器时代考古》，吉林大学出版社，2003年，第336～339页。

[6] 王立新：《双塔遗址》，《田野考古集粹·吉林省文物考古研究所成立二十五周年纪念》，文物出版社，2008年，第23、24页。

[7] 内蒙古文物考古研究所、科左中旗文物管理所：《内蒙古科左中旗哈民忙哈遗址2010年发掘简报》，《考古》2012年第3期，第3～19页。

（三）靶山类型

靶山类型目前发表的材料皆为墓葬。该类型的墓葬最早发现于白城市大赉乡（原大赉县）傲包山遗址。1962年，张忠培先生在傲包山遗址清理新石器时代墓葬三座。[1]墓葬较小，系长方形土坑竖穴墓，皆为单人仰身直肢葬。随葬品很少，未发现陶器，仅见一些琢制的石镞和项饰。1984年，吉林省文物考古研究所发掘白城市西郊5千米的靶山墓地，清理墓葬5座（图八六）。[2]这5座墓葬皆为长方形土坑竖穴墓，葬式均为仰身直肢葬，随葬品不见陶器，出土大量的石器、骨器、蚌器。后来有学者通过对东北地区嫩江流域经过正式发掘和清理的新石器时代遗存的综合研究，指出靶山墓地和傲包山墓葬有别于嫩江流域其他文化遗存，遂提出将以靶山墓地和傲包山墓葬为代表的遗存称为“靶山类型”。[3]

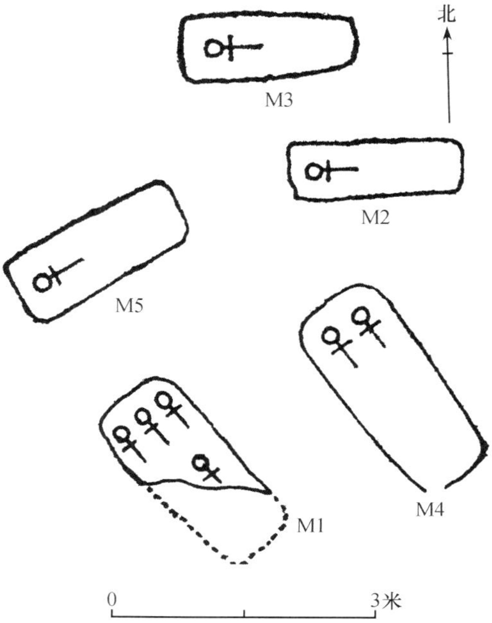

图八六　靶山墓地墓葬分布图

靶山类型共发现墓葬8座，其中靶山墓地出土随葬品267件，而傲包山遗址3座墓葬出土的随葬品数量不详。

1. 墓葬特征

墓葬为土坑竖穴墓，平面形状为长方形。墓穴普遍较小且很浅。葬式系仰身直肢葬，不见葬具。流行一次葬。头向多朝西，方向在250°～330°。从靶山墓地的情况来看，墓葬排列较为集中。随葬品一般置于死者的头部和脚部，类别有石器、骨器、蚌器，多为实用品，不见陶器。随葬品的数量差别较大，有的墓葬出土一百多件，而有的墓葬仅有几件。这8座墓葬可分为合葬墓和单人墓。

合葬墓以靶山墓地M1、M4为代表，可分为多人合葬葬与双人合葬墓。靶山M1为

［1］　张忠培：《白城地区考古调查述要》，《吉林大学社会科学学报》1963年第1期，第80～82页。

［2］　吉林省文物考古研究所：《吉林白城靶山墓地发掘简报》，《考古》1988年第12期，第1072～1084页。

［3］　赵宾福：《嫩江流域三种新石器文化的辨析》，《边疆考古研究》第2辑，科学出版社，2003年，第101～112页。

多人合葬墓（图八七，左）。南部被破坏，圆角长方形，方向为325°。墓圹残长0.5～2米，宽1.15米。残存四个个体的骨架，分先后葬入，排列整齐，均为仰身直肢。其中三具位于一端，一具位于墓葬中部。左侧和中部的葬者是8、9岁的儿童，中间为30岁左右的成年女性，右侧为20岁左右的女性。随葬品较为丰富，主要葬于头部。靶山M4为双人合葬墓（图八七，右）。平面形状略呈圆角长方形，方向为330°。墓圹长2.6米，宽1.3米，残深0.15米。墓内葬有两具未成年个体，均为一次葬。随葬品极为丰富，置于头部、腿部和足部，特别是在足部尤为丰富、集中。此外，墓中还发现有少量红色颜料，具体用途不详。

单人葬墓葬共计6座，以靶山墓地M2、M3为代表。靶山M2平面近圆角长方形，西部较东部稍宽，方向为270°。墓圹长1.8米，宽0.7～0.75米，残深0.15～0.2米。骨架保存较好，仰身直肢，系一次葬。墓主人为40岁左右的女性。随葬品极少，仅见一个蚌

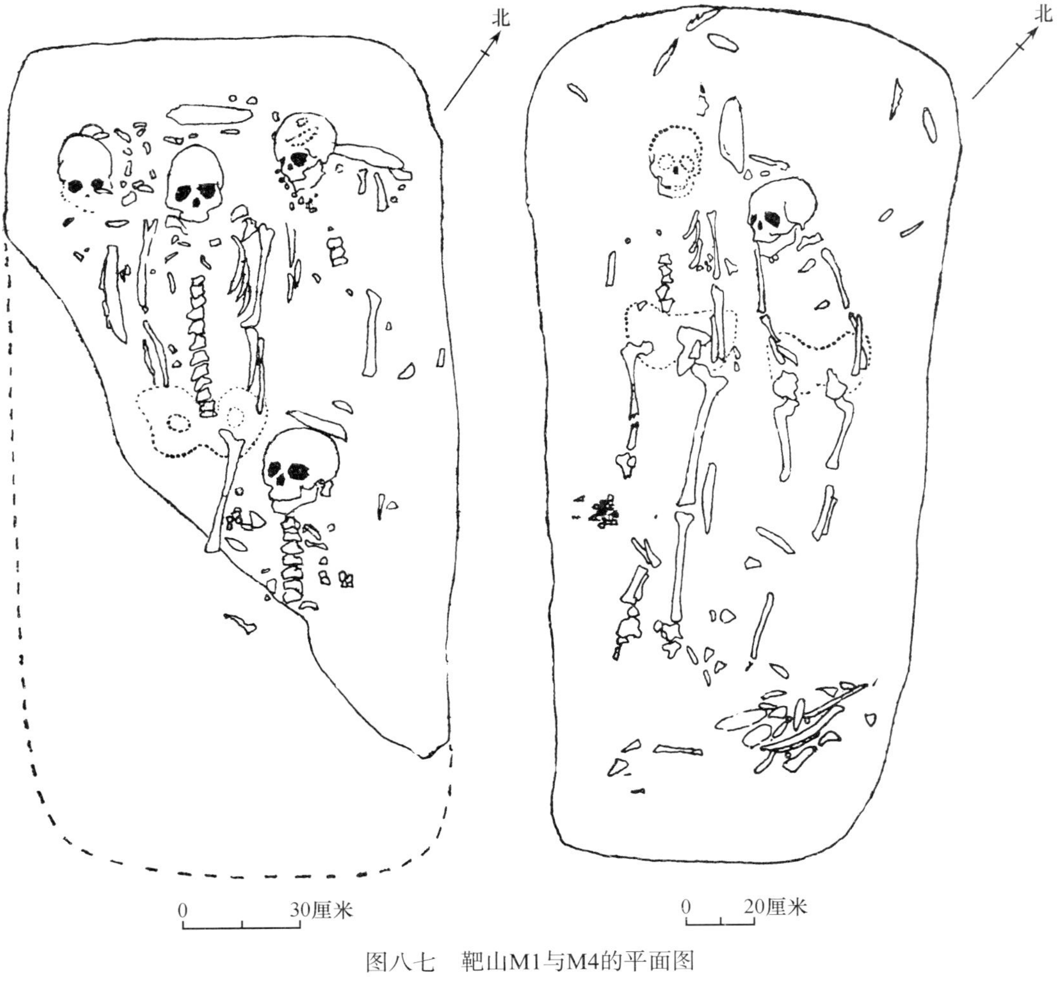

图八七　靶山M1与M4的平面图

壳和一长条形石片，分别置于死者胸部和股骨旁（图八八，左）。靶山M5平面形状近圆角长方形，方向为250°。墓圹长2.4米，宽0.8米，残深0.25米。墓主人系55岁左右的男性，骨架保存程度较好，仰身直肢，为一次葬。随葬品不多，共计11件，其中两件置于头部，其余器物置于足部（图八八，右）。

2. 随葬品特征

靶山墓地发掘出土的随葬品共计267件，以石器、骨器、蚌器为基本组合，此外，还发现少量动物下颌骨。

石器数量较多，达172件。据加工方式可分为细石器和磨制石器，前者居多，占

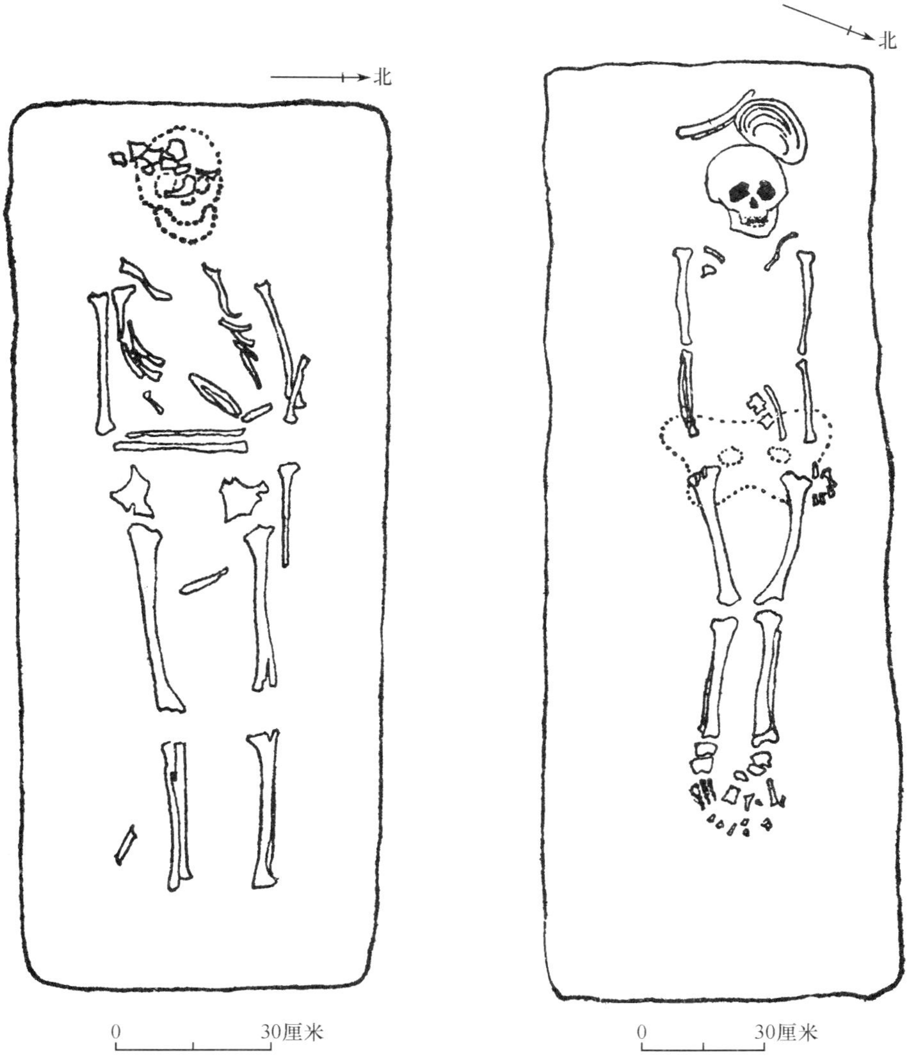

图八八　靶山M2与M5的平面图

97%。细石器有石核、石镞、刮削器、尖状器、雕刻器、石片等（图八九）。石核可分为楔形石核、船底石核、不规则石核，船底石核特点尤为鲜明。石镞见有凹底石镞、平底石镞和柳叶形石镞。出土大量的刮削器，且种类繁多，可分为单刃刮削器、双刃刮削器、多刃刮削器、弧刃刮削器、圆刃刮削器、凹刃刮削器。两件尖状器的尖端两侧均采用两面加工。雕刻器仅一件，尖部呈鸟喙状。石片数量较多，形状也多不规则。磨制石器出土5件，其中有孔石锤（或称棍棒头）2件，平面呈圆形，扁体，两

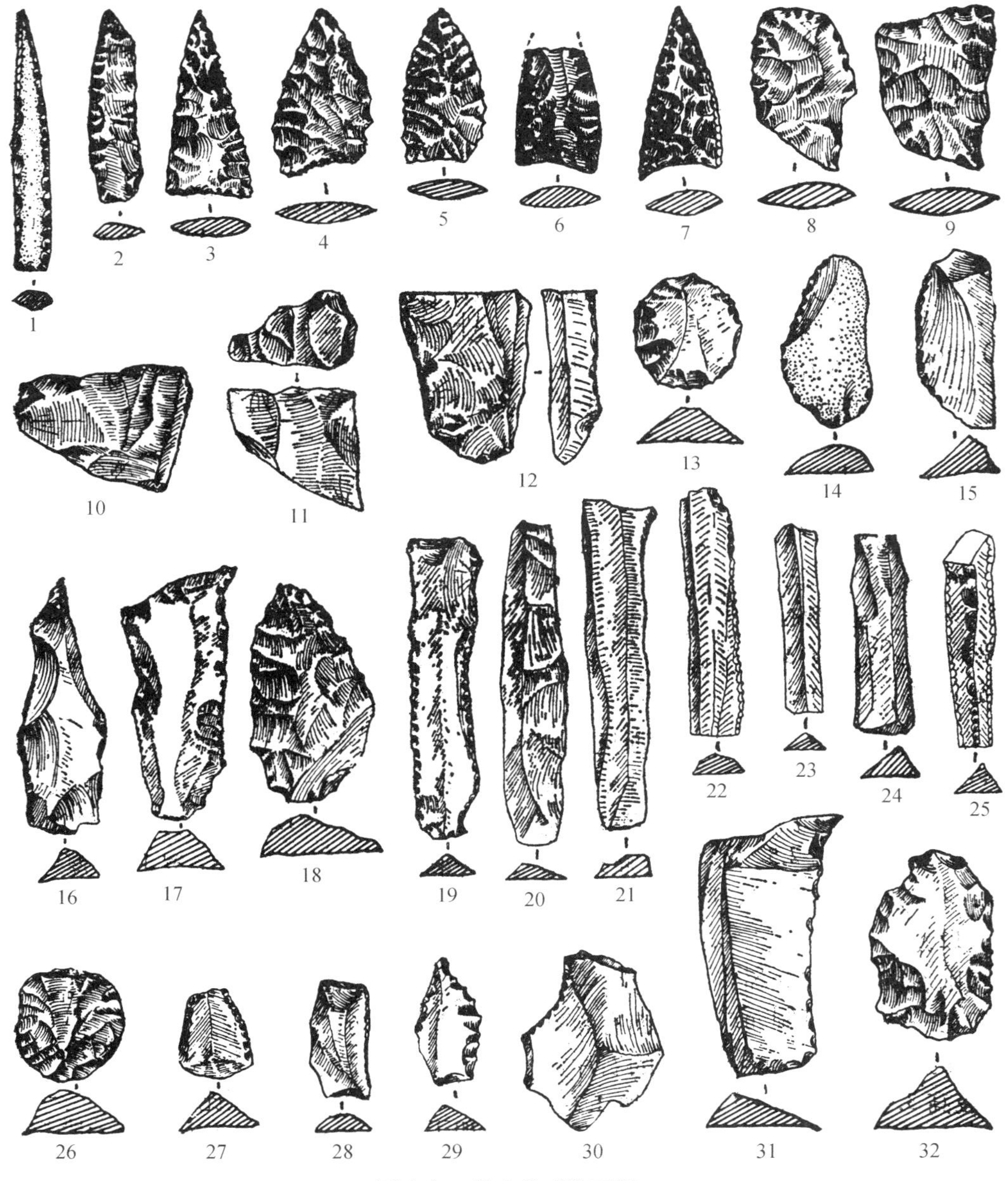

图八九　靶山类型的石器

1～7. 镞　8、9、13～15、17～19、22、24～28、31、32. 刮削器　10～12. 石核　16、30. 雕刻器　20、21、23. 小长石片　29. 尖状器

面平整，器表有明显的砸痕；砥石3件，皆为扁体，呈长条形或长方形。

随葬的骨器数量较多，共计61件。骨器制作精致，多经过磨制。种类丰富，器形有锥、刀、匕、铲、鱼镖、饰件等（图九〇，1～17）。其中锥的数量最多，为24件。据形状可分为柱状、管状、圆锥状骨锥三种。刀5件，其中一件系将兽骨直接劈成骨片然后磨制而成，其余4件为骨柄石刃刀，颇具特点。骨柄石刃刀是利用动物肋骨加工而成，在肋骨的一侧或者两侧加工成凹槽，然后用一种黑色黏胶质使长条石片镶嵌在凹槽内。匕首和骨铲数量很少，系用牛骨磨制而成。鱼镖5件，原料为兽骨，通体磨制光滑，制作精美，可分为无齿鱼镖和有齿鱼镖，后者器身一侧一般有3至5个齿。一件骨器一端残缺，另一端上有一个小方疙瘩，器身中间为直折弯曲，发掘者认为这件骨器系勾织器。另外，还发现十余件以动物牙齿做成的饰件（图九〇，18～20）。

蚌器31件，包括管饰和蚌壳。管饰19件，呈圆柱状，两端均残，中间有一圆形孔，采用对钻而成，磨制光滑。蚌壳见有长条形和半月形。

3. 经济形态

靶山类型的随葬品表现出其是以渔猎为主的经济形式。首先，从随葬品的种类来看，工具是以石器和骨器为基本组合，两者中渔猎工具所占比重极大。不仅出土了大量的石镞、骨鱼镖等狩猎、打鱼的工具，而且还发现数量庞大的对猎物和鱼进行加工的器具，如刮削器、雕刻器、尖状器、骨柄石刃刀、石片等。相反，并未发现种植业工具。其次，该文化类型制作石器的压制技术极为发达，压制细石器不仅数量多，而且制作精美。众所周知，压制技术适用于小工具的加工，而不适用于大型农业工具的制造。最后，在靶山墓葬和傲包山墓葬中，发现较多蚌壳、蚌饰品、骨牙饰品及小动物骨骸，而未发现农作物的遗存。所以，有充足的理由相信靶山类型属于“渔猎型新石器文化”。[1]

4. 年代

关于靶山类型的年代问题，我们可以参考靶山墓地两具人骨所做的碳十四测年数据。靶山M1人骨的碳十四测年数据是距今4870±80年，树轮校正值为距今5460±110年；靶山M4人骨的碳十四测年数据是距今4630±95年，树轮校正值为距今5175±130年。据此，推测靶山类型的年代大致为公元前3500～前3000年。

（四）昂昂溪文化

昂昂溪文化因梁思永先生1930年发掘的黑龙江省齐齐哈尔市昂昂溪五福Ⅲ号地点

［1］　赵宾福：《嫩江流域新石器时代生业方式研究》，《考古》2007年第11期，第55～61页。

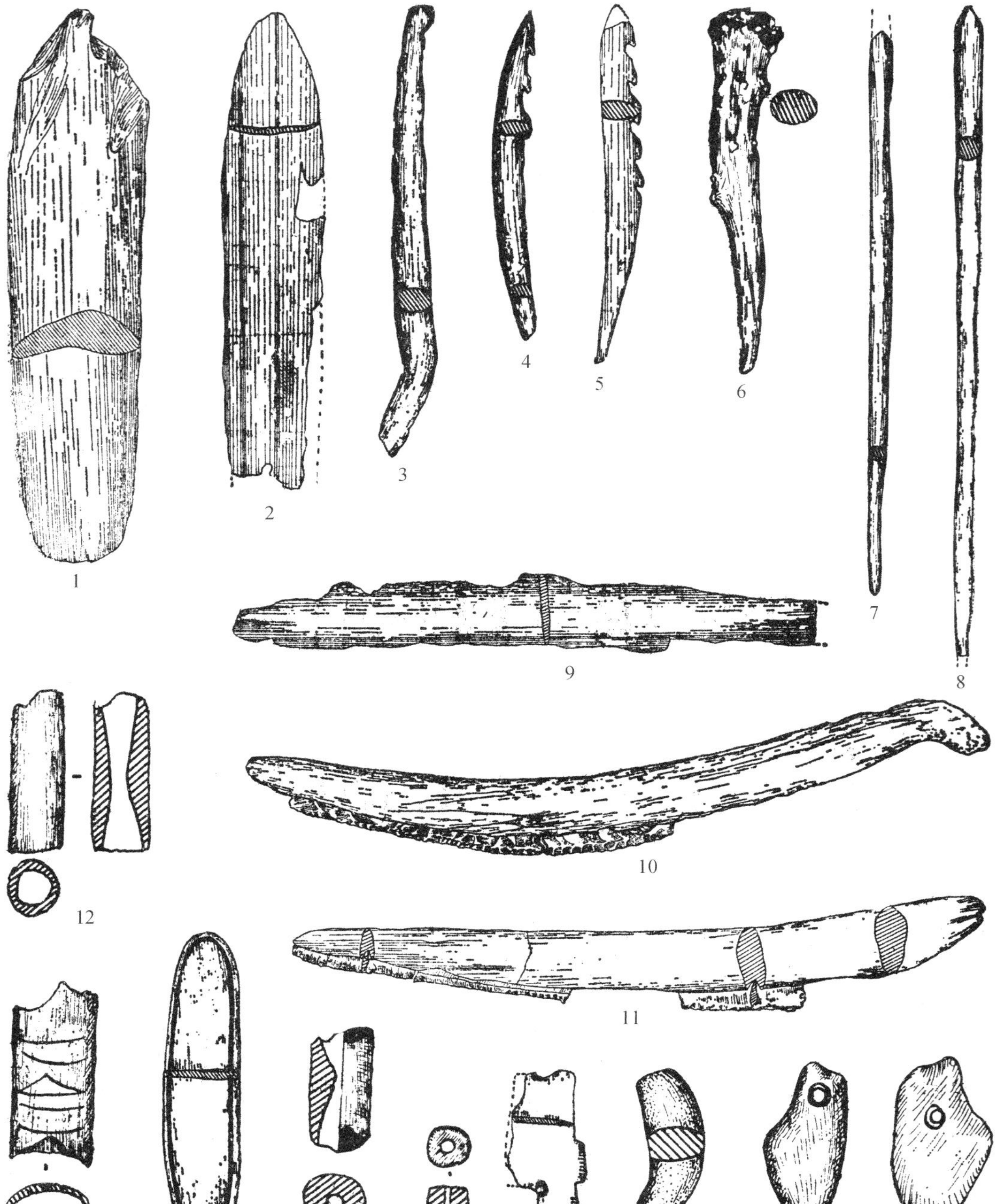

图九〇　靶山类型遗物

1. 骨铲　2. 骨匕首　3. 勾织器　4、5. 骨鱼镖　6 ~ 8. 骨锥　9. 骨刀　10、11. 骨柄刀　12、13、15、16. 骨管饰　14. 长条骨饰　17. 骨片饰　18 ~ 20. 牙饰（均出自靶山墓地）

而得名。[1]吉林省境内的镇赉县黄家围子[2]、通榆县敖包山、老富大坨子、大坝坨子[3]等遗址也发现有此类遗存。其中，经过正式发掘并发表了所获材料的遗址仅有黄家围子遗址。

1. 文化特征

该文化的墓葬发现不多，而且均位于黑龙江省内。从这些墓葬观察，昂昂溪文化的墓葬皆为长方形土坑竖穴墓。葬式多为单人仰身直肢葬。随葬品较少，以骨器、石器、陶器以基本组合，骨器较多，陶器很少。梁思永先生1930年在昂昂溪五福Ⅲ号地点清理的一座中年男性墓葬，保存基本完好。墓穴不甚清楚，墓向朝北。骨架除椎骨整齐外，其他骨骼排列错乱。共发现27件随葬品，其中陶器2件，石器12件，骨器13件。完整的球腹平底罐位于头骨东部，另一件带流器残片置于脚端；石器多放置于胸部，骨器多位于脚端。

昂昂溪文化的遗物主要有陶器、石器、骨器等（图九一）。陶器有夹砂陶、夹蚌陶和泥质陶三类，其中以夹砂陶和夹蚌陶为大宗，泥质陶数量很少。陶色多不纯正，以黄褐色和灰褐色居多。器表普遍施有纹饰，素面者很少。纹饰有附加堆纹、刻划纹、指甲纹、锥刺纹、戳印纹。陶器口沿下常施数周横向的附加堆纹泥条，并且流行在附加堆纹上施戳印纹。陶器多为直口器，并存在一定侈口器，部分唇面上施戳压纹，呈花边口状。平底器所占比重最大，个别陶器系圜底。器类较为单一，有筒形罐、鼓腹罐、带流器、盆、钵等，其中以直口罐、圜底圆腹罐、带流盆、平底钵比较具有文化特色。石器数量较多，可分为磨制、打制、压制三种，其中压制石器数量最多。这种压制的石器因体形小而精致，所以被称为细石器或幺石器。细石器选料严格，多为硬度较高的燧石、玛瑙、玄武石、石髓等。压制技术成熟，器物形制规整，工艺较为发达。生产工具有斧、锛、刀、镞、钻、尖状器、刮削器、切割器、网坠、敲砸器、石片等，还见有环、坠、珠等装饰品。石镞的数量比较多，而且形式多样，见有平底、凹底、圜底及带铤等多种。骨器较为多见，磨制精细，制作精良，有鱼镖、枪头、镞、骨刀柄等，其中单排倒刺穿孔鱼镖、曲柄骨枪头比较具有特点。大量细石器和骨器的存在，反映出昂昂溪文化的生产方式以捕鱼和狩猎为主。

---

[1] 梁思永：《昂昂溪史前遗址》，《“中央”研究院历史语言研究所集刊》第4本，第1～44页；另载《梁思永考古论文集》，科学出版社，1959年，第58～90页。

[2] 吉林省博物馆：《吉林镇赉县黄家围子遗址发掘简报》，《考古》1988年第2期，第141～150页。

[3] 朱永刚、郑钧夫：《通榆县三处史前遗址调查与遗存分类》，《边疆考古研究》第7辑，科学出版社，2008年，第334～352页。

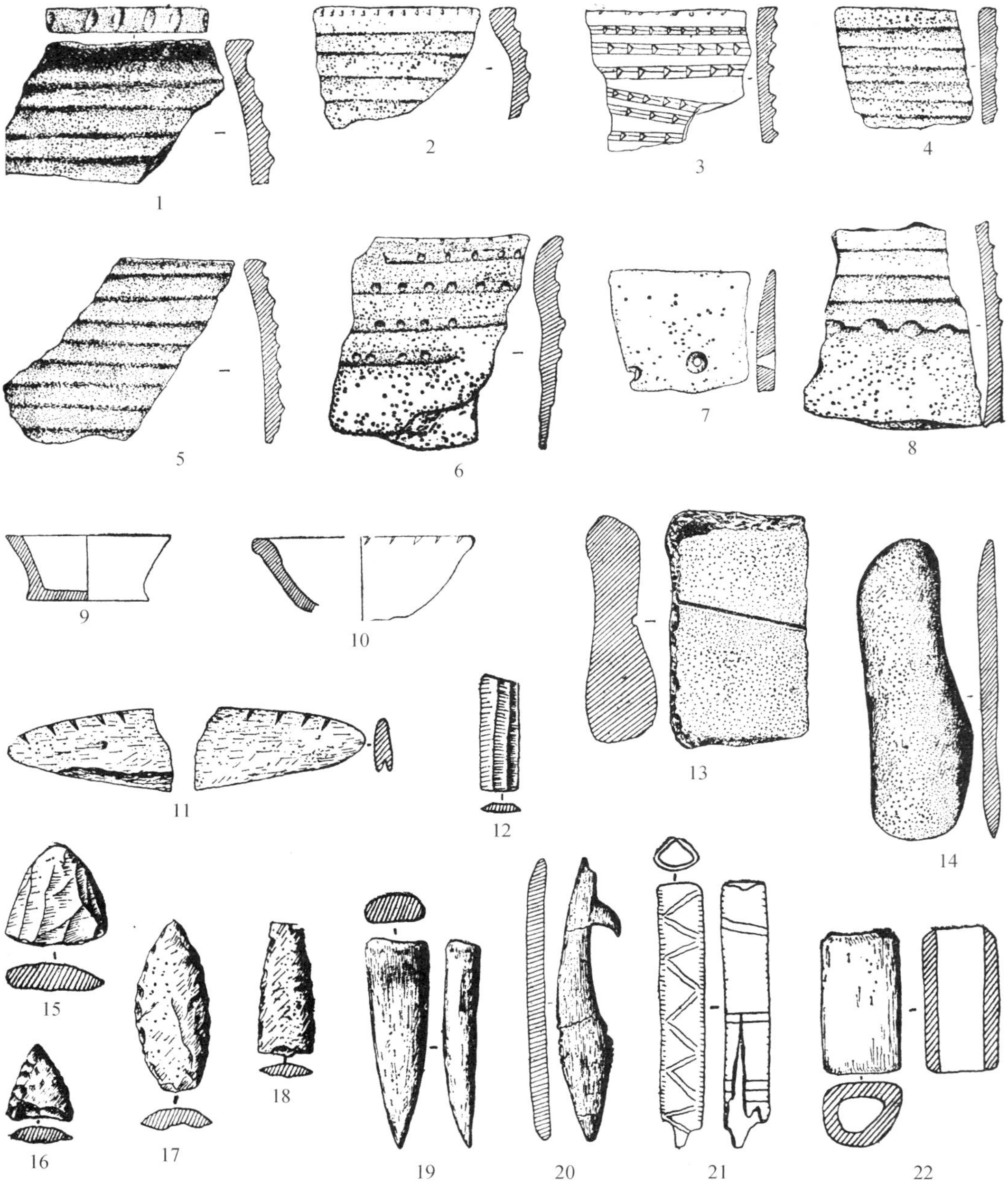

图九一　昂昂溪文化遗物

1～6、8. 堆纹陶片　7. 素面陶片　9、10. 陶碗　11. 骨刀柄　12. 长条石片　13. 砺石　14. 石斧　15. 石核　16～18. 石镞　19. 骨锥　20. 骨鱼镖　21、22. 骨管（均出自黄家围子遗址）

2. 年代

在昂昂溪文化的年代的问题上，学术界的意见极不统一，分歧较大。比较有代表性的意见可归纳为以下四种：第一种观点根据昂昂溪文化与新开流文化部分陶器存在一定的相似性，年代也应相近，参考密山县新开流遗址的碳十四测年数据，认为昂昂溪文化的年代大约处于公元前4000～前3000年。[1]第二种观点认为昂昂溪文化本身还可以进一步划分为不同的组别，在年代上存在早晚差别。大贯静夫先生较早提出这一观点，认为昂昂溪文化的年代跨度较大，可细分为两个发展阶段，整体经历了黑龙江中游地区俄罗斯境内新彼德罗夫卡文化到奥西诺湖文化的阶段。[2]新彼德罗夫卡文化的年代约为公元前5千纪～前4千纪，[3]奥西诺湖文化的年代在公元前3千纪左右。[4]后有学者将松嫩平原包含条形附加堆纹的新石器时代遗存大体分为四组，这四组的延续时间较长，认为该地区施附加堆纹的陶器可上溯到公元前5000年之前，消失于青铜时代早期。[5]第三种观点也是由大贯静夫先生提出的，其将该文化的年代估计为公元前5千纪。[6]这与之前的认识有所转变。第四种观点是根据属于昂昂溪文化的小拉哈一期乙组遗存所做的两个测年数据，提出昂昂溪文化的晚期年代处于公元前2000年左右，而早期年代或许可早到公元前2500年或更早一些。[7]

造成以上分歧的原因是多方面的。首先，虽然松嫩平原的考古工作开展较早，但是在新石器考古方面的工作有限，且所做工作多为调查，正式发掘特别是大规模的发掘活动很少，明显不利于对昂昂溪文化乃至该地区新石器文化的深入研究。其次，与昂昂溪文化相关遗址的发掘材料迟迟不见发表，大大限制了相关研究。如黑龙江省齐齐哈尔市滕家岗子遗址分别于1979、1980年和2010年进行了大规模的发掘，[8]发现了较为丰富的遗存。虽然在很多论文中都有提到该遗址，但是材料至今未见系统刊布，使得人们对该遗址材料的认识比较模糊。第三，从目前的材料来看，虽然昂昂溪文化

[1] 杨虎、谭英杰、张泰湘：《黑龙江古代文化初论》，《中国考古学会第一次年会论文集·1979年》，文物出版社，1980年，第80～96页。

[2] 大贯静夫：《东北亚洲中的中国东北地区原始文化》，《庆祝苏秉琦考古五十五年论文集》，文物出版社，1989年，第38～64页。

[3] 冯恩学：《俄国东西伯利亚与远东考古》，吉林大学出版社，2002年，第223、224页。

[4] 冯恩学：《俄国东西伯利亚与远东考古》，吉林大学出版社，2002年，第233～235页。

[5] 朱永刚：《论西梁遗存及相关问题》，《考古》2006年第2期，第15～25页。

[6] 大贯静夫：《东北アジアの考古学》，同成社，1998年。

[7] 赵宾福：《东北石器时代考古》，吉林大学出版社，2003年，第347～354页。

[8] 黑龙江省文物考古研究所：《黑龙江省考古工作近十年的主要收获》，《文物考古工作十年》，文物出版社，1990年，第84～90页。田禾、李有骞：《齐齐哈尔市滕家岗青铜时代遗址》，《中国考古学年鉴·2011》，文物出版社，2012年，第200～202页。

存在进一步分组的可能，但是由于缺乏可靠的层位关系和共存关系，所以所做的分组研究还缺少坚实的材料基础。最后，目前关于昂昂溪文化的测年数据也已有多个，但是测得的年代数据比较分散，而且范围跨度极大。黄家围子H1出土的蚌壳所做的碳十四测年数据为公元前10400～前9700年（高精度表校正，下同），[1]滕家岗子遗址出土人骨和木炭的碳十四测年数据为公元前6372～前6097年[2]、公元前5688～前5589年、公元前3502～前3124年，[3]小拉哈遗址出自H3062陶片标本的热释光测年数据为距今4000±360年，出自G3002的动物骨骼的碳十四测年数据为公元前2130～前1777年。[4]

正是以上多种原因，造成学术界目前对昂昂溪文化年代的认识颇为混乱。但是值得注意的是，最近发表的内蒙古扎鲁特旗南宝力皋吐新石器时代墓地材料中，部分陶器明显表现出昂昂溪文化的因素。[5]如该墓地所出的施复线几何形刻划纹的短颈圆腹罐与昂昂溪M1出土的圆腹罐，在器形和纹饰方面极为相似；口沿下施数周附加堆纹的筒形罐与昂昂溪文化的同类器整体风格一致。在南宝力皋吐墓地中，与具有昂昂溪文化因素的陶器伴出的至少还有小河沿文化、偏堡子文化因素的遗存。这种共存关系表明昂昂溪文化与小河沿文化、偏堡子文化在年代上有着一定的重合。根据小河沿文化和偏堡子文化的年代学研究成果，[6]我们认为昂昂溪文化的应处于新石器时代晚期，或者说至少昂昂溪文化的晚段遗存处于这一阶段，绝对年代大约为公元前3000～前2000年。考虑到小河沿文化和偏堡子文化的年代上限已经进入到公元前四千纪，所以不排除昂昂溪文化的年代上限也已进入仰韶时代，不晚于公元前3000年的可能。

[1] 中国社会科学院考古研究所：《中国考古学中碳十四年代数据集（1965～1991）》，文物出版社，1991年，第87页。

[2] 中国社会科学院考古研究所：《中国考古学中碳十四年代数据集（1965～1991）》，文物出版社，1991年，第98页。

[3] 马利民、项守先、傅维光：《黑龙江省齐齐哈尔市滕家岗遗址三座新石器时代墓葬的清理》，《北方文物》2005年第1期，第2～4页。

[4] 黑龙江省文物考古研究所、吉林大学考古学系：《黑龙江省肇源县小拉哈遗址发掘报告》，《考古学报》1998年第1期，第98页。

[5] 内蒙古文物考古研究所、科尔沁博物馆、扎鲁特旗文物管理所：《内蒙古扎鲁特旗南宝力皋吐新石器时代墓地》，《考古》2008年第7期，第20～31页。内蒙古文物考古研究所、扎鲁特旗文物管理所：《内蒙古扎鲁特旗南宝力皋吐新石器时代墓地C地点发掘简报》，《考古》2011年第11期，第24～37页。

[6] 赵宾福：《关于小河沿文化的几个问题》，《文物》2005年第7期，第63～38页。赵宾福：《东北石器时代考古》，吉林大学出版社，2003年，第283～286页。

四、新石器时代的发展阶段及其特征

综观西流松花江流域、图们江流域、嫩江流域三个地区各新石器时代考古学文化的面貌，不难发现吉林省新石器时代考古学文化的陶器表面普遍施有纹饰，而且不同文化、不同阶段的纹饰又存在较大差别，所以陶器表面所施的纹饰自然成为我们辨识吉林省新石器时代不同考古学文化和发展阶段的重要指标。从现在的材料出发，结合吉林省各区域新石器时代考古学文化的特征与年代，可大体将吉林省新石器时代划分为四个大的发展阶段。

第一阶段以左家山下层文化早期为代表。该阶段大致相当于黄河流域的“前仰韶时代”晚期，与辽西地区的兴隆洼文化晚期的年代接近，绝对年代不晚于公元前5000年。需要说明的是，据报道嫩江流域双塔遗址的第一期遗存的年代上限可能达到距今1万年左右，[1]但是由于该遗址的材料目前尚未正式发表，还有待进一步确认。处于该阶段的左家山下层文化早期陶器的器类单一，主要为平底筒形罐，另有少量鼓腹罐和钵。陶器普遍施纹，且多从口沿下开始施纹，纹饰约占陶器表面的三分之二。纹饰以压印之字纹、压印席纹为代表，还见有连点线纹、阶梯形纹、弦纹、菱形纹等，其中之字纹排列紧密规整，纹带较窄。

第二阶段以左家山下层文化中、晚期为代表，另包括迎花南山H1为代表的遗存和长坨子类型。年代相当于中原地区的“仰韶时代”早期，与辽西地区的赵宝沟文化、红山文化早期同时，大约为公元前5000～前4000年。这一阶段的遗存不仅分布于西流松花江流域，还见于图们江流域和嫩江流域。只是图们江流域和嫩江流域目前发现的该阶段遗存数量较少。该阶段的陶器仍以平底筒形罐居多，新出现了斜口器和彩陶钵，亦存在少量鼓腹罐、钵、碗、盅、漏斗形器等。陶器多施有纹饰，而素面陶占有一定比例。纹饰约占陶器器身的三分之二或通体施纹。纹饰不仅流行之字纹，而且戳印纹、戳点纹、篦齿纹等在图们江流域和嫩江流域盛行起来。这一阶段的之字纹不仅存在压印之字纹，亦存在刻划之字纹和篦点之字纹，新出现的扭曲纹、复线几何形、复线折线纹、单线阶梯形纹饰等纹饰也比较具有特点。

第三阶段以左家山上层文化为代表，另包括哈民忙哈文化和靶山类型。年代处于中原地区的“仰韶时代”中、晚期，与辽西地区红山文化中、晚期同时，大约为公元前4000～前3000年。吉林省图们江流域目前尚未发现该阶段的遗存，但是考虑到朝鲜半岛东北部图们江流域存在着这一阶段的遗存，相信仅一江之隔的吉林省境内也当存在类似遗存，这也是考古工作者今后有待注意的地方。这一阶段的陶器仍以平底器为

[1] 王立新、段天璟、汤卓炜：《吉林白城双塔遗址发现万年前后陶器》，《中国文物报》2012年9月14日第6版。

主，以筒形罐为大宗，新出现了陶壶，而且陶壶在哈民忙哈文化的陶器组合中占有重要地位。此外，还见有斜口器、鼓腹罐、盆、钵、碗、带流盆、漏斗形器等。素面陶所占比重进一步上升，在左家山上层文化中已占大宗，哈民忙哈文化的素面陶也存在一定数量。上一阶段颇为流行的之字纹、戳印纹、戳点纹、篦齿纹在这一阶段已经很少见到。取而代之的是呈人字形、网格状等各类样式的刻划纹及滚压窝纹、拍印斜方格纹。其中刻划纹多见于西流松花江流域，而滚压窝纹和拍印斜方格纹常施于哈民忙哈文化的陶器上。

第四阶段以兴城下层文化和昂昂溪文化、金谷文化为代表。年代处于黄河流域的“龙山时代”，大约为公元前3000～前2000年。西流松花江流域在这一阶段尚属空白，有待新的考古发现来填补。该阶段的陶器仍以平底器居多，个别系圜底器、台底器、圈足器。器形主要为筒形罐，另见有少量的鼓腹罐、带流器、盆、碗、钵等。器表普遍施有纹饰，且多施于器身的中上部，腹下部则不见纹饰，还见有少量的红衣陶，素面者很少。附加堆纹和各类刻划纹及枣核形戳点纹在这一阶段比较流行。嫩江流域的昂昂溪文化陶器普遍施有附加堆纹，并常与戳印纹配合使用。各类刻划纹和枣核形戳点纹在图们江流域最为常见，种类有人字纹、斜线纹、点线纹、回纹等，还见有涡纹、雷纹等，纹样丰富多彩。

从以上分析中不难看出，吉林省新石器时代各考古学文化的器类单一，平底筒形罐在各文化陶器中最为常见，而且所占比重最大，同时陶器表面流行施有压印、刻划、戳印的纹饰。这些特征均与东北地区的新石器时代考古学文化的整体面貌相一致，可以说分布于吉林省境内的各新石器时代考古学文化是“东北平底筒形罐文化区”的重要组成部分，在东北地区新石器时代考古中占有重要地位。

第三章　青铜时代的地下文化遗产

吉林省青铜时代考古工作起步较早。新中国成立之前的考古活动多为日本学者进行的调查及发掘，其中比较重要的有三上次男对吉林市团山子、骚达沟遗址的调查，[1]藤田亮策、山田文英、竹下晖彦等人在延吉市郊小营子墓地的发掘。[2]中国学者在这一时期的考古活动较少，李文信先生曾于20世纪30年代在吉林市郊区进行调查，[3]杨公骥先生1948年对西团山遗址的发掘，[4]是中国学者在吉林省境内的第一次考古发掘。

20世纪50年代至60年代，吉林省青铜时代的考古活动以调查为主，并伴有小规模的发掘，如吉林西团山[5]、骚达沟[6]、土城子[7]、两半山[8]、长蛇山[9]、永吉旺起屯[10]、大赉东山头[11]、汪清新华闾北山、新安闾[12]等遗址和墓地。该阶段的考古活动主要集中于西流松花江流域。虽然学术界在这一阶段对吉林省青铜时代遗存的认

---

［1］　三上次男：《满洲国团山子遗迹》，《人类学杂志》54卷6号，1939年。

［2］　藤田亮策：《延吉小营子遗迹调查报告》，1942年。

［3］　李文信：《吉林龙潭山遗迹报告》，《满洲史学》第1卷（1937年）第2、3号，第2卷（1938年）第2号。

［4］　杨公骥：《西团山史前文化遗址初步发掘报告》，《东北日报》1949年2月11日第4版。

［5］　东北考古发掘团：《吉林西团山石棺墓发掘报告》，《考古学报》1964年第1期，第29～49页。佟柱臣：《一九五〇年西团山发掘报告资料摘录》，《西团山考古报告集》第一辑，吉林市博物馆，1987年。吉林大学历史系文物陈列室：《吉林西团山石棺墓发掘记》，《考古》1960年第4期，第35～37页。

［6］　段一平、李莲、徐光辉：《吉林市骚达沟石棺墓整理报告》，《考古》1985年第10期，第885～900页。吉林省博物馆、吉林大学考古专业：《吉林市骚达沟山顶大棺整理报告》，《考古》1985年第10期，第901～907页。

［7］　吉林省博物馆：《吉林江北土城子文化遗址及石棺墓》，《考古学报》1957年第1期，第43～52页。

［8］　张忠培：《吉林两半山遗址发掘报告》，《考古》1964年第1期，第31～39页。

［9］　吉林省文物工作队：《吉林长蛇山遗址的发掘》，《考古》1980年第2期，第123～134页。

［10］　刘发祥：《吉林省永吉县旺起屯新石器时代石棺墓发掘简报》，《考古》1960年第7期，第27～30页。

［11］　张忠培：《白城地区考古调查述要》，《吉林大学社会科学学报》1964年第1期，第80～82页。

［12］　王亚洲：《吉林汪清县百草沟遗址发掘简报》，《考古》1961年第8期，第411～422页。

识还存在较多的局限性，但是西流松花江流域“西团山文化”的确认与命名[1]及“东山头遗存”和“长岗子遗存”的提出[2]，仍为之后进一步探讨吉林省青铜时代考古学文化奠定了基础。

20世纪70年代以来，吉林省青铜时代考古工作进入到一个崭新的发展阶段。不仅进行了较多大规模的田野调查，而且发掘了一些重要遗址，如吉林猴石山[3]、永吉大海猛[4]、星星哨[5]、东梁岗[6]、大安汉书[7]、后套木嘎[8]、延吉柳庭洞[9]、金

[1] 张忠培：《吉林市郊古代遗址的文化类型》，《吉林大学社会科学学报》1963年第1期，第69～79页。东北考古发掘团：《吉林西团山石棺墓发掘报告》，《考古学报》1964年第1期，第29～49页。

[2] 张忠培：《白城地区考古调查述要》，《吉林大学社会科学学报》1964年第1期，第80～82页。

[3] 吉林地区考古短训班：《吉林猴石山遗址发掘简报》，《考古》1980年第2期，第135～141页。吉林省文物考古研究所、吉林市博物馆：《吉林市猴石山遗址第二次发掘》，《考古学报》1993年第3期，第311～349页。

[4] 刘振华：《永吉杨屯遗址试掘简报》，《文物》1973年第8期，第63～68页。刘景文：《永吉杨屯遗址出土的几件器物》，《东北师大学报》1981年第3期，第102页。吉林市博物馆：《吉林永吉杨屯大海猛遗址》，《考古学集刊》第5辑，中国社会科学出版社，1987年，第120～149页。吉林省文物工作队、吉林市博物馆、永吉县文化局：《吉林永吉杨屯遗址第三次发掘》，《考古学集刊》第7辑，中国社会科学出版社，1991年，第23～50页。

[5] 吉林市文物管理委员会、永吉县星星哨水库管理处：《永吉星星哨水库石棺墓及遗址调查》，《考古》1973年第3期，第145～150页。吉林市博物馆：《吉林永吉星星哨石棺墓第三次发掘》，《考古学集刊》第3辑，中国社会科学出版社，1983年，第109～125页。

[6] 吉林市博物馆：《吉林口前蓝旗小团山、红旗东梁岗石棺墓清理简报》，《文物》1983年第9期，第51～57页。李光日：《红旗东梁岗遗址》，《田野考古集粹——吉林省文物考古研究所成立二十五周年》，文物出版社，2008年，第27、28页。吉林省文物考古研究所、吉林市文物管理处、永吉县文物管理所：《吉林永吉东梁岗遗址发掘报告》，《边疆考古研究》第12辑，科学出版社，2012年，第1～28页。

[7] 吉林大学历史系考古专业、吉林省博物馆考古队：《大安汉书遗址发掘的主要收获》，《东北考古与历史》第1辑，文物出版社，1982年，第136～140页。王洪峰：《汉书遗址》，《田野考古集粹——吉林省文物考古研究所成立二十五周年纪念》，文物出版社，2008年，第25、26页。

[8] 王立新、霍东峰、石晓轩、史宝琳：《吉林大安后套木嘎遗址发掘取得重大收获》，《中国文物报》2012年8月17日第8版。

[9] 延边博物馆：《吉林延吉柳庭洞发现的原始文化遗存》，《考古》1983年第10期，第950、951页。

谷墓地[1]、和龙兴城[2]、珲春河西北山[3]、汪清水北[4]、通化万发拨子[5]、双辽后太平[6]、梨树风水山[7]等遗址和墓地。伴随着不断涌现的新材料和东北青铜时代考古的全面展开，吉林省青铜时代考古的研究也逐步趋向深入。不仅相继命名了“汉书一期文化”（亦称“白金宝文化”）、“汉书二期文化”[8]、“兴城文化”[9]、“柳庭洞文化”[10]、“宝山文化”[11]、“后太平遗存”[12]等新的文化类型，基本建立起吉林省各地区青铜时代考古学文化的序列，而且初步廓清了吉林省青铜文化的谱系关系。

从已发表的材料来看，青铜时代遗址已遍布吉林省（图九二）。依据自然地理

[1] 延边朝鲜族自治州博物馆：《延吉德新金谷古墓葬清理简报》，《东北考古与历史》第1辑，文物出版社，1982年，第191～199页。

[2] 吉林省文物考古研究所、延边朝鲜族自治州博物馆、和龙县文物管理所：《吉林省和龙县兴城遗址发掘简报》，《北方文物》1998年第1期，第1～18页。吉林省文物考古研究所、延边朝鲜族自治州博物馆：《和龙兴城——新石器及青铜时代遗址发掘报告》，文物出版社，2001年，第53～69页。

[3] 图珲铁路考古发掘队：《吉林珲春市河西北山墓地发掘》，《考古》1994年第5期，第405～412页。

[4] 吉林省文物考古研究所、汪清县文物管理所：《吉林汪清县水北青铜时代遗址的发掘》，《考古》2005年第1期，第24～31页。

[5] 金旭东、安文荣、杨立新：《探寻高句丽早期遗存及起源——吉林通化万发拨子遗址发掘获重要收获》，《中国文物报》2000年3月19日。吉林省文物考古研究所、通化市文物管理委员会办公室：《吉林通化市万发拨子遗址二十一号墓的发掘》，《考古》2003年第8期，第32～44页。

[6] 吉林省文物考古研究所、四平市文物管理委员会办公室、双辽市文物管理所、双辽市郑家屯博物馆：《吉林双辽市后太平青铜时代墓地》，《考古》2009年第5期，36～48页。吉林省文物考古研究所、四平市文物管理委员会办公室、双辽市文物管理所、双辽市郑家屯博物馆：《后太平——东辽河下游右岸以青铜时代遗存为主的调查与发掘》，文物出版社，2011年。

[7] 吉林省文物考古研究所、四平市文物管理委员会：《吉林省梨树县风水山遗址2010年抢救性发掘》，《边疆考古研究》第12辑，科学出版社，2012年，第29～45页。

[8] 吉林大学历史系考古专业、吉林省博物馆考古队：《大安汉书遗址发掘的主要收获》，《东北考古与历史》第1辑，文物出版社，1982年，第136～140页。

[9] 吉林省文物考古研究所、延边朝鲜族自治州博物馆：《和龙兴城——新石器及青铜时代遗址发掘报告》，文物出版社，2001年。

[10] 赵宾福：《图们江流域的青铜时代文化研究》，《考古》2008年第6期，第69～79页。

[11] 金旭东：《吉林省文物考古的世纪回顾与展望》，《考古》2003年第8期，第3～11页。

[12] 吉林省文物考古研究所、四平市文物管理委员会办公室、双辽市文物管理所、双辽市郑家屯博物馆：《后太平——东辽河下游右岸以青铜时代遗存为主的调查与发掘》，文物出版社，2011年。

图九二　吉林省青铜时代主要遗址分布示意图

1. 坦途北岗子　2. 洮北双塔　3. 大安汉书　4. 大安后套木嘎　5. 大安东山头　6. 扶余北长岗子　7. 榆树老河深　8. 永吉大海猛　9. 吉林土城子　10. 吉林猴石山　11. 吉林长蛇山　12. 吉林西团山　13. 吉林两半山　14. 红旗东梁岗　15. 永吉星星哨　16. 双辽后太平　17. 梨树风水山　18. 东丰大架山　19. 通化万发拨子　20. 和龙兴城　21. 延吉新龙　22. 延吉新光　23. 龙井金谷　24. 图们石砚　25. 汪清百草沟　26. 汪清金城　27. 珲春河西北山　28. 珲春新兴　29. 珲春大六道沟

条件和考古学文化面貌，可将青铜时代的吉林省大致区分为嫩江流域、西流松花江流域、图们江流域、东辽河流域、鸭绿江流域五个大的文化区。

一、嫩江流域的青铜时代文化

早在20世纪60年代初期，张忠培先生在白城市考古调查时发现了青铜时代遗存，并敏锐地注意到大安市东山头遗址和扶余县长岗子遗址所获遗物不同于以往所认识的考古学文化，并明确提出他们应该代表了不同的考古学文化，[1]从而为探索嫩江流域

[1] 张忠培：《白城地区考古调查述要》，《吉林大学社会科学学报》1964年第1期，第80～82页。

的青铜时代考古学文化奠定了基础。在20世纪70年代，伴随着吉林省大安汉书遗址[1]和黑龙江省肇源县白金宝遗址[2]的发掘，学术界对“东山头遗存”和“长岗子遗存”的文化面貌有了初步了解，遂将他们分别命名为“白金宝文化”（也有少数学者称之为“汉书一期文化”）和“汉书二期文化”，并明确了二者的年代早晚关系。进入20世纪80年代之后，在考古材料日益丰富的基础上，学术界对白金宝文化和汉书二期文化的认识也逐步深入，同时识别出该地区早于白金宝文化和汉书二期文化的早期青铜文化——“小拉哈文化”[3]和“古城文化”[4]（亦有学者称其为“白金宝二期文化”[5]），从而建立起嫩江流域青铜时代考古学文化的编年体系。

至此，嫩江流域青铜时代遗存至少包含四种考古学文化，即小拉哈文化、古城文化、白金宝文化、汉书二期文化。

（一）小拉哈文化

小拉哈文化是以1992发掘的黑龙江省肇源小拉哈遗址命名的考古学文化[6]。该文化以小拉哈遗址第二期遗存为代表，此类遗存目前发现的还不多[7]。吉林省境内目前经过正式发掘并可以确定出土有此类遗存的遗址仅有大安汉书遗址一处。汉书遗址位于洮儿河与嫩江交汇处，地处大安市月亮泡乡汉书村东北约1千米的月亮泡南岸一个隆起的黄土岗上。继1974年吉林大学历史系考古专业与吉林省博物馆文物队对该遗址进

［1］ 吉林大学历史系考古专业、吉林省博物馆考古队：《大安汉书遗址发掘的主要收获》，《东北考古与历史》第1辑，文物出版社，1982年，第136～140页。

［2］ 黑龙江省文物考古工作队：《黑龙江肇源白金宝遗址第一次发掘》，《考古》1980年第4期，第311～324页。

［3］ 黑龙江省文物考古研究所、吉林大学考古学系：《黑龙江省肇源县小拉哈遗址发掘简报》，《北方文物》1997年第1期，第34～44页。黑龙江省文物考古研究所、吉林大学考古学系：《黑龙江省肇源县小拉哈遗址发掘报告》，《考古学报》1998年第1期，第61～101页。赵宾福、张伟：《论小拉哈文化》，《北方文物》2008年第2期，第9～16页。

［4］ 赵宾福：《松嫩平原早期青铜文化的发现与认识》，《边疆考古研究》第1辑，科学出版社，2002年，第181～193页。赵宾福、关强：《白金宝遗址四期说与白金宝文化遗存三段论》，《庆祝张忠培先生七十岁论文集》，科学出版社，2004年，第181～193页。赵宾福：《古城类型：嫩江流域商代晚期遗存辨识——兼谈嫩江流域陶鬲的起源与演变》，《新果集——庆祝林沄先生七十华诞论文集》，科学出版社，2009年，第235～246页。

［5］ 朱永刚：《论白金宝二期文化》，《北方文物》2009年第1期，第3～9页。

［6］ 黑龙江省文物考古研究所、吉林大学考古学系：《黑龙江省肇源县小拉哈遗址发掘简报》，《北方文物》1997年第1期，第34～44页。黑龙江省文物考古研究所、吉林大学考古学系：《黑龙江省肇源县小拉哈遗址发掘报告》，《考古学报》1998年第1期，第61～101页。

［7］ 赵宾福、张伟：《论小拉哈文化》，《北方文物》2008年第2期，第9～16页。

行首次发掘后，[1] 为了减少遗址因月亮泡水浸造成的损失，吉林省文物考古研究所于2001年对该遗址进行了抢救性发掘。据发掘者介绍，该遗址2001年发掘出土的下层A组遗存以台地罐、台地钵为特征（图版一，3），[2] 明显应属于小拉哈文化。

1. 文化面貌

从吉林省的出土材料出发，并结合黑龙江省的相关材料，可对小拉哈文化的面貌概括如下。

小拉哈文化的房址多为圆角方形半地穴式建筑。面积普遍较小，多在30平方米以下，有些房址的面积甚至不足10平方米。居住面平滑坚硬，经过焙烧。灶坑为浅穴式，平面呈圆形或凸字形，多位于房内中部。房址内一般发现有柱洞，由于房屋的面积普遍不大，所以柱洞也较少。有的柱洞位于房址的内角，有的处于房址的中部。房址普遍发现有呈斜坡状的门道。小拉哈文化的灰坑性质多样，按照坑口形状可分为长方形、方形、圆形、椭圆形、不规则形等，其中长方形坑明显居多。该文化的墓葬发现不多。目前发现的几座墓葬均为土坑竖穴墓，平面形状呈长方形或方形。均为单人一次葬，侧身直肢或侧身屈肢。随葬品很少甚至不见随葬品。

陶器以泥质陶居多，夹砂陶数量很少。陶色以黄褐色居多，也见有灰褐色、黑褐色。陶器表面多不施纹，仅少数陶器表面施有纹饰。纹饰以附加堆纹为主，且附加堆纹上面往往压出锯齿状。少量陶器的器底和腹部见有刻划几何纹。陶器的表面多见有乳丁状泥突、泥饼、盲耳、环耳。陶器以手制居多，多数陶器表面经过打磨。多数陶器采用泥圈套接制作。器物造型流行直口、弧腹、假圈足。许多假圈足器的底面一侧刮出半月形凹窝，然后自外向内斜穿两个相距不远的小孔，独具特色。器类有罐、壶、盂、瓮、碗、钵、杯、盆、鬲、带流器等，其中大口深腹罐、双耳罐、假圈足盂、双耳壶、假圈足碗等器形比较具有代表性。石器数量较少，多为磨制，有斧、锛、凿、砺石、磨棒、镞等。出土的玉器仅有几件璜、环等装饰品。骨器数量较多，多为磨制而成，出土有铲、凿、锥、镞、矛、匕、笄、骨饰等。此外，还发现有数件青铜器，有刀、笄和双联泡饰。

2. 年代

肇源白金宝遗址出土的一件属于小拉哈文化晚期的素面束颈陶鬲与高台山文化早期和夏家店下层文化的同类器，在造型风格方面表现出很大的一致性，表明他们的年代也应大致相当。此外，属于小拉哈文化的测年数据共有2个，小拉哈遗址H10001出

[1] 吉林大学历史系考古专业、吉林省博物馆考古队：《大安汉书遗址发掘的主要收获》，《东北考古与历史》第1辑，文物出版社，1982年，第136～140页。

[2] 王洪峰：《汉书遗址》，《田野考古集粹——吉林省文物考古研究所成立二十五周年》，文物出版社，2008年，第25、26页。

土陶片的热释光检测数据为距今3830±340年，[1]肇源白金宝遗址F3019出土木炭的碳十四测年数据为距今3480±145年。[2]综合以上两个方面的考虑，小拉哈文化的年代大约处于夏至早商时期。[3]

（二）古城文化

古城文化是以黑龙江省肇源县古城遗址H3[4]为代表的一类文化遗存，是最近新识别出的一种分布于松嫩平原的青铜时代考古学文化。此类遗存在以往最早被认为属于新石器时代，[5]后来学者多将其纳入到白金宝文化，[6]或认为其与年代稍早的青铜时代早期遗存（即小拉哈文化）的文化性质相同，[7]并将其与年代稍早的小拉哈文化统称为“先白金宝文化”。[8]近些年来，有学者指出此类遗存特征鲜明，有别于小拉哈文化和白金宝文化，[9]在材料不够丰富的情况下，建议将其命名为“古城类型”。[10]之后，几乎同时发表的《古城类型：嫩江流域商代晚期遗存辨识——兼谈嫩江流域陶鬲的起源与演变》和《论白金宝二期文化》两篇文章对此类遗存进行了详细

[1] 黑龙江省文物考古研究所、吉林大学考古学系：《黑龙江省肇源县小拉哈遗址发掘报告》，《考古学报》1998年第1期，第99页。

[2] 黑龙江省文物考古研究所、吉林大学考古学系：《肇源白金宝——嫩江下游一处青铜时代遗址的揭示》，科学出版社，2009年，第217页。

[3] 赵宾福、张伟：《论小拉哈文化》，《北方文物》2008年第2期，第9～16页。

[4] 乔梁：《松嫩平原陶鬲研究》，《北方文物》1993年第2期，第17～22页。

[5] 吉林省文物工作队：《吉林大安县洮儿河下游右岸新石器时代遗址调查》，《考古》1984年第8期，第689～697页。

[6] 贾伟明：《关于白金宝类型分期的探索》，《北方文物》1986年第1期，第11～15页。乔梁：《松嫩平原陶鬲研究》，《北方文物》1993年第2期，第17～22页。李学来：《白金宝文化研究》，《青果集——吉林大学考古系建系十周年纪念文集》，知识出版社，1998年，第204～227页。

[7] 黑龙江省文物考古研究所、吉林大学历史系考古专业：《黑龙江肇源白金宝遗址1986年发掘简报》，《北方文物》1997年第4期，第10～22页。

[8] 朱永刚：《嫩江平原先白金宝文化遗存的发现与研究》，《北方文物》1998年第1期，第19～27页。朱永刚：《肇源白金宝遗址第三次发掘与松嫩平原汉代以前古文化遗存的年代序列》，《吉林大学社会科学学报》1998年第2期，第75～80页。

[9] 赵宾福：《松嫩平原早期青铜文化的发现与认识》，《边疆考古研究》第1辑，科学出版社，2002年，第181～193页。

[10] 赵宾福、关强：《白金宝遗址四期说与白金宝文化遗存三段论》，《庆祝张忠培先生七十岁论文集》，科学出版社，2004年，第181～193页。

论证。[1]至此，关于此类遗存应为松嫩平原青铜时代独立发展阶段的这一认识也逐渐得到了学界的普遍认同。只是在此类遗存的命名上，尚存在分歧。考虑到如果把这类遗存定名为“白金宝二期文化”，“显然就会造成与白金宝遗址第三次发掘简报上的‘白金宝二期遗存’重名（报告上的‘白金宝二期’是指‘白金宝文化’。报告编写者在1998年发表的两篇论文亦持此说），从而出现文化名称和指代内容彼此错位的现象。所以，为了避免概念上的混乱和研究过程特别是交流过程中可能出现的不必要的麻烦，”[2]不宜使用“白金宝二期文化”的名称。最近随着白金宝遗址发掘报告的正式出版，[3]使得学术界对此类文化遗存的面貌有了更为清晰的认识，遂有学者进一步提出将“古城类型”改称为“古城文化”。[4]可从之。

虽然古城文化目前发现的地点已有多处，但是吉林省内可确定发现有属于古城文化遗存的遗址仅有大安汉书[5]、大安大架子[6]、镇赉坦途西岗子[7]、通榆长坨子Ⅱ号地点[8]等四处遗址。此外，在通榆县敖包山、老富大坨子[9]、四海泡子[10]等遗址也采集到少量施绳纹的陶片，有学者将其归入古城文化，[11]但是亦有学者认为他们应

[1] 赵宾福：《古城类型：嫩江流域商代晚期遗存辨识——兼谈嫩江流域陶鬲的起源与演变》，《新果集——庆祝林沄先生七十华诞论文集》，科学出版社，2009年，第235～246页。朱永刚：《论白金宝二期文化》，《北方文物》2009年第1期，第3～9页。

[2] 赵宾福：《古城类型：嫩江流域商代晚期遗存辨识——兼谈嫩江流域陶鬲的起源与演变》，《新果集——庆祝林沄先生七十华诞论文集》，科学出版社，2009年，第238、239页。

[3] 黑龙江省文物考古研究所、吉林大学考古学系：《肇源白金宝——嫩江下游一处青铜时代遗址的揭示》，科学出版社，2009年，第53～82页。

[4] 张伟在《嫩江流域夏至东汉时期的五支考古学文化》（《北方文物》2010年第2期，第36页）一文的附记中提出此建议。

[5] 王洪峰：《大安县汉书遗址》，《中国考古学年鉴·2002》，2003年，第177、178页。董文斌：《松嫩平原晚商遗存时期遗存研究》，吉林大学硕士学位论文，2012年。

[6] 吉林省文物工作队：《吉林大安县洮儿河下游右岸新石器时代遗址调查》，《考古》1984年第8期，第692、693页。

[7] 吉林省博物馆：《吉林镇赉县细石器文化遗址》，《考古》1984年第8期，第402～404页。

[8] 金旭东、褚金刚、王立新：《吉林通榆县长坨子四处遗址的调查》，《北方文物》2011年第3期，第3～7页。

[9] 朱永刚、郑钧夫：《通榆县三处史前遗址调查与遗存分类》，《边疆考古研究》第7辑，科学出版社，2008年，第334～352页。

[10] 王立新、豆海锋：《吉林洮南四海泡子四处遗址调查简报》，《边疆考古研究》第9辑，科学出版社，2008年，第343～363页。

[11] 朱永刚、郑钧夫：《通榆县三处史前遗址调查与遗存分类》，《边疆考古研究》第7辑，科学出版社，2008年，第334～352页。朱永刚：《论白金宝二期文化》，《北方文物》2009年第1期，第3～9页。

属于魏营子文化。[1]鉴于这些采集品材料较为零碎，对其文化性质的判断存在较大分歧，所以，这批采集品的性质还有待材料丰富后作进一步的深入研究。

1. 文化面貌

虽然吉林省内发现的古城文化遗存不甚丰富，但是结合黑龙江省内的出土遗存，我们还是对该文化的面貌有了较为清晰的认识。

古城文化的房址为方形或长方形半地穴式建筑。面积不大，最大者也仅有30多平方米。部分房址见有斜坡状凸字形门道。居住面较为平整，垫有黄色黏土。穴壁经过加工处理，较为坚硬，局部仍可见到烧烤痕迹。灶址位于房址的中部，为圆形或椭圆形土坑灶，底部呈锅底状，可见坚硬的红烧土面。个别房址不止一个灶坑。柱洞在多数房址中都有发现，多沿穴壁内侧分布，少数处于房址中部。有的房址可能已经存在功能分区。

灰坑形制多样，按照坑口的形状可分为圆形、椭圆形、长方形、方形几种类型。见有筒状竖穴式、袋形式，有的灰坑还发现了阶梯状坑道。根据部分灰坑的底部设有放置容器的凹窝或层层叠放的完整蚌壳，推测这类的灰坑的功能并不是普通堆放垃圾的遗存，而应该是窖穴。有的窖穴位于房址室内，有些位于室外。

古城文化的陶器分为砂质陶和夹砂陶，其中以夹细砂的砂质陶居多。陶器烧制火候不高，陶色不够纯正，以黄褐陶为主。素面陶数量较多。纹饰以绳纹、篦纹为主，也比较具有特点，还见有附加堆纹、指甲纹、戳压纹、珍珠纹、乳丁纹等。绳纹有粗绳纹和细绳纹之分，主要施于鬲和罐。篦纹多为几何形，篦点细密规整，纹样相对简单整齐，多呈条带状分布于壶、单耳杯、钵的上部。附加堆纹往往与绳纹、珍珠纹配合，施于鬲的口部和颈部。指甲纹和戳压纹在鬲和大口深腹罐上所见最多。乳丁纹多施于大口深腹罐和瓮。陶器多采用泥圈套接制作而成，多数口沿经过慢轮修整。陶器种类有大口深腹罐、鬲、瓮、壶、单耳杯、盆、钵、碗等（图九三）。其中，大口深腹罐的数量最多，花边高领袋足鬲最具特征，是古城文化指征性器物。

特别值得一提的是，古城文化还发现有一些陶范，虽然数量不多，但是说明该文化应该存在铜器的使用。陶范的类型有斧范、刀范、铲范等。

石器的数量很少，见有刀、斧、锛、凿、楔、棍棒头、砺石等生产工具和环、璜等装饰品。另外，还发现少量的骨器，有锥、矛、凿、镞、管形器等。

2. 年代

古城文化的年代，可从以下三个方面来认识。

---

［1］王立新、豆海锋：《吉林洮南四海泡子四处遗址调查简报》，《边疆考古研究》第9辑，科学出版社，2008年，第343～363页。

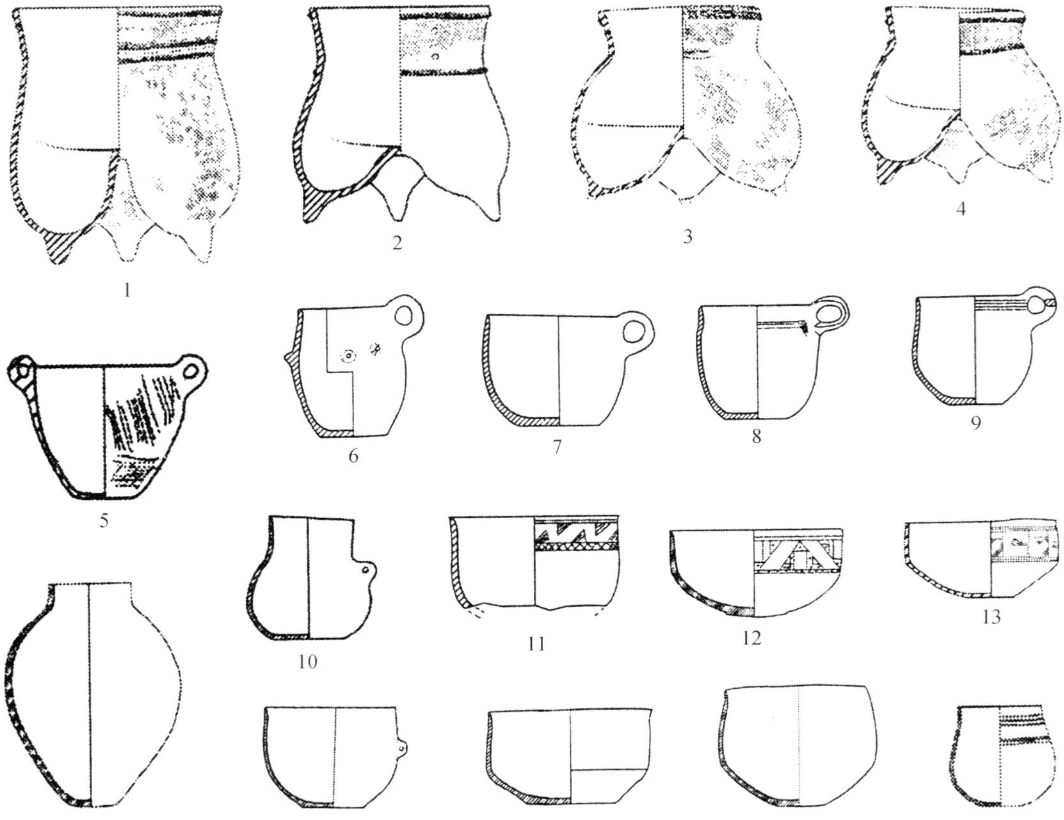

图九三　古城文化陶器

1～4. 高领袋足鬲　5. 双耳罐　6～9. 单耳杯　10. 壶　11～13、15～17. 钵　14. 瓮　18. 盂（均出自汉书遗址）

首先，从层位关系来看，肇源白金宝遗址1986年第三次发掘和大安汉书遗址2001年第二次发掘均揭示出古城文化叠压在小拉哈文化（夏至早商）之上，又被白金宝文化（西周早期至春秋晚期）所叠压，表明古城文化的年代当介于小拉哈文化与白金宝文化之间。

其次，从陶器特征分析，古城文化新出现的花边高领袋足鬲不仅是该文化最具标志性的陶器，而且对于判断该文化的年代具有重要的指示作用。从这种陶鬲的整体风格来看，古城文化的花边高领袋足鬲与魏营子文化的同类器在器形和纹饰风格方面十分相似，[1]应是受到后者影响所致。而且松嫩平原在古城文化阶段新出现的绳纹，也反映出魏营子文化对该地区的影响。魏营子文化的年代大致处于晚商时期，[2]古城文

［1］　郭大顺：《试论魏营子类型》，《考古学文化论集·1》，文物出版社，1987年，第79～98页。

［2］　赵宾福：《辽西山地夏至战国时期考古学文化时空框架研究的再检讨》，《边疆考古研究》第5辑，科学出版社，2006年，第32～68页。

化的年代也应与其大体相当。

最后，属于古城文化的白金宝遗址86F3012木炭标本，碳十四测定年代为距今3090±60年，树轮校正值为距今3270±140年，[1]年代跨度落在商代晚期范围内。

综合以上层位关系、陶器特征、碳十四测年数据三方面的分析，可以判定古城文化的年代大致处于商代晚期。[2]

（三）白金宝文化

白金宝文化得名于1974年首次发掘的黑龙江省肇源白金宝遗址。[3]从目前发表的材料来看，白金宝文化是以嫩江下游和松花江部分流域为重心，在松嫩平原有着广泛的分布范围。在吉林省大安东山头[4]、汉书[5]、后套木嘎[6]、团山子[7]、乾安后入字井屯[8]、镇赉西岗子[9]、扶余老方家地[10]等遗址均发现有属于白金宝文化的遗存。该文化的遗址一般坐落在河流、湖泊或沼泽岸边的台地或砂丘上，规模普遍不

[1] 中国社会科学院考古研究所编：《中国考古学中碳十四年代数据集（1965～1991）》，文物出版社，1991年，第93页。

[2] 赵宾福：《古城类型：嫩江流域商代晚期遗存辨识——兼谈嫩江流域陶鬲的起源与演变》，《新果集——庆祝林沄先生七十华诞论文集》，科学出版社，2009年，第238、239页。

[3] 黑龙江省文物考古工作队：《黑龙江肇源白金宝遗址第一次发掘》，《考古》1980年第4期，第311～324页。

[4] 吉林省博物馆：《吉林大安东山头细石器文化遗址》，《考古》1961年第8期，第404～406页。吉林省博物馆：《吉林大安东山头与古墓葬清理》，《考古》1961年第8期，第407～410页。张忠培：《白城地区考古调查述要》，《吉林大学社会科学学报》1964年第1期，第80～82页。

[5] 吉林大学历史系考古专业、吉林省博物馆考古队：《大安汉书遗址发掘的主要收获》，《东北考古与历史》第1辑，文物出版社，1982年，第136～140页。大安汉书遗址第二次发掘材料尚未正式发表，仅有简短报道，王洪峰：《汉书遗址》，《田野考古集粹——吉林省文物考古研究所成立二十五周年》，文物出版社，2008年，第25、26页。吉林省文物志编委会：《大安县文物志》，1982年，第25～30页。

[6] 王立新、霍东峰、石晓轩、史宝琳：《吉林大安后套木嘎遗址发掘取得重要收获》，《中国文物报》2012年8月17日第8版。相关材料尚未正式发表。

[7] 吉林省文物志编委会：《大安县文物志》，1982年，第79页。

[8] 吉林省文物工作队:《吉林乾安县大布苏泡东岸遗址调查简报》，《考古》1984年第5期，第396～404页。

[9] 吉林省文物工作队：《吉林大安县洮儿河下游右岸新石器时代遗址调查》，《考古》1984年第8期，第689～697页。

[10] 吉林省文物志编委会：《扶余县文物志》，1984年，第2～5页。

大，堆积较薄。[1]

其中，大安汉书遗址经过两次较大规模的发掘，出土的材料也最为丰富。第一次发掘于1974年5月至7月进行，发掘面积700余平方米，揭露出房址、墓葬、窖穴等遗迹，出土了陶器、铜器、铁器、石器等遗物。出土遗存可区分为两种不同时期的考古学文化，以M102为代表的遗存属于白金宝文化（发掘者称之为“汉书一期文化”），以F104为代表的遗存在年代上晚于白金宝文化，属于汉书二期文化。2001年再次对汉书遗址进行发掘，揭露面积2000余平方米，出土大量文物，其中第三期遗存属于白金宝文化，但是目前这批材料还未见发表。其他几处遗址仅发现少量白金宝文化遗存，有的遗址材料目前还未发表。有鉴于此，对吉林省内发现的白金宝文化遗存的全面认识，还需要借助黑龙江省发现的同类遗存。

1. 文化面貌

白金宝文化的房址平面形状为圆角长方形，系半地穴式建筑。面积一般不大，在30平方米左右。部分房址见有凸字形斜坡状门道。居住面较为平整，部分经过夯实。灶址位于房内的中部，平面形状多为椭圆形，底部见有坚硬的烧结面。房址内普遍发现有柱洞，在房址的中部偏后一些的位置往往有一平面呈圆角长方形的柱础坑，坑内有两个直径较大的柱洞，用以埋立主要承重的立柱，柱础坑填充有黑色胶质黏土。在房址的周壁内侧也常排列有整齐的边柱洞，边柱洞的数量较多，直径稍小。在房址的后部，靠近后壁处多见有大型窖穴贮藏设施，有的为袋形窖穴。特别值得一提的是，部分灰坑还发现有壁龛和隧洞。

目前，吉林省发现的白金宝文化墓葬数量较少。从已经发表的随葬品分析，可确定大安东山头遗址1962年清理的两座墓葬与大安汉书遗址1974年发掘的M102应属于白金宝文化。大安汉书M102是一座土坑竖穴墓，墓葬分上下两层，系二次葬。在上层墓穴的西部发现一单耳敛口罐和几根人骨；墓穴下层的中部放置三个人头骨，头骨西边散见一些体骨，人骨间随葬有两件筒形罐，其中一件完好，另一件则已残破，此外，还发现几件铜饰品。墓主人系一男二女，男性年龄在四十岁以上，女性均为二十岁左右。大安东山头遗址清理的两座墓葬为土坑竖穴墓，平面形状呈长方形。两座墓葬南北并列，呈东西向。墓葬面积较大，长约4米，宽约1.8米。皆为男性的多人合葬墓，系二次葬，墓主人的年龄不同。随葬品比较丰富，有陶器、骨器、蚌器、铜器等，既有装饰品，也有生产工具。从这三座墓葬出发，并参考黑龙江省讷河二克浅墓地[2]、富

[1] 李学来：《白金宝文化研究》，《青果集——吉林大学考古系建系十周年纪念文集》，知识出版社，1998年，第204～227页。

[2] 黑龙江省博物馆：《嫩江沿岸细石器文化遗址调查》，《考古》1961年第10期，第534～543页。安陆、贾伟明：《黑龙江讷河二克浅墓地及其问题探讨》，《北方文物》1986年第2期，第2～8页。黑龙江省文物考古研究所：《黑龙江讷河市二克浅青铜时代至早期铁器时代墓葬》，《考古》2003年第2期，第11～23页。

裕小登科墓地[1]等地点发掘的墓葬，可对白金宝文化的墓葬特征做以简单概括。白金宝文化墓葬多为长方形土坑竖穴墓。流行异性多人合葬，亦存在单人葬，合葬墓的面积较大一些。盛行二次葬，也发现少量仰身直肢一次葬，个别墓葬墓中同时存在一次葬和二次葬，二次葬的人骨往往较为凌乱。随葬品数量多寡不一，部分墓葬的随葬品较为丰富，个别墓葬的随葬品则很少。随葬的陶器以筒形罐、篦纹壶或敛口罐为常见组合，还见有少量铜器和骨器。

白金宝文化的陶器以砂质陶居多，其次为夹砂陶和泥质陶。陶色以黄褐色为主，灰褐色、红褐色次之。纹饰种类丰富，以绳纹和篦纹居多，还见有附加堆纹、指甲纹、戳印纹、乳丁纹等。绳纹多施于筒腹鬲、鼓腹罐，并往往与泥条堆纹配合使用。篦纹极具文化特色，可分为几何纹和动物纹（图九四），特别是羊、蛙、鹿等动物纹，形象极为逼真，具有极高的艺术价值。篦纹主要见于筒形罐、敛口罐、壶、钵等。器类有鬲、罐、壶、瓮、盆、杯、钵、碗、甑、支座等（图九五；图版一，4）。其中直腹鬲、筒

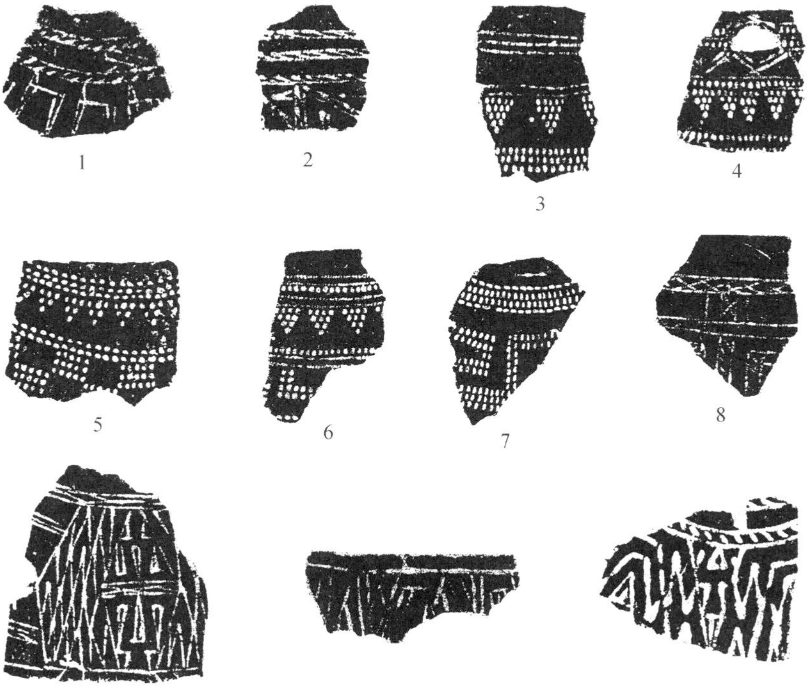

图九四　白金宝文化陶器篦点纹拓片
（采自后入字井遗址）

[1] 黑龙江省博物馆：《嫩江沿岸细石器文化遗址调查》，《考古》1961年第10期，第534～543页。黑龙江省文物考古研究所：《黑龙江小登科墓葬及相关问题》，《北方文物》1986年2期，第16～20页。张泰湘、曲炳人：《黑龙江富裕县小登科出土的青铜时代遗物》，《考古》1984年第2期，第187、188页。

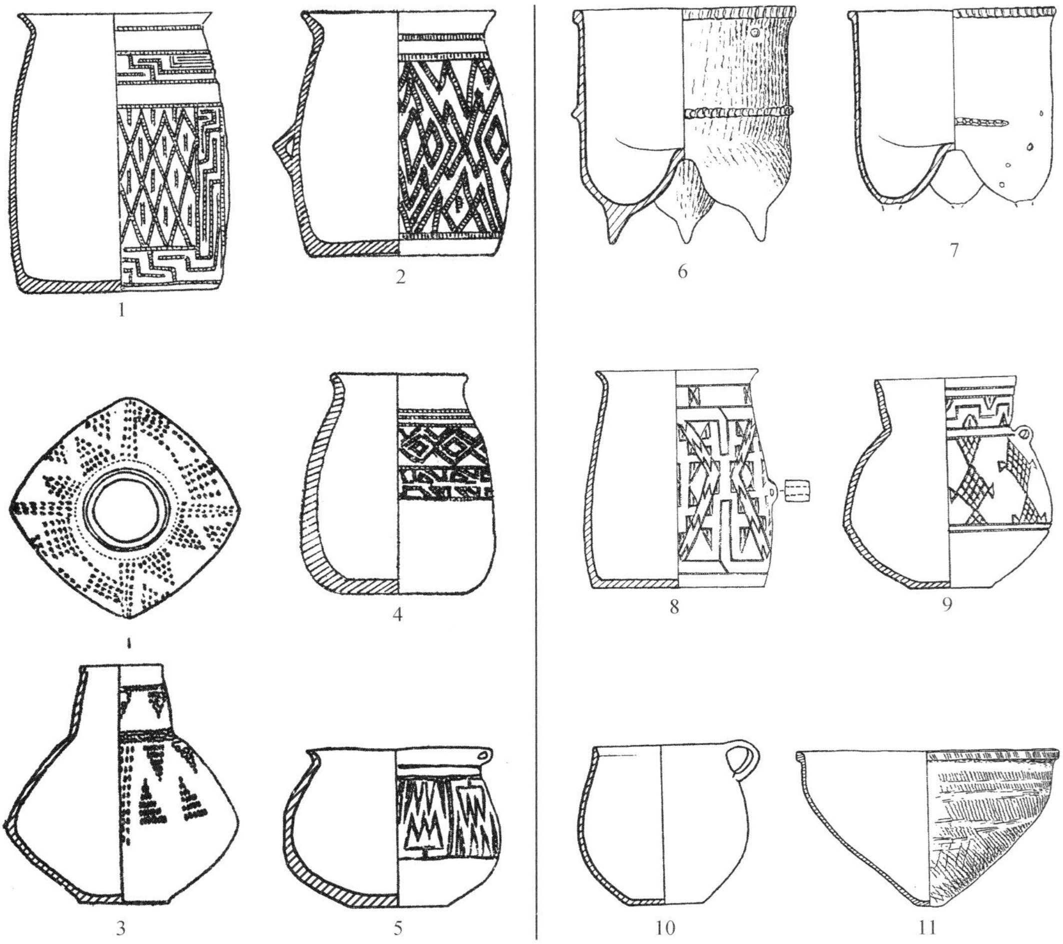

图九五　白金宝文化陶器

1、2、4、8. 筒形罐　3、9. 壶　5. 敛口罐　6、7. 鬲　10. 单耳杯　11. 盆

（左：出自吉林省，1、2、4、5. 出自汉书遗址　3. 出自东山头墓地，右：出自黑龙江省白金宝遗址）

形罐、敛口罐、折腹钵、单耳或双耳鼓腹壶、单把杯及馒头状支脚比较具有代表性。房址内出土的陶器以筒腹鬲、筒形罐、单把杯、折腹钵居多，而墓葬中以壶、筒形罐、敛口罐发现数量最多，可见居址和墓葬出土的器物组合存在一定的差别。

铜器出土数量较少。结合遗址中出土的一些陶质铸范，可以看出白金宝文化的铜器应有斧、刀、锥等小型生产工具和环、连珠饰等装饰品。

白金宝文化发现的石器较少，有斧、楔、杵、镞、刮削器、砺石、研磨器等。骨器的数量较多，见有凿、锥、镞、镖、梭、匕、笄、管、刻纹骨板等。此外还出土少量角、牙、蚌器。

2. 分期与年代

关于白金宝文化的分期问题，过去已有学者对其进行了探讨。[1]最新的研究在对白金宝文化遗存进行界定的基础上，通过对其遗址和墓葬出土材料的讨论，最终将白金宝文化分为三期。同时，从层位关系和碳十四测年数据分析，判定其早期年代大致处于西周早期，中期年代相当于西周中期，晚期年代的跨度比较大，大约处于西周晚期至春秋晚期。[2]

3. 渊源及与其他文化遗存的关系

从陶器亲缘关系分析，白金宝文化应该是由分布于松嫩平原的古城文化发展而来。[3]古城文化在分布于辽西地区的魏营子文化北上影响下，出现了一定数量的绳纹花边口高领袋足鬲，但是绳纹花边口高领袋足鬲在嫩江流域的产生并未从根本上改变该地区的炊食习惯，因为古城文化的主要炊器仍是传承自东北地区新石器时代的筒形罐。而自白金宝文化阶段，这一炊饮习惯发生了较大改变，最为明显的现象便是白金宝文化筒腹鬲的出现及其在该文化炊器中所占的绝对地位。白金宝文化筒腹鬲是在古城文化花边高领袋足鬲的基础上，借鉴后者袋足风格，在筒形罐的下部接上袋足改制而成，并在接合部位加固一周泥条堆纹以防止断裂，而且白金宝文化的这类筒腹鬲往往与各种类型的支脚配合使用。白金宝文化的瓮、壶、单耳杯在整体风格方面，与古城文化的同类器表现出显著的承继关系。在纹饰方面，白金宝文化除了继承了古城文化的绳纹外，还在篦纹方面有了新的发展。白金宝文化的篦纹更为规整复杂，新出现的各类动物纹也特别形象生动。

如果说嫩江流域的青铜文化在古城文化阶段主要是接受周边文化的影响的话，那么在白金宝文化阶段，嫩江流域的青铜文化与周边文化的交流则开始发生了转变。随着白金宝文化的发展壮大，嫩江流域的青铜文化出现了繁荣高潮，并开始对周边的考古学文化施加一定的影响，甚至不排除人群向外迁徙、扩张的可能。

目前的考古材料证明，白金宝文化在其发展过程中，曾向西和向南施加影响，与周边的考古文化存在密切的联系。属于夏家店上层文化的翁牛特旗大泡子青铜短剑墓

[1] 贾伟明：《关于白金宝类型分期的线索》，《北方文物》1986年第1期，第11～15页。李学来：《白金宝文化研究》，《青果集——吉林大学考古系建系十周年纪念文集》，知识出版社，1998年，第204～227页。

[2] 赵宾福：《白金宝文化的分期与年代》，《边疆考古研究》第7辑，科学出版社，2008年，第119～135页。

[3] 赵宾福：《东北青铜时代考古学文化谱系格局的研究》，《边疆考古研究》第12辑，科学出版社，2012年，第127～148页。

出土的篦点几何纹、动物纹的壶、筒形罐，[1]表明白金宝文化向西一度渗透到西拉木伦河流域。克什克腾旗龙头山遗址出土的篦纹壶，[2]暗示着白金宝文化对该地区的影响甚至到达西拉木伦河以南，只是这种影响已经比较微弱。最新发表的四平市双辽后太平遗址材料，[3]表明白金宝文化亦曾对东辽河下游地区有着较为深远的影响。后太平遗址发掘的墓葬出土了大量具有白金宝文化因素的陶器，其中施压印篦点纹的筒形罐、壶、钵与白金宝文化的同类陶器在器形和纹饰方面如出一辙。在东辽河下游地区出现比重如此大的白金宝文化因素，昭示着白金宝文化曾对东辽河流域有着深刻的文化影响，甚至可以说其背后很可能是白金宝文化的部分人群曾一度向南迁徙至此，所以才能遗留下如此丰富的白金宝文化式陶器。

4. 生业方式

白金宝文化的生产工具多为渔猎工具。大量骨镖、骨梭、陶网坠的发现及灰坑中出土的堆积很厚的鱼骨、蚌壳，表明捕捞业在当时的生产生活中占有重要地位。加工精美的骨镞、石镞说明狩猎活动也是当时人们获得食物来源的重要途径。白金宝文化的农业生产工具不仅种类不多，仅见蚌刀、石斧等，而且数量很少，可见农业活动在该文化中较少。从白金宝遗址揭露的成排的房址来看，当时人们已经过着较为稳定的定居生活，但是以渔猎经济为主，农业并不发达。从当时的生产力和环境条件观之，不排除当时还存在一定的采集业和畜养业。白金宝文化发现的一定数量的铜器及陶、石铸范，表明在当时人们已经掌握简单的青铜铸造技术。考虑到出土的青铜器多为刀、斧、镞、泡、环、连珠饰等小型生产工具和装饰品，白金宝文化的青铜铸造业整体水平还比较有限，明显低于同时期的辽西地区和中原地区。

（四）汉书二期文化

汉书二期文化得名于1974年发掘的大安汉书遗址。[4]确切地说，汉书二期文化是

[1]　贾鸿恩：《翁牛特旗大泡子青铜短剑墓》，《文物》1984年第2期，第50～54页。

[2]　内蒙古自治区文物考古研究所：《克什克腾旗龙头山遗址第一、二次发掘报告》，《考古》1991年第8期，第704～712页。

[3]　梁会丽、隽成军：《双辽市东辽河右岸2007年考古调查简报》，《东北史地》2009年第1期，第49～52页。吉林省文物考古研究所、四平市文物管理委员会办公室、双辽市文物管理所、双辽市郑家屯博物馆：《吉林双辽市后太平青铜时代墓地》，《考古》2009年第5期，36～54页。吉林省文物考古研究所、四平市文物管理委员会办公室、双辽市文物管理所、双辽市郑家屯博物馆：《后太平——东辽河下游右岸以青铜时代遗存为主的调查与发掘》，文物出版社，2011年，第58～269页。

[4]　吉林大学历史系考古专业、吉林省博物馆考古队：《大安汉书遗址发掘的主要收获》，《东北考古与历史》第1辑，文物出版社，1982年，第136～140页。

以大安汉书遗址首次发掘的第二期遗存为代表的考古学文化。最近也有学者建议将其称为“汉书文化”。[1]2001年对汉书遗址进行第二次发掘，区分出的第四期遗存也应属于汉书二期文化，[2]只是这批材料尚未发表。除了大安汉书遗址之外，在吉林省的扶余北长岗子[3]、杨家沟[4]、熊家亮[5]、腰岗子[6]、老牛圈[7]、郭家泡[8]、镇赉坦途北岗子[9]、松原后土木[10]、大安东山头[11]、后套木嘎[12]、白砂坨[13]、后地窝[14]、月亮泡渔场[15]、喇嘛岗子[16]、洮北双塔[17]、前郭尔罗斯红石砬子[18]、二莫后

[1] 张伟：《关于黑龙江省考古学文化命名的几点看法——以嫩江流域青铜至早期铁器时代为例》，《北方文物》2008年第4期，第14、15页。

[2] 王洪峰：《汉书遗址》，《田野考古集粹——吉林省文物考古研究所成立二十五周年》，文物出版社，2008年，第25、26页。

[3] 张忠培：《白城地区考古调查述要》，《吉林大学社会科学学报》1964年第1期，第80~82页。吉林大学历史系考古专业：《吉林扶余北长岗子遗址试掘简报》，《考古》1979年第2期，第141~144页。吉林省文物志编委会：《扶余县文物志》，1984年，第5~7页。

[4] 吉林省文物志编委会：《扶余县文物志》，1984年，第7、8页。

[5] 吉林省文物志编委会：《扶余县文物志》，1984年，第8、9页。

[6] 吉林省文物志编委会：《扶余县文物志》，1984年，第9、10页。

[7] 吉林省文物志编委会：《扶余县文物志》，1984年，第10页。

[8] 吉林省文物志编委会：《扶余县文物志》，1984年，第12、13页。

[9] 白城地区博物馆、文管所：《吉林省镇赉县坦途北岗子青铜时代墓葬清理报告》，《博物馆研究》1993年第1期，第65~72页。

[10] 松原市博物馆：《吉林省松原市后土木墓葬清理简报》，《北方文物》1998年第2期，第8、9页。松原市扶余博物馆：《吉林松原市后土木村发现古代墓葬》，《考古》1999年第4期，第92、93页。

[11] 吉林省博物馆：《吉林大安东山头细石器文化遗址》，《考古》1961年第8期，第404~406页。吉林省博物馆：《吉林大安东山头与古墓葬清理》，《考古》1961年第8期，第407~410页。

[12] 王立新、霍东峰、石晓轩、史宝琳：《吉林大安后套木嘎遗址发掘取得重要收获》，《中国文物报》2012年8月17日第8版。

[13] 吉林省文物志编委会：《大安县文物志》，1982年，第31、32页。

[14] 吉林省文物志编委会：《大安县文物志》，1982年，第33、34页。

[15] 吉林省文物志编委会：《大安县文物志》，1982年，第48~50页。吉林省博物馆文物队、吉林大学历史系考古专业：《吉林大安渔场古代墓葬》，《考古》1975年第6期，第356~362页。

[16] 吉林省文物志编委会：《大安县文物志》，1982年，第79、80页。

[17] 王立新：《双塔遗址》，《田野考古集粹——吉林省文物考古研究所成立二十五周年》，文物出版社，2008年，第23、24页。王立新、段天璟、汤卓炜：《吉林白城双塔遗址发现万年前后陶器》，《中国文物报》2012年9月14日第6版。

[18] 吉林省文物志编委会：《前郭尔罗斯蒙古族自治县文物志》，1983年，第21~25页。

山[1]、通榆兴隆山[2]等地点也发现有汉书二期文化的遗存。

1. 房址特征

目前，发表的汉书二期文化房址共有8座，均发现于大安汉书遗址。这些房址皆为半地穴式建筑。平面形状多为方形，仅一座为圆形。《大安汉书遗址发掘的主要收获》一文中对大安汉书遗址1974年清理的F104做了较为详细的介绍。[3]

汉书F104为方形半地穴式房址（图九六）。该房址南北长7.2米，东西宽6.6米，残深0.2～0.4米。居住面较为平整。门道位于东墙的中部，呈斜坡状，宽1.2米左右。灶址处于房址正中部，经过改建。第一次建造的形状呈葫芦形，改建后的形状则呈竖井状。在灶址周边分布有三排柱洞，共计12个。其中东侧5个，西侧4个，中间3个。房址居住面上普遍发现有一层炭屑，还有几根被烧成木炭的木柱。结合该房址内出土的完整和可复原的陶器多达二十多件，而且灶址旁边还发现有粮食粒，推测该房址的废弃是由于突发火灾所致，所以室内的生活用具及粮食未能及时转移出去。在紧靠F104西墙处有一个同一层位下开口的袋形窖穴（H107），周壁和底部修整平整。发掘者推测该窖穴系F104的附属遗迹，用于贮藏。类似的情况在汉书F101也有发现。

图九六　汉书F104

2. 墓葬特征

吉林省境内发现的汉书二期文化墓葬经过公布的有94座。包括松原后土木墓地1993年清理的一座墓葬（编号HM1），扶余坦途北岗子遗址1988年清理的5座墓葬，大

[1] 吉林省文物志编委会：《前郭尔罗斯蒙古族自治县文物志》，1983年，第27页。

[2] 吉林省文物工作队：《通榆县兴隆山鲜卑墓清理简报》，《北方文物》1982年第3期，第65～69页。

[3] 吉林大学历史系考古专业、吉林省博物馆考古队：《大安汉书遗址发掘的主要收获》，《东北考古与历史》第1辑，文物出版社，1982年，第138页。

安东山头遗址1960年下半年清理的3座墓中的两座墓（2号墓、3号墓），兴隆山1979年清理的墓葬一座，双塔遗址2007年发掘的第三期遗存中的25座墓葬，大安后套木嘎遗址[1]2011年发掘的60座墓葬。

汉书二期文化的墓葬多为长方形土坑竖穴墓（图九七），在大安后套木嘎遗址还首次确定存在部分洞室墓。墓葬既有单人葬，也有多人合葬。墓葬可细分为单人一次葬、双人一次葬、多人一次葬、单人二次葬、双人二次葬、多人二次葬。死者多为仰身直

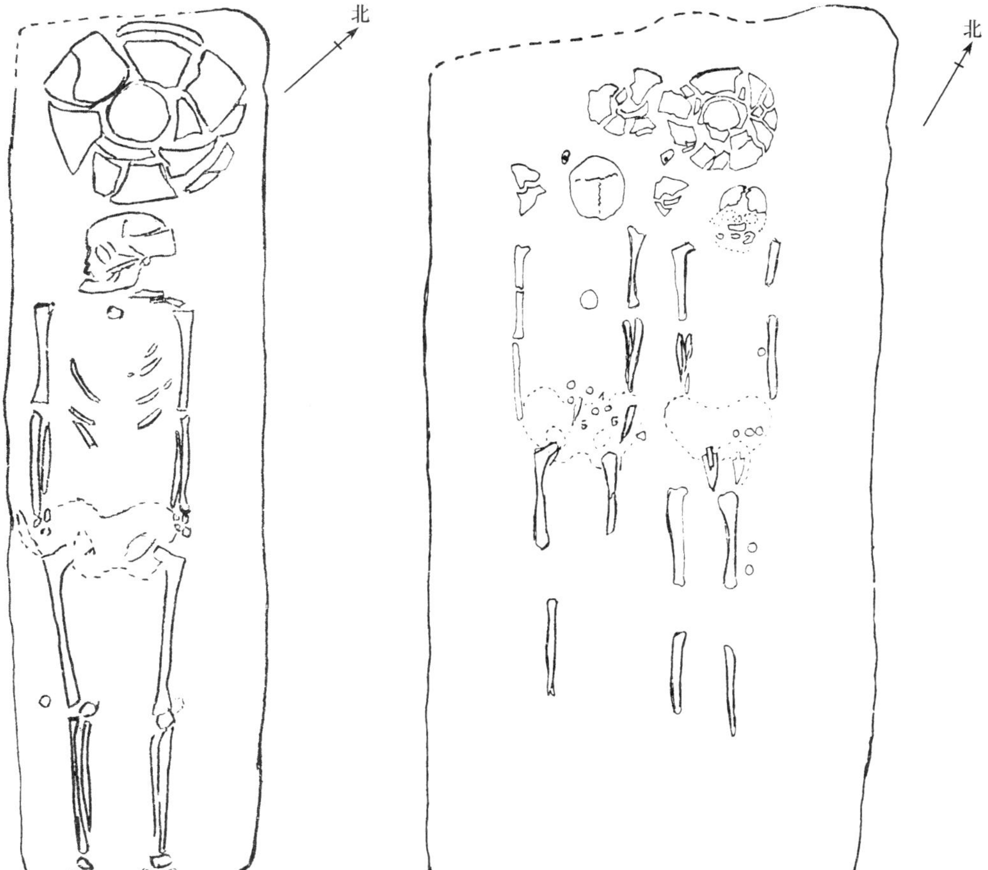

图九七　汉书二期文化墓葬

（左：北岗子M4　右：北岗子M5）

---

[1]　吉林省文物局、吉林大学边疆考古研究中心和吉林省文物考古研究所自2011年始连续多年对大安后套木嘎遗址进行了联合考古发掘。每年的考古发掘均发现有汉书二期文化的墓葬，目前仅2011年的发掘收获有简单报道，可参见王立新、霍东峰、石晓轩、史宝琳：《吉林大安后套木嘎遗址发掘取得重要收获》，《中国文物报》2012年8月17日第8版。相关材料尚未正式发表。

肢，头向西北方。随葬品见有陶器、铜器、骨器等。陶器除部分系实用器外，还有一些为冥器，多随葬于死者头部。铜器则多为刀、锥等生产工具和泡、环等装饰品。

3. 遗物特征

汉书二期文化的陶器以砂质陶居多，夹砂陶很少。黄褐陶为大宗，红褐陶占有一定比例，灰褐陶数量较少。陶器多施有纹饰，素面者不多。纹饰见有绳纹、戳印纹、指甲纹、附加堆纹和篦点纹等。并有一定数量的红衣陶和红彩陶，系在入窑前在器表或内壁涂刷上红衣或几何形图案，经焙烧后，色彩鲜艳，富有光泽。绳纹多为拍印而成，多呈束状分布，并往往施于鬲和罐上。篦点纹陶器的数量不多，多见于壶的腹部，所施的篦纹也比较简单。汉书二期文化的陶器主要为三足器和平底器，流行齿状花边口沿风格。大型陶器仍采用泥圈套接制作而成。器类丰富，有鬲、鼎、罐、壶、盆、舟形器、碗、杯、支脚等（图九八）。其中花边口绳纹低裆鬲、花边口沿罐、红衣壶、鸭形三足壶、舟形器、小三足器、喇叭形支脚数量较多，而且比较具有特色。

发现的石器数量较少，仅见斧、锛、锤斧等（图九九，23～25）；骨角器的数量较多，种类丰富，见有锥、矛、锤、镞、匕、纺轮、带孔骨片、笄等（图九九，1～5）。

汉书二期文化的金属器可分为青铜器和铁器两类。青铜器主要有刀、锥、镞、环、扣、泡、牌饰等（图九九，8～22）。此外，在大安汉书遗址1974年还发掘出土了一件属于青铜短剑附件的石枕状器，暗示着汉书二期文化应该存在青铜短剑。大安汉书遗址的首次发掘中还发现五十余块铸范，除一件为石范外，其余均为陶范，或为合范，或为单范，可辨器形有镞、矛、扣、鱼钩、马形牌饰等。出土的铁器主要为斧和刀，其中以銎形斧居多。

4. 分期与年代

最新的研究结果表明，可将目前发表的汉书二期文化材料划分为三期，早期相当于战国早期，中期相当于战国晚期，晚期相当于西汉时期。从目前发表的材料来看，吉林省境内发现的汉书二期文化遗存多处于汉书二期文化的早、中期阶段，年代大致处于战国时期，而榆树兴隆山墓葬的年代则晚至西汉时期。[1]

5. 文化渊源

从陶器的亲缘关系来看，汉书二期文化和白金宝文化存在极为密切的联系，所以大安汉书遗址的发掘者较早便指出这两种文化可能是统一文化系统的先后发展阶

[1] 赵宾福：《汉书二期文化研究——遗址材料和墓葬材料的分析与整合》，《边疆考古研究》第8辑，科学出版社，第98～116页。

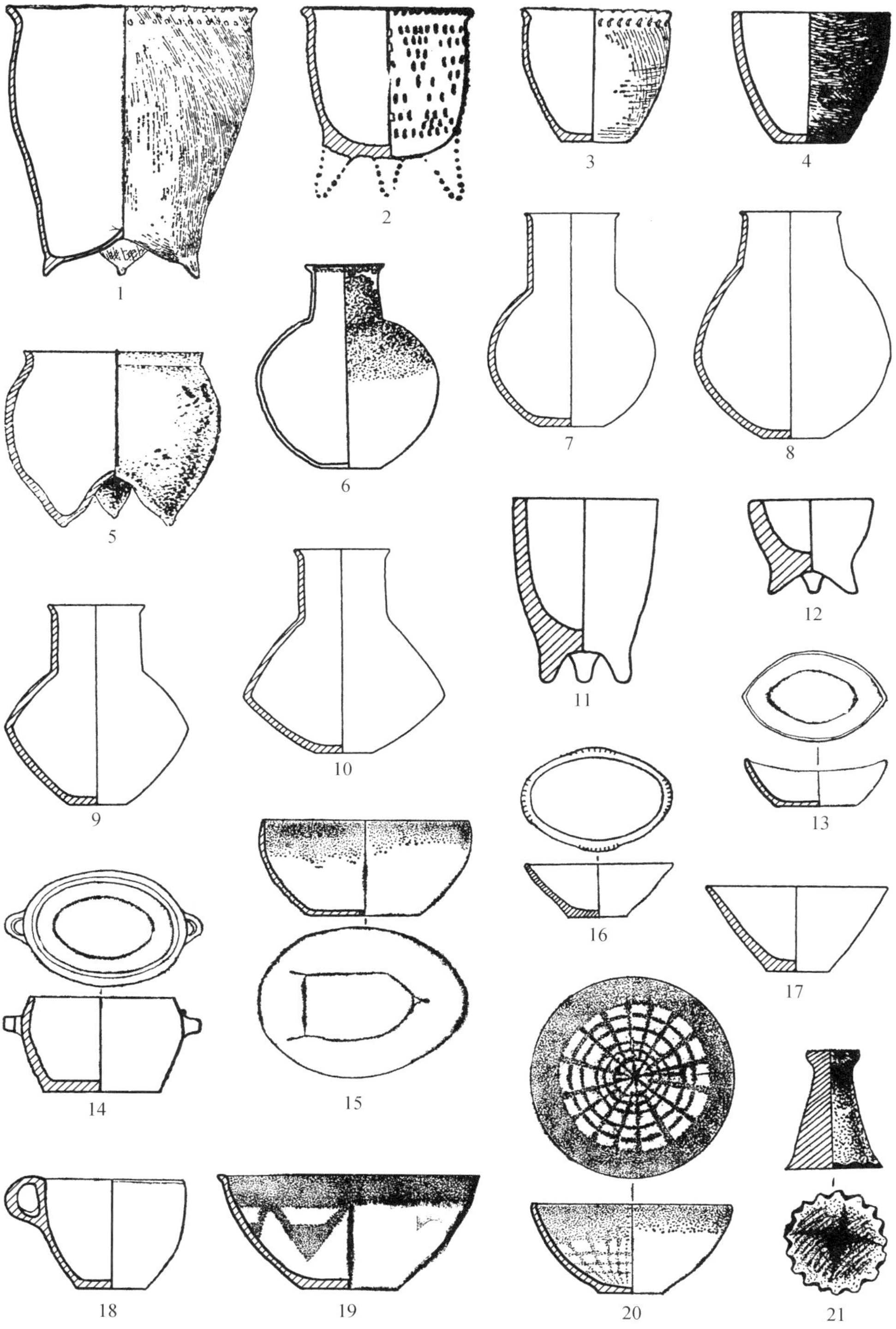

图九八　汉书二期文化陶器

1、5. 鬲　2. 鼎　3、4. 罐　6～10. 壶　11、12. 三足器　13～16. 舟形器　17、19、20. 碗　18. 单耳杯　21. 支脚（1、3、6、13～16、18～21. 汉书　2、4. 北长岗子　5. 北岗子　7～12、17. 后土木）

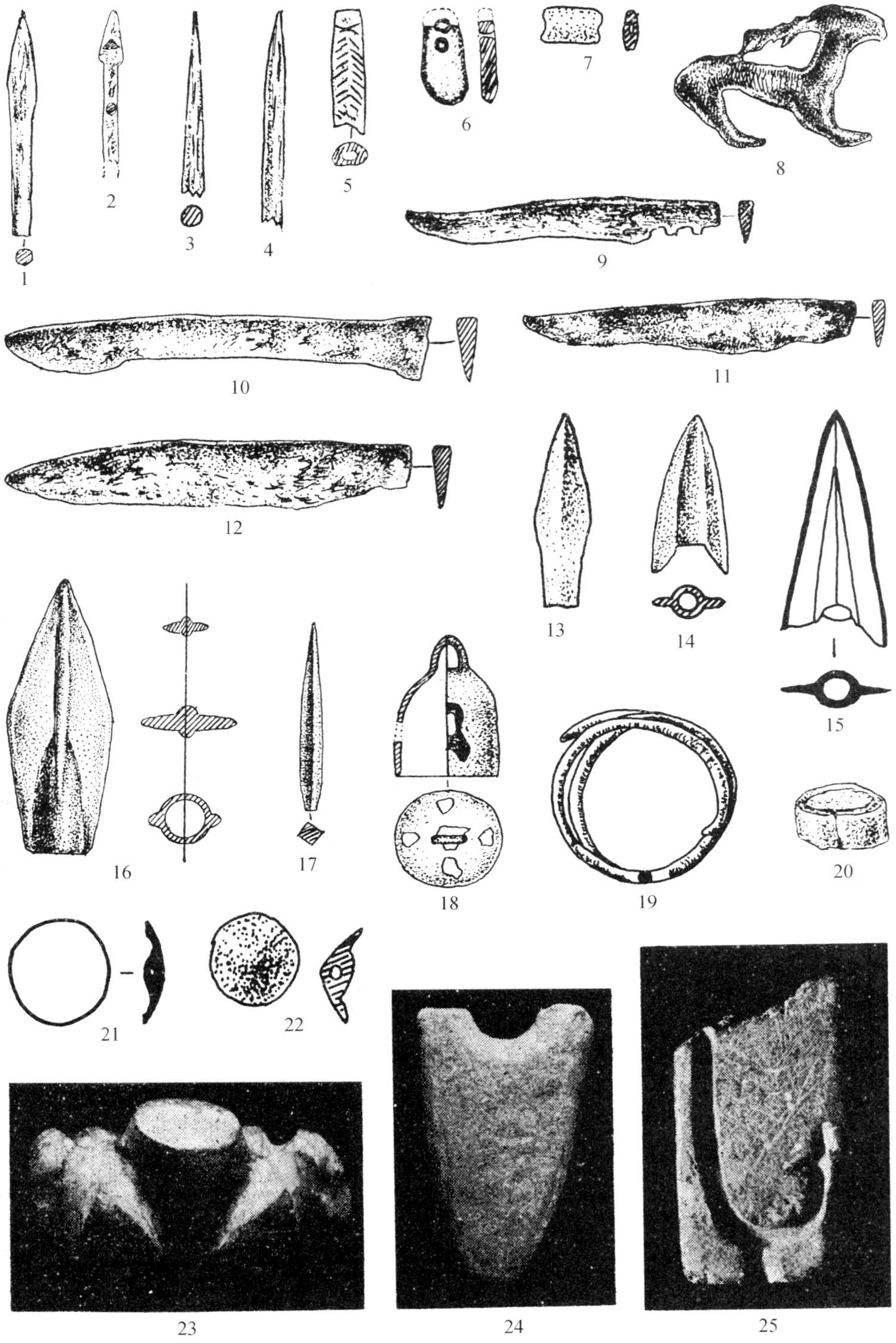

图九九　汉书二期文化遗物

1、2. 骨镞　3、4. 骨锥　5. 骨饰　6、7. 玉饰　8. 鹿形铜牌饰　9～12. 铜刀　13～16. 铜镞　17. 铜锥　18. 铜铃　19、20. 铜环　21、22. 铜泡　23. 石枕状器　24. 锤斧　25. 鱼钩石范

段。[1]正是由于二者在文化特征方面的紧密联系，甚至有学者认为二者应为同一考古学文化。[2]从陶器组合来看，汉书二期文化新出现了花边口低裆鬲、红衣壶、鸭形三足壶、舟形器、小三足器、彩绘碗、喇叭形支脚等器形，与白金宝文化的陶器群形成了明显的区别。特别是汉书二期文化的陶鬲也由白金宝文化的筒腹高裆深袋足，演变为曲腹低裆乳状足，放弃了原来“在筒腹罐下面安装三个袋足的制鬲方法，而采用了直接在筒形器的下部捏合出三个乳状矮腿”[3]的新工艺，标志着松嫩平原在制作陶鬲技术上的重大改变。所以说汉书二期文化和白金宝文化应该属于不同的考古学文化。除了上面提到的陶鬲的形制变化外，汉书二期文化的杯口壶、直口壶、喇叭口壶、鼓腹罐、单耳杯、篦点纹与白金宝文化的同类器及纹饰存在明显的演变关系。因此，汉书二期文化应该在白金宝文化的基础上发展而来的。

6. 生业方式

在大安汉书遗址的汉书二期文化的地层堆积和遗迹中，发现大量的鱼骨、鱼鳞，甚至可用“堆叠混杂、俯拾皆是”来形容，而且出土了较多的陶网坠和舟形器，表明捕捞业在汉书二期文化中占有极为重要的地位。数量较多的骨镞、骨矛说明狩猎活动也是当时人们获得食物来源的重要途径。在大安汉书遗址F104内发现的作物遗存虽然不能完全确定是糜子，但是这些粮食颗粒的出土，或许说明当时还存在农业。考虑到遗址中出土的农业工具甚少，所以推测农业经济的水平应该比较低下。各类青铜制品和铸范的发现，可以看出汉书二期文化的居民掌握了青铜制造技术，并且形成了一定的规模。但是鉴于目前发现的青铜器多为小型的生产的工具和装饰品，表明汉书二期文化的青铜制造水平有限。

二、西流松花江流域的西团山文化

西团山位于吉林市船营区欢喜乡吉兴村，因与吉林城东的东团山遥遥相峙，所以被称为西团山。早在二十世纪二三十年代，既有中国学者李文信、日本学者三上次男等人曾在这一地区进行调查。[4]新中国成立前，原东北大学（现东北师范大学）教授

[1] 吉林大学历史系考古专业、吉林省博物馆考古队：《大安汉书遗址发掘的主要收获》，《东北考古与历史》第1辑，文物出版社，1982年，第136～140页。

[2] 都兴智：《试论汉书文化和白金宝文化》，《北方文物》1986年第4期，第21～25页。

[3] 赵宾福：《东北青铜时代考古学文化谱系格局的研究》，《边疆考古研究》第12辑，科学出版社，2012年，第133页。

[4] 李文信：《吉林龙潭山遗迹报告》，《满洲史学》第1卷（1937年）第2、3号，第2卷（1938年）第2号。三上次男：《满洲国团山子遗迹》，《人类学杂志》54卷6号，1939年。

杨公骥、李洵等人对西团山进行了两次发掘。[1]同时，也引起学术界的高度重视。1950年由一批中国考古学专家组成的东北考古发掘团遂对吉林市郊的西团山、骚达沟、东团山、猴石山等遗址进行了考古调查和发掘，收获颇丰。[2]随着考古材料的丰富，遂有学者提出将以西团山墓葬为代表的遗存命名为“西团山文化”。[3]

有学者统计，至2008年吉林省境内发现的西团山文化遗址和墓地已多达115处。[4]其中经过发掘的遗址和墓地共计26处，分别为吉林西团山[5]、骚达沟[6]、土城子[7]、两半山[8]、长蛇山[9]、猴石山[10]、狼头山[11]、泡子沿前山[12]、永吉星星

[1] 杨公骥：《西团山史前文化遗址初步发掘报告》，《东北日报》1949年2月11日第4版。

[2] 贾兰坡：《吉林西团山古墓之发掘》，《科学通报》1950年第8期，第593～595页。东北考古发掘团：《吉林西团山石棺墓发掘报告》，《考古学报》1964年第1期，第29～49页。

[3] 张忠培：《吉林市郊古代遗址的文化类型》，《吉林大学社会科学学报》1963年第1期，第69～79页。东北考古发掘团：《吉林西团山石棺墓发掘报告》，《考古学报》1964年第1期，第29～49页。

[4] 董学增：《吉林西团山文化六十年研究成果概述》，《博物馆研究》2009年第1期，第28～36页。

[5] 杨公骥：《西团山史前文化遗址初步发掘报告》，《东北日报》1949年2月11日第4版。李洵：《一九四八、一九四九年西团山发掘记录整理》，《西团山考古报告集》第一辑，吉林市博物馆，1987年。东北考古发掘团：《吉林西团山石棺墓发掘报告》，《考古学报》1964年第1期，第29～49页。佟柱臣：《一九五〇年西团山发掘报告资料摘录》，《西团山考古报告集》第一辑，吉林市博物馆，1987年。吉林大学历史系文物陈列室：《吉林西团山石棺墓发掘记》，《考古》1960年第4期，第35～37页。

[6] 段一平、李莲、徐光辉：《吉林市骚达沟石棺墓整理报告》，《考古》1985年第10期，第885～900页。吉林省博物馆、吉林大学考古专业：《吉林市骚达沟山顶大棺整理报告》，《考古》1985年第10期，第901～907页。吉林市地方志编纂委员会：《吉林市文物志》，吉林文史出版社，1994年，第156～158页。

[7] 吉林省博物馆：《吉林江北土城子文化遗址及石棺墓》，《考古学报》1957年第1期，第43～52页。佟柱臣：《吉林新石器文化的三种类型》，《考古学报》1957年第3期，第31～39页。

[8] 康家兴：《吉林两半山发现新石器时代文化遗址》，《考古通讯》1955年第4期，第60页。张忠培：《两半山遗址调查》，《吉林大学社会科学学报》1963年第2期，第73～80页。张忠培：《吉林两半山遗址发掘报告》，《考古》1964年第1期，第31～39页。

[9] 吉林省文物工作队：《吉林长蛇山遗址的发掘》，《考古》1980年第2期，第123～134页。

[10] 吉林地区考古短训班：《吉林猴石山遗址发掘简报》，《考古》1980年第2期，第135～141页。吉林省文物考古研究所、吉林市博物馆：《吉林市猴石山遗址第二次发掘》，《考古学报》1993年第3期，第311～349页。董学增：《西团山文化研究》，吉林文史出版社，1994年，第55～62页。

[11] 吉林市博物馆：《吉林市郊二道水库狼头山石棺墓地发掘简报》，《北方文物》1984年第4期，第3～7页。

[12] 吉林市博物馆：《吉林市郊泡子沿前山遗址和墓葬》，《考古》1985年第6期，第497～507页。

哨[1]、旺起屯[2]、学古东山[3]、口前小团山[4]、东梁岗[5]、杨屯大海猛[6]、黄家楼[7]、舒兰黄鱼圈珠山[8]、蛟河小南沟北山头[9]、池水南山[10]、磐石吉昌小西山[11]、汶水后山[12]、四滴[13]、榆树老河深[14]、双阳万宝山[15]、孤顶山[16]、将军岭

[1] 吉林市文物管理委员会、永吉县星星哨水库管理处：《永吉星星哨水库石棺墓及遗址调查》，《考古》1973年第3期，第145～150页。吉林市博物馆：《吉林永吉星星哨石棺墓第三次发掘》，《考古学集刊》第3辑，中国社会科学出版社，1983年，第109～125页。

[2] 刘发祥：《吉林省永吉县旺起屯新石器时代石棺墓发掘简报》，《考古》1960年第7期，第27～30页。董学增：《西团山文化研究》，吉林文史出版社，1994年，第96～98页。

[3] 吉林市博物馆：《吉林永吉县学古东山遗址试掘简报》，《考古》1981年第6期，第492～495页。

[4] 吉林市博物馆：《吉林口前蓝旗小团山、红旗东梁岗石棺墓清理简报》，《文物》1983年第9期，第51～57页。

[5] 吉林市博物馆：《吉林口前蓝旗小团山、红旗东梁岗石棺墓清理简报》，《文物》1983年第9期，第51～57页。李光日：《红旗东梁岗遗址》，《田野考古集粹——吉林省文物考古研究所成立二十五周年》，文物出版社，2008年，第27、28页。吉林省文物考古研究所、吉林市文物管理处、永吉县文物管理所：《吉林永吉东梁岗遗址发掘报告》，《边疆考古研究》第12辑，科学出版社，2012年，第1～28页。

[6] 刘振华：《永吉杨屯遗址试掘简报》，《文物》1973年第8期，第63～68页。刘景文：《永吉杨屯遗址出土的几件器物》，《东北师大学报》1981年第3期，第102页。吉林市博物馆：《吉林永吉杨屯大海猛遗址》，《考古学集刊》第5辑，中国社会科学出版社，1987年，第120～149页。吉林省文物工作队、吉林市博物馆、永吉县文化局：《吉林永吉杨屯遗址第三次发掘》，《考古学集刊》第7辑，中国社会科学出版社，1991年，第23～50页。

[7] 董学增：《西团山文化研究》，吉林文史出版社，1994年，第94、95页。

[8] 吉林省文物工作队：《吉林舒兰黄鱼圈珠山遗址清理简报》，《考古》1985年第4期，第336～348页。

[9] 董学增：《西团山文化研究》，吉林文史出版社，1994年，第126～128页。

[10] 吉林市地方志编纂委员会：《吉林市志文物志》，吉林文史出版社，1994年，第165、166页。

[11] 吉林省文物工作队：《吉林磐石吉昌小西山石棺墓》，《考古》1984年第1期，第51～58页。

[12] 张志立、王洪峰：《磐石县汶水后山石棺墓清理简报》，《西团山考古报告辑》第二辑，吉林市博物馆，1992年，第70、71页。

[13] 董学增：《西团山文化研究》，吉林文史出版社，1994年，第110、111页。

[14] 吉林省文物考古研究所：《榆树老河深》，文物出版社，1987年，第5～10页。

[15] 许彦文：《吉林双阳万宝山石棺墓》，《北方文物》1984年第3期，第48～50页。长春市文物管理委员会：《吉林省饮马河沿岸古文化遗存调查简报》，《考古》1986年第9期，第782～791页。

[16] 长春市文物管理委员会办公室：《吉林双阳孤顶山遗址调查试掘简报》，《博物馆研究》1991年第1期，第74～78页。王晔清：《双阳孤顶山石棺清理及遗址调查简报》，《长春文物》1988年第2辑，第10～14页。

磨盘山[1]、五家子[2]。根据目前发现的相关遗址和墓地的位置，可以大致廓清西团山文化的分布范围，这一区域以吉长地区为重心，东达威虎岭，南抵东辽河，西临伊通河，北至拉林河。[3]

西团山文化自二十世纪五六十年代确定以来，相关的研究成果颇丰，涉及范围极为广泛，而且逐渐走向深入。这些文章既有针对某个遗址或墓地的个案讨论，也有从整个文化层面的综合性研究；既有围绕文化特征、分布范围、分期、年代、源流等基础性问题进行的探讨，也有就青铜器、装饰品、经济形态、埋葬习俗、社会制度、族属等方面展开的专题性考察。

（一）房址特征

迄今为止，经过发掘并发表材料的西团山文化房址共计74座。其中猴石山18座、长蛇山15座，土城子1座、泡子沿前山4座、学古东山1座、东梁岗2座、大海猛17座、榆树老河深2座、黄鱼圈珠山9座、五家子5座。

西团山文化的居住址多分布于靠近河流的地方，或坐落于向阳的低矮山丘的缓坡上，或见于河流的冲积平原处。有学者认为西团山文化早、中期的居住址多选择于山坡的台地上，晚期时，则从山地迁徙到平原地区。[4]目前发现的西团山文化房址均为半地穴式，即使是依山而建的房址也是如此。房址的平面形状呈圆角长方形、圆角方形、椭圆形等，前者居多（图一〇〇）。西团山文化房址的面积一般在15～35平方米，个别稍大者，则在45平方米左右。建于山坡的房址在临坡的一面往往残存有垒砌的石墙，并在石缝中填以软土或稀泥，其余穴壁则利用凿得的山坡岩面。有的房址四周均垒砌石墙，较为特别。居住面较为平整，或顺坡面微倾。有的居住面直接利用花岗岩，部分铺以垫土或花岗岩风化砂，部分用黄泥抹平，有的还经过焙烧。一般居址中部会有一个或两个灶址，个别则有多个。有的灶址用石板围砌而成，有的则直接就地挖制，灶址的形状多样，见有椭圆形、圆形、“L”形、不规则形等。有的房址发现有门道，门道呈斜坡状，或被修理呈多级阶梯状。多数房址内发现有数量不等的柱

［1］　刘景文：《双阳考古调查记》，《博物馆研究》1982年第1期，第83、84页。

［2］　吉林省文物考古研究所、长春市文物保护研究所：《长春市双阳区五家子遗址发掘简报》，《北方文物》2011年第4期，第3～7页。长春市文物管理委员会：《吉林省饮马河沿岸古文化遗存调查简报》，《考古》1986年第9期，第782～791页。

［3］　金旭东：《西团山文化辨析》，《青果集——吉林大学考古专业成立二十周年考古论文集》，知识出版社，1993年，第285～293页。

［4］　刘景文：《西团山文化经济形态初探》，《北方文物》1983年第1期，第22页。董学增：《试论吉林地区的西团山文化》，《考古学报》1985年第4期，第407～426页。董学增：《西团山文化居址研究》，《考古》1992年第5期，第434～442页。

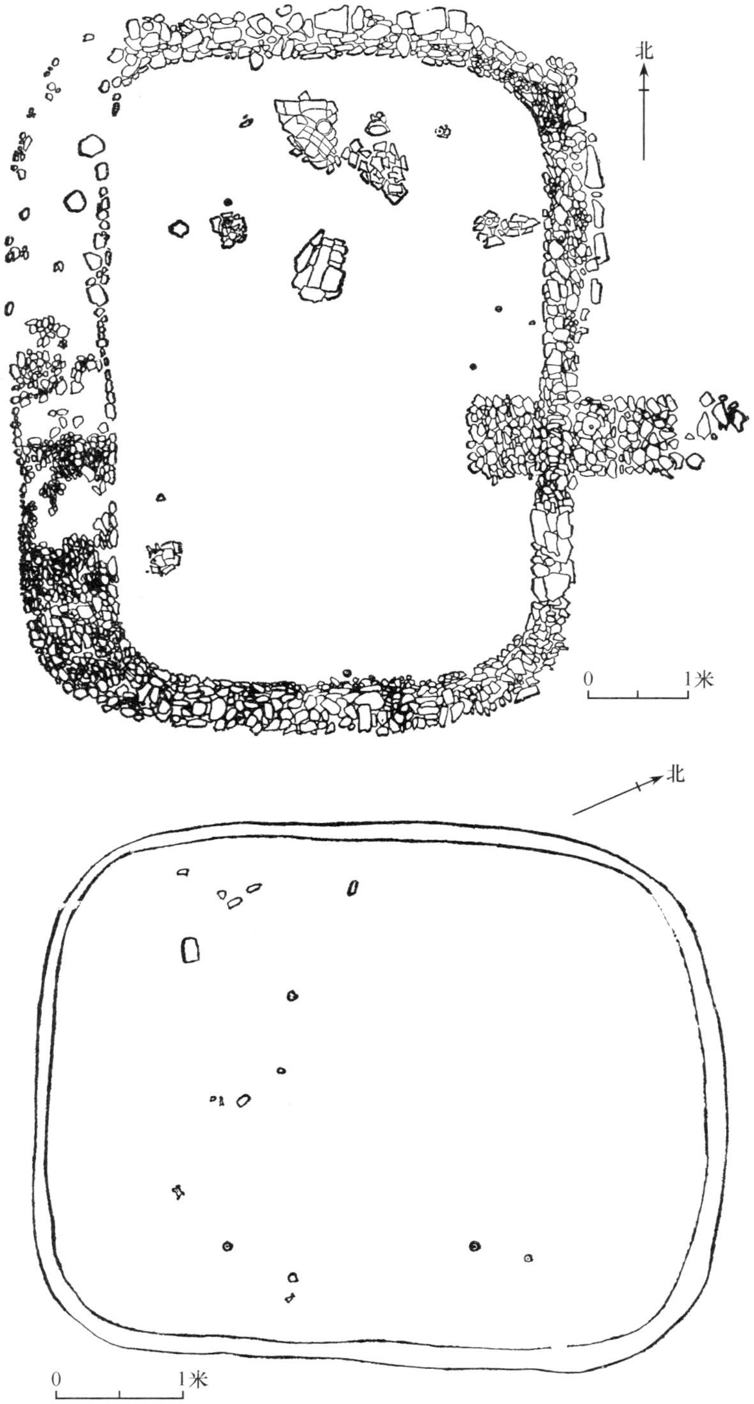

图一〇〇　西团山文化房址

（上：猴石山80F6平面图　下：猴石山80F4平面图）

洞，柱洞没有固定位置，有些柱洞内出土有用平整花岗岩块石或扁平河卵石所做的柱础。部分室内的一侧清理出用石砌矮墙与穴壁构成的半月形空间，从其内发现有较多的石器推测应为储藏室，用以储藏工具或粮食。不少房址的一角或一侧还见有窖穴，平面形状为长方形、椭圆形等。

在西团山文化的东界和西界，于居址附近的山顶上，发现有数十个土垣遗迹，平面形状呈圆形或椭圆形，直径一般为20～40米之间（个别稍大），土棱宽约1.5～3米，保存较好者残高超过1米。这些遗彼此相望，距离多在1～1.5千米，最远者约9千米。至于这些土垣遗迹的性质，有学者认为是西团山文化修造的防御设施，可能起到“部界”的作用。[1]

（二）墓葬特征

考古工作者清理的西团山文化墓葬数量较多，见于报道的就有466座。其中西团山49座、骚达沟30座、土城子26座、两半山1座、长蛇山4座、猴石山163座、狼头山14座、泡子沿前山13座、星星哨86座、旺起屯12座、小团山5座、东梁岗26座、大海猛11座、小西山6座、汶水后山2座、四滴4座、万宝山1座、孤顶山5座、小南沟北山头2座、将军岭磨盘山2座、黄家楼1座、池水南山3座。

西团山文化的墓地多选择在靠近居址的地方，分布特点与居址相似，多处于河流旁低矮山丘的缓坡上或者冲积平原。墓地的面积大小不一，小的仅数百平方米，大者可达上万平方米，如西团山墓地约300平方米，而猴石山墓地约10000平方米。墓葬多成排分布，排列较为紧密，往往首尾相连，但是墓葬之间的叠压打破关系极少。墓葬平面形状多为圆角长方形。按照墓葬形制，可将西团山文化的墓葬分为石棺墓、土坑竖穴墓、瓮棺葬三大类（图一〇一）。其中，石棺墓的数量最多，可占墓葬总数的98%左右，系在穴坑内用天然或人工加工的板石或块石垒砌成棺的墓葬，其上用多块较大的板石封盖，极个别用整块板石封盖，部分墓底也铺有板石。部分石棺墓还见有副棺，其内往往放置有随葬品。有的还在石棺内人骨四周修抹出长方形黄泥框。依据使用石材和构建方法，可进一步将石棺墓细分为四小类：第一小类为板石立砌墓，用不甚规整的长方形板石立置于花岗岩上构成墓室，部分墓底也铺有板石（图一〇一，1）；第二小类为块石垒砌墓，墓室四壁皆用大小不一的块石垒砌而成，块石光滑的一面朝向棺内（图一〇一，2）；第三小类为块石板石混砌墓，墓壁既有立砌的板石，亦存在垒砌的块石（图一〇一，3）；第四小类为土石混砌墓，往往仅有一侧或两侧墓壁见有较少的板石或块石，抑或仅在墓坑上面有封盖板石，其实就是简化的

[1] 吉林省文物志编纂委员会编：《蛟河县文物志》，1987年，第6页。董学增：《吉林蛟河八墒地青铜时代遗址及其附近“堡寨”遗迹调查》，《辽海文物学刊》1988年第1期，第45～50页。

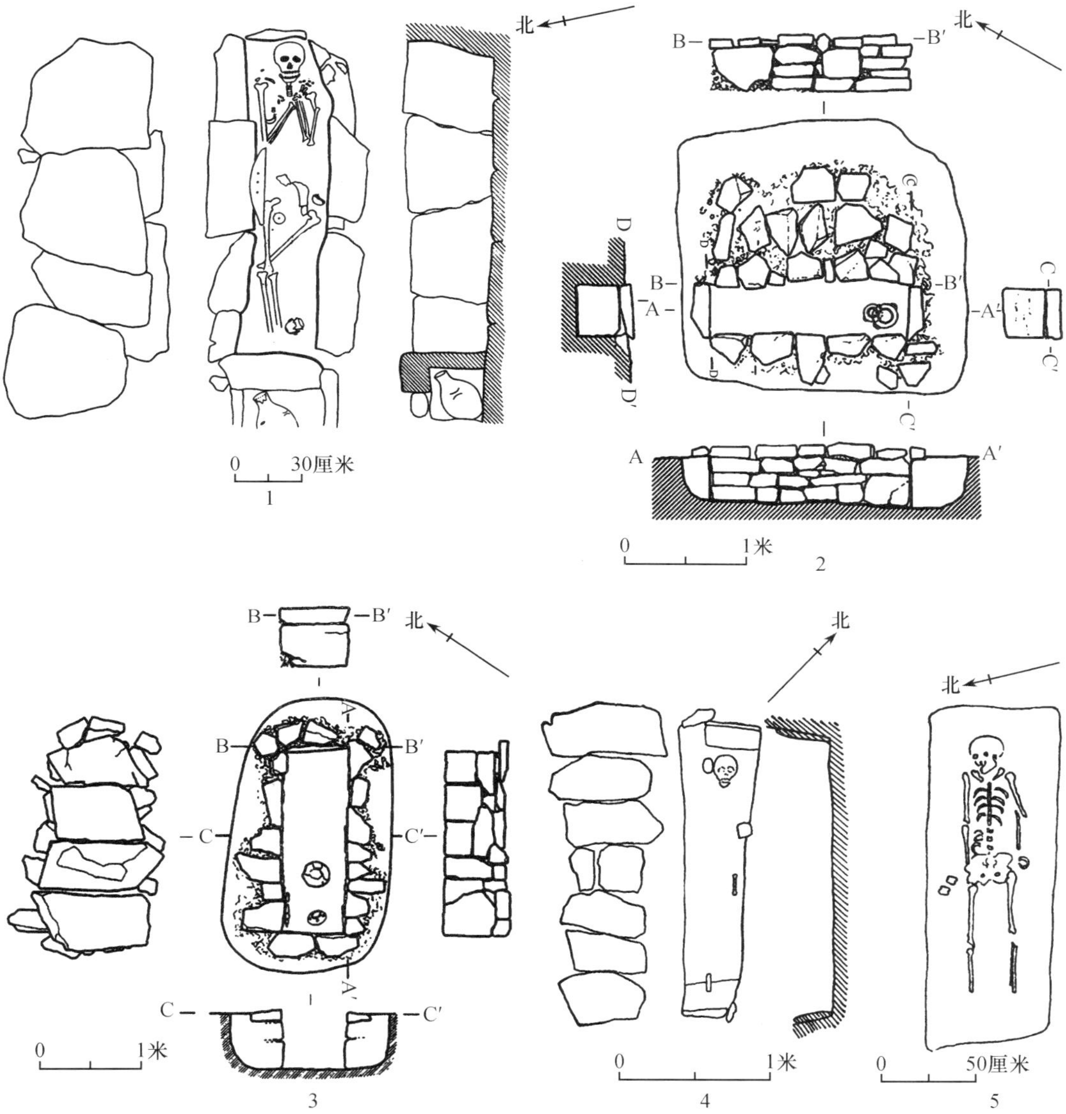

图一〇一　西团山文化墓葬

1. 西团山M4　2. 东梁岗ⅠM8　3. 东梁岗ⅠM3　4. 猴石山79M83　5. 大海猛M12

石棺墓（图一〇一，4）。目前，发现的最大的西团山文化石棺墓系骚达沟山顶大墓（图一〇二）。[1]该墓是在山顶凿出一长方形岩圹，南北长2.5米，东西宽1.5米，深约1.5米。墓室四壁、墓底石、顶盖均为人工修整的巨型整块长方形花岗岩。该墓孤立于山顶之上，而且随葬品多达71件，随葬较多的青铜器和玉石装饰品，随葬品

[1]　吉林省博物馆、吉林大学考古专业：《吉林市骚达沟山顶大棺整理报告》，《考古》1985年第10期，第901～907页。

之丰富，规格之高，明显区别于其他石棺墓，说明墓主人身份极为特殊，地位也较为显赫。土坑竖穴墓数量不多，集中发现于杨屯大海猛遗址，[1]为成年人墓葬（图一〇一，5）。目前发现的西团山文化瓮棺葬数量极少，见于泡子沿前山遗址[2]和杨屯大海猛遗址[3]。瓮棺葬的葬具为瓮、罐、鼎或者打掉口的壶，装殓的死者为婴幼儿。瓮棺葬多埋于房址的居住面下，目前仅在泡子沿前山遗址发现一例瓮棺葬葬于公共墓地内。西团山文化的墓葬基本上都是单人一次葬，仅1959年在永吉旺起屯清理的一座墓葬为多人二次合葬墓，[4]极为特别。葬式多为仰身直肢葬，少数系屈肢葬，极个别为俯身葬。部分墓葬的死者双手交叉置于胸前。墓葬的随葬品一般不太丰富，见有陶器、石器、铜器等。随葬品的放置位置具有一定的规律。玉石坠、白石管、玛瑙珠等装饰品多放置在头、颈、胸部，可能下葬 时佩戴于死者身上；石斧、石刀、石锛、纺轮等生产工具和青铜武器多处于死者双手间或盆骨上；陶壶、罐、钵等生活用具放于副棺内，无副棺的一般放在小腿附近或足下；随葬猪骨的现象比较普遍，墓内陶器中或棺盖上往往发现有猪牙、猪下颌骨或猪头。[5]

（三）遗物特征

出土的西团山文化遗物类别有陶器、石器、铜器、骨器、玉器、纺织品等。

西团山文化的陶器普遍为夹砂陶，泥质陶极少。陶土经过筛洗，陶泥内含有颗粒匀整的细砂，器表经过磨光，比较光滑。陶器主要为素面红褐陶和褐陶，由于火候和氧化程度等原因，有的器表呈现出一器多色的现象。陶器皆为手制。大型陶器流行横桥耳，小型陶器上则多见鋬耳和瘤状耳。器类有鼎、鬲、罐、壶、盆、甑、碗、钵、豆、杯、舟形器、纺轮、网坠等（图一〇三）。炊器主要为鼎和鬲，前者数量尤多。鼎可分为圜底鼎和平底鼎，圜底鼎的腹部一般较深，后者的腹部普遍较浅，鼎足的形状多样，见有圆锥形、圆柱形、四棱形、六棱形等，多采用榫头方式与器身结合。鬲

[1] 吉林市博物馆：《吉林永吉杨屯大海猛遗址》，《考古学集刊》第5辑，中国社会科学出版社，1987年，第120～149页。吉林省文物工作队、吉林市博物馆、永吉县文化局：《吉林永吉杨屯遗址第三次发掘》，《考古学集刊》第7辑，中国社会科学出版社，1991年，第23～50页。

[2] 吉林市博物馆：《吉林市郊泡子沿前山遗址和墓葬》，《考古》1985年第6期，第497～507页。

[3] 吉林市博物馆：《吉林永吉杨屯大海猛遗址》，《考古学集刊》第5辑，中国社会科学出版社，1987年，第120～149页。吉林省文物工作队、吉林市博物馆、永吉县文化局：《吉林永吉杨屯遗址第三次发掘》，《考古学集刊》第7辑，中国社会科学出版社，1991年，第23～50页。

[4] 刘发祥：《吉林省永吉县旺起屯新石器时代石棺墓发掘简报》，《考古》1960年第7期，第27～30页。

[5] 董学增：《试论西团山文化人们的埋葬习俗》，《考古》1987年第6期，第546～550页。

多为筒腹，浅袋足，锥状足尖外撇。甑的数量不多，多为单孔甑。壶和罐的数量很多，而且器形富于变化。西团山文化遗址和墓葬的出土陶器在组合方面存在较大差别。遗址出土的陶器多为鼎、鬲、罐、壶、碗等，而墓葬中多见壶、罐组合，特别是横桥耳壶的出现率很高。

西团山文化的石器比较发达。发现的石器多数为通体磨制而成，制作精美，打制者很少。器形有斧、锛、刀、锄、凿、镰、锤、镞、矛、剑、锤斧、磨盘、磨棒、棍棒头、砺石、网坠、饰件等（图一〇四，1～22）。其中，斧、锛、刀、镞、网坠的数量较多。西团山文化的半月形双孔石刀直背或微内凹，弧刃，尤具文化特色，带有柄部的石刀同样引人注目。镞的形状比较多样，见有三角形、近似菱形、柳叶形、束腰形、圆锥形、桂叶形、梭形，部分还带有较长的铤，精心制作，杀伤力较强。

从目前发现的材料来看，西团山文化的铜器发现不多，且多出土于墓葬之中，居址中发现的很少，有武器、生产工具、装饰品及生活用品（图一〇五）。其中，生产工具和装饰品的数量相对较多。武器的数量极少，见有琵琶形曲刃短剑、曲刃矛、鸣镝。生产工具包括斧、刀、凿、锥、镞（也可作武器使用）、鱼钩等，其中网格纹扇面形斧、带孔小刀、弧背齿柄刀、凹背翘尖刀比较有特点。装饰品有铜泡、圆环、连珠饰、心形镂空饰、手镯等。生活用品发现很少，见有铜扣、包铜片木梳、素面镜等。

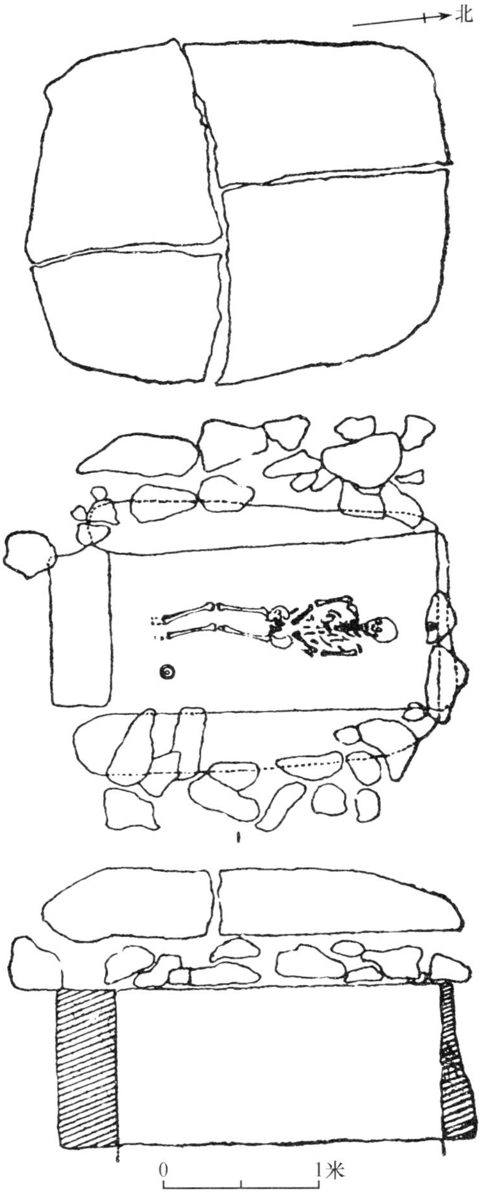

图一〇二　骚达沟山顶大墓

玉器数量较少，多为装饰品，发现有坠饰、管饰等。骨角器不太发达，出土有刀、镞、锥、鱼镖等。牙器发现较多，主要为野猪牙饰，多见于墓葬（图一〇四，27、28）。

特别值得一提的是，在猴石山和星星哨遗址各发现一件纺织品残存。1976年发掘猴石山遗址时，在M1出土的一件包裹青铜刀的纺织品。经吉林市棉织厂鉴定，这

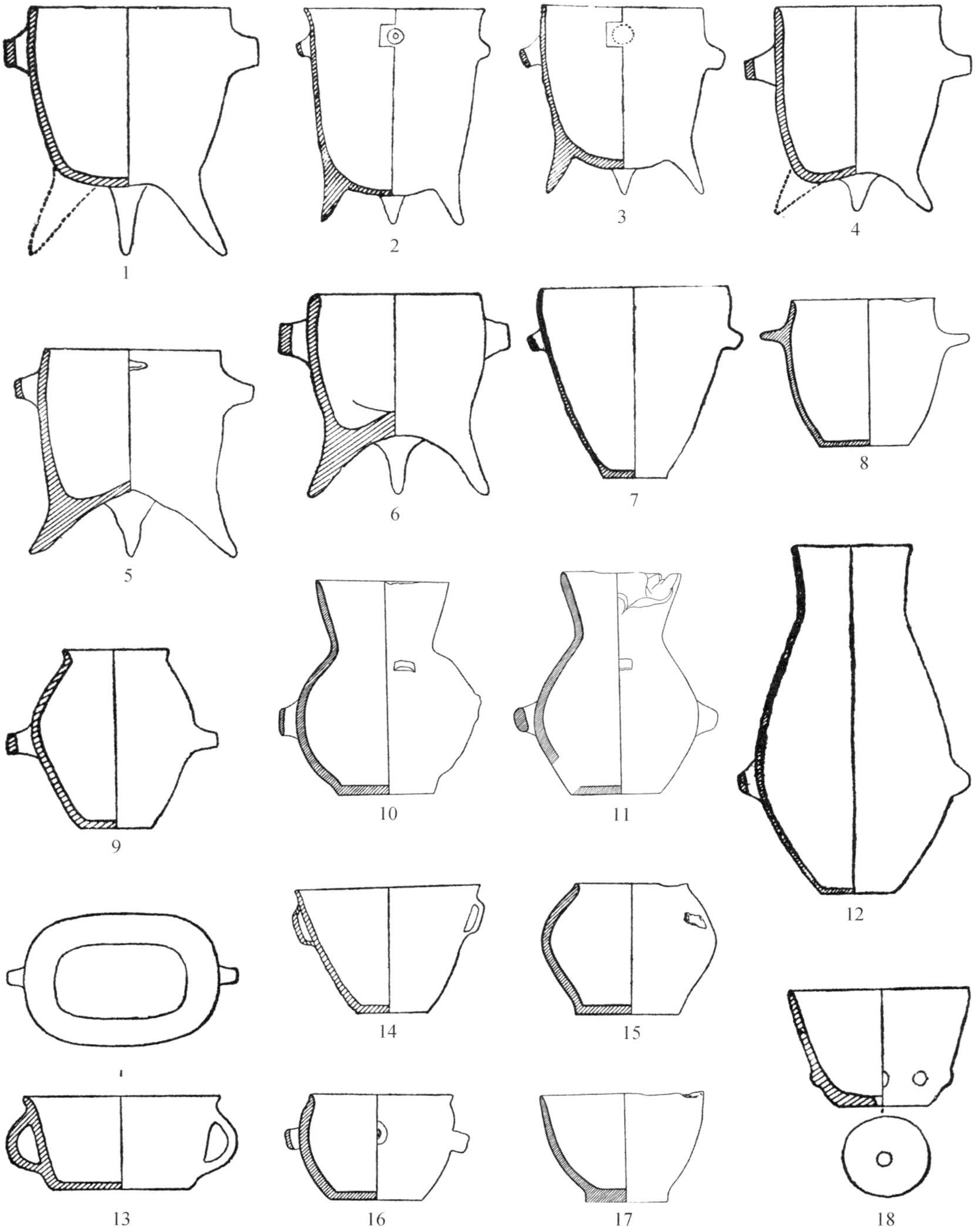

图一〇三　西团山文化陶器

1～3. 鼎　4～6. 鬲　7～9. 罐　10～12、15. 壶　13. 舟形器　14、17. 碗　16. 钵
18. 甑（1、4～6、9、13、14、18. 猴石山　2、3、7、23. 大海猛　8、10、11、15～17. 西团山）

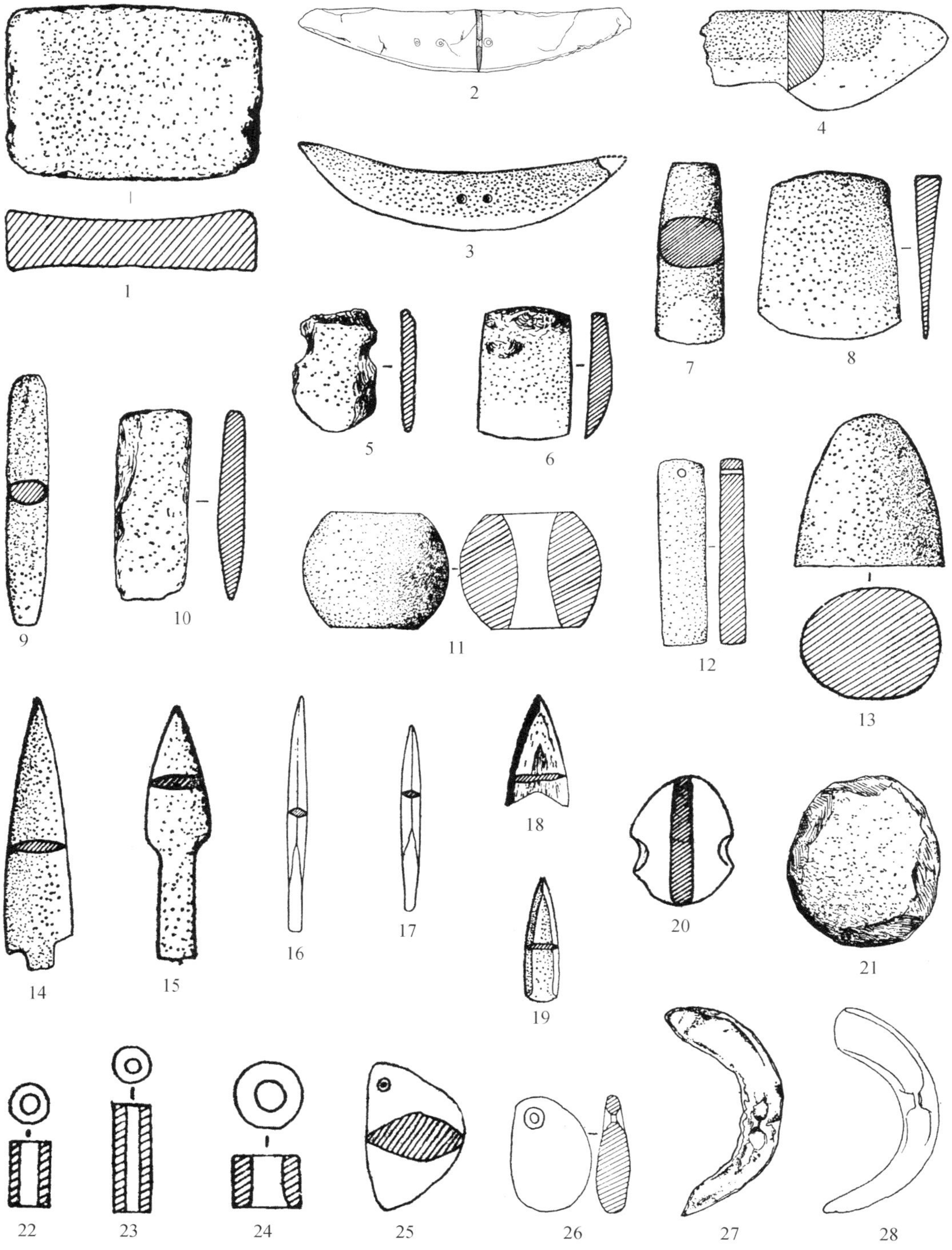

图一〇四　西团山文化遗物

1. 石磨盘　2～4. 石刀　5. 石锄　6. 石锛　7、8. 石斧　9、10. 石凿　11. 棍棒头　12. 砾石　13. 研磨器　14. 石剑　15. 石矛　16～19. 石镞　20. 石网坠　21. 砍砸器　22. 白石管　23. 玛瑙管　24. 玉石管　25、26. 坠饰　27、28. 牙饰（1、3～15、18、19、21～24、26～28. 猴石山　2、16、17. 西团山　20. 大海猛　25. 骚达沟）

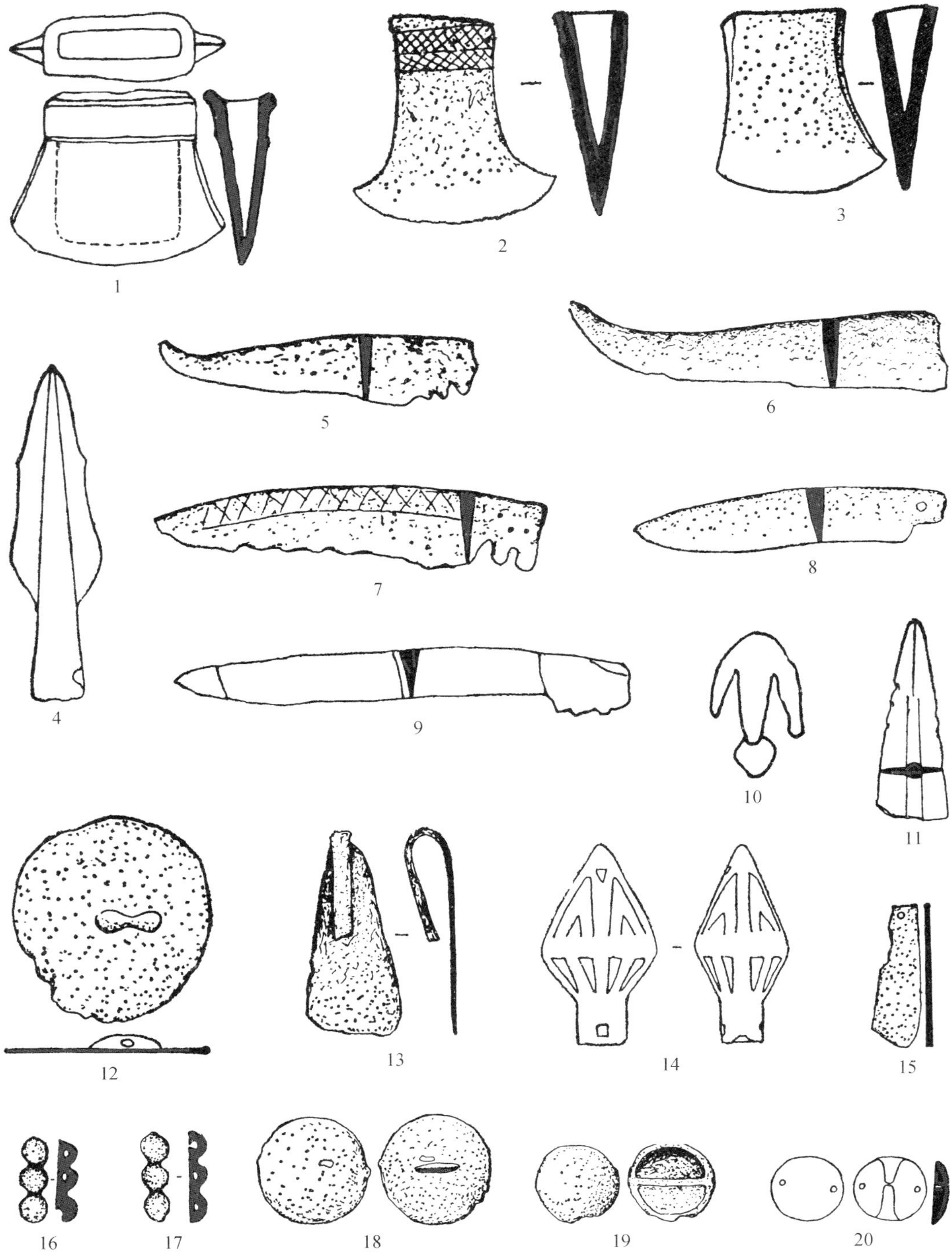

图一〇五　西团山文化遗物

1～3. 铜斧　4. 铜矛　5～9. 铜刀　10. 鸣镝　11. 铜剑　12. 铜镜　13. 铜勾　14. 镂空菱形饰　15. 铜片饰　16、17. 连珠饰　18～20. 铜泡（1、9、10. 骚达沟，余为猴石山）

件纺织品系麻纤维制品，其布纹清晰，经纬分明，据经纬曲折情况分析，当时可能有了较为原始的织布机，麻布的纱锭条杆系用纺轮手捻而成。[1]星星哨遗址出土的一件纺织品不同于猴石山M1发现的麻布，而是一件毛织巾。在1978年清理的一座石棺墓（DM17）中，这件毛织品覆盖于墓主人的头面部，因腐朽已断裂为二块。一块为16×14平方厘米，另一块为18×12平方厘米，后者的一端还带有一3厘米长的穗。[2]经中国科学院自然科学史研究所研究人员鉴定，这件纺织品的经纬均是由两股单纱拼合而成的股线，其中一股为羊毛，另一股可能是狗毛。在经纬纺制过程中的先后使用了搓锭和吊锭的方法。织制技巧比较成熟，应该已经使用比较简单的织机。揭示出西团山文化的居民对股线的运用、纱线的拈度拈向及经线上机张力有着一定的理解。[3]

（四）分期与年代

关于西团山文化的分期问题，以往学术界多有探讨，但结论往往大相径庭。[4]造成分歧的原因是多方面的，除了研究者所占有的材料不同外，西团山文化遗存间的叠压打破关系较少，特别是墓葬基本不见叠压打破关系，为西团山文化的分期研究带来较大的困难。此外，西团山文化的居址和墓葬的出土陶器在组合和形制方面存在相分离的现象，也为研究居址和墓葬出土陶器间的对应关系造成很大的难度。最近发表的《西团山文化分期研究》一文首先从层位关系分析和器物形态比较入手，并参考周边文化的分期结果，将该文化的遗址材料和墓葬材料各自划分为三个不同的发展阶段。然后以遗址分段和墓葬分段研究为基础，通过对两类资料各段别之间年代对应关系的

[1] 吉林地区考古短训班：《吉林猴石山遗址发掘简报》，《考古》1980年第2期，第135～141页。

[2] 吉林市博物馆：《吉林永吉星星哨石棺墓第三次发掘》，《考古学集刊》第3辑，中国社会科学出版社，1983年，第109～125页。

[3] 赵承泽：《星星哨石棺墓织物残片的初步探讨》，《考古学集刊》第3辑，中国社会科学出版社，1983年，第126、127页。

[4] 东北考古发掘团：《吉林西团山石棺墓发掘报告》，《考古学报》1964年第1期，第46页。薛红：《肃慎和西团山文化》，《吉林师范大学学报》（社会科学版），1979年第1期，第23～47页。吉林省文物工作队：《吉林长蛇山遗址的发掘》，《考古》1980年第2期，第123～134页。董学增：《试论吉林地区的西团山文化》，《考古学报》1983年第4期，第407～426页。宋玉彬：《试论星星哨墓葬的分期》，《博物馆研究》1989年第3期，第54～59页。朱永刚：《西团山文化墓葬分期研究》，《北方文物》1991年第3期，第3～11页。陈雍：《西团山文化陶器的类型学与年代学研究》，《青果集——吉林大学考古专业成立二十周年考古论文集》，知识出版社，1993年，第285～293页。董学增：《西团山文化研究》，吉林文史出版社，1994年，第235～246页。徐光辉：《关于星星哨石棺墓地陶器编年的几个问题》，《庆祝张忠培先生七十岁论文集》，科学出版社，2004年，第412～421页。

进一步比较和整合，最终将整个西团山文化区分为早、中、晚三期。[1]该文是目前关于西团山文化的分期问题最新，也是最为全面的研究成果。

目前，学术界普遍认为西团山文化的存续时间大致处于西周至战国时期。属于西团山文化的碳十四数据共有19个，[2]其中星星哨墓地1个（公元前1389～前791年，树轮校正值，下同），杨屯大海猛遗址4个（公元前796～前446年、公元前347～前3年、公元前755～前388年、公元前898～前794年），东梁岗遗址1个（公元前768～前400年），汪屯遗址1个（公元前990～前810年），猴石山遗址9个（公元前1090～前608年、公元前1382～前990年、公元前736～前389年、公元前831～前788年、公元前828～前663年、公元前797～前440年、公元前405～前208年、公元前1270～前943年、公元前389～前173年），长蛇山遗址1个（公元前402～前211年），泡子沿前山遗址1个（公元前829～前662年），黄鱼圈珠山遗址1个（公元前891～前791年）。这些碳十四数据中，除个别年代稍早外，绝大多数也落于西周至战国的年代范围内。《西团山文化分期研究》一文的研究结果表明，西团山文化早、中、晚三期的年代，分别相当于西周、春秋、战国时期。[3]

（五）渊源与流向

关于西团山文化的来源问题，有学者曾指出，“西团山文化是在继承当地新石器时代文化传统的基础上，又吸收毗邻地区较早的几种青铜文化的诸多因素，并经过因地制宜改造而形成的。”[4]并明确指出“吉林省中部地区的新石器时代文化，是西团山文化的主要源头，或者说西团山文化与本地区的新石器时代文化有着继承关系。”[5]该学者在之后的文章中重申了这一观点。[6]目前，西流松花江流域发现的年代最晚的新石器时代文化是左家山上层文化。[7]而事实上，左家山上层文化的文化内涵，特别是在陶器方面，与西团山文化的差异是显而易见。由于目前在西流松花江流域还未发现年代上处于夏商时期的文化遗存，所以西团山文化如何由当地文化面貌迥异的新石器时代文化演变而来实在令人难以想象。至于说左家山上层文化“与西团

[1] 赵宾福：《西团山文化分期研究》，《考古学报》2009年第4期，第469～496页。

[2] 中国社会科学院考古研究所：《中国考古学中碳十四年代数据集（1965～1991）》，文物出版社，1991年，第80～90页。

[3] 赵宾福：《西团山文化分期研究》，《考古学报》2009年第4期，第469～496页。

[4] 董学增：《西团山文化研究》，吉林文史出版社，1994年，第358页。

[5] 董学增：《西团山文化研究》，吉林文史出版社，1994年，第360页。

[6] 董学增：《试论西团山文化的源流》，《东北亚文化研究》，中州古籍出版社，1995年，第229～246页。

[7] 赵宾福：《东北石器时代考古》，吉林大学出版社，2003年，第336～339页。

山文化陶器的制法完全相同……出土的两件一、二式钵和两件一、二式杯，其形制和大小同西团山文化的钵、杯几乎难于区分"[1]的证据，也是难以令人信服的。他们之间确实存在着些许共性，然而西团山文化和左家山上层文化的陶器所共见的泥圈套接法在整个东北地区的先秦阶段都很普遍，也可以说是东北地区先秦时期的一个显著特征；而钵、杯这些小型的生活用具在东北地区先秦阶段的特征演变不甚明显，也很少有学者将钵和杯作为讨论不同文化亲缘关系的主要证据。而未经提起的西团山文化比较具有代表性的陶器，如鼎、鬲、壶、罐等，从目前的材料分析，还很难看出与左家山上层文化的陶器存在明显的承继关系。

鉴于在西流松花江流域尚未发现夏商时期的文化遗存，所以部分学者提出西团山文化的源头来自于毗邻的辽宁地区。其中，有学者认为"西团山文化炊器系统应该分别源自辽河以东鼎为主要炊器的遗存和辽河以西鬲为主要炊器的遗存，而前者为源头的主流"，[2]并在之后发表的论文中将这一观点表述为：西团山文化的源头存在两条线索，"一条是商周时期分布于下辽河流域以东及辽东半岛北部地区，以壶为主要随葬陶器的庙后山文化和使用鼎为主要炊器的新乐上层文化及相关遗存；另一条是形成于下辽河以西，以鬲为代表的高台山文化及后续诸类遗存。"[3]最近，有学者进一步论证了西团山文化应是由辽东北地区的马城子文化发展而来，两者虽处异地，但同属于一个文化系统。[4]这里的"马城子文化"是对辽东北部地区夏商遗存的统称，包括了以往学者所提出的"新乐上层文化""老虎冲类型""顺山屯类型""望花类型""庙后山文化""马城子文化"等文化遗存。[5]

从目前发表的材料来看，马城子文化与西团山文化的亲缘关系最为紧密，也最为令人信服。特别是西团山文化居址中出土的最具文化指征性的鼎及墓葬中出土的最具文化指征性的壶，与马城子文化同类器物的承继演变关系明确。而西团山文化居址中发现的居于次要地位的炊器——陶鬲，在马城子文化中也可找到相应的祖形，所以西团山文化的陶鬲有可能也是由马城子文化的同类器直接发展而来。考虑到以鼎为主要炊器的马城子文化陶鬲的产生，明显是受到了其西面以鬲为主要炊器的高台山文化的影响，所以如果西团山文化陶鬲的出现是受到分布于下辽河以西的鬲文化系统的影响，那么这种影响也极有可能是通过马城子文化间接造成的。至于马城子文化北迁的

[1] 董学增：《西团山文化研究》，吉林文史出版社，1994年，第359页。

[2] 朱永刚：《西团山文化源探索》，《辽海文物学刊》1994年第1期，第69页。

[3] 朱永刚：《东北青铜文化的发展阶段与文化区系》，《考古学报》1998年第2期，第133～152页。

[4] 赵宾福：《中国东北地区夏至战国时期的考古学文化研究》，科学出版社，2009年，第277页。

[5] 赵宾福：《马城子文化新论——辽东北地区夏商时期遗存的整合研究》，《边疆考古研究》第6辑，科学出版社，2007年，第143～164页。

原因，则是因为在西周至春秋时期辽东双房文化急剧扩张，“并且在很短的时间内将自己活动的中心区域由原来的辽东半岛南端迅速扩大到了整个辽东地区……夏商时期分布于辽东北部的马城子文化此时在无力抵挡双房文化北进的强大攻势之下，整体向北迁移到了第二松花江流域，并在那里演变成了西周至战国时期的西团山文化。”[1]

继西团山文化之后，西流松花江流域的考古学文化发生较大变化，由统一的考古学文化转变为年代接近而面貌迥异的多种文化遗存，从而形成了并立交错、复杂多元的文化格局。[2]其中，以泡子沿前山上层遗存[3]为代表的夫余文化泡子沿类型，在层位上叠压于西团山文化遗存之上，在文化面貌上，也表现出与西团山文化存在明显的亲缘关系，所以学术界普遍认为泡子沿类型是西团山文化在当地的直接继承者。

（六）生业方式

出土的大量西团山文化遗物，为我们研究该文化的生业方式提供了弥为珍贵的实物资料。从目前掌握的考古材料来看，西团山文化的生业方式很有可能是以农业经济为主的，不少学者持这一观点。[4]不仅是在出土的西团山文化生产工具中，农业生产工具石斧和石刀所占的比重最大，另见有石锄、石镰、磨盘、磨棒等工具，而且还出土了一些农作物标本。如1950年发掘的西团山6号石棺墓出土了野黍，13号石棺墓发现有金色狗尾草籽；[5]1979年发掘猴石山遗址时，于79F6内出土有谷粒；[6]1979年杨屯大海猛F5出土的一件陶罐里发现有谷粒，[7]1980年再次发掘该遗址时，在一座房址的陶缸内出土了人工栽培的大豆。[8]从上述出土的农作物遗存来看，当时的居民

---

［1］ 赵宾福：《东北青铜时代考古学文化谱系格局的研究》，《边疆考古研究》第12辑，科学出版社，2012年，第140页。

［2］ 乔梁：《吉长地区西团山文化之后的几种古代遗存》，《辽海文物学刊》1993年第2期，第64～70页。

［3］ 吉林市博物馆：《吉林市泡子沿前山遗址和墓葬》，《考古》1985年第6期，第497～507页。

［4］ 刘景文：《西团山文化经济形态初探》，《北方文物》1983年第1期，第22～26页。董学增：《西团山文化研究》，吉林文史出版社，1994年，第251～254页。

［5］ 东北考古发掘团：《吉林西团山石棺墓发掘报告》，《考古学报》1964年第1期，第29～49页。

［6］ 吉林省文物考古研究所、吉林市博物馆：《吉林市猴石山遗址第二次发掘》，《考古学报》1993年第3期，第311～349页。

［7］ 吉林市博物馆：《吉林永吉杨屯大海猛遗址》，《考古学集刊》第5辑，中国社会科学出版社，1987年，第120～149页。

［8］ 吉林省文物工作队、吉林市博物馆、永吉县文化局：《吉林永吉杨屯遗址第三次发掘》，《考古学集刊》第7辑，中国社会科学出版社，1991年，第23～50页。刘世民、舒世珍、李福山：《吉林永吉出土大豆炭化种子的初步鉴定》，《考古》1987年第4期，第365～369页。

主要种植黍、粟、豆等作物。西团山文化还发现有大量的渔猎工具，如石镞、骨镞、铜镞、石矛、铜矛、石剑、铜剑、石球、棍棒头、陶网坠、石网坠、铜鱼钩、骨鱼镖等，表明渔猎经济在当时人们的生产生活中，占有重要的地位，是经济的重要补充。西团山文化墓葬随葬家猪的习俗极为盛行，如西团山遗址1950年发掘的19座墓葬中，9座墓葬发现有用猪骨随葬，[1]而土城子遗址甚至90%以上的石棺墓盖板上都散布有猪的牙齿，[2]可见当时对家猪的饲养已经极为普遍。此外，根据杨屯大海猛[3]、土城子[4]、泡子沿前山[5]等遗址出土动物遗骸的分析，西团山文化很可能还饲养有狗、羊、马、牛等家畜。而饲养业的存在和发达也从另一个侧面说明当时的农业经济已经有了一定的发展水平。虽然目前还未发现西团山文化的冶炼遗址和制造铜器的铸范，但是从发现的铜器来看，西团山文化的居民很可能已经掌握了简单的铜器铸造技术。有学者通过对猴石山遗址出土铜器进行金相检测和成分分析，认为其表现出一定的地域性特征，[6]似乎也支持上述观点。结合发现的西团山文化铜器多为小型生产工具和装饰品，而青铜短剑等工艺程度较高的青铜制品与辽东、辽西的同类器极为相似，[7]很可能是从周邻文化流入而来，由此可以进一步推测西团山文化的铜器铸造业可能尚处于初始阶段，发展水平有限。猴石山和星星哨遗址纺织品的发现则表明西团山文化的纺织技术也已经达到一定的水平。

[1] 东北考古发掘团：《吉林西团山石棺墓发掘报告》，《考古学报》1964年第1期，第29～49页。

[2] 吉林省博物馆：《吉林江北土城子文化遗址及石棺墓》，《考古学报》1957年第1期，第43～52页。

[3] 吉林市博物馆：《吉林永吉杨屯大海猛遗址》，《考古学集刊》第5辑，中国社会科学出版社，1987年，第120～149页。

[4] 吉林省博物馆：《吉林江北土城子文化遗址及石棺墓》，《考古学报》1957年第1期，第43～52页。

[5] 吉林市博物馆：《吉林市郊泡子沿前山遗址和墓葬》，《考古》1985年第6期，第497～507页。

[6] 贾莹：《吉林猴石山遗址出土铜器地域性特征的初步研究》，《北方文物》1996年第3期，第15～19页。

[7] 林沄：《中国东北系铜剑初论》，《考古学报》1980年第2期，第139～161页。林沄：《中国东北系铜剑再论》，《考古学文化论集（四）》，文物出版社，1997年，第234～250页。赵宾福：《双房文化青铜器的型式学和年代学研究》，《考古与文物》2010年第1期，第31～41页。朱永刚：《吉林省及相邻地区出土铜剑的聚类分析——兼论东北系铜剑的区系与流变》，《边疆考古研究》第1辑，科学出版社，2002年，第91～102页。

三、图们江流域的青铜时代文化

图们江流域的青铜时代考古工作可追溯到20世纪30年代，藤田亮策、山田文英、竹下晖彦等人在延吉市郊小营子墓地发掘了一批墓葬，共计52座。[1]虽然这一地区的青铜时代考古起步较早，但是在之后的三十余年内，该地区的青铜时代考古发现与研究工作较为沉寂，仅发掘了汪清县新华闾北山墓地和新安闾遗址。[2]进入到20世纪70年代之后，相继发掘延吉柳庭洞遗址[3]、延吉金谷墓地[4]、汪清金城墓地[5]、珲春新兴洞墓地[6]、和龙兴城遗址[7]、珲春迎花南山遗址[8]、珲春河西北山墓地[9]、延吉新光遗址[10]、延吉新龙墓地[11]、汪清水北遗址[12]等一些重要的遗址和墓地，为正确认识图们江流域青铜时代文化遗存的面貌，提供了一批科学的系统的材料。最近几年发表的《图们江流域青铜时代的几

[1] 藤田亮策：《延吉小营子遗迹调查报告》，1942年。

[2] 王亚洲：《吉林汪清县百草沟遗址发掘简报》，《考古》1961年第8期，第411～422页。

[3] 延边博物馆：《吉林延吉柳庭洞发现的原始文化遗存》，《考古》1983年第10期，第950、951页。

[4] 延边朝鲜族自治州博物馆：《延吉德新金谷古墓葬清理简报》，《东北考古与历史》第1集，文物出版社，1982年，第191～199页。

[5] 吉林省文物考古研究所：《吉林汪清金城古墓葬发掘简报》，《考古》1986年第2期，第125～131页。

[6] 吉林省文物考古研究所：《吉林珲春新兴洞墓地发掘报告》，《北方文物》1992年第1期，第3～9页。

[7] 吉林省文物考古研究所、延边朝鲜族自治州博物馆、和龙县文物管理所：《吉林省和龙县兴城遗址发掘简报》，《北方文物》1998年第1期，第1～18页。吉林省文物考古研究所、延边朝鲜族自治州博物馆：《和龙兴城——新石器及青铜时代遗址发掘报告》，文物出版社，2001年，第53～69页。

[8] 吉林省图珲铁路考古发掘队：《吉林珲春市迎花南山遗址、墓葬发掘》，《考古》1993年第8期，第701～708页。

[9] 图珲铁路考古发掘队：《吉林珲春市河西北山墓地发掘》，《考古》1994年第5期，第405～412页。

[10] 吉林汪延公路考古队：《吉林省延吉市新光遗址发掘简报》，《考古》1986年第2期，第615～623页。

[11] 侯莉闽：《吉林延边新龙青铜墓葬及对该遗存的认识》，《北方文物》1994年第3期，第2～14页。

[12] 吉林省文物考古研究所、汪清县文物管理所：《吉林汪清县水北青铜时代遗址的发掘》，《考古》2005年第1期，第24～31页。

个问题》[1]和《图们江流域的青铜时代文化研究》[2]两篇论文不仅对部分遗存的文化性质进行了判定，而且对图们江流域青铜时代文化的分期、年代、及谱系等问题进行了探讨，从而将图们江流域青铜时代的考古研究工作提高到一个新的高度。

迄今，图们江流域的青铜时代遗存可区分为两种考古学文化，即兴城文化和柳庭洞文化。

（一）兴城文化

从目前发表的材料来看，兴城文化遗存在中国主要见于和龙县兴城遗址[3]和长白县新龙墓地[4]。其中，兴城遗址1986～1987年的发掘材料尤为丰富。

1. 房址特征

兴城文化的房址目前共揭露21座，均发现于兴城遗址。

房址的平面形状多为圆角长方形半地穴式（图一〇六）。房址均开口于表土层下，分布较为密集。面积大小不一，大者可达五六十平方米，小者仅十几平方米。每座房址大体由居住面、灶址、穴壁、柱洞组成，个别见有门道。居住面皆用黏土铺垫夯砸踩实，较为平整，未经烧烤。部分房址由于使用时间较长，甚至形成了两层居住面。灶多位于房址的中轴线上，少数处于房址中部。灶址一般为椭圆形浅坑式，并低于居住面。个别房址的灶坑边用埋立的石块围成半圆形状，并于一侧留有灶门。除极少数的房址有两个灶址外，多数房址仅一个灶址。房址的穴壁呈斜坡状，普遍较深，多在1.2米以上，其中一座房址深达1.9米。由于房穴较深，穴壁的下半部多为黄沙，为了加固穴壁，多沿四壁植立柱倚护，或加横向草束进行封挡，也有直接在穴壁的底部用黏土修筑二层台进行加固，或在穴壁上抹以黏土。所有的房址内均分布有柱洞，部分房址内柱洞排列规整有序。有的房址内仅发现几个柱洞，且柱洞多分布于地穴的四角，个别见于房址中部；有的房址内发现有较多的柱洞，甚至达到五六十个，这类房址的柱洞密集排列在穴壁四周，房址的中部也往往见有两排柱洞，立以较粗的明柱，

[1] 宋玉彬：《图们江流域青铜时代的几个问题》，《北方文物》2002年第4期，第1～10页。

[2] 赵宾福：《图们江流域的青铜时代文化研究》，《考古》2008年第6期，第69～79页。

[3] 吉林省文物考古研究所、延边朝鲜族自治州博物馆、和龙县文物管理所：《吉林省和龙县兴城遗址发掘简报》，《北方文物》1998年第1期，第1～18页。吉林省文物考古研究所、延边朝鲜族自治州博物馆：《和龙兴城——新石器及青铜时代遗址发掘报告》，文物出版社，2001年，第53～69页。

[4] 侯莉闽：《吉林延边新龙青铜墓葬及对该遗存的认识》，《北方文物》1994年第3期，第2～14页。

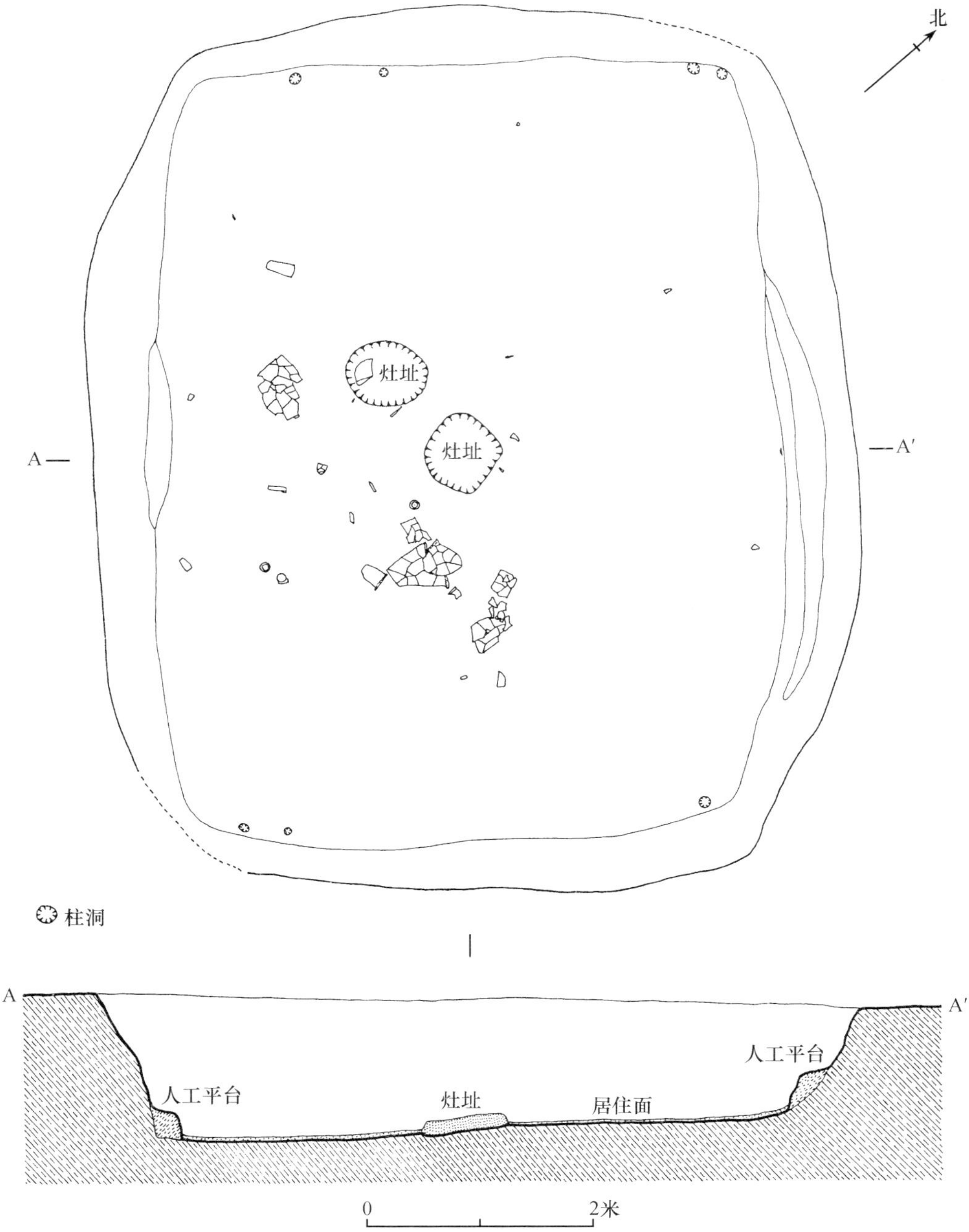

图一〇六　兴城文化房址（87AF6）

用以支撑两条与房址长轴一致的主梁。仅在两座房址内发现有疑似门道，其中一个呈斜坡状，并被现代墓葬所打破，另一个呈阶梯状。房址内多发现有遗物，见有陶器、石器、骨器等。其中一座房址的居住面上发现有一些凌乱的人骨残骸，至少有5个个体。考虑到该房址出土的遗物比较丰富，陶器多能修复，且见有许多大段的梁架木炭及成片的炭化草灰，推测这一房址的废弃可能与火灾有关。

2. 墓葬特征

新龙墓地是属于兴城文化的一处茔地。该墓地坐落于一个较陡的西向山坡上，南望海兰江。墓区大约分布在南北200、东西30米的范围内。1990年，延边州博物馆即对该墓地遭到破坏的3座墓葬进行了清理。翌年，延边州博物馆再次对其进行抢救性发掘，清理墓葬8座，并发表了相关材料。

这8座墓系石圹封石墓，被一整片碎石所覆盖，顺山坡排成阶梯状，墓墓相连（图一〇七）。每座墓的墓圹均呈长方形，东壁利用山坡，南、北、西壁则用石块堆砌而成，西壁的石块相对较小（图一〇八）。墓地也用碎石铺平。墓圹长162～210厘米，宽94～55厘米，深56～30厘米。其中山坡中部的墓葬要比山上和山下的墓葬深20余厘米。不见葬具。从这8座墓来看，该墓地流行合葬，一次葬和二次葬并存。每座墓多有两层骨架，个别墓葬内甚至排有3层骨架。一般墓底的骨架较为完整，系为一次葬的个体，上层的骨架则比较凌乱，则为不同个体的遗骨，系二次葬。山体上墓葬内的人骨较少，甚至只见少量碎片，越往山坡下，墓葬内的个体数越多。墓葬的中北部往往摆放一40厘米宽窄的表面平整的石块，其上放置有头骨或头骨碎片及牙齿，尤为引人注目。个别墓葬内见有经过火烧的人骨。所有的墓葬皆发现有随葬品。随葬品的分布无规则可循，其数量多寡不均，越往山坡下，随葬品的数量越多，比如，这8座墓中最上面的墓葬仅有4件随葬品，而最下面墓葬的随葬品则多达104件。随葬品的种类丰富，其中石器所占比重最大。

3. 遗物特征

虽然目前发现的属于兴城文化的遗址和墓地并不多，但是兴城遗址和新龙墓地还是为我们了解兴城文化的遗物特征提供了一批比较丰富的材料。出土遗物有陶、石、玉、骨、角、蚌器等，共计1317件（含残器）。

目前，发现的兴城文化的陶器共计397件，其中兴城遗址出土321件，新龙墓地出土76件。陶器皆为夹砂陶，其中灰褐陶数量最多，其次为黄褐陶和黑褐陶。普遍采用泥质套接法制作，小型陶器系捏制而成，少数陶器在烧制过程中稍变形。陶器以素面为主，器表经过打磨，极少量陶器器表见有附加堆纹、刻划纹。盛行在外翻的口沿外侧按压出锯齿状或波浪状的花边。花边口沿的造型在罐和瓮中尤为流行。陶器种类多样，有罐、瓮、盆、碗、钵、豆、杯、盅等（图一〇九）。其中，罐的数量最多，性质也最富变化，可分为筒形罐、鼓腹罐、垂腹罐、敛口罐等。侈口、鼓腹、平底的深腹瓮也比较具有特色。盆多敞口、平底，但腹部变化较多。基本组合为筒形罐、鼓腹瓮、鼓腹罐、斜壁碗等，并呈现出素面、敞口、花边口沿、假圈足的整体风格。此

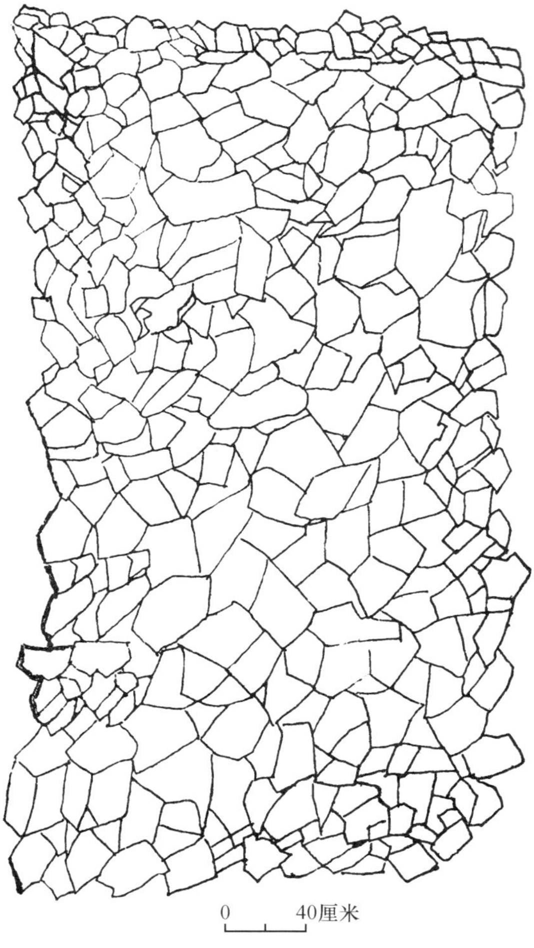

图一〇七　新龙墓地8座墓封石平面图

图一〇八　新龙M1平面图

外，还发现有一定数量的陶纺轮、人头像、动物塑像、陶哨、陶珠、陶祖等。

兴城文化的石器发达，数量较多，共计782件，其中兴城遗址出土521件，新龙墓地出土261件。按照制法，可分为打制石器（含琢制石器）和磨制石器。大量石器是以黑曜岩为原料制造而成，这一现象不见于同时期的其他青铜文化。工具种类齐全，主要器形有锄、铲、斧、刀、凿、研磨器、磨盘、磨棒、矛、镞、刮削器、切割器、尖状器、砺石、网坠、纺轮等（图一一〇）。其中用黑曜岩制成的凹底弧边、平底弧边

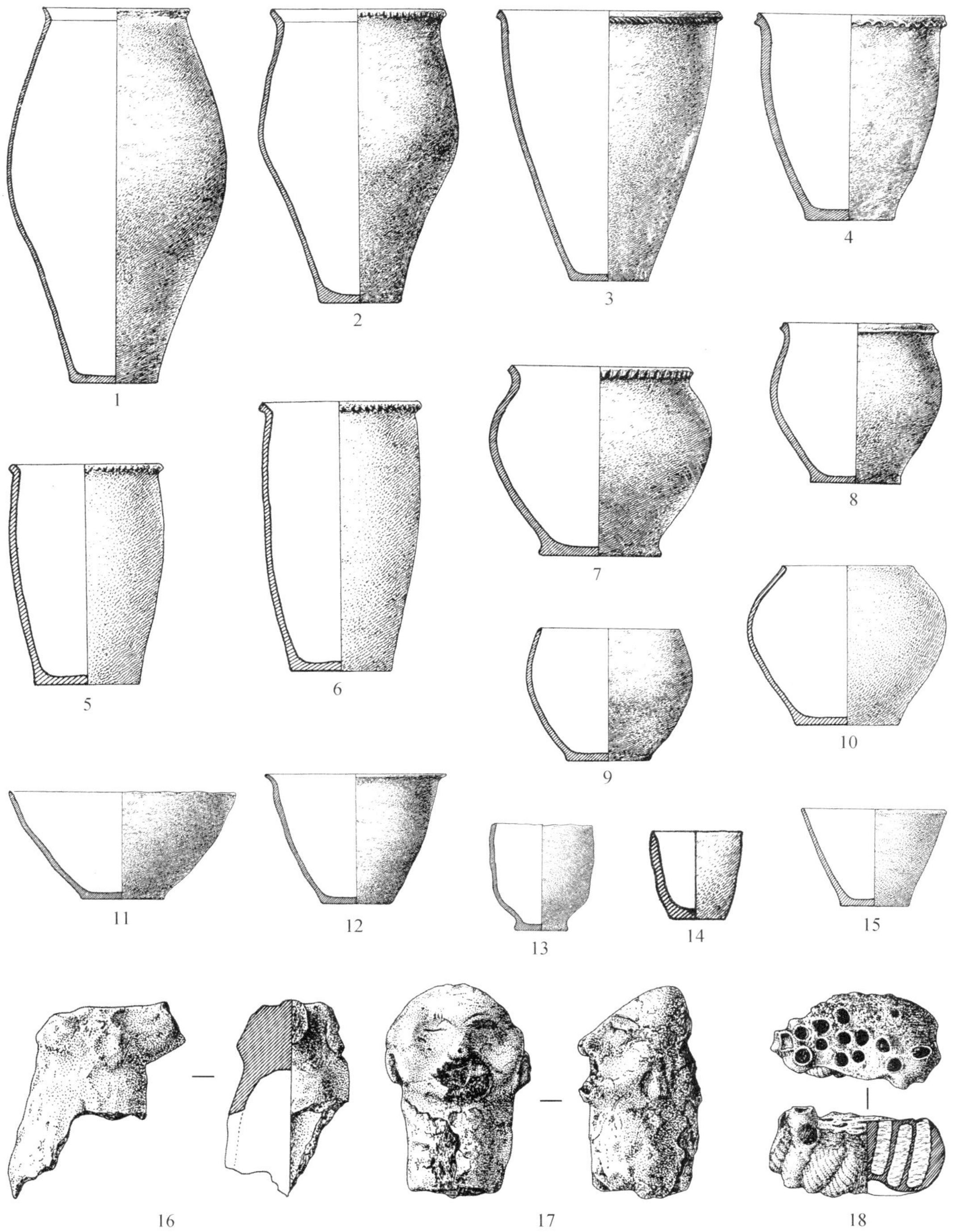

图一〇九　兴城文化陶器

1、2. 瓮　3～6. 平底筒形罐　7、8. 鼓腹罐　9、10. 敛口罐　11、12. 盆　13. 杯　14. 盅　15. 碗　16. 动物陶塑　17. 人头陶塑　18. 陶哨（均出自兴城遗址）

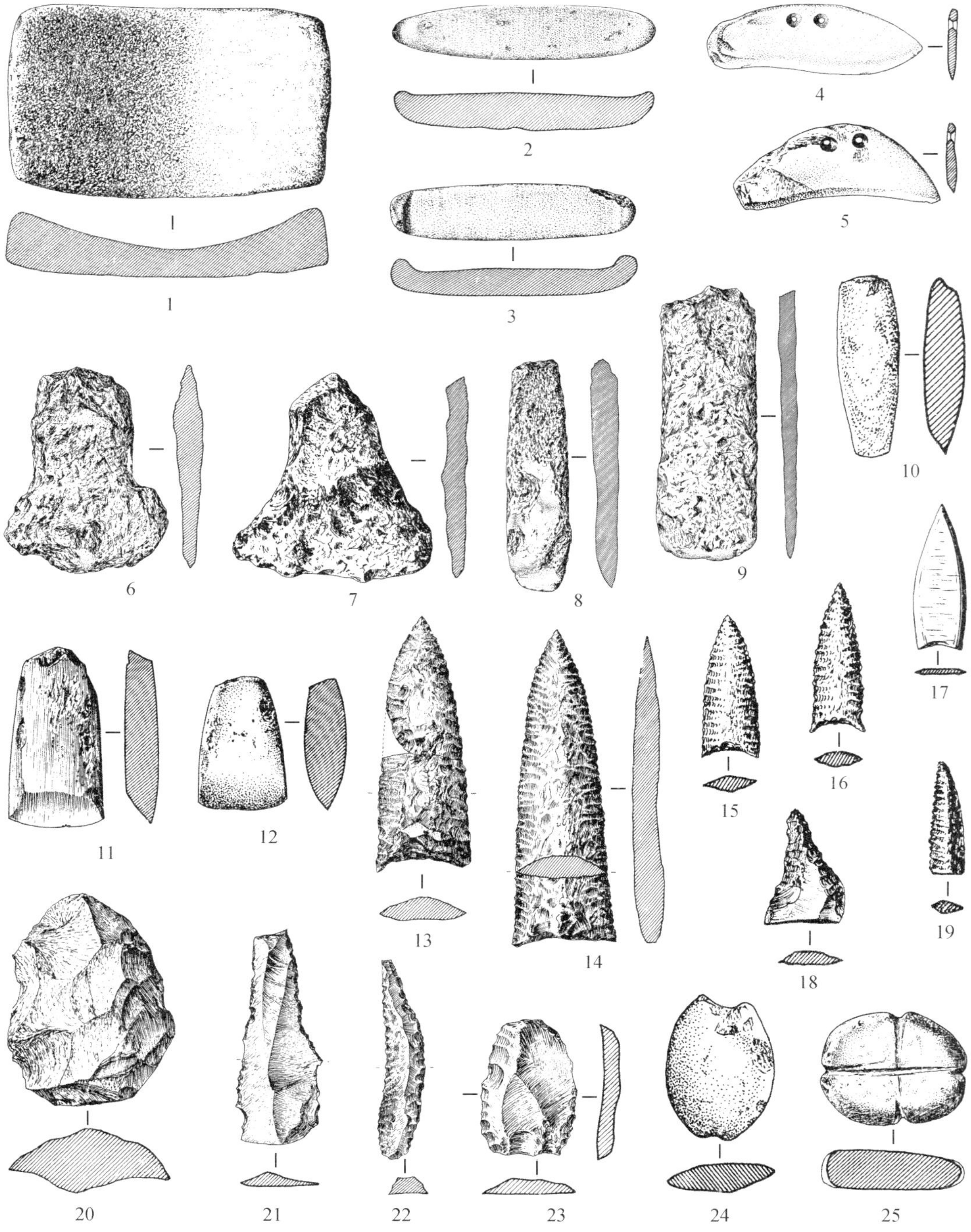

图一一〇　兴城文化石器

1. 磨盘　2、3. 磨棒　4、5. 刀　6、7. 锄　8、9. 铲　10. 凿　11. 锛　12. 斧　13、14. 矛　15～17. 镞　18. 尖状器　19. 锯　20. 石核　21、22. 切割器　23. 刮削器　24、25. 网坠（均出自兴城遗址）

等腰三角形石镞和柳叶形石矛，通体细琢，制作极为精细。亚腰形石锄、长方形大石铲、板状弧刃斧、扁圆柱形斧、小型弧刃锛、半月形双孔石刀、长条形石凿、硕大的长方形磨盘，均是较为典型的代表石器。

骨、角、牙器数量较多，器形丰富，见有锥、锥形器、针、矛、刀、剑、镞、梭形器、鱼钩、匕、簪、管形器等（图一一一）。其中，骨剑、骨矛、骨刀、骨镞刃部锋利，骨针、人面形笄、刻纹骨管制作极为精美。

兴城遗址和新龙墓地出土了几件用绿松石和玉料制作的装饰品。绿松石饰件呈圆柱形或扁圆柱形管状，玉器则为环的残段。

此外，还发现有少量的蚌、贝器。

4. 分期与年代

最新的研究结果表明，兴城文化可以区分为两期三段。其中兴城遗址86F2、87AF4、87AF6乙、87AF13、87BF45属于早期Ⅰ段，兴城遗址87AF6甲、87AF7、87AF12、87BF1、87BF2、87BF3及新龙墓地属于早期Ⅱ段，晚期则以86F1、87AF2、87AF9、87AF15为代表。[1]目前，属于兴城文化的碳十四数据共有3个，分别为87BF3距今3885±115、87AF7距今3785±140、86F1距今3260±150（以上均为树轮校正值）[2]。从这些数据来看，兴城文化应是处于夏商时期的文化遗存，其中早期大约处于夏至早商，晚期大致处在晚商阶段。

5. 生业方式

兴城遗址揭露的房址排列紧密，已存在多组叠压打破关系，可见先民们在这里过着相对稳定的定居生活。大量的锄、铲、斧、凿、刀、磨盘、磨棒等生产工具，说明农业在兴城文化的经济生活中占有重要地位。兴城遗址中还出土了大量的石镞、剑、矛、刮削器、切割器等狩猎及加工猎物的工具，以及伴出的大量野生动物骨骼，表明狩猎在当时仍是获取食物的重要途径。从出土一定数量的石网坠来看，捕鱼活动也存在于当时人们的生活中。经过鉴定，兴城遗址出土的部分骨骼系畜养的猪、羊、狗等，说明兴城文化亦存在家畜饲养业。可见农业、渔猎、家畜饲养业等多种经济方式并存是兴城文化的一大特点。

---

[1] 赵宾福：《图们江流域的青铜时代文化研究》，《考古》2008年第6期，第69～79页。

[2] 吉林省文物考古研究所、延边朝鲜族自治州博物馆：《和龙兴城——新石器及青铜时代遗址发掘报告》，文物出版社，2001年，第163页。

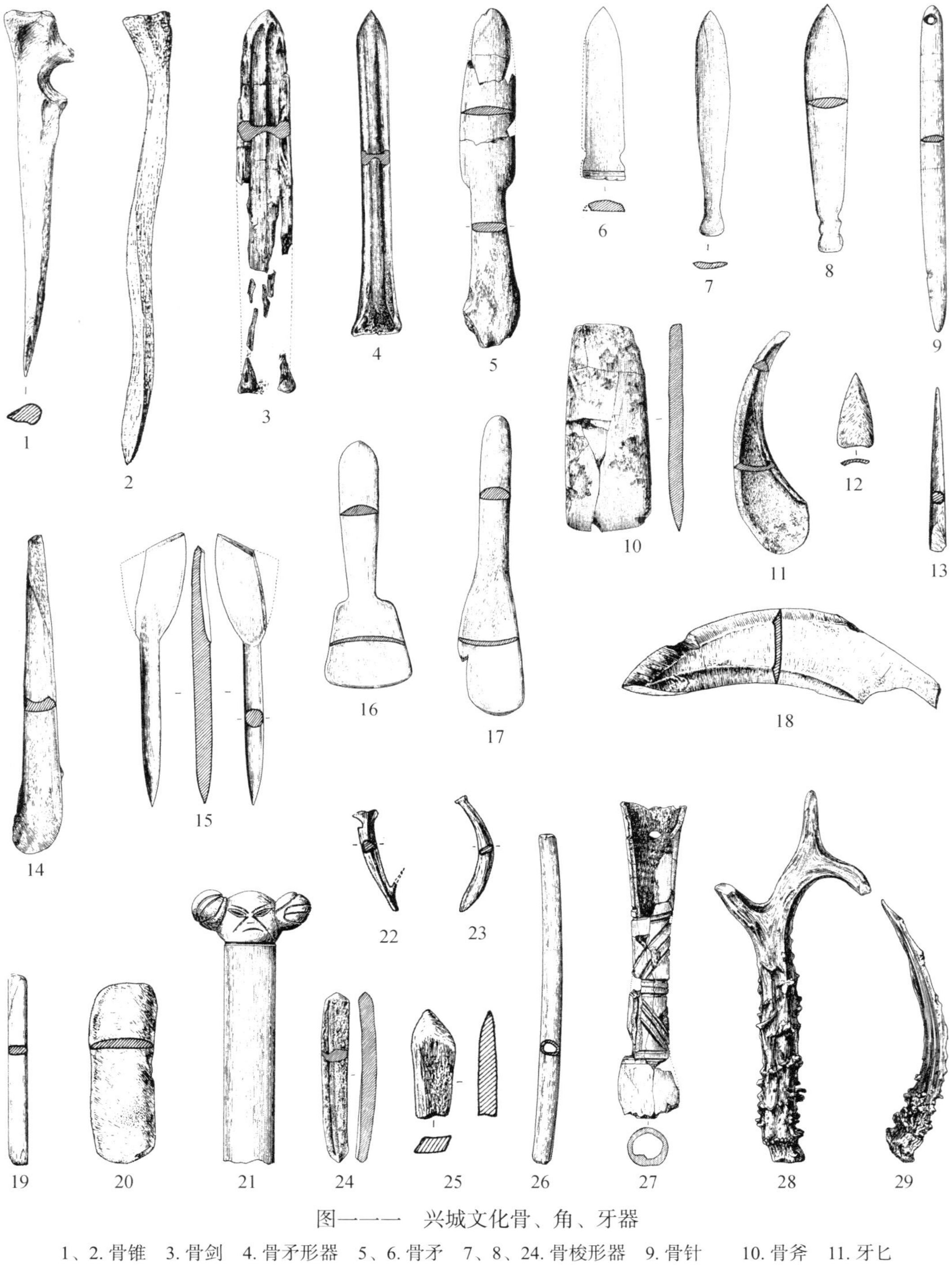

图一一一　兴城文化骨、角、牙器

1、2. 骨锥　3. 骨剑　4. 骨矛形器　5、6. 骨矛　7、8、24. 骨梭形器　9. 骨针　10. 骨斧　11. 牙匕
12、13. 骨镞　14. 骨刀　15. 骨锥形器　16、17. 骨匕　18. 牙镰形器　19. 骨棒形器　20. 骨板形器　21. 骨笄
22. 骨鱼钩　23. 牙锥形器　25. 角刀　26、27. 骨管　28、29. 角锥（均出自兴城遗址）

（二）柳庭洞文化

柳庭洞文化得名于1973年发掘的延吉市柳庭洞遗址。[1]1985年林沄先生著文率先提出以延吉柳庭洞、延吉金谷墓地[2]、汪清金城墓地[3]、汪清新华间墓地、汪清新安闾下层[4]为代表的遗存在文化面貌上与团结文化存在明显区别，文化属性亦不相同，并将其命名为“柳庭洞类型”[5]。最近发表的《图们江流域的青铜时代文化研究》在明确该文化特征、年代和分布范围的基础上，进一步将“柳庭洞类型”改称为“柳庭洞文化”[6]。除上述几处遗址和墓地外，柳庭洞文化遗存在吉林省境内还见于延吉金谷南山遗址[7]、珲春迎花南山遗址[8]、珲春大六道沟遗址[9]、珲春马川子遗址[10]、延吉新光遗址[11]、汪清西崴子遗址[12]、汪清水北遗址[13]、和龙兴城遗址[14]、图们石砚墓地[15]、珲春迎花南山

[1] 延边博物馆：《吉林延吉柳庭洞发现的原始文化遗存》，《考古》1983年第10期，第950、951页。

[2] 延边朝鲜族自治州博物馆：《延吉德新金谷古墓葬清理简报》，《东北考古与历史》第1集，文物出版社，1982年，第191～199页。

[3] 吉林省文物考古研究所：《吉林汪清金城古墓葬发掘简报》，《考古》1986年第2期，第125～131页。

[4] 王亚洲：《吉林汪清县百草沟遗址发掘简报》，《考古》1961年第8期，第411～422页。

[5] 林沄：《论团结文化》，《北方文物》1985年第1期，第8～22页。

[6] 赵宾福：《图们江流域的青铜时代文化研究》，《考古》2008年第6期，第71页。

[7] 延边朝鲜族自治州博物馆：《金谷水库南山遗址试掘简报》，《博物馆研究》1985年第3期，第69～72页。

[8] 吉林省图珲铁路考古发掘队：《吉林珲春市迎花南山遗址、墓葬发掘》，《考古》1993年第8期，第701～708页。

[9] 刘振华：《吉林省原始文化中的几种新石器文化遗存》，《博物馆研究》1982年第1期，第73～75页。

[10] 吉林省文物志编委会：《珲春县文物志》，1984年，第26页。

[11] 吉林汪延公路考古队：《吉林省延吉市新光遗址发掘简报》，《考古》1986年第2期，第615～623页。

[12] 朴龙渊：《汪清西崴子遗址调查》，《博物馆研究》1993年第3期，第76～79页。

[13] 吉林省文物考古研究所、汪清县文物管理所：《吉林汪清县水北青铜时代遗址的发掘》，《考古》2005年第1期，第24～31页。

[14] 吉林省文物考古研究所、延边朝鲜族自治州博物馆：《和龙兴城——新石器及青铜时代遗址发掘报告》，文物出版社，2001年，第151～154页。

[15] 侯莉闽、朴龙渊：《吉林省图们石砚原始社会墓地的调查清理》，《博物馆研究》1995年第2期，第54～65页。

墓地[1]、珲春新兴洞墓地[2]、珲春河西北山墓地[3]。居住址与墓地相分离的现象是柳庭洞文化较为显著的特征之一。从这17处遗址和墓地的位置来看，柳庭洞文化主要分布于图们江流域。同类遗存在朝鲜半岛的会宁五洞遗址[4]也又发现。

1. 房址特征

目前，经过清理的柳庭洞文化房址共计16座，其中延吉柳庭洞遗址1座，延吉金谷南山遗址1座，珲春迎花南山遗址4座，延吉新光遗址2座，珲春大六道沟遗址6座，汪清新安闾遗址1座，汪清水北遗址1座。此外，在汪清西崴子遗址调查时于断面上见有十余处房址，由于未经正式发掘，尚不能确定这些房址均属于柳庭洞文化。

柳庭洞文化的居住址一般选择在平原、台地或者山坡上，其不远处往往有河流流经，靠近水源，为生活提供了很大的便利。清理的房址均为半地穴式，平面形状多呈圆角长方形、方形。有些房址的穴壁和居住面涂抹黄泥，并经焙烧，较为坚硬。灶址接近于房址的中部，多为土坑灶，有的灶址周边围有石块，个别房址还在灶坑旁边发现了用石块垒砌的灶台。部分房址内未发现柱洞。与图们江流域之前的房址相比，柳庭洞文化的房址开始在居住面上直接使用石柱础，上面立柱子，并往往与埋于柱洞内的壁柱搭配使用。部分房址见有斜坡式门道。房址的面积大小不一。从保存较为完整的房址来看，有的面积较大，可达到五十多平方米，仅见新光遗址F3；有的面积有二三十平方米，如延吉金谷南山遗址F1、延吉新光遗址F4（图一一二）等；部分房址的面积仅十几平方米，如珲春迎花南山遗址F4等。

2. 墓葬特征

共计清理柳庭洞文化墓葬134座，其中图们石砚墓地12座，珲春新兴洞墓地31座，珲春河西北山墓地21座，汪清新华闾墓地12座，延吉金谷墓地14座，汪清金城墓地40座，珲春迎花南山墓地3座，和龙兴城遗址1座。

柳庭洞文化的墓地主要发现于向阳的山坡上，而且墓葬排列较为整齐，多成排分布。墓葬多为小型，长约1.7～3.2米，宽约0.5～1米。墓葬平面形状多为圆角长方形。金城墓地80M28发现有二层台，并且随葬品放置于二层台上，尤为引人注目。延吉德

[1] 吉林省图珲铁路考古发掘队：《吉林珲春市迎花南山遗址、墓葬发掘》，《考古》1993年第8期，第701～708页。迎花南山遗址和墓地坐落于山坳中相距约500米的两座山头的缓坡地带。

[2] 吉林省文物考古研究所：《吉林珲春新兴洞墓地发掘报告》，《北方文物》1992年第1期，第3～9页。

[3] 图珲铁路考古发掘队：《吉林珲春市河西北山墓地发掘》，《考古》1994年第5期，第405～412页。

[4] 朝鲜民主主义人民共和国科学院考古学与民俗学研究所：《会宁五洞原始遗迹发掘报告》，《遗迹发掘报告》第7辑，1960年，第10～13页。

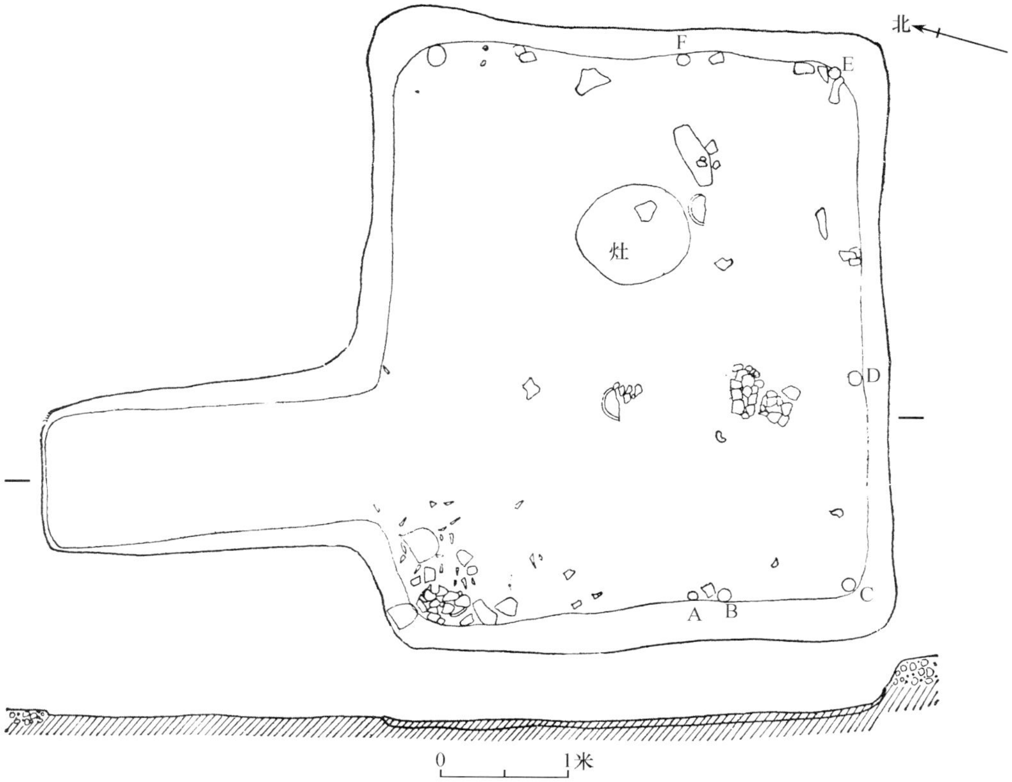

图一一二　新光F4平、剖面图

新金谷墓地M6有副棺，内葬儿童遗骸，较为特别。部分墓葬内发现有朽木痕迹，可能为葬具。根据墓葬形制可以分为五种类型：土坑竖穴墓、石棺墓、石圹墓、土石混筑墓、瓮棺葬。土坑竖穴墓系自地表向下挖的土坑墓穴，四壁及墓底基本不见石块（或石板），下葬时亦用土填埋（图一一三，1）；石棺墓的四壁或利用山坡岩壁，或用石板立砌而成，墓底也用石板或碎石铺平，墓顶亦覆盖石板（图一一三，2）；石圹墓的穴壁系用不规则的石块垒砌而成，往往没有石块封盖（图一一三，3）；土石混筑墓，在土坑墓穴的基础上，部分穴壁再砌石块或者石板，入葬时还用石块和河卵石封盖,也有一些此类的墓葬穴壁未使用石块或石板，但使用石块封盖（图一一三，4）；瓮棺葬目前仅见和龙兴城1例，在圆角长方形土圹内用两个深腹筒形罐扣合成瓮棺，葬者为儿童（图一一四）。除仅1例的瓮棺葬外，另外四种类型的墓葬之间是否存在时间上的形制演变关系，目前尚不清楚。

从葬俗来看，柳庭洞文化既有一次葬也有二次葬，流行一次葬与二次葬同穴安葬；既有单人葬，也存在合葬，盛行多人合葬，部分合葬墓中的二次葬者未埋入墓底，而是葬置于墓葬的封石之中。一次葬的葬式多为仰身直肢葬，而二次葬的骨骼摆放凌乱。个别墓葬存在火葬现象，这在新兴洞墓地中表现得尤为明显。除个别墓葬

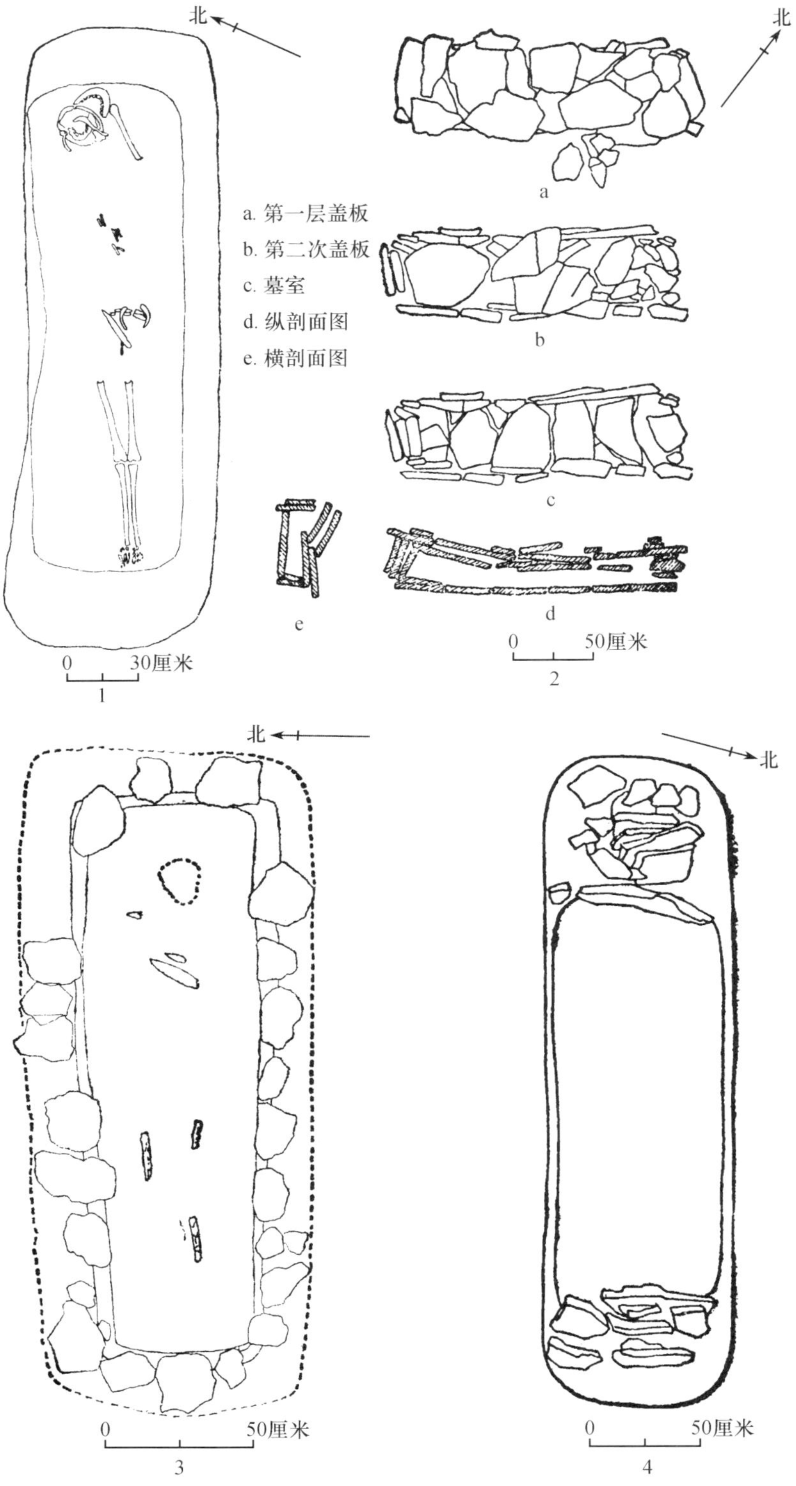

图一一三　柳庭洞文化墓葬

1. 河西北山M10　2. 德新金谷M11　3. 河西北山M14　4. 德新金谷M13

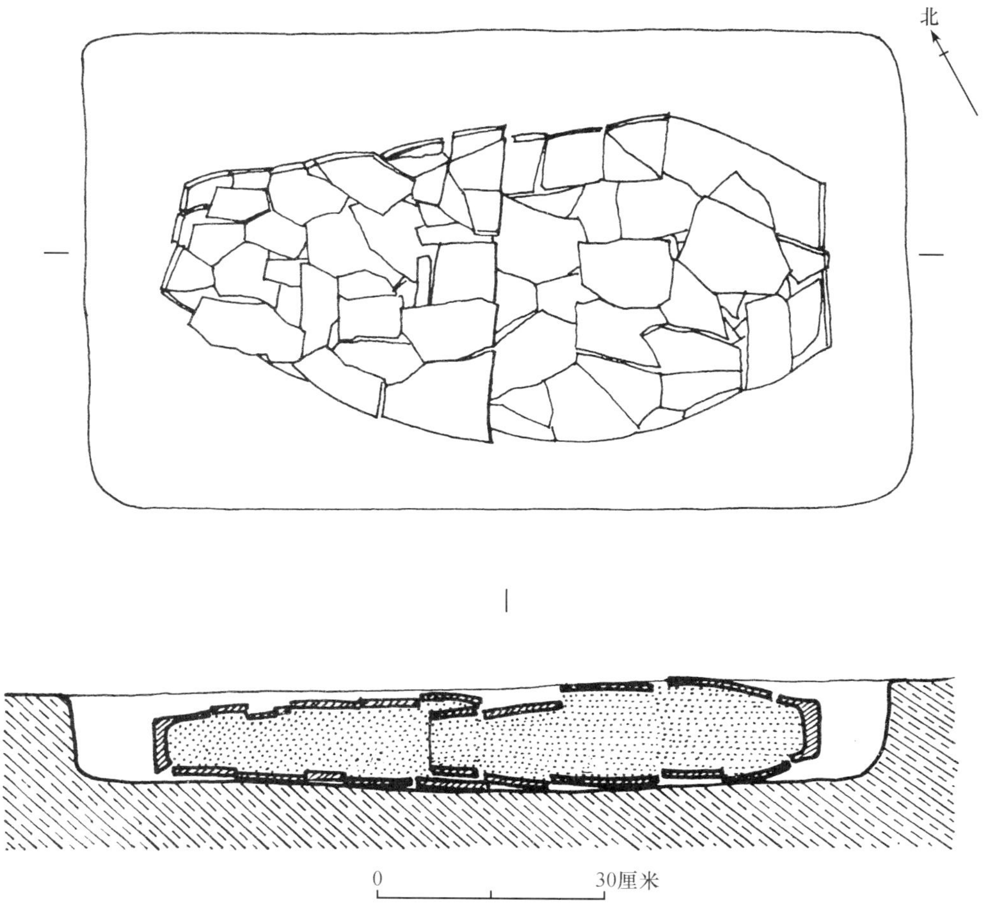

图一一四　兴城87M1平、剖面图

外，绝大多数墓葬见有随葬品，有的随葬品出土于封石中。随葬品以石器为主，还见有陶器、骨器、铜器等。

3. 遗物特征

柳庭洞文化的遗物按照质地可分为陶器、石器、骨角器、铜器、玉器、牙器、贝器。

陶器以夹砂红褐陶居多，还见有少量的黄褐陶、褐陶。由于烧制火候不均，造成器物表面颜色不均。陶器流行素面，极少数器表见有附加堆纹，器表经过打磨处理。多直口器，少量为口部微敛。盛行平底器，圈足器或者假圈足器数量很少。部分陶器近口沿部分施有对称的乳凸形耳或舌状耳。器形简单，有筒形罐、鼓腹罐、盆、碗、豆、杯、纺轮等（图一一五）。筒形罐的数量较多，也比较具有代表性，根据腹部形态可进一步分为斜腹筒形罐和直腹筒形罐两类，前者腹壁斜直或者略斜弧。从最新的

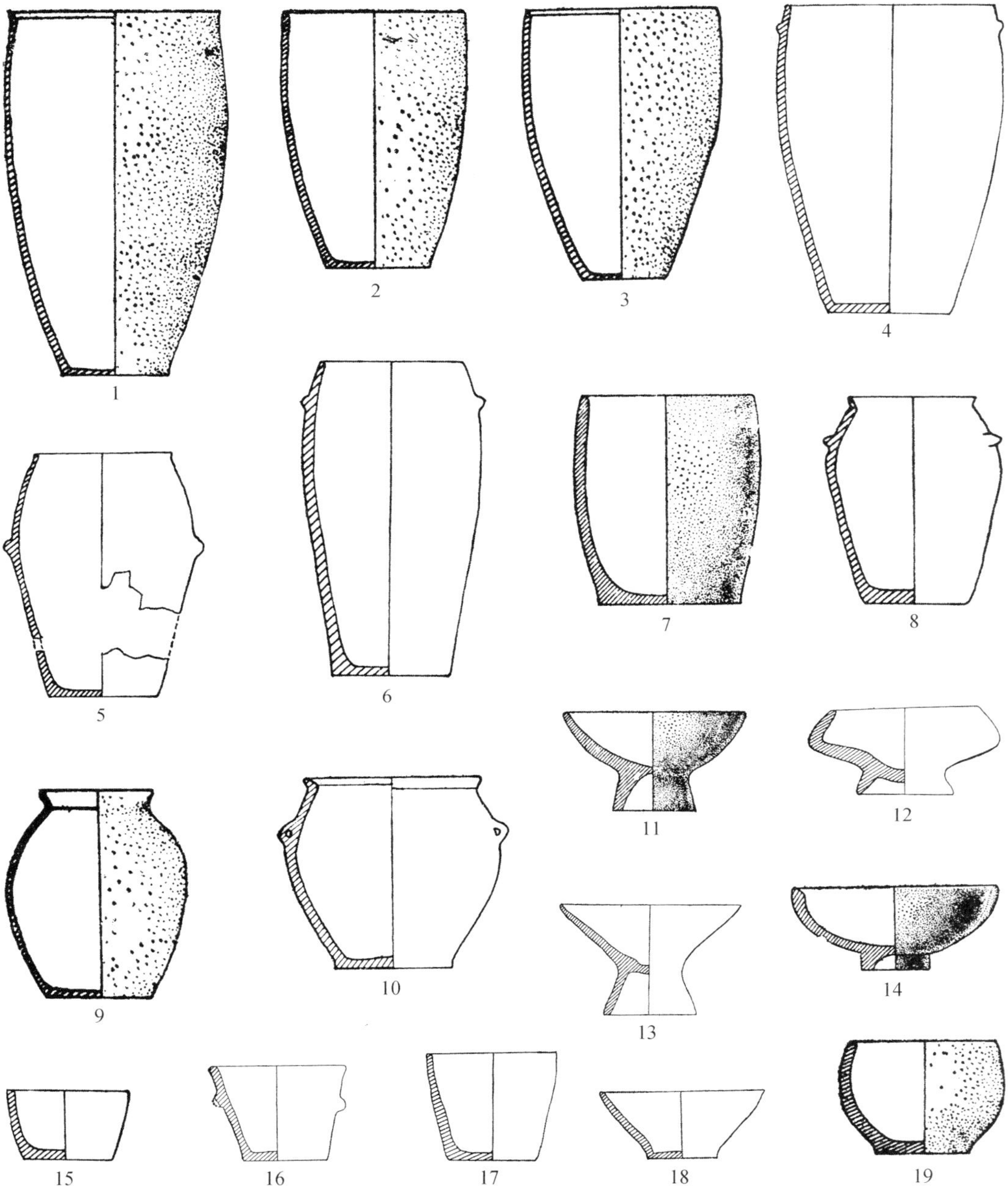

图一一五　柳庭洞文化陶器

1～7. 筒形罐　8～10. 鼓腹罐　11～13. 豆　14～18. 碗　19. 钵（1～3、9、19. 迎花南山　4～6、8、15. 新光　7、14. 德新金谷　10、12、13、16、18. 河西北山）

柳庭洞文化分期结果来看，早期的陶器素面无耳，晚期的陶器多数在近口沿部位见有对称的乳突形小耳。[1]

石器无论在房址还是墓葬中均多有发现。在该文化发现的石器中，以黑曜岩为原料的石器系打制或琢制而成，其他原料的石器均为磨制，以磨制石器为大宗，打制石器和琢制石器的数量极少，而有些遗址和墓地根本不见黑曜岩石器。器类丰富多样，有斧、锄、锛、刀、镰、磨盘、磨棒、矛、镞、刮削器、尖状器、锤、网坠、石球、纺轮、管形饰等（图一一六）。带孔石刀、戈形石镰、有挺矛、柳叶形镞、圆锥状镞等石器比较具有特色。

柳庭洞文化发现的骨角器数量不多，种类有镞、矛、锥、针、匕、纺轮、管形饰、雕刻骨板、钻孔骨板、卜骨等（图一一七，1～10）。钻孔骨板系用劈开的动物长骨磨制成骨板后，再于其上钻有两排小圆孔。卜骨在中国东北地区发现的数量很少。此件卜骨出土于新安闾遗址，似用羊的肩胛骨制成，长16.7厘米。肩胛冈被削去，边缘部分也经过修整。肩胛骨的背面布满灼痕，皆未灼透，未发现钻和凿的痕迹。

铜器数量很少，且多为小件制品（图一一七，12～14）。主要为铜泡和铜扣，多呈圆形，正面平整或稍鼓起，背面微凹，有一桥形孔鼻。迎花南山墓地出土的1件铜饰件，长2.7厘米，宽0.8厘米。整体呈桂叶状，正面施麦穗纹，背面脊部突起，麦穗纹下有一横穿孔，可用于系绳悬挂。此外，在新安闾遗址下层还发现一铜渣。

玉器在柳庭洞文化中只有零星发现，有玉管、玉珠、翠坠。玉管以青、白玉制成，中间为对钻孔。玉珠的形状不统一，有的呈球形，有的呈扁鼓状或长管状，皆有穿孔。翠坠的形状不甚规整，往往于一端对钻出一小孔，用于悬挂。

牙器数量极少，多为装饰品（图一一七，11、15）。有的用野猪门齿做成，并经过磨制，部分上面有钻孔。还有一件牙珠，整体呈珠形，中部有一小孔，牙珠直径约1.2厘米，孔径为0.4厘米。

贝器见有贝环和贝珠，数量很少。贝环系把海贝切割成半环形，两端外侧均磨出小缺，以便系绳。

4. 分期与年代

目前，属于柳庭洞文化的碳十四数据共计10个，[2]其中柳庭洞遗址1个（公元前1434～前1225年，树轮校正值，下同），珲春迎花南山遗址1个（公元前1254～前948年），延吉金谷南山遗址1个（公元前831～前788年），延吉金谷墓地3个（公元前1630～前1300年、公元前789～前409年、公元前757～前394年），延吉新光遗址

[1] 赵宾福：《中国东北地区夏至战国时期的考古学文化研究》，科学出版社，2009年，第257～260页。

[2] 中国社会科学院考古研究所：《中国考古学中碳十四年代数据集（1965～1991）》，文物出版社，1991年，第84～86页。

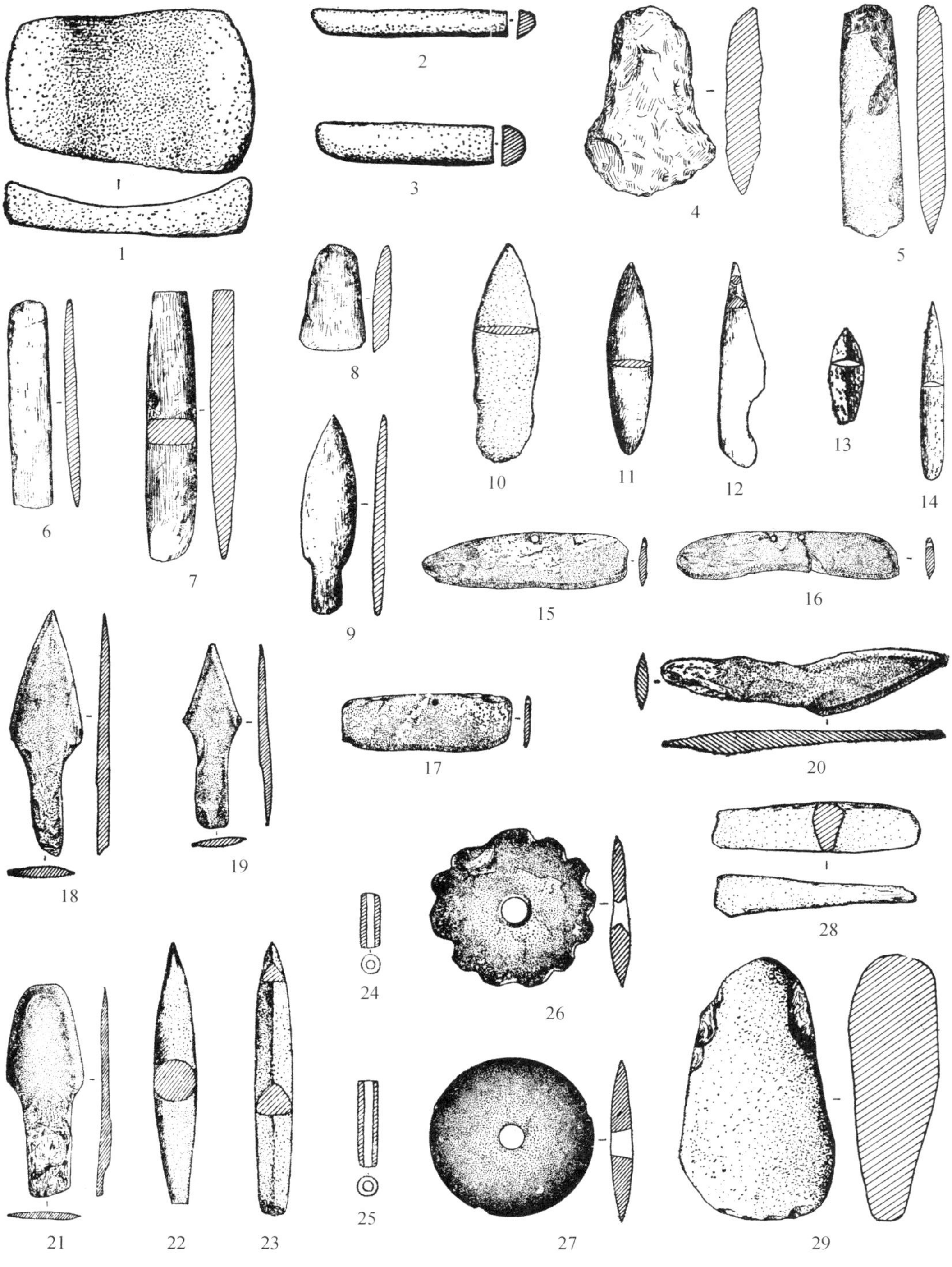

图一一六　柳庭洞文化遗物

1. 磨盘　2、3. 磨棒　4. 石锄　5、6. 石斧　7. 石凿　8. 石锛　9、10、18、19. 石矛　11～14. 石镞　15～17. 石刀　20. 石戈　21. 矛形器　22、23. 尖状器　24、25. 石管　26、27. 环状器　28. 磨石　29. 石锤（1～3. 新光　4～12、22～25、28、29. 河西北山　13～21、26、27. 德新金谷）

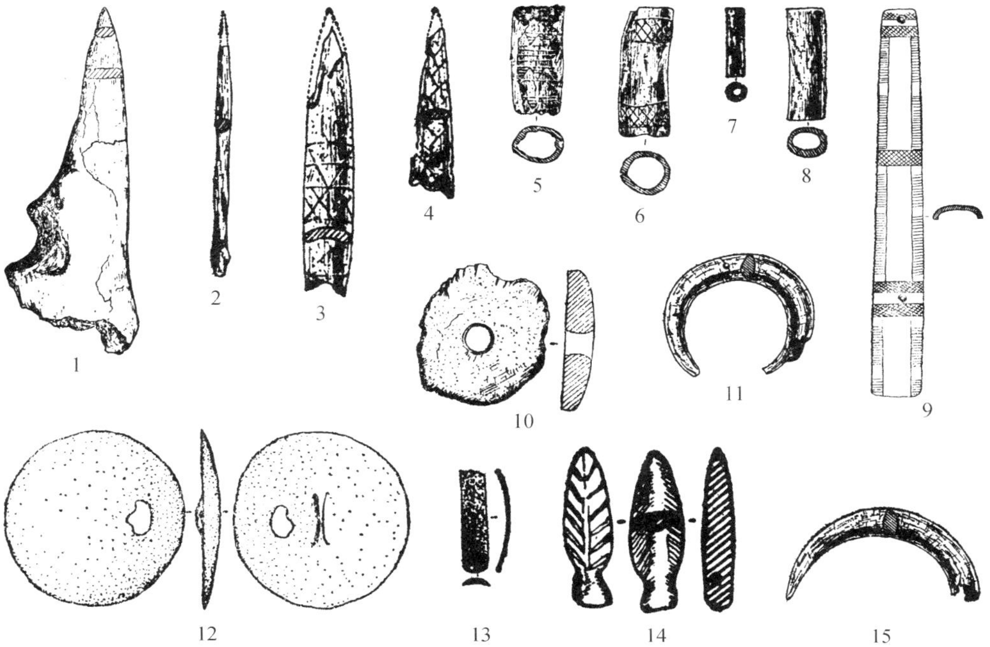

图一一七　柳庭洞文化遗物

1、2. 骨锥　3、4. 骨矛　5、6. 骨雕筒　7、8. 骨管　9. 雕刻骨板　10. 骨纺轮　11、15. 牙饰　12. 铜泡　13. 铜片饰　14. 铜矛形饰（1、2、9、10、12. 河西北山　3～8、11、13、15. 德新金谷　14. 迎花南山）

1个（公元前411～前263年），珲春大六道沟遗址3个（公元前361～前98年、公元前348～前73年、公元前346～公元48年）。除个别数据年代略早之外，多数测年数据落于西周至战国时期范围内。从朝鲜会宁五洞遗址揭示的柳庭洞文化早期房址F5打破兴城文化房址F4的层位关系来看，柳庭洞文化的年代应晚于处于夏商时期的兴城文化。结合陶器特征所反映的柳庭洞文化发展为两汉时期的团结文化这一现象，我们认为柳庭洞文化大约从西周延续至战国。

在朝鲜会宁五洞遗址，同属于柳庭洞文化的F6打破F5，而F5的陶器无耳，明显与F6出土的普遍施有乳凸形耳的陶器相区别。据此层位关系，并结合其他单位的陶器共存关系，可将柳庭洞文化划分为早、晚两期。早期年代大约为西周至春秋时期，晚期处在战国时期。[1]

5. 渊源与流向

随着考古材料的积累和研究的深入，关于柳庭洞文化的渊源和流向问题，现在也越来越为清晰。从陶器的亲缘关系来看，柳庭洞文化应该是由同样分布于图们江流域的兴城文化发展而来的，并于当地演变为两汉时期的团结文化。此外，柳庭洞文化

[1]　赵宾福：《图们江流域的青铜时代文化研究》，《考古》2008年第6期，第69～79页。

一支则走出图们江流域，进入到西流松花江流域发展为以黄鱼圈珠山M1为代表的遗存。[1]

柳庭洞文化和兴城文化的陶器均以夹砂平底陶器为主，而且陶器普遍素面无纹饰的特征也相一致。柳庭洞文化斜腹罐、直腹罐、鼓腹罐、碗、钵等主要器类也是承继兴城文化的同类器，并且演变关系较为明确。此外，将柳庭洞文化的墓葬与长白新龙墓地所揭示的兴城文化墓葬相比较，也可看出柳庭洞文化与兴城文化在墓葬方面所表现的出的继承和发展的关系。如墓葬与居住址相分离；墓葬的规格较小，成组排列，均有石圹封石墓；一次葬与二次葬并存，单人葬与合葬均有发现；皆存在一定的火葬习俗等。同时，我们也可以看出柳庭洞文化的墓葬形制更为多样，黑曜岩石器在随葬品中所占的比重也明显低于兴城文化。这些现象反映出这一文化系统在发展过程中所形成的阶段性差异。

团结文化以团结下层、大城子、一松亭为代表。[2]该文化陶器的主要特征是流行施圆柱状耳，这一特征应是在柳庭洞文化陶器乳丁耳的基础上的进一步发展，其主要的器类如筒形罐、鼓腹罐、豆、碗、钵等也与柳庭洞文化的同类陶器存在着密切联系。分布于西流松花江流域的以黄鱼圈珠山M1为代表的遗存目前发现不多。乔梁先生早在20世纪的90年代曾指出此类遗存的源头很可能存在于长白山地区一带[3]。黄鱼圈珠山M1出土的陶器，以夹砂平底器为大宗，器类有罐、豆、杯、壶等，器型较小，用手捏制而成，应为冥器，而非实用器。这些冥器均为素面，器表流行施乳丁耳和长錾耳。从陶器特征分析，黄鱼圈珠山M1出土的冥器应以柳庭洞文化的陶器为原型制造而成。

6. 生业方式

柳庭洞文化的生业方式与兴城文化相比，并无太大改变。大量斧、锄、锛、刀、镰、磨盘、磨棒等农业生产工具和矛、镞、刮削器、尖状器、网坠等渔猎工具的出土，表明农业和渔猎活动在柳庭洞文化中仍占有重要地位。柳庭洞文化发现的青铜器数量极少，而且多为小件制品，所以尚不足证明柳庭洞文化已存在青铜冶铸业。这些铜制品极有可能是通过与周邻地区同时期考古学文化的交流所获得。即使柳庭洞文化的先民们已经开始冶炼青铜器，所掌握的技术还很有限，而且规模亦不大。

---

[1] 赵宾福：《东北青铜时代考古学文化谱系格局的研究》，《边疆考古研究》第12辑，科学出版社，2012年，第127～148页。

[2] 林沄：《论团结文化》，《北方文物》1985年第1期，第8～22页。

[3] 乔梁：《吉长地区西团山文化之后的几种古代遗存》，《辽海文物学刊》1993年第2期，第66～70页。

四、东辽河流域的青铜文化

东辽河是辽河东北侧的第一大支流，发源于东辽县小葱顶子山，由辽河掌、渭津河、拉津河、兴隆河、二道河、梨树河、杨木河河等河流汇集而成，并于辽宁省康平县三门郭家汇入辽河。在上个世纪，该地区的青铜时代考古工作较为薄弱，多以调查和试掘为主，[1]虽然材料有限，亦有学者对调查材料的性质和年代做了有益的探索。[2]可喜的是，近些年来吉林省文物考古研究所联合当地有关部门对东辽河沿岸进行了区域性专题考古调查，[3]并对部分遗址进行了考古发掘，特别是对双辽县后太平遗址[4]和梨树县风水山遗址[5]的发掘，清理出丰富的遗存现象，出土了大量的珍贵器物，为我们了解东辽河流域的青铜时代考古学文化的面貌及建立这一地区的文化编年序列提供了极为难得的材料。

结合目前发现的考古材料及以往的研究成果，大致可将东辽河地区青铜时代文化类型从早至晚划分为四种，即风水山遗存、以后太平ⅡH8为代表的遗存、后太平遗存、宝山文化。

（一）风水山遗存

风水山遗存以梨树县风水山遗址2010年发掘遗存为代表。风水山遗址位于四平市梨树县刘家馆子镇大力虎村陈家坨子屯东的一处台地上。2010年对该遗址进行抢救性

[1] 水野清一：《郑家屯西北沙丘地带的遗址》，《人类学杂志》1932年47卷8号，第300～301页。李莲、陈奉廉、聂俊馥：《吉林省双辽县考古调查报告》，《吉林省文物工作通讯》，1959年，第9～16页。吉林省文物志编委会：《双辽县文物志》，1985年，第145～147页。吉林省文物考古研究所：《东辽河上游考古调查发掘简报》，《辽海文物学刊》1995年第2期，第1～10页。洪峰：《吉林东丰县南部古遗迹调查》，《考古》1987年第6期，第519～524页。吉林省文物考古研究所、东丰县文化馆：《1985年吉林东丰县考古调查》，《考古》1988年第7期，第584～591页。

[2] 金旭东：《东辽河流域的若干种文化遗存》，《考古》1992年第4期，第347～356页。

[3] 梁会丽、隽成军：《双辽市东辽河右岸2007年考古调查简报》，《东北史地》2009年第1期，第49～52页。

[4] 吉林省文物考古研究所、四平市文物管理委员会办公室、双辽市文物管理所、双辽市郑家屯博物馆：《吉林双辽市后太平青铜时代墓地》，《考古》2009年第5期，36～48页。吉林省文物考古研究所、四平市文物管理委员会办公室、双辽市文物管理所、双辽市郑家屯博物馆：《后太平——东辽河下游右岸以青铜时代遗存为主的调查与发掘》，文物出版社，2011年。

[5] 吉林省文物考古研究所、四平市文物管理委员会：《吉林省梨树县风水山遗址2010年抢救性发掘》，《边疆考古研究》第12辑，科学出版社，2012年，第29～45页。

发掘，发掘面积约为150平方米，共清理房址3座，灰坑2个，出土部分陶器、石器、骨器、蚌器等遗物。[1]出土遗存的文化内涵比较单纯，区别于以往所发现的考古学文化，代表了一种新的考古学文化类型，但是鉴于对此类遗存分布范围及文化面貌的了解还不甚清楚，暂称其为“风水山遗存”。

1. 文化面貌

三座房址均遭到不同程度破坏，其中F3仅残存一角，另两座房址保存相对较好一些。F1为圆角长方形半地穴式建筑，西侧遭取土破坏。南北长600、东西宽500、残深40厘米，方向为205°。居住面较为平整，抹有草拌泥，并经焙烤。门道位于房址西南部的中部，长条形，微斜坡状。灶址处于房内南部靠近门道处，为斜弧壁浅坑状，平面呈圆形。柱洞发现有两个，应为圆形，位于房址内的西北角和西南角。出土有筒形罐、折腹钵、鬲、石凿、骨锥、蚌刀等器物。F2的中部、东北部及西北壁遭到取土破坏。该房址也为半地穴式，平面形状呈圆角长方形（图一一八）。居住面为草拌泥

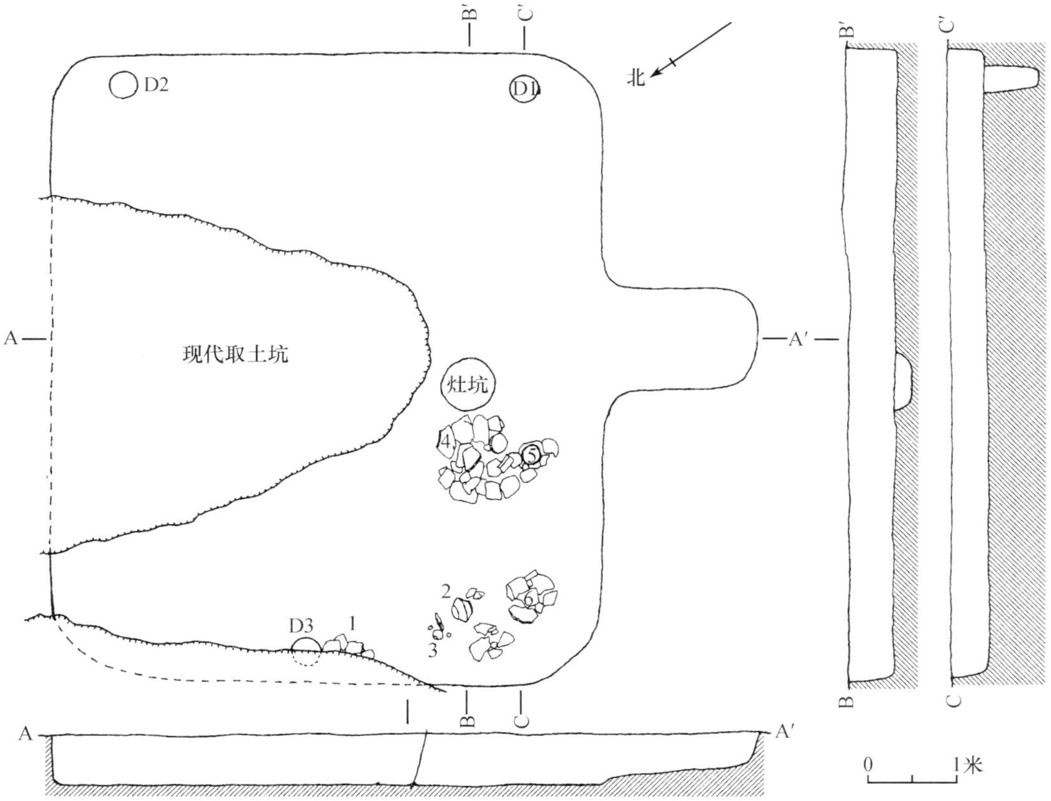

图一一八　风水山F2平、剖面图

[1] 吉林省文物考古研究所、四平市文物管理委员会：《吉林省梨树县风水山遗址2010年抢救性发掘》，《边疆考古研究》第12辑，科学出版社，2012年，第29～45页。

火烧面，厚约5～8厘米。房址长约625、宽750、残深60厘米，方向为216°。土坑灶位于房址南部，靠近门道，坑壁斜弧，平面为圆形。发现三个柱洞，一个靠近西北壁中部，另两个分别处于房址的东北角和东南角。在房址的西南部发现较为集中的陶器碎片，可辨器形有筒形罐、钵、鬲等，另出土有砺石、斧等石器。从F1、F2来看，风水山遗存的房址为半地穴式建筑，平面形状呈圆角长方形。面积有三四十平方米。居住面普遍抹有草拌泥，并经过焙烧，比较平整坚硬。见有门道、灶坑、柱洞等设施。门道为长条形，呈斜坡状，朝向西南方。灶坑位于房内中部偏向门道处，为平面呈圆形的斜弧壁浅坑。柱洞数量不等，位置不太固定，多位于内角处。出土遗物有陶器、石器、骨器等，较为丰富。

风水山遗址出土的陶器以夹砂红褐陶和灰褐陶为主。陶器多为手制，采用泥圈套接法制作而成。均为素面，器表多经过磨光。流行敛口器，部分为小侈口，个别唇部内侧经过抹斜处理。陶器表面多见对称分布的器耳，主要为鋬耳和桥形耳（又可分横桥耳和竖桥耳），另有少量起装饰作用的盲耳。鋬耳多位于口沿下方，桥耳多见于陶器腹部。除见有少量鬲足外，陶器多为平底器。器类单一，有鬲、筒形罐、侈口罐、瓮、钵、甑、杯等（图一一九）。罐、钵、鬲等陶器陶胎中的夹砂颗粒较为细小，火候较高，质地坚硬；器形较大的瓮类的夹砂颗粒较大，火候相对偏低，胎质疏松。陶器中敛口鋬耳筒形罐、鼓肩侈口桥耳罐、小口圆肩小底瓮、抹斜口折腹钵比较具有特点。

石器数量不多，种类也较少，有器形较大的砺石，也有磨制精美的小型石斧、石凿和有槽石器等（图一二〇，1～11）。骨器不多，见有骨镞、骨凿、骨锥等（图一二〇，12、14～16）。蚌器仅发现一件，系用大型丽蚌壳制成，上有钻孔（图一二〇，13）。

2. 年代

关于风水山遗存的年代问题，风水山遗址的发掘者认为此类遗存大致处于夏商时期。[1]亦有学者认为风水山遗存晚于平安堡二期遗存，整体年代与高台山文化早期相当，约在夏代中晚期至商代早期，即夏商之际。[2]

（二）以后太平ⅡH8为代表的遗存

目前，此类遗存在东辽河流域发现较少，经过发掘的单位有双辽县后太平遗址Ⅱ

[1]　梁会丽：《吉林省梨树县风水山遗址文化因素试析》，《草原文物》2012年第1期，第45～50页。

[2]　洪猛、魏明江：《略谈后太平遗址青铜时代遗存有关问题》，《北方文物》2012年第4期，第28～33页。

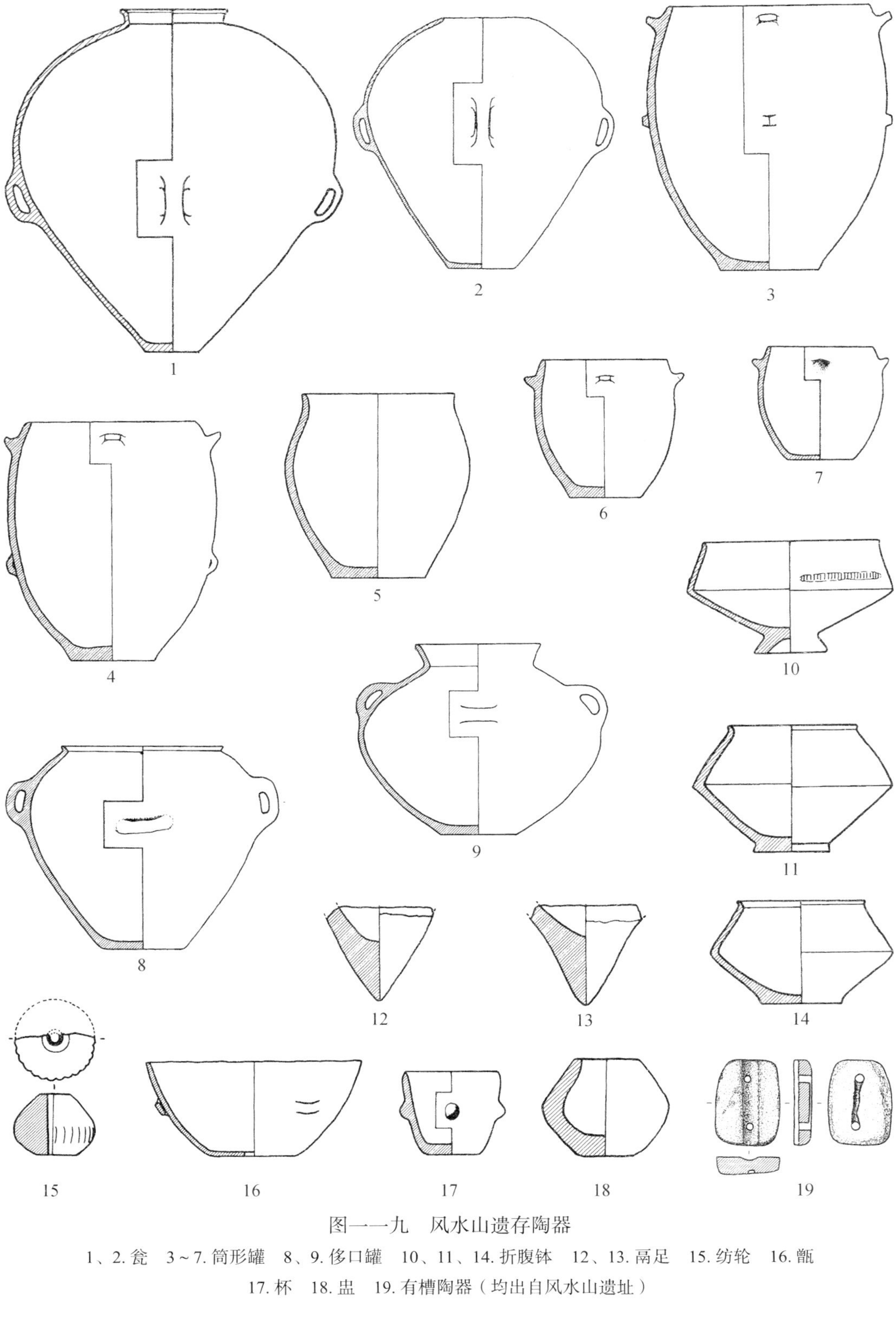

图一一九　风水山遗存陶器

1、2. 瓮　3～7. 筒形罐　8、9. 侈口罐　10、11、14. 折腹钵　12、13. 鬲足　15. 纺轮　16. 甑　17. 杯　18. 盅　19. 有槽陶器（均出自风水山遗址）

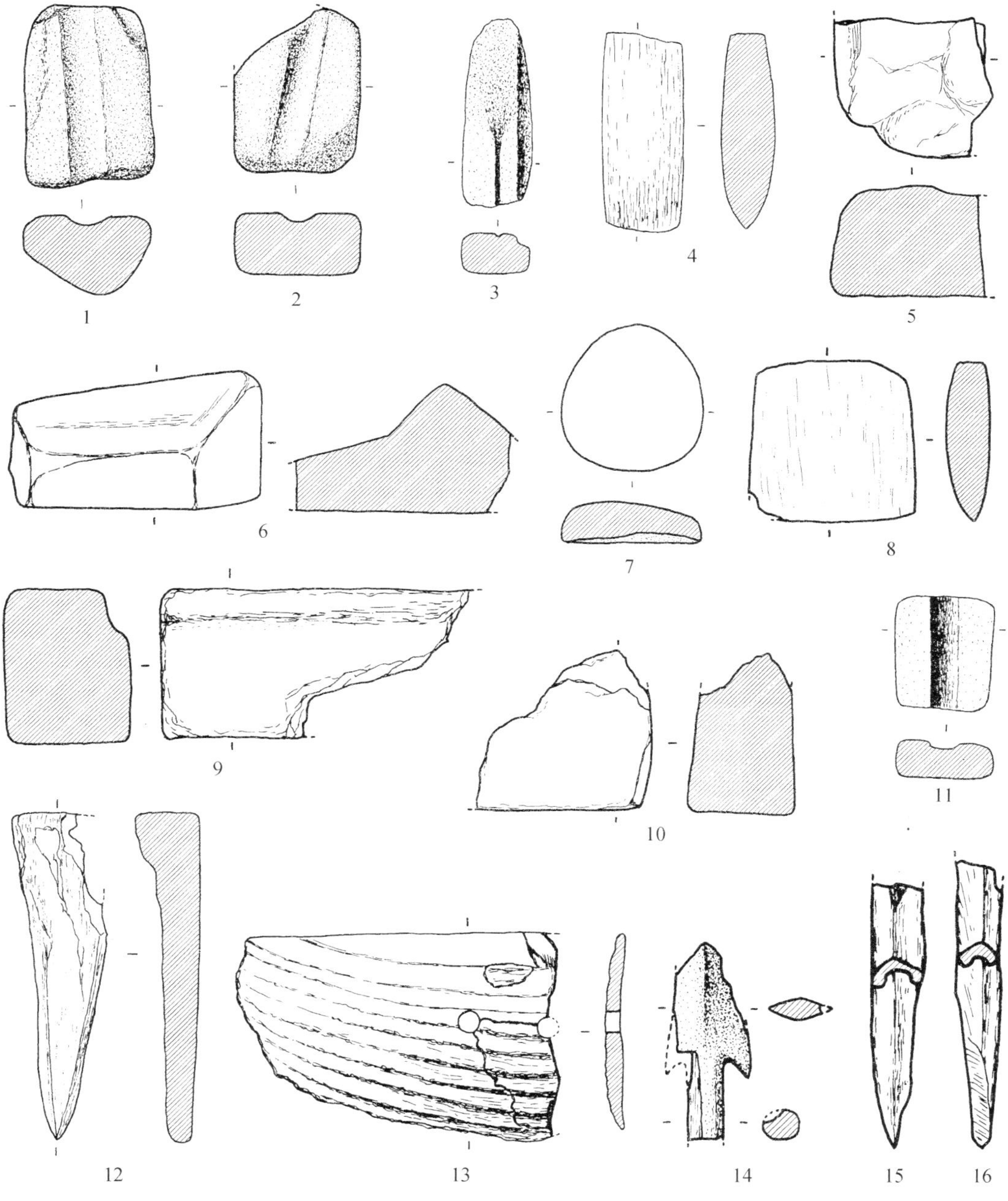

图一二〇　风水山遗存的石器、骨器与蚌器

1～3、11. 有槽石器　4. 石凿　5、6、10. 砺石　7. 打磨器　8. 石斧　9. 方柱状石器　12. 骨凿　13. 蚌刀
14. 骨镞　15、16. 骨锥（均出自风水山遗址）

区的两个灰坑ⅡH8、ⅡH9及第4层。[1]

ⅡH8平面呈圆形，坑壁弧收，底部微凹近平。坑口直径120、坑底直径120、残深80厘米。坑内填土为黑色沙质土，相对疏松。填土中包含较多的陶片、动物骨骼和蚌壳。经修复的陶器有两件鸡冠耳陶壶及1件陶匙。ⅡH9的平面形状也为圆形，坑壁微内弧，平底。坑口直径200、坑底直径195、残深80厘米。坑内填土为较为疏松的黑色沙质土，出土了大量陶片，多为口沿、器底、器耳，无可修复者。

陶器数量不多，完整器更少。以砂质红褐陶和夹砂红褐陶居多，个别为砂质灰褐陶、泥质灰褐陶。皆为手制。器表以素面为主，少量陶器施有细绳纹、附加堆纹或戳压纹。陶器多为平底器，盛行在口沿下和颈部施横向的鸡冠耳。可辨器形有罐、壶、匙、纺轮等（图一二一）。修复的两件陶壶中，一件为砂质红褐陶，圆唇稍外凸，直口，直颈，溜肩，鼓腹，腹部最大径稍偏上，小平底略加厚。肩部施对称的舌形鋬耳。自肩部以下，施有细绳纹。口径15.6、底径8、最大腹径24.4、高30厘米。另一件为砂质灰褐陶，器表经过磨光处理，圆唇微外撇，直口，直颈，鼓肩、圆腹，最大径位于上腹部，底部加厚微凹，呈假圈足状。颈部施有一横向鸡冠耳，肩部施有一对鸡冠耳，腹部施有细绳纹。口径10.4、底径6.4、腹部最大径13.2、高15.2厘米。

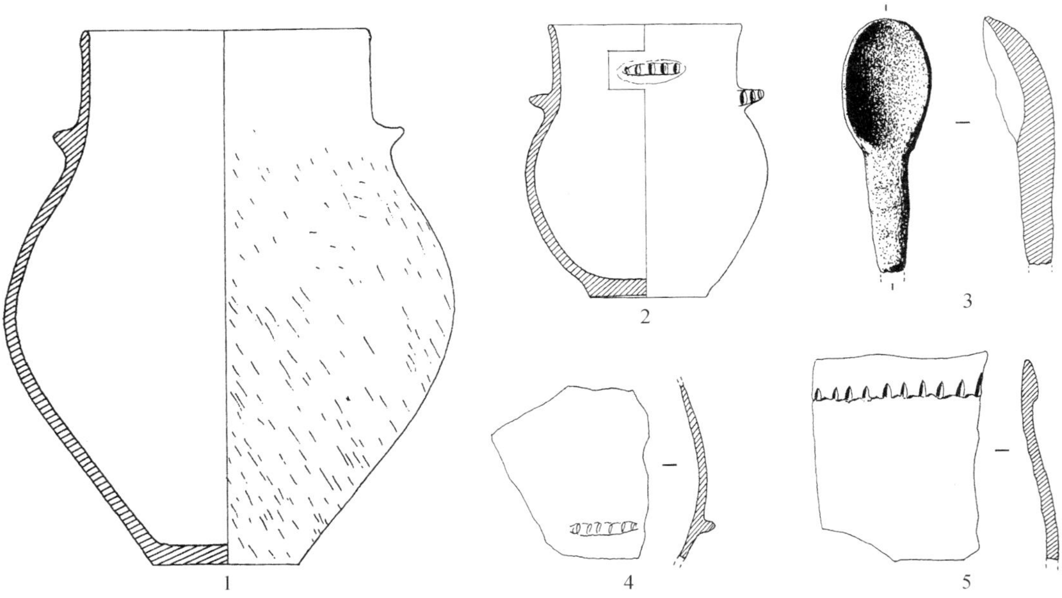

图一二一　后太平ⅡH8出土陶器

1、2. 鸡冠耳陶壶　3. 匙　4. 陶器口沿　5. 陶器腹片

[1]　吉林省文物考古研究所、四平市文物管理委员会办公室、双辽市文物管理所、双辽市郑家屯博物馆：《后太平——东辽河下游右岸以青铜时代遗存为主的调查与发掘》，文物出版社，2011年，第213～217页。

以后太平ⅡH8为代表的遗存虽然目前发现还很少，但是特征明显，与风水山遗存和后太平遗存存在显著差异。这类遗存的特征与分布于下辽河以西的高台山文化存在较多相似性，可以看出明显是受到了高台山文化的影响。ⅡH8出土的两件完整的陶壶，在高台山文化晚期遗存中均可找到整体风格一致的同类器，故以后太平ⅡH8为代表的遗存与高台山文化晚期的年代较为接近。从高台山文化最新的分期与年代研究成果来看，[1]高台山文化晚期大约处于商代晚期，那么，以后太平ⅡH8为代表的遗存的年代也应大体如此。

（三）后太平遗存

后太平遗存以双辽县后太平遗址Ⅱ区墓葬和Ⅰ区F2、G8等单位为代表。[2]除后太平遗址外，在双辽县盘山[3]、东岗[4]、黄土坑[5]、勃山屯砖厂[6]等遗址也发现有同类遗存。

后太平遗址位于双辽县东明镇后太平村。包含两个地点，其中第一地点位于村东部，应为居住址，也是较早被发现的地点；第二地点位于村北部，为当时的公共墓地，系2007年调查中新发现的地点。2007年对后太平遗址进行抢救性发掘。于第一地

[1] 赵宾福：《高台山文化再论》，《华夏考古》2010年第3期，第38～46页。

[2] 吉林省文物考古研究所、四平市文物管理委员会办公室、双辽市文物管理所、双辽市郑家屯博物馆：《吉林双辽市后太平青铜时代墓地》，《考古》2009年第5期，第36～48页。吉林省文物考古研究所、四平市文物管理委员会办公室、双辽市文物管理所、双辽市郑家屯博物馆：《后太平——东辽河下游右岸以青铜时代遗存为主的调查与发掘》，文物出版社，2011年，第58～235页。梁会丽、隽成军：《双辽市东辽河右岸2007年考古调查简报》，《东北史地》2009年第1期，第49～52页。

[3] 吉林省文物考古研究所、四平市文物管理委员会办公室、双辽市文物管理所、双辽市郑家屯博物馆：《后太平——东辽河下游右岸以青铜时代遗存为主的调查与发掘》，文物出版社，2011年，第24～38页。梁会丽、隽成军：《双辽市东辽河右岸2007年考古调查简报》，《东北史地》2009年第1期，第49～52页。

[4] 吉林省文物考古研究所、四平市文物管理委员会办公室、双辽市文物管理所、双辽市郑家屯博物馆：《后太平——东辽河下游右岸以青铜时代遗存为主的调查与发掘》，文物出版社，2011年，第38～42页。梁会丽、隽成军：《双辽市东辽河右岸2007年考古调查简报》，《东北史地》2009年第1期，第49～52页。

[5] 吉林省文物考古研究所、四平市文物管理委员会办公室、双辽市文物管理所、双辽市郑家屯博物馆：《后太平——东辽河下游右岸以青铜时代遗存为主的调查与发掘》，文物出版社，2011年，第51页。

[6] 吉林省文物考古研究所、四平市文物管理委员会办公室、双辽市文物管理所、双辽市郑家屯博物馆：《后太平——东辽河下游右岸以青铜时代遗存为主的调查与发掘》，文物出版社，2011年，第53、54页。

点发掘370平方米，清理属于后太平遗存的单位有房址1座，灰坑11个，灰沟3条；第二地点的发掘面积相对较大，共计837平方米，清理的37座墓葬和两个灰坑属于后太平遗存。这次发掘出土了较为丰富的遗物，曾引起学术界的普遍关注。

1. 房址特征

目前，仅在后太平遗址发现一座房址，编号ⅠF2（图一二二）。该房址为半地穴式建筑，平面形状呈圆角长方形，南北长800、东西宽620、残深15厘米，方向为116°。居住面为仅稍经踩实的生土面，未经特别修整，不甚平整。门道位于房址东壁的偏北处，平面为长方形。灶址位于房址的东北处，靠近门道。平面形状不甚规整，近似等腰梯形状，坑底可见红烧土面。房址内共发现圆形柱洞14个，大小不一，深浅有别，部分柱洞环四壁分布，部分散布于房址中部。房址居住面出土有陶鬲、圈足豆、篦点纹壶、篦点纹钵、砺石、装饰品等遗物。

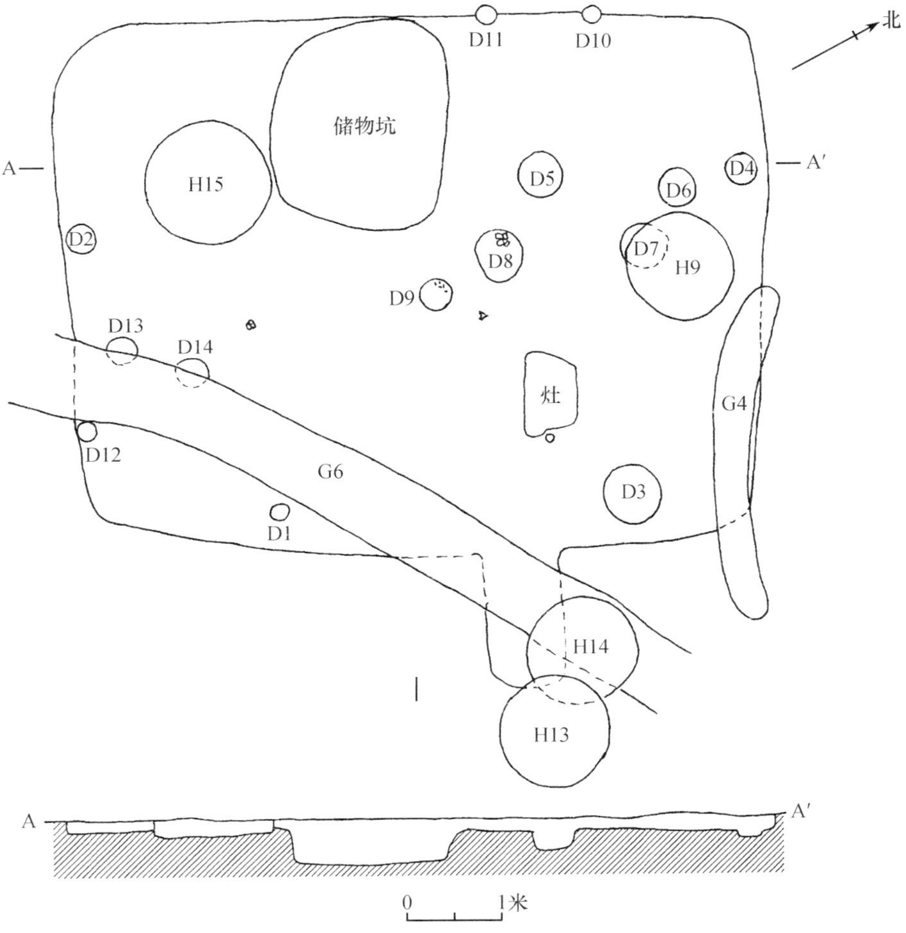

图一二二　后太平ⅠF2平、剖面图

2. 墓葬特征

在后太平遗址第二地点共发掘墓葬37座。墓葬分布较为密集，仅少数几座墓存在打破关系。墓葬皆为竖穴土坑墓，平面形状为圆角长方形，墓穴四壁斜直，平底，个别墓葬发现有二层台。墓葬大小不一，较大者长达5米以上，残深为1.6米，小者长仅2米，残深0.2米。墓葬方向以西南—东北向为主，达32座，约占墓葬总数的86.5%。墓向多在30°～55°之间；另外5座墓葬为西北—东南向。未发现葬具，填土系五花土。葬式多为仰身直肢葬，个别为侧身屈肢葬。多人葬为主，仅10座为单人葬，单人葬的墓穴相对较小。个别墓葬存在火葬，穴壁和墓底形成了红烧面，人骨也存在烧焦的现象，有的散落于四周甚至填土内。除M13未见随葬品外，其余墓葬皆发现有随葬品，但是随葬品的数量多寡不均。随葬品有生活用品、生产工具、武器和装饰品，其中随葬陶器和石器者最为多见。这些墓葬既存在单人葬，也有多人葬，不仅发现有一次葬，亦存在二次葬，据此可将墓葬分为单人一次葬、多人一次葬、单人二次葬和多人二次葬四种类型。

单人一次葬较少，仅见M13和M30，形制均较小。其中M30（图一二三，1）的墓口长300、宽130、残深86厘米，方向为302°。人骨保存完好，系仰身直肢，双手自然放置于盆骨两侧，双脚并拢。头骨上侧随葬一件素面长颈陶壶。前额处发现一枚铜泡。颈部外围散落有多枚白石管和黑石管，应是死者佩戴的石管项链，但也不排除是发饰的可能。左手握一骨针。足端出土了一件竖插于土中的铜刀，刀尖朝上。在墓底的四周还随葬有铜锥、铜坠饰及牛跟骨和羊臼齿。经鉴定，墓主人系25～30岁的女性。

多人一次葬发现4座，为M14、M17、M27、M32，皆为中小型墓葬，埋葬人数3～7人不等。其中M32（图一二三，2）系两具男女成年个体及一婴儿的合葬墓。墓口长270、宽130、残深100厘米，墓向为130°。女性个体，45岁左右，葬式为仰身直肢，头朝东南方，右腿外撇。男性个体，40岁左右，仰身直肢，头朝向西北方。男性个体叠压于女性个体上面。婴儿个体的骨骼保存较差，残存部分头盖骨及乳牙，葬式不明，位于女性头部右侧。女性个体头部左侧随葬有一件压印篦点纹陶壶，男性个体头骨上方发现有一颗马牙，颈部外围散落数枚石管饰品，其盆骨附近还出土有一件青铜刀和一件石镞。墓葬填土中发现有狗的下颌骨。

单人二次葬有M7、M10、M11、M20、M23、M25、M31、M37，共计8座墓，均为小型墓。其中M31（图一二三，3）的墓主人为小孩，骨骼保存极差，仅残存下颌骨、脊椎骨及少量肋骨，多散乱摆放于墓室北部。在人骨堆放处，伴出有较多的铜泡、白石管、绿松石饰件。墓葬北部出土有压印篦点纹陶壶及压印篦点纹杯各一件，南端随葬素面长颈壶和陶钵各一件。

多人二次葬较为常见，共计23座。以M9为例（图一二三，4），该墓墓口长400、宽210、残深150厘米，墓向为42°。该墓发掘不深便出土一40岁左右的颅骨。墓底发现

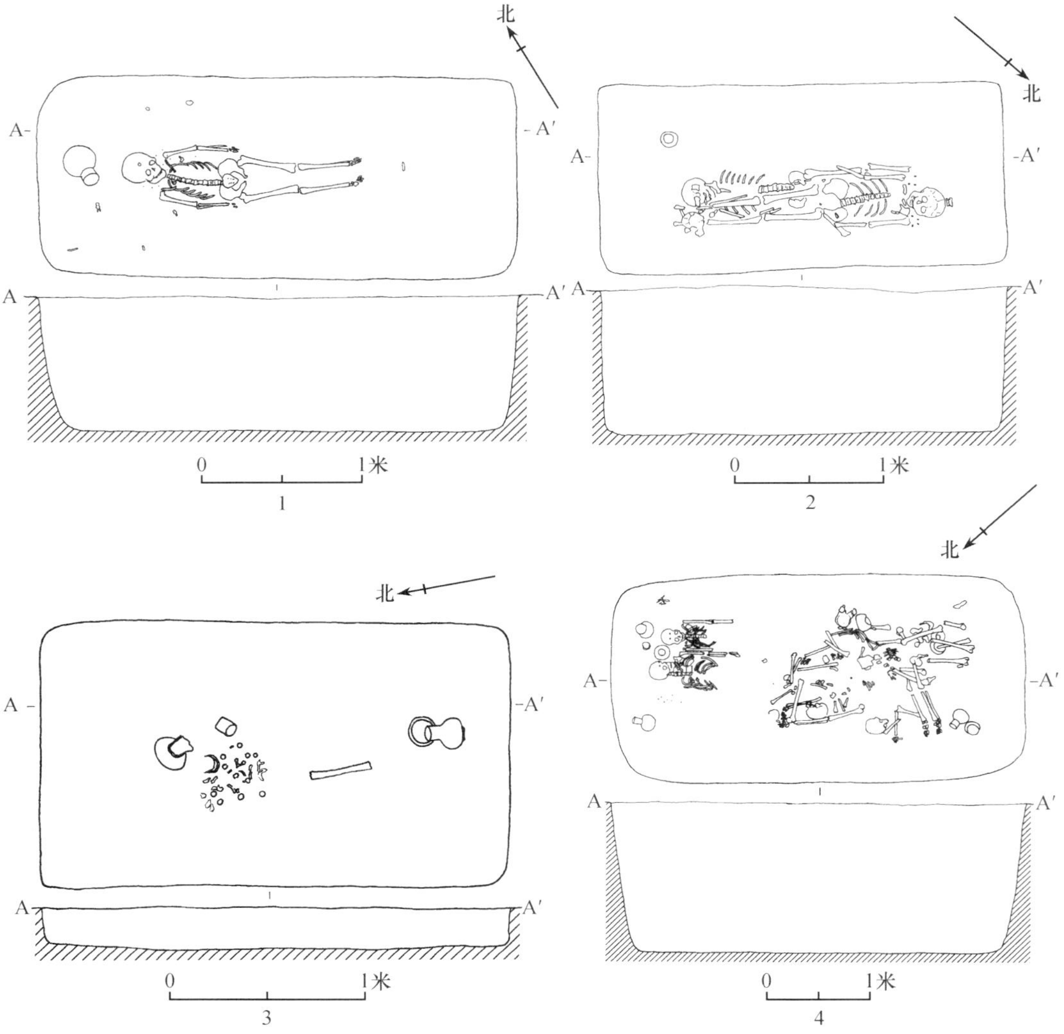

图一二三　后太平遗存墓葬

1. 后太平M30　2. 后太平M32　3. 后太平M31　4. 后太平M9

有6具人骨，北端的两具人骨为仰身并排，上身骨骼保存较好，不见腰椎以下骨骼，胸骨和颅骨有火烧痕迹。这两具个体分别为45～50岁的女性和25岁左右的男性。其余四具个体均为成年女性，年龄在20～35岁之间。骨骼放置于墓室的中南部，较为散乱，有火烧痕迹，墓底可见大量的红烧土。该墓的随葬品较多，主要出土于墓葬的南北两端。靠近北壁处出土了三件素面长颈壶和一件压印篦点纹单耳杯，及四个角镞，在一个颅骨上及附近发现多枚铜泡和白石管。墓葬南端随葬了两件素面陶壶。墓室其他地方还发现有铜刀、铜镞、骨锥等遗物。

3. 遗物特征

后太平遗存的遗物丰富，种类多样，可分为陶器、青铜器、玉石器、骨角器等。

陶器以夹砂红褐陶和黄褐陶居多，也见有部分灰褐陶。陶器均为手制，并经慢轮修整。素面陶所占比重较大。纹饰见有压印篦点纹、刻划纹、指甲纹、珍珠纹、戳压纹、附加堆纹等，其中压印篦点纹最为常见，刻划网格纹也比较有特点。陶器多平底，部分为台状底、圈足，流行施桥形耳和鋬耳。容器的可辨器形有袋足鬲、壶、筒形罐、双耳罐、大口罐、篦点纹钵、圈足豆、单耳杯等（图一二四）。其中壶的数量最多，形式最为多样，也最具代表性。此外，还出土有陶纺轮、网坠、陶范等生产工具及陶塑品。

青铜器的数量不多，多范铸而成。按用途，可分为工具和装饰品两类（图一二五，19～35），后者居多。工具有镞、刀和锥。铜镞的数量稍多，出土有四棱形镞和双翼形镞。铜刀皆为齿柄刀，刀尖微翘。除常见的横截面为圆形的铜锥外，还发现有横截面为方形或长方形状的。铜装饰品有铜泡、连珠饰、铜环、铜镯、坠饰等，其中铜泡的数量最多。从出土的铜器和陶范来看，后太平遗存的居民已经掌握了熔炼铜和铸造铜器的能力。但是出土的青铜器多为小型器，反映出青铜器的冶炼技术水平有限。经过对后太平遗存样品的金相学分析及成分检测，金属器的质地包括铜器、铜锡铅合金、含砷、或含铅的铜锡铅合金，存在铸造后冷加工和热加工两种加工成型工艺。[1]

玉石器的数量较多，均为磨制而成，器类有锤斧、镞、管饰、坠饰等（图一二五，1～5）。管饰的数量最多，达1千多个。高岭石质地的白石管和石墨质地的黑石管最为常见，多发现于肩部附近。此外，还出土有少量玛瑙、绿松石装饰品。

骨角器的数量不多，种类有镞、锥、凿、管、纺轮、匕、刻纹骨片、穿孔角饰等（图一二五，6～16），其中角镞的数量最多。骨器的制作方法有劈裂、切割、磨制、钻孔等。

4. 年代

后太平遗存中明显包含有白金宝文化、双房文化的因素。特别是施压印篦点纹的筒形罐、壶、钵等器形，与白金宝文化的同类器别无二致，反映出白金宝文化向南已渗透到东辽河流域。需要注意的是，这种影响并不是单向的，白金宝文化中发现的施刻划网格纹的陶器应该是受到东辽河流域古文化的影响所产生的。后太平遗存中大量的素面长颈壶在双房文化中均可找到器形相似者，由此也可以看出双房文化由辽东南

[1] 贾莹、金旭东、高秀华、赵殿坤：《双辽后太平遗址出土青铜器金相学研究》，《后太平——东辽河下游右岸以青铜时代遗存为主的调查与发掘》，文物出版社，2011年，第342～358页。

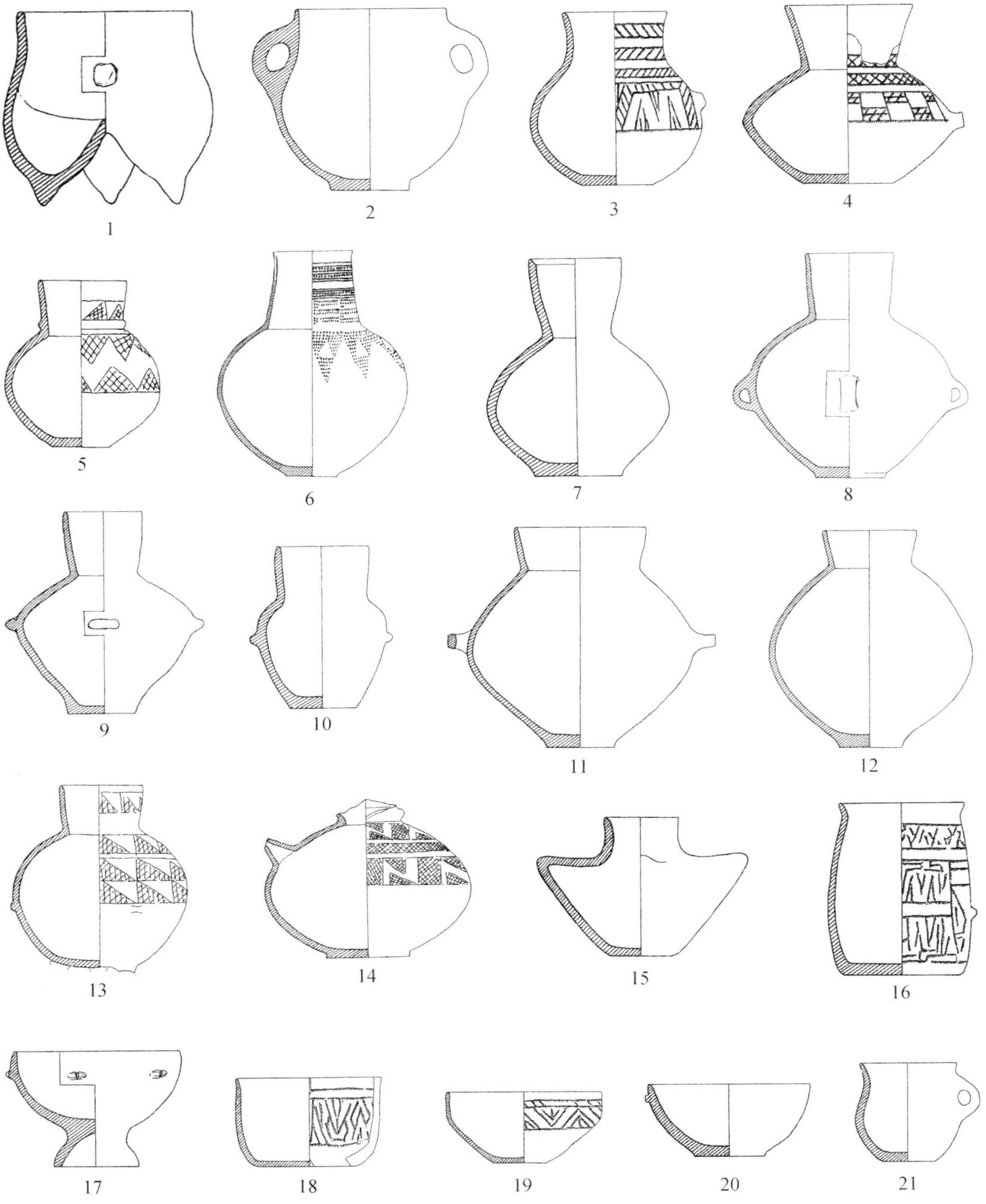

图一二四　后太平遗存陶器

1. 鬲　2. 双耳罐　3～12. 壶　13. 壶形鼎　14. 带流壶　15. 三角壶　16. 筒形罐　17. 豆　18、19. 钵　20. 碗　21. 单耳杯（均出自后太平遗址）

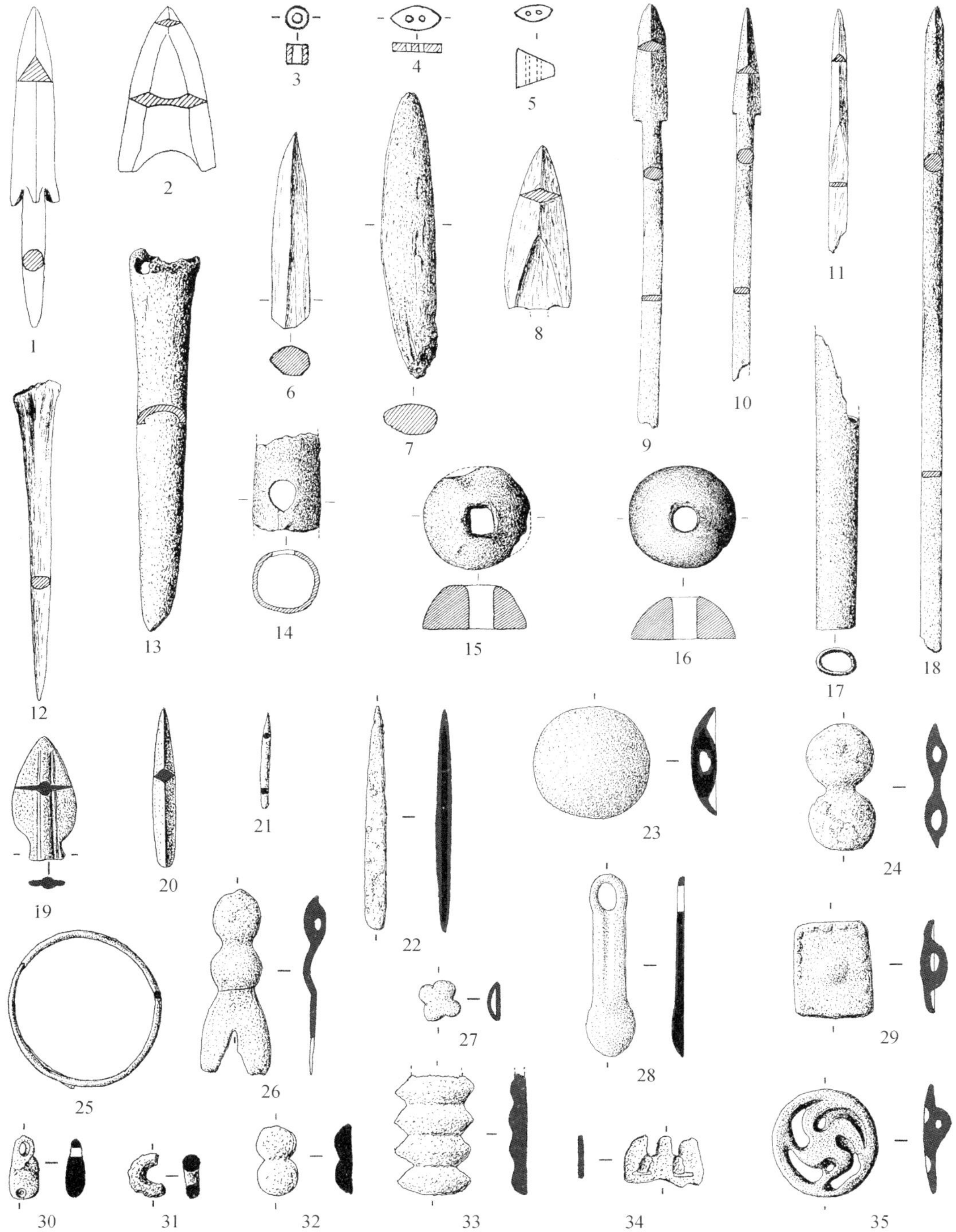

图一二五　后太平遗存的石器、骨角器与铜器

1、2. 石镞　3～5. 石管　6、7. 角锥　8～11、18. 角镞　12、13. 骨锥　14、17. 骨管　15、16. 骨纺轮　19、20. 铜镞　21、22. 铜锥　23、24、26、27、29、35. 铜泡　25、31. 铜环　28、30. 铜坠饰　32～34. 铜饰件（均出自后太平遗址）

部向西北方向急速扩张过程中，曾一度影响到东辽河流域。

参考白金宝文化和双房文化分期与年代的研究成果，[1]后太平遗存迄止时间应该在西周至春秋的范围之内。后太平遗存所做的碳十四测年数据，也多在公元前1000～前500年（树轮校正值）范围内，与上述推测年代相吻合。

（四）宝山文化

宝山文化以吉林省东丰县宝山遗址[2]和大架山遗址下层[3]发现的遗存为代表。该类遗存广泛分布于吉林西南部，除了宝山和大架山遗址外，东丰石大望[4]、大阳[5]、大阳西山头[6]、龙头山[7]、长乐[8]、烈士墓山[9]、城址山[10]、西山

[1] 赵宾福：《白金宝文化的分期与年代》，《边疆考古研究》第7辑，科学出版社，2008年，第119～135页。赵宾福：《以陶器为视角的双房文化分期研究》，《考古与文物》2008年第1期，第18～28页。

[2] 吉林省文物考古研究所、东丰县文化馆：《1985年吉林东丰县考古调查》，《考古》1988年第7期，第584～591页。吉林省文物志编委会：《东丰县文物志》，1987年，第24～26页。

[3] 王侠、刘景文：《东丰县大架山青铜时代及汉代遗址》，《中国考古学年鉴·1987》，文物出版社，第129～130页。吉林省文物志编委会：《东丰县文物志》，1987年，第48～52页。该遗址1987年的发掘材料还未正式发表。

[4] 吉林省文物考古研究所：《吉林东丰、海龙县考古调查与试掘简报》，《考古》1994第6期，第514～524页。唐洪源、周传波：《东丰县石大望遗址考古调查》，《辽海文物学刊》1994年第1期，第16～22页。

[5] 吉林省文物考古研究所、东丰县文化馆：《1985年吉林东丰县考古调查》，《考古》1988年第7期，第584～591页。吉林省文物志编委会：《东丰县文物志》，1987年，第20～22页。

[6] 洪峰：《吉林东丰县南部古遗迹调查》，《考古》1987年第6期，第519～524页。吉林省文物志编委会：《东丰县文物志》，1987年，第22～24页。

[7] 洪峰：《吉林东丰县南部古遗迹调查》，《考古》1987年第6期，第519～524页。吉林省文物考古研究所、东丰县文化馆：《1985年吉林东丰县考古调查》，《考古》1988年第7期，第584～591页。金旭东：《1987年吉林东丰南部盖石墓调查与清理》，《辽海文物学刊》1991年第2期，第12～22页。吉林省文物志编委会：《东丰县文物志》，1987年，第17～20页。

[8] 吉林省文物考古研究所、东丰县文化馆：《1985年吉林东丰县考古调查》，《考古》1988年第7期，第584～591页。吉林省文物志编委会：《东丰县文物志》，1987年，第30页。

[9] 吉林省文物考古研究所、东丰县文化馆：《1985年吉林东丰县考古调查》，《考古》1988年第7期，第584～591页。吉林省文物志编委会：《东丰县文物志》，1987年，第38、39页。

[10] 吉林省文物志编委会：《东丰县文物志》，1987年，第26、27页。

帽[1]、联盟城址山[2]、叭哈砬子（又称把蒿砬子）[3]、西南山[4]、挂画地[5]、郭家街[6]、小猪圈沟[7]、北山[8]、马蹄背[9]、赵秋沟[10]，双辽大金山[11]、东岗[12]、仕家东坨[13]，东辽杏树[14]、刘家后山[15]、杨树尖山[16]、孙家后山[17]、方家房场后山[18]、寿山石砬子[19]、礼让西山[20]、永康南山帽[21]、永台西山[22]、千山帽[23]、

[1] 吉林省文物志编委会：《东丰县文物志》，1987年，第27、28页。

[2] 吉林省文物志编委会：《东丰县文物志》，1987年，第33、34页。

[3] 洪峰：《吉林东丰县南部古遗迹调查》，《考古》1987年第6期，第519～524页。吉林省文物志编委会：《东丰县文物志》，1987年，第34、35页。

[4] 唐洪源：《东丰南部青铜文化遗存调查》，《博物馆研究》1995年第2期，第66～76页。

[5] 吉林省文物志编委会：《东丰县文物志》，1987年，第35、36页。

[6] 吉林省文物志编委会：《东丰县文物志》，1987年，第37、38页。

[7] 吉林省文物志编委会：《东丰县文物志》，1987年，第39页。

[8] 吉林省文物志编委会：《东丰县文物志》，1987年，第39、40页。

[9] 吉林省文物志编委会：《东丰县文物志》，1987年，第46页。

[10] 金旭东：《1987年吉林东丰南部盖石墓调查与清理》，《辽海文物学刊》1991年第2期，第12～22页。

[11] 吉林省文物志编委会：《双辽县文物志》，1985年，第34～36页。梁会丽、隽成军：《双辽市东辽河右岸2007年考古调查简报》，《东北史地》2009年第1期，第49～52页。吉林省文物考古研究所、四平市文物管理委员会办公室、双辽市文物管理所、双辽市郑家屯博物馆：《后太平——东辽河下游右岸以青铜时代遗存为主的调查与发掘》，文物出版社，2011年，第17～24页。

[12] 吉林省文物考古研究所、四平市文物管理委员会办公室、双辽市文物管理所、双辽市郑家屯博物馆：《后太平——东辽河下游右岸以青铜时代遗存为主的调查与发掘》，文物出版社，2011年，第38～42页。梁会丽、隽成军：《双辽市东辽河右岸2007年考古调查简报》，《东北史地》2009年第1期，第49～52页。

[13] 吉林省文物考古研究所、四平市文物管理委员会办公室、双辽市文物管理所、双辽市郑家屯博物馆：《后太平——东辽河下游右岸以青铜时代遗存为主的调查与发掘》，文物出版社，2011年，第42～47页。

[14] 吉林省文物志编委会：《东辽县文物志》，1986年，第14～17页。

[15] 吉林省文物志编委会：《东辽县文物志》，1986年，第18、19页。

[16] 吉林省文物志编委会：《东辽县文物志》，1986年，第20、21页。

[17] 吉林省文物志编委会：《东辽县文物志》，1986年，第24、25页。

[18] 吉林省文物志编委会：《东辽县文物志》，1986年，第30页。

[19] 吉林省文物志编委会：《东辽县文物志》，1986年，第33～36页。

[20] 吉林省文物志编委会：《东辽县文物志》，1986年，第37页。

[21] 吉林省文物志编委会：《东辽县文物志》，1986年，第38～41页。

[22] 吉林省文物志编委会：《东辽县文物志》，1986年，第41、42页。

[23] 吉林省文物志编委会：《东辽县文物志》，1986年，第51～54页。

邵大院南山[1]、大台地[2]、侯大坡[3]、四方背北山[4]、前桦皮后山[5]、凌镇北山[6]、城子沟[7]、孙家沟后山[8]、岳家沟后山[9]、凌云卫生院西山[10]、谢家街西山[11]、沈有田前山[12]、烈士塔南山[13]、庄家后山[14]、德智东山[15]、悦安东山[16]、悦安后山[17]、西大顶山[18]、肖家南山[19]、半拉坡山[20]、赵家粉房西山[21]、黑鱼泡西山[22]、龙头东山[23]、太和西山[24]、致富南山[25]、力耕西山[26]、大架山[27]、向荣

[1] 吉林省文物志编委会：《东辽县文物志》，1986年，第54、55页。
[2] 吉林省文物志编委会：《东辽县文物志》，1986年，第55、56页。
[3] 吉林省文物志编委会：《东辽县文物志》，1986年，第58页。
[4] 吉林省文物志编委会：《东辽县文物志》，1986年，第58、59页。
[5] 吉林省文物志编委会：《东辽县文物志》，1986年，第60、61页。
[6] 吉林省文物志编委会：《东辽县文物志》，1986年，第62页。
[7] 吉林省文物志编委会：《东辽县文物志》，1986年，第64～66页。
[8] 吉林省文物志编委会：《东辽县文物志》，1986年，第66、67页。
[9] 吉林省文物志编委会：《东辽县文物志》，1986年，第69页。
[10] 吉林省文物志编委会：《东辽县文物志》，1986年，第69、70页。
[11] 吉林省文物志编委会：《东辽县文物志》，1986年，第71～73页。
[12] 吉林省文物志编委会：《东辽县文物志》，1986年，第73～75页。
[13] 吉林省文物志编委会：《东辽县文物志》，1986年，第83、84页。
[14] 吉林省文物志编委会：《东辽县文物志》，1986年，第84～87页。
[15] 吉林省文物志编委会：《东辽县文物志》，1986年，第87～89页。
[16] 吉林省文物志编委会：《东辽县文物志》，1986年，第91、92页。
[17] 吉林省文物志编委会：《东辽县文物志》，1986年，第92、93页。
[18] 吉林省文物志编委会：《东辽县文物志》，1986年，第95页。
[19] 吉林省文物志编委会：《东辽县文物志》，1986年，第95～98页。
[20] 吉林省文物志编委会：《东辽县文物志》，1986年，第98、99页。
[21] 吉林省文物志编委会：《东辽县文物志》，1986年，第99、100页。
[22] 吉林省文物志编委会：《东辽县文物志》，1986年，第100～102页。
[23] 吉林省文物志编委会：《东辽县文物志》，1986年，第103、104页。
[24] 吉林省文物志编委会：《东辽县文物志》，1986年，第104、105页。
[25] 吉林省文物志编委会：《东辽县文物志》，1986年，第105、106页。
[26] 吉林省文物志编委会：《东辽县文物志》，1986年，第106～108页。
[27] 吉林省文物志编委会：《东辽县文物志》，1986年，第108、109页。

西北山[1]、许家后山[2]、小黑背山[3]、大弯垄[4]、山湾西山[5]、古榆单垧地[6]、丰乐后山[7]、大度西山[8]、安兴西山头[9]，辽源荣华[10]、水源地[11]、西山[12]、南大望[13]、龙首山[14]，四平叶赫影视城[15]、西山台子[16]、于大背[17]、王家屯[18]、机场[19]、山门水库[20]，梨树四楞格子[21]、前王杂铺[22]，伊通吉兴屯[23]、娘庙山[24]、

[1] 吉林省文物志编委会：《东辽县文物志》，1986年，第110页。
[2] 吉林省文物志编委会：《东辽县文物志》，1986年，第111页。
[3] 吉林省文物志编委会：《东辽县文物志》，1986年，第112、113页。
[4] 吉林省文物志编委会：《东辽县文物志》，1986年，第114、115页。
[5] 吉林省文物志编委会：《东辽县文物志》，1986年，第116～118页。
[6] 吉林省文物志编委会：《东辽县文物志》，1986年，第118页。
[7] 吉林省文物志编委会：《东辽县文物志》，1986年，第119～121页。
[8] 吉林省文物志编委会：《东辽县文物志》，1986年，第122、123页。
[9] 吉林省文物志编委会：《东辽县文物志》，1986年，第123、124页。
[10] 吉林省文物考古研究所：《东辽河上游考古调查发掘简报》，《辽海文物学刊》1995年第2期，第1～10页。
[11] 吉林省文物志编委会：《辽源市文物志》，1985年，第13～15页。
[12] 吉林省文物志编委会：《辽源市文物志》，1985年，第18～20页。
[13] 吉林省文物志编委会：《辽源市文物志》，1985年，第20、21页。
[14] 吉林省文物志编委会：《辽源市文物志》，1985年，第25～29页。辽源市文物管理所：《吉林辽源市龙首山遗址的调查》，《考古》1997年第2期，第28～35页。
[15] 曲青海、王长英：《吉林省梨树县叶赫影视城青铜时代晚期遗址清理简报》，《北方文物》2004年第1期，第13～15页。吉林省文物考古研究所、吉林省四平市文物管理委员会办公室：《吉林省境内叶赫河流域先秦遗存的调查》，《草原文物》2012年第2期，第1～13页。
[16] 吉林省文物考古研究所、吉林省四平市文物管理委员会办公室：《吉林省境内叶赫河流域先秦遗存的调查》，《草原文物》2012年第2期，第1～13页。
[17] 吉林省文物考古研究所、吉林省四平市文物管理委员会办公室：《吉林省境内叶赫河流域先秦遗存的调查》，《草原文物》2012年第2期，第1～13页。
[18] 吉林省文物考古研究所、吉林省四平市文物管理委员会办公室：《吉林省境内叶赫河流域先秦遗存的调查》，《草原文物》2012年第2期，第1～13页。
[19] 吉林省文物志编委会：《四平市文物志》，1988年，第9～11页。
[20] 吉林省文物志编委会：《四平市文物志》，1988年，第11～14页。
[21] 吉林省文物志编委会：《梨树县文物志》，1984年，第23～25页。
[22] 吉林省文物志编委会：《梨树县文物志》，1984年，第26～28页。
[23] 吉林省文物志编委会：《伊通县文物志》，1988年，第22～28页。
[24] 吉林省文物志编委会：《伊通县文物志》，1988年，第31～34页。

大榆树南山[1]、西山[2]、西下山[3]、北大山[4]、范家南岭[5]、小王家沟[6]、小门楼[7]、老虎背[8]、二道岭子[9]、石头包[10]，磐石上屯西山[11]，海龙镇（原海龙县）桦树[12]，九台关马山[13]、董家[14]等众多遗址也都不同程度的发现有同类遗存。可见宝山文化在吉林省西南部有着广泛的分布范围，甚至向北甚至一度渗透到饮马河流域，[15]而且宝山文化在辽宁省的东北部地区也有着一定的分布区域。[16]

虽然目前关于宝山文化的材料已经发现很多，但是并未引起学术界的重视，相关研究很少，而且也不够深入。这与相关材料多为调查所得，而正式发掘工作较少，经过大规模发掘的东丰大架山遗址的出土材料至今又未正式发表，无疑有着很大的关系。从目前的材料出发，我们还是可以对宝山文化的文化面貌和年代获得初步的认识。

[1] 吉林省文物志编委会：《伊通县文物志》，1988年，第39～41页。
[2] 吉林省文物志编委会：《伊通县文物志》，1988年，第42～44页。
[3] 吉林省文物志编委会：《伊通县文物志》，1988年，第44、45页。
[4] 吉林省文物志编委会：《伊通县文物志》，1988年，第47、48页。
[5] 吉林省文物志编委会：《伊通县文物志》，1988年，第49～51页。
[6] 吉林省文物志编委会：《伊通县文物志》，1988年，第56页。
[7] 吉林省文物志编委会：《伊通县文物志》，1988年，第58页。
[8] 吉林省文物志编委会：《伊通县文物志》，1988年，第58页。
[9] 吉林省文物志编委会：《伊通县文物志》，1988年，第68、69页。
[10] 吉林省文物志编委会：《伊通县文物志》，1988年，第70、71页。
[11] 张永平、于岚：《磐石县梨树上屯西山发现一座青铜时代墓葬》，《博物馆研究》1993年第2期。
[12] 吉林省文物考古研究所：《吉林东丰、海龙县考古调查与试掘简报》，《考古》1994第6期，第514～524页。
[13] 吉林省文物考古研究所：《吉林省九台市石砬山、关马山西团山文化墓地》，《考古》1991年第4期，第337～344页。
[14] 吉林省文物考古研究所：《吉林省九台董家遗址发掘简报》，《博物馆研究》1996第3期，第72～76页。
[15] 吉林省文物考古研究所：《吉林省九台市石砬山、关马山西团山文化墓地》，《考古》1991年第4期，第337～344页。吉林省文物考古研究所：《吉林省九台董家遗址发掘简报》，《博物馆研究》1996第3期，第72～76页。
[16] 辽宁铁岭地区文物组：《辽北地区原始文化遗存调查》，《考古》1981年第2期，第106～110页。铁岭市博物馆罐：《辽东北部地区几处青铜时代遗址调查》，《辽海文物学刊》1992年第1期，第31～43页。

1. 房址特征

目前，在东丰石大望、大架山和西南山遗址均清理有宝山文化的房址。石大望遗址位于东丰县大阳乡德胜村六队北约200米的山坡上。在东、南、西坡上均可见有人工修整的西北——东南向平台，平台依山势成排分布。吉林省文物考古研究所1992年通过对该遗址试掘，判明每个平台表土下即是打破生土的房址。[1]可见石大望遗址应该是宝山文化一个较大的居住址。此次试掘，共清理房址两座。1991年，辽源市文物管理所对该遗址调查时清理房址2座。[2]大架山遗址位于东丰县大阳乡卧牛村东南500米的大架山上。在较缓的南坡上，同样阶梯式分布着人工修整的平台，也是房址的所在。1986年，吉林省文物考古研究所对该遗址进行了正式发掘，发掘面积800平方米。遗址下层发现的7座房址属于宝山文化。[3]遗憾的是大架山遗址的材料目前尚未见系统报道。西南山遗址位于东丰县和平镇长兴村西南约1千米的向阳山坡台地上，1991年吉林省辽源市文管所在该遗址清理宝山文化房址2座。[4]从这三处遗址材料出发，并结合其他遗址的情况来看，宝山文化的居住址多选择于低山的山顶和缓坡处，房址呈阶梯状成排分布，建造房屋前并对山坡进行一定的修整。按照房址的平面形状，可将宝山文化的房址分为圆角长方形半地穴式和圆形半地穴式两类。

圆角长方形半地穴式房址以石大望92F1、92F2为代表。

石大望92F1的面积较大，长约10.8、宽7.2米。方向为325°。房址的四壁系修正后的风化基岩。北壁较深，残深约1米，南壁较浅，距地表0.2米，东西两壁残深0.5～0.6米。居住面较为考究，是在经过平整后的黄色风化基岩上抹以细泥，并经焙烧，呈黑褐色，平整坚硬。未发现门道和柱洞。在靠近北壁东段的居住面上发现有一排摆放整齐的石头，在房址的中部和南部也发现有石头。这些石头大小不一，从摆放位置来看，存在一定的规律，具体用途不明。在房址的东西两侧较为集中的出土有陶、石器。

石大望F2（图一二六）面积也与F1接近，长11.8、宽6.8米。方向为310°。北壁残深1.1米，其余三壁现距地表0.5～0.8米。居住面和四壁的修整方式与F1比较相似。未发现门道。竖穴土坑灶处于房址的中部，直径0.32、深0.32米，内填红烧土块及木炭。房址内发现柱洞两个，直径在0.15米左右。陶、石器集中出土于房址的东西两侧。房址

[1] 吉林省文物考古研究所：《吉林东丰、海龙县考古调查与试掘简报》，《考古》1994第6期，第518～521页。

[2] 唐洪源、周传波：《东丰县石大望遗址考古调查》，《辽海文物学刊》1994年第1期，第16～22页。

[3] 王侠、刘景文：《东丰县大架山青铜时代及汉代遗址》，《中国考古学年鉴·1987》，文物出版社，1988年，第129、130页。

[4] 唐洪源：《东丰南部青铜文化遗存调查》，《博物馆研究》1995年第2期，第66～76页。

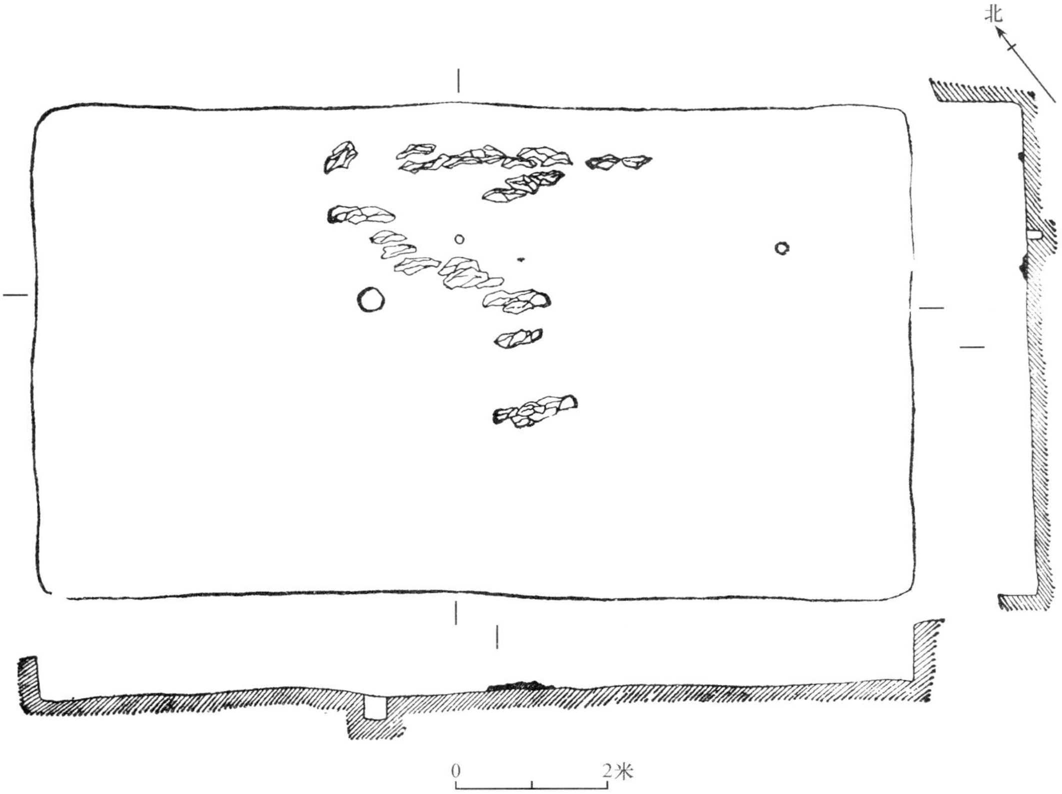

图一二六　石大望92F2平、剖面图

的西北角发现一段炭化的木头，可能为屋顶烧塌的檩木。

圆形半地穴式房址以西南山F1为代表，另包括石大望91F1、91F2。

西南山F1的平面近圆形，直径约2.7米。穴壁北侧要高于南侧。房址内堆积可分为两层，第一层为黑土表层，厚约40厘米；第二次为黄褐土层，厚30厘米左右，该层的中下部发现较多遗物。房址的居住面较为平整，系为较硬的浅土黄色自然山石。房址的东北隅边缘发现有较为明显的烧烤层。遗物多处于房址中间及西南部位。紧靠房址西北壁内侧发现数块垒砌的不规整的石块，呈长方形，长40、宽25厘米。

2. 墓葬特征

在吉林省西南部区广泛分布有盖石墓，其文化性质和年代存在一定的差别。但是由于多数墓葬不随葬陶器或者根本不见随葬品，为我们判断其性质和年代带来了较大的难度。从出有完整陶器的墓葬材料来看，我们仍然可以判断出以1987年在东丰赵秋沟墓地清理的M2、M3[1]为代表的墓葬应该属于宝山文化。赵秋沟墓地位于东丰县大阳乡宝山村东约1.5千米，与宝山遗址南北相望。该墓地共清理墓葬三座，平行排列于赵秋沟北部的山丘的山脊上。其中M1不见随葬品，但是从墓葬形制和葬俗及位置分析，这三座墓葬的性质应该相同。

M1为长方形土坑竖穴墓盖石墓（图一二七，上）。墓圹长2.4、宽1.8米。穴壁和墓底系黄色原生砂土，穴壁竖直，墓底顺山势呈斜坡状，北部现深1.1米，南部现深0.6米。在墓口的边缘垒砌有三层大小不等的石块，其上覆盖一块经人工修整的大石板，长2.4、宽2.7米。盖石在清理前已裸露于地表。墓葬内人骨较多，三个头骨堆放于墓葬的南段，肋骨和肢骨摆放于墓葬中部。据颅骨推测应为三个个体。人骨上有明显的火烧痕迹，燃烧较为充分的骨骼已变为灰白色。在骨架的上仍散布有燃烧未尽的松树皮残块，骨架的下部发现有大量的烧炭灰，墓葬填土的下层为黑色烧土。从这些迹象不难看出，该墓应为多人二次火葬墓。

M2也是长方形土坑竖穴盖石墓（图一二七，下），盖石已遭破坏。墓圹长2.6、宽2米。穴壁竖直，墓底倾斜，南北深度相差约0.3米。穴壁和墓地均为黄色原生土。在墓葬外靠近南部处埋立有两块大石，露于地表0.25米和0.53米，间隔为1.16米。清理者推测两块立石可能起到墓门的作用。墓底周边发现一呈长方形的烧炭痕迹，烧炭直径约0.15米，可能系用松圆木搭成的长方形木框。墓葬出土有两具人骨，不见颅骨。人骨存在明显的火烧痕迹，也应为二次火葬。在墓底出土有陶罐、石盅、石环、石管、骨管、青铜环、青铜镯等随葬品。墓葬填土中发现了部分陶器残片。在靠近墓门的地方发现一件绿松石管。

M3位于M1和M2之间，同样为长方形土坑竖穴盖石墓，盖石已不见。墓穴直接挖于原生土中。墓圹长2.4、宽2.8米。墓底呈斜坡状，北壁现深1米，南壁现深0.6米。该墓亦为火葬墓。骨架保存较长，仅可看出大致轮廓。随葬品均位于墓底，为几件陶器。在墓葬南部随葬一件陶罐，东壁中部发现有一个陶罐和一件陶纺轮，北部骨架附近出土了一件陶盅。

3. 遗物特征

宝山文化的遗物主要见有陶器、石器、骨器等。

陶器主要为夹砂陶，还见有砂质陶。以红褐陶和褐陶最为常见。均为手制，器表多经磨光处理。纹饰主要为戳点纹。椭圆形或圆形的戳点纹构图极为丰富，由戳点组成三角形、倒三角形、十字形、“T”形、倒“T”形、“L”形、“S”、横条带、纵条带等纹样，非常富有文化特色。该文化比较流行在口沿下或腹部施以器耳，桥形

[1] 金旭东：《1987年吉林东丰南部盖石墓调查与清理》，《辽海文物学刊》1991年第2期，第12～22页。

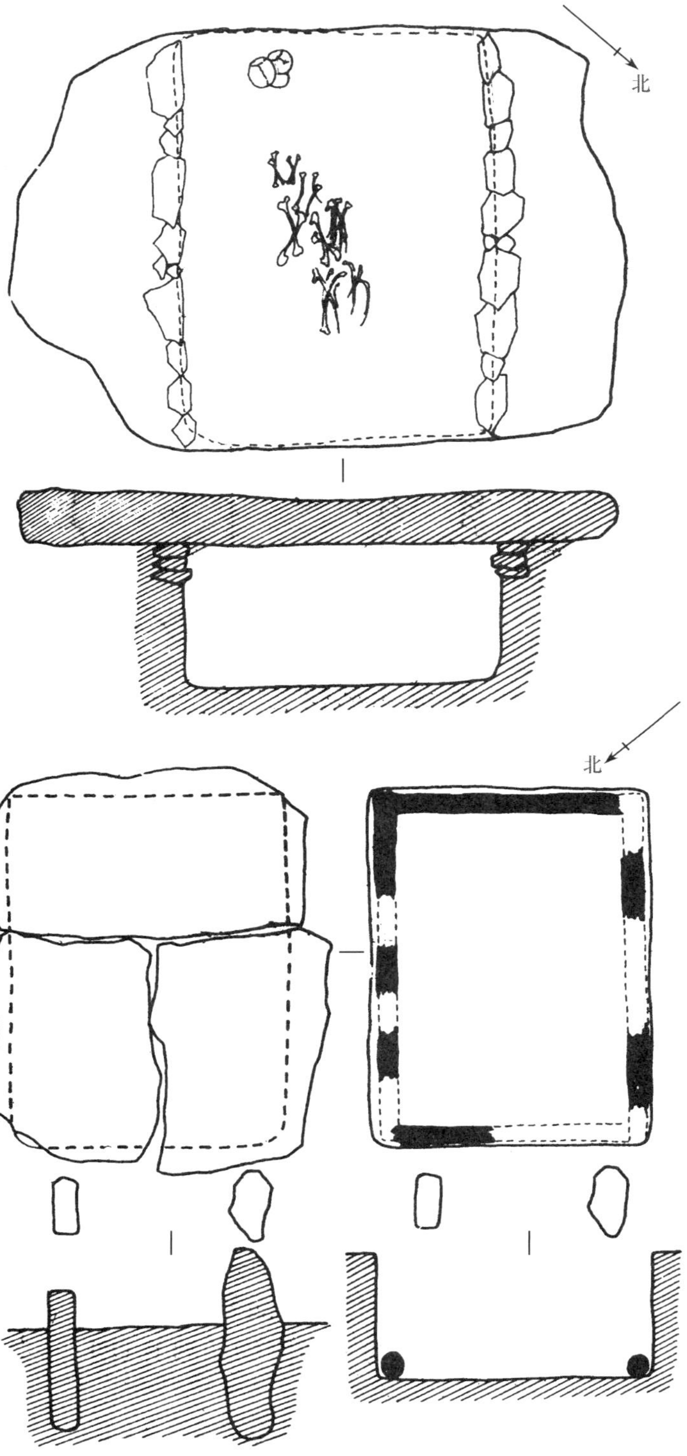

图一二七　赵秋沟M1（上）与M2（下）

耳、盲耳、鸡冠耳、乳丁耳和各类鋬耳较为常见。器耳多采用榫卯法或贴附法与器身相接。器形以罐、壶、豆、碗（钵）为基本组合，还见有极少量的鼎、鬲等器物（图一二八）。罐主要见有鼓腹罐和筒形罐，鼓腹罐多为侈口，平底，在腹部上贴附盲耳，部分鼓腹罐口沿下施有戳点纹。筒形罐多见敛口，深腹，弧壁为鼓，平底，口沿下常施有鋬耳。陶壶多为敞口或侈口，长颈，鼓腹，平底，腹部多施桥耳和鋬耳，部分颈部可见由戳点纹构成的图案。陶豆多为敞口浅豆盘，高圈足，有空心圆柱状和喇叭状圈足，圈足上施有各类戳点图案。

石器可分打制石器和磨制石器两类。磨制石器数量居多，有砺石、刀、斧、研磨器、棍棒头、管、坠饰等（图一二九，1～6、8）。打制石器的原料主要为黑曜岩。骨器数量极少（图一二九，7）。铜器仅零星发现，且多为环、镯、扣等饰品。另外，在宝山文化的分布范围内采集到部分短剑、扇形斧等青铜器，由于缺少共存关系，他们是否属于宝山文化还有待今后的考古工作来证明。

4. 年代

一般认为，宝山文化的年代为春秋至战国时期。[1]目前，属于宝山文化的碳十四测年数据共有两个，一个是宝山遗址木炭标本的测年数据为公元前788～前410年（树轮校正值），[2]另一个是石大望遗址F2内木炭标本的测年数据为公元前398～前212年（树轮校正值）。[3]这两个测年数据与上述认识相一致。值得注意的是，最近在辽宁西丰永淳遗址和墓地也发现有类似遗存，该遗址和墓地的年代被推定为战国晚期至汉代早期，[4]所以宝山文化的年代下限也不排除已进入汉代纪年的可能。

五、鸭绿江流域的万发拨子三期文化

长期以来，吉林省东南部鸭绿江流域的青铜时代考古学文化研究工作一直比较薄弱。除了与材料多为调查所得，正式的发掘活动较少的原因外，发掘的材料未能及时刊布也是制约深入研究该地区原始文化的重要因素。据报道，在20世纪末对通化万发拨子遗址（也称王八脖子遗址）的发掘中，出土了较为丰富的遗存，为认识该地区原

[1] 金旭东：《吉林省文物考古的世纪回顾与展望》，《考古》2003年第8期，第3～11页。

[2] 中国社会科学院考古研究所：《中国考古学中碳十四年代数据集（1965～1991）》，文物出版社，1991年，第88页。

[3] 吉林省文物考古研究所：《吉林东丰、海龙县考古调查与试掘简报》，《考古》1994年第6期，第524页。

[4] 辽宁省文物考古研究所、铁岭市博物馆、西丰县文物管理所：《辽宁西丰县永淳遗址及墓地的发掘》，《考古》2011年第3期，第40～58页。

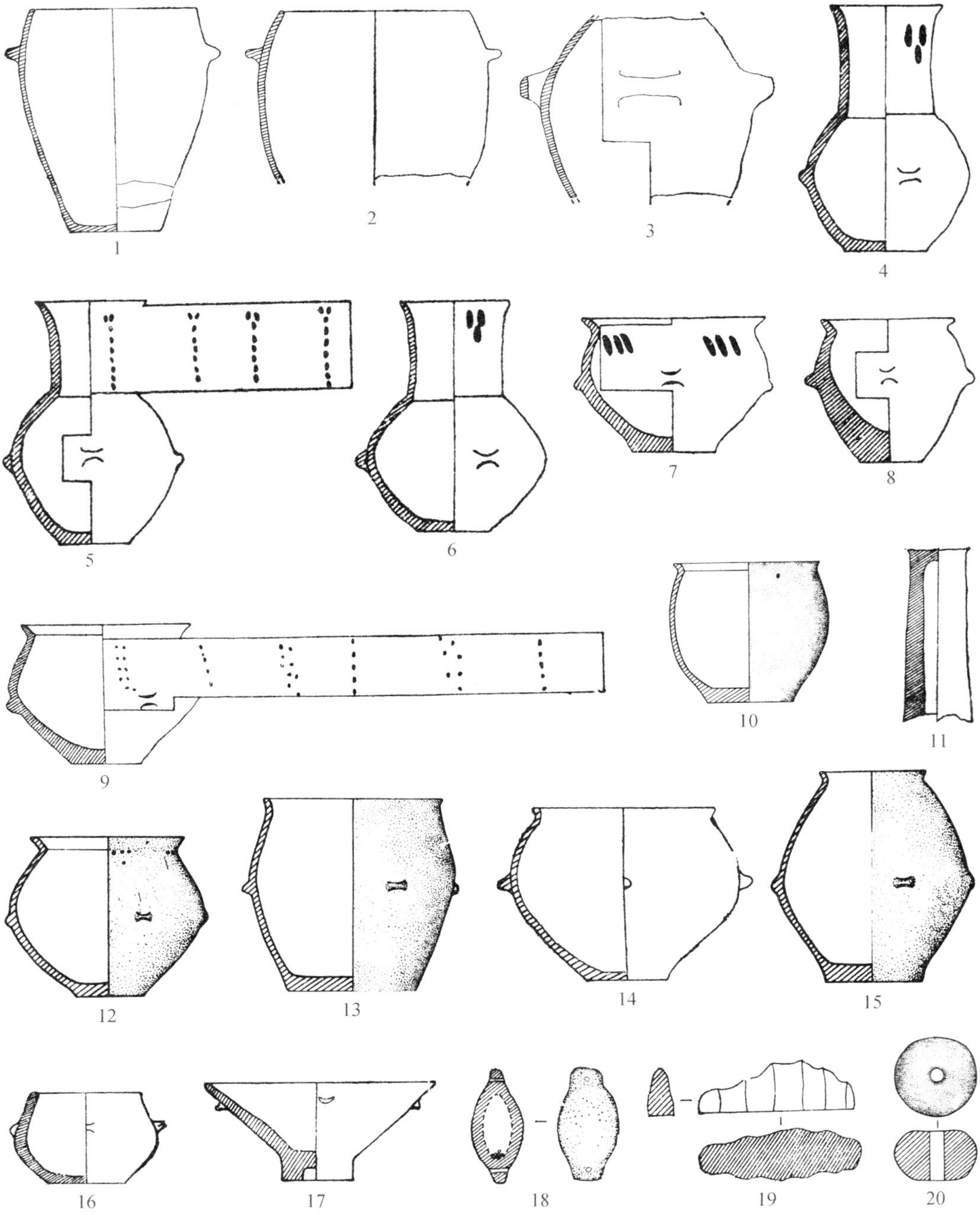

图一二八　宝山文化陶器

1、2. 筒形罐　3～6. 壶　7～10、12～16. 罐　11、17. 豆　18. 陶铃　19. 陶枕状器
20. 纺轮（1～3、14、16～19. 石大望　4. 大阳　5～9、11. 宝山，余为赵秋沟）

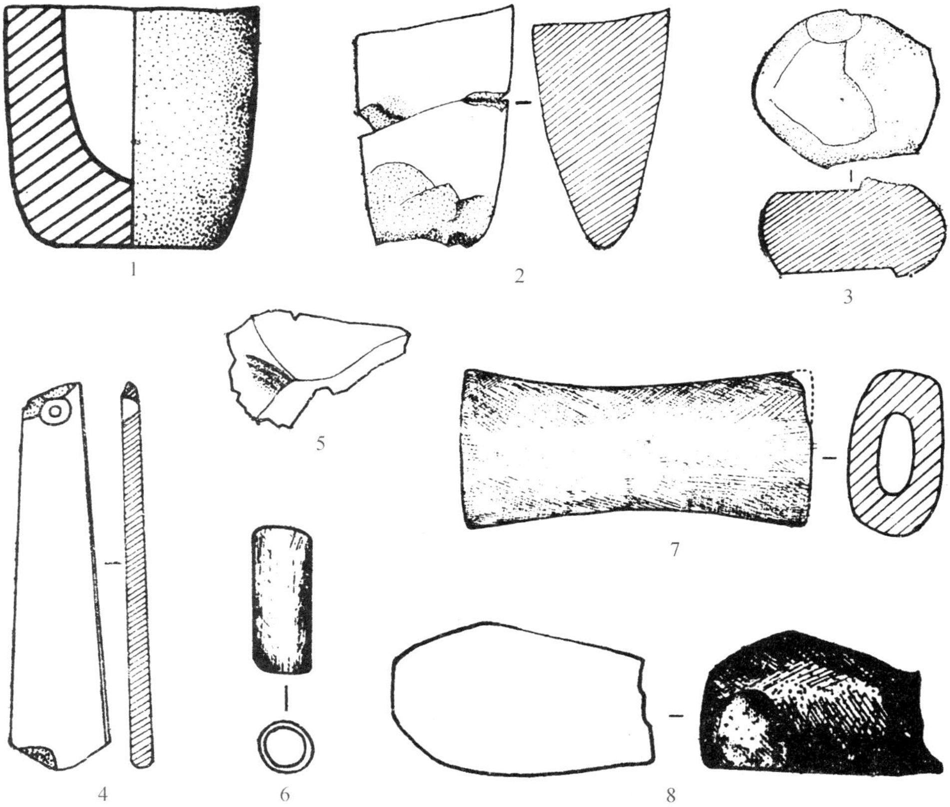

图一二九　宝山文化石器、骨器

1. 石盅　2. 石斧　3. 研磨器　4. 石坠饰　5. 黑曜岩石器　6. 石管　7. 骨管

8. 石枕状器（1、6～8. 赵秋沟，余为石大望）

始文化提供了极为重要的实物材料。

万发拨子遗址位于通化市金厂镇跃进村，北距通化市3千米，总面积达150000平方米。20世纪考古工作者曾对其进行了多次调查。[1]为了探索高句丽的起源问题，1997年5月至1999年10月，吉林省文物考古研究所对该遗址进行正式发掘，发掘面积6000余平方米，清理出房址、墓葬、灰坑等遗迹，出土各类文物近七千件。发掘者将此次发掘所获遗存区分为六个时期。[2]其中，万发拨子二期和三期遗存属于青铜时代，分别相当于商周之际、春秋战国时期，为建立该地区青铜时代的文化序列提供

[1]　吉林省文物志编委会：《通化市文物志》，1986年，第10～15页。吴华、志新：《通化市王八脖子遗址复查报告》，《博物馆研究》1988年第3期，第64～67页。

[2]　金旭东、安文荣、杨立新：《探寻高句丽早期遗存及起源——吉林通化万发拨子遗址发掘获重要收获》，《中国文物报》2000年3月19日。

了实物依据。遗憾的是，目前仅发表了该遗址M21的材料，[1]该墓葬属于万发拨子三期。

以万发拨子M21出土材料为参照，重新审视该地区以往的考古工作，不难发现其实早在1990年发掘通化拉拉屯北岗遗址时即出土有该类遗存，[2]在更早的时候于集安长川、胜利等遗址也曾采集到类似遗物。[3]以万发拨子M21和拉拉屯北岗F1为代表的遗存特征鲜明，有别于以往所命名的考古学文化，应该代表了一种新的考古学文化类型。鉴于万发拨子遗址出土的此类遗存较为典型，比较具有代表性，根据考古学文化的命名原则，可将这一新的文化类型命名为“万发拨子三期文化”。

（一）房址特征

拉拉屯北岗遗址位于通化市东郊拉拉屯北约1500米的山冈的东南部缓坡上。1990年4、5月，吉林省文物考古研究所和通化市文物管理委员会办公室联合对该遗址进行了发掘，清理万发拨子三期文化房址两座。

两座房址相距约10米，均遭到不同程度的破坏，其中F1保存稍好（图一三〇）。从残存部分推测该房址应为圆角长方形半地穴式建筑。东西长3.14米，南北残存1米，穴壁稍斜，残深0.14米，方向为215°。门道呈斜坡状，位于房址的东北角，长0.96米，宽1.28米。房址的居住面较为平整，底部为一层河卵石，其上铺垫一层黄黏土，不甚坚硬。房址的残存部分未发现灶址和柱洞。房址内出土了大量陶器残片和石器（图一三〇）。

（二）墓葬特征

据《吉林通化市万发拨子遗址二十一号墓的发掘》介绍，该遗址发现了两种类型的三期墓葬，分别为土坑竖穴墓和以页岩为材质的石棺（厢）墓，而且两类墓葬可能存在年代早晚关系。[4]万发拨子M21为圆角长方形土坑竖穴多人丛葬墓，被灰坑H158、H159、H160打破（图一三一）。因地势，该墓葬略呈斜坡状，东部较高，西部稍低。墓葬面积较大，墓口长16.7米，宽2.5米；墓底长16.5米，宽2.3米，墓葬残深

［1］　吉林省文物考古研究所、通化市文物管理委员会办公室：《吉林通化市万发拨子遗址二十一号墓的发掘》，《考古》2003年第8期，第32～44页。

［2］　庞志国：《吉林通化拉拉屯北岗青铜时代遗址》，《辽海文物学刊》1991年第2期，第23～31页。

［3］　集安市文物管理所：《集安岭前鸭绿江流域原始社会遗址》，《博物馆研究》1986年第2期，第67～72页。

［4］　吉林省文物考古研究所、通化市文物管理委员会办公室：《吉林通化市万发拨子遗址二十一号墓的发掘》，《考古》2003年第8期，第32～44页。

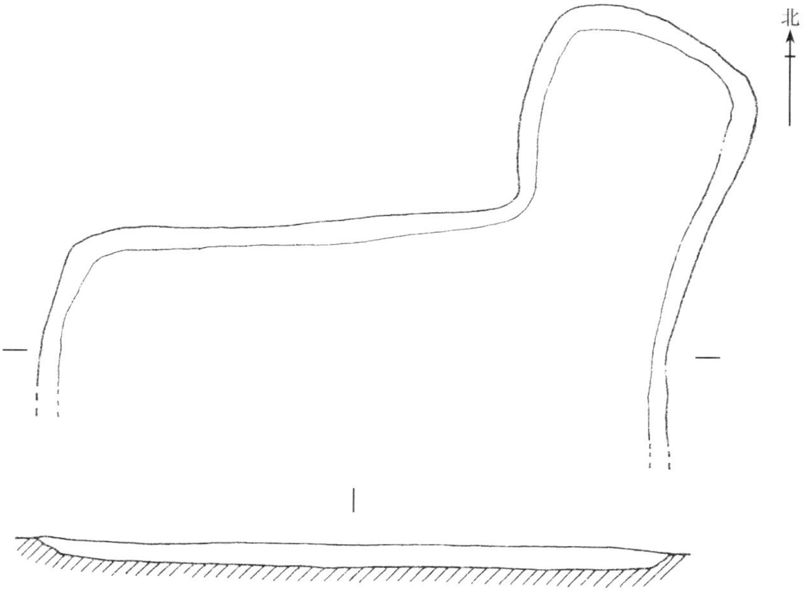

图一三〇　北岗F1平、剖面图

0.2～0.25米。墓葬方向为102°。该墓葬未发现葬具，填土系灰黄色亚黏土，并夹杂有大小不一的石块。墓葬共有男女老幼35具人骨遗骸。除1具人骨的年龄特征不明显外，其余34具人骨大致可划分为三个年代组，其中7岁以下14人，8～12岁3人，25～60岁17人。总体来看，人骨的年龄范围较大，反映出夭折的婴幼儿可与成年人埋于同一墓穴内；婴幼儿的所占比重较大，略低于成年组，可见婴幼儿的死亡率较高；年龄达到50～60岁者仅1具，结合较高的婴幼儿死亡率的事实，说明该文化的平均年龄不高。除部分葬式不明外，多为仰身屈肢葬，仅1例侧身屈肢葬，其中葬式不明者多为未成年个体。双手交叉置于腹部，双腿相交，屈向一侧，不难看出该墓葬高度一致的习俗特征。成年个体的头向多为东、西向，未成年个体的头向则多为南、北向，体现出一定的差异。其中墓葬的北侧，人骨的排列较为整齐，保持着正常的解剖学位置，应为一次葬，而墓葬南侧的人骨分布散落，应为二次葬。该墓葬随葬品丰富，共计183件（组）。该墓葬婴幼儿的随葬品数量较多。男性多随葬石镞、骨镞等狩猎工具，女性则多见陶纺轮、网坠、石刀等器物。

（三）遗物特征

出土的万发拨子三期文化遗物主要有陶器、石器、青铜器、骨器、蚌器等。

陶器以夹云母粉和夹砂陶居多。由于烧制火候较低，器表颜色多不纯正，以褐色为主，其中多为黄褐色，还见有红褐、灰褐、黑灰陶等。陶器均为手制，部分经过慢轮修整。口沿下流行施一周或两周凸弦纹，不见其他纹饰。该文化陶器器耳发达，陶

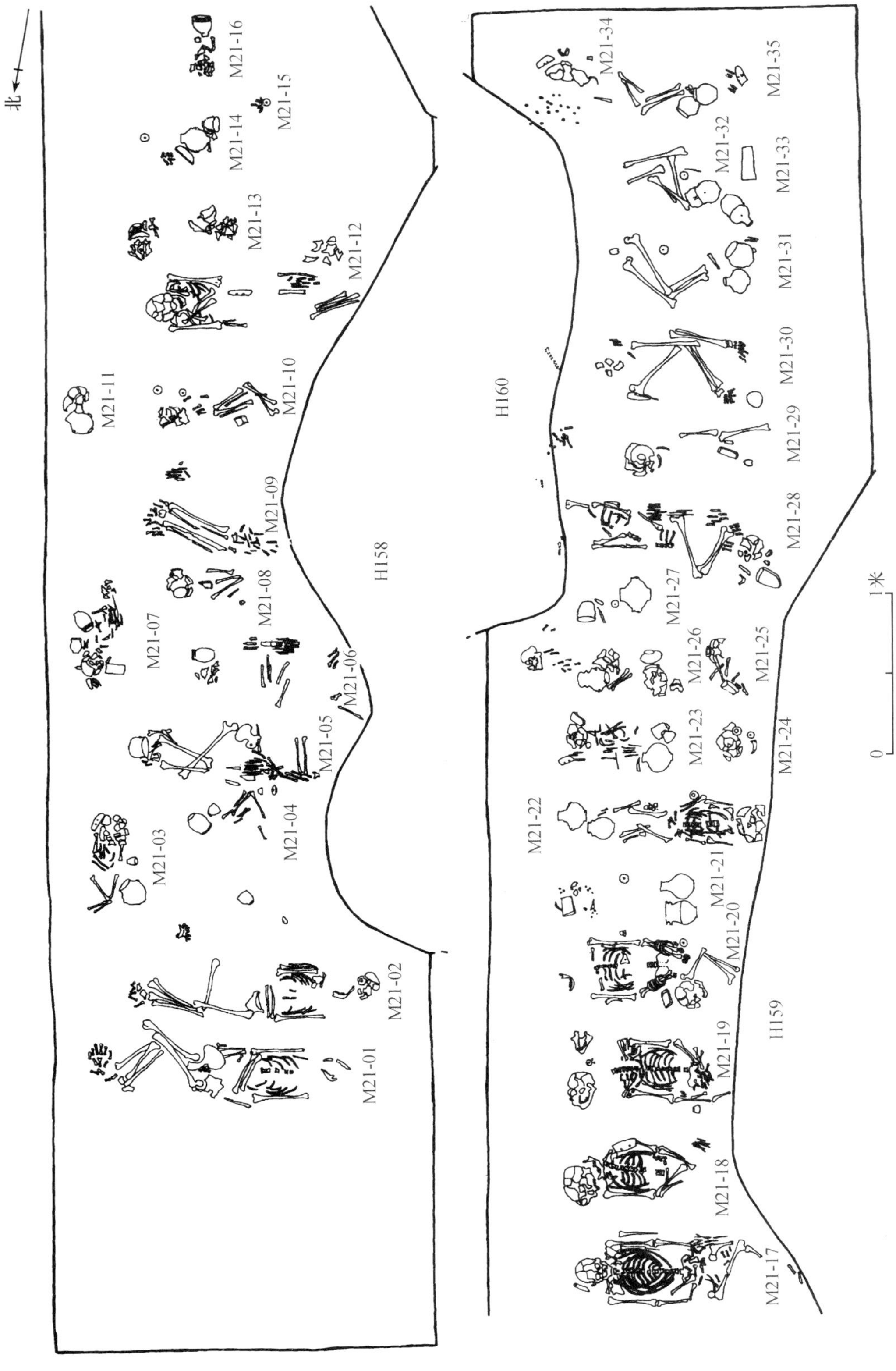

图一三一　万发拨子M21平面图

器上普遍施有桥形耳、乳丁耳，还见有部分鋬耳、盲耳。盛行台状底，亦出土少量圈足器。器类单一，以罐、壶、钵（碗）为基本组合，其中罐的数量最多，按照口部形状可进一步分为侈口罐、直口罐、敛口罐、敞口罐几类。另发现少量的豆、甑、三足器、杯、网坠、纺轮等（图一三二）。

石器以磨制石器为主，亦发现部分打制石器和细石器。器类较为丰富，可分为生产工具和装饰品，有刀、铲、斧、锛、剑、矛、镞、石球、网坠、饼、珠、环、玦、黑曜岩石片（图一三三，1～11、14～19）。北岗遗址还出土了大量用于制作石器的坯

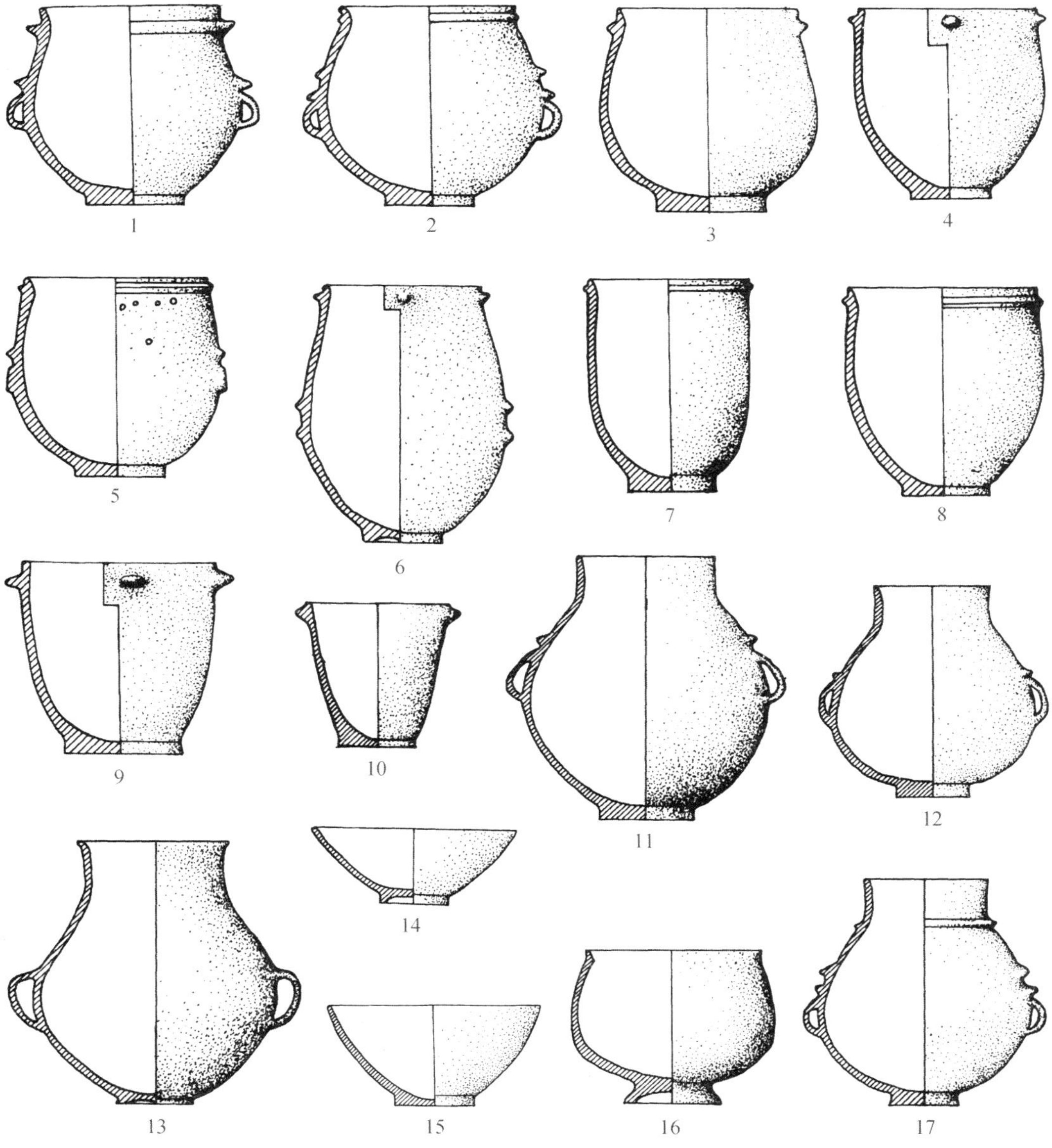

图一三二　万发拨子三期文化陶器

1～10. 罐　11～13、17. 壶　14、15. 碗　16. 钵（均出自万发拨子遗址）

料及石器半成品。

发表的青铜器数量较少，有青铜环、坠饰等（图一三三，22、23），多为简单的饰件。骨器种类较少，器类有凿、锥、镞等（图一三三，12、13），其中骨镞的数量较多，仅万发拨子M21便出土有210件。另外，还发表有少量的牙饰、蚌饰（图一三三，20、21）。

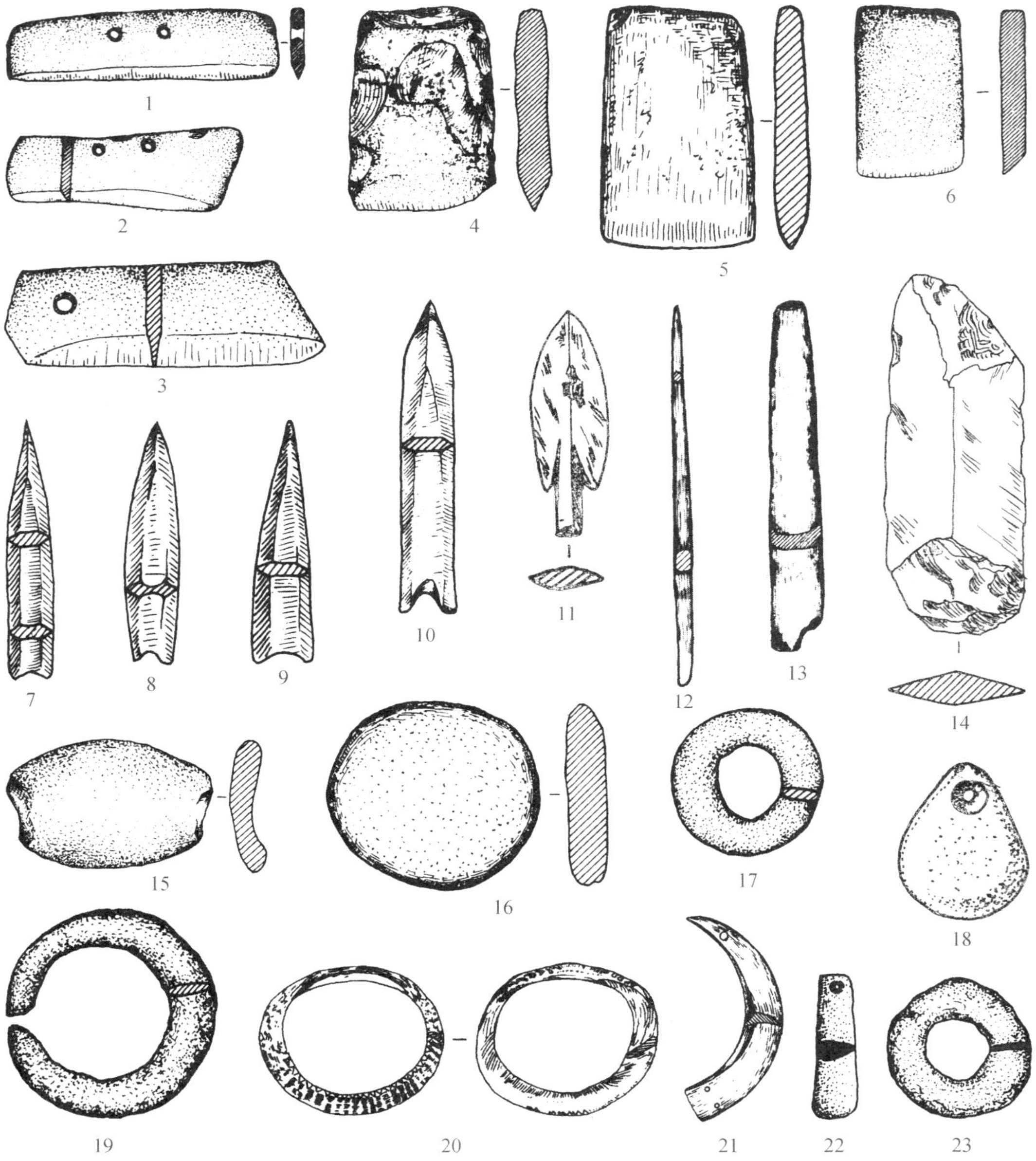

图一三三　万发拨子三期文化遗物

1～3. 石刀　4、5. 石斧　6. 石锛　7～11. 石镞　12. 骨镞　13. 骨凿　14. 石矛　15. 石网坠　16. 石饼　17. 石环　18. 石坠饰　19. 石玦　20. 蚌环　21. 牙饰　22. 铜坠饰　23. 铜环（11、14、18. 北岗，余为万发拨子）

（四）年代

目前还未见公布有万发拨子三期文化的碳十四测年数据。发掘者认为万发拨子三期的年代介于相当于商周之际的二期遗存与两汉时期的三期遗存之间，处于春秋战国范围内。[1]

六、青铜时代考古学文化的发展阶段及其特征

大约在公元前2000年之后，吉林省古代遗存的面貌较新石器时代考古学文化发生了一次较大的变革，这次变革以三足陶器、新型平底筒形罐和青铜器等指征性器物的出现为标志，表明吉林省也同中国多数地区一样同步进入到青铜时代。根据这些指征性器物的出现与发展，结合考古学文化的分期与年代，可将吉林省各地区青铜时代考古学文化划分为两大阶段四个时期。

第一阶段：以小拉哈文化、古城文化、兴城文化为代表，另包括风水山遗存、以后太平ⅡH8为代表的遗存。年代大致相当于中原地区的夏商时期。该阶段的文化遗存发现于嫩江流域、图们江流域、东辽河流域，而西流松花江流域尚未发现，这应引起学术界的关注，并在今后考古工作中予以重视。这一阶段的青铜时代考古学文化突出特征是，在吉林省传统文化自身的发展与进步的基础上，以筒形罐为主体的陶器开始以素面为主，在各考古学文化中，不见施纹陶器或施纹陶器所占比重较小。这一特点明显有别于吉林省新石器时代陶器普遍施纹，二者形成鲜明的对比。虽然分布于嫩江流域的古城文化发现不少陶器表面施有绳纹，但是这种纹饰是受到辽西地区的影响所致，而且绳纹陶并未改变素面陶的主导地位；除图们江流域的兴城文化偏于长白山东侧一隅，较少受到东北其他地区考古学文化影响，仍然未发现三足器外，其他地区新出现了三足陶鬲。但是无论是嫩江流域出土的陶鬲，还是东辽河流域发现的陶鬲，皆是受到了来自辽西地区同时期考古学文化的影响所致。需要指出的是，在该阶段，吉林省三足器的制作技术仍处于模仿阶段，尚未与自身的传统工艺融合而产生独具特点的器类，特别是三足器这种新型炊器的出现并未改变传统炊器筒形罐在日常生活中的主体地位；吉林省境内仅嫩江流域在该阶段零星发现有青铜制品及少量铸范，且多为小型青铜器或铸范，可见吉林省青铜时代居民已掌握青铜铸造技术，但是尚处于青铜器发生的初始阶段，与东北地区同时期其他发现有青铜器的辽西区、下辽河流域和辽东区相比，在青铜器的制作技术方面存在着较为明显的滞后性。

---

［1］　金旭东、安文荣、杨立新：《探寻高句丽早期遗存及起源——吉林通化万发拨子遗址发掘获重要收获》，《中国文物报》2000年3月19日。

根据现有的考古发现和研究成果，吉林省境内该阶段的青铜时代考古学文化又可以划分为前、后两期。

前期：以小拉哈文化和兴城文化早期为代表，另包括风水山遗存。年代与中原地区的夏至早商相当。该时期的陶器普遍为素面，纹饰陶基本消失。由于受分布于辽西平原地区高台山文化的影响，嫩江流域和东辽河流域新发现了素面陶鬲，但是数量极少。在嫩江流域开始发现少量青铜器。

后期：以古城文化和兴城文化晚期为代表，另包括以后太平ⅡH8为代表的遗存。年代与中原地区的晚商相当。该时期的陶器仍以素面为主，但是由于受辽西地区魏营子文化的影响，吉林省部分地区开始出现绳纹，并占有一定比重，而且还发现有一定数量的篦纹陶。该时期新出现了高领袋足鬲，这种陶鬲的产生同样是因为受到魏营子文化的影响所致。这一时期虽未发现青铜器，但是见有铸范，所以也应存在少量青铜器。

第二阶段：以西团山文化为代表，另包括白金宝文化、汉书二期文化、柳庭洞文化、后太平遗存、宝山文化、万发拨子三期文化。年代相当于中原地区的西周至战国时期。该阶段的文化遗存在吉林省各地区皆有发现。整体而言，该阶段的突出特征是，除图们江流域仍然坚持以平底器为主体的文化传统外，其他地区的三足器在种类和数量上均有所增加，并取代了夏商时期以平底筒形罐为主要炊器的文化传统，从而使得吉林省中西部地区进入到以三足器为主要炊器的新的历史阶段；陶壶和豆在该阶段也盛行起来，尤其是各种类型的陶壶在吉林省的中西部地区广有分布，成为陶器组合的重要组成部分；虽然大多地区的陶器仍以素面为主，但是篦纹陶和彩绘陶在吉林省西部地区逐渐兴盛起来；该阶段在吉林省境内普遍发现有青铜制品，多为青铜短剑、曲刃矛、扇形斧、刀、环、扣、泡形饰等小型器物，不见大型青铜容器，部分地区还发现不少铸范。无论是在青铜器的种类、数量方面，还是在铸造工艺方面，该阶段较上一阶段均有着显而易见的发展，但是仍与同时期分布于东北地区南部区域的考古学文化在青铜器的规模和制作技术方面存在一定的差距。

从各区的文化遗存特点观之，该阶段也存在一定的区域差异。如图们江流域的陶器仍以平底筒形罐为主，不见三足器，青铜器数量很少，且多为镞、刀、扣等；西流松花江流域则以鼎、壶、豆为基本陶器组合，并发现少量的鬲，青铜器发现的数量相对较多，青铜短剑、曲刃矛、扇形斧等器形集中发现于该地区；嫩江流域的两周时期的陶器则以筒形鬲、壶最为常见，篦纹陶、红衣陶和彩绘陶比较具有地方特色，常见环、扣、泡形饰等青铜饰件。

从目前的考古发现与研究出发，可进一步将该阶段的吉林省青铜时代考古学文化划分为早、晚两期。

早期：以白金宝文化和西团山文化早、中期为代表，另包括柳庭洞文化早期、后太平遗存。年代与中原地区的西周至春秋时期相当。部分地区发现较多的篦纹陶，所施的篦纹纹样丰富，纹饰繁缛规整。该阶段新出现了筒形鬲和鼎。白金宝文化出土的筒形鬲的上部明显是由平底筒形罐改制而成的，下部则是借用古城文化鼓腹鬲的袋足部分，上下部分的接合处不仅痕迹明显，甚至在初期为了防止断裂还于接合部位贴附了一周起加固作用的泥条堆纹。西流松花江流域的鼎是在辽东北地区马城子文化的影响下产生的，二者的亲缘关系明确。筒形罐在图们江流域陶器中仍占主体地位，而且多为素面直口。这一时期出土的青铜器的种类有所增多，数量也有所增加。

晚期：以汉书二期文化和西团山文化晚期为代表，另包括柳庭洞文化晚期。年代与中原地区的战国时期相当。该时期的陶鬲形制变化明显，放弃了在筒腹罐下面安装三个袋足的制作工艺，而开始采用直接在筒形器的下部捏合出三个乳状矮腿而使其变成陶鬲的新技术，所以有学者将汉书二期文化出现的这种陶鬲称为“筒改鬲”。这一时期的篦纹开始衰退，反而在部分地区流行在器表施红陶衣或彩绘。图们江流域的筒形罐开始流行施乳凸形小耳。该时期吉林省发现的青铜器无论在数量还是种类方面均较上一时期有所增多，而且铸造技术亦有进一步的提高。

在以往东北地区青铜时代考古学文化研究中，关于东北地区青铜时代考古学文化的发展阶段有着不同的划分方案。其中比较有代表性的是“夏至早商”“商末周初”“西周中至战国”[1]三段说，“夏至早商”“晚商”“西周至春秋”“战国”[2]或“夏至早商”“晚商前后”“西周早至春秋中期”“春秋晚期至战国中期”[3]四段说。以上划分方案均包括了吉林省青铜时代考古学文化。虽然上述划分结果不尽相同，但是皆以整个东北地区的青铜时代考古学文化为着眼点，并着重参考了辽西地区和辽东地区的青铜时代发展进程。这里我们以吉林省青铜时代考古学文化为中心，从上面各阶段各时期所表现出的特征及差异来看，将其划分为两大阶段四个时期也是切实可行的。

---

[1] 朱永刚：《东北青铜文化的发展阶段与文化区系》，《考古学报》1998年第2期，第133～152页。

[2] 赵宾福：《中国东北地区夏至战国时期考古学文化研究》，科学出版社，2009年，第266、267页。

[3] 朱永刚：《东北青铜时代区系考古学文化论纲》，《中国考古学会第十二次年会论文集·2009》，文物出版社，2010年，第78～95页。

第四章　两汉时期的地下文化遗产

《史记·匈奴列传》记载："其后燕有贤将秦开，为质于胡，胡甚信之。归而袭破走东胡，东胡却千余里。与荆轲刺秦王秦舞阳者，开之孙也。燕亦筑长城，自造阳至襄平。置上谷、渔阳、右北平、辽西、辽东郡以拒胡。"随着战国中晚期秦开却胡，中原政权在东北地区的南部区域开始设置郡县，汉文化在吉林省地区的影响也与日俱增。这种影响不仅大大提高了该地区土著文化的发展水平，而且促进了土著民族政权的建立，导致了一系列的文化格局变迁。在两汉时期，中原文化和由夫余、鲜卑、沃沮、秽貊、高句丽[1]等民族创造的土著文化交融并蓄、互相促进，使得吉林省的古代文化进入到一个缤彩纷呈的时期。

在新中国成立前，中外学者便在吉林省境内调查发现了一些两汉时期的文化遗存，并开始注意到土著文化遗存和中原文化遗存的区别。20世纪50年代至60年代的考古工作不多，但是有些认识如20世纪60年代初识别出的"文化三"，[2]仍为日后夫余文化的研究奠定了基础。进入到20世纪70年代之后，吉林省的两汉时期考古工作取得了重要进展。不仅发掘了四平二龙湖[3]、通化赤柏松[4]、榆树老河深[5]、吉林

[1] 鉴于高句丽文化在吉林省乃至东北亚地区古代史中均占有重要地位，后面将对其专辟章节进行论述，本章不再叙述。

[2] 张忠培：《吉林市郊古代遗址的文化类型》，《吉林大学社会科学学报》1963年第1期，第69~79页。

[3] 四平地区博物馆、吉林大学历史系考古专业：《吉林省梨树县二龙湖古城址调查简报》，《考古》1988年第6期，第507~512页。吉林省文物考古研究所、四平市文物管理委员会办公室：《吉林省四平市二龙湖古城址发掘报告》，《边疆考古研究》第12辑，科学出版社，2012年，第87~125页。王洪峰：《二龙湖古城》，《田野考古集粹——吉林省文物考古研究所成立二十五周年纪念》，文物出版社，2008年，第39、40页。

[4] 王义学：《赤柏松山城》，《田野考古集粹——吉林省文物考古研究所成立二十五周年纪念》，文物出版社，2008年，第41、42页。赵海龙：《2011年吉林通化赤柏松汉代古城考古新发现——为我国汉代东北史地研究提供了新材料》，《中国文物报》2012年4月27日第8版。

[5] 吉林省文物考古研究所：《榆树老河深》，文物出版社，1987年，第11~86页。

东团山[1]、帽儿山[2]、农安田家坨子[3]、邢家店[4]、舒兰黄鱼圈珠山[5]、大安渔场[6]、后宝石[7]、珲春一松亭[8]、长白干沟子[9]等地点，获得了一批重要的实物资料，而且对这些遗存的文化属性进行了研究，相继辨识出多种不同的文化类型，并对其文化关系和族属等问题展开了有益的探讨。

一、中原文化遗存

在秦开击破东胡之后，燕国及之后的中原政权在东北地区的南部区域设置郡县，开始在这一区域进行有效的统治，并留下了丰富的文化遗存。在吉林省，不仅出土了部分中原文化遗物，还发现了城址、长城等具有中原文化性质的重要遗迹。

（一）城址

经过考古调查和发掘，可以确定为中原文化的城址有二龙湖古城和赤柏松古城。

1. 二龙湖古城

二龙湖古城发现于1983年的第二次文物普查，其位于四平市铁东区（原隶属于梨树县）石玲子镇二龙山村北崴子屯，西南距石玲子镇12.5千米，坐落在二龙湖水库大坝南端的黄土沙台地上。1987年春，吉林大学历史系考古专业和四平市博物馆联合对二龙湖古城进行了调查和勘测。[10]2002年，吉林省文物考古研究所对城内东南角进行局

[1]　唐音：《东团山遗址》，《田野考古集粹——吉林省文物考古研究所成立二十五周年纪念》，文物出版社，2008年，第43、44页。

[2]　刘景文：《帽儿山墓群》，《田野考古集粹——吉林省文物考古研究所成立二十五周年纪念》，文物出版社，2008年，第45～48页。

[3]　吉林大学历史系考古专业：《吉林农安田家坨子遗址试掘简报》，《考古》1979年第2期，第136～140页。

[4]　吉林省文物考古研究所：《吉林农安县邢家店北山墓地发掘》，《考古》1989年第4期，第300～309页。

[5]　吉林省文物工作队：《吉林舒兰黄鱼圈珠山遗址清理简报》，《考古》1985年第4期，第336～348。

[6]　吉林省博物馆文物队、吉林大学历史系考古专业：《吉林大安渔场古代墓葬》，《考古》1975年第11期，第356～362页。

[7]　郭珉：《吉林大安后宝石墓地调查》，《考古》1997年第2期，第85、86页。

[8]　李云铎：《吉林珲春南团山、一松亭遗址调查》，《文物》1973年第8期，第70～72页。

[9]　吉林省文物考古研究所：《吉林长白县干沟子墓地发掘简报》，《考古》2003年第8期，第45～66页。

[10]　四平地区博物馆、吉林大学历史系考古专业：《吉林省梨树县二龙湖古城址调查简报》，《考古》1988年第6期，第507～512页。

部发掘，揭露面积为3200平方米，共清理房址14座、灰坑7个、沟2条，并获得一批重要的实物资料。[1]2009年，四平市文物管理委员会办公室对古城西南部进行小面积的抢救性发掘。[2]

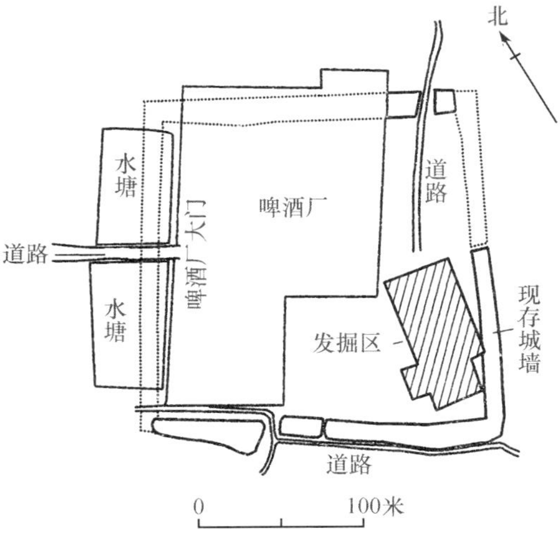

图一三四　二龙湖城址平面图

二龙湖城址破坏较为严重。根据历次调查和发掘情况来看，该城址平面近方形，周长约750米。坐北朝南，南偏西30°（图一三四）。城墙现存高度1～3米，墙基宽10～12米，墙体宽3～5米（图版一，5）。南城墙保存较为完整，残高近两米，长为183米。南城墙由两段平行相错的城墙构成，西段长50米，东段长123米。东段和西段之间有一10米左右的豁口，应为古城门址所在。东城墙在1987年调查时保存较好，长193米，而现在仅存南段。西城墙在1987年调查时残存与南城墙相连部分，长190余米。北城墙长185米，现仅能看到残存的东北角段。城墙系由黄土夹大量砂石堆筑而成。

2002年清理的14座房址，均为半地穴式建筑（图一三五）。房址的平面形状多为圆角方形或长方形，仅1座为梯形。面积都不太大，多在30平方米之下，穴壁残深多不超出30厘米。房址的居住面较为平坦，未发现加工痕迹。室内多发现有灶台，灶台呈长方形，存在单火眼和双火眼之分，高30～40厘米。上面可放置釜、罐一至两个，下面有烟道相通。灶门保存较差，多已坍塌，尾端有一圆孔，可能系出烟口。房址内沿穴壁排列有柱洞，数量不等。部分房址发现有斜坡门道，多为东向或南向。居住面上出土有陶器、铜器、铁器等器物。

从发掘出土的器物来看，包含了中原文化因素和土著文化因素，其中中原文化因素占绝对主导地位，而中原文化因素中又以燕文化因素为主。结合层位关系来看，调查者和发掘者认为其年代大致处于战国晚期至汉初，无疑是正确的。该城址是目前发现的燕国管辖范围内最北端的一处城址。由于该城池地处燕长城以北，所以有学者认

[1] 吉林省文物考古研究所、四平市文物管理委员会办公室：《吉林省四平市二龙湖古城址发掘报告》，《边疆考古研究》第12辑，科学出版社，2012年，第87～125页。王洪峰：《二龙湖古城》，《田野考古集粹——吉林省文物考古研究所成立二十五周年纪念》，文物出版社，2008年，第39、40页。

[2] 吉林省文物考古研究所、四平市文物管理委员会办公室：《四平市二龙湖古城遗址2009年抢救性发掘》，《北方文物》2012年第4期，第34～36页。

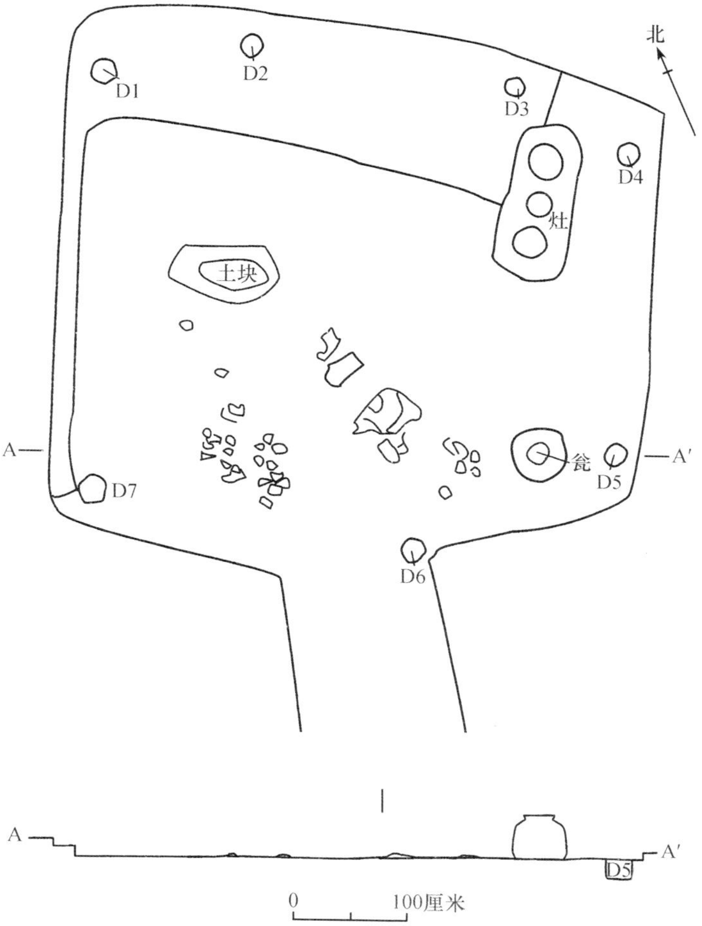

图一三五 二龙湖F5平、剖面图

为其应属于燕国长城线外的屯戍类城址，[1]此城址周长近800米，已初具县治规模，结合城址周边多处地点发现有类似遗物的情况，判断二龙湖古城可能为这一地区燕人活动和居住的中心与重镇。[2]

2. 赤松柏古城

赤柏松古城位于通化县快大茂镇西南约2.5千米的山前低矮台地上，东距高句丽王城——集安国内城约120千米，西距玄菟郡（迁后郡址）——新宾岭南城约60千米。

[1] 肖景全：《辽东地区燕秦汉长城障塞的考古学考察研究》，《北方文物》2000年第3期，第78～83页。

[2] 吉林省文物考古研究所、四平市文物管理委员会办公室：《吉林省四平市二龙湖古城址发掘报告》，《边疆考古研究》第12辑，科学出版社，2012年，第87～125页。

城东有大都岭河由西南向东北流去。该城址最早发现于20世纪50年代，之后也多有调查，而正式的考古发掘工作都是在21世纪进行的。2005年至2008年作为《吉林省高句丽遗址保护方案》拓展项目，吉林省考古研究所在全面调查、绘测、勘探的基础上，对该城进行了连续多年的大规模发掘，对城址的形制与布局有了初步了解；[1] 2009年至2011年，吉林省文物考古研究所对该城址又进行了主动发掘，清理城内东部院落居址，并解剖了北城墙，对院落的建筑过程、形制和城墙的建筑形式有了进一步的深入了解。[2]

多年的考古调查和发掘表明，赤柏松古城城郭布局主要依靠自然山险，从而形成易守难攻之势。受流水侵蚀，赤柏松古城所在台地的东侧和南侧已形成断崖，该城址整体上西高东低，台地断崖或陡坡之处即为城郭边缘，而在缓坡之处人工筑墙。

城址平面呈不规则矩形，若以城址东西向轴心为标线，城的方向为157°。城墙周长1000余米。其中东城墙长约236米，残高2～4.5米；南城墙于城墙中部内折，长约313米，残高0.5～1米；西城墙长约175米，残高0.5～1米；北城墙于城墙中部外折，并于西段沿自然山势而内收，使整个城墙呈曲尺形，长约329米，残高1.5～4.8米。因地势关系，城墙多内低外高。从解剖情况来看，城墙系在自然坡地上直接夯筑而成，并筑有墙芯，城墙和墙芯剖面基本呈梯形。墙芯系用黄色亚黏土和黑沙土夯筑而成，并夹有少量碎石。墙心夯层均匀而致密，夯层间可见夯窝。墙心外侧则包筑土沙石混合物，从而达到加宽、加高墙体的效果。就城墙的建造风格来看，其与周围的高句丽山城形成显著区别，而与辽东境内的汉城非常接近。

该城共设城门4处，其中东墙2处，北、南墙各1处。1号门址位于东墙北段，宽15米，由于冲沟侵蚀，受到严重破坏；2号门址位于东墙南段，宽约13米，被洪水冲成大沟；3号门址位于南墙东段，宽约6米；4号门址位于北墙中段，宽约8米。2007年，曾对4号门址进行部分揭露，发现门道两侧的墙体破坏较为严重，门垛系用自然石块砌筑而成。

城址内发现三处角楼遗迹，分别位于城址的东南角、东北角和西南角，均呈圆台状。其中位于城址东南角的角楼直径约10米，另两处角楼直径约7米。

由于发掘面积有限，而且城内耕土层下遍布大量石块，虽经过多年的勘探和发

[1] 王义学：《赤柏松山城》，《田野考古集粹——吉林省文物考古研究所成立二十五周年纪念》，文物出版社，2008年，第41、42页。王义学：《赤柏松古城考古发现及其相关问题研究》，吉林大学硕士学位论文，2008年。赵海龙、王东飞、刘娟：《通化县赤柏松山城遗址》，《中国考古学年鉴·2009》，文物出版社，2010年，第169、170页。

[2] 赵海龙：《通化县赤柏松汉代山城》，《中国考古学年鉴·2010》，文物出版社，2011年，第199、200页。赵海龙：《2011年吉林通化赤柏松汉代古城考古新发现——为我国汉代东北史地研究提供了新材料》，《中国文物报》2012年4月27日第8版。赵海龙：《吉林通化赤柏松古城》，《中国考古新发现年度记录2009》，中国文物报社，2010年，第55、56页。

掘，但对城内布局的了解还比较有限。多年的考古工作表明，大型建筑主要分布在城内东部缓坡处。目前，已发掘房址十余座，廊道遗迹及城内靠近南墙的水井遗迹一处。揭露的房址均为地面式建筑（图版一，6），平面形状呈长方形或方形。面积普遍较大，多在70平方米以上，个别小于40平方米。房址内多发现有灶址、排烟道、柱洞、础石等。从发掘的情况来看，房址之间存在叠压打破关系。早期房址建造前，先对地面稍作平整，挖一浅基槽，然后于上建土石混夯墙体。晚期房址则是在早期房址废弃后，利用早期房址的墙基进行二次修筑，墙体也多为土石混夯。部分晚期房址利用早期房址的明础作暗础使用。2011年，还曾对城内东部缓坡地带的大型院落进行了整体揭露，发掘面积约3000平方米。该院落平面整体呈东北—西南走向的长方形，长67.5米，宽66.5米。该院落在兴建之初对原有地貌做了大规模改造，使地表趋于平坦。院落建有环墙，墙基和墙体的包含物为黄褐色砂岩碎块和碎屑，堆积较为致密。院落北侧有台基式联排建筑，其上有连续分布的房址四座。院落外南北两侧清理了排水沟各一条，排水沟自坡上至坡下与院墙走向平行。[1]

此外，在城外山下南侧还发现陶窑址一处。窑址平面呈瓢形，由于破坏严重形制已难以辨别。清理时，窑床上还摆放有陶香炉盖、陶甑、陶筒、筒瓦等烧制成型的灰陶制品。推测窑址的废弃系突发事件所致。

通过多年的考古工作，获得了大量陶器、铁器及建筑构件（图版一，7；图版二，1～3）。日用陶器既包括素面夹砂红褐陶、柱形环耳等土著文化因素，也有施以菱形纹、绳纹、弦纹的汉式风格的泥质灰褐陶，如甑、壶、盆、豆等，而且后者占主要地位。铁器包括镢、锸、镰等生产工具，矛、镞、甲片等兵器，马衔、车辖等车马具和日常生活所用的铁权、铁环、铁钉等。城内还出土了大量具有汉代风格的绳纹板瓦和筒瓦等建筑构件。这些均说明该城具有显著的汉文化因素。

赤柏松古城出土的大量铁器与中原地区西汉中晚期和东汉早中期的同类器形制相似，年代也应大体相当，所以赤柏松古城的存续年代大约为西汉中晚期至东汉早中期。从其规模及出土遗物综合分析，赤柏松古城既具有军事要塞之功能，同时也达到了东北地区县级城市的规模，可能为汉代中央政权管辖范围内最东北处的一座具有重要政治和军事意义的城池。

（二）长城遗迹

秦汉时期，为抵御北方匈奴的侵袭，中央政权在春秋战国长城的基础上先后筑成了一条西起大宛贰师城、东至朝鲜平壤南部大同江入海口、全长近一万千米的长城。汉长城也是历史上最长的长城。

[1]　赵海龙：《2011年吉林通化赤柏松汉代古城考古新发现——为我国汉代东北史地研究提供了新材料》，《中国文物报》2012年4月27日第8版。

自2009年，受国家文物局委托，吉林省成立了长城资源调查小组，连续多年对吉林省通化县内秦汉长城遗迹进行调查，并对部分遗迹现象进行了发掘。[1]随着通化县境内新近发现的十余处秦汉长城遗迹，秦汉长城的东北界限进一步北扩。

吉林境内的秦汉长城存在形式主要为烽燧，其次为关堡和山城，也包括相关的遗址，长度约52千米。分布范围沿沈长线公路、喇站河流域，向东经三棵榆树镇、英额布镇、金斗乡、快大茂镇等4个乡镇。

发现烽燧及相关遗迹共计15处，自西向东分别为：狍圈沟南山烽燧、川排沟烽燧、南台子古城、三棵榆树一队北山烽燧、欢喜岭南山烽燧、山头村岗上岭烽燧、庆生后山烽燧、八岔沟西山烽燧、砬缝后山烽燧、小西沟西山烽燧、大南沟东山烽燧、河夹信西南山烽燧、平顶山遗址、大茂山烽燧、赤柏松古城。[2]

多数烽燧的建造凭借天险，充分利用自然地貌，稍加修整而成，少数系土石混筑而成。烽隧目前的残存形状多为圜丘形。烽燧周围可见散落的夹砂红褐陶器残片，城址也发现具有中原汉文化特征的泥质灰褐陶。在地理位置险要地段的大南沟东山烽燧周围，发现有环壕和环墙等防御设施及带有火炕的房屋。调查和发掘结果表明，通化县赤柏松古城既是汉长城防御体系的重点与核心，也是汉长城的终端。

吉林省境内的长城遗迹向西与辽宁境内的汉长城连为一体，是西汉早中期中央政权为经略东北地区而修筑的长城的重要有机组成部分。

（三）遗物

目前，吉林省境内已发现大量中原文化遗物，其中在吉林省南部和西南部最为丰富，尤以二龙湖古城和赤柏松古城的出土物最具代表性。另据报道，在东丰大架山、宝山等遗址[3]的上层也出土了以中原文化因素为主体的汉代遗存，这部分材料也应该归入中原文化遗存。此外，在吉林省的其他地方也发现有中原文化遗存，如吉林龙潭山火车站附近[4]、学古东山遗址[5]、江北土城子遗址[6]、永吉杨屯大

[1] 赵海龙、王利：《通化县秦汉长城》，《中国考古学年鉴·2010》，文物出版社，2011年，第197～199页。

[2] 赵海龙、顾聆博、王利：《通化县秦汉长城资源调查》，《中国考古学年鉴·2011》，文物出版社，2012年，第197页。

[3] 金旭东：《吉林省文物考古的世纪回顾与展望》，《考古》2003年第8期，第3～11页。

[4] 李文信：《吉林龙潭山遗迹报告》，《满洲史学》第1卷（1937年）第2、3号，第2卷（1938年）第2号。

[5] 吉林市博物馆：《吉林永吉县学古东山遗址试掘简报》，《考古》1981年第6期，第492～495页。

[6] 吉林省博物馆：《吉林江北土城子文化遗址及石棺墓》，《考古学报》1957年第1期，第43～52页。

海猛遗址[1]等地点。这类中原文化陶器的存在，可能是流入到以上地区汉人的遗存，也不排除土著居民受汉文化的强烈影响，从汉人地区通过交易或其他方式获得的舶来品或仿制品。所以这里主要介绍二龙湖古城和赤柏松古城的出土遗物，包括日用陶器、建筑构件、铜器、铁器、石器等。

陶器以泥质陶和夹细砂陶为主，前者尤多。陶色主要为灰陶，其次为红陶，还见有少量的黄陶和黑皮陶。陶器多为轮制而成，部分陶器表面还留有同心圆的轮纹。手制陶器数量不多。器形较大的陶器表面多施绳纹，有些绳纹中间以弦纹相隔，绳纹见有粗细之分。此外还见有篦点几何纹、附加堆纹、弦纹、网格纹及圆圈纹等，个别陶片上还有刻划符号。器形较小的陶器多为素面。可辨器形有鬲、甑、小罐、弧腹罐、鼓腹罐、叠唇罐、釜、盆形釜、壶、瓮、豆、碗、钵、量、盅、大口尊（或盆）、器盖、纺轮、轮式器、网坠、陶饼、陶塑等（图一三六）。部分陶器，如施绳纹的罐、瓮、甑、鬲、盆等，与中原地区的同类器在器形和纹饰方面表现出较大的一致性，此类陶器在陶器群中占有主导地位。与此伴出的夹粗砂手制小罐、叠唇罐、高柄无座豆、鋬耳、桥形耳的土著文化因素所占比重较小。

建筑构件主要为筒瓦、板瓦和瓦当（图一三七），多为泥质陶。瓦当发现的数量较少，在二龙湖古城出土有卷云纹瓦当、饕餮纹瓦当、弦纹瓦当。筒瓦的凸面多为素面，部分施弦纹和绳纹，凹面模压有布纹。板瓦多施弦纹，部分瓦头上施戳印连珠纹。

铜器器类有镞、带钩、铃、鱼钩、扣、环、珠、腕饰、管饰、铜钱等（图一三八，1～16）。铜镞的数量较多，形式多样，有双翼镞、三翼镞、圆铤形镞。带钩可分为琵琶形钩身、饕餮纹钩身、卷云纹钩身、棒形钩身、匙形钩身。二龙湖古城出土的铜钱均为刀币，赤柏松古城出土了1件剪轮五铢钱。

铁器数量众多，器类繁杂，可分为生产工具、兵器、生活用品、车马具等。包括锸、镐、镰、凿、锥、镞、刀、剑、背刀、削、掐刀、带钩、鱼钩、钉、车辖等（图一三八，17～22）。

石器数量不多，多为磨制石器，打制石器极少。见有斧、镰、刀、镞、剑柄加重器、研磨器、磨石、石球、璧、刮削器等。此外，还发现有少量的玛瑙、绿松石、水晶制品。

二、夫余文化

夫余之名于西汉时期便已见于史籍。《史记·货殖列传》有载："夫燕……北邻

［1］　吉林省文物工作队、吉林市博物馆、永吉县文化局：《吉林永吉杨屯遗址第三次发掘》，《考古学集刊》第7集，中国社会科学出版社，1991年，第23～50页。

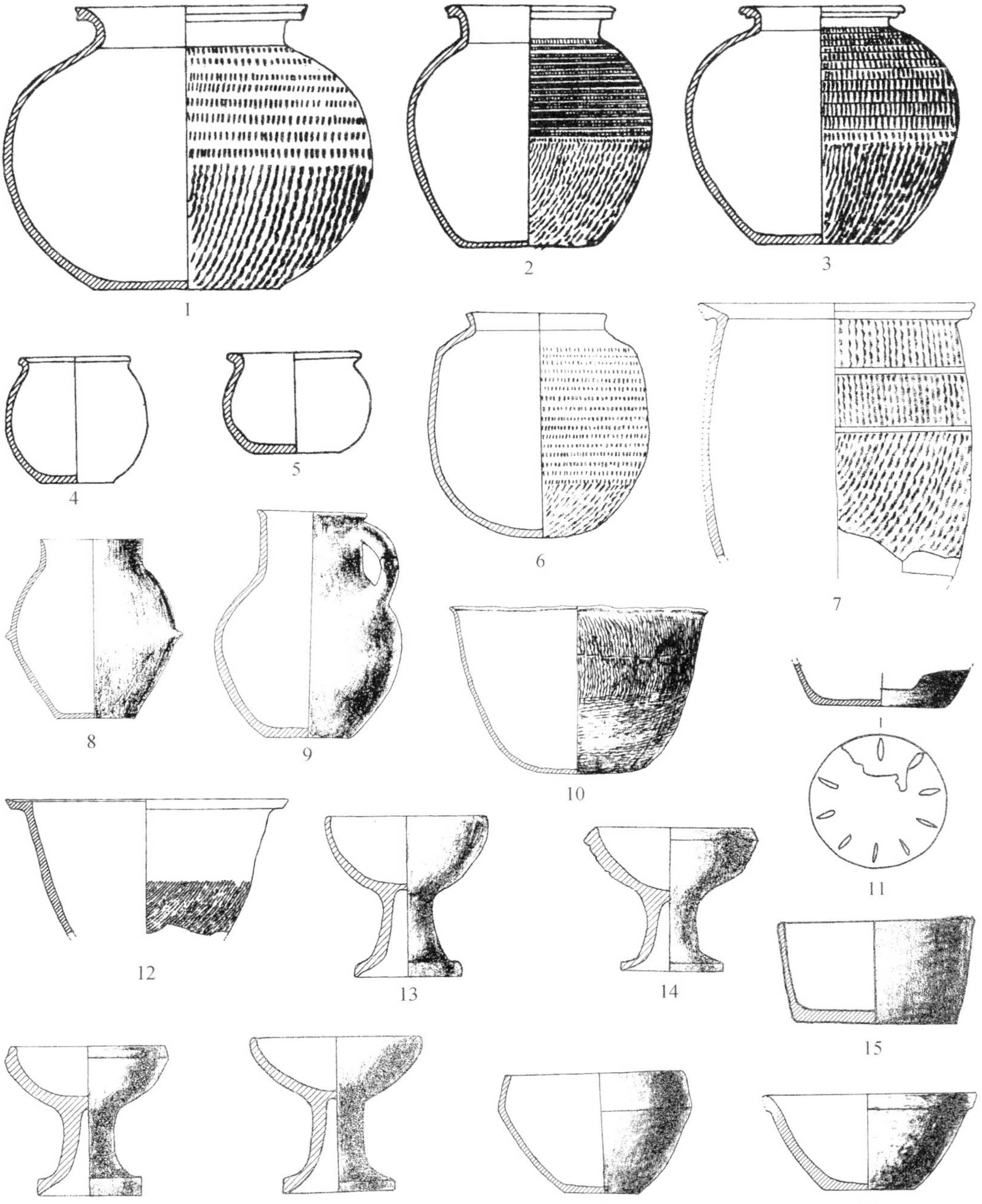

图一三六　二龙湖古城出土陶器

1～5. 罐　6. 瓮　7、10. 釜　8、9. 壶　11、12. 甑　13、14、16、17. 豆　15. 量　18. 钵　19. 碗

乌桓、夫余。”这说明至少在汉武帝时夫余便作为一支土著民族生活于东北地区。至494年灭亡，夫余历经汉、魏、两晋、北魏等朝代，存续时间长达七百年之久。

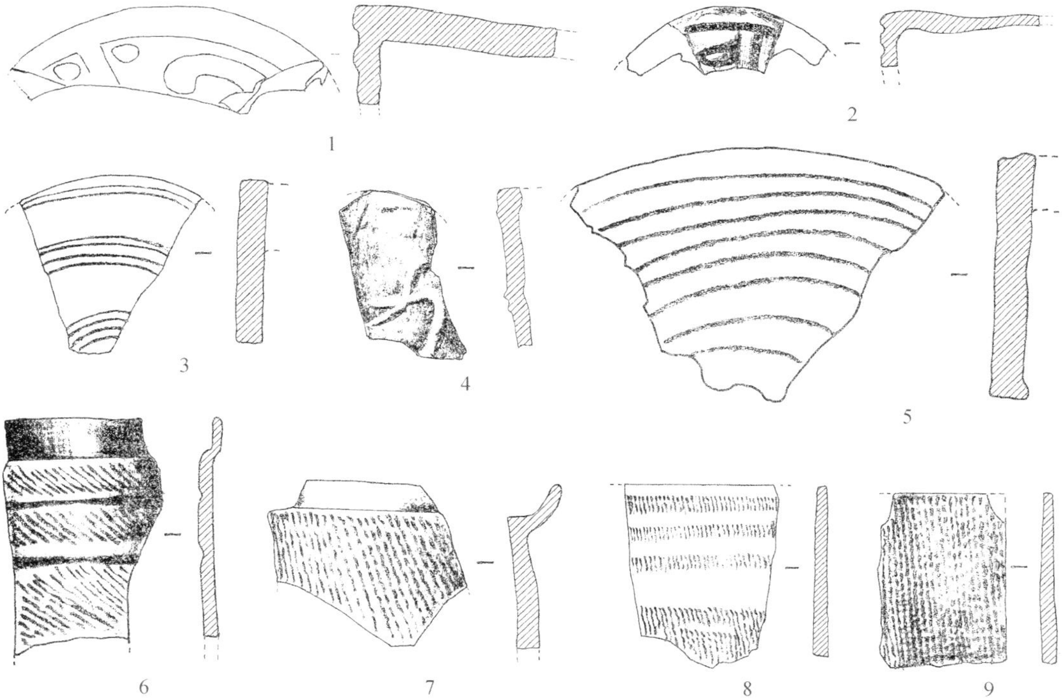

图一三七　二龙湖古城出土的建筑构件
1～5. 瓦当　6、7. 筒瓦　8、9. 板瓦

《三国志·东夷传》记载："夫余在长城之北，去玄菟千里，南与高句丽，东与挹娄，西与鲜卑，北有弱水，方可二千里。户八万，其民土著，有宫室、仓库、牢狱。多山陵、广泽，于东夷之域最平敞。土地宜五谷，不生五果。……其印文言秽王之印，国有故城名秽城，盖本秽貊之地，而夫余王其中，自谓亡人。"结合文献记载和考古发现与研究成果，越来越多的学者认为夫余主要分布于吉长地区（东晋时期曾西迁），以吉林泡子沿前山上层[1]和榆树老河深中层[2]为代表的遗存是夫余的考古遗存。[3]

[1]　吉林市博物馆：《吉林市郊泡子沿前山遗址和墓葬》，《考古》1985年第6期，第3～7页。

[2]　吉林省文物考古研究所：《榆树老河深》，文物出版社，1987年，第11～86页。

[3]　相关论文较多，其中比较有代表性的论文有：刘景文、庞志国：《吉林榆树老河深墓葬群族属探讨》，《北方文物》1986年第1期，第23～25页。马德谦：《谈谈吉林龙潭山、东团山一带的汉代遗物》，《北方文物》1987年第2期，第20～22页。乔梁：《吉长地区西团山文化之后的几种古代遗存》，《辽海文物学刊》1993年第2期，第64～70页。林沄：《西岔沟型铜柄铁剑与老河深、彩岚墓地的族属》，《林沄学术文集》，中国大百科全书出版社，1998年，第352～367页。林沄：《夫余史地再探讨》，《北方文物》1999年第4期，第52～63页。董学增：《汉代松花江中上游诸族的文化交流及夫余文化遗存的基本内涵与特征》，《中国考古学会第十二次年会论文集·2009》，文物出版社，2010年，第112～129页。

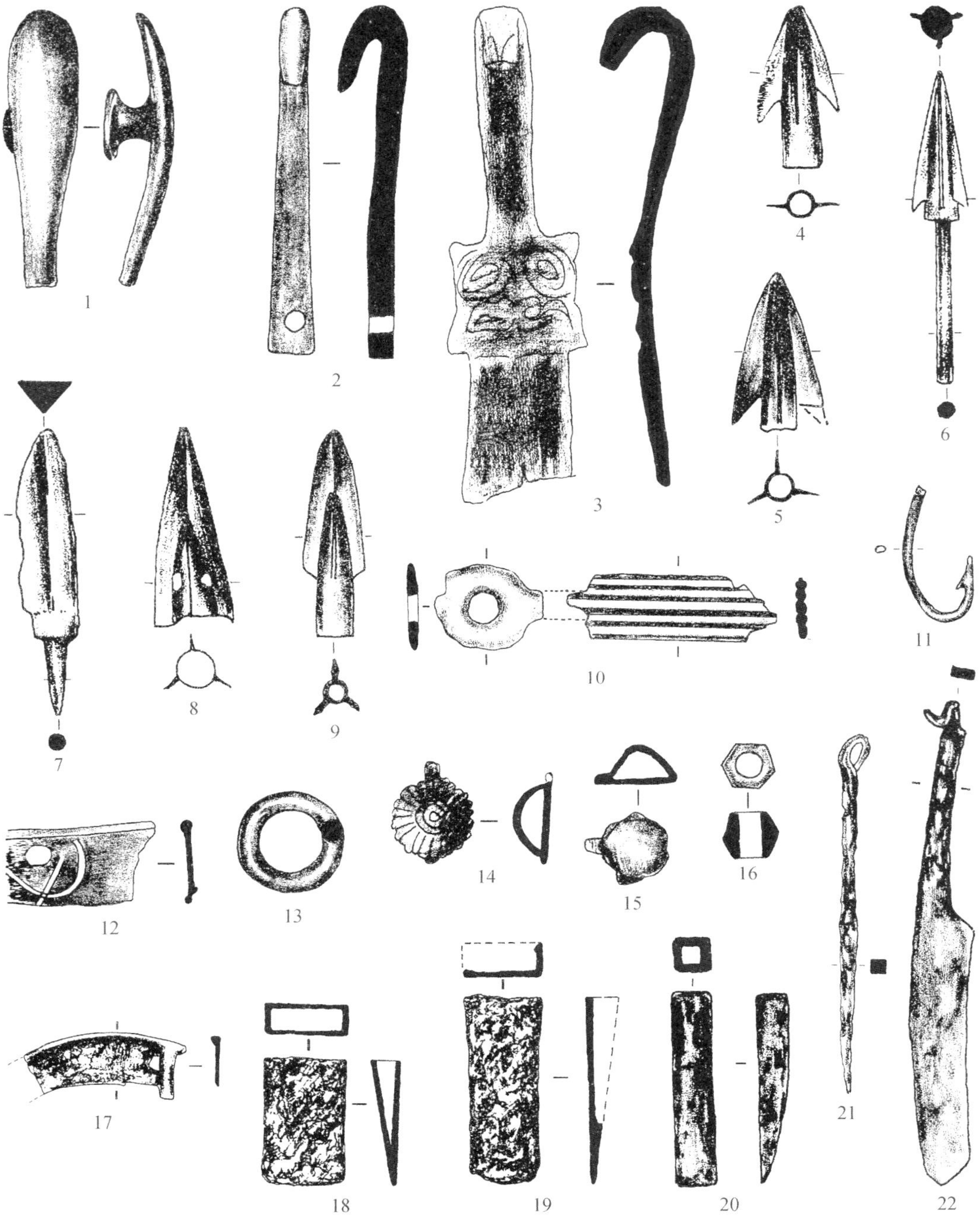

图一三八　二龙湖古城出土铜器、铁器

1～3. 铜带钩　4～9. 铜镞　10、12. 铜刀币　11. 铜鱼钩　13. 铜环　14、15. 铜扣　16. 铜珠　17. 铁镰　18、19. 铁镬　20. 铁凿　21. 铁锥　22. 铁削刀

从发表的材料来看，除吉林泡子沿前山遗址和榆树老河深墓地外，在吉林市东团山[1]、龙潭山[2]、帽儿山[3]、江北土城子[4]、永吉学古东山[5]、杨屯大海猛[6]等地点也发现有此类遗存。

（一）城址

现在多数学者认为吉林市东郊的东团山、龙潭山一带当为夫余王城所在地，[7]但

---

[1] 李文信：《吉林龙潭山遗迹报告》，《满洲史学》第1卷（1937年）第2、3号，第2卷（1938年）第2号，又载《李文信考古文集》，辽宁人民出版社，1992年，第19～27页。李文信：《吉林市附近之史迹及遗物》，《历史与考古》（沈阳博物馆专刊第一号），1946年，又载《李文信考古文集》，辽宁人民出版社，1992年，第28～40页。董学增：《吉林东团山原始、汉、高句丽、渤海诸文化遗存调查简报》，《博物馆研究》1982年创刊号，第85～91页。唐音、翟敬源、张寒冰：《吉林市东团山汉魏时期及明代遗址》，《中国考古学年鉴·2002》，文物出版社，2003年，第179、180页。唐音、丁宏毅、刘利：《吉林市东团山汉魏时期遗址》，《中国考古学年鉴·2003》，文物出版社，2004年，第148、149页。唐音：《东团山遗址》，《田野考古集粹——吉林省文物考古研究所成立二十五周年纪念》，文物出版社，2008年，第43、44页。

[2] 李文信：《吉林龙潭山遗迹报告》，《满洲史学》第1卷（1937年）第2、3号，第2卷（1938年）第2号，又载《李文信考古文集》，辽宁人民出版社，1992年，第19～27页。李文信：《吉林市附近之史迹及遗物》，《历史与考古》（沈阳博物馆专刊第一号），1946年，又载《李文信考古文集》，辽宁人民出版社，1992年，第28～40页。

[3] 吉林省博物馆：《吉林帽儿山汉代木椁墓》，《辽海文物学刊》1988年第2期，第24～28页。刘景文：《吉林市郊帽儿山古墓群》，《中国考古学年鉴·1990》，文物出版社，1991年，第197页。刘景文：《吉林市帽儿山古墓群》，《中国考古学年鉴·1991》，文物出版社，1992年，第161、162页。洪峰：《吉林市郊区帽儿山汉代墓地》，《中国考古学年鉴·1993》，文物出版社，1994年，第189、190页。王洪峰：《吉林市帽儿山夫余遗址》，《中国考古学年鉴·1994》，文物出版社，1995年，第174页。刘景文：《吉林市帽儿山墓地南山墓群》，《中国考古学年鉴·1998》，文物出版社，1999年，第115、116页。刘景文：《帽儿山墓群》，《田野考古集粹——吉林省文物考古研究所成立二十五周年纪念》，文物出版社，2008年，第45～48页。

[4] 吉林省博物馆：《吉林江北土城子文化遗址及石棺墓》，《考古学报》1957年第1期，第43～52页。

[5] 吉林市博物馆：《吉林永吉县学古东山遗址试掘简报》，《考古》1981年第6期，第492～495页。尹玉山：《吉林永吉学古汉墓清理简报》，《博物馆研究》1985年第1期，第95、96页。

[6] 吉林省文物工作队、吉林市博物馆、永吉县文化局：《吉林永吉杨屯遗址第三次发掘》，《考古学集刊》第7集，中国社会科学出版社，1991年，第23～50页。

[7] 李健才：《夫余的疆域和王城》，《社会科学战线》1982年第4期，第170～173页。

是有的学者认为东团山平地城为夫余前期王城，[1]有的学者则认为其位于龙潭山山城和东团山山城的中间地带。[2]

东团山遗址位于吉林市丰满区江南乡永安村七社，西邻西流松花江，东北距龙潭山山城2.5千米，东距帽儿山墓地1千米。该遗址包括东团山山城、东团山平地城及城周遗址。山城与平地城的搭配也是夫余文化的一个显著特点。吉林省文物考古研究所曾于2001、2002及2007年对东团山遗址进行了较为系统的考古调查和发掘工作，揭露面积共计6000平方米，收获颇丰，并对东团山山城及其平地城有了初步的认识。[3]城址的文化内涵包括青铜时代晚期、汉魏时期、明清三个时期，汉魏时期遗存尤为丰富，系夫余文化遗存。

东团山山城坐落在海拔252米、相对高度约50米的椭圆形小山上。据调查和发掘，山城由三道环形城墙组成，城墙的修建时间是否一致尚不可知。城墙由土石混筑而成，外围的第一道和第二道城墙保存较好，第三道城墙遭到破坏。山城大致呈东北—西南向，其中外城长230米，宽70～115米，高10米；中城长170米，宽30～62米，高12米，内城从山顶平台推测长约85米，宽约12～15米。内城距中城53米左右，中城距外城35米余。[4]在山城上还清理了部分房址、窖穴和灰坑遗迹。房址为平面呈方形的半地穴建筑，面积20平方米左右，发现有火炕、灶坑、窖穴、柱洞、斜坡式门道及部分遗物（图版二，4）。[5]

东团山平地城位于东团山东南的台地上，俗称“南城子”。该城平面呈椭圆形，城内地势南高北低。其东南城墙现保存尚好，西北城墙破坏严重，仅部分墙基隐约可见。西侧则以山城和松花江为天然屏障，不曾筑墙。保存较好的东南墙高5～6米，顶宽1米左右。城墙长1千余米。城有南北两门，南门保存较好，宽16米。城内靠近南门处，有一大体呈长方形的高出地面1米多的高台，南北长150米，东西宽73米。2002年曾对平地城城墙解剖，结果表明现存城墙大体为两个时期筑造而成。早期为逐层夯筑，夯层平均厚度为6～8厘米，夯土内含有夹砂陶壶（罐）残片、柱把豆等遗物；晚

[1] 武国勋：《夫余王城新考——前期夫余王城的发现》，《北方文物》1983年第4期，第35～42页。董学增：《汉代松花江中上游诸族的文化交流及夫余文化遗存的基本内涵与特征》，《中国考古学会第十二次年会论文集·2009》，文物出版社，2010年，第112～129页。

[2] 李健才：《唐代高丽长城和扶余城》，《民族研究》1991年第4期，第49～55页。李钟洙：《夫余文化研究》，吉林大学博士学位论文，2004年，第48页。

[3] 唐音：《东团山遗址》，《田野考古集粹——吉林省文物考古研究所成立二十五周年纪念》，文物出版社，2008年，第43、44页。

[4] 董学增：《吉林东团山原始、汉、高句丽、渤海诸文化遗存调查简报》，《博物馆研究》1982年创刊号，第85～91页。

[5] 唐音、翟敬源、张寒冰：《吉林市东团山汉魏时期及明代遗址》，《中国考古学年鉴·2002》，文物出版社，2003年，第179、180页。

期为黄土堆筑，内含施有绳纹的泥质灰陶器物残片。由此可以推测此城的建筑和使用年代主要在西汉初至魏晋时期。[1]

（二）墓葬

目前，夫余文化的墓葬主要发现于榆树老河深墓地和帽儿山墓地。老河深墓地位于吉林省榆树县大坡乡老河深村南500米的开阔岗地上，西望第二松花江。1980年和1981年，吉林省文物工作队曾对该墓地进行了大规模发掘，揭露面积近5800平方米。该墓地包含三种不同时期的文化遗存，下层为西团山文化的房址，中层为夫余文化墓葬，上层为靺鞨时期墓葬，出土各类文物4千余件。其中清理夫余文化墓葬共计129座。原发掘者认为中层墓葬应为鲜卑遗存，[2]后有学者论证此类墓葬应为受北方草原文化影响的夫余文化墓葬，[3]并得到学术界的赞同。帽儿山位于吉林市丰满区江南乡裕民村，海拔270.5米，相对高度70米许。帽儿山墓地即以帽儿山为中心，北起龙潭山南麓，南达南山南坡，东至南山、帽儿山、偏脸城的东坡，西抵松花江边，墓葬主要分布在东部山梁、岗地和山坡上。其墓葬分布范围很大，而且比较密集，总数当在七八千座以上。[4]1980年，吉林省博物馆在帽儿山西坡清理墓葬3座。[5]1989～1993年和1997年，吉林省文物考古研究所在帽儿山墓群进行了多年的发掘工作，共清理墓葬160多座，出土各类文物达1千余件，为认识夫余文化的墓葬特征提供极为难得的材料，遗憾的是这些材料目前仅见零星报道，尚未正式刊布。从出土遗物和碳十四测年数据分析，老河深中层墓葬和帽儿山墓葬的文化性质相同，但是年代稍有差别，前者约为西汉至东汉初期，后者大致相当于西汉中晚期至北魏时期。二者在墓葬形制和出土遗物等级诸方面也表现出一定的差异，可能暗示着两处墓地存在等级高低之别。[6]

根据老河深墓地和帽儿山墓地的发掘材料，我们可以对夫余文化的墓葬特征进行初步的总结。夫余文化的墓葬多为长方形土坑竖穴墓（图一三九），个别为长方形石圹竖穴墓。墓穴有深有浅，有大有小，差别较大。多数墓葬发现葬具，老河深墓地的发掘者曾认为葬具为木棺，部分学者提出了不同意见，指出其实应为受中原文化影响

---

[1] 唐音、丁宏毅、刘利：《吉林市东团山汉魏时期遗址》，《中国考古学年鉴·2003》，文物出版社，2004年，第148、149页。

[2] 吉林省文物考古研究所：《榆树老河深》，文物出版社，1987年，第107～118页。

[3] 刘景文、庞志国：《吉林榆树老河深墓葬群族属探讨》，《北方文物》1986年第1期，第23～25页。林沄：《西岔沟型铜柄铁剑与老河深、彩岚墓地的族属》，《林沄学术文集》，中国大百科全书出版社，1998年，第352～367页。

[4] 金旭东：《吉林省文物考古的世纪回顾与展望》，《考古》2003年第8期，第3～11页。

[5] 吉林省博物馆：《吉林帽儿山汉代木椁墓》，《辽海文物学刊》1988年第2期，第24～28页。

[6] 金旭东：《吉林省文物考古的世纪回顾与展望》，《考古》2003年第8期，第3～11页。

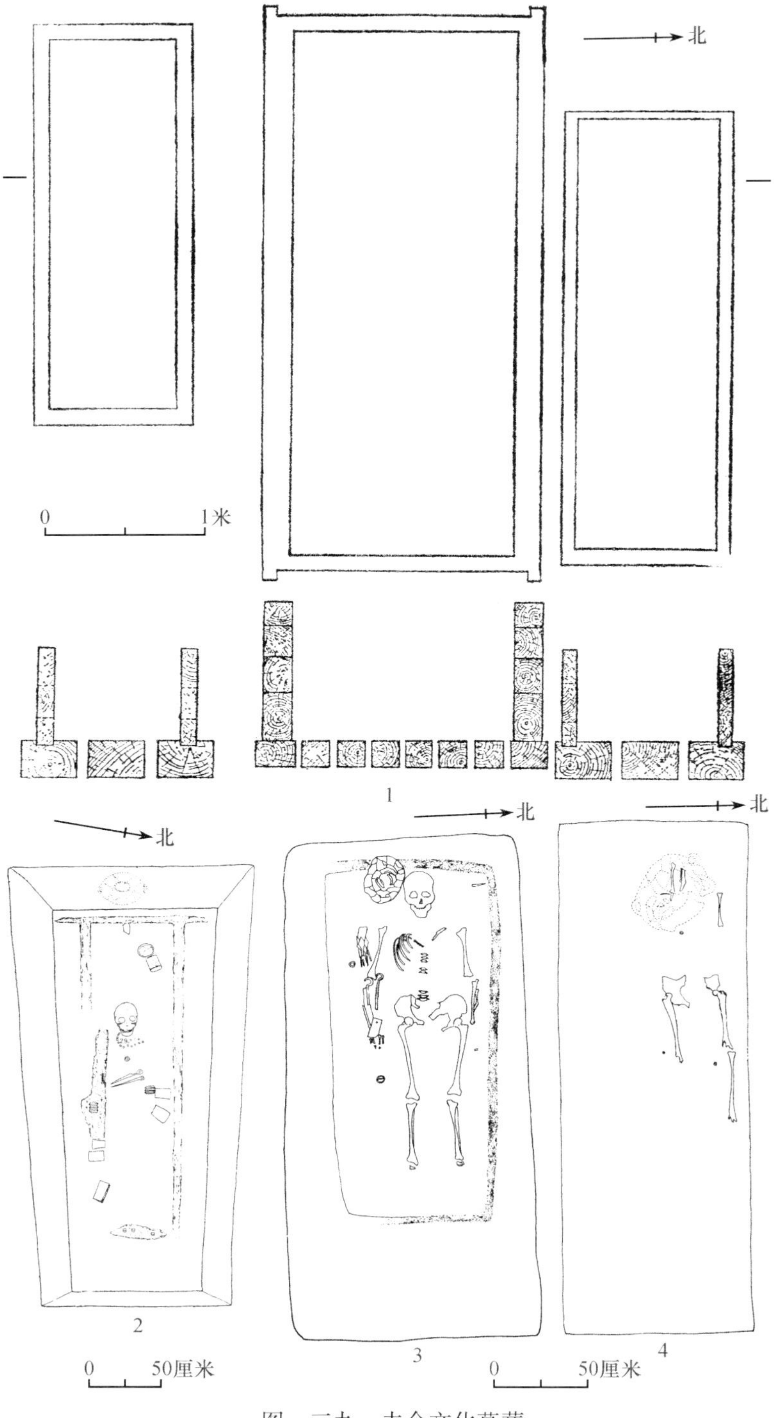

图一三九　夫余文化墓葬

1. 帽儿山80M1木椁平、剖面图　2.　老河深M106平、剖面图　3. 老河深M82平、剖面图　4.　老河深M70平、剖面图的木椁，[1]与《三国志》所载的夫余"死则有椁无棺"相吻合。部分墓穴中发现有两椁或者三椁现象，有的还在葬具内隔出头箱，部分木椁上还见有盖板。有些葬具可能涂过红漆。棺底铺垫有苇席、兽皮或桦树皮之类的物质。在埋葬习俗方面，流行抹白膏泥，存在单人葬、男女同穴合葬、男女异穴合葬、一男二女异穴合葬。死者的骨架往往保存较差，部分可辨的葬式为仰身直肢葬。老河深墓地比较盛行火葬。普遍见有随葬品，出土有陶器、铁器、铜器、金银器、木器、漆器、石器、玉器、丝织品等，但是随葬品的数量多寡不均，优劣鲜明，部分墓葬仅随葬一两件普通器物，而有的墓葬出土的随葬品可达数百件，反映出明显的贫富差距。墓葬还存在毁器现象。从老河深的中层墓葬来看，随葬品存在明显的性别差异，如男者多随葬剑、矛、刀、镞等兵器，女性则多见腕饰。帽儿山墓地的发掘者将帽儿山墓群的墓葬划分为四种类型：第一类为浅穴土圹无葬具墓，此类墓葬的发现数量较少，随葬品也较少；第二类为浅穴土圹木椁墓，木椁以薄木板构筑，腐朽严重，椁周有一薄层白膏泥，随葬品较丰富；第三类为深穴土圹木椁墓，数量最多，结构复杂。木椁多用厚重的木方以半榫卯结构构筑，椁内外均填抹厚厚的白膏泥。随葬品原应较为丰富，但是多被盗掘，所遗寥寥；第四类为深穴石圹木椁墓，发现较少，木椁结构与第三类相同，随葬品丰富。[2]这一对帽儿山墓葬的划分标准同样适用于老河深中层墓葬。从老河深中层墓葬的情况来看，其多可归入上述的第一、二类墓葬。

（三）遗物

夫余文化的遗物丰富，种类多样，有陶器、铜器、铁器、金银器、木器、漆器、石器、玉器、丝织品等（图一四〇～一四二；图版二，5～9；图版三）。陶器以夹粗砂陶居多，也存在一定的泥质陶。器表颜色多不纯正，见有红褐、黑褐、黄褐、灰褐等。器表多为素面，部分施有纹饰。手制为主，也存在部分轮制陶。陶器种类有壶、罐、豆、甑、盆、盘、瓮、钵、碗、盅、杯、纺轮、网坠等。其中壶、罐和豆所占比重较大。圆唇侈口、斜颈弧腹、横桥状耳的壶，侈口鼓腹平底罐，实心或空心的柱把豆，圈足罐形豆等器形比较具有特色。东团山遗址出土的部分黑衣柱把陶豆，器形规整，器表可见一层如同金属铅色的附着物，在别的文化遗存中基本不见。铜器见有双耳鼓腹铜鍑、四乳规矩镜、四乳蟠纹镜、四乳八鸟纹镜、七乳兽纹镜、带钩、带卡、环、泡、双联泡、葫芦形铜耳饰、铜钏、腕饰、指环、片饰、圆形铜牌、斧、锸、木

［1］　马德谦：《夫余文化的几个问题》，《北方文物》1991年第2期，第18～24页。林沄：《西岔沟型铜柄铁剑与老河深、彩岚墓地的族属》，《林沄学术文集》，中国大百科全书出版社，1998年，第352～367页。

［2］　刘景文：《帽儿山墓群》，《田野考古集粹——吉林省文物考古研究所成立二十五周年纪念》，文物出版社，2008年，第45～48页。

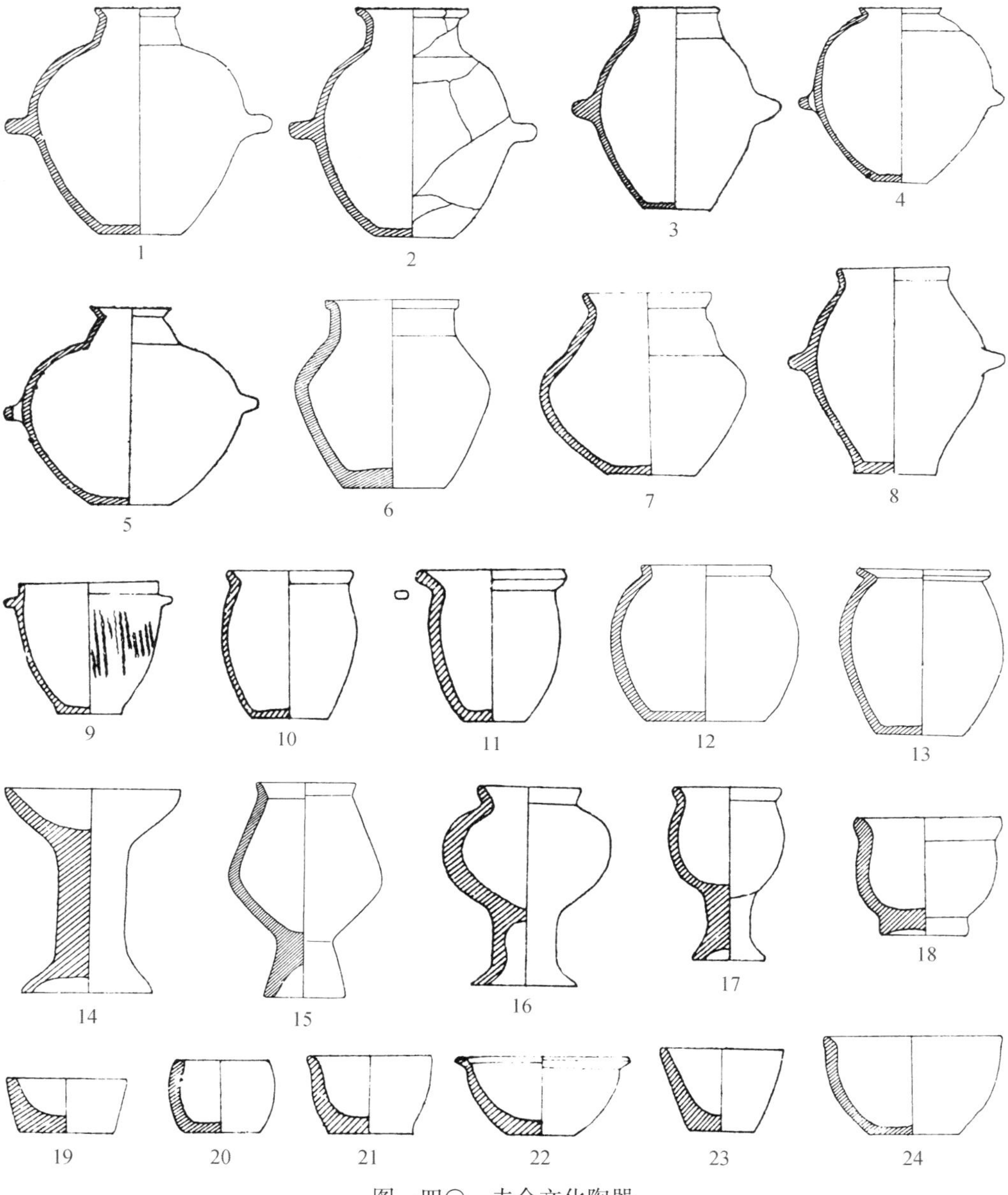

图一四〇　夫余文化陶器

1～7. 壶　8～13. 罐　14～17. 豆　18、22、24. 碗　19～21. 杯　23. 盅（均出自老河深墓地）

胎包铜的马镫、马鞍、镳、当卢、护心镜、五铢钱等；铁器多为兵器，还发现部分农具、车马具等，包括剑、刀、矛、镞、箭囊、盔胄、铠甲、小铁刀、锥、铧、镰、锸、凿、带卡、环、軎、辖、镳、衔、当卢、人像面具等。金、银器多为饰件，出土有金丝扭环耳饰、多环金耳饰、环形金耳饰、金指环、金管饰、鹿形金片饰、银丝扭环耳饰、多环银耳饰、银腕饰、金片包铁带卡。还发现有部分鎏金器，如鎏金铜丝扭

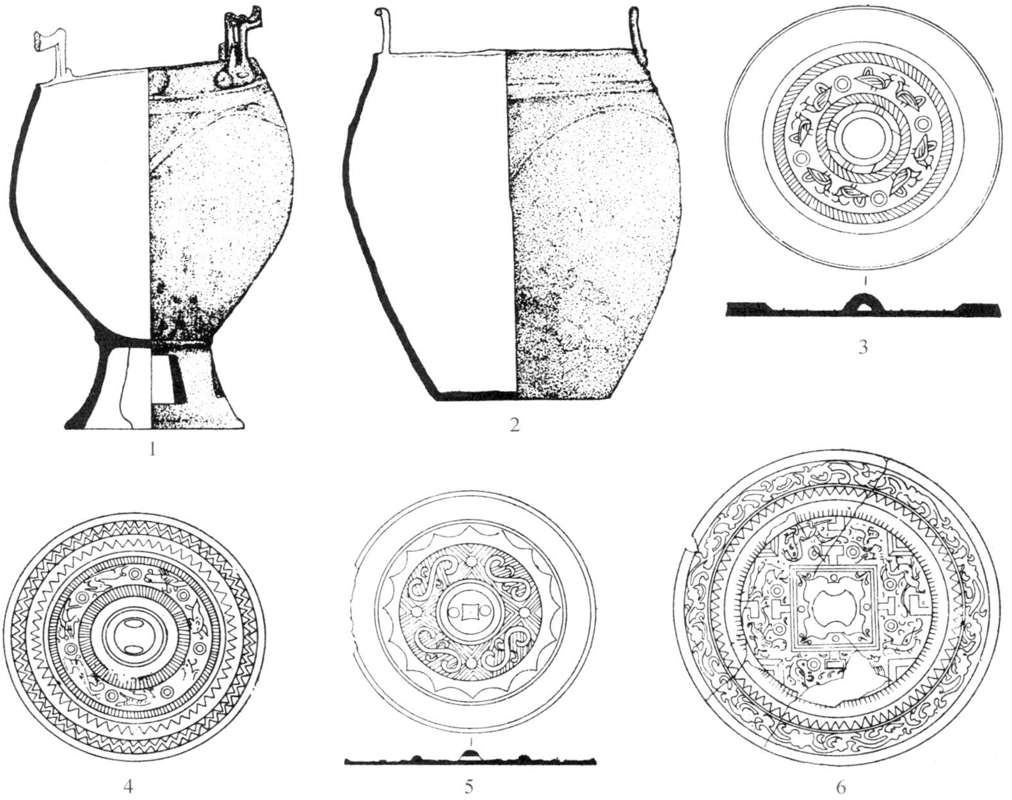

图一四一　夫余文化遗物
1、2. 铜鍑　3～6. 铜镜（均出自老河深墓地）

环耳饰、鎏金铜铃、鎏金指环、虎纹或鹿纹的鎏金神兽牌饰。石器中除斧、锛、凿、刀、镞、磨盘、砺石、砍砸器、网坠等生产工具外，还发现有珠、管等装饰品。帽儿山墓葬出土的布满花纹的漆器和丝织品，制作工艺精湛，图案精美，代表了较高的工艺品生产水平。

三、鲜卑文化

目前，吉林省境内发现的可以确定为属于鲜卑的遗存出自大安渔场墓地[1]和大安

［1］　吉林省博物馆文物队、吉林大学历史系考古专业：《吉林大安渔场古代墓葬》，《考古》1975年第11期，第356～362页。

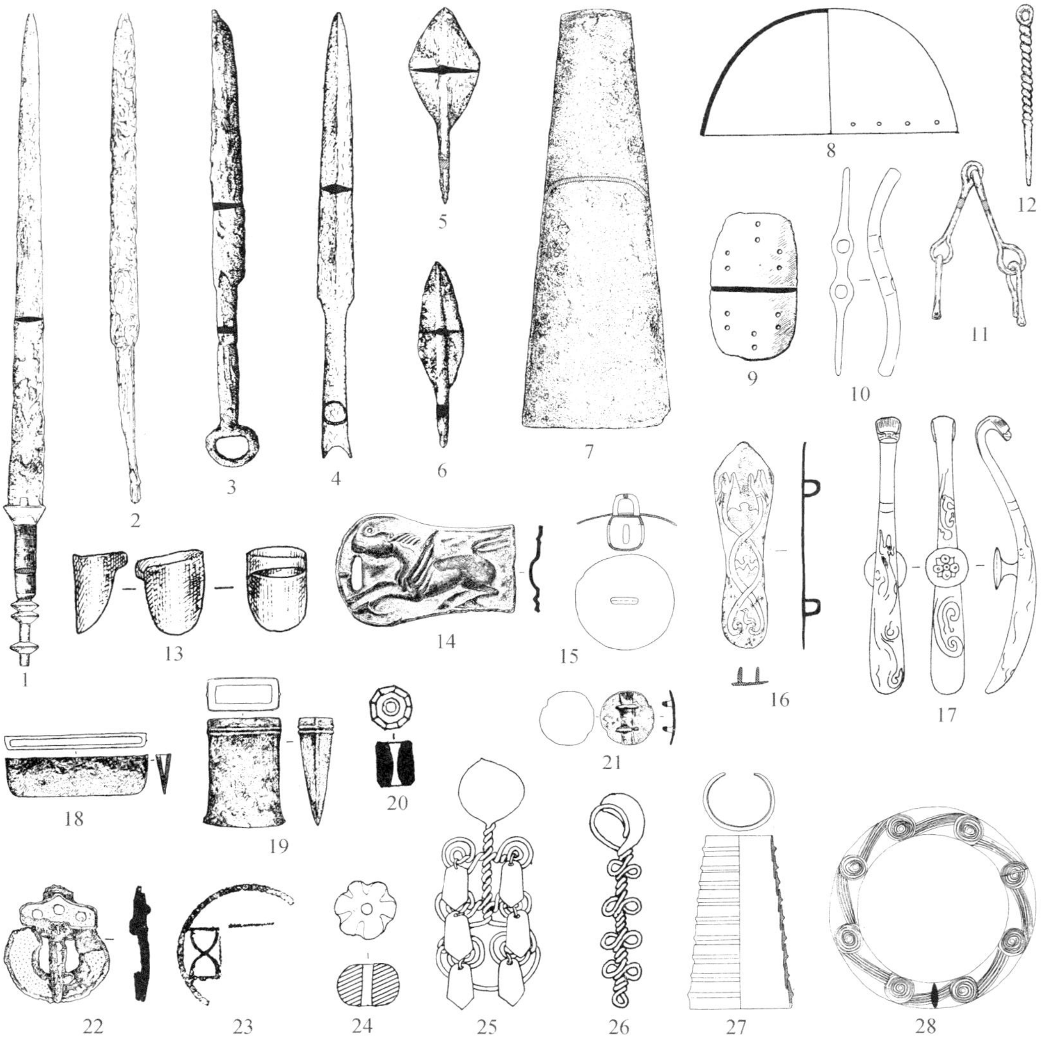

图一四二　夫余文化遗物

1、2. 剑　3. 刀　4. 矛　5、6. 镞　7. 箭囊　8. 胄顶　9. 铠甲片　10. 马镳　11. 马衔　12. 锥　13. 片状耳饰　14. 动物牌饰　15. 銮铃　16. 当卢　17. 带钩　18. 锸　19. 　镬　20. 管饰　21. 节约　22. 带卡　23. 五铢钱　24. 珠饰　25、26. 耳饰　27. 腕饰　28. 铜环（均出自老河深墓地）

后宝石墓地[1]。过去部分学者认为榆树老河深中层墓葬[2]和通榆兴隆山墓葬[3]也应该属于鲜卑。现在看来，榆树老河深中层墓葬的性质应该与泡子沿类型[4]相同，属于

[1]　郭珉：《吉林大安后宝石墓地调查》，《考古》1997年第2期，第85、86页。

[2]　吉林省文物考古研究所：《榆树老河深》，文物出版社，1987年。

[3]　吉林省文物工作队：《通榆县兴隆山鲜卑墓清理简报》，《北方文物》1982年第3期，第65～69页。

[4]　吉林市博物馆：《吉林市郊泡子沿前山遗址和墓葬》，《考古》1985年第6期，第3～7页。

夫余文化；而通榆兴隆山墓葬的性质也不应属于鲜卑，该墓葬出土的遗物与汉书二期文化的遗存表现出较大的共性，可将其归入汉书二期文化。

（一）大安渔场墓地

大安渔场墓地位于洮儿河与嫩江交汇处的月亮泡南岸，距大安县城37千米。1974年，吉林省博物馆文物队、吉林大学历史系考古专业对该墓地进行局部清理，发掘墓葬14座及部分灰坑遗迹。[1]

这些墓葬均开口于同一层位下，皆为长方形土坑竖穴墓，墓口距地表0.5米左右。这14座墓葬中，一座未发现人骨（M201），其余墓葬均为单人葬，且墓主人的性别多为成年男性。在可以鉴定死者年龄的12座墓葬中，两座（M213、M215）为未成年墓葬，而且这两座墓葬呈南北向，其余墓葬则为东西向，反映出未成年个体与成年个体在墓葬朝向上可能存在一定差别。墓地的墓葬成排分布，其中西面一排有6座墓，东面一排有7座墓。随葬品数量多寡不均，多者30余件，少者仅数件，最少者只随葬一羊的肩胛骨。日用遗物的基本组合为壶、罐、蚌壳，且均放置于墓葬的西端，这也是该墓地一个比较显著的特征。墓地既存在一次葬，也发现有二次葬，其中前者5座（M206～M209、M211），后者7座（M202、M204、M210、M212～M215）。

一次葬的墓葬中，部分墓葬的骨架存在残缺。葬式为仰身直肢葬。其中M207（图一四三，1）的骨架完整，墓主人系二十五岁左右的男性个体。该墓的随葬品尤为丰富。陶罐、壶和圆形蚌壳并列一排，放置在挨着头骨处的墓坑西端。蚌壳内装有鱼骨，推测也应为一种食具。在头骨的北侧放置一骨制弓弭和一残断骨片，其东侧50厘米左右有两残断骨片。右上肢北侧发现有铁环，盆骨上也见有一铁环，右下肢南侧则出土一骨环。死者身上自北向南排放着桦树皮制成的弓囊和箭囊。保存如此完好的弓囊和箭囊在考古发掘中较为少见。箭囊内放置有铁镞、骨镞各6枚。腰部南侧出土一木柄铁削、铁片十余件、铁挂钩2件。头部还发现有可复原的玛瑙珠。

M214为二次葬，墓主人为一成年男性。墓葬的东部已被破坏。头骨及其余一些体骨堆放在墓葬的中部偏西处。墓葬的西端随葬有陶壶、圆形蚌壳和铜带饰各一件，墓中另随葬骨镞两枚、铁镞3枚。

M201未发现人骨，随葬品较少，见有骨镞两件，玉石饰件两件，还出土有羊的肩胛骨及兽骨。

墓葬中共出土随葬品118件，按照材质可分为陶器、铜器、铁器、骨器、蚌器、玉石器、桦皮器等（图一四三，2～28）。陶器共发现10件，多为泥质红褐陶，陶泥未经淘洗。除一件为轮制而成，陶质坚硬外，其余9件均为手制，烧制火候不高。器表多

［1］　吉林省博物馆文物队、吉林大学历史系考古专业：《吉林大安渔场古代墓葬》，《考古》1975年第11期，第356～362页。

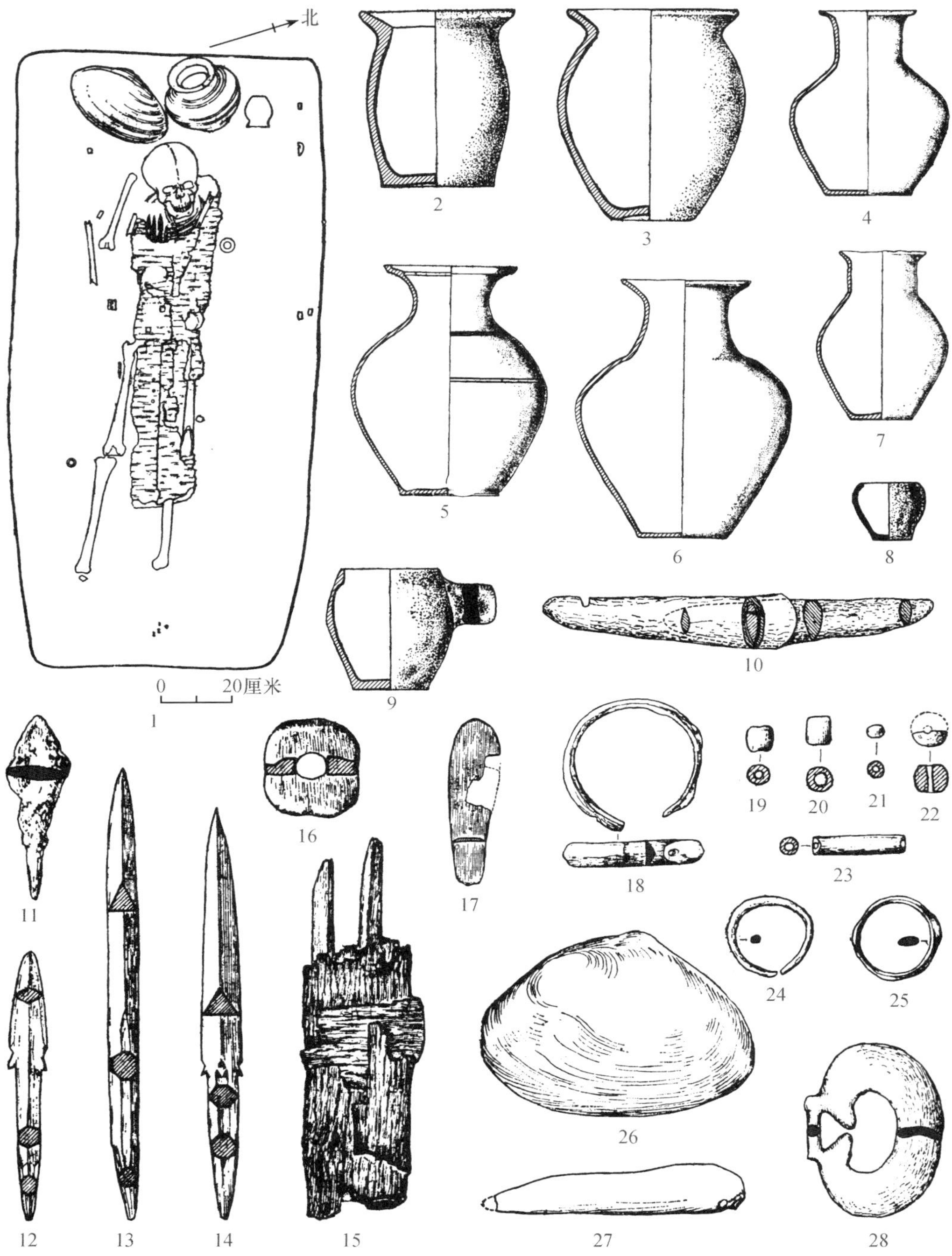

图一四三　大安渔场M207及遗物

1. 大安渔场M207平面图　2、3、8、9. 罐　4～7. 壶　10. 铁削刀　11. 铁镞　12～14. 骨镞　15. 桦树皮箭囊　16. 骨环　17. 弓弭　18. 铜镯　19～23. 玉石饰　24、25. 铜戒指　26、27. 蚌壳　28. 铜带饰

为素面，个别施凹弦纹。器类有罐和壶，各5件。陶壶均为翻沿细颈，鼓腹，平底。陶罐多有烟熏痕迹，呈筒腹或鼓腹。其中一件器身侧附扁长把手，较为特别。铜器5件，包括手镯、戒指和带饰。铁器数量较多，共计43件，普遍锈残严重，可辨器形有镞、削、环、铁片、挂钩等。骨器31件，其中骨镞占27件，另发现少量的骨弭、片形器和环形器。蚌器8件，可分圆形蚌壳和条形蚌壳两种，器身不见加工痕迹。圆形蚌壳应为一种食具，而条形蚌壳形体细长，可当作匕使用。玉石器14件，均为饰件，材质有绿松石、玛瑙、紫晶、翡翠、石等。桦皮器可辨器形是出自M207和M209的弓囊和箭囊，各两件，系用由纵横交错的数层桦皮折叠缝缀而成。

有学者通过遗物之间的比较，认为大安渔场墓地的部分陶器与内蒙古呼伦贝尔地区的扎赉诺尔和巴林左旗南杨家营子的出土物形制更为相似，年代也较为接近，属于拓跋鲜卑的文化遗存。[1]

（二）大安后宝石墓地

大安后宝石墓地位于大安县静山乡宝石村东南约0.5千米处，东北距嫩江约2千米。该墓地的分布范围为东西30米，南北35米。

1990年，该墓地遭到农民取土破坏，除陶器被当场毁坏掉外，余均被取走。随后，白城市博物馆和大安市博物馆对该墓地进行了调查。由于破坏严重，墓葬的形制、葬式、葬俗均不明确。墓地也未见葬具遗迹。调查者从墓地规模推测，至少有20余座墓。调查时发现了大量的人骨残骸和少量黄褐色素面手制夹砂陶片，器形多已无法辨认，另收集遗物36件，包括铜器、铁器、铜质包金器、骨器、玉石器等（图一四四）。[2]

铜器8件，见有钏、耳饰和马形牌饰。其中马形牌饰系单范铸造而成，正面凸起，背面凹下，并有两穿。形状为一匹大马的背上站立一匹小马。大马的右前腿较长并向后弯曲，与马尾相连。小马的吻部与大马鬃尾相连，尾梢与大马的尾根部相接。大、小马的额头上均铸有一瘤状突起。包金器2件，以青铜为胎，外包薄金片，鹿形牌饰和耳饰各一件。鹿形牌饰系单范浇铸，正面凸起，包一层薄金片，背面凹下，遍布铜锈。只铸3个下肢，前右肢较长，向后弯曲。后右肢只铸出上部，并与向后弯曲的前右肢相连。尾下垂，同后右肢连为一体。鹿的额头上铸一支大角，向后弯曲，角尖与尾的根部相连。大角之上分9个小角，其中上部6个，下部3个。下部的角尖分别同鹿的肩、腰、臀部连接。耳饰为两面包金，上部稍残。底端有一较大的螺旋纹，其上左右对称分布三对螺旋纹，依次渐小。耳饰正面的中部还有一个小乳丁。铁器2件，均为鼎，锈蚀严重。1件残一耳，另1件残一足。两件铁鼎大小形制相同。骨器8件，有镞和

［1］　杨晶：《吉林大安渔场墓地的时代与族属》，《考古与文物》1988年第4期，第33～37页。
［2］　郭珉：《吉林大安后宝石墓地调查》，《考古》1997年第2期，第85、86页。

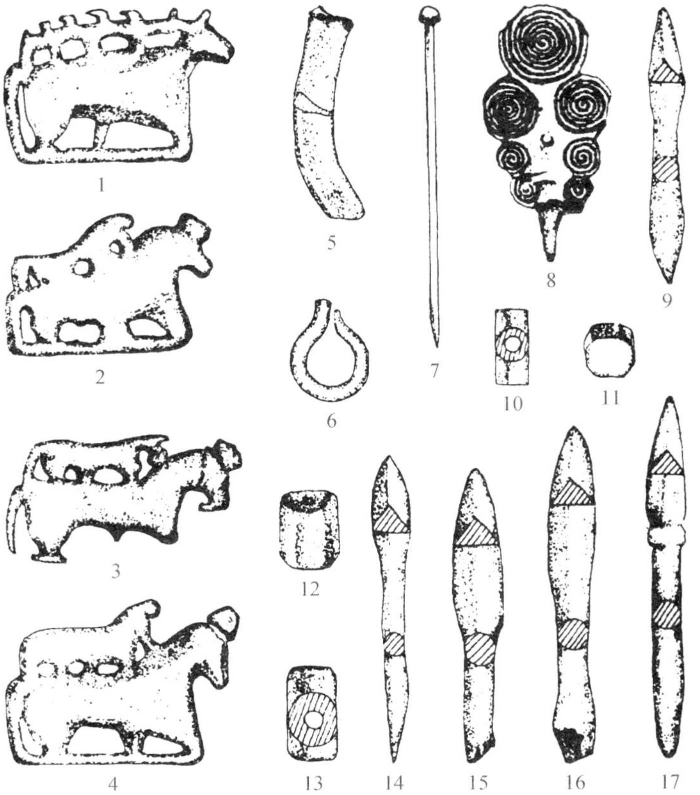

图一四四　大安后宝石墓地遗物

1. 鹿形铜牌饰　2～4. 马形牌饰　5. 铜钏　6. 铜耳环　7. 玉簪形器　8. 耳饰　9、15、16. 骨镖　10. 绿松石管饰　11. 绿松石八角形饰　12. 绿松石坠饰　13. 玛瑙饰　14、17. 骨镞

镖两种。玉石器均为饰件，见有玛瑙和绿松石管饰及坠饰。

后宝石墓地发现的三件马形牌饰，是鲜卑遗存的一种代表性器物，[1]与内蒙古察右后旗三道湾[2]、商都县东大井[3]、河北滦县塔坨[4]等地点出土的同类牌饰形制皆为相似；与后宝石墓地的施螺旋纹耳饰类似的饰件在内蒙古察右后旗三道湾、卓资县

［1］　林沄：《鲜卑族的金、铜马形牌饰》，《边疆考古研究》第3辑，科学出版社，2005年，第147～151页。

［2］　乌兰察布博物馆：《察右后旗三道湾墓地》，《内蒙古文物考古文集》第一辑，中国大百科全书出版社，1994年，第407～437页。

［3］　李兴盛、魏坚：《商都县东大井墓地》，《内蒙古地区鲜卑墓葬的发现与研究》，科学出版社，2004年，第55～102页。

［4］　唐山市文物管理处、滦县文物管理所：《滦县塔坨鲜卑墓群清理简报》，《文物春秋》1994年第3期，第1～8页。张亮：《滦县塔坨墓地族属的初步探讨》，《边疆考古研究》第11辑，科学出版社，2012年，第175～181页。

石家沟墓地[1]等地点也有发现。可见他们的年代大体相当，处于东汉晚期前后。至于该墓地的族属，最近有学者推测其可能为东汉晚期檀石槐鲜卑军事联盟中的鲜卑东部大人所属的部众，或者是曹魏时期轲比能鲜卑军事联盟中的居于最东部的部众。[2]

四、团结文化

团结文化得名于1977年发掘的黑龙江东宁县团结遗址下层遗存。[3]从目前发表的材料来看，团结文化在图们江流域和绥芬河流域有着广泛分布，在朝鲜东北部和俄罗斯滨海地区东南部均有发现。同类遗存在俄罗斯被称为“克罗乌诺夫卡文化”。在吉林省境内的珲春一松亭遗址[4]、珲春原教师进修学校院内遗址[5]、延吉大苏遗址[6]、延吉砖瓦厂遗址[7]、图们下嘎遗址[8]等地点发现了属于团结文化的遗存。

（一）房址特征

在珲春一松亭遗址清理房址一座。结合黑龙江省境内清理的属于团结文化的房址来看，该房址反映了团结文化的房址特征。这座房址为半地穴式建筑，平面呈方形。东西长4.9米，南北长约5米。居住面比较坚硬。靠近北壁处有一列扁长卵石。房址内发现灶址两处。一处靠近东壁中段。西半部用四块长条卵石整齐的围成一个浅坑，东部连接着用半圆的残陶片加草泥砌成的横筒。西半部应是生火的地方，东半部可能是保存火种的设施。在灶周围散布有罐、豆、盆、碗等。另一处灶址靠近西壁中段，用三块石头围成三角形，内夹烧土和炭灰，其上横卧一残破的鼓腹瓮。门道位于南侧偏东，呈斜坡状，宽0.9米左右，残长约0.5米。

[1] 内蒙古博物馆：《卓资县石家沟墓群出土资料》，《内蒙古文物考古》1998年第2期，第9～21页。

[2] 潘玲：《长城地带早期鲜卑遗存文化因素来源分析》，《边疆考古研究》第11辑，科学出版社，2012年，第182～198页。

[3] 黑龙江省文物工作队、吉林大学历史系考古专业：《东宁团结遗址发掘报告》，1979年吉林省考古学会第一次年会资料。

[4] 李云铎：《吉林珲春南团山、一松亭遗址调查》，《文物》1973年第8期，第70～72页。

[5] 郑永振：《珲春镇内发现一处原始社会遗址》，《延边文物资料汇编》，1983年，第29、84页。

[6] 朴龙渊、严长禄：《延边历史沿革和遗迹概述》，《延边文物资料汇编》，1983年，第1～8页。

[7] 杨再林：《浅谈延吉市近郊原始文化》，《延边文物资料汇编》，1983年，第10～12页。

[8] 宋玉彬：《图们市下嘎团结文化遗址》，《中国考古学年鉴·1998》，文物出版社，1999年，第115页。

（二）遗物特征

吉林省境内发现的团结文化遗物有陶器、石器等（图一四五）。

陶器以夹砂褐陶居多，胎土内夹杂有较大的石英颗粒，器壁一般较厚。由于火候不高，器表颜色斑驳，硬度也不大。均为手制，采用泥圈套接法制成，所以往往于结合处断开，小型陶器则直接捏制而成。器表比较粗糙，普遍素面无纹。以罐、瓮、甑、豆、碗（钵）为基本组合。除豆之外，其他陶器多为平底。器表普遍施有圆柱状耳，比较具有文化特点。施柱状耳的深腹瓮、筒形罐、鼓腹罐、盆形甑、浅盘高圈足豆尤具特色。

石器以磨制为主，器形见有石刀、石斧、石矛、石镞、网坠等。

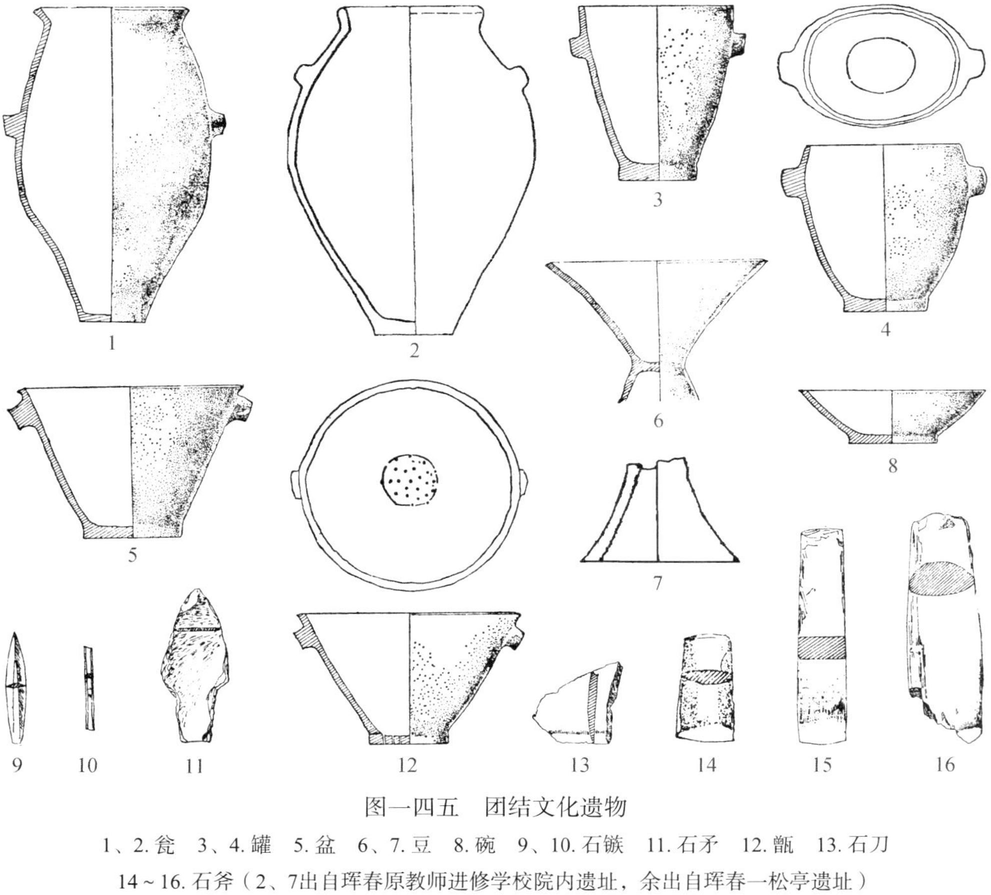

图一四五　团结文化遗物

1、2. 瓮　3、4. 罐　5. 盆　6、7. 豆　8. 碗　9、10. 石镞　11. 石矛　12. 甑　13. 石刀
14～16. 石斧（2、7出自珲春原教师进修学校院内遗址，余出自珲春一松亭遗址）

（三）渊源与年代

在团结文化之前，图们江流域的青铜时代广泛分布着兴城文化和柳庭洞文化。兴城文化和柳庭洞文化的陶器前缘关系明确，属于一脉传承的文化系统。[1]将团结文化的陶器与柳庭洞文化遗存相比较，不难发现团结文化陶器比较发达的圆柱状耳应该是在柳庭洞文化陶器乳丁耳的基础上发展而来的；作为团结文化主要器形的筒形罐，形态多样，其多种型式的筒形罐均可在柳庭洞文化找到祖形；团结文化的部分陶豆与柳庭洞文化的同类器演变关系清晰。比较大型的深腹陶瓮也是团结文化比较具有代表性的器物，虽然目前在柳庭洞文化还未发现，但是考虑到在柳庭洞文化的源头——兴城文化中存在较多的形制相似的瓮，所以团结文化的深腹瓮应传承于兴城文化——柳庭洞文化系统，相信介于兴城文化和团结文化之间的柳庭洞文化今后也一定会发现同类器物。总之，目前我们有充足的理由相信团结文化是由柳庭洞文化发展而来，属于兴城文化——柳庭洞文化系统。

有学者曾将团结文化的年代上限推定为约当春秋之际，下限至少进入到东汉时代。[2]现在考虑到柳庭洞文化的年代大致处于两周时期，那么晚于柳庭洞文化的团结文化的年代上限自然要晚于原来的推断。

（四）族属

至于团结文化的族属问题，学术界曾存在不同的意见。[3]自林沄先生在《北方文物》1985年第1期发表的《论团结文化》一文中经过较为详尽的论述，认为团结文化文化是沃沮的遗存之后[4]，这一论断得到了多数学者的赞同，成为学术界普遍采用的观点。

五、其他重要文化遗存

除了上文介绍的四种文化类型外，吉林省在两汉时期还存在着其他多种文化遗存。这些文化遗存往往只见于1个或几个地点，但是文化特征比较鲜明，很难将其归入

［1］　赵宾福：《图们江流域的青铜时代文化研究》，《考古》2008年第6期，第69～79页。

［2］　林沄：《论团结文化》，《北方文物》1985年第1期，第8～22页。

［3］　张泰湘：《关于黑龙江省考古学研究中的若干问题》，吉林省考古学会第一届年会论文，1979年。杨保隆：《肃慎考略》，《民族史论丛》，吉林人民出版社，1983年。匡瑜：《战国至两汉的北沃沮文化》，《黑龙江文物丛刊》1982年第1期，第25～31页。

［4］　林沄：《论团结文化》，《北方文物》1985年第1期，第8～22页。

其他考古学文化，所以在这里对这几种文化遗存作单独介绍。

（一）田家坨子遗存

1958年，吉林大学师生在农安县小城子乡调查时，于西流松花江南岸的台地上发现田家坨子遗址。[1]调查者当时已敏锐地注意到从田家坨子遗址采集的遗物特征有别于以往发现的考古学文化。1974年，吉林大学历史系考古专业对该遗址进行试掘，虽然发掘面积仅50平方米，但是清理房址一座，并获得了一批重要的实物材料。[2]从这次发掘所获得的遗物来看，以田家坨子F1为代表的遗存的文化因素较为复杂，目前不宜将其归入其他的考古学文化。

田家坨子F1为圆角长方形半地穴式建筑（图一四六）。方向为北偏东17°。长约

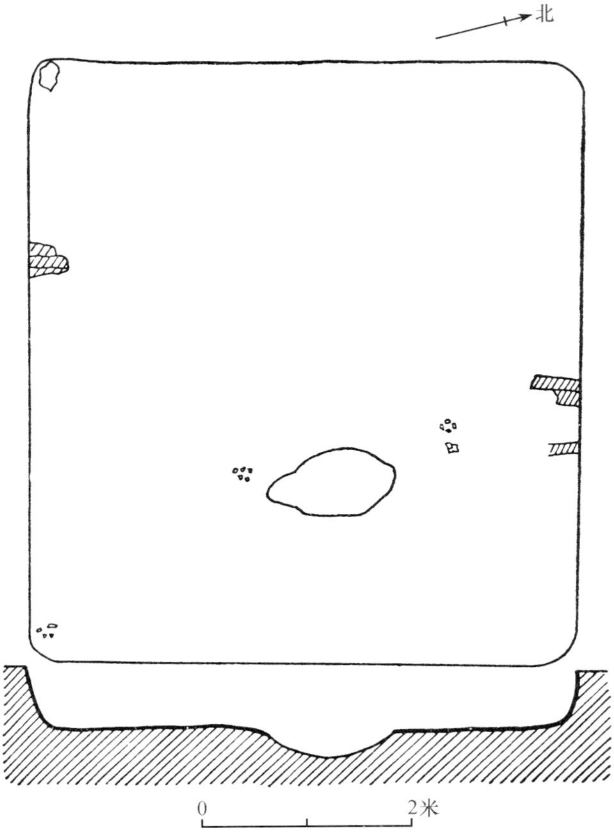

图一四六　田家坨子F1平、剖面图

[1] 王亚洲：《吉林农安田家坨子遗址的发现与初步调查》，《吉林大学人文科学学报》1958年第3期，第63～76页。

[2] 吉林大学历史系考古专业：《吉林农安田家坨子遗址试掘简报》，《考古》1979年第2期，第136～140页。

6.1米，宽约5.3米，面积32.3平方米，残深0.3～0.6米。房屋的建造较为考究，居住面和墙壁均抹有厚约0.02～0.05米的泥土，并经焙烤呈红褐色。灶坑位于居住面东部正中的地方，平面呈椭圆形，底为锅底状，深0.3米。在北墙中部偏东的地方，有两条平行的长方形烧土块，西边的长0.5米，东边的长0.3米，宽均约0.2米，二者相距约0.4米。南墙偏西的地方，也有和上述相似的一长方形烧土块，具体用途不明。该房址未发现门道。在灶坑周边发现有鼎、壶、瓮各一件，房屋西南角置一块研磨石，东南角有陶鼎一件。

出土遗物有陶器、石器、铜器等（图一四七）。

陶器以泥质红褐陶为主，还见有夹砂红褐陶，部分泥质褐陶施有彩绘。陶土似未经淘洗，内含砂砾，较为粗糙。陶器均手制，以素面占大宗，少数饰有纹饰，见有粗绳纹、划纹、指甲按压纹、篦点纹和彩绘。其中指甲按压纹多施于罐和罐形器的口沿，也有见于器底周围的。彩绘见于碗、罐、壶、瓮，全为红色，系入窑烧制之前涂抹上去的。器形有鼎、鬲、罐、壶、瓮、豆、碗等。鼎为敛口方唇，深腹，圜底，足外撇，口沿下施一对鋬耳。其中一件陶鼎的筒身呈椭圆形。鼎的足和器耳采用榫卯式方法安装。器表多素面，也有通体施绳纹。鬲未见完整器，发现少量鬲足。罐不仅数量较多，而且种类丰富。一种似鼎的上半部，敛口方唇，深腹平底，沿下施一对鋬耳；另一种大口卷沿，弧壁，唇上饰刻齿纹，沿下施按压纹和绳纹；第三种为敞口，

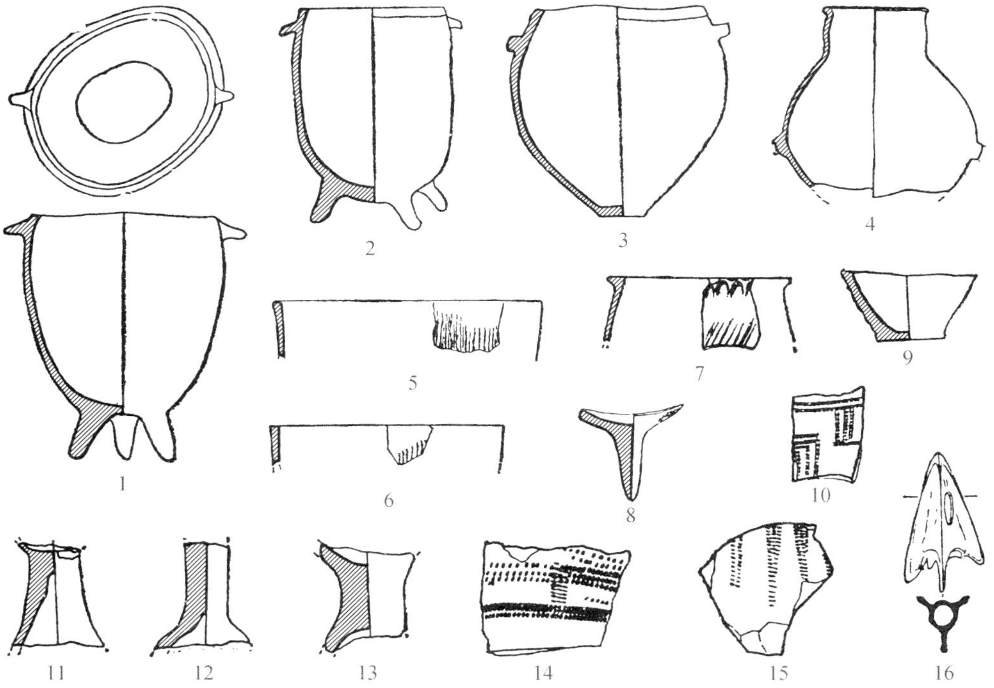

图一四七　田家坨子遗址出土遗物

1、2. 鼎　3. 瓮　4. 壶　5～7. 罐　8. 豆　9. 器底　10、14、15. 篦点纹陶片　11～13. 豆柄

16. 镞（均出自田家坨子遗址）

沿较宽，圆唇，器表多饰红彩。壶多微侈口，直颈稍曲，鼓腹，平底，腹部施一对桥耳。瓮的形状多似第一种罐，仅是器形较大。豆未见完整器，从豆柄来看，可分为空心者和实心者。碗多方唇，斜直壁，小平底。

石制品很少，见有石斧和研磨石及饰件。在田家坨子遗址出土铜镞两件，形制一致，作带倒刺的三棱形，中间穿孔可安箭杆。

田家坨子遗址地处西团山文化和汉书二期文化分布区的接触地带，在陶器面貌上也表现出源自二者的因素。如深腹圜底鼎、直腹平底鼎、侈口长颈鼓腹壶、敛口罐、敛口瓮均可在西团山文化找到形制类似的器物，田家坨子遗存的鋬耳和桥耳装饰，也是西团山文化极为常见的。田家坨子遗存中少量的粗绳纹、线纹、指甲按压纹应该是受到汉书二期文化的影响，特别是篦点纹和彩绘明显是源自嫩江流域的文化因素。从各文化因素所占比重来看，田家坨子遗存受西团山文化的影响更为深刻一些。这一点在学术界也逐渐得到了普遍认同。[1]

田家坨子遗存发现的部分陶器虽与西团山文化的同类器相似，但是进一步仔细观察，不难发现这些陶器应该是在西团山文化晚期遗存基础上的进一步发展，其年代应该晚于西团山文化。所以结合西团山文化和汉书二期文化的存续时间，[2]我们认为田家坨子遗存的年代很可能为战国末期至汉代初期，甚至不排除其年代上限也已进入汉代的可能。

（二）邢家店遗存

邢家店遗存目前主要见于农安县邢家店北山墓地，[3]此外德惠王家坨子[4]和北岭[5]两处墓地也发现有类似遗存。

邢家店北山墓地位于农安青山口乡青山口村邢家店屯北250米的西流松花江南岸

[1]　刘红宇：《试论田家坨子遗存有关问题》，《北方文物》1985年第1期，第10～13页。

[2]　赵宾福：《西团山文化分期研究》，《考古学报》2009年第4期，第469～496页。赵宾福：《汉书二期文化研究——遗址材料和墓葬材料的分析与整合》，《边疆考古研究》第8辑，科学出版社，第98～116页。

[3]　吉林省文物考古研究所：《吉林农安县邢家店北山墓地发掘》，《考古》1989年第4期，第300～309页。

[4]　刘红宇：《吉林省德惠县王家坨子北岭发现的古代遗存》，《北方文物》1985年第1期，第39～41页。长春市文物管理委员会：《吉林省饮马河沿岸古文化遗存调查简报》，《考古》1986年第9期，第782～791页。

[5]　吉林省文物考古研究所：《吉林德惠县北岭墓地调查与发掘》，《考古》1993年第7期，第598～601页。刘红宇：《吉林省德惠县王家坨子北岭发现的古代遗存》，《北方文物》1985年第1期，第39～41页。长春市文物管理委员会：《吉林省饮马河沿岸古文化遗存调查简报》，《考古》1986年第9期，第782～791页。

台地上，西南距农安县城东北部64千米的。墓地就在北山南面的缓坡地带由北向南分布，墓地北端约5米是高出西流松花江水面55米的悬崖。1986年，吉林省文物考古研究所在农安县文管所的配合下，对该墓群进行了正式发掘，揭露面积430平方米，共清理墓葬26座。这些墓葬成排分布，发掘者将其由东南向西北分成六排。

王家坨子墓地位于饮马河与西流松花江交汇地带。墓群分布在菜园子乡王家坨子屯农民居住区西北部的一大沙土丘上。有关单位曾在该墓地获得数件属于邢家店遗存的陶器。由于墓地遭到严重破坏，吉林省文物考古研究所1984年对这一墓地进行发掘时未能发现该文化性质的墓葬。

北岭墓地位于德惠县菜园子乡北部，北临饮马河0.5千米，东距松花江支流3.5千米。墓地地处一个漫岗高地的南坡上，最高处高出周围地表约5～7米。1984年，吉林省文物考古研究对该墓地进行发掘，清理墓葬2座，出土6件陶器，另征集完整器物5件。

目前，公开发表的属于邢家店遗存的遗迹均为墓葬，尚未发现房址及其他遗迹现象。

从邢家店北山墓地和北岭墓地的发掘情况来看，邢家店遗存的墓葬应该成排分布，除个别墓葬外，绝大多数墓葬朝向为西北方。发现的墓葬均为土坑竖穴式，未见葬具（图一四八）。墓葬平面形状一般呈圆角长方形。存在单人葬与合葬，二者所占比例接近。合葬墓又可分为双人合葬、三人合葬及多人合葬。单人葬多为一次葬，多

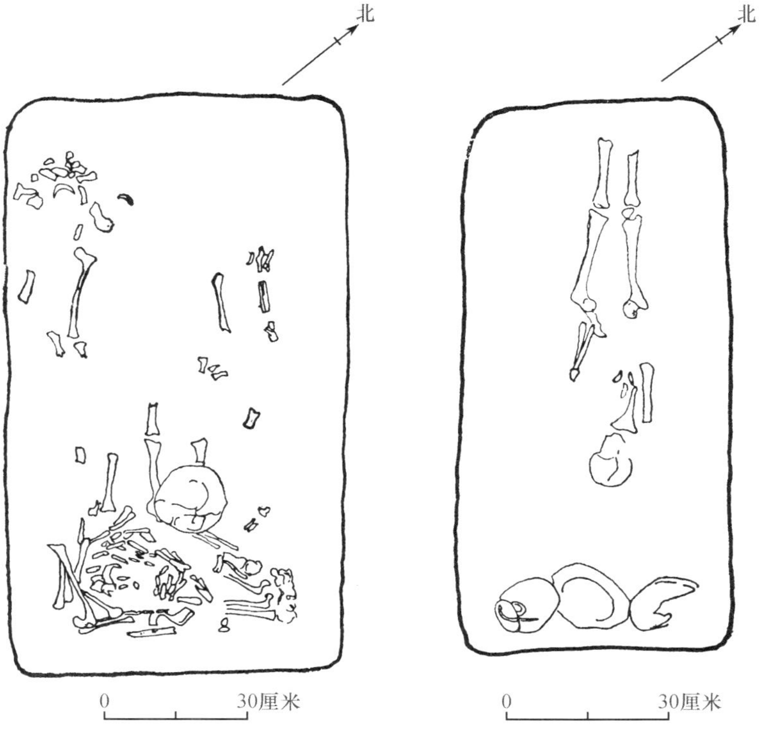

图一四八　邢家店北山M15（左）与M16（右）平面图

系仰身直肢，少数为侧身葬。合葬墓中往往是一次葬和二次葬并存。部分墓葬存在火葬，系在放置死者之后，于墓坑中堆放燃料然后焚烧。随葬品主要为陶器，还有少量骨器和小件铜器等。随葬品一般较少，常见组合为：罐；罐和豆；罐、豆、碗；罐、碗（或杯）。随葬品多放置于墓主人的头部或者脚部。

随葬陶器多为夹砂褐陶，亦存在少量的泥质陶。陶色以灰褐陶居多，黄褐和褐色次之，红褐最少。陶器均为手制，烧制火候较高，质地坚硬，器壁较薄，器表经过磨光。素面陶占大宗，个别施刻划纹、彩绘或镂空。陶器多为平底器，其次为圈足器。器耳比较发达，往往在腹部或口沿外壁贴有竖桥形耳或瘤状耳。陶器主要为罐、豆、碗、杯（图一四九，1～27）。罐的数量最多，种类也较为丰富，有敛口平底罐、敞口鼓腹罐、敞口垂腹罐、侈口鼓腹罐。陶豆也比较具有特点，见有高圈足镂孔豆、高圈足素面豆、空心柱把豆、实心柱把豆、罐式豆，豆盘往往较浅，外壁施瘤状耳。

此外，还出土有少量的磨制骨镞、管饰、牙饰，及数件小型铜器（图一四九，28～36）。

由于邢家店遗存墓葬之间的叠压打破关系很少，而且具有打破关系的墓葬的随葬品在陶器组合方面又存在着明显差异，所以为邢家店遗存的分期带来很大的困难。难得的是，仍有学者据陶器类型学的排比，及与周边文化陶器的比对，将邢家店遗存划分出不同的期别，做了有益的尝试。[1]

从邢家店遗存的陶器特征观之，邢家店墓地出土的敛口平底罐、侈口鼓腹罐及多种类型的陶豆均可在宝山文化找到相似的器物，包括高圈足罐形豆也很有可能是在宝山文化中矮圈足罐形豆的基础上发展而来的。部分浅盘高圈足陶豆与分布于图们江流域和绥芬河流域的团结文化的同类器器形极为接近，这可能暗示着宝山文化曾向东影响到图们江流域及周边地区，而同类型陶豆也是这种文化交流和渗透的物质表现。邢家店墓地中还出土有少量的彩绘陶，发掘者曾一度将这些彩绘陶剔除出邢家店遗存，认为其年代要早于该文化类型。[2]现在看来，这些为数不多的彩陶不仅在年代上处于邢家店遗存的存续时间内，而且在文化性质上也应属于邢家店遗存。[3]这类彩陶应该是受到分布于邢家店类型西北方向的庆华文化或者汉书二期文化影响而产生的，尤其是M17下：1陶罐的条带状交叉朱色彩绘与庆华文化陶器的彩绘纹样极为相似。另外，邢家店遗存中的敛口鼓腹小罐与西团山文化的同类器别无二致。结合邢家店M15出土木炭的碳十四测年数据（树轮校正值为距今2150±85年）及以上诸考古学文化的年

[1] 金旭东：《试论邢家店类型及其相关问题》，《博物馆研究》1993年2期，第58～63页。马健、金旭东、赵俊杰：《再论邢家店类型遗存及相关问题》，《边疆考古研究》第11辑，科学出版社，2012年，第165～173页。

[2] 吉林省文物考古研究所：《吉林农安县邢家店北山墓地发掘》，《考古》1989年第4期，第300～309页。

[3] 金旭东：《试论邢家店类型及其相关问题》，《博物馆研究》1993年2期，第58～63页。

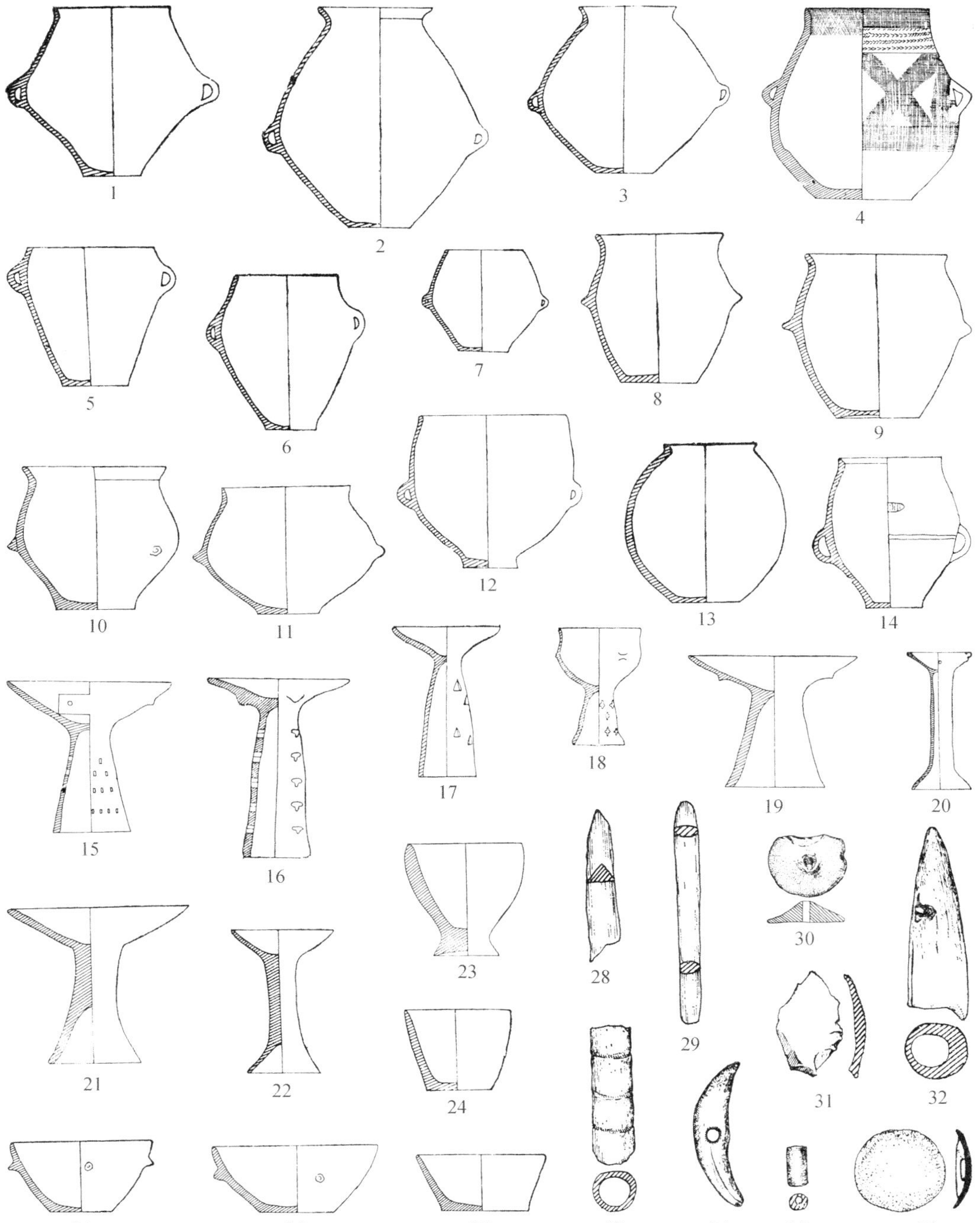

图一四九　邢家店遗存的遗物

1～14. 陶罐　15～22. 陶豆　23、24、27. 陶杯　25、26. 陶碗　28、29、32. 骨镞　30. 陶纺轮　31. 刮削器　33. 骨管　34、35. 牙饰　36. 铜扣（14、16～18为北岭墓地出土，余为邢家店北山墓地出土）

代，我们认为邢家店遗存应该是宝山文化的一支在战国晚期至汉代早期向北迁徙中，受到周边文化的影响，于饮马河和西流松花江交汇地带形成的区别于周边文化而独具特色的文化类型。

（三）黄鱼圈珠山M1类型

黄鱼圈珠山M1类型以舒兰黄鱼圈珠山M1[1]为代表。此外，该类遗存至少还见于九台石砬山墓地[2]和公主岭猴石墓[3]。

过去曾有学者将关马山M1[4]、东丰大阳龙头山M1[5]、桦甸西荒山墓葬[6]也视为该类型遗存。其实，关马山M1的陶器组合明显有别于黄鱼圈珠山M1，前者的陶器个体较大，应为生活实用器，与黄鱼圈珠山M1出土的多为小型的冥器存在显著差异，而他们之间存在的个别相似陶器很可能是不同文化类型之间交流、影响的结果。所以我们赞成最近学者所提出的关马山M1不应属于黄鱼圈珠山M1类型这一观点。[7]至于关马山M1的性质，从其陶器特征来看，明显表现出宝山文化的因素，所以我们认为关马山M1应该是宝山文化或者说其部分人群北上所遗留的墓葬。东丰大阳龙头山M1出土的陶器与宝山文化的同类器在形制方面别无二致，故东丰大阳龙头山M1应该属于宝山文化，也不应属于黄鱼圈珠山M1类型。桦甸西荒山墓葬的情况较为特殊。首先在墓葬形制方面，这里清理的7座墓葬系带墓道的竖穴岩石墓，与黄鱼圈珠山M1类型不带墓道的土坑石棺存在较大差异；其次在随葬品方面，桦甸西荒山墓葬共出土陶器、青铜器、铁器、石器、装饰品等随葬品共计480件，其中陶器仅20件，在随葬品中所占比重较小，明显有别于黄鱼圈珠山M1的随葬品情况，桦甸西荒山墓葬出土的曲刃青铜短剑、触角式青铜短剑、铜镜、铁镰、铁刀、铁锛等器物更是不见于黄鱼圈珠山M1类型。鉴于桦甸西荒山墓葬与黄鱼圈珠山M1在墓葬形制和随葬品两方面均表现出的显著

[1] 吉林省文物工作队：《吉林舒兰黄鱼圈珠山遗址清理简报》，《考古》1985年第4期，第336～348。

[2] 吉林省文物考古研究所：《吉林九台市石砬山、关马山西团山文化墓地》，《考古》1991年第4期，第337～345页。

[3] 武保中：《吉林公主岭猴石古墓》，《北方文物》1989年第4期，第8～10页。

[4] 吉林省文物考古研究所：《吉林省九台市石砬山、关马山西团山文化墓地》，《考古》1991年第4期，第337～344页。

[5] 金旭东：《1987年吉林东丰南部盖石墓调查与清理》，《辽海文物学刊》1991年第2期，第12～22页。

[6] 吉林省文物工作队、吉林省博物馆：《吉林桦甸西荒山屯青铜短剑墓》，《东北考古与历史》第1辑，文物出版社，1982年，第141～153页。

[7] 金旭东、赵俊杰、吕斌：《黄鱼圈珠山M1类型遗存再辨析》，《边疆考古研究》第10辑，科学出版社，2011年，第267～276页。

差别，暂不宜将其归入黄鱼圈珠山M1类型。

从黄鱼圈珠山M1、九台石砬山M1、M2、公主岭猴石墓这4座墓葬来看，黄鱼圈珠山M1类型的墓葬均为土坑石棺墓。墓葬平面皆为长方形，长度2米有余，宽度为1米多。系先挖出长方形土墓坑，然后用不规整的石块垒砌墓壁，墓底有的铺有石板或石块，抑或直接利用风化岩石做墓底。墓顶往往有石板封盖。部分墓葬存在火葬现象。出土的随葬品有陶器、铜器、石器等。

陶器器形较小，非实用器，应多为冥器。均为夹砂陶，多为黄褐色。陶器胎质粗糙，制作都比较草率，均为手制，有的略加修整，器物表面大多经磨光。器物大部为素面，施纹者极为少见。陶器流行假圈足器，部分器表见有乳丁耳和长鋬耳。器类见有罐、壶、杯、豆、纺轮等（图一五〇）。青铜器数量不多，出土有刀、镞、斧、凿、泡等。石器较少，发现几件石镞、砺石、装饰品等。

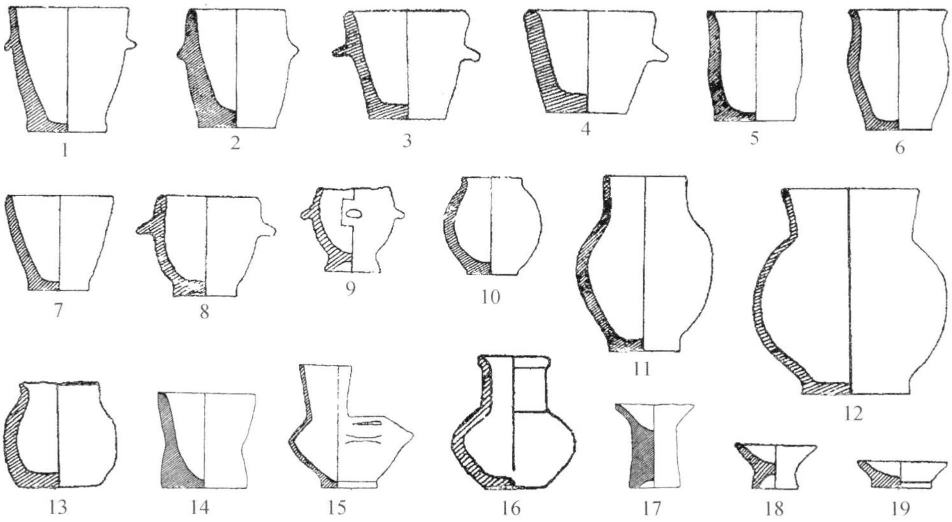

图一五〇　黄鱼圈珠山M1类型的陶器

1～10、13. 罐　11、12、15、16. 壶

14、17～19. 杯（1、2、5～7、10、11、14、17. 黄鱼圈珠山遗址，余为猴石山墓葬）

黄鱼圈珠山M1类型的陶器与分布于吉长地区的西团山文化存在较大差别，所以较早便有学者提出“黄鱼圈珠山M1这类遗存的源头，很可能要在吉长地区东侧的长白山地一带寻找”。[1]后有论文进一步指出以黄鱼圈珠山M1的遗存应该是柳庭洞文化的一支西进到西流松花江流域而形成的，[2]并得到部分学者的响应。[3]

［1］　乔梁：《吉长地区西团山文化之后的几种古代遗存》，《辽海文物学刊》1993年第2期，第64～70页。

［2］　赵宾福：《图们江流域的青铜时代文化研究》，《考古》2008年第6期，第69～79页。

［3］　金旭东、赵俊杰、吕斌：《黄鱼圈珠山M1类型遗存再辨析》，《边疆考古研究》第10辑，科学出版社，2011年，第267～276页。

关于黄鱼圈珠山M1类型的年代问题，学术界的意见较为统一，普遍认为其处于战国晚期至汉代初期。

（四）干沟子遗存

干沟子墓地位于长白县十四道沟镇干沟子村东西两侧的河谷冲积台地上。其东、西、北三面环山，南临鸭绿江。东干沟河和西干沟河两条季节性河流穿过墓地，南流入鸭绿江。墓葬集中分布在东干沟河北侧的近山台地和西干沟河两岸，遗址均位于墓地西、南两侧山上。1986年，文物普查时发现该墓地，当时测绘著录墓葬19座。[1]2001年，吉林省文物考古研究所联合长白县文物保护管理所、集安市博物馆对干沟子墓地进行了一次较为全面的勘查测绘，了解到现存墓葬50余座，清理其中7座墓葬，并在周边调查和试掘了一些居住遗址。[2]从发表的墓葬材料来看，该墓地墓葬和遗物特征鲜明，不同以往所认识的考古学文化，可暂称其为“干沟子遗存”。

根据墓葬的分布，发掘者将墓地自西向东划分为A、B、C、D四个墓区。其中A区位于西干沟河北岸墓群的最西边，共有墓葬12座，编号为AM1～AM12；B区位于西干沟河的东南岸，现有墓葬17座，编号为BM1～BM17，保存较好。C区处于墓地的中部，与B区隔一乡路相望。该区残墓较多，较完整的6座墓葬沿东侧山脚南北向排成一列，编号为CM1～CM6。D区位于干沟子村的东面，东濒东干沟河，北靠山冈。现存墓葬17座，散布于公路以北的台地上。其中9座较完好，编号为DM1～DM9，另外的8座残损严重，现多为直径不足6米的石堆残迹。

干沟子墓地的墓葬是一种由几个或十几个墓坛不断接续而成的积石墓（图一五一）。墓葬的外观为圆丘状。墓坛用大块河卵石垒砌，呈圆形、半圆形、扇形三种形状。墓坛高0.5～1.2米不等，有些甚至可达2米。墓坛下均建有通常大于墓坛的基础。基础根据地势用大块山石或河卵石摆放一至二层，并用黄土填充平整，然后以稍小的河卵石砌筑墓坛。墓坛的弧形外墙系用石板垒砌，弧线整齐，其外再立置石条或大石块做为倚护，倚石下部堆有更大的块石，从而使墓坛更加牢固。倚石高度大小不一，间距亦存在差别。墓坛顶部构筑墓圹，墓圹平面呈长方形或椭圆形，周围砌石一至两层，底部普遍铺垫一层细小河卵石子使之平整，焚烧后的人骨直接置于圹内，人葬后以碎石封盖，未见木质葬具。

圆形墓坛一般位于墓葬中间，并高出其他墓坛，每座积石墓往往只有一座圆坛，发掘者称其为主墓坛。主墓坛的直径多为6～8米，最大的可达12米。其上的墓圹一般为2～3个，最多的达到5个，平行或对称分布。半圆形墓坛多沿主墓坛的中轴线向两侧

[1]　吉林省文物志编委会：《长白朝鲜族自治县文物志》，1988年，第60～65页。

[2]　吉林省文物考古研究所：《吉林长白县干沟子墓地发掘简报》，《考古》2003年第8期，第45～66页。

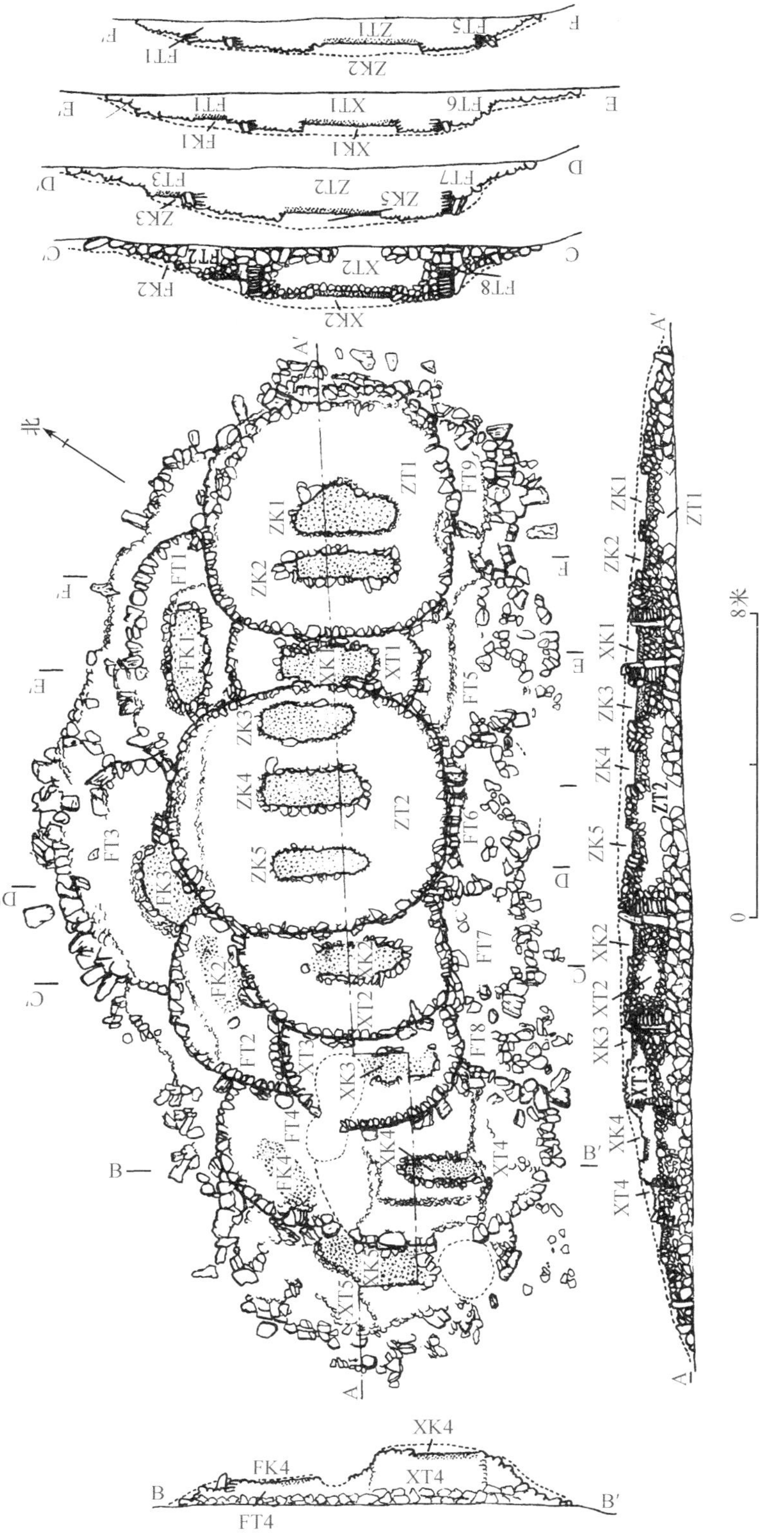

图一五一　干沟子AM2平、剖面图

分布，发掘者称之为续墓坛。续墓坛明显小于主墓坛，直径约为主墓坛的三分之二，高度略低于主墓坛，数量不等，有的多达5座。扇形墓坛多建于主墓坛周围和续墓坛两侧，高度较续墓坛还要更低一些，连同一些不在中轴线上的半圆形墓坛，发掘者统称其为附墓坛。续、附墓坛上一般只有1座墓圹，多构筑在墓坛的中央，有的靠近内侧先建墓坛的外墙。墓圹往往与墓坛的长轴相平行，续墓坛墓圹方向多与主墓坛墓圹相同，附墓坛墓圹的方向则无规律可循。

干沟子墓葬流行火葬和二次葬。除个别墓圹中发现了几段木炭外，绝大多数的墓圹中未见烟炱积炭和火烧迹象，可断定烧骨是在墓外进行焚烧后入葬。除了主墓坛，多数续、附墓坛上均只构筑一个墓圹，而许多墓圹中烧骨往往分二堆或三堆放置，随葬的陶器也不只1件，有11座墓的陶器是分别出在圹内两端的。通过这些迹象来看，干沟子的积石墓可能都不是单人葬，而是一代或一个家庭的合葬，整座墓则是同一家族数代的聚葬。多数墓葬的续、附墓坛都是围绕主墓坛的附葬，中心主墓坛的墓主人的身份或许辈分较高，其他墓坛应该是按辈分的大小依次附葬，外围的续墓坛及其两侧附墓坛甚至有可能是长庶或昭穆的反映。

墓中随葬器品不多，种类也较为简单。种类有陶器、玉石器、铁器、铜器、铜钱等（图一五二、图一五三）。陶器在绝大多数墓中都有出土，均为夹砂褐陶。制作比较粗糙，造型不甚规整。陶土中所含砂粒较粗，器壁厚薄不均。烧制火候较高，但器表颜色驳杂。均为素面，表面往往经过抹光处理。器形主要为杯、罐，还有纺轮、网坠等少量生产工具及管饰。陶器底部常见呈假圈足状的台状底，部分器表施有盲耳或者乳丁耳。陶器普遍较小，结合制作粗糙的现象来看，应为冥器，而非实用器。玉、石器20件，见有石锄、砺石、纺轮、玉珠、坠等。铁器很少，为刀和镬。铜器6件，皆系装饰品，为铜管和铜环。铜钱共发现37枚，其中半两钱18枚，一化钱17枚。此外，还发现少量的骨、牙饰件。

干沟子墓葬出土的陶器多为夹砂手制冥器，同样的风俗还见于黄鱼圈珠山M1类型，而且个别陶器如施乳丁耳的陶杯也与黄鱼圈珠山M1类型的同类器相似，这些表明他们在年代上可能存在一定的重合。此外，干沟子墓地发现的一化钱系燕晚期货币，半两钱为秦半两或汉初的八铢半两，而未见五铢钱和东汉货币。综合分析，干沟子墓葬的年代上限大致处于战国晚期前后，下限则不会晚至东汉。

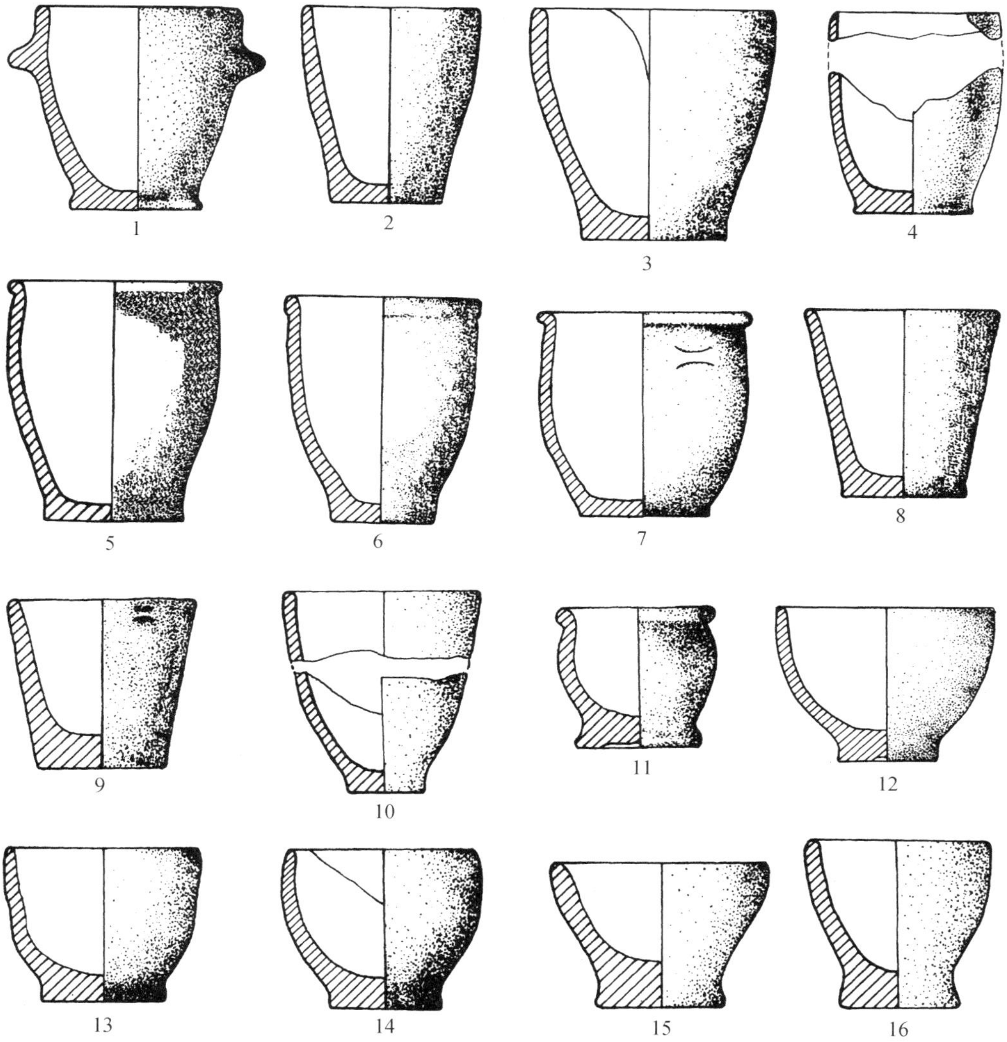

图一五二　干沟子遗存的陶器

1～11. 罐　12～14. 碗　15、16. 杯（均出自干沟子墓地）

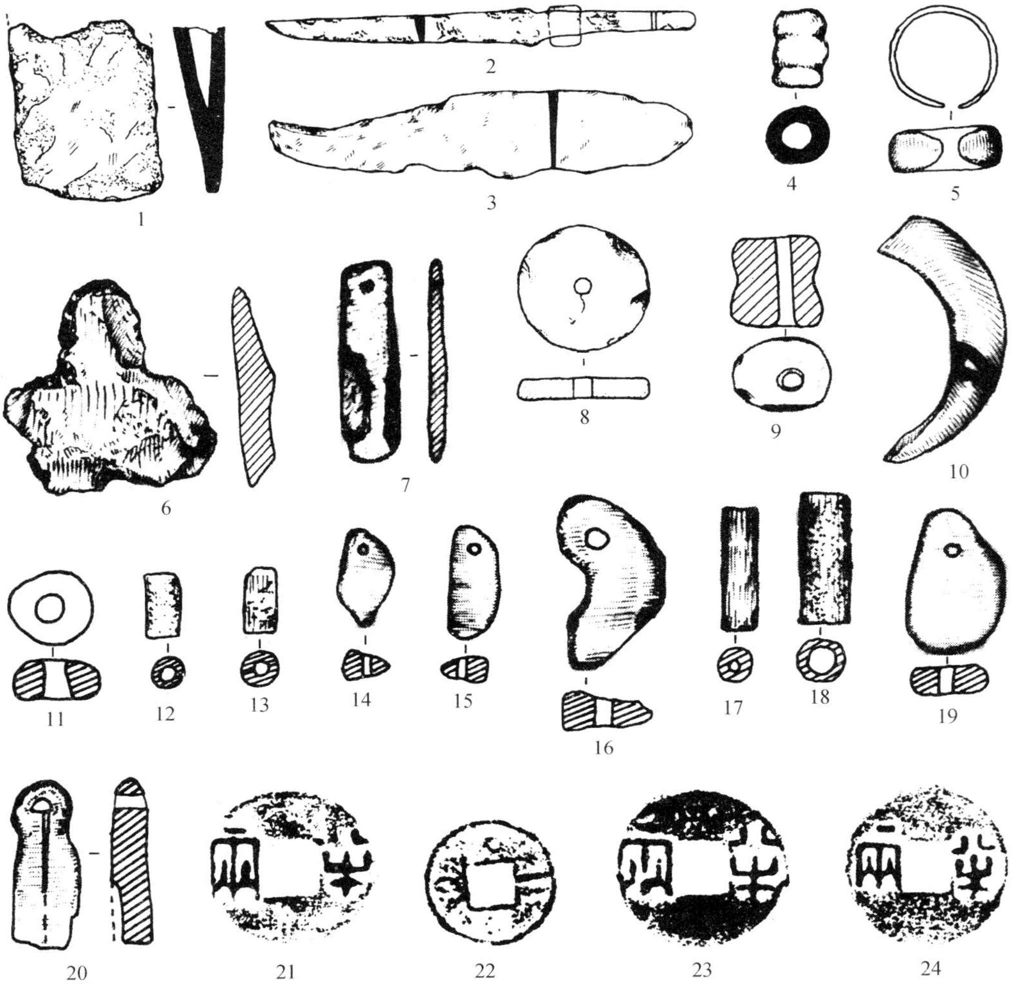

图一五三　干沟子遗存的遗物

1. 铁镢　2、3. 铁刀　4. 铜管　5. 铜环　6. 石锄　7. 砺石　8. 石纺轮　9. 陶网坠　10. 牙饰　11. 玉珠　12、13. 白管　14～16. 玉坠　17、18. 篮管　19. 绿松石坠　20. 骨坠　21～24. 铜钱（均出自干沟子墓地）

第五章　高句丽时期的地下文化遗产

高句丽是起源于我国东北地区的古代民族，高句丽政权始建于西汉元帝建昭二年（公元前37年），由朱蒙建国于汉玄菟郡高句丽县，即今辽宁省桓仁境内。汉平帝元始三年（公元3年），第二位王琉璃明王迁都于国内，即今吉林省集安市。北魏始光四年（427年），第二十位王长寿王迁都于今朝鲜平壤。唐高宗总章元年（668年），在唐和新罗联合打击下消亡。高句丽民族曾经活跃于中国东北和东北亚历史上七百余年，传28王，创造了光辉灿烂的文化。

吉林省的高句丽遗存主要集中在南部地区，集安国内城与丸都山城作为高句丽早中期的政治、经济和文化中心长达400多年，以集安为中心的地区分布着大量的高句丽城址和墓葬。

吉林省的高句丽考古可以1949年为界分为两大阶段，第一阶段的工作主要是日本人进行的，第二阶段则是我国考古工作者开展的。

20世纪初至新中国成立前，日本人的工作以调查为主。1909年鸟居龙藏首先在集安开始了调查，其报告收录在次年出版的《南满洲调查报告》中。1913年，关野贞和今西龙、谷井济一等调查了集安的高句丽遗迹，次年在《考古学杂志》上发表了《满洲辑安县及平壤附近的高句丽时代遗迹》。1917年，关野贞又调查了集安榆树林子高句丽墓葬，报告收录在《大正六年度古迹调查报告》中。1935年，池内宏、梅原末治、三上次男等对集安高句丽墓葬和城址进行了较大规模的调查，其后出版了大型报告《通沟》上、下卷，至今仍有重要的参考价值。1935年到集安调查的还有三宅俊成、伊藤伊八等人。1937年，黑田源次调查了通沟12号和五盔坟5号壁画墓。1940年藤田亮策又到龙潭山进行了调查。其间，中国学者也作出了可贵的贡献。李文信于20世纪20年代调查了龙潭山及其周围的史迹，并于1937年、1938年在《满洲史学》上连续发表了《吉林龙潭山遗迹调查》，1946年又发表了《吉林市附近之史迹及遗物》。

吉林省高句丽遗迹大规模的考古调查、发掘、研究和保护工作，主要是在建国以后逐步开展的。根据工作重点的不同，又可以分为前后两段。20世纪下半叶主要对一些墓葬进行发掘，相关发掘成果多已收入《吉林集安高句丽墓葬报告集》[1]，1962年清理了五盔坟4号、5号墓和通沟12号壁画墓。1963年发掘了麻线沟1号壁画墓。1968年和1970年集中发掘了700多座墓葬，包括有重要的长川一号壁画墓。1972年发掘了长川

---

[1]　吉林省文物考古研究所：《吉林集安高句丽墓葬报告集》，科学出版社，2009年。

二号壁画墓。1974年发掘了禹山下41号阶坛石室壁画墓。1975年发掘了七星山96号墓和万宝汀242号积石墓。1976年为配合农田建设，集中清理了一百多座中小型墓葬。80年代中叶，为配合集锡公路建设，于禹山墓区铁路北侧发掘了一百余座墓葬，在墓葬形制和随葬品方面均有重要发现。1990年对太王陵墓室进行了清理。1990年以后，又先后调查和发掘了多座高句丽积石墓和封土墓，如山城下墓区JSM1405、禹山墓区JYM3319等。1966年、1970年、1997年先后三次对洞沟古墓群进行了较大规模的调查测绘[1]。

这一时期，城址、遗址考古工作较少，1958年发掘了东台子建筑址[2]，同时对好太王碑、站前石柱以及丸都山城和国内城也进行了调查。1960和1962年，通化地区和集安县组成文物普查队，先后两次对全县文物进行了普查，其中包括高句丽南、北道上的几处重要的关隘和城堡[3]。从1975年开始，对国内城城墙连续进行了解剖，获得了国内城建筑年代和建筑结构的一些重要资料[4]。

进入21世纪，为配合大规模的城市基本建设以及高句丽遗存申遗，吉林省考古工作者对集安地区的高句丽遗存又进行了更为深入细致的发掘和研究，尤其是对国内城和丸都山城开展了多次考古调查和发掘工作，2004年出版的报告对该期间所取得的最新成果进行了归纳和总结[5]。同时对高句丽王陵也进行了全面细致的考古调查[6]。除了集安之外，在此期间，吉林、延边、柳河、辽源等地也先后开展了对于高句丽山城的调查工作。

在上述调查、发掘工作逐步进行的同时，对高句丽遗存的相关研究工作也随之开展起来，其中研究的重点主要集中于城址、墓葬和重要遗物几个方面。高句丽考古的研究不断推向新的高度，也为以后的研究奠定了基本的框架。

---

[1] 吉林省文物考古研究所、集安市博物馆：《洞沟古墓群——1997年调查测绘报告》，科学出版社，2002年。

[2] 吉林省博物馆：《吉林辑安高句丽建筑遗址的清理》，《考古》1961年第1期，第50页。

[3] 吉林省博物馆辑安考古队、辑安县文物保管所：《吉林辑安高句丽南道和北道上的关隘和城堡》，《考古》1964年第2期，第76页。方起东：《吉林辑安高句丽霸王朝山城》，《考古》1962年第11期，第569页。

[4] 集安县文物保管所：《集安高句丽国内城的调查与试掘》，《文物》1984年第1期，第47页。

[5] 吉林省文物考古研究所、集安市博物馆：《国内城——2000～2003年集安国内城与民主遗址试掘报告》，文物出版社，2004年。吉林省文物考古研究所、集安市博物馆：《丸都山城——2001～2003年集安丸都山城调查试掘报告》，文物出版社，2004年。

[6] 吉林省文物考古研究所、集安市博物馆：《集安高句丽王陵——1990～2003年集安高句丽王陵调查报告》，文物出版社，2004年。

一、都　　城

都城是高句丽城址考古研究工作的重中之重。高句丽政权存续七百多年间，其都城所在，从大的地区来看，可以说是三治两迁，以时间先后，一般称为前、中、后三个时期。高句丽的中期都城，一般指从琉璃明王（孺留王）二十二年（公元3年），由“纥升骨城”迁都“国内城”并开始修筑“尉那岩城”开始，至427年，长寿王迁都大同江流域的“平壤城”。现学术界已认定高句丽的中期都城在今吉林省集安。集安市现存有两座最重要的古城：集安市区所在平原城和平原城西北约2.5千米的山城子山城。

（一）国内城

国内城位于吉林省集安市市区内，地处中朝界河鸭绿江右岸的通沟平原中心，鸭绿江由东北流经城南侧又转向西南流去，发源于老岭山脉的通沟河，蜿蜒自北而来，经城西并绕城的西南角折向东南注入鸭绿江。城东约6千米处为龙山，城北1千米处为禹山，城西隔通沟河约1.5千米处为七星山（图一五四）。国内城城址是高句丽王朝建立后的第二个都城遗址，也是保留至今的最重要的高句丽平原城址，现为全国重点文物保护单位。

国内城平面略呈方形，周长2741米（图一五五）。城墙外壁以长方形和方形石材垒砌，中间用土和沙石夯筑。几经修葺，现存城墙大部分已非原貌。2003年对国内城遗址实施了环境整治，使北墙、西墙的整体轮廓重现。

国内城现存墙基宽约7～10米，高处可达4.2米。为提高防御能力，国内城四面墙垣上均修筑有马面，四角修有角楼（图一五六）。每面城墙的马面数目不等，长宽稍异，大体长8～10米，宽6～8米，应是与城墙作为统一的整体营建。

国内城城墙外有护城河，以增强防御能力。西墙外侧为通沟河，南墙外侧有一条天然水壕。东城墙和北城墙外侧亦有宽约10米的护城河，现已被填平。

国内城城墙砌筑方式各异，有的墙面垒砌工整，石材均匀，横向平直，这种砌筑方式为高句丽时期的砌筑方式，多见于城墙下部近墙基的部分，东墙、北墙和西墙南段均采用此方式（图一五七）。有的采用的方形或长方形石材，规格不一，砌筑的墙面横向不平直，有以碎石填充之处，多位于城墙的中上部，南墙和西墙北段的全部墙面均采用该方式，可能是后来修葺的城墙。还有的石材各异，砌筑杂乱，缝隙以小石块插填，多见于城墙上部，当是民国时期修葺的部分（图一五八）。

国内城原有城门六座，南、北城墙上各有一座，东、西城墙各有两座，有的城门有瓮门迹象。据《辑安县志》记载，民国十年（1921年）重修国内城时，并建城门三

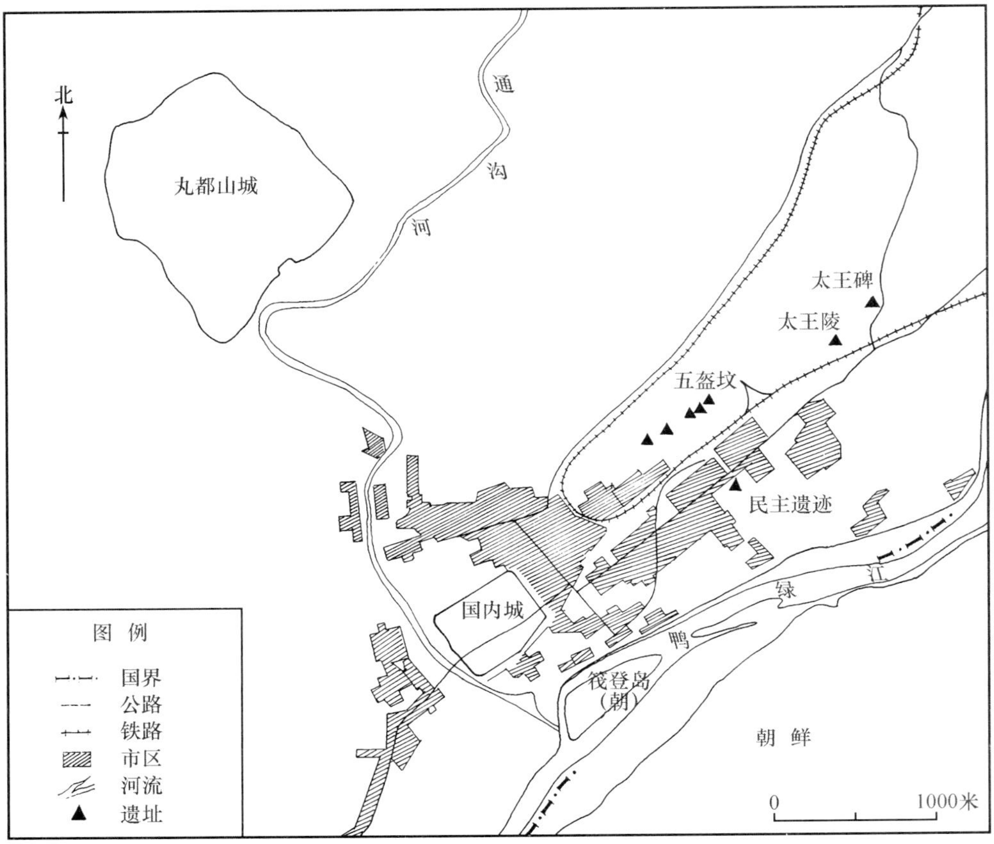

图一五四　国内城地理位置图

座：东为经武门，西为濬文门，南为襟江门。1931年，改修城门，将东门改为辑文门，西门改为安武门。1947年，解放战争中城门被夷平。

国内城西墙偏北段的西侧8～8.8米处，有一东西走向的排水涵洞（图一五九）。涵洞方向85°，长约16.25米，宽约0.7～0.8米，高约1.9～2.1米，由底部铺石、洞壁砌石、顶部盖石三部分组成。涵洞的底部铺垫平面石板，现残存14块。底部东高西低，倾斜角约为10°。洞壁砌石由两层石块构成，立砌的石块外侧立面比较平整。底层石块较厚，上层石块相对略薄，石块间的空隙用小石块填塞。顶部盖石为横铺的不规则大石块，现存8块，上平面高低不平，其上未发现原来的覆盖物。涵洞的南北两侧连接有石砌的城墙，由清理情况可以确认涵洞是一道南北走向石筑墙体的墙内设施。[1]

国内城遗址内现无保留下来的高句丽时期的地上建筑，近年经调查试掘，在国内城石砌墙垣内部发现一道土筑残垣，在土垣中出土有战国时期的石斧、石刀、圆形

[1] 吉林省文物考古研究所、集安市博物馆：《国内城——2000～2003年集安国内城与民主遗址试掘报告》，文物出版社，2004年，第50页。

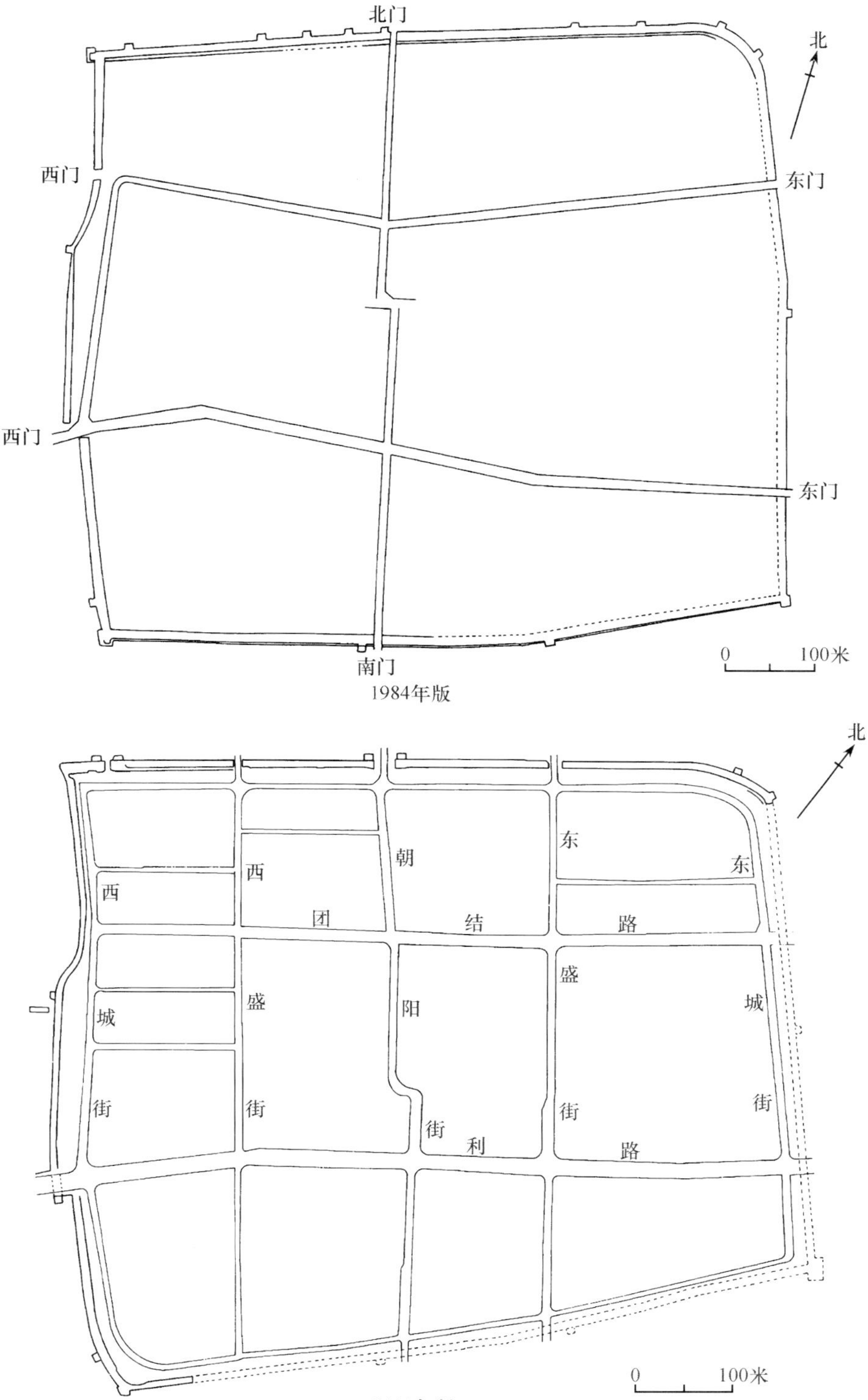

2003年版

图一五五　国内城平面图

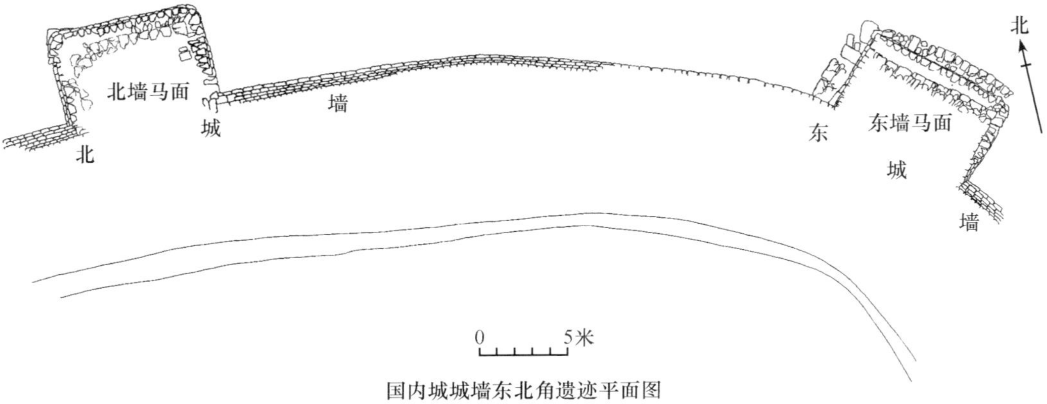

国内城城墙东北角遗迹平面图

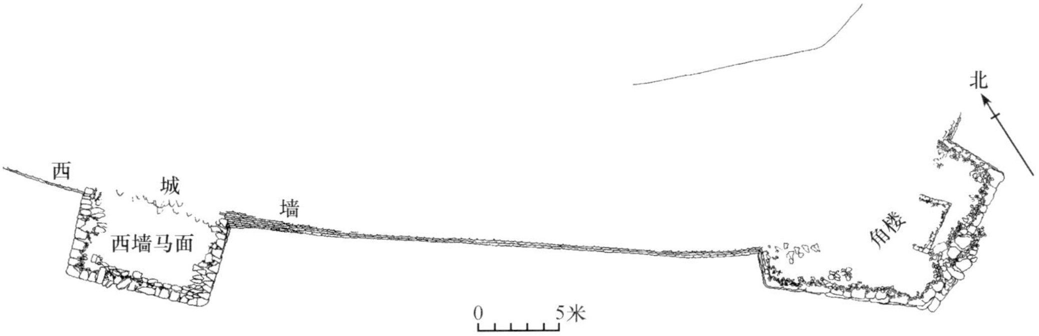

国内城城墙西南角遗迹平面图

图一五六　国内城马面和角楼平面图

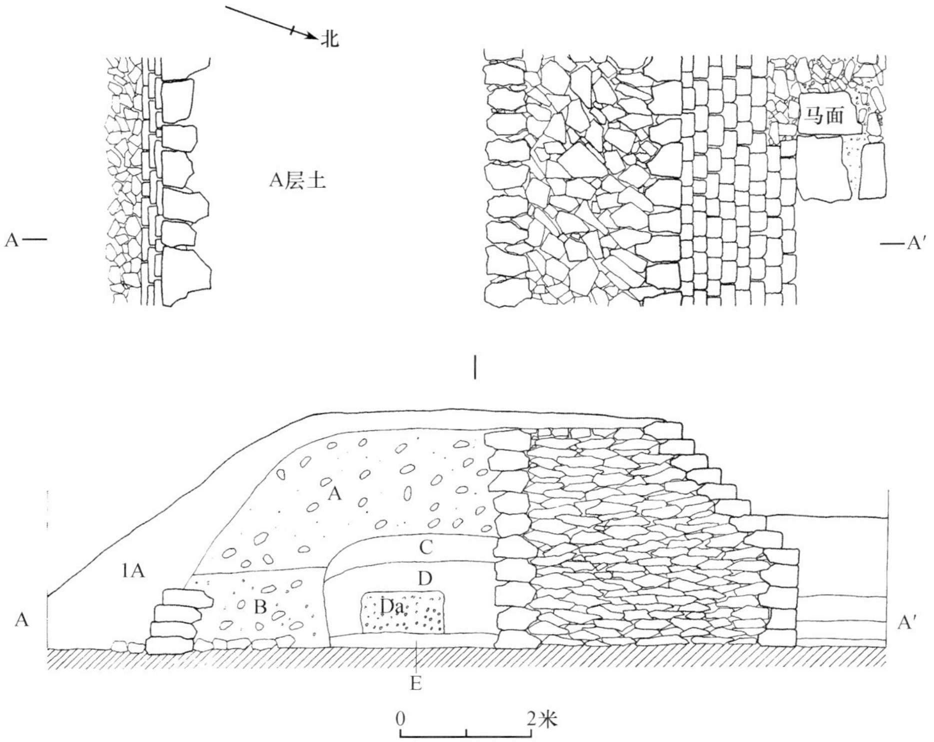

图一五七　国内城北城墙解剖地点平、剖面图

A、B、C、D、E为五层夯土：A层，黄褐土，夹杂大量河卵石及粗砂，特色微红；B层，黄土，夹杂大量碎毛石；C层，浅褐土，夹杂少量河卵石及细沙；D层，深褐土，夹杂少量大块河卵石；Da层，黄褐土，夹杂较多小河卵石；E层，黄褐土，夹杂少量河卵石

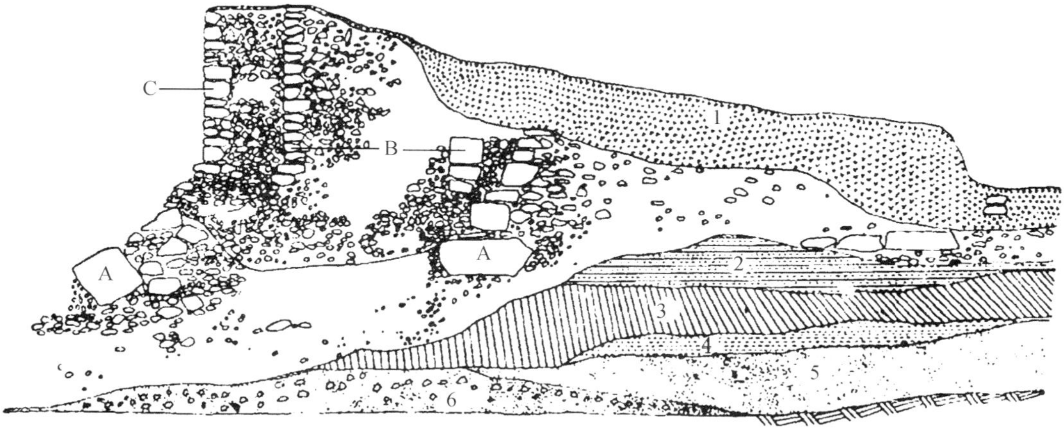

图一五八　国内城南城墙西剖面图
A. 国内城第一次建筑　B. 国内城第二次建筑　C. 民国年间建筑
1. 黑土、乱石近现代扰乱层　2. 黄褐土、细砂、土垣层　3. 黄土、细砂、淤积层　4. 黄西砂层　5. 褐土细砂层　6. 粗砂河卵石层

石器（图一六〇）。这些迹象表明，在高句丽建国前，这里早已建有土垣城墙，国内城石墙是在土垣的基础上建造起来的。《三国史记》记载："琉璃明王二十二年冬十月，王迁都于国内，筑尉那岩城。"琉璃明王迁都于国内，不筑国内城，而去修筑尉那岩城，就意味着当时国内城已经有了城垣，而且很可能是这个土城墙。[1]

自1975年至今，国内城经多次发掘，出土有大量的板瓦、筒瓦、瓦当等建筑构件，其中莲花纹瓦当、兽面纹瓦当、忍冬纹瓦当富有鲜明的高句丽文化特色；城东及城北，曾出土成排的础石等建筑遗物；此外，城址还出土过青瓷器、釉陶器、陶器、鎏金铜饰等遗物（图一六一）。

国内城作为高句丽政治、经济、文化中心长达425年之久，保存的遗迹遗物极其丰富，是研究高句丽历史极为珍贵的载体。

［1］　吉林省文物志编委会：《集安县文物志》，1984年，第64页。

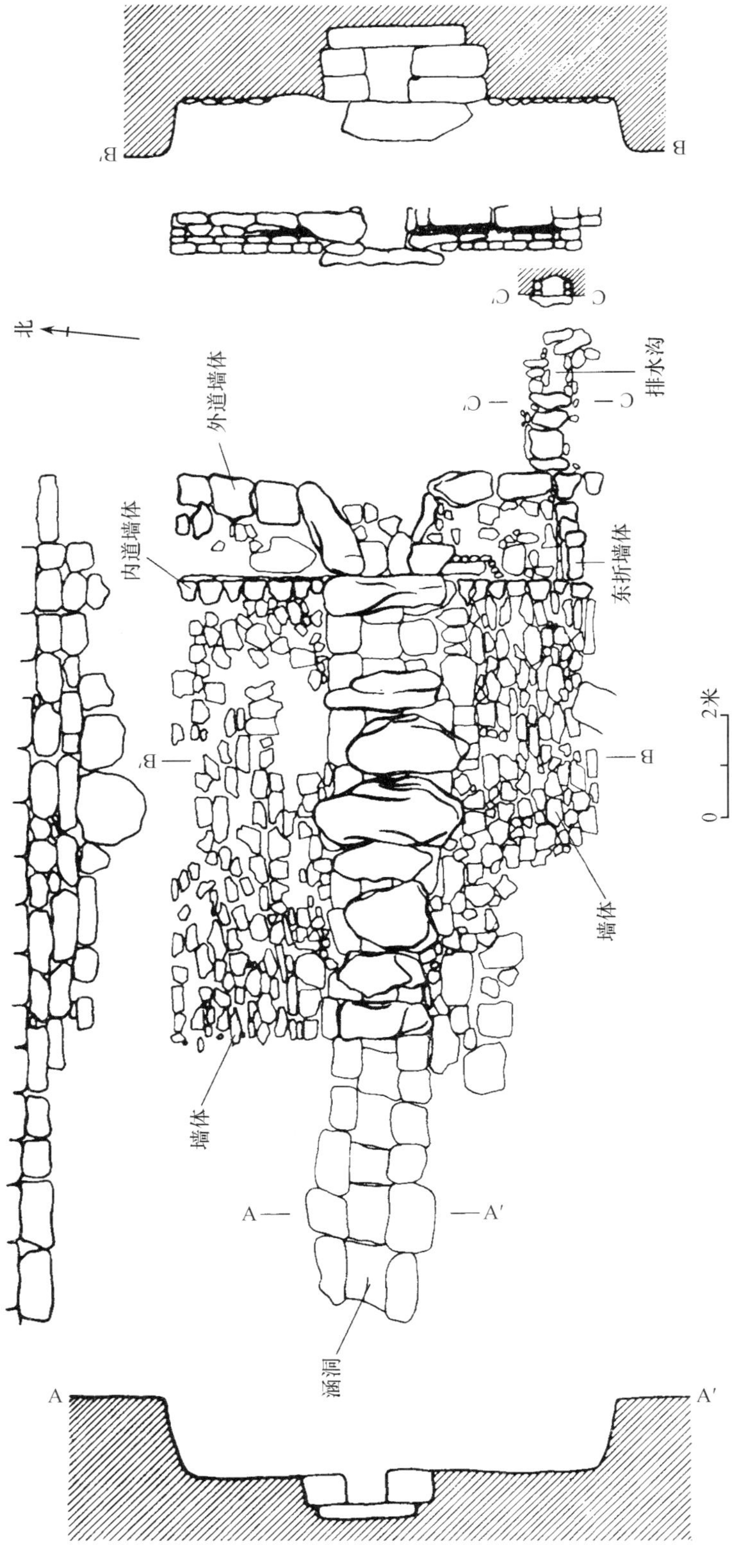

图一五九　国内城西墙外排水涵洞平面、立面、剖面图

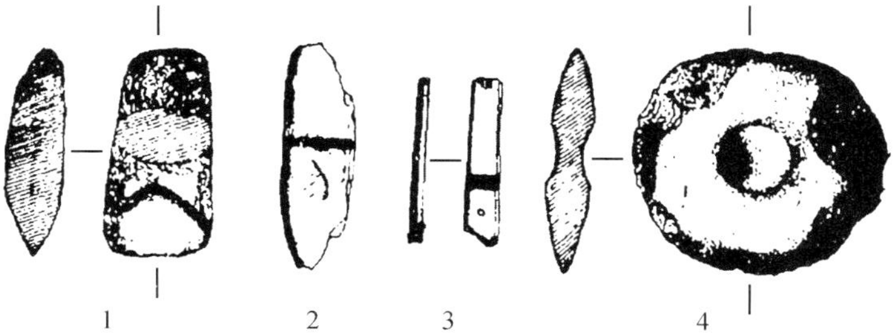

图一六〇　国内城城垣出土石器

1. 石斧　2. 石刀　3. 石器柄　4. 环状石器

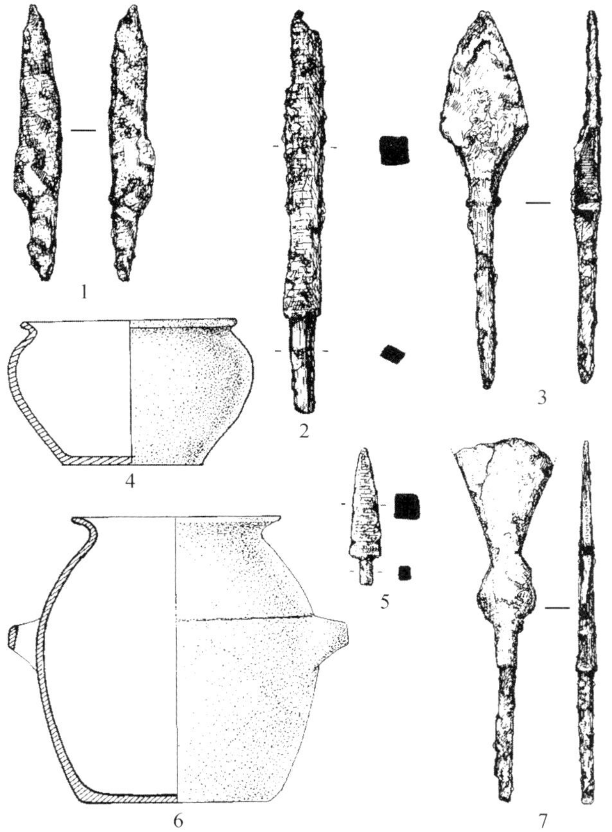

图一六一　国内城城墙西北角出土陶器、铁器

1、2、5、7. 柳叶形镞　3. 菱形镞　4、6. 陶罐

（二）丸都山城

丸都山城是高句丽早、中期的著名城址之一。修建之初是作为国内城的军事守备城，后曾两次作为王都使用，在高句丽历史发展进程中起过重要的作用。丸都山城与国内城相互依附，形成复合式都城，创建了王都建筑的新模式。[1]1982年被公布为全国重点文物保护单位。

丸都山城，初名“尉那岩城”，始建于公元3年，为高句丽琉璃明王迁都国内城时所筑。汉建安二年（197年），高句丽与公孙氏政权发生过一次大规模战争，高句丽溃败，国内城被毁。建安三年（198年），高句丽第十代王山上王进一步扩建尉那岩城，修筑大型宫殿，并更名为丸都城（今称丸都山城）。自此，丸都山城的整体布局基本完备，成为高句丽时期唯一以大型宫殿为核心规划布局的山城王都。[2]

丸都山城雄踞于长白山余脉老岭山脉的峰峦之间，与国内城相距2.5千米。在山城四周，峰峦叠嶂、地势险峻。山城的西侧，隔深谷便是高耸入云的小板岔岭，形成山城的天然屏障。山城南临通沟河，河南为冲积的狭长河谷阶地。在河谷阶地上遍布着高句丽时代的墓葬。山城东面是较宽敞的山谷，距山城子村约0.5千米（图一六二）。

当地俗称丸都山城为“山城子”，20世纪初，曾对该城进行过初步调查，并予以著录。1962年，吉林省博物馆考古队对丸都山城做了实地勘测。1982年，吉林省博物馆李殿福先生根据历年调查结果，认定山城子为高句丽时期的丸都山城，亦即“尉那岩城”。[3]鉴于丸都山城在高句丽山城研究中的重要地位和高句丽研究的需要，2001～2003年，吉林省文物考古研究所对丸都山城进行了全面的测绘、调查和试掘，先后清理发掘了宫殿址、瞭望台、戍卒居住址、蓄水池、1号门址（南瓮门）、2号门址、3号门址，获取了大量翔实、科学的数据和一批珍贵的文物（图一六三）。在此基础上，2003年对城内部分遗迹进行了维修。

丸都山城充分利用自然条件建筑城垣，体现了高句丽山城建筑的特点。其东、西、北三面城垣，垒筑在形如半圆的山脊上，外临陡峭的绝壁，内抱较为广阔的坡地。东、西、北三面地势较高，北部均为山岭、沟谷，海拔349～652米，南面多为平缓的台地，海拔一般在310米以下，致使整个山城形如向南倾斜的“簸箕”状（图一六四）。城墙的修筑利用自然山势，在悬崖峭壁处以石壁为墙，只有在缺口处才裁石砌筑。在山脊平坦处，用花岗岩石块垒筑城垣，城墙外壁自下而上逐层向内收

[1] 金旭东：《吉林省文物考古的世纪回顾与展望》，《田野考古集粹——吉林省文物考古研究所成立二十五周年纪念》，文物出版社，2008年，第7页。

[2] 吉林省集安市文物局：《高句丽王城王陵及贵族墓葬》，世界图书出版公司，2008年，第17页。

[3] 李殿福：《高句丽丸都山城》，《文物》1982年第6期，第82页。

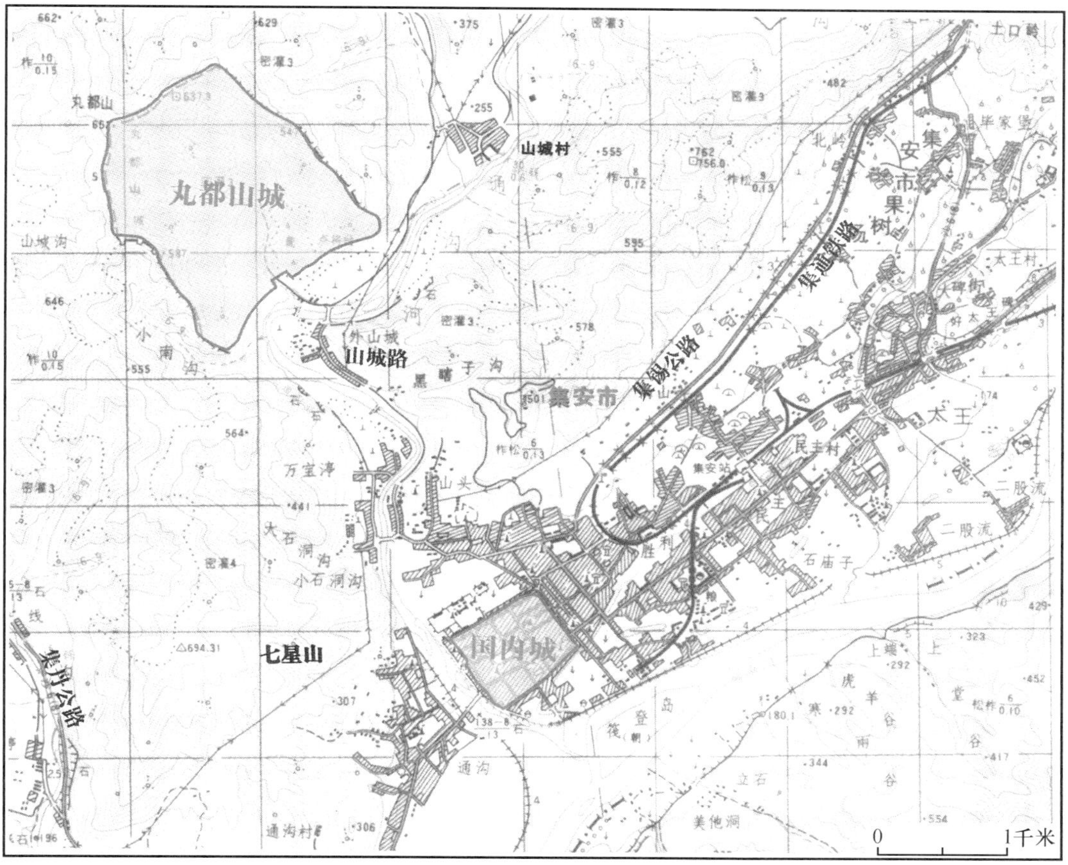

图一六二　丸都山城地理位置示意图

分。城垣高矮不一，山脊起伏越大的地方，城墙垒筑得越高。[1]由于以山峰的自然形势砌筑城墙，丸都山城的平面不规整，呈椭圆形，经实测，周长6395米。[2]

丸都山城现存城墙中，东墙南段、北墙西段、西墙北段保存较好，墙高处可达4～5米。各墙均有女墙，女墙高0.78～1.3米，宽0.73～1米不等。女墙的内壁墙根下有长方形柱洞，一般间距1.7米，在东墙南段发现柱洞20余个，北墙与西墙也可以见到。

通过对丸都山城的全面测绘、调查和试掘，发现城内遗存大多分布在西大坡和宫殿址附近区域，其中尤以宫殿址周边最为密集，形成了以宫殿为核心的山城布局新模式。[3]目前，考古工作者在丸都山城内共发现门址7处、宫殿址1处、戍卒居住址1

[1]　吉林省文物志编委会：《集安县文物志》，1984年，第66页。

[2]　金旭东：《吉林省文物考古的世纪回顾与展望》，《田野考古集粹——吉林省文物考古研究所成立二十五周年纪念》，文物出版社，2008年，第7页。

[3]　吉林省文物考古研究所、集安市博物馆：《丸都山城——2001～2003年集安丸都山城调查试掘报告》，文物出版社，2004年，第6页。

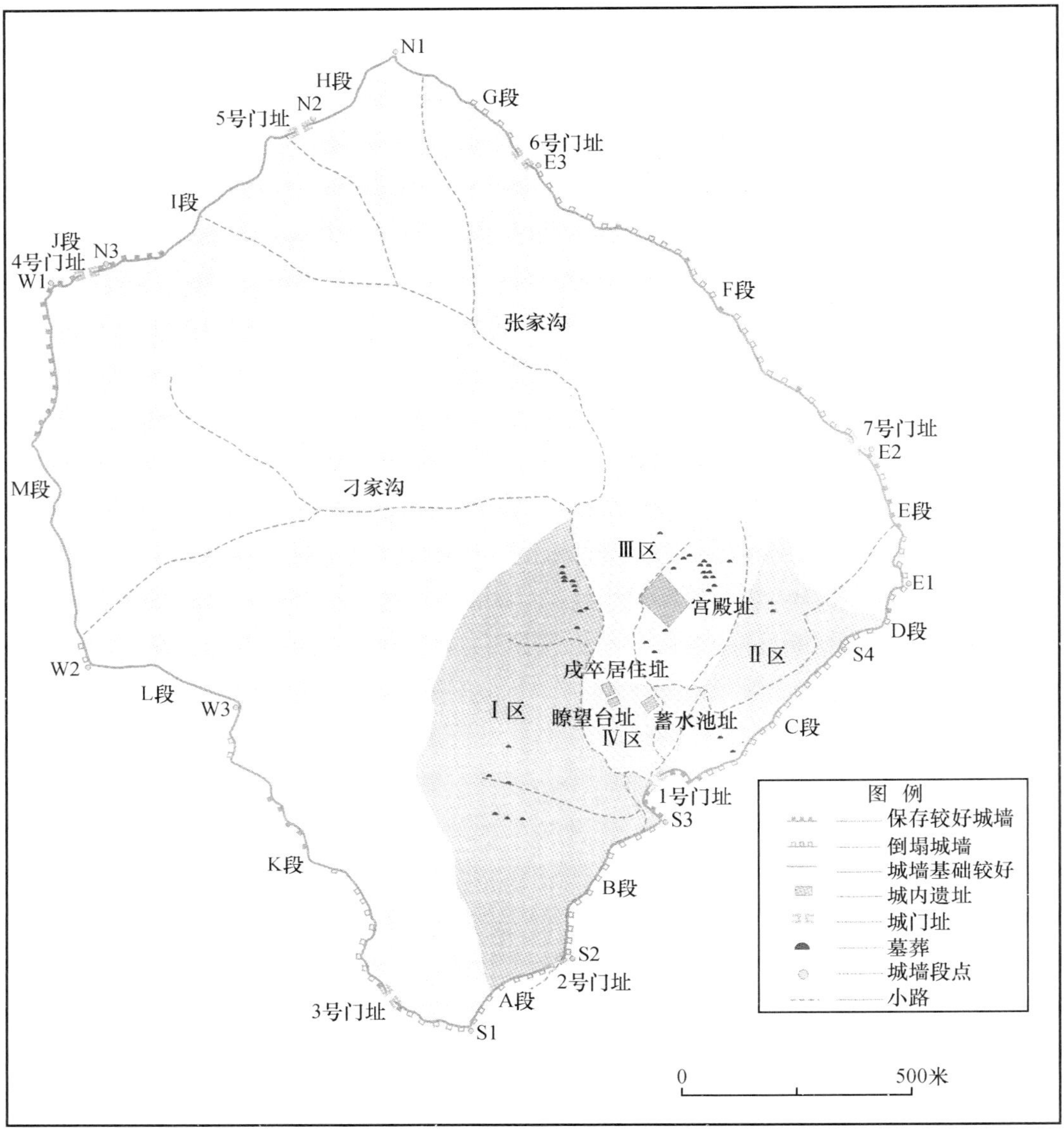

图一六三　丸都山城遗存分布图

处、瞭望台1处、蓄水池1处、墓葬38座。

在丸都山城南侧谷口处有1处瓮门，东、北面城墙上各发现2处门址，南墙西部有1处城门，西城墙也发现1处门址。除南瓮门平地起筑外，其余6处门址均分布于山坡或山顶的战略防守要点，构成了丸都山城的主要军事防御体系，充分体现出山城王都和军事守备城的布局特色。

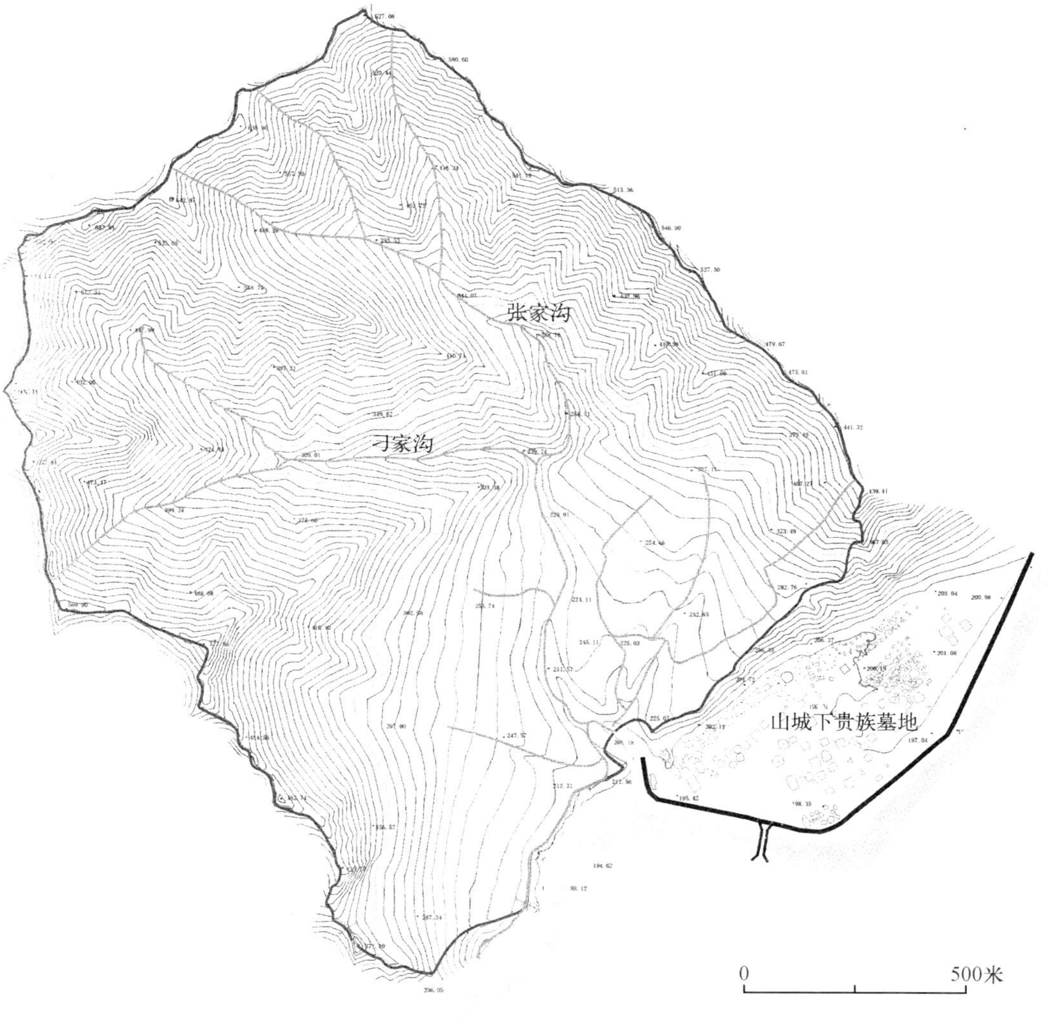

图一六四　丸都山城地形图

南瓮门位于南墙正中曲折内凹处，为丸都山城的最低点，门外为平坦的通沟河谷。这是丸都山城内外最重要的通道之一，也是山城防御体系的核心与重点。南瓮门除门道遭严重破坏外，其余部分保存较为完好，整体结构基本清晰（图一六五）。门址平地起筑，阻断为城，门址东、西两侧墙体与瓮城的墙体浑然一体，延伸至南谷口形成内凹瓮城。门址充分利用了地理优势，构思巧妙。在谷口最高处构成瓮城的制高点，形成居高临下、易守难攻之势，构成丸都山城第一道防御体系。从南瓮门出土的大量建筑构件看，当时应建有较大体量的木结构建筑（图一六六）。门道东西两侧墙体及城门下共设有四处排水涵洞。门道下的一处排水涵洞为正常降水时排水所用，其余三处涵洞主要是在降水量加大或山洪暴发时起到泄洪作用（图一六七、一六八）。

图一六五　南瓮门门址平面图

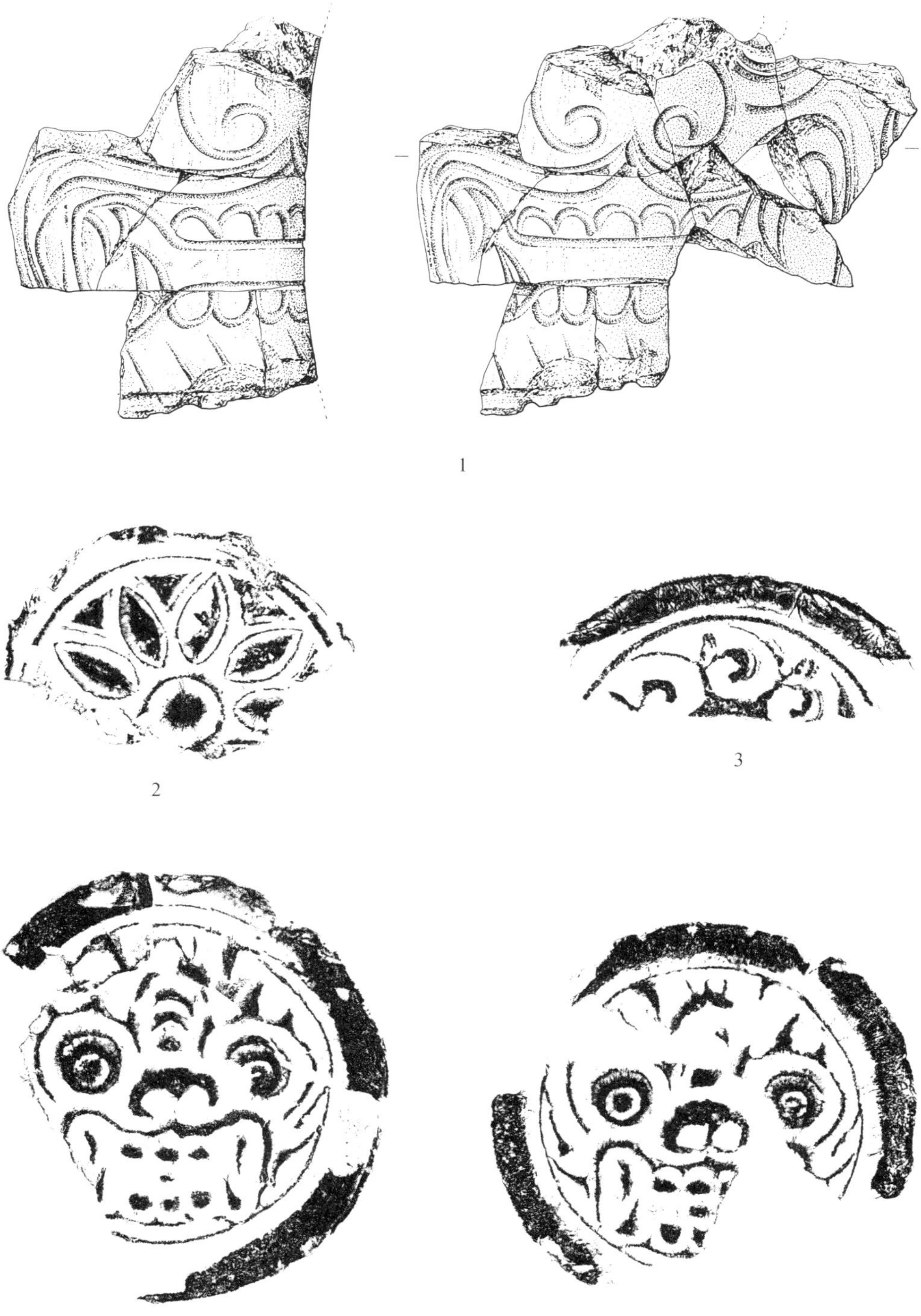

图一六六 南瓮门址出土建筑构件

1. 特殊建筑构件 2. 莲花纹瓦当拓片 3. 忍冬纹瓦当拓片 4、5. 兽面纹瓦当拓片

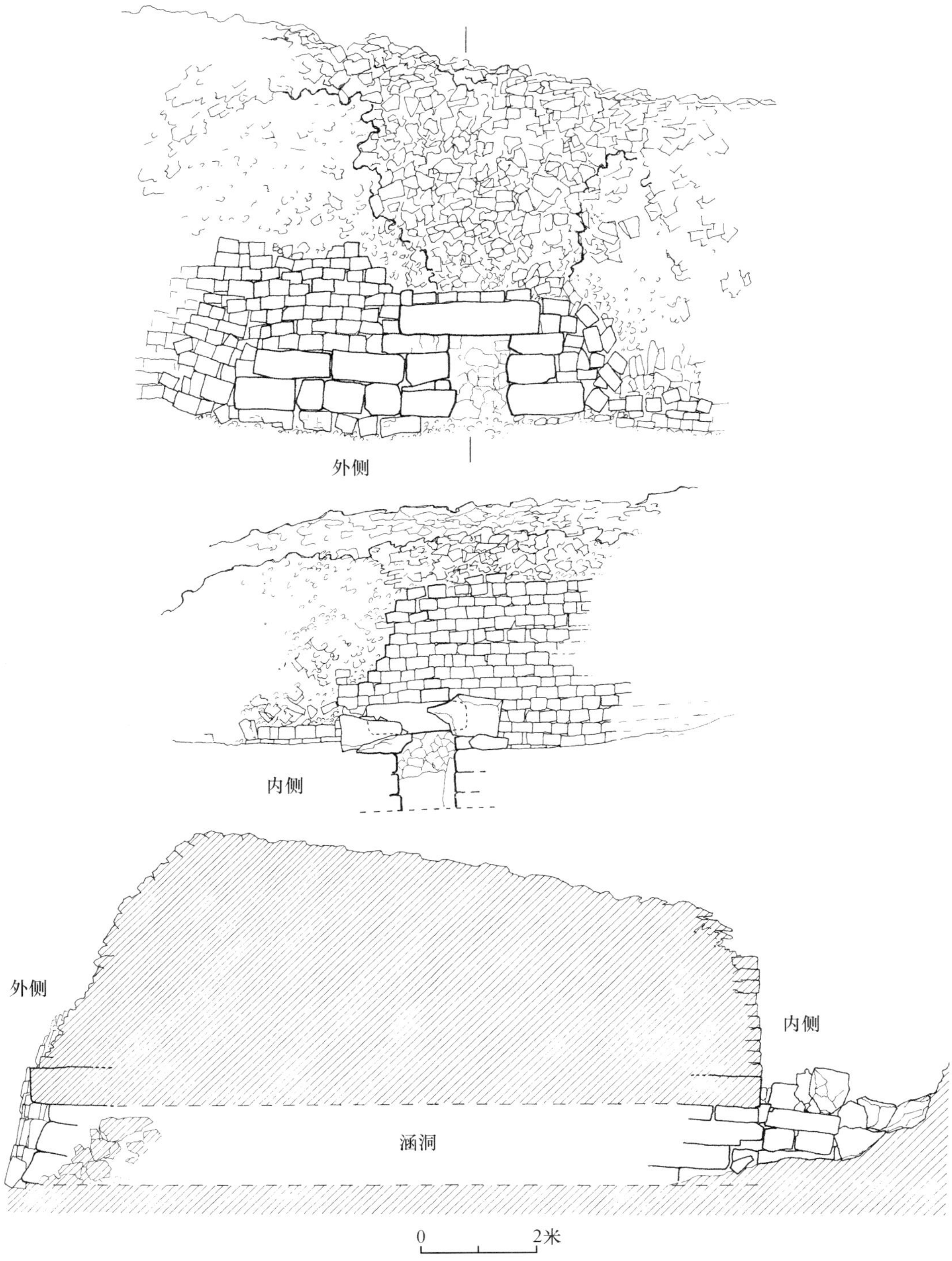

图一六七　南门址1号排水涵洞两侧立面图及结构示意图

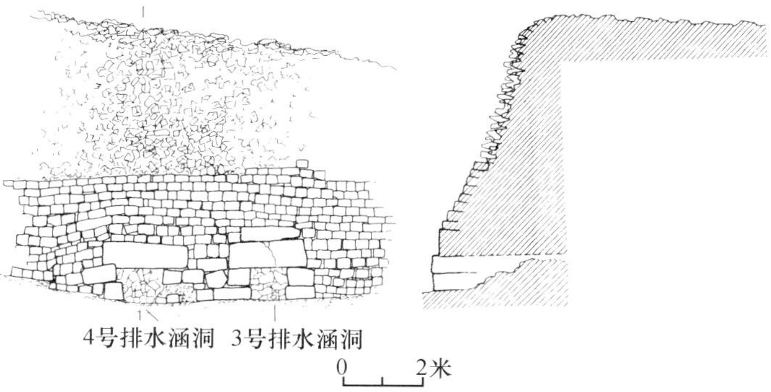

图一六八　南门址3号、4号排水涵洞外侧立面图及横剖面图

西南门位于丸都山城南城墙的西段。其主体部分建于山脚下的台地上，东高西低，与山势相同。西南门形制独特，结构复杂。门址以门道为中心，由东西两侧墙体、南城墙、瓮城组成，大体呈不规则“已”字形（图一六九）。门础上有方形人工凹槽，以放置门轴（图一七〇）。此处曾出土大量建筑构件及部分铁器（图一七一），地表及废弃堆积中发现有大量焚毁痕迹，据此推测，门址上应建有体量较大的木构建筑。从发掘情况看，西南门经历了两次废弃过程。

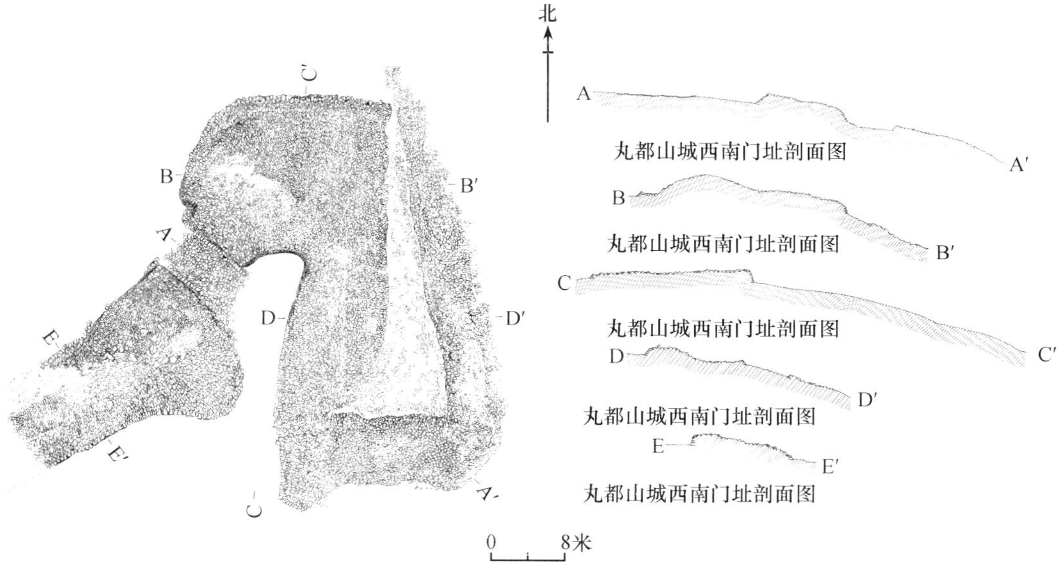

图一六九　西南门址平、剖面图

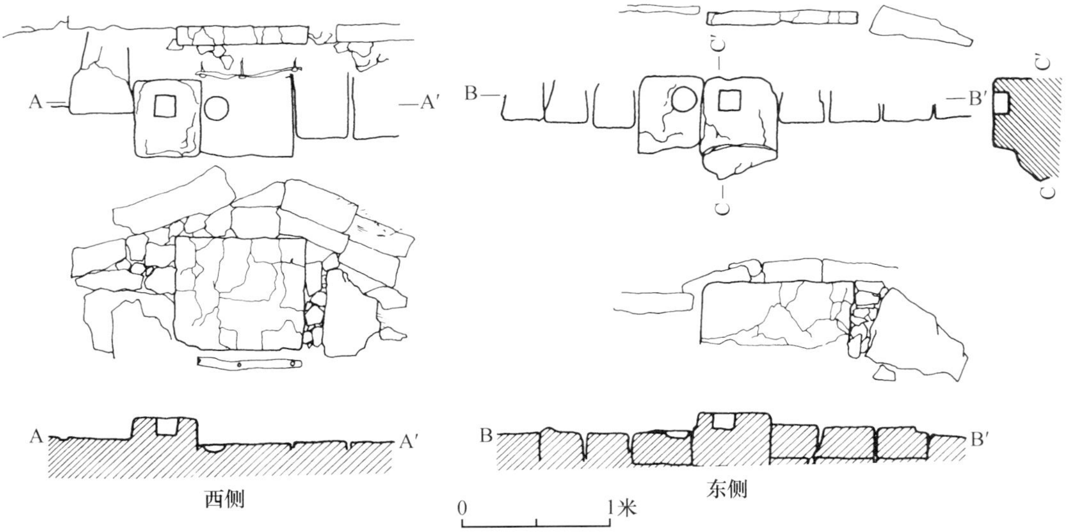

图一七〇　西南门址门道两侧础石平、剖面图及侧视图

宫殿遗址位于丸都山城南部的平缓台地上，依山势而建，整体东高西低，落差13米。四周为石筑宫墙，现仅存基础。宫墙周长332米，有宫门2处，均位于西宫墙之上。因地势所限，宫殿平面形状不规则，南北长约95.5米，东西宽约86.5米（图一七二）。宫殿址坐东向西，由西向东依次分布着4层人工修筑的台基，台基上发现11处不同规格的建筑遗址，并配有系统完备的排水设施。其建筑遗迹包括宫墙、排水系统、建筑台基、建筑址、宫门、中心广场及宫殿附属设施等（图一七三）。宫殿遗址的出土遗物比较丰富，有铁器、铜器、陶器等，其中以建筑构件为主，也有少量的车马具、武器和生活器皿（图一七四、一七五）。考古发掘证明，丸都山城宫殿毁于战火。

瞭望台遗址位于丸都山城西南部，俗称“点将台”。其所处位置较高，视野开阔，登台可望见国内城，能够起到很好的瞭望军情的作用。瞭望台遗址由两部分组成，一是主体建筑，为一个圆角长方形石筑高台，长6.7米，宽4.5米，残高4.5米（图一七六～一七八）；二是依附于主体建筑的阶梯，中部以两块大型条石叠砌成两阶踏步，踏面一米见方。遗址中出土较多建筑用瓦，有瓦当、刻划纹瓦，还有铁钉、铁镞、鎏金铜镞等遗物。

戍卒居住址位于瞭望台北侧约22.6米处，建筑结构已遭破坏，仅残存础石18个，大体呈长方形分布，南北长约16、东西宽约9米，部分础石经后期扰动移位。其北部东侧边缘发现以长方形石块摆砌的建筑物。北端有一单础，距长方形建筑约4.5米。有学者推测该遗迹为守护瞭望台的戍卒居住地。

蓄水池位于瞭望台东南30米处，发掘前为洼地，当地人称“饮马湾”或“莲花池”。该遗址发现于20世纪30年代，2003年正式发掘。由发掘情况看，水池平面呈圆

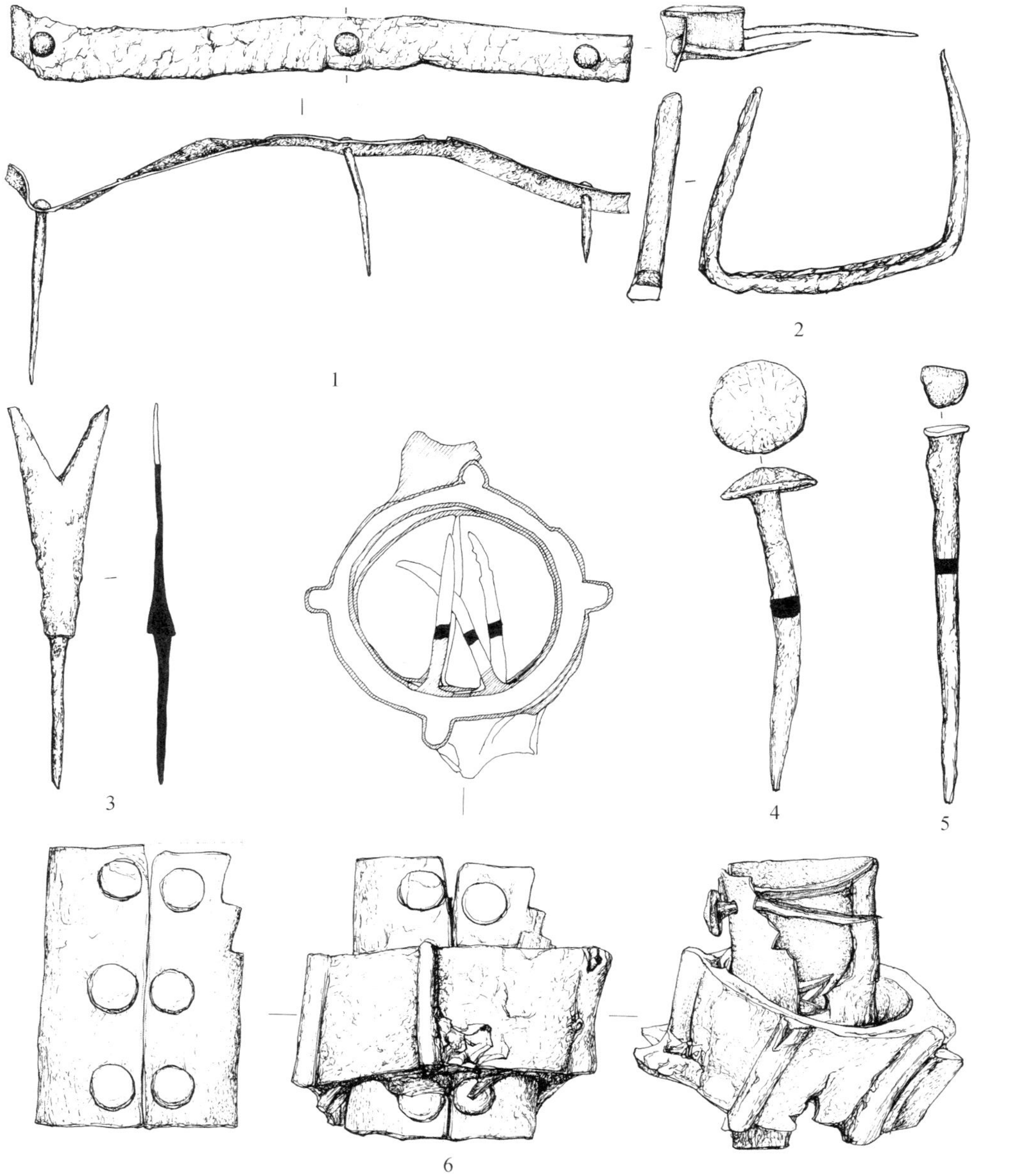

图一七一　西南门址出土铁器
1. 铁构件　2. 锔钉　3. 铁镞　4、5. 铁钉　6. 铁车辖

角方形，为平地向下垂直深挖成池，石砌边墙，周长146.3米。发掘出土遗物有铁镞、铁钉、陶器盖和兽骨等。

据2003年的调查的结果，在丸都山城内共有高句丽时期的墓葬38座，主要分布在山城南部的台地及山脚平缓地带。有积石墓和封土墓，其中积石墓36座，封土墓2座。

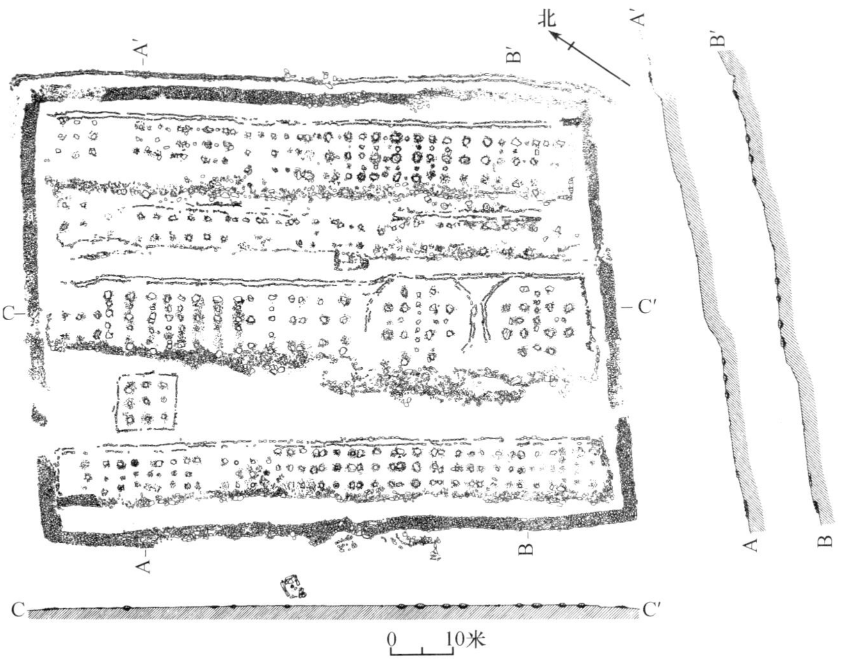

图一七二　丸都山城宫殿址总平、剖面图

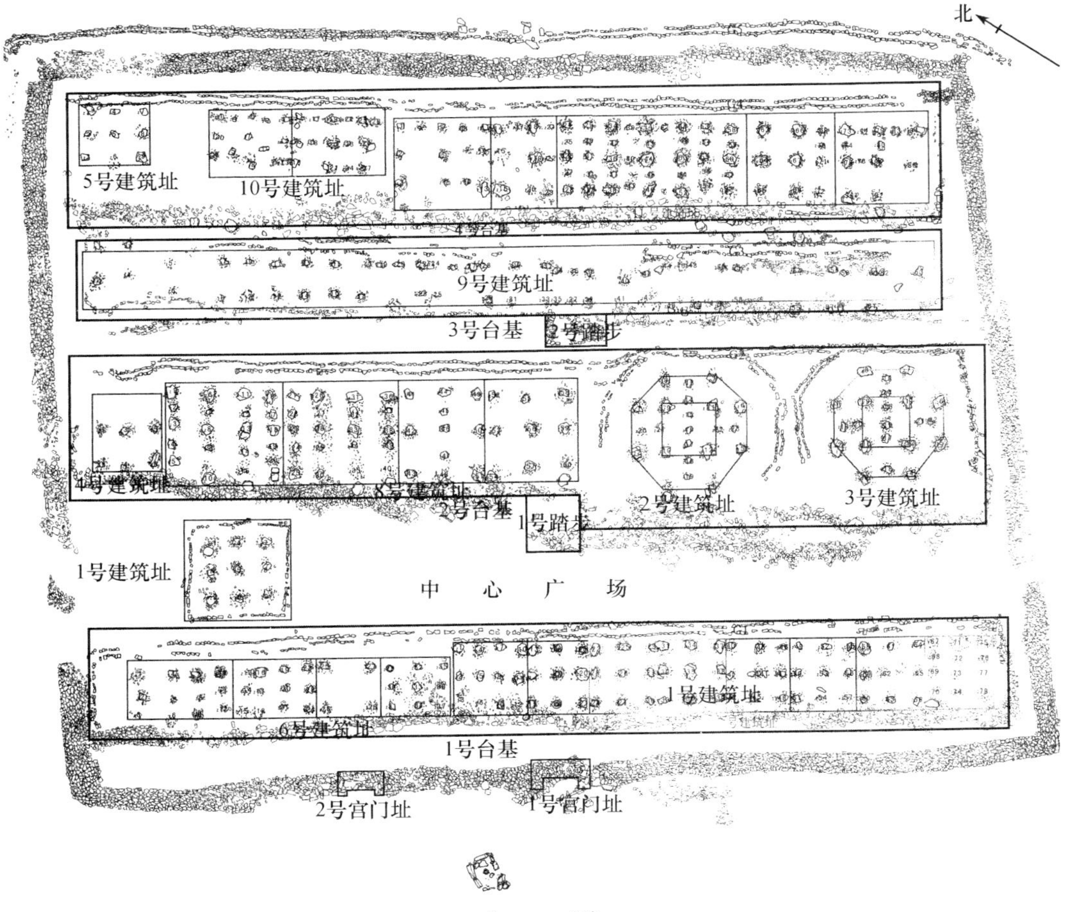

图一七三　丸都山城宫殿址建筑布局示意图

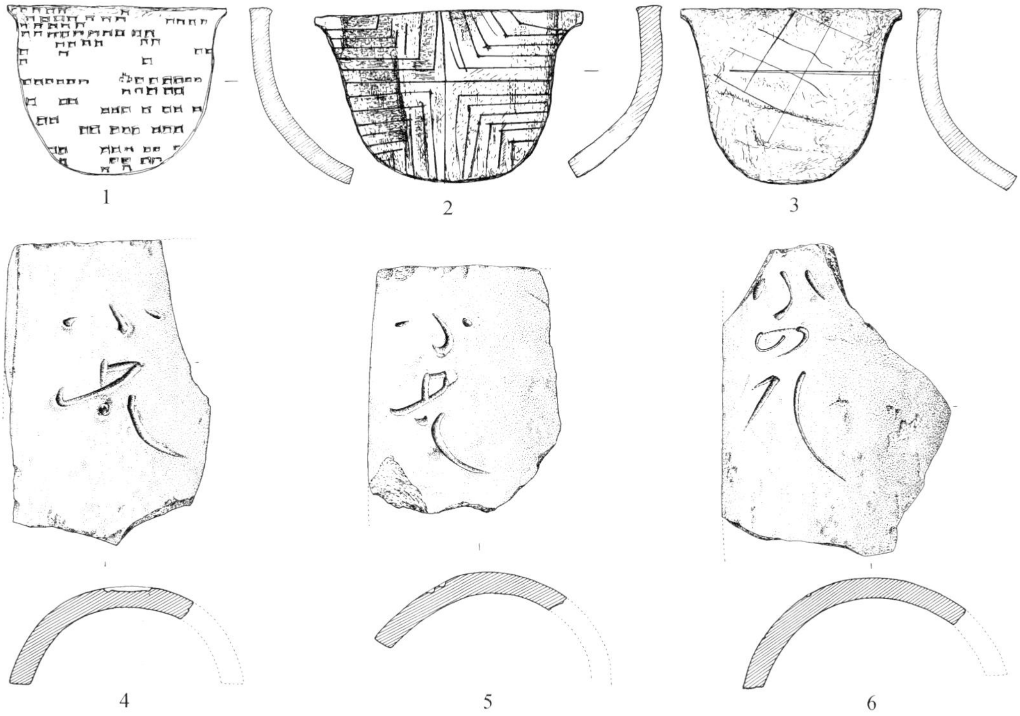

图一七四　丸都山城宫殿址出土瓦件

1～3. 舌形瓦　4～6. “小兄”文字瓦

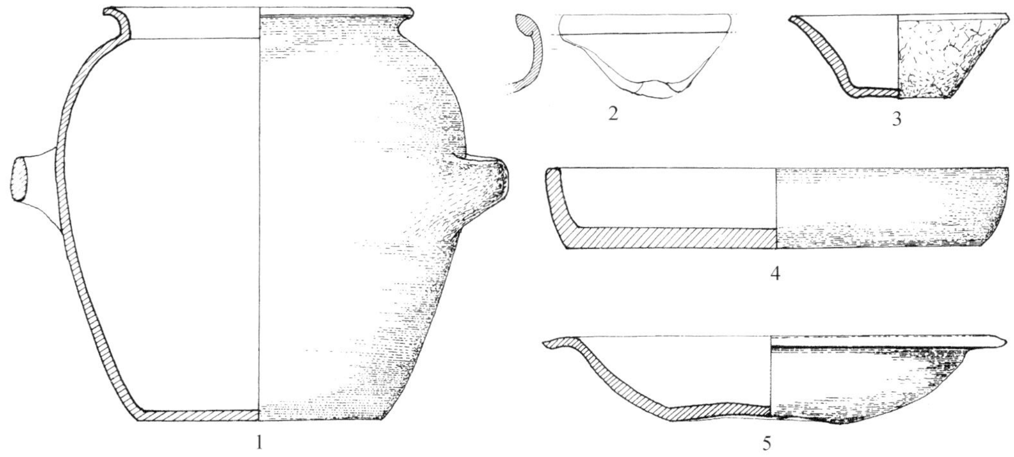

图一七五　丸都山城宫殿址出土陶器

1. 罐　2. 盘　3. 盅　4. 盘　5. 盆

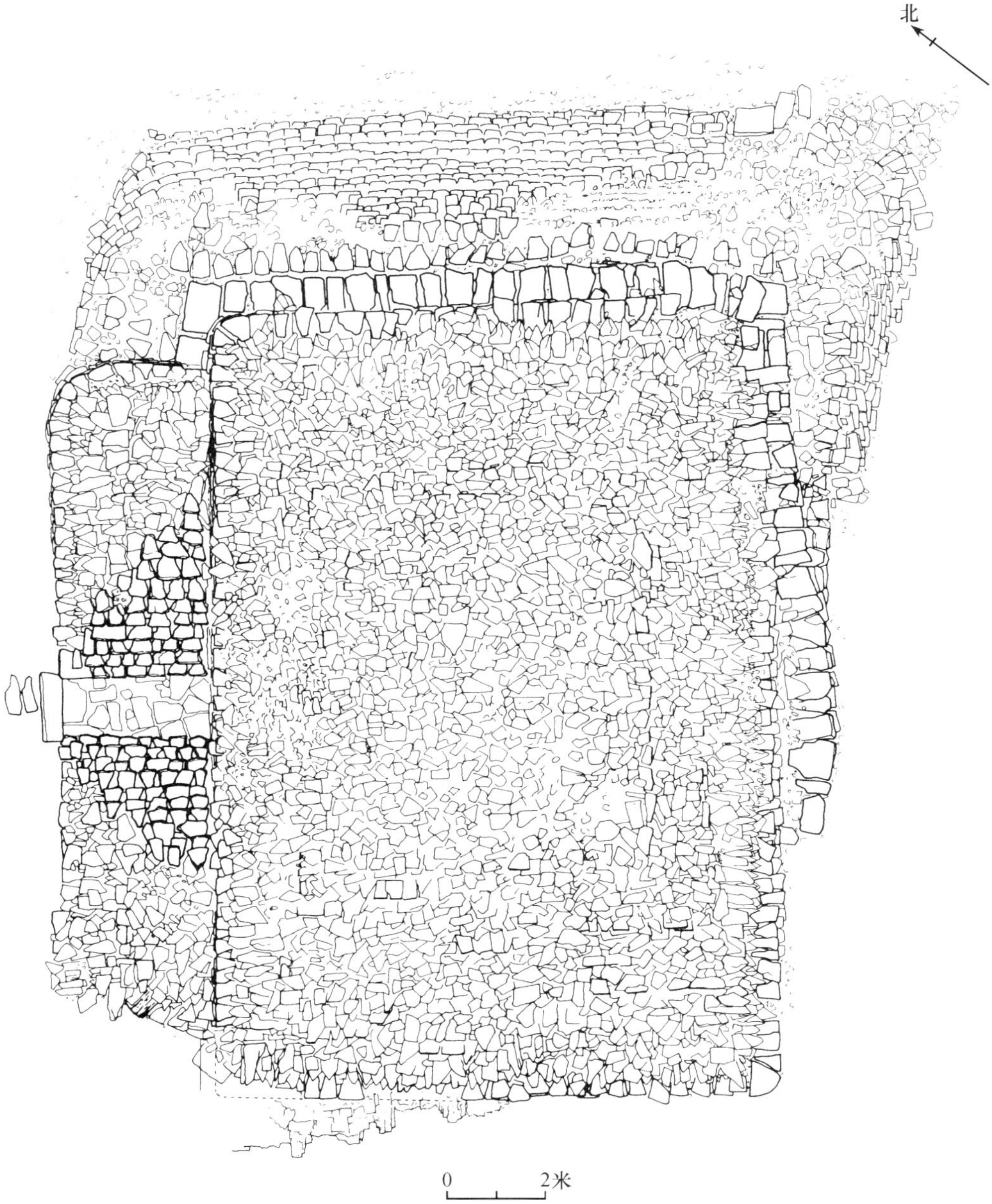

图一七六　丸都山城瞭望台俯视图

这些墓葬应是山城废弃之后埋葬的。[1]

文献记载丸都山城始建于公元3年，但调查和发掘资料均未发现可早至公元初年的遗存。由发掘资料可知，城址的宫殿建筑及城内其他建筑大致兴建于同一时期，废弃

[1] 吉林省文物考古研究所、集安市博物馆：《丸都山城——2001～2003年集安丸都山城调查试掘报告》，文物出版社，2004年，第169页。

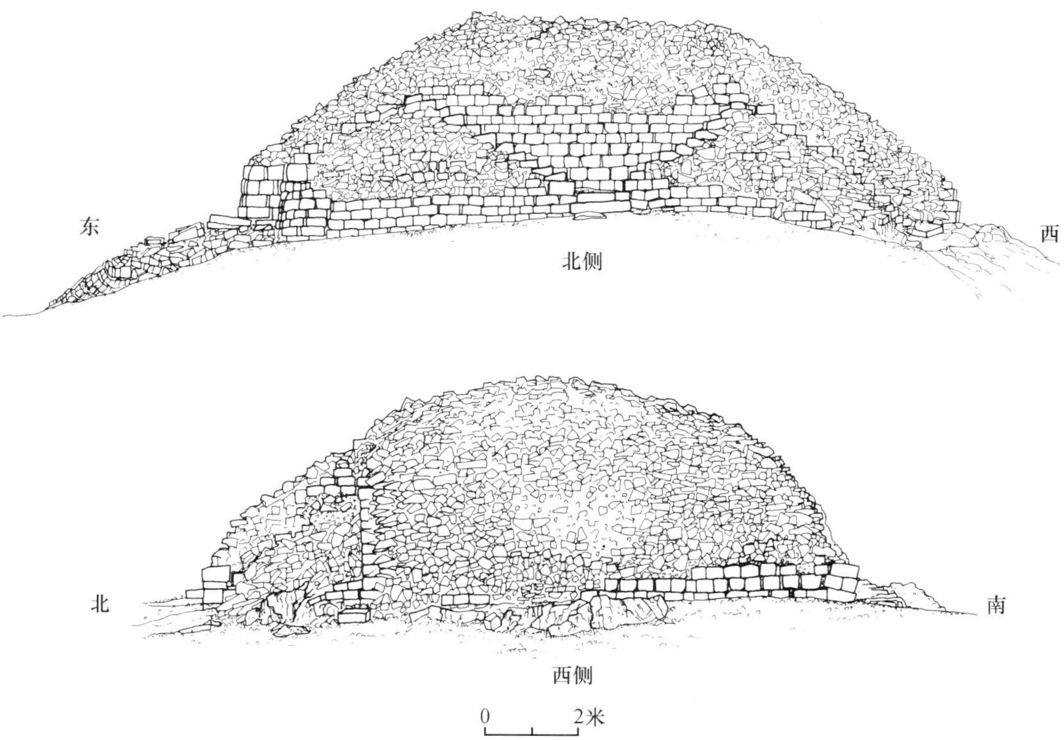

图一七七　瞭望台西侧、北侧立面图

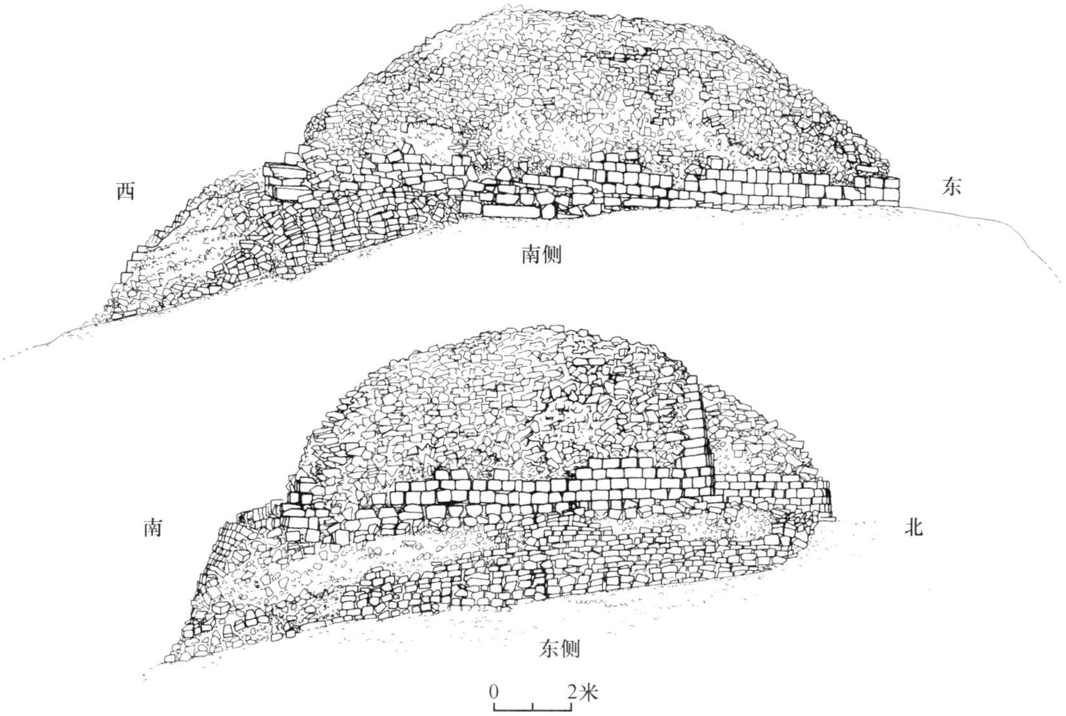

图一七八　瞭望台东侧、南侧立面图

年代也基本相同，应是毁于342年慕容皝攻陷丸都山城的战火。城址中“小兄”文字瓦的发现，佐证了文献中关于高句丽官职设置的记载。北墙、西墙发现的修补痕迹，是丸都山城曾经三次修葺的重要证据之一。

（三）都城的特点

关于高句丽的都城特点，首先在选址上，多选择“山川险固，土地肥沃”之地，这主要是和高句丽政权与民族活动的地域多“大山深谷”有关。其次，高句丽都城布局还具有平原城与山城相结合的显著特点，这一点在高句丽中期都城体现的尤为明显。丸都城与国内城，山上山下相隔仅几百米的距离，国内城用于平时居住，丸都城则用于战时防御，可充分发挥相互依托的作用。

高句丽都城之所以具有这样的特点，一方面，高句丽民族和政权长期活动的地区“多大山深谷，无原泽”，受限于客观的地理环境；另一方面，也是出于军事防御的角度考虑，高句丽政权从创立之日起，一直是战争不断，为了防御外部势力的进攻，高句丽人选择山势险要之处，修筑易守难攻的山城，是非常自然和必要的。而这一点应是“高句丽都城特点形成的主要原因”。[1]

二、山　　城

山城，是高句丽城邑建筑的典型代表。它以显著而独特的风格和高超的建筑技艺，反映了高句丽民族伟大的智慧和创造精神。在东北亚城邑建筑史上，占据着重要的地位。其分布范围之广，数量之大，是其他地区和时代所无法比拟的。究其原因，一方面和高句丽所处的地理环境有关，另一方面和高句丽政权自始至终、连年不断地攻防战争密不可分。

高句丽山城的分布和数量，迄今尚未有统一的结论。《东北历史地理》[2]第二卷中收录吉林省高句丽城址42座，但其中有部分为平地城，还有个别为都城，也有非高句丽城址。《高句丽、渤海古城址研究汇编》[3]一书中收录的吉林省境内的高句丽城址为80座，是目前山城的统计数量中最多的，但其中也有几座属于平地城。吉林省高句丽山城的主要资料来源，除少量公开发表的调查报告外，其余多来自吉林省各县、市文物志。因人们对山城的建筑和遗物的推定存在不同见解，所以得出的统计结果差别较大，主要表现在延边地区。根据文献记载，高句丽向东北发展，其势力很早就到

[1]　魏存成：《高句丽遗迹》，文物出版社，2002年，第61页。
[2]　孙进己、王绵厚：《东北历史地理》，黑龙江人民出版社，1989年。
[3]　王禹浪、王宏北：《高句丽、渤海古城址研究汇编》，哈尔滨出版社，1994年。

达延边地区。高句丽政权灭亡后不久，这里又成为新建立的渤海政权的重要地区之一。因时间间隔很短，故而导致包括山城在内的两个时期文化特点不易区分。综合已发表的论著和报告，现在吉林省内高句丽山城各家观点基本一致的有28座。

（一）山城的类型及特点

高句丽山城大都修筑在依山傍水之处，城墙的走向和城内的建筑布局因受地理环境的限制，很难像在平地上那样预先有一个统一的规划。依据其在山势和地形选择方面的不同特点，魏存成先生将高句丽山城归纳和划分为四种类型：簸箕型、山顶型、“筑断为城”型以及左右城、内外城型。[1]

1. 簸箕型山城

有的又称为抱谷式、包谷式、仰盆式、栲栳峰式。这些山城多修在环形山脊之上，山脊往往是三面高一面低，山势陡峭之处，有的则以自然悬崖为壁，不筑城墙，而山势平缓低凹之处则必修城墙，城内有纵深的山谷和开阔的坡地。由于各山城的山脊走向不同，所以山城的平面不见得都像簸箕的形状，但是地势的特征是一致的。

这类山城最便于兵民驻防和储藏器备，不仅高句丽中、后期都城中的集安山城子山城和平壤大城山城采取了此种类型，而且在其他山城中它的数量也是最多的。典型城址如霸王朝山城、自安山城、龙首山城、图们城子山山城和珲春萨其城等。

2. 山顶型山城

山顶型山城皆修在山顶之上，山城之内地势高亢，而且多较平整，四周多为悬崖陡壁，或一面稍缓，稍缓之处修筑城墙，其他地方或以悬崖为壁，或再筑城墙。山城的脚下，多有江河流过。

山顶型山城绝大部分是用于关隘哨卡和大中型山城的卫城。典型城址如集安大川哨卡、通化建设山城、英戈布山城、辉南钓鱼台古城、东团山城等。

3. “筑断为城”型山城

“筑断为城”的名称，来源于文献对乌骨城，即凤城凤凰山山城的记载。该记载见于《翰苑》注引《高丽记》，其曰：“焉（乌）骨山在国西北，夷言屋山，在平壤西北七百里，东西二岭，壁立千仞，自足至巅，皆是苍石，远望巉岩，状类荆门三峡。其上无草木，唯生青松，擢干云表。高丽于南北峡口筑断为城，此即夷藩枢要之所也。”[2]这里说“东西二岭，壁立千仞”符合凤凰山山城的地势，而说“于南北峡

[1]　魏存成：《高句丽遗迹》，文物出版社，2002年，第106页。

[2]　金毓黻：《辽海丛书》第四册，辽沈书社1985年影印本，第2519页。

口筑断为城”，更强调了山城的筑造特点，但并不是说其他地方没有城墙。

其他典型城址如集安关马山城、盘石纸房沟坝城和城子沟坝城。关马山城是在“丁”字形山谷的三个谷口分别筑墙，和河谷两旁的山峰共同围成的山城。另两座山城皆是在“人”字形山脊的缺口处横筑城墙，形成平面以人工墙为底边，“人”字形山脊为两腰的等腰三角形山城。人工城墙不长，才几百米。但加上围城的山脊，这样山城的规模就不同了。“筑断为城”的地形便于驻兵民、藏武备，而从作用来看，有的仍属于关隘哨卡。

4. 左右城与内外城型山城

左右城、内外城，是指左右相连和内外相分、相连、相包的两城，而其中的某一城又可以是上述的簸箕型或山顶型。

典型城址如柳河罗通山城。

（二）典型山城

吉林省内比较有代表性的高句丽山城主要是龙潭山山城、霸王朝山城和罗通山城等。

1. 龙潭山山城

龙潭山山城，位于吉林市东7千米海拔388米的龙潭山上。山的西面是由南向北流的松花江，西南2.5千米与东团山为邻。

山城似一仰盆，中间低洼为深谷，城垣雄踞在周围山脊上。城垣平面呈不规则多边形（图一七九）。东墙长1082、西墙长528、南墙长405、北墙长381、周长2396米。城墙随山势修筑，山脊突起处较矮较窄，凹伏处较高较宽。城墙横断面呈梯形，城墙大部为黄土杂碎石叠筑，凹伏处为黄土夯层，厚6～12厘米。

城的西、南、北3面凹伏处各有一门。西门在今盘山公路山腰处，宽24米，应为正门。南北两门为便门。在城垣四面突起处各有一平台，其中以南平台为最高，俗称“南天门”，海拔388.3米。台上有红色绳纹瓦，其上有角楼建筑址。

山城内的主要建筑，有俗称的“水牢”和“旱牢”。“水牢”又名“龙潭”，位于山城西北隅最低处，龙潭山因此得名。所谓“水牢”，实为蓄水池。池呈圆角“凸”字形，东西长52.8米，南北宽25.75米，深9.08米。池南壁中间向外凸出2.05米。池东、西、北3壁用长40、宽20、厚30厘米许的凝灰岩块石和花岗岩块石砌筑。池壁从上至下共分3阶，阶宽20～30厘米。在北壁东端池沿下1米处，有一石砌泄水洞，洞内窄外宽，通向墙外。可使过多的池水由此溢出。蓄水池与墙为同一时期建造。池水终年不涸，并保持一定的水位，可蓄水近1万立方米。此池是为解决战时因城内兵马骤增，井泉水供给不足而设。在蓄水池的西缘，有石阶30级，级宽2米，每级高30厘米左

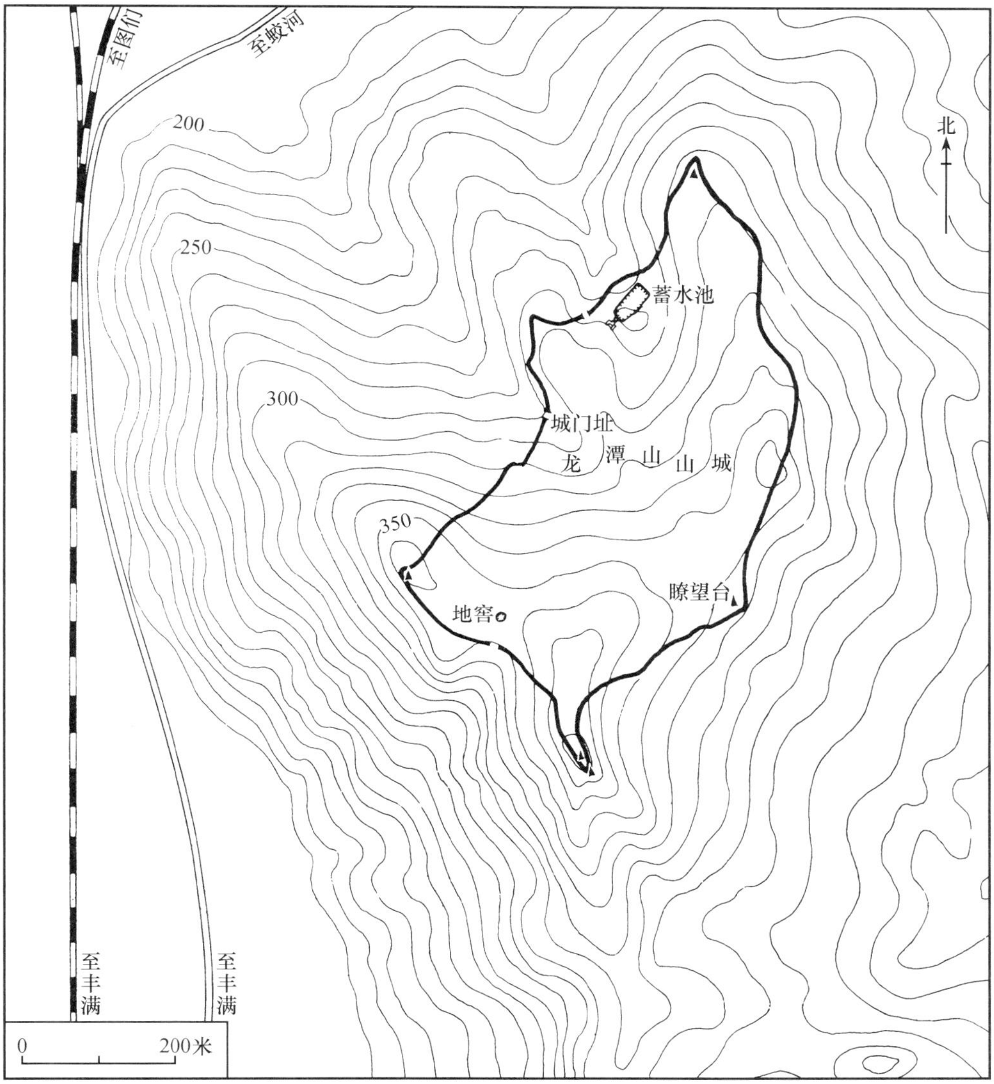

图一七九　龙潭山山城平面图

右，可由高处下到水边。

“旱牢”，位于山城西南隅近山梁处，距“水牢”420米。用长25～58厘米、宽20～26厘米的长方形凝灰岩和花岗岩块石砌筑。平面呈圆形，周壁直立如削，筑于盘岩之上，底部西高东低呈坡状。直径10.6米，深2～3米，从不积水。“旱牢”的结构与蓄水池相同，石质也一样，可知它们是同一时期的建筑。“旱牢”是贮存军事物资的地窖。

《吉林通志》载，龙潭山“当年遗物未尽，残砖断瓦，破陶碎瓷，每于土际得之”。城内地表至今仍有高句丽时期的泥质红色绳纹瓦片。

1958年秋，吉林市公园管理处将蓄水池中的淤泥全部清除，获得金代泥质轮制黑灰色陶罐3件，陶壶1件，六耳铁锅1件，双耳铁釜1件。锅与釜的造型与金代同类器物相似，当属金代遗物。

山城城垣凭借天然山脊构筑，与高句丽的丸都山城、霸王朝山城、高尔山山城等相同。但龙潭山山城城垣不是垒石筑墙，而是以山皮土叠筑，个别地段采用黄土平夯，这种筑法是高句丽中期山城的一个特点。

1961年，吉林省人民委员会公布此山城为吉林省重点文物保护单位。[1]

2. 霸王朝山城

该城位于集安市财源乡霸王朝村东北的高山上，与集安市区相距97千米。山城雄踞老岭主脉“亮红顶子”西端，浑江从山城的西、北两边流过，在霸王朝村前汇融新开河向南流去。西南渡浑江30千米是辽宁省桓仁县“五女山城”。

1962年4月和1983年5月，吉林省博物馆和集安县文管所等两次对该山城进行过调查和测绘。[2]山城构筑在海拔862.8米的峰峦之巅，环抱着一片倾斜的坡地。在山势凹伏的地方，以及南面谷门平缓处垒石筑墙。西墙南段和北墙东段垒筑较高，保存较好。整个山城北高南低，状若簸箕。山城西北角因山脊走向外伸，南墙呈弧形向内凹入，俯视平面略呈梯形（图一八〇）。东壁长298米，西壁长420米，南壁长247米，北壁长295米，周长1260米。

砌筑城墙所用石材系花岗岩，经过修琢成长方体，筑墙时较平齐的一面向外。城墙的高矮宽窄不一致，最高处垒石21层，高达5.2米，宽度在1～4米之间。南、北、东3面有些地段筑有女墙，一般女墙高0.5米，宽1米左右。山城四角修有突出墙外的平台。西北角和东北角平台恰好各占一座峰顶，四周以石块垒筑。平台上原有角楼一类的建筑。

城门两处，一南一北。北门位于北墙中部略偏东，门道左右的城墙向内延展，构成两相对的横长方台，使门道加深4.8米，便于防御。门外原为半圆瓮门。瓮门外有两道石砌的盘山通道。道宽10米～15米。南门在南墙中部略偏西。今墙垣已颓圮，门道堆塞乱石不可测，仅缺口处宽9米。

北墙近东端紧靠女墙下，有石砌柱洞18个，大致排列成东西直线。

山城内有一泉眼，是城内唯一的水源。山城的构筑方法以及布局选址、形制等均与丸都山城一致。在城内采集遗物有：铁辖、铁饰件、铁镞、铁铤铜镞、铁带扣、石臼和少量陶片。

---

[1] 吉林省地方志编纂委员会：《吉林省志·卷四十三·文物志》，吉林人民出版社，1991年，第95～97页。

[2] 方起东：《吉林辑安高句丽霸王朝山城》，《考古》1962年第11期，第569页。吉林省地方志编纂委员会：《吉林省志·卷四十三·文物志》，吉林人民出版社，1991年，第101页。

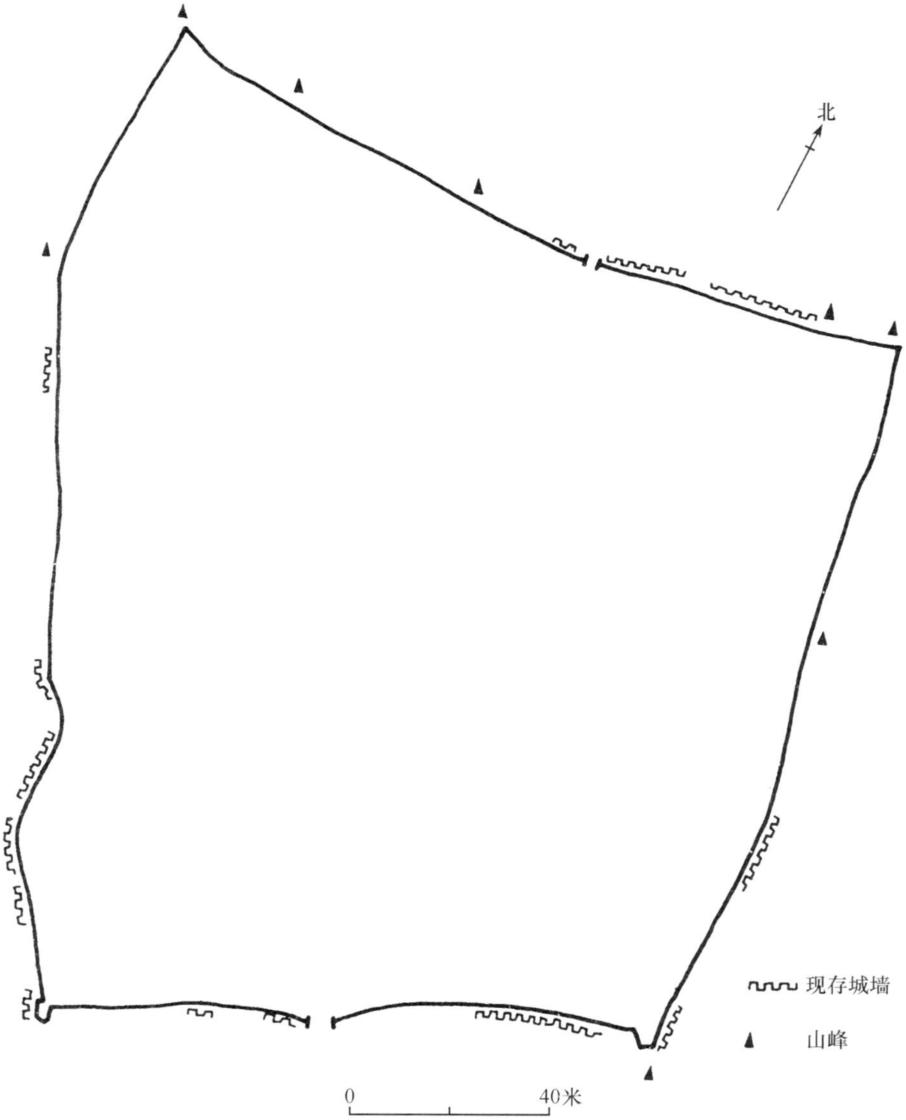

图一八〇　霸王朝山城平面图

霸王朝山城地理形势和建筑规模具有军事城堡性质。山城建造年代应晚于丸都山城。霸王朝山城耸立浑江东岸，居高临下，既扼住了东渡浑江通往新开河川谷的咽喉，又控制了入泉眼沟，绕道南下进攻都城的关口，它是高句丽设在南道上重要的防守城堡之一。

1961年，吉林省人民委员会公布此山城址为吉林省重点文物保护单位。

3.罗通山城

位于柳河县东北25千米大通沟乡与圣水河子乡交界的山顶上。此山原名骆驼山，后讹传为罗通山。东南距大通沟乡政府所在地6千米。

山城构筑在罗通山中部海拔960米的主峰上。由相连的东、西两城组成，周长约7.5千米。城垣凭借起伏的山脊，依危崖峭壁筑成。山脊低凹之处垒石筑墙多达18层，高4米。所用石材为就地加工较规整的石灰岩石条。城垣保存尚好，顶部稍倾颓。城垣内部为土石，表层石砌，层层压缝咬合，构筑严谨，外壁石面几乎垂直于墙基，内壁向上逐层叠收，断面略呈梯形。东西两城共有5门，形制略同，均有用石材砌筑的半圆形瓮门。两城的建筑规模不同，城垣构筑方法及形制亦有差异。

西城周长3737米，平面呈不规则四边形（图一八一）。西墙724米，北墙910米，东墙1288米，南墙815米。除东墙南段和南墙东段以悬崖绝壁为自然城垣之外，其余部分则随山势起伏以石垒砌。较好的一段城垣基宽7.2米，顶宽6～6.8米，残高2～4米不等。

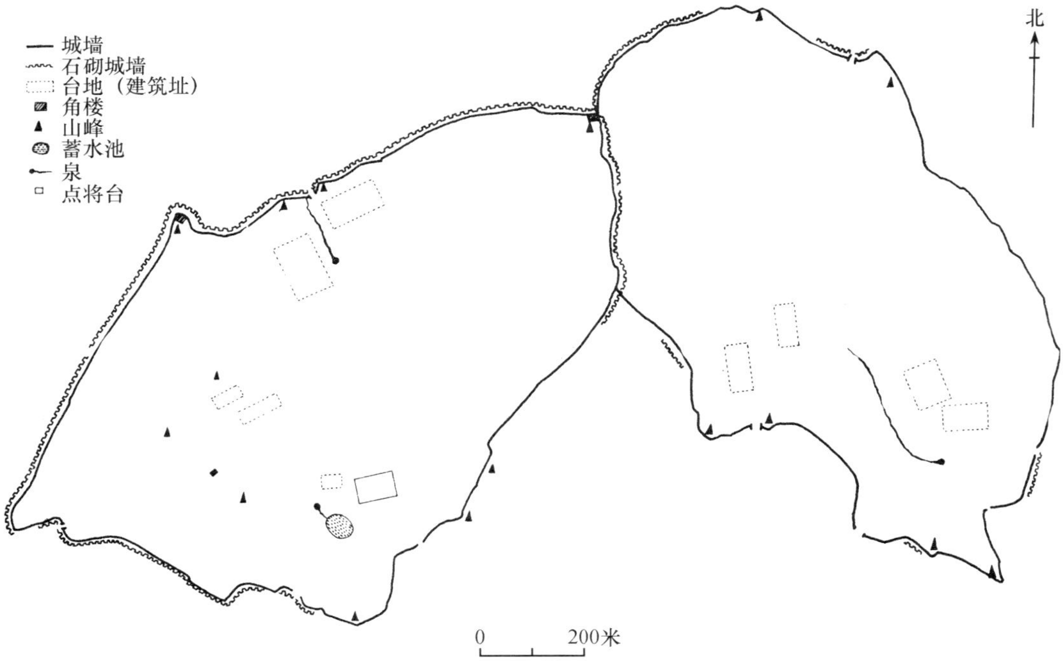

图一八一　罗通山城平面图

距西南城角约350米的南墙中段，城垣自两侧修起，蜿蜒曲折，不“合拢”，形成一段双重墙。外墙直角内折与内墙相抵，接作“匚”形。中间留有长25米，宽8米的空地，内无建筑遗迹。

西城的四角都在峰顶。东北角和西北角有土石堆筑的角楼台基遗迹，高出山峰地表3米左右，顶部与城垣取平，未见任何遗物。西北角楼突出城外，台基长10米，宽8米。东北角楼台基长20米，宽12米，为全城最高点，登上此台基，东西两城尽收眼底。东南与西南两角俱临绝壁，是拱卫南城门的戍堡。东南角之山峰俗称“刀尖砬子”，三面绝壁，与下面山坡的相对高度在30～40米之间。顶上平坦，可俯视通往东城西南门的大路。西南的山峰俗称“鹰嘴砬子”，山势险恶。为往来行走之便，转角处亦砌有低矮城垣。西城有门址两处，南北各一。南门位于南墙西端近城角处。北门位于北墙西部。

西城内尚存台基和蓄水池遗址。台基位于“刀尖砬子”西北的山脊上，呈方形，边长5米。四边用大块石材垒砌，中间填土而成，台西有一片较大的开阔地，曾出土大量铁甲片，应是演兵场。蓄水池遗址位于城南最大的盆地之中，平面呈椭圆形，东西长约50米，南北宽约30米。未见石砌池壁。相传早年池水深可数米，今已淤塞。

城内南北有两处较大的盆地，盆地中各有一泉。北泉水流细小，南泉水流旺盛，向东约50米流入蓄水池中。城内有5个较大的台地，多在东部，大小不一。北门附近的两块台地面积较大，中有泉水流过，是城内主要建筑所在。

东城构筑较简单，城垣多以自然山脊为壁，只在低凹处垒砌短墙，形制不规则。全城平面呈南北狭长的不规则椭圆形。周长3479米。城垣以附近较高山峰为城角。北墙784米，东墙1181米，南墙768米，西墙746米。现存人工垒砌墙段最高处2米，宽4米。西墙北段即西城东墙，长352米。这断墙垣窄小低矮，一般高1米，宽3.5米左右。墙上无门。

东城破坏较严重，未见角楼遗迹。与西城相比较，石材选用及构筑显得粗糙简陋。东城可见门址3处，南墙2、北墙1。北门位于北墙东部，南门共两处，一东一西，间距约300米，均为陡壁的自然豁口。两门外均有陡峭崎岖的小路，成“一夫当关，万夫莫开”之势，城门南部盆地有一泉，水流向西北约300米，消失在洼地中。

山城遗物丰富。主要有陶罐、陶器盖、铁镞、玉环、玉扳指、鎏金带扣、鎏金花饰、瓷片和海贝币、铜贝币及双翼铜镞等物。东西两城属于同一时期遗存。

罗通山城同高句丽的五女山城、丸都山城、霸王朝山城等构筑方式相同。城内建筑、角楼、瓮门及布局与丸都山城近似。罗通山城的墙垣内外壁砌石，中间填土，与集安高句丽国内城的城垣结构相同。城内出土的两件鎏金饰件与集安洞沟古墓群麻线沟1号墓和万宝汀78号墓内出土的鎏金饰件（带扣和花饰）完全相同。几件铁镞与泥质褐陶片也是集安高句丽遗址和墓葬中经常出现的器物。罗通山城为高句丽中晚期城址。[1]

1981年，吉林省人民政府公布此城址为吉林省重点文物保护单位。

---

［1］　吉林省地方志编纂委员会：《吉林省志·卷四十三·文物志》，吉林人民出版社，1991年，第102页。

三、平原城和建筑址

（一）平原城

高句丽平原城，除了与山城拱卫外，多数建于汉、魏旧城之上或在其附近，并且多数平原城远不如山城保存遗迹明显且特征突出，因而相对来说缺少典型意义，且材料较少。

1. 延吉土城子古城和河龙古城

延吉土城子古城，地处吉林省延吉市东北龙井县八道乡土城子村，东部1千米有朝阳河。该城是与延吉山城子山城毗邻的一座平原城。早年于20世纪30年代已发现。已故考古学家李文信先生在《土城村土城的调查鉴定》中，明确指出，延吉土城子古城城墙“夯土中含有高句丽瓦”，同时在城内地表也有“高句丽瓦，有灰色、红色两种”。[1]

土城子古城，为土石混筑平原城，城址呈长方形，周长1800米。城墙以土石混筑，破坏较为严重。西墙和南墙西段，已毁成大车道，东墙和北墙保存较好。现存城基宽7～10、高1～1.5米，门址不详。城内采集有高句丽时期的红褐绳纹瓦、变体“回”字纹板瓦及渤海时期文物。从古城遗存看，应筑于高句丽时代而沿用至渤海时期。在延吉土城子东南1.5千米处，还有河龙古城，平面呈菱形，夯土筑，周长980米。[2]

2. 东团山平原城

东团山平原城，位于吉林市东郊东团山东南麓山下的平地里，俗称“南城子”，为一黄土叠筑的古城。现存城垣近似圆形，除东南墙保存好外，西南墙和西北墙基本毁掉。此城西面无墙，以东团山边缘为屏。东南墙现残高5～6、顶宽约1米。墙外有护城河遗迹。[3]古城踏见有南、北二门，南门宽16、北门宽44米，当为后代拓宽所至。城垣周长约1050米。在南门附近，有一长方形高地，高出地面1～1.5米，南北长150、东西宽73米，当为古城一重要的建筑基址或建筑台基。城内遗物有青铜时代（西团山

---

［1］　朴真奭：《关于东夏国南京的继续探讨——答复景爱同志的商榷意见》，《延边大学学报》1982年第2期，第87页，文中引用李文信对土城村土城的调查。

［2］　王绵厚：《高句丽古城研究》，文物出版社，2002年，第141页。

［3］　王绵厚：《高句丽古城研究》，文物出版社，2002年，第142页。

文化）、汉代和高句丽时期的文物，亦有渤海遗存。[1]

东团山平原城建筑沿用时间长，从其城垣近似“圆栅”，并遗存有汉以前遗物，以及外围有护城壕的遗迹看，当为汉魏时代松花江中游的夫余族居住的汉代旧土城址。高句丽、渤海占据松花江中游后，古城继续沿用，同时成为与东团山山城和后来龙潭山城相拱卫的平原城。东团山平原城靠近吉林市东郊几处重要山城的地理位置和其早期遗迹、遗物的重要性，为考察汉代“夫余王城”之“濊城”及其后代高句丽、渤海的重要镇城或府州城，提供了重要依据。[2]

（二）建筑址

经过正式发掘的高句丽时期的建筑址主要有集安市东台子建筑址和梨树园子南遗址等。

1. 东台子建筑址

位于集安市区东部黄土台地上。台地东西长约500米，南北宽约150米，高出地表8～10米。台地北靠禹山，南面是一片开阔的冲积平原，通集铁路从台地中部穿过。

1958年，吉林省博物馆对遗址进行了清理，发掘面积2000平方米，建筑址的正屋由1号室和2号室组成，中间有一条狭长的由立柱支撑的廊道。正屋东西长35米，南北宽36米。偏房3号室和4号室分别与1号室、2号室相连，形成折尺形的建筑平面（图一八二）。

1号室，正屋的东间，呈长方形，东西长15米，南北宽11米，地基以鹅卵石和黄土铺垫，分层夯实。础石均为板状石块，未加修凿。室外廊道的础石雕琢精细，尚保留3块。础石下面有二到三层鹅卵石，铺成圆形基础。室内中央有一个长方形石座，长0.8米，宽0.6米，高1米。石座露出地面0.6米，石座顶面中央东西向凿出4个长方形凹槽。石座侧面也发现这种凹槽。石座的基部周围铺鹅卵石，面积约4平方米。室内东壁靠近南端发现灶址1处，形状不清，灶址处积有厚厚的灰土和红烧土，灶址附近出土了陶片和铁锅残片。灶址的南面有一长方形灰坑，宽约2米，深0.6米，里面有少许灰烬和碎瓦片。灶址北与烟道相连，烟道沿着东壁下转向北壁，从西端延出室外。烟道四壁下各铺一层鹅卵石，上面用碎瓦片层层垒砌，室外烟道的尽头有一个圆柱形的烟筒，直径1米，底部垫以鹅卵石。此室正东有一门，左右各设一侧门。

2号室，正屋的西间，近方形，东西长15米，南北宽14米。四壁墙基下分布着雕凿

[1] 董学增：《吉林东团山原始、汉、高句丽、渤海诸文化遗存调查简报》，《博物馆研究》1982年第1期，第74页。

[2] 董学增：《吉林东团山原始、汉、高句丽、渤海诸文化遗存调查简报》，《博物馆研究》1982年第1期，第74页。

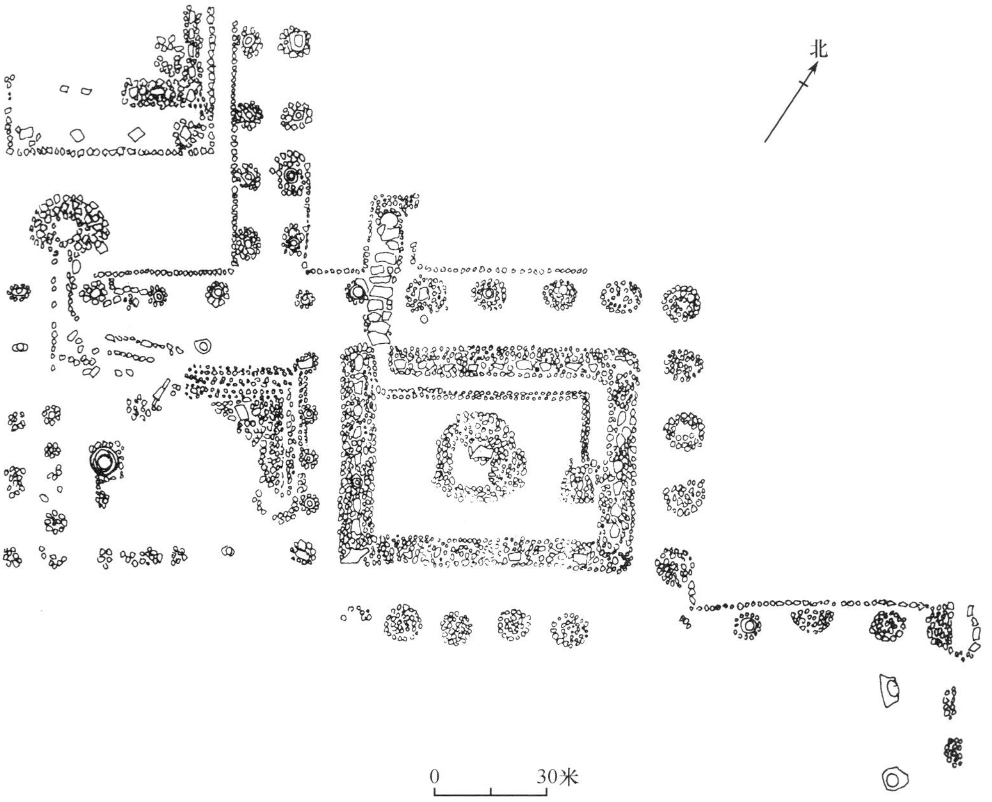

图一八二　东台子建筑址平面图

很好的础石，这些础石多呈方体圆面。每个础石下面铺垫一圈二至三层鹅卵石，础石间隔1至2米。南壁外有1条廊道。靠近北壁是1座大炕，炕墙呈“丁”形，形成两条炕洞。炕墙用瓦片垒砌，坑面铺3～5厘米厚的石板，大都塌碎。炕长11米，宽2米。炕南端有一灶址。室内中央偏西南的地方，有1个雕凿精细的础石，面作覆盆式，下垫鹅卵石。室内出土石臼、铁钉、铁片、铁箭头、陶纺轮、四足带孔陶器及一些陶片。

3号室，在2号室北6米处。该室只有南壁墙基保存尚好，长11米。室平面略呈长方形，分南北二室，南室狭长，北室略宽。房基础石均为板状石块。房基外摆着一层石块，多呈三角形，齐头向外，整齐美观。出土几件铁器，陶器很少。

4号室，在1号室东南。东、南、西三面基础已遭毁坏，北壁尚存一段。此处出土了铁箭头、铁锅残片和陶片。

建筑址规模和格局非一般民用房舍。据《旧唐书》记载，高句丽人“所居必依山谷，皆以茅草葺舍，惟佛寺、神庙及王宫、官府乃用瓦”。遗址出土红瓦片及红色莲花纹、兽面纹、忍冬纹瓦当，说明这组建筑当是佛寺、神庙或王宫、官府。

遗址地处国内城东近郊的黄土台地上，建筑格局和规模与丸都山城内宫殿建筑规模相类似。342年，慕容皝率军攻破丸都城。第二年，高句丽故国原王“移居平壤东黄城”，[1]平壤城指国内城，东台子建筑址可能是“黄城”遗址。“黄城”建筑年代不晚于342年，东台子建筑遗址的建筑年代应为4世纪。[2]

2. 梨树园子南遗址

梨树园子南遗址，原名粮库遗址，亦称党校遗址。位于集安县城北端，梨树园子南，今集安县委党校院内。遗址坐落在一片宽阔的高台上，高出平地约7～10米，高台坡度在5° 左右。遗址北约百米有两座大型封土石室墓，为禹山墓区M3341和M3340。遗址向南可俯视国内城。这里背依禹山，宽阔向阳。

1937年，日本人在集安调查古迹时，当时此地设有兵舍，故又把此处称为“兵舍遗址”。

经实地调查发现遗址表面清晰，东西长约150米，南北宽约80米。在遗址偏西部，有四块东西向排列的巨大的花岗岩础石，在此延长线上的地下，更有大量的础石埋藏。可以推想当年的建筑规模是相当大的。现在地表仍见散布有许多建筑物上用的板瓦、瓦当。

1958年8月原粮库在此遗址上平整晒粮场地时，曾发现过有许多文物，计有：白玉耳杯1件，鎏金箭镞20枚，鎏金器盖1件，鎏金挂钩1件。近年来在遗址中采集到的瓦当很多，多为泥质红色，纹饰有莲纹、忍冬纹、兽面纹。以莲纹瓦当较多，并可分多种形式。从遗址中出土瓦当的形制及陶质、陶色看，与集安东台子遗址、丸都山城内遗址所出土的瓦当基本一致。遗址表面散布的碎瓦片以红色居多，瓦上的纹饰有模印方格纹、席纹、菱形纹等。出土的白玉耳杯经鉴定，系用新疆和田玉磨制而成，磨工精细，造型优美，当为汉代宫中用物，后传入高句丽。遗址出的鎏金箭镞，也是高句丽遗物中的精品，当是高句丽王室贵族所用之物。从整个遗址的建筑规模及其出土遗物推测，可能是一处高句丽时期的官署或王室贵族的居住址。其年代大约为高句丽中期左右。这处遗址，为了解高句丽都城附近的建筑布局，宫殿和官署的设置，提供了有益的资料。[3]

四、墓　葬

吉林省境内现存高句丽遗迹以墓葬的数量最多，集中分布于今集安市境内。1961

[1] 金富轼：《三国史记》，吉林文史出版社，2003年，第220页。

[2] 吉林省地方志编纂委员会：《吉林省志·卷四十三·文物志》，吉林人民出版社，1991年，第35～37页。

[3] 吉林省文物志编委会：《集安县文物志》1984年，第45、46页。

年3月4日，洞沟古墓群被列为全国重点文物保护单位之后，吉林省文物管理委员会、吉林省博物馆组织过多次的调查勘测，并陆续发掘了一批贵族墓葬。20世纪80年代以来，随着基础设施建设的开展和墓葬保护工作的推进，吉林省博物馆、集安博物馆、吉林省文物工作队和吉林省文物考古研究所等又相继进行过多次的发掘及重点墓葬的复查清理，随之陆续发表的材料，成为高句丽研究的重要依据。

高句丽政权以国内城为都的时间长达400余年，据历年调查统计，集安境内迄今共发现高句丽时代墓群85处，墓葬总数13630座，其中保存较好的墓葬10690座。[1]其余墓葬除经发掘之外，多遭不同程度的人为或自然破坏。

（一）墓葬类型

依据墓葬的封埋材料和外部形态，可将高句丽墓葬划分为“积石为封”[2]的积石墓和封土墓两大类。总体来说，积石墓的年代较封土墓为早，在由积石墓向封土墓演变的过程中，墓葬的外部和内部结构均有变化。通过这些变化，我们可以了解高句丽文化与周邻地区以及民族之间的联系。

1. 积石墓

积石墓是根据文献中“积石为封”的记载结合墓葬的外部形态来命名的，是高句丽墓葬的两大类型之一，绝大多数分布于鸭绿江右岸的我国境内。集安发现的高句丽墓葬中，44%是积石墓，[3]以通沟一带最为密集。

（1）积石墓的类型

高句丽积石墓的类型复杂，中外专家学者研究分类不一。要科学划分积石墓的具体类型，既要注意墓葬外部结构的变化，同时还要区分内部结构的不同。综合目前的研究结果，积石墓的外部结构可分为无坛、方坛和阶坛（方坛阶梯）三种。[4]封砌所用的石材有自然石块、卵石和经加工的石材，大小粗精有别。无坛，是先用大的卵石或石块在地表之上堆砌出略呈方形或长方形的边框（或称墓基），再以碎石（小的卵石或石块）将整个墓葬封埋，形成不甚规则的石堆。方坛，是用石条或大型石块在墓葬的四周砌筑出一层规整的台阶后，再于台阶之上以碎石封顶，该结构又被称为有坛或基坛等。阶坛，则是在上述方坛之上用规整的石条或石块再砌筑方坛，通常为三级，亦有更多的，逐级内收呈阶梯状，上再以碎石封顶，也被称为阶台。积石墓按内部结构的不同可分为石圹和石室两种。石圹结构为石砌四壁，上无盖顶石，一般无

---

［1］　孙仁杰、迟勇：《集安高句丽墓葬》，香港亚洲出版社，2007年，第1页。

［2］　陈寿：《三国志》卷三十，中华书局，1982年，第844页。

［3］　张博泉、魏存成：《中国古代民族·考古与疆域》，吉林大学出版社，1998年，第369页。

［4］　魏存成：《高句丽遗迹》，文物出版社，2002年，第146页。

门、无墓道。石室则是上有盖顶石，且有门和墓道。此外，在集安积石墓的发掘中，还发现一些较石圹更为简陋、不见圹坑的墓葬。但不排除遭后代破坏等原因，尚需进一步研究，故而暂不单独作为一种类型列出。综上，将积石墓的外部结构和内部结构相结合，可具体划分为：无坛石圹墓、方坛石圹墓、方坛石室墓、阶坛石圹墓和阶坛石室墓五种类型。其中，外部结构为无坛的可统称为无坛积石墓，是方坛的可统称为方坛积石墓，是阶坛的可统称为阶坛积石墓；内部结构是石圹的可统称为积石石圹墓，是石室的可统称为积石石室墓。[1]

A. 无坛石圹墓

该类型墓外部无坛，内部为石圹。积石规模较小且低矮，石圹底部或与地表平齐，或略高于地表，多为单圹，亦见双圹，石圹上以碎石封护成堆，墓中随葬品较少。此类墓数量较多，据1966年集安洞沟高句丽墓群调查，约占积石墓和封土墓总数的26%、积石墓总数的58%。[2]已发表的墓葬有集安良民M168（图一八三）[3]、集安上活龙古墓3座、下活龙古墓Ⅰ式29座和Ⅱ式5座等（图一八四）。[4]

根据现有的资料推测，这类墓葬可能早在高句丽建国之前就已经存在，其下限可

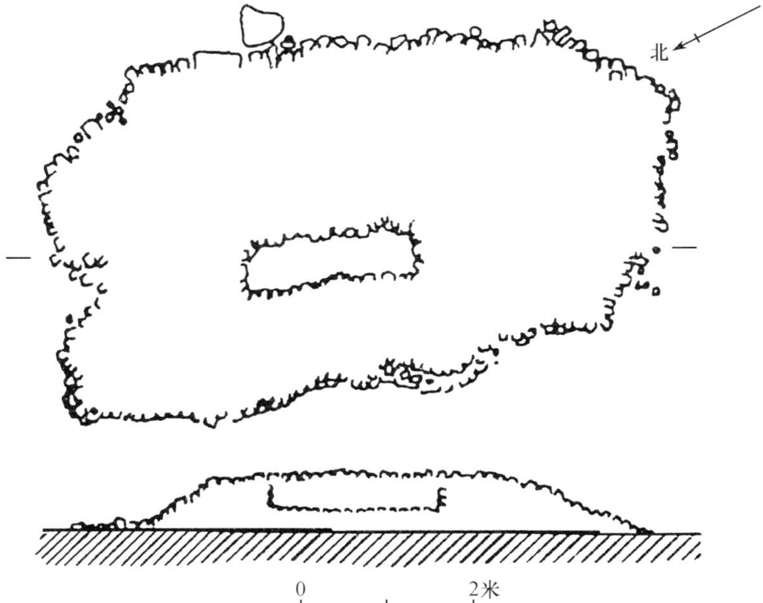

图一八三　良民168号墓平、剖面图

[1] 魏存成：《高句丽遗迹》，文物出版社，2002年，第147页。

[2] 魏存成：《高句丽遗迹》，文物出版社，2002年，第147页。

[3] 李殿福：《集安高句丽墓研究》，《考古学报》1980年第2期，第166页。

[4] 集安县文物保管所：《集安县上、下活龙村高句丽古墓清理简报》，《吉林集安高句丽墓葬报告集》，科学出版社，2009年，第152、156页。

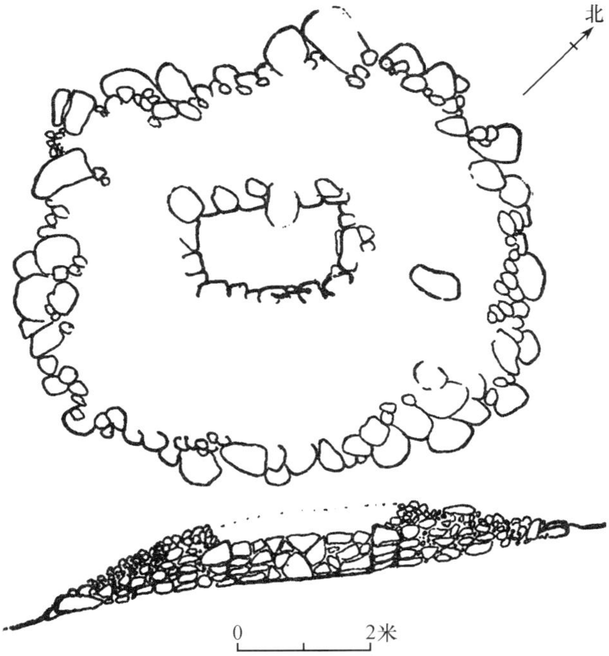

图一八四　下活龙82JXM8平、剖面图

至5世纪。[1]

B. 方坛石圹墓

该类型墓的规模较无坛石圹墓大，内部结构基本与之相同，不同之处在于先用大型石块或石条在墓葬积石的四周砌筑出一层规则的方坛，内部以石块或卵石填平。然后在这一填平的石面上修筑石圹，石圹上再封以碎石。石圹有单圹、双圹或多圹。此类墓已发表的材料较少，目前可见的有集安七星山M879[2]、集安洞沟古墓群山城下墓区M12[3]、集安洞沟古墓群禹山墓区集锡公路墓葬JYM3241[4]（图一八五）、集安洞沟古墓群JSM12[5]等。

关于方坛石圹墓的流行时间，李殿福先生认为其上限最迟不晚于东汉初年。[6]该类型墓的下限，约在5世纪前。[7]

C. 方坛石室墓

该类型墓外部四周为方坛结构，内部为石室。石室位于方坛中部地表，四壁或用规则的长方形石块、石条垒砌而成，或由大块石板竖立而成，上以扁平巨石覆顶，多为平顶，也有抹角叠涩，墓底有的可见不规则的石棺座。同一墓葬墓室有单室或以石壁分隔而成、并行排列的双室、三室之分。墓室各设墓道，墓道多偏向一侧，多室墓的墓道多不相通。最后再以碎石将各墓室一起封护起来。此类墓已发表的材料较

[1] 魏存成：《高句丽遗迹》，文物出版社，2002年，第148页。

[2] 吉林省文物工作队、集安文管所：《1976年集安洞沟高句丽墓清理》，《吉林集安高句丽墓葬报告集》，科学出版社，2009年，第141页。

[3] 孙仁杰：《集安洞沟古墓群三座古墓葬清理》，《吉林集安高句丽墓葬报告集》，科学出版社，2009年，第233页。

[4] 吉林省文物考古研究所、集安市文物保管所：《集安洞沟古墓群禹山墓区集锡公路墓葬发掘》，《吉林集安高句丽墓葬报告集》，科学出版社，2009年，第196页。

[5] 孙仁杰：《集安洞沟古墓群三座古墓葬清理》，《吉林集安高句丽墓葬报告集》，科学出版社，2009年，第233页。

[6] 李殿福：《集安高句丽墓研究》，《考古学报》1980年第2期，第172页。

[7] 魏存成：《高句丽遗迹》，文物出版社，2002年，第150页。

少，可见的有集安榆林河大高力墓子古墓群M21和M31[1]等（图一八六）。

D. 阶坛石圹墓

该类型墓的内部结构与方坛石圹墓大体相同，不同之处在于外部方坛之上再筑方坛，逐级内收，通常为三级，亦有的超过三级，每级方坛成为一级阶梯。石圹多修筑于第一、二级阶梯上，有单圹、双圹和多圹之分，石圹上以碎石封护。此类墓发表的材料较多，典型墓例有集安良民M74（图一八七），[2]集安上活龙M3、M5、M10、M11、M12，[3]集安东大坡M262、M365，[4]集安禹山墓区集锡公路墓葬中的阶坛圹室墓，[5]集安麻线安子沟JMM401、JMAM10，[6]集安禹山墓区YM2112，[7]集安山城下墓区

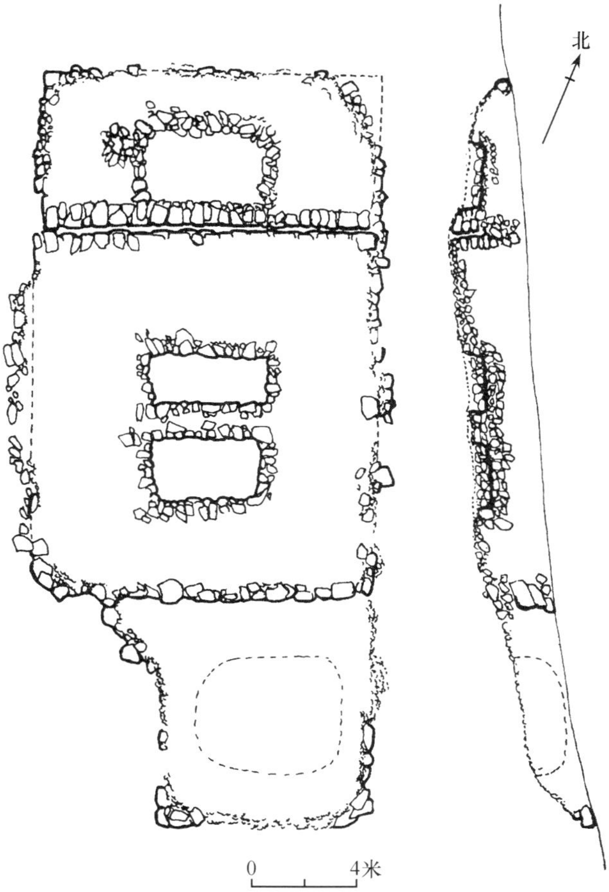

图一八五　集锡公路JYM3241平、剖面图

［1］　曹正榕、朱涵康：《吉林集安榆林河流域高句丽古墓调查》，《吉林集安高句丽墓葬报告集》，科学出版社，2009年，第8页。

［2］　李殿福：《集安高句丽墓研究》，《考古学报》1980年第2期，第168页。

［3］　集安县文物保管所：《集安县上、下活龙村高句丽古墓清理简报》，《吉林集安高句丽墓葬报告集》，科学出版社，2009年，第152页。

［4］　张雪岩：《吉林集安东大坡高句丽墓葬发掘简报》，《吉林集安高句丽墓葬报告集》，科学出版社，2009年，第179页。

［5］　吉林省文物考古研究所、集安市文物保管所：《集安洞沟古墓群禹山墓区集锡公路墓葬发掘》，《吉林集安高句丽墓葬报告集》，科学出版社，2009年，第190页。

［6］　吉林省文物考古研究所、集安市文物保管所：《集安麻线安子沟高句丽墓葬调查与清理》，《吉林集安高句丽墓葬报告集》，科学出版社，2009年，第245、246页。

［7］　集安市博物馆：《集安洞沟古墓群禹山墓区2112号墓》，《吉林集安高句丽墓葬报告集》，科学出版社，2009年，第252页。

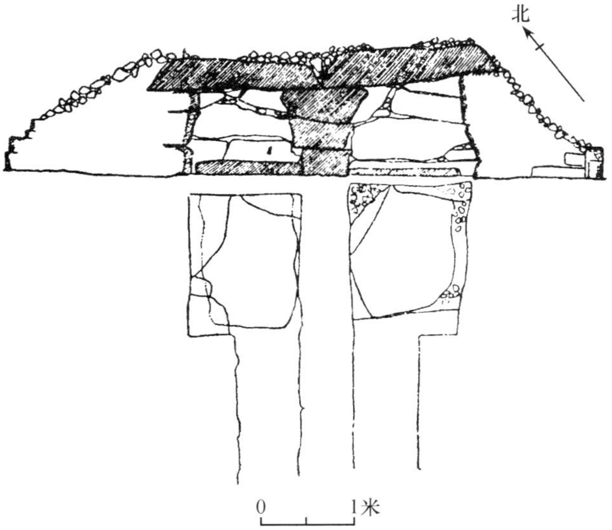

图一八六　高力墓子墓群M31平、剖面图

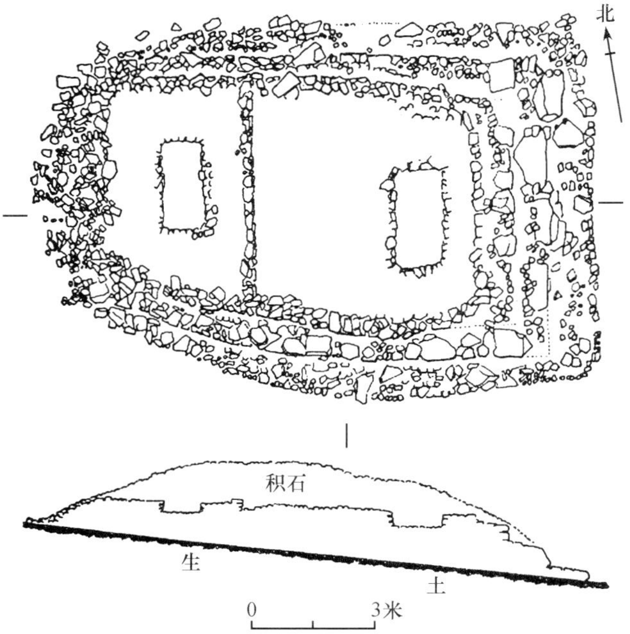

图一八七　集安良民M74平、剖面图

JSZM0001[1]、JSZM145[2]等。

此类墓因所处地势的不同，修筑方式也有所区别。在地势平坦之处，先用经过修整的石条或石块于地表围筑第一级方坛，方坛内填以碎石，填平后于其上四边各收缩一定的距离围筑第二级方坛。以此类推依次围筑第三、四级方坛，这种方式可称之为分层构筑法。典型墓例如集安集锡公路JYM3283。在地势坡度较大之处，于地势较低处砌筑几道石墙，上高下低依次倚护，以防止积石滑落，而在地势较高处则少筑甚至不筑石墙，这种方式可称之为阶墙构筑法。[3]典型墓例如集安良民M74。也存在一座墓同时使用两种修筑方法的情况，如集安东大坡M356。

阶坛石圹墓的排列，往往数座相连，长达数十米甚至百米，有的报告称之为积石串墓。无坛石圹墓和方坛石圹墓也有同样现象。[4]有时在同一相连的串墓中，既有阶坛石圹墓，又有方坛石圹墓；或既有方坛石圹墓，又有无坛石圹墓。

根据目前的研究结果，阶坛石圹墓的出现时间，很可能与方

[1]　吉林省文物考古研究所、集安市博物馆：《集安JSZM0001号墓清理报告》，《吉林集安高句丽墓葬报告集》，科学出版社，2009年，第277页。

[2]　吉林省文物考古研究所、集安市博物馆：《集安JSZM145号墓清理报告》，《吉林集安高句丽墓葬报告集》，科学出版社，2009年，第285页。

[3]　魏存成：《高句丽考古》，吉林大学出版社，1994年，第48页。

[4]　方起东：《高句丽石墓的演进》，《博物馆研究》1985年第2期，第35页。

坛石圹墓基本同时，其年代下限，约在5世纪。[1]

E. 阶坛石室墓

该类墓的砌筑方法为：以加工平整的大石条逐级围砌阶坛，内以碎石填平，各级方坛自下而上渐内收并凿有防止上层石条外移的凸缘。阶坛石周边多加倚护的巨石，每边少则三块，多达五块，以克服砾石重量形成的外张力。墓室均有平整的石条或石块垒砌，由墓道、甬道和墓室组成，个别的还建有耳室。目前已发表的材料较多，较典型墓例的有：集安万宝汀M242[2]、禹山下41号墓[3]、七星山96号墓[4]、折天井墓[5]、太王陵和将军坟（图一八八）等。

此类墓总体的规模较大，边长多在20米以上，最大的可达60米。墓上多有残瓦、瓦当和文字砖，有的墓顶石条上凿有柱洞，原来或有墓上建筑。如将军坟上的柱洞、瓦当和铁链；太王陵上的“愿太王陵安如山固如岳”铭文砖等。阶坛石室墓中还有一种稍小的类型，筑法与上述墓葬相似，但无倚护的巨石，墓上建筑构件，整个墓葬多以碎石封护。典型墓例如折天井墓。

根据已有的研究结果，阶坛石室墓的年代上限约在3世纪末至4世纪初，年代下限约在5世纪。

（2）不同类型积石墓的年代与等级

根据已发表的积石墓资料，结合上文类型划分综合分析，我们可以得出这样的结论：内部为石圹结构的积石墓，其时代上限最迟不晚于东汉初年，下限到四、五两个世纪；内部为石室结构的积石墓，其时代上限不早于3世纪末，下限可到5世纪。同时，墓葬实行纵行排列以及在积石墓中存在火烧迹象的，仅在石圹结构的积石墓中发现，石室结构的积石墓中尚未见。高句丽积石墓的纵行排列，是依地势高低，自上而下依次相接，每行长达几十米甚至百米以上。这种现象，属于原始氏族族葬的遗俗，所以使用这种葬俗的墓葬，时间应较早一些。墓葬中的火烧迹象，一般认为这是火葬所致。由此可知，积石墓的内部结构的变化，所反映的是时间早晚的差别，而非墓葬等级的不同。

积石墓外部结构为无坛和方坛的，其积石边长一般不超过10米，随葬品仅可见少

[1] 魏存成：《高句丽遗迹》，文物出版社，2002年，第152页。

[2] 集安县文管所：《集安万宝汀墓区242号古墓清理简报》，《吉林集安高句丽墓葬报告集》，科学出版社，2009年，第87页。

[3] 吉林省博物馆文物工作队：《吉林集安两座高句丽墓》，《吉林集安高句丽墓葬报告集》，科学出版社，2009年，第37页。

[4] 集安县文物保管所：《集安县两座高句丽积石墓的清理》，《吉林集安高句丽墓葬报告集》，科学出版社，2009年，第48页。

[5] 孙仁杰：《“折天井”墓调查拾零》，《吉林集安高句丽墓葬报告集》，科学出版社，2009年，第176页。

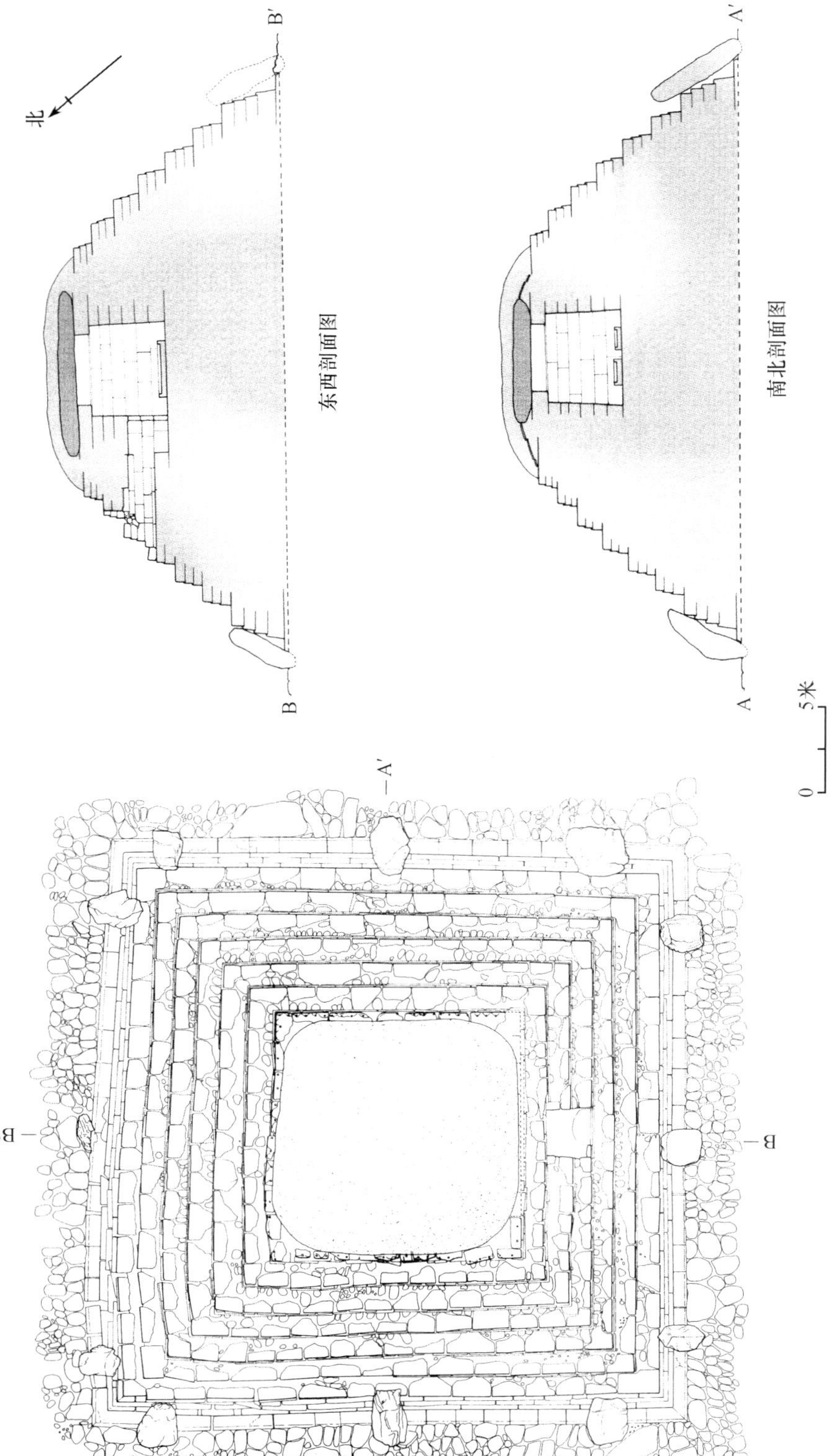

图一八八　将军坟平、剖面图

量陶器和铁器；而外部结构为阶坛的，其积石边长可达20米左右，王陵甚至可至几十米以上，随葬品中除陶器、铁器外，还可见釉陶器和铜器、鎏金器、银器等，个别墓内还发现有精美壁画。如此可见，积石墓外部结构的不同，表现出的应主要是等级的差别。

结合积石墓的内外部结构综合分析，基本可得出如下结论：内部结构为石圹的无坛石圹墓、方坛石圹和阶坛石圹墓（可统称为积石石圹墓），其时代早于内部结构为石室的方坛石室墓和阶坛石室墓（可统称为积石石室墓）。而在等级上，方坛石圹墓与方坛石室墓相当，阶坛石圹墓与阶坛石室墓相当；墓葬发展演变一般是在相同等级中进行。[1]

（3）集安大型积石墓王陵

高句丽积石墓中有数座规模巨大、砌筑考究、属于高句丽王的墓葬，这些大型积石墓王陵绝大部分坐落于集安市区周边的全国重点文物保护单位洞沟古墓群中。文献记载高句丽政权存续七百多年间，共传28王。以集安为都425年，其间至少有18王葬在鸭绿江右岸的墓群中。迄今，已公开发表的有十三座：麻线墓区2378号墓、山城下墓区砖厂36号墓、麻线墓区626号墓、七星山墓区871号墓、临江墓、禹山墓区2110号墓、七星山墓区211号墓、西大墓、禹山墓区992号墓、麻线墓区2100号墓、千秋墓、太王陵和将军坟（图版四，1）。高句丽王陵规模宏巨、陵域广阔，迄今保存最为完整的将军坟是高句丽石构陵墓的巅峰之作，素被称为“东方金字塔”。

2003年在实施“高句丽王城、王陵及贵族墓葬”申报世界文化遗产工作期间，对部分王陵进行了考古勘查、测绘和外围清理，取得了丰硕的成果。同年复查过程中，还在陵墓周边坍塌的积石堆以及石隙中发现了大量文物。其中，带有“辛卯年 好太王”刻铭的铜铃是确认高句丽第19代王好太王陵墓的重要实物证据；同出的大型铜灶、鎏金铜幔帐架世所罕见；鎏金案足、马具、金饰品等是高句丽王陵随葬品仅存的精华。[2]其他王陵发现的大型铁镜、鎏金刀鞘、人形铜辖、铭文砖瓦、瓦当等亦具有重要的科学研究价值。

2. 封土墓

封土墓是高句丽墓葬的两大类型之一。早期高句丽民族多采用积石墓的埋葬方式，中期以后，不断接受外来先进文化的影响，封土墓逐渐代替积石墓，成为高句丽民族埋葬制度的主流。封土墓数量众多，集安现存高句丽古墓中，封土墓所占比例大于55%。[3]

---

［1］　张博泉、魏存成：《东北古代民族·考古与疆域》，吉林大学出版社，1998年，第371页。

［2］　吉林省文物考古研究所：《田野考古集粹——吉林省文物考古研究所成立二十五周年纪念》，文物出版社，2008年，第53页。

［3］　柳岚、张雪岩：《高句丽封土墓研究》，《博物馆研究》2005年第3期，第41页。

（1）封土墓的分布

封土墓的分布，一般多在地势较低缓的山坡、山岗前以及河谷台地与平原地带。或因所处地理环境的不同，封土墓的封土中有的或多或少夹杂一些碎石。封土墓的内部结构，除个别为石棺（石椁）外，绝大多数为石室，故而封土墓又被称为封土石室墓。

（2）封土墓的形制、类型与年代

关于高句丽封土墓类型的划分，早在1958年杨泓先生[1]和1980年李殿福先生[2]先后将高句丽封土墓划分为四种形制：方坛封土石室墓、方坛阶梯封土石室墓、土石混封石室墓、封土石室墓。在此基础上，柳岚和张雪岩两位先生划分出如下四种形制：方坛封土石室墓、方坛阶梯封土石室墓、圆丘形封土石室墓、截尖方锥形（覆斗形）封土石室墓，[3]各形制墓葬具体内容如下：

方坛封土墓

数量不多，仅限于调查。该类墓的墓基四边用大型山石砌筑出一层方形基坛，在基坛上砌筑石室。又可分为二式。

Ⅰ式：方坛圆丘封土石室墓，也有仅在四角砌有方坛的封土墓，这种墓形制较小，保留有方坛积石墓的特点。未见发掘清理，仅限调查。例如：集安洞沟古墓群山城下墓区M1333号墓，位于丸都山城东南墙根下。2001年调查时发现该墓，早年被盗，墓外四边从四角看原有石砌基坛，基坛东西9.8米，南北8.8米，墓残高3.5米。墓门开在正南，已被打开，墓道开在南壁西侧。墓室平面为刀形，长2.48米，宽2.04米，高2.3米，以一块大石盖顶。墓室以较大的石块垒砌，用白灰勾缝，墓底以小河卵石铺底，似掺有白灰，未发现随葬品。

Ⅱ式：方坛截尖方锥形（覆斗形）封土石室墓。典型墓例为集安洞沟古墓群禹山墓区M2115，位于禹山村的田地内。2001年10月调查，该墓可能有壁画。墓四周有墓域，方坛现已不清，东北角墓基仅存有大石块，而南面基坛较为清晰，南北宽7米，东西长44.5米，高出地表约0.5米，形成一个很宽的基坛。该墓存高8.5～8.7米，周长约175米。墓顶为一边长约3米的正方形平台，应为截尖方锥形（覆斗形）封土墓。墓坛南北43米，东西44.5米，基本呈正方形。

方坛阶梯封土墓（以下简称阶坛封土墓）

数量较少，均为二层以上阶坛，其上为封土。根据内部结构的不同分为二式：

Ⅰ式：为阶坛刀形双室封土大型墓，典型墓例为山城下墓区M634（图一八九）。

Ⅱ式：为阶坛封土墓中的铲形双室中型墓，典型墓例为七星山墓区M65、M66

[1] 杨泓：《高句丽壁画石墓》，《文物参考资料》1958年第4期，第12页。

[2] 李殿福：《集安高句丽墓研究》，《考古学报》1980年第2期，第167页。

[3] 柳岚、张雪岩：《高句丽封土墓研究》，《博物馆研究》2005年第3期，第42页。

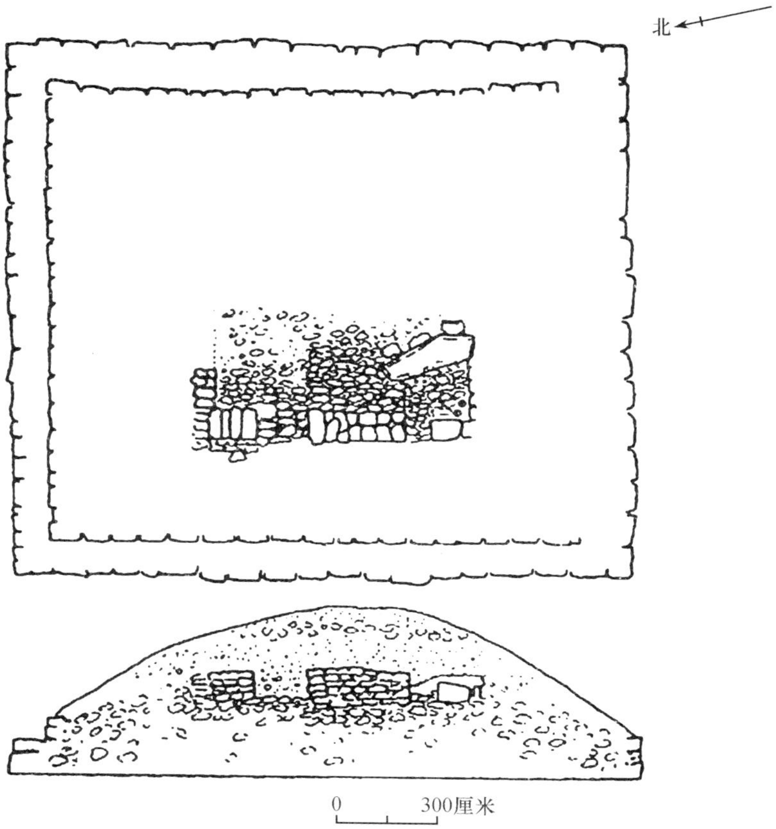

图一八九　山城下墓区M634平、剖面图

（为一座封土两个墓室）（图一九〇）。[1]

以上两种类型的封土墓，明显具有积石墓的特点。方坛、阶坛是高句丽本民族的特点，又接受了中原汉文化封土墓的影响，应该是石墓向封土墓过渡的墓葬。而阶坛封土墓山城下M634，墓室位于墓顶部，又是双室刀形，要早于铲形墓。该类型的封土墓是高句丽墓葬演变发展中从石圹到土圹的一个重要环节，是封土石室墓的初级阶段，年代应在3世纪中叶。

圆丘形封土墓

该类墓数量较多，清理发掘的也多为此类墓葬。属于高句丽中、小型封土墓，封土大多已滑落，出露盖顶石。多为异穴同封，墓室有单室、双室、三室之分。墓室平面有长条形、刀形和铲形，墓的藻井又有平盖顶、叠涩顶和抹角叠涩顶之别，具体如下：

[1] 集安市文物保管所：《吉林省集安洞沟古墓群七星山墓区两座古墓的考察》，《吉林集安高句丽墓葬报告集》，科学出版社，2009年，第237页。原报告认定为“是两座修筑在阶坛积石墓上的封土石室墓”，这里采用柳岚、张雪岩两位先生的观点，参见柳岚、张雪岩：《高句丽封土墓研究》，《博物馆研究》2005年第3期，第44页。

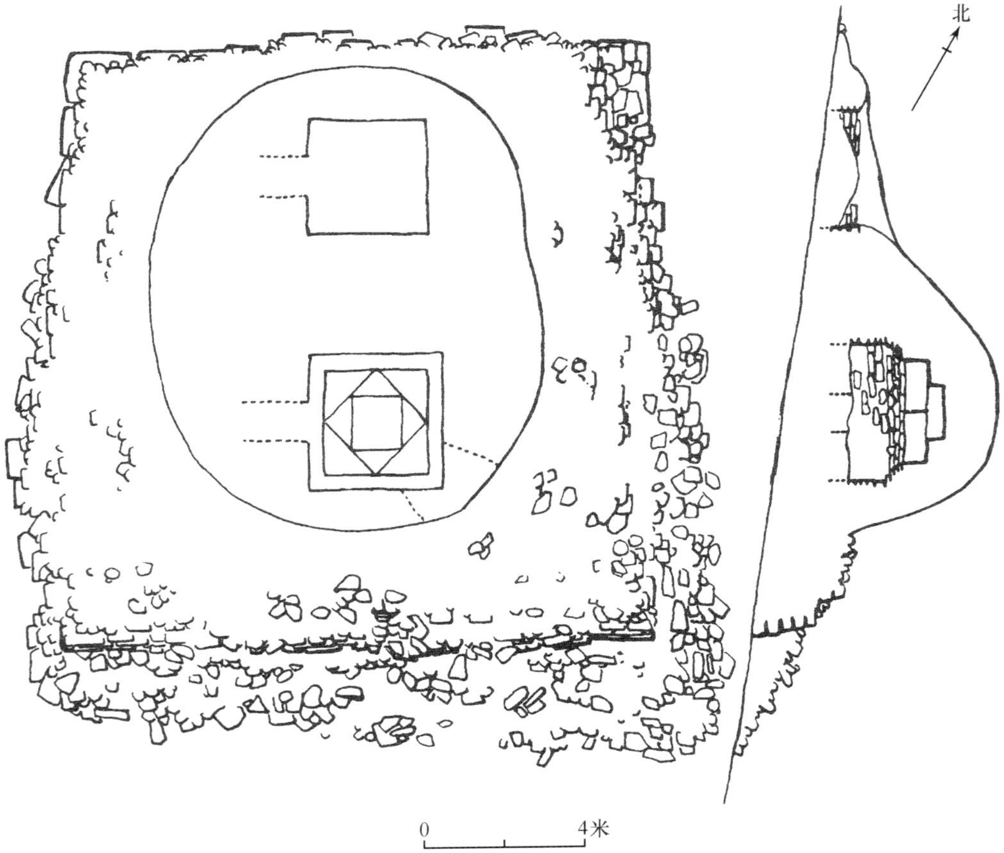

图一九〇　七星山墓区M65、M66平、剖面图

①单室墓：墓室平面有长条形、刀形、铲形，藻井有平盖顶、穹窿顶、叠涩顶、抹角叠涩顶。

第一种平盖顶：墓室多为长条形和刀形，也有铲形。均为小型墓葬，可分为三式。

Ⅰ式：长条形墓室。数量很少，墓的规模很小，构筑简单，墓顶为平盖顶。典型墓例如禹山墓区集锡公路JYM1416（图一九一，1）。[1]

Ⅱ式：刀形墓室。墓室矮小，长度一般不超过2米，宽约1.5米，高1米，平盖顶。典型墓例如集安洞沟古墓群山城下墓区M331（图一九一，2）。[2]

Ⅲ式：铲形墓室，数量很少。典型墓例为洞沟古墓群禹山墓区JYM2890（图

[1]　吉林省文物考古研究所、集安市文物保管所：《集安洞沟古墓群禹山墓区集锡公路墓葬发掘》，《吉林集安高句丽墓葬报告集》，科学出版社，2009年，第208页。

[2]　吉林省文物工作队、集安文管所：《1976年集安洞沟高句丽墓清理》，《吉林集安高句丽墓葬报告集》，科学出版社，2009年，第141页。

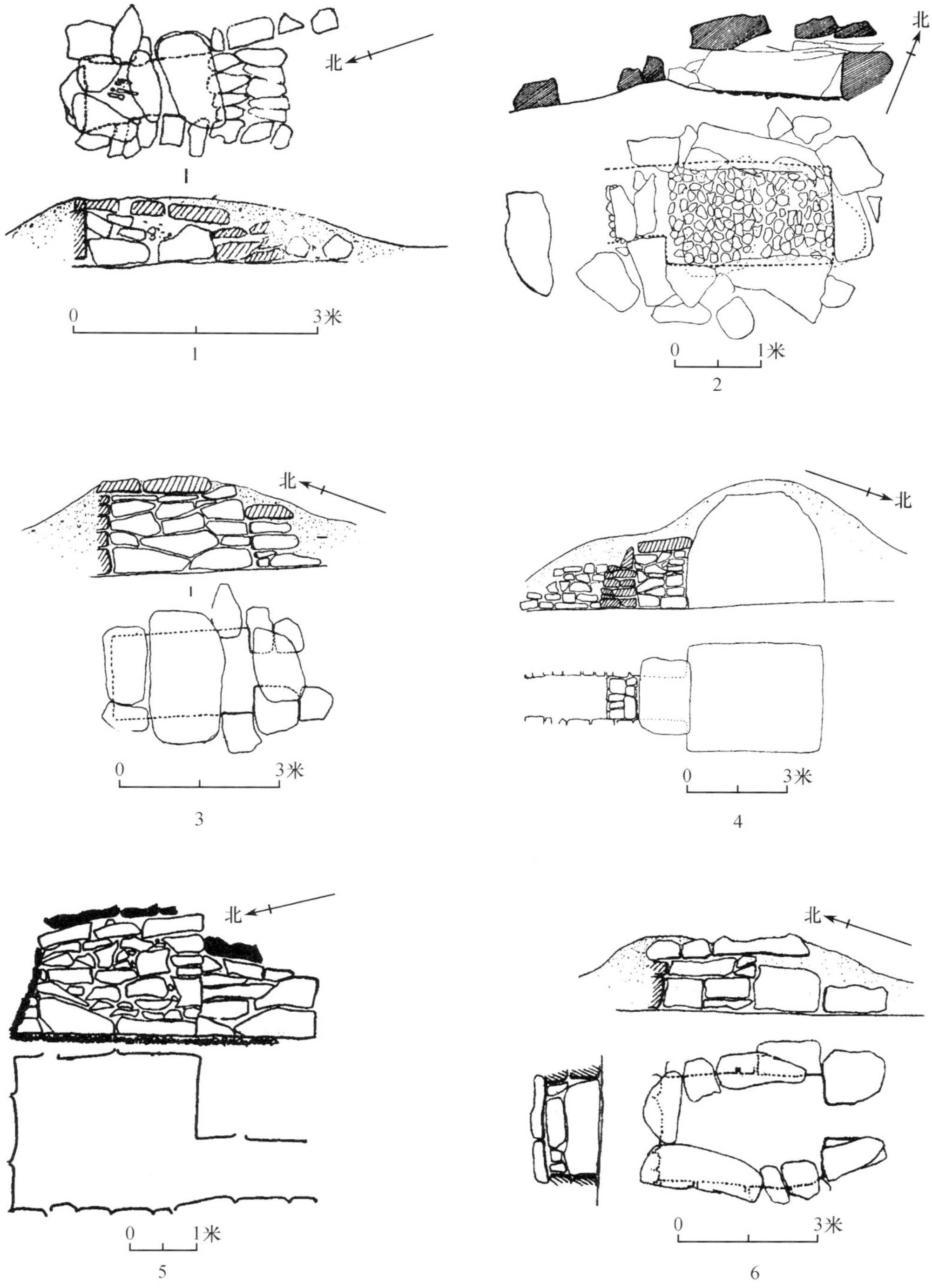

图一九一　圆丘形封土墓单室

1. 禹山墓区 JYM1416　2. 山城下墓区 M331　3. 禹山墓区 JYM2890　4. 禹山墓区 JYM1339
5. 麻线沟墓区 M1479　6. 禹山墓区 JYM326

一九一，3）。[1]

第二种穹窿顶：发现很少，典型墓例为集安洞沟古墓群禹山墓区M1339（图一九一，4）。[2]

第三种叠涩顶：可分为二式：

Ⅰ式：刀形墓室，可以集安麻线沟墓区M1479为例（图一九一，5）。[3]

Ⅱ式：铲形墓室，典型墓例如集安洞沟古墓群禹山墓区JYM326（图一九一，6）。[4]

第四种抹角叠涩顶：此种墓属大墓，也是发展最完善的墓室结构，可分为二式。

Ⅰ式：墓室为刀形，墓顶藻井抹角叠涩，抹一角、二角、三角或四角不等，还有三层平行叠涩，在上一层出现抹角，再以巨石封顶。墓底多平铺有河卵石或小石板，个别铺有木炭。墓室内壁涂白灰。墓室长一般为2.5米，宽1.9米，高1.8米。典型墓例如集安山城下墓区M325（图一九二，1）。[5]

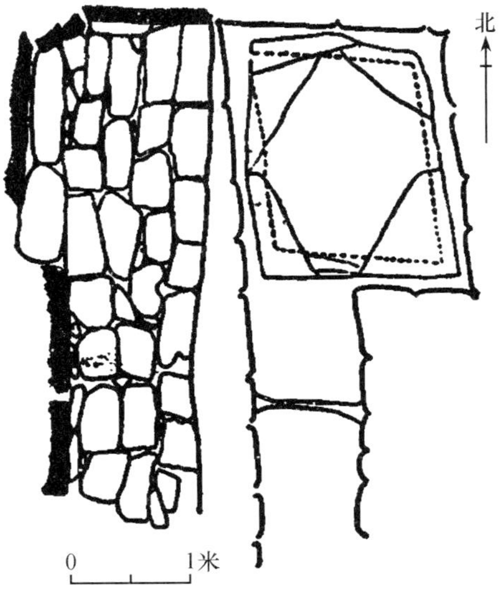

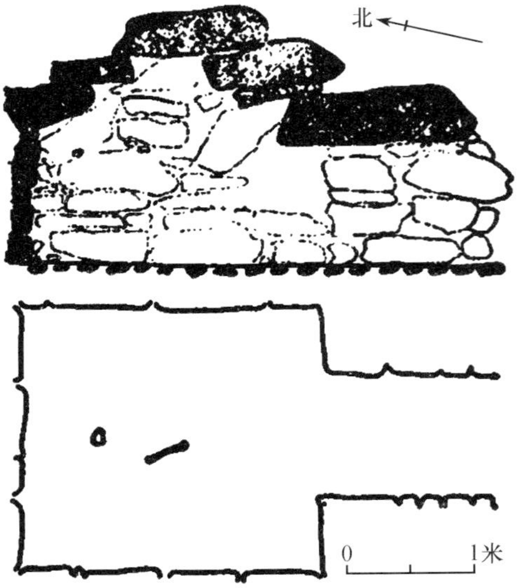

图一九二　圆丘形封土墓单室

1. 抹角叠涩顶Ⅰ式：山城下墓区 M325　2. 抹角叠涩顶Ⅱ式：禹山墓区 M840

[1]　吉林省文物考古研究所、集安市文物保管所：《集安洞沟古墓群禹山墓区集锡公路墓葬发掘》，《吉林集安高句丽墓葬报告集》，科学出版社，2009年，第208页。

[2]　吉林省文物考古研究所、集安市文物保管所：《集安洞沟古墓群禹山墓区集锡公路墓葬发掘》，《吉林集安高句丽墓葬报告集》，科学出版社，2009年，第208页。

[3]　吉林省文物工作队、集安文管所：《1976年集安洞沟高句丽墓清理》，《吉林集安高句丽墓葬报告集》，科学出版社，2009年，第142页。

[4]　吉林省文物考古研究所、集安市文物保管所：《集安洞沟古墓群禹山墓区集锡公路墓葬发掘》，《吉林集安高句丽墓葬报告集》，科学出版社，2009年，第208页。

[5]　吉林省文物工作队、集安文管所：《1976年集安洞沟高句丽墓清理》，《吉林集安高句丽墓葬报告集》，科学出版社，2009年，第143页。

Ⅱ式：铲形墓室，墓顶藻井一般叠涩2～6层，抹角1～4层。营造考究，高大宽敞。属于高句丽大型墓，墓主身份较为显贵。典型墓例如集安洞沟古墓群禹山墓区M840（图一九二，2）。[1]

②双室墓：即异穴同封，两个并排墓室处于同一封土之下。墓室平面有长条形、长条形与刀形、刀形、刀形与铲形、铲形双室之分。藻井又可分为平盖顶、叠涩顶、抹角叠涩顶之分。该类型墓以1976年清理的集安洞沟高句丽墓材料最为集中，可分为五式。[2]

Ⅰ式：长条形双室墓，平盖顶。墓室矮小，窄长。典型墓例如集安洞沟古墓群禹山墓区M678（图一九三，1）。[3]

Ⅱ式：一为长条形墓室，平盖顶；另一墓室为刀形，叠涩顶。典型墓例如集安洞沟古墓群禹山墓区M733（图一九三，2）。[4]

Ⅲ式：刀形双室墓，有两"刀背"相对，也有两"刀刃"朝同一方向。墓底铺碎石或石板，叠涩顶。典型墓例如集安洞沟墓群禹山墓区M711（图一九三，3）。[5]

Ⅳ式：铲形双室墓，叠涩顶。该类墓都较大，属高句丽中型封土墓。典型墓例如集安麻线墓区M1440（图一九三，4）。[6]

Ⅴ式：两墓室同为刀形或铲形，墓顶均为抹角叠涩式。典型墓例如麻线墓区M1437（图一九三，5）。[7]

③三室墓：封土均比较大，现已发掘清理的很少，可分二式。

Ⅰ式：一铲形墓室与两刀形墓室同组成一异穴同封封土墓。典型墓例如集安麻线墓区M1445（图一九四，1）。[8]

---

[1] 吉林省文物工作队、集安文管所：《1976年集安洞沟高句丽墓清理》，《吉林集安高句丽墓葬报告集》，科学出版社，2009年，第143页。

[2] 吉林省文物工作队、集安文管所：《1976年集安洞沟高句丽墓清理》，《吉林集安高句丽墓葬报告集》，科学出版社，2009年，第140～150页。

[3] 吉林省文物工作队、集安文管所：《1976年集安洞沟高句丽墓清理》，《吉林集安高句丽墓葬报告集》，科学出版社，2009年，第144页。

[4] 吉林省文物工作队、集安文管所：《1976年集安洞沟高句丽墓清理》，《吉林集安高句丽墓葬报告集》，科学出版社，2009年，第144页。

[5] 吉林省文物工作队、集安文管所：《1976年集安洞沟高句丽墓清理》，《吉林集安高句丽墓葬报告集》，科学出版社，2009年，第145页。

[6] 吉林省文物工作队、集安文管所：《1976年集安洞沟高句丽墓清理》，《吉林集安高句丽墓葬报告集》，科学出版社，2009年，第145页。

[7] 吉林省文物工作队、集安文管所：《1976年集安洞沟高句丽墓清理》，《吉林集安高句丽墓葬报告集》，科学出版社，2009年，第145页。

[8] 吉林省文物工作队、集安文管所：《1976年集安洞沟高句丽墓清理》，《吉林集安高句丽墓葬报告集》，科学出版社，2009年，第145页。

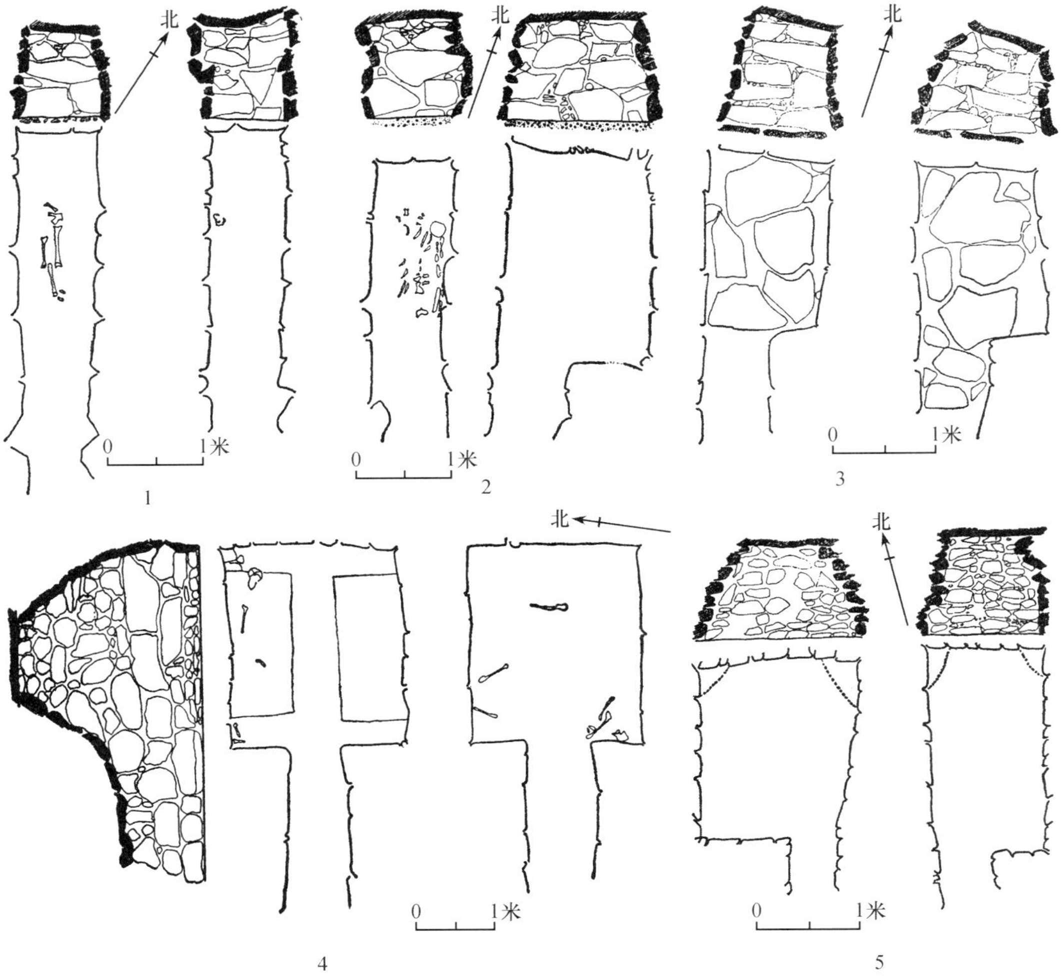

图一九三　圆丘形封土墓双室

1. Ⅰ式：禹山墓区 M678　2. Ⅱ式：禹山墓区 M733　3. Ⅲ式：禹山墓区 M711　4. Ⅳ式：麻线墓区 M1440　5. Ⅴ式：麻线墓区 M1437

Ⅱ式：三个墓室平面均为刀形，但墓顶有叠涩式和抹角叠涩式之分。典型墓例如集安麻线墓区M1447（图一九四，2）。[1]

截尖方锥形（覆斗形）封土墓

该类型墓均为高句丽封土大墓，且多为壁画墓，墓室结构复杂，出现有耳室、前室、主室等。应是王陵或皇室贵族的墓葬。

通过以上封土墓形制类型的划分和分析，可以看出封土墓的墓室由矮小向高大发

［1］　吉林省文物工作队、集安文管所：《1976年集安洞沟高句丽墓清理》，《吉林集安高句丽墓葬报告集》，科学出版社，2009年，第145页。

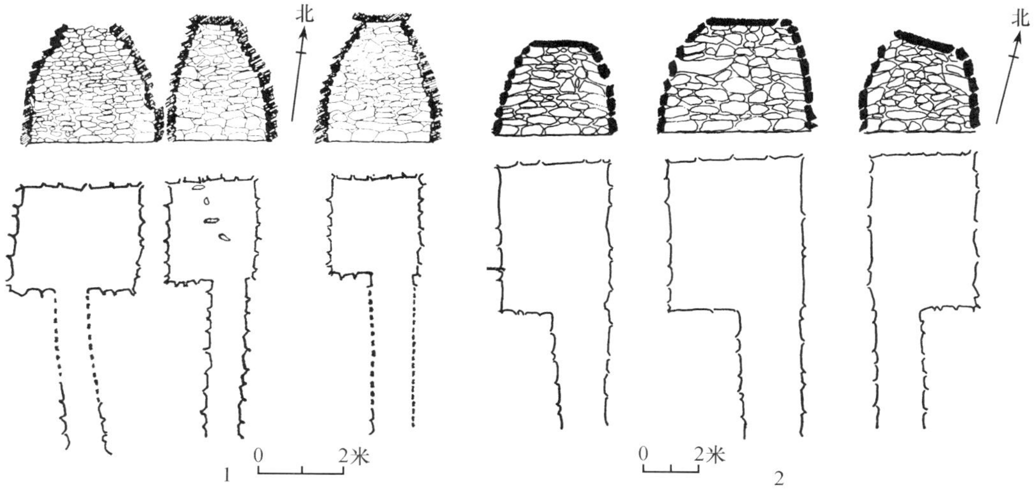

图一九四　圆丘形封土墓三室
1. Ⅰ式：麻线墓区 M1445　2. Ⅱ式：麻线墓区 M1447

展，墓顶从简单的平盖顶向复杂的叠涩顶和抹角叠涩顶转变。并且平盖顶的墓只存在于墓室平面为长条形和一部分刀形、铲形墓中，而且墓葬较大，多属中型，墓壁多用白灰勾缝，墓室所用石材较大，有的还经加工，反映了封土墓的演进。

双室墓中出现了长条形双室墓或一个长条形、一个刀形，一个刀形与一个铲形的异穴同封双室墓，尚未发现长条形墓室与铲形墓室同在一个封土中的现象，由此推测刀形墓室应是介于长条形墓室和铲形墓室之间的一种形制。长条形墓室的墓均为平顶，矮小，简陋，无葬具，保留较多高句丽早期特点。所以，这种墓存在的时间应该不会太长，很快向刀形和铲形叠涩式顶的封土墓演进。而集安地区封土墓中，平盖顶要早于叠涩顶墓，所以，长条形要早于刀形，铲形墓最晚；平盖顶早于叠涩顶，抹角叠涩顶最晚。综合以上分析，柳岚和张雪岩先生认为封土墓存在的年代应为3世纪中叶～6世纪以后。[1]

（3）封土石室壁画墓的类型、分期与年代

迄今为止，吉林省境内已发现并著录的高句丽壁画古墓有36座，其中除了6座为积石石室墓、1座为积石砖室墓外，其余皆为封土石室墓。具体名称如下：

禹山墓区：① 角抵墓（JYM0457）
② 舞踊墓（JYM0458）
③ 马槽墓（通沟12号墓JYM1894）
④ 三室墓（JYM2231）
⑤ 散莲花墓（JYM1896）

[1]　柳岚、张雪岩：《高句丽封土墓研究》，《博物馆研究》2005年第3期，第51页。

⑥ 四神墓（JYM2113）
⑦ 五盔坟4号墓（JYM2104）
⑧ 五盔坟5号墓（JYM2105）
⑨ JYM2174

山城下墓区：⑩ 龟甲墓（JSM1304）
⑪ 美人墓（JSM1296）
⑫ 王字墓（JSM0332）
⑬ 莲花墓（JSM0983）
⑭ JSM0365
⑮ JSM0491
⑯ JSM1020
⑰ JSM1305
⑱ JSM1407

万宝汀墓区：⑲ JWM0645
⑳ JWM0709
㉑ JWM1022
㉒ JWM1368

麻线墓区：㉓ 麻线1号墓（JMM0001）

下解放墓区：㉔ 冉牟墓（JXM0001）
㉕ 下解放31号墓（JXM0031）
㉖ 环纹墓（JXM0033）

长川墓区：㉗ 长川1号墓（JCM0001）
㉘ 长川2号墓（JCM0002）
㉙ 长川4号墓（JCM0004）

1）封土石室壁画墓的类型

对于高句丽壁画墓的研究，早在1958年杨泓先生就进行了系统的分析；[1]到1980年李殿福先生又根据多年的实地考察，做了更深入的研究探讨；[2]2001年魏存成先生又做了相应的梳理和研究分析，[3]基本的研究思路脉络是一致的。因没有明确纪年的墓，以往的研究多注重壁画内容演变的分析。从结构方面看，高句丽封土壁画墓的封土多呈截尖方锥形（覆斗形）。墓室有异穴同封双室，也有同穴同封双室或三室。墓室平面多铲形，且多带有双耳室。墓顶藻井有四阿式、叠涩穹窿式、平行叠涩小抹角

[1] 杨泓：《高句丽壁画石墓》，《文物参考资料》1958年第4期，第14页。
[2] 李殿福：《集安高句丽墓研究》，《考古学报》1980年第2期，第163页。
[3] 魏存成：《近年来我国高句丽考古的主要发现与研究》，《东北亚论坛》2001年第1期，第90页。

式、大抹角叠涩式。2005年，柳岚和张雪岩两位先生根据墓室结构与藻井的变化，将集安高句丽封土壁画墓分为五式，[1]具体如下：

Ⅰ式：刀形墓室，藻井为四阿式。仅集安洞沟古墓群万宝汀墓区M1368[2]一例（图一九五，1）。

Ⅱ式：铲形墓室，带耳室。藻井为叠涩穹窿式。典型墓例如角抵墓[3]（图一九五，2）、舞踊墓。[4]

Ⅲ式：铲形墓室，带耳室。藻井为平行叠涩式。典型墓例如麻线1号墓[5]（图一九五，3）、长川2号墓[6]、山城下332号墓。[7]

Ⅳ式：铲形墓室，带耳室，藻井为叠涩小抹角式。典型墓例如三室墓[8]（图一九六，1）、莲花墓[9]、长川1号墓[10]、龟甲墓[11]、散莲花墓[12]等。

Ⅴ式：铲形墓室，多单室。藻井为大抹角叠涩式。典型墓例如五盔坟4号（图

[1] 柳岚、张雪岩：《高句丽封土墓研究》，《博物馆研究》2005年第3期，第51页。

[2] 李殿福：《集安洞沟三座壁画墓》，《吉林集安高句丽墓葬报告集》，科学出版社，2009年，第121页。

[3] 吉林省文物考古研究所、集安市博物馆：《洞沟古墓群1997年调查测绘报告》，科学出版社，2002年，第38页。

[4] 吉林省文物考古研究所、集安市博物馆：《洞沟古墓群1997年调查测绘报告》，科学出版社，2002年，第38页。

[5] 吉林省文物考古研究所、集安市博物馆：《洞沟古墓群1997年调查测绘报告》，科学出版社，2002年，第146页。

[6] 吉林省文物工作队：《吉林集安长川二号封土墓发掘纪要》，《考古与文物》1983年1期，第435页。

[7] 吉林省文物考古研究所、集安市博物馆：《洞沟古墓群1997年调查测绘报告》，科学出版社，2002年，第84页。

[8] 吉林省文物考古研究所、集安市博物馆：《洞沟古墓群1997年调查测绘报告》，科学出版社，2002年，第61页。

[9] 吉林省文物考古研究所、集安市博物馆：《洞沟古墓群1997年调查测绘报告》，科学出版社，2002年，第92页。

[10] 吉林省文物工作队、集安县文物保管所：《集安长川一号壁画墓》，《东北考古与历史》1982年第1辑，第430页。

[11] 吉林省文物考古研究所、集安市博物馆：《洞沟古墓群1997年调查测绘报告》，科学出版社，2002年，第96页。

[12] 吉林省文物考古研究所、集安市博物馆：《洞沟古墓群1997年调查测绘报告》，科学出版社，2002年，第57页。

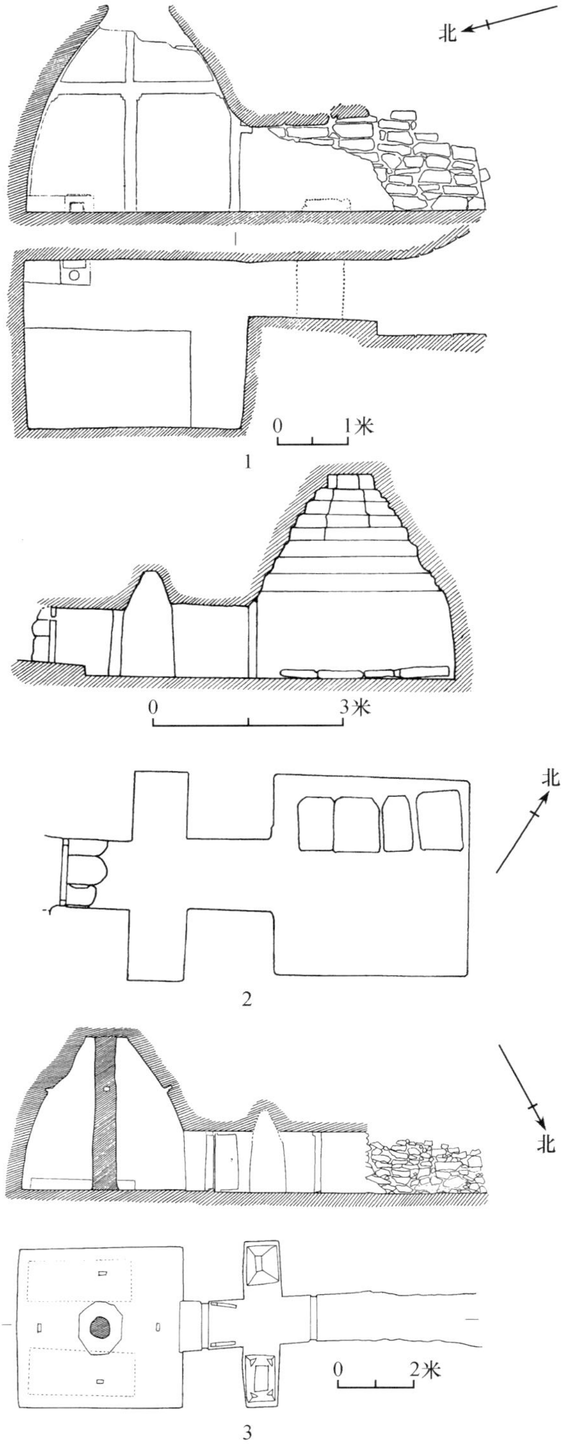

图一九五　集安壁画墓平、剖面图

1. Ⅰ式：万宝汀墓区 M1368　2. Ⅱ式：角抵墓　3. Ⅲ式：麻线 1 号墓

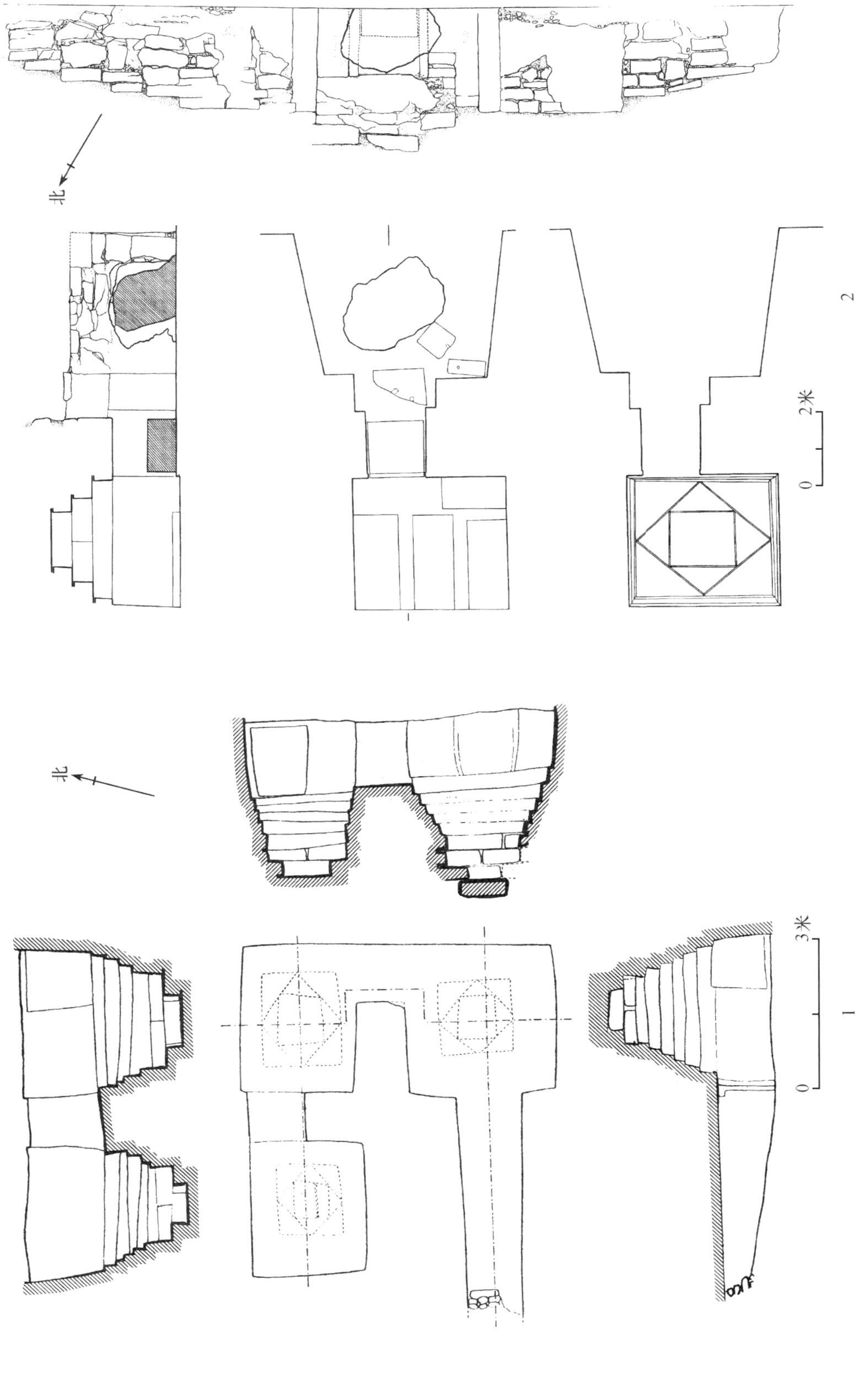

图一九六　集安壁画墓平、剖面图
1. Ⅳ式：禹山墓区三室墓　2. Ⅴ式：五盔坟4号墓

一九六，2）和5号墓，[1]四神墓[2]等。

2）封土壁画墓的分期与年代

中国学者是最早对高句丽壁画墓进行年代与分期研究的。1958年杨泓先生在《高句丽壁画石墓》[3]一文中，论述了高句丽壁画石墓的渊源、壁画的形制和内容，并对高句丽壁画墓进行了分期研究，分为三期。1980年，李殿福先生将集安高句丽封土石室壁画墓分为早、中、晚三期。[4]方起东先生根据集安境内发现的高句丽壁画古墓的结构和特点，将其分为四期。魏存成先生根据墓葬形制结构和壁画的变化，将集安和桓仁的壁画墓划分为四期。[5]2002年，方起东和刘萱堂先生将集安高句丽壁画古墓分为四期，其分期依据不仅有墓葬结构、壁画内容，还涉及了少量的出土文物。[6]2005年，柳岚和张雪岩先生在已有研究的基础上也将集安高句丽封土壁画墓分为四期，[7]具体划分如下：

第一期（初创期）：仅发现一座集安洞沟古墓群万宝汀1368号墓，墓顶为四阿式，墓室平面为刀形。壁画内容只作简单的仿木结构的墨色梁架和墨柱，属于壁画墓类型的Ⅰ式，出土石灶一件。年代应为3世纪中叶。

第二期（早期）：铲形墓室，墓顶为穹窿式。壁画绘于白灰面上，内容多表现墓主人的起居生活，如宴饮、歌舞、角抵、出行、狩猎、日、月、星辰等。属壁画墓类型的Ⅱ式。存在时间应为4世纪中叶（图一九七）。

第三期（中期）：墓顶为带小抹角的平行叠涩，墓室多带耳室。壁画内容中除生活题材外，莲花、飞天等佛教内容增加，四神题材出现但居于次要地位。这一时期是高句丽壁画墓大发展时期。出土成组釉陶器和各种鎏金饰件。应为壁画墓类型的Ⅲ～Ⅳ式，存在时间为4世纪中叶～5世纪中叶（图一九八、一九九）。

第四期（晚期）：墓室多单室，无耳室。墓顶为大抹角叠涩式。壁画直接绘在墓室石壁上，以四神题材为主。属壁画墓类型的Ⅴ式，年代应在5世纪中叶～6世纪中叶，最晚可至七世纪（图二〇〇～二〇二）。

---

[1] 吉林省文物考古研究所、集安市博物馆：《洞沟古墓群1997年调查测绘报告》，科学出版社，2002年，第59页。

[2] 吉林省文物考古研究所、集安市博物馆：《洞沟古墓群1997年调查测绘报告》，科学出版社，2002年，第60页。

[3] 杨泓：《高句丽壁画石墓》，《文物参考资料》1958年第4期，第14页。

[4] 李殿福：《集安高句丽墓研究》，《考古学报》1980年第2期，第176页。

[5] 魏存成：《高句丽遗迹》，文物出版社，2002年，第187页。

[6] 方起东、刘萱堂：《集安下解放第31号高句丽壁画墓》，《吉林集安高句丽墓葬报告集》，科学出版社，2009年，第248页。

[7] 柳岚、张雪岩：《高句丽封土墓研究》，《博物馆研究》2005年第3期，第51页。

1

2

图一九七　集安封土壁画墓壁画

1. 舞踊墓：舞蹈图　2. 角觝墓：牛车图

（二）墓葬类型的演变

前文已述，高句丽墓葬依据外部形态和封埋材料的不同，可以分为积石墓和封土墓两个大的类别。依据内部结构和形制的不同，又可以分别划分为不同的类型。其中，积石石圹墓年代最早，应是高句丽本民族固有的墓葬类型。最初依山修筑简单的积石墓，而后开始一层基墙即为坛，以适应封堆加高的需要。后来封堆渐趋高大，墓葬外部形态也随之由方坛演变为阶坛，内部也由石圹演变为石室。中、小型无壁画封土石室墓的上限，大体与积石石室墓出现的时间相当，下限可至高句丽灭亡之后。大、中型有壁画封土石室墓的时代大致在4世纪中叶至7世纪初。高句丽墓葬的演变，经历了由积石石圹、到积石石室之后演变为封土石室墓的这样一个过程。由石圹向石室、积石向封土的转变，几乎是同时进行的。[1]高句丽墓葬类型的演变，与高句丽自身势力的发展密不可分，同时也受到外部文化的影响。

［1］　魏存成：《高句丽考古》，吉林大学出版社，1994年，第85页。

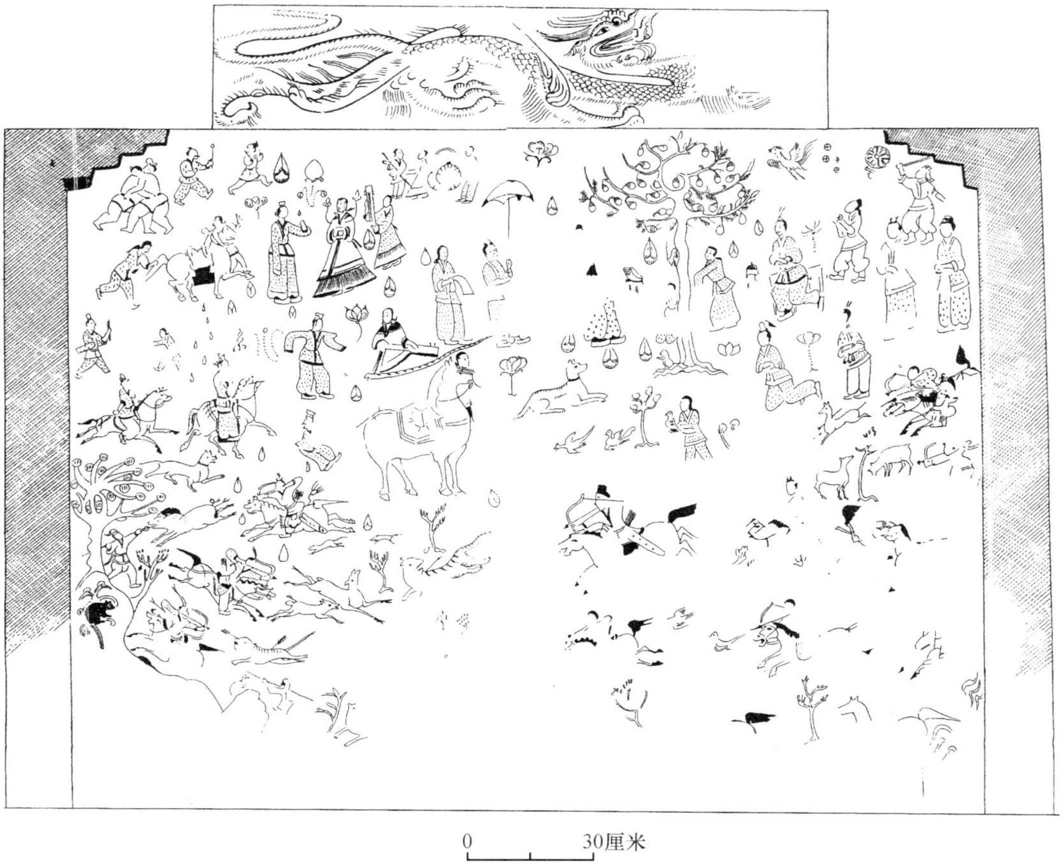

图一九八　长川一号壁画墓前室北壁壁画摹本

（三）墓葬的分布特点

高句丽墓葬大都分布在山坡、山脚或河谷两旁。比较而言，积石墓多在地势较高之处，封土墓多在地势低平之处。其中，积石墓往往依地势高低自上而下成纵行排列，每行长达几十米、甚至百米以上。这种现象在集安普遍存在，在同一墓基之上修筑两个或两个以上石圹或石室的墓葬被称为“串墓”，其串联方式，有的呈一串，有的还有一支或两支分叉。由于积石墓中，石圹或石室都呈东西向，所以串联的方向，也都是由北而南的纵向串联。在积石墓串墓的末端，有的再筑出面积较大的方坛或阶坛，平面呈方形或半圆形，被称为“墓舌”或者“基坛”。其作用主要是防止上部积石滑落、外张。高句丽积石墓这种依地势高低、自上而下成纵行排列的现象，应属原始氏族族葬的遗俗。

5世纪以后，伴随积石墓的消失，以“串墓”为主体的纵行排列的现象也逐渐消失。在以后的封土墓，尤其是大中型封土墓中，出现了在山下平地呈横行排列的布

图一九九　长川一号墓前室东壁及藻井东侧壁画摹本

图二〇〇　集安五盔坟4号墓墓顶第二重抹角石壁画

1

2

图二〇一　五盔坟4号墓东、西壁壁画

1. 东壁　2. 西壁

1

2

图二〇二　五盔坟4号墓南、北壁壁画

1. 南壁　2. 北壁

局。这种葬俗，和中原汉代兴起的大家族族葬的习俗相近。[1]

（四）葬制和葬俗

族葬。前文已有相关论述，不同形制的墓葬有规律的排成一列，依山势自上而下，每座墓葬的前壁又是前一墓葬的后壁。河流两岸的墓葬自河的上游向下游排列成行，这种迹象既表现了早晚的不同，又说明了他们之间存在着某种亲缘关系。这种成串的埋葬方式在各大墓区均有分布，表明当时似已有了族葬制度和家族墓地。

合葬。就积石墓而言，积石石圹墓的石圹大都保存较差，墓圹也较小，少见人骨，所以存在合葬的可能性较小。而在积石石室墓和封土石室墓中，合葬则较普遍。这一方面是因为石室变得宽大，另外，在封土石室墓中还发现一批异穴同封墓，即两个或三个墓室各开墓道而互不相通，但却处于同一封土之下的墓葬。如集安麻线墓区M1440，该墓为双室异穴同封墓，两个墓室均发现有人骨。其中西室有两个棺座，表明该墓室本身即为合葬墓。[2]

葬具。关于高句丽墓葬的葬具，《梁书·高句骊传》记“有椁无棺”。由近年发掘的墓葬材料看，在封土石室墓中，发现多例棺钉、棺环和棺板残片，说明这时已普遍使用木棺。其中有的壁画墓所使用的木棺还发现外表髹漆的现象，如长川一号壁画墓中即出土有漆棺残片。但是在积石石圹墓和部分积石石室墓中，不见有上述木棺，而是出土有铁扒锔，如七星山M96和山城下墓区东大坡墓地的阶坛石圹墓中均有出土。推测这些墓葬中使用的应是用材较为粗大的木椁，需以铁扒锔连接固定。由此看来，“有椁无棺”并非无据。据目前发现，木椁和积石墓是同时流行的。出土铁扒锔的积石墓，规模都较大，有的还同时出土其他贵重的金属器，说明该墓等级较高，同时也反映出木椁在积石墓中也并非是普遍使用的。有的积石石室墓中，也发现有棺座和棺钉，说明木棺已开始使用，同样表现出了积石石室墓的过渡性质。[3]此外，在不少高句丽大、中型墓葬中发现有金属帐钩，其中有的墓壁上还留有等高、等距的钉孔，如长川2号墓，[4]说明墓内原应挂有帷帐。

墓上建筑。在高句丽大型积石墓上，普遍发现有板瓦和筒瓦残片，有的还见有瓦当。多为素面，时代较早的饰以绳纹。时代较晚的积石墓王陵千秋墓、太王陵和将军坟，发现的瓦当花纹有卷云纹和莲花纹。瓦件呈青灰色，火候较高。大量瓦件的发

---

[1] 魏存成：《高句丽遗迹》，文物出版社，2002年，第207页。

[2] 吉林省文物工作队、集安文管所：《1976年集安洞沟高句丽墓葬清理》，《吉林集安高句丽墓葬报告集》，科学出版社，2009年，第145页。

[3] 魏存成：《高句丽考古》，吉林大学出版社，1994年，第88页。

[4] 吉林省文物工作队：《吉林集安长川二号封土墓发掘纪要》，《吉林集安高句丽墓葬报告集》，科学出版社，2009年，第91页。

现，表明原来墓上应有建筑设施。[1] 但具体结构和形制仍不清楚，尚待以后进一步的发掘和研究。

火葬。这种习俗多见于积石石圹墓。调查和发掘过程中经常发现熔石、烧石以及烧骨等，有的熔石还与陶器以及铜、铁等金属器烧熔在一起，说明势必经过高温熔烧。如集安山城下墓区东大坡墓地356号阶坛石圹串墓，在第二圹室“扰乱坑的北侧有一堆被火烧成流状的熔石和一些烧变形的河卵石。还有一些被烧毁的铜器与被烧成流状的石块黏在一起，铁镬也烧得有些变形”。[2] 此类火烧现象，应属于火葬。报告推断，东大坡的356号墓有火烧的熔石，烧毁的铜器与烧结的石块黏连在一起，这种仪式显然是在墓上进行的。这种火烧迹象迄今只发现于积石石圹墓中，石室墓中尚未有发现，表明这应是与积石石圹墓并存的一种古老葬俗。

厚葬。高句丽有厚葬之风，《三国志·高句丽传》记载高句丽人“厚葬，金银财币，尽于送死”，已有的考古发现也印证了这一记载。高句丽墓葬出土有陶器、釉陶器和各种金属器等各类随葬品。其中金属器尤为引人注目，除铁器、铜器、鎏金器之外，还出土有金步摇、金带饰、银钗等，均制作精美，一定程度上反映了当时的厚葬之风。

五、重要遗物

高句丽城址和遗址的发掘工作迄今为止进行的并不能算太多，墓葬虽然发掘数量众多，但大都已被盗扰，所以迄今发掘出土的高句丽遗物尚不能以齐全称之，但仍能够从各个侧面反映出高句丽的社会生活面貌和生产力发展状况。

（一）建筑遗物

高句丽素有“好治宫室”的传统，《旧唐书·高丽传》记高句丽“其所居必依山谷，皆以茅草葺舍，唯佛寺、神庙及王宫、官府乃用瓦”。由此可知，屋顶是否铺瓦，是高句丽建筑等级高低的一个重要标志。高句丽的重要建筑和大型积石墓的地面建筑中均使用础石。有的础石加工较粗，形状呈方形或不规则形，立柱的一面加工的较为平整；也有的加工细致，形状呈棱角分明的正八角形。这种正八角形的础石迄今仅见于高句丽建筑中（图二〇三）。[3]

---

[1] 魏存成：《高句丽遗迹》，文物出版社，2002年，第214页。

[2] 张雪岩：《吉林集安东大坡高句丽墓葬发掘简报》，《吉林集安高句丽墓葬报告集》，科学出版社，2009年，第182页。

[3] 魏存成：《高句丽考古》，吉林大学出版社，1994年，第96页。

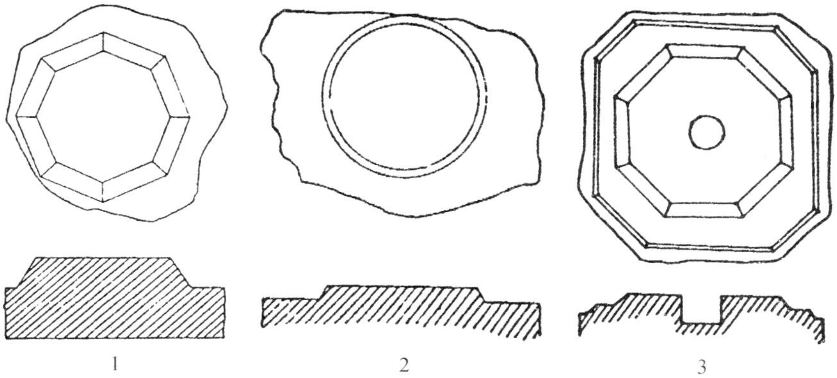

图二〇三　集安出土高句丽础石
1、2. 国内城　3. 千秋墓

砖的出土数量较少，多作长方形，也发现有梯形砖。除国内城出土有绳纹砖、回纹砖、浮雕龙纹砖外（图二〇四），民主遗址、太王陵出土有菱形纹砖，千秋墓出土有“千秋万岁永固”“保固乾坤永固”文字砖，太王陵也出土有“愿太王陵安如山固如岳”文字砖。

图二〇四　国内城出土高句丽砖
1、2. 龙纹砖　3 ~ 5. 回纹砖　6. 弦纹砖　7. 绳纹砖

高句丽出土的瓦数量众多，有板瓦和筒瓦。大小不一，凹面多施布纹，凸面有的光素无纹，也有的饰以绳纹、斜方格纹、方格纹或席纹等。陶色有红、灰两种，城址、遗址中出土的瓦件多为红色，墓葬出土瓦件多为灰色。丸都山城宫殿址还出土有较多凸面饰有文字和刻划纹符号的残瓦，多见于筒瓦，施纹方式有刻划、模印、模压等。刻划符号种类包括动物纹饰、象形符号等（图二〇五）。其中，“小兄”文字瓦的发现，佐证了文献中关于高句丽官职的设置。

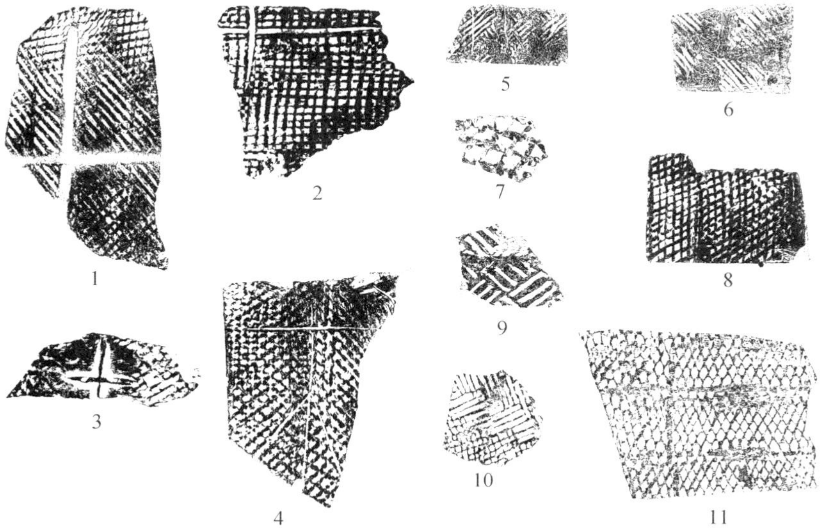

图二〇五　高句丽瓦纹饰拓片

1. 抹压纹瓦　2. 模印纹瓦　3、4. 刻划纹瓦　5、6. 斜线纹筒瓦　7、8. 菱形网格纹板瓦　9. 编织纹板瓦　10. 复合纹板瓦　11. 网格纹板瓦（1 ~ 4. 丸都山城宫殿址出土　5 ~ 11. 国内城审计局职工宿舍地点出土）

瓦当的出土数量较板瓦、筒瓦为少。按当面纹饰的不同。可分为：卷云纹瓦当、莲花纹瓦当、兽面纹瓦当和忍冬纹瓦当四种。卷云纹瓦当使用时间最早，多为泥质灰陶。遗址和墓葬中均有发现，以墓葬出土为主。当面纹饰区多以8条辐线分为8等分，也有4界格瓦当。每等分之中饰云纹，花纹周围多模印有铭文（图二〇六）。

莲花纹瓦当出土数量最多，在遗址和墓葬中均有出土。主体纹饰为高浮雕莲瓣纹，当心为半球状凸起。其中，墓葬上发现的当面多有界格，有6个界格和8个界格之分，将当面6或8等分，每个界格内饰一莲瓣，莲瓣上有的还饰以凸弦纹或V字纹，颜色皆为灰色（图二〇七）。遗址上发现的，当面多无界格，莲瓣数量有六瓣、八瓣、九瓣不等，花瓣又有单边和双边之分，均为红色，烧制火候较高；莲花纹瓦当中还有少量柿蒂莲花纹，东台子遗址和丸都山城均有出土（图二〇八）。兽面纹瓦当主题纹饰为高浮雕兽面纹，高边轮；忍冬纹瓦当当心为半球形凸起，外饰一周凸弦纹，其外为六或八枝忍冬纹，最外围饰一周凸弦纹；兽面纹和忍冬纹瓦当均出土于遗址，颜色为红色，它们多与无界格莲花纹瓦当同出（图二〇九、二一〇）。

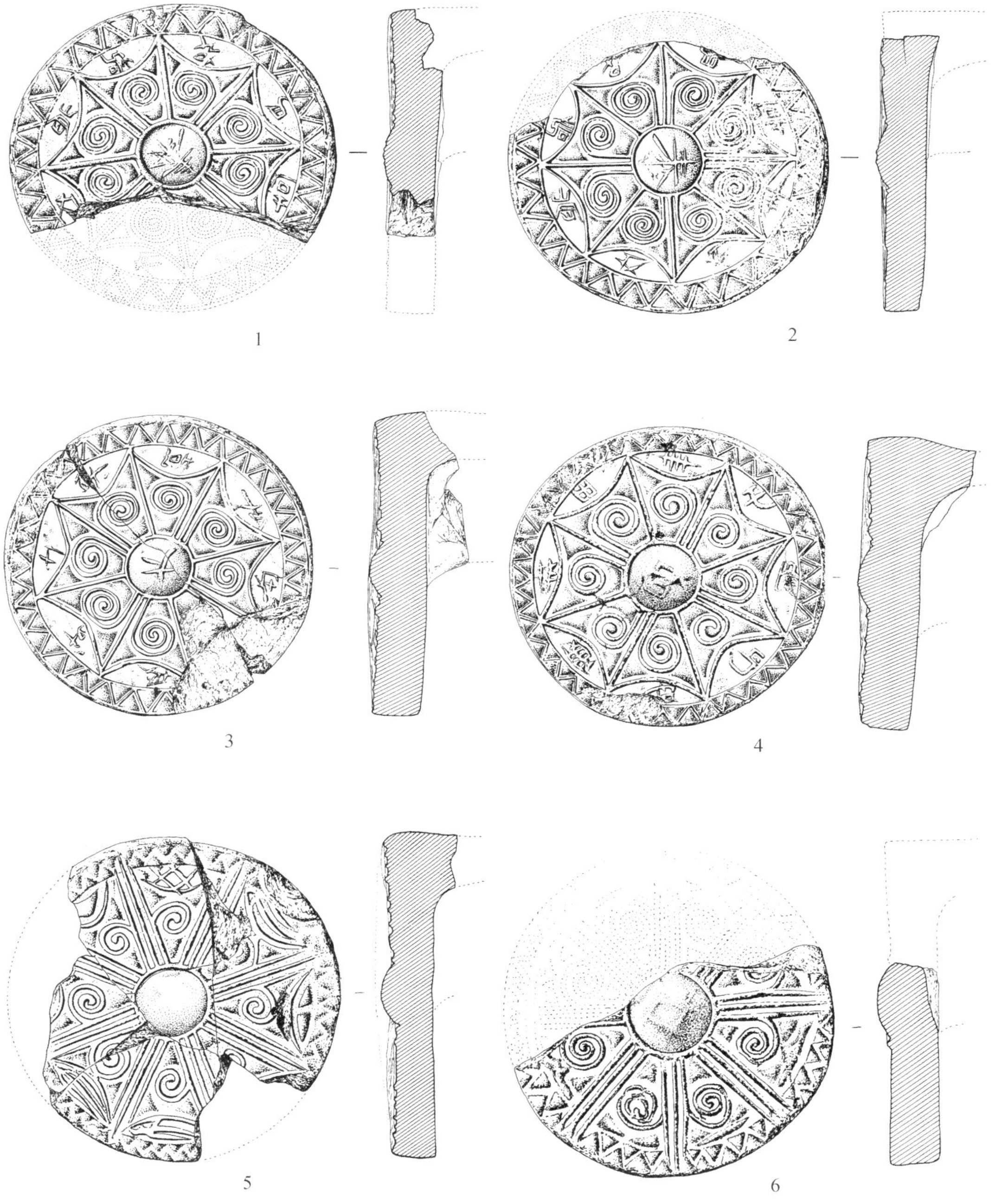

图二〇六　卷云纹瓦当

1、2. 禹山992号墓　3、4. 西大墓　5、6. 千秋墓

图二〇七　墓葬出土莲花纹瓦当

1. 千秋墓　2、3. 太王陵　4. 将军坟

（二）陶瓷器

高句丽时期的陶瓷器主要出土于墓葬中，陶器是判断高句丽文化的重要遗物。瓷器则极为少见。

1. 陶器

高句丽的陶器，绝大部分出土于墓葬。结合墓葬类型、陶器的类型、陶质以及形制方面的特征，耿铁华和林志德先生对高句丽陶器进行了细致的分期研究，[1]结合近年对墓葬的综合研究，陶器的发展变化大致可划为三期：

第一期种类不多，主要有壶、罐、杯等。多为夹砂粗陶，火候较低，颜色有黄褐、红褐、灰褐等，基本为手制。该期属于高句丽早期，年代为3世纪以前。

第二期器类渐趋复杂，新出现有瓶、钵、盖碗、仓、瓮、盆、釜、灶等。多为泥质陶，亦有少量夹砂，颜色多呈灰、黑或土黄色，致密坚硬，火候较高。除少部分为手制外基本都采用轮制。该期属于高句丽中期，年代在4世纪初至5世纪末。在陶器

[1]　耿铁华、林志德：《集安高句丽陶器的初步研究》，《文物》1984年第1期，第55～63页。

图二〇八　城址出土莲花纹瓦当

1、2. 国内城　3～6. 丸都山城

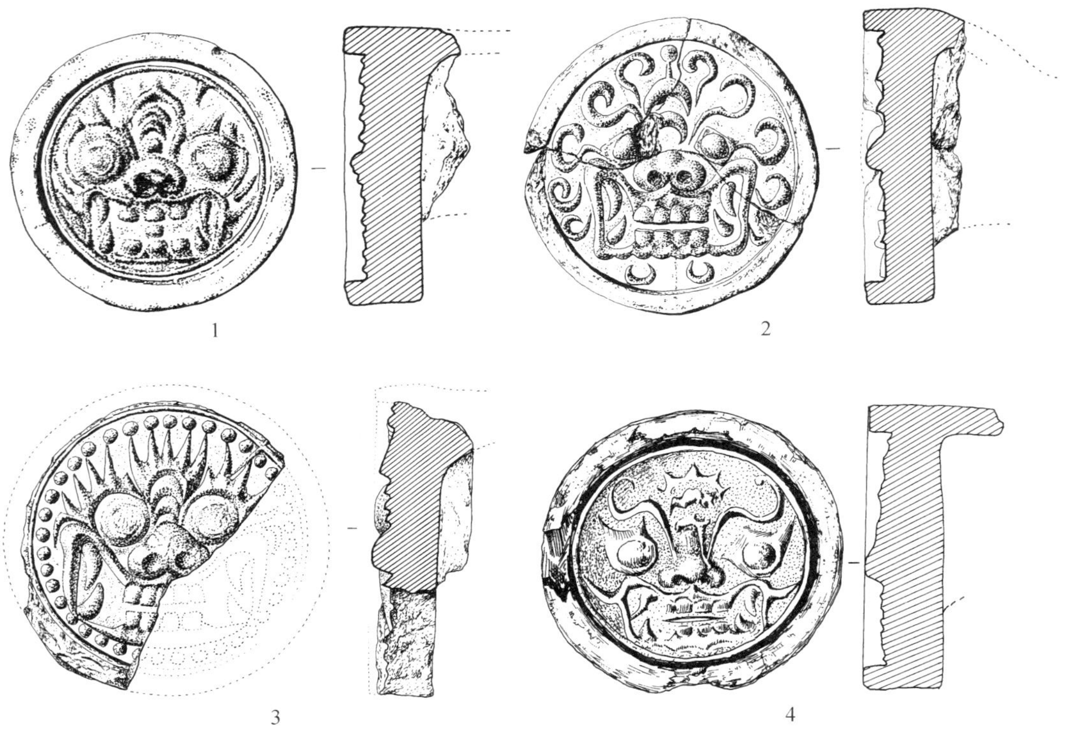

图二〇九　兽面纹瓦当
1 ～ 3. 丸都山城宫殿址　4. 国内城

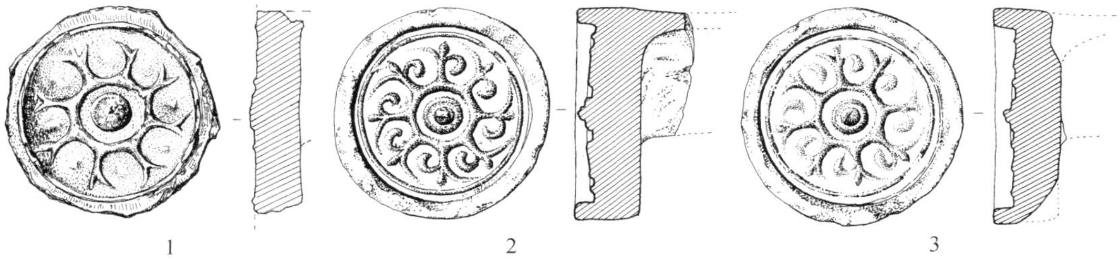

图二一〇　忍冬纹瓦当
1. 国内城　2、3. 丸都山城宫殿址

的制造工艺方面，该期还增加了低温釉陶，釉色多呈黄绿色，低温釉陶的出现说明高句丽制陶工艺已相当成熟。陶器纹饰方面出现了简单的凹弦纹、刻划波浪纹、垂幛纹等。器型也更为工整美观。

第三期器类为壶、罐、盘、盆、钵、砚、枕、虎子等。多为泥质陶，颜色多为灰、黑、黄色，纯正均匀。火候较高，质地坚硬。基本为轮制，也有少量为手制。该期属于高句丽晚期，年代约为6世纪以后。该期陶器纹饰新出现了压磨暗纹，器形复杂，形制精美。

以上三期中最富变化的器物是四耳展沿壶（图二一一），迄今已发现近10件，展沿，长颈喇叭口，上腹部有4个对称横耳，其突出变化是壶的腹部由矮圆向瘦高发展，器表从素面向弦纹、波浪纹、垂幛纹演变，晚期还出现暗纹。

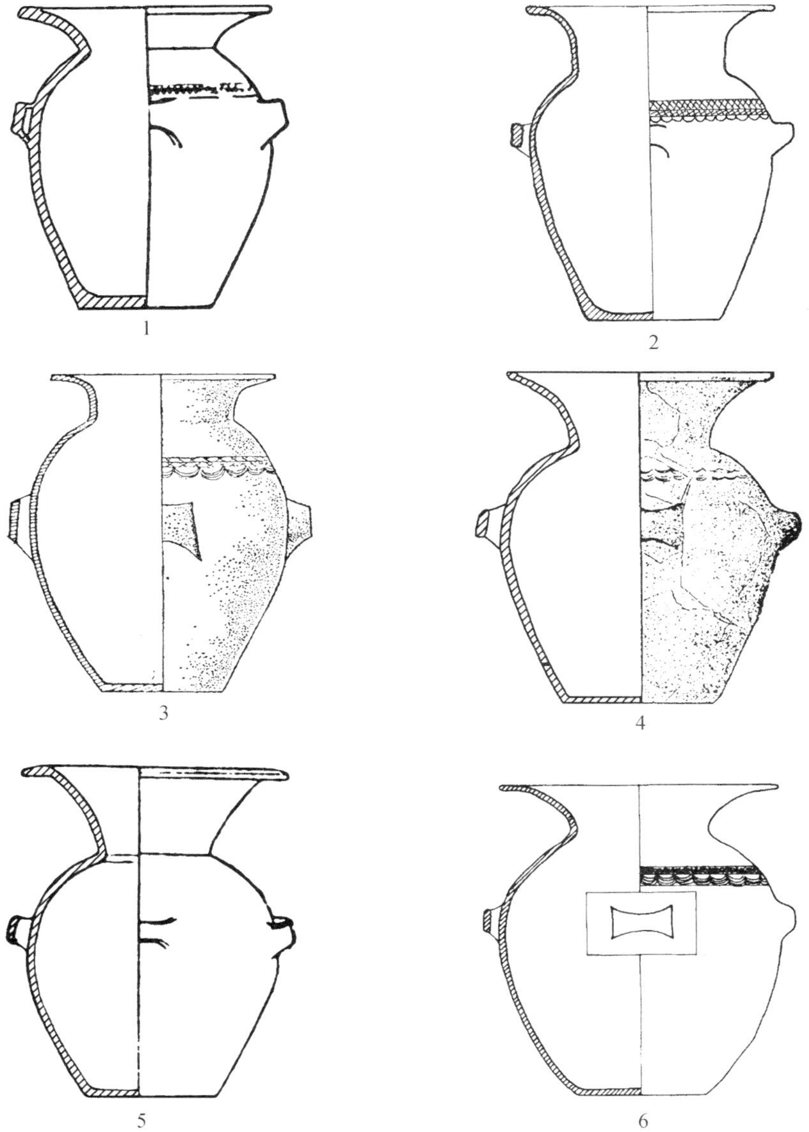

图二一一　四耳展沿壶

1. 禹山下 41 号墓　2. 洞沟三室墓　3. 长川二号墓　4. 洞沟 JSM332　5. 麻线一号墓　6. 禹山 540 号墓

2. 瓷器

高句丽出土瓷器数量极少，均非本地烧造，当是自中原或南方输入。出土瓷器已发表的多为青瓷。国内城体育场地点灰坑中出土瓷器及残片共计11件，[1]器形有盘口四系罐、六系双口罐、四系折肩罐、提梁瓷器等，发掘者认为这批瓷器属于东晋时期浙江地区烧制的青瓷。[2]禹山墓区3319号墓出土有青瓷盘口壶4件，其中一件仅余壶底。[3]和国内城出土瓷器施釉方式一样，青绿色釉均不及底；盘口束颈，器腹丰满圆鼓，同样属于典型的晋瓷（图二一二）。

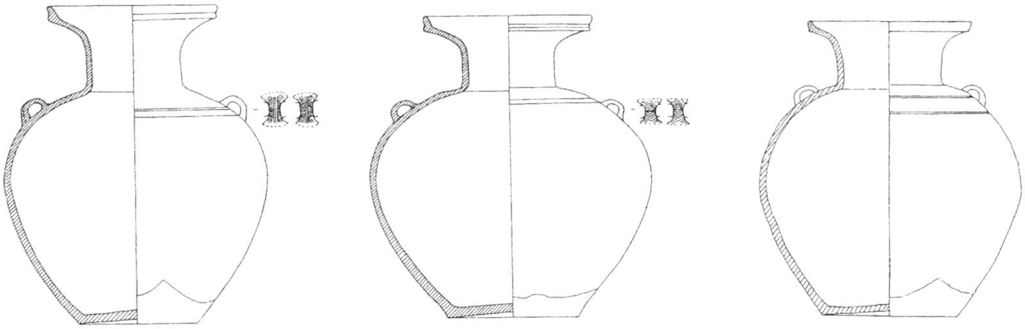

图二一二　青瓷盘口壶
（禹山墓区 3319 号墓出土）

（三）金属器

高句丽出土金属器较为丰富，包括有铁器、铜器、鎏金铜器等。根据用途的不同，又可分为生产工具、生活用具、装饰品、狩猎工具和兵器以及马具等几大类。其中又以装饰品、兵器和马具的发现为多。

1. 生产工具

在墓葬和遗址中均有出土，已发现的有铁镰、铁锛、铁鑁、铁镐、铁锸、铁铲、铁铧等。铁镰为弧背弧刃；铁锛和铁鑁造型均为长方形，竖銎，刃部加宽；铁铧出土有两种，一种大而厚重，底面呈三角形，正面起脊；另一种较轻便，整体呈V字形，正

[1] 吉林省文物考古研究所、集安市博物馆：《国内城——2000～2003年集安国内城与民主遗址试掘报告》，文物出版社，2004年，第136、137页。

[2] 吉林省文物考古研究所、集安市博物馆：《国内城——2000～2003年集安国内城与民主遗址试掘报告》，文物出版社，2004年，第182页。

[3] 吉林省文物考古研究所、集安市博物馆：《洞沟古墓群禹山墓区JYM3319号墓发掘报告》，《吉林集安高句丽墓葬报告集》，科学出版社，2009年，第267页。

中隆脊；这些农业生产工具的造型与中原同类器相同，当有一部分是中原输入品。高句丽墓葬中出土的铁鱼钩尖端锋利，并带有倒刺，系绳的尾端较为扁粗，有的一座墓中出土数十件，表明当时渔业生产占有相当的地位。国内城的墙垣中还出土有铁锤，或为当时修筑城墙所用（图二一三）。

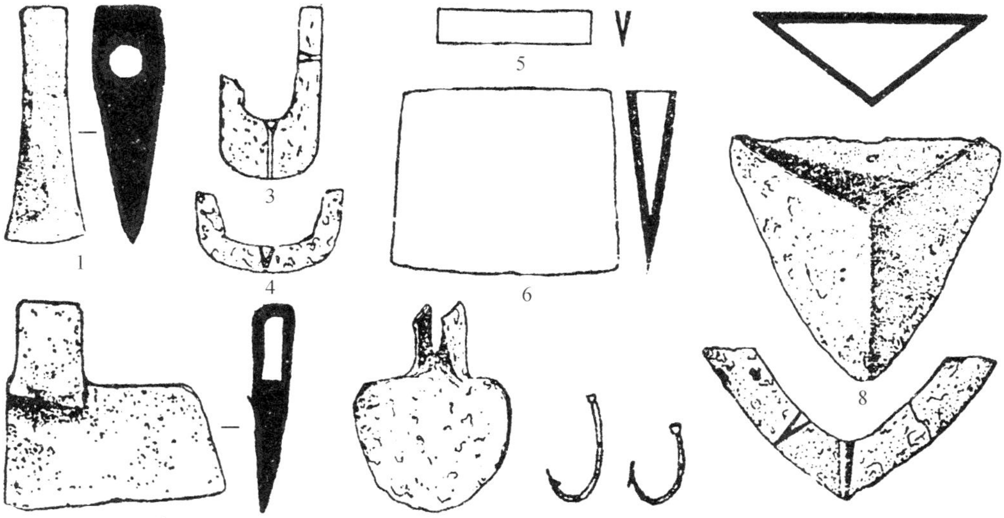

图二一三　金属生产工具

1、2. 铁斧　3～6. 铁锸　7. 铁铲　8、9. 铁铧　10、11. 鱼钩

2. 生活用具和装饰品

高句丽出土的金属生活用具并不丰富，其中仍有不少输入自中原。1975和1976年先后清理的两座积石墓禹山墓区68号墓和七星山墓区96号墓，出土有甑、釜、鼎、鐎斗、洗、盒等铜器共7件（图二一四），[1]制作精细，其形制与东汉至魏晋时期中原同类器相同。1979年发掘的山城下191号墓出土有一件残铁釜，方唇、圆腹、圆肩，[2]与以往出土的高句丽铁釜器型不同，当为高句丽铸造。1976年在集安榆树乡七宝沟门南山坡发现有两件铜釜，[3]器形原始，铸造粗糙，有中原地区铜釜有别，可能也是高句丽制造的。集安下解放村墓葬中还出土有北方游牧民族使用的铜鍑。[4]

文献记载高句丽上层人士对于衣着装饰素来讲究，已有的考古发现也印证了这一

[1]　集安县文物保管所：《集安县两座高句丽积石墓的清理》，《吉林集安高句丽墓葬报告集》，科学出版社，2009年，第51页。

[2]　集安县文物保管所：《集安高句丽墓葬发掘报告》，《吉林集安高句丽墓葬报告集》，科学出版社，2009年，第112页。

[3]　吉林省文物志编委会：《集安县文物志》，1984年，第203页。

[4]　吉林省文物志编委会：《集安县文物志》，1984年，第202页。

记载。高句丽出土较多的装饰品，有带扣、带銙等带具、带饰，有铁质、铜质和铜质鎏金的（图二一五）。有些鎏金带饰还镂空出动植物纹，制作精美。

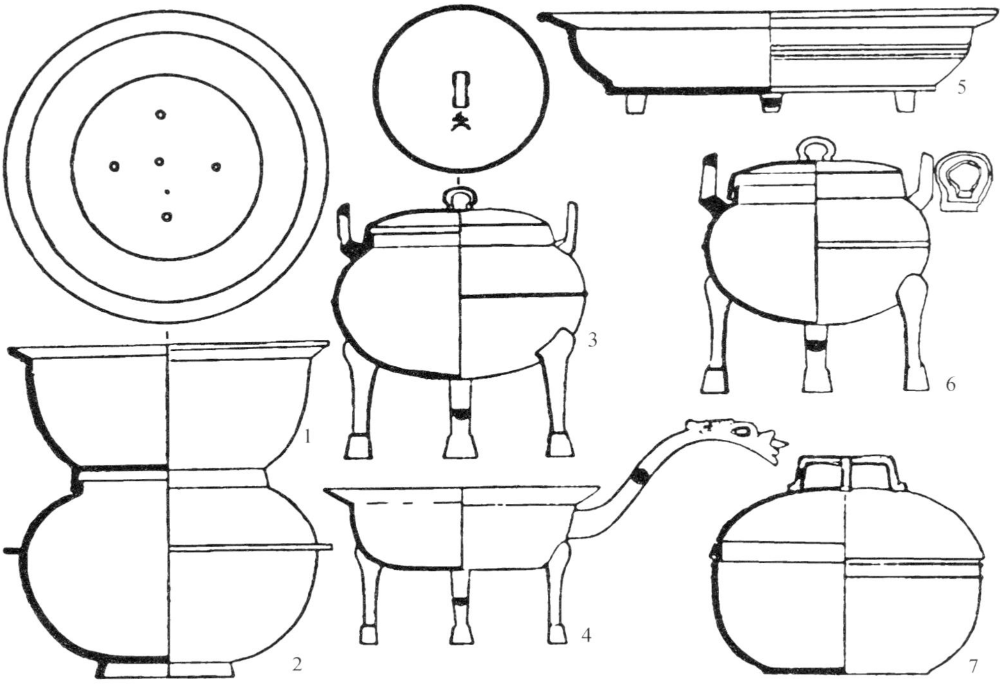

图二一四　铜器

1. 甑　2. 釜　3、6. 鼎　4.　鐎斗　5. 洗　7. 盒

（1 ~ 3、5 为禹山 68 号墓出土，余为七星山 96 号墓出土）

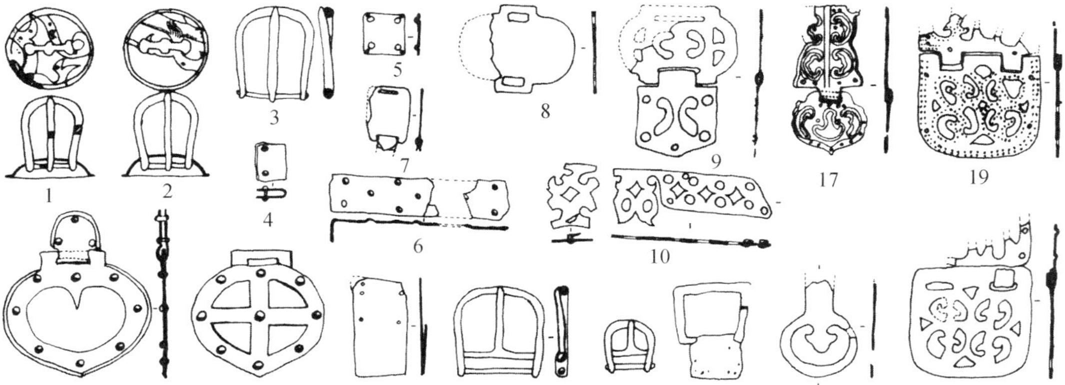

图二一五　鎏金带具、带饰

1 ~ 3、　14 ~ 16. 带卡　4、13. 銙尾　5、6、8、9、17 ~ 20 带饰　7. 连环扣　10. 镂空饰片　11、12. 桃形饰（出土于禹山墓区集锡公路墓葬）

高句丽金属冠饰出土时多已残损，但加工精致，多为鎏金铜质，冠饰上常以金属细丝悬挂小的步摇活叶片。太王陵出土的两件形制相同，[1]为铜片卷成的中空圆筒，表面排列有成组的双孔，孔内穿细丝，悬挂圆形的步摇叶片后拧绕成平伸的悬枝，步摇叶片可在悬枝末端的环中自由摆动，冠体上还有用于铆合的铆钉。出土的其他饰件还有发钗、发簪、耳饰、指环等（图二一六）；有金质、银质和铜质鎏金的。

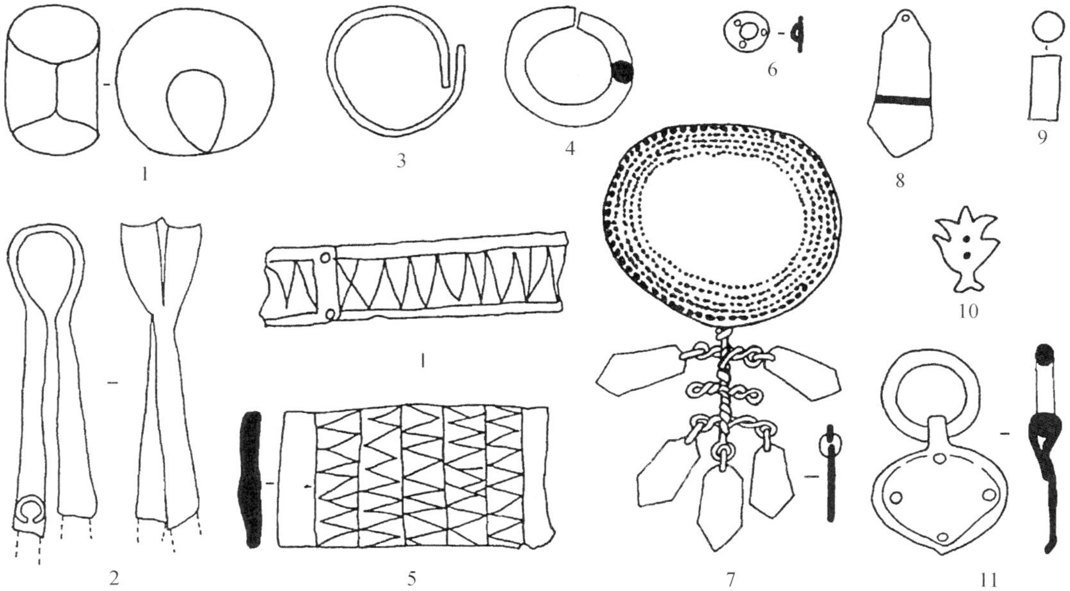

图二一六　首饰

1. 金环饰　2. 银头钗　3. 银环　4. 银箍饰　5. 包金环　6. 银泡饰　7. 金耳饰　8. 银坠叶　9. 金管　10. 金叶饰　11. 银杏叶坠饰（禹山墓区集锡公路墓葬出土）

3. 狩猎工具和兵器

高句丽居住地区多大山深谷，不利于农业生产，但却为狩猎经济提供了条件，加之连年战事，因此习武善战成为其社会风尚。出土狩猎工具和兵器中最常见的是铁箭头，造型有三翼形、菱形、柳叶形、铲形、扇面形、双叉形、鱼尾形等（图二一七）。集安还发现有少量的铁铤铜箭头和铤尾鎏金的铜箭头。铁矛、铁刀、铁削、铁三爪器等也有出土。除此之外，还出有防御用的铁甲片以及防滑用钉履，钉履有铁质和铜质鎏金两种。

[1]　吉林省文物考古研究所、集安市博物馆：《集安高句丽王陵——1990～2003年集安高句丽王陵调查报告》，文物出版社，2004年，第287页。

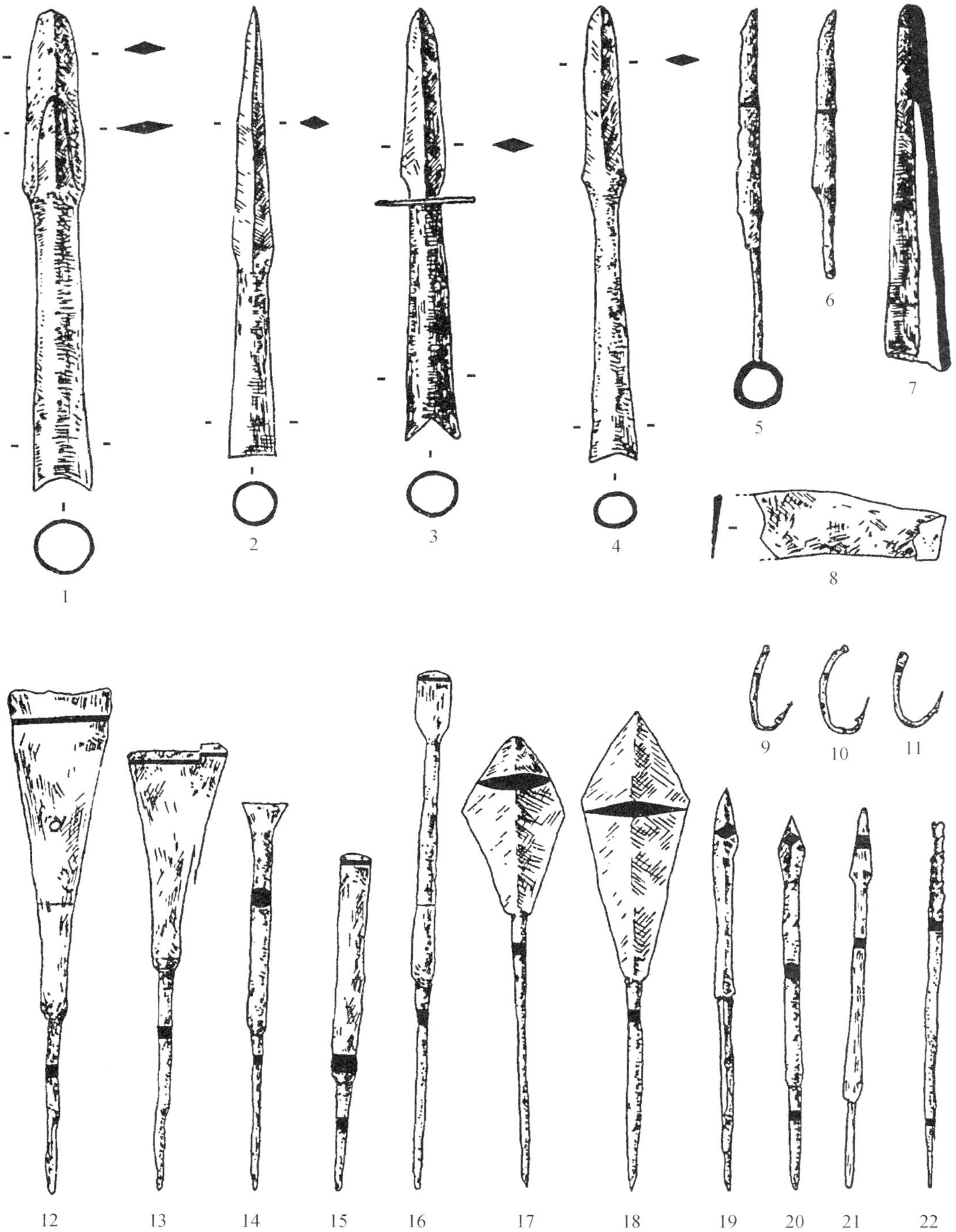

图二一七　狩猎工具和兵器

1 ~ 4. 铁矛　5、6. 铁刀　7. 铁鐏　8. 铁镰　9 ~ 11. 铁鱼钩　12 ~ 22. 铁镞

（禹山墓区集锡公路墓葬出土）

4. 马具

高句丽民族有“便鞍马，善骑射”的风尚，马具是高句丽墓葬中常见的器物。迄今已出土的主要有鞍桥包片、衔镳、节约、马镫以及马胸带、杏叶、銮铃和步摇活叶等饰件，可分为铁质、铜质和铜质鎏金等不同的材质（图二一八）。

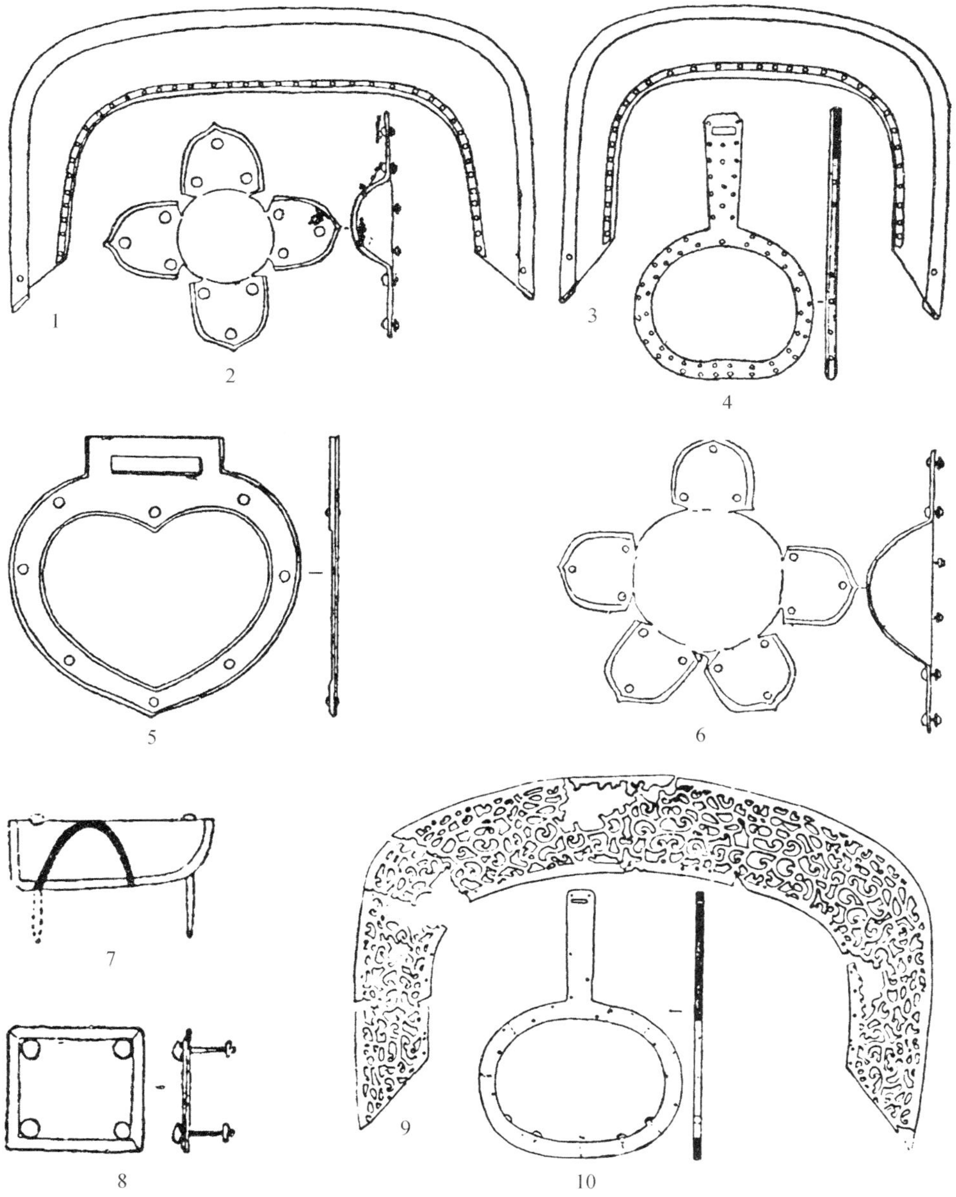

图二一八　鎏金马具

1、3、9. 鞍桥　2、6. 梅花马饰　4. 马镫　5. 桃形马饰　7. 弧形马饰　8. 方形马饰　10. 马镫（内为木芯）（1 ~ 8. 七星山 96 号墓；9、10. 万宝汀 78 号墓）

鞍桥包片均呈圆拱形，有的素面，有的镂空出精美的花纹；衔镳的造型既有汉代传统的S形，也有东晋时期开始出现的圆板形，圆板形镳有的光素无纹、有的加饰十字梁、也有的镂空出花纹；马镫的造型为长柄圆环形，镫柄内为木芯，上部有一横向穿孔，有的孔内还残存有干朽的皮条，说明当是穿革带之用，镫环大多呈椭圆形，多素面，太王陵出土的一件镫环镂刻有左右对称的四神形象；[1]杏叶多呈椭圆形，纹饰多和同出的镳相对应，有的光素无纹，有的加十字梁，有的镂空；銮铃铃盖为平沿圆帽形，铃身呈球形或圆锥形，内有铜球或小石球；步摇活叶主要是安装在鞧带的纵横交叉点上，有单叶和双叶的。

（四）碑刻和石柱

吉林省内发现了不少高句丽时期的重要碑刻，主要有毌丘俭纪功碑、好太王碑等，还发现了一些人像石刻及石柱等特殊遗迹。

1. 毌丘俭纪功碑

图二一九　毌丘俭纪功碑残段

该碑于清光绪十三年（1904年）发现于集安市西板岔岭西北天沟的山坡上，是3世纪中叶毌丘俭征伐高句丽时所立，现藏辽宁省博物馆。碑系赭红色含石英粒岩石凿刻而成，只余左上角，残长39厘米，宽30厘米，厚8～8.5厘米，碑正面刻隶体汉字（图二一九），可见7行48字，另有两行残。残存碑文如下：

第一行　正始三年高句骊反

第二行　督七牙门讨句骊五

第三行　复遣寇六年五月旋

第四行　讨寇将军魏乌丸单于

第五行　威寇将军都亭侯

第六行　行裨将军领

第七行　□裨将军

石碑的背面还有民国年间收藏人的刻跋。

碑文记载的是正始年间毌丘俭率

[1]　吉林省文物考古研究所、集安市博物馆：《集安高句丽王陵——1990～2003年集安高句丽王陵调查报告》，文物出版社，2004年，第305页。

兵征讨高句丽的历史事实，毌丘俭是曹魏名将，魏河东郡闻喜县（今山西省闻喜县）人。魏明帝时官至尚书郎，后任荆州刺史，幽州刺史。

关于毌丘俭征讨高句丽的战争，《三国志·毌丘俭传》记载："正始中，俭以高句丽数侵叛，督诸军步骑万人出玄菟，从诸道讨之。句丽王宫将步骑二万人，进军沸流水上，大战梁口，宫连破走，俭遂束马悬车，以登丸都，屠句丽所都，斩获首虏以千数……六年，复征之，宫遂奔买沟。俭遣玄菟太守王欣追之，过沃沮千有余里，至肃慎氏南界。刻石纪功，刊丸都之山，铭不耐之城"。[1]毌丘俭纪功碑证实了毌丘俭征讨高句丽的时间为：正始五年（244年）毌丘俭出兵征讨，攻破丸都；正始六年（245年）五月旋师。[2]

2. 好太王碑

好太王碑坐落于集安市区东4千米的太王乡大碑街，是高句丽第20世王长寿王为其父好太王所立。好太王是高句丽第19代王，名安，亦作谈德。东晋孝武帝太元十六年（391年）即位，安帝义熙八年（412年）死，在位22年，好太王为了扩大统治区域，不断对外征伐。在位期间多次击败倭寇，死后被谥为"国冈上广开土境平安好太王"。其子长寿王为纪念其父的功绩，铭记守墓烟户，于义熙十年（414年）在好太王陵东建立起这座巨大的好太王碑。

好太王碑是由一整块天然的角砾凝灰岩石柱稍加修琢而成。碑高6.39米，幅宽不等，底部宽1.34～1.97米，顶部宽1～1.6米，第二面最宽处可达2米，碑文四面环刻，每面文字横竖成行呈规则的长方形，行间距12.5～13.8厘米，每行最末一字距碑基0.25米。碑文为方正隶书，笔体端庄，颇具章法。行间竖刻界格，布局严谨。字形规格大小不等。大的长约16厘米，小的长约11厘米，但一般都在13～14厘米之间，搭配尚称均匀。四面碑文通计44行，1775字，除去裂隙和剥落损失者，尚可辨识1590字（图二二〇、二二一）。[3]

碑文内容可分为三部分：第一部分首先追述了高句丽的创始传说和前三代王邹牟王、儒留王和大朱留王的承袭关系，然后简述了好太王本人的行状。第二部分记述了好太王一生的攻伐业绩，包括征碑丽、伐百济、救新罗、败倭寇、征东夫余等。第三部分记的是对守墓人烟户的规定。[4]

---

［1］ 陈寿：《三国志·毌丘俭传》卷28，中华书局，1959年，第762页。

［2］ 吉林省地方志编纂委员会：《吉林省志·卷四十三·文物志》，吉林人民出版社，1991年，第216、217页。

［3］ 吉林省地方志编纂委员会：《吉林省志·卷四十三·文物志》，吉林人民出版社，1991年，第210页。

［4］ 张博泉、魏存成：《东北古代民族·考古与疆域》，吉林大学出版社，1998年，第387页。

第一面

第二面

图二二〇　好太王碑第一、二面拓片

（周云台拓本）

第三面

第四面

图二二一　好太王碑第三、四面拓片
（周云台拓本）

3. 山城下M1411和禹山M1080墓碑

在集安洞沟古墓群山城下M1411和禹山M1080各发现了一块不见文字的石碑。[1] M1411是一座异穴同封封土石室墓，封土呈截尖方锥形，边长13.6、高约4米。石碑在封土东侧北部，紧靠封土根基，碑身偏向一侧，底部被流失下来的封土湮没。石碑系整块花岗岩作成，呈上细下粗的八角柱状，顶部为八角椎体状收尖。柱体八边边长不等，形状不十分规则，看起来却棱线齐直，石面平整。顶部八角锥形直径0.48、高0.14米，柱底直径0.85、通高1.16米，碑身无刻字痕迹（图二二二）。

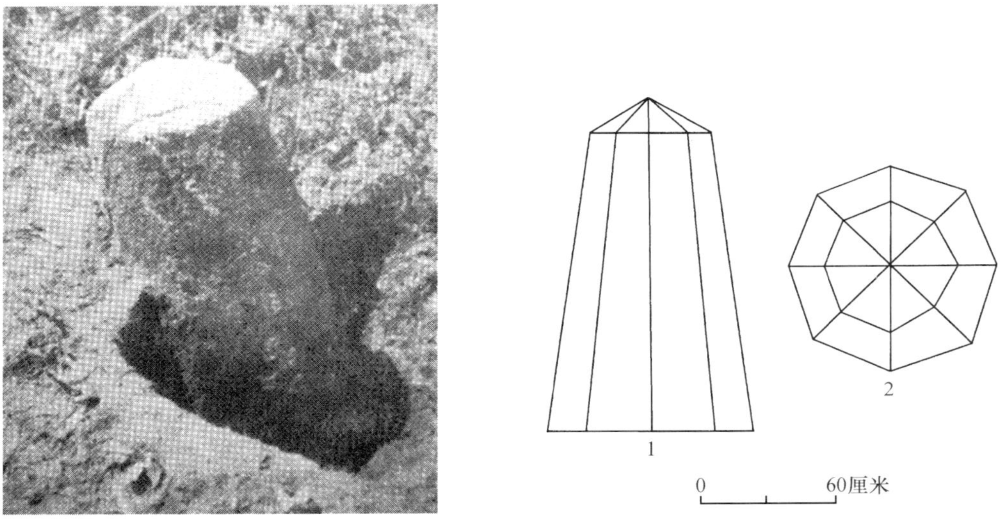

图二二二　山城下M1411墓碑正、俯视图

1. 正视图　2. 俯视图

禹山M1080位于集安市区东侧太王乡禹山大队，地当禹山南麓中部缓坡地带南缘，地势比较平坦。该墓为一大型封土石室墓，封土略呈截尖方锥形，周长约100、高约10米。该墓早年被盗，1976年清理时在盗坑上部填土中发现石碑。该碑形状上圆下方，由整块花岗岩雕成，通高1.6米，底座平面呈长方形，长0.97、侧面宽0.73、高0.27米。碑身下部长宽与底座相同，只是四角被整齐地劈去，致使横断面呈截角方形。碑身八条棱线清楚，碑顶略圆收，八条棱线的延长线仍隐约可见。碑顶中央刻有一阴线的八边形，其八角与碑身的八条棱线相对。整个石碑给人一种敦实粗壮的感觉，碑身未发现刻字迹象（图二二三）。发掘者推测这两座墓碑或用以标记守墓人烟户之用。[2]

[1] 方起东、林志德：《集安洞沟两座树立石碑的高句丽古墓》，《吉林集安高句丽墓葬报告集》，科学出版社，2009年，第99页。

[2] 方起东、林志德：《集安洞沟两座树立石碑的高句丽古墓》，《吉林集安高句丽墓葬报告集》，科学出版社，2009年，第105页。

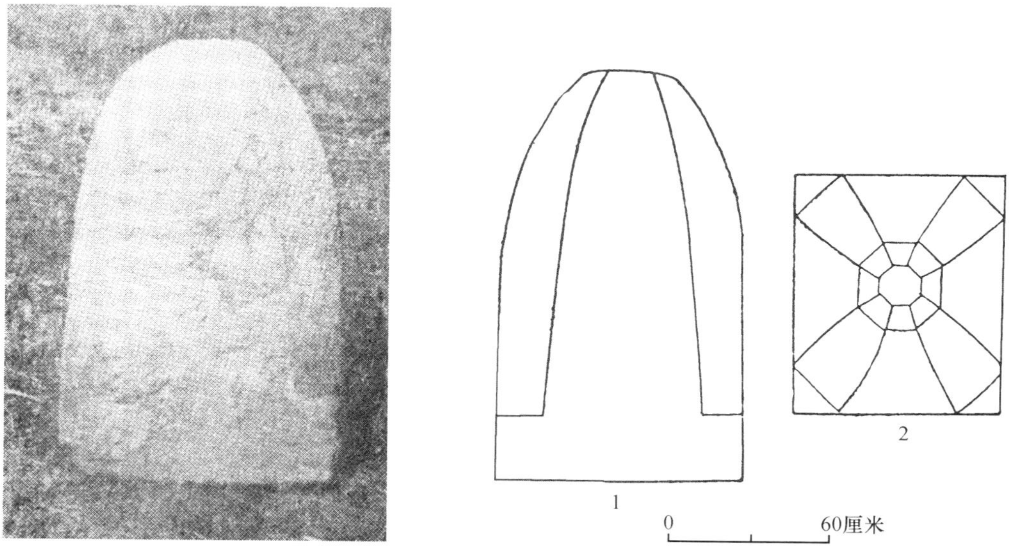

图二二三　禹山M1080墓碑正、俯视图

1. 正视图　2. 俯视图

4. 禹山M3319人像石刻

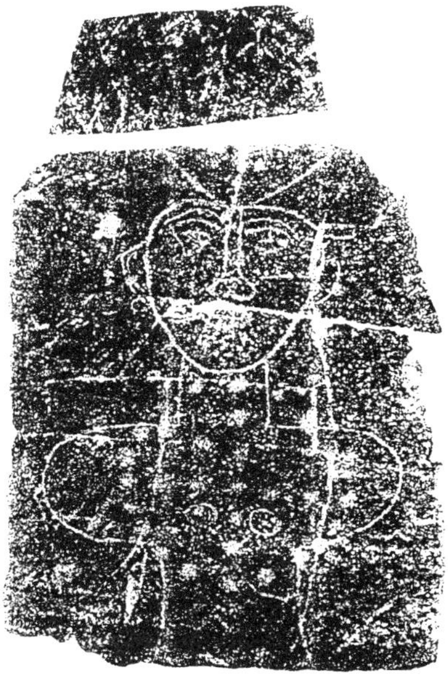

图二二四　禹山M3319人像石刻（拓片）

该石刻位于集安市区北禹山南坡西端一平坦的小山顶上，西北距M3319外部阶坛约9米。刻于一块长1.04、宽0.54、厚0.9米的青灰色沉积岩石面上。单刀阴刻，正视，半裸身，头戴菱形帻冠，冠顶饰有“忄”形似鸟羽，桃形脸，尖下颏，眉用双勾弧线刻出，双目上斜，直鼻梁、厚鼻翼，口作枣核型，大弓耳，袒胸露乳，双臂叉腰，颈部及胸部以下有一周19个以两乳头上部中间为中心凿刻的圆点，用途不明（图二二四）。该石刻是迄今仅见的高句丽人像时刻，其年代应与墓葬年代一致，表现的内容或与祭祀有关。

5. 集安站前石柱

位于集安市区东2.5千米，集安火车站南0.5千米处的平地上，东西各一，相距40米。石柱呈方锥形，东柱高2.2、幅宽0.34～0.64米，西柱高3.6、幅宽0.4～0.77米，柱身经修琢，断面呈正方形，不见刻铭。柱顶为不规则缓圆形，未经加工。两石柱内侧各有一八角形础石，与柱基相距4～5米不等。1962年清理东柱柱基，发现了石砌的基础和石墙，并测知石柱埋藏深度为1.2米，未见遗物。石柱西北40米处，有一高句丽建筑址，范围达5000平方米，地表采集有与国内城、丸都山城所出相似的板瓦和筒瓦。推测该石柱可能是与阙有关的建筑设施。[1]

（五）漆器和丝织品

高句丽出土的漆器很少，完整的漆器尚未发现。在长川M12出土了一件木质圆柱残段，长31厘米，中腰雕作圆球状。圆柱表面髹漆，有光泽。同时出土的木灵牌残段，表面也髹漆。长川M1、M2均发现有漆棺残片，其中M1出土的先在棺木表面衬以麻布，然后髹黑漆，并描绘工致的红色缠枝忍冬纹饰（图二二五）。

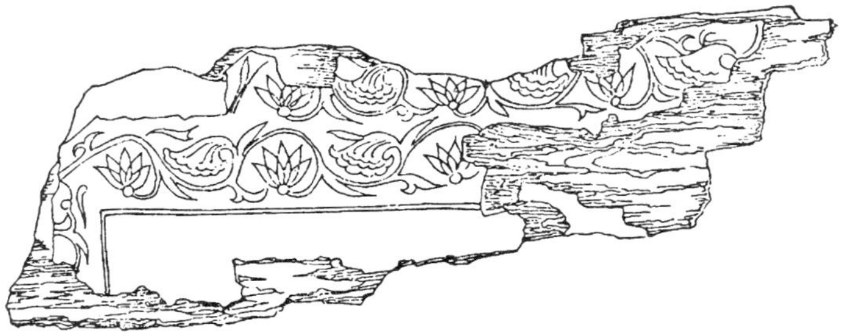

图二二五　长川一号墓漆棺残片

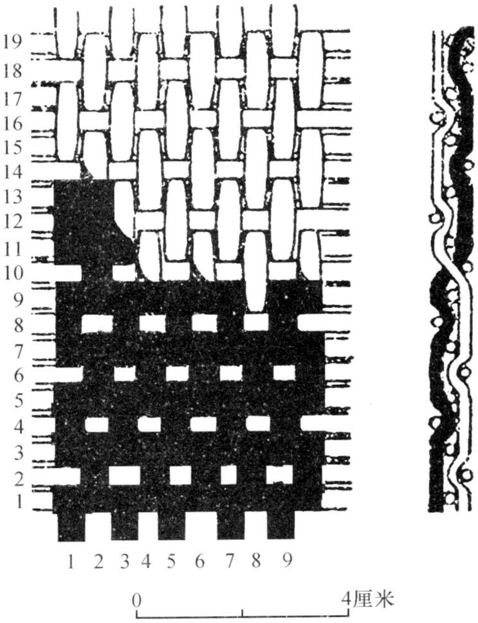

图二二六　长川二号墓织锦组织图

高句丽的丝织物也有发现。长川M2发现了织锦残片，为平纹经锦之汉锦组织，在橘黄色衬地上以经线起花，织出绛红和深蓝色的图案花纹（图二二六）。另外，在不少高句丽大中型墓葬中发现有弓形帐钩，其中有的墓壁上还留有等高等距的钉孔，长川二号墓即如此。有的大中型墓中还发现有鎏金幔架（图版四，2），推测此类墓中原应挂有帷帐。

[1] 吉林省文物志编委会：《集安县文物志》，1984年，第96页。

第六章　渤海时期的地下文化遗产

渤海国是我国东北地区以靺鞨族为主建立的隶属于唐朝的少数民族政权，靺鞨先世为肃慎—挹娄—勿吉，是我国东北地区的古老民族。武则天圣历元年（698年），粟末靺鞨首领大祚荣在今牡丹江上游，以今吉林省敦化为中心自立为震国，先天二年（713年），唐睿宗遣使册封大祚荣为“左骁卫大将军、渤海郡王”，“领忽汗州都督”，从此“去靺鞨号，专称渤海”。自高王大祚荣立国开始，历十五代王，至926年辽太祖耶律阿保机率大军进攻渤海，渤海灭亡，国祚凡229年。

在渤海国存续期间，渤海王室为了加强和巩固其统治，积极向唐朝学习，输入中原的封建文化、典章制度。仿效唐朝实行五京和都城制度，后为辽金两代沿袭。同时，从中原输入的佛教、文学、艺术、建筑等，推动了渤海封建制度的确立和社会经济的发展。

吉林省是渤海文化分布的重要区域，省内的渤海遗迹主要分布在东部的延边地区，渤海建国之前的靺鞨遗迹则在中部地区也有发现。

史载渤海有五京，其中有三京在吉林省境内，包括中京显德府（和龙西古城）、东京龙原府（珲春八连城）和西京鸭绿府，多数学者认为渤海“旧国”在今敦化附近。除此之外，还有一些渤海城址发现。渤海墓葬数量更多。城址和墓葬是渤海考古的主要内容。

吉林省渤海考古工作可以分为两大阶段。新中国成立前主要是日本人进行的调查和发掘。1935年，白鸟库吉到敦化、延吉等地考察。1937年鸟山喜一、藤田亮策调查了桦甸、延边一带的渤海遗存，后来编写了《间岛省古迹调查报告》。1939年三宅宗悦调查了和龙北大墓地[1]。1941年秋和1942年斋藤甚兵卫（斋藤优）调查发掘了珲春半拉城（八连城），并编写了报告《半拉城——渤海的遗迹调查》。

新中国成立后的吉林省渤海考古主要由我国考古工作者开展的。20世纪下半叶主要是对一些墓葬进行了发掘，包括东部的敦化、和龙及西流松花江流域的永吉、榆树等地区。敦化六顶山墓地进行过多次发掘，1949年发掘了贞惠公主墓，出土了墓志，这是第一座发现的具有明确年代和身份的渤海王室墓葬，对渤海“旧国”的确定等问

［1］　李莲：《日本人在我国东北考古情况简介》，《东北亚历史与考古信息》1984年总第3期，第50～62页。

题提供了重要线索[1]。1963～1964年，中国科学院考古研究所发掘墓葬20座[2]。

20世纪70年代后，图们江流域的和龙地区也发掘了不少渤海墓葬，包括河南屯古墓[3]、北大墓地[4]、龙头山墓地等，龙头山墓地发现了贞孝公主墓，是继贞惠公主墓之后发掘的又一座确切的王室墓葬，而且还首次发现了保存比较完好的精美壁画[5]。

西流松花江流域发现的靺鞨墓葬有永吉杨屯大海猛墓地[6]、永吉查里巴墓地[7]、榆树老河深上层墓葬[8]等，被认为是渤海建国前至渤海早期的墓葬。

21世纪以来，吉林省渤海考古有了新的进展，工作重心放在了城址的发掘与研究上。吉林省文物考古研究所等单位对渤海中京和龙西古城连续进行了大规模的发掘。为探索“旧国”问题，吉林大学边疆考古研究中心和吉林省文物考古研究所于2002年、2003年对敦化敖东城城址和永胜遗址连续进行了发掘[9]；2004～2009年，吉林省文物考古研究所、吉林大学边疆考古研究中心对珲春八连城遗址开展了六个年度的专项考古发掘调查，对八连城形制、建筑布局等城市考古基本问题，又有了更为全面、系统的认识[10]。伴随着《西古城——2000～2009年度渤海国中京显德府故址田野考古报告》[11]的出版，以及八连城城址整理工作的有序开展，促使学术界对渤海都城研究

［1］　金毓黻：《关于“渤海贞惠公主墓碑研究”的补充》，《考古学报》1956年第2期，第75～78页。

［2］　中国社会科学院考古研究所：《六顶山与渤海镇》，中国大百科全书出版社，1997年。

［3］　郭文魁：《和龙渤海古墓出土的几件金饰》，《文物》1973年8期，第41～47、62页。

［4］　延边朝鲜族自治州博物馆、和龙县文化馆：《和龙北大渤海墓葬清理简报》，《东北考古与历史》第一辑，文物出版社，1982年，第200～210页。延边博物馆、和龙县文物管理所：《吉林省和龙县北大渤海墓葬》，《文物》1994年1期，第35～43、49页。

［5］　延边朝鲜族自治州博物馆：《渤海贞孝公主墓发掘清理简报》，《社会科学战线》1982年第1期，第174～180页。

［6］　吉林市博物馆：《吉林永吉杨屯大海猛遗址》，《考古学集刊》第5集，中国社会科学出版社，1987年，第120～151页。吉林省文物工作队、吉林市博物馆：《吉林永吉杨屯遗址第三次发掘》，《考古学集刊》第7集，科学出版社，1991年，第23～50页。

［7］　吉林省文物考古研究所：《吉林永吉查里巴靺鞨墓地》，《文物》1995年第9期，第29～47页。

［8］　吉林省文物考古研究所：《榆树老河深》，文物出版社，1987年。

［9］　吉林大学边疆考古研究中心、吉林省文物考古研究所：《吉林敦化市敖东城遗址发掘简报》，《考古》2006年第9期，第40～54页。吉林大学边疆考古研究中心、吉林省文物考古研究所：《吉林敦化敖东城及永胜遗址发掘的主要收获》，《边疆考古研究》第2辑，科学出版社，2004年，第30～36页。

［10］　吉林大学边疆考古研究中心、吉林省文物考古研究所：《吉林珲春市八连城内城建筑基址的发掘》，《考古》2009年第6期，第15～22页。

［11］　吉林省文物考古研究所、延边朝鲜族自治州文化局、延边朝鲜族自治州博物馆、和龙市博物馆：《西古城——2000～2005年度渤海国中京显德府故址田野考古报告》，文物出版社，2007年。

产生全新的学术思考。

墓葬考古虽然不多，但对一些重要墓地又进行了发掘，获得了很多收获。2004～2009年对敦化六顶山墓地进行了复查和发掘[1]。2004～2005年对和龙市龙海墓区（龙头山墓地）进行发掘，共清理墓葬14座，其中最为重要的是发现了孝懿皇后和顺穆皇后的墓葬，进一步证明了此地为渤海中后期的王室陵寝所在地[2]。

随着考古调查和发掘的开展，吉林省渤海考古的研究不断深化，在早中期都城研究以及寻找渤海王陵等方面均取得了很大的进展，对整个渤海考古及渤海历史学研究方面也起到了极大的推动作用。

一、都　城

渤海全盛时期，境域辽阔，其范围包括了我国东北地区的东部、朝鲜半岛东北部以及俄罗斯滨海地区这一广大区域。《新唐书·渤海传》载："初，其王数遣诸生诣京师太学，习识古今制度，至是遂为海东盛国。地有五京、十五府、六十二州。以肃慎故地为上京，曰龙泉府，领龙、湖、渤三州。其南为中京，曰显德府，领卢、显、铁、汤、荣、兴六州。秽貊故地为东京，曰龙原府，亦曰栅城府，领庆、盐、穆、贺四州。……"这是目前已知关于渤海国五京制度最为详细的文献记载。根据已有的考古发现和研究，和龙西古城为渤海国中京显德府故址、珲春八连城为渤海国东京龙原府故址的观点，已为多数渤海史地研究者所接受。

（一）中京显德府城址

中京显德府城址即今和龙西古城。城址位于吉林省延边朝鲜族自治州和龙市西城镇城南村，西南距和龙市约24千米，东北距延吉市约42千米。城址地处长白山北坡余脉丘陵河谷地带，所在区域地势北高南低，其南为头道平原开阔区域。古城附近分布着河南屯古城、龙头山墓群、北大墓群等众多渤海重要遗迹。

20世纪初叶，伴随着日本军国主义势力对我国东北地区的侵略，日本的一些学者先后对东北地区文物古迹进行了掠夺式的考察，其中包括西古城城址。先后有鸟山喜一、藤田亮策、斋藤优、小嶋芳孝等几名日本学者根据地面调查和航空照片，对西古城是否还有大范围的外郭城进行了推测复原。他们所指出的一些遗迹和出土遗物点，

[1] 吉林省文物考古研究所、敦化市文物管理所：《六顶山渤海墓葬——2004～2009年清理发掘报告》，文物出版社，2012年。

[2] 吉林省文物考古研究所、延边朝鲜族自治州文物管理委员会办公室：《吉林和龙市龙海渤海王室墓葬发掘简报》，《考古》2009年第6期，第23～39页。

还是应予注意的。20世纪50年代以后，各级人民政府对西古城城址采取了以保护为主的文物政策，通过实施有效的保护措施逐步提高了西古城城址的文物保护级别。其中包括多次全面、科学的调查、发掘和测绘工作。

西古城城址由内城、外城两部分组成（图二二七），内城、外城处于南北向同

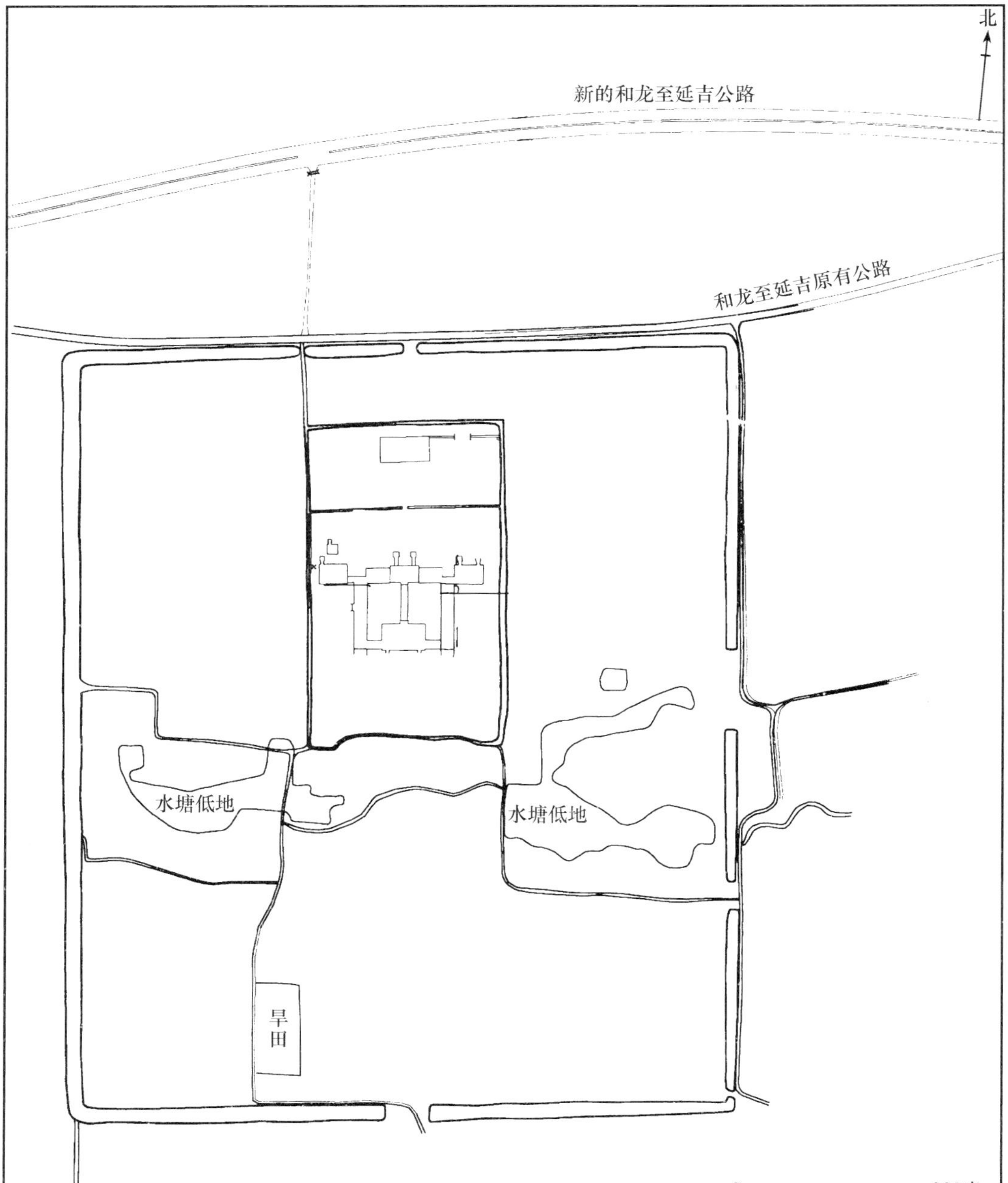

图二二七　西古城平面图（2005版）

一中轴线上，两者的平面均呈南北向纵向长方形，内城处于外城的北半部居中位置。城址方向南偏东10°，总面积约0.46平方千米。其中，外城北墙长632米，南墙长628.2米，东墙长734.2米，西墙长725.7米，周长2720.1米；内城北墙长187米，南墙长187.9米，东墙长311.1米，西墙长306.8米，周长992.8米。[1]目前地表仍可见内、外城城垣轮廓。外城南、东、北垣保存较好，残高一般在1.5～2.5米，最高处达4.5米。在城址中轴线两端的南、北墙中间，各有一个门址缺口，南门址宽约15米，北门址宽约14米。2000年，通过对南门址的发掘得知，该门址只设一个门道，门道最宽处不足4米。城外原有城壕，除南墙东端和东墙南端外仍为小渠外，其余已被填平。内城位于外城中部偏北，东西宽190米，南北长310米。内城北墙距外城北墙70米。内城南墙中段对称内折，中间开门。门内之南北中轴线上坐落着三座宫殿址，其中第一殿址最大，是一种复合式建筑格局，整体布局包括一号宫殿主殿及其东西两侧对称分布的廊庑。殿址位于内城南部，台基南缘至内城南墙的距离约为82.13米。主殿台基东西41米，南北22.5～25.5米，以夯土和河卵石交替构筑而成。台基的南北两侧存在用单一夯土构筑的门址。其中，北侧一门位于台基北缘的中央；南侧二门，位于台基南缘的东西两侧。台基的四周曾构筑有“土衬石”、地面散水等设施，但留存下来的迹象较少。在一号宫殿台基的东西两缘，分别清理出一道向东、向西横向延伸的宽约8.8米的廊道。一号宫殿通过该廊道与东西两侧的廊庑相接。

第一殿址之北36米为第二殿址。第二殿址由主殿和左右配殿组成，主殿台基南缘居中位置辟有门道，该门道通过其南延的廊道与一号宫殿北门相连。主殿北侧似有外出烟道（图二二八）。第二殿址东西两侧还各有一座外出烟道的殿址。第一、二殿及第二殿东西两侧的殿址之间皆有回廊相通。其中位于第一、二殿址之间左右两侧的回廊，自2000年起发掘者对其进行了全面揭露。西侧回廊与第一殿址相距15米，南北长61米，东西宽12.6～12.9米，南北纵向分布着三排大础石。在有的大础石之间还存在小础石，或以铺垫的河卵石相连，说明这些大础石之间原有墙体相连，可能设有小的房间。这种回廊中的小房间，可称为廊房。相对于第一、二主体建筑，发掘者认为其更趋近于“厢房”性质，也有一定道理。东侧回廊与西侧回廊对称，结构布局与性质用途也应相同。

中轴线北端的殿址与第二殿址相距约99.77米，中隔一道横墙，横墙中部有门址相通。北距西古城内城北墙约11.26米，是其所在区域单体独立的宫殿建筑。殿址台基呈横向长方形轮廓，据台基上留存的外圈础石推算，该宫殿址应是一座面阔11间，进深5间式的结构格局。因破坏严重，未发现踏步类迹象，亦无法辨明建筑的辟门情况。

---

[1] 吉林省文物考古研究所、延边朝鲜族自治州文化局、延边朝鲜族自治州博物馆、和龙市博物馆：《西古城——2000～2005年度渤海国中京显德府故址田野考古报告》，文物出版社，2007年，第1页。

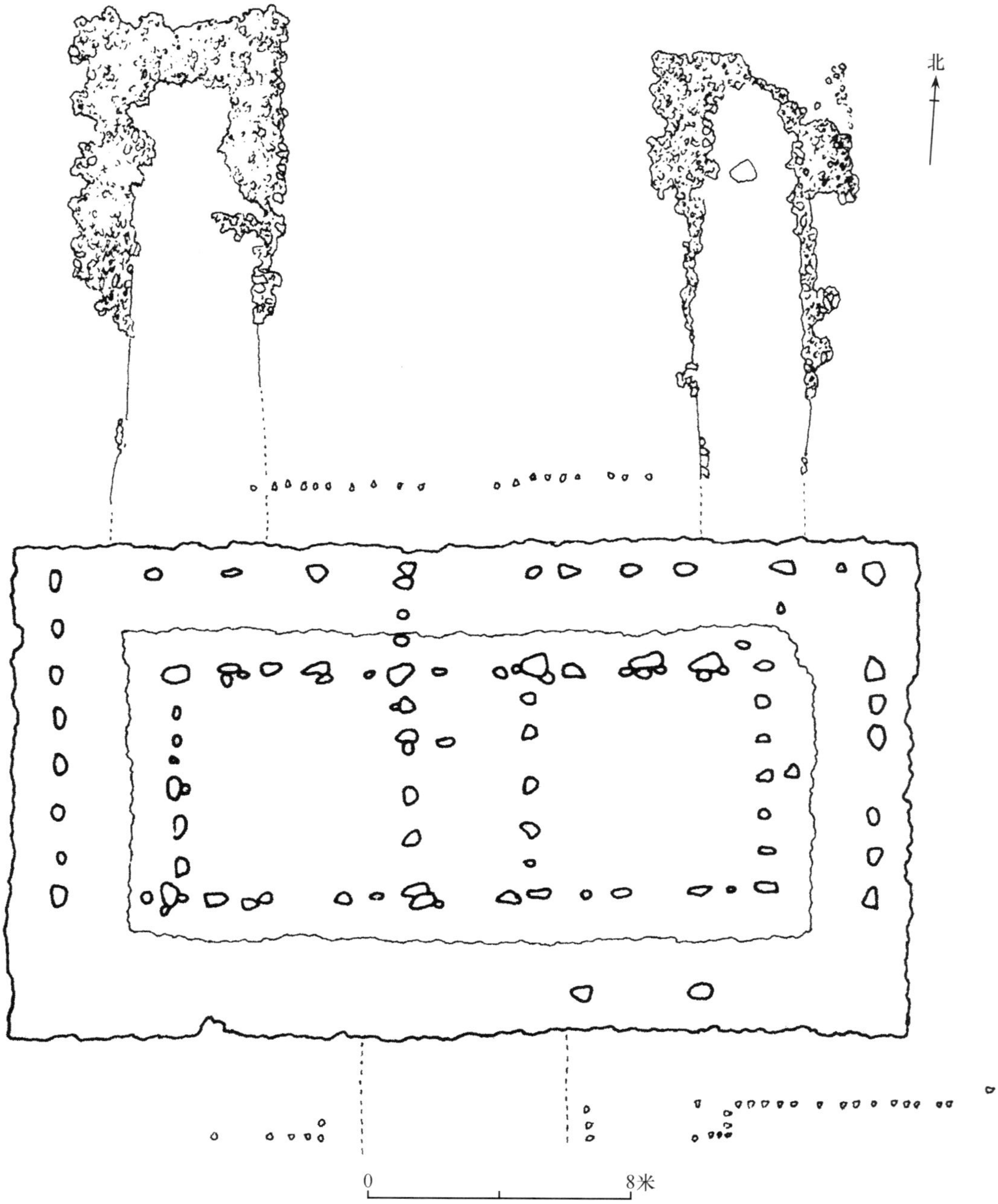

图二二八　西古城二号宫殿址合成平面图

城址内出土有指压纹和斜线联珠纹板瓦、筒瓦、莲花纹瓦当、方砖、忍冬纹花纹砖、覆盆、鸱尾、兽头等陶建筑构件（图版四，3），有的构件上饰以绿釉，同时还发现一批文字瓦（图二二九）。内城宫殿址上还发现成排的础石。

图二二九　西古城一号宫殿址出土莲花纹瓦当

（二）东京龙原府城址

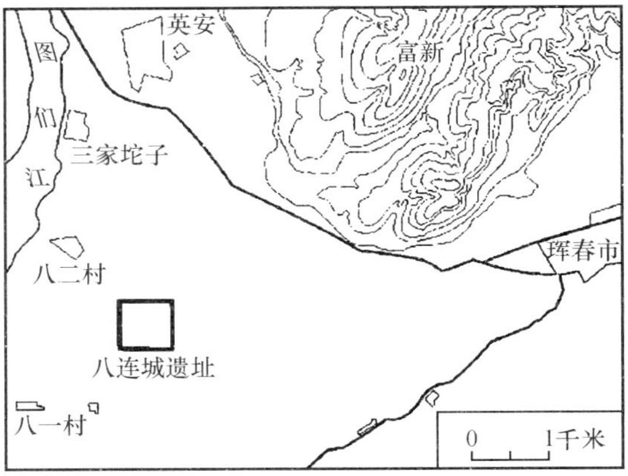

图二三〇　八连城地理位置图

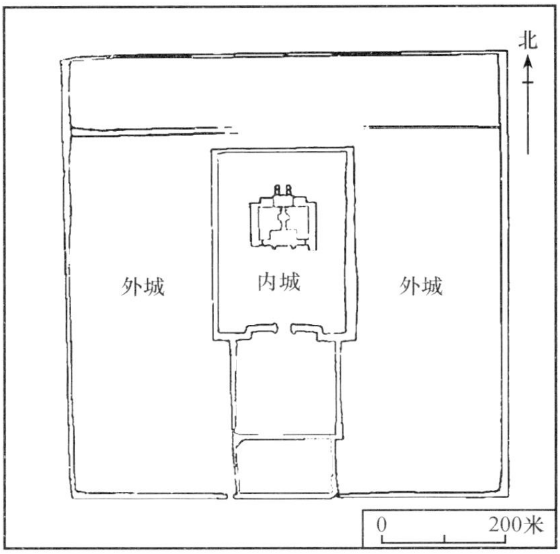

图二三一　八连城遗址平面图（2004版）

东京龙原府城址即今珲春八连城，曾名半拉城。该城址位于珲春河冲积平原的西北部，东距珲春市6千米，其西约2.5千米为图们江，地处盆地，远处群山环抱（图二三〇）。城址附近分布着众多渤海平原城、山城、城堡、墓群和寺庙址。其中南去5千米的温特赫部城周长2269米，可能是东京龙原府的一个州治所在地。其余大多分布在溯珲春河而上的沿线，如五一村寺庙址、马滴达墓塔和寺庙址等。

1937年，鸟山喜一、藤田亮策对八连城遗址进行考古调查，并发掘了内城北部的两处建筑址以及城址东南方的一处渤海寺庙址。1942年，斋藤优对八连城遗址进行调查，发掘了位于内城北部的七处建筑址、内城南门址和内城西门址。20世纪50年代以来，吉林省文物考古部门对八连城遗址进行了多次科学的调查、测量以及考古发掘。

八连城方向为南偏西10°，分内外两城，城墙用土夯筑（图二三一）。据2004年的调查测量结果，[1]外城城垣呈南北向稍长的长方形，南墙长698.4米，北墙长709.2米，东墙长743.4米，西墙长734.4米。城外有护城壕。

内城位于外城中部偏北，城垣呈南北向长方形，南墙中段对称内折，正中部位有一现宽24.3米的门址。据早年发现的础石排列，该门址是一座面阔五间、进深两间的建筑。南墙东南角至西南角的直线长度216米，北墙长219.6米，东墙长316.8米，西墙长313.2米。进入南门，通过一个宽敞的广场，至内城中部，则是东西长42.45、南北宽

［1］　吉林大学边疆考古研究中心、吉林省文物考古研究所：《吉林省珲春八连城遗址2004年调查测绘报告》，《边疆考古研究》第7辑，科学出版社，2008年，第432～435页。

26.32、中央部位残高约2.2米的大型第一宫殿址，上布础石和多种瓦件。第一宫殿址向北接一长32米的长廊遗迹，北端与第二宫殿址相接。第二宫殿址东西长21米，南北宽15米，形制与西古城第二殿址相同（图二三二）。两殿址位于内城中轴线中部偏北，两殿址间有起到连通作用的廊道和中廊建筑，第一殿址两侧有与第二殿址两侧配殿相连通的东廊和西廊。现仅存土石混筑的地上建筑基址，局部保存有规整的护坡石。在内城的东北隅有水池遗迹。

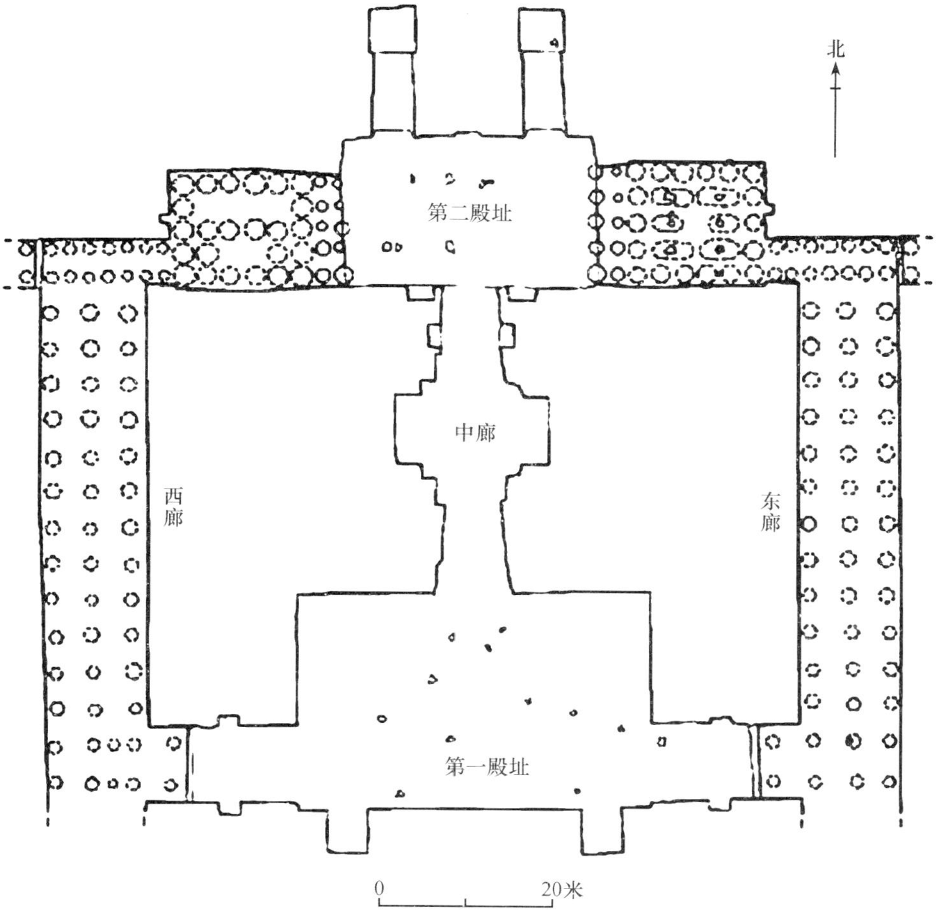

图二三二　八连城遗址内城建筑基址平面图

内城之南至外城南墙，设两个前后相邻的封闭区域，在中轴线位置上有门相通。这两个封闭区连同内城在内，则是文献记载中的“中央三城”。“中央三城”两侧，又各有两个独立的区域，有的独立区域内又分隔成不同小区。内城北侧有横墙一道，接外城东西二墙。横墙之北与外城北墙之间又形成一个单独区域，即文献记载中的“北大城”。

在八连城周围分布着多座佛寺，在这些佛寺址上，发现了存放舍利的塔心础、石佛像（图二三三）、陶塑佛像、方形四兽镜、铁门枢等遗物。

图二三三　八连城出土石佛像

1～3.《东京大学综合研究资料馆展示解说》图　4～6.《半拉城》图

八连城出土遗物绝大多数为陶质建筑材料，主要包括泥质灰陶筒瓦、板瓦、文字瓦、瓦当、花纹砖、红陶绿釉筒瓦、瓦当、脊饰等（图版四，4、6），还有少量石质建筑构件、陶器、铁钉等。

文献记载，785～794年，渤海以东京为都，其营建仿照唐长安城。从城址平面形状、规模、城内建筑布局规划等方面比较，八连城城址和稍早的和龙西古城城址具有较多的相似性。八连城的发掘，为渤海及东北亚都城研究提供了重要的考古资料。

（三）"旧国"都城城址的争论

渤海考古研究中通常是以渤海迁都上京为界，划分渤海文化的早、晚两期。渤海建立之初的活动中心史称"旧国"。前人根据文献记载，并以渤海上京城址为坐标所作出的历史地理考证，大都认为渤海旧国应位于牡丹江上游的敦化盆地一带。敦化市南5千米的六顶山渤海早期王室贵族墓地的确认，进一步验证了这一推论。但是，在敦化盆地除了六顶山渤海早期王室贵族墓地有过考古发掘之外，对于其他的渤海遗迹都还只限于地面调查所了解的情况。有关渤海初期都城所在地的种种推测，都是依据调查资料结合史地考证得出的观点，各家说法也不尽相同。目前被考证为渤海初期都城的遗址均位于敦化盆地，先后有敖东城、城山子山城和永胜遗址。

敖东城又作鄂多哩城、俄朵里城，位于敦化市区东南部，城址附近地势平坦开阔，地处敦化盆地的交通枢纽，城东有牡丹江由南向北流过。经长年自然和人为的破坏，敖东城已原貌全失。但是通过多年来中外学者的调查记录，还可知该城的大致情况。敖东城分内、外二城，整体呈回字形，方向160°（图二三四）。外城长方形，周长约1200米。东、西城墙各长约200米，南、北城墙各长约400米。城墙土筑，城墙基宽8～11米，残高1.5～2.5米。城墙外有护城壕，南、北、西墙均有马面，南墙中部有瓮门。内城正方形，周长320米，城墙土筑，位于外城中部偏西，城墙外侧亦有护城壕。历次调查在城内采集到的遗物有夹砂黑陶、泥质灰陶残片，白瓷、青瓷残片，石臼、铁器及唐宋时期的铜钱等。1949年在敦化六顶山发现了渤海第三代王大钦茂次女贞惠公主墓志，认定六顶山为渤海早期王室贵族墓地后，渤海初期都城敖东城说殆成定论。[1]

随着考古调查及研究的深入，自20世纪80年代，便不断有研究者对渤海旧国敖东城说提出质疑。首先，有的研究者提出，大祚荣初起据东牟山筑城居之，其立国之地当为山城，而敖东城并非山城，所以不可能是渤海最初的都城，认为位于敦化市西南方的城山子山城即是东牟山，大祚荣先在此自立震国，而后在其附近又建起平原城——敖东城。因此"旧国"的概念，应当包含两个城址，即一个山城，一个平原

[1] 吉林省地方志编纂委员会：《吉林省志·卷四十三·文物志》，吉林人民出版社，1991年，第142页。

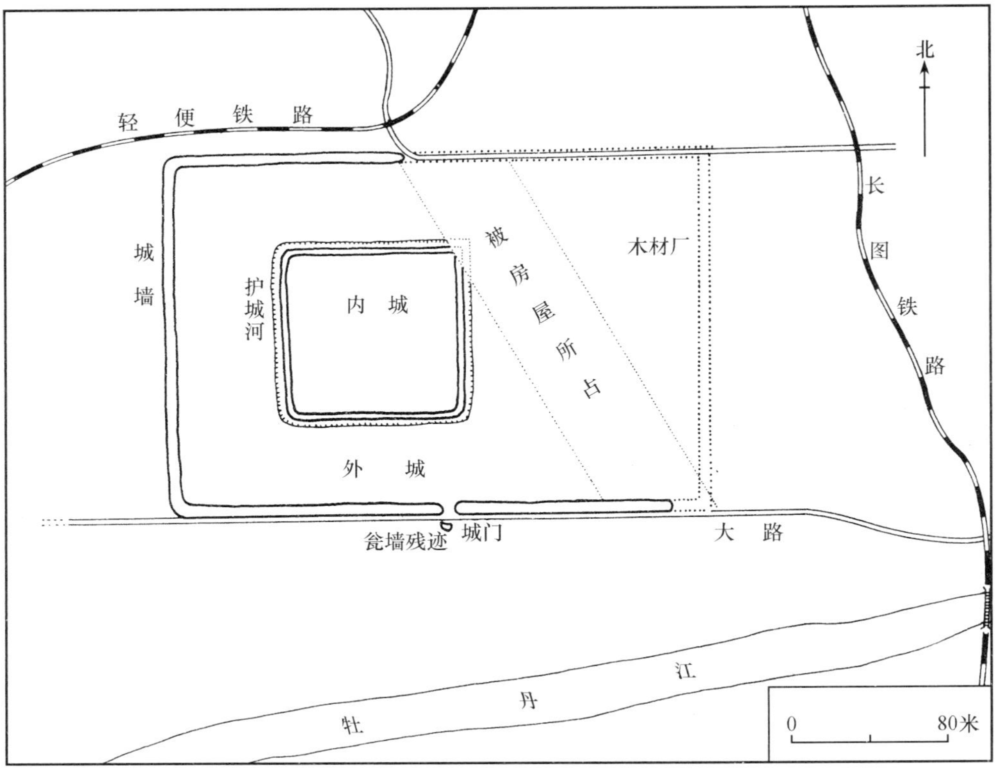

图二三四　敖东城平面图

城。敖东城建成后，城山子山城遂成为其卫城。[1]

城山子山城位于敦化市区西南12.5千米牡丹江西岸一座孤立的山丘上，北面有牡丹江支流大石河流过。城址居高临下，易守难攻，扼守交通要冲。城址平面略呈椭圆形，城墙围绕于山腰，周长2000米左右，随山势起伏（图二三五）。城墙土石混筑，墙基宽5～7米，残高1.5～2.5米，城内地势东北低，西南高。北城墙较低矮，修筑在临水的悬崖上。城墙西面和东北角各有一瓮门，西城墙设有三个马面。城址的东部为一处面积较大的平缓山坡，存有50多座半地

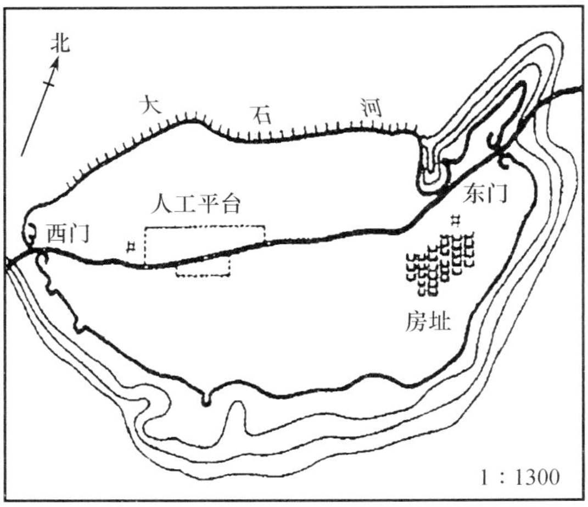

图二三五　城山子山城平面图

[1] 刘忠义、冯庆余：《渤海东牟山考》，《渤海的历史与文化》，延边人民出版社，1991年，第208页。

穴式房址。在城内西北部，距离西门址约100米处，有一石砌贮水池，城址东部房址附近还有一大型贮水池。城址的中部有几处人工修整的平台，其中较大的一处长100余米，宽30余米。城址内出土过铁矛、铁刀、铁锹和“开元通宝”等遗物。[1]

城山子山城与敖东城同为渤海早期都城说提出后，得到了多数渤海研究者的肯定。但是，也有反对将敖东城亦推定为渤海早期城址的观点，认为敖东城的形制，与中原地区同时期城制及其他渤海城址不同，其回字形平面，城门外侧建瓮城，城墙设马面，内外城都有护城壕等作法，已具辽代和北宋城制特征。同时，在敖东城内采集及城墙夯土中出土的遗物中，也不见渤海早期器物。因此不论从其形制上，还是从出土遗物上看，都不能证明该城为渤海早期所建，所以敖东城也就不可能是渤海的早期都城。[2]

之后，又有研究者否定了城山子山城为渤海早期都城遗址的说法，认为城山子山城适合人类活动的地方过于狭小，城内无大型建筑迹象，出土遗物极少且多是武器，未见生活器皿。因此，此种山城充其量也只能作为军事防御设施发挥作用，将其推定为都城遗址难以成立，进而提出了敦化市西南方的永胜遗址最有可能是渤海初期都城遗址的观点。[3]

永胜遗址位于敦化市西南约8千米的牡丹江东岸台地上，隔江与城山子山城东西相距5千米，遗址北约3千米为六顶山渤海早期王室贵族墓地。永胜遗址被认为是敦化市规模最大的一处渤海早期遗存。早年的调查认为：遗址内有五处相对集中的大型建筑址。其中最大的一座建筑址，东西长30米，南北宽20米，台基略高于地表。建筑群周围散布大量的砖、瓦、瓦当、鸱尾等建筑材料和生活器皿残片。建筑构件残片中既有渤海早期的绳纹板瓦，也有辽金时期的滴水檐瓦，遗址中还出土过唐“开元通宝”和宋“崇宁重宝”等铜钱。[4]虽然永胜遗址建筑群的年代还有待考古发掘的认定，但持此观点的研究者仍然认为：永胜遗址位于牡丹江东岸，地理位置与文献中“阻奥娄河，树壁自固”的记载相符，遗址与六顶山渤海早期王室贵族墓地之间的方位亦符合历代王陵在北、都城居南的惯例。遗址面积较大，建筑规格较高等诸多因素，表明在敦化所有渤海遗址中，永胜遗址最符合渤海旧都的条件。[5]

---

[1] 吉林省地方志编纂委员会：《吉林省志·卷四十三·文物志》，吉林人民出版社，1991年，第105～107页。

[2] 李强：《渤海旧都即敖东城置疑——兼对敖东城周长的考订》，《东北亚历史与文化》，辽沈书社，1991年，第375～379页。

[3] 侯莉闽、李强：《渤海初期通往日本陆路部分的探讨》，《北方文物》1994年第4期，第32～39页。

[4] 延边博物馆《延边文物简编》编写组：《延边文物简编》，延边人民出版社，1988年，第68页。

[5] 侯莉闽、李强：《渤海初期通往日本陆路部分的探讨》，《北方文物》1994年第4期，第32～39页。

永胜遗址渤海旧国说一经发表，便得到了多数渤海研究者的认同。最近有的研究者又提出永胜遗址和城山子山城同为渤海初期都城的观点。[1]持这一观点的研究者从《旧唐书·渤海传》关于大祚荣“据东牟山，筑城以居之”的记载，认为渤海初期都城应有山城，而城山子山城的地理位置正与文献记载相符。但也考虑到城山子山城活动空间过于狭小，城内遗物较少，不见大型遗迹等因素，认为城山子山城应为都城的卫城。而永胜遗址面积大，存有大型建筑遗迹，又与城山子山城距离适中，两者一为山城，一为平原城，共同构成渤海初期都城。

为验证以上观点和推论，吉林大学边疆考古研究中心和吉林省文物考古研究所于2002年、2003年对敖东城城址和永胜遗址进行了发掘。结合地层堆积和出土遗物分析，发掘者认为敖东城城址内遗存年代为金代晚期，且城墙与城址内遗迹同属于一个时代。[2]通过对永胜遗址的发掘以及对几座建筑址之间的相互关系的分析，发掘者认为永胜遗址可能是一处金代寺院遗迹。[3]敖东城城址和永胜遗址年代和性质的重新认定，对以往的传统观点无疑是一个很大的冲击，也为渤海初期都城遗迹的研究提出了新的思考。“旧国”都城城址的确定尚待以后考古发掘和研究工作的进一步开展。

二、交通道和地方城址

随着渤海政权的建立和势力的发展，为巩固其政权，除加强与中原各方面交往的同时，还积极开展与周邻地区和国家之间经济、文化等各方面的交流。而对外的各交通道正是渤海对外交流和联系的强有力的纽带。《新唐书·渤海传》记渤海有五条交通路线：“龙原东南濒海，日本道也。南海，新罗道也。鸭渌，朝贡道也。长岭，营州道也。扶余，契丹道也”。这五条路线，前四条的走向已基本清楚。交通道沿途都经过一些重要的渤海城址，还发现有一些重要的渤海遗迹（图二三六）。

（一）营州道和苏密城

《新唐书·地理志》记载：“营州东百八十里至燕郡城。又经汝罗守捉，渡辽水至安东都护府五百里。府，故汉襄平城也。……自都护府东北经古盖牟、新城，又经渤海长岭府，千五百里至渤海王城”，由此可知营州道的走向和经由。

[1] 宋基豪：《渤海的初期都城及其迁都过程》，《东北亚历史与考古信息》1988年第1期，第61～72页。李健才：《渤海初期都城考》，《北方文物》2002年第3期，第33～37页。

[2] 吉林大学边疆考古研究中心、吉林省文物考古研究所：《吉林敦化市敖东城遗址发掘简报》，《考古》2006年第9期，第52页。

[3] 吉林大学边疆考古研究中心、吉林省文物考古研究所：《吉林敦化敖东城及永胜遗址考古发掘的主要收获》，《边疆考古研究》第2辑，科学出版社，2004年，第36页。

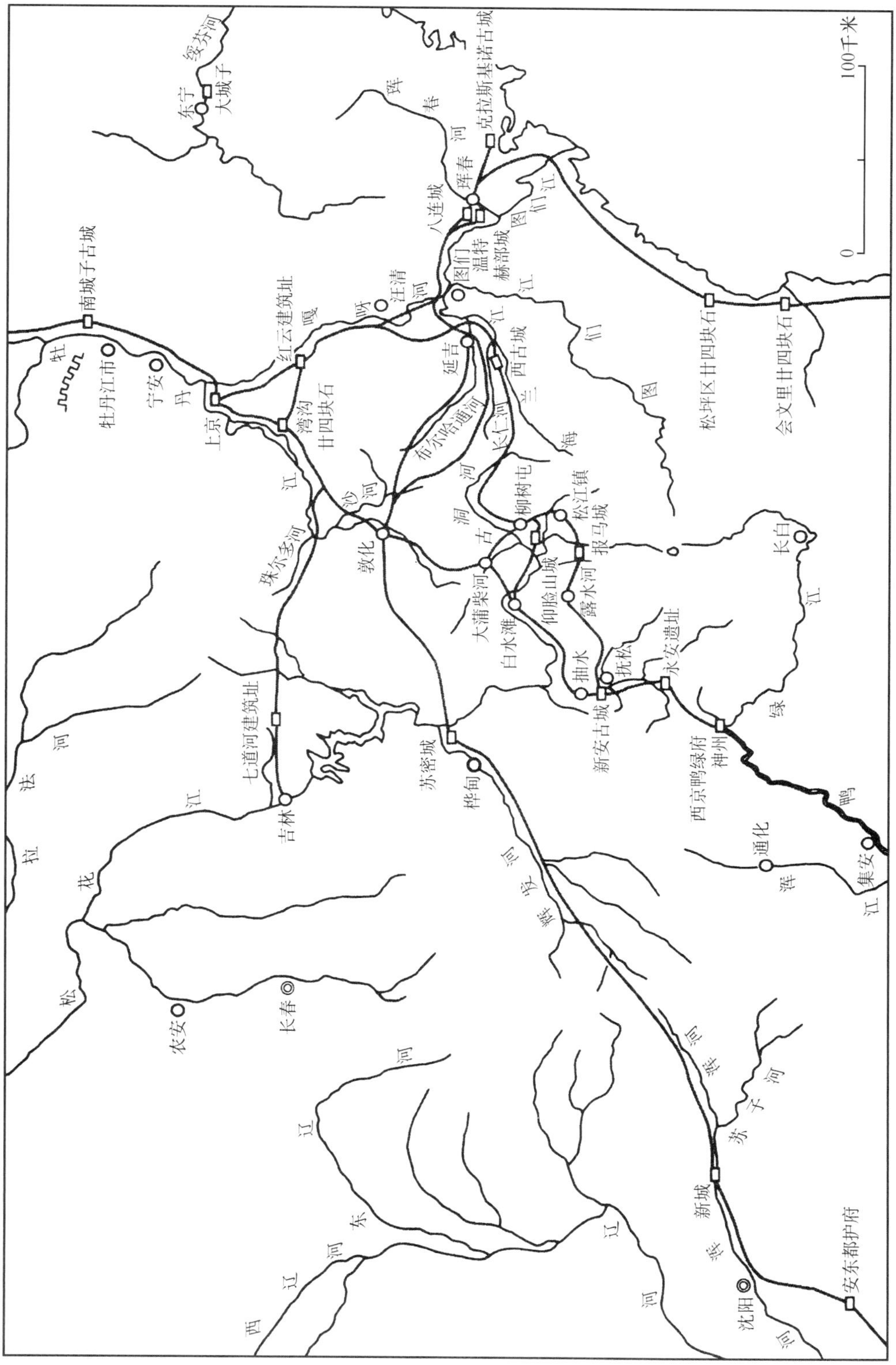

图二三六　渤海对外交通部分路线示意图

营州为今朝阳，新城即今抚顺高尔山城，长岭府即今吉林省桦甸市苏密城。自今辽阳沿浑河东北行，过分水岭，再沿柳河辉发河沿岸东北行，之后再沿牡丹江东北行，经旧国至上京龙泉府。该交通道路沿途遗迹密集，不仅有江东、官地、海青房、腰甸子、房身沟、湾沟等渤海二十四块石建筑址，而且还有横道河子、孙家船口、通沟岭、南台子、大甸子、腰甸子等处的古城址或城堡。虽然这些古城址或城堡过去多仅限于地面调查，性质和时代的认定尚需进一步工作，但营州道自此经过还是为学界所认同的。[1]

苏密城位于辉发河南岸今桦甸市大城子村，是辉发河流域最大的渤海古城。城垣建筑规整，有内外两城和重壕，全城平面呈“回”字形。外城大体呈长方形，周长2590米。城墙夯土版筑，四角有角楼，现仅存东南和西南角楼遗迹。外城四门皆位于各墙中段，并筑有方形瓮城，现仅存西和南瓮门。外城北以辉发河为天然屏障，东、西、南三面开凿出两道护城河（图二三七）。内城位于外城中间，为方形，周长1381米。内城四角顶部高出城墙顶部，且散布较多砖瓦残块，为角楼遗迹。东墙和西墙中段各有一门址，城四周有一道较明显的护城河遗迹。苏密城地表散布有较多遗物，有瓦当、陶片、铁镞、石磨等，多为渤海时期遗物，还采集有辽金时期的兽面纹瓦当，据此可知苏密城为渤海城址，并为辽金及以后沿用。[2]

（二）朝贡道和永安遗址

朝贡道即登州道，《新唐书》引贾耽《入边州四夷道里记》所载，朝贡道的经由如下：“登州东北海行，过大谢岛、龟歆岛、末岛、乌湖岛三百里。北渡乌湖海，至马石山东都里镇二百里。东傍海壖，过青泥浦、桃花浦、杏花浦、石人汪、橐驼湾、乌骨江八百里。……自鸭绿江口舟行百余里，乃小舫泝流东北三十里至泊汋口，得渤海之境。又泝流五百里，至丸都县城，故高丽王都。又东北泝流二百里，至神州。又陆行四百里，至显州，天宝中王所都。又正北如东六百里，至渤海王城。”这是一条连接渤海国和中原的水陆重要交通线。所经的地名和水名，经过多人研究和考证，已基本清楚。登州，为山东蓬莱，丸都县城即今集安市，神州为临江，显州即今和龙西古城。

渤海入唐的朝贡道，从渤海上京龙泉府出发，溯马莲河南下，越过哈尔巴岭，进入嘎呀河谷。到延吉市北郊越过布尔哈通河，西南折向龙井镇附近，再向西到达中京显德府。从中京经过兴州和丰州（今吉林省抚松县新安城），南下至神州。朝贡道的

---

［1］　王承礼：《吉林敦化牡丹江上游渤海遗址调查记》，《考古》1962年第11期，第575页。参见国家文物局：《中国文物地图集·吉林分册》，中国地图出版社，1993年，第104、105页。李强、侯莉闽：《延边地区渤海遗存之我见》，《北方文物》2003年第3期，第26～34页。

［2］　吉林省地方志编纂委员会：《吉林省志·卷四十三·文物志》，吉林人民出版社，1991年，第66～68页。

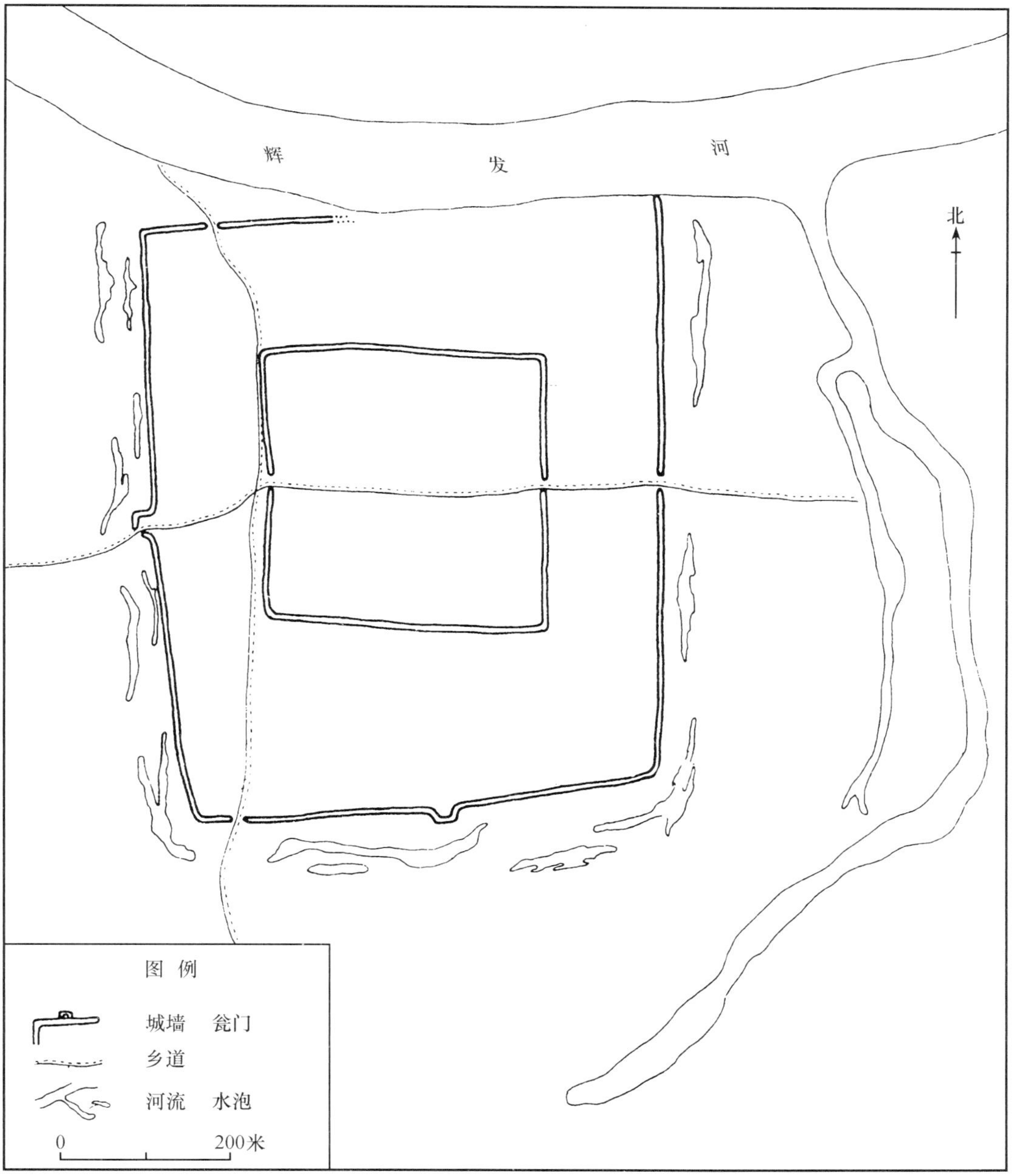

图二三七　苏密城平面图

陆路到此结束，全程约五百千米。[1]朝贡道途经的龙井、延吉周围和嘎呀河两岸分布有多处渤海城址、遗址和墓葬。

永安遗址位于白山市（原浑江市）松树镇永安村西200米，遗址发现于1960年，

[1]　吉林省地方志编纂委员会：《吉林省志·卷四十三·文物志》，吉林人民出版社，1991年，第124页。

1984年发掘。三个发掘区共发现房址6座，灰坑28个。出土陶器、铁器、铜器、石器、骨角器等各类遗物300多件。[1]房屋结构均为平面呈圆角方形的半地穴式。方向一致，呈西北—东南向，均无门道。有的房址穴壁内侧可见等距离排列的础石，室内地面多铺以黄土，石砌瓢形灶一般位于房址中央。有的房址在西南角挖有一浅坑，坑内放置一大型陶罐，器内壁有白色水垢附着。出土遗物中陶器绝大多数为容器，陶质有砂质和泥质两类。夹砂陶均为手制，一般光素无纹；泥质陶多为灰陶，多轮制，器身饰以弦纹、垂帐纹、波纹等刻划纹饰。器类有深腹筒形罐、鼓腹罐、壶、碗、盅等，还有少量网坠和装饰品。金属器主要有铁刀、铁镞、铁带扣、铜带具、铜牌饰、铜首饰等。石器绝大多数为砺石和玛瑙珠。骨角器数量很少，多为有加工痕迹的鹿角。

（三）日本道和温特赫部城

渤海人开创的通往日本的航线，包括陆路和水陆共3条。《新唐书·渤海传》记载："秽貊故地为东京，曰龙原府，亦曰栅城府。……龙原，日本道也。东南滨海。"龙原府即今珲春八连城，东南濒临日本海。

日本道陆路部分可分为前期和后期两条，755年，渤海王都迁至上京，在此之前渤海已派使访日3次，所走陆路为前期路线。经近年调查，前期路线被认定为：从旧都出发，至大石头镇后东南折，溯二道河而上，越牡丹岭东段山脉，入安图，顺福兴河支流而下，到达岛兴遗址，后折向东南的福兴河支流，经神仙洞驿站，越天宝山入和龙，沿长仁江河谷直行，过孟山沟遗址、青龙遗址、凤照水文站遗址后，进入海兰江，经龙井市的东兴古城、英城古城、上岩建筑址、龙曲遗址抵达延吉市河龙古城。再沿布尔哈通河至曲水遗址后，傍嘎呀河而下至图们市，履图们江两岸，穿图们凉水窟窿山遗址、凉水中学遗址、珲春密江西岗子遗址、东云洞驿站址、甩弯子窑群到达温特赫部城。后东行至板石乡石头河子古城，翻越长岭子山口，入俄罗斯境内，最终抵达渤海前期日本道陆路的终点克拉斯基诺古城。[2]迁都上京后出访日本的陆路为后期路线：从上京出发，溯马莲河南下，越哈尔巴岭进入嘎呀河谷，经过春阳、天桥岭、大兴沟、汪清龙泉坪、松林洞，越过南岗山，经凉水、密江向西入珲春，经八连城到达克拉斯基诺古城。[3]该城是日本道海路的起点，也是渤海盐州州治所在。

温特赫部城位于珲春河冲积平原的末端，今三家子乡古城村所在地，东北距珲春市区10千米。与斐优城仅一墙相隔，其北即为斐优城南墙，故有"姊妹城"之称。该

[1] 吉林省文物考古研究所：《吉林浑江永安遗址发掘报告》，《考古学报》1997年第2期，第237页。

[2] 侯莉闽、李强：《渤海初期通往日本陆路部分的探讨》，《北方文物》1994年第4期，第38页。

[3] 吉林省地方志编纂委员会：《吉林省志·卷四十三·文物志》，吉林人民出版社，1991年，第124页。

城城墙残高2～3米，不见角楼、马面、瓮城等城防设施遗迹。东西城墙各长710、南墙长381、北墙长468、周长2269米，平面为南窄北宽的长方形（图二三八）。城内和南墙外侧地面散布大量碎瓦、陶片等遗物。瓦有灰色与红褐色，致密坚硬。瓦的纹饰有绳纹、席纹、方格纹、菱形回纹、斜方格纹等。大多为板瓦，也有带榫头的筒瓦等。据早年调查记录，曾在城内采集到兽面瓦当。陶片为泥质灰陶，皆系轮制。还散见有典型的渤海莲瓣纹瓦当。[1]1992年对该城进行了发掘，经过对其东墙和南墙的解剖，推定该城始建于渤海。[2]

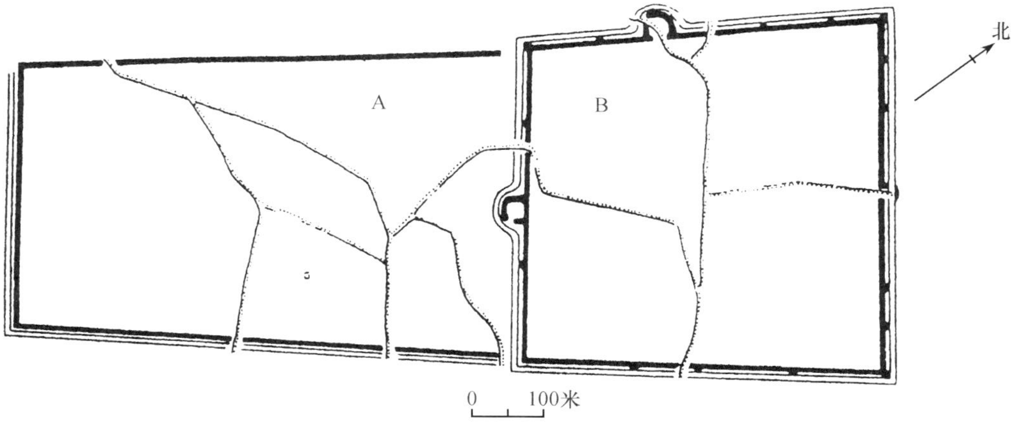

图二三八　温特赫部城平面图

（四）契丹道和相关遗址

《新唐书·渤海传》载："扶余故地为扶余府，常屯劲兵扞契丹……扶余，契丹道也。"扶余府是渤海西部的边防重镇和交通要冲，渤海扶余府为今何地的问题，学术界目前仍无定论，多认为在今吉林农安，但农安至今尚未发现确切的渤海遗存。关于契丹道的大致走向，学界比较统一的意见是：从渤海上京城出发经西陲重镇扶余府西行，到达契丹都城临潢府。从渤海扶余府通往契丹的这条交通路线，因受文献记载的限制以及缺乏有力的考古材料做依据，目前确切路线还未能推定。随着考古和研究工作的进一步深入，契丹道吉林市以东区段的走向和经由大致确定为：自吉林市出发，越江密峰，过天岗、尚义、前进村、七道河子，辗转至前进乡，之后过前进古城沿朱尔多河东行，再沿牡丹江顺流行至渤海上京城。[3]沿途发现的渤海遗迹中比较重要的有七道河村渤海建筑址，在蛟河天岗乡尚义还发现有唐代典型的海兽葡萄纹

[1]　吉林省文物志编委会：《珲春县文物志》，1984年，第42页。

[2]　侯莉闽、李强：《渤海初期通往日本陆路部分的探讨》，《北方文物》1994年第4期，第37页。

[3]　马德谦：《渤海契丹道吉林市以东区段假说》，《博物馆研究》1990年第3期，第45页。

铜镜。

七道河村渤海建筑址位于吉林蛟河七道河村北约300米的一处小高岗上，遗址南临牤牛河，北侧为乡间道路。该建筑址于1985年文物普查时发现，1990年发掘。建筑址平面呈方形，正南北向，由天井、地面铺石、础石、阶石、护坡石等几部分组成（图二三九）。天井位于遗址中部，平面为长方形。天井内中部偏南有一长方形坑穴，长

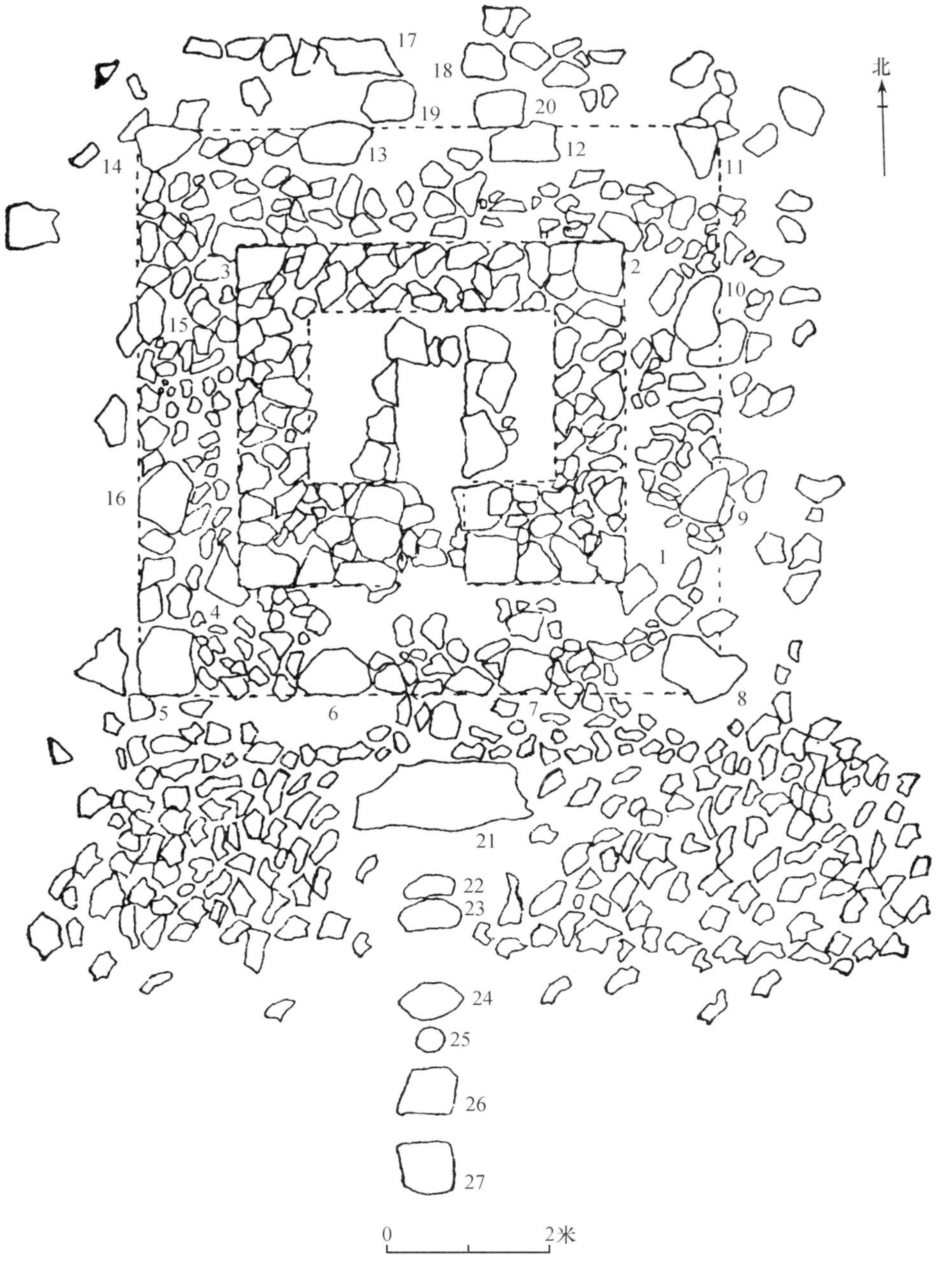

图二三九　七道河渤海建筑址平面图

1 ～ 20. 柱础石　21 ～ 27. 阶石

1.6、宽1、深约0.6米。天井围墙用未经加工的花岗岩块石垒砌，南面有一缺口，外侧四角下砌有柱础石。天井围墙外地表以花岗岩块石和河卵石铺砌，外缘等距分布有12块柱础石。遗址南面中轴线上直线排列有7块阶石，系大而平整的花岗岩石块和河卵石，分为五级。阶石东西两侧顺地势铺砌有护坡石。出土遗物主要为建筑构件，其次还有陶器、石碑等。建筑构件以瓦当最多，有莲瓣绶带纹瓦当、变形莲瓣纹瓦当、卷云乳丁纹瓦当、莲蕾纹瓦当等；筒瓦有花头筒瓦、柱形筒瓦、锥型筒瓦三种；板瓦有指压纹板瓦、戳印纹板瓦等，还出有铁钉、脊饰残块、铁风铃等。陶器有陶杯、陶罐等。此外，还出有两件石碑残块，字体介于楷隶之间。该建筑址的性质，发掘者推测可能为契丹道上的亭站或具有某种宗教性质的建筑。[1]

三、寺庙址和佛塔

隋唐时期，汉地佛教空前发达，佛寺林立。渤海作为唐朝中央政权册封的一个属国，在政治、经济、文化等方面俱同唐王朝保持很大的一致，佛教方面同样追随唐王朝，修建了大量的寺庙和佛塔，留下了丰富的相关遗存。

（一）寺庙址

目前吉林省内发现的渤海寺庙址，集中分布在敦化地区、中京西古城及其附近地区、东京八连城及其附近地区三个大的区域，经调查和发掘，已发现和确认的寺庙址有22处。

1. 敦化地区

仅在敦化市红石乡发现一处寺庙址：庙屯寺庙址[2]。

该寺庙址位于敦化市红石乡一心屯西300米处。遗址坐落在牡丹江西岸，东面隔江有六顶山古墓群，西南7千米为城山子山城。寺庙址分前后两殿，南向，遗址南北长30米，东西宽14.4米，两殿相距7.5米，前殿长14.4、宽6米；后殿长14.4、宽8米。遗址内采集有渤海时期的板瓦和筒瓦，凹面饰布纹。

2. 西古城及其附近地区

主要指渤海中京西古城及其附近地区，包括和龙、安图、龙井、汪清等地。已

[1] 吉林市博物馆：《吉林省蛟河市七道河村渤海建筑遗址清理简报》，《考古》1993年第2期，第133～140页。

[2] 吉林省文物志编委会：《敦化市文物志》，1985年，第84页。

发现和确认的寺庙主要有：高产寺庙址[1]、军民桥寺庙址[2]、龙海寺庙址[3]、东南沟寺庙址[4]、神仙洞寺庙址[5]、大东沟寺庙址[6]、傅家沟寺庙址[7]、舞鹤寺庙址[8]、碱场寺庙址[9]、东清寺庙址[10]、仲坪寺庙址[11]、骆驼山寺庙址[12]、新田寺庙址[13]、红云寺庙址[14]等14处。择其要者介绍如下。

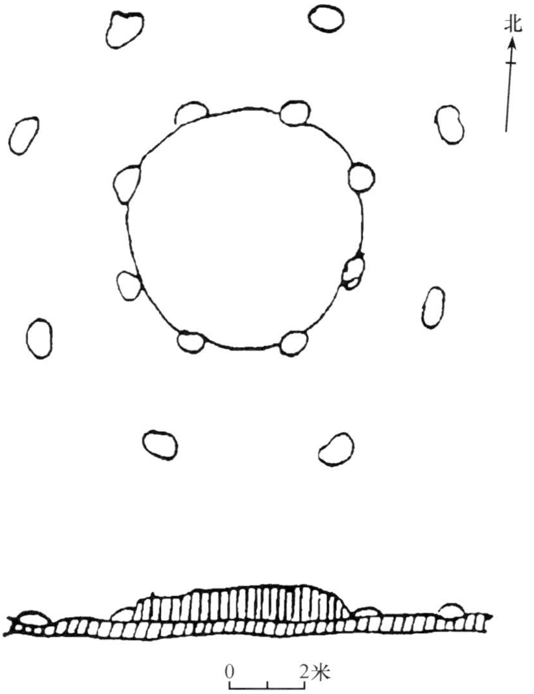

图二四〇　高产寺庙址平、剖面图

（1）高产寺庙址：位于和龙市德化乡高产村南500米的一处山丘上，地表散布有大量红、灰色瓦的残片。遗址地表暴露的16块础石，分内外两圈，内圈置有8块础石构成八角形，直径7米；外圈亦同，直径12米（图二四〇）。在内圈的中心有圆形的高台，中部微鼓，用白灰抹面，础石间亦用白灰抹面。发掘者据此推测该寺庙的建筑布局：中间圆形台基应是佛坛基座，内周础石立内柱，内柱间为寺庙的正堂（殿），外周础石支檐柱，内柱与檐柱间是回廊。墙壁采用木结构和草泥土围筑，顶部砌有各种瓦类。该寺属单间八角形亭式建筑。寺址中出土有泥塑佛像、饰件、佛座、铁风铃等遗物。

（2）军民桥寺庙址：位于和龙市西城乡军民桥西50米的河岸台地上。建筑

[1] 何明：《吉林和龙高产渤海寺庙址》，《北方文物》1985年第4期，第21～24页。
[2] 吉林省文物志编委会：《和龙县文物志》，1984年，第68页。
[3] 吉林省文物志编委会：《和龙县文物志》，1984年，第66页。
[4] 吉林省文物志编委会：《和龙县文物志》，1984年，第69页。
[5] 吉林省文物志编委会：《安图县文物志》，1985年，第28页。
[6] 吉林省文物志编委会：《安图县文物志》，1985年，第29页。
[7] 吉林省文物志编委会：《安图县文物志》，1985年，第30页。
[8] 吉林省文物志编委会：《安图县文物志》，1985年，第31页。
[9] 吉林省文物志编委会：《安图县文物志》，1985年，第32页。
[10] 吉林省文物志编委会：《安图县文物志》，1985年，第34页。
[11] 吉林省文物志编委会：《龙井县文物志》，1984年，第98页。
[12] 吉林省文物志编委会：《汪清县文物志》，1984年，第51页。
[13] 吉林省文物志编委会：《汪清县文物志》，1984年，第52页。
[14] 吉林省文物考古研究所：《吉林汪清县红云渤海建筑遗址的发掘》，《考古》1999年第6期，第52页。

址由围墙和寺庙建筑两部分组成。围墙系土石混筑，呈长方形，南北长30、东西宽20米。围墙正中有一门址，宽5米。围墙内中央有一建筑遗址，其上密布砖、瓦残块。寺址采集有文字瓦和莲花纹瓦当。

（3）龙海寺庙址：位于和龙市龙水乡龙海村西约500米的山麓平台上，其西北150米的山上有贞孝公主墓。台地中央有东西长40、南北宽34、高1.5米的大土包。当地居民平整土包时，发现经人工雕凿的大础石多块，排列有序的埋在原位置上。寺址上采集有指压纹板瓦、莲花瓦当等遗物。

（4）东南沟寺庙址：位于和龙市八家子镇东南沟沟口东山腰上。庙址修在半山腰人工铲平的台地上。台地南北50、东西30米。在台地中央有一长、宽各约10米，高出周围地面约1米的大土包，周围散布有砖、瓦等遗物。遗址采集有指压纹板瓦、莲花纹瓦当、榫头式筒瓦等建筑构件。

（5）神仙洞寺庙址：位于安图县福兴乡神仙洞村南的小山西坡上。在山坡高约10多米处，有一南北长50、东西宽20米的平台，平台中部有一隆起的方9、高1米左右的土台。土台附近散存渤海时期的灰色、红褐色布纹瓦片、榫头筒瓦等。

（6）大东沟寺庙址：位于安图县石门镇大东沟沟北侧山腰缓坡上。遗址范围南北长约40、东西宽约37米，现已辟为耕地。出土渤海时期砖瓦及石雕建筑饰件等。

（7）傅家沟寺庙址：位于安图县石门镇傅家沟内。遗址已遭破坏，现可见范围东西长约100、南北宽50米。在遗址上采集到渤海时期的指压纹板瓦、榫头筒瓦等遗物，均为布纹灰陶瓦。傅家沟位于狭窄偏僻的山沟内，面积也较小，而散布的建筑构件却很多。据此，调查者推测这里在渤海时期一定有宏伟的建筑物。可能是渤海时期的一处寺庙址。

（8）舞鹤寺庙址：位于安图县石门镇舞鹤村许家沟沟口。遗址现已辟为耕地，从散存的遗物和地势推断，遗址内可能曾建有从南向北的三重殿。遗址内同时出土渤海和辽金时期遗物，根据地理环境和出土遗物推测，应是渤海时期的寺庙址，辽金时期沿用。

（9）碱场寺庙址：位于安图县碱场村西南山腰间一块人工台地上，依山而筑。遗址现已辟为耕地，约30米见方。西北角有两块基础石，直径分别为70厘米和65厘米。遗址出土雕有11个莲瓣的圆形石，可能是寺庙的建筑饰件。地表散布少量青砖和布纹瓦片。

（10）东清寺庙址：位于安图县古洞河右岸台地上。遗址所在地是一座高约1米的土台，南北长约22、东西宽14米。土台东北部尚存础石5块。遗址出土有莲瓣纹瓦当、指压纹板瓦、榫头筒瓦、长方砖等。

（11）骆驼山寺庙址：位于汪清县春阳乡骆驼山屯大北沟口山麓的人工台地上。台地长50、宽20米。台地中央发现4块础石作长方形排列，东西相距2.9米，南北相距4.2米。这4块础石的西北另有3块础石。台地西南约60米的沟口边，还有边长约4米的房基址。遗址地表密布着莲花瓦当等渤海遗物。

（12）新田寺庙址：位于汪清县百草沟乡新田村东南500米许山脚下的小平台上，寺址修在山脚下人工平整的南北长35、东西宽33米的椭圆形台地上。平地西约5米处有一人工修筑的长宽各约10米的小平台。原建筑址已遭破坏，遗址出土莲花瓦当、指压纹板瓦、榫头筒瓦等渤海遗物。

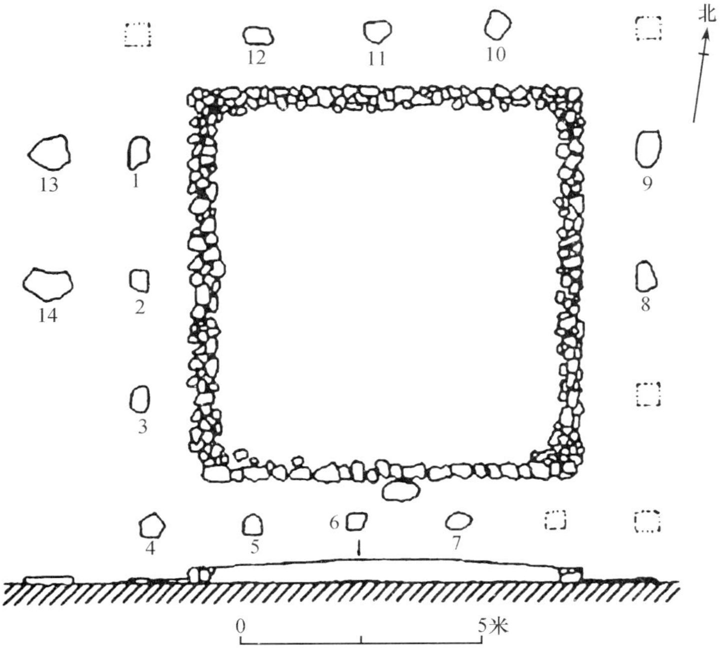

图二四一　红云寺庙址平、剖面图
1～14. 柱础石

（13）红云寺庙址：位于汪清县春阳镇红云村北约500米，东距春阳镇约900米。其东部是一处渤海时期的居住址。该建筑址由一座长方形土石结构的台基和四周分布的础石组成（图二四一）。台基南北长9、东西宽8.2、残高0.35～0.5米，方向189°。在台基的四周均有一排与台基平行排列的础石，共有12个。从现存础石布局情况推测，原来应有础石17块，排列形式为东、北、西三排各5个，南排6个。另外，在西排础石外侧还有2个础石，摆放位置与西排北侧的2个础石相对应。据此发掘者推测，在内侧础石的外围可能还有一周与之布局相同的础石。中央台基应为佛坛遗迹，内侧础石为佛坛的柱础，内外侧础石之间设有回廊。台基南缘砌石较为规整，中央有一阶石，南排内侧础石数量与其他三面均不相同，推测佛殿门向应朝南。由于建筑平面近方形，发掘中未见有鸱尾，推测佛殿屋顶可能为四角攒尖式。从础石布局及出土遗物分析，此寺院佛殿为四周设有回廊的方形单间木瓦结构建筑。出土遗物有陶佛像残件、陶饰件、三彩器、陶罐、铁风铃、铜饰件等。

3. 东京八连城及其附近一带

该区域主要包括珲春一带，目前已发现和确认的寺庙址主要有八连城东南寺庙址[1]、马滴达寺庙址[2]、新生寺庙址[3]、三家子良种场寺庙址[4]、五一寺庙址[5]、大荒沟寺庙址[6]、杨木林子寺庙址[7]等7处。择其要者介绍如下：

（1）八连城东南寺庙址：位于八连城东南约600米处。寺庙址修筑在一处12米见方、高约1. 5米的土台上。土台上存有20多块础石，排列有序，础石分布范围呈长方形，东西长9.8、南北宽9.4米。从础石排列情况分析，佛殿是三开间，周围有回廊的庑殿式建筑。佛堂（主殿）内中部偏北有圆形台，门址在南部，宽约3米。遗址上采集有佛像残片、莲花纹瓦当、绿釉鸱尾残片等遗物。

（2）马滴达寺庙址：位于珲春市马滴达乡，东北距马滴达塔址约1千米。遗址中央有一高约1米的土台，东西长32、南北宽约23米。上面有3行东西向排列的础石群，共16块。前排长22米，后两排长度不详，前两排间距14米，第二排和第三排间距约4米。遗址地表散布有莲花纹瓦当、指压纹板瓦、圈线纹花沿瓦、榫头筒瓦等遗物。

（3）新生寺庙址：位于珲春市三家子乡新生村北，与八连城相距2.5千米。寺庙建在东西长37、南北宽25、高1.5米的土台上。础石以东西向排列，部分础石已遗失。南北两行各长19米，间距7.4米，南排共6个柱础，北排尚存5个（图二四二）。南排和北排两端之间各有一个础石，础石群外围共有4块础石，东北角2、东南角1、西侧1。据础石排列情况推测，该建筑可能有回廊。寺庙址地面采集遗物有莲瓣纹瓦当、榫头筒瓦、指压纹板瓦、斜线联珠纹花沿瓦、浮雕石佛像残件等。

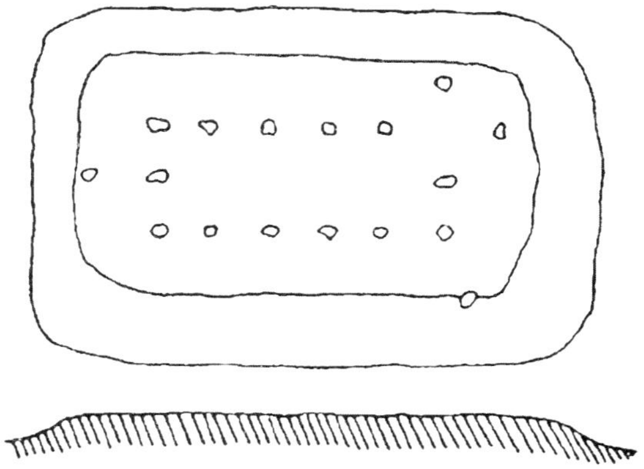

图二四二　新生寺庙址平、剖面图

（4）三家子良种场寺庙址：位于珲春市三家子良种场北，新生寺庙址东约500米处。方形台地上现存有7块础石。采集遗物有莲瓣瓦当、花沿瓦、筒瓦、文字瓦等。

（5）五一寺庙址：位于珲春市马川子乡东约350米。遗址分布范围东西长约100、南北宽约60米，地表散存渤海时期布纹瓦片及柱础石。采集遗物有红褐色石质雕刻佛像残件、榫头筒瓦、指压纹板瓦、陶片等。

[1]　吉林省文物志编委会：《珲春县文物志》，1984年，第154页。
[2]　吉林省文物志编委会：《珲春县文物志》，1984年，第72页。
[3]　吉林省文物志编委会：《珲春县文物志》，1984年，第72页。
[4]　吉林省文物志编委会：《珲春县文物志》，1984年，第154页。
[5]　吉林省文物志编委会：《珲春县文物志》，1984年，第73页。
[6]　吉林省文物志编委会：《珲春县文物志》，1984年，第74页。
[7]　吉林省文物志编委会：《珲春县文物志》，1984年，第74页。

（6）大荒沟寺庙址：位于珲春市西北40千米密江河上游的河谷平地上。遗址东西长约15、南北宽约7米，略高出附近地面，现辟为耕地，瓦片、础石等遗物均已移位。遗址内采集到1件砂岩质浮雕佛像残件以及莲瓣纹瓦当、指压纹板瓦、联珠纹板瓦、椽头筒瓦等渤海时期遗物。

（7）杨木林子寺庙址：位于珲春市杨泡乡杨木林子村东部漫岗上。其南1.5千米为萨其城，附近还有渤海时期的居住址。此地原有东西长20、南北宽约15米，高约1米的土台，现已遭破坏，仅留有几块础石。在遗址上采集有莲瓣纹瓦当、椽头筒瓦、指压纹板瓦、联珠纹板瓦、绳纹瓦及浮雕石佛像等渤海遗物。

（二）佛塔

目前吉林省内已发现并确认的渤海塔址有三处：马滴达塔址[1]、贞孝公主墓塔址[2]和长白灵光塔[3]。

1. 珲春马滴达塔址

位于珲春市东北50千米马滴达乡东北方的山腰上。在山南坡距地面约50米处有一块自然形成的马蹄形平台，塔基坐落在平台中央。据《珲春县志》记载："古塔在春化乡塔子沟北山坡，高七级，西靠山，东临河。相传为渤海所筑。惜塔砖之纹模糊难辨。砖有两种：一方形，厚2寸，四面各1尺；一长方形，厚2寸，长1.2尺，宽5寸。其坚如砺，土人取以磨刀，由于塔根之砖失去七，民国十年遂致倾倒，塔顶铜幢坠入河内，迄今未能捞获。"

1973年6月，对塔基进行了清理发掘。塔用砖石砌成，周围地面以青灰色大方砖对缝平铺，南北长13米，东西宽10.3米。基墙筑于方砖地面中央，南北长4.95米，东西宽4.8米。塔向南偏东40°。墙基建在墓室顶部的板石上，以青灰色长方砖错缝平砌。基墙四隅有护墙。墙内心呈方形，各边长约2.2米，由十五层黄土与褐土夹砂石夯实。

塔基出土有大量长方砖、大方砖、花纹方砖、三角砖、齿形方砖、楔形砖、云莲纹砖、浮雕人面砖、刻有文字砖等各类型砖，大多为细泥质青灰砖，也有少量泥质红砖，砖面常印有细绳纹。

发掘者认为该塔风格与中原唐代佛塔相似，尤其与西安小雁塔的平面相同。此塔与贞孝公主墓塔比较，无论是在塔基平面，还是墓室结构、规模、筑法等方面都基本

---

［1］ 吉林省文物志编委会：《珲春县文物志》，1984年，第69页。

［2］ 延边朝鲜族自治州博物馆：《渤海贞孝公主墓发掘清理简报》，《社会科学战线》1982年第1期，第176页。

［3］ 吉林省地方志编纂委员会：《吉林省志·卷四十三·文物志》，吉林人民出版社，1991年，第142页。

相同，可确定为渤海塔。

2. 和龙贞孝公主墓塔址

位于和龙市龙水乡龙头山的渤海贞孝公主墓上，1980年发掘清理。塔身已倒塌，仅存塔基。根据清理所见，塔基平面近似方形，南北长5.65米，东西宽5.5米。塔基中空，近方形，南北长2.7米，东西宽2.6米，塔基墙厚1.5米。塔基的修筑方法为：在甬道和墓室盖顶石上部平整后对缝平铺一层长方砖，上以白灰抹平，再于白灰面上砌筑塔基墙。基墙向上砌至0.76米处，用黏土夹石块夯实基墙内与砖面齐平，之后往上用黏土夹石块砌筑0.22米高的夯土层后又用长方砖砌筑塔基。出土有长方砖、坡面砖、齿形砖等不同形制的建筑用砖。该塔的形制，基本与珲春马滴达塔址相同。

3. 长白灵光塔

灵光塔是唯一保存完整的渤海砖结构方形楼阁式佛塔，坐落在吉林省长白朝鲜族自治县长白镇西北郊的塔山西南端一平坦的台地上。台地海拔820米，南临鸭绿江。

塔由通道、甬道、地宫、塔身和塔刹五部分组成（图二四三）。通道在甬道前，做阶梯式，修有11个台阶。甬道后为地宫，平面呈长方形，南北长1.9米，东西宽1.42米，高1.49米。墙壁由多层砖砌成，底铺砖，以石板盖顶。地宫壁面和上部均用白灰涂抹。在后墙中央偏东处有一石块砌筑的台座，为放置舍利之用。塔基在地宫盖石顶部，夯筑而成。塔基夯土层上面为塔身，系用长方形砖、圭形砖、多角形砖砌筑。通高12.86米，塔身平面呈方形，高5层，逐层收分，每层出檐，檐部叠涩，叠涩中间隔一层菱角牙子。塔身顶部为葫芦形塔刹，高1.98米。塔身第一层正面有一拱券门，正面第二、三、五层设有方形壁龛各一，正面第四层、东西两侧面的第二至五层均有方形直棂窗。在券门上部两侧和第一层另外三面，分别砌有整块的褐色花纹砖。塔身北面第一至五层也砌有花纹砖，不见窗口。筑塔的砖多为青灰色和灰褐色，火候较高，质地坚硬。1988年，国务院公布此塔为全国重点文物保护单位。

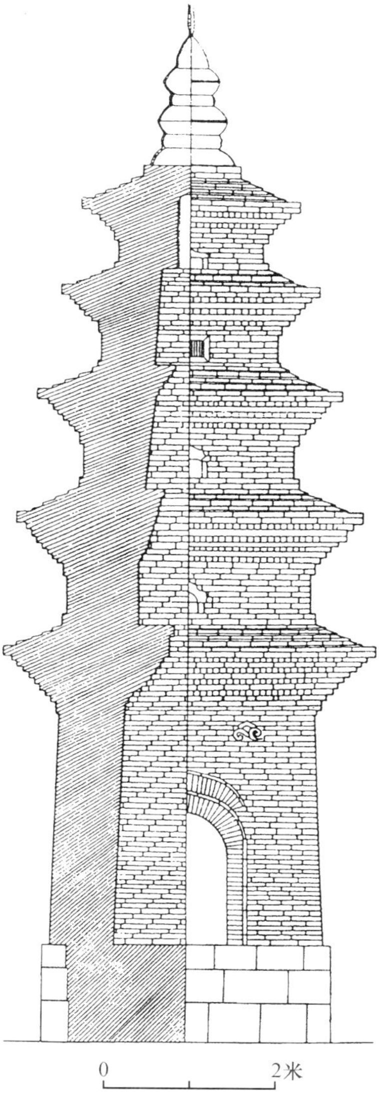

图二四三　灵光塔立、剖面图

四、墓　　葬

墓葬是渤海遗迹的重要组成部分，也是渤海考古研究的重要对象和内容。建国后，吉林省考古工作者对渤海墓葬进行了大量的考古调查和发掘工作，迄今已发表材料的地点有吉林杨屯大海猛、敦化六顶山、和龙北大、和龙龙海、榆树老河深上层墓葬、安图东清遗迹、吉林永吉查里巴靺鞨墓地等。有关渤海历史的许多问题的解决，除依靠文献外，在很大程度上要依靠考古发现。而这些墓葬材料的发表，在文献匮乏的情况下为我们提供了珍贵的研究资料。

随着渤海墓葬的发现和发掘数量的逐渐增加，以及研究工作的不断深入，我们对于渤海墓葬相关问题的认识不断清晰，渤海墓葬的类型、葬俗等问题已基本清楚，从而也为渤海文化的特征和演变提供了重要的依据和参考。

（一）墓葬类型

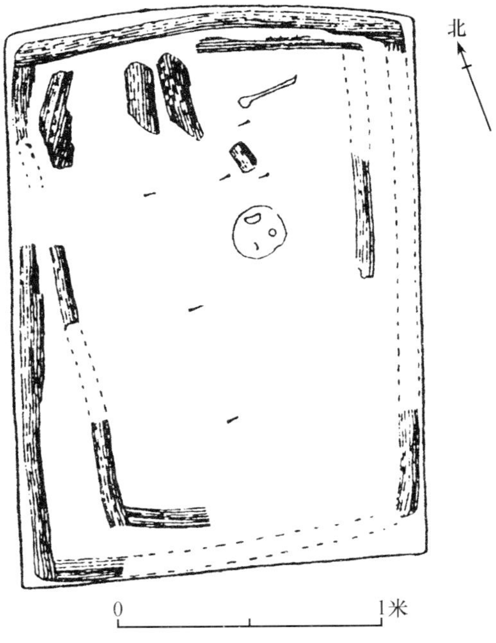

图二四四　六顶山M214平面图

渤海墓葬多分布于沿江河的山冈、山坡或平原地带。依据墓圹结构和构筑材料的不同，魏存成先生将渤海墓葬划分为五个类型：土坑墓、石圹墓、石室墓、砖室墓（砖石合建墓）以及石棺（石椁）墓。[1]其中以封土石室墓的数量最多。

1. 土坑墓

该类型墓数量较少，修筑方法是自地表向下挖一竖穴土坑，平面多呈长方形，一般长约2、宽约1米，有的发现木质葬具，无墓门和墓道。一墓之中葬单人、双人、多人不等，有一次葬，也有二次葬。随葬品一般较少，有的墓中发现火烧迹象，墓上有封土。如六顶山M208、M214（图二四四）。[2]

[1] 魏存成：《渤海墓葬的整体面貌和主要特征》，《东北史地》2008年第4期，第15～19页。

[2] 中国社会科学院考古研究所：《六顶山与渤海镇》，中国大百科全书出版社，1997年，第26、28页。

2. 石圹墓

该类型墓的构筑方法为先挖长方形竖穴土坑，墓圹四壁再砌以河卵石或石块、石板，石圹一般长约2～3米，宽约1米，只有个别开门，绝大多数无门、无墓道和盖顶石。少数发现有木质葬具。一墓之中葬单人、双人、多人不等，有一次葬，也有二次葬。墓中有极少量或者无随葬品，有的墓中发现火烧迹象，墓上以土封筑。目前发现较少，典型者如六顶山M209（图二四五）。[1]

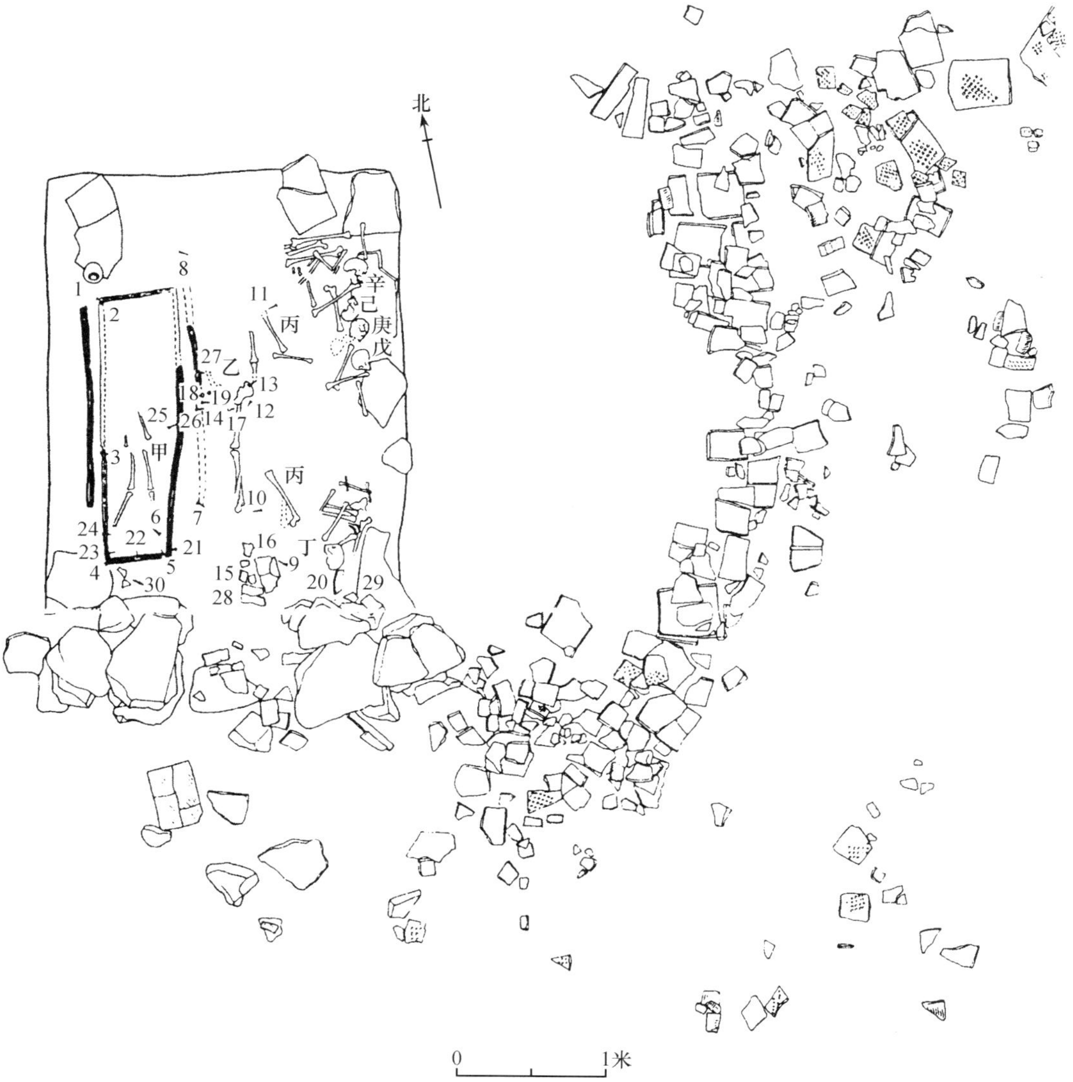

图二四五　六顶山M209及封土铺瓦平面图

甲. 西棺内残骨架　乙. 东棺内残骨架　丙. 东棺外肢骨　丁～辛. 迁葬头骨　1. 陶圆腹罐　2～14. 棺钉　15～17. 陶片　18、19. 铜带銙　20. 瓦片　21～27. 铁棺钉　28、29. 瓦片　30. 铁小刀

[1]　中国社会科学院考古研究所：《六顶山与渤海镇》，中国大百科全书出版社，1997年，第26页。

3. 石室墓

该类型墓仍是先挖竖穴土坑，平面呈长方形或者方形，墓圹四壁砌石，均有墓门，多开在南壁正中或一侧。等级高得多外接甬道和墓道，根据墓葬所处地势不同，墓道呈水平或斜坡阶梯不等。墓室顶部盖以石板，有平铺、叠涩等不同方式。个别墓于墓壁内抹以白灰，并绘有壁画。墓室内部多为土底，少数平铺石板或河卵石，个别铺砖。墓室大小与石圹墓相似，有的增大。部分发现木质葬具。一墓之中葬单人、双人、多人不等，有一次葬和二次葬。墓内有的发现火烧迹象，墓上均有封土。高等级墓葬有的在封土上铺瓦或建有陵园等墓上建筑。该类型墓中发现的王室贵族墓葬有贞惠公主墓。[1]

贞惠公主墓位于敦化六顶山墓区第一墓区的中部，封土为圆丘形，直径22米，存高约1.5米，封土中有板瓦残块。墓室修于地下约2米，石筑，平面略呈方形，南北长2.8～2.94米，东西宽2.66～2.84米，高2.68米（图二四六）。四壁以熔岩和玄武岩石块逐层平砌而成，自下而上逐层略向内收，表面涂以白垩土，大部分已脱落。墓室底部铺以长方形素面砖，地面有木炭、人骨碎片和铁钉等，应是棺椁的残迹。墓顶作抹角叠涩，共三层，表面涂以白垩土。甬道修于墓室南壁中央，长1.74米，左右两壁以石块平砌，顶部用三块长方形巨石平覆。甬道内出有4块石板，当为封堵墓门之用；还出土

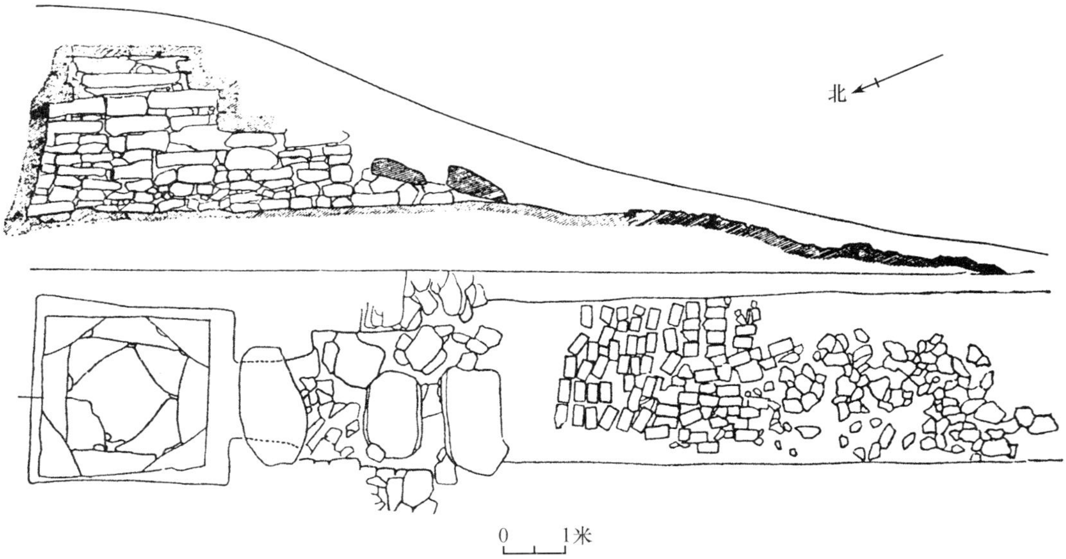

图二四六　贞惠公主墓平、剖面图

[1] 孙进己、冯永谦、苏天钧：《中国考古集成·东北卷·两晋至隋唐（三）》，北京出版社，1997年，第297～299页。王承礼、曹正榕：《吉林敦化六顶山渤海古墓》，《考古》1961年第6期，第298～301页。

墓碑一块、石狮两尊，以及鎏金圆帽铜钉4枚。据碑文可知墓主人为渤海三代文王大钦茂第二女贞惠公主。甬道前为墓道，长11米，依山坡逐渐倾斜，底部中段和南段以石块铺砌，中段石块之上铺以青灰色和红褐色长方砖。

4. 砖室墓（砖石合建墓）

该类型墓一般规模较大，墓室四壁用砖砌筑，多为单室，个别绘有壁画。设有墓门和墓道，有的有甬道，墓底铺砖，墓顶叠涩内收，其上以石板覆盖，故而也被称为砖石合建墓。有的墓上还建有塔或陵园类建筑。该类型墓以贞孝公主墓[1]、马滴达渤海墓[2]和河南屯古墓[3]为代表。

贞孝公主墓位于和龙市龙水镇西南龙头山南坡小平台中部，西南距市区25千米，西北距西古城5千多米。该墓南北向，用砖和石板修筑，由墓室、甬道、墓门、墓道和塔五部分组成（图二四七）。墓室修筑于地下4米处，墓壁以青砖砌筑，顶部做平行叠涩内收，再盖以几块大石板。室底南北长3.1、东西宽2.1米，墓室通高1.9米。室顶和壁面皆抹白灰，室底用方砖平铺，上抹白灰整平。室底中部砌筑棺床，因盗扰，其上和室底仅余几件人骨和朽木，人骨经鉴定为男女两个个体，当为夫妻合葬墓。墓室前为甬道，长1.9米，甬道壁面和顶部用白灰抹平，底部平铺长方砖。甬道内出土鎏金铜饰件、鎏金铜帽钉、铁钉及与贞惠公主墓碑相似的墓碑，据碑文而知该墓为文王大钦茂第四女贞孝公主的夫妇合葬墓。甬道南为墓门，墓门以砖墙封堵，外接长约7.1米的墓道。墓道平面呈喇叭状，为南高北低的阶梯式。墓顶地面上有一塔式建筑基，是用长方砖砌筑在甬道和墓室盖顶石之上。壁画绘于墓室东、西、北三壁和甬道两侧，内容为十个侍者和两个卫士，保存较好。侍者粉面朱唇，颊颐丰腴，头戴幞头或裹抹额，身穿圆领长袍，腰束丝带，手捧各种包裹器物，足着靴或麻鞋，其服饰、体态与两京唐墓无异，绘画风格和技法，也直接继承了中原壁画的艺术传统（图二四八）。贞孝公主墓的发现，是继贞惠公主墓之后，渤海考古的又一重大发现，也为和龙西古城性质的认定，提供了可靠的依据。

马滴达古墓位于珲春市区东北50千米的珲春河北岸的山坡上，地下为墓，地上建塔，与贞孝公主墓相同（图二四九）。该墓原作为塔基地宫清理，墓室中心高度2.3米，宽1.86米，长2.74米，四壁用青砖砌筑，顶部叠涩内收再以两块巨石封盖。墓室内出土有鎏金铜泡钉、铁门鼻、陶罐口沿等。墓室外接砖砌甬道和10米长的斜坡阶梯式墓道。

[1]　延边朝鲜族自治州博物馆：《渤海贞孝公主墓发掘清理简报》，《社会科学战线》1982年第1期，第174～180页。

[2]　吉林省文物志编委会：《珲春县文物志》1984年，第69页。该墓原是作为塔基清理的。

[3]　吉林省文物志编委会：《珲春县文物志》1984年，第30～32页。

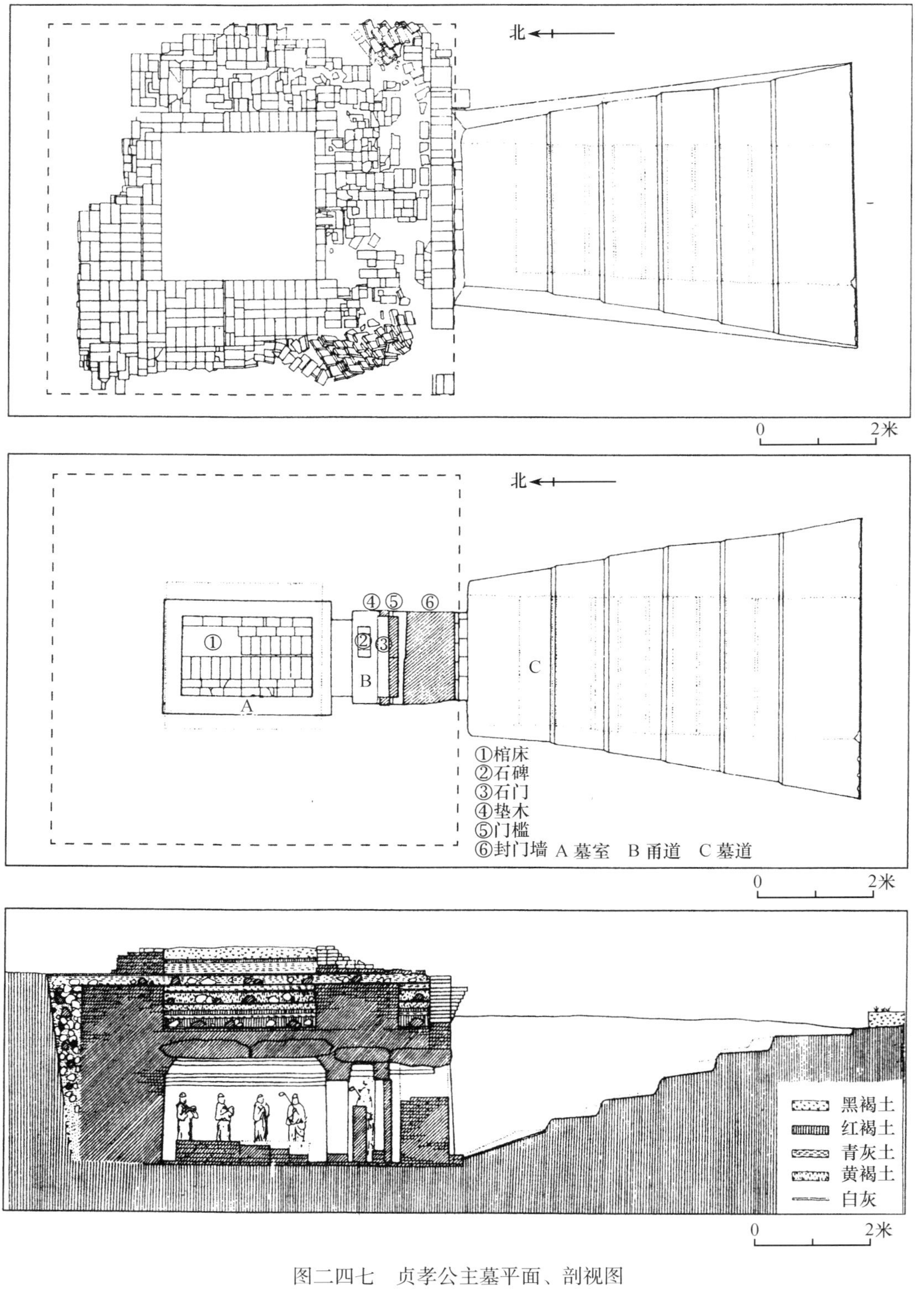

图二四七　贞孝公主墓平面、剖视图

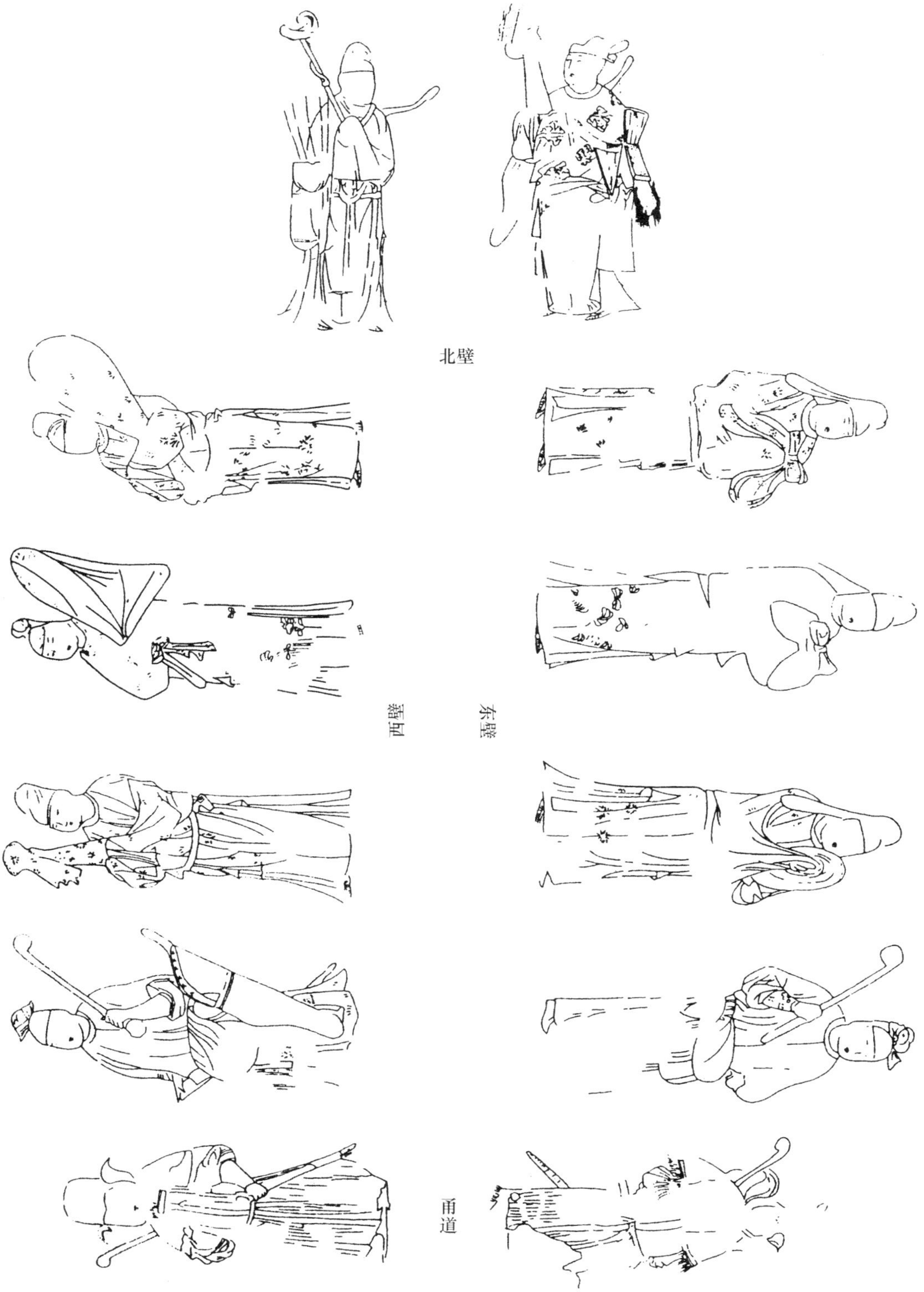

图二四八　贞孝公主墓壁画分布位置图

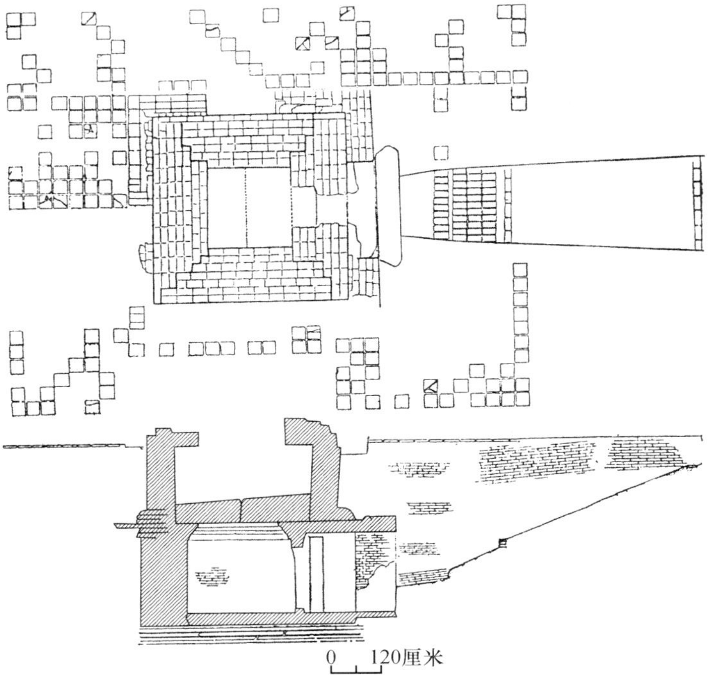

图二四九　马滴达古墓平、剖面图

5. 石棺（石椁）墓

该类型墓数量较少，修筑较为简单，其筑法为四壁用石块垒砌，有盖顶石，其上再加封土，无墓门、墓道。墓的规模较小，墓室较浅，长2米左右，有的长度仅1米，宽0.5～0.8米之间，多葬单人，很少使用木棺，使用木棺的应称为石椁。墓内一般不出或很少出随葬品，推测墓主可能为平民或小孩。如六顶山M103（图二五〇）。[1]

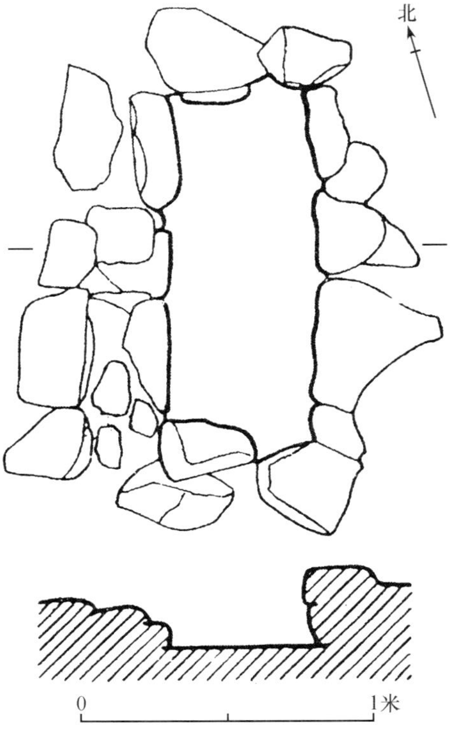

图二五〇　六顶山M103平、剖面图

（二）墓葬类型的演变

根据已有的考古资料和研究结果分析，渤海墓葬的五种类型之中，竖穴土坑墓在六顶山墓群中部分存在，以后无确切发现，而在时代较早的三处墓群：永吉杨屯、查里巴和榆树老河深墓群中占绝大多数，推测这种墓葬形式可能最

[1]　中国社会科学院考古研究所：《六顶山与渤海镇》，中国大百科全书出版社，1997年，第10页。

早。竖穴石圹墓自永吉杨屯、查里巴和榆树老河深开始发现，以后可能还有使用，但数量不多，流行时间也不会很久，例如在时代较晚的和龙北大墓群的两次发掘中，发现的皆是石室墓，不见石圹墓。封土石室墓自渤海前期六顶山墓群开始就普遍存在，一直流行到渤海政权灭亡或再晚一些。砖室墓发现不多，且其出现要晚于石室墓，直至渤海中晚期才开始出现。如此分析，渤海墓葬类型似存在一条自竖穴土坑，经竖穴石圹、封土石室发展至砖室墓的演变脉络。石棺（石椁）墓数量较少，且有不少推测为小孩墓，带有一定的局限性，魏存成先生认为其流行时代应与石室墓相同。[1]

（三）墓葬等级

迄今已发掘的渤海墓葬盗扰较为严重，出土可资断代的文字资料较少，故而很难严格的划分其等级。各类型墓葬除石棺（石椁）墓规模较小之外，其他在墓葬规模和等级方面自有区分，所以不可简单地将墓葬类型与墓葬等级直接关联对应。对于墓葬等级的判断依据，魏存成先生认为应该从五个方面去着眼：

第一要注意墓葬所处的位置和地势地貌。重要的墓群一般会选择向阳的山坡，山坡的地势往往呈簸箕形，山坡之下或不远处多有河流通过。如六顶山墓群、龙头山墓群等均大体符合此特点，这些墓群中都有等级较高的墓葬。

第二要注意墓上的建筑遗迹遗物。凡墓上有建筑遗迹遗物的墓葬，等级都较高。

第三要注意墓室的规模和修筑技术。一般在同一墓群之内，高等级的墓，墓室相对要大些。对于石室墓和砖室墓而言还要开门，门外接有甬道和长墓道的则是等级高或较高的墓葬。石结构的墓葬，石材的选择和加工较为精细的，等级一般较高。

第四要注意墓葬内部的装饰，凡绘有壁画的墓葬皆是高等级墓葬。

第五要注意随葬品的种类和数量。[2]

（四）葬俗与墓上建筑

渤海墓葬中存在着多人葬和二次葬等埋藏习俗，还常常能见到火烧迹象。有的墓上面还有墓上建筑。

1. 多人葬与二次葬

渤海墓葬中，同时存在单人葬、双人合葬和多人葬，而且又都有一次葬和二次葬。单人葬绝大多数为一次葬，仰身直肢，有少量的俯身葬和屈肢葬。双人一次葬中人骨头向一致，一般为男女合葬。在一人一次葬、一人二次葬中大多为男性是一次

[1] 魏存成：《渤海墓葬的整体面貌和主要特征》，《东北史地》2008年第4期，第16页。

[2] 魏存成：《渤海墓葬的整体面貌和主要特征》，《东北史地》2008年第4期，第19页。

葬，女性为二次葬。多人合葬在渤海墓葬中也占有相当的比例，是渤海埋葬习俗的重要特征。

2. 火烧迹象

火烧迹象在渤海墓葬中也很常见，六顶山渤海墓葬中有多座墓葬发现有这种现象，不只是木棺，甚至连人骨也被烧成炭状。其性质，现在多认为是火葬。其方法与高句丽火葬相似，当是将尸体殓葬后，在墓圹中以火焚烧。渤海火葬方式可能是起源于靺鞨族的一种古老葬俗。

3. 墓上建筑

渤海墓葬的地面之上有的发现有“冢上做屋”的迹象：六顶山墓群和龙头山墓群中有的墓表发现有砖瓦残件；和龙河南屯古墓地表同时发现有础石和围墙，表明其上原有建筑；龙头山M10的前方东西两侧均立有石柱。其中六顶山墓群中除大型墓外，中小型墓的封土上也发现有铺瓦的迹象。除此之外，马滴达墓和贞孝公主墓地面之上还建有砖塔，是一种墓塔结合形式的墓葬。

五、窑　　址

1985年，吉林省文物考古研究所、延边朝鲜族自治州文管会、州博物馆和当时的珲春县文管所清理了位于珲春市区西北50千米的凉水镇新兴洞村南600米处东山西坡上的八座青铜时代墓葬，在该墓群的西侧有一南北向的公路。与此同时，在墓群西南公路转弯处，清理了一处渤海时期的窑址和瓦场。窑址基本完整，有窑门、火膛口和烟道；在窑室内平铺一层陶片。这些陶片质地坚硬、火候很高。陶窑结构合理，简单实用，表现了早在一千多年前渤海居民较高的制陶技术。这一渤海窑址在吉林省尚属首次发现，它为研究渤海时期的古文化及其手工业提供了极为宝贵的资料。[1]

六、重要遗物

吉林省渤海时期的城址和墓葬都很多，遗物也有大量发现，主要有建筑遗物、陶器、金属器等，还发现了一些重要的墓志等珍贵资料。

[1] 王建：《珲春县新兴洞青铜时代墓葬》，《中国考古学年鉴1986》，文物出版社，1988年，第109、110页。

（一）建筑遗物

1. 础石和陶柱围

渤海的础石规格大小不一，大者长径有的介于0.7～0.8米，小的长径约为0.4米，大多呈方形，立柱的使用面雕凿得较为平整，有的雕作覆盆状。有的覆盆仅雕凿出一半或四分之三，当是使用于壁柱和角柱下边，覆盆部分出露于墙外。

在一些宫殿建筑中，除常见的础石之外，还发现有陶柱围，外观呈圆形环状，表面多施有绿釉（图二五一），有的还在釉下饰有一圈饱满的双瓣莲花纹。陶柱围放置于覆盆础石之上，主要起到装饰美观的作用，其模仿的是中原莲花纹础石。

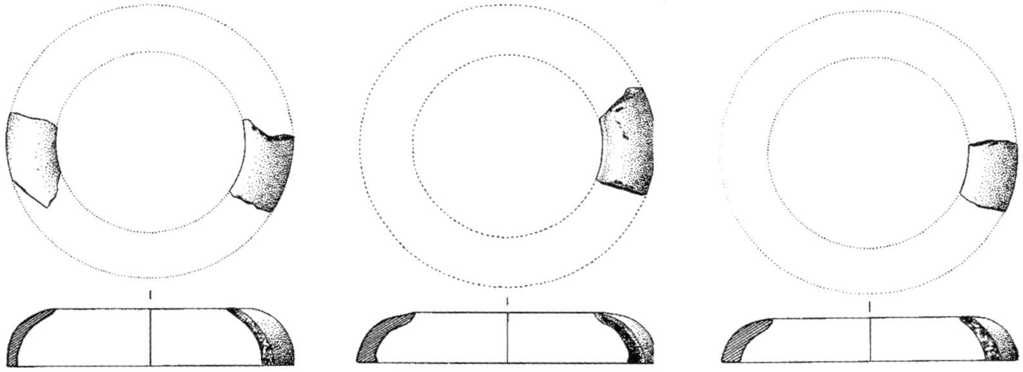

图二五一　绿釉柱围
（西古城一号宫殿址出土）

2. 砖和花纹砖

砖在渤海遗址和墓葬中均有出土，最常见的是长方形和方形，此外，马滴达墓塔砖还见有三角砖、坡面方砖、尖头砖、楔形砖等。渤海砖陶色多为青灰色，烧制火候高，质地坚硬致密，另外还有红色的，火候较低，较薄，一般多用于墓葬。有的长方砖侧面模印流畅的忍冬纹。方砖多用来铺地，有的方砖表面仿照中原，模印出宝相花纹图案，一般用于重要建筑物的装饰。

3. 板瓦、筒瓦和瓦当

板瓦、筒瓦和瓦当是渤海最常见也是出土数量最多的建筑遗物，其规格大小，多与建筑物的规模、等级相关。陶色多为青灰色，火候较高，凸面素面，凹面多施布纹。板瓦可分为普通板瓦和檐头板瓦两类，有素面和刀削纹，还有的板瓦瓦头带有水波状的指压纹，或者中间戳印联珠纹，两旁各再刺划一排短斜线纹，这是典型的渤海板瓦纹饰。带纹饰的板瓦用在屋檐部位，是滴水瓦的前身（图二五二）。还有一种截

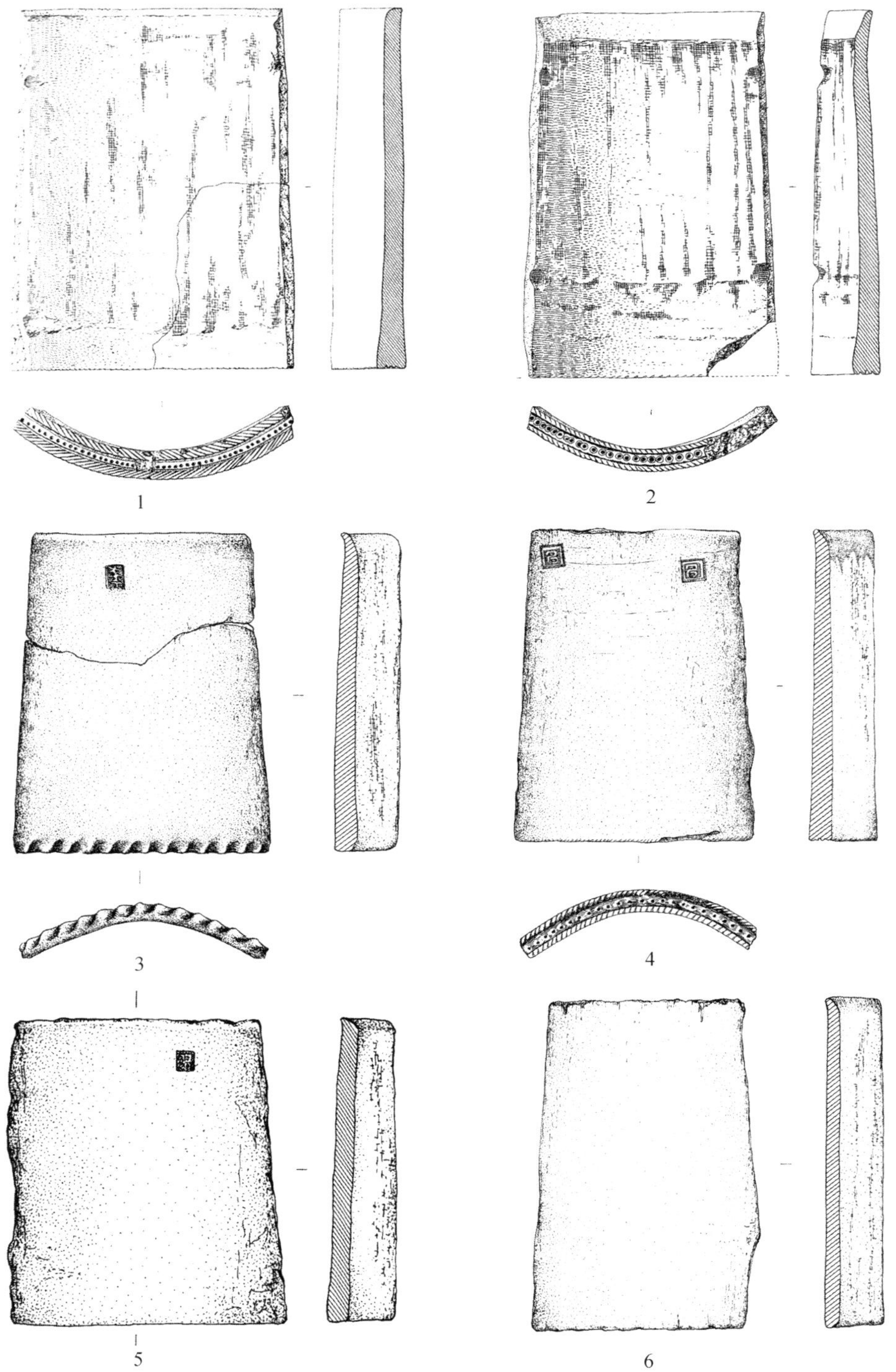

图二五二　普通板瓦和檐头板瓦

1、2、4. 檐头板瓦　3. 指压纹板瓦　5、6. 普通板瓦

（1、2、5. 西古城一号宫殿址　3、6. 西古城一号宫殿址东侧廊庑　4. 西古城二号宫殿址）

角檐头板瓦，文献称之为“斜房檐”，安装在窝角沟与板瓦垄斜向的交接点、板瓦垄的下端，起到封护板瓦垄头的作用。

筒瓦可分为普通筒瓦和檐头筒瓦两种。普通筒瓦又有直节形瓦唇筒瓦和曲节形瓦唇筒瓦两种形制（图二五三）。曲节形瓦唇筒瓦的唇部一般有两道便于上下套接的凸楞和固定用的小孔。用在屋檐部位的筒瓦带有瓦当（图二五四），按形制的不同，檐头筒瓦可分为直节形瓦唇檐头筒瓦、曲节形瓦唇檐头筒瓦、斜面檐头筒瓦、曲背檐头筒瓦、折体瓦当檐头筒瓦等五种。[1]

瓦当皆作圆形，当面主体花纹为饱满的双瓣莲花，其特征与中原同类瓦当、石刻中的莲花花纹以及高句丽的莲花瓦当的花纹都有相同之处，反映出时代的风格和各地区、各民族之间的文化交往。[2]此外，还有合抱忍冬纹组成的莲花瓦当（图二五五）。

有少量筒瓦和瓦当表面还施以绿釉、紫釉和黄釉，其中以绿釉较多。这种工艺同样是受中原传统的低温铅釉琉璃的影响（图二五三，4）。[3]

4. 文字瓦

在渤海的板瓦、筒瓦上，迄今已发现大量带有模印或刻划的文字和符号，统称为“文字瓦”（图二五六）。据统计该文字和符号达250多个，通常是单个模印，字外多有边框，也有个别无框，还见有两个连印在一个边框之内的。印面形状接近方形或长方形。文字瓦文字的内容，大致可分为计数、干支、姓氏、人名等。[4]另有少量无法释读的文字符号以及几何图形。模印文字字体绝大多数为楷书，个别带有隶意；文字除汉字外还见有汉字别体，有的是别字。这些文字和符号出于制瓦工匠之手，从一个侧面反映了中原汉文化对渤海民众和渤海文化的影响。

（二）陶器

陶器是最常见的渤海遗物之一，它是遗址、墓葬分期断代的主要依据。渤海陶器可分为泥质和夹砂两类，陶色多为灰和灰褐色，早期多为手制，中后期为轮制。常见器类有深腹罐、短颈壶、长颈瓶、盂、碗等，其中最常见且具有较重要的分期意义的器物是深腹筒形罐（又称靺鞨罐），其内外大多留有烟炱，说明原是实用的炊器。

[1] 吉林省文物考古研究所、延边朝鲜族自治州文化局、延边朝鲜族自治州博物馆、和龙市博物馆：《西古城——2000～2005年度渤海国中京显德府故址田野考古报告》，文物出版社，2007年，第331页。

[2] 张博泉、魏存成：《东北古代民族·考古与疆域》，吉林大学出版社，1998年，第418页。

[3] 张博泉、魏存成：《东北古代民族·考古与疆域》，吉林大学出版社，1998年，第418页。

[4] 李强：《论渤海文字》，《学习与探索》1982年第5期，第113页。

图二五三　筒瓦

1～3. 直节形瓦唇筒瓦　4. 绿釉筒瓦　5、6. 曲节形瓦唇筒瓦（西古城一号宫殿址出土）

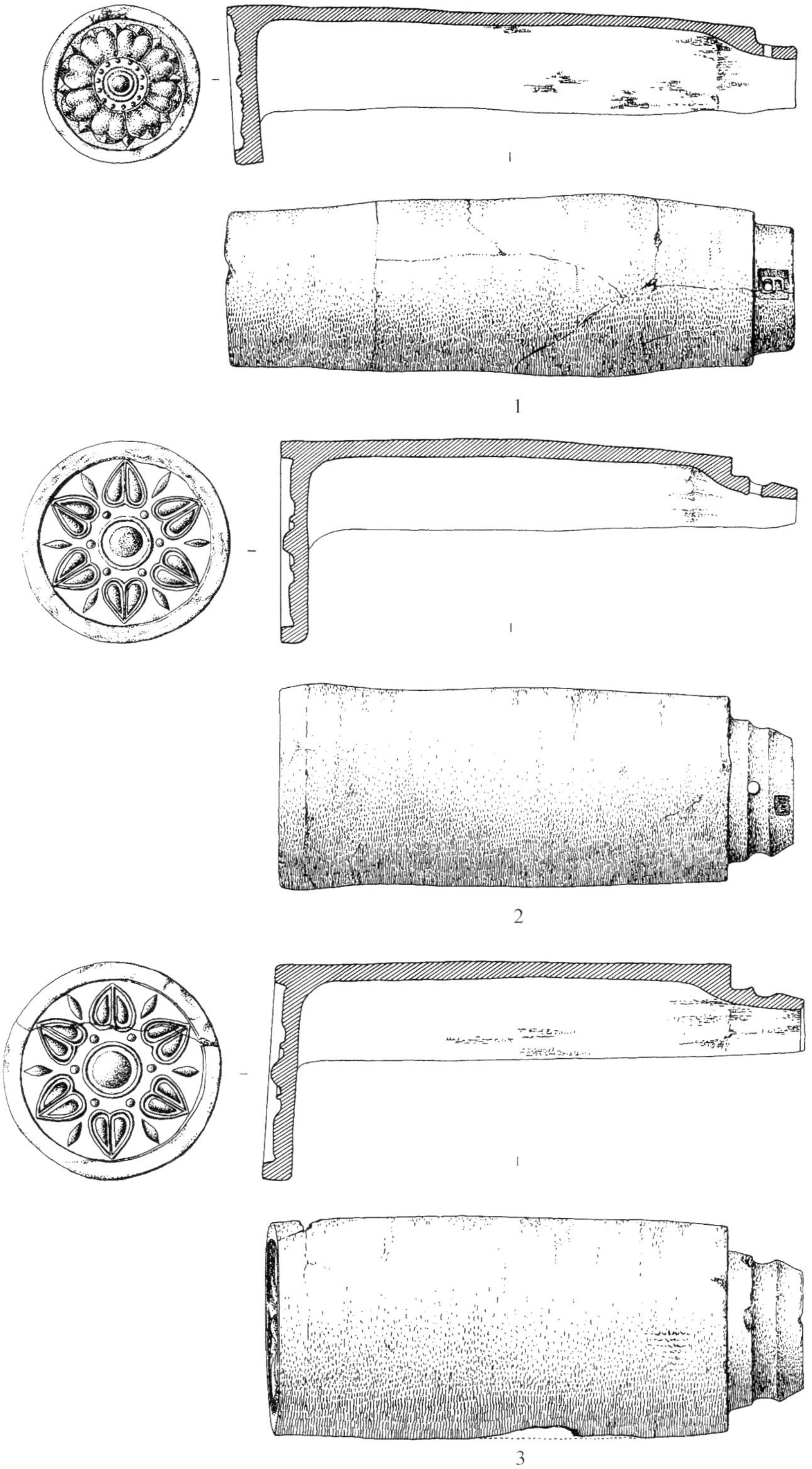

图二五四　檐头筒瓦

1. 直节形瓦唇檐头筒瓦　2、3. 曲节形瓦唇檐头筒瓦（西古城一号宫殿址出土）

图二五五　瓦当

1. 西古城内城隔墙门址　2、4 ~ 8. 西古城一号宫殿址　3. 西古城一号宫殿址西侧廊庑

图二五六　文字瓦拓片
（西古城一号宫殿址出土）

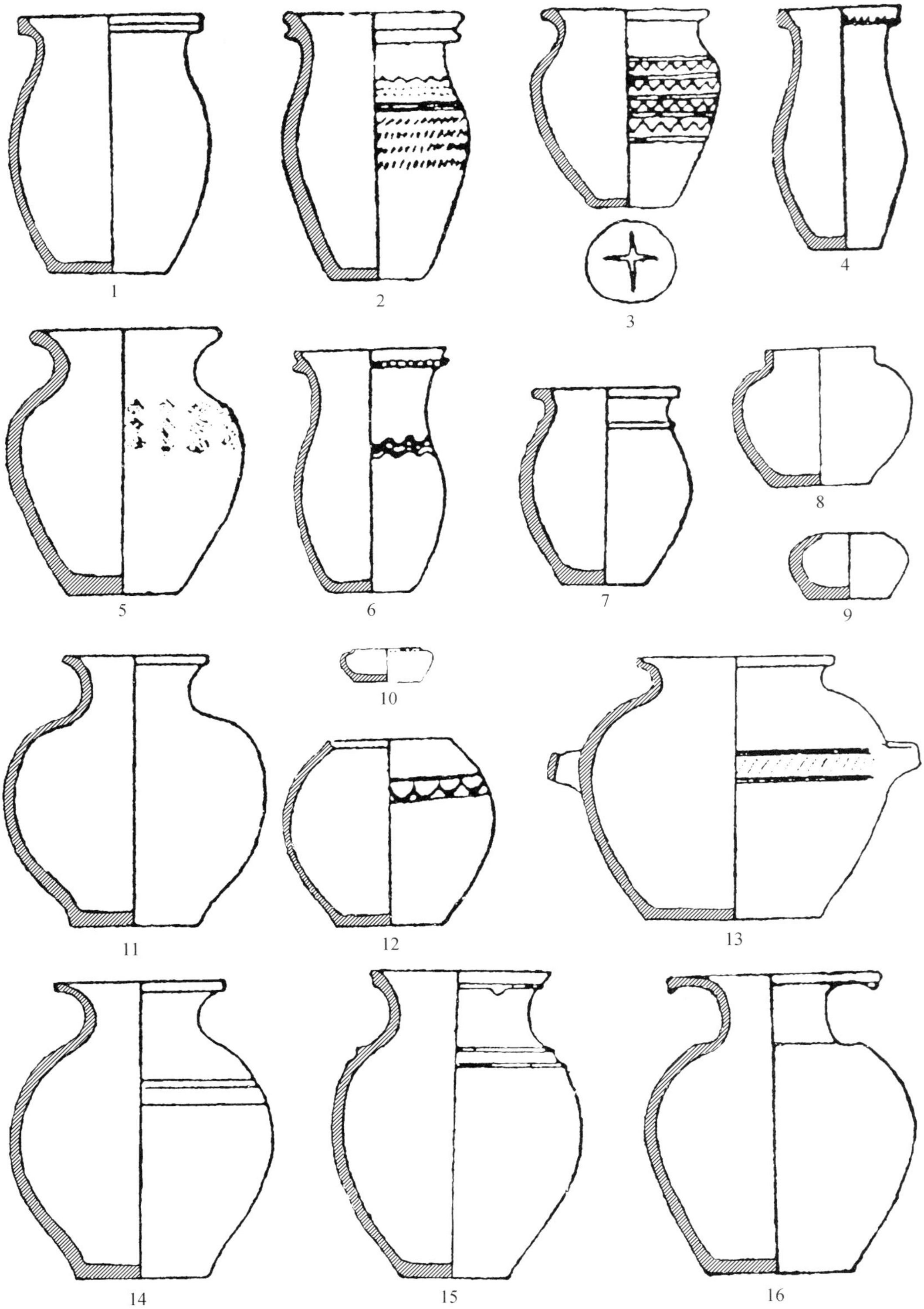

图二五七　渤海陶器

1 ~ 7. 深腹筒形罐　8. 直口鼓腹罐　9、10. 盂　11、16 束颈侈口鼓腹罐　12. 敛口鼓腹罐　13. 束颈侈口双横耳鼓腹罐　14、15. 喇叭口大罐　（均出土自杨屯遗址）

罐的外形为腹深微鼓，口稍侈、束颈、小平底（图二五七）。其他比较常见的陶器还有鼓腹罐、敛口罐、盆、盘、器盖等，多为泥质、轮制、灰色，有的鼓腹罐，其腹部还带有双横耳，与榆树老河深中层（渤海墓葬为上层），被推断为汉代夫余文化的同类器物相似，说明勿吉南迁至此后接受了本地区的文化因素。[1]另外，六顶山与和龙北大墓葬出土的长颈瓶、唾盂和风字砚，又和同时期中原器物相似（图二五八、二五九）。

三彩器在渤海也有发现，但完整器物很少，胎体为灰白或灰黄色，釉色有绿、黄、褐、白等。1988年在和龙北大一封土石室墓中出土的三彩长颈瓶和三彩釉绞胎碗，烧造精美。和龙龙头山墓群还出土有精美罕见的三彩女俑和绞胎枕（图版五，2、3）。

（三）金属器

渤海金属冶炼和锻铸比较发达，所用原料有铁、铜、金、银等，其中，以铁、铜的加工和使用最为广泛，金银制品也有一定的数量。迄今发现的一些渤海生产工具，如铧、铲、锸、镰、钳、斧、锯等，还有建筑中的门枢，都是用铁制造的。渤海金属器数量最多的还是生活用品和装饰品、狩猎工具和兵器等，其中有不少是鎏金的。其他金属制品还见有棺环等（图版五，4）。金属器的造型与周邻地区有着较多明显的共性，有的与中原出土同类器相同或相似，推测应是从中原输入的。

1. 生活用具与装饰品

生活用具中常见的器形有铁剪刀、铁钳、铁镰、铁镊、铁锁、铜锅、铜勺、铜盆、铜盒等。

带具、带饰发现数量较多，除铁质、铜质外，还有鎏金的（图版五，1）。带扣由过去的略长方形变成半圆形或扁圆形，前端有的还做成三曲花瓣形。带銙多为方形（或长方形）和拱形（又称“D”形）。和龙河南屯古墓二号墓出土有一条包括金带扣、金銙等组成的金带，每个带饰间镶嵌有水晶和不同颜色的绿松石，制作繁缛而精美，与唐墓出土的金带相似，具有浓郁的唐代风格，发掘者推测可能是唐朝赐给渤海王室贵族的（图二六〇，9～11、14～19）。[2]

在永吉杨屯和查里巴墓葬、浑江永安遗址、集安东台子墓地、安图东清墓地等遗迹中还发现有较为特殊的长方形和圆形的铜牌饰，长方形牌饰表面饰以长方形、三角形或十字形镂孔，有的还饰有浮雕式圆泡；圆形牌饰平面有圆形和盔形两种。经分析研究，王培新先生认为这种牌饰为萨满教的法器，随葬此种牌饰的死者应是萨满巫

[1]　张博泉、魏存成：《东北古代民族·考古与疆域》，吉林大学出版社，1998年，第420页。
[2]　吉林省文物志编委会：《和龙县文物志》，1984年，第31页。

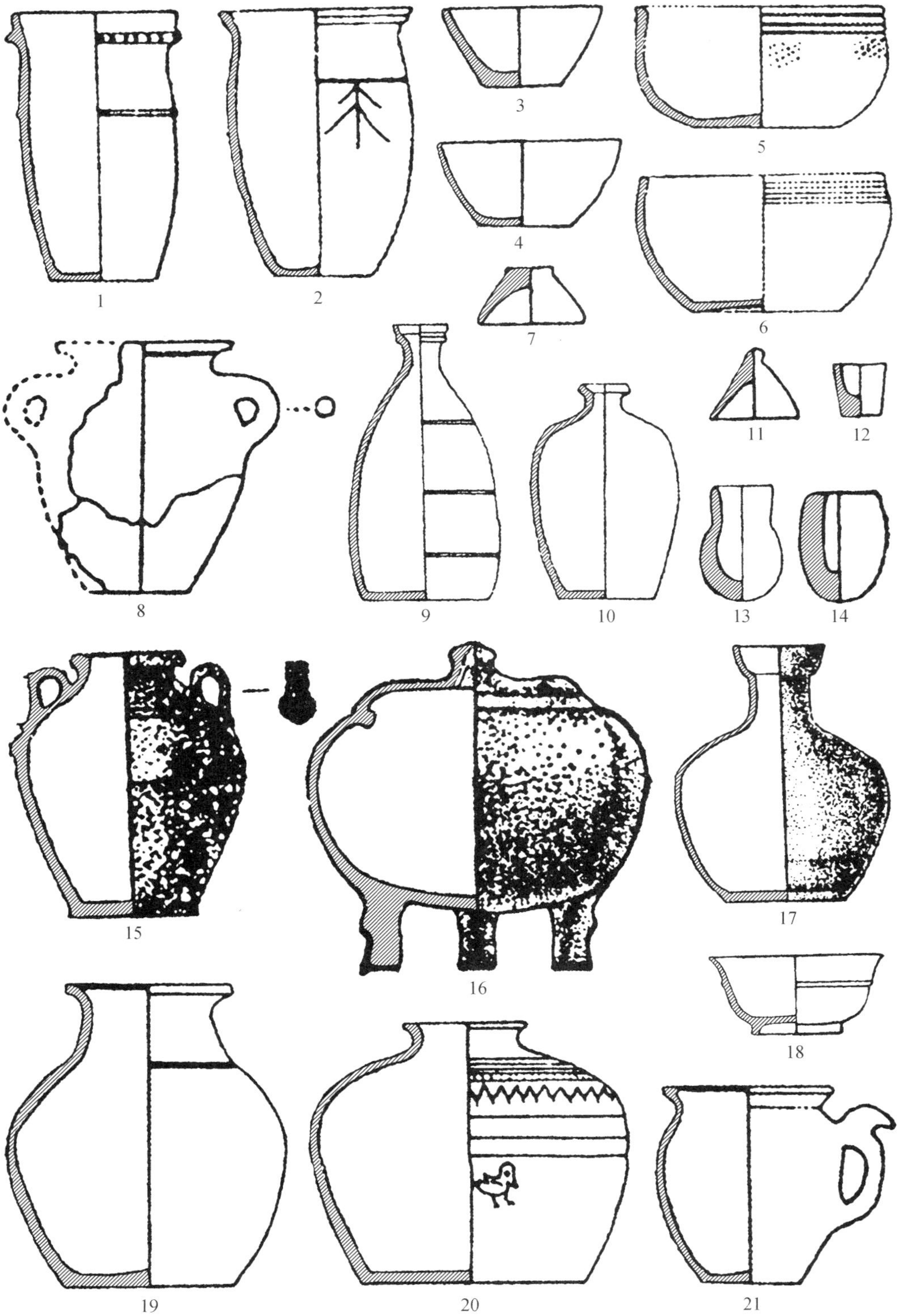

图二五八　渤海陶器

1、2. 深腹筒形罐　3、4、18. 碗　5、6. 钵　7、11. 器盖　8. 双竖耳罐　9、10. 小口瓶　12～14. 盅　15. 釉陶罐　16. 鼎　17. 小口瓶　19、20. 束颈侈口鼓腹罐　21. 单耳杯（1、2、5、6、9、10、19～21. 查里巴墓葬　3、4、7、8、11～14. 杨屯遗址　15～18. 和龙北大墓葬）

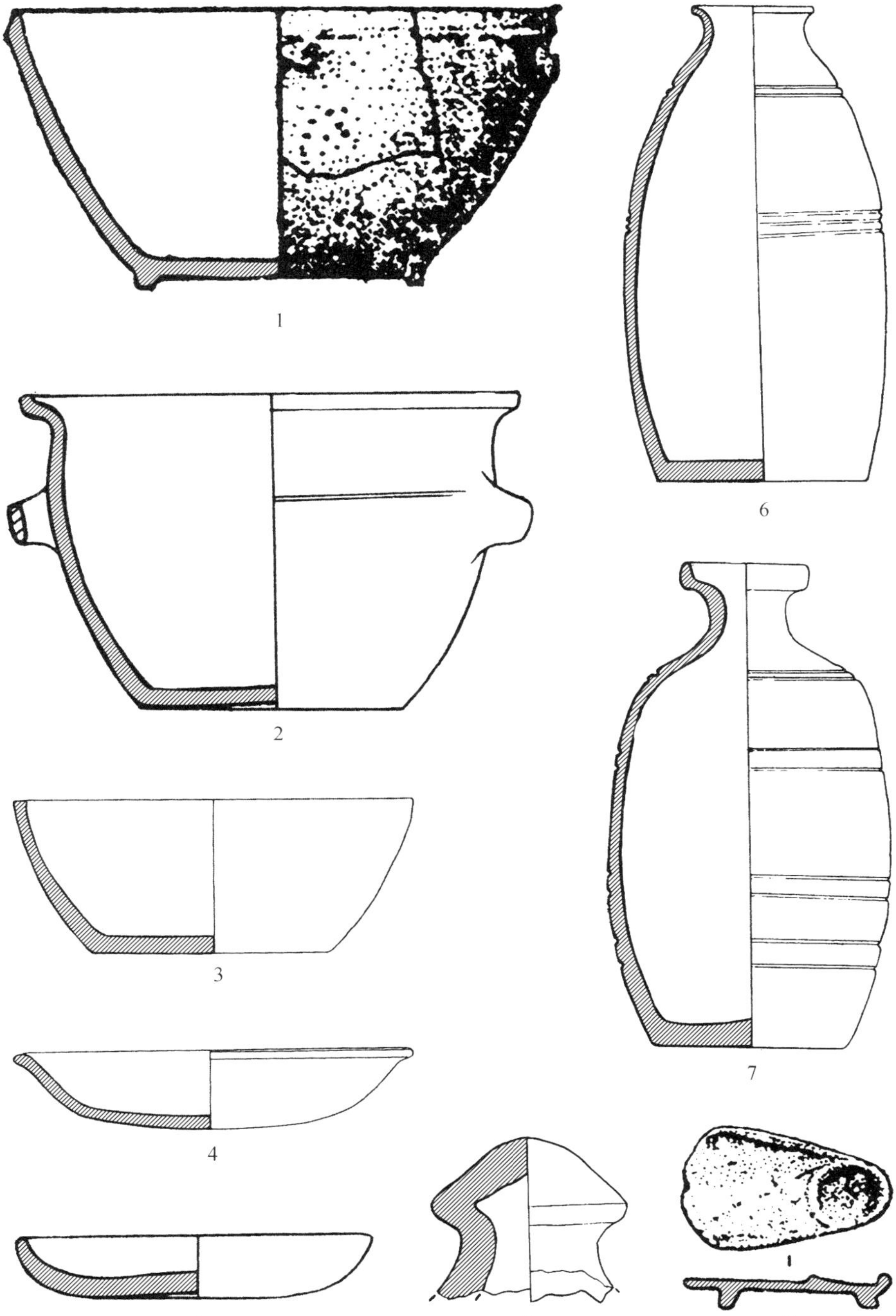

图二五九　渤海陶器

1. 盆　2. 双耳盆　3. 碗　4. 盘　5. 碟　6、7. 瓶　8. 提手　9. 砚

（1、9. 和龙北大墓葬　2 ~ 8. 六顶山墓葬）

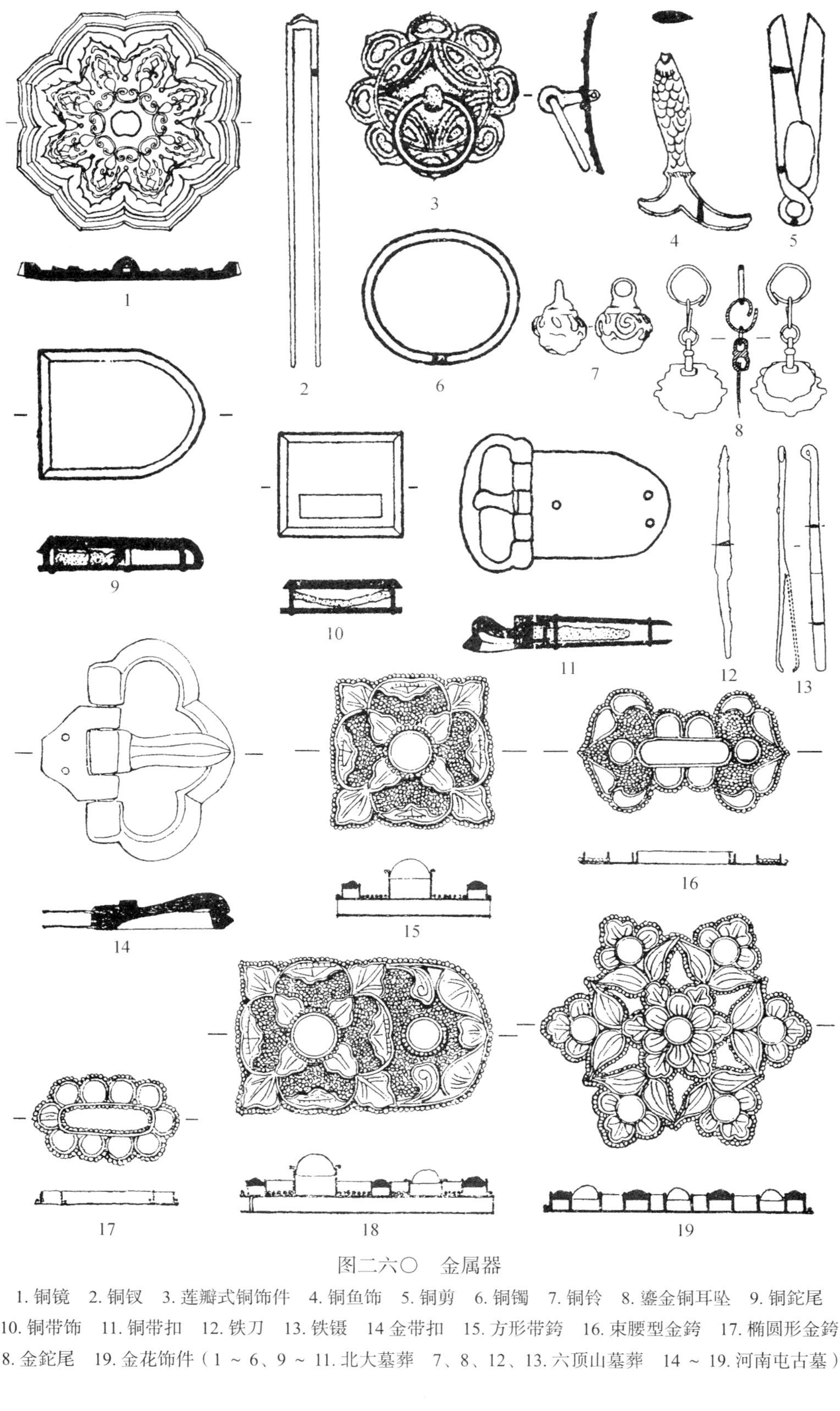

图二六〇　金属器

1. 铜镜　2. 铜钗　3. 莲瓣式铜饰件　4. 铜鱼饰　5. 铜剪　6. 铜镯　7. 铜铃　8. 鎏金铜耳坠　9. 铜鉈尾　10. 铜带饰　11. 铜带扣　12. 铁刀　13. 铁镊　14 金带扣　15. 方形带銙　16. 束腰型金銙　17. 椭圆形金銙　18. 金鉈尾　19. 金花饰件（1 ~ 6、9 ~ 11. 北大墓葬　7、8、12、13. 六顶山墓葬　14 ~ 19. 河南屯古墓）

师。[1]杨屯墓地与带饰共出的还有一种十字形铜饰，有的带一孔，有的带三孔；此外还出土有一件双人驭马铜牌饰，推测这些铜饰件也应与萨满教有关。[2]

发饰、首饰中出土种类较多的有耳环、耳坠、钏、钗、指环等，质地有铜、金、银不等（图二六〇，6、8）。

渤海出土的铜镜有圆形和菱花形的瑞兽鸾鸟镜（图版四，5）、方亚字形素面镜等。和龙北大墓葬出土的一面菱花形宝相花纹镜与郑州上街区唐墓出土的质地、大小和花纹完全相同（图二六〇，1）。

2. 狩猎工具、兵器和车马器

狩猎工具和兵器中出土数量最多的是铁镞，有柳叶形、菱形、铲形、双叉形等多种造型，用途也各有不同。其他还有铁鱼钩，作战用的矛、长刀以及防御之用的铁甲片等。鱼钩的出土，表明渔猎在当时的生活中仍占有一定的地位。

渤海出土的车具有铁辖、铁车輨等。已出土的马具则有铁衔镳、短柄铁马镫等（图二六一）。

（四）碑志和石狮

1. 贞惠公主墓志

1949年出土于敦化市六顶山贞惠公主墓甬道内，是我国首次发现的渤海石刻文字，出土时裂为7块。现藏吉林省博物馆。志呈圭形，花岗岩质，通高90厘米，宽49厘米，厚29厘米。正面阴刻志文，楷书真字。志文21行，序13行，铭6行，末行为立志年月，计725字，其中有491字清晰可识，234字因斑驳不能辨认。志周边阴刻蔓草纹。志首阴刻卷云纹。

志文记载，此志立于渤海文王大钦茂宝历七年十一月廿□日。宝历七年，为780年，唐德宗建中元年。死者为大兴宝历孝感□□□法大王之第二女，死于宝历四年夏四月十四日乙未，谥号贞惠公主，宝历七年冬十一月廿四日甲申陪葬于珍陵之西原。大兴宝历孝感□□□法大王即渤海第三代王文王大钦茂。大兴、宝历是大钦茂前后使用的两个年号。贞惠公主即为大钦茂的次女。

1980年10月，大钦茂之四女贞孝公主的墓志在和龙县贞孝公主墓出土，志文728字，字迹清晰，除个别字外，都可辨识。贞惠公主墓志较贞孝公主墓志少3个字，相同的字445个，有疑问的字14个，不同的字22个。两墓志内容不同的六句如下：

---

［1］　王培新：《鞢䩞—女真系铜带饰及相关问题》，《北方文物》1997年第1期，第19～29页。

［2］　王培新：《鞢䩞—女真系铜带饰及相关问题》，《北方文物》1997年第1期，第28页。

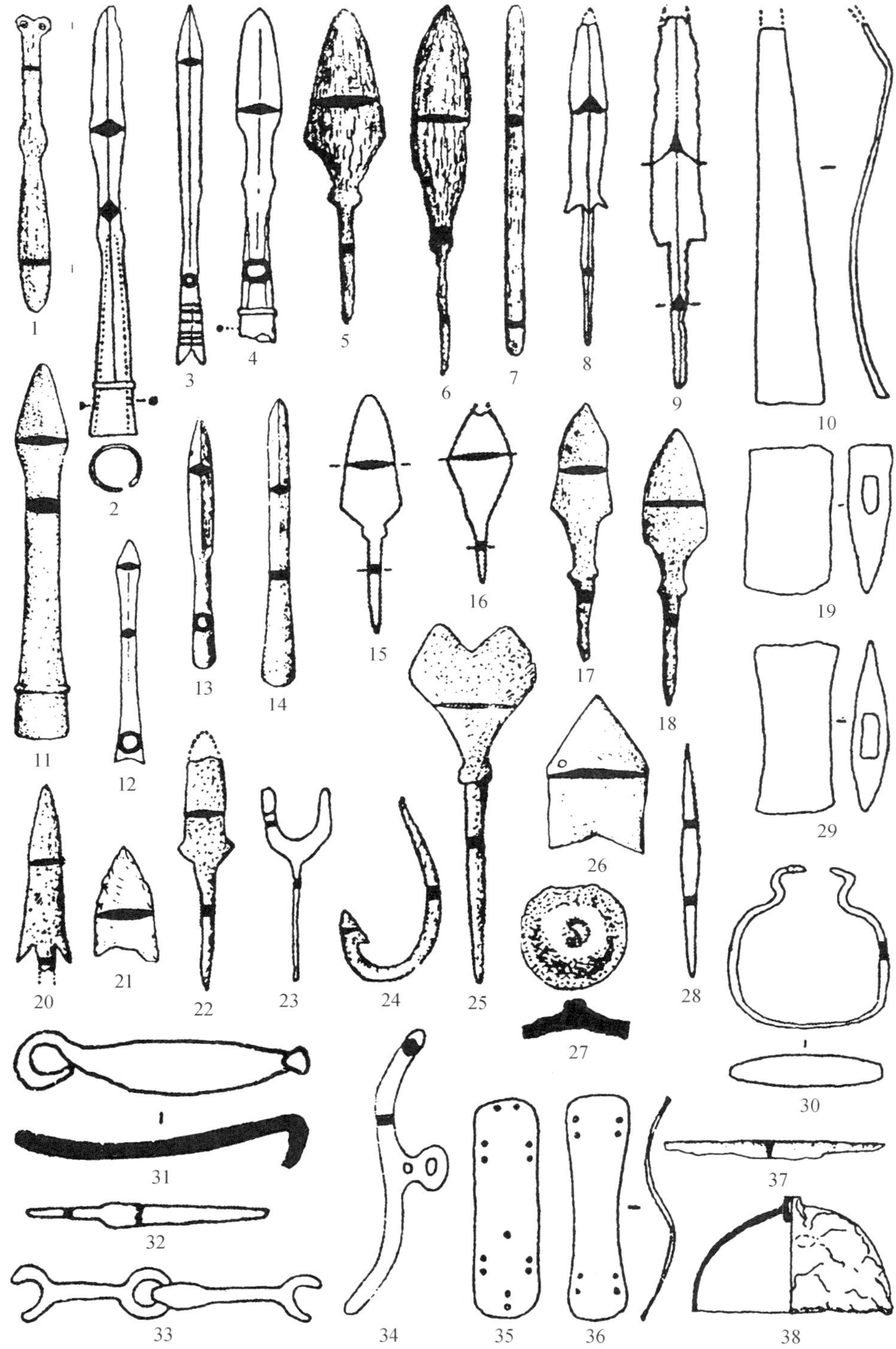

图二六一　金属器

1. 铁匕　2 ~ 4、11 ~ 14. 铁矛　5 ~ 9、15 ~ 18、20 ~ 23、25、26、28. 铁镞　10、35、36. 铁甲片　19、29. 铁斧　24. 铁鱼钩　27. 圆泡铁饰　30. 铁马蹬　31. 带钩　32、37. 铁刀　33. 铁马衔　34. 铁马镳　38. 铁盔形器（1 ~ 8、10、19、20、22 ~ 25、27 ~ 36、38. 杨屯遗址　9、15、16. 六顶山墓葬　11 ~ 14、17、18、21、26、37. 查里巴墓葬）

贞惠公主墓志	贞孝公主墓志
贞惠公主墓□□序	贞孝公主墓志并序
公主者我大兴宝历孝感□□□法大王之第二女也	公主者我大兴宝历孝感金轮圣法大王之第四女也
稚子□□，未经请郎之日	稚女又夭
粤以宝历四年夏四月十四日乙未□□外第，春秋四十，谥曰贞惠公主	粤以大兴五十六年夏六月九日壬辰终于外第春秋三十六，谥曰贞孝公主
宝历七年冬十一月廿四日甲申陪葬于珍陵之西原，礼也	其年冬十一月廿八日已卯陪葬于染谷之西原，礼也
宝历七年十一月□□□日	

贞惠公主墓志是墓志文通行的程式，有序有铭，序文为一篇典型的骈体文。序文记述了贞惠公主一生的行状，铭文对贞惠公主表示赞颂和悼念。[1]

贞惠公主墓墓志文如图二六二。

2. 贞孝公主墓志

1980年10月于和龙市龙水乡龙海村西龙头山贞孝公主墓中出土，现藏延边朝鲜族自治州博物馆。墓志系花岗岩质，圭形，通高1.05米，宽0.58米，厚0.26米，保存完好。墓志正面阴刻志文，楷书真字，共18行，728字。各行的字数不等，大部分字迹清晰可识。志文周边阴刻两道浅线，志文上部阴刻一道浅线。墓志侧面和背面皆磨平。

志文记载，贞孝公主是渤海文王大钦茂的第四女，于“大兴五十六年（792年）夏六月九日壬辰终于外第，春秋三十六”，“其年冬十一月廿八日已卯陪葬于染谷之西原”。

贞孝公主墓志是一篇骈体文。志文有序有铭，序文记述公主一生的行状，铭文对公主表示赞颂和悼念。全篇层次分明，结构严谨。贞孝公主墓志的发现，是渤海考古的重大收获。贞孝公主墓志关于贞孝公主于“大兴五十六年夏六月九日壬辰终于外第”的记载，是对渤海纪年的补充和订正。文王大钦茂在位五十七年，共使用大兴、宝历两个年号。贞孝公主墓志证实大钦茂晚年仍号大兴。墓志进一步证实了渤海使用汉字。贞孝公主墓志还证补了贞惠公主墓志脱落的文字。[2]

贞孝公主墓墓志全文如图二六三。

[1] 吉林省地方志编纂委员会：《吉林省志·卷四十三·文物志》，吉林人民出版社，1991年，第217～219页。

[2] 吉林省地方志编纂委员会：《吉林省志·卷四十三·文物志》，吉林人民出版社，1991年，第220页。

貞惠公主墓□并序

□□□□□□□□□□之□□□丘傳曾□開王姬之筵豈非□德□□譽名期於有後毋儀穆□□
□□□□□□□□□其斷之謂也 公主者我 大興寶曆孝感□□□法大王之第二女也惟□□
□□□□□□□□□□律而□□若乃柔時御辨明齊日月之照臨□□□機仁均乾坤之覆載□□
□□□□□□□□□□文□天祐之威如之吉公主稟靈氣於巫岳感□□□洛川生於深宮幼聞□□
□□□□□□□□□□花綽質絕倫温如崑峰之片玉早受女師之□□□□齊每慕曹家之風□詩
□□□□□□□□□□□人好仇嫁□君子摽同車之密義叶家人之□□柔恭且都履慎謙謙簫樓
之上□□□□□□□臺之中舞狀兩鸞之影動響環珮留情組紃黼藻□□琢磨潔節繼敬武□勝里
□□□□□□□□□和慈惠之馥誰謂夫聟先化無終助政之謨稚子□□未經請郎之日公主出織
□而灑涙□□□□□□□□孔脩三從是亮學恭姜之信矢銜杞婦之□□□于 聖人聿□闡德而
長□□半□冊□□□水□□藏舟易動粤以寶曆四年夏四月十四日乙未□□外第春秋四十謚曰
貞惠公主寶曆七年冬十一月廿四日甲申陪葬於珍陵之西原禮也 皇□□□興慟避寢弛□喪事
□□介□□□□郎嗚咽導阡陌而盤桓輴馬悲鳴顧郊野而低昂喻以鄂□榮□崇陵方之平陽□加
□□荒山□□□□□以成行古河之隈泉堂邃而永翳惜千金于一别留尺石於萬齡乃勒銘曰
丕顯烈祖□□□□□□□器奄有四方爰及君父壽考無疆對越三五囊括□□
□□□□□□□□□□非常博聞高視□禁羽儀東宮之姊如玉之顔蕣華□□
□□□□□□□□□□之悲閫訓茲成□于君子柔順顯名鴛鴦□對鳳凰和□
□□□□□□□□□鸞□□兩衄永孤篤於潔信載史應圖惟德之行君貞且□
□□□□□□□□□□□□白駒疾辞□殯已畢即還靈轜魂歸人逝角咽笳□
□□□□□□□□□□□□先隴幾年森森古樹蒼蒼野烟泉扃俄閟空積悽然
寶曆七年十一□□□日

图二六二　贞惠公主墓志

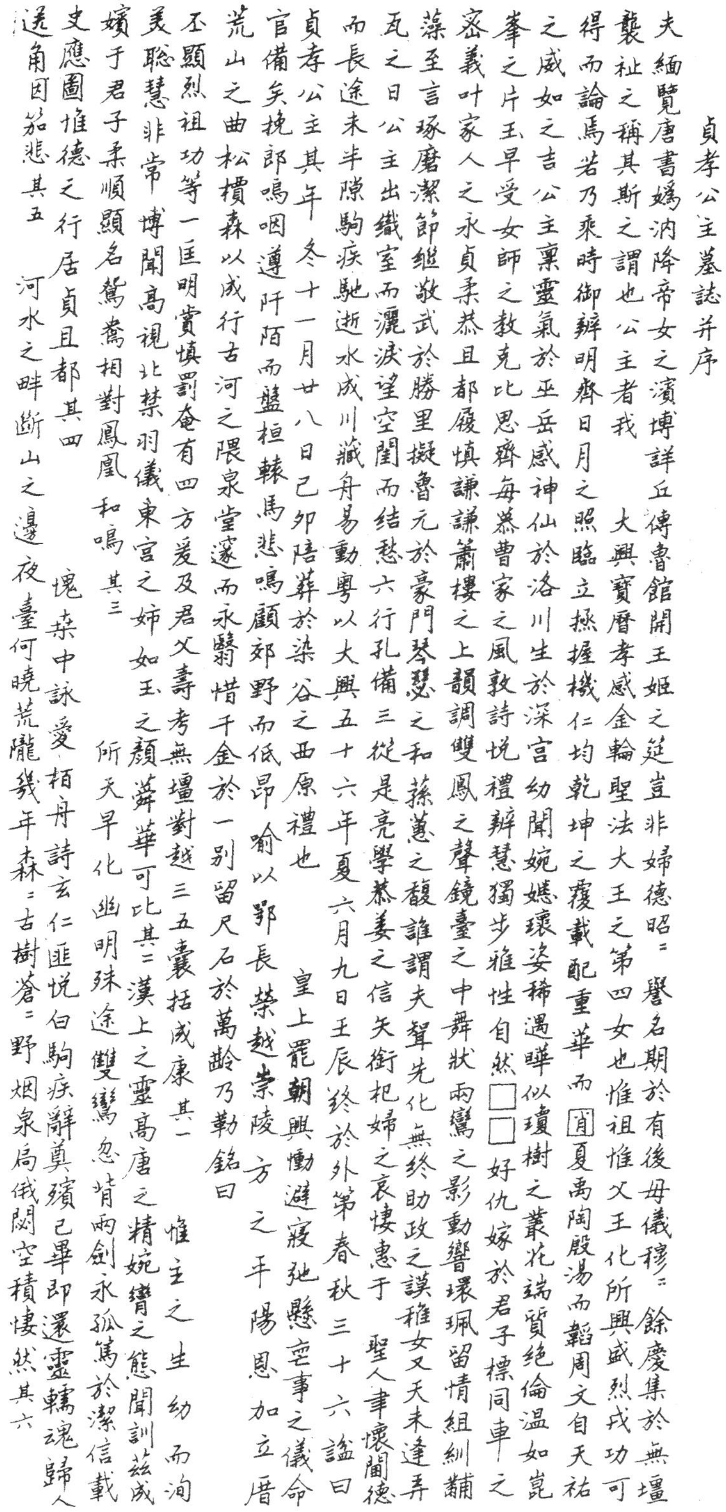

貞孝公主墓誌并序
夫緬覽唐書嬀汭降帝女之濱博詳丘傳魯館開王姬之筵豈非婦德昭昭譽名期於有後母儀穆穆餘慶集於無壃
襲祉之稱其斯之謂也公主者我　大興寶曆孝感金輪聖法大王之第四女也惟祖惟父王化所興盛烈戎功可
得而論焉若乃乘時御辯明齊日月之照臨立極握機仁均乾坤之覆載配重華而肖夏禹陶殷湯而韜周文自天祐
之威如之吉公主禀靈氣於巫岳感神仙於洛川生於深宮幼聞婉嫕瓌姿稀遇曄似瓊樹之叢花端質絶倫温如崑
峯之片玉早受女師之教克比思齊每慕曹家之風敦詩悅禮辨慧獨步雅性自然□□好仇嫁於君子標同車之
密義叶家人之永貞柔恭且都履慎謙謙簫樓之上韻調雙鳳之聲鏡臺之中舞狀兩鸞之影動響環珮留情組紃黼
藻至言琢磨潔節繼敬武於勝里擬魯元於豪門琴瑟之和蓀蕙之馥誰謂夫聟先化無終助政之謨稚女又夭未逢弄
瓦之日公主出織室而灑涙望空閨而結愁六行孔備三從是亮學恭姜之信矢銜杞婦之哀悽惠于　聖人聿懷閫德
而長途未半隟駒疾馳逝水成川藏舟易動粤以大興五十六年夏六月九日壬辰終於外第春秋三十六謚曰
貞孝公主其年冬十一月廿八日己卯陪葬於染谷之西原禮也　皇上罷朝興慟避寢弛懸喪事之儀命
官備矣挽郎嗚咽遵阡陌而盤桓轅馬悲鳴顧郊野而低昂喻以鄂長縈越崇陵方之平陽恩加立厝
荒山之曲松檟森以成行古河之隈泉堂邃而永翳惜千金於一別留尺石於萬齡乃勒銘曰
丕顯烈祖功等一匡明賞慎罰奄有四方爰及君父壽考無壃對越三五囊括成康其一　惟主之生幼而洵
美聰慧非常博聞高視北禁羽儀東宮之姊如玉之顔蕣華可比其二　漢上之靈高唐之精婉孌之態聞訓茲成
嬪于君子柔順顯名鴛鴦相對鳳凰和鳴其三　所天早化幽明殊途雙鸞忽背兩劍永孤篤於潔信載
史應圖惟德之行居貞且都其四　愧桒中詠愛栢舟詩玄仁匪悅白駒疾辭奠殯已畢即還靈轜魂歸人
逝角因笳悲其五　河水之畔斷山之邊夜臺何曉荒隴幾年森森古樹蒼蒼野烟泉扃俄閟空積悽然其六

图二六三　贞孝公主墓志

3. 石狮

图二六四　贞惠公主墓出土石狮

现已发现的有两尊，1949年出土于六顶山渤海墓群贞惠公主墓。两尊石狮为一雄一雌，花岗岩质，雄狮通高64厘米，蹲坐式，昂首眦目，张口卷舌；前肢伸直，撑立于胸前；后肢屈曲，蹲踞于石座之上；颈有卷鬣，造型浑健有力。雌狮通高60厘米，造型姿态与雄狮相近，唯形态略小，口半张，雕琢工艺稍逊（图二六四）。

这两尊石狮的造型风格和雕刻手法，与陕西唐昭陵、乾陵前的石狮十分相似，生动形象地反映了渤海与中原唐文化的渊源关系。雄石狮现藏吉林省博物馆，雌石狮现藏延边朝鲜族自治州博物馆。[1]

[1] 吉林省地方志编纂委员会：《吉林省志·卷四十三·文物志》，吉林人民出版社，1991年，第245页。

图　版

1. 和龙大洞遗址出土的石器组合

2. 左家山遗址出土的石龙

3. 汉书遗址出土的台底罐

4. 汉书遗址出土的筒形罐

5. 二龙湖古城城墙残存

6. 赤柏松古城的房址

7. 赤柏松古城出土的板瓦

图版二

1. 赤柏松古城出土的筒瓦

2. 赤柏松古城出土的铁镬

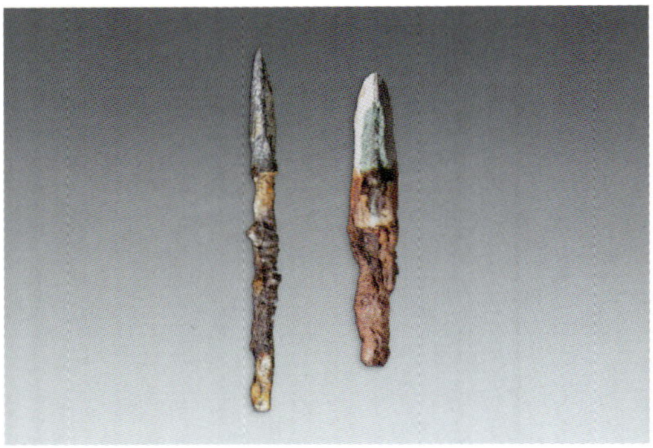

3. 赤柏松古城出土的铁镞和铜镞

4. 东团山遗址内的房址

5. 东团山遗址出土的陶豆

6. 帽儿山墓地出土的铜釜

7. 帽儿山墓地出土的铜锸

8. 帽儿山墓地出土的车马具

9. 帽儿山墓地出土的包金器

1. 帽儿山墓地出土的金管

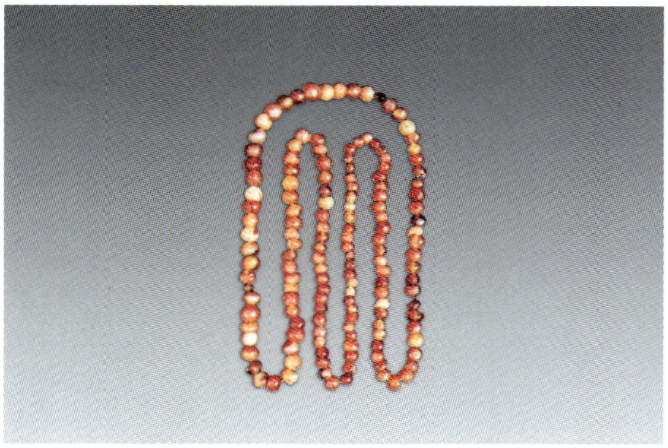

2. 帽儿山墓地出土的项饰

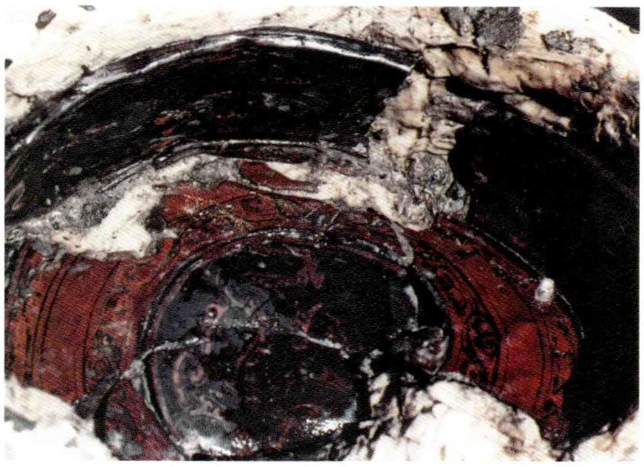

3. 帽儿山墓地出土的漆盘

4. 帽儿山墓地出土的丝织品

1. 将军坟

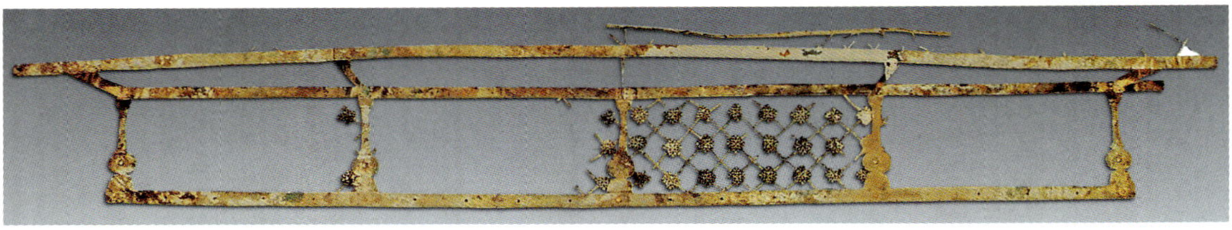

2. 太王陵出土鎏金铜幔架

3. 西古城内城出土釉陶缸残片

4. 八连城出土宝相花纹砖

5. 龙头山墓群出土铜镜

6. 八连城出土纪年文字瓦

1. 龙头山墓群出土金腰带饰件

2. 龙头山墓群出土三彩女俑

3. 龙头山墓群出土绞胎瓷枕

4. 龙头山墓群出土棺环

图版六

1. 永平遗址6号、5号台基及甬路（西—东）

2. 永平遗址2号台基（北—南）

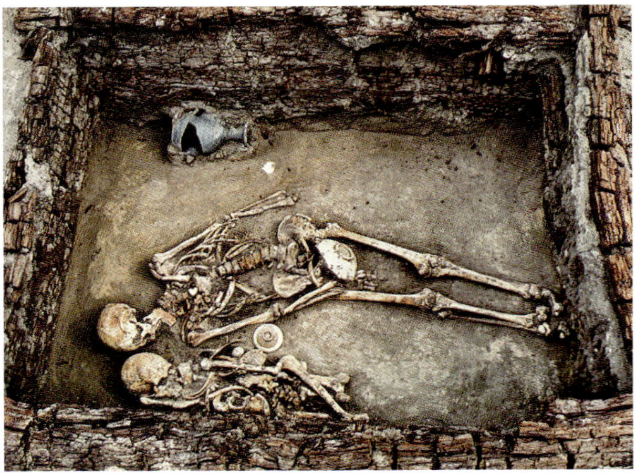

3. 前郭查干吐莫辽墓M8

4. 查干吐莫辽墓出土的彩绘陶壶

5. 万金塔地宫出土的青白瓷碗

6. 查干吐莫辽墓出土的漆器

图版七

1. 农安辽塔出土的铜造像

2. 农安辽塔出土的铜造像

3. 塔虎城金代瓜棱罐

4. 揽头窝堡遗址出土的陶香炉

5. 塔虎城出土的定窑瓷匜

6. 偏脸城出土的定窑提梁壶

7. 农安窖藏出土的影青执壶

图版八

1. 扶余西山屯金墓出土的金扣玉带

2. 完颜希尹家族墓地出土的“春水”玉

3. 双胜窖藏出土的白瓷碟

4. 双胜窖藏出土的翠蓝釉罐

图版九

1. 双胜窖藏出土的青瓷碗

2. 双胜窖藏出土的青瓷盘

3. 双胜窖藏出土的青瓷盘

4. 双胜窖藏出土的钧瓷碗

5. 双胜窖藏出土的三彩盘

6. 双胜窖藏出土的三彩盘

图版一〇

1. 扶余油田砖厂明墓出土的侍女戏蝶纹盘

2. 扶余油田砖厂明墓出土的白釉描金麒麟纹执壶

3. 辉发城出土的五彩开光折枝桃纹碗

4. 扶余油田砖厂明墓出土的景泰蓝杯

5. 扶余油田砖厂明墓出土的素三彩

本书为吉林省社会科学基金项目研究成果
（项目编号：2012WT05）

吉林省地下文化遗产的考古发现与研究

（下）

赵宾福　杜战伟　郝军军　张　博　编著

科学出版社
北　京

内 容 简 介

本书分旧石器时代、新石器时代、青铜时代、两汉时期、高句丽时期、渤海时期、辽代、金代、元代、明代、清代等11个部分，系统地搜集和梳理了半个多世纪以来吉林省通过考古调查和发掘所获得的地下文物资料，全面总结了吉林省在地下文化遗产揭示和认识等方面取得的重要成果和主要成就。对石器时代和青铜时代的地下文化遗产进行了考古学文化的划分和发展阶段及主要特征的界定，并以此为基础进一步构建其时空框架、探讨其谱系格局。对两汉及其以后各阶段的地下文化遗产进行了认真的分类和总结，并以此为基础通过与周邻地区同期同类遗存的比较和分析，探讨了彼此间的交往和联系。

本书可供从事考古、历史、文博、文化遗产研究的学者及大专院校相关师生阅读和参考。

图书在版编目（CIP）数据

吉林省地下文化遗产的考古发现与研究：全两册／赵宾福等编著. —北京：科学出版社，2017.5

ISBN 978-7-03-052883-4

Ⅰ.①吉… Ⅱ.①赵… Ⅲ.①考古发现-吉林 ②文物-研究-吉林 Ⅳ.①K872.34

中国版本图书馆CIP数据核字（2017）第108847号

责任编辑：王琳玮／责任校对：高明虎 樊雅琼 孙婷婷

责任印制：肖 兴／封面设计：北京美光设计制版有限责任公司

科学出版社 出版

北京东黄城根北街16号

邮政编码：100717

http://www.sciencep.com

中国科学院印刷厂 印刷

科学出版社发行 各地新华书店经销

*

2017年5月第 一 版 开本：787×1092 1/16

2017年5月第一次印刷 印张：57 1/2 插页：6

字数：1370 000

定价：398.00元（上、下册）

（如有印装质量问题，我社负责调换）

第七章　辽代的地下文化遗产

吉林省中西部属于辽朝的东部边境地带，与北部的生女真相接。辽朝在这里设置了很多行政机构以进行统治，如龙州（黄龙府）、长春州、宁江州、宾州、祥州等。这里还是辽代皇帝春捺钵的主要地点。辽代遗存主要分布于西流松花江左岸，尤其是吉林省西北部地区。

吉林省的辽代考古主要是新中国成立后开展的。对部分大城址进行过调查，采集了一些文物标本，多是金代遗物，典型的辽代器物不多。在此基础上进行了不少历史地理的考证，但是争论都比较多。

20世纪80年代至今，报道了一些墓葬，多为施工过程中发现，盗掘破坏严重，遗物数量不多，没有引起过较大轰动。比较重要的有双辽高力戈辽墓群[1]、双辽骆驼岭辽墓[2]、前郭查干吐莫辽墓群[3]、梨树胡家屯辽墓[4]等。

辽代佛教兴盛，在吉林省境内至今保存着农安辽塔，1953年在维修工程中发现了一些遗物[5]。1970年在农安万金塔塔基“地宫”内发掘出一批重要遗物[6]。

近来，吉林省辽代考古取得了一些突破。首先是城四家子古城内发现了金代刻字砖，证明其为金代新泰州，间接推断出此城是辽代的长春州，确定了一个重要的地理坐标。其次是第三次全国文物普查时，在乾安县发现了“春捺钵”遗址群，目前已成为全国重点文物保护单位。另外，在基建过程中，还发掘了一些大型建筑址，如白城永平遗址、白城金家遗址等，永平遗址可能是一处佛寺，发现了多座台基，为研究辽代吉林地区寺院建筑结构、布局等问题提供了新的材料。以此为契机，吉林省还对一些辽代遗址开展了主动性的考古发掘，辽代考古工作有望迎来新的进展。

---

[1] 柳岚、邵春华：《吉林双辽县高力戈辽墓群》，《考古》1986年第2期，第138～146页。

[2] 段一平：《吉林双辽骆驼岭辽墓清理简报》，《考古与文物》1983年第6期，第43～46页。

[3] 庞志国：《吉林前郭查干吐莫辽墓发掘》，《边疆考古研究》第4辑，科学出版社，2006年，第348～379页。

[4] 刘勇：《吉林梨树胡家屯辽代壁画墓》，《博物馆研究》1996年第3期，第93～101页。

[5] 《吉林省农安塔在修缮工程中发现古物》，《文物参考资料》1953年第7期，第42页。

[6] 刘振华：《农安万金塔基出土文物》，《文物》1973年第8期，第48～54页。

一、城　　址

吉林省内的辽代城址主要分布在中西部，这些古城在金代继续使用，在城内采集的遗物一般以金代为多。由于大多数城址并没有进行过考古发掘，仅凭采集的少量遗物很难确定其始建年代及使用历史，所以常常笼统地称之为“辽金古城”。目前能确定建于辽代的城址只有少数大城，如松原市伯都古城（宁江州）、农安古城（龙州，黄龙府）、白城市洮北区城四家子古城（长春州）等。大量的中小城址因为文献中既无记载，又没有进行过正式发掘，是否建于辽代目前难以弄清楚。即便是能确定名称的大城，也缺少发掘工作，对城内建筑的类型、布局及形制都缺乏了解。

辽代城址的特点是：城墙一般为夯土版筑，门址外设瓮城，四隅建角楼，城垣置马面，城外有护城河等设施。在城外往往有高台建筑，被群众称之为“点将台”。我们主要选取伯都古城、城四家子古城等有代表性的城址进行介绍。

（一）伯都古城

伯都古城位于松原市伯都乡所在地东南200米处。西距松花江4千米，地势平坦。城址略呈方形，方向355°。城墙为夯土版筑，周长3132米，高2～3.5、上宽3～4、基宽14～16米。东墙长709、南墙长797、西墙长812、北墙长814米。每墙正中有门址一个，宽8～9米。各门外均有瓮城，形状近于方形，南、北瓮城瓮门均向东开，东瓮城门向北开，西瓮城则门向南开。北墙上残存马面14个，西墙5个，其他墙上已难以辨清。北墙上保存较好的马面一般宽10～13米，从城墙顶端向外凸出12～15米，马面间距60～80米。城墙四隅均有角楼，呈大半圆形，从城角中心向外长15～17米，高3.5米。城外护城河迹象不清，难以辨认（图二六五）。

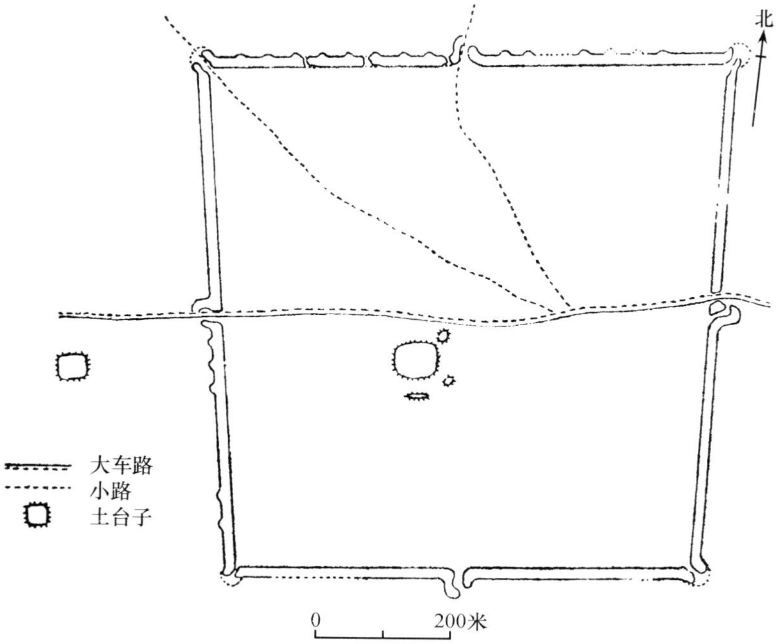

图二六五　伯都古城平面图

城内较平坦，早已辟为耕地，在偏西南部有四处土台，一处较大，呈圆角方形，边长62米，高3米，表面散布着大量的灰色方形及长方形砖块、布纹瓦、莲瓣纹瓦当、陶瓷残片，还有一些佛像及佛饰残块等遗物，这里可能是一处寺庙址。在西墙外187米处有一处被称之为“点将台”的方形土台，上面残存大量灰色砖瓦残块。

城内地表散存很多砖瓦残件及陶瓷残片，多在城的中部和南部。陶片有泥质灰陶与黄褐色陶片，口沿有卷沿和侈口的，纹饰有篦点纹、篦齿纹、弦纹、附加堆纹等。瓷器有白釉、青釉、黑釉等，制作一般较粗糙，多为碗、盘、壶。在城内外还发现过钱币窖藏，多为北宋钱[1]。

伯都古城是松原市境内最大的辽金古城。李健才先生考证此城就是辽代著名的宁江州州治所在[2]，是比较可信的。

宁江州是辽金历史上十分有名的一座城址，是辽朝控制女真人的军事重镇。这里还有榷场，是和女真人进行贸易的地方。在金灭辽的过程中，首先攻下的便是此城。

从调查发现的遗物来看，此城在金代仍在继续使用，这也是吉林省内辽代城址普遍存在的现象。

（二）城四家子古城

城四家子古城位于白城市洮北区德顺乡南4千米的洮儿河北岸。平面略呈方形，方向335°。古城周长5748米，是吉林省境内最大的一座辽金平原城。西墙有一部分被洮儿河冲毁，其余三面均保存较好。东墙长1340、南墙长1175、北墙长1135米。城墙平均高5米以上，顶宽1.5～2米，墙基宽20～27米不等。城墙为夯土版筑，可见清晰的夯窝。城门有四个，南、北门在南、北墙的中间，东、西门设在东、西墙的南段，门宽8～15米。门外都有瓮城，东、西墙的瓮门向南开，南、北墙则开口向东。

城墙上有高出墙顶的马面，直径一般为20～24米。这里的马面的特殊之处在于不仅凸出墙垣外，而且还凸出城墙内面，这在别的城址中是极少见到的。马面数量很多，东墙有7个，间距为100米。北墙上数量最多，有15个，间距为70米。西、南两墙多为河水所冲，数量保留较少。城之四角原都有角楼建筑，可惜已遭到破坏。东南处保存最好，直径长达40～44米。城外有护城河遗迹（图二六六）。

城内从南门到北门之间有一条南北中轴线，在其两旁有两排凹凸不平的土岗。此外在城之北部密布有好几处高出地面的圆形土包，上面都散布着大量的建筑材料，有青砖、布纹瓦、鸱吻、滴水等，还有大量陶瓷残片。黄釉、绿釉琉璃瓦的发现，说明这里有较高等级的建筑。

[1]　吉林省文物志编委会：《扶余县文物志》，1984年，第42～47页。

[2]　李健才：《辽代宁江州考》，《东北师大学报》1981年第6期，第72～74页。李健才：《辽代宁江州补考》，《博物馆研究》1984年第1期，第49～53页。

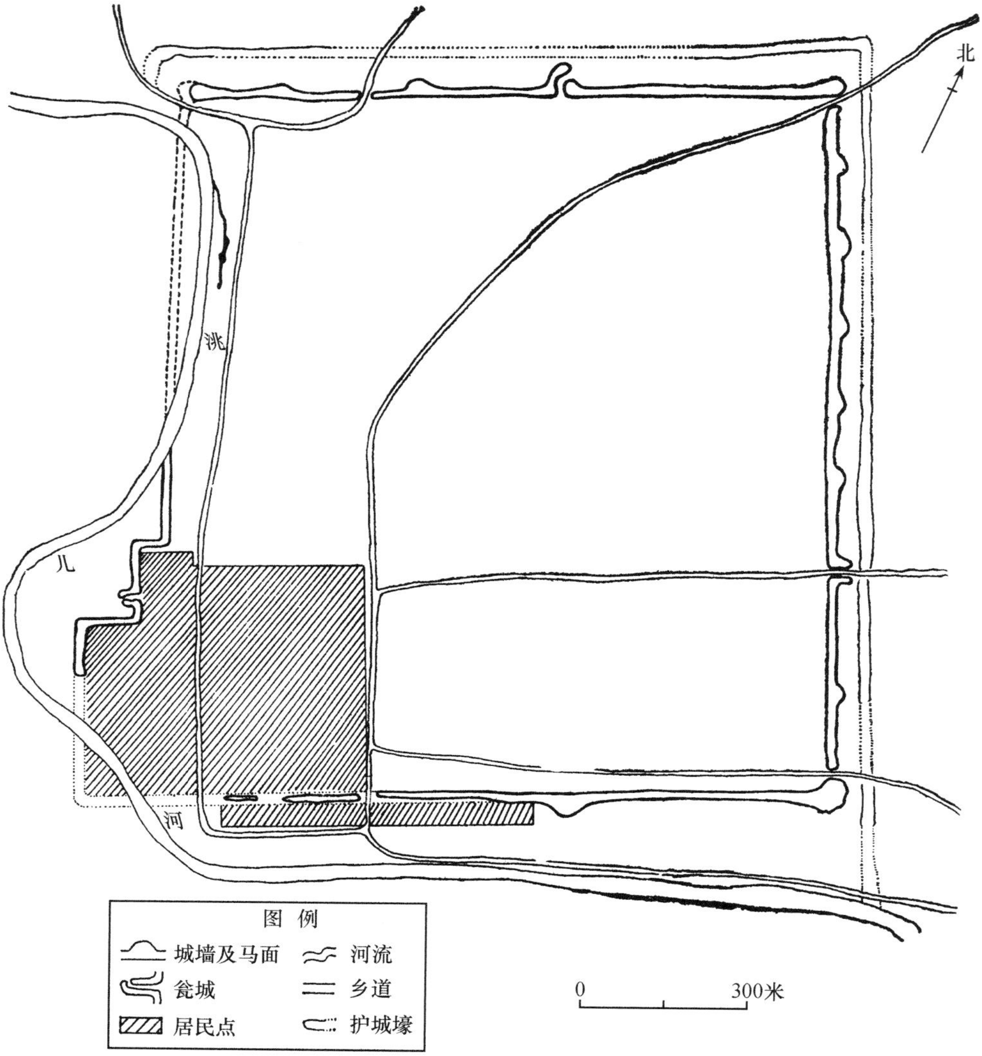

图二六六　城四家子古城平面图

城内出土遗物丰富，残砖碎瓦、陶瓷残片遍地都是。瓷器中不乏中原地区生产的定瓷、钧瓷等。建筑材料有花纹砖，黄、绿釉琉璃瓦，兽面瓦当，装饰菱格、十字点线图案的滴水，鸱吻等。唐宋铜钱也发现很多。铜器主要有各种铜饰件、铜镜等。许多铜镜上有“泰州主簿记”铭刻。在一件铜风铃上也刻有“泰州主簿记”。这些有铭刻的铜器是金代遗物。铁器主要是生产工具和武器。

城外建筑也有不少。东门外有圆丘状土包，可能是寺庙建筑。在城北1千米八家子村南有辽金时期的墓群，有带壁画的大型砖室墓。在古城南墙外约280米处发现5处窑址，烧制砖瓦等建筑材料[1]。这些遗迹与城址构成了一个密不可分的整体。

2007年在城内发现一块刻有文字的青砖，主要内容是金代泰州长春县百姓刘玮在泰和元年（1201年）存入寅字号窖成黄粟二百五十石，并记有管理仓库的仓使及其证明人等[2]。据《金史·地理志》记载："泰州，德昌军节度使。辽时本契丹二十部族牧地。海陵正隆间，置德昌军，隶上京，大定二十五年罢之。承安三年复置于长春县，以旧泰州为金安县，隶焉。"可知，承安三年（1198年）长春县成为了金代泰州州治所在，而长春县在辽代为长春州州治所在，金代的新泰州就是辽代的长春州。此砖的出土，解决了长期以来对城四家子古城属性的争议问题。

辽代长春州地点的确认，对研究古代河流名称、周边辽金城址的定位、辽代皇帝春捺钵地点等问题，都具有重大的意义。

（三）农安古城

古城位于农安县内，南距长春市70千米。伊通河在城东1千米处自西南向东北蜿蜒奔流。古城地处南北交通要冲，雄踞高地，周围土地肥沃，水源充足，是古代理想的建城屯兵之所。

城址平面呈方形，周长3840米，计东墙936、南墙984、西墙937、北墙983米。四垣正中各有一门。在南门东侧300米，西门南侧400米，北门东侧400米处各设一小门。城墙为夯土结构，墙基宽30米。城墙破坏较为严重。四隅均有角楼，东北角楼残高7米，东南角楼残高3米，其余两处仅余痕迹（图二六七）。城西有著名的农安辽塔。

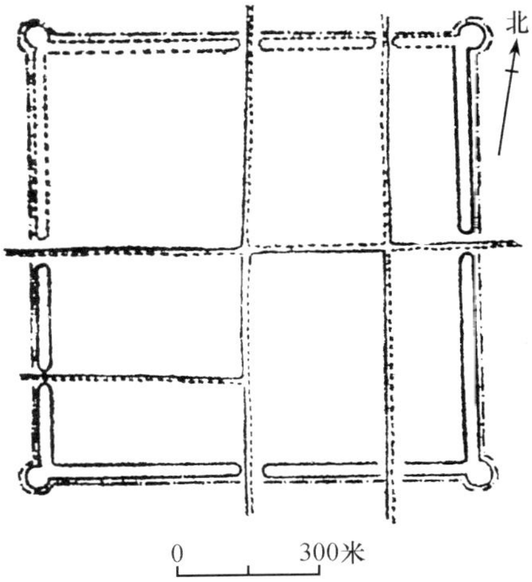

图二六七　农安古城平面图

古城由于历代沿用，城内人类活动频繁，古代文物和建筑构件在地表较为少见。

城内外发现的遗迹、遗物以金代为主，有金代瓷器窖藏（详见下章介绍）。金代钱币窖藏也有不少，出土铜钱数量惊人。还有陶器、瓷器、砖瓦、鸱尾、铜镜等。新中国成立前发现过金代大定二十二年（1182年）赵景兴墓石函[3]。

［1］　吉林省文物志编委会：《洮安县文物志》，1982年，第36～43页。

［2］　宋德辉：《吉林省白城市城四家子古城应为辽代长春州金代新泰州》，《博物馆研究》2008年第1期，第26～30页。宋德辉：《城四家子古城为辽代长春州金代新泰州》，《北方文物》2009年第2期，第92～95页。

［3］　吉林省文物志编委会：《农安县文物志》，1987年，第105～109页。

此城沿革比较清楚，为辽代中后期黄龙府故址[1]，在金代改称济州（后又改为隆州）。从城内外发现的遗存来看，此城在金代更为繁荣。

（四）梨树偏脸城

偏脸城位于梨树县城北4千米许的昭苏太河北的丘陵上，古城建于西北高、东南低的山坡上，方向23°。由于方向不正，地势不平，故俗称“偏脸城”（图二六八）。

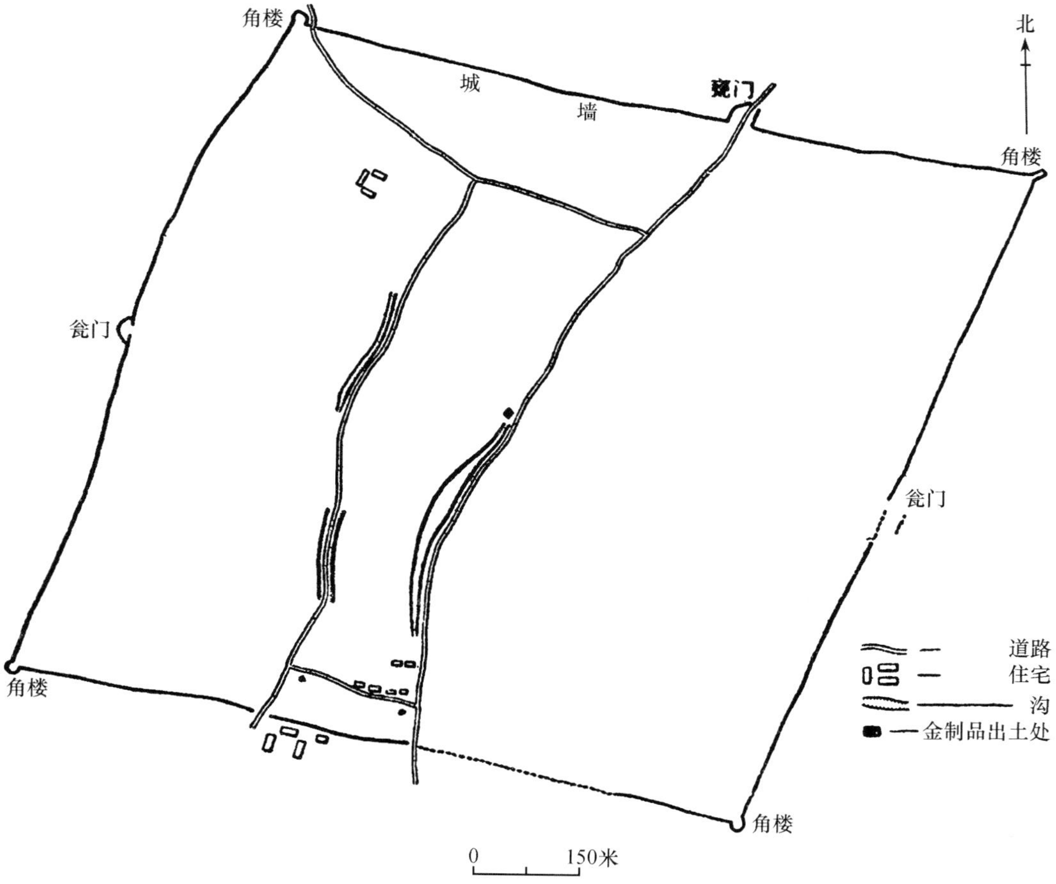

图二六八　梨树偏脸城平面图

偏脸城四墙全长4318米。除南墙外大部保存完好。东墙长1078、西墙长1077、北墙长1092、南墙长1071米。墙一般高5～6米，最高达7米以上。墙体上宽1～1.5、基宽约12米。全部为夯筑，夯层厚10～15厘米，采用黄黏土和黑土间杂分层夯筑。城有四

［1］　《辽史・地理志二》：“龙州，黄龙府。本渤海扶馀府。太祖平渤海还，至此崩，有黄龙见，更名。保宁七年，军将燕颇叛，府废。开泰九年，迁城于东北，以宗州、檀州汉户一千复置。”

门，东、西门位于墙之中部，南、北门略偏东。门外均有瓮城。角楼位于城之四角，形制基本相同。西北角楼在山冈上，位置最高，保存也较好，顶部为圆形台面，直径约8米，凸出城外部分为4米，台面上有不少砖瓦堆积。现存角楼要比一般城墙高出2～3米。在西墙和北墙外，各有一条土色较他处为浅，宽约20米的低洼地带，应是护城河的残迹。其外有一条高约2、宽约10米的土埂。东墙与南墙外不见有此遗迹。城墙上不见马面。古城外东西均有辽代墓群。

城内有几条大沟，西沟为南北向，位于西墙东侧350米处，北端距北墙约300米。沟全长520、最深10、一般深3～5米。沟剖面的灰层堆积厚达3～4米，并夹杂砖瓦、瓷片及红烧土等物。东沟在西沟东侧约180米处，两沟大致平行，全长410米。深度与灰层堆积同于西沟。城内有南北向的道路两条，基本上是利用二沟做为通道，有时因沟太深则依沟旁行走，东沟的道路贯通南北二门，可行马车。西沟的道路较窄，只能行人，到沟北端则转向城西北角之豁口处。二沟的北端及东沟东侧为全城最高处，这里散落着大量的残砖和各种兽面瓦当及长方形石条，可能是城内的重要建筑。

古城内早已垦为农田，但是地表遗物俯拾即是，其中不乏许多精品。有大量的陶器、瓷器和建筑构件，建筑构件中有大量带釉琉璃瓦。还发现不少金代铜镜。在城内一处俗称“金场”的地方出土过金蜻蜓等五件金饰。

从历年来征集的遗物看，绝大多数属于金代。有学者推测此城是辽金韩州城[1]。

（五）辉南县小城子古城

位于辉南县朝阳镇东北约7千米的小城子村，隔辉发河与明代辉发城相望。古城平面近方形，南北方向。从城墙断面上看，城垣系采用黄色黏土夯筑而成，夯层厚10～20厘米不等。东、西墙长399米，南、北墙长375米，周长1548米。四面各开一门，东、西墙上有瓮城。城外有一周护城河。城内道路按四个城门的方位布列，呈十字形，把城内划分为四等分（图二六九，左）。在东北部分，可见三排突起的土岗，土岗南北长15米，东西宽6米左右，周围散布着许多布纹瓦、砖块及碎陶片。在西北部分亦有四排突起的土岗。

从采集的器物来看，有些陶器的下腹部排列密集的篦点纹（图二六九，右），具有典型的辽代风格。《辉南县文物志》中考证此城是《辽史》中提到的“回跋城”[2]。

---

［1］ 吉林省文物管理委员会：《吉林梨树县偏脸城址调查记》，《考古通讯》1958年第3期，第26～31页。段静修：《吉林梨树县偏脸古城复查记》，《考古》1963年第11期，第612～615页。吉林省文物志编委会：《梨树县文物志》，1984年，第76～95页。

［2］ 吉林省文物志编委会：《辉南县文物志》，1987年，第66～71页。

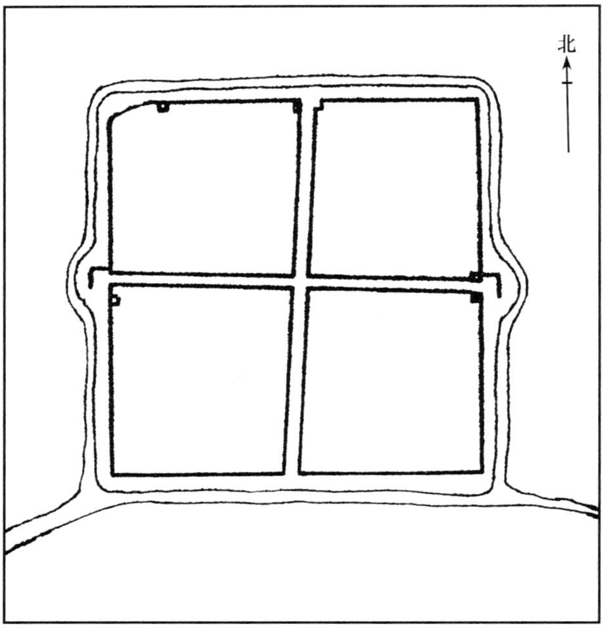

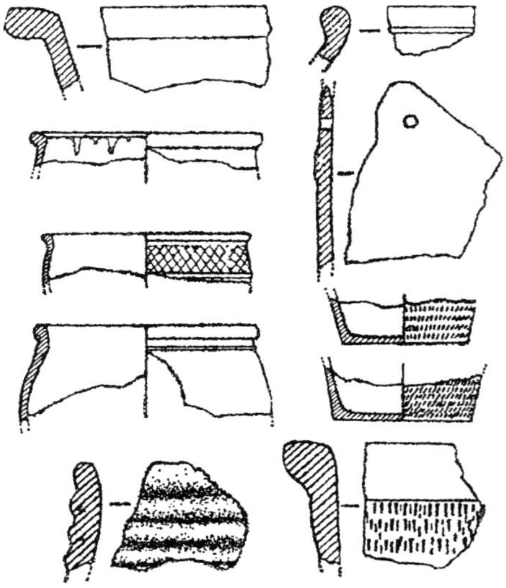

图二六九　辉南县小城子古城平面图及出土器物图

二、春捺钵遗址群

春捺钵遗址群位于吉林省松原市乾安县地字井村、腾字井村、藏字井村和赞字乡花敖泡南侧等四处地方，是第三次全国文物普查时发现的，已被定为第七批全国重点文物保护单位。遗址群地处松嫩平原西部，地势低洼，是白城内流区的南缘，古代为游牧之地。遗址内发现了大量人工堆筑的台基，土层剖面和地表发现了陶瓷片、铁器残片、兽骨、北宋铜钱等，还发现了灶址，地表有广泛分布的红烧土颗粒。

遗址群由成片的土台基构成，共有四区，保存较完整，规模巨大。查干湖畔的一区北自地字井村西开始，向西南绵延4000米，宽1000米，在近4平方千米的范围内，发现土台基530余处。二区在一区之南2000米处，藏字井村北，为1平方千米的近方形区域，发现土台基340余处。三区在二区东4000米腾字井村西，范围约1平方千米，发现土台基150余处。四区在花敖泡南侧，分布范围3.4平方千米，有土台基520余处。台基平面形状有圆形、长方形两大类，以长方形居多，有些还有附属小台基。最大的台基在四区中部，面积达3000余平方米。各区台基大小不一，区内还有再分区的迹象。一般台基面积以20～60平方米为多，高0.5～3米不等[1]。

[1]　博文：《吉林发现辽代行宫遗址群》，《人民日报》（海外版）2010年1月22日第15版。吉林省普查办、乾安县普查办：《辽春捺钵遗址群》，《第三次全国文物普查百大新发现》，文物出版社，2011年，第26、27页。

目前关于此遗址群的信息还太少，其性质的最终确定、文化内涵的揭示及后续研究的开展，都需要做更多的考古工作。

三、大型台基式建筑

吉林省近来发掘了一些大型台基式建筑遗址，主要有白城永平遗址和白城金家遗址。两处遗址中发现的建筑基址形制相似，出土遗物也基本相同，时代和性质应该相近。金家遗址发掘面积有限，只清理了一处建筑台基，对整体布局还不清楚[1]。永平遗址则进行了较为全面的揭露[2]。

永平遗址一共清理了6座台基，台基的建造方式基本相同，台基顶部有横纵排列的磉礅，形状多为方形，磉礅或土石混夯，或黄土夯筑，上面没有发现础石。台基四边用砖包砌，外接散水砖及砖钉。在南北中轴线上发掘了3座台基，从南向北依次为6号、5号和3号台基，中轴线方向为北偏西5°。

6号台基面积较小，系采用垫土形成，东西长14.3、南北宽8.2、残高0.35米。南北设有踏步，顶部有南北三排磉礅，每排四个。当是一座面阔三间，进深两间的建筑（图版六，1）。

5号台基位于6号台基北侧约31米，台基平面呈长“凸”字形，南北26.5、东西19、残高0.35～0.8米。南北两侧设有月台，北侧月台东西有缩进，较窄。台基顶部分布有横纵各4排共16个磉礅，内部土石混夯。应是面阔、进深各三间的建筑（图版六，1）。

在6号台基与5号台基之间有甬路连接，南北长19.6、宽1.9、残高0.11米。甬路南侧紧邻6号台基北侧踏步，北侧指向5号台基南侧。甬路北侧有一处排水暗沟（图版六，1）。

5号台基北侧约13.6米为3号台基，平面略呈方形，长23、宽22.5、残高0.3米。在其西部有一砖构的踏道。顶部有横纵各6排磉礅，每排数量有所差异。磉礅间距不等。

---

［1］　刘晓溪、刘玉成：《吉林省白城市金家金代遗址的发掘》，《边疆考古研究》第12辑，科学出版社，2012年，第63～86页。

［2］　李丹：《吉林白城永平金代遗址》，《2009中国重要考古发现》，文物出版社，2010年，第160～165页。李丹、解峰、庞志国、高秀华：《吉林白城永平金代遗址》，《中国考古新发现年度记录2009》，2010年，第68～71页。李丹、解峰、庞志国、马洪、高秀华：《白城市永平金代遗址》，《中国考古学年鉴2010》，文物出版社，2011年，第207、208页。李丹、解峰、刘玉成：《吉林白城永平金代寺庙遗址》，《中国考古新发现年度记录2010》，2011年，第119、120页。李丹、解峰、刘玉成：《白城市永平金代寺庙遗址》，《中国考古学年鉴2011》，文物出版社，2012年，第198、199页。

礎礅主要分布在台基的北部，南部约6米宽的区域未见礎礅迹象，可能也有月台。

在3号台基东西两侧，各有一座台基。2号台基在3号台基西侧约3米，位置偏北，东西6.5、南北9.85、残高0.2米，共有东、西两排礎礅，每排南北各3个，一共6个（图版六，2）。

1号台基在3号台基东侧约2米，被晚期房址破坏较严重。修建于3号台基外中部偏北。顶部发现少量铺地方砖及5块础石。

在2号台基西侧有一座与其平行建造的房址，南北长9.2、东西宽7米，呈前堂后室格局，地面遍铺条砖。前堂有两门，东门位于东墙中南部，南门位于南墙中部。后室有火炕两铺。前堂、后室之间还发现了隔墙残迹。这座房址似为台基式建筑的附属设施。

环绕台基四周铺设有砖铺路面，铺砖规整有序。应是院落内的铺地砖。

遗物多出土于台基四周的倒塌堆积中，出土了大量板瓦、筒瓦、瓦当、压当条、手纹砖、沟纹砖等砖瓦构件以及鸱尾、凤鸟、兽头等精美的屋脊类建筑构件，铁器多为固定建筑构件的铁钉。陶瓷器等日常生活类用具较少出土。还发现了红绿彩绘壁画残块和涂金粉的佛像饰件。

发掘者推测该遗址为一处寺庙址。从出土遗物及基址建筑结构看，应属辽代[1]。

四、一般居住址

在吉林省中西部调查发现过很多辽代遗址，常见的遗物有篦纹陶片等。有的遗址上还有金代的遗物。由于经过正式发掘的典型辽代遗址很少，对遗址面貌、居住形式还不是很清楚。

双辽后太平遗址发现一些辽金遗迹，其中有金代房址和灰坑，也有一些遗迹可能是辽代的。例如I区F1，房址为圆形，由5条弧形浅沟组成（依顺时针方向分别为G1～G5），沟长3.05～4.35米不等，宽0.35～0.5米，深0.35米左右，房址平面长径8.5、短径7.9米（图二七〇）。地面平整，但无硬面，中部偏北处有用火痕迹，形成一块直径35厘米的烧土面。在G3中出土一件条形角质品，G4中出土鹿角、狍子角及狗头骨等动物遗存，G5中出土一枚铁钩。其中G5被一个金代灰坑打破。这很有可能是辽代游牧民的一座帐篷址[2]。

［1］　按：原发表的资料中将其定为金代建筑，此处断代参考了2015年出版的发掘报告中的最新看法，见吉林省文物考古研究所：《白城永平辽金遗址：2009～2010年度发掘报告》，科学出版社，2015年。

［2］　吉林省文物考古研究所、四平市文物管理委员会办公室、双辽市文物管理所、双辽市郑家屯博物馆：《后太平——东辽河下游右岸以青铜时代遗存为主的调查与发掘》，文物出版社，2011年，第240、241页。

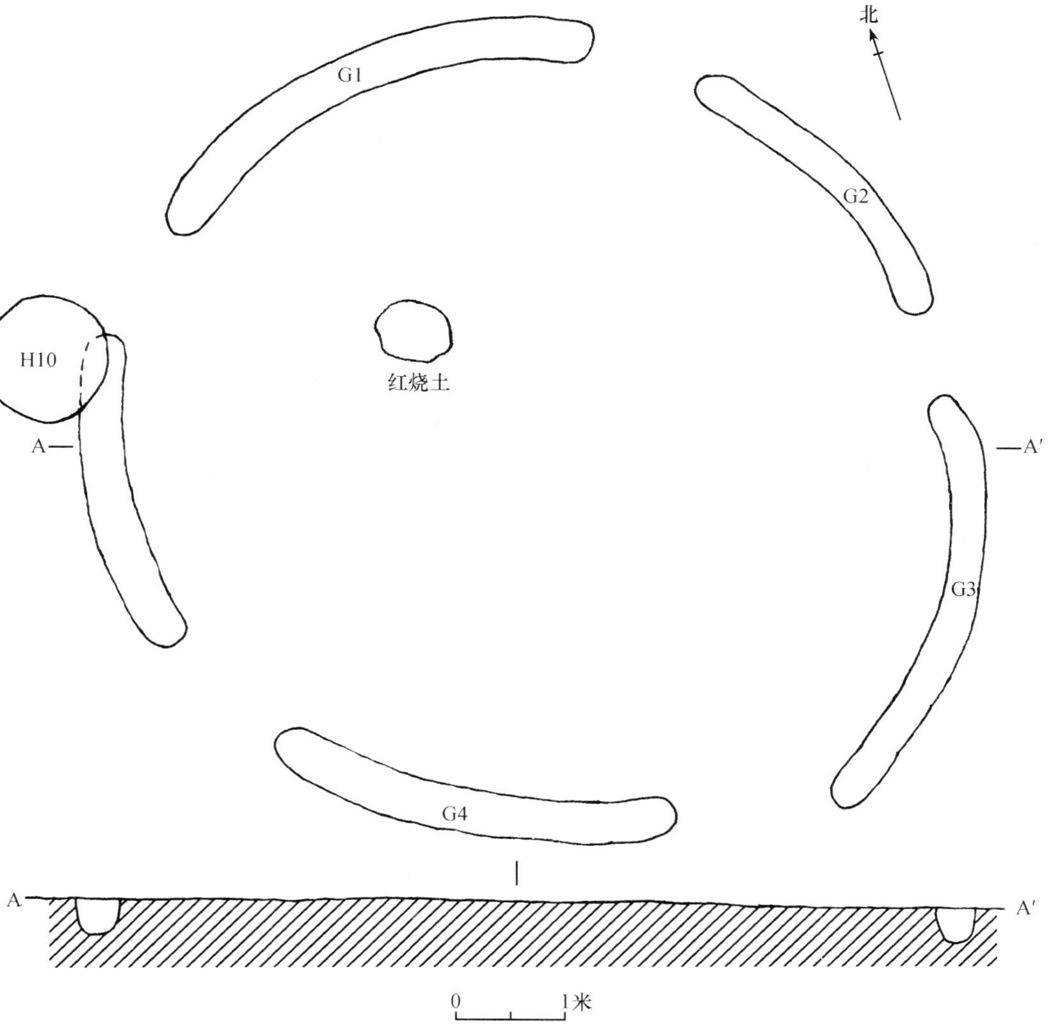

图二七〇　双辽后太平遗址I区F1平、剖面图

五、墓　　葬

吉林省境内的辽代墓葬主要发现于吉林省西部，与黑龙江省情况类似[1]。

（一）墓葬类型

省内发现的辽墓有砖室墓、砖圹墓、土坑竖穴墓三类。从目前发表的资料来看，以砖室墓数量最多。墓葬多为西北—东南向。砖室墓大多被盗，遗物保留较少。

［1］　乔梁、杨晶：《黑龙江省西部的辽代墓葬》，《北方文物》2001年第4期，第44～50页。

1. 砖室墓

砖室墓是指带墓道的砖砌墓葬。营造方法是先挖一坡形墓道和一方形土坑，然后用青砖砌出墓道和墓室等结构。墓一般由墓道、墓门、甬道和墓室组成。墓道为斜坡式，墓门大多为拱洞形，墓门外有封门砖，甬道为券顶，墓室形状主要是圆形（或椭圆形）和长方形（或方形），少数为多边形。墓室后部一般有砖砌的棺床。有的墓室内还有装饰，在梨树偏脸城城西二号墓[1]及查干吐莫辽墓M5、M7、M17[2]等墓室内用砖砌出门窗等结构，较为简单（图二七一）。公主岭永青辽墓的墓门砌出简单的一斗三升式斗栱[3]。

图二七一　查干吐莫辽墓M17北壁砖砌假门

梨树胡家屯M1是吉林省目前发表的唯一一座辽代壁画墓[4]。此墓为八边形单室，墓室南北长3.8、东西宽3.9米，结构较为复杂，既有仿木结构，又绘有壁画。墓室内相邻两壁间砌出立柱，上有砖雕的阑额、斗栱，立柱之间的阑额上各有一朵补间铺作，斗栱皆为简单的一斗三升，泥道栱不用砖雕，用黑线勾出轮廓，内填白彩。斗栱

[1] 吉林省文物管理委员会主编：《吉林梨树县偏脸城址调查记》，《考古通讯》1958年第3期，第26～31页。

[2] 庞志国：《吉林前郭查干吐莫辽墓发掘》，《边疆考古研究》第4辑，科学出版社，2006年，第348～379页。

[3] 李东：《吉林省公主岭市永青辽墓清理报告》，《北方文物》2006年第3期，第32～34页。

[4] 刘勇：《吉林梨树胡家屯辽代壁画墓》，《博物馆研究》1996年第3期，第93～101页。据《洮安县文物志》介绍，城四家子古城城北外有辽代大型砖室壁画墓。

上承替木，再往上有橑檐枋、檐椽、仰覆瓦等（图二七二）。仿木结构上有彩画，主要用红、白二色。墓室破坏严重，室内壁画仅见墓门两侧壁面上的破子棂窗，其他壁面脱落下来的壁画也均为破子棂窗。

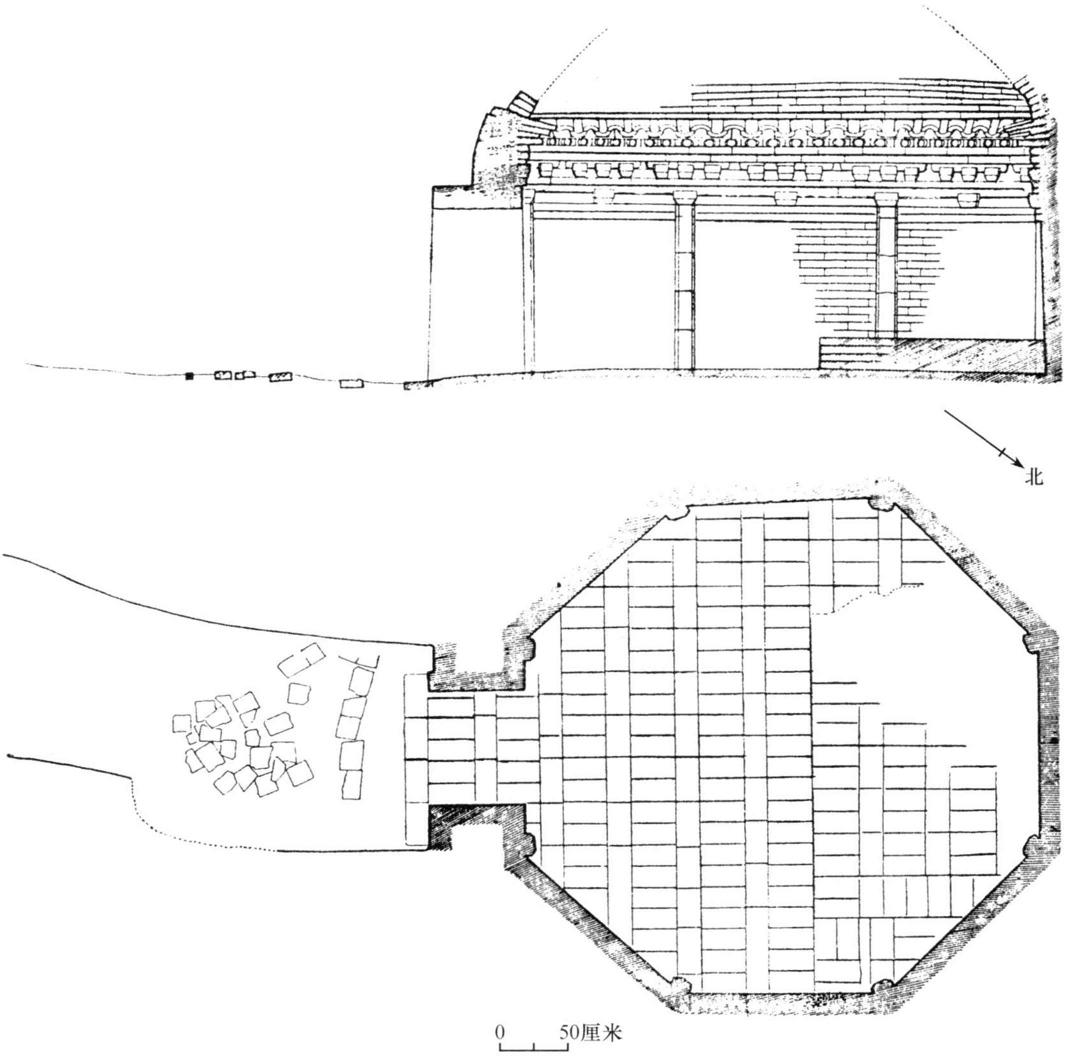

图二七二　梨树胡家屯M1平、剖面图

多室墓仅有双辽骆驼岭辽墓[1]。由墓道、天井、墓门、甬道、前室[2]、左右耳室和主室七部分组成，主室平面为八边形，直径3.7米，靠近后壁有砖砌的棺床，棺床前有一长条形木板，上置马具和其他随葬品。前室呈长方形，为券顶结构，其南北两

［1］　段一平：《吉林双辽骆驼岭辽墓清理简报》，《考古与文物》1983年第6期，第43～46页。
［2］　简报中将前室称之为甬道。

侧各有一长方形耳室。主室、前室及耳室的地面都用方砖对缝铺砌。墓门为砖雕仿木结构。天井为长方形，两壁用砖垒砌。墓道为斜坡状，用黄黏土夯打（图二七三）。

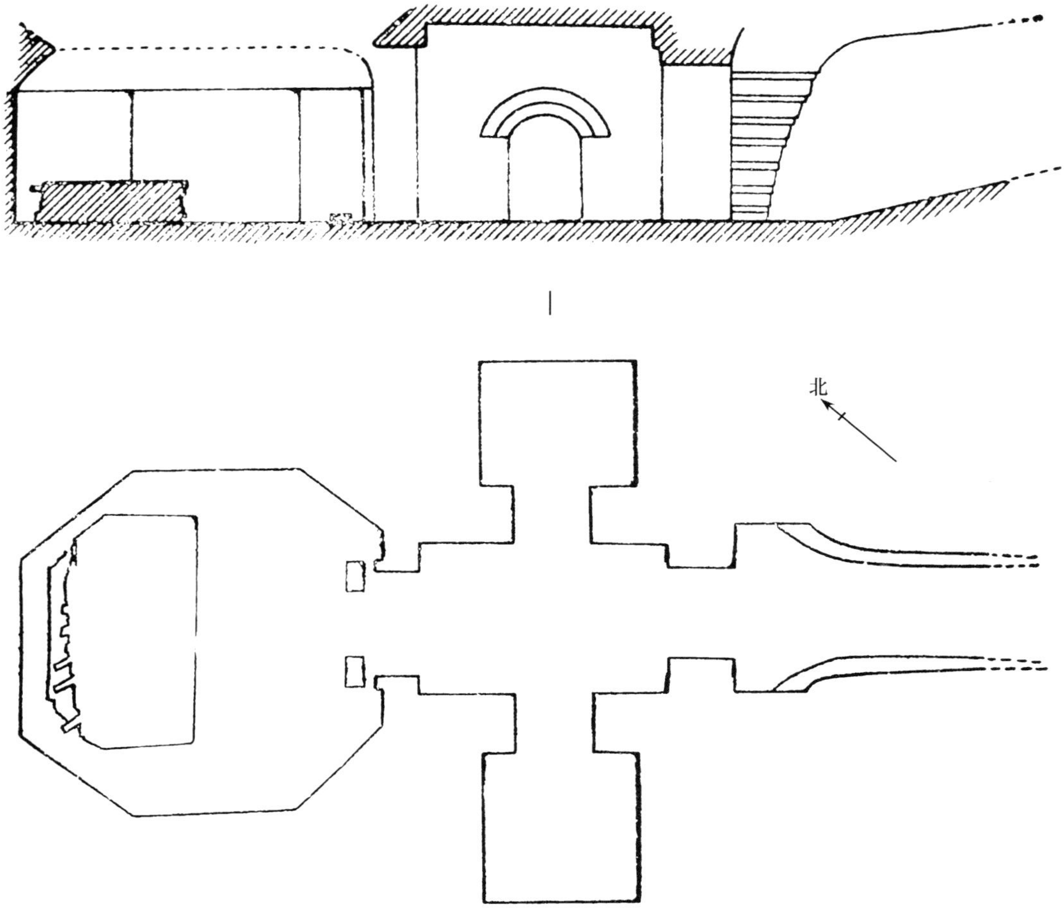

图二七三　双辽骆驼岭辽墓平、剖面图

2. 砖圹墓

这类墓葬是在土坑竖穴中用砖围砌四壁，然后封顶，没有墓道、墓门。在一些文章中也被当作砖室墓，乔梁、杨晶在论述黑龙江辽墓时，将其明确与砖室墓分开，称作“砖圹墓”，我们也采用这种分类。

双辽县高力戈辽墓群发掘了四座。砖圹矮小，用砖叠涩封顶。以M12为例，墓室长184、宽80、高50厘米。墓室四壁用纵横交替平铺六层青砖错缝砌筑。顶部青砖都已粉碎，但还可以看出墓顶为三层平行叠涩内收，后用一排青砖平封。墓底用一层青砖纵横平铺，上平放一男一女两具尸骨，仰身直肢，头向西北。头下各枕一块横放的青砖（图二七四）[1]。

[1]　柳岚、邵春华：《吉林双辽县高力戈辽墓群》，《考古》1986年第2期，第138～146页。

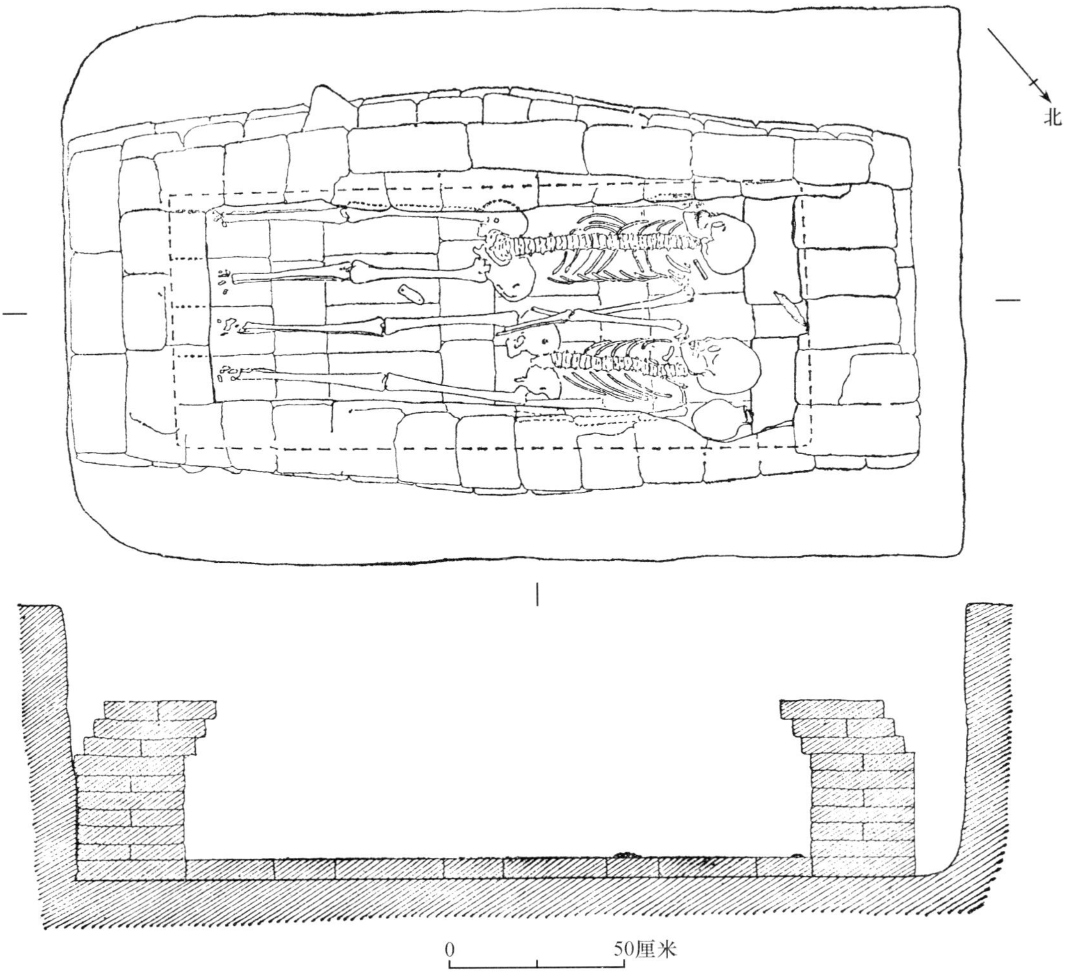

图二七四　双辽高力戈辽墓群M12平、剖面图

3. 土坑竖穴墓

可根据葬具不同分成木棺墓和木椁墓，还有些墓可能没有棺椁。

双辽县高力戈辽墓群中发现较多，墓葬长多在2米左右、宽多不到1米。以单人葬为主。M9发现有铁钉，可能有木棺，其他墓则似乎没有葬具。以M15为例，墓保存较好，头向为340°。墓坑长213、宽75、深57厘米。墓内葬一男性，仰身直肢。头顶部填土中出一白瓷碗，内装五枚铁镞，左手指部出一料石指环，左大腿骨外侧出一小骨盒（图二七五，1）。M14为男女合葬墓，墓保存完好。头向320°。墓坑长194、宽92、深102厘米。女性面部侧向男性，皆为仰身直肢葬。男性头上填土中出土一陶罐，耳上并带有玉石耳饰（图二七五，2）。

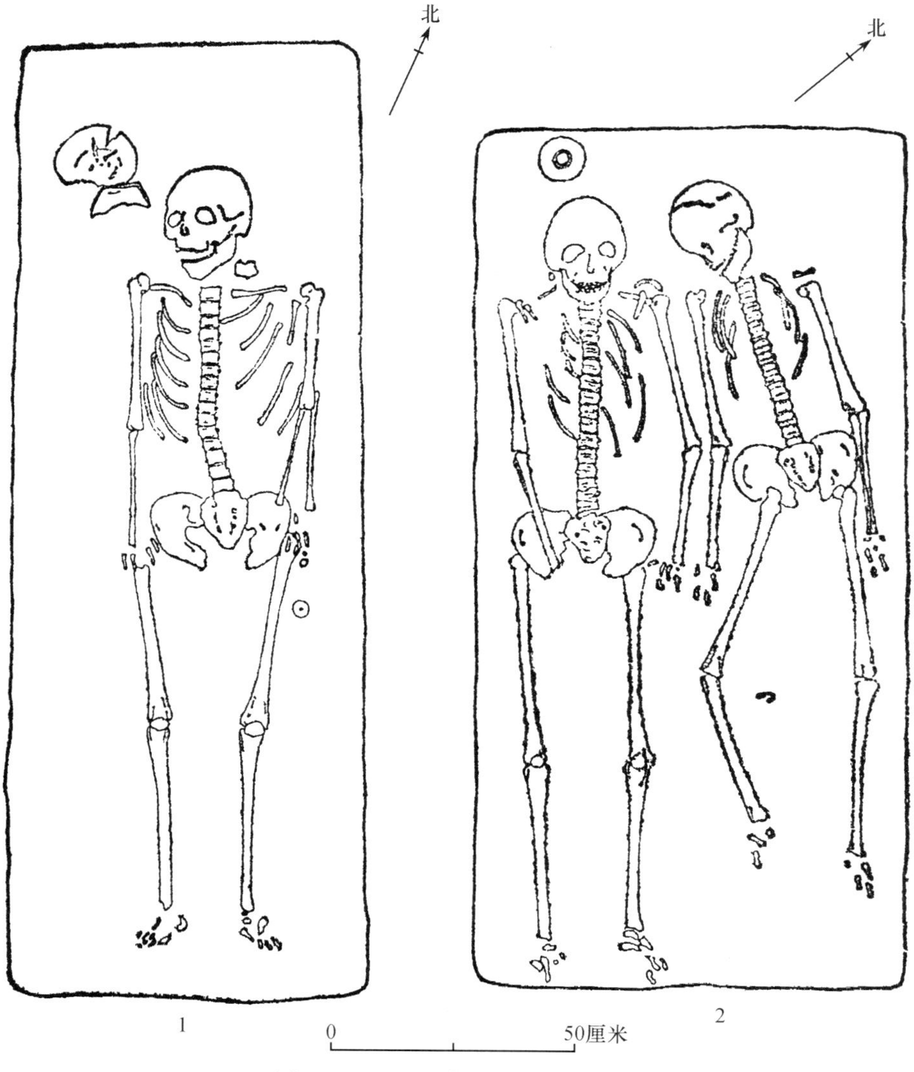

图二七五　双辽高力戈辽墓平面图
1. M15　2. M14

木椁墓仅见于查干吐莫辽墓M8。方向北偏东86°，由土圹和木椁组成。墓圹呈长方形，上口长2.9、宽2.7米，底长2.3、宽1.7米。木椁用红松木制作，由盖及四壁组成，无底。尸骨直接葬在椁内的黄土上面。椁盖用六根原木简略加工，每根直径0.4～0.5米，长1.6米，呈南北方向，排列有序将椁封盖，椁长2.2、宽1.6、深0.45米，椁内有一男一女两个骨架。男性骨架放置在椁中央，头向北，身向北弯曲，下肢呈仰身直肢状。靠近椁北壁的女性为二次葬（图二七六；图版六，3）。

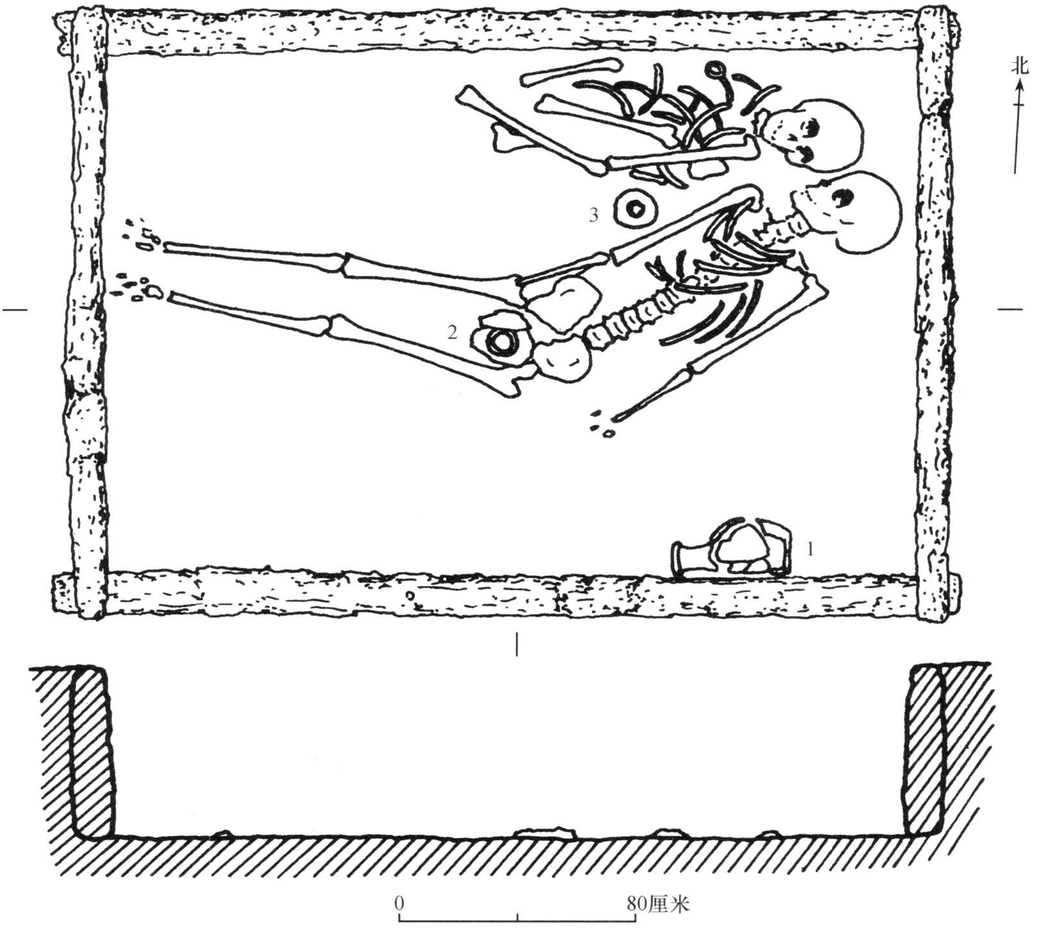

图二七六　查干吐莫辽墓M8平、剖面图
1. 陶壶　2、3. 瓷碗

（二）葬俗

目前发表的材料，绝大部分是尸骨葬。以单人一次葬为主，有少量合葬墓和二次葬。在通榆同发辽墓棺床中部有一些火化过的散乱人骨[1]，表明也存在火葬习俗。梨树偏脸城城东四号墓的葬具是一个蒙古包式的细泥灰陶器，通高45厘米，内盛骨灰，灰中发现“皇宋通宝”一枚。陶器腹部有透雕窗棂四个，前后并有对称的用阴线划出的门[2]。偏脸城城西一号墓也很特殊，在砖砌四壁下摆放着大量陶罐，罐内有的盛人骨，有的盛骨灰（图二七七）。罐中有钱币，最晚为宋哲宗时期的“绍圣元宝”，时

[1]　刘景文：《吉林同发辽墓》，《考古》1985年第7期，第668、669页。
[2]　吉林省文物管理委员会：《吉林梨树县偏脸城址调查记》，《考古通讯》1958年第3期，第26～31页。

图二七七　偏脸城城西一号墓平面图

1～15. 陶罐

代为辽晚期[1]。类似的墓葬在内蒙古通辽等地也有发现[2]。另外，在吉林省西部还发现很多盛装骨灰的陶罐，有的陶罐装饰篦点纹，这些也可能是辽代的火葬墓。

在通榆团结屯辽墓墓室底部四周贴壁装有木板，应为辽墓常见的木护墙。从保存下来的长短不等的木方分析，上下保留着明确的榫卯，两头锯有斜槽，应是每壁上下之间以榫卯连结，两壁间以斜槽相吻合而成。木板保存最长者长195～205、宽12.8～14、厚4厘米[3]。双辽骆驼岭辽墓内残存铜丝手套一只，可见墓中原来是有铜丝网络的。这两种葬俗在内蒙古、辽宁地区的辽代契丹人墓葬中较多存在。

殉牲习俗也较为常见。镇赉乌鸦山M2在西侧棺床上女性右侧腿骨下方有一只疑为鸡的禽类动物，在墓门处还有兔子和狗的骨骼[4]。查干吐莫辽墓M17墓门外门口中部

[1] 吉林省文物管理委员会：《吉林梨树县偏脸城址调查记》，《考古通讯》1958年第3期，第26～31页。

[2] 郝维彬：《内蒙古通辽市半截店辽代火葬墓群》，《考古》1994年第11期，第1004～1011页。

[3] 刘法祥、刘景文：《吉林通榆县团结屯辽墓》，《考古》1984年第9期，第859～861页。

[4] 顾聆博、刘雪山、王聪：《吉林省镇赉县乌鸦山村发现两座辽墓》，《北方文物》2011年第4期，第14、15页。

有一具完整的狗骨架，M13墓道中央有一具狗的完整骨架[1]。梨树胡家屯M1在甬道与墓室连接处发现牛的头骨、下颌及腿骨残段[2]。梨树孤家子山辽墓甬道靠墓门处有一动物骨骼[3]。

六、佛教建筑遗迹

辽代佛教十分兴盛。《辽史》记载辽道宗咸雍八年（1072）三月，“有司奏春、泰、宁江三州三千余人愿为僧尼，受具足戒，许之”，这是与吉林省直接相关的文献记录，春州即长春州，春州和宁江州都在吉林省境内。辽代在各地修建的佛寺、佛塔不计其数。吉林省内目前发现的辽代佛教遗迹主要有农安辽塔和农安万金塔地宫。

（一）农安辽塔

农安古塔位于农安县城西门外百余米处。新中国成立以前，此塔已濒临坍塌，1953年国家拨款修复了10层，1982～1983年再度维修。塔系砖筑八角十三层实心密檐式塔，由塔基、塔身和塔刹（宝顶）构成，通高44米。塔基平面呈八角形，每边长7米，高1米许，周长56米。第一层置4个龛门，高13米，龛门上作仿木构斗拱。十三层塔檐下皆砖砌阑额、方椽，八角飞檐上有泥塑雄狮、龙马等，飞檐尽端各悬挂一铜风铎。塔刹由仰莲、葫芦形宝瓶和铜质月牙宝珠组成，以铜链联接，巍峨壮观[4]。

1953年在修缮过程中，在塔身第十层中部发现有一块方砖，揭起方砖，出现一砖室。砖室深4.62米，底面近方形，边长2.35米×2.38米，顶部为覆斗顶，墙高2.37米，上以砖叠涩收口，计叠涩十三层。砖室顶部口径50厘米。砖室西北角有一个用砖摆的小台，台上有一座木质小房，为硬山顶，房内有铜佛、铜菩萨、银牌、瓷香炉、瓷盒、木盒、布包等遗物[5]。

（二）农安万金塔地宫

万金塔村在农安县城东北约30千米，南距伊通河2.5千米，周围是略有起伏的开阔平野。该村东部有一座长方形古城址，东西880米，南北830米，城垣残高约1米，有东

[1] 庞志国：《吉林前郭查干吐莫辽墓发掘》，《边疆考古研究》第4辑，科学出版社，2006年，第348～379页。
[2] 刘勇：《吉林梨树胡家屯辽代壁画墓》，《博物馆研究》1996年第3期，第93～101页。
[3] 赵铁：《梨树孤家子山辽墓清理简报》，《博物馆研究》1988年第1期，第62、63页。
[4] 陈相伟：《吉林省辽金考古综述》，《北方文物》1995年第4期，第40页。
[5] 《吉林省农安塔在修缮工程中发现古物》，《文物参考资料》1953年第7期，第40～47页。

西南北四门，地面上散布着灰色布纹板瓦和碎瓷片等辽金遗物，万金塔基坐落于古城北门外108米处，埋在一个高约6米的土丘内，早已经塌毁。根据残迹测出，塔基为方形，东西长8.5米，南北长8.8米。用灰色条砖错缝平砌，壁角上嵌有力士像，采集到力士腰部残段一件，宽14厘米，系塑后烧制（图二七八，左）。

塔基内原有“地宫”，平面为方形，长宽各约3米，高约2.5米，叠涩盝顶。南壁正中有拱券顶门道，高约1.6米，宽约1.5米。地宫周壁用条砖平铺、侧立交错砌成，壁面上涂抹白灰，绘彩画，已全部脱毁。根据群众的说法，南壁门之两侧可能是天王像，北壁可能是释迦涅槃像，东西壁绘有许多人物。从当地搜集到地宫壁面砖一件，上面附有壁画残片（图二七八，右）。

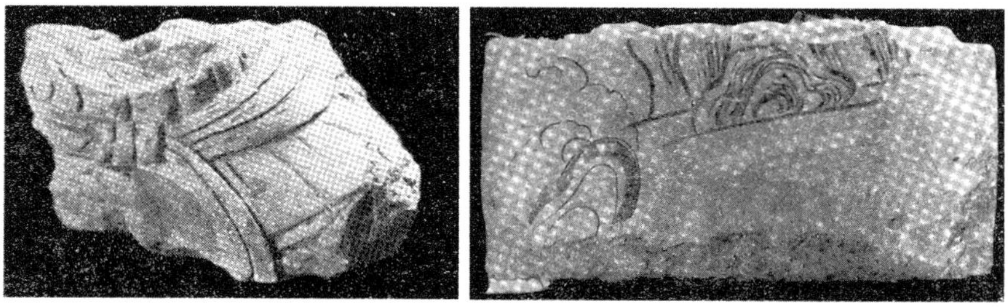

图二七八　万金塔塔基壁角上力士像腰部残段（左）及“地宫”壁画砖（右）

在紧临地宫北壁前有一方台，用条砖平砌。台上叠砌一个中间带方孔的扁平方石，石上置石雕小塔，塔底有方形凹槽，与其下石方孔对合成一竖洞，内装薄铁小塔，铁塔中空，内藏三个套装着的舍利盒。在砖砌方台前半米许有一木桌，桌上陈有瓷器、铜器等。此外，在砖台、木桌间的地面上有木质着彩刻花残片一件，涂有金、红、绿三色，可能是从石雕小塔顶上脱落下来的木结构残件。地宫中原还有木刻佛像和莲花，因朽败过甚，手触即碎，未能保存下来[1]。

七、重要遗物

吉林省发现的辽代遗物数量不多，主要有陶瓷器和各类金属器。其他遗物发现较少。

（一）陶器

大部分为泥质灰陶。火候高，器壁坚硬，均为轮制。主要器形有罐、壶、盆等。多圆唇，平沿，敞口。罐颈部较短，壶多为长颈。在器物下腹部多饰有细密的篦纹，

［1］　刘振华：《农安万金塔基出土文物》，《文物》1973年第8期，第48～54页。

这是辽代陶器的典型特征（图二七九）。查干吐莫辽墓M17还出土一件彩绘陶壶（图版六，4）。

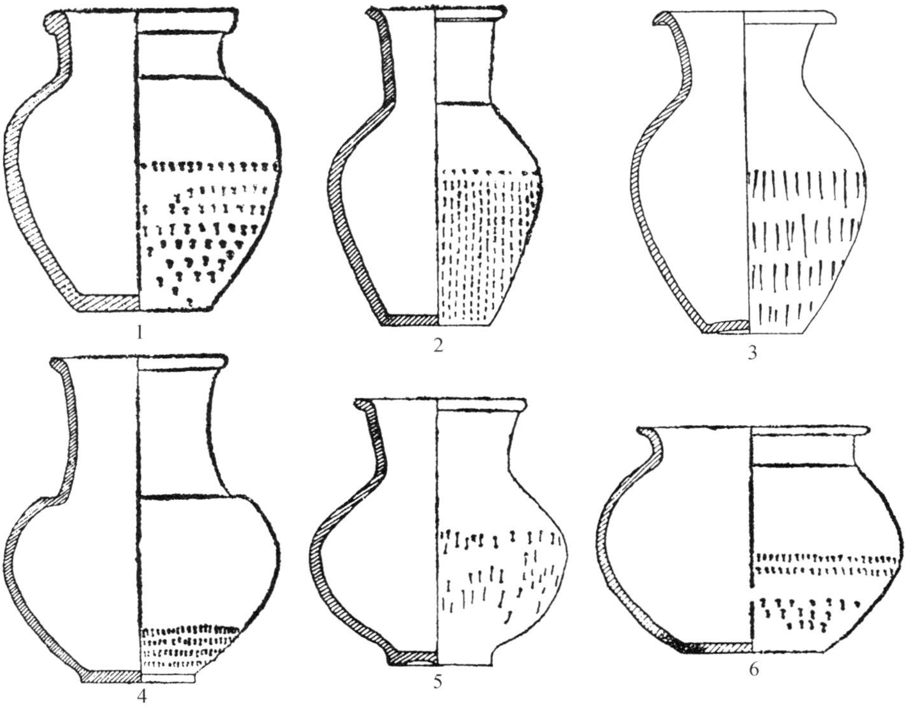

图二七九　吉林省辽墓出土陶器
1、6. 陶罐　2～5. 陶壶（1、2、4～6. 双辽高力戈辽墓群　3. 前郭茅山辽墓）

釉陶器发现较少，在双辽骆驼岭辽墓出土鸡冠壶、长颈瓶、碗、唾壶各一件（图二八〇），均为绿釉，施釉不到底，烧制不精，釉色浓淡不一。鸡冠壶为圆身环梁式，高身圈足，环梁上有指捏纹。

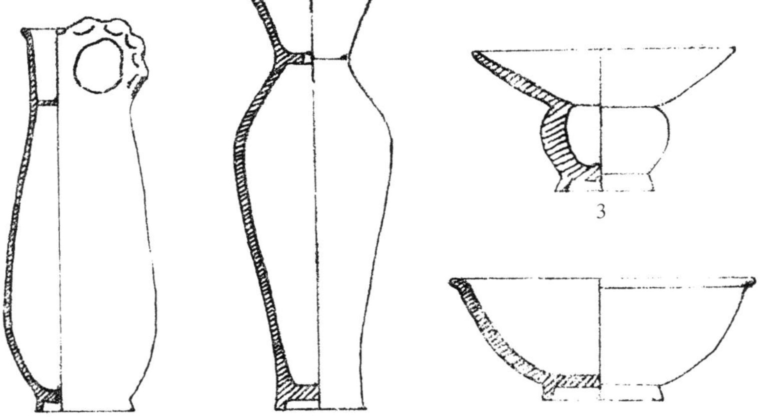

图二八〇　双辽骆驼岭辽墓出土的釉陶器
1. 鸡冠壶　2. 长颈瓶　3. 唾壶　4. 碗

（二）瓷器

发现的瓷器数量不多，多为粗瓷，在农安辽塔及万金塔地宫中发现了一些质量较高的产品，可能是从北宋输入的。

粗瓷碗一般施白釉，壁斜直，圈足较矮，外壁施釉不到底，内有垫烧痕（图二八一）。还有不少施茶叶末釉、黑釉的鸡腿瓶。

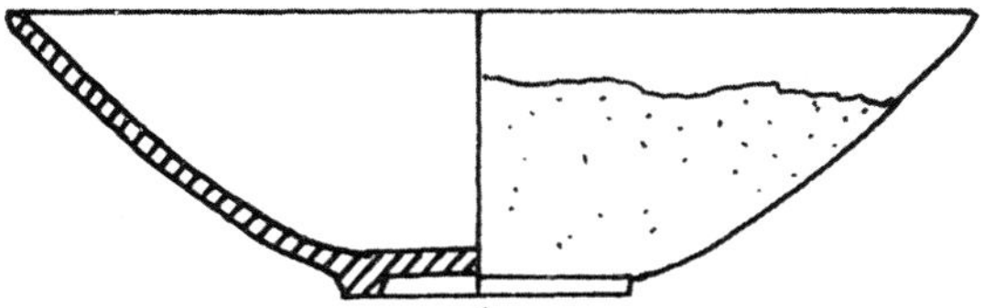
1

2

图二八一　查干吐莫辽墓出土的瓷碗

1. M14　2. M13

农安辽塔出土了绞胎瓷盒、瓷香炉各一件（图二八二）。绞胎瓷盒呈圆形，矮圈足，有扁平盖。胎呈赭、白二色交织雉羽状。瓷炉出土时里面尚存香灰。

1

2

图二八二　农安辽塔出土的瓷器

1.绞胎瓷盒　2.瓷香炉

万金塔地宫出土的瓷器有青白瓷碗和白瓷大碗、浅腹小碗、碟等。青白瓷碗[1]，胎质薄，釉薄色白。敞口，圆唇外侈，腹较斜直，小底，圈足。外壁印刻左勾的龙须纹，内壁饰牡丹纹或草叶纹（图版六，5）。白瓷大碗釉薄而莹润，腹微弧曲（图二八三，1）。白瓷浅腹小碗不甚润泽，碗心有阴文款。白瓷碟为花口（图二八三，2）。

［1］　原简报中将青白瓷碗和白瓷碗的描述颠倒了，五件装饰“龙须纹”的瓷器应该是青白瓷。

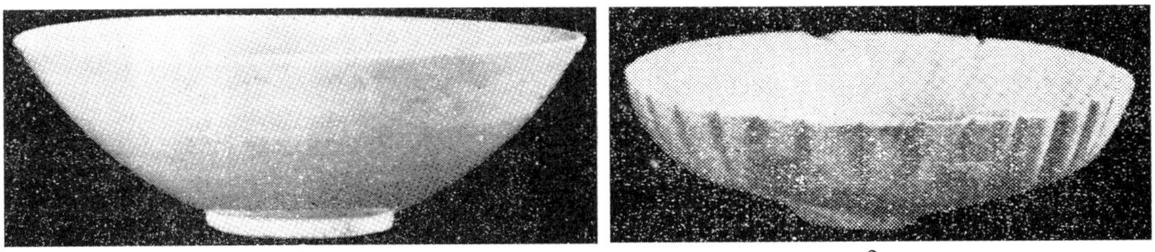
1　　2

图二八三　万金塔地宫出土的瓷器
1. 白瓷碗　2. 花口碟

（三）金属器

吉林省发现的辽代金属器并不多。主要有铜器和铁器。铜器有马具装饰、铜镜、铜匙、铜造像等。铁器有马镫、铁刀、铁剪、铁镞、火镰、小铁塔等。

双辽骆驼岭辽墓出土了几件铜鎏金的马具饰物。包括固定在马鞍上的前后鞍桥包片，“十”字形和“凸”字形的铜鎏金节约各一件，表面有隆起的梅花纹饰。

铜镜出土数量不多。大安出土一件契丹文铜镜，为八边形（图二八四，1），此镜在金代仍在使用，镜缘上刻“济州录事完颜通”等字样[1]。辽源市梨树小城子古城内发现一面天庆十年铸的镜，素面，半圆纽。镜纽之右侧铸有阳文汉字“天庆十年五月记”，纽左侧有汉字“高”，“高”下面有一花押。这些字都是反书（图二八四，2）。在镜缘一侧刻阴文汉字“朔州马邑县验记官”；镜缘另一侧刻“□□验记官”，两侧边款“官”字后面都刻一花押[2]。天庆为辽天祚帝年号，天庆十年为1120年。镜缘上的边款是金代铜镜常见的，可见此镜在金代也被继续使用。通榆团结屯辽墓出土的一件内圈饰飞鸟、云纹相间图案，外圈为缠枝花纹（图二八四，3）[3]。梨树胡家屯M2出土一件，圆形，窄缘，正中置一桥状纽，周饰转轮荷叶纹（图二八四，4）[4]。

万金塔地宫出土铜箸8只，尖头，截面近圆。铜匙有5件，宽尾，扁柄，头端椭圆形（图二八五）。

农安古塔出土铜佛、铜菩萨各一件。铜佛高10厘米，手已残缺，后背铜很薄（图版七，1）。坐在木质八角形须弥座上。佛腹内有纸，大概是佛经之类，已经朽烂。铜菩萨也是铸造，带莲花座，高11.8厘米（图版七，2）。

铁马镫有两种形制。双辽高力戈M13出土一件铁马镫，是辽代最常见的一类，鼻

[1]　陈述：《跋吉林大安出土契丹文铜镜》，《文物》1973年第8期，第36～40页。
[2]　唐洪源：《吉林省辽源市出土一面辽代铜镜》，《文物》1983年第8期，第76页。
[3]　刘法祥、刘景文：《吉林通榆县团结屯辽墓》，《考古》1984年第9期，第859～861页。
[4]　刘勇：《吉林梨树胡家屯辽代壁画墓》，《博物馆研究》1996年第3期，第93～101页。

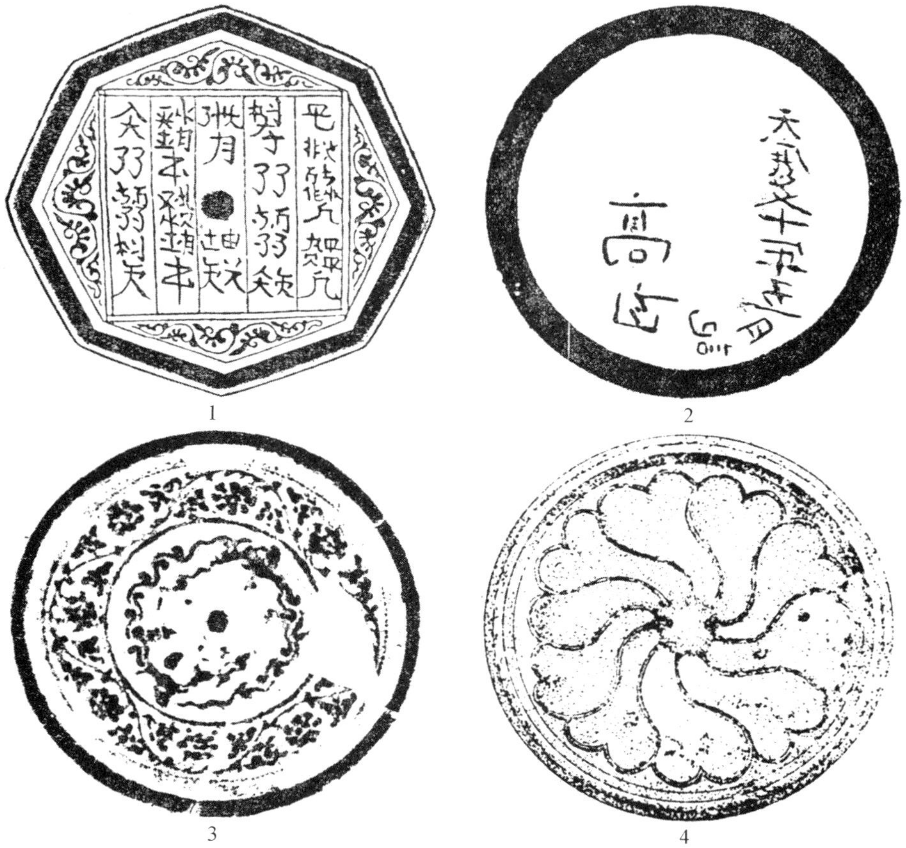

图二八四　吉林省出土的辽代铜镜

1. 契丹文镜　2. 天庆十年镜　3. 花鸟镜　4. 荷叶纹镜

（1. 大安永合屯小学　2. 辽源市梨树小城子古城　3. 通榆团结屯辽墓　4. 梨树胡家屯M2）

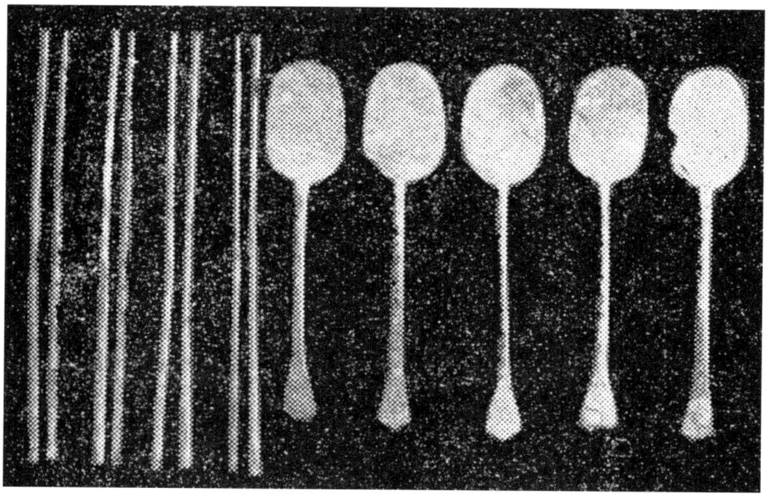

图二八五　万金塔地宫出土的铜箸、铜匙

为方形，有一横向长方形穿孔。环为半圆形，踏板呈长方形（图二八六，1）[1]。梨树胡家屯M2出土的马镫则较为少见，上有横长方形提梁，下有扁平状踏板，两侧镫柱断面为圆形，上宽6、下宽14、通高16厘米（图二八六，2）[2]。梨树孤家子山辽墓出土铁马镫一对、马衔2件、铁铃铛10个[3]。

万金塔地宫出土一件薄铁小塔（图二八七）。形制似阁，由厚0.8毫米的薄铁片，用铆钉和子母扣接合法制成，通高29.5、宽17厘米。平面四角方形，双层、空心，庑殿顶，设基座和平座、栏杆，正面辟门，内藏舍利盒。舍利盒计大、中、小三件。大盒内装中盒，中盒内装小盒。大盒，薄铜片制，子母扣接合，方体，截尖四棱椎形盖，高10.6、宽8.5厘米。中盒，薄银片制，形状、制法如大盒，高7.5、宽6.5厘米。小盒，质地、制法与中盒同，八棱柱状体，八棱锥形盖，高6.5、宽5.8厘米，内藏舍利与胶结的白色物质。

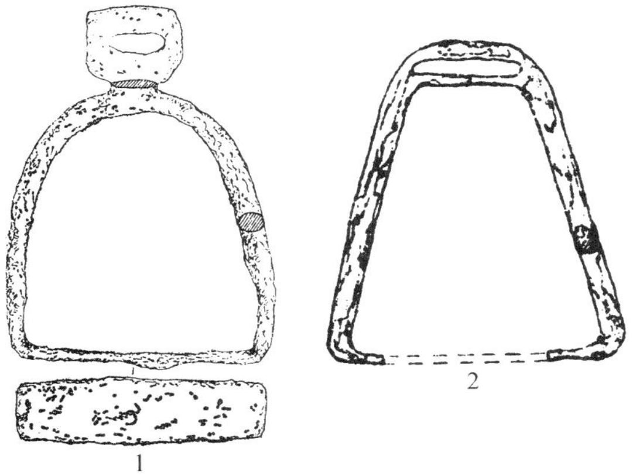

图二八六　吉林省辽墓出土的马镫

1. 双辽高力戈M13　2. 梨树胡家屯M2

图二八七　万金塔地宫出土的薄铁小塔

（四）其他

骨刷在双辽采石场辽墓[4]、丰满辽墓[5]中都有发现，形似现在的牙刷。双辽出土者有孔两行，每行七孔，靠两行的两端中间各又有一孔。骨柄较细，长20.5厘米（图二八八）。这种器物在辽代墓葬中常有发现。

[1]　柳岚、邵春华：《吉林双辽县高力戈辽墓群》，《考古》1986年第2期，第138～146页。
[2]　刘勇：《吉林梨树胡家屯辽代壁画墓》，《博物馆研究》1996年第3期，第93～101页。
[3]　赵铁：《梨树孤家子山辽墓清理简报》，《博物馆研究》1988年第1期，第62、63页。
[4]　王建：《吉林双辽县发现两座辽墓》，《考古》1983年第8期，第753、754页。
[5]　郭敏、孙利峰：《丰满古墓清理简报》，《白城文博》1985年第7期。

图二八八　双辽采石场辽墓M2出土的骨刷

玉饰件一对，出自梨树胡家屯M2。外廓呈五弧瓣花状。其内透雕盛开的并蒂荷花纹饰，小巧玲珑。直径3.5、厚0.3厘米（图二八九）。

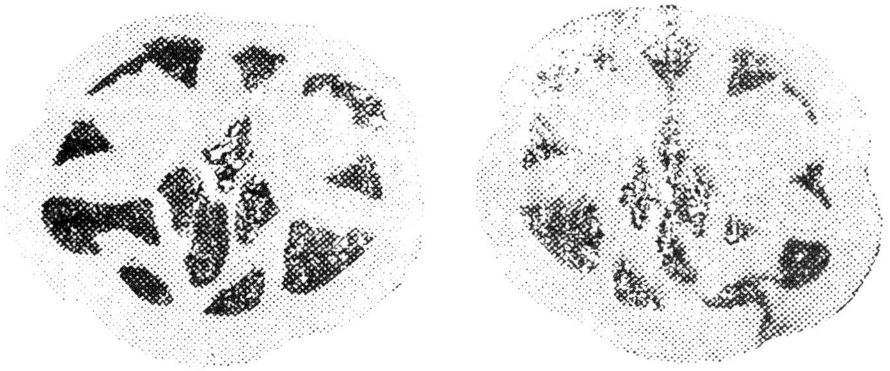

图二八九　梨树胡家屯M2出土的玉饰件

查干吐莫辽墓M7出土漆器一件，为碗的残部，由红、黑两种颜色组成彩色图案，在圈足内朱书“一样丁未李四置”等字样（图版六，6）。

石雕小塔一件，出自万金塔地宫。用灰色砂岩雕制，并施红、橙、蓝、绿、黑、白等色。实心，四角三层，基本为仿木结构。基座正面下部稍有损坏，塔顶上端木质部分脱落、残高96.5厘米，基座平面横向33.5、纵向25.8厘米。底面凹槽长17、宽14、深12厘米。基座是仿砖石结构的须弥座。束腰部分设有宝瓶式角柱、间柱、壶门、狮子，其上下为叠涩层带，最上缘施仰莲。第一层较高。全部仿木结构。四个圆形角柱，有收分，下设扁平方形础。柱上端施阑额，阑额出头并垂直截去。柱头上置栌斗，柱头枋出头作华栱，上施散斗、替木承托橑檐榑。椽挑出檐，施瓦垄，有翼角斜椽。左右两壁雕佛像，前后两壁辟门。门额上方施二枚方形门簪，立颊下设门砧、地栿，板门上有门钉、铺首。梁枋柱上的彩画，纹样有束莲、莲瓣、方胜、网目纹等，在梁枋额间设色隐出肥短蜀柱及散斗。第二、三两层较低。均为宝瓶式角柱，叠涩出檐施瓦垄。四壁不辟门窗，而雕出花、叶、奔羊、兽面等雕饰。塔顶仅存莲座、莲珠及球状“覆钵”（图二九〇）。

图二九〇　万金塔地宫出土的石雕小塔

八、与周邻地区考古遗存的比较

吉林省辽代遗存中与周邻地区可资比较的主要是墓葬，城址特点基本相同。

吉林省辽代墓葬在形制、随葬品等方面与内蒙古、辽宁地区的辽墓差别不大。辽墓典型的鸡冠壶、鎏金节约等器物在双辽骆驼岭辽墓也有发现。一些特殊的葬俗，如木护墙、铜丝网络等，在吉林省也都有零星出土。

总的来看，吉林省辽墓随葬品不太丰富，显得较为简陋。一方面是因为砖室墓大多被盗严重，另一方面是因为目前发掘的墓葬等级较低，梨树胡家屯M1和双辽骆驼岭辽墓是最大的两座墓，前者为八边形，南北长3.8、东西长3.9米。后者为多室墓，主室也是八边形，直径不过3.7米。都没有超过4米。壁画墓也发现极少，发表的材料只有梨树县胡家屯M1，壁画内容仅仅是破子棂窗，没有人物。砖室墓的墓道中不见壁画，而墓道两壁是内蒙古、辽宁地区辽墓壁画装饰的重点部位。

吉林省的辽墓和黑龙江省有类似之处，墓葬规模都较小，随葬器物不丰富。可能因为这里都是辽代统治的边缘地区，在政治和经济地位上都无法与统治中心的内蒙古、辽宁等地区相提并论。而且辽代贵族有归葬的习俗，这可能也是没有发现高等级墓葬的一个重要原因。

第八章　金代的地下文化遗产

金朝是我国历史上女真族建立的政权。吉林省是女真族的发祥地之一，女真灭辽过程中几场重大的战役发生在这里，又地处通往金上京的交通要道上。金朝的许多重要州城也设在吉林省境内。这里是女真猛安谋克人口十分集中的聚居区，在金朝一百余年的历史上，留下了丰富的文化遗存，遍及全省各地。

吉林省最早的金代考古工作在新中国成立前就开展了，1912年日本人盗掘了完颜娄室墓，出土了很多遗物，一部分遗物现存于旅顺博物馆[1]。20世纪30年代开始，以山上次男为代表的一批日本学者对金代遗迹做了大量的田野调查。中国学者李文信先生在20世纪30年代初对吉林市附近的一些金代遗存进行了调查，包括火葬墓、居住址、钱币窖藏、石人石虎雕刻等[2]。

新中国成立后到80年代中期，考古工作仍是以田野调查、文物征集为主，正式的考古发掘并不多。初期主要调查规模较大的城址，如梨树偏脸城、前郭塔虎城、怀德秦家屯古城等。80年代在全省范围内进行了大规模的文物普查，调查、复查了辽金时期的城址260多座，遗址数量超过1000处，征集了大量的金代文物标本，为进一步的工作打下了坚实的基础。调查成果见于全省各市、县48部文物志及《吉林省志·文物卷》和《中国文物地图集·吉林分册》。这时期比较重要的发现有扶余西山屯金墓、吉林市荣光窖藏、农安窖藏等。1979～1980年对舒兰县完颜希尹家族墓地进行了发掘，这是吉林省最重要的一处金代墓地，具有重要的历史价值，可惜报告至今仍未出版。

20世纪80年代后期至今，特别是2000年以后，由于基本建设的增多，辽金遗址得到了较多的发掘，对辽、金遗存的各自特点及其区别有了更深的认识。德惠后城子古城是吉林省第一座经过正式发掘的小城址，虽然面积很小，但是出土遗物丰富，时代单纯，为认识金代遗存的面貌提供了很好的材料。2000年对塔虎城进行了大规模发掘，研究表明此城始建于金代，为元代所沿用。这一发现，对塔虎城属辽代长春州的传统观点产生了巨大冲击，并将由此重新审视吉林境内辽、金古城地理历史研究的坐标体系[3]。发掘的普通遗址数量更多，规模最大的是德惠揽头窝堡遗址，目前只重点

---

[1] 刘红宇、安文荣：《长春市石碑岭金代墓地发掘简报》，《考古》1991年第4期，第352～360页。刘红宇：《长春近郊的金代完颜娄室墓》，《北方文物》1986年第4期，第36～39页。

[2] 李文信：《吉林市附近之史迹及遗物》，《历史与考古》，1946年，第22～31页。

[3] 金旭东：《吉林省文物考古的世纪回顾与展望》，《考古》2003年第8期，第3～11页。

报道了六号房址的材料。墓葬的发掘较少，主要有完颜娄室墓前的碑亭遗址。

除了基建考古，带有学术目的的主动性发掘也有开展，如对敦化敖东城、永胜一号建筑址的发掘，解决了长期以来的争论，对推动渤海考古与金代考古都具有重大的意义。

另一个值得注意的是科技手段逐渐在金代考古中应用，例如对敖东城等遗址出土的动物骨骼进行了鉴定[1]，对德惠迎新遗址双鱼镜进行了金相学分析[2]，对德惠李春江遗址进行了尝试性的浮选工作[3]。科技手段可以提取更多的信息，提高了田野考古和文物保护水平。

一、城　　址

吉林省内经过调查的辽金古城有260多座。其中有不少是金代沿用辽代故城，如城四家子古城是辽代的长春州，金代晚期为新泰州。所以城内杂有辽、金遗物。除了沿用辽代城址之外，金代建造的城址数量也是很多的，尤其是大量的中小型城址。

这些城址，大致可以分成平原城和山城两大类。金代平原城主要分布在中西部地区，特点与辽代城基本一致，平面一般呈方形或长方形，城墙多为夯土建造，大部分都设有角楼、马面和瓮城。护城河少则一道，多的有三道。在一些大城外，也有数量众多的附属建筑。城内现在大都已成为农田或者住宅区，地面上都比较平坦。在早年的调查中，往往能看到一些高出地表的土堆，有的城址内砖瓦、陶瓷器等俯拾即是，遗物非常丰富。

除此之外，在东部山区还有一定数量的山城，这是金代城址的又一种类型。常常选择在边远地区，或在易于防守的依山傍水的地方修筑。山城择地而建，一般是选在山冈的上部较平坦而开阔的地方。一面（或者两面以上）紧临江河，河水与高岗的位差较大，成为天然的防御线。城址形状都很不规整，城墙一般用土石混筑，也有瓮城、马面、角楼等防御设施。这些山城由于人烟稀少，植被茂盛，地表都已被落叶杂草覆盖，很难采集到遗物。这些山城有的还沿用到了东夏时期。

金代城址可以分为三到四个级别，周长在3000米以上的数量最少，可能是州城。周长在1500米左右的城址数量很多，应该是比州城低一级，其中有一部分是州下面的

[1]　赵海龙、陈全家：《吉林敦化市敖东城遗址2002年出土的动物骨骼鉴定》，《考古》2006年第9期，第53、54页。

[2]　张玉春、王志刚：《德惠市迎新遗址金代双鱼镜的检测与研究》，《北方文物》2009年第4期，第48～52页。

[3]　杨春、梁会丽、孙东文、赵志军：《吉林省德惠市李春江遗址浮选结果分析报告》，《北方文物》2010年第4期，第52、53页。

县城，有些可能是猛安一级的城。1000米左右的城址可能是谋克一级的城。还有一些更小的，可能就是戍堡了。《金史》记载的东北地区州县较少，而吉林省发现的猛安、谋克铜印很多，这说明很多城址可能是猛安谋克组织统治下的人口所居。

目前能确定始建于金代的城址主要有前郭塔虎城、敦化敖东城、德惠后城子古城等。

（一）塔虎城

塔虎城，也叫他虎城或塔呼城，坐落在吉林省前郭尔罗斯蒙古族自治县（以下简称前郭县）县城西北50千米的北上台子村，西北距大安县城10千米。塔虎城东临嫩江，距江约有3、4千米，东南距松花江约有20多千米。古城的西、北、南三面都是平原。塔虎城附近除了有嫩江和松花江流过外，还散布着众多大大小小的湖泊，其中较著名的有位于塔虎城西南15～20千米的查干湖和城西北45千米处的月亮泡。

塔虎城保存比较完整，平面大致呈方形，北墙长1322、南墙长1262、东墙长1295、西墙长1302、周长5181米。四壁为夯筑土墙，夯层厚10～16、夯窝直径10、夯窝深约2厘米。城墙存高6～6.5、基宽24～31.5、上宽1～3米。城墙外壁每面有十六个马面，均为附于墙外侧的半圆形土垒，直径6米，高出城墙1～2米。马面间的距离，多在70米左右，其中也有的为60或80米。城之四角皆筑有角楼，也为附在城墙角外的圆形土垒，高出城墙1米，顶部半径10米。在四壁正中都开有城门，门外均筑有圆形瓮城。仅西门的瓮城保存较完整，其南北直径长46、东西半径长25米，城门宽7米。

城外有两道护城河，在两道护城河的中间有一土堤，土堤与河底现宽都是10米。在每个角楼的外侧，在两道护城河之外又围绕角楼加筑上宽7、基宽21、高3、长220米的短堤，可能是为了加强角楼的防御而修筑的。从嫩江河谷岸有一宽约30、深约1～2米的河沟遗迹直通到古城东门，护城河的水可能是通过这条渠道由嫩江引入的。

在古城东墙的北端，第二道护城河的外侧，距城墙50米处，有一高约10米的圆形砖台。基部为椭圆形，东西长42、南北宽28米，顶部呈圆形，直径19米。台为砖筑，砖和砖之间用石灰勾缝，非常坚固。除了灰色长方形的大砖以外，还在高台的表面上镶着各种样式的花纹砖，上有深雕的牡丹花、莲花等花纹。当地农民称之为点将台或望江楼。

城内早已垦为耕地，很难看出原来的建筑布局，仅存有几座比较明显的台地，其上砖瓦较多，当为原来的重要建筑遗址。这些遗址多在城内西南隅和西北隅，一般高出地表约0.5米（图二九一）。

历年来对塔虎城已经进行了多次考古调查，城内地表上到处都可看到砖瓦残块、

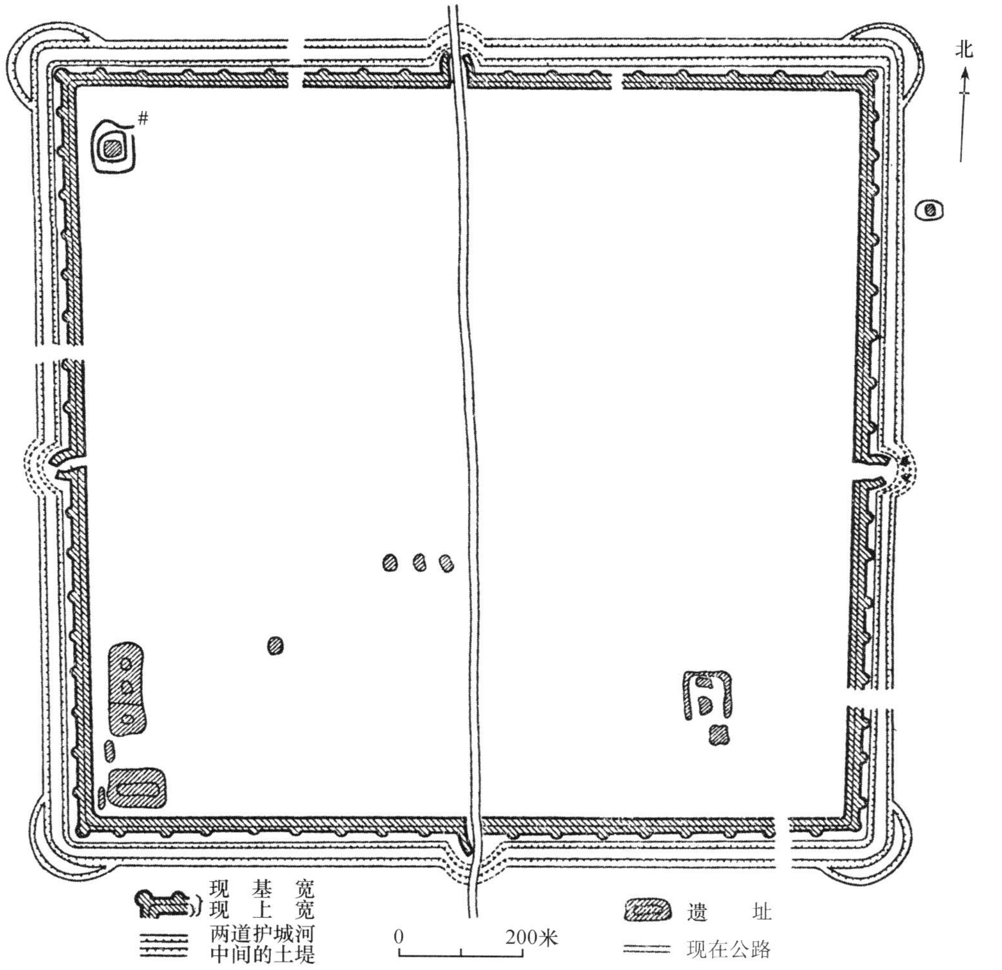

图二九一　前郭塔虎城平面图

陶瓷片和铁炼渣等。灰层厚度达2.5～5米。这些遗物绝大部分都是金代的[1]。

2000年对城址进行了一次较大规模的发掘，并对南瓮门及城墙进行了部分解剖，清理出大量的房址、窖穴、灰坑等遗迹，出土了各类文物1600余件[2]。从出土遗物来看，此城很可能始建于金代。是金代肇州州治所在[3]。

---

[1] 李健才：《吉林他虎城调查简记》，《考古》1964年第1期，第46～48页。吉林省文物志编委会：《前郭尔罗斯蒙古族自治县文物志》，1983年，第45～62页。

[2] 刘景文：《塔虎城》，《田野考古集粹》，文物出版社，2008年，第92～95页。

[3] 那海洲、胡龙滨：《塔虎城为金肇州旧址考》，《北方文物》1998年第2期，第38～41、62页。

（二）榆树市大坡古城

大坡古城位于榆树市大坡镇所在地东南2千米处。松花江在古城西南6千米处自南向北流过。古城地处北高南低的缓坡上，周围是平原。

此城形状不甚规整，南北墙较直，东西墙因就地势所筑，略微弧曲。东墙长1050、西墙长840、南墙和北墙各长630米，周长3150米。城墙残高不等，只有北墙保存较好，高3～4米，基宽5～7米。城墙用黄褐土夯筑。城有四门，宽15～20米不等，均不在墙的正中，东、西门偏南，南门偏东，北门距离东北角更是只有60米。城门上的瓮城已看不出痕迹。马面呈半圆形，直径约10米，均高于城墙顶部，平均间隔约90米，其中东墙6个、西墙3个、南墙5个、北墙4个。古城四角的角楼遗迹依稀可辨，西北角楼保存较好，直径7米。城外有护城河，宽约10米，深2～3米（图二九二）。

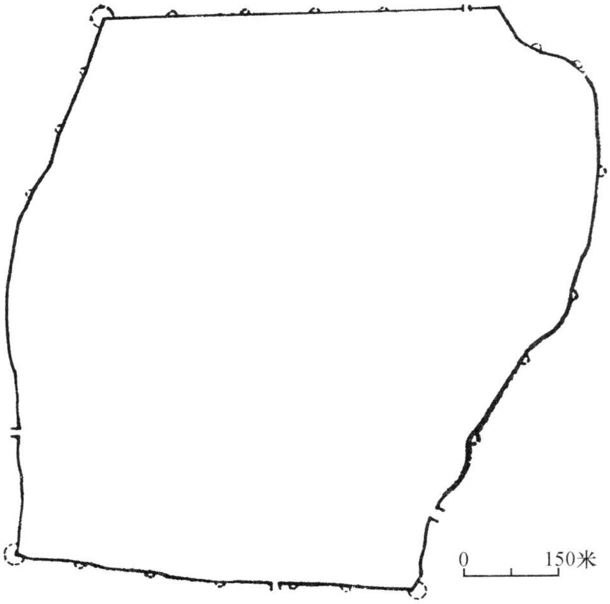

图二九二　榆树大坡古城平面图

城内地势西北略高，东南稍低，形成了一个平缓的倾斜面。地表上多有瓦砾。西北部有绿釉琉璃瓦、连珠纹兽面瓦当、缠枝花纹滴水等建筑构件，可能存在较高等级的建筑。

城外周围遍布建筑遗址。在南墙和西墙外，均有突出地表的台基，有的规模较大，出土有布纹瓦、青砖及陶片等。距东北隅30米处，有一处疑似冶炼遗址，散布有木炭、红烧土和大量的铁渣。古城东北1200多米处有一处海拔100米左右的土丘，顶端有面积约350平方米的遗址，散布砖瓦，应是一处重要的军事设施。城西约1.5千米还有后贲家岗金代墓群，发现过带骨灰的石函等葬具。

城内采集的遗物不多，有陶瓷器、建筑构件和钱币等。还有不少金代铜镜[1]。

有人认为此城是辽代宁江州治所。这与文献记载是不相符的。此城位于松花江以东，似已不在辽朝的实际控制范围之内。在榆树市与南面的舒兰市，几乎没有发现典型的辽代器物。综合来看，此城始建于金代的可能性较大。

［1］　绍维、志国：《榆树大坡古城调查——兼论辽宁江州治地望》，《博物馆研究》1982年第1期，第92～95页。吉林省文物志编委会：《榆树县文物志》，1983年，第81～85页。

（三）敦化敖东城

敖东城位于敦化市区东南部，南邻牡丹江，海拔约600米。平面呈长方形，分内外两城，呈回字形。外城周长约1200米，土筑，东、西两墙各长约200米，南北两墙各长约400米。城墙基宽8～11米，残高1.5～2.5米。城墙外有护城河，南墙有瓮门。城墙上有马面，南墙3、北墙3、西墙2。内城呈正方形，周长320米，土筑，位于外城中部偏西处。内城西墙距外城西墙90米。内城所在位置的地势略高于城外。城墙外亦有护城河。经长年自然和人为的破坏，敖东城已原貌全失。目前敖东城遗址仅能见到外城西墙的北段，外城的北墙已压在民居下面，南墙被道路覆盖，东墙和内城遗迹均已无存。

2002年和2003年对此城进行了发掘，共发现带火炕的房址3座、灰坑7个、沟1条，出土了陶瓷器、铁器、铜器、铜钱、骨角器、动物骨骼等大量遗物。遗物特征为金代。为了确定城址的始建年代，还对外城西墙进行了解剖，城墙直接修建在金代地层之上，以黄、黑色土相间逐层夯筑，夯层厚8～18厘米。城墙的内外两侧均经过修补，墙体内侧筑有护坡，城墙整体基宽9.62、顶宽5.26、现存高1.12米（图二九三）。

通过考古发掘，证明了敖东城是金代城址，并不是渤海早期都城。这对金代考古及渤海考古都具有积极的推动意义[1]。

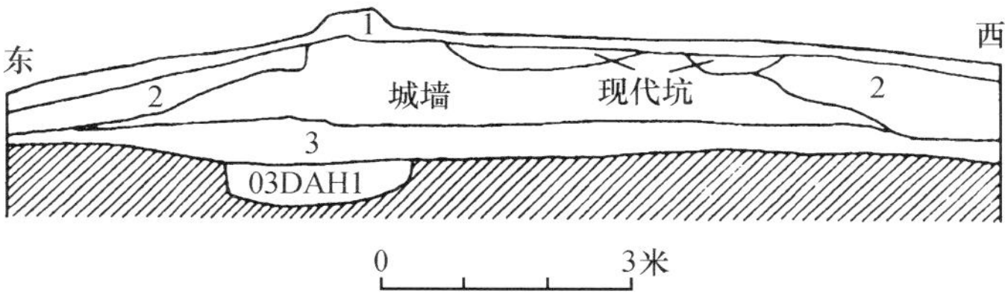

图二九三　敦化敖东城外城西墙剖面图
1. 黑灰色土　2. 灰黄色土　3. 黑色土

（四）德惠后城子古城

后城子古城位于德惠市布海乡后城子屯西北约0.5千米，古城周围地势较为平坦，东面有饮马河自南向北蜿蜒流过，西部是较为开阔的沼泽地。这是吉林省发掘的第一座金代小城。

城平面略呈方形，东墙长240、南墙长228、西墙长235、北墙长223米，周长926米。城墙为夯土筑成，残存高度3～5米，宽6～8米。城墙四角各设一角楼，虽已遭破

---

［1］　王培新、傅佳欣、彭善国、王晓明：《吉林敦化市敖东城遗址发掘简报》，《考古》2006年第9期，第40～54页。

坏，大致轮廓依稀可辨，直径约24米。南墙偏东置一门，门宽为14米。城外四周有一道护城壕，壕宽为6～8米（图二九四）。

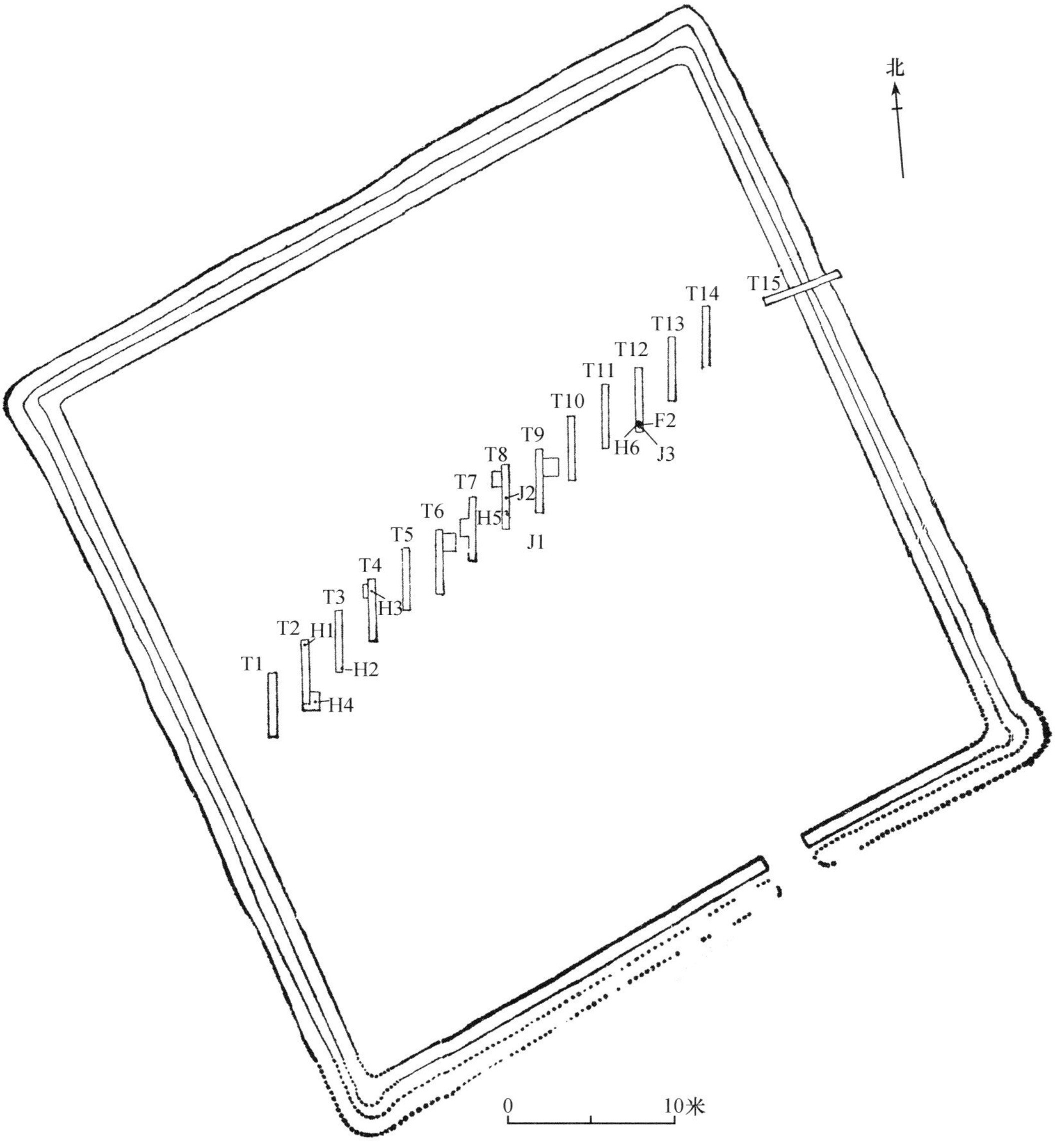

图二九四　德惠后城子古城平面图

城内已垦为耕地，其中东部地势较高，西部较为平坦，地表散布零星的砖、瓦、瓷片，多集中于东部，这里可能是当时人们活动的主要场所。

城内经过发掘，发现房址2座，灰坑6个，窖穴3个，出土了大量的遗物，可分为石器、玉器、骨器、陶器、瓷器、铜器、铁器等，尤以铁器数量最多，类型丰富[1]。

[1] 庞志国、刘红宇：《吉林省德惠县后城子金代古城发掘》，《考古》1993年第8期，第721～733页。

（五）汪清县广兴山城

广兴山城位于汪清县蛤蟆塘乡新兴村广兴屯西北的后山上。山城南有前河自西向东流过。该城依山势修筑在一个近似马蹄形的山峦上，形势非常险要。东、西、北三墙沿山脊起伏，东、西墙延伸到南边的两个沟口，南墙横跨在中间的山峦上，到东、西沟口形成两座南门，门各宽17米。墙为土筑，残高约0.5米，顶宽约2米，周长2288米。城西北方有一条人工整修的宽约3米的土道沿山脊而行，可通往5千米外的另一座金代城址——东四方台山城（图二九五）。

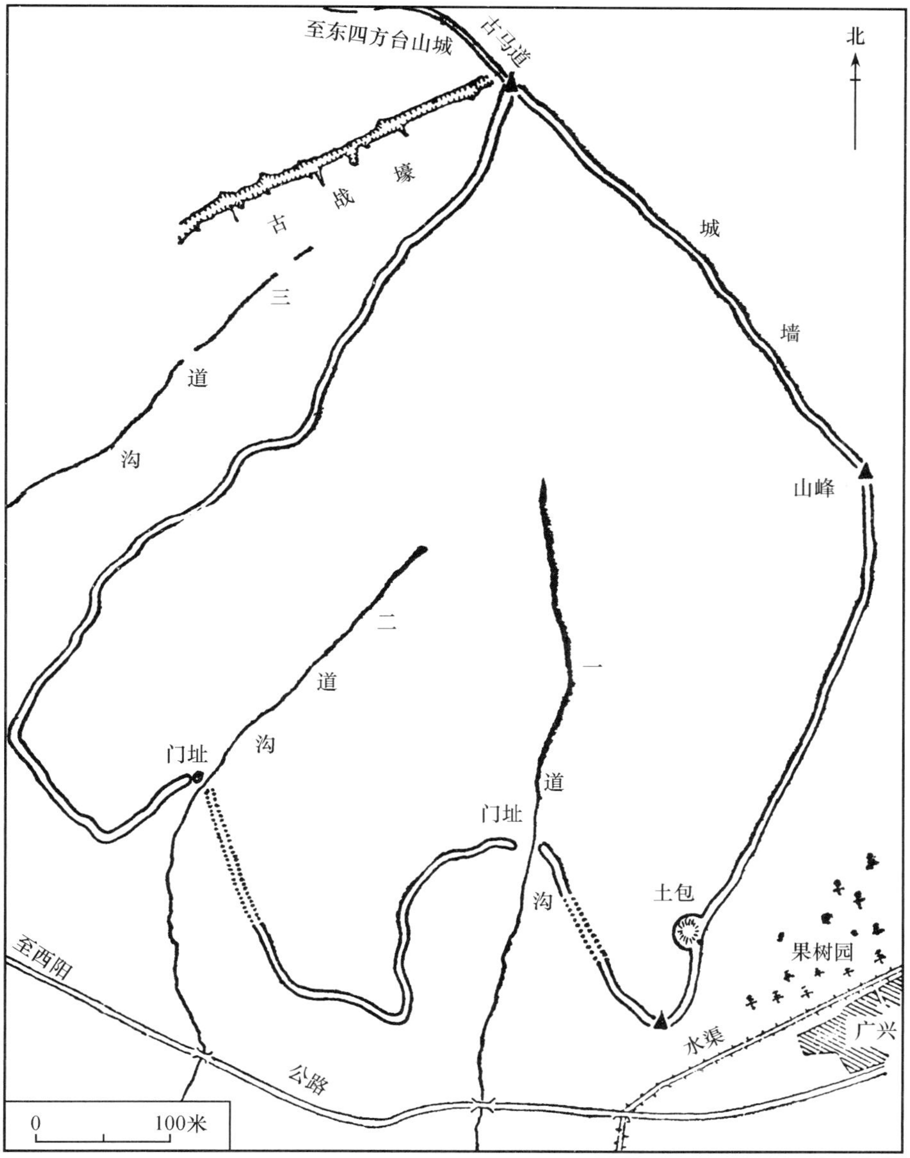

图二九五　汪清县广兴山城平面图

城内东、西、北坡上，可以看到明显的阶梯式建筑遗迹。地面上散布较多的陶片。采集的陶罐为圆唇卷沿，肩部有四个纽状器耳。还采集到“天圣通宝”“崇宁通宝”各一枚。山城附近还拾到过一方金代铜印[1]。

二、房　址

金代女真人及汉人过着定居生活，遗留下了大量的居住遗迹。吉林省内经过调查发现的金代遗址数量众多，经过正式发掘的也不少，有四平市前坡林子遗址[2]，梨树县八棵树金代遗址[3]，德惠市揽头窝堡遗址[4]、李春江遗址[5]、迎新遗址[6]，扶余县西车家店遗址[7]等。遗址内遗迹丰富，有房址、灰坑、灰沟、窑址等。其中以带火炕的房址最具特点。尤以德惠揽头窝堡6号房址规模最大，保存较佳，出土遗物丰富，很具有代表性。

德惠市揽头窝堡6号房址（F6）面积较大，结构完整。房址的正面朝南，门址的具体位置虽未能准确认定，但据室内火炕的分布走向、烟囱基础所处的位置可推断房址的门道应位于南墙。房址四角各有一块础石，可知各础石中心点的间隔距离分别为：南墙12.25、东墙14、北墙12.75、西墙14.35米。房屋面积近200平方米。房址室内环绕东墙、北墙、西墙建有火炕，东炕全长约10米，西炕全长约11米，两者转角后合成的北炕长12.1米，三面炕体宽1.55～1.7米，北炕略宽。炕体南端各连接一个灶址，每一灶址分别与三组烟道构成了各自独立的取暖设施。火炕从各自起点分别沿东墙、西墙向北延伸，并同时转角折向北墙，在北墙内侧形成通炕。两组烟道共同连接北墙中部偏东的烟囱，但分别进入各自的烟室独立出烟。F6室内东炕与北炕转角内侧有一座窖穴，平面呈圆形，剖面略显袋形，壁面经火烤而坚硬平滑。窖穴底部平铺6排灰砖。窖

[1]　吉林省文物志编委会：《汪清县文物志》，1984年，第60～62页。

[2]　刘景文、程建民、赵殿坤、石晓轩：《四平市前坡林子遗址发掘简报》，《北方文物》2006年第3期，第35～42页。

[3]　李东、解峰、曲清海、姜文武：《吉林省梨树县八棵树金代遗址发掘报告》，《北方文物》2009年第4期，第31～35页。

[4]　宋玉彬、傅佳欣：《吉林德惠市揽头窝堡遗址六号房址的发掘》，《考古》2003年第8期，第67～78页。

[5]　梁会丽、孙东文、于丹、杨春、张哲、郝海波：《吉林省德惠市李春江遗址发掘报告》，《北方文物》2009年第3期，第47～61页。

[6]　吉林省文物考古研究所、德惠市文物管理所：《吉林省德惠市迎新遗址考古发掘报告》，《北方文物》2009年第4期，第36～47页。

[7]　王聪、刘玉成、王新春：《吉林省扶余县西车家店金代遗址的发掘》，《北方文物》2009年第3期，第15～24页。

底部有灰白色有机物堆积，经过鉴定是谷子的朽壳及粉末。在窖壁上也挂有薄薄的一层谷子朽壳形成的痕迹。此窖穴可能用于储存粮食。南墙之外，清理出一条与南墙平行的浅沟，可能与房外排水设施有关（图二九六）。

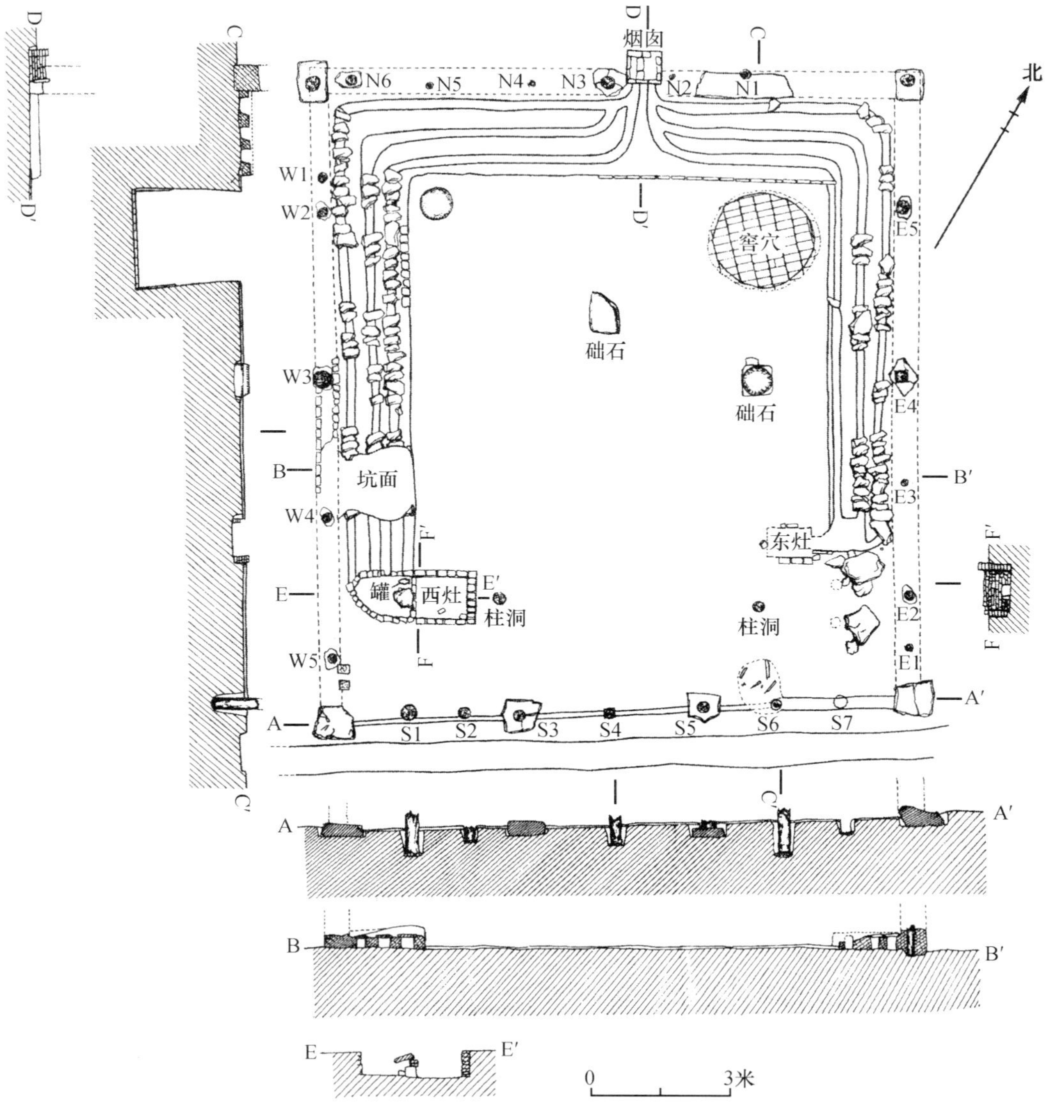

图二九六　德惠揽头窝堡F6平、剖面图
（图中已编号的为柱础或木柱）

揽头窝堡F6清理出遗物很多，除建筑材料外，还有陶器、瓷器、铁器等各类遗物。出土一件仿青铜器纹饰的玉壶春瓶，瓷器中有不少定窑白瓷。个别瓷器是南方窑系的兔毫、油滴黑釉瓷器，最富于特色的是翠蓝釉印花瓷。铁器均属日常用具，锻制，器类有锁、带扣、带銙、凿、环状卡圈、管箍、环状构件、钉等。

城址内也有很多房址发现，有的结构还比较特殊，如敖东城02DAF1，房址分为东、西两间。房址地面低于当时地表，平面呈圆角长方形，东壁长6.5、西壁长6.95、南壁长10.4、北壁长10.04、现存深0.25米。东、西两间房中间有宽约1米的间隔，每间房屋均设有火炕。根据火炕及其灶址分布位置推测，出入口应设在南面，房址方向为176°（图二九七）。

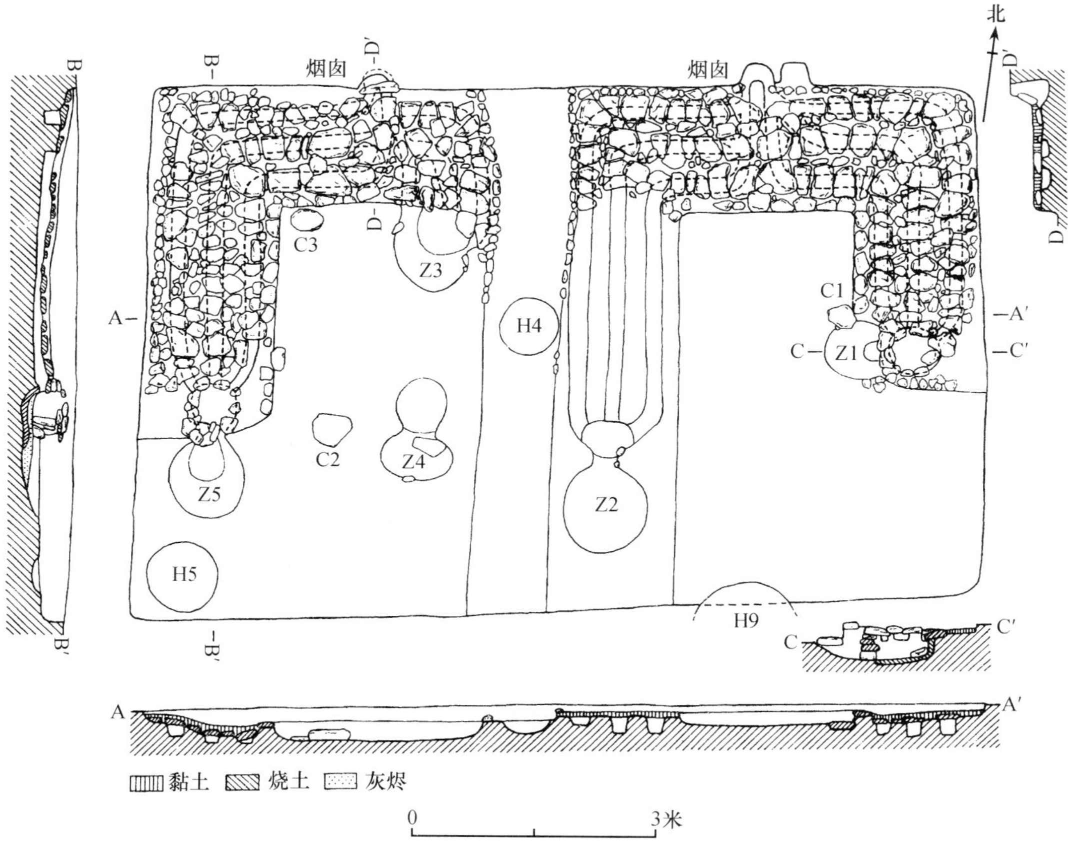

图二九七　敦化敖东城02DAF1平、剖面图

东间面阔5.2、进深6.8米，西、北、东北三面建有宽1.4～1.65米的火炕，火炕表面高于室内地面15～20厘米。东侧火炕灶址（Z1）由火膛和灶坑组成，火膛为圆形竖穴，上部用石块砌筑，上口小于内膛，直径60、深30厘米。火口向西，连接直径80、深22厘米的圆形灶坑。火膛北侧伸出三条烟道平行向北、向西延伸，在北侧火炕中部三条烟道合为一股接入东间烟囱的东侧烟口。西侧火炕灶址（Z2）为一椭圆形浅穴，直径110～120、现存深15厘米。北端由长25、宽30厘米的火道连接三条烟道，平行向北、向东延伸，在北侧火炕中部三条烟道合为一股接入东间烟囱的西侧烟口。烟道挖在生土上，宽16～24、间距20～36、深12～22厘米。火炕周边用石块围砌，东炕和北炕烟道上面铺盖石板，石板表面抹一层厚约5厘米的黏土。西炕烟道上面没有铺盖石

板，用厚约6厘米的黏土抹平。烟囱设在东间北壁中央，现存一直径40厘米的半圆形浅坑凸出于房址穴壁外侧。烟囱有东、西两个进烟口，相互分隔。

西间的结构与东间大体相同，面阔4.2、进深6.95米，西、北两面建有火炕。火炕表面高于室内地面20～25厘米。西间东侧原也设有火炕，但后被拆除。西间东部存有两个灶址，一个（Z3）在西间东北部，另一个（Z4）在东南部，二灶南北相距1.14米，二者之间有条状烧土带，应是烟道痕迹。Z4应是西间原东炕灶址，东炕拆除后此灶遂被废弃。北侧火炕灶址（Z3）为一椭圆形浅坑，直径110～120、现存深20厘米。灶的北侧连接两条烟道，东侧连接一条烟道。三条烟道向北、向西延伸，然后合为一股接入西间烟囱的东侧烟口。西侧火炕灶址（Z5）由火膛和灶坑组成，火膛呈圆形，直径60、深36厘米。火口向南，两侧立石板，连接直径100、深10厘米的圆形灶坑。火膛北端连接三条烟道，平行向北、向东延伸，内侧烟道在北侧火炕中部向北折，与中间烟道汇合后接入西间烟囱的东侧烟口，外侧烟道则单独接入西间烟囱的西侧烟口。西间火炕周边围砌石块，烟道上面铺盖石板。烟囱位于西间北壁中部偏东处，现存一直径约30厘米的半圆形浅穴，进烟口分为东、西两个，以石块分隔。

该房址东、西两间的结构、大小基本相同，东间地面略高于西间。房址内共有3块础石，东间东部中央有1块（C1），西间西部中央和西北角各有1块（C2、C3）。础石为略加修整过的石板，呈不规则的多边形，宽30～45厘米。房址内还有2个圆口锅底形浅坑。H4位于房址中央的间隔之内。H5位于房址的西南角。二坑均离灶址较近，坑内堆积为灰土，夹杂有炭粒及烧土，可能为压埋未燃尽炭火之坑穴。

房内堆积为一层黄土，质地松软，堆积中包含成片的灰烬、烧土、炭粒。出土遗物有泥质灰陶残片、白瓷片、铁制工具和马具，以及崇宁通宝、大观通宝、正隆元宝等宋金铜钱。

三、墓　　葬

吉林省境内的金代墓葬数量众多，类型多样。但是经过正式发掘的却不多，其中还有许多没有发表，尤其是完颜希尹家族墓地，这是吉林省最重要的一处金代墓地，早在1979、1980年已经进行了调查和发掘，至今不见完整报告的公布，墓葬信息只散见于一些论文中，还常常有自相矛盾之处，让人难以利用，这严重制约了研究的进展。

吉林省内的金代墓葬，目前还没有人进行过专门研究。秦大树[1]、刘晓东[2]、

[1]　秦大树：《金墓概述》，《辽海文物学刊》1988年第2期，第101～121页。

[2]　刘晓东、杨志军、郝思德、李陈奇：《试论金代女真贵族墓葬的类型及演变》，《辽海文物学刊》1991年第1期，第124～136页。刘晓东：《金代土坑石椁墓及相关问题》，《青果集——吉林大学考古专业成立二十周年考古论文集》，知识出版社，1993年，第397～401页。

陈相伟[1]、庞志国[2]等学者在对金代墓葬进行研究时或多或少的涉及了省内金墓，具有一定的参考价值。

（一）墓葬类型

1. 土坑石椁墓

这种墓葬等级较高，数量较少。目前确定的此类墓有扶余西山屯墓[3]、完颜娄室墓[4]等。在榆树市姜家沟、后贲家岗也有发现，但是介绍十分简略，语焉不详。

扶余西山屯金墓保存较好，墓上有锥形封土，石椁用花岗岩石板砌成，石灰勾缝。全椁共用十块石板，盖与底各三块，横放，大小差不多。四侧各立一石板，作为椁之四壁。所用石板加工较细致，周边齐整，表面还留有明显的斜行的凿痕。石椁长2.4、宽1.4、高0.84米。石椁内有木棺，已腐朽无存，木棺紧挨石椁放着，棺木厚约2厘米。此墓为单人葬，墓主为仰身直肢，骨骸大部分已腐烂。随葬品比较丰富，有铁斧、铁钳、铁锤、铁锅、铁刀、木杆铁箭、铁钩等生产、生活器具。还出土一条金扣玉带、一对金环、一件形制特殊的金饰和一枚“开元通宝”。墓葬形制及葬具与哈尔滨齐国王墓[5]十分接近。

完颜娄室墓也可能是此种形制，土坑东西长3.4、南北宽3、深2.3米。早年被盗掘，仅存两块大石板，北侧一块紧靠北壁，长1.82、宽1、厚0.24米。南侧一块紧靠南壁平铺在墓底，长1.73、宽1.07、厚0.24米（图二九八，左）。早年被日本人盗掘出的随葬品，有一部分收藏在旅顺博物馆。完颜娄室墓前还有碑亭遗址。碑亭平面近方形，面阔12、进深11.5米，方向为20°。其基础由一圈青砖砌筑，基础内侧有长方形柱础石。亭址中央有一座石龟趺，龟趺面向南，其前有一砖石垒砌的案台（图二九八，右）。在亭址内发现大量砖瓦及其他建筑构件，还有铁钉、残断的木柱等，在龟趺附近还发现了大量完颜娄室神道碑残块。在完颜娄室家族墓地内，还发现不少大石板，有长1.8～2、宽1.1米者，且数量较多，可见，类似的石椁墓还应有不少。

---

[1] 陈相伟：《试论东北、河北等地金代墓葬的类型和演变》，《中国考古集成·东北卷·金》，北京出版社，1997年，第53～61页。陈相伟：《试论金代石椁墓》，《博物馆研究》1993年第1期，第81～88页。

[2] 庞志国：《略论东北地区金代石函墓》，《黑龙江文物丛刊》1984年第4期，第47～49页。

[3] 匡瑜：《吉林省扶余县的一座辽金墓》，《考古》1963年第11期，第618、619页。

[4] 刘红宇、安文荣：《长春市石碑岭金代墓地发掘简报》，《考古》1991年第4期，第352～360页。刘红宇：《长春近郊的金代完颜娄室墓》，《北方文物》1986年第4期，第36～39页。

[5] 黑龙江省文物考古研究所：《黑龙江阿城巨源金代齐国王墓发掘简报》，《文物》1989年第10期，第1～10、45页。赵评春、迟本毅：《金代服饰——金齐国王墓出土服饰研究》，文物出版社，1998年。

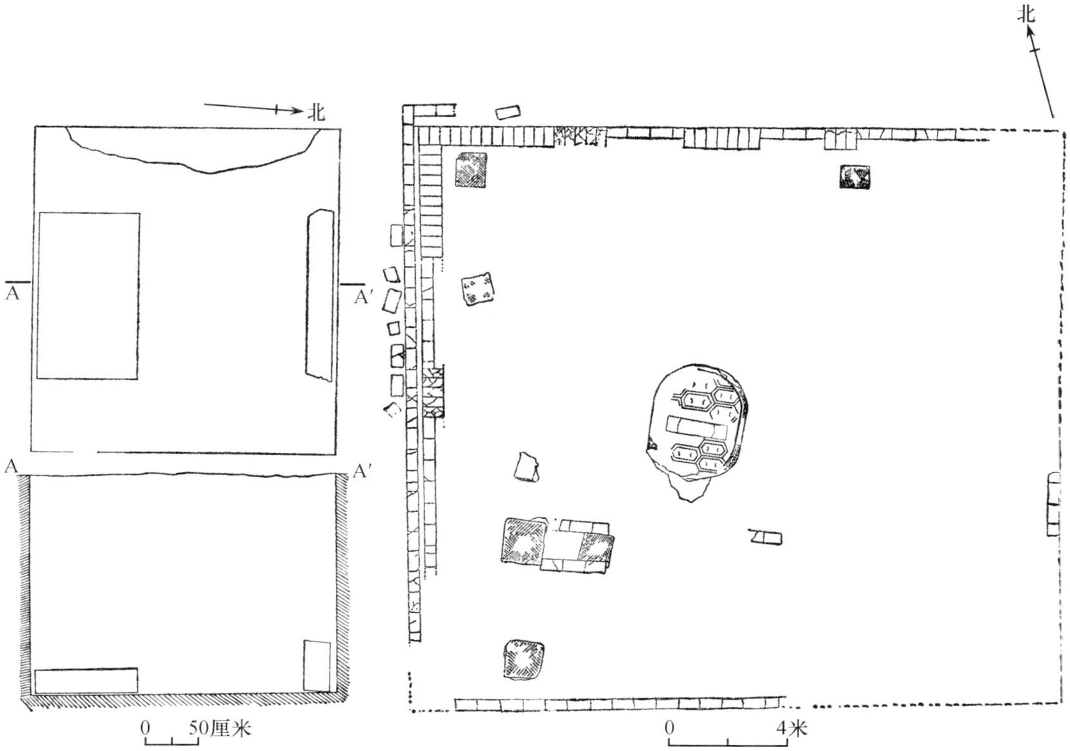

图二九八　完颜娄室墓平、剖面图及碑亭遗迹平面图

2. 土坑石函墓

这类墓数量很多，在省内分布范围很广。石函为整块石头雕成，上有石盖，内装骨灰。随葬品较少。

完颜希尹家族墓地四墓区M1，墓圹内置大小两个石函，大石函呈长方形，长148、宽105、通高130厘米，由盖、函两部分组成，盖呈盝顶式。该石函已被盗。在大石函内发现两块墓碑，一方墓碑中间书写“昭勇大将军同知雄州节度使墓”，下葬时间为大定二十六年（1186年）。另一方记载该墓为昭勇大将军及其妻乌古论氏合葬墓。小石函在大石函东侧，并未被盗，亦由函和盖两部分组成，函身长86、宽60、高38厘米。盖屋脊呈人字形，函内置两个套装的木匣，小木匣内底部有多层丝织品，丝织品上摆放红毡，红毡上摆放经过焚烧的人骨碎片，人骨上仍盖有红毡。墓前的地面上有成组的石刻，由南向北依次为石望柱、石虎、石羊、石人各一对。两座墓碑中的一座与墓前石碑座相合对，说明墓碑可能本是立在墓前，因某种原因被放入石函内[1]。

[1]　徐翰煊、庞治国：《金代左丞相完颜希尹家族墓调查试掘简报》，《中国考古集成·东北卷·金》，北京出版社，1997年，第627～630页。

有些石函上还雕刻出纹饰。石盖形式多样，有的做成屋顶样子，雕出瓦垄。例如安图县马架子古墓群第5号石函，在盖上一端刻一大圆圈，圆圈内有八角星纹饰，另一端饰有连续的毯纹图案（图二九九，1）[1]。龙井大屯古墓群发现的石函，顶盖为悬山顶式样，饰出瓦垄，在函身正面阴刻出莲花纹（图二九九，2）[2]。这类墓一般都已遭到破坏，石函已经被挖出作为他用，对埋藏环境、墓葬形制不甚清楚。

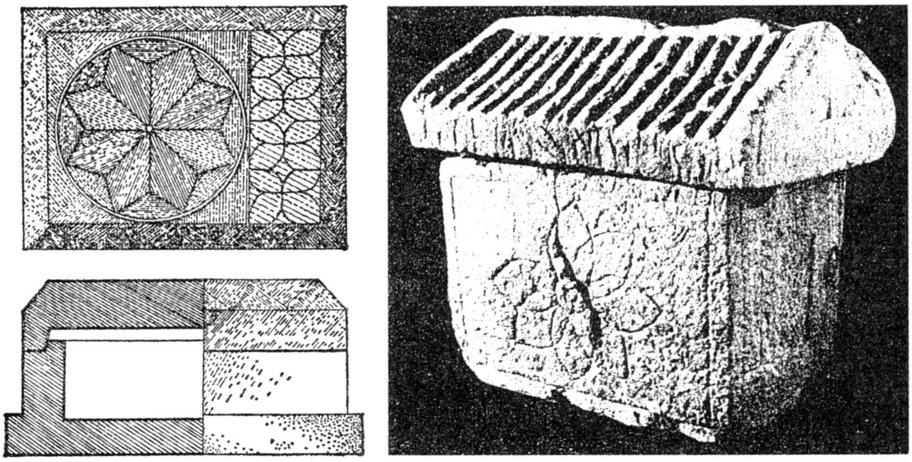

1　　　　2

图二九九　石函葬具

1. 安图马架子古墓群第5号石函　2. 龙井大屯古墓石函

农安古城发现的一座石函墓，在石函盖内有墨书“大定二十一年十二月五日赵景兴故，二十二年二月二十六日葬灵柩记”等字样，函内有黑釉瓶、仿定窑白瓷等器物[3]。

3. 砖室墓

数量很少。长岭县南岗墓为青砖错缝砌筑，墓室为方形，边长1.87米，墓壁到1.03米处开始起券，墓室总高1.9米。墓门呈拱形，高1.33、宽0.59米，方向为南偏东25°。墓室北侧有宽1.08米的砖砌棺床，上置两具人骨，北侧为男性，南侧为女性，头东脚西，仰身直肢。女性头骨旁有铜簪和一枚“大定通宝”钱。棺床南沿正中放一枚铜镜。棺床下从东往西依次摆放黄白釉瓷盘、陶罐、青白釉瓷碗等随葬品[4]。

---

[1] 吉林省文物志编委会：《安图县文物志》，1985年，第66～68页。

[2] 吉林省文物志编委会：《龙井县文物志》，1984年，第94、95页。

[3] 吉林省文物志编委会：《农安县文物志》，1987年，第105～109页。

[4] 吉林省文物志编委会：《长岭县文物志》，1987年，第206、207页。

4. 石室墓

和砖室墓类似，不过砌墓的主要材料换成石块。这类墓数量更少，具有代表性的为完颜希尹家族墓地二区M2。该墓四壁用石条垒砌，墓顶用巨石雕成四阿式，室内高2米，有石门，用石板封堵（图三〇〇）。室内置一大四小五具石函。出土长方形铁牌一件、仿定白瓷瓶一对、白瓷盏四个及莲瓣竹节形铜烛台一对，烛台内还有未燃尽的蜡烛[1]。这座墓在1980年以后被当成是完颜希尹墓，主要证据是墓中的铁牌，被认为是金太宗赐予完颜希尹的免死铁券，冯恩学先生对此表示质疑，认为是墓葬中常见的买地券，把此墓的墓主人定为完颜希尹证据不足[2]。真正的完颜希尹墓应该是与完颜希尹神道碑对应的二区M1。

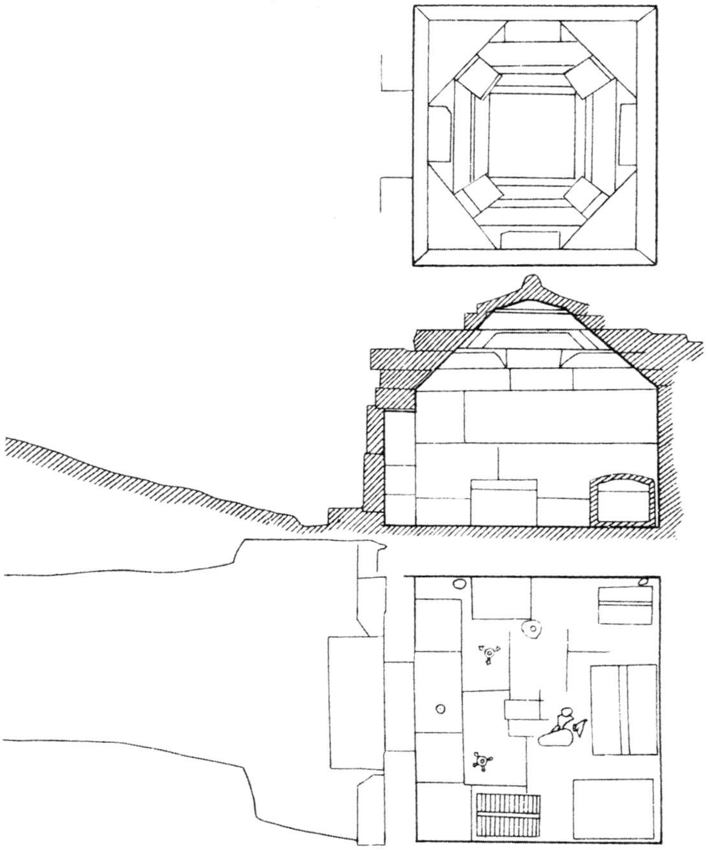

图三〇〇　完颜希尹家族墓地二区M2平、剖面图

[1] 吉林省文物志编委会：《舒兰县文物志》，1985年，第75～82页。《完颜希尹家族墓地》，《中国文物地图集·吉林分册》，中国地图出版社，1993年，第140、141页。

[2] 冯恩学：《对完颜希尹墓地出土“铁券”性质的新认识》，《边疆考古研究》第9辑，科学出版社，2010年，第207～211页。

（二）葬俗

从上述墓葬形制的介绍中，可以看出，吉林省金代墓葬中火葬较为流行，葬具一般是小石函。有的把骨灰直接放在其中，有些处理较细致，先用布或者丝织品把骨灰包裹放在木匣中，然后再置于石函内。

由于实行火葬，葬具狭小，随葬品都很少，与辽墓厚葬之风相差甚大。在一些高等级的石椁墓中，也没有发现陶瓷器之类的随葬品，多只有一些随身衣物腐烂后保留下来的金玉饰件，这和齐国王墓、北京金陵M6[1]是一致的。

（三）墓葬的等级

吉林省内的金代墓葬数量众多，类型多样。但是由于经过科学发掘的不多，报道的也少，且墓葬多被盗掘破坏，所以想要严格划分等级是比较困难的。我们应该根据各方面的因素综合进行考量。

有墓上建筑和遗迹的一般等级都较高。完颜希尹墓（二区M1）和完颜娄室墓前都有碑亭建筑，都有文字很长的神道碑，还有石人、石羊、石虎、望柱等石雕。这二人都是金朝开国元勋，封金源郡王。

从墓葬形制来看，石椁墓等级很高，这是女真贵族常用的埋藏形式，黑龙江哈尔滨齐国王墓、北京金陵M6都采用石椁葬具，后者还用汉白玉作椁，上面雕饰华丽的龙凤纹。这类墓中常有精美的金器及玉器发现，一般为尸骨葬。石函墓的墓主人身份比较复杂，这类墓随葬品一般都不多，但是有的墓上有石雕，可见有些墓主人地位不低。土坑竖穴墓发现数量较少，规模不大，随葬品都很少，应该是普通百姓之墓。

四、窖　　藏

窖藏是一类特殊的遗迹现象，吉林省境内发现的金代窖藏数量很多，按照窖藏主要内容，可分为钱币窖藏、金属工具窖藏、瓷器窖藏等。当然，也有的窖藏同时出土这几类东西。

（一）钱币窖藏

吉林省金代钱币窖藏数量之多引人注目，许多学者进行过专门研究，总结了窖藏

---

[1]　北京市文物研究所编：《北京金代皇陵》，科学出版社，2006年。

的特点，并对埋藏原因进行了分析[1]。

这些窖藏分布范围很广，除了东南部的延边朝鲜族自治州暂时发现较少外，几乎遍及省内其他各市县。在长春和吉林地区尤多。窖藏位置多在遗址中和城址里，同一处遗址往往会有多次发现，例如在农安古城内就先后至少发现过5次。钱币多数装在陶罐、大瓮、大缸中，或者六耳锅内，少数用木箱盛装，例如桦甸县四道沟窖藏、通化县河口窖藏、蛟河县苇塘窖藏等。也有的仅仅用草铺盖，或者直接埋在土坑内。保存较好的可以看出铜钱往往是用麻绳穿起来，一串串、一层层的整齐摆放。不过草都已经腐朽，只剩下痕迹了。铜钱数量多少不等，最少的仅有一两百枚，最多的超过千斤，一般为几十到几百斤。

窖藏钱币种类极为丰富，从秦汉一直到金代，以北宋钱币最多，而具有断代意义的则是数量不多的金代“正隆元宝”“大定通宝”，或者是南宋时期的“建炎通宝”“绍兴通宝”等。《金史·食货志三》记载“金初用辽、宋旧钱”，直到立国四十余年后的正隆三年（1158年）才开始自己铸钱，“与旧钱通用”。但是金代铸钱始终很少，大量使用的还是唐、宋时期的旧钱。

金代藏钱之风很盛，《金史·食货志三》记载“民间钱所以难得，以官豪家多积故也”。明昌五年（1194年），为了防止民间匿钱，限定了官民家中拥有钱币的最高数量，还让人们互相揭发额外留钱者。在这样的政策之下，将钱币深埋地下，就成了躲避外人耳目，免受制裁的不二选择。蒙古灭金的战争，是形成钱币窖藏的另一原因。蒙古人的侵略战争十分残酷，在蒙古兵到来之前，金人藏钱于地下也是必然之计，而蒙古兵到来之后，人民或被杀戮，或远逃他乡，后因几代未归，使之长埋于地下。

（二）金属器窖藏

这类窖藏也较多，分布范围很广，遍及省内各地区。包括农具、马具、炊具、狩猎捕鱼工具及盖房工具等。

吉林市郊荣光大队出土了一批金属器，装在一对扣置的大铜锅内。窖藏所在的范围是一处金代遗址。出土文物共56件，铜器19件，铁器37件。铜器除了一件马镫外，全部为容器，有六耳锅、吊锅、三足带盖锅、盘、盆、玉壶春瓶、熨斗等。铁器多是各种工具，有铧、犁镜、铡刀、斧、镬、凿、锤、锯条、烙铁、马镫、车輨、矛、

---

［1］　黄一义：《吉林金代窖藏铜钱的几个问题》，《中国钱币》1985年第4期。业钧、清俊：《吉林省金代窖藏铜钱特点分析》，《长春文物》第2期。董学增：《吉林省金代窖藏铜钱述论》，《二十一世纪的中国考古学——庆祝佟柱臣先生八十五华诞学术文集》，文物出版社，2006年，第843～855页。

叉、锚钩等，种类齐全[1]。

和龙龙新村发现的金属器，也是装在一对扣置的大铁锅中。锅内装有铁器、铜器近50件。除了少数几件铜器外，绝大部分是铁器，按用途可分为生产工具、车具、兵器、生活用具等四大类。生产工具均为铁制，有铧、镐、锹、镰、锛、斧等，车具有铁车辖、铁车辖等，生活用具有铁锅、三足锅、剪、凿、锥、锁及黄铜制的三足锅等，兵器有铁镞等[2]。

集安钟家村窖藏是用一口六耳大铁锅盛大量的铁器和两件陶瓷器。铁器有锹、镰、镬、斧、凿、穿、锯、三足锅、熨斗、剪子、锁、马镫、马衔等[3]。

这些金属器中，大部分为铁器，而金代并不禁铁，埋藏原因很可能是因为金末的战争。

（三）陶瓷器窖藏

这类窖藏较少，往往有其他器物共出，其埋藏原因应和金属器窖藏相同，想必是在战乱中为了防止蒙古人的掠夺，或者是远走他乡时难以带走而埋在地下。

最有名的农安窖藏。在地表下2米处发现。遗物主要置于一个瓷瓮和四个瓷罐中，部分遗物堆放在瓮、罐周围。出土遗物包括瓷器、陶器、玉器、铁器、铜器及少量钱币。瓷器中有37件为白釉瓷，胎质细白，釉色润泽，制作规整，采用覆烧法，芒口，是金代定瓷中的精品。多采取刻花与印花的装饰手法。体现了与北宋定窑不一样的风格，反映了金代人们的审美情趣。其他瓷器还有钧瓷和青白瓷各一件。发现的钱币中，铸造时间最晚的是始铸于大定十八年（1178年）的“大定通宝”。这批器物应该是金末埋藏的，可能和蒙古入侵引起的动乱有关[4]。

五、其他重要遗迹

除了城址、墓葬、居住址和窖藏等遗迹外，其他的重要遗迹还有陶窑、“二十四块石”遗迹及冶铜遗址等。

---

[1] 董学增：《吉林市郊发现的金代窖藏文物》，《文物》1982年第1期，第59～64页。按：从该窖藏出土的马镫和玉壶春瓶型制看，有可能已经进入元代。

[2] 朴润武：《吉林和龙出土的金代窖藏铜铁器》，《北方文物》1990年第4期，第27～31、37页。

[3] 吉林省博物馆辑安考古队、辑安县文物管理所：《吉林辑安县钟家村发现金代文物》，《考古》1963年第11期，第616、617、629页。

[4] 吉林省博物馆、农安县文管所：《吉林农安金代窖藏文物》，《文物》1988年第7期，第74～81页。

（一）陶窑

经过正式清理的窑址有东辽县尚志村[1]、四平市前坡林子遗址[2]及扶余县陶西林场遗址[3]发现的几处金代陶窑，为研究金代的制陶烧窑技术提供了重要资料。

以前坡林子金代遗址内发现的一处窑址为例，该陶窑已被破坏，仅存窑的下部。外形略呈瓢形，由窑门灰坑、火膛、挡火墙和窑床组成（图三〇一，1～3）。窑体通

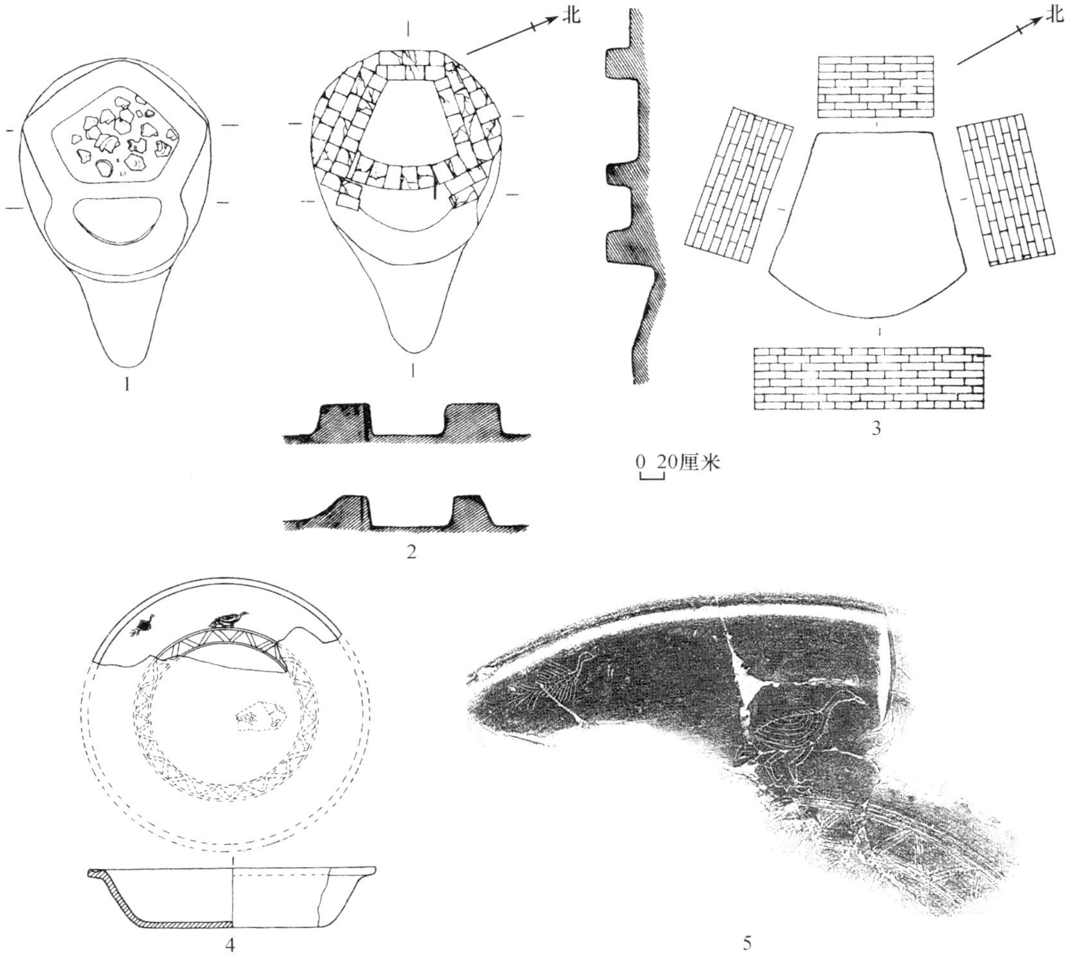

图三〇一　四平市前坡林子遗址Y1

1. Y1中陶器的位置　2. Y1平、剖面图　3. Y1四壁侧视图　4. 陶盆　5. 陶盆纹饰拓片

［1］唐洪源：《吉林东辽县尚志金代窑址的清理》，《考古》2004年第6期，第92～96页。

［2］刘景文、程建民、赵殿坤、石晓轩：《四平市前坡林子遗址发掘简报》，《北方文物》2006第3期，第35～42页。

［3］刘玉成、王聪、王新春：《吉林省扶余县陶西林场遗址发掘简报》，《北方文物》2009年第3期，第33～46页。

长2.76、宽2.34米。位于东部的窑门灰坑略呈瓢把状斜坡形，从前端向窑体渐宽、渐深，长1.14、最宽处1.16米，最深处距现存窑顶0.58米。火膛外侧为宽40厘米原生土挖修的弧形墙壁，已烧成砖红色，其两端和前边用青砖垒砌成挡火墙，略呈外弧形，现存8层砖错缝平砌，火膛现存深30厘米。最西端是窑床，外形略呈马蹄形，东西长1.8米，南北最宽处2.34米，窑室内略呈梯形，长1.1、窄端宽0.56、宽端宽1.18米。窑室四壁用青砖错缝平砌，现存深40厘米。窑床上部为残碎砖块、红烧土和草木灰，厚约20厘米，其下为一层泥质灰陶片，主要器形有罐、瓮、壶、盆、甑等，有的陶器上刻有弦纹、禽鸟（图三〇一，4、5）、莲花、鱼纹等，还出土了一枚“政和通宝”铁钱。陶片下为一层厚约20厘米的黄黏土，其下为一层厚约5厘米的黑灰。

（二）“二十四块石”遗迹

“二十四块石”是分布在我国吉林省、黑龙江省及朝鲜北部的一种特殊遗迹现象，由并排三行、每行八块石头组成，石块长宽多在半米以上，行距3米左右，多为东西向，每行长10米左右，前后进深8米左右。

吉林省境内发现数量最多，共7处：敦化4处[1]、汪清1处[2]、图们2处[3]。

以往多将其当成渤海时期的遗迹，或者是渤海时期始建、辽金沿用。2005年对敦化市境内的江东二十四块石和林胜二十四块石进行了发掘，这是国内对这类遗迹的首次发掘，对其结构、年代有了更多的认识[4]。

江东二十四块石经过局部解剖，发现三行础石下都挖有宽于础石的东西向沟槽，内以黄黏土混杂玄武岩碎石填充，形成连磉。础石下部深入连磉之内约0.1米，所填碎石与础石所用石材相同。在江东“二十四块石”遗迹的西侧约2.6米处，中排础石的西向延长线上，清理出一处残灶址。残存部分平面近半圆形，斜壁，平底，灶址外缘现存一层质地坚硬的红烧土面。灶址内包含大量黑灰和红烧土块，以及数块较大的河卵石块。在底部填土中还出有泥质灰陶板瓦片。灶址北部连接一折尺形烟道，烟道填土呈黄褐色，质地较疏松，内含较多的黑灰和红烧土块，以及泥质灰陶板瓦片。烟道向东延伸后渐浅，后逐渐消失，此段烟道填土呈黄褐色，质地较为坚硬，纯净无包含物。灶址东壁中部，发现一段东折的红烧土壁。现仅存北侧壁，可能为残存的烟道。此灶址与二十四块石可能为同时期遗迹（图三〇二）。

由于不见渤海遗物，而多见金代滴水、兽面瓦当等，且建筑方式与渤海不同，故

---

[1] 吉林省文物志编委会：《敦化市文物志》，1985年，第78～83页。

[2] 尹铉哲：《吉林省汪清县兴隆村的二十四块石遗址》，《北方文物》2002年第3期，第38～39页。

[3] 吉林省文物志编委会：《图们市文物志》，1986年，第43～45页。

[4] 王志刚、张建宇、杜运发：《敦化市江东、林胜“二十四块石”遗迹的调查和发掘》，《考古》2009年第6期，第57～61页。

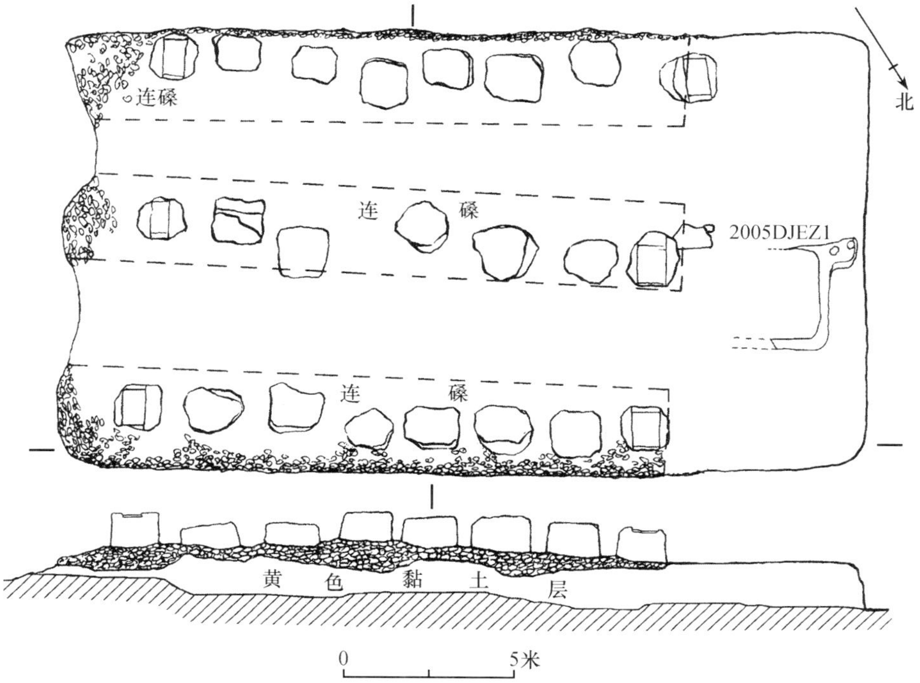

图三〇二　敦化江东“二十四块石”遗迹平、剖面图

认定其为金代遗迹，并推测可能是金代的仓廪[1]。

（三）宝山-六道沟冶铜遗址

宝山-六道沟冶铜遗址位于临江市东南约70千米的宝山镇、六道沟镇、原临江铜矿辖内，分布范围近60平方千米，是渤海时期到金代连续使用的集开矿、冶炼、运输的大型冶铜遗址，现为全国重点文物保护单位。1998～2000年，吉林省文物考古研究所在调查的基础上对冶铜区进行了小规模发掘，2004、2005年又对古矿洞进行了考察、发掘，取得了一批重要科学资料。

调查发现此范围内有古冶炼遗迹60余处，古码头1处，高句丽时期墓群1处，小型城址1处，古矿洞11处。五次工作共发掘冶铜址2处及冶铜炉4座，古矿洞3处，洞口附近渤海房址1处。因古矿洞工作条件艰难，未能完全揭露。出土少量陶器、铜器、铁器和陶片等。征集铜造像3件，从形制观察分属唐、辽、金同类造像风格。其中三号古矿洞发现的木标本经^{14}C年代测定为650±60年，推测其古铜矿开采或可早至高句丽时期[2]。

[1] 王志刚：《考古学实证下的二十四块石》，《边疆考古研究》第8辑，科学出版社，2009年，第188～202页。

[2] 赵海龙：《宝山-六道沟冶铜遗址》，《田野考古集粹——吉林省文物考古研究所成立二十五周年纪念》，文物出版社，2008年，第83、84页。

六、重要遗物

吉林省金代遗址出土的遗物极为丰富，有的城址及遗址内地表上遍布金代遗物，俯拾即是。主要有建筑遗物、陶器、瓷器、金属器、玉器、骨器、石器等。

（一）建筑遗物

建筑遗物十分丰富。有大量砖、瓦及其他建筑构件。在一些遗址中还发现带釉的琉璃瓦件。

敦化市永胜金代遗址一号建筑基址出土一件柱础石。础石为玄武岩质，上部雕琢精细，下部略粗糙。础石基座正方形，上半部圆形，中央为直径40厘米的台面，周围雕刻16朵莲瓣。础石边长65、厚11厘米（图三〇三，1）[1]。

砖，多是素面青砖。形体较大，有长方砖和方砖，地质坚硬。也有不少雕饰花纹，塔虎城发现过牡丹纹雕砖，十分精美（图三〇三，2）[2]。有些砖上还印有手纹。

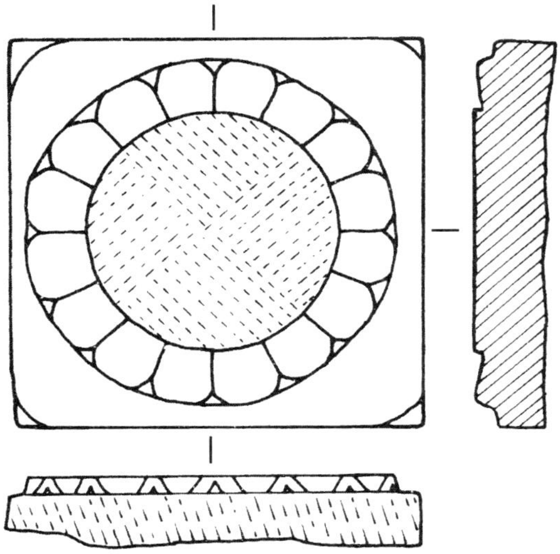

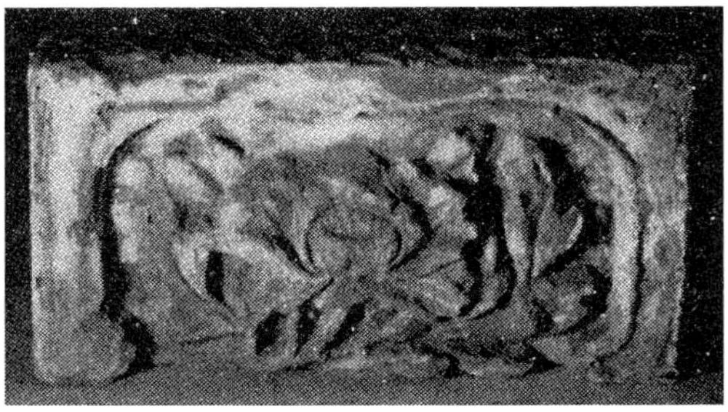

图三〇三　永胜遗址一号建筑基址柱础石、塔虎城牡丹纹雕砖

［1］　王培新、傅佳欣、彭善国、王晓明：《吉林敦化市永胜金代遗址一号建筑基址》，《考古》2007年第2期，第39～47页。

［2］　李健才：《吉林他虎城调查简记》，《考古》1964年第1期，第46～48页。

板瓦、筒瓦极为常见。一般为灰色，亦有红褐色，火候高，质地坚硬。均为模制，瓦身两侧可见工具切割后掰断的痕迹。凹面有布纹，凸面为素面。板瓦两端宽度不等，平面呈梯形。瓦当也很多，多为突出的兽面纹，兽面形式多种多样（图三〇四，3、4）。也有不少莲花纹瓦当（图三〇四，1、2）。在瓦当外缘常有一周凸起的连珠纹。

1

2

3

4

图三〇四　吉林省出土的金代瓦当

1、2. 莲花纹瓦当　3、4. 兽面纹瓦当（1～3. 德惠揽头窝堡遗址　4. 前郭塔虎城）

滴水边缘上一般有指压纹，沿面纹饰也十分繁多，常见的为菱形纹、方格纹、点线纹等，完颜娄室墓前碑亭遗址出土的多是花叶纹（图三〇五），较为少见。建筑饰件主要有鸱尾、凤鸟等。

图三〇五　完颜娄室墓碑亭出土滴水

（二）陶器

陶器是金代遗址中十分常见的遗物，是进行断代的重要依据。

陶器多为泥质陶，以灰陶为主，有部分为褐色。大部分为轮制，器表较光滑，在一些器物的底部，常见有轮制时留下的旋切痕。烧造火候较高，质地坚硬。器形有罐、盆、壶、瓮、甑等（图三〇六；图版七，3）。口沿多外卷。以素面为多。有纹饰的器物也不少，有压印方格纹、附加堆纹，还有刻划的波浪纹、弦纹等。不少陶器带横向桥状耳，与高句丽、渤海的同类器物十分相似（图三〇六，1）。

还有一些特殊的仿铜器物，揽头窝堡六号房址出土一件玉壶春瓶，泥质灰陶，已残。通体施青铜器上常见的云雷纹及龙纹（图三〇七，1）[1]。在揽头窝堡遗址还有一件陶香炉，器身上也布满了云雷纹（图版七，4）[2]。塔虎城发现一件陶器座，四壁刻有凸起的连续“卍”字纹饰，其下雕有缠枝花纹。在器沿上还有“吉日作，用祀用飨，子子孙孙”等字样，显然是模仿礼器制作的（图三〇七，2）[3]。

金代遗址中往往能发现陶质扑满，是古代的存钱罐。秦家屯古城发现一件，在顶部穿一长孔，近底部四周有圆孔四个[4]。农安发现的一件保存完整，里面还藏有300多枚铜钱，最晚为金代“正隆元宝”[5]。

釉陶器发现较少。农安窖藏出土一件绿釉陶鼎，肩部贴塑三个铺首，三足为兽蹄式。

[1]　宋玉彬、傅佳欣：《吉林德惠市揽头窝堡遗址六号房址的发掘》，《考古》2003年第8期，第67～78页。

[2]　宋玉彬：《揽头窝堡遗址》，《田野考古集粹》，文物出版社，2008年，第86～89页。

[3]　何明：《记塔虎城出土的辽金文物》，《文物》1982年第7期，第44～49页。

[4]　陈相伟：《吉林怀德秦家屯古城调查记》，《考古》1964年第2期，第79～82页。

[5]　张淑华：《介绍一件金代“扑满”》，《博物馆研究》1984年第2期，第116、117页。

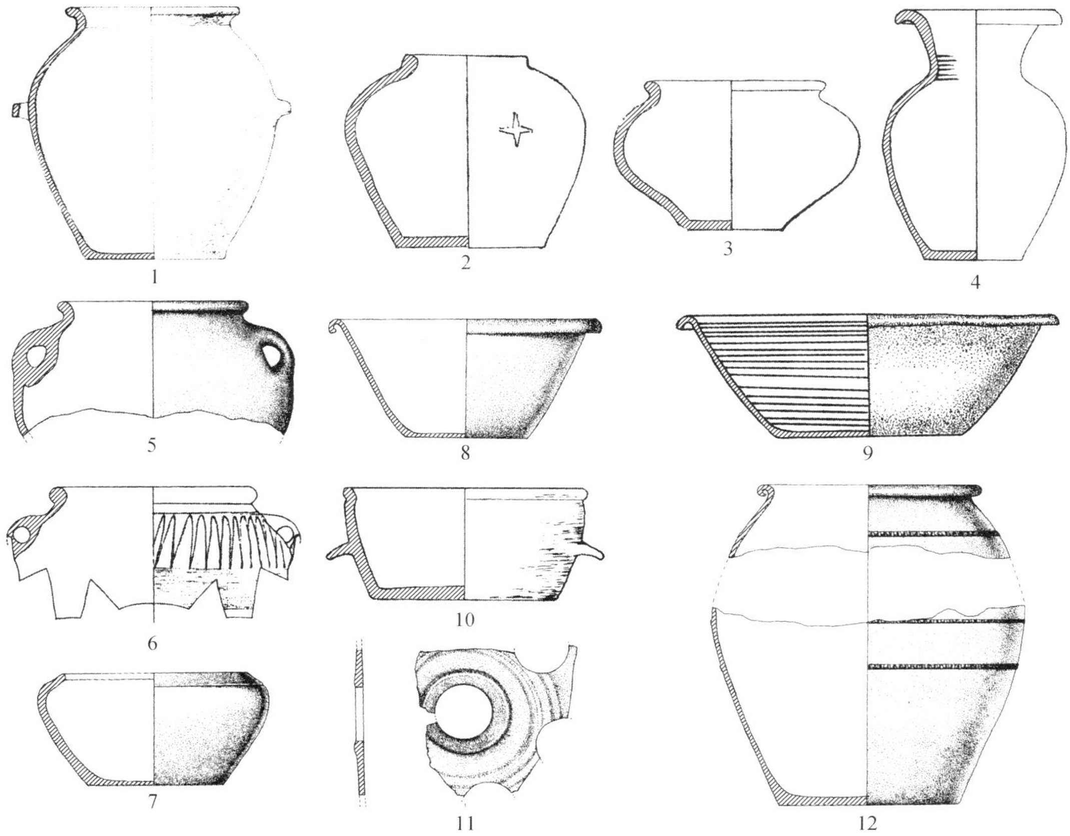

图三〇六　吉林省金代遗址出土的陶器

1～7. 陶罐　8～10. 陶盆　11. 陶甑　12. 陶瓮（1. 图们第三小学遗址　2、3. 德惠后城子古城　4. 德惠揽头窝堡F6　5、9. 扶余陶西林场遗址　6. 德惠李春江遗址　7、8、11、12. 扶余西车家店遗址　10. 敖东城）

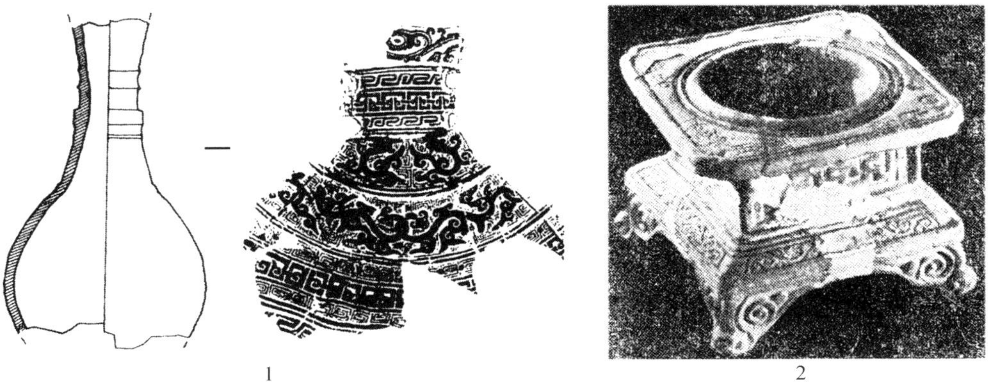

图三〇七　仿铜器纹饰的陶器

1. 陶玉壶春瓶　2. 陶器座（1. 德惠揽头窝堡F6　2. 前郭塔虎城）

（三）瓷器

出土瓷器数量丰富，既有东北地区烧制的较粗糙的瓷器，也有大量来自中原及南宋境内的产品。

东北地区窑址烧造的有白釉、黑釉和酱釉瓷器。白釉瓷器多为碗、盘之类，胎质粗糙、坚硬。釉色多白中泛黄，有开片，外部挂半釉，施釉不匀，常有积釉。一般在内底有四到五个垫烧痕，或者是涩圈（图三〇八，1、2）。黑釉、酱釉瓷器有不少为双系壶、罐（图三〇八，3、4），还有很多缸胎器，烧制火候很高，有鸡腿瓶，个头很大的罐和瓮等器物（图三〇八，5、6）。在一些城址里，常能发现猫首（或猪首）埙。偏脸城发现的一件，缸胎，赭色釉，施釉不到底。以两条黑色绳索纹为猫眉，以两圆孔为猫眼，并以此为音孔，脑后有一直径1.1厘米的吹孔。猫首内中空，如鸡卵大小（图三〇八，7）。类似的器物在黑龙江肇东八里城、俄罗斯滨海地区的金代城址里也有发现。

图三〇八　吉林省出土的金代粗瓷器

1、2. 白瓷碗　3. 黑釉双系壶　4. 酱釉双系罐　5. 瓷瓮　6. 黑釉鸡腿坛　7. 猫首埙

（1、2. 扶余西车家店遗址F1　3、7. 梨树偏脸城　4. 农安窖藏　5、6. 前郭塔虎城）

中原生产的瓷器主要有定窑、钧窑等窑系的产品，南宋境内输入的青白瓷、龙泉青瓷及建窑黑瓷也有少量发现。

定窑瓷器极为常见。在许多城址进行的调查中，都有完整定窑瓷器发现，如秦家屯古城、塔虎城等。经过发掘的金代遗址中也常见其身影，在揽头窝堡六号房址中就出土不少。农安窖藏出土了37件完整的定窑白瓷，质量很高。主要器形有碗、盘、碟、罐等。碗盘多为芒口。装饰方法有刻划和印花两种。刻划纹饰有莲花、萱草、游鱼及龙纹等，印花纹饰多是在器物内壁印六组花果。这些纹饰主要出现在金代（图三〇九）。塔虎城还发现过一件定窑瓷匜，内壁及口沿施白釉，其余施酱釉，内底刻游鱼水藻（图版七，5）。提梁壶也常发现，在塔虎城、偏脸城、伯都古城都有发现，偏脸城出土的器身呈梨形瓜楞状，盘形口，圈足，腹中部有一圆柱形短流，高度在壶口之下，口上有一双叉环形提梁，提梁自中间可分为前后两部分，后部提梁遍饰菱形

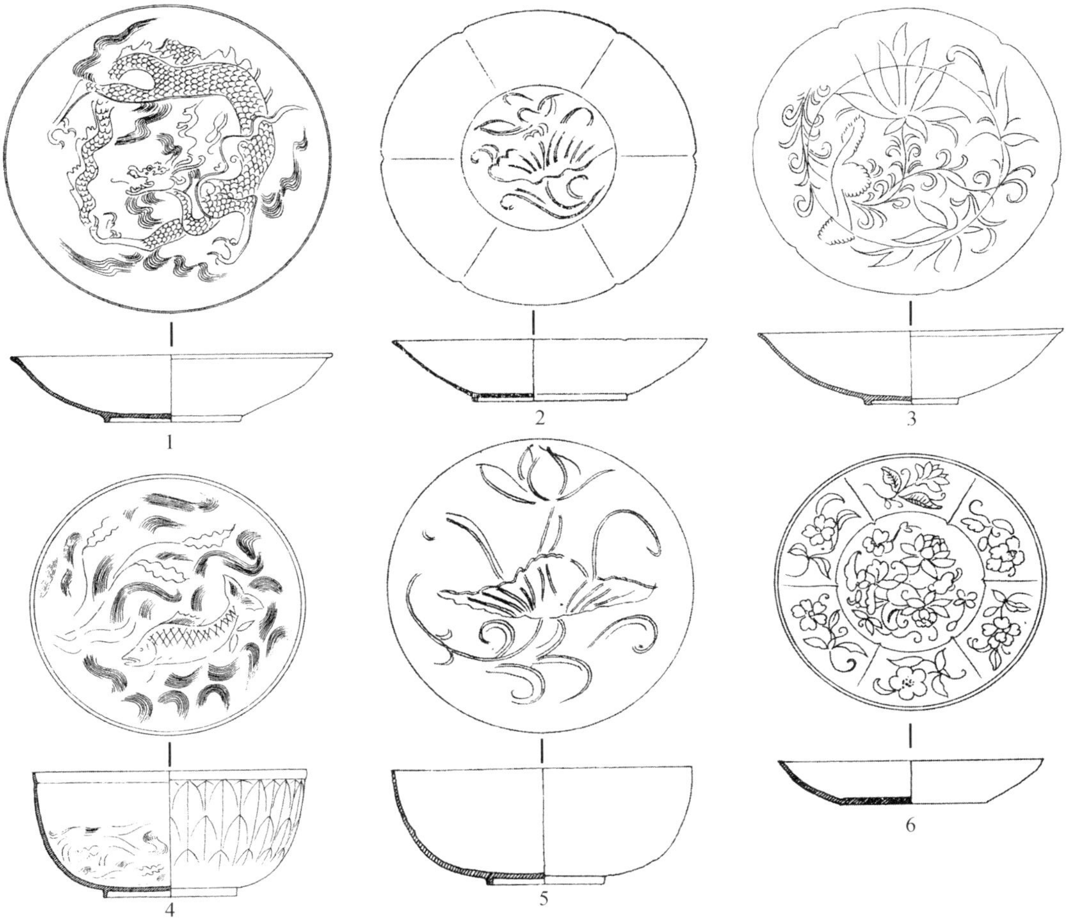

图三〇九　吉林省出土的金代定窑瓷器

1. 龙纹盘　2. 荷花纹盘　3. 萱草纹盘　4. 鱼纹碗　5. 荷花纹钵　6. 印花碟

（1、3～6. 农安窖藏　2. 秦家屯古城）

网格纹。前部提梁分作“人”字形接于流的上方左右侧，于器身的连接处各饰一叶状物。器身通体施釉，造型规整精致（图版七，6）。这种壶在河北定窑遗址及河北金代窖藏也有发现。辽代也有类似器物，但是比较矮胖。吉林省内发现的定窑瓷器从一个侧面反映了定窑在金代的延续与繁荣。

钧瓷发现不多，在农安窖藏、德惠后城子古城各出土一件，农安窖藏出土一件瓷盘（图三一〇，2），胎质紧密，通体施釉不甚均匀，釉色蓝中带红，釉面有细小开片。

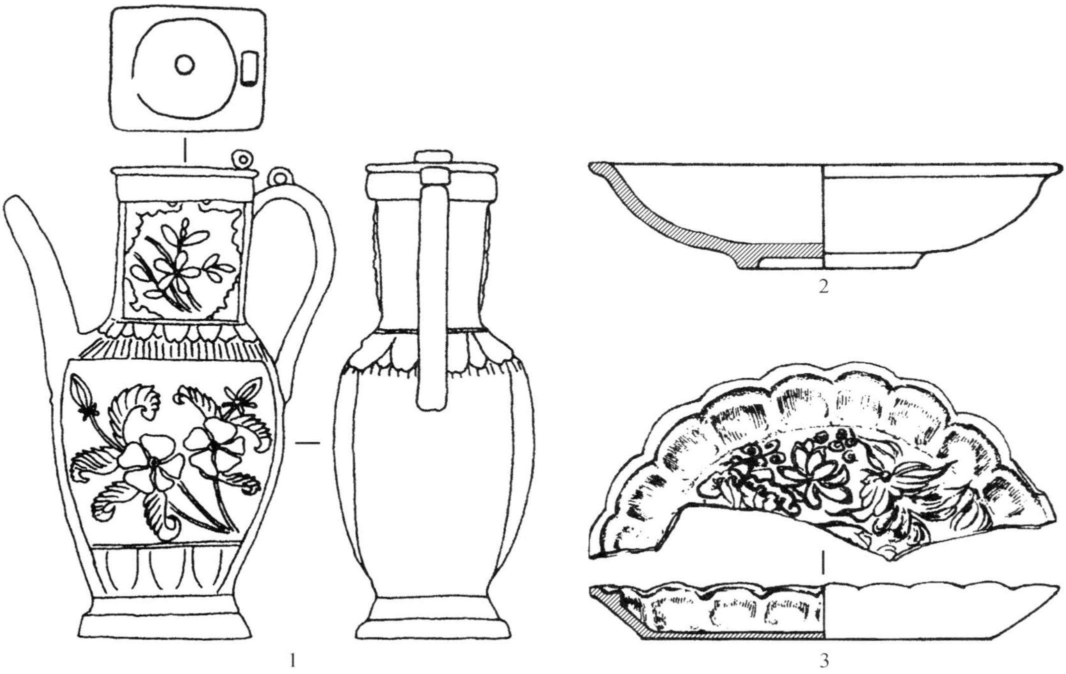

图三一〇　吉林省金代遗址出土的瓷器

1. 青白瓷执壶　2. 钧瓷盘　3. 翠蓝釉瓷盘（1、2. 农安窖藏　3. 德惠揽头窝堡F6）

翠蓝釉瓷器也有发现，在揽头窝堡六号房址内出土一件花口印花盘（图三一〇，3），塔虎城也有出土。

还有不少瓷器来自南宋统治地区的窑址，数量更少，农安窖藏发现一件影青瓷印花方执壶，颈部印晚香玉纹，肩部和近底座部分印花瓣纹，腹部印石竹花纹，通体施釉，釉色温润晶莹（图三一〇，1；图版七，7）。秦家屯古城出土一件影青暗花小碗，芒口，碗心暗印折叶兰草[1]。揽头窝堡遗址还出土了一些建窑兔毫盏[2]。

---

[1]　陈相伟：《吉林怀德秦家屯古城调查记》，《考古》1964年第2期，第79～82页。

[2]　于丽群：《吉林省德惠市揽头窝堡遗址出土黑釉瓷器的检测与研究》，《边疆考古研究》第11辑，科学出版社，2012年，第423～432页。

（四）金属器

金代金属手工业极为发达，各类金属器的加工制造都达到了很高的水平。吉林省内出土的金代金属器数量很多，大致可以分为铜器、铁器、金银器等几大类。铜器中又以铜钱、铜镜和铜印发现较多。

1. 铜镜

吉林省出土的金代铜镜无论是在数量，还是种类方面，都可以代表金代造镜工艺的先进水平。

大部分为圆形，少量为菱花形、八边形、亚字形等，带柄铜镜数量也不少，还有的在镜上面带有穿纽（图三一一）。有不少仿制汉、六朝、唐时期的铜镜。仿汉镜主要是连弧纹镜、昭明镜等，仿唐镜多是海兽葡萄镜。

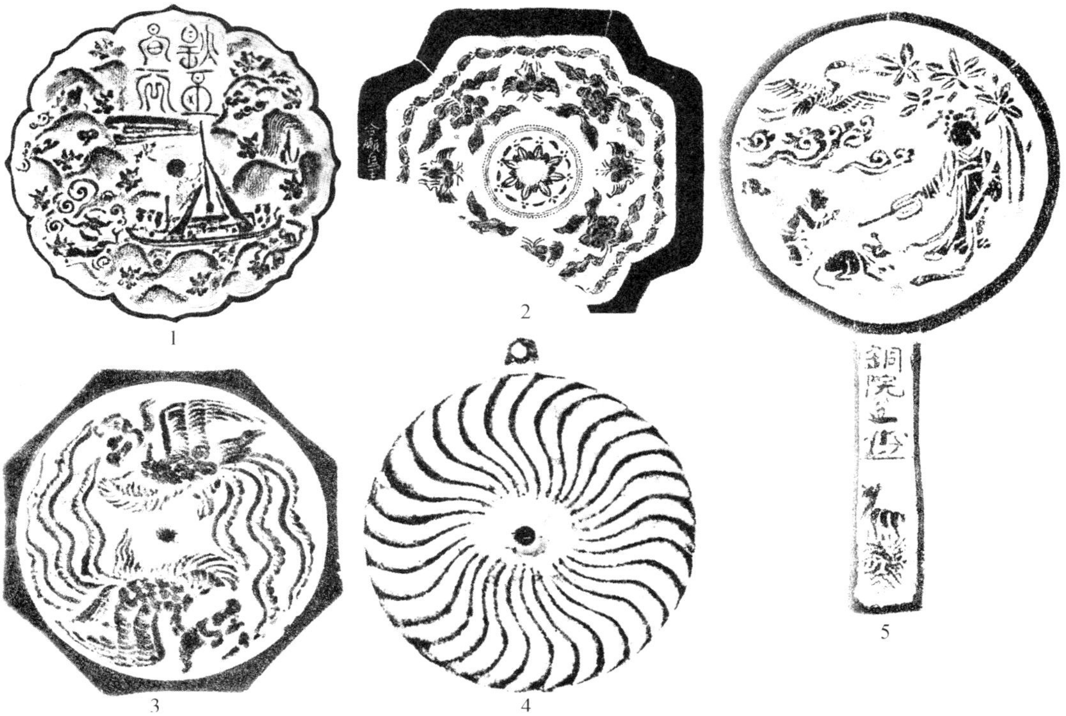

图三一一　吉林省出土的金代铜镜

1. 海船镜　2. 亚形蝴蝶花卉纹镜　3. 八边形双凤镜　4. 带纽镜　5. 带柄人物故事镜

（1. 前郭吉锅屯金墓　2. 双阳孤家子遗址　3. 德惠后城子古城　4. 榆树大坡古城　5. 吉林东团山金代遗址）

能代表金代自身特点的铜镜有双鱼镜、双龙镜、童子戏花镜、人物故事镜等（图三一二），海船镜（图三一一，1）也很有特点。其中双鱼镜数量最多，最具代表性。

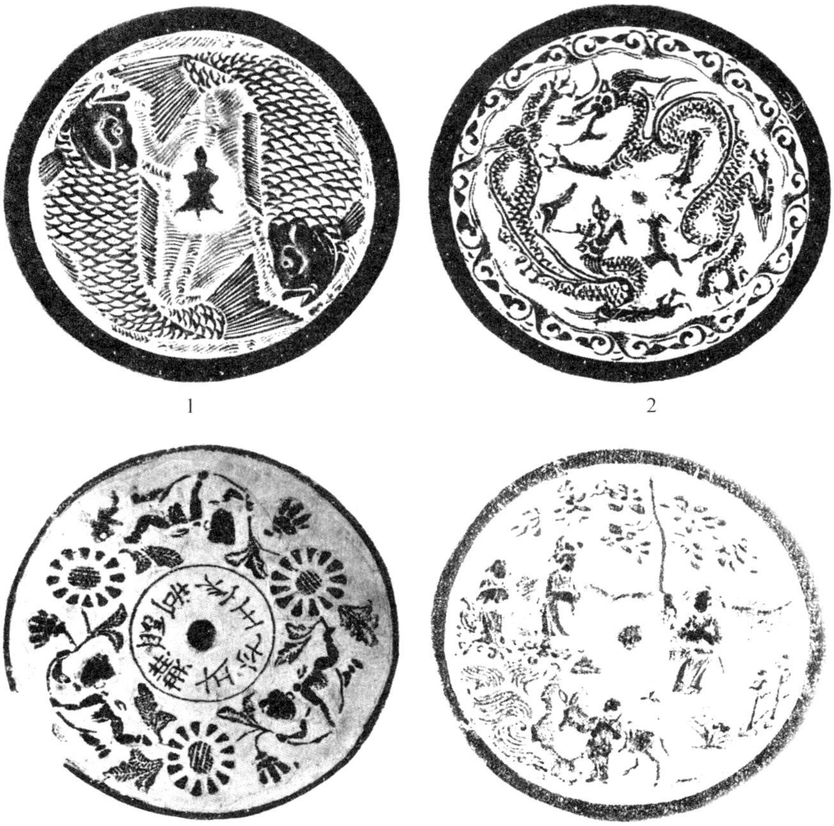

1　2　3　4

图三一二　吉林省出土的金代铜镜

1. 双鱼镜　2. 双龙镜　3. 童子戏花镜　4. 柳毅传书故事镜

（1. 龙井东盛涌乡龙山村　2. 榆树大坡古城　3. 前郭塔虎城　4. 农安古城）

双鱼作旋转对称形式，占据整个镜背的空间，采取现实主义手法，鱼张口鼓腮，尾鳍翻折，大鳞片，长背鳍，前后左右饰以浪花和萍草，生动传神。童子戏花镜具有强烈的时代特征，在金代以前的铜镜上很少有这样的内容。人物故事镜题材有“柳毅传书”“许由洗耳”等。出土铜镜中还有不少是来自于宋朝的，例如湖州镜等[1]。

这些铜镜，在其边缘多数刻有官署检验时的款识，如“上京巡院”“济州录事”“泰州主簿记”等，这是金代铜镜特有的，是断代的重要依据。文字内容对史学研究也很有价值。在几方辽代铜镜上，发现了金代的刻款，证明当时使用旧镜也需经官署备案检验。有的铜镜上刻款不只一处，检验机构分属不同地区，可能是铜镜所有者迁居别地之后，还需要把铜镜交由当地官署重新检验。

金代缺铜，为了防止老百姓把铜钱销毁铸镜，影响货币的流通，大定十一年，

[1]　张英：《吉林出土铜镜》，文物出版社，1990年。

“禁私铸铜镜，旧有铜器悉送官，给其直之半”，大定二十六年，金世宗说“国家禁铜久矣，尚闻民私造腰带及镜，讬为旧物，公然市之。宜加禁约”。这应是铜镜上刻款的原因，表示铜镜非是私造。

2. 铜印

吉林省发现的金代铜印很多，可分为两种，一种是方正严谨的官印。另一种为较小的押印，形式比较自由。

官印印面一般为方形，印文为阳文九叠篆，印背有长方形或梯形板纽。在纽的两侧刻铸造年月及铸造机构名称。有的在印两侧还刻有与印文对照的楷书汉字。官印对研究金代官制、兵制、猛安谋克制度及历史地理等具有重要价值。[1]

吉林省出土的金代官印中，猛安、谋克印最多。猛安印有“熟吉泊猛安印”“拽挞懒河猛安之印”等；谋克印有“卜鲁哥乌主谋克印”“库普里根必剌谋克印”“撒土浑谋克印”“唵母思和拙谋克印”等。这些名称有的可以和文献相对应，如“熟吉泊”可能就是《金史·太祖记》中提到的“熟结濼”。有些则可以补充文献记载之不足，如松原市伯都乡联合大队出土的“退浑谋克之印”，从印两侧的文字可知其“系必剌海都钵猛安下”（图三一三），对研究猛安谋克组织的隶属关系提供了重要资料。

图三一三　退浑谋克之印

常见的官印还有各种“都统所印”“副统之印”“行军万户所印”等，这类印时代一般都较晚。金朝末年，由于战争的需要，大量扩充兵源，滥授都统之事不绝于书，有的官印上甚至出现用千字文编号的现象。

其他官印还有与州县相关者，如九台县布海乡发现的大定二年“韩州刺史之印”[2]、扶余县发现的“利涉县印”[3]等。需要指出的是，许多出土铜印的地点和印文上的地名是没有关系的，不能进行简单的比附。因为铜印是可以移动的，常常会因为各种原因出现在别的地方。

［1］　张英、任万举、罗显清：《吉林出土古代官印》，文物出版社，1992年。

［2］　李莲：《九台县布海乡发现金代“韩州刺史之印”》，《文物参考资料》1958年第2期，第79、80页。

［3］　刘景文：《吉林扶余县发现金代“利涉县印”》，《考古》1984年第11期，第1051、1052页。

图三一四　梨树偏脸城出土的铜押印印文

还有一些小的押印。一般较小，主要为长方形，长宽大都不超过3厘米。纽的形式多样，具有较强的审美价值。印文有些是汉字，有些则不识（图三一四）。

3. 其他金属器

除铜钱、铜镜和铜印之外，吉林省境内发现的其他金代金属器包括铜、铁质的生活用具、生产工具、渔猎工具、兵器、车马器等。还有一定数量的装饰品、宗教用品等，材质主要是铜器和金银。

女真人过着定居生活，是一个农耕和渔猎兼营的民族。在金代遗址上发现的金属工具也多与这些活动有关。

生产工具主要用铁制作，有铁锹、铁铧、犁镜、铁耙、铁镰、斧、锛、凿、铡刀等（图三一五），形式与近现代农民使用的工具无多大差别。铁锹一般呈长方形，上有安把的袴，袴的合缝朝上，呈圆筒状。镰刀以弧背弧刃，弯曲度较大者常见。铁铡刀也经常发现，刃较直，弓背，一端有柄，另一端有一个孔可放入穿钉，孔上端有上

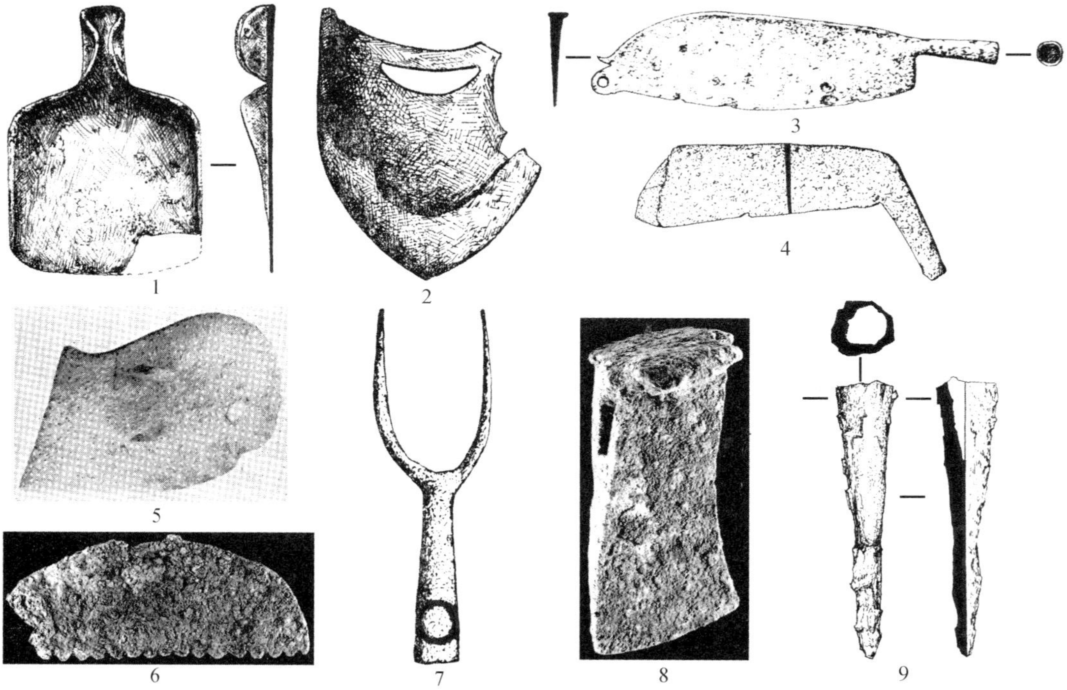

图三一五　吉林省出土的金代金属生产工具

1. 铁锹　2. 犁铧　3. 铡刀　4. 铁镰　5. 犁镜　6. 铁耙　7. 铁叉　8. 铁斧　9. 铁凿（1. 德惠李春江遗址　2、6～8. 德惠后城子古城　3. 图们第三小学遗址　4. 德惠迎新遗址　5. 梨树偏脸城　9. 德惠揽头窝堡F6）

卷铁钩，整个形状类似鱼形。

渔猎工具有鱼叉、穿、矛、镞等，皆为铁器（图三一六）。鱼叉一般为三股，齿端有倒钩。铁镞形制也较多样，有扁凿形、柳叶形、分叉形等，可能针对不同的捕猎对象会使用不同的箭镞，也可作为兵器。

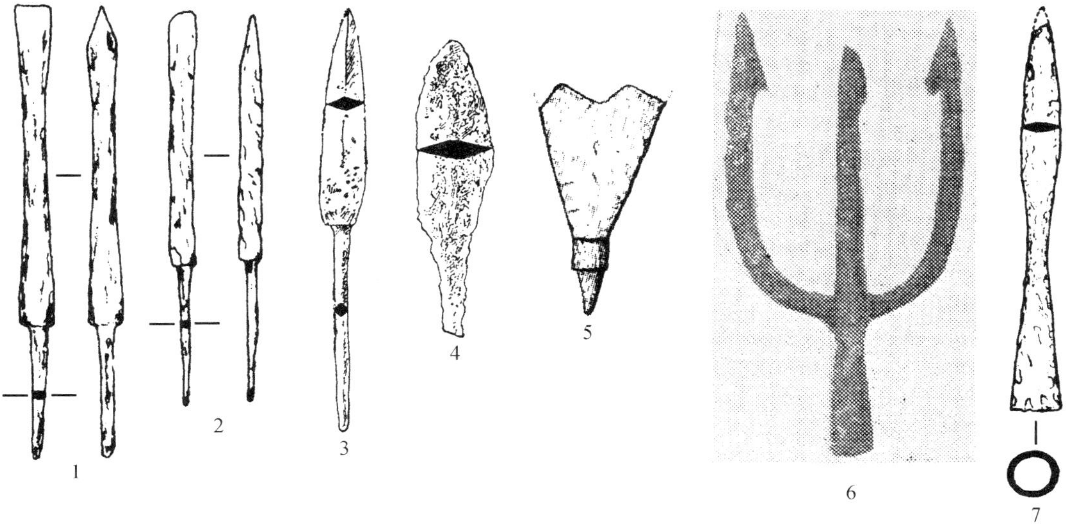

图三一六　吉林省金代遗址出土的渔猎工具

1～5. 铁镞　6. 鱼叉　7. 铁矛（1、2. 敦化敖东城　3、4. 德惠后城子古城　5. 德惠李春江遗址　6. 吉林荣光公社窖藏　7. 敦化永胜一号建筑址）

兵器有刀、箭镞、铁蒺藜、铁甲等。车马具有马镫、马衔、马镳、车輨等（图三一七）。马镫踏板背面中部有脊，环顶有长方形穿孔，这是金代马镫的典型样式。车輨皆为圆环，六齿。

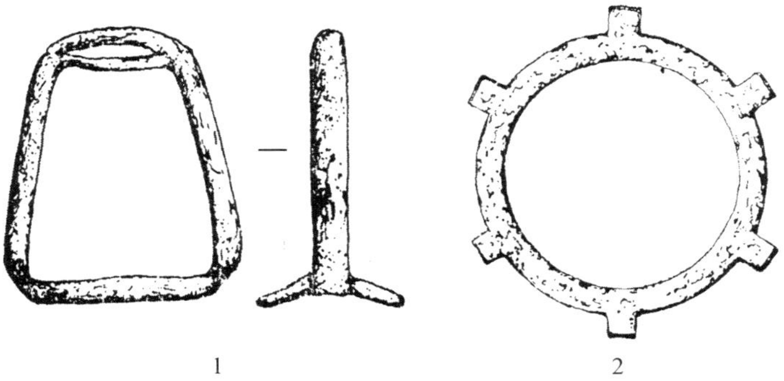

图三一七　吉林省金代遗址出土的车马具

1. 马镫　2. 车輨（1. 德惠后城子古城　2. 和龙龙新窖藏）

生活用具铜、铁兼有。常见的有六耳锅、三足锅、铜盆、熨斗、流勺、铁剪、铁锁、火镰、烙铁、铁钉、铁环等（图三一八）。六耳锅一般较大，在器物腹部有六个

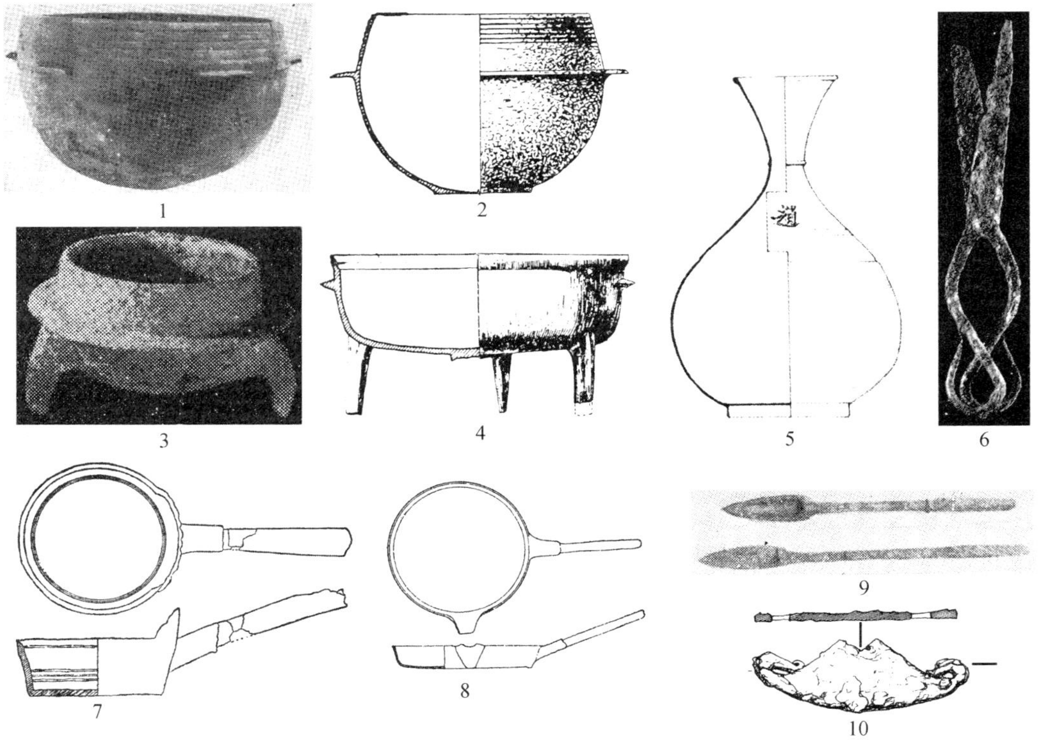

图三一八　吉林省金代遗址出土的金属生活用具

1. 六耳铜锅　2. 板沿铁锅　3、4. 三足铁锅　5. 铜玉壶春瓶　6. 铁剪　7. 铁熨斗　8. 铜流勺　9. 烙铁　10. 铁火镰（1、9. 吉林荣光公社窖藏　2、4. 和龙龙新窖藏　3. 集安钟家村窖藏　5. 图们第三小学遗址　6、7. 德惠后城子古城　8. 前郭塔虎城　10. 德惠揽头窝堡F6）

间距相等的扁耳，耳与口沿之间有五六道凸弦纹。还有一种锅，整体造型与六耳锅相似，只是六耳变成了一圈连续的板沿。三足锅也有多种形式。熨斗在柄、身连接处的口沿上有扇形挡手，很有特色。铜玉壶春瓶数量也很多，分布范围很广，与金代瓷质玉壶春瓶造型相同，图们市第三小学遗址出土的一件在器身上还有刻一“趙”字（图三一八，5）[1]。

除了上述这些器物，还有一些特殊铜器，造型方面和工艺方面都有一定的代表性。

和宗教相关的器物最多的是各种铜造像。一般都不大。秦家屯出土一件，头戴宝冠，身着披帛，袒胸赤足，拱手执念珠，足踏双层台座。通高8.4厘米（图三一九，1）。

吉林省内许多遗址都发现小铜人，长度一般在5～7厘米，一般作童子状，双手拱

［1］　方铁雄、安仁顺：《吉林省图们市第三小学遗址调查简报》，《博物馆研究》2011年第1期，第90～96页。

于腹部，腿微曲。头顶上有纽或者是一枚带孔的小铜钱（图三一九，3）。这可能是一种护身符。还有一种小铜牌饰，上常有十二生肖图像。德惠后城子金代古城2号房址出土一件，直径5.3厘米，中间有一圆孔，孔径0.8厘米。牌饰两面均有图案，一面在圆孔左侧有两棵树，树右侧坐一人，头上有光轮，周围有祥云环绕，树左侧有一鹤，正俯首注视树根下的寿龟。另一面为十二辰及生肖像的图案。可能也是做护身符之用（图三一九，4）。

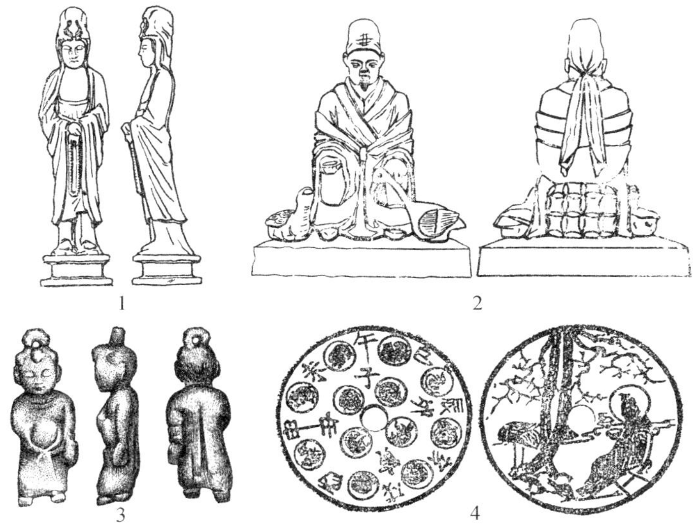

图三一九　吉林省金代遗址出土的其他铜器

1. 铜造像　2. 铜老者像　3. 小铜人　4.铜牌（1. 公主岭秦家屯古城　2. 前郭塔虎城　3. 扶余西车家店金代遗址　4. 德惠后城子金代古城F2）

塔虎城出土一件铜人。黄铜范铸，空心。通高9.6、底径8厘米。整体为一老者与一龟一鹤组成，同铸附在一圆形底座上。老者端坐在一墩上，有胡须，戴幞头。人物右足前有一龟，仰首朝天，口中含物，背刻龟背纹。左足前卧铜鹤，脖颈长伸，二目圆睁，双翅并拢。两只动物皆由纽穿镶在底座上，均能自由转动，变换整体画面的造型。这应该是一件用以祝愿延年益寿的装饰品（图三一九，2）。

偏脸城出土一件莲花铜器座，黄铜质，范铸。半球形中空。底部正中有一方孔，腹至口沿上下排列三组莲瓣，每组十二瓣，每两瓣上下相叠，口沿下为一周弦状纹。口径5.5、高3厘米。此器中空部分为安置其他器物用。

完颜希尹家族墓地二区M2出土一对铜烛台，造型相同，一大一小，分别高35.5、31厘米。烛台上有圆筒状的蜡管，两个蜡管中尚有未燃尽的粗大蜡烛。蜡管下接灯盘，呈圆碟形，外有三层莲瓣花饰。蜡台身为竹节状，大者八节，小者六节。台座分作三足，每只足上伏一龙首。

铜象棋子十分常见，多为黄铜范铸，直径在2～3厘米之间。梨树偏脸城发现四枚，“车”“炮”各一枚，“马”两枚。正面文字为阴文隶书。“马”除了正面文字外，在背面铸有鬃毛飘拂的奔马，十分有趣。

金银器多为装饰品，出土不多，但都很精致。扶余西山屯金墓出土一对金环，呈竹节状，空心（图三二〇，2）。在哈尔滨齐国王墓、北京金陵都有出土，是衣物上的连接部分。西山屯墓还出土一件形制特殊的器物。长圆状，两端有黄金圆帽，中夹一贝，内用一金丝、外用一长方金片联接牢固。金片上满饰忍冬花纹，周边作卷云纹，下衬珍珠纹地。联接之金丝，在一端拧成一环，便于系挂。全长11厘米（图三二〇，1）。

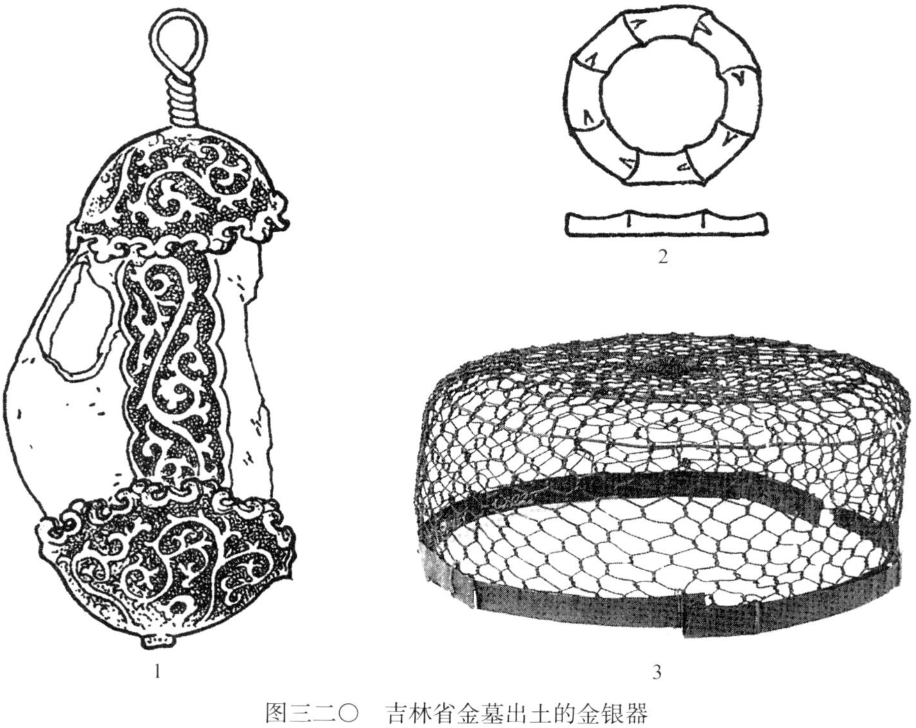

图三二〇　吉林省金墓出土的金银器

1. 金饰件　2. 金环　3. 银帽冠（1、2. 扶余西山屯金墓　3. 完颜娄室墓）

偏脸城内出土金鱼、蜻蜓、蝴蝶、金叶、金丝花等五件小金器，工艺精巧。小动物用立体技法表现身体各部位。金蜻蜓，正面生动表现出蜻蜓展翅飞翔的形象，其头、翅、腹、尾及两条后腿铸工极为精细，且以夸张技法将其眼、须表现出来，空腹，重0.4克。金叶为铸造。在一条蔓上按品字形排列三枚花叶，花叶前端分作三尖状。花叶脉络清晰，其薄如纸，重0.5克。

完颜娄室墓出土一件银丝帽冠。由银丝编缀而成，周身布满网眼，开口处边缘套一圈银片，直径16.9、高7厘米（图三二〇，3）。类似的器物在北京金陵M6-3发现一件金质的，出土时套在墓主头骨上。

银牌。出土于德惠市大房身乡梨树园村一处辽金古城。牌为银质扁长条形，四角圆弧，牌面有污锈，呈亮黑色。长21.5、宽6.4、厚0.2厘米，重384克。上部有一突起的圆孔，外径2.2、内径1、深1.4厘米。穿孔之下牌面上有三个字，为双勾印刻（图三二一）[1]。类似的牌子在河北省承德发现过金、银质各一面，上面的文字完全相同。在俄罗斯滨海地区的赛加古城发现的一件形制相似，但文字不同。在黑龙江省伊春县也发现一面文字相同的金牌。牌上的三个字，有契丹文和女真字两种说法，没有定论。银牌年代为金代的可能性更大。

图三二一　德惠市大房身乡梨树园子古城出土的银质牌符

银锭。1983年4月，通化市环城乡石棚村农民在山上劳动时发现。此银锭为束腰形，下半部残缺，残长11.3厘米，上端宽9.4、厚2.3厘米，腰宽5、厚2厘米，现重1467克。正面竖向錾刻三行文字：右起第一行为“重伍拾两”，第二行为“官军子王用”，第三行为“行人李仲元”，左上方还錾刻一“官”字。侧面与背面均有铸造时留下的气孔。此银锭的形制、重量，均与1980年北京市出土的三块“正隆二年”款的银锭基本相同。从银锭正面的文字分析，可能是军用的。这对研究金代的货币提供了宝贵的实物资料[2]。

（五）玉器

吉林省发现的金代玉器比较零散，在完颜娄室及完颜希尹家族墓地出土的一些质量较好。在城址和遗址中也偶有发现。虽然数量不多，但是有的造型独特，工艺精巧，也颇能体现金代玉器的特点。

扶余西山屯金墓出土金扣玉带一条，系由金扣一、金环一、玉鉈尾一、玉銙十八、金钉六十九枚组成，皮革已腐烂无存（图版八，1）。金扣上饰忍冬纹和卷云纹，下衬珍珠纹地，其上附有三枚金钉，应是将扣钉在皮鞓上用的。金环作圆角长方形，外侧饰忍冬纹，下衬珍珠纹地，内侧素面。金钉均为小圆钉，用来把鉈尾及銙钉于皮鞓上。玉鉈尾一方，扁平长方体，一端平齐，另一端修圆，正面有三孔通到背面，为钉于皮鞓上之用，背面有五组小孔，两两相通。玉銙共十八块，十二块为扁长方形，正面四角各有一穿透之小孔，背面亦有四斜孔相连。其中有两块，在中部靠近

[1]　邹世魁：《吉林省德惠县发现辽金时期银质符牌》，《文物》1986年第5期，第89页。
[2]　王志敏：《通化市出土金元时期银锭》，《吉林文物》1984年第11期。

边沿处有一长方孔，内壁有一凹槽，边沿处有磨损痕迹，其位置应在人腰之两侧，长方孔为系挂佩饰之用。还有六块为桃形，扁平体，正面有三小穿孔，一大圆孔，背面亦有三个小斜孔与正面之孔相连。此带散乱于死者腰部。全长81厘米。

金代玉质器皿较为少见，在农安窖藏中出土青玉质盘、碗各一件（图三二二，1、2），器身均有许多深色斑点。

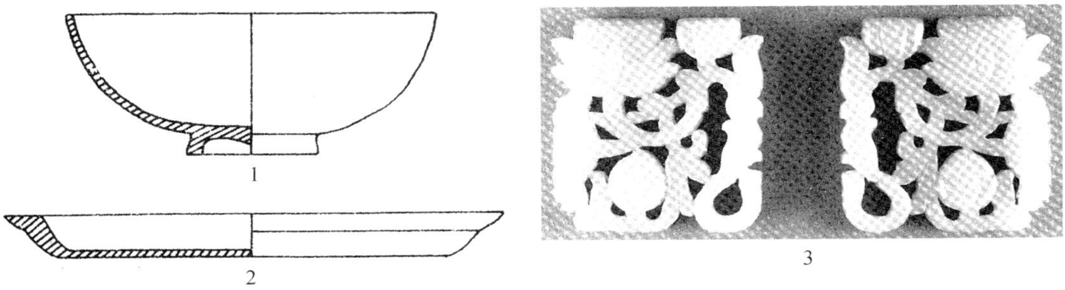

图三二二　吉林省出土的金代玉器

1. 玉碗　2. 玉盘　3. 荷花玉饰件（1、2. 农安窖藏　3. 完颜娄室墓）

完颜娄室墓早年被盗，出土的部分玉器现藏于旅顺博物馆。有玉柄铁刀三件、狮形玉饰件一件、荷花玉饰件一对。荷花玉饰件图案对称，由灰白色玉石雕刻而成，其透雕的图案为开放荷花、待开苞蕾及莲蓬、荷叶相互缠绕，整体近方形，正面凸出，富有立体感，背面扁平（图三二二，3）。

完颜希尹家族墓地出土一对“春水”玉，直径2.4厘米。玉为绿色，夹杂红褐色沁斑。在圆环内以透雕和浮雕相结合的技法，雕刻出海东青捕捉天鹅的形象，天鹅下方还雕出祥云图案（图版八，2）[1]。构思极为巧妙。

（六）骨器

骨器发现不多。在德惠后城子金代古城F2发现几件，均磨制而成，器形有管、环、笄、骰子等（图三二三，1～3）。管利用动物肢骨磨制而成，表面光滑，横截面椭圆形。骨环为圆形，表面光滑，截面圆形。笄通体瘦长，尖端锐利，尾细有弯。骰子呈圆角方形，六面分别刻有1～6个小圆凹坑。在梨树偏脸城还发现一件骨牌，扁长方体，正面刻有“五三”字样。

[1] 见古方主编：《中国出土玉器全集》2《内蒙古 辽宁 吉林 黑龙江》，科学出版社，2005年，第192、193页。

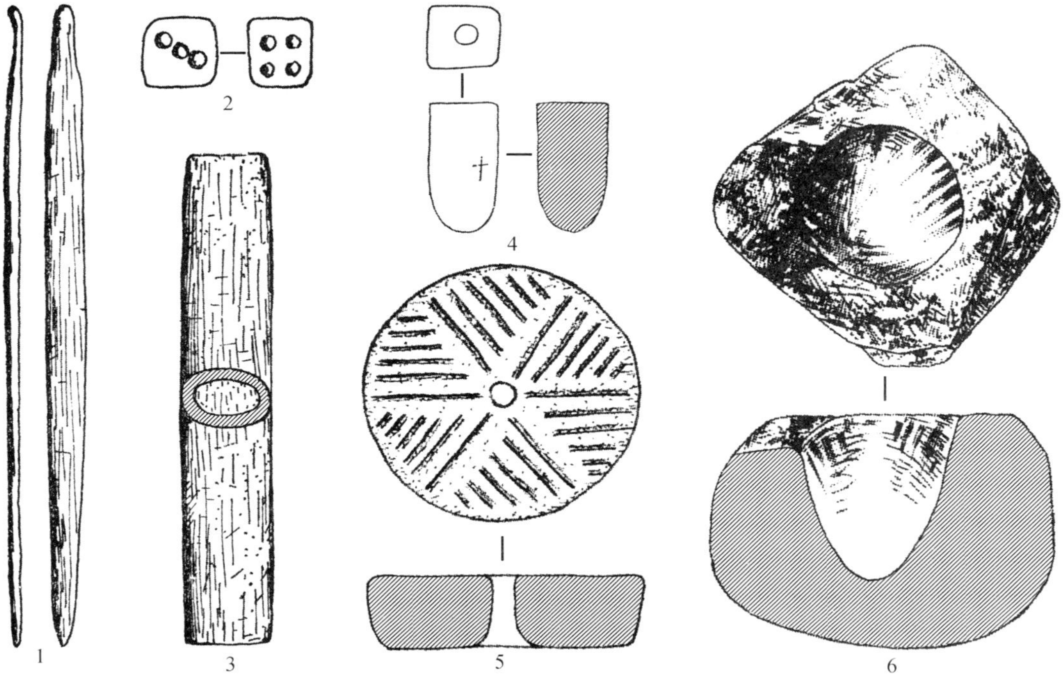

图三二三　吉林省金代遗址出土的骨器、石器

1. 骨笄　2. 骰子　3. 骨管　4. 石杵　5. 石磨　6. 石臼（1～4. 德惠后城子古城　5、6. 德惠李春江遗址）

（七）石器

吉林省发现的石臼、石杵和石磨特别多。德惠后城子古城F1出土3件石杵，其中1件较小，长21.6、宽10厘米。器身刻划有“＋”字纹。尾端正中有安柄圆孔，直径3.2、深0.6厘米（图三二三，4）。德惠李春江遗址出土的石臼呈半球体，形制不甚规则，上口大致为三角形，正中有用于捣米的圜底臼巢，内壁有竖向凸棱，臼直径64、高46.5厘米、臼巢直径32、深33.2厘米（图三二三，6）。李春江遗址还出土一件较完整的磨盘，直径34、高10厘米。红褐色，圆台体，中部有直径3.2厘米的孔，上表面分六区，凿有平行沟槽，槽间距2.4厘米（图三二三，5）。

（八）石雕

吉林省金代墓葬前常立着一组石雕。这类石雕数量很多，许多地名叫“石羊山”或“石人沟”的，往往都存在金代石雕。以完颜希尹家族墓地数量最多、保存较好[1]。石雕内容包括石望柱、石虎、石羊、石人，多各有一对，石人有的为两对。望柱由座、身、首三部分组成，柱身截面有六棱、八棱形。石虎为蹲坐姿势，神情较呆板。石羊为卧姿，身下有连体石座。石人文武官相对，均戴幞头，穿袍，腰束带，脚穿靴，脚下也有连体座。文官双手执笏，武官双手交叉，手下垂一柄长剑（图三二四）。

1　2　3　4

图三二四　完颜希尹家族墓地石刻

1. 文官　2. 武官　3. 石羊　4. 石虎

在完颜娄室墓碑亭遗址内还保留着一座石龟趺。石龟趺的形状为：四肢伏地，头已残缺，颈两侧各有五道斜纹，后尾低垂。龟背为龟甲纹，共有六边形14个，周围是一圈雷纹，雷纹以下是一圈“S”纹。龟腹两侧有对称的半浮雕式花纹，长方形，其图案为缠枝花草。龟趺残长2.4、宽1.5、高0.85米；龟背壳厚0.3米，背上穿孔梯形，上口长1.1、宽0.31米，下口长0.63、宽0.31、深0.35米；龟趺两侧浮雕分别长0.54、宽0.45米；底座厚0.1米（图三二五）。

［1］　庞志国：《完颜希尹家族墓群石雕艺术初探》，《文物》1982年第3期，第75～78页。吴敬、顾聆博、梁娜：《吉林省舒兰市金代完颜希尹家族墓地及其私城的复查》，《边疆考古研究》第11辑，科学出版社，2012年，第49～62页。

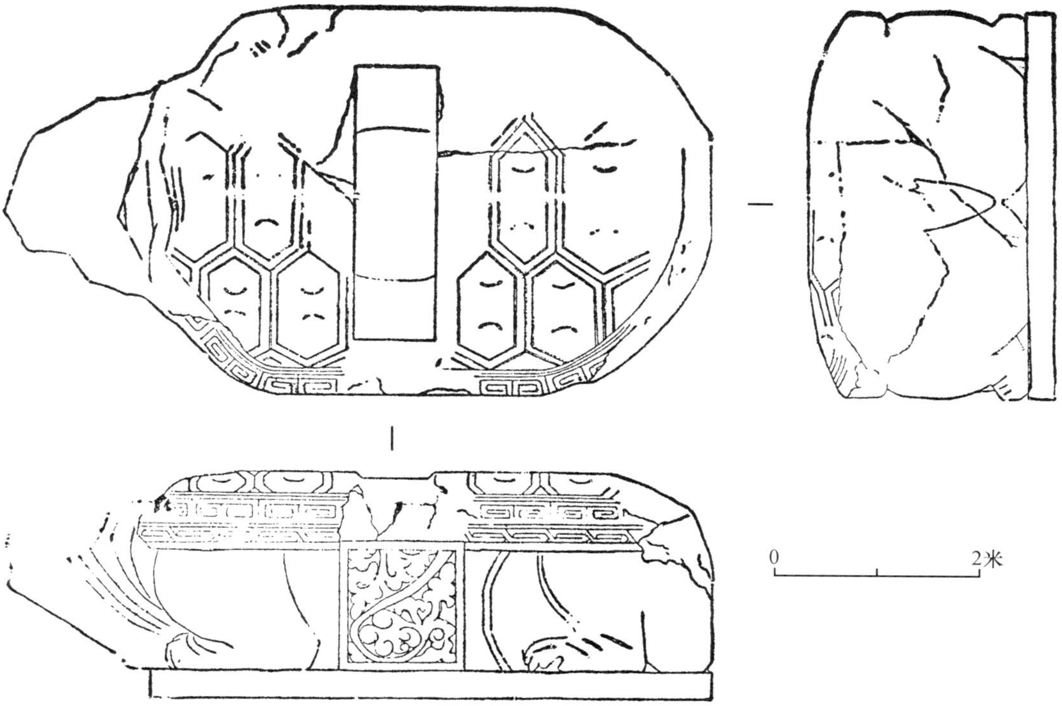

图三二五　完颜娄室墓碑亭内石龟趺

七、社会经济

吉林省在金代社会经济达到了古代历史上的顶峰。从考古上来看，主要表现为两个方面，一是遗存分布广泛，在省内所有县市都有发现，以自然条件较好的中部、北部地区遗迹数量最多。城址达到260多座，遗址数量超过千处。经过发掘的遗址内大都有带火炕的房址、灰坑等遗迹。二是文化层堆积厚，遗物丰富。偏脸城灰层厚3～4米，塔虎城的文化层厚达1.5～5米，可见当时人们活动之频繁。有的城址和遗址地表上遗物俯拾即是，包括砖瓦等建筑构件、陶器、瓷器、铜器、铁器、骨器、石器及铜钱等，种类俱全。瓷器中有很多是来自中原地区的定窑白瓷产品，铁器以农业生产工具、生活用具为主，也有一些渔猎工具、车马器等。铜器中最常见的是各类铜镜，铜钱数量就更多了。在省内发现的钱币窖藏很多，从中可以窥见当时人们所积累的财富。

吉林省金代经济的繁荣主要得益于农业经济的迅速发展提高。金代统治者十分重视农业生产，他们把大量的汉人迁到东北地区，带来了先进的生产技术，促进了当地经济的发展。金代遗址中出土、采集到的农耕工具很多，不仅类型齐全，而且同一种器具有不同的形式，以适应不同农作活动的需要。在遗址和城址中，一般都有许多石磨盘、石臼、石杵发现。在不少遗址中还发现了储藏粮食的窖穴，揽头窝堡F6窖穴内的粮食残迹经鉴定为谷子。通过对德惠李春江遗址H18的尝试性浮选，发现了比较丰富的炭化植物遗存，其中以两种小米（粟、黍）为主，尤其是以粟的数量占绝对优势[1]。《金史》记载，金太宗天会元年（1123年）九月“癸酉，发春州粟，赈降人之徙于上京者”。天会二年（1124年）“诏发宁江州粟，赈泰州民被秋潦者”。可见，吉林省部分地区在金代的确以粟为主要粮食作物，春州（即长春州，今白城城四家子古城）、宁江州（松原伯都古城）储存着大量的粮食，可以供朝廷赈济之用。

从考古发现来看，渔猎工具数量少于农业工具，说明渔猎经济只占次要地位，作为农业经济的补充。手工业也十分先进，铁器、铜器制作水平都很高，尤其是铜镜工艺高超，具有鲜明的自身特色。

八、与周邻地区考古遗存的比较

吉林省境内的金代遗存主要包括了城址、居住址和墓葬几大类，但这只是东北地区乃至全国范围内金代遗存的一部分。城址和居住址在邻近的黑龙江、内蒙古、辽宁及俄罗斯滨海地区都有大量的发现，特点也基本相同。

我们主要以墓葬与周边进行对比。吉林省金墓类型较少，无论是土坑墓，还是砖室墓、石室墓，都流行火葬，以石函作为葬具，随葬器物很少。石函墓在吉林、黑龙江发现最多，在辽宁[2]、内蒙古[3]及更南的地区只有有零星发现。吉林省还发现一些石椁墓，墓主人身份都很高，在黑龙江、北京也有发现，北京金代皇陵也采用这种墓葬形制。内蒙古、辽宁的金墓中有许多方形[4]、六边形[5]及八边形[6]的砖室墓，有的还带壁画，随葬器物也较为丰富，显然是沿袭了当地辽代的传统，与相邻的吉林省的金墓显示了较大的差异。

黑龙江东北部的绥滨地区也发现过一些金代墓葬，如中兴墓群[7]、奥里米墓

[1] 杨春、梁会丽、孙东文、赵志军：《吉林省德惠市李春江遗址浮选结果分析报告》，《北方文物》2010年第4期，第52、53页。

[2] 邱金辉：《辽宁朝阳县联合乡金墓》，《华夏考古》1996年第3期，第60～64页。

[3] 邵国田：《内蒙古敖汉旗英凤沟金代墓地》，《文物》1987年第8期，第57～60页。

[4] 陈大为：《辽宁朝阳金代壁画墓》，《考古》1962年第4期，第182～185页

[5] 韩国祥：《辽宁朝阳市金代纪年墓葬的发掘》，《考古》2012年第3期，第51～58页。

[6] 李逸友：《昭盟巴林左旗林东镇金墓》，《文物》1959年第7期，第63、64页。朱志民：《内蒙古敖汉旗老虎沟金代博州防御使墓》，《考古》1995年第9期，第802～807页。

[7] 林秀贞、张泰湘、杨志军：《黑龙江畔绥滨中兴古城和金代墓群》，《文物》1977年第4期，第40～49页。胡秀杰、田华：《黑龙江省绥滨中兴墓群出土的文物》，《北方文物》1991年第4期，第71～77页。

群[1]等，墓葬有封土，有的封土下有多座墓葬。1974年发掘的奥里米M5为积石墓。多为长方形土坑墓，大多有木棺，火葬为主，特别之处在于先将尸骨火化后，再在墓穴内把木棺、骨灰及随葬品一同加以火烧。墓葬出土器物较为丰富，中兴共发掘12座墓，虽然早期被盗严重，但是仍出土300余件器物，其中瓷器很多，以定窑白瓷为主。金银器也不少。尤其值得注意的是，这里出土的陶器造型与吉林省金代陶器大异其趣，流行瓜棱罐。绥滨地区的主要人群在辽代被称作“五国部”，在金代仍然保持了自身的传统，与建立金朝的女真人在葬俗上有明显的区别。

金朝统治下的华北地区大量使用带墓道的砖室墓，且大多为仿木结构砖雕壁画墓，这是继承了北宋和辽的传统，吉林省目前极少发现砖室墓，且都没有仿木结构和壁画。

女真人虽然在葬俗上吸收了宋、辽墓葬的一些因素，如墓前排列石像生等，但是在女真人聚集的地区，主要采用石函火葬墓，高级贵族则多使用石椁墓，说明女真人在强烈汉化[2]的同时，至少在丧葬形式上保持了一些自身的传统。

九、东夏国遗存

东夏国是金朝末年，金宣抚使蒲鲜万奴（又叫“完颜万奴”）在今吉林、黑龙江东部地区及俄罗斯滨海地区建立的一个地方割据政权。1215年立国，1233年被蒙古消灭，存国19年。

（一）城址

东夏时期大多沿用金代的城址，这类城址在延边地区应该是很多的，但是由于城址内采集遗物较少，且东夏与金代一脉相承，遗物没有太大的区别，目前所能确定的东夏使用的城址很少，主要有城子山山城和斐优城，主要是因为发现了不少东夏官印，其被东夏使用过是肯定的，但是否始建于东夏，恐怕得靠考古发掘来确定了。城子山山城面积相当大，出土遗物十分丰富，可能是东夏国的南京。

---

[1] 张泰湘：《松花江下游奥里米古城及其周围的金代墓群》，《文物》1977年4期，第56～62页。方明达、王志国：《绥滨县奥里米辽金墓葬抢救性发掘》，《北方文物》1999年第2期，第36～39页。

[2] 女真的汉化问题可参考刘浦江：《女真的汉化道路与大金帝国的覆亡》，《国学研究》第七卷，北京大学出版社，2007年，第171～208页；又收入《松漠之间——辽金契丹女真史研究》，中华书局，2008年，第235～274页。

1. 城子山山城

位于延吉市东10千米长安镇磨盘村城子山山上。山城依山势而建，呈不规则的椭圆形。城墙除西面有一座山峰伸入城内外，其余地段均修筑在山峰和漫岗的脊背上，周长达4454米。城墙用石块砌筑，后用土覆盖，基宽5～7米，高1～3米。东、东北、西、东南均有城门址，除东南门外，均有瓮城（图三二六）。

图三二六　城子山山城平面图

城内中部台地上有“宫殿址”，殿基做台阶式，共九阶，其中六阶较为明显，布列有础石，由东南向西北方向一字排列。础石呈长方形，大小不等，其中一件长60、宽50厘米。殿址上还散存有青灰色布纹瓦和陶片。

城内西北部台地上，分布着大量的青灰色瓦片。在这里还采集到了天泰三年造的“南京路勾当公事之印”。城内东南部台地上也散存一些瓦片。

多年来，在城址内出土了大量的文物，包括瓦、铜器、铁器、陶瓷器和玉器等（图三二七）。铜器主要有铜印、铜镜和铜钱等。铜印多为东夏时期的。铜器还有铜砝码、小铜人像、小铜兔等。铁器有铁镞、马镫、铁斧等。瓷片中有钧窑瓷碟。除此之外，还出土了石磨、石臼、鸳鸯佩、玛瑙佩饰等[1]。

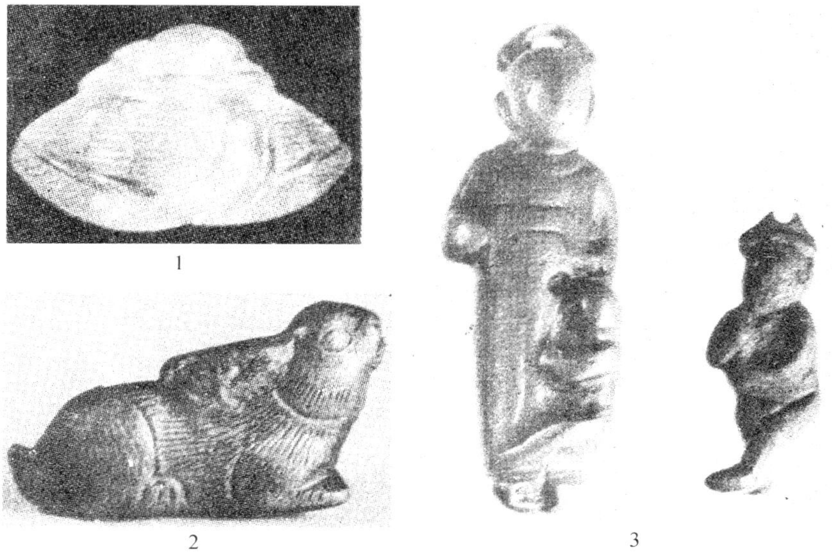

图三二七　城子山山城出土的遗物

1. 水晶鸳鸯佩　2. 铜兔　3. 小铜人

此城的始建年代或可早到渤海时期，后被金代利用，东夏时期成了行都南京的治所。由于城址并未进行过正式发掘，许多情况目前还不清楚。但是此城在东夏时期达到相当的繁荣程度则是毋庸置疑的。

2. 斐优城

位于珲春市珲春河下游冲积平原的三家子乡古城村。城址西北1千米有图们江由北向南奔流，东部和北部伸展着大片肥田沃野。

斐优城和温特赫部城一墙相连，斐优城的南墙就是后者的北墙。斐优城呈不规则的方形，周长2023米，东墙长520、西墙长521、南墙长460、北墙长522米。城墙系黄

［1］　吉林省文物志编委会：《龙井县文物志》，1984年，第66～69页。

土分层夯筑，保存较好，高3.6米，底宽9、顶宽1～1.5米。城墙上有十多处豁口。西门和南门址较为明显，皆有瓮城遗迹；东、北二墙中部的缺口似为门址，但无瓮城迹象。城墙上共有14个马面。四角各有一个角楼。城墙外8米处有明显的护城河遗迹（图三二八）。

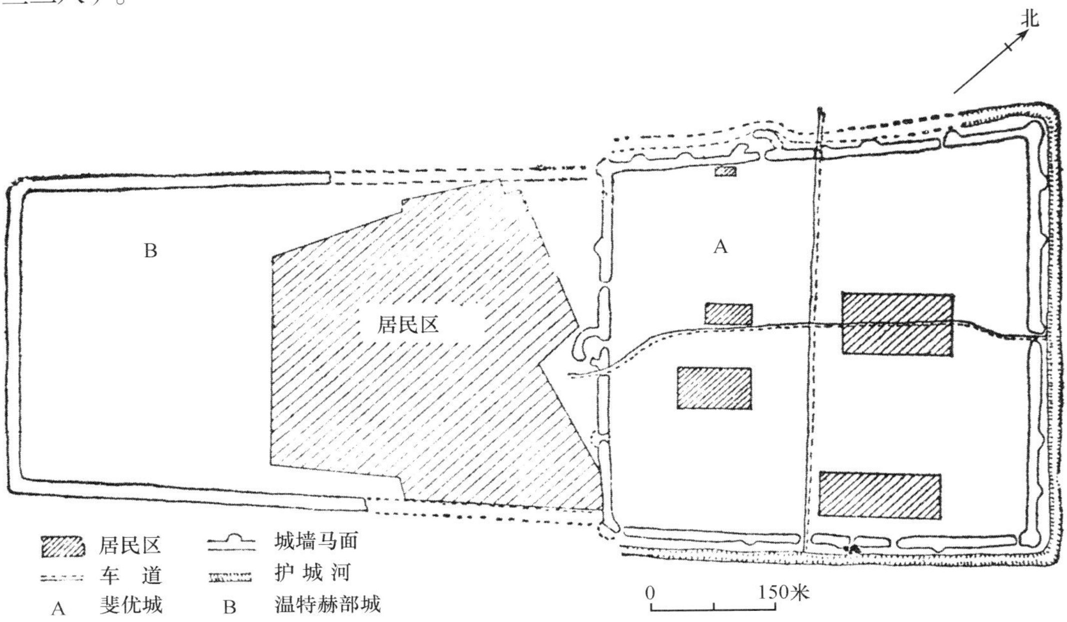

图三二八　珲春斐优城平面图

城内外发现过陶片、滴水、瓦当等遗物，还出土过9方铜印，其中有金末崇庆年号的“勾当公事威字号之印”，东夏时期带“天泰”年号的“副统所印”“行军万户之印”，带“大同”年号的“副统所印”“尚书礼部之印”等。此外还出土两颗人纽小铜印。说明斐优城可能是金代城址，后来为东夏国占据[1]。

（二）铜印、砝码等重要遗物

铜印和砝码是研究东夏历史的重要遗物。《金史》《元史》等史书只记载蒲鲜万奴于1215年建元“天泰”（图三二九，1），并没有指出天泰有多少年，后来是否又改元。根据出土的官印及砝码，目前已知道东夏还有“大同”年号（图三二九，2）。“天泰”可能有九年，“大同”可能有十年，两者相加，正好与史书记载东夏国灭于1233年，共存在19年相合[2]。通过官印、砝码上的文字，还可以窥探史籍缺载的东夏国的官制、兵制等。

[1] 吉林省文物志编委会：《珲春县文物志》，1984年，第40、41页。
[2] 张英：《东夏国纪年》，《博物馆研究》1986年第1期，第47～51页。

1　　2

图三二九　东夏官印

1. 天泰九年“行军万户之印”　2. 大同二年“尚书礼部之印”

东夏官印与金代官印一脉相承，形制、印文、书体以及排列格局，均与金代官印相同。印背刻汉字款识，首行记年月，次行为颁造机构。早期为“行部”造印，中期改为“少府监”，后期后变为“礼部”[1]。我们主要将吉林省各县市文物志上记载的出土地点明确，有东夏国纪年的铜印进行列表如下（表一）。

表一　吉林省出土东夏官印统计表

铜印名称	出土地点	尺寸、重量	背款、侧款	年代	出处
勾当公事天字号之印	珲春市三家子乡古城村斐优城南门东侧出土	印面边长6、厚1.6厘米。板纽呈梯形	纽右侧刻“天泰二年三月日”，左侧刻“□□所造”，纽顶部刻“上”字。侧面刻“勾当公事印”	1216年	《珲春县文物志》《吉林出土古代官印》
南京路勾当公事之印	城子山山城出土	印面边长6厘米，纽为长方形板状	纽左侧刻“天泰三年六月一日”。左侧面刻“南京行部造”，右侧面刻“南京路勾当公事印”	1217年	《龙井县文物志》《吉林出土古代官印》

［1］　张英、任万举、罗显清：《吉林出土古代官印》，文物出版社，1992年。

续表

铜印名称	出土地点	尺寸、重量	背款、侧款	年代	出处
行尚书六部印	镇赉县大屯乡五家子村	印面边长7.5、厚1.6厘米。长方纽，高3.2、宽4.4、厚1.5厘米。通高4.8厘米。重925克	纽右侧刻“天泰三年七”，左侧刻“月廿七日造”。右侧面刻“行尚书六部印”	1217年	《吉林省镇赉县出土东夏官印》，《考古》1993年第7期。《吉林出土古代官印》
行军万户之印（3方）	斐优城内外共出土三方。形制、文字完全相同	印面边长6.3、厚1.6厘米。板纽为梯形，高2.6、厚1.5、底宽3.1、顶宽2.7厘米。重675克	纽右侧刻“天泰九年七月分”，左侧刻“少府监造”，纽顶部刻“上”字。侧面刻“行军万户印”	1223年	《珲春县文物志》《吉林出土古代官印》
副统所印	斐优城附近	印面边长6.6厘米，梯形板纽，纽高3.7厘米	右侧面只刻“天泰”二字		《珲春县文物志》《吉林出土古代官印》
尚书礼部之印	距斐优城南墙64米处出土	印面边长7.5、厚1.8厘米。板纽高3.8、底宽3.2、顶宽3厘米。重1075克	纽右侧刻“大同二年八月日”，左侧刻“少府监造”，纽顶部刻“上礼”二字。侧面刻“尚书礼部印”	大同二年	《珲春县文物志》《吉林出土古代官印》
勾当公事之印	辉发城乡长春堡下坎出土	印面边长5.7、厚1.8厘米。长方形纽高3厘米	纽右侧刻“大同七年七月”，左侧刻“礼部造”，纽顶部刻“上”字	大同七年	《辉南县文物志》《吉林出土古代官印》
勾当公事之印	城子山山城出土	印面边长5.6厘米	纽右侧刻“大同七年七月”，左侧刻“礼部造”，纽顶部刻“上”字	大同七年	《龙井县文物志》《吉林出土古代官印》
副统所印	距斐优城南墙64米处出土	印面边长6.8厘米、厚1.6厘米。板纽呈梯形	纽右侧刻“大同八年四月日”，纽顶部刻“上”字。右侧面刻“副统印”	大同八年	《珲春县文物志》《吉林出土古代官印》
副统所印	敦化市大蒲柴河镇柳树河村村西的山坡上出土	印面边长6.7、厚1厘米。梯形纽，纽高3.5、宽2.7～2.9厘米	纽右侧刻“大同十年七月”，左侧刻“礼部造”，纽顶部刻“上”字。左侧面刻“副统印”	大同十年	《敦化市文物志》《吉林出土古代官印》
总押所印	龙井县桃源乡太阳古城出土	印面边长6.5厘米。长方形板纽。通高5.6厘米	纽右侧刻“大同十年七月”，左侧刻“礼部造”，纽顶部刻“上”字。侧面刻“总押印”	大同十年	《龙井县文物志》《吉林出土古代官印》

1985年5月，珲春县哈达门乡苗圃出土一枚身铭“大同”年号标准衡器铜砝码。砝码为铜质，呈鼓状。高3.5、面径7.8厘米，重1261.4克。正面外缘上下分别刻荷叶、荷花，两边为忍冬草纹，上下和两侧作纵横向双勾，形如一个方格，格内字作四行，

阴刻“大同六年三月日，少府监监造官王守道，作头罗力、田钗牛。雨字号”二十六字；背面外缘所施花纹图案与正面同，格内三行，刻“铜埚，大小壹拾柒件，重贰斤”十一字。在正背面间一圈阴刻花叶十株（图三三〇）。这一发现为研究东夏国的历史，提供了重要的实物资料。

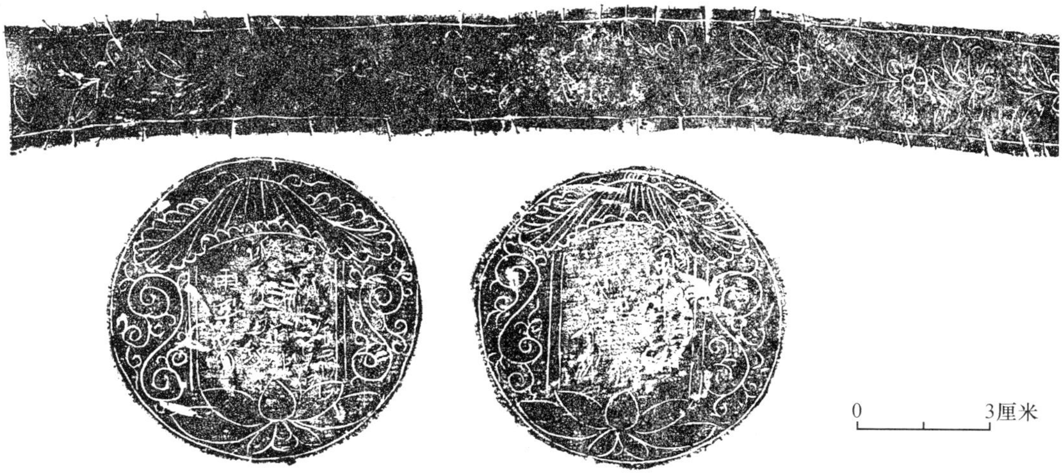

图三三〇　珲春哈达门乡苗圃出土的东夏铜砝码

东夏国沿袭金朝制度。这件衡量物品的标准器，是由“少府监”铸制。《金史》卷五十六载少府监“掌邦国百工营造之事”。根据砝码上的文字，可以推断砝码的使用，是以每组计不同重量砝码十七件，根据不同的权衡对象进行分合调换。这件砝码自铭“贰斤”，今实测定为1261.4克，按折算每斤合630.7克，与宋金制同[1]。

[1]　张英、朴太元：《吉林珲春县出土东夏铜砝码》，《考古》1987年第2期，第190页。

第九章　元代的地下文化遗产

吉林省元代考古开展比较薄弱，只有很少的遗存发现。究其原因，一方面可能是当时的遗存本来就不多，很难被发现；另一方面则可能是我们的发掘工作还太少、研究水平还不够，没能将其辨识出来。除了历年来零星发现的一些铜印、铜权、银锭之外，目前只有镇赉后少力古城和敦化市双胜村窖藏等很少遗存被断定为是元代的。前郭县塔虎城也出土一些元代遗物。我们在整理相关材料的时候，发现镇赉黄家围子墓群、前郭县王府乡三岔沟窖藏等也应是元代遗存，而以往均被定为金代，这样的遗存数量还不少，这就进一步丰富了吉林省元代遗存的种类与数量。

一、城　址

吉林省内目前能确定始建于元代的城址很少，公认的有镇赉后少力古城，塔虎城内有很多元代遗存[1]，可见该城在元代也被利用，除此之外，镇赉十家子古城也可能是一座元代城址。

1. 后少力古城

后少力古城坐落在吉林省镇赉县沿江乡后少力村西北约250米的大土岗上，东距嫩江10千米，南距月亮泡约8千米。

城址平面呈长方形，二十世纪八十年代调查时，东、西墙均长150米，南、北墙均长200米，周长700米。残高0.3～0.9米，为夯土版筑。方向为南偏东50°。2003年发表的调查资料中，西、北两墙已经荡然无存，东、南两墙尚存残迹，南墙的大部分现高为0.3～0.5米，宽约5米，只有中间约有10米长的一段现高1米，宽7米，明显高且宽出两侧的墙体，此段墙体上原来可能有建筑物。东墙只是略有隆起，尚可辨析。城的四个角略高于墙体，其上堆积着带黄、绿釉的琉璃瓦，说明在古代有装饰华丽的角楼建筑。无马面、护城河迹象。此城的门址现在已难以辨清在哪里。

在古城内，于东西两墙之间，距北墙30米处，有一高出地表约2米，长30、宽20米

---

[1] 塔虎城元代遗存主要见刘景文：《塔虎城》，《田野考古集粹——吉林省文物考古研究所成立二十五周年纪念》，文物出版社，2008年，第92～95页，特别是第95页中的钧瓷碗、黑釉碗、龙泉窑高足杯。下文提到的塔虎城元代遗存即指这些，不另作注。

的长方形大土堆，应是城内重要建筑物的遗迹。

在城址外共发现建筑址11处，分布于城址的东、西两侧。城址东侧8处，西侧3处（图三三一）。在这些建筑址上，发现不少遗物，主要有青砖、灰色布纹瓦及瓦当残块，还有灰色轮制素面陶片、酱釉缸胎瓷片、黄白釉瓷片、白地黑花瓷片等。其中在3号建筑址出土一件卵白釉二龙戏珠瓷盘，8号建筑址还发现少量黄、绿釉琉璃瓦和一件灰色的龙纹滴水及一件灰色的兽面纹瓦当，10号建筑址也发现少量绿釉琉璃瓦残块。

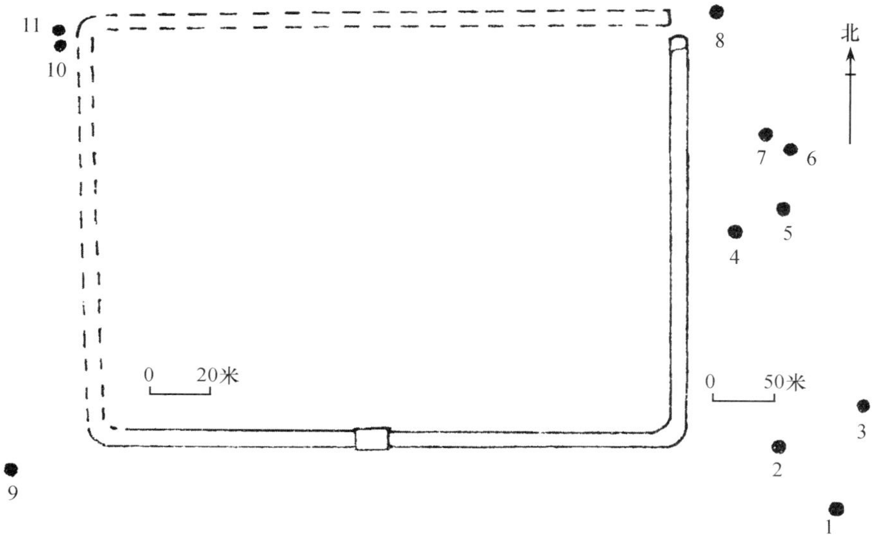

图三三一　镇赉县后少力古城平面图及城外建筑（1～11）分布示意图

历年来调查征集和在城内外采集的文物主要有瓷器、瓦当、滴水、铜钱及一些建筑构件等。瓦当纹饰有兽面纹、龙纹等。滴水均为曲边三角形，纹饰多是龙纹。还发现两件陶质坐龙。铜钱3枚，开元通宝、崇宁重宝、大定通宝各1枚。

调查者认为城内外发现的遗物大多具有元代特点，将其定为元代城址[1]。

2. 镇赉十家子古城

镇赉十家子古城位于镇赉县丹岱乡十家子村（屯）内，居嫩江右岸，距主河道仅两千米。该城二十世纪八十年代之前就已经荡然无存，根据考古人员的调查和当地老人的记忆，得知古城东、西墙均长50米，南、北墙均长70米，周长240米。开东、西、南三门，门宽6米，无角楼、马面、护城河等设施。城方向为南偏东10°，城墙夯土版筑。

古城内早已全部为民房所占，民房周围散布少量陶瓷片。城内据说还采集到过元代青花瓷盘残片。1964年在城内建房时，挖出两件瓷器，一件为黄白釉铁花瓷坛（图

[1]　吉林省文物志编委会：《镇赉县文物志》，1985年6月，第109、110页。吉林省白城市博物馆：《吉林省镇赉县后少力古城调查》，《北方文物》2003年第4期，第47～52页。

三三二，1），另一件为黄白釉铁花瓷钵（图三三二，2）。1985年在城中还征集到一件陶马头（图三三二，3），应是建筑构件。

图三三二　镇赉十家子古城出土遗物

1. 白地黑花瓷坛　2. 白地黑花瓷钵　3. 陶马头

从发表的这三件器物看，均具有较为鲜明的元代特点[1]。因此，十家子古城可能也是一座元代城址，至少在元代使用过。至于是否在更早的辽金时期就已经建成，则需要做更多的工作才能得出结论。

二、居　住　址

吉林省报道的金代居址较多，实际上有些可能是元代的，如彭善国先生已经指出双辽电厂贮灰场遗址出土的一件内底有黑花“王”字的瓷碗、长春市郊南阳堡遗址采集的一件黑釉剔花飞凤纹罐残片为元代产品，并且提示双辽电厂贮灰场遗址应包含部分元代遗存[2]。我们对此亦深表赞同，双辽电厂贮灰场遗址虽然也发现了少量青铜时代和辽代遗物，但遗址的主体年代应该是在元代。

此外，还有一些遗址也包含有元代遗存，如前郭县羊营子遗址、德惠江心岛遗址等。

[1] 类似的瓷器还见于包头燕家梁遗址、元上都遗址、元中都遗址等元代遗址，见内蒙古自治区文物考古研究所、包头市文物管理处：《包头燕家梁遗址发掘报告》，科学出版社，2010年。魏坚：《元上都》，中国大百科全书出版社，2008年。河北省文物研究所编著：《元中都：1998～2003年发掘报告》，文物出版社，2012年。陶马头与元中都遗址出土的也很接近。

[2] 彭善国：《试述东北地区出土的金代瓷器》，北方文物，2010年第1期，第50～54、87页。

1. 双辽电厂贮灰场遗址

双辽电厂贮灰场清理了八座房址。房址大多分布于沙岗东南坡，呈西南—东北向，均为长方形地面建筑，残留有四壁、门道、灶台、火炕等。墙壁用沙土拍打而成，多在墙基发现石块，可能为柱础。门道多开于东南壁的中段。室内普遍建造火炕，且多流行折尺形炕。火炕多建在室内的西、北或东、北靠墙处，均有2～3条烟道，烟道与一端的灶址和另一端的烟囱相连。

以93IIF3为例，平面呈长方形，面阔9、进深5.5米。残存的墙基是从房外挖取纯净的细黄沙沉积、拍打而成，宽0.6、残高0.45米。门道位于东墙偏北处，宽0.9米。室内居住面为松软黄沙。靠西壁和南壁的西部，有曲尺形火炕，南部长2.5、西部长3.5、宽约2米。火炕有三条烟道，烟道两壁挂有少量烟炱。烟道北端与灶相通，灶膛四周用石块砌成圆形，直径0.5、深0.35米，灶口开在灶的东侧，宽0.2米。烟囱位于房址东南角，圆形，直径0.25米（图三三三）。在居住面上发现1个、在室外活动面发现2个较完整的犬头骨。该房址出土遗物丰富，石器有磨棒、砺石、石饼；铁器有镞、钉；铜器有镯；陶、瓷器有铁花黄白釉瓷碗以及较多的陶瓷片，器形有双系罐、碗、盘、罐、甑底；缸胎器有瓮、鸡腿坛、罐等。还有动物肢骨、头骨、牙齿[1]。

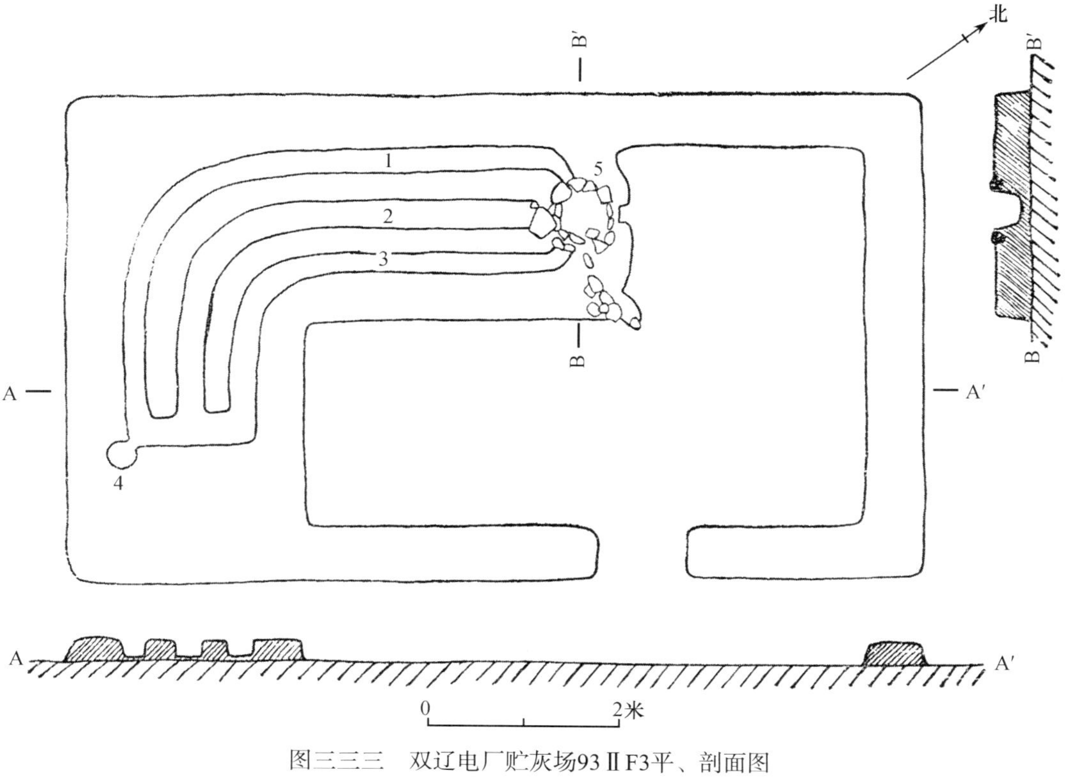

图三三三　双辽电厂贮灰场93ⅡF3平、剖面图

1～3. 烟道　4. 烟囱　5. 灶

[1]　吉林省文物考古研究所、四平市文管会办公室、四平市博物馆：《吉林双辽电厂贮灰场辽金遗址发掘简报》，《考古》1995年第4期，第325～337页。

2. 前郭县羊营子遗址[1]

该遗址位于前郭县穆家乡羊营子屯，在屯北和屯西均发现有古代遗址，元代遗存主要见于羊营子西遗址，遗址东西约500、南北约750米。遗物较丰富，有不少“铁锈花”瓷片。遗址上曾经出土过较完整的器物，如黑釉三系瓶（图三三四，2）、酱釉四系罐（瓶）等。还有白釉梅瓶2件（图三三四，1），口部已残，细短颈，广肩，腹下部内收，假圈足外侈，这是磁州窑典型遗物，在三道岗元代沉船也发现过[2]，亦见于敦化双胜窖藏。另外还发表两件有绘花纹饰的瓷片（图三三四，3、4），不难看出应是龙凤纹大罐的下部残片，也是典型的元代磁州窑器物。

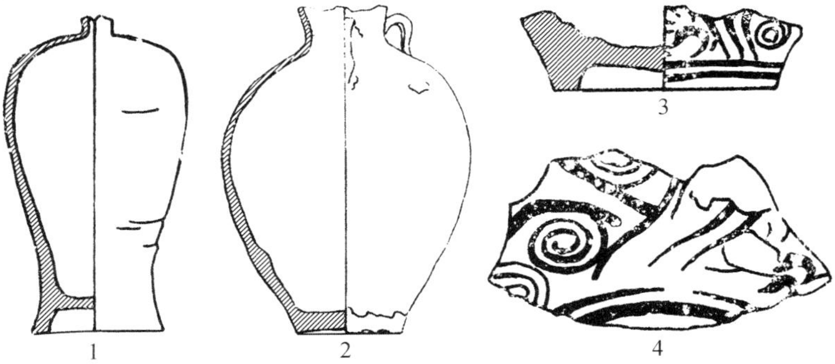

图三三四　前郭县羊营子遗址出土元代瓷器

1. 白瓷梅瓶　2. 黑釉三系瓶　3、4. 白地黑花罐残片

3. 德惠江心岛遗址[3]

遗址位于德惠叉路口乡毛家村张家坨子东北1500米的松花江江心岛上，小岛中西部有一南北走向的沙丘，遗址坐落在沙丘东坡。在南北长100、东西宽50米的范围内，采集到一些陶瓷器残片，其中两件白地黑花罐（图三三五）明显为元代磁州窑产品，说明该遗址应包含元代遗存。

图三三五　德惠江心岛遗址采集的元代磁州窑瓷片

[1]　吉林省文物志编委会：《前郭尔罗斯蒙古族自治县文物志》，1983年，第28～30页。

[2]　张威主编：《绥中三道岗元代沉船》，科学出版社，2001年，第114页。

[3]　吉林省文物志编委会：《德惠县文物志》，1983年，第21～23页。

三、墓　　葬

扶余岱吉屯墓曾出土过一件带“至正年制”款的五彩碗，发掘者认为是元代晚期产品[1]，并将这批墓葬及扶余石桥欢迎砖场墓[2]定为元末至北元时期。而很多学者持不同意见，认为瓷器属于明代[3]。围绕这一问题，在20世纪90年代展开了热烈的讨论。我们同意后一种观点，这些墓葬无论在形制，还是随葬器物方面，均与扶余油田砖厂明墓[4]十分相似，将其当成元代墓葬并不符合事实。

吉林省其实是发现过元代墓葬的，即镇赉黄家围子墓群，只不过以往一直被误认为是金代墓葬。

黄家围子墓群位于吉林省最北部的镇赉县，处于坦途镇黄家围子屯西端一处南北走向的沙岗上，向北不远便是黑龙江省。1985年吉林省文物考古研究所在这里进行了考古发掘，发现了新石器时代遗存和7座晚期墓葬[5]。

这7座墓皆为土坑竖穴木棺墓。墓圹一般长195～220、宽60～80、深40～70厘米。木棺一般长170～190、宽40～50厘米。葬式皆单人一次葬，多为仰身直肢葬，个别为侧身屈肢或仰身屈肢葬。墓向（头向）多在北偏东15～40°，仅一座为北偏西40°。随葬品不甚丰富，少者一两件，多者十几件。多随葬羊肢骨、矩骨和肩胛骨。其他随葬品的位置较有规律，生产工具、兵器多置于上肢两侧，而马具则多置于棺尾部（图三三六；表二）。

发掘者将墓葬年代定在“金代中期或偏晚一些”，不少研究者也基本同意这种看

[1]　张英：《从“至正年制”彩瓷碗的发现谈“大明年造（制）”款瓷器的年代》，《文物》1994年第2期，第62～71页。张英：《吉林扶余岱吉屯元墓出土瓷器》，《文物》1994年第9期，第41～53页。张英、孙忠国、郑新成：《吉林扶余岱吉屯元墓第二次清理简报》，《文物》1996年第11期，第69～79页。

[2]　张英、唐小轩、孙忠国、郑新成：《扶余市石桥欢迎砖场元墓清理简报》，《文物》1995年第4期，第32～46页。

[3]　曹淦源：《“至正年制”款彩瓷碗与嘉靖红绿彩瓷》，《文物》1994年第8期，第74～80页。李铧：《也谈岱吉屯墓出土“至正年制”碗的年代》，《文物》1995年第4期，第58～60、57页。欧阳世彬：《从景德镇官窑的书款制度看岱吉屯“至正年制”款彩瓷碗的年代及其他》，《文物》1997年第5期，第62～70页。葛师科：《也谈巴思八文款青花瓷器的年代》，《文物》1997年第6期，第43～47、38页。

[4]　吉林省文物考古研究所：《扶余明墓》，文物出版社，2011年。

[5]　吉林省文物考古研究所：《吉林镇赉县黄家围子遗址发掘简报》，《考古》1988年第2期，第141～150页。

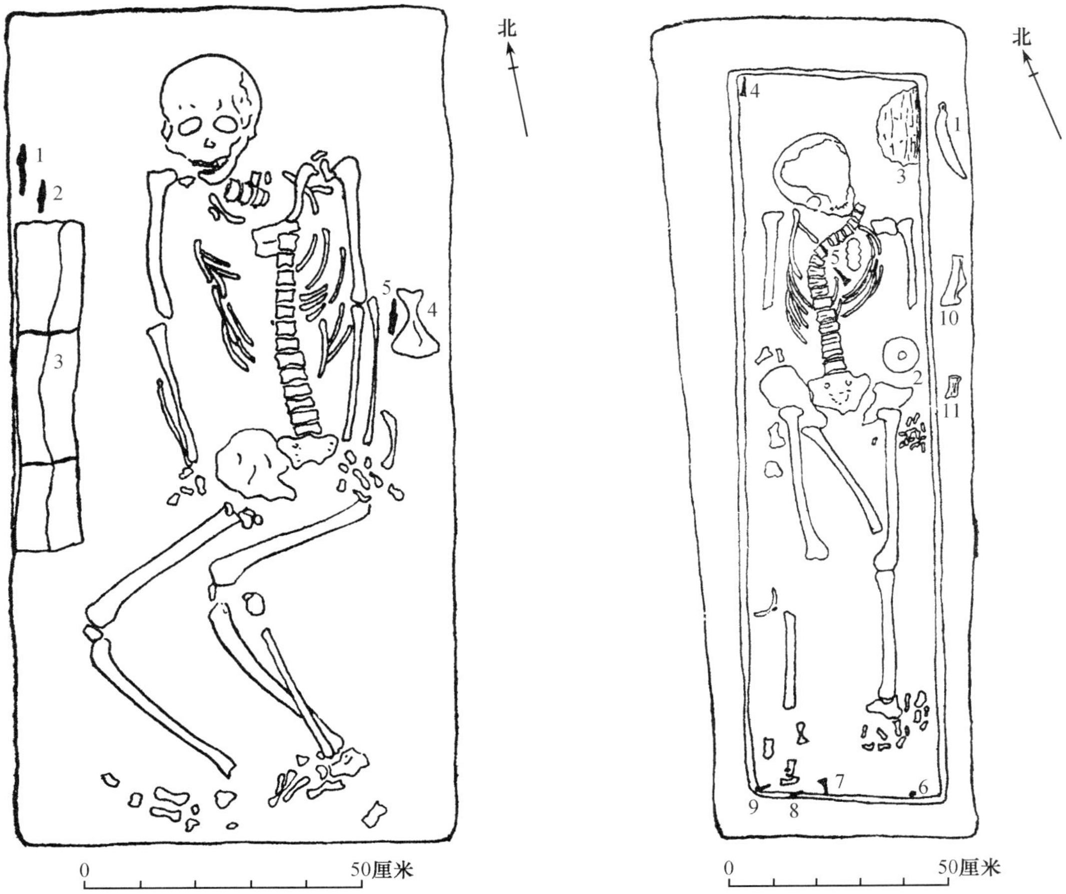

（1、2、5. 铁镞　3. 桦皮箭囊　4. 羊肩胛骨）

（1. 铁镰　2. 铜镜　3. 桦皮器　4～9. 铁棺钉　10. 羊肩胛骨　11. 羊矩骨）

图三三六　镇赉黄家围子M1（左）、M2（右）平面图

法，并认为墓主是女真平民[1]，实际上，这几座墓应属蒙元时期，较为显著的特点是没有陶器、瓷器、铁锅等随葬品，另一个突出特点是每座墓均出土羊骨。从表二还可以清楚地看出随葬品有明显的男女之别，马具（马镫、马衔）、兵器（箭镞、箭囊）只出现在男性墓葬中，而铜镜、铁镰则专属于女性墓。

[1]　陈相伟：《试论金代石椁墓》，《博物馆研究》1993年第1期，第81～88页。陈相伟：《吉林省辽金考古综述》，《北方文物》1995年第4期，第44、45页。赵永军：《金代女真人墓葬探析》，《中国考古学会第十四次年会论文集 2011》，文物出版社，2012年，第509～527页。

具有类似特点的墓葬在我国内蒙古[1]及蒙古国[2]等地区均有较多发现，时代多在12世纪到13世纪，即蒙元时期，墓主是蒙古人。因此，可以推断黄家围子墓群也应是蒙元时期蒙古人的墓，考虑到蒙古人进入这一区域应该在金末卫绍王之后，墓葬年代应该在13世纪。

黄家围子墓地有4座墓出土了桦皮器，M1、M3出土者性质十分明确，皆位于男性身侧，是用来装箭的箭囊。M2、M7为女性墓，M7没有墓葬平面图，无从得知桦皮器在墓中的位置，从M2平面图来看，桦皮器位于女性头部一侧（图三三六，2），有可能就是蒙古族女性常戴的姑姑冠。

表二　镇赉黄家围子墓地出土器物表

墓号	墓主性别	出土物			
		动物骨骼	马具	兵器	其他
M1	男	羊肩胛骨1		桦皮箭囊1、铁镞2、铁削（？）1	
M3	男	羊肩胛骨1 羊肢骨1	马衔1	桦皮箭囊1、铁镞2、铁削1	铁带卡1、铜钱6
M4	男	羊距骨1			残铁器1
M5	男	带距骨的羊肢骨1		铁削1	铁环1
M6	男	羊肩胛骨1 羊肢骨1	马镫2 马衔1	铁镞5、铁削1	铁环4、铁泡1
M7	女	羊肩胛骨1 羊肢骨1			铜镜1、铁镰1、桦皮筒1、铜环1
M2	女?	羊肩胛骨1 羊距骨1			铜镜1、铁镰1、桦皮器1

在简报后还附有人骨鉴定报告，鉴定结果表明，这些人（除M4墓主）的体质“具有北亚蒙古人种的特点”[3]。这与元上都三面井墓群人骨体质特征相近[4]。这也是将这些墓判定为蒙元时期蒙古人墓的强有力旁证。

---

［1］　魏坚：《元上都》，中国大百科全书出版社，2008年，如锡林郭勒盟正镶白旗三面井墓地、正蓝旗一棵树墓地。

［2］　纳旺著、金柱译：《关于中世纪蒙古人的丧葬习俗》，《蒙古学资料与情报》1988年第2期，第26～29页。

［3］　贾莹：《镇赉县黄家围子金代人头骨的研究报告》，《考古》1988年第2期，第151～156页。

［4］　方启、魏东、魏坚：《元上都周围墓葬出土元代人骨研究》，《元上都》（上），中国大百科全书出版社，2008年，第103～170页。

四、窖　藏

吉林省元代窖藏发现不少，主要是瓷器窖藏。以往有一些被判断为金代窖藏，如前郭县王府乡三岔沟窖藏、镇赉县丹岱乡立新村窖藏等，实际上也应属于元代。

1. 敦化市双胜村窖藏

窖藏位于双胜村村委会东北约200米处，是在施工过程中发现的，文物被哄抢，随后进行了抢救性发掘，并追回了一些遗物。由于施工破坏，窖藏坑开口层位不清楚，周围亦未发现与之关联的文化堆积。从残存迹象推断，窖藏坑大体呈锅底形，坑口直径约2米，坑底直径约0.8米，深约1.7米。坑内东西向排列三个缸胎粗瓷缸，仅东侧一个完整，所有遗物即发现于这三个瓷缸中。共出土可复原的器物124件，以瓷器为大宗，其次为三彩釉陶，另有少量铜器、铁器和陶器。此外还发现北宋“元丰通宝”铜钱1枚。双胜窖藏内涵丰富，是吉林省最重要的一处元代窖藏[1]。

2. 前郭王府乡三岔沟村窖藏

窖藏位于前郭县王府乡三岔沟村后沟子屯，是一居民在宅院中挖土打墙时发现的。这里地处松花江二级台地，周围山丘起伏，泉水充沛，土质肥沃。遗址东西长750、南北宽250米，后沟子屯便坐落在遗址之上。每当村民挖沟建房时，常常发现铜钱、瓷片、陶片等文物。屯南有条大沟，沿沟东行约3.5千米许，有一座辽金时期的那拉街古城。

窖藏距离地表约50厘米，陶瓷器盛放在一只四耳铜锅中，上面用一块大石板加以封盖。陶瓷器共13件，包括青瓷大碗1件、白地黑花碗2件、白地黑花盘2件、黑釉条斑纹碗2件、黑釉盘1件及三彩盘5件[2]。

3. 双辽双建窖藏

1984年在双辽县建设乡双城村双建遗址发现，有陶瓷器12件、铁器11件、石器3件、骨器1件。瓷器中有3件白地黑花碗，内壁均以黑彩绘双环，内底有“王”字或抽象草叶纹，白地黑花罐、白地黑花四系瓶各1件，此外还有茶绿釉瓮1件、绿釉罐2件、茶绿釉四系瓶1件、青灰釉三系瓶1件、黑（紫）釉碟1件。陶器有刻划莲花纹陶罐

---

［1］　王星中、王波、彭善国：《吉林省敦化市双胜村元代窖藏》，《边疆考古研究》第7辑，科学出版社，2008年，第438～445页。王星中、王波：《绚丽多彩的敦化双胜元代窖藏文物》，《东北史地》2009年第1期，第53～55页。

［2］　洪峰、志立：《吉林省前郭县金代窖藏瓷器》，《北方文物》1991年第2期，第34、35页。

1件。铁器有六耳铁锅（2件）、车辖、铁环、铁锹、铁锄、铁犁等，石器有石斧、石杵、磨石各1件，骨器有1件骨梭。出土时，所有器物依大小套扣在一起，零星小件则放置在铁锅内，无疑是一处窖藏[1]。

4. 镇赉县丹岱乡立新村窖藏

位于镇赉县丹岱乡立新村西一处遗址边缘，该遗址坐落在东西宽约200、南北长约250、高约5米的沙土岗上，东距嫩江15千米。此窖藏为椭圆形土坑，深1.45、宽0.8～2米，其内出土文物共12件，计瓷器10件，六耳铁锅2件，相互叠压倒置于坑内。瓷器有碟、盘、碗、壶、坛、瓮等。碟、盘内有涩圈。碗为白地黑花，是磁州窑产品。此外，在该窖藏坑底最下部还出土了100余根涂朱红漆的竹签，较细，长短相差不多，约为10厘米[2]。

5. 敦化市林胜乡新房子村窖藏

窖藏位于敦化市林胜乡新房子村，由农民在一小山坡种地时发现，是一处以钧瓷为主的瓷器窖藏。埋藏状况不清楚。完整瓷器有40件，计碗5件、钵6件、盘14件、碟15件。釉色主要有灰蓝釉、天青釉、月白釉等。胎质粗糙，火候较高。部分采用涩圈叠烧法[3]。

五、重要遗物

吉林省发现的元代遗物主要有镇赉后少力古城内的建筑构件及窖藏内出土的陶瓷器。另外就是历年来零星发现的一些铜印、银锭等遗物。

（一）建筑遗物

主要发现于后少力古城。有青砖、布纹瓦、瓦当、滴水等。瓦当纹饰有兽面纹和龙纹。兽面作蒜头鼻。滴水均为曲边三角形，纹饰多是龙纹。滴水上有的还施釉，纹饰多模糊不清。还发现两件陶质坐兽（图三三七）。

---

［1］　吉林省文物志编委会：《双辽县文物志》，第66～70页。
［2］　刘雪山：《吉林镇赉县出土金代窖藏文物》，《考古》2000年第1期，第95、96页。
［3］　姚震威：《吉林敦化市出土金代窖藏瓷器》，《博物馆研究》1996年第3期，第102、101页。

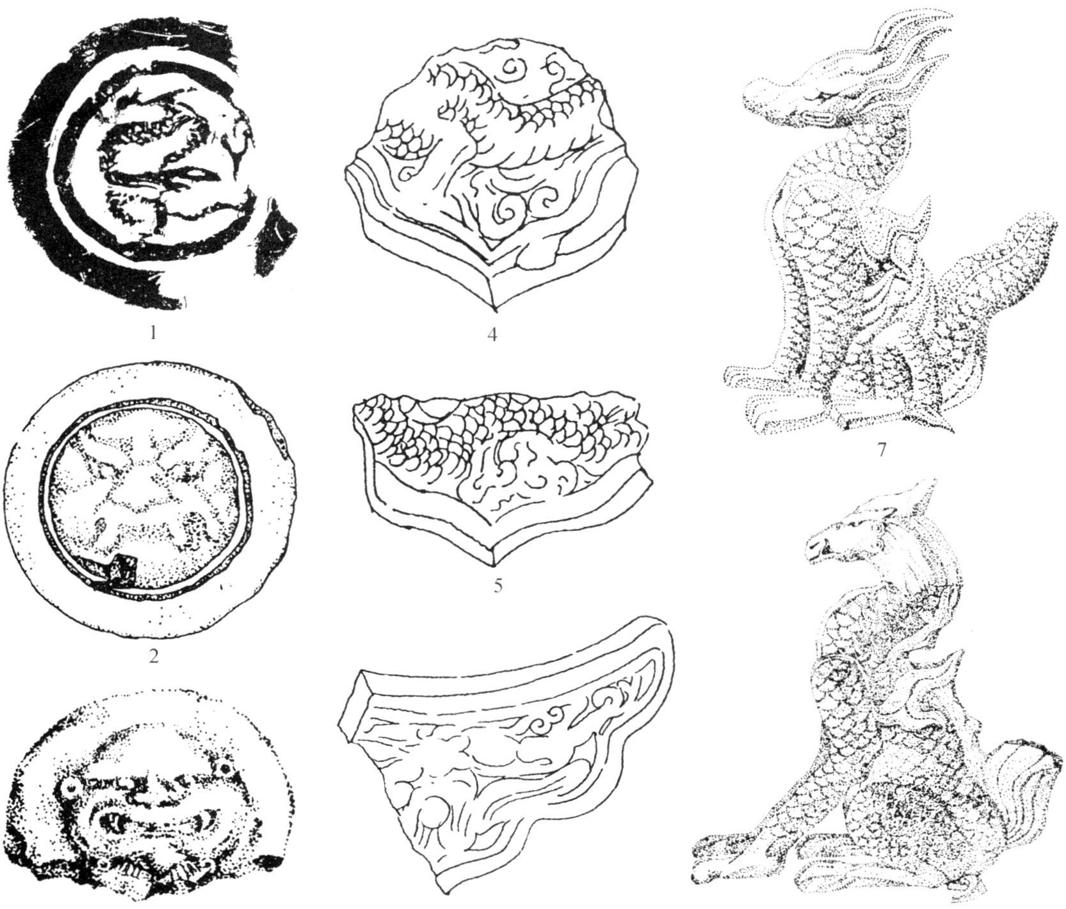

图三三七　镇赉后少力古城出土的建筑遗物

1. 龙纹瓦当　2、3. 兽面纹瓦当　4、5. 龙纹滴水　6. 花纹滴水　7、8. 坐兽

（二）瓷器

瓷器种类丰富，可以根据釉色分成白釉、白地黑花、青白釉、卵白釉、青釉、黑釉、酱釉、钧釉、翠蓝釉等品种，器形主要有碗、盘、钵、碟、罐、瓶、缸等。

（1）白釉瓷器。器形有碗、钵、盂、盘、碟、梅瓶等。有粗细之分，包含不同窑口的产品。

敦化双胜窖藏出土两件印花大盘，细白胎，釉色洁白，一件内印植物花纹，足底中部刻划行书“花”字（图三三八，2）；另一件盘内印三爪腾龙。还出土10件霍州窑印花碟，胎质洁白细腻，釉色灰白，内满釉，内底有五枚圆支钉痕，外壁釉不及足，内底印突起的折枝花卉（图版八，3）。

粗瓷器胎色灰白或泛黄，釉色白中闪黄。敦化双胜窖藏出土5件素面粗瓷碟，内底有涩圈，外壁施半釉（图三三八，1）。梅瓶造型优美，在口沿施一周酱釉（图三三八，3）。

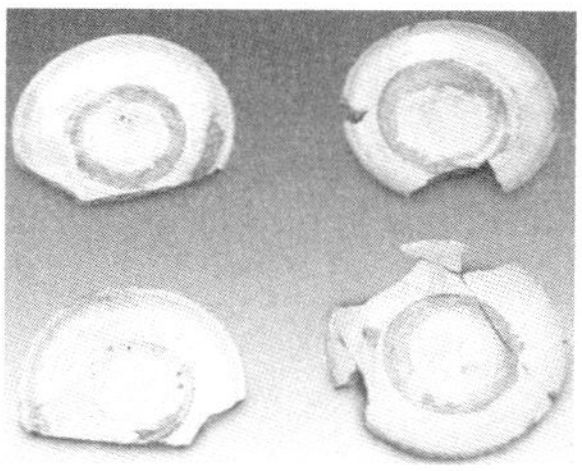
1
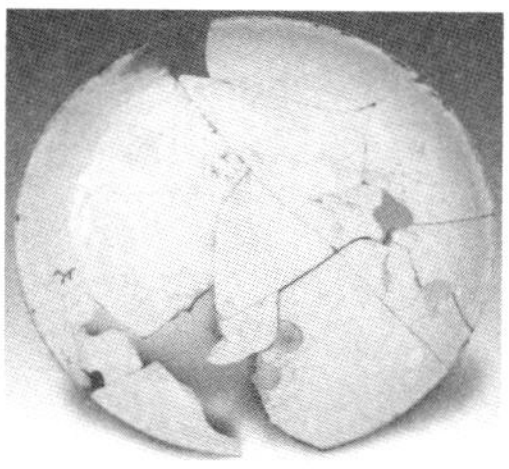
2

3

图三三八　敦化双胜窖藏出土的白釉瓷器

1. 瓷碟　2. 瓷盘　3. 梅瓶

（2）白地黑花瓷。在吉林省元代遗址、窖藏中均有发现，出现频率很高，多是磁州窑产品，器形有碗、盘、罐、瓶等。灰色胎，器表施白色化妆土，然后以黑彩绘出纹饰，再施透明釉，外壁釉不及底。碗、盘一般在内壁以黑彩绘两圈弦纹，碗内底绘“王”字或简率花纹（图三三九，1、4）；盘的内底则绘折枝大花（图三三九，2、

1

2

3
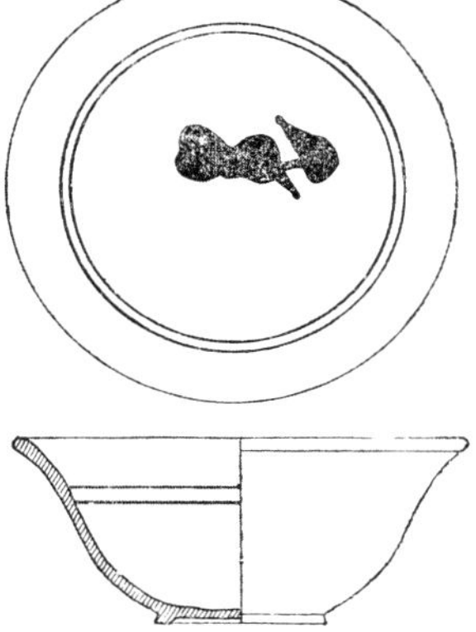
4

5

6

图三三九　吉林省元代遗址出土的白地黑花瓷器

1、4. 瓷碗　2、3. 瓷盘　5. 瓷罐　6. 四系瓶

（1~3、6. 敦化双胜窖藏　4. 双辽电厂贮灰场遗址　5. 双辽双建窖藏）

3）。双辽双建窖藏出土一件直口小罐，腹部菱形开光内绘花卉纹（图三三九，5）。长岭县东岭乡六家子遗址出土一件婴戏纹罐[1]。敦化双胜窖藏出土一件四系瓶，呈橄榄形，肩腹绘花卉纹（图三三九，6）。

（3）翠蓝釉瓷器。双胜窖藏出土一件。土黄色粗胎，外表除罐口与罐底外，其他部分施翠蓝釉，胎釉结合不紧密，有剥釉现象，釉下绘黑色花纹。罐内施白釉（图版八，4）。属于磁州窑产品。

（4）青白瓷器。数量较少，双胜窖藏发现的有高足杯和盘，胎质灰白、细腻、坚硬，釉色青白、光亮。一件高足杯的内壁模印展翅飞翔的凤纹（图三四〇，1）。盘内底模印葵花纹、牡丹纹等，纹饰较模糊。

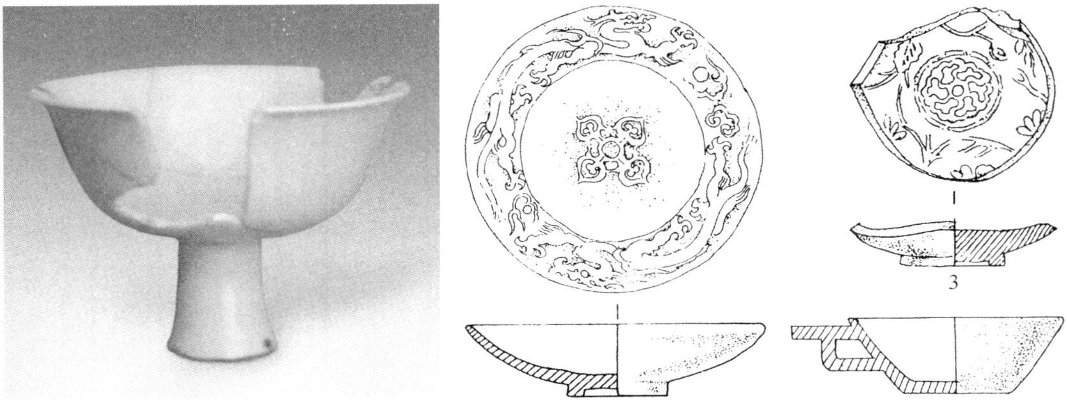

1　　2　　4

图三四〇　吉林省元代遗址出土的青白瓷及卵白釉瓷器

1. 高足杯　2. 瓷盘　3. 瓷碗　4. 带柄杯（1. 敦化双胜窖藏　2～4. 镇赉后少力古城）

（5）卵白釉瓷器[2]。数量也很少，在镇赉后少力古城发现几件，城外发现一件带柄杯（图三四〇，4）。在城外3号建筑址发现一件二龙戏珠瓷盘（图三四〇，2）。城内采集到一件印花碗，仅存下部，内壁和底部饰有模印的花卉图案（图三四〇，3）。

（6）龙泉窑青瓷。双胜窖藏出土数件，器形有碗、盘。塔虎城出土一件高足杯。灰白胎，青灰色釉。碗分圆口和花口，圆口碗有一件内底有模糊的印花纹饰；花口碗为六出花口，内壁亦有与之对应的六条出筋（图版九，1）。盘为平折沿，浅弧腹，外壁刻划莲瓣纹（图版九，2），有一件内底模印双鱼（图版九，3）。

（7）黑釉（含酱釉）瓷器。器形有碗、盘、碟、罐、瓶、缸等。有一类碗很有特点，内壁有两周酱色条纹，这类碗在敦化双胜窖藏（图三四一，1）、前郭三岔沟窖

[1] 张柏主编：《中国出土瓷器全集》2《天津　辽宁　吉林　黑龙江》，科学出版社，2008年，第189页。

[2] 卵白釉瓷器与青白瓷不易区分，后少力古城发现的这几件器物不排除有些是青白瓷。

藏、塔虎城（图三四一，2）、双辽电厂贮灰场遗址均有发现，应是磁州窑产品。敦化双胜窖藏出土不少酱釉碟，土黄色胎粗，酱釉不均匀，内底有涩圈或大部露胎，外施半釉。前郭三岔沟窖藏的一件黑釉盘内壁只上部施釉，露胎处类似桃形（图三四一，3），应该是磁州窑产品[1]。缸形体较大，高度在50厘米以上，施黑釉或酱釉，下腹部常有一圆形小孔（图三四一，4）。

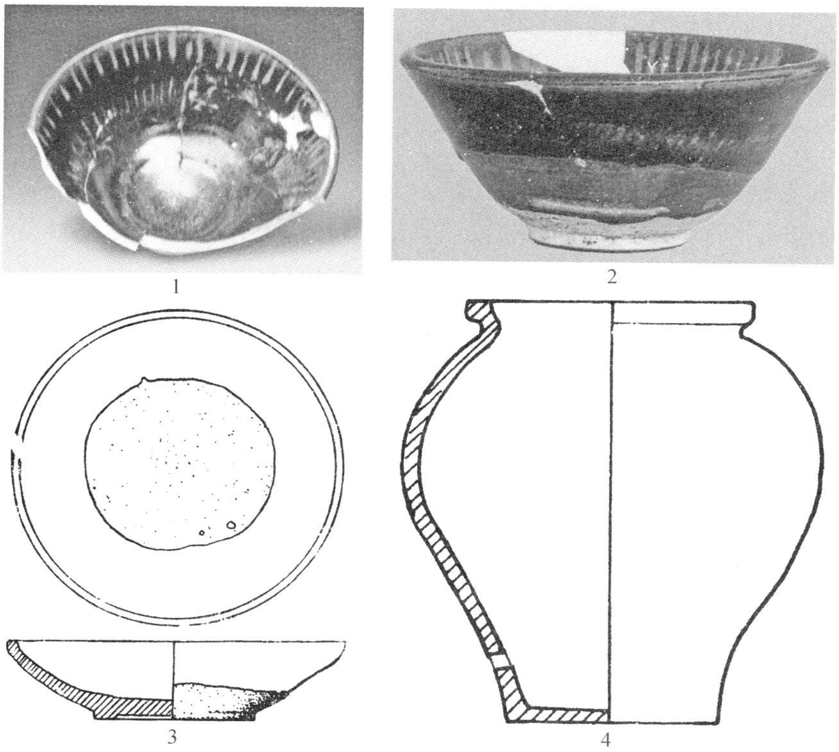

图三四一　吉林省元代遗址出土的黑釉（酱釉）瓷器

1、2. 黑釉碗　3. 黑釉桃心形盘　4. 酱釉缸

（1. 敦化双胜窖藏　2. 前郭塔虎城　3. 前郭三岔沟窖藏　4. 镇赉立新村窖藏）

（8）钧瓷。在敦化双胜窖藏、前郭塔虎城及敦化林胜乡新房子村窖藏均有发现，敦化新房子村窖藏几乎全部为钧瓷。器形较为简单，有碗（图三四二，1；图版九，4）、盘（图三四二，3）、碟、钵（图三四二，2）等，胎质较粗，釉色有天蓝釉、月白釉等，釉面多有气孔。外壁釉不及底，内壁有的带涩圈。

[1]　类似器物在磁县观台窑有出土，见北京大学考古学系、河北省文物研究所、邯郸地区文物保管所：《观台磁州窑址》，文物出版社，1997年，图八五，3、4。

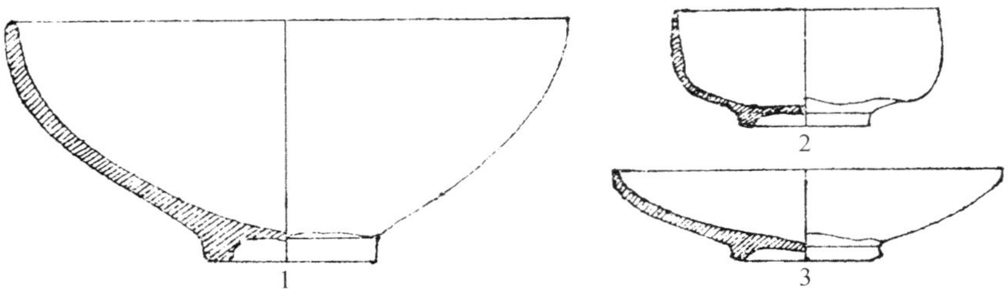

图三四二　敦化新房子村窖藏出土元代钧窑瓷器
1. 瓷碗　2. 瓷钵　3. 瓷盘

（三）釉陶器

均为三彩釉陶盘，敦化双胜窖藏内出土10件，前郭三岔沟窖藏出土5件。砖红色陶胎，器表施白化妆土。内底均有刻划花纹，然后施黄釉、绿釉及透明釉，形成黄、绿、白三彩效果。

敦化双胜窖藏一件内底刻出牡丹花纹两朵，枝叶绿釉，花纹黄釉，白色地釉。内壁刻有一圈云纹和线条构成的图案。外腹壁绿釉，剥落殆尽（图版九，5）。一件盘内自口沿到内底依次为绿釉条带、黄釉条带、绿釉条带、白釉变体花纹带、绿釉条带、黄釉圆圈。外壁半绿釉。一件盘内自口沿到内底依次为绿釉条带、黄釉条带、绿叶黄花（花心为绿釉）的折枝菊（图版九，6）。

前郭三岔沟窖藏出土的有两种纹饰，一种内底中心刻六瓣花，下托五片花叶（图三四三，1）。另一种为三片绿叶托一寿桃图案（图三四三，2）。

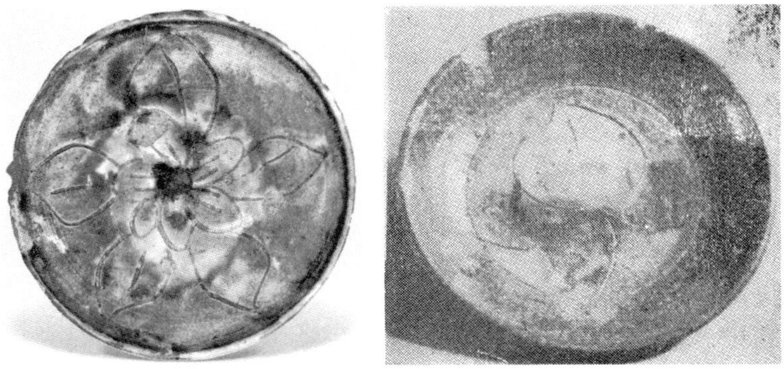

图三四三　前郭三岔沟窖藏出土三彩盘

（四）金属器

按质地可以分为铜器、铁器、银器等，铜铁器多为生活用具，镇赉黄家围子墓群出土了一些马具和兵器，还有一些零星出土的铜印、铜权，银器则发现几枚银锭。

1. 生活用具

敦化双胜窖藏发现四件铁器。两件锅形制各不相同，与金代铁锅相似。一件为直口、深腹、圜底，三足，口部残存半环状耳一个（图三四四，1）。另一件敛口，上腹部外展宽沿，腹底平，三柱状足（图三四四，2）。一件铁熨斗也和金代熨斗十分相似，在柄与熨盆相接处有一“山”字形挡耳（图三四四，4）。还发现一件带盖铁壶。子母口，帽形盖，鼓腹，柱状直流，平底，壶肩部同高度有三个等距离小横耳，耳中有孔，孔中有铁楔，推测用来系绳或铁线，作悬挂之用（图三四四，3）。不少窖藏出土六耳铁锅，形制和金代铁锅基本相同。

敦化双胜窖藏还有两件铜器。盆宽展沿，弧腹、圈足，圈足上有四个对称小孔。器身有斑驳绿锈（图三四四，5）。高足杯略残，宽展沿，深直腹，喇叭状高足，足底甚宽，向上逐次内收（图三四四，6）。

图三四四　敦化双胜窖藏出土的铁器及铜器

1、2. 铁锅　3. 带盖铁壶　4. 铁熨斗　5. 铜盆　6. 铜高足杯

2. 铜印

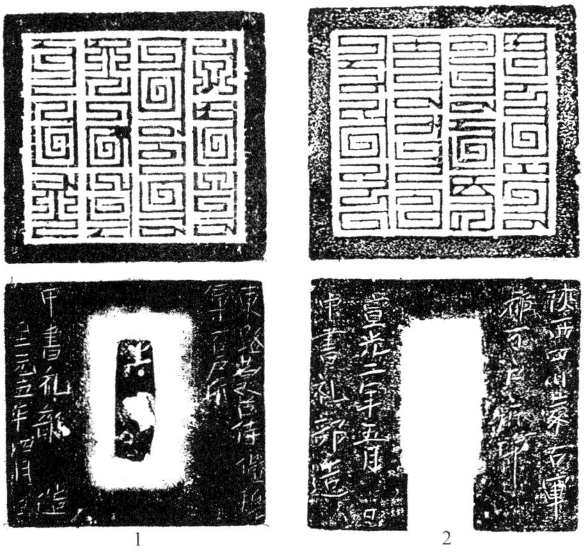

图三四五　元代铜印

1. 东路蒙古侍卫亲军百户印　2. 陕西四川蒙古军都万户府印

吉林省内常有元代铜印零星发现。目前至少已经超过10件（表三）。这些铜印中，有两件出自《奉天通志》卷二百五十三《金石志》，是民国时期发现的。均为范铸。印面多呈方形，背有长方（或梯形）纽。印面均为阳文八思巴篆书。印背纽之右侧的汉字是印文的汉音对译，纽左侧竖写两行汉字，一般从右向左第一行为“中书礼部造”、第二行为铸造时间（图三四五，1）。时代最早的为元仁宗皇庆元年（1312年），最晚的为北元宣光二年（1371年）“陕西四川蒙古军都万户府印”（图三四五，2），相当于明朱元璋洪武四年。最小的边长只有5.7厘米，最大的边长8.3厘米。

表三　吉林省境内出土的元代铜印统计表

印名	出土地点	尺寸	背款	年代	出处
吾剌毛舟站印	镇赉县沿江乡南莫村	印面长5.7、宽5.5、厚1.3厘米。梯形纽，纽高5、上宽2.5、下宽3.5、厚1厘米	纽右侧“吾剌毛舟站印”，左侧“中书礼部造”“皇庆元年九月日”	1312年	刘雪山：《镇赉发现八思巴文铜印》，《中国文物报》1998年5月24日1版
□□蒙古军百户印	辉南县辉发古城附近	不详	背有文曰“□□蒙古军百户印”“延祐七年五月日”“中书省礼部造”	1320年	《奉天通志·卷二百五十三·金石志》
宗仁蒙古侍卫亲军都指挥使司百户之印	九台县庆阳公社庆阳大队	印面边长6.5、厚1.4、通高7.3厘米	印纽右侧为汉文对译，左侧由右向左“中书礼部造”，“至治三年正月日”	1323年	张中澍：《吉林省近年发现的五颗元代官印》，《东北考古与历史》第1辑
辽阳等处打捕鹰房红花总管府印	蛟河市青背乡东升村黄地沟屯	印面边长7.5、厚1.5厘米。长方形纽，高6厘米	纽右侧汉文对译，左侧从右向左，刻“中书礼部造”“至顺二年四月日”两行汉字	1331年	董学增、董朝权：《辽阳等处打捕鹰房红花总管府印》，《文物》1993年第3期

续表

印名	出土地点	尺寸	背款	年代	出处
左卫阿速亲军千户所印	通化县城西十五里大都岭高丽城子附近	不详	背有文曰“左卫阿速亲军千户所印”“中书礼部造”“元统三年九月日”	1335年	《奉天通志·卷二百五十三·金石志》
东路蒙古侍卫亲军百户印	通榆县兴隆山乡长发村	印面边长6.75、厚1.3厘米。长方纽。通高6.8厘米	印纽右侧为汉字对译。印纽左侧刻“中书礼部造”“至元五年四月日”两行汉字	1339年	张中澍：《吉林省近年发现的五颗元代官印》，《东北考古与历史》第1辑
海西辽东道宣慰使司都元帅府照磨印	蛟河市天岗乡前进村	印面边长6、厚1.2厘米。纽呈板状梯形，高5.4、厚0.8～1.1、宽3～3.2厘米	印纽右侧汉字为印文对译。印纽左侧自右向左第一行刻“中书礼部造”，第二行刻“至正元年十月”	1341年	董学增：《吉林蛟河发现元八思巴文铜印》，《文物》1982年第3期
左阿速卫千户所印	通榆县兴隆山乡前泰一队	印面边长7.4、厚1.5厘米。通高8.5厘米。长方纽	印纽右侧汉字为印文的对译。印纽左侧自右向左第一行刻“中书礼部造”，第二行刻“至正四年十月日”	1344年	张中澍：《吉林省近年发现的五颗元代官印》，《东北考古与历史》第1辑
沿海处防千户之印	双辽县红旗乡义顺村	印面边长6.6、厚1.6、通高8.1厘米	印纽右侧刻汉字对译。印纽左侧刻“至正十五年月日”“中书礼部造”两行汉字	1355年	张中澍：《吉林省近年发现的五颗元代官印》，《东北考古与历史》第1辑
崇文监典簿行印	长岭县龙凤乡十四号大队沙坨子耕地	印面边长6.5、厚1.5、残高6厘米	印纽右侧刻汉字对译。印纽左侧自右向左第一行刻“中书礼部造”，第二行刻“至正廿九年五月日”	1369年	王燕飞：《元“崇文监典簿行印”》，《博物馆研究》1985年第3期
陕西四川蒙古军都万户府印	通榆县兴隆山乡林胜村腰庙屯	印面边长8.7、厚1.9、通高8.3厘米	印背右侧刻汉字对译。印纽左侧自右向左第一行刻“宣光二年五月日”，第二行刻“中书礼部造”	1371年	张中澍：《吉林省近年发现的五颗元代官印》，《东北考古与历史》第1辑

这些官印对研究元朝的职官制度和军事制度提供了宝贵的实物资料，有正经补史的作用。需要指出的是，这些印很可能是在元末明初的战争中，蒙古统治势力向北逃亡过程中遗失的，因为印文内容多与吉林省无关，比如“宗仁蒙古侍卫亲军都指挥使司百户之印”“东路蒙古侍卫亲军百户印”“左阿速卫千户所印”是属于中央直辖的侍卫亲军的，如无特殊情况是不会派遣到古代吉林省内的，正常情况下也不会丢失在这里。

3. 铜权

德惠市和平乡李家村农民在修饮马河堤挖土时发现。铜权为六面塔形，其中两面大，另四面小，上端有扁方形圆孔纽，下部束腰呈梯形座，通高8.4、厚4厘米，重746克。其大面的一面铸阳文“大都路”三字，另一大面铸阳文“大德四年”四字。大德为元成宗的年号，大德四年为1302年[1]。

4. 银锭

银锭，又称“元宝”，在元代使用较为普遍，考古发现则较少，在吉林省内目前共发现三枚。银锭上的文字，涉及铸造银锭的机构、职官的设置和称谓，各级衙役工匠的职务、姓名，铸造地点和时间等内容，是重要的经济史研究资料。这些银锭与铜印一样，可能也是蒙古势力在北退过程中遗失的。

双辽出土一件，已残，只剩下银锭的下半部分，正面有三行文字，右行为“……使　副使　库子杨良珪”，中间为“……银伍拾两”，左行为“……兴祖　刘庆　秤子韩益”，背面剩一“宝”字[2]。从其形制和文字内容看，与江苏句容出土的银锭[3]完全相同，可参照其将文字内容补全，铸造时间应是至元十四年（1277年）。

农安三宝乡发现两枚，是农民在古河道里挖沙时发现的。形制相似，均呈束腰形。锭面中部微凹，并刻有文字，周缘泛水波纹。背部密布蜂窝状气孔。银锭系模铸而成，锭面文字是铸就后用刀刻出。质地洁白，含银量为95%。“元字号”银锭、“天字号”银锭分别为元顺帝元统三年（1335年）、至正十年（1350年）所造，是元朝晚期遗物[4]。

“元字号”银锭，重1895克，长17.3、首宽11.53、腰宽6.47、厚1.87厘米。

锭首横刻两行字：

蒙山银课

元字号

下刻五行文字：

提调官瑞州路总管府官

催办官新昌州判官拜住将仕

收银库官刘自明　炉户吴瑞夫

库子周世荣　销银匠易志周

---

［1］邹世魁：《元大德六年铜权》，《吉林文物》15期第3版，1985年5月15日。

［2］谷潜：《半截元初平准元宝》，《内蒙古金融研究》2003年第1期。

［3］倪振奎：《元宝》，《文物参考资料》1957年第5期，第47页。

［4］谷潜：《元代蒙山银课银锭考释》，《博物馆研究》1986年第3期，第65～72页。谷潜：《元代蒙山岁课银锭的发现和研究》，《中国钱币》1986年第3期，第28～35、27页。

元统三年　月　日造

“天字号”银锭，重1904克，长15.7、首宽12.02、腰宽6.49、厚1.5厘米。

锭首横刻两行字：

蒙山银课

天字号

下刻六行文字：

瑞州路总管府提调官

库官丁谅

库子易观文

炉户雷兴吾

销银匠余珍可

至正十年　月　日造

农安出土的这两件银锭是元代银锭中的重大发现。不仅有明确的具体铸造地点和年代，而且对于元代管理银矿的机构、设置的官吏以及他们之间的职责、关系、银锭编号等方面记载详尽。

六、吉林省元代遗存的特点

吉林省元代遗存数量其实并不少，各县市文物志中提到的铁锈花瓷片，实际上大多应属于元代，而以往多定为辽金时期。但由于多数并未发表图片资料，无法一一进行辨析。

吉林省元代遗存类型多样，主要有城址、居住址、墓葬和窖藏。城址有的是对金代城址的沿用，有的则可能是元代新建的。窖藏数量不少，出土物多为瓷器和铜铁工具等生活生产用品，不见金代极为常见的铜钱窖藏。

游牧人群与定居农业人群的遗存均有发现，以后者为多，游牧人主要是蒙古人，发现了其墓葬，他们应主要在吉林省西北部适合于放牧的地区活动。农业人群包括金代就已经在这里生活的汉人、女真人、渤海人等各民族，其分布范围更广，但是还没有发现他们的墓葬。敦化双胜窖藏瓷器外底多有墨书“王”及“王里坝”等字样，推测是王姓汉人所有。

元代农业人口无论在经济生产方式、房屋居住形态、日常生活用品等方面，和金代相比均无明显变化，铜铁器、火炕的相似便是很好的证明。虽经过金末战争，人口数量有所减少，经济发展水平有所下降，但也不宜过分低估。

吉林省元代与中原地区的交往仍然较为密切，而且由于元朝统一了中国，使得南方地区产品也较多的出现在了东北地区，前者主要体现在磁州窑瓷器的普遍出土，后者表现为龙泉窑、景德镇瓷器的发现。

元代遗存已经引起了考古工作者的重视，吉林省今后必将有更多以及更重要的新发现。

第十章　明代的地下文化遗产

明代生活在吉林省境内的主要是女真民族，他们留下来的遗存较为丰富。在省内发现了几座重要的城址和墓群。吉林省在二十世纪五六十年代就对乌拉古城和辉发城进行了考古调查，1972年对扶余土城子古城附近的明墓进行了发掘，这是比较早的考古工作。二十世纪八九十年代，各地陆续报道了一些明代墓葬，其中90年代中后期围绕“至正年制”款瓷器的大讨论，使吉林省的明代考古受到了较为广泛的关注。1992年对扶余油田砖厂明墓进行发掘，2011年年底出版了完整的考古报告，这是明代考古研究的重要里程碑。近年来，又主动发掘了辉发城，为明代考古研究提供了新的资料。

一、城　　址

吉林省内目前所确定的明代城址主要有女真扈伦四部中叶赫部所居的叶赫古城，乌拉部居住的乌拉古城及辉发部所在的辉发城。这几座城址最大的特点是多重城垣，都建在河流边上，叶赫古城与辉发城更是建在山地高台之上，城墙依地势而建，很不规则，易守难攻，防御目的极为明显。文献记载明末东北地区女真各部之间以及各部与明朝政府之间有很多的矛盾冲突，战争频繁而激烈，这从城址的修建上已经得到了充分的反映。另外，在发现了大量明代墓葬的松原市及扶余县，有几座城址值得注意，分别是下岱吉屯古城、贾津沟古城、班德古城等，这些古城内都或多或少发现了完整的明代青花、五彩及龙泉青瓷。尤其是班德古城，出土了大量明代瓷器，和扶余明墓出土的基本一致，可以推测这座城址在明代被女真人继续使用过[1]。

（一）辉发城

辉发城位于辉南县朝阳镇东北17.5千米的辉发河东岸，建在高突险要的辉发山上，辉发山系方圆数十里内的一座孤山，其周围地势均较平坦。辉发河从城的西侧蜿蜒流过，成了一段天然的护城河（图三四六）。

---

［1］　这座城内出土过金代的双鱼铜镜及其他金代遗物，可能始建于金代。见吉林省文物志编委会：《扶余县文物志》，1984年，第50～52页。

图三四六　辉发河与辉发山

辉发城是由内、中、外三道城墙和山顶上的一个“平台”所组成。整个辉发城的三道城墙都与辉发山相连，成为辉发城的西壁。辉发山的西侧、南侧为断崖，北侧为陡坡，仅东侧相对略缓，整体地势为西南高、东北低。内城墙是按山势的走向，利用自然的山崖峭壁修筑而成，全长596.5米。内城建在辉发山山顶上，范围包括了辉发山的绝大部分。中城大部分城墙是建筑在平地上，只有西北和东南端一部分是建筑在山坡上，全长892.3米。外城由辉发山的东南端起，一直环绕到山的西南端止，全长1884.3米。整个外城全部建筑在平地上。在内城的山顶上有一人工高台，周长336.5米，高出内城4.8米，平台上原有陶瓷片及灰色砖瓦等，可能是有建筑遗址（图三四七）。城墙是用黄土夹砂石夯筑而成，夯层明显，每层厚约10～20厘米。

在辉发城采集和征集到较为丰富的遗物，包括生活用具、建筑遗物、生产工具、武器、装饰品等多种。在内城和山顶平台上，多发现灰砖、布纹瓦、瓷片、陶片等遗物，有绿釉陶片、黄黑釉陶罐残底等。在中城范围内，多发现铁器，如铁箭镞、铁叉等，其他则很少发现。在外城的东南端，中城墙外约70米左右的平地上，突出地面高约50厘米，有5米左右范围的一个土堆，当地群众在起土时曾挖出过瓷器、釉陶器、铜铁器及装饰品等。瓷器有青花、五彩等，十分精致，其中两件瓷器底部有“大明万历年制”款[1]。

2010年对内城进行了发掘，并对内城北城墙墙体进行了解剖，对内城东北角一号

[1]　张满庭：《辉发城调查简报》，《文物》1965年第7期，第35～43页。

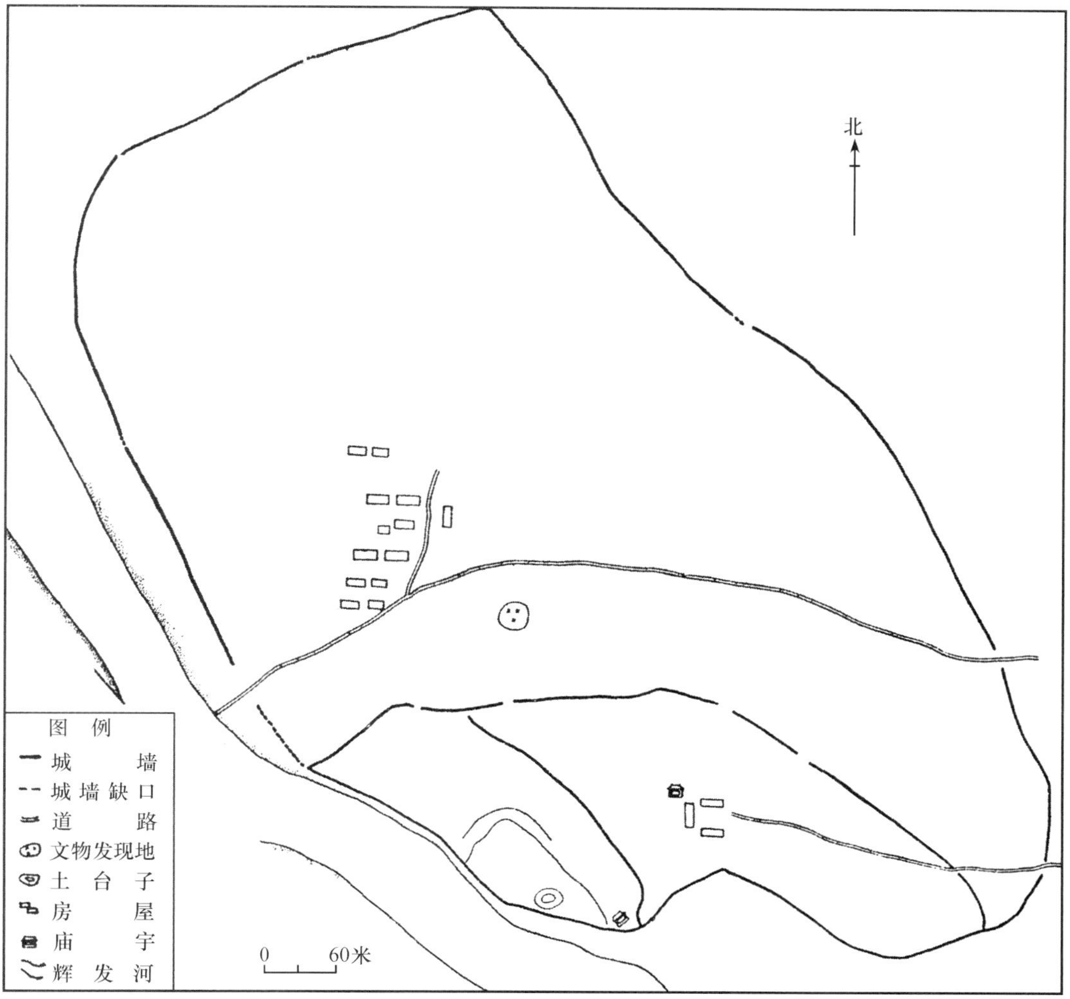

图三四七　辉发城平面图

门址进行了清理。发掘了房址20余座，灶址11个，灰坑30余个，出土遗物近千件[1]。

此城是明代扈伦四部之一的辉发部王城所在地。

（二）叶赫古城

叶赫古城位于吉林省西南部梨树县的南端，西北距四平市约28千米，是明代海西女真扈伦四部之一的叶赫部的都城，由东西两座古城组成。东、西两城之间有寇河的一条支流。

[1] 刘晓溪：《吉林辉南明代辉发王城》，《中国考古新发现年度记录2010》，2011年，第121、122页。

叶赫东城（图三四八，右）西北400米许为寇河支流，西南2千米隔河与叶赫西城相望。古城的南、北和西面地势较为平坦，东面是高低起伏的漫岗。城址位于山谷平原中一处突起的椭圆形台地上，高出周围地表10米左右，有居高临下之势。东城城墙依台地边沿修筑，保存较完整。平面略呈不规则的椭圆形，东西长，南北窄。东北角微内凹。周长900米，为土石混筑结构，上宽2米。该城设有城门两处，分别位于东北内凹处及城墙正西中部，后者门外还有不大规整的瓮城。城垣上发现马面三处。在城内东南部发现两处圆形土台和一处长方形建筑基址，散布着大量的砖瓦及陶瓷残片。采集的瓷器有青花、斗彩等，其中一件青花底部圈足内有“（大）明成化年制”字样。

叶赫西城（图三四八，左）南约300米为寇河支流，城西山脚下为一条季节小河由西北向东南流入寇河支流。城址修筑在一自然山丘上。西城依自然山势修筑而成，山上比较平坦。筑有内外两道城垣。内城保存比较完整。平而大致呈不规则的椭圆形。西南、东北向较长，东南、西北向较窄。内城墙总长850米。城墙为土石混筑。在内城的偏南部有一东西向的隔墙，将内城分为南北两部分。有城门三座，均有瓮城。外城破坏较甚。从残存的部分看，形状不甚规整。外城墙依山势蜿蜒于内城的东、北，转而向西，经过城西的开阔地后沿城西的山地的山脚下向南延伸约150米后，迹象不明。仅保存的东、北和西边一部分城墙长约1300米。墙为土石堆筑。

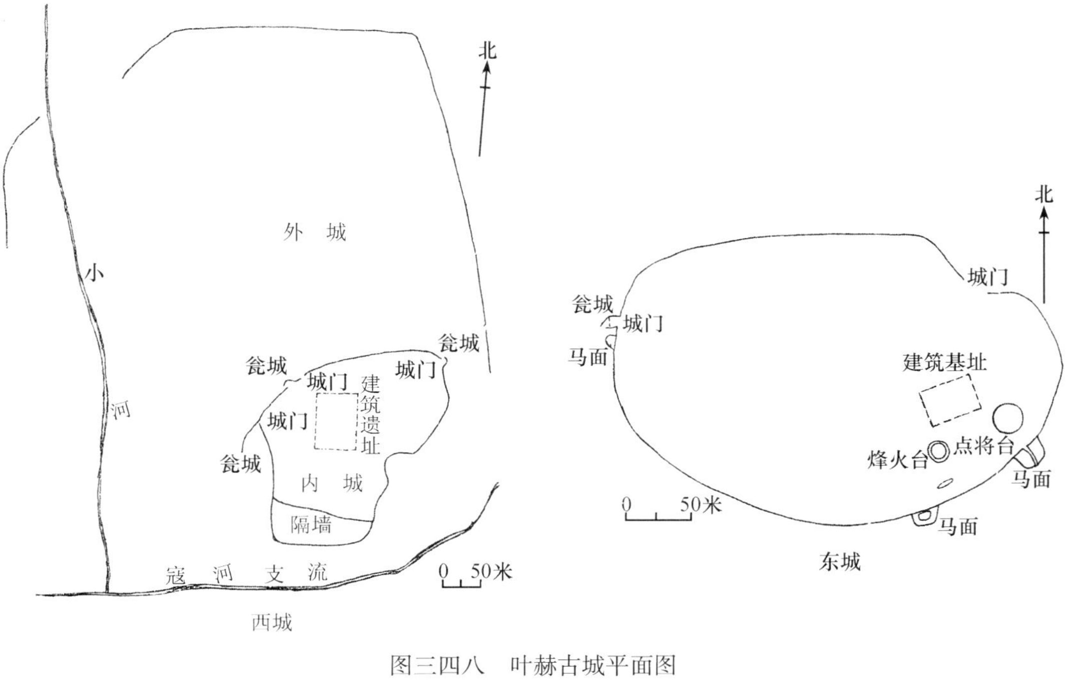

图三四八　叶赫古城平面图

关于叶赫两座古城的构筑年代，《清史稿·杨吉砮传》载："褚孔格子太杵。太杵子二：长清佳砮，次即杨吉砮，能抚诸部，依险筑二城，相距可数里。清佳砮居西城，杨吉砮居东城，皆称贝勒"。同传载，"二砮"在万历十二年（1584年）被明朝李成梁所杀。叶赫古城的建造时间不会晚于1584年[1]。此城于后金天命四年（1619年）被努尔哈赤攻破。

（三）乌拉古城

乌拉古城在吉林市（原永吉县）乌拉镇北约250余米的地方。古城的四周是一片肥沃的冲积平原，方圆5千米的范围内，地势平坦。在相距古城约20千米的东北和西北方，分别有海拔354米的凤凰山和海拔373米的九泉山。低矮连绵的圆山和牛山伏卧在古城东南，是扼守古城东面门户的天然屏障。松花江从古城的中城西墙下流过。

乌拉古城分筑城垣三道，以内城保存最好。内城大致呈梯形，其方向是南偏东35°，周长786米，城垣是用黄色黏土夯筑而成。正南开一门。内城四角均有角楼。城外有护城河的残迹。

中城大致为不规则四边形，周长3521.3米。城墙用土夯筑。南、北及东墙上各有一门，四角也有角楼残迹，台基呈椭圆形，坚固而高耸。东墙、北墙和南墙外面均有护城河。在夯土墙中常常发现有大致成排，而且排列有序的朽木柱洞，很可能是当时筑造和以后加固城墙时遗留下来的残迹。

外城保存很差，保存在地面上的只有北墙东段和东墙北段，其他部分已荡然无存。在东墙南段外面有低洼的长沟一条，沟里有污水，推测是当时护城河的遗迹。外城利用了中城的西墙，只是在中城西南和西北城角向南北引伸，而后与外城的南墙和北墙相接。

在内城中央有一座夯土高台，略呈椭圆形，东西长50米，南北宽25米。四壁陡峻，难以登上。东壁、西壁的垂直高度分别为7.9、6米。在台的南面有一弯曲阶梯可通台上，共有34级台阶，每级都是用长约2米，宽约0.5米的花岗岩质石条铺砌而成（图三四九）。1959年在外城西南城角挖出来一件铜火铳，为明万历癸巳年（1593年）制[2]。

---

［1］　刘景文：《叶赫古城调查记》，《文物》1985年第4期，第80～84页。

［2］　陈相伟：《明代扈伦四部乌拉部故址——乌拉古城调查》，《文物》1966年第2期，第28～35页。

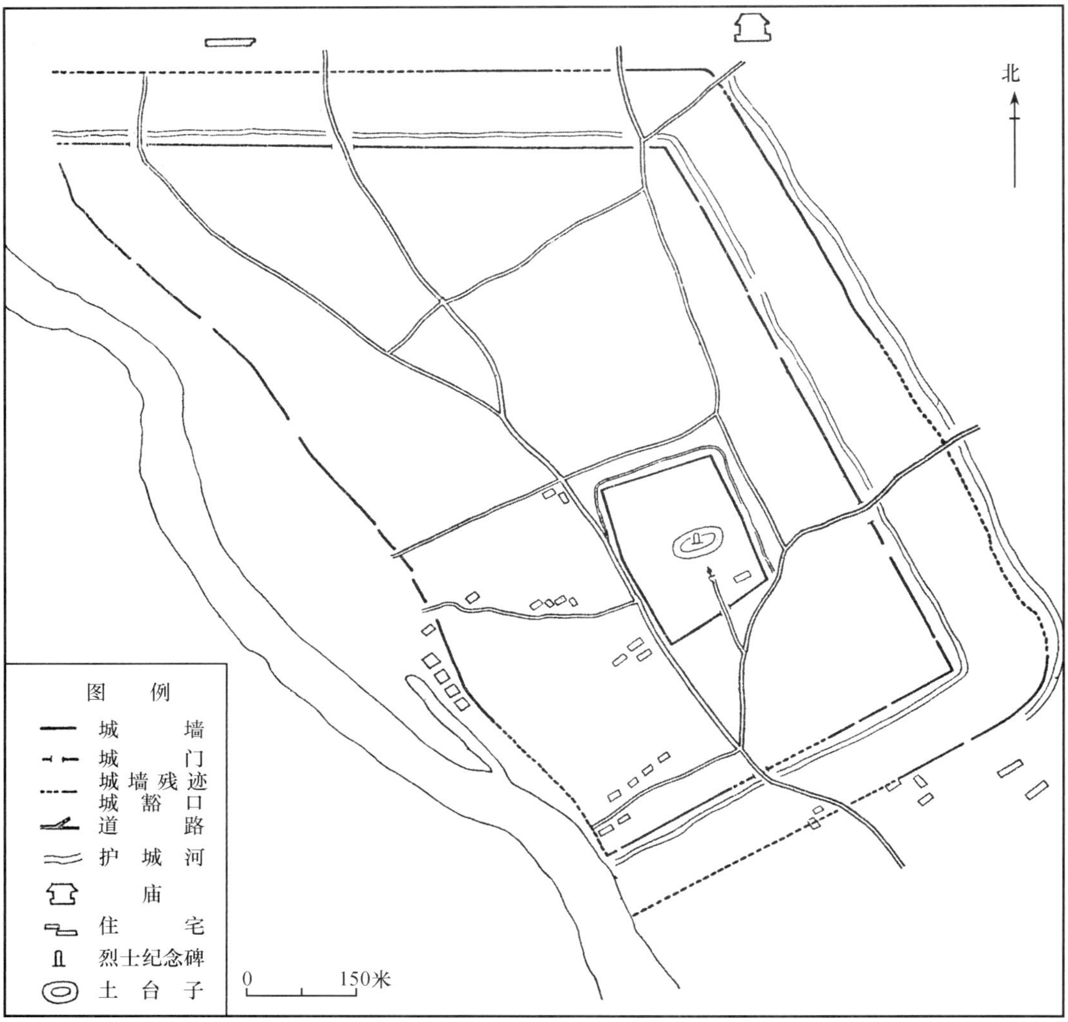

图三四九　乌拉古城平面图

二、墓　葬

吉林省内发现的明代墓葬已经积累了一定的数量，墓葬分布很广，大致可以分为东、西两大区。西区以扶余油田砖厂明墓为代表，东区墓葬主要在东南部的和龙、龙井及珲春等地。这些墓葬形制简单，均为土坑竖穴墓，葬具主要是木棺，随葬器物较为丰富。在龙井还发现了独木棺。

（一）西部地区明墓

扶余油田砖厂共发掘76座明墓，墓地中间有一条南北向的小路，将墓葬分成了东西两区。墓葬大多未遭盗掘，出土器物丰富。均为长方形土坑竖穴墓，墓圹四角略呈圆弧形，四壁整齐光洁。墓圹一般长约2米，宽约0.7米，深0.5米。最大的长3.2米，最小的长1.5米。东西向，以仰身直肢葬为主，葬具为木棺。基本为单人一次葬，合葬墓仅见一座。个别二次葬墓中祔葬小孩的头骨。

器物摆放很有规律，陶瓷器都出在棺外头部一侧[1]；装饰品则位于身体的头、颈、躯干部位，刀、箭镞、剪等一般在身体一侧靠近手的地方（图三五〇，1）。随

1　　2

图三五〇　扶余油田砖厂明墓

1. 西区M8　2. 西区M12

葬品有很多瓷器，青花、红绿彩瓷应是景德镇民窑生产的，还有一定数量的龙泉青瓷。缸胎的罐、瓶、壶多为黑釉、酱釉，十分粗糙，应是北方地区的产品。铁器主要是各种生产工具、马具、箭镞之类，铜器、玉石器主要为各种饰件。有三分之一的墓葬有随葬马牙、马骨和羊距骨的习俗，并且小部分墓葬使用桦树皮覆盖或铺垫尸骨。马牙、马骨一般出在墓葬填土中，而桦树皮主要放置于死者的头部、胸部，个别放于

[1]　需要说明的是，报告中认为头部的瓷器是出在木棺的头箱中，但是从发表的彩照来看，瓷器所在的下部似乎没有木头痕迹，如东区M11最为明显。且瓷器所在的位置往往高于人骨所在位置，如东区M11、西区M4、M13等。所谓的头箱可能并不存在。

脚部。

有12座墓葬形制比较特殊，虽然为土坑竖穴墓，但在墓圹开口处有2～3组豁槽，大多是对称分布。如西区M12，在墓圹开口的南北壁上各有三个对称的豁槽，豁槽内还发现了朽烂的木头痕迹。豁槽呈长方形，大小不一，但深度一致（图三五〇，2）。

报告中主要根据瓷器的特征，将墓地的时代定为明代中晚期[1]。

扶余地区还有不少明墓，如扶余岱吉屯[2]、石桥欢迎砖场[3]发现的墓葬。这些墓葬无论在形制，还是随葬器物方面，均与扶余油田砖厂明墓十分相似。以往有研究者将其当成元代墓葬，是不符合实际的。

和扶余地区明墓类似的墓葬在吉林省中西部还有零星发现，如德惠市顺城堂[4]、赵家坨子[5]，九台市博尔哈通[6]，辉南县[7]，柳河县[8]，梅河口市[9]，墓葬大多遭受破坏，有的形制不甚清楚，但出土器物与扶余明墓十分接近。出土器物一般都有青花瓷碗、酱釉粗瓷壶、龙泉印花人物碗，以及各类装饰品等。永吉旧站发现一座所

[1] 吉林省文物考古研究所：《扶余明墓》，文物出版社，2011年。扶余油田砖厂附近在以前就发掘过明代墓葬，见刘法祥：《夫余县明墓发掘简报》，《黑龙江文物丛刊》1983年第3期，第48～55页。郑新城：《吉林扶余发现两座明墓》，《考古》1991年第10期，第959～960页。这些墓葬被破坏严重，遗物有不少是征集回来的。墓葬形制、遗物特征与油田砖厂明墓一致，时代也应相同。

[2] 张英：《吉林扶余岱吉屯元墓出土瓷器》，《文物》1994年第9期，第41～53页。张英、孙忠国、郑新成：《吉林扶余岱吉屯元墓第二次清理简报》，《文物》1996年第11期，第69～79页。

[3] 张英、唐小轩、孙忠国、郑新成：《扶余市石桥欢迎砖场元墓清理简报》，《文物》1995年第4期，第32～46页。

[4] 刘红宇、佟阿伟：《吉林德惠顺城堂明墓清理简报》，《辽海文物学刊》1988年第2期，第50～55、63页。

[5] 吉林省文物志编委会：《德惠县文物志》，1983年，第86页。从出土器物来看，应是出自墓葬。

[6] 吉林省文物志编委会：《九台县文物志》，1986年，第108、132、134、136、137、139页。文物志中笼统定为明清时期，从发表的绿釉瓶、青花碗及各类牌饰图片看，和扶余明墓出土器物相差无几，为明代无疑。

[7] 辉南县西凤明墓，墓葬均已遭到破坏，形制不清楚，但出土遗物较多。见吉林省文物志编委会：《辉南县文物志》，1987年，第81～83页。

[8] 王志敏：《柳河县出土明代早期瓷器》，《博物馆研究》1990年第2期，第94页。另有钓鱼台明墓，出土器物丰富，见吉林省文物志编委会：《柳河县文物志》，1987年，第97～99页。

[9] 王志敏：《梅河口市大湾乡西玉井明墓清理简报》，《博物馆研究》1987年第2期，第70～73页。《海龙县文物志》中有“三八石窖藏”，出土龙泉模印人物碗一件、青花碗一件、铁镞数枚、铜匜一件，明代无疑，可能是出自一座墓葬。见吉林省文物志编委会：《海龙县文物志》，1984年，第53页。

谓金代墓葬，出土器物与上述墓葬相似，可能也是明代[1]。吉林东团山也发现不少明墓[2]，尚未有正式报告发表。

（二）东部地区明墓

吉林省东南部的龙井、珲春、和龙等地区也发现不少明墓。这些墓在形制、随葬品方面与西部地区的明墓既有共同点，也有一定的差别。

龙井市朝东明墓坐落在图们江左岸台地上，隔江与朝鲜相望。共发掘13座墓葬，出土遗物230多件。墓葬均为土坑竖穴墓，5座没有葬具，其余皆有棺木残片。M5、M6、M7的棺木是用原木制成的木槽式独木棺。棺木上还放有石块。除了M2为单人侧身屈肢葬外，其余均为单人仰身直肢葬。头向大部分在240°～310°之间。成年人墓葬一般长2.2～2.4米，宽0.6～0.7米，深0.3～0.4米。随葬品有瓷器、铜器、铁器、骨器等，还有一件景泰蓝杯[3]。

珲春黄家店明墓距图们江只有150米。共清理7座墓葬，墓葬均为土坑竖穴墓，一类为无墓上结构而有葬具，葬具为木棺，保存较差，只见一些木板痕迹。另一类无葬具，在M7墓口上有十一块大小不同的石头，与墓向保持一致。均为单人仰身直肢葬，墓主人头向在230°～240°之间。保存完好的三座墓长1.95～2.2米，宽0.5～0.7米。随葬品数量不多，共征集76件。分为瓷器、陶器、铜器和铁器。瓷器有碗、碟和玉壶春瓶等。陶器仅一件盘子。铜器有指环和铜匙。铁器有铁镞和小铁刀[4]。

珲春东岗子五组西甸子清理8座墓葬，还有8座被破坏，一共16座墓。也是土坑竖穴墓，葬式为单人仰身直肢葬。头向在285°～320°之间。部分墓葬发现葬具痕迹和棺钉。出土器物主要有瓷器、铁器和铜器。器物摆放有一定规律[5]。

上述几处墓地出土的瓷器主要为碗、碟和玉壶春瓶，造型与烧造工艺特点基本相同，可视为同一时期的遗物。龙井墓地出土一件景泰蓝杯，与扶余油田砖厂明墓出土的一件几乎完全相同。这几处墓地出土的铜饰件和铁器，大部分可以在吉林省西部地区的明墓中找到相似者。所以，其时代也应是明代。

---

［1］　尹郁山：《吉林永吉旧站金代墓调查简报》，《北方文物》1989年第1期，第47、48页。

［2］　唐音、翟敬源、张寒冰：《吉林市东团山汉魏时期及明代遗址》，《中国考古学年鉴（2002）》，文物出版社，2003年，第179、180页。

［3］　严长录：《龙井县朝东明代女真人墓的发掘》，《博物馆研究》1986年第2期，第74～81页。

［4］　李正凤、朴润武：《吉林珲春黄家店古墓清理简报》，《博物馆研究》1987年第1期，第71～76页。

［5］　延边博物馆、珲春市博物馆：《珲春东岗子五组西甸子元明时代的文化遗存》，《博物馆研究》1993年第1期，第89～98页。

三、重要遗物

吉林省发现的明代城址和墓葬内，都有不少遗物发现，可以分为建筑材料、陶瓷器、金属器、玉石饰件等几类。其中扶余油田砖厂明墓和辉发城出土的器物较为精致。

（一）建筑遗物

建筑遗物主要出现在城址里，发表资料较多的只有叶赫古城。有大量的布纹瓦和花纹青砖。其他遗物有莲花纹瓦当、八角形石雕构件等（图三五一）。莲花纹瓦当外有一圈乳丁。八角形石雕构件都呈向内弧曲的等边八边形，俯视如大屋顶式。

图三五一　叶赫古城出土的建筑构件

1、2. 石雕建筑构件　3. 莲花纹瓦当　4. 带纹饰建筑饰件

（二）陶瓷器

明代陶器发现极少，在扶余油田砖厂明墓中只有3件陶罐。在东部地区的明墓中也发现甚少。均为泥质灰陶，轮制，素面较多。

瓷器发现很多，可以分为两大类。一类为粗瓷。另一类为南方地区烧造的青花、白瓷、彩瓷及龙泉青瓷等。

在扶余油田砖厂明墓中发现很多粗胎瓷器，胎壁厚，制作粗糙，造型简单浑朴，多为酱釉和黑釉，施釉不到底。器形主要是各种壶（包括“玉壶春瓶”）（图三五二，1～4）。类似的器物在九台市博尔哈通明墓中也有发现。东南部地区发现的瓷器也都是粗瓷，但与西部地区的不同，多为白釉瓷器，釉色发青或者发灰，也有乳白色的。器形多为碗、盘、壶之类（图三五二，5～9）。碗、盘在器内底均有三到五个支垫痕迹。

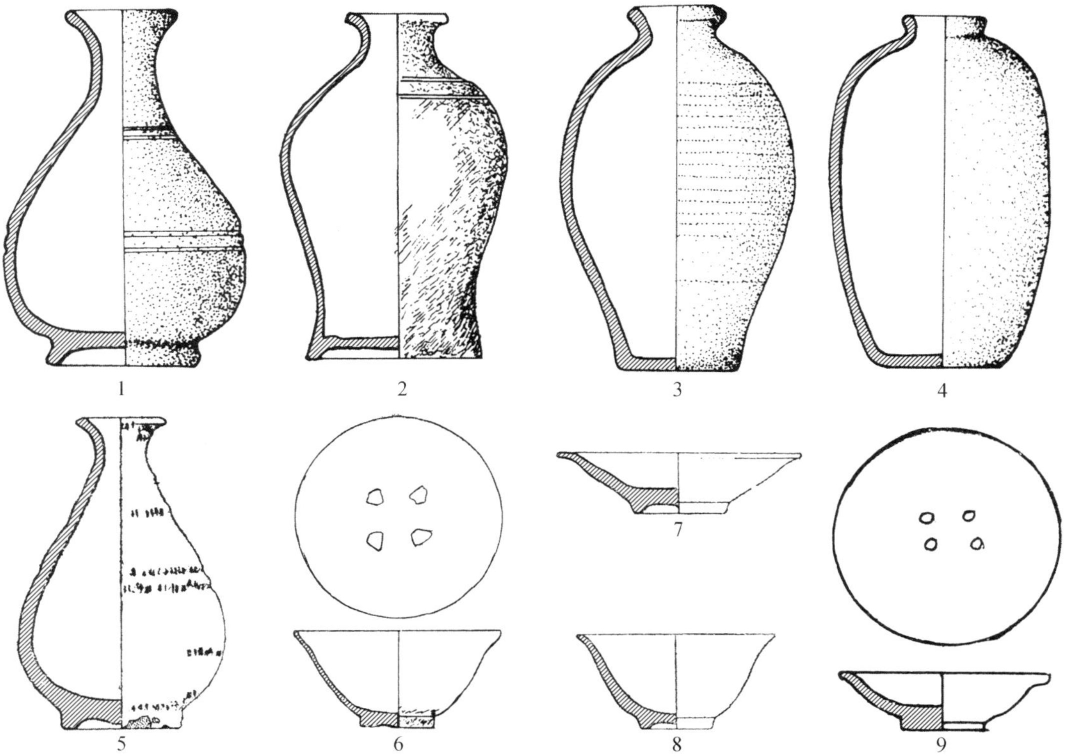

图三五二　明墓出土的粗瓷器

1～5. 瓷壶　6、8. 瓷碗　7、9. 瓷盘

（1～4. 扶余油田砖厂明墓　5、7、8. 龙井朝东明墓　6、9. 珲春西甸子明墓）

南方地区的瓷器主要出土于西部地区的墓葬和城址内，墓葬中出土的以扶余油田砖厂为代表，城址内出土的主要是辉发城发现的一批。辉发城发现的质量很高，有的为官窑产品。有两件底部有“大明万历年制”款，时代已到明代晚期。

青花瓷器。主要在西部地区发现，东部地区出土者极少，只在和龙发现几件。扶余地区墓葬发现的青花瓷是南方地区民窑产品，没有官窑产品精致。主要器形有碗、盘，少量壶、罐等。碗的造型较为一致，敞口侈沿，深腹，斜弧壁，矮圈足。纹饰组合主要有两种：一种是碗外壁饰青花漩涡云气纹（或缠枝菊花）、内底有“福”字或梵文（图三五三，1）。另一种外壁为五朵团菊、内底为一朵菊花，菊花外有五片向心花叶（图三五三，2）。内底饰莲花结带宝杵纹的碗（图三五三，3）也有一些。其他如松竹梅寿山石纹碗（图三五三，4）、狮子芭蕉寿山石纹碗就较少见了。

图三五三　扶余油田砖厂明墓青花瓷碗

1. 漩涡云气纹碗　2. 缠枝菊花纹碗　3. 莲花结带宝杵纹碗　4. 松竹梅寿山石纹碗

青花瓷盘多带圈足，可分为有沿与无沿两种，盘内纹饰题材多样，有寿山石菊花纹、勾栏瓶花纹、“寿”字纹、犀牛望月纹、婴戏人物纹、侍女戏蝶纹等（图三五四，1～5；图版一〇，1）。还有几件卧足盘，盘中有一堆塑的鲤鱼，鱼身施红色釉（图三五四，6）。还有一些执壶、高足杯、瓷罐等，也各有特色。

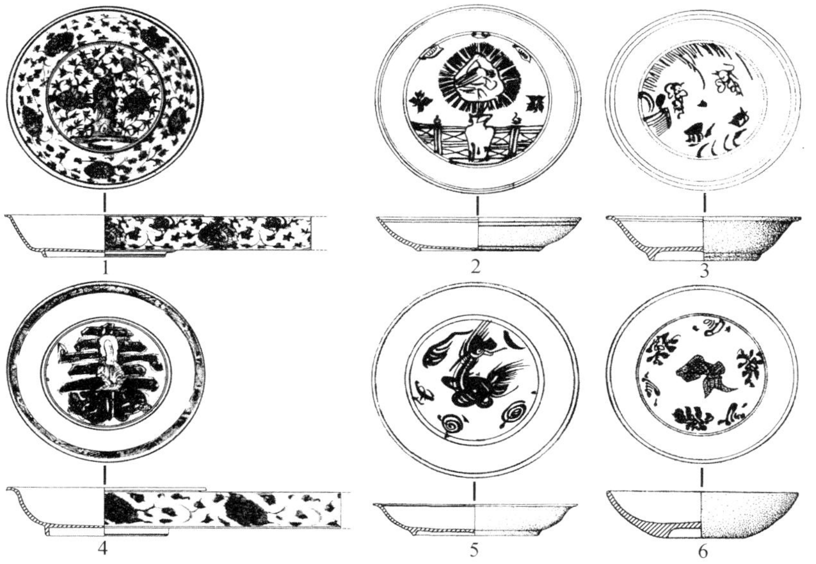

图三五四　扶余油田砖厂明墓青花瓷盘

1. 寿山石菊花纹盘　2. 勾栏瓶花纹盘　3. 婴戏人物纹盘　4. “寿”字纹盘　5. 犀牛望月纹盘　6. 鲤鱼纹盘

在辉发城发现两件青花瓷器，也是景德镇民窑产品。一件为缠枝灵芝纹罐，一件为树石栏杆纹盘。

龙泉瓷器在扶余油田砖厂明墓出土不少，绝大部分器形为碗，还有少量的盘（图三五五，1～3）。碗胎壁较厚，敞口，圈足较高。外壁口沿下饰回纹，内壁印有人物故事，如杨家将、包公、二十四孝等（图三五五，4），纹饰多模糊不清。造型、纹饰单调，质量不高，是龙泉窑衰落时期的产品。这类瓷器在梅河口及柳河县的明墓中也

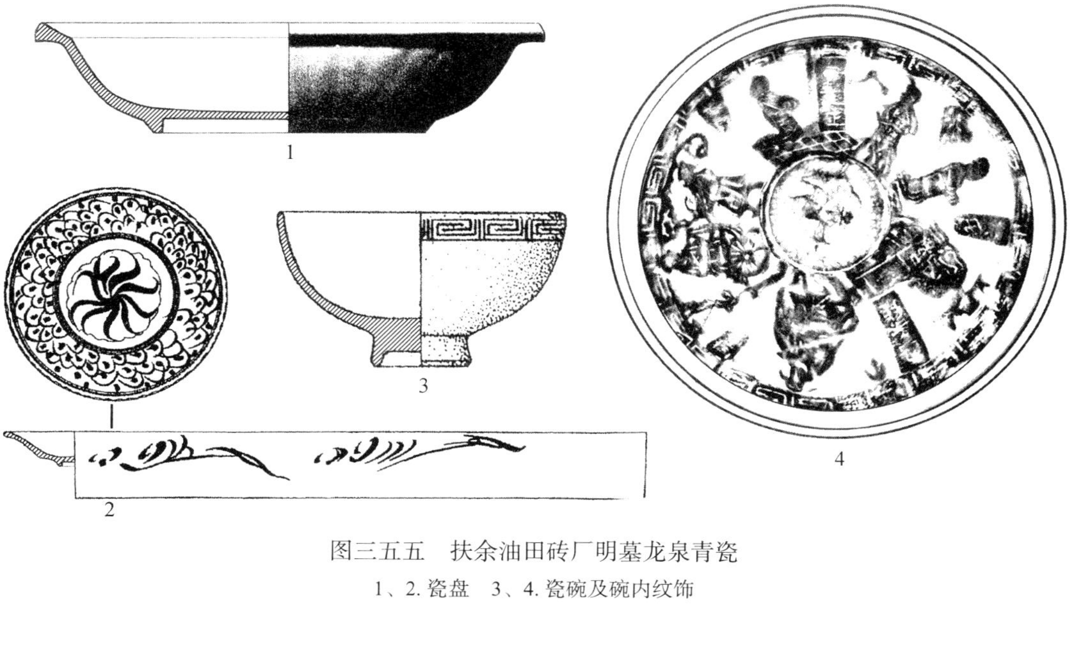

图三五五　扶余油田砖厂明墓龙泉青瓷

1、2. 瓷盘　3、4. 瓷碗及碗内纹饰

有发现。

扶余油田砖厂明墓较为精细的白釉瓷器，有执壶、盅、盘、高足杯等。胎质洁白细腻，釉色净白光亮。东区M13出土的一件白釉描金麒麟纹执壶最为珍贵。盘口，细颈，溜肩，心形扁腹略鼓，壶嘴上端有云形壶链连接；壶把弯曲，顶端有圆形梁鼻。腹中部有一道接胎痕，腹底部内收，下接圈足。扁腹两侧各堆塑一只麒麟，通体贴金，作回首飞奔状。壶颈部也有堆塑的云纹，同样贴金（图版一〇，2）。

扶余油田砖厂明墓发现的五彩瓷器有四件碗和四件盘。胎体轻薄，细密坚致，部分器物的彩绘有脱落。纹饰主要为花鸟鱼藻及花卉图案，主要色彩为红、黄、绿，以红色为主基调（图三五六，1、2）。辉发城出土的五彩瓷器有五彩缠枝牡丹纹罐（图三五六，3）、五彩开光折枝桃纹碗（图版一〇，3）、五彩双狮戏球纹碗（图三五六，4）、五彩双狮戏球纹盘等。五彩开光折枝桃纹碗共出土一对，碗内壁绘有对称的两组折枝桃纹和两组折枝花纹。底心双蓝圈内也绘有一株结满桃子的桃树。碗的外壁为彩地开光折枝桃纹。四个对称的圆形开光内，均饰折枝桃纹，其中两个开光内为垂枝。底部圈足内有“大明万历年制”款。应属江西景德镇官窑烧造。五彩双狮

图三五六　明代五彩瓷器

1. 五彩鸳鸯莲纹碗　2. 五彩鲤鱼蕃莲纹盘　3. 五彩缠枝牡丹纹罐　4. 五彩双狮戏球纹碗

（1、2. 扶余油田砖厂明墓　3、4. 辉发城）

戏球纹碗内外均绘有双狮戏球图案，内底心绘一彩球，胎釉结合不很紧密，有脱釉现象。扶余岱吉屯出土的一件五彩碗，底款为“至正年制”，是极为罕见的伪托款。

素三彩器数量不多，扶余油田砖厂明墓出土四件，扁壶一件，纹饰为鲤鱼。另外三件壶身为球形，流塑成鸡首状，把手为老鼠或者流云（图版一〇，5）。

（三）金属器

吉林省出土的明代金属器数量很多。主要为铜器和铁器，还有少量金银器。铜器多是饰件，在墓葬中普遍发现，常带孔，有圆形、三角形、长方形等，还有不少为动物造型（图三五七）。

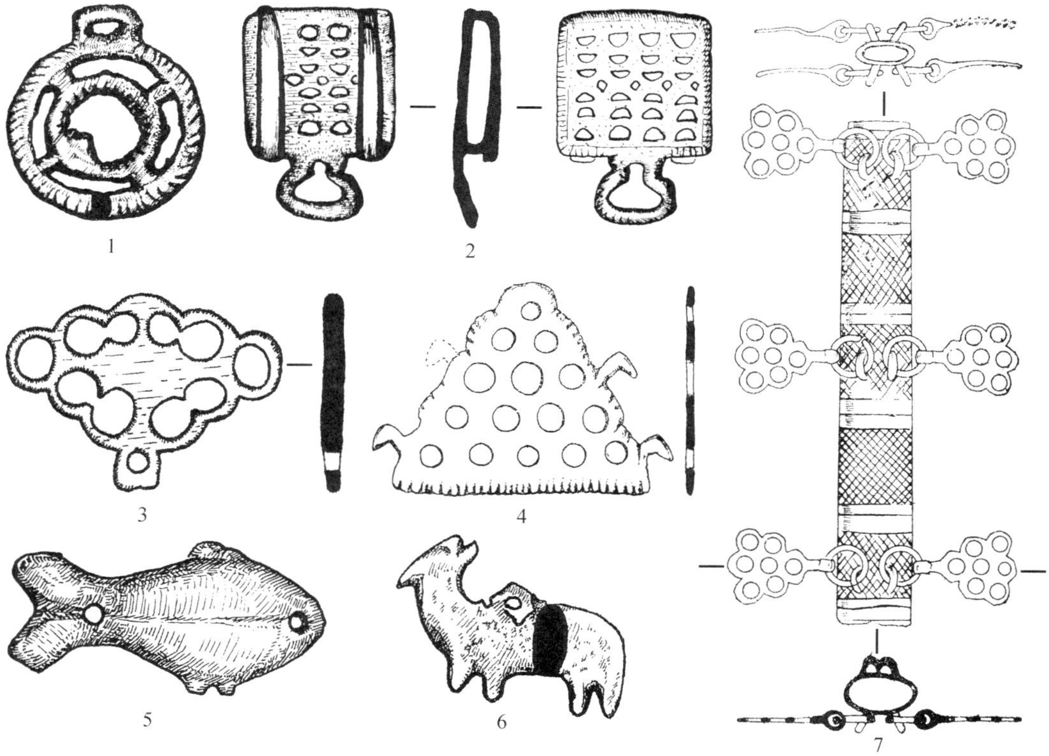

图三五七 明代墓葬出土的铜饰件

（1～3、5、6. 扶余油田砖厂明墓 4、7. 龙井朝东明墓）

生活用品有铜碗、铜钵、铜匙、顶针、铜镯、指环、耳坠等（图三五八，1～6）。车马器有带饰、带卡、鞍饰等（图三五八，7）。

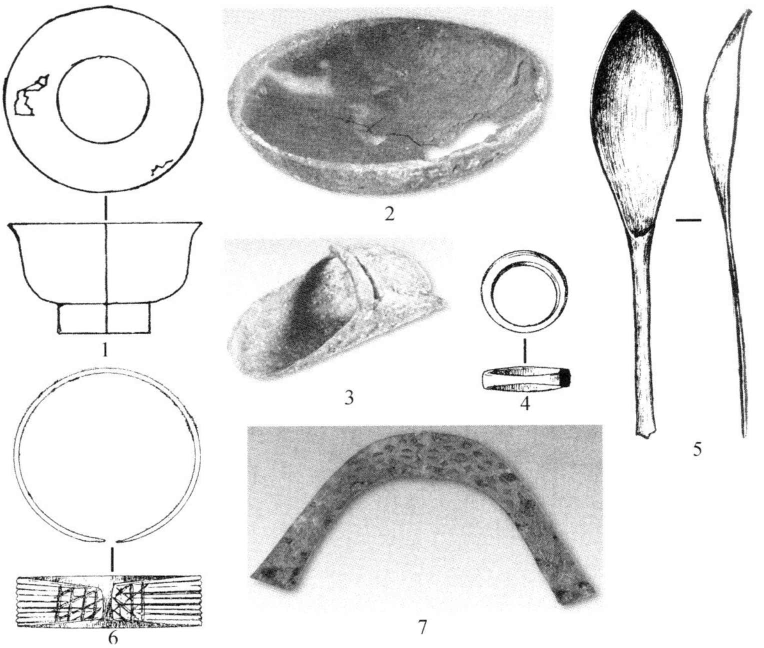

图三五八　其他铜器

1. 铜碗　2. 铜钵　3. 铜指套　4. 铜指环　5. 铜匙　6. 铜镯　7. 鞍桥饰件

（1. 珲春西甸子明墓　2、3、5、7. 扶余油田砖厂明墓　4、6. 龙井朝东明墓）

铁器主要是镞，还有刀、斧、镰、锤、凿、叉、剪子、马镫、马衔等（图三五九）。铁镞以凿式、铲式为主。马镫有两种形式，一种整体呈梯形，顶端有带孔，下部侧面是三角形镂空，踏板为长方形。另一种呈椭圆形，踏板两端弧形翘起，带孔为马镫顶部铸造而成。

金银器。扶余明墓出土的金器基本为头饰，器物都不大，制作精细。有呈“山”字形的片饰、耳坠等。片饰上都压印纹饰，在边缘处还有小穿孔。辉发城出土一件金帽顶，呈锥状，高6.3、底径4.2、顶径1厘米。系用一金箔锤揲而成。底如倒置的碗，周饰梅花九朵，并有对称的四个针孔，以便缝缀。最底部有一圈突起的连珠纹。中间部分的下端锤出一周凸棱，再上变细呈圆柱状，中间有两周突起的连珠纹，在其上下各有一周突起的花纹装饰。帽顶顶端已残破，但尚可看到三个针孔，可能为缀帽所用。帽顶内为空心，重约20克。辉发城出土的两件银饰，顶端呈三角形，用途不明（图三六〇）。

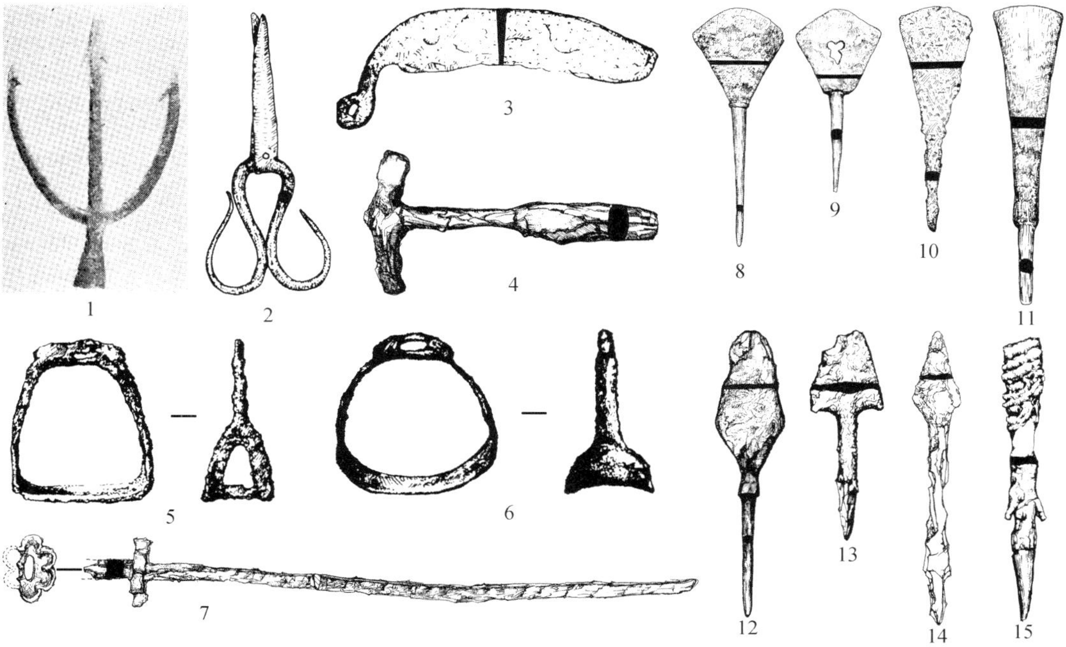

图三五九　铁器

1. 鱼叉　2. 剪刀　3. 铁镰　4. 铁锤　5、6. 马镫　7. 铁刀　8～15. 箭镞

（1. 辉发城　2～15. 扶余油田砖厂明墓）

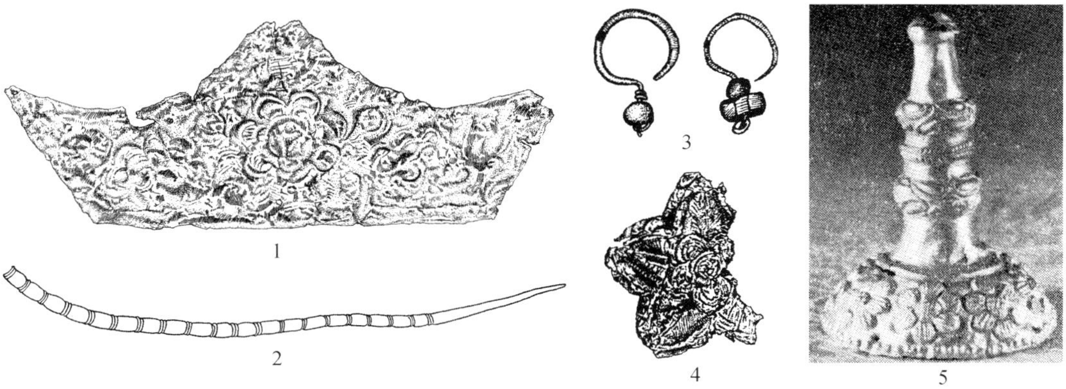

图三六〇　金银饰

1. 金山字形饰件　2. 银饰　3. 金耳坠　4. 金梅花形片饰　5. 金帽顶

（1、3、4. 扶余油田砖厂明墓　2、5. 辉发城）

（四）骨器、玉石器

骨器中绝大多数多是镞，以牛骨为原料磨制而成，平面呈梭形或柳叶形。还出

土少量骨笄、刻纹骨板、鸣镝等（图三六一，1～3）。玉石器多是装饰品，材质有玉、水晶、玛瑙、琉璃等，器形有牌饰、珠、纽扣、坠饰等（图三六一，4～8）。发现在墓主头骨、胸骨、胫骨附近，一般都小巧玲珑、做工精细，带有较强的地方民族特色。

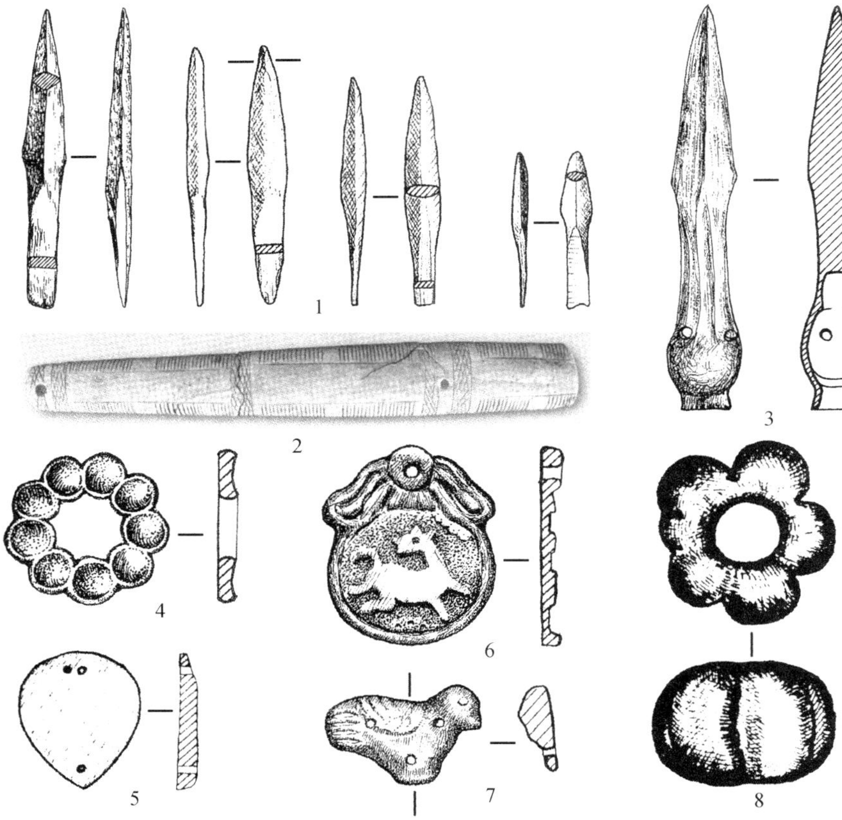

图三六一　扶余油田砖厂明墓出土的骨器、玉石器
1. 骨镞　2. 刻纹骨板　3. 骨鸣镝　4～8. 玉石饰件

（五）其他

铜胎掐丝珐琅器两件，即俗称的“景泰蓝”，一件出土于扶余油田砖厂西区M8。另一件出土于龙井朝东明墓。两件形制几乎完全相同，朝东发现的缺失了圈足。扶余发现的器表锈蚀斑驳，青铜内胎，敞口，圆唇，深腹，底微凸，圈足略外撇。内壁锈蚀较甚，看不出装饰。外壁饰有四朵牡丹花，牡丹花为珐琅质镶嵌，呈淡蓝色。花朵之间的缠枝花叶呈绿色，花蕾呈黄色，器身下部为天蓝色花瓣纹饰相衬。器形优美，色彩艳丽（图版一〇，4）。

第十一章　清代的地下文化遗产

吉林省是清朝统治者入关前的重要根据地，统治者为保护其“龙兴重地”，在清代早期修建柳条边禁止百姓随便进入边内，使得这里人烟稀少。但是，随着国内外形势的发展，封禁政策逐渐松弛乃至彻底取消，大量人口涌入，在这里留下了丰富的遗存。有一些佛寺、道观、古代衙署及驿站保存至今，在吉林省各县市文物志中还收录了一些名存实亡的古代建筑，大多已被拆毁，现在实际上已经成为古代遗迹了，有保护和发掘的价值。在以往的调查中，常常能在一些辽金遗址上采集到清代青花瓷片及铜钱。但由于清朝距离现在太近，文化遗存不受重视，考古工作很少。目前主要对一些墓葬进行了正式的考古发掘。

一、墓　　葬

吉林省目前经过正式发掘的清代墓葬屈指可数，比较重要的是通榆兴隆山公主墓，等级高，随葬品丰富。

（一）通榆兴隆山公主墓

墓葬在通榆县兴隆山乡同发屯，清理时已受到严重破坏。墓地四周原有陵园建筑，也已颓圮殆尽，仅存残廓。据调查，陵园四面砖砌围墙长90、宽40米，南向开门。后部享殿坐北朝南，五开间，长16、宽5米。享殿前有东西配殿，各长12、宽5米。陵园北面44米处有守陵房址一幢三间。公主墓位于享殿之下，墓室为长方形，南北长3、东西宽2、高2.25米。青砖铺地，错缝平砌墓壁，上起圆锥顶，用白灰勾缝。墓门南向，券顶，用砖封护，宽1.4、高1.7米。室内南北向顺置木棺，已塌陷，约长2.4、宽0.7～0.9、高1米（图三六二）。棺中女性尸体头北脚南，仰身直肢，头戴金制冠具，横枕金元宝，身着丝织夹、单多层服饰，棺内散置铜钱，有康熙通宝、雍正通宝和乾隆通宝。出土的殉葬品共有265件，包括各种金、银饰件、铜器、玉石器等。

另在公主墓东侧1米处另有一墓，墓葬结构和公主墓相同，墓主为女性，头北脚南，仰身直肢。殉葬品不多，有饰件、金银簪等八件。疑为公主生前亲侍之墓。公主墓的发现，对于研究清代公主下嫁外藩的葬仪，提供了珍贵的实物资料。是研究清代

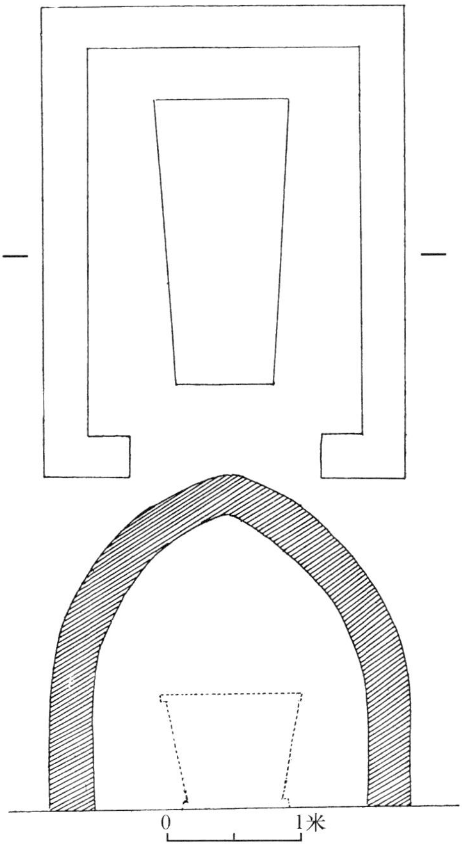

图三六二　通榆兴隆山公主墓平、剖面图

满族统治者与蒙古科尔沁部联姻历史的重要实物例证[1]。

（二）大安后宝石村公主墓

在大安后宝石村也有一座公主陵，但破坏更为严重，墓上的建筑已被彻底毁掉，墓被盗掘，遗物几乎不存。此墓与通榆公主墓有相似之处，也有东西并列的两个墓坑。西侧墓主可能是公主，采用了火葬。东侧墓见有人骨数根[2]。

（三）榆树市清墓

经过科学发掘的清墓有榆树市韩家屯和上台子墓地。这两处墓地距离不远，在埋藏方式上有一定相似之处，但也有一些区别。

上台子墓地8座墓中，M1～M5为土坑竖穴双棺合葬，为同穴合葬（图三六三，1）；M6与M7为两座土坑竖穴单棺墓，并排而葬，二者相邻的中部有宽、残深均约10厘米的沟槽连接，是异穴合葬。M8为土坑竖穴单棺墓（图三六三，2）。木棺与现代木棺相似，梯形棺，底板较长，伸出棺首，在这个部位一般放置一件缸胎瓷罐。棺内底板上一般撒若干铜钱。正对左棺首坑壁土龛中往往能发现一件青花瓷碗。在M2、M5内还出土两件瓦。墓葬均为西北—东南向，头向在322°～340°之间。合葬墓一般为男左女右（男西女东），仅M5相反。绝大多数为仰身直肢葬，只有M4内西侧棺内为二次葬，木棺很小。女性头上一般都插数枚发簪及发饰。随葬铜钱最晚一般为“道光通宝”或“光绪通宝”，应为清代晚期一处家族墓地[3]。

韩家屯墓地发掘6座墓葬，除M1外，均采用合葬形式。M2、M3为土坑竖穴异穴合葬墓（图三六四，1）；M5、M6为也是异穴合葬墓，分别为砖圹墓（图三六四，3）。

---

［1］　张英：《吉林通榆兴隆山清代公主墓》，《文物》1984年第11期，第76～84页。

［2］　康广敏：《大安县后宝石村公主陵发掘侧记》，《博物馆研究》1989年第3期。

［3］　徐坤、聂勇、刘晓溪：《长春市榆树韩家屯墓地发掘简报》，《博物馆研究》2008年第3期，第71～74页。

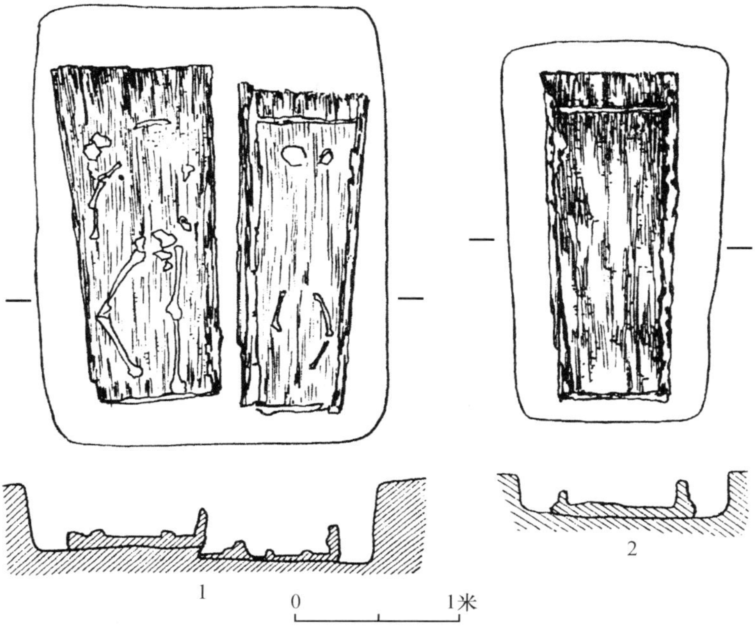

图三六三 榆树上台子清墓平、剖面图

1. M3 2. M8

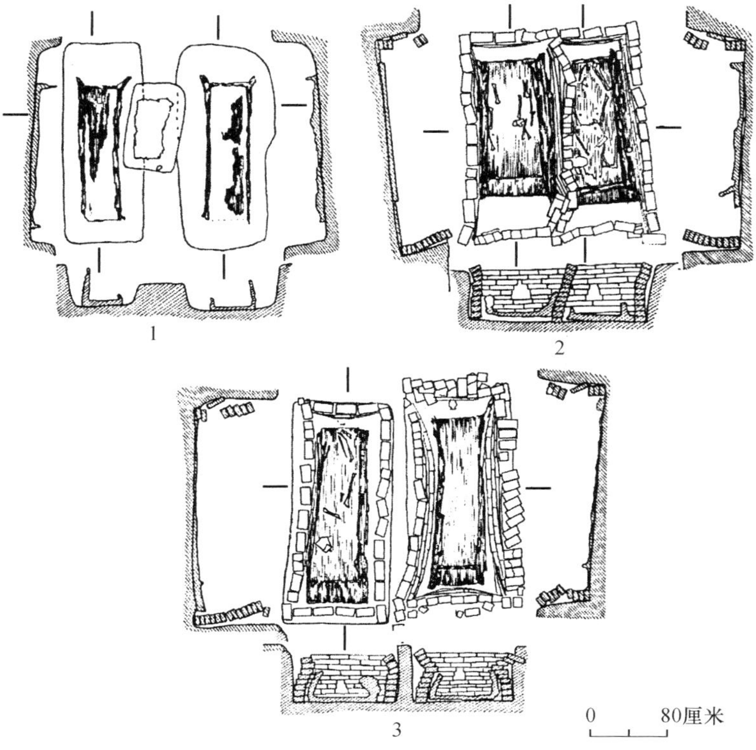

图三六四 榆树韩家屯清墓平、剖面图

1. M1、M2、M3 2. M4 3. M5、M6

M4为同穴合葬，两座砖圹墓共用一壁（图三六四，2）。每座墓中都有木棺，木棺形制与上台子墓地一样。墓葬均为东北—西南走向，头向在60°～66°之间，为仰身直肢葬。随葬品主要是铜钱和瓷器，铜钱均发现于棺内底部，瓷器中瓷罐均发现于棺尾外侧墓室底部，在墓的坑壁内也随葬青花瓷碗。铜钱中最晚为“道光通宝”，时代为清代晚期，或者更晚[1]。

这两处墓地，主要使用合葬形式。在具体形式上，上台子墓地主要为同穴合葬，韩家屯虽然异穴合葬稍多，但发掘数量太少，很难确定哪种实际更多。后者还用砖砌墓。在随葬器物上，铜钱都在棺内底部，棺内还发现纽扣，棺外普遍发现酱釉粗瓷罐，在壁龛内都发现过青花瓷碗。这些器物造型几乎完全相同。两处墓地时代也应相近，都在清晚期。

两处墓地的差别也值得注意。主要表现在墓葬方向、随葬品摆放位置与随葬品多寡差异等方面。上台子墓地为西北—东南向，头向西北，韩家屯则为东北—西南向，头向东北。前者出土的瓷罐均在棺首一侧，后者则放到了棺尾。瓷碗的出土位置似乎也不尽相同。在随葬品的数量上，上台子墓地明显超出韩家屯，前者女性头上一般都有2～3支银簪及若干发饰，后者一件都没有；后者一共才发现17枚铜钱，平均每座棺内不足3枚，前者在M2女性棺内就出土20枚，平均每座棺内超过9枚。这些差异说明这两处墓地很可能属于两个不同家族，存在一定的贫富差距。

这两处墓地的发掘，对了解清末当地的丧葬习俗、埋葬方式以及风土人情、装饰工艺都具有重要意义，提供了难得的实物资料。

（四）其他墓葬

还有一些墓葬，多散见于吉林省各县市文物志中，虽然没有经过正式考古发掘，介绍也十分简略，但仍具有一定的参考价值。

珲春市马川子乡五一村农民挖房基时，发现一处夫妻合葬墓，出土了一批文物（图三六五）。该墓北距珲春河300米，西北距图们江10余千米。墓葬已遭破坏，形制不清楚。发现两座木棺，棺已腐烂倒塌，间距大约0.8米，两棺齐头排列，头向南，脚朝北，男左女右。男棺（西侧）内出土文物有马镫、马衔、铁斧、小刀各1件，铁镞8枚、眼镜架1件、烟袋1件。女棺（东侧）内出土文物有“康熙通宝”4枚，铜环、石珠2个、瓷碗1个[2]。

大兰旗墓群位于吉林市郊白山公社大兰旗屯内，在挖地基时破坏了一座墓，墓为

[1] 解峰、王新胜、李东：《吉林省榆树市上台子墓群发掘报告》，《北方文物》2010年第1期，第20～28页。

[2] 郎伯君、伊世海：《图们江流域女真人满族人墓葬、葬具及其演变》，《博物馆研究》1992年第3期，第71～78页。

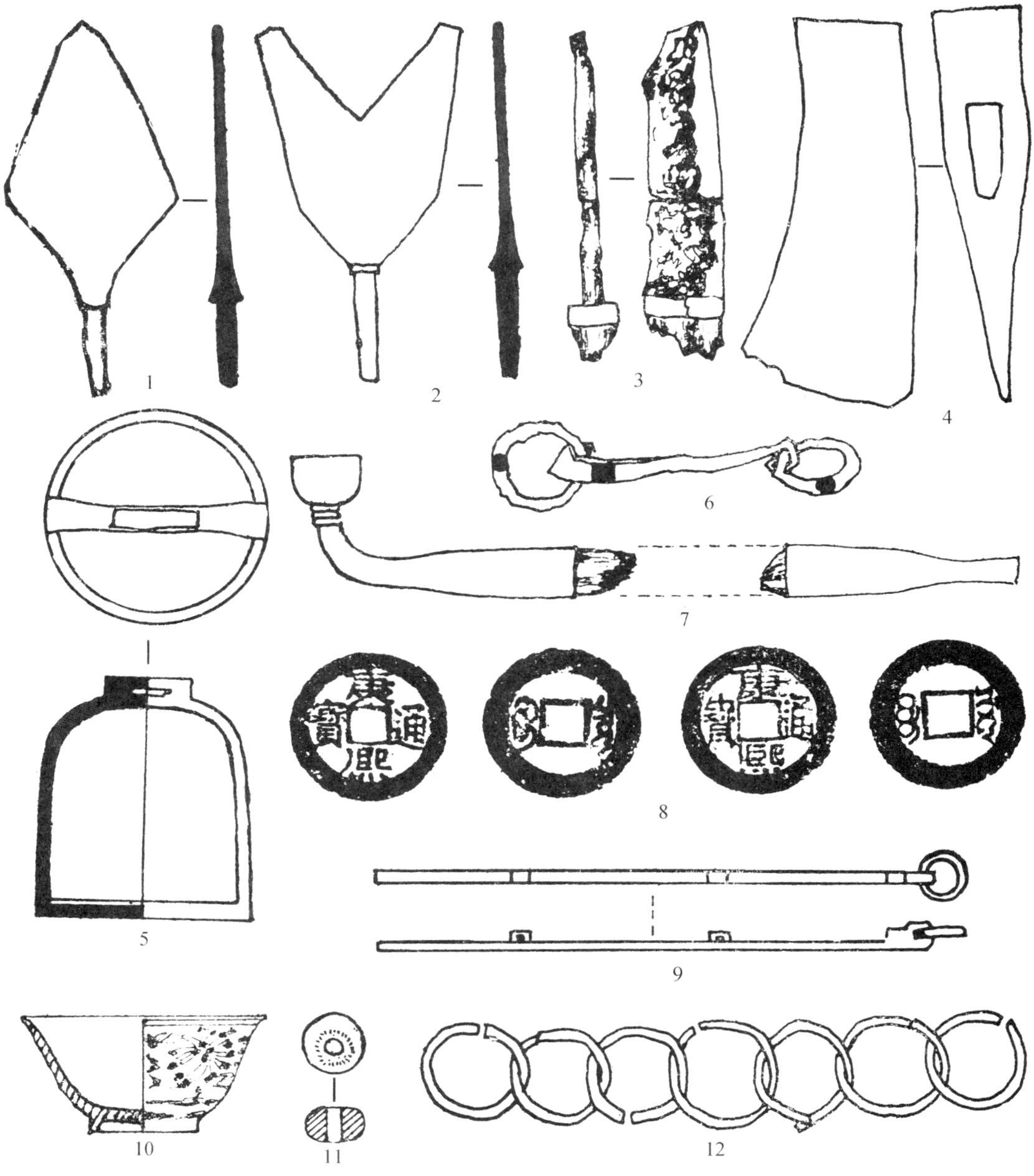

图三六五　珲春市马川子乡五一村清墓出土遗物

1、2. 铁镞　3. 铁刀　4. 铁斧　5. 马镫　6. 马衔　7. 烟袋　8. 铜钱　9. 眼镜架　10. 瓷碗　11. 石珠　12. 铜环

土圹，有人骨三具，皆头西脚东，仰身直肢。人骨架周围随葬黑釉碗、青花瓷酒盅、玉璧、铁锅、铜吊锅、铜带卡、铜烟锅、铁马镫、马衔、铁斧、铁锄、铁刀、铁镞等遗物，共计35件。据群众说此墓群面积相当大[1]。

[1]　吉林省文物志编委会：《吉林市郊区文物志》，1984年，第78、79页。

四平市山门街墓群发现3座墓，均为土坑木棺葬，仰身直肢。一座为合葬，其余为单人葬。合葬墓中男性居中，左右各有一女性。随葬器物较丰富，头部左侧出土一枚“顺治通宝”和一颗带有穿孔的水晶珠。腰部左侧出土铜烟袋一支，铜带扣一个。右侧出土铁匕首一把，铁带钩一个。脚下出土很多铁镞及铁马衔、马镫、双耳铁锅、酱釉瓷碗等。男性左侧女性的头部出土银簪两枚，银耳环一对。腰部也出土铜烟袋一支，脚下出土铁剪、铁斧及铜锁各一件。男性右侧女性腰部也出土铜烟袋一支。另两座墓随葬器物与合葬墓中男性随葬品类似。这里也是一处范围较大的清代墓群[1]。

辽源市陶瓷厂后山，城子山古城西北250米处的坡地里，发现一座双人合葬墓，竖穴土坑，上有封土，直径5米许，两具木棺并列安置。男左女右，头南足北。男性棺中发现半块带有“皇帝之位壬辰年”字样的砖。女性头部发现一支铜质舌形簪和一支双凤铜钗。另有一彩盘和陶罐等物。墓葬破坏严重[2]。

公主岭瓮圈水库以东还发现了清代的瓮棺墓群。有10余座，无墓室，将陶罐直接埋入土中，内盛骨灰。陶罐缸胎施釉，腹、底皆有小孔，罐上均盖一青花瓷盘。墓群中有两个瓮棺葬于一起，或为夫妻合葬。可能是清代早期火化制度下的墓葬[3]。

二、柳　条　边

清代初年统治者为保护其“龙兴之地”，在东北实行封禁，构筑了一道挖沟迭垣形成的土墙，并在土墙上“布柳结绳”，布兵设卡，即为柳条边，亦称柳边、边墙。修筑方法是先用土堆成宽、高各三尺的土堤，然后在其上每隔五尺插柳条三株，各株之间用绳连结横条柳枝，即所谓“插柳结绳”。土堤的外侧，挖掘深8尺、底宽5尺、口宽8尺的边沟，以禁行人越渡[4]。

柳条边为清康熙初年所筑，南自辽宁开原入吉林省境，跨四平、梨树、公主岭、伊通、长春、九台、德惠至舒兰止，全长343.1千米。沿线有布尔图库苏巴尔汗、赫尔苏、伊通、法特哈4处边门和边台20余处。保存较好的边墙高约1.5米，沟宽5米、深1.5米左右。在四平还保存着当年布尔图库苏巴尔汗边门戍卒居住的房址[5]。

1994年对梨树县龙王屯柳条边进行了发掘，对墙的结构进行了解剖。从断面来看，这段边墙残高0.9米，距原地表高为1.3米，墙底宽3.3米。墙外边沟的开口宽度为3.5米，沟槽为锅底形，沟底距现地表最深处为1.6米，距原地表深为1.2米。以往对柳条边的研究多为依据文献记载，这次清理是首次对柳条边进行科学发掘，对开展进一步

[1]　吉林省文物志编委会：《四平市文物志》，1988年，第37页。

[2]　吉林省文物志编委会：《辽源市文物志》，1988年，第44页。

[3]　吉林省文物志编委会：《怀德县文物志》，1985年，第95～97页。

[4]　吉林省文物志编委会：《怀德县文物志》，1985年，第101～105页。

[5]　《柳条边》，《中国文物地图集·吉林分册》，中国地图出版社，1993年，第126页。

的学术研究，具有重要意义[1]。

三、窖　　藏

多为钱币窖藏。地点分布比较广，在洮南、东辽、东丰、靖宇、蛟河、集安、延吉都有发现，其中蛟河最多，有5处。重量多为几十斤到上百斤，数量最少的仅有100多枚，最多的有50000余枚，重250多千克。发现时多装在陶罐里，保存好的可以看出是用麻绳穿成钱串叠压在一起。蛟河市柳树河子窖藏埋在土坑中，上面有木板覆盖。

钱币中时代最晚的一般为“乾隆通宝”“道光通宝”或“光绪通宝”，推断是清末的窖藏。靖宇十里洼窖藏中最晚的为顺治通宝，可能是清初埋下的。

在与朝鲜接壤的集安、延吉地区发现的窖藏中，有大量朝鲜李朝时期铸造的“常平通宝”，占全部钱币的一半以上，同出的清朝钱币最晚都是“光绪通宝”，说明这些窖藏的时间为清末，甚至可能更晚。清朝晚期，朝鲜北部连年饥荒，很多朝鲜人不顾清政府的禁令，纷纷越江垦荒，移居我国境内。这些钱币当是此时从朝鲜带入的。这些窖藏的发现为研究中朝之间的交往提供了宝贵的实物资料[2]。

四、重 要 遗 物

吉林省内发现的清代遗物主要是通榆兴隆山公主墓的一批贵重物品，以金银首饰为主，还有一些玉石器。榆树市清墓出土的遗物则是普通百姓所使用的。

（一）瓷器

榆树上台子墓地和韩家屯墓地出土的瓷器形制相同，有缸胎瓷罐和青花瓷碗两种。瓷罐为缸胎，胎质较粗糙，施酱釉，内部满釉，外不及底（图三六六，1、2）。青花碗烧制也较粗糙，有的内底有涩圈。青花颜色较浅，施于碗内底，在两圈同心圆内绘花卉纹样（图三六六，3、4）。

（二）金属器

金属器主要是各种金属饰件，其他金属器有铜碗、铜烛台、铜烟锅、铜钱，铁器

[1] 宋玉彬、黎久有：《梨树县龙王屯柳条边遗迹》，《中国考古学年鉴（1995）》，文物出版社，1997年，第130页。

[2] 呼国柱：《略述延吉市发现的朝鲜古铜钱》，《博物馆研究》1989年第2期。

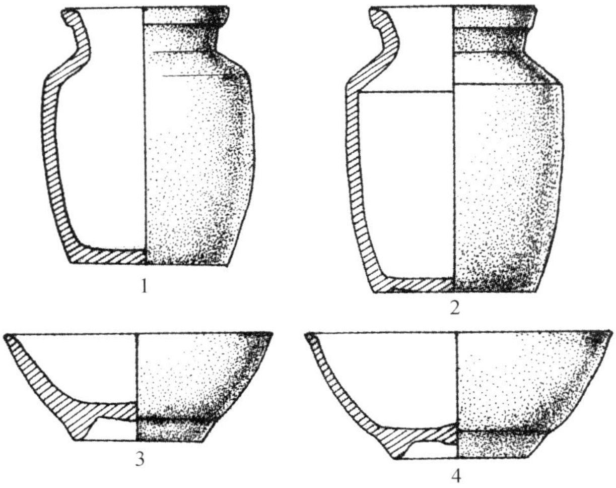

图三六六　榆树上台子清墓出土瓷器
1、2. 缸胎瓷罐　3、4. 瓷碗

有铁镞、马镫、马衔、铁斧等。

金银饰件主要出土于通榆兴隆山公主墓。在榆树上台子墓地中女性头部也普遍发现银簪。

公主墓出土金冠饰一件，锻制。两端为穿孔的半球。正面以网格纹为地，浮雕梅、迎春、荷花、菊等五组花卉图案。背面有五块长方形金片，均用铆钉铆在冠饰上（图三六七）。

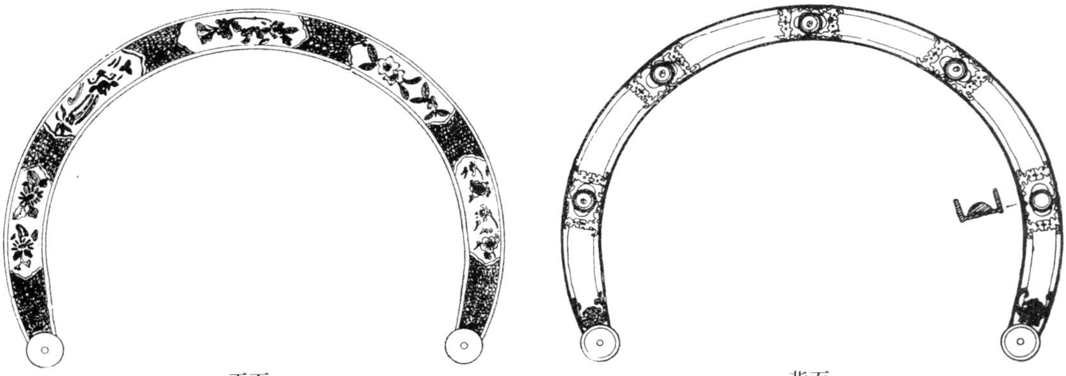

图三六七　兴隆山公主墓出土的金冠饰

公主墓出土的金簪有各种不同的造型，有金龙簪一对、金松竹梅簪一对、宝石金簪一对、金“卍”字簪一对、金云形簪一对、金卷云簪一件（图三六八）。簪首大多以极细的金丝编制，工艺精巧复杂。金云形簪为锻压而成。在金“卍”字簪和金卷云簪的簪首背面还铸有“文化”二字。

公主墓出土的饰插与金簪类似，但更加小巧，也分好几种，有金龙饰插、金凤饰插及金花饰插各一件，金寿字花插一对（图三六九）。制作方法和金簪相同。其上多镶嵌珍珠。金寿字花插为锻制，从插上分出十支金线，线端分别连缀一寿字、三云朵、六嵌珠圆饰。

公主墓出土的金冠上的饰件还有金孔雀饰、金龙饰、金葵花饰、金蝙蝠寿字饰、

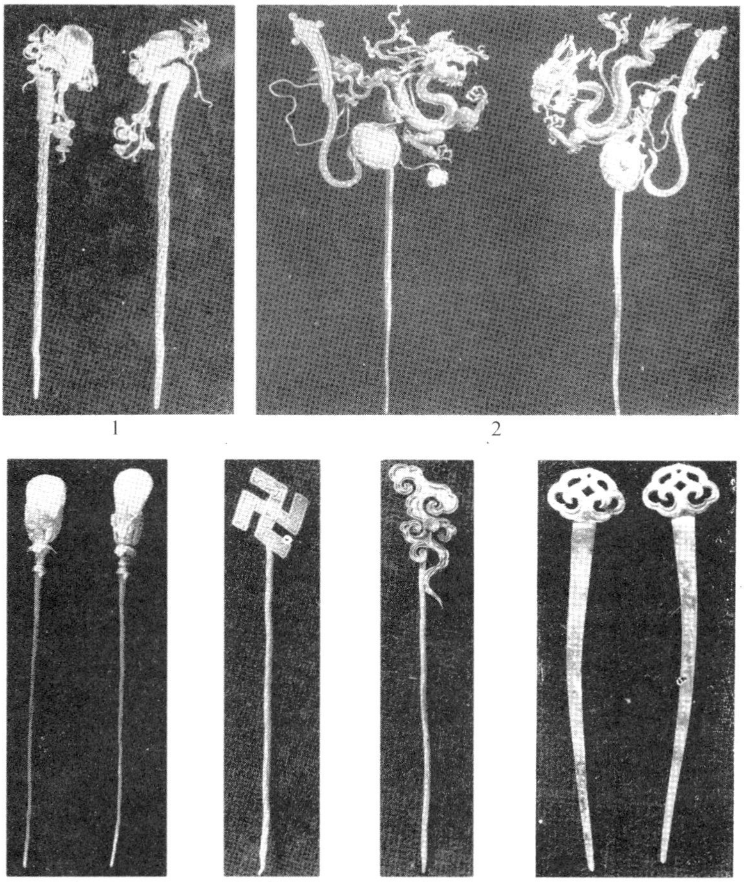

1　2　3　4　5　6

图三六八　兴隆山公主墓出土的金簪

1. 金松竹梅簪　2. 金龙簪　3. 宝石金簪　4. 金“卍”字簪　5. 金卷云簪　6. 金云形簪

金心形钱纹饰、金心形绞丝饰、金丝莲花形饰等（图三七〇）。金孔雀饰共4件，以极细的金丝编制，作孔雀开屏状，冠出三羽，额前嵌珠，嘴中衔一铜珠。背脊镶嵌椭圆形东珠一枚。尾羽作三层，前三、中五、后七，羽端各有一个凹窝，镶嵌绿松石。金丝莲花形饰为一对，金丝编制，中央花蕊嵌珠。花十一瓣，卷折缘，瓣上原嵌七颗珍珠。背横置二鼻。

其他金属饰件还有银钏一件、金银戒指各一只、银鎏金寿字扣三件、鎏金铜扣十件等（图三七一）。金银戒指均为模压制成，银戒指背面有“兴化”二字。银钏表面浮雕五组图案，计有牡丹、松枝喜鹊、荷花莲蓬、松鼠葡萄、梅花喜鹊。

榆树上台子墓地出土了数量众多的银簪，虽不如兴隆山公主墓金簪那么华丽，但是造型多样，也很有特色（图三七二）。在一些在簪背面有戳印文字，如“聚盛”“太兴”“万太”等，可能是银庄铺号。

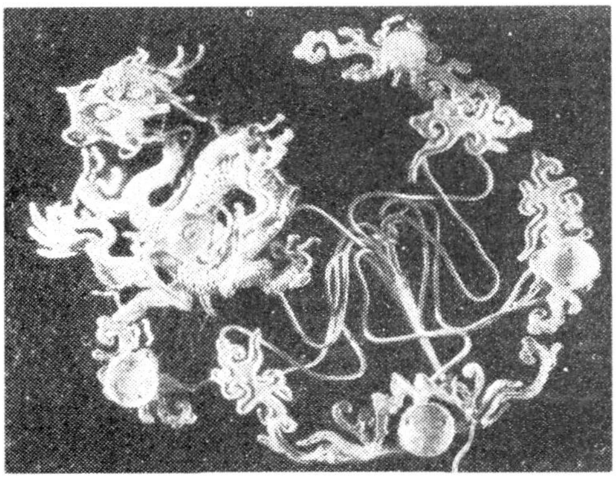

1　2

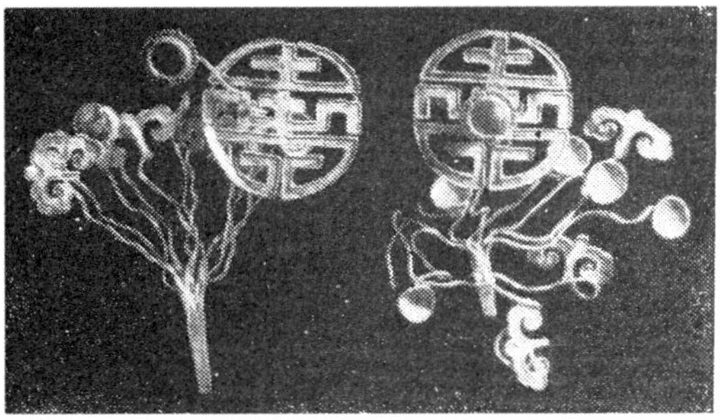

3　4

图三六九　兴隆山公主墓出土的金饰插

1. 金龙饰插　2. 金凤饰插　3. 金寿字花插　4. 金花饰插

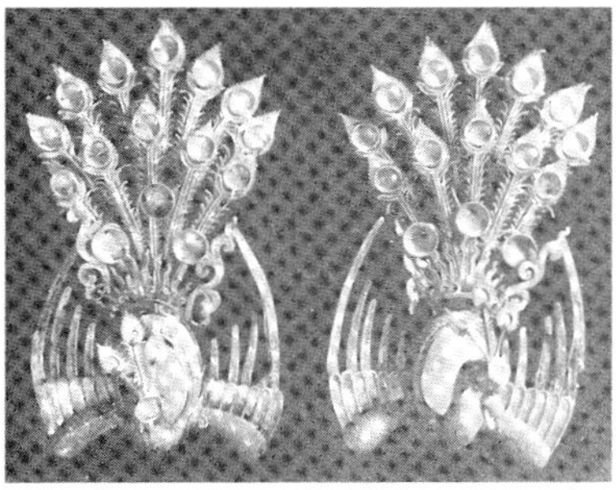

1　2

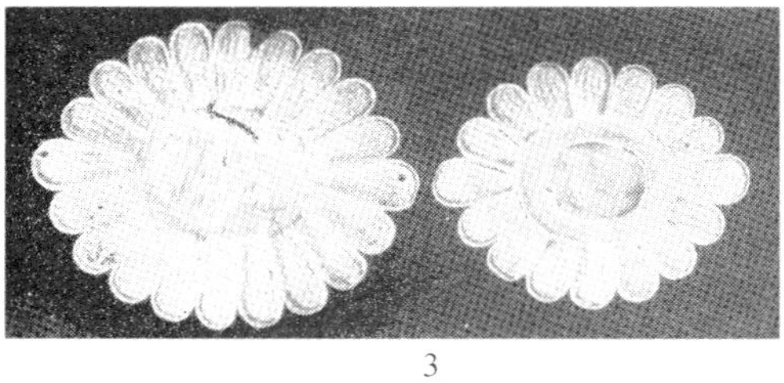
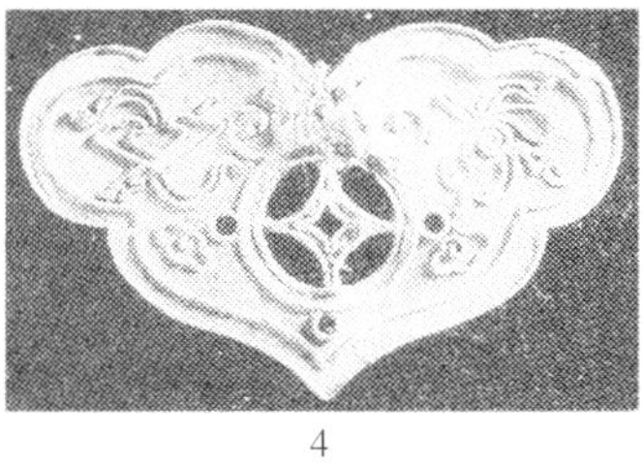

3　4

图三七〇　兴隆山公主墓金冠上的饰件

1. 金孔雀饰　2. 金丝莲花形饰　3. 金葵花饰　4. 金心形钱纹饰

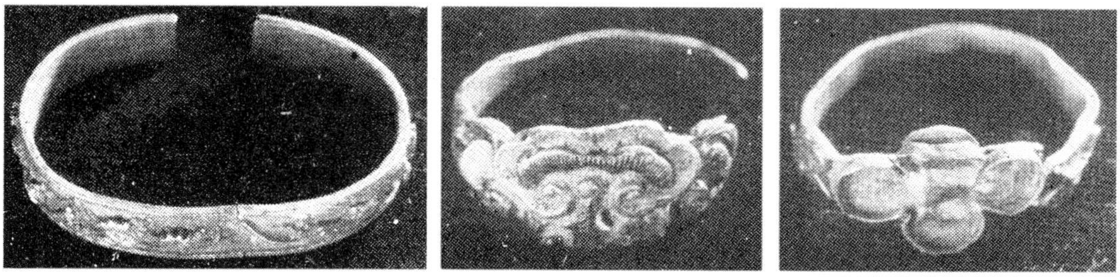

图三七一　兴隆山公主墓出土的其他金属饰件

1. 银钏　2. 银戒指　3. 金戒指

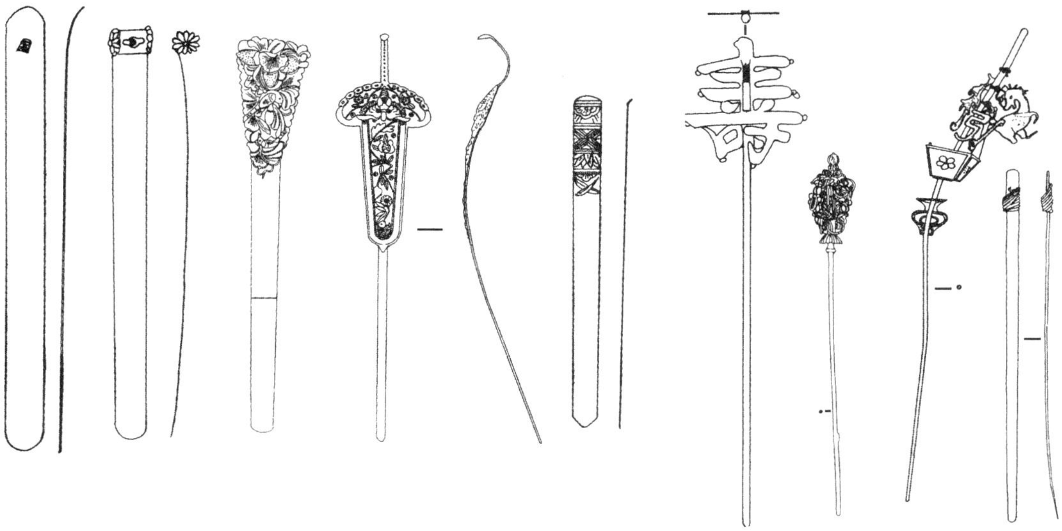

图三七二　榆树上台子墓地出土的银簪

公主墓出土的铜器有铜碗一件、铜盅四件、小烛台一件、烟锅一件、铜钱十四枚。榆树上台子墓地和韩家屯墓地都发现了不少铜纽扣及铜钱。纽扣有空心和实心两种。上台子墓地还出土1件铜指环。

（三）玉石器

公主墓还出土不少用宝石、玛瑙、珍珠制作的饰件。有二十六件杂宝饰，以玉或石制成，造形有鱼、贝、蛙、蛱蝶、松鼠、双环、钱、瓶、锁、磬、板等（图三七三）。

公主墓出土的玉器还有玉凤一对、双龙寿字玉佩一件、茄形玉饰五件（图三七四）。均为白色，温润晶莹。双龙寿字玉佩镂雕作二龙衔寿，正中雕“寿”字，两侧各有一龙，龙首相向。

图三七三　兴隆山公主墓出土的杂宝饰

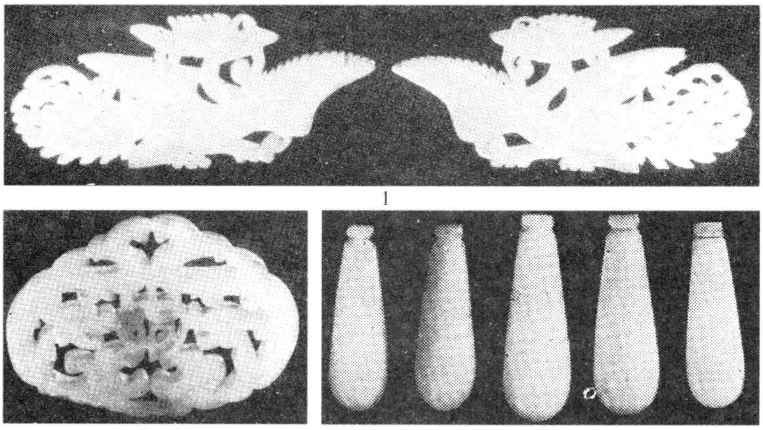

1　2　3

图三七四　兴隆山公主墓出土的玉器

1. 玉凤　2. 双龙寿字玉佩　3. 茄形玉饰

（四）其他

兴隆山公主墓公主身上的袍服出土时多已残朽成碎片。可以看出有绫、缎内衣、外服多种。图案有暗杂花地及龙的身、爪等。

参考文献

一、著　作　类

朝鲜民主主义人民共和国社会科学院考古研究所编，李云铎译：《朝鲜考古学概要》，黑龙江省文物出版编辑室，1983年。

董学增：《夫余史迹研究》，吉林文史出版社，2011年。

冯恩学：《俄国东西伯利亚与远东考古》，吉林大学出版社，2002年。

耿铁华：《高句丽古墓壁画研究》，吉林大学出版社，2008年。

耿铁华：《好太王碑新考》，吉林人民出版社，1994年。

国家文物局主编：《中国文物地图集（吉林分册）》，中国地图出版社，1993年。

吉林省文物考古研究所：《田野考古集粹——吉林省文物考古研究所成立二十五周年纪念》，文物出版社，2008年。

李殿福：《东北考古研究》，中州古籍出版社，1994年。

刘晓东：《渤海文化研究：以考古发现为视角》，黑龙江人民出版社，2006年。

吕遵谔主编：《中国考古学研究的世纪回顾：旧石器时代考古卷》，科学出版社，2004年。

沙弗库诺夫等著，宋玉彬译：《渤海国及其俄罗斯远东部落》，东北师范大学出版社，1997年。

孙进己、冯永谦、苏天钧：《中国考古集成：东北卷》，北京出版社，1997年。

孙仁杰、迟勇：《集安高句丽墓葬》，香港亚洲出版社，2007年。

王绵厚：《高句丽古城研究》，文物出版社，2002年。

魏存成：《渤海考古》，文物出版社，2008年。

魏存成：《高句丽考古》，吉林大学出版社，1994年。

魏存成：《高句丽遗迹》，文物出版社，2002年。

吴广孝：《集安高句丽壁画》，山东画报出版社，2006年。

尹国有：《高句丽壁画研究》，吉林大学出版社，2003年。

张博泉、魏存成：《东北古代民族·考古与疆域》，吉林大学出版社，1998年。

张福有、孙仁杰、迟勇：《高句丽王陵通考》，香港亚洲出版社，2007年。

张福有：《高句丽王陵统鉴》，香港亚洲出版社，2007年。

张森水：《中国旧石器文化》，天津科学技术出版社，1987年。

赵宾福：《东北石器时代考古》，吉林大学出版社，2003年。
赵宾福：《中国东北地区夏至战国时期的考古学文化研究》，科学出版社，2009年。
中国社会科学院考古研究所编：《中国考古学中碳十四年代数据集（1965～1991）》，文物出版社，1991年。
朱国忱、朱威：《渤海考古》，文物出版社，2002年。

二、论　文　类

安文荣：《长春市金墓初探》，《长春文物》第7期。
卑琳：《高句丽城址出土陶器研究》，《东北史地》2004年第12期。
曹淦源：《“至正年制”款彩瓷碗与嘉靖红绿彩瓷》，《文物》1994年第8期。
陈全家、王春雪：《东北地区近几年旧石器考古的新发现与研究》，《考古学研究（七）》，科学出版社，2008年。
陈全家、王春雪：《吉林省旧石器考古的新发现》，《贾兰坡院士百年诞辰纪念文集》，科学出版社，2008年。
陈全家、王法岗、王春雪：《嫩江流域青铜时代生业方式研究》，《华夏考古》2011年第2期。
陈全家、赵宾福：《左家山新石器时代遗址的分期及相关文化遗存的年代序列》，《考古》1990年第3期。
陈相伟：《宾州考略》，《博物馆研究》1984年第1期。
陈相伟：《吉林省辽金考古综述》，《北方文物》1995年第4期。
陈相伟：《金完颜希尹碑建碑年代考》，《博物馆研究》1989年第1期。
陈相伟：《试论金代石椁墓》，《博物馆研究》1993年第1期。
陈相伟：《祥州疏证》，《博物馆研究》1984年第3期。
陈雍：《西团山文化陶器的类型学与年代学研究》，《青果集——吉林大学考古专业成立二十周年考古论文集》，知识出版社，1993年。
陈雍：《扎赉诺尔等五处墓葬陶器的比较研究》，《北方文物》1989年第2期。
陈雍：《左家山新石器时代遗存分析》，《考古》1992年第11期。
大贯静夫：《东北亚洲中的中国东北地区原始文化》，《庆祝苏秉琦考古五十五年论文集》，文物出版社，1989年。
丹化沙、谭英杰：《松花江中游和嫩江下游的原始文化遗址》，《东北考古与历史》第1辑，文物出版社，1982年。
董学增：《汉代松花江中上游诸族的文化交流及夫余文化遗存的基本内涵与特征》，《中国考古学会第十二次年会论文集·2009》，文物出版社，2010年。
董学增：《吉林省金代窖藏铜钱述论》，《二十一世纪的中国考古学——庆祝佟柱臣先生八十五华诞学术文集》，文物出版社，2006年。
董学增：《吉林西团山文化六十年研究成果概述》，《博物馆研究》2009年第1期。
董学增：《试论吉林地区西团山文化》，《考古学报》1983年第4期。
段新树：《叶赫城寨考证》，《博物馆研究》1994年第1期。
方起东：《高句丽墓葬研究中的几个问题》，《辽海文物学刊》1996年第2期。
方起东：《高句丽石墓的演进》，《博物馆研究》1985年第2期。
方起东：《集安东台子高句丽建筑遗址的性质和年代》，《东北考古与历史》第1辑，文物出版社，1982年。
冯恩学：《东北平底筒形罐区系研究》，《北方文物》1991年第4期。
冯恩学：《对完颜希尹墓地出土“铁券”性质的新认识》，《边疆考古研究》第9辑，科学出版社，2010年。
冯恩学：《我国东北与贝加尔湖周围地区新石器时代文化交流的三个问题》，《辽海文物学刊》1997年第2期。
葛师科：《也谈巴思八文款青花瓷器的年代》，《文物》1997年第6期。
耿铁华、林至德：《集安高句丽陶器的初步研究》，《文物》1984年第1期。
耿铁华：《高句丽兵器初论》，《辽海文物学刊》1993年第2期。
耿铁华：《高句丽冉牟墓研究》，《高句丽历史与文化研究》，吉林文史出版社，1997年。
耿铁华：《高句丽釉陶器的类型与分期》，《考古与文物》2001年第3期。
谷潜：《元代蒙山银课银锭考释》，《博物馆研究》1986年第3期。
郭珉、吴娟：《塔虎城州治再议》，《北方文物》2004年第4期。
郭珉：《辽长春州到底建置于何时》，《博物馆研究》1997年第2期。
郭珉：《鸭子河诸说之评述》，《北方文物》1996年第4期。
何明：《浅谈唐代渤海的佛教》，《博物馆研究》1983年第3期。
胡顺利：《金代“思浑谋克印”考释的附记》，《博物馆研究》1989年第3期。
胡秀杰、刘晓东：《渤海佛教遗迹的发现与研究》，《北方文物》2004年第2期。
胡秀杰、刘晓东：《渤海陶器类型传承渊源的初步探索》，《北方文物》2001年第4期。
吉林省文物考古研究所：《吉林省近十年考古工作的主要收获（1979～1989）》，《博物馆研究》1990年第1期。
吉林省文物考古研究所：《吉林省文物考古的世纪回顾与展望》，《考古》2003年第8期。
贾士金：《集安高句丽文物考古工作中的新课题》，《博物馆研究》1985年第2期。
贾伟明：《关于白金宝类型分期的探索》，《北方文物》1986年第4期。
姜鹏：《吉林旧石器时代晚期人类生活环境的探讨》，《东北考古与历史》第1辑，文物出版社，1982年。

姜鹏：《吉林乾安大布苏晚更新世以来自然环境变迁的探讨》，《博物馆研究》1983年第2期。
姜鹏：《吉林省旧石器时代考古概说》，《东北亚历史与考古信息》1993年1、2期合刊。
姜守鹏：《从古代文献看渤海国的族属问题》，《求是学刊》1980年第3期。
金泉：《吉林市博物馆馆藏元代三方官印研究》，《博物馆研究》2012年第3期。
金太顺：《渤海考古新收获》，《北方文物》1992年第3期。
金旭东：《试论西断梁山新石器时代遗存》，《考古》1992年第9期。
金旭东：《试论邢家店类型及其相关问题》，《博物馆研究》1993年2期。
金旭东：《西团山文化辨析》，《青果集——吉林大学考古专业成立二十周年考古论文集》，知识出版社，1993年。
靳枫毅：《论中国东北地区含曲刃青铜短剑的文化遗存》，《考古学报》1983年第1期。
匡瑜：《战国至两汉的北沃沮文化》，《黑龙江文物丛刊》1982年第1期。
郎伯君、伊世海：《图们江流域女真人满族人墓葬、葬具及其演变》，《博物馆研究》1992年第3期。
李陈奇、殷德明、杨志军：《松嫩平原青铜与雏形早期铁器时代文化类型的研究》，《北方文物》1994年第1期。
李陈奇：《靺鞨——渤海考古学的新进展》，《北方文物》1999年第1期。
李成、黄岚：《北元遗物及其相关问题的初步探讨与研究》，《北方文物》1999年第3期。
李殿福、孙玉良：《高句丽的都城》，《博物馆研究》1990年第1期。
李殿福：《渤海考古学的主要收获》，《博物馆研究》1992年第2期。
李殿福：《从考古学上看唐代渤海文化》，《学习与探索》1981年第4期。
李殿福：《东北境内燕秦长城考》，《黑龙江文物资料丛刊》1982年第1期。
李殿福：《高句丽考古的回顾与展望》，《辽海文物学刊》1992年第2期。
李殿福：《高句丽山城研究》，《北方文物》1998年第4期。
李殿福：《集安高句丽墓研究》，《考古学报》1980年第2期。
李殿福：《两汉时代的高句丽及其物质文化》，《辽海文物学刊》1986年创刊号。
李铧：《也谈岱吉屯墓出土“至正年制”碗的年代》，《文物》1995年第4期。
李健才、陈相伟：《辽代宾、祥、益、威四州考》，《史学集刊》1984年第3期。
李健才：《关于辽代长春州置于何时问题的商讨》，《博物馆研究》1998年第1期。
李健才：《吉林市龙潭山山城考》，《博物馆研究》1995年第2期。
李健才：《金元肇州考》，《北方文物》1986年第2期。
李健才：《辽代宁江州考》，《东北师大学报》1981年第6期。
李健才：《辽代宁江州补考》，《博物馆研究》1984年第1期。

李蜀蕾：《渤海墓葬类型演变再探讨》，《北方文物》2005年第1期。
李澍田、张云樵：《明末海西女真叶赫部的卫属、都城及世系的考订》，《北方文物》1993年第1期。
李西昆、张普林、刘学良、李春田：《吉林青山头人与前郭人的发现及其意义》，《吉林地质》1984年第3期。
李新萌：《浅析榆树出土的金代铜镜特点》，《长春文物》第2期。
李学来：《白金宝文化研究》，《青果集——吉林大学考古系建系十周年纪念文集》，知识出版社，1998年。
李宇峰：《东北地区新石器时代原始农业初探》，《中国考古学会第六次年会论文集》，文物出版社，1986年。
梁会丽：《吉林省梨树县风水山遗址文化因素分析》，《草原文物》2012年第1期。
林沄：《夫余史地再探讨》，《北方文物》1999年第4期。
林沄：《论团结文化》，《北方文物》1985年第1期。
林沄：《西岔沟型铜柄铁件与老河深、彩岚墓地的族属》，《林沄学术文集》，中国大百科全书出版社，1998年。
林至德、耿铁华：《集安出土的高句丽瓦当及其年代》，《考古》1985年第7期。
林至德：《集安高句丽壁画墓的演进及分期》，《历史与考古信息·东北亚》1998年第2期。
刘滨祥、郭仁：《渤海瓦当的分类与分期研究》，《北方文物》1995年第3期。
刘观民：《苏联外贝加尔地区所出几件陶鬲的分析》，《中国原始文化论集》，文物出版社，1989年。
刘景文：《论中国境内图们江流域的原始文化》，《博物馆研究》2005年第3期。
刘爽、吴小红、陈全家：《黑曜岩的考古学研究概述》，《边疆考古研究》第8辑，科学出版社，2009年。
刘未：《高句丽石室墓的起源与发展阶段》，《南方文物》2008年第4期。
刘晓东、胡秀杰：《渤海陶器的分类、分期与传承渊源研究》，《北方文物》2003年第1期。
刘晓东、杨志军、郝思德、李陈奇：《试论金代女真贵族墓葬的类型及演变》，《辽海文物学刊》1991年第1期。
刘晓东：《渤海墓葬的类型与演变》，《北方文物》1996年第2期。
刘晓东：《渤海王陵及相关问题》，《庆祝张忠培先生七十岁论文集》，科学出版社，2004年。
刘晓东：《渤海王陵及相关问题绪论》，《北方文物》2012年第3期。
刘晓东：《金代土坑石椁墓及相关问题》，《青果集》，知识出版社，1993年。
刘永智：《好太王碑的发现及其他》，《社会科学战线》1985年第1期。
刘振华：《渤海考古研究简述》，《延边大学学报》1983年第2期。

刘振华：《吉林省原始文化中的几种新石器时代遗存》，《博物馆研究》1982年第1期。
刘振华：《试论吉林西团山文化晚期遗存》，《东北考古与历史》第1辑，文物出版社，1982年。
柳岚、张雪岩：《高句丽封土墓研究》，《博物馆研究》2005年第3期。
柳岚：《辽金古城研究——以吉林地区为中心》，《博物馆研究》2001年第3期。
吕军、陈颖：《吉林地区出土的玉壶春瓶及其相关问题》，《北方文物》2011年第3期。
罗继祖、丛文俊：《简谈好太王碑字体》，《博物馆研究》1986年第1期。
罗继祖：《渤海贞惠贞孝两公主的墓碑》，《博物馆研究》1983年第3期。
马德谦：《阿什哈达摩崖疑文考释》，《博物馆研究》1997年第3期。
欧阳世彬：《从景德镇官窑的书款制度看岱吉屯“至正年制”款彩瓷碗的年代及其他》，《文物》1997年第5期。
潘玲、林沄：《平洋墓葬的年代与文化性质》，《边疆考古研究》第1辑，科学出版社，2002年。
庞志国、王则：《完颜希尹家族考》，《北方文物》1991年第1期。
庞志国：《从考古学上看吉林省境内出土的宋代铜钱》，《博物馆研究》1996年第3期。
庞志国：《吉林省金代考古概述》，《博物馆研究》1989年第2期。
庞志国：《略论东北地区金代石函葬》，《黑龙江文物丛刊》1984年第4期。
庞志国：《完颜希尹家族墓群石雕艺术初探》，《文物》1982年第3期。
裴文中：《中国旧石器时代的文化》，《中国人类化石的发现与研究》，科学出版社，1955年。
彭善国：《试述东北地区出土的金代瓷器》，《北方文物》2010年第1期。
乔梁：《高句丽陶器的编年与分期》，《北方文物》1999年第4期。
乔梁：《吉长地区西团山文化之后的几种古代遗存》，《辽海文物学刊》1993年第2期。
乔梁：《松嫩平原陶鬲研究》，《北方文物》1993年第2期。
秦大树：《金墓概述》，《辽海文物学刊》1988年第2期。
宋德辉：《城四家子古城为辽代长春州金代新泰州》，《北方文物》2009年第2期。
宋德辉：《吉林省白城市城四家子古城应为辽代长春州金代新泰州》，《博物馆研究》2008年第1期。
宋基豪著，常白衫译：《渤海的初期都城及其迁都过程》，《历史与考古信息·东北亚》1998年第1期。
宋娟、耿铁华：《高句丽殉葬习俗初探》，《北方文物》2009年第3期。
宋美萱：《吉林镇赉后少力古城址断代工程研究取得重大进展》，《博物馆研究》

2000年第3期。
宋玉彬、王志刚、全仁学：《渤海中京显德府故址—西古城城址研究简史》，《边疆考古新研究》第3辑，科学出版社，2005年。
宋玉彬、王志刚：《考古学视角下的西古城城址》，《新果集——庆祝林沄先生七十华诞论文集》，科学出版社，2009年。
宋玉彬：《渤海都城故址研究》，《考古》2009年第6期。
宋玉彬：《试论星星哨墓葬的分期》，《博物馆研究》1989年第3期。
宋玉彬：《图们江流域青铜时代的几个问题》，《北方文物》2002年第4期。
孙秉根：《渤海墓葬的类型与分期》，《汉唐与边疆考古研究》第1辑，科学出版社，1994年。
孙建中、王淑英、王雨灼、周亚杰、林泽蓉、张庆云、陈树汉：《东北末次冰期的古环境》，《吉林地质》1980年第4期。
孙进己、孙泓：《公元3～7世纪集安与平壤地区壁画墓的族属与分期》，《北方文物》2004年第2期。
孙仁杰：《洞沟高句丽墓地的分布与排列研究》，《东北史地》2004年第9期。
孙秀仁：《新中国时期渤海考古学的进展》，《黑龙江文物丛刊》1982年第2期。
唐淼：《长白山地及其延伸地带青铜时代墓葬分群及谱系关系》，《边疆考古研究》第11辑，科学出版社，2012年。
唐小轩：《渤海三彩的几个问题》，《东北史地》2012年第2期。
佟柱臣：《东北历史和考古中的几个问题》，《东北考古与历史》第1辑，文物出版社，1982年。
佟柱臣：《吉林新石器文化的三种类型》，《考古学报》1957年第3期。
王承礼：《吉林省的考古发现和研究》，《学术研究丛刊》1982年第3期。
王承礼：《唐代渤海〈贞惠公主墓志〉和〈贞孝公主墓志〉的比较研究》，《社会科学战线》1982年第1期。
王承礼：《唐代渤海国〈贞孝公主墓志〉研究（下）》，《博物馆研究》1985年第1期。
王春雪、陈全家、赵海龙、方启：《吉林东部地区旧石器时代晚期细石叶工业技术分析》，《边疆考古研究》第8辑，科学出版社，2009年。
王飞峰：《高句丽丸都山城瓦当研究》，《东北史地》2008年第2期。
王飞峰：《关于千秋墓、太王陵和将军坟的几个问题》，《边疆考古研究》第10辑，科学出版社，2011年。
王健群：《渤海贞惠公主墓碑考》，《文物集刊》1980年第2期。
王健群：《和好太王碑研究有关的几个问题》，《博物馆研究》1985年第1期。
王立新：《中国东北地区所见的珍珠纹陶器》，《边疆考古研究》第2辑，科学出版社，2004年。

王绵厚：《高句丽的城邑制度与都城》，《辽海文物学刊》1997年第2期。
王培新、傅佳欣：《渤海早期都城遗址的考古学探索》，《吉林大学社会科学学报》2003年第3期。
王仁富：《〈大金得胜陀颂〉汉字碑文新考》，《文物》1986年第11期。
王侠：《贞惠公主与贞孝公主墓》，《学习与探索》1985年第4期。
王志刚：《考古学实证下的二十四块石》，《边疆考古研究》第8辑，科学出版社，2009年。
魏存成：《渤海城址的发现与分期》，《东北考古与历史》第1辑，文物出版社，1982年。
魏存成：《渤海的建筑》，《黑龙江文物丛刊》1984年第4期。
魏存成：《渤海都城的布局发展及其与隋唐长安城的关系》，《边疆考古研究》第2辑，科学出版社，2004年。
魏存成：《渤海墓葬的整体面貌和主要特征》，《东北史地》2008年第4期。
魏存成：《渤海王室贵族墓葬》，《中国考古学年会第三次年会论文集》，文物出版社，1981年。
魏存成：《渤海遗迹的发现与研究》，《社会科学战线》2001年第6期。
魏存成：《第二松花江中游地区的靺鞨、渤海墓葬》，《北方文物》1998年第1期。
魏存成：《高句丽、渤海文化之发展及其关系》，《吉林大学社会科学学报》1989年第4期。
魏存成：《高句丽初、中期的都城》，《北方文物》1985年第2期。
魏存成：《高句丽积石墓的类型和演变》，《考古学报》1987年第3期。
魏存成：《高句丽四耳展沿壶的演变及相关的几个问题》，《文物》1985年第5期。
魏存成：《关于渤海都城的几个问题》，《史学集刊》1983年第3期。
魏存成：《集安高句丽大型积石墓王陵》，《青果集》，知识出版社，1998年。
魏存成：《近年来我国高句丽考古的主要发现与研究》，《东北亚论坛》2001年第1期。
魏存成：《再谈高句丽积石墓的类型和演变》，《博物馆研究》1994年第1期。
魏存成：《中国境内发现的高句丽山城》，《社会科学战线》2011年第1期。
吴敬：《金代女真贵族墓汉化的再探索》，《考古》2012年第10期。
吴敬：《近年来吉林省辽金时期考古发现与研究述略》，《博物馆研究》2011年第4期。
吴丽丹、姜晓东：《东北地区新石器时代玉器的四个发展阶段及其特点》，《东北史地》2011年第1期。
徐光辉：《高句丽积石墓研究》，《青果集》，知识出版社，1998年。
徐光辉：《论长川1号墓前室壁画的性质问题》，《新果集——庆祝林沄先生七十华诞论文集》，科学出版社，2009年。
徐建新：《高句丽好太王碑拓本的分期与编年方法》，《古代文明》2009年第1期。
许永杰：《东北境内新石器时代筒形罐的谱系研究》，《北方文物》1989年第2期。
绪方泉著，姚义田译：《试论集安高句丽墓的分期》，《博物馆研究》1994年第4期。
杨虎、谭英杰、张泰湘：《黑龙江古代文化初探》，《中国考古学会第一次年会论文集》，文物出版社，1980年。
杨俊贤：《城四家子城址考证》，《博物馆研究》2001年第1期。
杨立新：《叶赫古城考略》，《北方文物》1993年第4期。
杨雨舒：《渤海国时期吉林的铁器述论》，《北方文物》2005年第3期。
杨志军、许永杰、李陈奇、刘晓东：《二十年来的黑龙江区系考古》，《北方文物》1997年第4期。
业钧、清俊：《吉林省金代窖藏铜钱特点分析》，《长春文物》第2期。
张碧波：《高句丽文化渊源考》，《北方文物》1998年第1期。
张博泉：《〈大金得胜陀颂碑〉研究——为纪念建碑800年而作》，《白城师专学报（社科版）》1986年第1期。
张丽萍：《东夏国铜官印初探》，《博物馆研究》2010年第1期。
张伟：《关于黑龙江省考古学文化命名的几点看法——以嫩江流域青铜至早期铁器时代为例》，《北方文物》2008年第4期。
张伟：《嫩江流域夏至东汉时期的五支考古学文化》，《北方文物》2010年第2期。
张伟：《松嫩平原战国两汉时期文化遗存研究》，《北方文物》2005年第4期。
张雪岩：《集安出土高句丽金属带饰的类型及相关问题》，《边疆考古研究》第2辑，科学出版社，2004年。
张英、方起东：《金完颜娄室墓地和神道碑的复原论证》，《博物馆研究》1989年第1期。
张英：《从“至正年制”彩瓷碗的发现谈“大明年造（制）”款瓷器的年代》，《文物》1994年第2期。
张英：《东夏国纪年》，《博物馆研究》1986年第1期。
张云樵：《明扈伦四部之一的叶赫部早期居城之所在》，《东北师大学报》1993年第1期。
张忠培：《白金宝遗址发掘与嫩江流域夏至汉代考古学文化谱系的确认》，《中国文物报》2009年7月3日第7版。
张忠培：《吉林市郊古代遗址的文化类型》，《吉林大学社会科学学报》1963年第1期。
赵宾福、张伟：《论小拉哈文化》，《北方文物》2008年第2期。
赵宾福：《白金宝文化的分期与年代》，《边疆考古研究》第7辑，科学出版社，

2008年。
赵宾福：《东北地区新石器时代考古学文化的发展阶段与区域特征》，《社会科学战线》2004年第4期。
赵宾福：《东北旧石器时代的古人类、古文化与古环境》，《学习与探索》2006年第2期。
赵宾福：《东北旧石器文化与邻近旧石器文化的关系》，《内蒙古大学学报（人文社科版）》2008年第1期。
赵宾福：《古城类型：嫩江流域商代晚期遗存辨识——兼谈嫩江流域陶鬲的起源与演变》，《新果集——庆祝林沄先生七十华诞论文集》，科学出版社，2009年。
赵宾福：《汉书二期文化研究——遗址材料和墓葬材料的分析与整合》，《边疆考古研究》第8辑，科学出版社，2009年。
赵宾福：《嫩江流域三种新石器文化的辨析》，《边疆考古研究》第2辑，科学出版社，2004年。
赵宾福：《嫩江流域新石器时代生业方式研究》，《考古》2007年第11期。
赵宾福：《松嫩平原早期青铜文化的发现与认识》，《边疆考古研究》第1辑，科学出版社，2002年。
赵宾福：《图们江流域的青铜时代文化研究》，《考古》2008年第6期。
赵宾福：《西团山文化分期研究》，《考古学报》2009年第4期。
赵俊杰：《试论高句丽山城城墙上石洞的功能》，《中国史研究动态》2008年第1期。
赵越：《渤海瓦当类型学考察及分期》，《北方文物》2008年第4期。
郑永振：《渤海墓葬研究》，《黑龙江文物丛刊》1984年第2期。
朱国忱、张太湘、魏国忠、吴文衔：《渤海国的族属问题》，《学习与探索》1980年第5期。
朱国忱：《渤海考古的世纪回顾》，《中国文物报》2001年4月18日第7版。
朱延平：《试论东北亚南部四千年前以远的新石器时代考古学文化区》，《新世纪的考古学——文化、区位、生态的多元互动》，紫禁城出版社，2006年。
朱永刚、郑钧夫：《科尔沁沙地东北部地区新石器时代遗存初探》，《边疆考古研究》第11辑，科学出版社，2012年。
朱永刚：《东北青铜文化的发展阶段与文化区系》，《考古学报》1998年第2期。
朱永刚：《论白金宝二期文化》，《北方文物》2009年第1期。
朱永刚：《西团山文化墓葬分期研究》，《北方文物》1991年第3期。
朱永刚：《肇源白金宝遗址第三次发掘与松嫩平原汉代以前古文化遗存的年代序列》，《吉林大学社会科学学报》1998年第2期。
朱永刚：《从肇源白金宝遗址看松嫩平原的青铜时代》，《吉林大学社会科学学报》2008年第1期。

三、报　告　类

陈相伟：《明代扈伦四部乌拉部故址——乌拉古城调查》，《文物》1966年第2期。
东北考古发掘团：《吉林西团山石棺墓发掘报告》，《考古学报》1964年第1期。
傅佳欣、王晓明：《敦化市永胜金代建筑遗址》，《中国考古学年鉴2003》，文物出版社，2004年。
傅佳欣：《临江市宝山——六道沟古铜矿遗址群》，《中国考古学年鉴2001》，文物出版社，2002年。
郭珉、赵长春：《闹宝古城址调查》，《博物馆研究》1994年第1期。
黑龙江省文物考古研究所、吉林大学考古系编著：《肇源白金宝：嫩江下游一处青铜时代遗址的揭示》，科学出版社，2009年。
黑龙江省文物考古研究所：《平洋墓葬》，科学出版社，1990年。
黑龙江省文物考古研究所、吉林大学考古学系：《黑龙江肇源县小拉哈遗址发掘报告》，《考古学报》1998年第1期。
洪峰：《吉林市郊区帽儿山汉代墓地》，《中国考古学年鉴1993》，文物出版社，1994年。
吉林大学边疆考古研究中心、吉林省文物考古研究所：《吉林敦化敖东城及永胜遗址考古发掘的主要收获》，《边疆考古研究》第2辑，科学出版社，2004年。
吉林大学考古教研室：《农安左家山新石器时代遗址》，《考古学报》1989年第2期。
吉林大学历史系考古专业、吉林省博物馆考古队：《大安汉书遗址发掘的主要收获》，《东北考古与历史》第1辑，文物出版社，1982年。
吉林省文物工作队：《通榆县兴隆山鲜卑墓清理简报》，《黑龙江文物丛刊》1982年第3期。
吉林省博物馆：《吉林帽儿山汉代木椁墓》，《辽海文物学刊》1988年第2期。
吉林省集安市文物局编：《高句丽王城王陵及贵族墓葬》，上海世界图书出版公司，2008年。
吉林省考古研究所：《吉林白城永平遗址》，《中国文物报》2009年10月9日3版。
吉林省考古研究所编：《榆树老河深》，文物出版社，1987年。
吉林省文物工作队：《吉林乾安县大布苏泡东岸遗址调查简报》，《考古》1984年第5期。
吉林省文物考古研究所、集安市博物馆：《洞沟古墓群：1997年调查测绘报告》，科学出版社，2002年。
吉林省文物考古研究所、集安市博物馆：《国内城：2000～2003年集安国内城与民主遗址试掘报告》，文物出版社，2004年。

吉林省文物考古研究所、集安市博物馆：《集安高句丽王陵：1990～2003年集安高句丽王陵调查报告》，文物出版社，2004年。

吉林省文物考古研究所、集安市博物馆：《丸都山城：2001～2003年集安丸都山城调查试掘报告》，文物出版社，2004年。

吉林省文物考古研究所、四平市文物管理委员会办公室：《吉林省四平市二龙湖古城址发掘报告》，《边疆考古研究》第12辑，科学出版社，2012年。

吉林省文物考古研究所、延边朝鲜族自治州文化局、延边朝鲜族自治州博物馆、和龙市博物馆编著：《西古城：2000～2005年度渤海国中京显德府故址田野考古报告》，文物出版社，2007年。

吉林省文物考古研究所：《扶余明墓》，文物出版社，2011年。

吉林省文物考古研究所：《后太平——东辽河下游右岸以青铜时代遗存为主的调查与发掘》，文物出版社，2011年。

吉林省文物考古研究所：《吉林长白县干沟子墓地发掘简报》，《考古》2003年第8期。

吉林省文物考古研究所：《吉林集安高句丽墓葬报告集》，科学出版社，2009年。

吉林省文物考古研究所：《吉林农安县元宝沟新石器时代遗址发掘》，《考古》1989年第12期。

吉林省文物考古研究所、延边朝鲜族自治州博物馆：《和龙兴城——新石器及青铜时代遗址发掘报告》，文物出版社，2001年。

吉林省文物考古研究所、通化市文物管理委员会办公室：《吉林通化市万发拨子遗址二十一号墓的发掘》，《考古》2003年第8期。

集安县文物保管所：《集安县两座高句丽积石墓的清理》，《考古》1979年第1期。

姜鹏：《吉林安图晚更新世洞穴堆积》，《古脊椎动物与古人类》1975年第3期。

金旭东：《探寻高句丽早期遗存及起源——吉林通化万发拨子遗址发掘获重要收获》，《中国文物报》2000年3月19日第1版。

康广敏：《大安县后宝石村公主陵发掘侧记》，《博物馆研究》1989年第3期。

李丹、解峰、庞志国、高秀华：《吉林白城永平金代遗址》，《中国考古新发现年度记录2009》，中国文物报社，2010年。

李丹、解峰、刘玉成：《白城市永平金代寺庙遗址》，《中国考古学年鉴2011》，文物出版社，2012年。

李丹、解峰、刘玉成：《吉林白城永平金代寺庙遗址》，《中国考古新发现年度记录2010》，中国文物报社，2011年。

李丹：《吉林白城永平金代遗址》，《2009中国重要考古发现》，文物出版社，2010年。

李丹：《吉林白城永平金代遗址》，《中国文物报》2010年1月1日4版。

李东：《吉林通化罗通山城》，《中国考古新发现年度记录2009》，中国文物报社，2010年。

李光日、王义学：《吉林德惠后城子古城》，《中国考古新发现年度记录2009》，中国文物报社，2010年。

梁会丽、孙东文、于丹、杨春、张哲、郝海波：《吉林省德惠市李春江遗址发掘报告》，《北方文物》2009年第3期。

刘景文、王洪峰：《前郭县塔虎城辽金城址》，《中国考古学年鉴2001》，文物出版社，2002年。

刘景文：《吉林市郊帽儿山古墓群》，《中国考古学年鉴1990》，文物出版社，1991年。

刘景文：《吉林市帽儿山古墓群》，《中国考古学年鉴1991》，文物出版社，1992年。

刘景文：《吉林市帽儿山墓地南山墓群》，《中国考古学年鉴1998》，文物出版社，1999年。

刘晓溪：《吉林省白城金家遗址》，《中国考古新发现年度记录2009》，中国文物报社，2010年。

刘晓溪、刘玉成：《吉林省白城市金家金代遗址的发掘》，《边疆考古研究》第12辑，科学出版社，2012年。

刘振华：《农安万金塔基出土文物》，《文物》1973年第8期。

庞志国：《1979～1980年完颜希尹家族墓地的调查与发掘》，《东北史地》2010年第4期。

四平地区博物馆、吉林大学历史系考古专业：《吉林省梨树县二龙湖古城址调查简报》，《考古》1988年第6期。

宋玉彬、傅佳欣：《吉林德惠市揽头窝堡遗址六号房址的发掘》，《考古》2003年第8期。

宋玉彬、黎久有：《梨树县龙王屯柳条边遗迹》，《中国考古学年鉴1995》，文物出版社，1997年。

宋玉彬、全仁学、王志刚：《延边和龙西古城城址发掘廓清历史悬案》，《中国文物报》2003年1月10日第1版。

孙建中、姜鹏、王雨灼：《乾安大布苏泡子一带第四纪地质、古生物调查报告》，《吉林地质》1978年第1期。

孙维新：《农安辽塔与万金塔塔基地宫》，《方志研究》1993年第2期。

唐音、丁宏毅、刘利：《吉林市东团山汉魏时期遗址》，《中国考古学年鉴2003》，文物出版社，2004年。

唐音、翟敬源、张寒冰：《吉林市东团山汉魏时期及明代遗址》，《中国考古学年鉴2002》，文物出版社，2003年。

王洪峰：《吉林市帽儿山夫余遗址》，《中国考古学年鉴1994》，文物出版社，

1995年。
王培新、傅佳欣、彭善国、王晓明：《吉林敦化市敖东城遗址发掘简报》，《考古》2006年第9期。
王培新、傅佳欣、彭善国、王晓明：《吉林敦化市永胜金代遗址一号建筑基址》，《考古》2007年第2期。
王培新、王晓明：《敦化市敖东城遗址》，《中国考古学年鉴2003》，文物出版社，2004年。
王侠、刘景文：《东丰县大架山青铜时代及汉代遗址》，《中国考古学年鉴1987》，文物出版社，1988年。
王星中、王波、彭善国：《吉林省敦化市双胜村元代窖藏》，《边疆考古研究》第7辑，科学出版社，2008年。
王星中、王波：《绚丽多彩的敦化双胜元代窖藏文物》，《东北史地》2009年第1期。
王亚洲：《吉林汪清县百草沟遗址发掘简报》，《考古》1961年第8期。
吴敬、顾聆博、梁娜：《吉林省舒兰市金代完颜希尹家族墓地及其私城的复查》，《边疆考古研究》第11辑，科学出版社，2012年。
延边朝鲜族自治州博物馆、和龙县文化馆：《和龙北大渤海墓葬清理简报》，《东北考古与历史》第1辑，文物出版社，1982年。
延边朝鲜族自治州博物馆：《渤海贞孝公主墓发掘清理简报》，《社会科学战线》1982年第1期。
尤玉柱、张振标、李毅、李西昆、张普林：《吉林前郭查干泡发现的人类化石与古生态环境》，《史前研究》1984年第4期。
张满庭：《辉发城调查简报》，《文物》1965年第7期。
张英：《吉林通榆兴隆山清代公主墓》，《文物》1984年第11期。
张忠培：《白城地区考古调查述要》，《中国北方考古文集》，文物出版社，1990年。
赵海龙、顾聆博、王利：《通化县秦汉长城资源调查》，《中国考古学年鉴2011》，文物出版社，2012年。
赵海龙、王利：《通化县秦汉长城》，《中国考古学年鉴2010》，文物出版社，2011年。
赵海龙：《2011年吉林通化赤柏松汉代古城考古新发现——为我国汉代东北史地研究提供了新材料》，《中国文物报》2012年4月27日第8版。
赵海龙：《吉林通化赤柏松古城》，《中国考古新发现年度记录2009》，中国文物报社，2010年。
赵海龙：《通化县赤柏松汉代山城》，《中国考古学年鉴2010》，文物出版社，2011年。
赵海龙、顾聆博、苏作巍：《吉林省旧石器时代考古专题调查》，《中国考古学年鉴2010》，文物出版社，2011年。

附录一　吉林省考古文献目录
（1908～2012年）

罗振玉：《高丽好太王碑释文》，《国粹学报》1908年。

刘节：《好太王碑考释》，《国学论丛》1929年。

李文信：《吉林龙潭山遗迹报告》，《满洲史学》第1卷（1937年）第2、3号，第2卷（1938年）第2号，又载《李文信考古文集》，辽宁人民出版社，1992年。

藤田亮策：《延吉小营子遗迹调查报告》，1943年。

李文信：《吉林市附近之史迹及遗物》，《历史与考古》第1号，1946年，又载《李文信考古文集》，辽宁人民出版社，1992年。

《吉林省农安塔在修缮工程中发现古物》，《文物参考资料》1953年第7期。

裴文中：《中国旧石器时代的文化》，《中国人类化石的发现与研究》，科学出版社，1955年。

康家兴：《吉林两半山发现新石器时代文化遗址》，《考古通讯》1955年4期。

金毓黻：《关于〈渤海贞惠公主墓碑研究〉的补充》，《考古学报》1956年第2期。

阎万章：《渤海“贞惠公主墓碑”的研究》，《考古学报》1956年第2期。

康家兴：《吉林省桦甸二道甸子发现石棺墓》，《考古通讯》1956年第5期。

康家兴：《浑江中游的考古调查》，《考古通讯》1956年第6期。

李莲：《延吉延边朝鲜族自治州汪清县附近发现石圹墓》，《考古通讯》1956年第6期。

王雅周：《在长春伊通河畔的田野考古调查——东北人民大学历史系同学的学术活动》，《文物参考资料》1956年第11期。

王承礼：《敦化六顶山渤海古墓群调查简记》，《吉林省文物工作通讯》1957年。

白瑢基：《吉林延吉县龙井镇附近发现新石器时代遗址》，《考古通讯》1957年第1期。

吉林省博物馆：《吉林江北土城子古文化遗址及石棺墓》，《考古学报》1957年第1期。

王恒杰：《长春市郊新石器时代遗址》，《考古通讯》1957年第1期。

阎孝慈：《吉林梨树县古城址调查记》，《考古》1957年第1期。

佟柱臣：《吉林新石器文化的三种类型》，《考古学报》1957年第3期。

王诚贤：《吉林市郊发现多处古代文化遗址》，《考古通讯》1957年第3期。

中国科学院动物研究所兽类研究组：《东北兽类调查报告》，科学出版社，1958年。

李莲：《九台县布海乡发现金代“韩州刺史之印”》，《文物参考资料》1958年第2期。
吉林省文物管理委员会：《吉林梨树县偏脸城址调查记》，《考古通讯》1958年第3期。
罗继祖、高士润、赵振寰：《农安伊通河西岸文物普查简记》，《吉林大学人文科学学报》1958年第3期。
王亚洲：《吉林农安田家坨子遗址的发现与初步调查》，《吉林大学人文科学学报》1958年第3期。
张驭寰：《辑安地区高句丽时代的建筑》，《文物参考资料》1958年第4期。
金万锡：《延边汪清县西崴子发现新石器时代遗址》，《考古通讯》1958年第5期。
赵凤山：《伊通河畔（长春至伊通县之间）文物调查》，《文物参考资料》1958年第7期。
李莲：《吉林头道江下游考古调查简报》，《考古通讯》1958年第9期。
周明镇：《东北第四纪哺乳动物化石》，《中国科学院古脊椎动物与古人类研究所甲种专刊》第3号，科学出版社，1959年。
金万锡：《延边珲春县凉水泉子石棺墓》，《考古》1959年第6期。
吉林市博物馆：《吉林市安广县永和屯细石器遗址调查简报》，《文物》1959年第12期。
吉林大学历史系文物陈列室：《吉林西团山子石棺墓发掘记》，《考古》1960年第4期。
王亚洲：《长春附近发现的石质农业工具》，《考古》1960年第4期。
单庆麟：《渤海旧京城址调查》，《文物》1960年第6期。
吉林省文物管理委员会：《吉林通化市江口村和东江村考古发掘简报》，《考古》1960年第7期。
刘法祥：《吉林省永吉县旺起屯新石器时代石棺墓发掘简报》，《考古》1960年第7期。
吉林省文物管理委员会：《吉林省前郭、扶余、德惠考古调查》，《考古》1961年第1期。
苏才：《吉林辑安高句丽建筑遗址的清理》，《考古》1961年第1期。
康家兴：《吉林九台上河湾考古调查》，《考古》1961年第3期。
谔士：《记吉林农安出土金“会州劝农”官印》，《考古》1961年第6期。
王承礼、曹正榕：《吉林敦化六顶山渤海古墓》，《考古》1961年第6期。
吉林省博物馆：《吉林镇赉县细石器文化遗址》，《考古》1961年第8期。
吉林省博物馆：《吉林大安东山头细石器文化遗址》，《考古》1961年第8期。
吉林省博物馆：《吉林大安东山头古墓葬清理》，《考古》1961年第8期。

王亚洲：《吉林汪清县百草沟遗址发掘简报》，《考古》1961年第8期。
王亚洲：《吉林汪清县百草沟古墓葬发掘》，《考古》1961年第8期。
佟柱臣：《东北原始文化的分布与分期》，《考古》1961年第10期。
曹正榕、朱涵康：《吉林辑安榆林河流域高句丽古墓调查》，《考古》1962年第11期。
方起东：《吉林辑安高句丽霸王朝山城》，《考古》1962年第11期。
李殿福：《一九六二年春季吉林辑安考古调查简报》，《考古》1962年第11期。
林至德：《吉林辑安发现宋钱》，《考古》1962年第11期。
王承礼：《吉林敦化牡丹江上游渤海遗址调查记》，《考古》1962年第11期。
张忠培：《吉林市郊古代遗址的文化类型》，《吉林大学社会科学学报》1963年第1期。
张忠培：《白城地区考古调查述要》，《吉林大学社会科学学报》1963年第1期。
贾兰坡、颜訚：《西团山人骨的研究报告》，《考古学报》1963年第2期。
段静修：《吉林梨树县偏脸古城复查记》，《考古》1963年第11期。
吉林省博物馆辑安考古队、辑安县文物管理所：《吉林辑安县钟家村发现金代文物》，《考古》1963年第11期。
匡瑜：《吉林省扶余县的一座辽金墓》，《考古》1963年第11期。
东北考古发掘团：《吉林西团山石棺墓发掘报告》，《考古学报》1964年第1期。
李健才：《吉林他虎城调查简记》，《考古》1964年第1期。
张忠培：《吉林两半山遗址发掘报告》，《考古》1964年第1期。
陈相伟：《吉林怀德秦家屯古城调查记》，《考古》1964年第2期。
匡瑜：《吉林蛟河县石棺墓清理》，《考古》1964年第2期。
吉林省博物馆辑安考古队、辑安县文物管理所：《吉林辑安高句丽南道和北道上的关隘和城堡》，《考古》1964年第2期。
吉林省博物馆：《吉林辑安五盔坟四号和五号墓清理略记》，《考古》1964年第2期。
王承礼、韩淑华：《吉林辑安通沟第十二号高句丽壁画墓》，《考古》1964年第2期。
吉林省博物馆辑安考古队：《吉林辑安麻线沟一号壁画墓》，《考古》1964年第10期。
陈相伟：《吉林辑安浑江中游的三处新石器时代遗址》，《考古》1965年第1期。
邱中郎：《含氟量分析在中国几种人类化石上试用的初步报告》，《古生物学报》1965年第4期。
张满庭：《辉发城调查简报》，《文物》1965年第7期。
陈述：《跋吉林大安出土契丹文铜镜》，《文物》1973年第8期。
陈相伟：《明代扈伦四部乌拉部故址——乌拉古城调查》，《文物》1966年第2期。
董学增：《吉林市郊二道岭子、虎头砬子新石器时代遗址调查》，《文物》1973年第8期。
郭文魁：《和龙渤海古墓出土的几件金饰》，《文物》1973年第8期。
李健才：《从阿什哈达摩崖谈到永宁寺碑》，《文物》1973年第8期
李云铎：《吉林珲春南团山、一松亭遗址调查》，《文物》1973年第8期。
刘振华：《永吉杨屯遗址试掘简报》，《文物》1973年第8期。
刘振华：《农安万金塔基出土文物》，《文物》1973年第8期。
吉林省文物管理委员会：《吉林怀德大青山发现青铜短剑》，《考古》1974年第4期。
姜鹏：《吉林安图晚更新世洞穴堆积》，《古脊椎动物与古人类》1975年第3期。
吉林省博物馆文物队、吉林大学历史系考古专业：《吉林大安渔场古代墓葬》，《考古》1975年第6期。
吉林省博物馆集安考古队、集安县文物管理所：《吉林集安大朱仙沟新石器时代遗址》，《考古》1977年第6期。
罗继祖：《金都弹压印》，《社会科学战线》1978年第1期。
孙建中、姜鹏、王雨灼：《乾安大布苏泡子一带第四纪地质、古生物调查报告》，《吉林地质》1978第1期。
吉林市文物管理委员会、永吉县星星哨水库管理处：《永吉星星哨水库石棺墓及遗址调查》，《考古》1978年第3期。
力由：《辽代彩雕小石塔》，《社会科学战线》1978年第3期。
集安县文物保管所：《集安县两座高句丽积石墓的清理》，《考古》1979年第1期。
吉林大学历史系考古专业：《吉林扶余北长岗子遗址试掘简报》，《考古》1979年第2期。
吉林大学历史系考古专业：《吉林农安田家坨子遗址试掘简报》，《考古》1979年第2期。
孙进己：《海龙女真摩崖石刻》，《社会科学战线》1979年第2期。
董学增：《吉林永吉县出土金代双鲤铜镜》，《文物》1979年第8期。
吉林地区考古短训班：《吉林猴石山遗址发掘简报》，《考古》1980年第2期。
吉林省文物工作队：《吉林长蛇山遗址的发掘》，《考古》1980年第2期。
李殿福：《集安高句丽墓研究》，《考古学报》1980年第2期。
王健群：《渤海贞惠公主墓碑考》，《文物集刊》1980年第2期。
冯永谦：《海龙金汉文摩崖是近代伪刻》，《辽宁大学学报（哲学社会科学版）》1980年第3期。
姜守鹏：《从古代文献看渤海国的族属问题》，《求是学刊》1980年第3期。
孙建中、王淑英、王雨灼、周亚杰、林泽蓉、张庆云、陈树汉：《东北末次冰期的古环境》，《吉林地质》1980年第4期。
朱国忱、张太湘、魏国忠、吴文衔：《渤海国的族属问题》，《学习与探索》1980年

第5期。
张连峰、阎景全：《对金代双鲤铜镜铭文的一点补充》，《文物》1980年第7期。
张志立：《金代双鲤鱼铜镜》，《吉林文物》1期二版，1980年12月10日。
魏存成：《渤海王室贵族墓葬》，《中国考古学年会第三次年会论文集》，文物出版社，1981年。
延边朝鲜族自治州博物馆：《延边发现渤海贞孝公主墓和壁画》，《文物天地》1981年第2期。
集安县文物保管所、吉林省文物工作队：《吉林集安洞沟三室墓清理记》，《考古与文物》1981年第3期。
李殿福：《集安洞沟三室墓壁画著录补正》，《考古与文物》1981年第3期。
刘振华：《渤海大氏王室族属新证—从考古材料出发的考察》，《社会科学战线》1981年第3期。
孙建中、王雨灼、姜鹏：《吉林榆树周家油坊旧石器文化遗址》，《古脊椎动物与古人类》1981年第3期。
李殿福：《从考古学上看唐代渤海文化》，《学习与探索》1981年第4期。
集安县文物保管所：《集安发现青铜短剑》，《考古》1981年第5期。
董学增：《元代“右阿速卫亲军都指挥使司百户印”入藏》，《文物》1981年第6期。
吉林市博物馆：《吉林永吉县学古东山遗址试掘简报》，《考古》1981年第6期。
李健才：《辽代宁江州考》，《东北师大学报（哲学社会科学版）》1981年第6期。
董学增：《介绍一方元代铜印》，《吉林文物》3期三版，1981年6月20日。
张志立：《海兽朝云铜镜》，《吉林文物》3期二版，1981年6月15日。
刘法祥：《洮安出土两枚金代铜镜》，《吉林文物》4期三版，1981年12月15日。
方起东：《集安东台子高句丽建筑遗址的性质和年代》，《东北考古与历史》第1辑，文物出版社，1982年。
吉林大学历史系考古专业、吉林省博物馆考古队：《大安汉书遗址发掘的主要收获》，《东北考古与历史》第1辑，文物出版社，1982年。
吉林省文物工作队、吉林省博物馆：《吉林桦甸西荒山屯青铜短剑墓》，《东北考古与历史》第1辑，文物出版社，1982年。
吉林省文物工作队、集安县文物保管所：《集安长川一号壁画》，《东北考古与历史》第1辑，文物出版社，1982年。
吉林市博物馆：《吉林永吉星星哨新石器时代遗址调查与试掘》，《考古学集刊》第2集，科学出版社，1982年。
姜鹏：《吉林旧石器时代晚期人类生活环境的探讨》，《东北考古与历史》第1辑，文物出版社，1982年。
刘振华：《试论吉林西团山文化晚期遗存》，《东北考古与历史》第1辑，文物出版社，1982年。
刘景文：《吉林省前郭县出土的金代犁铧铜范》，《东北考古与历史》第1辑，文物出版社，1982年。
佟柱臣：《东北历史和考古中的几个问题》，《东北考古与历史》第1辑，文物出版社，1982年。
魏存成：《渤海城址的发现与分期》，《东北考古与历史》第1辑，文物出版社，1982年。
延边朝鲜族自治州博物馆、和龙县文化馆：《和龙北大渤海墓葬清理简报》，《东北考古与历史》第1辑，文物出版社，1982年。
延边朝鲜族自治州博物馆：《延吉德新金谷古墓葬清理简报》，《东北考古与历史》第1辑，文物出版社，1982年。
张中澍：《吉林省近年发现的五颗元代官印》，《东北考古与历史》第1辑，文物出版社，1982年。
董学增：《吉林市郊发现的金代窖藏文物》，《文物》1982年第1期。
董学增：《吉林东团山原始、汉、高句丽、渤海诸文化遗存调查简报》，《博物馆研究》1982年创刊号。
姜鹏：《吉林安图人化石》，《古脊椎动物与古人类》1982年第1期。
刘振华：《吉林省原始文化中的几种新石器时代遗存》，《博物馆研究》1982年创刊号。
匡瑜：《战国至两汉的北沃沮文化》，《黑龙江文物丛刊》1982年第1期。
绍维、志国：《榆树大坡古城调查——兼论辽宁江州治地望》，《博物馆研究》1982年第1期。
王承礼：《唐代渤海〈贞惠公主墓志〉和〈贞孝公主墓志〉的比较研究》，《社会科学战线》1982年第1期。
延边朝鲜族自治州博物馆：《渤海贞孝公主墓发掘清理简报》，《社会科学战线》1982年第1期。
杨再林：《贞孝公主墓的一块文字砖》，《博物馆研究》1982年创刊号。
孙秀仁：《新中国时期渤海考古学的进展》，《黑龙江文物丛刊》1982年第2期。
董学增：《吉林蛟河发现元八思巴文铜印》，《文物》1982年第3期。
吉林省文物工作队：《通榆县兴隆山鲜卑墓清理简报》，《黑龙江文物丛刊》1982年第3期。
庞志国：《完颜希尹家族墓群石雕艺术初探》，《文物》1982年第3期。
王承礼：《吉林省的考古发现和研究》，《学术研究丛刊》1982年第3期。
李健才：《夫余的疆域和王城》，《社会科学战线》1982年第4期。
集安县文物保管所：《吉林集安发现赵国青铜短剑》，《考古》1982年第6期。

吉林省集安县文管所：《集安万宝汀墓区242号墓清理简报》，《考古与文物》1982年第6期。

苏立仁：《金完颜希尹碑年代小考》，《史学简报》1982年第6期。

文工：《沤鲁抹铜镜》，《文物》1982年第6期。

何明：《记塔虎城出土的辽金文物》，《文物》1982年第7期。

刘红宇：《吉林农安出土金代“济州县令贾”铜镜》，《文物》1982年第11期。

吉林市博物馆、永吉县文化馆：《吉林永吉星星哨石棺墓第三次发掘》，《考古学集刊》第3集，中国社会科学出版社，1983年。

李甸甫、朱声显：《科尔沁右翼中旗呼林河沿岸原始文化遗存》，《文物资料丛刊》第7辑，文物出版社，1983年。

朴龙渊、严长禄：《延边历史沿革和遗迹概述》，《延边文物资料汇编》，1983年。

杨保隆：《肃慎考略》，《民族史论丛》，吉林人民出版社，1983年。

杨再林：《浅谈延吉市近郊原始文化》，《延边文物资料汇编》，1983年。

郑永振：《珲春镇内发现一处原始社会遗址》，《延边文物资料汇编》，1983年。

陈家槐：《吉林省桦甸县白山镇出土一批金代遗物》，《博物馆研究》1983年第1期。

吉林省文物工作队：《吉林集安长川二号封土墓发掘纪要》，《考古与文物》1983年第1期。

靳枫毅：《论中国东北地区含曲刃青铜短剑的文化遗存》，《考古学报》1983年第1期。

绍维：《鸭子河考》，《博物馆研究》1983年第1期。

王则：《辽代的中书门下印和金代的中书门下印》，《博物馆研究》1983年第1期。

王仿生：《毌丘俭应是三国魏人》，《文物》1983年第1期。

薛宪明、王仁富：《大金得胜陀颂碑碑文简释》，《博物馆研究》1983年第1期。

陈永祥、王忠忱：《蛟河县出土一批铜钱》，《吉林文物》8期四版，1983年1月5日。

董学增：《在基建中出土文物二则》，《吉林文物》8期四版，1983年1月5日。

杨子忱：《九台发现一罐铜钱》，《吉林文物》8期四版，1983年1月5日。

方起东、林志德：《集安洞沟两座树立石碑的高句丽古墓》，《考古与文物》1983年第2期。

姜鹏：《吉林乾安大布苏晚更新世以来自然环境变迁的探讨》，《博物馆研究》1983年第2期。

李健才：《桦甸苏密城考》，《黑龙江文物丛刊》1983年第2期。

刘振华：《渤海考古研究简述》，《延边大学学报》1983年第2期。

孙建中：《松辽平原旧石器考古问题》，《黑龙江文物丛刊》1983年第2期。

张绍维：《金济州录事镜补失——读书偶记》，《黑龙江文物丛刊》1983年第2期。

包双山、张静岩：《前郭县满蒙文碑调查与考释》，《博物馆研究》1983年第3期。

谷潜：《我省出土的三枚珍贵宋钱》，《博物馆研究》1983年第3期。
宫永祥：《通化县出土的明代铜砝码》，《博物馆研究》1983年第3期。
何明：《浅谈唐代渤海的佛教》，《博物馆研究》1983年第3期。
驹井和爱：《渤海文化史的两个问题》，《黑龙江文物丛刊》1983年第3期。
刘法祥：《夫余县明墓发掘简报》，《黑龙江文物丛刊》1983年第3期。
罗显清：《我省发现金代韩州签押铜镜》，《博物馆研究》1983年第3期。
罗继祖：《渤海贞惠贞孝两公主的墓碑》，《博物馆研究》1983年第3期。
庞志国、柳岚：《抚松县前甸子渤海古墓清理简报》，《博物馆研究》1983年第3期。
魏存成：《关于渤海都城的几个问题》，《史学集刊》1983年第3期。
延边博物馆：《和龙县龙海渤海墓葬》，《博物馆研究》1983年第3期。
董学增：《试论吉林地区西团山文化》，《考古学报》1983年第4期。
集安县文物保管所：《集安高句丽墓葬发掘简报》，《考古》1983年第4期。
李殿福：《集安洞沟三座壁画墓》，《考古》1983年第4期。
王健群：《好太王碑的发现和捶拓》，《社会科学战线》1983年第4期。
武国勋：《夫余王城新考——前期夫余王城的发现》，《北方文物》1983年第4期。
段一平：《吉林双辽骆驼岭辽墓清理简报》，《考古与文物》1983年第6期。
唐洪源：《吉林省辽源市出土一面辽代铜镜》，《文物》1983年第8期。
王建：《吉林双辽县发现两座辽墓》，《考古》1983年第8期。
邹世魁：《吉林德惠县出土金代官印》，《考古》1983年第8期。
吉林市博物馆：《吉林口前蓝旗小团山、红旗东梁岗石棺墓清理简报》，《文物》1983年第9期。
黄一义：《卡伦出土一批金代窖藏铜钱》，《吉林文物》9期三版，1983年。
罗显清：《越王府文学印》，《吉林文物》9期二版，1983年。
唐洪源：《辽源发现金代石刻》，《吉林文物》9期三版，1983年。
庞志国：《怀德县发现的一面金代铜镜》，《吉林文物》9期三版，1983年。
李其泰：《桦甸县发现古铜钱》，《吉林文物》10期一版，1983年。
田志和：《长春出土一块清碑》，《吉林文物》10期三版，1983年。
王仁富：《百年笔误“孙俣”舛“孙侯”——金碑碑文整理新得》，《吉林文物》10期三版，1983年8月30日。
许风德：《农安出土金代铁锅》，《吉林文物》10期四版，1983年。
延边博物馆：《吉林延吉柳庭洞发现的原始文化遗存》，《考古》1983年第10期。
吉林省文物工作队：《吉林洮安县双塔屯原始文化遗址调查》，《考古》1983年第12期。
陈相伟：《宾州考略》，《博物馆研究》1984年第1期。
耿铁华、林至德：《集安高句丽陶器的初步研究》，《文物》1984年第1期。

谷潜：《吉林九台出土窖藏铜钱》，《中国钱币》1984年第1期。
侯莉闽：《汪清百草沟新出土的文物》，《博物馆研究》1984年第1期。
集安县文物保管所：《集安县新发现的两处高句丽墓群》，《博物馆研究》1984年第1期。
集安县文物保管所：《集安高句丽国内城址的调查与试掘》，《文物》1984年第1期。
集安县文物保管所：《集安县上、下活龙村高句丽古墓清理简报》，《文物》1984年第1期。
集安县文物保管所：《集安县老虎哨古墓》，《文物》1984年第1期。
吉林省文物考古研究所、集安县博物馆：《集安高句丽考古的新收获》，《文物》1984年第1期。
吉林省文物工作队：《吉林磐石吉昌小西山石棺墓》，《考古》1984年第1期。
吉林省文物工作队、集安文管所：《1976年集安洞沟高句丽墓清理》，《考古》1984年1期。
吉林省文物工作队：《吉林集安五盔坟四号墓》，《考古学报》1984年第1期。
李健才：《辽代宁江州补考》，《博物馆研究》1984年第1期。
罗显清：《天成元年铜权》，《博物馆研究》1984年第1期。
庞志国、樊远生：《农安古塔》，《博物馆研究》1984年第1期。
宋云亭：《金代副都统印》，《博物馆研究》1984年第1期。
王仁富：《大金得胜陀颂碑文整理三得——兼对田村实造等有关文著的订正》，《黑龙江文物丛刊》1984年第1期。
许风德：《农安古塔今昔》，《吉林史志》1984年第1期。
严长录：《和龙县西古城及其附近渤海遗迹调查》，《博物馆研究》1984年第1期。
陈家魏：《吉林永吉县乌拉街出土“触角式剑柄”铜剑》，《考古》1984年第2期。
方舟：《长白灵光塔维修中发现地宫》，《博物馆研究》1984年第2期。
井庆生：《关于渤海上京城出土的两件琉璃脊件名称》，《古建园林技术》1984年第2期。
庞志国、夏若英：《拉林河沿岸的辽金遗迹》，《黑龙江文物丛刊》1984年第2期。
张淑华：《介绍一件金代“扑满”》，《博物馆研究》1984年第2期。
张英：《金肇州故城考》，《博物馆研究》1984年第2期。
张锡瑛：《珲春马滴达渤海塔基清理简报》，《博物馆研究》1984年第2期。
郑永振：《渤海墓葬研究》，《黑龙江文物丛刊》1984年第2期。
陈相伟：《祥州疏证》，《博物馆研究》1984年第3期。
道尔吉、和希格：《海龙汉文、女真文对译摩崖真伪辨》，《内蒙古社会科学》1984年第3期。

谷潜：《扶余一处窖藏出土的古钱》，《博物馆研究》1984年第3期。
李莲：《日本人在我国东北考古情况简介》，《东北亚历史与考古信息》1984年总第3期。
李兴盛：《“东京”古佛沧桑录》，《黑龙江文物丛刊》1984年第3期。
李健才、陈相伟：《辽代宾、祥、益、威四州考》，《史学集刊》1984年第3期。
李西昆、张普林、刘学良、李春田：《吉林青山头人与前郭人的发现及其意义》，《吉林地质》1984年第3期。
许彦文：《吉林双阳万宝山石棺墓》，《黑龙江文物丛刊》1984年第3期。
邹世魁：《清代“贡江碑”考证》，《黑龙江文物丛刊》1984年第3期。
吉林市博物馆：《吉林市郊二道水库狼头山石棺墓地发掘简报》，《黑龙江文物丛刊》1984年第4期。
庞志国：《略论东北地区金代石函葬》，《黑龙江文物丛刊》1984年第4期。
王国范：《吉林通榆新石器时代遗址调查》，《黑龙江文物丛刊》1984年第4期。
魏存成：《渤海的建筑》，《黑龙江文物丛刊》1984年第4期。
叶秋：《洮儿河访古纪行》，《黑龙江文物丛刊》1984年第4期。
尤玉柱、张振标、李毅、李西昆、张普林：《吉林前郭查干泡发现的人类化石与古生态环境》，《史前研究》1984年第4期。
吉林省文物工作队：《吉林乾安县大布苏泡东岸遗址调查简报》，《考古》1984年第5期。
林至德、张雪岩：《高句丽两都城——国内城和丸都山城》，《文物天地》1984年第6期。
王承礼：《吉林、辽宁的高句丽遗迹》，《考古与文物》1984年第6期。
吉林省文物工作队：《吉林大安县洮儿河下游右岸新石器时代遗址调查》，《考古》1984年第8期。
吉林省文物工作队：《吉林怀德县发现新石器时代遗址》，《考古》1984年第8期。
张锡瑛：《试论我国北方和东北地区的“触角式”剑》，《考古》1984年第8期。
董学增、高素心：《“中书门下之印”小考》，《文物》1984年第9期。
刘法祥、刘景文：《吉林通榆县团结屯辽墓》，《考古》1984年第9期。
刘红宇：《农安县出土一面铜镜》，《吉林文物》11期四版，1984年。
刘景文：《吉林扶余县发现金代“利涉县印”》，《考古》1984年第11期。
朴润陆：《海龙县出土瓷器和铜钱》，《吉林文物》11期一版，1984年。
王志敏：《通化市出土金元时期银锭》，《吉林文物》11期三版，1984年。
张英：《吉林通榆兴隆山清代公主墓》，《文物》1984年第11期。
关振儒：《九台莽卡邱家村发现金代青铜“嘎拉哈”》，《吉林文物》12期三版，1984年。
万顺：《德惠万宝出土的白釉铁花瓷罐》，《吉林文物》12期三版，1984年。

罗显清：《都提控所之印》，《吉林文物》13期二版，1984年。
崔顺子：《龙井仁化出土石函》，《吉林文物》14期四版，1984年。
关振儒：《九台莽卡满族乡出土一批文物》，《吉林文物》14期四版，1984年。
宋云亭：《从〈行军万户平字号之印〉谈到金代的武官制》，《吉林文物》14期二版，1984年。
沃土：《明代仙人驾鹿有柄铜镜》，《吉林文物》14期二版，1984年。
刘景文、王侠：《集安县金代遗址》，《中国考古学年鉴（1985）》，文物出版社，1985年。
谷潜：《吉林九台卡伦金代窖藏铜钱》，《文物》1985年第1期。
吉林大学历史系考古专业：《吉林省农安德惠考古调查简报》，《北方文物》1985年第1期。
李君：《叶赫部东西两城小考》，《博物馆研究》1985年第1期。
林沄：《论团结文化》，《北方文物》1985年第1期。
刘永智：《好太王碑的发现及其他》，《社会科学战线》1985年第1期。
刘红宇：《吉林省德惠王家坨子北岭发现的古代遗存》，《北方文物》1985年第1期。
刘红宇：《试论田家坨子遗存有关问题》，《北方文物》1985年第1期。
李嵩岩：《吉林长岭出土窖藏铜钱》，《辽金契丹女真史研究》1985年第1期。
孙维新：《农安古塔的来历》，《吉林史志》1985年第1期。
孙仁杰：《集安出土的高句丽金饰》，《博物馆研究》1985年第1期。
王承礼：《唐代渤海国〈贞孝公主墓志〉研究（下）》，《博物馆研究》1985年第1期。
王健群：《和好太王碑研究有关的几个问题》，《博物馆研究》1985年第1期。
友之：《吉林东部延边地区发现古长城》，《辽金契丹女真史研究》1985年第1期。
尹玉山：《吉林永吉学古汉墓清理简报》，《博物馆研究》1985年第1期。
张立明：《吉林桦甸出土金代窖藏铜钱》，《文物》1985年第1期。
张绍维：《吉林出土金代农牧官印和铜镜》，《农业考古》1985年第1期。
方起东：《高句丽石墓的演进》，《博物馆研究》1985年第2期。
贾士金：《集安高句丽文物考古工作中的新课题》，《博物馆研究》1985年第2期。
吉林省文物工作队：《高句丽罗通山城调查简报》，《文物》1985年第2期。
朴润陆：《金代"行军副提控印"述略》，《东北地方研究》1985年第2期。
王泽：《吉林省发现的契丹文银质符牌》，《博物馆研究》1985年第2期。
王志敏：《吉林抚松新安渤海遗址》，《博物馆研究》1985年第2期。
魏存成：《高句丽初、中期的都城》，《北方文物》1985年第2期。
张英：《第二松花江中、下游段七县辽金古城概述》，《博物馆研究》1985年第2期。
都兴智：《金代的"利涉县印"和利涉县》，《北方文物》1985年第3期。

洪峰：《吉林省辉发河流域原始文化简析》，《北方文物》1985年第3期。
集安县文物保管所：《集安浑江流域新石器时代遗址调查》，《博物馆研究》1985年第3期。
罗显清：《缠枝牡丹花式铜镜》，《博物馆研究》1985年第3期。
庞志国：《从出土文物看金代女真族的乐器》，《博物馆研究》1985年第3期。
佟阿伟：《吉林德惠县出土陶器》，《考古》1985年第3期。
延边朝鲜族自治州博物馆：《金谷水库南山遗址试掘简报》，《博物馆研究》1985年第3期。
王健群：《好太王碑文中“倭”的实体》，《博物馆研究》1985年第3期。
王燕飞：《元“崇文监典簿行印”》，《博物馆研究》1985年第3期。
华岩、杰勇：《吉林集安出土的几方铜印》，《北方文物》1985年第4期。
洪峰：《方家街出土一批明代遗物》，《东北师大学报（哲学社会科学版）》1985年第4期。
何明：《吉林和龙高产渤海寺庙址》，《北方文物》1985年第4期。
黄一义：《吉林金代窖藏铜钱的几个问题》，《中国钱币》1985年第4期。
吉林省文物工作队：《吉林舒兰黄鱼圈珠山遗址清理简报》，《考古》1985年第4期。
集安县文物保管所：《吉林集安发现一处渤海时期遗址》，《北方文物》1985年第4期。
刘林章：《渤海国货币初探》，《中国钱币》1985年第4期。
刘景文：《叶赫古城调查记》，《文物》1985年第4期。
朴润陆：《海龙出土“库普里根必剌谋克印”》，《东北地方研究》1985年第4期。
王侠：《贞惠公主与贞孝公主墓》，《学习与探索》1985年第4期。
王则：《关于“中书门下之印”的断代》，《文物》1985年第4期。
吴琦幸：《叶昌炽与好太王碑研究》，《社会科学战线》1985年第4期。
延边朝鲜族自治州博物馆：《吉林汪清考古调查》，《北方文物》1985年第4期。
郑永振、朴润武：《吉林汪清考古调查》，《北方文物》1985年第4期。
穆鸿利：《金朝开国史的丰碑　女真族文化的瑰宝——兼论〈大金得胜陀颂碑〉的历史价值》，《吉林史志》1985年第5期。
魏存成：《高句丽四耳展沿壶的演变及相关的几个问题》，《文物》1985年第5期。
吉林省博物馆：《吉林市泡子沿前山遗址和墓葬》，《考古》1985年第6期。
丁一：《长岭发现清代〈云版〉》，《白城文博》1985年第7期。
郭敏、孙利峰：《丰满古墓清理简报》，《白城文博》1985年第7期。
景富国：《前郭县出土一面金代铜镜》，《白城文博》1985年第7期。
林至德、耿铁华：《集安出土的高句丽瓦当及其年代》，《考古》1985年第7期。
刘景文：《吉林同发辽墓》，《考古》1985年第7期。

段一平、李莲、徐光辉：《吉林市骚达沟石棺墓整理报告》，《考古》1985年第10期。
吉林省博物馆、吉林大学考古专业：《吉林市骚达沟山顶大棺整理报告》，《考古》1985年第10期。
潘其风、韩康信：《吉林骚达沟石棺墓人骨的研究》，《考古》1985年第10期。
邹世魁：《吉林省德惠县天台乡出土“都提控印”》，《考古》1985年第11期。
邹世魁：《元大德六年铜权》，《吉林文物》15期三版，1985年。
陈永祥：《蛟河县发现一座辽金古城》，《吉林文物》18期二版，1985年。
谷潜：《农安出土元代蒙山银锭》，《吉林文物》18期二版，1985年。
李宇峰：《东北地区新石器时代原始农业初探》，《中国考古学会第六次年会论文集》，文物出版社，1986年。
史前：《汪清蛤蟆塘乡发现的动物化石》，《吉林日报》1986年9月23日。
金启孮：《大金得胜陀颂八百年祭——兼纪念女真文专家金光平》，《白城师专学报（社科版）》1986年第1期。
李健才：《大金得胜陀颂碑和辽代宁江州》，《白城师专学报（社科版）》1986年第1期。
李殿福：《两汉时代的高句丽及其物质文化》，《辽海文物学刊》1986年创刊号。
李正凤、李强：《吉林龙井英城渤海古墓》，《博物馆研究》1986年第1期。
李正凤、李强：《吉林龙井富民渤海古墓》，《博物馆研究》1986年第1期。
刘永智：《〈高句丽碑出土记〉刍议》，《学术研究丛刊》1986年第1期。
刘景文、庞志国：《吉林榆树老河深墓葬群族属探讨》，《北方文物》1986年第1期。
罗继祖、丛文俊：《简谈好太王碑字体》，《博物馆研究》1986年第1期。
王仁富：《中华历史铸金碑——从“大金得胜陀颂”碑文谈金与中原文化的联系》，《白城师专学报（社科版）》1986年第1期。
张英：《东夏国纪年》，《博物馆研究》1986年第1期。
张博泉：《〈大金得胜陀颂碑〉研究——为纪念建碑800年而作》，《白城师专学报（社科版）》1986年第1期。
朱子方：《〈大金得胜陀颂〉碑建立的历史意义——纪念〈大金得胜陀颂〉碑建立八百周年》，《白城师专学报（社科版）》1986年第1期。
陈相伟：《吉林省考古历史述要》，《东北地方史研究》1986年第2期。
董学增：《从小铜人看辽金时代女真人的童装》，《黑龙江民族丛刊》1986年第2期。
方起东：《千秋墓、太王陵和将军坟墓主人的推定》，《博物馆研究》1986年第2期。
集安县文物保管所：《集安岭前鸭绿江流域原始社会遗址》，《博物馆研究》1986年第2期。
吉林省文物考古研究所：《吉林汪清金城古墓葬发掘简报》，《考古》1986年第2期。

吉林省文物考古研究所：《吉林桦甸江西屯遗址发掘简报》，《北方文物》1986年第2期。
柳岚、邵春华：《吉林双辽县高力戈辽墓群》，《考古》1986年第2期。
李健才：《金元肇州考》，《北方文物》1986年第2期。
李国文：《新桥出土的窖藏古铜钱》，《松辽文物》1986年第2期。
尹郁山：《吉林永吉发现契丹文铜印》，《北方文物》1986年第2期。
严长录：《龙井县朝东明代女真人墓的发掘》，《博物馆研究》1986年第2期。
耿铁华：《高句丽渔猎经济初探》，《博物馆研究》1986年第3期。
耿铁华：《高句丽壁画中的社会经济》，《北方文物》1986年第3期。
谷潜：《元代蒙山银课银锭考释》，《博物馆研究》1986年第3期。
谷潜：《元代蒙山岁课银锭的发现和研究》，《中国钱币》1986年第3期。
姜鹏：《中国东北旧石器时代晚期文化和狩猎生活之研究》，《更新世近期研究》（美国）1986年第3期。
王健群：《申彩浩对好太王碑的论述和他的辑安记闻》，《博物馆研究》1986年第3期。
董学增：《吉林市龙潭山高句丽山城及其附近卫城调查报告》，《北方文物》1986年第4期。
贾伟明：《关于白金宝类型分期的探索》，《北方文物》1986年第4期。
刘红宇：《长春近郊的金代完颜娄室墓》，《北方文物》1986年第4期。
孙仁杰：《谈高句丽壁画墓中的莲花图案》，《北方文物》1986年第4期。
张英：《金代南颖供具镜文识与其他》，《北方文物》1986年第4期。
邹世魁：《吉林省德惠县发现辽金时期银质符牌》，《文物》1986年第5期。
张锡瑛：《试论骚达沟山顶大棺的文化性质》，《考古》1986年第6期。
长春市文物管理委员会：《吉林省饮马河沿岸古文化遗存调查简报》，《考古》1986年第9期。
王仁富：《〈大金得胜陀颂〉汉字碑文新考》，《文物》1986年第11期。
德敏、郦明：《吉林市郊江北乡八家村出土金代六耳铜锅》，《吉林文物》19期二版，1986年。
吴喜才、李嵩岩：《大金得胜陀颂碑的书丹者为孙侯》，《吉林文物》19期四版，1986年。
杜敏：《洮安县二龙乡发现一批金代窖藏文物》，《吉林文物》20期二版，1986年6月30日。
斡准：《农安发现石雕小塔塔座》，《吉林文物》22期二版，1986年。
赵清俊：《榆树出土的谋克铜印》，《中国文物报》1987年7月24日第3版。
李洵：《一九四八、一九四九年西团山发掘记录整理》，《西团山考古报告集》第一辑，吉林市博物馆，1987年。
佟柱臣：《一九五〇年西团山发掘报告资料摘录》，《西团山考古报告集》第一辑，吉林市博物馆，1987年。
吉林省文物考古研究所编：《榆树老河深》，文物出版社，1987年。
吉林市博物馆：《吉林永吉杨屯大海猛遗址》，《考古学集刊》第5辑，中国社会科学出版社，1987年。
张森水：《中国旧石器文化》，天津科学技术出版社，1987年。
姜华昌：《建国以来渤海考古成就综述》，《牡丹江师院学报》1987年第1期。
李正凤、朴润武：《吉林珲春黄家店古墓清理简报》，《博物馆研究》1987年第1期。
李健才：《东北地区中部的边岗和延边长城》，《辽海文物学刊》1987年第1期。
齐中文：《九台县出土的几方金代铜印》，《长春文物》1987年第1期。
业钧、清俊：《农安县平山古墓中出土的五件骨器》，《长春文物》1987年第1期。
伊松今：《榆树县太安乡丰产村金代窖藏铜钱研究》，《长春文物》1987年第1期。
邹世魁：《农安境内三座辽代重要古城》，《长春史志》1987年第1期。
张英：《试论金代冷山的地望——兼正辽代宁江州位置》，《博物馆研究》1987年第1期。
耿铁华：《高句丽贵族冉牟墓及墓志考释》，《辽海文物学刊》1987年第2期。
景爱、董学增：《吉林舒兰县古界壕、烽台与城堡》，《考古》1987年第2期。
李健才：《洮安城四家子古城调查简记》，《博物馆研究》1987年第2期。
刘红宇：《长春市周围的金代墓葬》，《博物馆研究》1987年第2期。
马德谦：《谈谈吉林龙潭山、东团山一带的汉代遗物》，《北方文物》1987年第2期。
王志敏：《梅河口市大湾乡西玉井明墓清理简报》，《博物馆研究》1987年第2期。
杨再林：《布尔哈通河流域古城调查记》，《博物馆研究》1987年第2期。
张英、朴太元：《吉林珲春县出土东夏铜砝码》，《考古》1987年第2期。
张英：《希尹、娄室、元忠葬地的研究——兼证与宁江州地望关系》，《昭乌达蒙族师专学报（社会科学版）》1987年第2期。
魏存成：《高句丽积石墓的类型和演变》，《考古学报》1987年第3期。
铁华、阿英：《从高句丽壁画中的战争题材，看高句丽军队与战争》，《北方文物》1987年第3期。
华岩：《集安出土的几面铜镜》，《北方文物》1987年第3期。
王健群：《高句丽千里长城》，《博物馆研究》1987年第3期。
董学增：《吉林舒兰发现一件青铜短剑》，《考古》1987年第4期。
姜鹏：《中国东北旧石器时代晚期人类生活环境的研究》，《更新世近期研究》（美国）1987年第4期。
朴真奭：《城子山山城和土城村土城及其筑城年代》，《延边大学学报》1987年第4期。
董学增：《试论西团山文化人们的埋葬习俗》，《考古》1987年第6期。
洪峰：《吉林东丰县南部古遗迹调查》，《考古》1987年第6期。
董学增、刘厚生：《清代“镶蓝旗拉法旧站法尔哈达”印小考》，《文物》1987年第10期。
金丽华：《永吉发现金代有柄铜镜》，《吉林文物》23期二版，1987年。
李正凤：《珲春县黄家店元、明墓葬》，《中国考古学年鉴1986》，文物出版社，1988年。
刘景文：《镇赉县黄家围子青铜文化及金代遗址》，《中国考古学年鉴1986》，文物出版社，1988年。
王侠、刘景文：《东丰县大架山青铜时代及汉代遗址》，《中国考古学年鉴1987》，文物出版社，1988年。
绍维：《延边地区东夏边墙》，《中国考古学年鉴1986》，文物出版社，1988年。
张英：《农安县镇金代窖藏》，《中国考古学年鉴1986》，文物出版社，1988年。
张雪岩：《集安县通沟河口辽、金遗址》，《中国考古学年鉴1986》，文物出版社，1988年。
耿铁华：《毌丘俭纪功碑考略》，《中国文物报》1988年4月29日第3版。
张英、牛玉琴：《吉林怀德发现罕见风筝纹铜镜》，《中国文物报》1988年2月5日第2版。
周国林：《对〈毌丘俭纪功碑考略〉的一点异议》，《中国文物报》1988年6月17日第3版。
耿铁华：《对毌丘俭纪功碑的几点说明》，《中国文物报》1988年7月22日第3版。
董学增：《吉林蛟河八垧地青铜时代遗址及其附近“堡寨”遗迹调查》，《辽海文物学刊》1988年第1期。
耿铁华：《好太王碑火前无完整拓本》，《考古与文物》1988年第1期。
洪峰、志立：《吉林海龙镇郊辽金时期建筑遗址的发掘》，《北方文物》1988年第1期。
王凤书、赵铁：《也考叶赫部东西两城》，《四平民族研究》1988年第1期。
张英：《金代完颜娄室碑文考——兼谈娄室葬地》，《北方文物》1988年第1期。
张雪岩：《集安两座高句丽封土墓》，《博物馆研究》1988年第1期。
张殿甲：《浑江地区渤海遗迹与遗物》，《博物馆研究》1988年第1期。
赵铁：《梨树孤家子山辽墓清理简报》，《博物馆研究》1988年第1期。
耿铁华：《高句丽壁画中的宗教与祭祀》，《辽海文物学刊》1988年第2期。
吉林省文物考古研究所：《吉林镇赉县黄家围子遗址发掘简报》，《考古》1988年第2期。

吉林省文物考古研究所：《和龙县兴城遗址发掘》，《博物馆研究》1988年第2期。
吉林省博物馆：《吉林帽儿山汉代木椁墓》，《辽海文物学刊》1988年第2期。
姜华昌：《渤海上京龙泉府与唐长安城建筑布局的比较》，《北方文物》1988年第2期。
贾莹：《镇赉县黄家围子金代人头骨的研究报告》，《考古》1988年第2期
李新萌：《浅析榆树出土的金代铜镜特点》，《长春文物》1988年第2期。
李新萌：《榆树县太安金代水井清理简报》，《长春文物》1988年第2期。
刘红宇、佟阿伟：《吉林德惠顺城堂明墓清理简报》，《辽海文物学刊》1988年第2期。
秦大树：《金墓概述》，《辽海文物学刊》1988年第2期。
尹郁山：《吉林永吉县出土窖藏铜币》，《考古》1988年第2期。
尹郁山：《永吉新发现一处渤海时期墓地》，《中国文物报》1988年4月1日第2版。
严长录、杨再林：《延边地区高句丽—渤海时期纹饰板瓦初探》，《博物馆研究》1988年第2期。
伊松龄：《陆家窝堡金代窖藏铜钱的清理简报》，《长春文物》1988年第2期。
业钧、清俊：《吉林省金代窖藏铜钱特点分析》，《长春文物》1988年第2期。
张英：《辽代宁江州治地望新证》，《长春文物》1988年第2期。
赵俊清：《“断思浑谋克印”》，《博物馆研究》1988年第2期。
陈大为：《辽宁高句丽山城初探》，《中国考古学会第五次年会论文集》，文物出版社，1988年。
甸甫、维儒：《靖宇县的古代文化遗存》，《博物馆研究》1988年第3期。
李继新：《农安古塔》，《文史资料汇编》1988年第3期。
孙仁杰：《“折天井”墓调查拾零》，《博物馆研究》1988年第3期。
齐中文：《九台县出土金代铁器的反思》，《长春文物》1988年第3期。
佟进：《长春发现湖州镜》，《博物馆研究》1988年第3期。
王卫民：《大顶山石碑岭调查记》，《长春文物》1988年第3期。
吴铁军：《农安古城发现的三方铜印》，《长春文物》1988年第3期。
许彦文：《辽代农安古塔》，《文物天地》1988年第3期。
耿铁华：《好太王碑的国烟看烟及其身份问题》，《求是学刊》1988年第4期。
杨晶：《吉林大安渔场墓地的时代与族属》，《考古与文物》1988年第4期。
四平地区博物馆、吉林大学历史系考古专业：《吉林省梨树县二龙湖古城址调查简报》，《考古》1988年第6期。
董学增、高素心：《吉林桦甸出土金代刻款铜镜》，《文物》1988年第7期。
何明、马洪：《吉林前郭茅山辽墓》，《考古》1988年第7期。
吉林省文物考古研究所：《1985年吉林东丰县考古调查》，《考古》1988年第7期。

张英、王则、樊远生、费晓军：《吉林农安金代窖藏文物》，《文物》1988年第7期。
吕龙：《镇赉发现一枚元代八思巴文铜钱》，《白城文博》1988年第10期。
王玉林：《前郭县大山乡新发现三处古代遗址》，《白城文博》1988年第10期。
萧灵：《洮南市发现一座辽代古城》，《白城文博》1988年第10期。
郑新城：《扶余市博物馆征集一方小铜印》，《白城文博》1988年第10期。
吉林省文物考古研究所：《吉林白城靶山墓地发掘简报》，《考古》1988年第12期。
大贯静夫：《东北亚洲中的中国东北地区原始文化》，《庆祝苏秉琦考古五十五年论文集》，文物出版社，1989年。
庞志国：《德惠县后城子古城》，《中国考古学年鉴1988》，文物出版社，1989年。
董学增、高素心：《金仿汉神兽铭文镜》，《中国文物报》1989年2月17日第3版。
董学增、高素心：《金代双龙纹刻款铜镜》，《中国文物报》1989年11月10日第3版。
陈相伟：《金完颜希尹碑建碑年代考》，《博物馆研究》1989年第1期。
谷潜：《双辽出土的半块元宝》，《博物馆研究》1989年第1期。
耿铁华：《集安高句丽农业考古概述》，《辽海文物学刊》1989年第1期。
尹郁山：《吉林永吉旧站金代墓调查简报》，《北方文物》1989年第1期。
张云樵：《叶赫古城考察纪略》，《四平民族研究》1989年第1期。
张英、方起东：《金完颜娄室墓地和神道碑的复原论证》，《博物馆研究》1989年第1期。
陈雍：《扎赉诺尔等五处墓葬陶器的比较研究》，《北方文物》1989年第2期。
呼国柱：《略述延吉市发现的朝鲜古铜钱》，《博物馆研究》1989年第2期。
吉林大学考古教研室：《农安左家山新石器时代遗址》，《考古学报》1989年第2期。
庞志国：《吉林省金代考古概述》，《博物馆研究》1989年第2期。
武中宝、郭宏、邵春华：《公主岭市新发现两处金代窖藏文物》，《博物馆研究》1989年第2期。
许永杰：《东北境内新石器时代筒形罐的谱系研究》，《北方文物》1989年第2期。
胡顺利：《金代“思浑谋克印”考释的附记》，《博物馆研究》1989年第3期。
康广敏：《大安县后宝石村公主陵发掘侧记》，《博物馆研究》1989年第3期。
刘红宇：《完颜娄室神道碑碑亭及遗物》，《博物馆研究》1989年第3期。
李正凤：《珲春县英安镇盘岭沟口渤海遗址》，《博物馆研究》1989年第3期。
宋玉彬：《试论星星哨墓葬的分期》，《博物馆研究》1989年第3期。
耿铁华：《高句丽文物古迹四题》，《文物春秋》1989年第4期。
吉林省文物考古研究所：《吉林农安县邢家店北山墓地发掘》，《考古》1989年第4期。
魏存成：《高句丽、渤海文化之发展及其关系》，《吉林大学社会科学学报》1989年第4期。

武保中：《吉林公主岭猴石古墓》，《北方文物》1989年第4期。
吉林省文物考古研究所：《吉林农安县元宝沟新石器时代遗址发掘》，《考古》1989年第12期。
姜鹏：《东北更新世动物群与生态环境的探讨》，《中国东北平原第四纪自然环境形成与演变》，哈尔滨地图出版社，1990年。
张英：《吉林出土铜镜》，文物出版社，1990年。
朴润武：《辽金时期的瓦当陶范》，《中国文物报》1990年5月3日第3版。
唐洪源：《辽源龙首山发现渤海早期文物》，《中国文物报》1990年11月29日第1版。
吉林省图珲铁路考古发掘队：《珲春市东六洞二号遗址发掘简报》，《北方文物》1990年第1期。
吉林省文物考古研究所：《吉林省近十年考古工作的主要收获（1979～1989）》，《博物馆研究》1990年第1期。
姜鹏：《吉林榆树大桥屯发现的旧石器》，《人类学学报》1990年第1期。
李殿福、孙玉良：《高句丽的都城》，《博物馆研究》1990年第1期。
于淑芬、王国学：《论伯都古城即辽代的宁江州》，《博物馆研究》1990年第1期。
王志敏：《柳河县出土明代早期瓷器》，《博物馆研究》1990年第2期。
晔昊：《东辽河流域的辽金遗存概述》，《博物馆研究》1990年第2期。
张英：《吉林出土古代铜镜概要》，《博物馆研究》1990年第2期。
朗伯君：《也谈渤海庆州及属县和区域》，《博物馆研究》1990年第2期。
陈全家、赵宾福：《左家山新石器时代遗址的分期及相关文化遗存的年代序列》，《考古》1990年第3期。
何明：《吉林省伊通河上游考古调查》，《北方文物》1990年第3期。
陈相伟：《完颜希尹家族墓地的调查和发掘》，《博物馆研究》1990年第3期。
董学增：《吉林市博物馆藏部分辽金铜镜》，《北方文物》1990年第3期。
刘景文：《论腰井子新石器时代文化类型——兼谈吉林省西北部新石器时代文化若干问题》，《博物馆研究》1990年第3期。
刘红宇：《长春市郊完颜娄室墓地考古新收获》，《北方文物》1990年第4期。
朴润武：《吉林和龙出土的金代窖藏铜、铁器》，《北方文物》1990年第4期。
尹郁山：《吉林永吉县查里巴村发现二座渤海墓》，《考古》1990年第6期。
王仲殊：《关于好太王碑文辛卯年条的释读》，《考古》1990年第11期。
何明：《试论第二松花江流域的新石器时代文化遗存》，《内蒙古东部区考古学文化研究文集》，海洋出版社，1991年。
吉林省文物工作队、吉林市博物馆、永吉县文化局：《吉林永吉杨屯遗址第三次发掘》，《考古学集刊》第7集，科学出版社，1991年。
刘景文：《吉林市郊帽儿山古墓群》，《中国考古学年鉴1990》，文物出版社，1991年。

中国社会科学院考古研究所编：《中国考古学中碳十四年代数据集（1965－1991）》，文物出版社，1991年。
庞志国、王则：《完颜希尹家族考》，《北方文物》1991年第1期。
庞志国：《农安万金塔古城治所初探》，《博物馆研究》1991年第1期。
刘晓东、杨志军、郝思德、李陈奇：《试论金代女真贵族墓葬的类型及演变》，《辽海文物学刊》1991年第1期。
王则：《偏脸城出土的女真铭文铜镜》，《博物馆研究》1991年第1期。
延边博物馆：《吉林省龙井县金谷新石器时代遗址清理简报》，《北方文物》1991年第1期。
董学增：《试论西团山文化的装饰品》，《考古》1991年第2期。
洪峰、志立：《吉林省前郭县金代窖藏瓷器》，《北方文物》1991年第2期。
金旭东：《1987年吉林东丰南部盖石墓调查与清理》，《辽海文物学刊》1991年第2期。
马德谦：《夫余文化的几个问题》，《北方文物》1991年第2期。
朴润武：《吉林汪清发现谋克官押金代铜镜》，《博物馆研究》1991年第2期。
庞志国：《吉林通化拉拉屯北岗青铜时代遗址》，《辽海文物学刊》1991年第2期。
图珲铁路考古发掘队：《吉林省珲春市甩湾子渤海房址清理简报》，《北方文物》1991年第2期。
王仲殊：《再论好太王碑文辛卯年条的释读》，《考古》1991年第12期。
王军文：《珲春松树村出土的一面铜镜》，《博物馆研究》1991年第2期。
张殿甲：《试析浑江市永安遗址出土的铜铃》，《博物馆研究》1991年第2期。
李景冰：《镇赉出土东夏官印》，《博物馆研究》1991年第3期。
庞志国：《从吉林舒兰完颜希尹的"神道碑"谈完颜希尹之死》，《博物馆研究》1991年第3期。
王则：《谈农安金代窖藏瓷器的纹饰艺术》，《博物馆研究》1991年第3期。
朱永刚：《西团山文化墓葬分期研究》，《北方文物》1991年第3期。
靳淑兰：《吉林省农安县发现一件金代铜镜》，《博物馆研究》1991年第3期。
冯恩学：《东北平底筒形罐区系研究》，《北方文物》1991年第4期。
吉林省文物考古研究所：《吉林东丰西断梁山新石器时代遗址发掘》，《考古》1991年第4期。
吉林省文物考古研究所：《吉林九台市石砬山、关马山西团山文化墓地》，《考古》1991年第4期。
刘红宇、安文荣：《长春市石碑岭金代墓地发掘简报》，《考古》1991年第4期。
孙元吉、樊万象：《渤海故都上京龙泉府发现金佛》，《北方文物》1991年第4期。
张雪岩：《吉林集安东大坡高句丽墓葬发掘简报》，《考古》1991年第7期。

郑新城：《吉林扶余发现两座明墓》，《考古》1991年第10期。
何明：《集安市区高句丽国内城马面基址》，《中国考古学年鉴1991》，文物出版社，1992年。
刘景文：《吉林市帽儿山古墓群》，《中国考古学年鉴1991》，文物出版社，1992年。
庞志国：《大安市铁西村辽代墓群》，《中国考古学年鉴1991》，文物出版社，1992年。
张英、任万举、罗显清：《吉林出土古代官印》，文物出版社，1992年。
张志立、王洪峰：《磐石县汶水后山石棺墓清理简报》，《西团山考古报告集》第二辑，吉林市博物馆，1992年。
王健群：《集安高句丽好太王碑》，《中国文物报》1992年3月8日第4版。
王会庵：《漫话〈好太王碑〉》，《中国文物报》1992年4月12日第4版。
董学增：《吉林张广才岭上的前进古城考》，《北方文物》1992年第1期。
吉林省文物考古研究所：《吉林珲春新兴洞墓地发掘报告》，《北方文物》1992年第1期。
康广敏：《辽帝"春捺钵"址刍见》，《博物馆研究》1992年第1期。
唐洪源：《吉林东辽公路沿线文物调查简报》，《博物馆研究》1992年第1期。
王景义：《略论金代肇州》，《北方文物》1992年第1期。
张英：《出河店与鸭子河北》，《北方文物》1992年第1期。
张雪岩：《集安高句丽时期的采石场》，《博物馆研究》1992年第1期。
郑新城：《扶余明墓清理简报》，《博物馆研究》1992年第1期。
郭珉、李景冰：《吉林省乾安县新石器时代遗址调查》，《北方文物》1992年第2期。
李殿福：《渤海考古学的主要收获》，《博物馆研究》1992年第2期。
李殿福：《高句丽考古的回顾与展望》，《辽海文物学刊》1992年第2期。
唐音：《吉林省永吉县辽金遗址述略》，《北方文物》1992年第2期。
郭珉：《"大金得胜陀颂碑"正、背面的初步研究》，《博物馆研究》1992年第3期。
金太顺：《渤海考古新收获》，《北方文物》1992年第3期。
郎伯君、伊世海：《图们江流域女真人满族人墓葬、葬具及其演变》，《博物馆研究》1992年第3期。
耿铁华：《好太王碑"辛卯年"句考释》，《考古与文物》1992年第4期。
董学增：《西团山文化居址研究》，《考古》1992年第5期。
应方德：《洞沟古墓群》，《方志研究》1992年第5期。
吉林汪延公路考古队：《吉林省延吉市新光遗址发掘简报》，《考古》1992年第7期。
吉林省文物考古研究所、白城地区博物馆、长岭县文化局：《吉林长岭县腰井子新石器时代遗址》，《考古》1992年第8期。
金旭东：《试论西断梁山新石器时代遗存》，《考古》1992年第9期。
林秀贞：《评介〈吉林出土铜镜〉》，《考古》1992年第9期。

陈雍：《左家山新石器时代遗存分析》，《考古》1992年第11期。
陈雍：《西团山文化陶器的类型学与年代学研究》，《青果集——吉林大学考古专业成立二十周年考古论文集》，知识出版社，1993年。
董学增：《西团山文化研究》，吉林文史出版社，1993年。
国家文物局主编：《中国文物地图集（吉林分册）》，中国地图出版社，1993年。
金旭东：《西团山文化辨析》，《青果集——吉林大学考古专业成立二十周年考古论文集》，知识出版社，1993年。
刘晓东：《金代土坑石椁墓及相关问题》，《青果集——吉林大学考古专业成立二十周年考古论文集》，知识出版社，1993年。
姜鹏：《吉林省旧石器时代考古概说》，《东北亚历史与考古信息》1993年1、2期合刊。
孙树林：《镇赉发现金代窖藏》，《中国文物报》1993年10月17日第1版。
白城地区博物馆、文管所、镇赉县文化局、文管所：《吉林省镇赉县坦途北岗子青铜时代墓葬清理报告》，《博物馆研究》1993年1期。
陈相伟：《试论金代石椁墓》，《博物馆研究》1993年第1期。
李澍田、张云樵：《明末海西女真叶赫部的卫属、都城及世系的考订》，《北方文物》1993年第1期。
唐洪源：《东辽渭津发现金代遗物》，《博物馆研究》1993年第1期。
延边博物馆、珲春市博物馆：《珲春东岗子五组西甸子元明时代的文化遗存》，《博物馆研究》1993年第1期。
延边朝鲜族自治州文物管理委员会、延边朝鲜族自治州博物馆：《吉林省和龙龙湖渤海墓葬》，《博物馆研究》1993年1期。
张云樵：《明扈伦四部之一的叶赫部早期居城之所在》，《东北师大学报（哲学社会科学版）》1993年第1期。
程新民、陈全家：《长春郊区红嘴子发现哺乳动物化石和旧石器》，《长春地质学院学报》1993年第2期。
耿铁华：《高句丽兵器初论》，《辽海文物学刊》1993年第2期。
侯莉闽：《延边图们市红光乡碧水发现金代窖藏》，《博物馆研究》1993年第2期。
吉林市博物馆：《吉林省蛟河市七道河村渤海建筑遗址清理简报》，《考古》1993年第2期。
金旭东：《试论邢家店类型及其相关问题》，《博物馆研究》1993年第2期。
庞志国：《对大安市铁西辽墓的发掘》，《博物馆研究》1993年第2期。
乔梁：《吉长地区西团山文化之后的几种古代遗存》，《辽海文物学刊》1993年第2期。
乔梁：《松嫩平原陶鬲研究》，《北方文物》1993年第2期。

孙维新：《农安辽塔与万金塔塔基地宫》，《方志研究》1993年第2期。
唐洪峰：《辽源地区发现两处青铜时代石棺墓》，《北方文物》1993年第2期。
王文兴：《吉林抚松发现旧石器时代文化遗址》，《人类学学报》1993年第2期。
王侠：《集安高句丽封土石室墓与日本须增虾夷穴古墓》，《博物馆研究》1993年第2期。
王培真、徐建新：《好太王碑原石拓本的新发现及其研究》，《世界历史》1993年第2期。
迟勇：《辉南县原始文化遗址调查》，《博物馆研究》1993年第3期。
董学增、董朝权：《辽阳等处打捕鹰房红花总管府印》，《文物》1993年第3期。
耿铁华：《集安五盔坟五号墓藻井壁画新解》，《北方文物》1993年第3期。
吉林省文物考古研究所、吉林市博物馆：《吉林市猴石山遗址第二次发掘》，《考古学报》1993年第3期。
朴龙渊：《汪清西崴子遗址调查》，《博物馆研究》1993年第3期。
王国学、郑新城：《吉林扶余出土明清民窑青花瓷器琐谈》，《博物馆研究》1993年第3期。
孙秀仁：《渤海国二十四块石之谜解析》，《北方文物》1993年第4期。
王健群：《好太王碑的发现和捶拓》，《社会科学战线》1993年第4期。
杨立新：《叶赫古城考略》，《北方文物》1993年第4期。
刘安平：《德惠境内辽金时代古城初探》，《长春文物》1993年第5期。
刘建宁：《城发乡新义村出土金代玉壶春瓶》，《长春文物》1993年第5期。
刘红宇：《从考古资料看明代长春的社会经济生活》，《长春文物》1993年第5期。
肖莉娜：《何家坟墓地调查》，《长春文物》1993年第5期。
杨波：《双阳县辽金时代考古概述》，《长春文物》1993年第5期。
吉林省文物考古研究所、辽源市文管会办公室：《吉林省辽源市高古村石棺墓发掘简报》，《考古》1993年第6期。
王万里：《塔在佛教中的意义及辽代佛教的产物——农安辽塔》，《长春文物》1993年第6期。
安文荣：《长春市金墓初探》，《长春文物》1993年第7期。
吉林省文物考古研究所：《吉林德惠县北岭墓地调查与发掘》，《考古》1993年第7期。
李景冰：《吉林省镇赉县出土东夏官印》，《考古》1993年第7期。
李明生：《浅谈石羊石虎山墓地石雕》，《长春文物》1993年第7期。
庞志国：《从南阳堡村落址发掘看金代长春市的经济发展》，《长春文物》1993年第7期。
邢春光：《黄龙府与农安塔的来历》，《长春文物》1993年第7期。

吉林省图珲铁路考古发掘队：《吉林珲春市迎花南山遗址、墓葬发掘》，《考古》1993年第8期。
李殿福：《高句骊金铜、石雕佛造像及中原郡碑——兼谈高句骊易名高丽之始》，《考古》1993年第8期。
庞志国、刘红宇、张志立、郭学富、何明：《吉林省德惠县后城子金代古城发掘》，《考古》1993年第8期。
徐建新：《高句丽好太王碑研究史概述》，《世界史研究动态》1993年第10期。
洪峰：《吉林市郊区帽儿山汉代墓地》，《中国考古学年鉴1993》，文物出版社，1994年。
魏存成：《高句丽考古》，吉林大学出版社，1994年。
耿铁华：《好太王碑新考》，吉林人民出版社，1994年。
王禹浪、王宏北：《高句丽渤海古城址研究汇编》，哈尔滨出版社，1994年。
李殿福：《东北考古研究（二）》，中州古籍出版社，1994年。
白弘基：《东北亚平底土器的研究》，学研文化社，1994年。
孙秉根：《渤海墓葬的类型与分期》，《汉唐与边疆考古研究》第1辑，科学出版社，1994年。
郑新城：《扶余出土辽金时期陶壶》，《中国文物报》1994年3月13日第1版。
迟勇：《集安封土墓的保护与管理》，《博物馆研究》1994年第1期。
陈全家：《吉林桦甸寿山仙人洞旧石器遗址试掘报告》，《人类学学报》1994年第1期。
段新树：《叶赫城寨考证》，《博物馆研究》1994年第1期。
郭珉、赵长春：《闹宝古城址调查》，《博物馆研究》1994年第1期。
李陈奇、殷德明、杨志军：《松嫩平原青铜与雏形早期铁器时代文化类型的研究》，《北方文物》1994年第1期。
孙仁杰：《谈高句丽积石墓的保护管理》，《博物馆研究》1994年第1期。
王侠：《高句丽抹角叠涩墓初论》，《北方文物》1994年第1期。
王青、张瑞：《吉林省文物考古研究所收藏的二批铜钱》，《博物馆研究》1994年第1期。
魏存成：《再谈高句丽积石墓的类型和演变》，《博物馆研究》1994年第1期。
延边博物馆、和龙县文物管理所：《吉林省和龙县北大渤海墓葬》，《文物》1994年第1期。
赵殿坤：《偏脸城内发现金代陶窑》，《博物馆研究》1994年第1期。
张淑华：《榆树出土金代铜镜》，《博物馆研究》1994年第1期。
刘长江：《略论地理环境对高句丽文化的影响》，《辽海文物学刊》1994年第2期。
梁振晶：《高句丽千里长城考》，《辽海文物学刊》1994年第2期。

梁志龙：《哥勿考辨》，《辽海文物学刊》1994年第2期。
孙进己：《渤海民族的形成发展过程》，《北方文物》1994年第2期。
王绵厚：《鸭绿江右岸高句丽山城研究》，《辽海文物学刊》1994年第2期。
张英：《从“至正年制”彩瓷碗的发现谈“大明年造（制）”款瓷器的年代》，《文物》1994年第2期。
侯莉闽：《吉林延边新龙青铜墓葬及对该遗存的认识》，《北方文物》1994年第3期。
金旭东、何明：《1990年吉林省通化县南部考古调查试掘的主要收获》，《北方文物》1994年第3期。
辽源市文物管理所：《吉林辽源市龙首山城内考古调查》，《考古》1994年第3期。
刘斌祥：《浅谈烟筒砬子渤海建筑址出土物的性质和年代》，《北方文物》1994年第3期。
郎伯君：《珲春辽金时期女真部族活动城址考》，《博物馆研究》1994年第3期。
孙仁杰：《集安洞沟古墓群三座古墓葬清理》，《博物馆研究》1994年第3期。
侯莉闽、李强：《渤海初期通往日本陆路部分的研讨》，《北方文物》1994年第4期。
绪方泉著，姚义田译：《试论集安高句丽墓的分期》，《博物馆研究》1994年第4期。
图珲铁路考古发掘队：《吉林珲春市河西北山墓地发掘》，《考古》1994年第5期。
何明：《吉林前郭青山头发现一座古墓》，《考古》1994年第6期。
吉林省文物考古研究所：《吉林东丰、海龙县考古调查与试掘简报》，《考古》1994年第6期。
王健群：《高句丽好太王碑》，《文史知识》1994年6期。
曹淦源：《“至正年制”款彩瓷碗与嘉靖红绿彩瓷》，《文物》1994年第8期。
张英：《吉林扶余岱吉屯元墓出土瓷器》，《文物》1994年第9期。
庞志国、何明：《扶余市土城子明代墓地》，《中国考古学年鉴1993》，文物出版社，1995年。
宋玉彬：《双辽县那木斯金代遗址》，《中国考古学年鉴1993》，文物出版社，1995年。
杨美莉：《试论新石器时代北方系统的环形玉器》，《中国北方古代文化国际学术研讨会论文集》，中国文史出版社，1995年。
方起东：《好太王碑释文一得》，《博物馆研究》1995年第1期。
刘晓东、孙秀仁：《渤海货币研究二题—“新史料”辨伪与“自铸币”考实》，《北方文物》1995年第1期。
刘雪山：《镇赉金代窖藏文物》，《博物馆研究》1995年第1期。
东潮著，姚义田译：《高句丽文物编年》，《辽海文物学刊》1995年第2期。
侯莉闽、朴润武：《吉林省图们石砚原始社会墓地的调查清理》，《博物馆研究》1995年第2期。

吉林省文物考古研究所：《东辽河上游考古调查发掘简报》，《辽海文物学刊》1995年第2期。
李健才：《吉林市龙潭山山城考》，《博物馆研究》1995年第2期。
王桂珠：《谈谈有关渤海货币的几个问题》，《博物馆研究》1995年第2期。
赵德祥：《鸿胪井石刻辨析》，《北方民族》1995年第2期。
董峰：《东北地区高句丽山城的分类及年代》，《博物馆研究》1995年第3期。
呼国柱：《延边博物馆馆藏东夏国官印考略》，《博物馆研究》1995年第3期。
刘滨祥、郭仁：《渤海瓦当的分类与分期研究》，《北方文物》1995年第3期。
王春荣、呼国柱、李正凤：《吉林省图们市凉水果园渤海墓葬清理简报》，《博物馆研究》1995年第3期。
赵东艳：《试论集安高句丽壁画墓的分期》，《北方文物》1995年第3期。
陈相伟：《吉林省辽金考古综述》，《北方文物》1995年第4期。
李铧：《也谈岱吉屯墓出土"至正年制"碗的年代》，《文物》1995年第4期。
刘景文、王青、赵殿坤、李矛利：《吉林双辽电厂贮灰场辽金遗址发掘简报》，《考古》1995年第4期。
张英、唐小轩、孙忠国、郑新成：《扶余市石桥欢迎砖场元墓清理简报》，《文物》1995年第4期。
孙福海、靳维勤：《石棚考略》，《考古》1995年第7期。
吉林省文物考古研究所、长白县文物管理所：《吉林长白县民主遗址的调查与清理》，《考古》1995年第8期。
李红军：《渤海遗址和墓葬出土的三彩器研究》，《文物研究》1995年第10期。
王仁富：《现藏日本皇宫的唐鸿胪井刻石探讨》，《文物》1995年第11期。
陈全家：《吉林市地区首次发现的旧石器》，《东北亚旧石器文化》，白山文化出版社，1996年。
何贤武等：《东北亚地区旧石器文化比较研究》，《东北亚旧石器文化》，白山文化出版社，1996年。
金旭东：《第二松花江流域新石器时代遗存研究》，《中国考古学会第八次年会论文集1991》，文物出版社，1996年。
姜鹏：《吉林抚松仙人洞旧石器时代遗址》，《东北亚旧石器文化》，白山文化出版社，1996年。
杨雨舒：《渤海及东丹史研究论著资料索引》，《北方文物》1996年第1期。
李健才：《关于金代泰州、肇州地理位置的再探讨》，《北方文物》1996年第1期。
武宝忠、李向文：《吉林公主岭市新发现辽金窖藏文物》，《博物馆研究》1996年第1期。
Н · Г · 阿尔德米耶娃等著，宋玉彬译：《渤海时代滨海地区居民的物质文化》，

《历史与考古信息》1996年第1期。
郭珉：《完颜希尹碑立石年代考》，《博物馆研究》1996年第1期。
金惠淑著，常白衫译：《高句丽壁画墓中狩猎图的类型》，《历史与考古信息》1996年第1期。
蔡熙国著，李云铎译：《高句丽城郭研究》，《历史与考古信息》1996年第2期。
方起东：《高句丽墓葬研究中的几个问题》，《辽海文物学刊》1996年第2期。
郭珉：《辽长春州建置于何时》，《北方文物》1996年第2期。
吉林市博物馆：《吉林市长蛇山出土一件青铜短剑》，《考古》1996年第2期。
刘晓东：《渤海墓葬的类型与演变》，《北方文物》1996年第2期。
孙寿浩著，郑仙华译：《高句丽墓壁画中出行图的类型和演变》，《历史与考古信息》1996年第2期。
王青：《吉林省西部地区辽金时期的沙漠考古——科尔沁沙地沙漠考古之二》，《北方文物》1996年第2期。
张英：《东夏官印集释补遗》，《博物馆研究》1996年第2期。
刘勇：《吉林梨树胡家屯辽代壁画墓》，《博物馆研究》1996年第3期。
庞志国：《从考古学上看吉林省境内出土的宋代铜钱》，《博物馆研究》1996年第3期。
姚震威：《吉林敦化市出土金代窖藏瓷器》，《博物馆研究》1996年第3期。
镇赉县文物管理所:《吉林镇赉县马场北山遗址调查》，《考古》1996年第3期。
傅郎云：《〈好太王碑〉所载相关问题的思考》，《社会科学战线》1996年第4期。
郭大顺：《玉器的起源与渔猎文化》，《北方文物》1996年第4期。
郭珉：《鸭子河诸说之评述》，《北方文物》1996年第4期。
王纯信：《高句丽民族艺术遗存中的生殖崇拜》，《社会科学战线》1996年第4期。
王承礼、王巍：《从朝贡外交看渤海和日本的关系——以国书体例和聘使往还年限之争为中心》，《北方文物》1996年第4期。
〔日〕小岛芳孝著，许永杰译：《渤海人的肖像》，《北方文物》1996年第4期。
张英、孙忠国、郑新成：《吉林扶余岱吉屯元墓第二次清理简报》，《文物》1996年第11期。
季崇建：《〈好太王碑〉的发现及其书体归属之争——中国文物之谜·古碑篇》，《中国文物世界》1996年第131期。
范犁：《高句丽古墓的几个问题》，《高句丽历史与文化研究》，吉林文史出版社，1997年。
耿铁华：《高句丽冉牟墓研究》，《高句丽历史与文化研究》，吉林文史出版社，1997年。
何明：《抚松县新安古城址》，《中国考古学年鉴1995》，文物出版社，1997年。

金旭东：《珲春市英义城金代遗址》，《中国考古学年鉴1994》，文物出版社，1997年。
刘景文：《双辽电厂贮灰场辽金时期遗址》，《中国考古学年鉴1994》，文物出版社，1997年。
庞志国：《长春市郊南阳堡金代村落址》，《中国考古学年鉴1995》，文物出版社，1997年。
孙仁杰：《论高句丽石室墓的起源》，《高句丽历史与文化研究》，吉林文史出版社，1997年。
孙进己、冯永谦、苏天钧：《中国考古集成：东北卷》，北京出版社，1997年。
沙弗库诺夫等著，宋玉彬译：《渤海国及其俄罗斯远东部落》，东北师范大学出版社，1997年。
宋玉彬、黎久有：《梨树县龙王屯柳条边遗迹》，《中国考古学年鉴1995》，文物出版社，1997年。
宋玉彬：《前郭县塔虎城辽金时期城址》，《中国考古学年鉴1995》，文物出版社，1997年。
宋玉彬：《四平市河夹信子辽金时代遗址》，《中国考古学年鉴1995》，文物出版社，1997年。
宋玉彬、李矛利：《公主岭市徐家屯辽金遗址》，《中国考古学年鉴1995》，文物出版社，1997年。
王洪峰：《吉林市帽儿山夫余遗址》，《中国考古学年鉴1994》，文物出版社，1997年。
王青：《公主岭市赵油坊青铜和辽金时代文化遗址》，《中国考古学年鉴1995》，文物出版社，1997年。
杨育：《谈高句丽壁画中的舞蹈》，《高句丽历史与文化研究》，吉林文史出版社，1997年。
尹国有：《高句丽墓室壁画中的鸟图腾》，《高句丽历史与文化研究》，吉林文史出版社，1997年。
中国社会科学院考古研究所：《六顶山与渤海镇：唐代渤海国的贵族墓地与都城遗址》，中国大百科全书出版社，1997年。
赵福香：《将军坟是高句丽长寿王陵》，《高句丽历史与文化研究》，吉林文史出版社，1997年。
马秋华：《渤海国贞孝公主墓壁画》，《中国文物报》1997年1月12日4版。
王培新：《唐代渤海国的农牧业》，《农业考古》1997年第1期。
尹国有：《高句丽墓室壁画中的鸟图腾》，《北方民族》1997年第1期。
赵殿坤：《金代达摩渡江故事镜》，《博物馆研究》1997年第1期。
冯恩学：《我国东北与贝加尔湖周围地区新石器时代文化交流的三个问题》，《辽海文物学刊》1997年第2期。

郭珉：《吉林大安后宝石墓地调查》，《考古》1997年第2期。
郭珉：《辽长春州到底建置于何时》，《博物馆研究》1997年第2期。
金太顺：《渤海墓葬研究中的几个问题》，《考古》1997年第2期。
吉林省文物考古研究所：《吉林浑江永安遗址发掘报告》，《考古学报》1997年第2期。
辽源市文物管理所：《吉林辽源市龙首山遗址的调查》，《考古》1997年第2期。
王绵厚：《高句丽的城邑制度与都城》，《辽海文物学刊》1997年第2期。
赵殿坤：《金代“咸平府梅（？）黑千户”边款双龙镜》，《博物馆研究》1997年第2期。
郑基焕：《集安高句丽墓壁画中的神画艺术》，《美术研究》1997年第2期。
董学增、任万平：《吉林永吉县出土“宣徽院印”考》，《博物馆研究》1997年第3期。
李东：《从吉林境内的金代窖藏铜钱谈当时的货币经济》，《北方文物》1997年第3期。
刘素云：《黄龙府的变迁》，《博物馆研究》1997年第3期。
马德谦：《阿什哈达摩崖疑文考释》，《博物馆研究》1997年第3期。
王纯信：《高句丽服饰源流考》，《北方民族》1997年第3期。
徐贵通：《高句丽寺庙述略》，《博物馆研究》1997年第3期。
赵书勤：《集安发现一处高句丽时期的小手工业作坊遗址》，《博物馆研究》1997年第3期。
欧阳世彬：《从景德镇官窑的书款制度看岱吉屯“至正年制”款彩瓷碗的年代及其他》，《文物》1997年第5期。
葛师科：《也谈巴思八文款青花瓷器的年代》，《文物》1997年第6期。
陈星灿：《中国史前的玉（石）玦初探》，《东亚玉器·Ⅰ》，香港中文大学中国考古艺术研究中心编印，1998年。
林沄：《西岔沟型铜柄铁剑与老河深、彩岚墓地的族属》，《林沄学术文集》，中国大百科全书出版社，1998年。
李学来：《白金宝文化研究》，《青果集——吉林大学考古系建系十周年纪念文集》，知识出版社，1998年。
孙守道：《中国史前东北玉文化试论》，《东亚玉器·Ⅰ》，香港中文大学中国考古艺术研究中心编印，1998年。
魏存成：《集安高句丽大型积石墓王陵》，《青果集——吉林大学考古系建系十周年纪念文集》，知识出版社，1998年。
徐光辉：《高句丽积石墓研究》，《青果集——吉林大学考古系建系十周年纪念文集》，知识出版社，1998年。

赵宾福：《吉林省出土的史前玉器及相关问题》，《东亚玉器 · Ⅰ》，香港中文大学中国考古艺术研究中心编印，1998年。
张博泉、魏存成：《东北古代民族 · 考古与疆域》，吉林大学出版社，1998年。
刘雪山：《镇赉发现八思巴文铜印》，《中国文物报》1998年5月24日第1版。
徐国君、李秋虹：《磐石出土一批唐宋古钱币》，《中国文物报》1998年7月15日第1版。
王洲雁、周荣顺：《高句丽铁质文物的保护》，《中国文物报》1998年11月25日2版。
郭珉、王兆利：《关于“泰州主簿记”——款识铜镜年代的商榷》，《博物馆研究》1998年第1期。
吉林省文物考古研究所、延边朝鲜族自治州博物馆、和龙县文物保管所：《吉林省和龙县兴城遗址发掘简报》，《北方文物》1998年第1期。
刘萱堂：《集安高句丽壁画墓的研究概述》，《北方文物》1998年第1期。
李健才：《关于辽代长春州置于何时问题的商讨》，《博物馆研究》1998年第1期。
朴晋煜著，尚求实译：《高句丽壁画墓类型演变和编年的研究》，《历史与考古信息 · 东北亚》1998年第1期。
全虎兑著，金龙泽译：《高句丽古坟壁画研究史》，《历史与考古信息 · 东北亚》1998年第1期。
宋基豪著，常白衫译：《渤海的初期都城及其迁都过程》，《历史与考古信息 · 东北亚》1998年第1期。
魏存成：《第二松花江中游地区的靺鞨、渤海墓葬》，《北方文物》1998年第1期。
尹国有：《高句丽四神墓壁画“怪异兽面”新解》，《通化师院学报（社科版）》1998年第1期。
尹国有：《高句丽壁画中的汤谷扶桑图》，《北方民族》1998年第1期。
朱永刚：《松嫩平原先白金宝文化遗存的发现与研究》，《北方文物》1998年第1期。
张碧波：《高句丽文化渊源考》，《北方文物》1998年第1期。
陈桂英、呼国柱：《延边博物馆收藏金代铜镜略考》，《博物馆研究》1998年第2期。
耿铁华：《集安市新出土的几件高句丽文物》，《博物馆研究》1998年第2期。
李成：《从“至正年制”款彩瓷碗的出土看扶余地区近年发现古代墓葬的断代问题》，《博物馆研究》1998年第2期。
林至德：《集安高句丽壁画墓的演进及分期》，《历史与考古信息 · 东北亚》1998年第2期。
林直树著，颜雨泽译：《中国东北地区的高句丽山城——以基础材料的再研讨为中心》，《历史与考古信息 · 东北亚》1998年第2期。
南秀雄著，姚义田译：《高句丽古坟壁画的图像构成——以天井壁画为中心》，《历史与考古信息 · 东北亚》1998年第2期。

那海洲、胡龙滨：《塔虎城为金肇州旧址考》，《北方文物》1998年第2期。
深津行德著，项小康译：《对见诸高句丽古坟壁画之宗教及思想研究》，《历史与考古信息·东北亚》1998年第2期。
松原市博物馆：《吉林省松原市后土木墓葬清理简报》，《北方文物》1998年第2期。
朱永刚：《东北青铜文化的发展阶段与文化区系》，《考古学报》1998年第2期。
赵殿坤：《梨树偏脸城近年出土的佛教铜造像》，《博物馆研究》1998年第2期。
朱永刚：《肇源白金宝遗址第三次发掘与松嫩平原汉代以前古文化遗存的年代序列》，《吉林大学社会科学学报》1998年第2期。
吉林省文物考古研究所：《长春市郊南阳堡金代村落址发掘》，《北方文物》1998年第4期。
林世贤：《吉林省集安洞沟古墓群七星山墓区两座古墓的考察》，《北方文物》1998年第4期。
李殿福：《高句丽山城研究》，《北方文物》1998年第4期。
董学增：《高句丽王国的北疆要塞——吉林市龙潭山高句丽山城》，《文物天地》1998年第5期。
吉林省博物馆：《吉林镇赉县聚宝山新石器时代遗址》，《考古》1998年第6期。
张英：《对〈也谈八思巴文款青花瓷器的年代〉一文的商榷》，《文物》1998年第10期。
朴真奭著，李东源译：《高句丽好太王碑研究》，延边大学出版社，1999年。
王永强、史卫民、谢建猷：《中国少数民族文化史图典》，广西教育出版社，1999年。
韩仁浩著，孤鸣鹤译：《关于从高句丽古坟壁画所见高句丽建筑的研究》，《历史与考古信息·东北亚》1999年第1期。
金一权著，何古来译：《高句丽古坟壁画天文观念体系之研究》，《历史与考古信息·东北亚》1999年第1期。
李陈奇：《靺鞨——渤海考古学的新进展》，《北方文物》1999年第1期。
全虎兑著，常白杉译：《高句丽生活风俗系统古墓壁画表现的继世性来世观》，《历史与考古信息·东北亚》1999年第1期。
唐洪源：《吉林省东丰县狼洞山石棺墓调查与清理》，《北方文物》1999年第1期。
王纯信：《高句丽石刻画像与母神崇拜》，《北方民族》1999年第1期。
东潮著，常白水译：《高句丽壁画坟石室结构研究》，《历史与考古信息·东北亚》1999年第2期。
朴晋煜著，文无尘译：《关于三到七世纪的高句丽壁画墓》，《历史与考古信息·东北亚》1999年第2期。
孙永钟著，孤鸣鹤译：《高句丽壁画坟的墨书铭和被葬者》，《历史与考古信息·东北亚》1999年第2期。

李成、黄岚：《北元遗物及其相关问题的初步探讨与研究》，《北方文物》1999年第3期。
姚玉成：《“渤海咸和四年铭佛龛”质疑》，《北方文物》1999年第3期。
林沄：《夫余史地再探讨》，《北方文物》1999年第4期。
刘晓东：《日本古代都城形制渊源考察——兼谈唐渤海国都城形制渊源》，《北方文物》1999年第4期。
乔梁：《高句丽陶器的编年与分期》，《北方文物》1999年第4期。
松原市扶余博物馆：《吉林松原市后土木村发现古代墓葬》，《考古》1999年第4期。
吉林省文物考古研究所：《吉林汪清县红云渤海建筑遗址的发掘》，《考古》1999年第6期。
黄翠梅：《中国新石器时代玉器文化谱系初探（提要）》，《古代文明研究通讯》总第7期，北京大学古代文明研究中心编，2000年。
刘景文：《吉林市帽儿山墓地南山墓群》，《中国考古学年鉴1998》，文物出版社，2000年。
宋玉彬：《图们市下嘎团结文化遗址》，《中国考古学年鉴1998》，文物出版社，2000年。
张忠培：《20世纪后半期中国新石器时代考古学的历程》，《中国考古学跨世纪的回顾与前瞻——1999年西陵国际学术研讨会文集》，科学出版社，2000年。
张碧波、王绵厚、王禹浪：《东北古族古国古文化研究》，黑龙江教育出版社，2000年。
金旭东、安文荣、杨立新：《探寻高句丽早期遗存及起源——吉林通化万发拨子遗址发掘获重要收获》，《中国文物报》2000年3月19日第1版。
滨田耕策著，姚义田译：《高句丽广开土王陵比定论的再探讨》，《历史与考古信息·东北亚》2001年第1期。
陈永祥：《蛟河法河沿石棺墓清理简报》，《博物馆研究》2000年第1期。
董峰：《集安高句丽壁画墓中的四神图》，《博物馆研究》2001年第1期。
东潮著，李公羽译：《高句丽积石冢的形成与发展——前期中期墓制》，《历史与考古信息·东北亚》2000年第1期。
东潮著，顾铭学译：《高句丽石室坟的形成与发展——后期墓制》，《历史与考古信息·东北亚》2001年第1期。
高远大：《维修中发现的两座高句丽积石石室壁画墓》，《博物馆研究》2000年第1期。
郭珉：《〈商讨〉辩—答李健才先生》，《博物馆研究》2000年第1期。
刘雪山：《吉林镇赉县出土金代窖藏文物》，《考古》2000年第1期。
柳岚：《高句丽古城研究》，《博物馆研究》2000年第1期。
李东、翟旭华：《近年来吉林省基建考古综述》，《博物馆研究》2000年第1期。

田中俊明著，顾铭学译：《高句丽的山城》，《历史与考古信息·东北亚》2001年第1期。
田中俊明著，慕容棘译：《高句丽的中期王都》，《历史与考古信息·东北亚》2000年第1期。
魏存成：《近年来我国高句丽考古的主要发现与研究》，《东北亚论坛》2001年第1期。
王鹏勇：《高句丽之钉履》，《博物馆研究》2000年第1期。
熊谷公男著，王禹浪译：《日本与渤海的交流史及近年来日本方面的研究状况》，《北方文物》2000年第1期。
余昊奎著，李慧竹译：《三世纪后期——四世纪前期高句丽的交通道与地方统治组织——以南道和北道为中心》，《历史与考古消息·东北亚》2000年第1期。
郭珉：《壶、灯析辨》，《博物馆研究》2000年第2期。
吉林省文物考古研究所：《抚松新安渤海古城的调查与发掘》，《博物馆研究》2000年第2期。
田中俊明著，钱地译：《高句丽的寺院》，《历史与考古信息·东北亚》2000年第2期。
张殿甲：《鸭绿江中上游高句丽、渤海遗址调查综述》，《北方文物》2000年第2期。
高远大：《集安出土的人形车辖》，《博物馆研究》2000年第3期。
刘景文、何明：《吉林德惠市城岗子金代古城发掘简报》，《北方文物》2000年第3期。
宋美萱：《吉林镇赉后少力古城址断代工程研究取得重大进展》，《博物馆研究》2000年第3期。
杨俊贤、戴立君：《城四家子——千年古城》，《博物馆研究》2000年第3期。
赵永军：《渤海中小城址的初步考察》，《北方文物》2000年第3期。
赵殿坤：《金代扑满浅议》，《博物馆研究》2000年第3期。
吉林省文物考古研究所、延边朝鲜族自治州博物馆：《和龙兴城——新石器及青铜时代遗址发掘报告》，文物出版社，2001年。
刘景文：《德惠市城岗子金代城址》，《中国考古学年鉴1999》，文物出版社，2001年。
宋玉彬：《德惠市榄头窝堡金代遗址》，《中国考古学年鉴1999》，文物出版社，2001年。
朱国忱：《渤海考古的世纪回顾》，《中国文物报》2001年4月18日第7版。
郭珉：《塔虎城为辽代长春州、金代新泰州故址考》，《博物馆研究》2001年第1期。
刘安平：《德惠榄头窝堡遗址发掘主要收获》，《博物馆研究》2001年第1期。
杨俊贤：《城四家子城址考证》，《博物馆研究》2001年第1期。

陈全家：《吉林镇赉丹岱大坎子发现的旧石器》，《北方文物》2001年第2期。
陈永祥：《蛟河新站辽代界壕考察》，《博物馆研究》2001年第2期。
耿铁华：《高句丽釉陶器的类型与分期》，《考古与文物》2001年第3期。
温玉成：《集安长川一号高句丽墓佛教壁画研究》，《北方文物》2001年第2期。
何明、王青：《吉林公主岭市赵油坊遗址发掘简报》，《北方文物》2001年第3期。
柳岚：《辽金古城研究——以吉林地区为中心》，《博物馆研究》2001年第3期。
李殿福：《高句丽古墓壁画反映高句丽社会生活习俗的研究》，《北方文物》2001年第3期。
庞志国：《吉林市郊红旗果树场遗址发掘简报》，《北方文物》2001年第3期。
陈永祥：《蛟河前进山城调查》，《博物馆研究》2001年第4期。
胡秀杰、刘晓东：《渤海陶器类型传承渊源的初步探索》，《北方文物》2001年第4期。
田颖文：《通榆县辽代遗址新发现》，《博物馆研究》2001年第4期。
王可宾：《金祝寿人物故事镜考释》，《北方文物》2001年第4期。
魏存成：《渤海遗迹的发现与研究》，《社会科学战线》2001年第6期。
唐洪源：《吉林东辽县发现辽金文物》，《考古》2001年第10期。
郭大顺：《东北文化区的提出及意义》，《边疆考古研究》第1辑，科学出版社，2002年。
傅佳欣：《临江市宝山——六道沟古铜矿遗址群》，《中国考古学年鉴2001》，文物出版社，2002年。
吉林省文物考古研究所、集安市博物馆：《洞沟古墓群：1997年调查测绘报告》，科学出版社，2002年。
李光日、宋玉彬、刘景文：《集安市国内城城址》，《中国考古学年鉴2001》，文物出版社，2002年。
刘景文、王洪峰：《前郭县塔虎城辽金城址》，《中国考古学年鉴2001》，文物出版社，2002年。
宋玉彬、李强、朴润武、刘载学：《和龙市西古城渤海城址》，《中国考古学年鉴2001》，文物出版社，2002年。
王绵厚：《高句丽古城研究》，文物出版社，2002年。
魏存成：《高句丽遗迹》，文物出版社，2002年。
赵宾福：《松嫩平原早期青铜文化的发现与认识》，《边疆考古研究》第1辑，科学出版社，2002年。
朱国忱、朱威：《渤海考古》，文物出版社，2002年。
刘晓东：《“车书本一家”的考古学诠释—论渤海文化与中原唐文化的趋同性》，《北方文物》2002年第1期。

侯莉闽、李强：《渤海珍陵新探》，《北方文物》2002年第2期。
吉林省文物考古研究所、集安市文物保管所：《集安麻线安子沟高句丽墓葬调查与清理》，《北方文物》2002年第2期。
门田诚一著，姚义田译：《高句丽王陵中的广开土王碑的相对位置——对“墓上立碑”的再思考》，《历史考古信息·东北亚》2002年第2期。
温秀荣：《高句丽山城的排水系统》，《博物馆研究》2002年第2期。
西川宏著，朴世香译：《中国高句丽考古学的发展与课题》，《历史考古信息·东北亚》2002年第2期。
郑秀山：《辽代“鸭子河泊”考》，《博物馆研究》2002年第2期。
张小兰：《吉林扶余岱吉屯和石桥欢迎砖场出土“福”字款等瓷器及相关问题研究》，《北方文物》2002年第2期。
方起东、刘萱堂：《集安下解放第31号高句丽壁画墓》，《北方文物》2002年第3期。
李健才：《渤海初期都城考》，《北方文物》2002年第3期。
尹铉哲：《吉林省汪清县兴隆村的二十四块石遗址》，《北方文物》2002年第3期。
郭珉、董玉芬：《从出土文物看城四家子古城的州治》，《博物馆研究》2002年第4期。
宋玉彬：《图们江流域青铜时代的几个问题》，《北方文物》2002年第4期。
孙仁杰：《高句丽石室墓起源的再探讨—对李南奭博士关于对〈论高句丽石室墓起源〉文稿提出讨论的答疑》，《博物馆研究》2002年第4期。
武家昌：《关于集安高句丽王陵的看法》，《博物馆研究》2002年第4期。
张碧波：《六顶山墓葬中所见的渤海初期文明》，《博物馆研究》2002年第4期。
张洁：《渤海国货币探讨》，《辽宁师范大学学报·社会科学版》2002年第6期。
刘未：《高句丽石室墓的起源与发展阶段》，《青年考古学家》总第14期，2002年。
安信元：《试论朝鲜半岛北部与中国东北地区青铜文化的关系》，《考古学研究五》，科学出版社，2003年。
傅仁义：《中国东北地区第四纪哺乳动物群的时代及其特征》，《辽宁考古文集》，辽宁民族出版社，2003年。
李清泉：《墓葬中的佛像——长川1号壁画墓释读》，《汉唐之间的视觉文化与物质文化》，文物出版社，2003年。
李东：《集安市国内城高句丽城址》，《中国考古学年鉴2002》，文物出版社，2003年。
唐音、翟敬源、张寒冰：《吉林市东团山汉魏时期及明代遗址》，《中国考古学年鉴2002》，文物出版社，2003年。
尹国有：《高句丽壁画研究》，吉林大学出版社，2003年。
赵宾福：《东北石器时代考古》，吉林大学出版社，2003年。

郑永振：《高句丽渤海靺鞨墓葬比较研究》，延边大学出版社，2003年。

宋玉彬、全仁学、王志刚：《延边和龙西古城城址发掘廓清历史悬案》，《中国文物报》2003年1月10日第1版。

陈全家：《延边地区图们江流域旧石器考古新发现》，《人类学学报》2003年第1期。

陈全家、安文荣：《长春地区（99）发现的动物化石和旧石器》，《北方文物》2003年第1期。

郭珉、苏晓东：《塔虎城出土"泰州录司"款铜镜年代析略》，《博物馆研究》2003年第1期。

谷潜：《半截元初平准元宝》，《内蒙古金融研究》2003年第1期。

金宗赫著，原求实译：《从渤海的遗迹遗物看到的与高句丽的继承关系》，《历史与考古信息·东北亚》2003年第1期。

刘晓东、胡秀杰：《渤海陶器的分类、分期与传承渊源研究》，《北方文物》2003年第1期。

刘萱堂：《集安高句丽壁画墓与辽东、辽西汉魏晋壁画墓比较研究》，《博物馆研究》2003年第1期。

刘雪山：《镇赉县大岗林场七棵树村东岗辽代遗址调查》，《博物馆研究》2003年第1期。

田村晃一著，李运铎译：《关于渤海瓦当花纹的若干考察》，《历史与考古信息·东北亚》2003年第1期。

西川宏著，李云铎译：《渤海考古成果及其族属问题》，《历史与考古信息·东北亚》2003年第1期。

刘萱堂：《集安高句丽壁画墓与辽东、辽西汉魏晋壁画墓比较研究》（续篇一），《博物馆研究》2003年第2期。

门田诚一著，姚义田译：《高句丽的初期佛教经典和信仰—以古坟壁画和墨书的分析为中心》，《历史与考古信息·东北亚》2003年第2期。

门田诚一著，姚义田译：《高句丽壁画古坟所描绘的佛教活动——以"百戏伎乐"图的意义和谱系为中心》，《历史与考古信息·东北亚》2003年第2期。

宋德辉：《金泰州建置考》，《博物馆研究》2003年第2期。

田村晃一著，何恭倨译：《关于渤海瓦当的再考察》，《历史与考古信息·东北亚》2003年第2期。

徐学毅：《敦化六顶山"珍陵"新考》，《北方文物》2003年第2期。

赵殿坤、王国辉：《浅议金代扑满》，《博物馆研究》2003年第2期。

吉林省文物考古研究所、集安市文物保管所：《吉林集安高句丽国内城马面遗址清理简报》，《北方文物》2003年第3期。

孙仁杰：《好太王碑现状观测与保护的思考》，《博物馆研究》2003年第3期。

王培新、傅佳欣：《渤海早期都城遗址的考古学探索》，《吉林大学社会科学学报》2003年第3期。
庄丽华：《嫩江流域青铜文化初探》，《黑河学刊》2003年第3期。
郭珉、宋德辉：《吉林省镇赉县后少力古城调查》，《北方文物》2003年第4期。
李强、侯莉闽：《延边地区渤海遗存之我见》，《北方文物》2003年第4期。
刘雪山：《洮儿河下游左岸原始文化综述》，《博物馆研究》2003年第4期。
吉林省文物考古研究所：《吉林省文物考古的世纪回顾与展望》，《考古》2003年第8期。
吉林省文物考古研究所、长春市文物管理委员会办公室：《长春市腰红嘴子与北红嘴子遗址发掘简报》，《考古》2003年第8期。
吉林省文物考古研究所：《吉林长白县干沟子墓地发掘简报》，《考古》2003年第8期。
吉林省文物考古研究所、通化市文物管理委员会办公室：《吉林通化市万发拨子遗址二十一号墓的发掘》，《考古》2003年第8期。
宋玉彬、傅佳欣：《吉林德惠市揽头窝堡遗址六号房址的发掘》，《考古》2003年第8期。
陈全家、霍东峰、赵海龙：《图们下白龙发现的旧石器》，《边疆考古研究》第2辑，科学出版社，2004年。
邓聪：《东亚玦饰的起源与扩散》，《东方考古》第1集，科学出版社，2004年。
傅佳欣、王晓明：《敦化市永胜金代建筑遗址》，《中国考古学年鉴2003》，文物出版社，2004年。
吉林省文物考古研究所、吉林大学边疆考古研究中心：《图们江流域旧石器地点》，《中国考古学年鉴2003》，文物出版社，2004年。
吉林省文物考古研究所、吉林大学边疆考古研究中心：《抚松新屯子镇西山旧石器时代遗址》，《中国考古学年鉴2003》，文物出版社，2004年。
吉林省文物考古研究所、集安市博物馆：《国内城：2000～2003年集安国内城与民主遗址试掘报告》，文物出版社，2004年。
吉林省文物考古研究所、集安市博物馆：《丸都山城：2001～2003年集安丸都山城调查试掘报告》，文物出版社，2004年。
吉林省文物考古研究所、集安市博物馆：《集安高句丽王陵：1990～2003年集安高句丽王陵调查报告》，文物出版社，2004年。
吉林大学边疆考古研究中心、吉林省文物考古研究所：《吉林敦化敖东城及永胜遗址考古发掘的主要收获》，《边疆考古研究》第2辑，科学出版社，2004年。
吕烈丹：《东亚地区更新世末期到全新世初期的文化发展初探》，《东亚古物》A卷，2004年。
吕遵谔主编：《中国考古学研究的世纪回顾：旧石器时代考古卷》，科学出版社，

2004年。
刘晓东：《渤海王陵及相关问题》，《庆祝张忠培先生七十岁论文集》，科学出版社，2004年。
李钟洙：《夫余文化研究》，吉林大学博士学位论文，2004年。
唐音、丁宏毅、刘利：《吉林市东团山汉魏时期遗址》，《中国考古学年鉴2003》，文物出版社，2004年。
汤卓炜、金旭东、杨立新：《吉林通化万发拨子遗址地学环境考古研究》，《边疆考古研究》第2辑，科学出版社，2004年。
王洪峰：《梨树县二龙湖战国城址》，《中国考古学年鉴2003》，文物出版社，2004年。
王培新、王晓明：《敦化市敖东城遗址》，《中国考古学年鉴2003》，文物出版社，2004年。
王立新：《中国东北地区所见的珍珠纹陶器》，《边疆考古研究》第2辑，科学出版社，2004年。
魏存成：《渤海都城的布局发展及其与隋唐长安城的关系》，《边疆考古研究》第2辑，科学出版社，2004年。
朱泓、贾莹、金旭东、赵殿坤：《通化万发拨子遗址春秋战国时期丛葬墓颅骨的观察与测量》，《边疆考古研究》第2辑，科学出版社，2004年。
张雪岩：《集安出土高句丽金属带饰的类型及相关问题》，《边疆考古研究》第2辑，科学出版社，2004年。
赵宾福：《嫩江流域三种新石器文化的辨析》，《边疆考古研究》第2辑，科学出版社，2004年。
东潮著，姚义田译：《高句丽王字纹壁画的谱系关系》，《历史与考古信息·东北亚》2004年第1期。
门田诚一著，姚义田译：《从瓦当看高句丽的守墓制的领土管辖》，《历史与考古信息·东北亚》2004年第1期。
门田诚一著，姚义田译：《关于高句丽壁画古坟中的角抵图》，《历史与考古信息·东北亚》2004年第1期。
曲清海、王长英：《吉林省梨树县叶赫影视城青铜时代晚期遗址清理简报》，《北方文物》2004年第1期。
松原孝俊著，姚义田译：《牟头娄墓志的神话学研究》，《历史与考古信息·东北亚》2004年第1期。
田中俊明著，姚义田译：《高句丽的金石文研究的现状与课题》，《历史与考古信息·东北亚》2004年第1期。
张淑华、李成、张璐：《吉林出土的多孔器及相关问题》，《北方文物》2004年第1期。

中村润子著，姜晓光、杜运发译：《高句丽壁画古坟与乐浪故地》，《历史与考古信息·东北亚》2004年第1期。

陈全家、张乐：《吉林延边珲春北山发现的旧石器》，《人类学学报》2004年第2期。

傅佳欣：《王陵及贵族墓葬：从积石冢到封土壁画墓的演绎》，《中国文化遗产》2004年第2期。

胡秀杰、刘晓东：《渤海佛教遗迹的发现与研究》，《北方文物》2004年第2期。

集安博物馆：《集安洞沟古墓群禹山墓区2112号墓》，《北方文物》2004年第2期。

金旭东：《丸都山城——因战争兴废的防御性都城》，《中国文化遗产》2004年第2期。

柳岚：《高句丽王陵研究》，《北方民族》2004年第2期。

孙进己、孙泓：《公元3～7世纪集安与平壤地区壁画墓的族属与分期》，《北方文物》2004年第2期。

孙寿浩著，赵俊杰译：《部分高句丽封土石室墓墓主研究》，《历史与考古信息·东北亚》2004年第2期。

宋玉彬：《国内城——历史最长的平原王城》，《中国文化遗产》2004年第2期。

王仙波、刘桂红：《白城市境内辽金时期城址及其历史作用》，《博物馆研究》2004年第2期。

魏存成：《高句丽：一个民族的盛衰》，《中国文化遗产》2004年第2期。

张忠培：《中国新石器时代考古的20世纪的历程》，《故宫学刊》总第1辑，紫禁城出版社，2004年。

朱荣宪著，常白杉译：《关于渤海的文化》，《历史与考古信息·东北亚》2004年第2期。

朱荣宪著，常白杉译：《关于渤海的都市》，《历史与考古信息·东北亚》2004年第2期。

朱荣宪著，文一介译：《关于渤海的建筑》，《历史与考古信息·东北亚》2004年第2期。

朱荣宪著，文一介译：《关于渤海的墓葬》，《历史与考古信息·东北亚》2004年第2期。

刘萱堂：《集安高句丽壁画墓与辽东辽西汉魏晋壁画墓比较研究》（续篇之二），《博物馆研究》2004年第3期。

徐德源：《集安博物馆藏高句丽印及印文考释》，《博物馆研究》2004年第3期。

郭珉、吴娟：《塔虎城州治再议》，《北方文物》2004年第4期。

柳岚：《高句丽积石串墓研究》，《博物馆研究》2004年第4期。

赵宾福：《东北地区新石器时代考古学文化的发展阶段与区域特征》，《社会科学战线》2004年第4期。

赵宾福：《东北新石器文化的分期与特点》，《求是学刊》2004年第4期。

王仲殊：《从东亚石棚（支石墓）的年代到日本弥生时代开始始于何时的问题》，《考古》2004年第5期。
卑琳：《高句丽城址出土陶器研究》，《东北史地》2004年第6期。
孙仁杰：《洞沟高句丽墓地的分布与排列研究》，《东北史地》2004年第6期。
唐洪源：《吉林东辽县尚志金代窑址的清理》，《考古》2004年第6期。
林沄：《鲜卑族的金、铜马形牌饰》，《边疆考古研究》第3辑，科学出版社，2005年。
宋玉彬、王志刚、全仁学：《渤海中京显德府故址—西古城城址研究简史》，《边疆考古新研究》第3辑，科学出版社，2005年。
乌恩岳斯图：《论石板墓文化的年代及相关问题》，《新世纪的中国考古学——王仲殊先生八十华诞纪念论文集》，科学出版社，2005年。
王培新：《高句丽封土石室墓文化渊源之乐浪因素初探》，《边疆考古研究》第3辑，科学出版社，2005年。
朱之勇：《俄罗斯海滨地区与我国东北地区旧石器时代晚期文化之比较》，《人类学学报》第23卷增刊（纪念裴文中教授百年诞辰论文集），2005年。
刘景文、何明：《吉林汪清县水北青铜时代遗址的发掘》，《考古》2005年第1期。
李蜀蕾：《渤海墓葬类型演变再探讨》，《北方文物》2005年第1期。
全虎兑著，金贞爱译：《高句丽古坟壁画研究史》，《历史与考古信息·东北亚》2005年第1期。
郑新城：《吉林扶余首次发现战国时期钱币》，《中国钱币》2006年第1期。
张碧波：《高句丽壁画墓四神图像与中国的天文学、神话学》，《北方文物》2005年第1期。
陈平：《试析高句丽山城的起源》，《内蒙古文物考古》2005年第2期。
李俊杰著，凌南译：《高句丽壁画墓星图研究》，《历史与考古信息·东北亚》2005年第2期。
辽源市文物管理所：《辽源龙山区发现一批古代器物》，《文物》2005年第2期。
陈全家、赵海龙、霍东峰：《和龙柳洞旧石器地点发现的石制品研究》，《华夏考古》2005年第3期。
耿铁华：《晋封高句丽官印考略》，《东北史地》2005年第3期。
刘景文：《论中国境内图们江流域的原始文化》，《博物馆研究》2005年第3期。
柳岚、张雪岩：《高句丽封土墓研究》，《博物馆研究》2005年第3期。
武家昌：《集安两座高句丽墓上的石碑为“通天柱”说》，《北方文物》2005年第3期。
杨雨舒：《渤海国时期吉林的铁器述论》，《北方文物》2005年第3期。
张福有：《集安禹山3319号墓卷云纹瓦当铭文识读与考证》，《中国历史文物》2005年第3期。

耿铁华：《高句丽泉氏墓地调查及其价值》，《东北史地》2005年第4期。
杨伯达：《中国史前玉文化板块论》，《故宫博物院院刊》2005年第4期。
杨俊贤：《汉书文化与白城一带古代文明》，《博物馆研究》2005年第4期。
张伟：《松嫩平原战国两汉时期文化遗存研究》，《北方文物》2005年第4期。
吉林省文物考古研究所：《洞沟古墓群禹山墓区JYM3319号墓发掘报告》，《东北史地》2005年第6期。
陈全家、赵海龙、霍东峰：《延边和龙柳洞发现的旧石器》，《旧石器时代论集——纪念水洞沟遗址发现八十周年》，文物出版社，2006年。
陈全家、王春雪、宋丽：《吉林大安后套木嘎石制品研究》，《边疆考古研究》第4辑，科学出版社，2006年。
邓聪：《东亚玉器线切割研究现状》，《浙江省文物考古研究所学刊第八辑——纪念良渚遗址发现七十周年学术研讨会文集》，科学出版社，2006年。
邓聪：《东亚玦饰起源的几个问题》，《新世纪的考古学——文化、区位、生态的多元互动》，紫禁城出版社，2006年。
董学增：《吉林省金代窖藏铜钱述论》，《二十一世纪的中国考古学——庆祝佟柱臣先生八十五华诞学术文集》，文物出版社，2006年。
傅仁义：《试论我国东北地区旧石器时代晚期文化及主要特征》，《旧石器时代论集——纪念水洞沟遗址发现八十周年》，文物出版社，2006年。
李正晓（Lee Jung Hyo）、崔德卿（Choi Duk Kyung）：《高句丽墓室壁画的佛教因素——与周边地区的比较研究》，《4～6世纪的北中国与欧亚大陆》，科学出版社，2006年。
李裕群：《高句丽佛教造像考——兼论北朝佛教造像样式对高句丽的影响》，《4～6世纪的北中国与欧亚大陆》，科学出版社，2006年。
刘晓东：《渤海文化研究：以考古发现为视角》，黑龙江人民出版社，2006年。
庞志国：《吉林前郭查干吐莫辽墓发掘》，《边疆考古研究》第4辑，科学出版社，2006年。
汤卓炜、苏拉提萨、金旭东、杨立新：《吉林通化万发拨子聚落遗址动物遗存初步分析——新石器时代晚期至魏晋时期》，《环境考古研究》第三辑，北京大学出版社，2006年。
王春雪、陈全家：《图们江流域旧石器时代晚期黑曜岩遗址人类的适应生存方式》，《边疆考古研究》第4辑，科学出版社，2006年。
王嗣洲：《中国东北东部地区新石器时代文化的发展脉络与渊源关系》，《边疆考古研究》第4辑，科学出版社，2006年。
王巍：《从玉玦看东北亚地区史前文化的交流》，《二十一世纪的中国考古学——庆祝佟柱臣先生八十五华诞学术文集》，文物出版社，2006年。
吴广孝：《集安高句丽壁画》，山东画报出版社，2006年。

朱延平：《试论东北亚南部四千年前以远的新石器时代考古学文化区》，《新世纪的考古学——文化、区位、生态的多元互动》，紫禁城出版社，2006年。
赵朝洪：《东北地区史前玉器原料产地的初步考察与思考》，《二十一世纪的中国考古学——庆祝佟柱臣先生八十五华诞学术文集》，文物出版社，2006年。
赵宾福：《嫩江流域新石器时代生业方式研究——“渔猎型新石器文化”的一个区域性实例分析》，《新世纪的考古学——文化、区位、生态的多元互动》，紫禁城出版社，2006年。
陈全家、李有骞、赵海龙、王春雪：《吉林辉南邵家店发现的旧石器》，《北方文物》2006年第1期。
松藤和人著，王春雪译：《东北亚早期石叶技术》，《历史与考古信息·东北亚》2006年第1期。
魏学辉：《浅析中原壁画对高句丽壁画之影响》，《东疆学刊》2006年第1期。
陈全家、王春雪、方启、赵海龙：《延边地区和龙石人沟发现的旧石器》，《人类学学报》2006年第2期。
贾莹、朱泓、金旭东、赵殿坤：《通化万发拨子墓葬颅骨人种的类型》，《社会科学战线》2006年第2期。
李宗明：《东辽县凌云乡出土古钱小议》，《博物馆研究》2006年第2期。
刘萱堂、刘迎九：《集安高句丽古墓壁画的装饰特色、纹样演变及与汉文化的联系》，《北方文物》2006年第2期。
门田诚一著，姚义田译：《高句丽古坟壁画与日本飞鸟时代古坟壁画的比较研究》，《历史与考古信息·东北亚》2006年第2期。
赵宾福：《东北旧石器时代的古人类、古文化与古环境》，《学习与探索》2006年第2期。
张桂元、邵春华：《高句丽太王陵立置石板作用再探讨》，《博物馆研究》2006年第2期。
李殿福：《国内城始建于战国晚期燕国辽东郡塞外的一个据点之上》，《东北史地》2006年第3期。
李东、马洪：《吉林省公主岭市永青辽墓清理报告》，《北方文物》2006年第3期。
刘景文、程建民、赵殿坤、石晓轩：《四平市前坡林子遗址发掘简报》，《北方文物》2006年第3期。
宋德辉：《婆卢火墓地考》，《博物馆研究》2006年第3期。
张福有、迟勇、孙仁杰：《集安蒿子沟墓地调查与东川王陵考》，《东北史地》2006年第3期。
白城市博物馆、通榆县文管所：《吉林省通榆县敖包山遗址复查》，《博物馆研究》2006年第4期。

都兴智：《关于之字纹陶器的几个问题》，《北方文物》2006年第4期。
郑新城：《吉林省扶余出土的明代民窑青花碗赏析》，《博物馆研究》2006年第4期。
王昭：《集安出土青铜车辖的初步讨论》，《东北史地》2006年第5期。
耿铁华：《跋高句丽金铜佛造像》，《东北史地》2006年第6期。
王培新、傅佳欣、彭善国、王晓明：《吉林敦化市敖东城遗址发掘简报》，《考古》2006年第9期。
D.M.Suratissa、汤卓炜、朱泓、金旭东、高秀华、罗鹏：《吉林通化王八脖子聚落遗址新石器时代晚期至魏晋时期生业模式的转变》，《环境考古研究》（第四辑），北京大学出版社，2007年。
阿·潘·杰列维扬科著，王春雪等译，陈全家等校：《东亚地区石叶工业的形成》，《边疆考古研究》第6辑，科学出版社，2007年。
李有骞、陈全家：《嫩江流域汉代以前的石制品研究》，《边疆考古研究》第6辑，科学出版社，2007年。
吉林省文物考古研究所、延边朝鲜族自治州文化局、延边朝鲜族自治州博物馆、和龙市博物馆编著：《西古城：2000～2005年度渤海国中京显德府故址田野考古报告》，文物出版社，2007年。
孙仁杰、迟勇：《集安高句丽墓葬》，香港亚洲出版社，2007年。
王春雪、陈全家：《试析吉林和龙石人沟旧石器时代晚期遗址古人类的技术与行为》，《边疆考古研究》第6辑，科学出版社，2007年。
吴江源著，李慧竹译：《论中国北方地区的三种青铜短剑文化》，《东方考古》第3辑，科学出版社，2007年。
张福有、孙仁杰、迟勇：《高句丽王陵通考》，香港亚洲出版社，2007年。
张福有：《高句丽王陵统鉴》，香港亚洲出版社，2007年。
韩洋：《吉林通化县发现旧石器古人类活动遗迹》，《中国文物报》2007年7月20日第2版。
梁会丽、隽成军、李丹：《吉林双辽后太平遗址群考古调查发掘的主要收获》，《中国文物报》2007年12月28日第5版。
陈全家、王春雪、赵海龙、方启、张殿甲：《吉林省白山市老道洞遗址试掘报告》，《北方文物》2007年第1期。
方辉：《东北地区出土绿松石器研究》，《考古与文物》2007年第1期。
郭珉：《铜器刻文——“泰州主簿记”诠释》，《北方文物》2007年第1期。
刘晓东：《渤海“振国”“震国”名源考察——纪念金毓黻先生诞辰一百二十周年》，《北方文物》2007年第1期。
李光曦著，高秀华译：《关于高句丽的箭筒》，《历史与考古信息·东北亚》2007年第1期。

李光稀著，高秀华译：《关于高句丽鎏金冠帽装饰的考察》，《历史与考古信息·东北亚》2007年第1期。
王仙波、刘桂红：《从吉林省白城境内辽金时期的窑址看当时社会生产力的发展状况》，《博物馆研究》2007年第1期。
李成、邵春华、刘迎九、黄岚：《吉林扶余出土的一批五彩和青花瓷器》，《北方文物》2007年第2期。
田村晃一著，林世香译：《渤海国都城调查简史》，《历史与考古信息·东北亚》2007年第2期。
王培新、傅佳欣、彭善国、王晓明：《吉林敦化市永胜金代遗址一号建筑基址》，《考古》2007年第2期。
赵海龙、陈全家：《吉林敦化市敖东城遗址2002年出土的动物骨骼鉴定》，《考古》2007年第2期。
郑新城：《吉林省扶余出土的明代民窑青花杯赏析》，《博物馆研究》2007年第2期。
陈全家、赵海龙、王法岗：《吉林桦甸仙人洞旧石器遗址1993年发掘报告》，《人类学学报》2007年第3期。
吉林省文物考古研究所、安图县文管所：《吉林安图县仲坪遗址发掘》，《北方文物》2007年第4期。
周平：《吉林省扶余金代“得胜陀碑”立石原委初探》，《博物馆研究》2007年第4期。
赵宾福：《嫩江流域新石器时代生业方式研究》，《考古》2007年第11期。
程新民、陈全家、赵海龙、李阳、丁未：《吉林省东部旧石器时代人地关系初探》，《边疆考古研究》第7辑，科学出版社，2008年。
陈全家、王春雪：《东北地区近几年旧石器考古的新发现与研究》，《考古学研究（七）》，科学出版社，2008年。
陈全家、王春雪：《吉林省旧石器考古的新发现》，《贾兰坡院士百年诞辰纪念文集》，科学出版社，2008年。
陈胜前：《细石叶工艺的起源——一个理论与生态的视角》，《考古学研究（七）》，科学出版社，2008年。
董学增：《吉林新石器时代文化述论》，《辽宁省博物馆馆刊》第3辑，辽海出版社，2008年。
耿铁华：《高句丽古墓壁画研究》，吉林大学出版社，2008年。
吉林省文物考古研究所：《田野考古集粹——吉林省文物考古研究所成立二十五周年纪念》，文物出版社，2008年。
吉林大学边疆考古研究中心、吉林省文物考古研究所：《吉林省珲春八连城遗址2004年调查测绘报告》，《边疆考古研究》第7辑，科学出版社，2008年。

吉林省集安市文物局编：《高句丽王城王陵及贵族墓葬》，上海世界图书出版公司，2008年。

刘爽、吴小红、陈全家：《黑曜岩产源研究的国内外研究现状及发展趋势综述》，《边疆考古研究》第7辑，科学出版社，2008年。

李有骞、陈全家：《朝鲜半岛旧石器材料及工业类型的初步研究——兼谈对吉林省东部地区旧石器研究的几点认识》，《边疆考古研究》第7辑，科学出版社，2008年。

李有骞、陈全家：《嫩江流域汉代以前的石制品研究》，《边疆考古研究》第7辑，科学出版社，2008年。

任海云：《中国北方细石器的发现与研究》，《考古学研究（七）》，科学出版社，2008年。

通化师范学院高句丽研究院、集安市文物局集安市博物馆：《中国高句丽王城王陵及贵族墓葬》，吉林文史出版社，2008年。

王星中、王波、彭善国：《吉林省敦化市双胜村元代窖藏》，《边疆考古研究》第7辑，科学出版社，2008年。

王义学：《赤柏松古城考古发现及其相关问题研究》，吉林大学硕士学位论文，2008年。

王蕙贞、冯楠、宋迪生、朱泓、严苏梅、周铁、赵海龙、董峰：《高句丽石质文物物理风化、化学风化机理研究》，《文物保护研究新论》，文物出版社，2008年。

王蕙贞、严苏梅、冯楠、周铁、宋迪生、朱泓：《高句丽石质文物生物风化及保护方法研究》，《文物保护研究新论》，文物出版社，2008年。

魏存成：《渤海考古》，文物出版社，2008年。

赵宾福：《白金宝文化的分期与年代》，《边疆考古研究》第7辑，科学出版社，2008年。

朱永刚、郑钧夫：《通榆县三处史前遗址调查与遗存分类》，《边疆考古研究》第7辑，科学出版社，2008年。

陈全家、赵海龙、刘雪山、李景冰：《吉林镇赉北山遗址发现的石制品研究》，《北方文物》2008年第1期。

陈全家、赵海龙、方启、程新民、王法岗、郑钟仁：《延边安图立新发现的砾石石器》，《人类学学报》2008年第1期。

董学增：《吉林市唐家崴子、西沟江沿石器制造场等遗址调查》，《北方文物》2008年第1期。

门田诚一著，姚义田译：《对东亚壁画所描绘的墓主像的基本考察—魏晋南北朝时期高句丽古坟壁画的相对位置》，《历史与考古信息·东北亚》2008年第1期。

宋德辉：《吉林省白城市城四家子古城应为辽代长春州金代新泰州》，《博物馆研究》2008年第1期。

王春雪、赵海龙、陈全家：《试析桦甸仙人洞旧石器遗址的石器技术》，《博物馆研究》2008年第1期。
徐德源：《好太王碑铭文选释选考》，《辽宁大学学报（哲社版）36卷》2008年第1期。
赵宾福：《东北旧石器文化与邻近旧石器文化的关系》，《内蒙古大学学报（人文社科版）》2008年第1期。
赵俊杰：《试论高句丽山城城墙上石洞的功能》，《中国史研究动态》2008年第1期。
朱永刚：《从肇源白金宝遗址看松嫩平原的青铜时代》，《吉林大学社会科学学报》2008年第1期。
张福有、孙仁杰、迟勇：《集安古道新发现两通石碑》，《东北史地》2008年第1期。
佐伯有清著，姚义田译：《高句丽广开土王时代的墨书铭》，《历史与考古信息·东北亚》2008年第1期。
陈全家、方启、李霞、赵海龙、程新民、郑钟仁：《吉林和龙青头旧石器遗址的新发现及初步研究》，《考古与文物》2008年第2期。
贾莹、金旭东、张玉春、于立群：《丸都山城高句丽铁器的金相与工艺》，《文物保护与考古科学》2008年第2期。
王飞峰：《高句丽丸都山城瓦当研究》，《东北史地》2008年第2期。
小岛芳孝著，吴丽丹、魏铁莉译：《图们江流域的渤海都城和瓦当——根据斋藤优先生的调查资料》，《历史与考古信息·东北亚》2008年第2期。
赵宾福、张伟：《论小拉哈文化》，《北方文物》2008年第2期。
朱永刚：《白金宝文化篦纹陶纹饰初论》，《考古与文物》2008年第2期。
曲铁莉：《东北亚古代鱼形器研究》，《北方文物》2008年第3期。
王春燕、郑霞：《霸王朝山城的调查与研究》，《东北史地》2008年第3期。
王志敏：《通化市金厂镇出土战国晚期至秦汉时期青铜短剑》，《北方文物》2008年第3期。
徐坤、聂勇、刘晓溪：《长春市榆树韩家屯墓地发掘简报》，《博物馆研究》2008年第3期。
朱之勇：《试论当前细石器研究中的几个概念问题》，《华夏考古》2008年第3期。
陈全家、赵海龙、方启、程新民、李有骞、郑钟仁：《安图沙金沟旧石器遗址发现的石器研究》，《华夏考古》2008年第4期。
高峰：《敦化新发现一金代铜锅》，《东北史地》2008年第4期。
樊万象：《吉林省集安博物馆馆藏石臼》，《北方文物》2008年第4期。
吉林省文物考古研究所：《吉林省柳河县宝善遗址考古发掘简报》，《北方文物》2010年第4期。
刘未：《高句丽石室墓的起源与发展阶段》，《南方文物》2008年第4期。

宋娟、耿铁华：《高句丽将军坟的陪葬墓》，《北方文物》2008年第4期。
魏存成：《渤海墓葬的整体面貌和主要特征》，《东北史地》2008年第4期。
朱之勇：《中国细石器起源之我见》，《北方文物》2008年第4期。
张伟：《关于黑龙江省考古学文化命名的几点看法——以嫩江流域青铜至早期铁器时代为例》，《北方文物》2008年第4期。
赵越：《渤海瓦当类型学考察及分期》，《北方文物》2008年第4期。
刘杨、陈全家、侯亚梅：《吉林东部含细石器遗存的初步研究》，《第四纪研究》2008年第6期。
赵宾福：《图们江流域的青铜时代文化研究》，《考古》2008年第6期。
赵海龙：《谈吉林省旧石器时代考古调查》，《东北史地》2008年第6期。
王子林、祁慧琳、王思博：《关于集安高句丽古墓壁画造型艺术的探讨》，《长春师范学院学报（人文社会科学版）》2008年第11期。
王绵厚：《纵论辽河文明与长白山文化和草原文化——中国东北“三大地域文化”论》，《大连文物》28期，2008年。
陈全家、陈胜前、刘爽、方启、赵海龙、汪光：《和龙市石人沟旧石器时代遗址》，《中国考古学年鉴2008》，文物出版社，2009年。
陈全家、陈胜前、刘爽、方启、赵海龙、汪光：《和龙市大洞旧石器时代遗址》，《中国考古学年鉴2008》，文物出版社，2009年。
董学增：《夫余称谓的由来辨考》，《辽宁省博物馆馆刊》第4辑，辽海出版社，2009年。
吉林省文物考古研究所：《吉林集安高句丽墓葬报告集》，科学出版社，2009年。
李东：《吉林通化罗通山城》，《中国考古新发现年度记录2009》，中国文化遗产杂志社，2009年。
李丹、解峰、庞志国、高秀华：《吉林白城永平金代遗址》，《中国考古新发现年度记录2009》，中国文化遗产杂志社，2009年。
李光日、王义学：《吉林德惠后城子古城》，《中国考古新发现年度记录2009》，中国文化遗产杂志社，2009年。
李强：《勿吉与渤海“冢上作屋”初始》，《新果集——庆祝林沄先生七十华诞论文集》，科学出版社，2009年。
李澜、程丽臻：《吉林省渤海国王室墓地出土银平脱梅花瓣形漆奁修复》，《文物修复研究》第5辑，民族出版，2009年。
刘爽、吴小红、陈全家：《黑曜岩的考古学研究概述》，《边疆考古研究》第8辑，科学出版社，2009年。
刘晓溪：《吉林省白城金家遗址》，《中国考古新发现年度记录2009》，中国文化遗产杂志社，2009年。

邱羿、朴玉顺：《高句丽墓葬壁画中斗拱的特点》，《文物建筑》第3辑，科学出版社，2009年。
宋玉彬、王志刚：《考古学视角下的西古城城址》，《新果集——庆祝林沄先生七十华诞论文集》，科学出版社，2009年。
王志刚：《考古学实证下的二十四块石》，《边疆考古研究》第8辑，科学出版社，2009年。
王立新、金旭东、段天璟、汤卓炜：《白城市双塔新石器时代和东周时期遗址》，《中国考古学年鉴2008》，文物出版社，2009年。
王立新、宋德辉、夏宏宇：《吉林洮南四海泡渔场家属区遗址的复查与初步认识》，《边疆考古研究》第8辑，科学出版社，2009年。
王海：《吉林省渤海国中京城市布局及宫殿建筑研究》，河南大学硕士学位论文，2009年。
王乐：《中国境内渤海陶器研究》，吉林大学博士学位论文，2009年。
王春雪、陈全家、赵海龙、方启：《吉林东部地区旧石器时代晚期细石叶工业技术分析》，《边疆考古研究》第8辑，科学出版社，2009年。
徐光辉：《论长川1号墓前室壁画的性质问题》，《新果集——庆祝林沄先生七十华诞论文集》，科学出版社，2009年。
徐坤、张建宇、杜运发：《吉林白城孙长青屯遗址》，《中国考古新发现年度记录2009》，中国文化遗产杂志社，2009年。
杨子明：《莲花纹饰在高句丽建筑装饰中的应用》，《文物建筑》第3辑，科学出版社，2009年。
赵宾福：《汉书二期文化研究——遗址材料和墓葬材料的分析与整合》，《边疆考古研究》第8辑，科学出版社，2009年。
赵宾福：《古城类型：嫩江流域商代晚期遗存辨识——兼谈嫩江流域陶鬲的起源与演变》，《新果集——庆祝林沄先生七十华诞论文集》，科学出版社，2009年。
赵宾福：《中国东北地区夏至战国时期的考古学文化研究》，科学出版社，2009年。
赵海龙：《吉林通化赤柏松古城》，《中国考古新发现年度记录2009》，中国文化遗产杂志社，2009年。
郑春颖：《长川一号壁画中所见高句丽服饰研究》，《边疆考古研究》第8辑，科学出版社，2009年。
尹国有：《高句丽瓦当艺术探》，《吉林日报》2009年5月18日第5版。
吉林省考古研究所：《吉林白城永平遗址》，《中国文物报》2009年10月9日第3版。
张忠培：《白金宝遗址发掘与嫩江流域夏至汉代考古学文化谱系的确认》，《中国文物报》2009年7月3日第7版。
张忠培：《东北地区夏至战国时期考古学文化谱系研究的进程》，《中国文物报》

2009年7月31日第7版。

董学增：《吉林西团山文化六十年研究成果概述》，《博物馆研究》2009年第1期。

吉林省文物考古研究所：《集安禹山540号墓清理报告》，《北方文物》2009年第1期。

梁会丽、隽成军：《双辽市东辽河右岸2007年考古调查简报》，《东北史地》2009年第1期。

王忠忱：《吉林省蛟河市苏尔哈古人类文化遗址调查》，《博物馆研究》2009年第1期。

王星中、王波：《绚丽多彩的敦化双胜元代窖藏文物》，《东北史地》2009年第1期。

徐建新：《高句丽好太王碑拓本的分期与编年方法》，《古代文明》2009年第1期。

朱永刚：《论白金宝二期文化》，《北方文物》2009年第1期。

陈全家、赵海龙、王春雪：《抚松新屯子西山旧石器遗址试掘报告》，《人类学学报》2009年第2期。

河文植：《图们江流域及其周边地区旧石器时代晚期文化》，《博物馆研究》2009年第2期。

李澜、程丽臻：《渤海国王室墓地出土银平脱梯形漆盒保护修复》，《文物保护与考古科学》2009年第2期。

宋德辉：《城四家子古城为辽代长春州金代新泰州》，《北方文物》2009年第2期。

王春雪、赵海龙、陈全家、方启：《试析东北地区东部与朝鲜半岛旧石器时代晚期细石叶工业之间的文化关系》，《内蒙古文物考古》2009年第2期。

张伟、曲铁莉：《嫩江流域单耳陶杯研究——兼论嫩江流域单耳陶器的起源与流向》，《北方文物》2009年第2期。

张玉春：《用显微镜和电镜观测高句丽时期丸都山城宫殿址部分铁器的腐蚀状况》，《文物保护与考古科学》2009年2期。

张福有、孙仁杰、迟勇：《五年间高句丽遗迹调查与文献研究中的新收获》，《东北史地》2009年第2期。

吉林省文物考古研究所、集安市文物局：《2008年集安市国内城社区办公楼地点高句丽居住址的发掘》，《北方文物》2009年第3期。

李有骞：《东北地区末次冰期以来旧石器遗存的分期、类型及相关类型》，《中原文物》2009年第3期。

李澜、程丽臻：《吉林省渤海国王室墓地出土银平脱梅花瓣形漆奁修复》，《江汉考古》2009年第3期。

李丹、张哲、佟有波、高秀华：《吉林省德惠市朱城子七队遗址发掘简报》，《北方文物》2009年第3期。

刘玉成、王聪、王新春：《吉林省扶余县陶西林场遗址发掘简报》，《北方文物》

2009年第3期。
梁会丽、孙东文、于丹、杨春、张哲、郝海波：《吉林省德惠市李春江遗址发掘报告》，《北方文物》2009年第3期。
宋娟、耿铁华：《高句丽殉葬习俗初探》，《北方文物》2009年第3期。
王聪、刘玉成、王新春：《吉林省扶余县西车家店金代遗址的发掘》，《北方文物》2009年第3期。
袁修美：《探古高句丽》，《丝绸之路》2009年第3期。
郑元喆：《高句丽山城瓮城的类型》，《博物馆研究》2009年第3期。
吉林省文物考古研究所、集安市博物馆：《吉林省集安市实验小学发掘地点考古发掘简报》，《北方文物》2009年第4期。
吉林省文物考古研究所、德惠市文物管理所：《吉林省农安草房王遗址发掘简报》，《北方文物》2009年第4期。
吉林省文物考古研究所、德惠市文物管理所：《吉林省德惠市迎新遗址考古发掘报告》，《北方文物》2009年第4期。
吉林省文物考古研究所：《长春九台市南窑遗址发掘简报》，《博物馆研究》2009年第4期。
李东、解峰、曲清海、王新胜、姜文武：《吉林省梨树县八棵树金代遗址发掘报告》，《北方文物》2009年第4期。
王志刚、张秀荣、林世香：《关于渤海“珍陵”的两点认识》，《东北史地》2009年第4期。
王忠臣：《吉林省蛟河市文物古迹述要》，《博物馆研究》2009年第4期。
张玉春、王志刚：《德惠市迎新遗址金代双鱼镜的检测与研究》，《北方文物》2009年第4期。
张建宇：《对〈吉林省文物志〉收载的〈完颜娄室神道碑文〉的几点订补》，《博物馆研究》2009年第4期。
赵宾福：《西团山文化分期研究》，《考古学报》2009年第4期。
吉林省文物考古研究所、四平市文物管理委员会办公室、双辽市文物管理所、双辽市郑家屯博物馆：《吉林双辽市后太平青铜时代墓地》，《考古》2009年第5期。
李晓云、綦磊：《浅析高句丽墓室壁画的特色》，《大众文艺》2009年第5期。
李光日、顾聆博：《吉林双辽仕家子遗址发掘报告》，《东北史地》2009年第5期。
吉林省文物考古研究所、延边朝鲜族自治州文物管理委员会办公室：《吉林和龙市龙海渤海王室墓葬发掘简报》，《考古》2009年第6期。
吉林省文物考古研究所、吉林大学边疆考古研究中心：《吉林珲春市八连城内城建筑基址的发掘》，《考古》2009年第6期。
吉林省文物考古研究所、敦化市文物管理所：《吉林敦化市六顶山墓群2004年发掘简报》，《考古》2009年第6期。
宋玉彬：《渤海都城故址研究》，《考古》2009年第6期。
王志刚、张建宇、杜运发：《吉林敦化市江东、林胜“二十四块石”遗迹的调查和发掘》，《考古》2009年第6期。
梁会丽：《吉林双辽市发现一件鹿形青铜器》，《考古》2009年第8期。
吉林省文物考古研究所：《吉林白城永平遗址》，《中国文物报》2009年10月9日第3版。
董学增：《汉代松花江中上游诸族的文化交流及夫余文化遗存的基本内涵与特征》，《中国考古学会第十二次年会论文集2009》，文物出版社，2010年。
董学增：《夫余王国的经济形态》，《辽宁省博物馆馆刊》第5辑，辽海出版社，2010年。
董学增：《汉代松花江中上游诸族的文化交流及夫余文化遗存的基本内涵与特征》，《中国考古学会第十二次年会论文集》，文物出版社，2010年。
陈爽：《高句丽兵器研究》，吉林大学硕士学位论文，2010年。
冯恩学：《对完颜希尹墓地出土“铁券”性质的新认识》，《边疆考古研究》第9辑，科学出版社，2010年。
冯楠、王蕙贞、宋迪生：《环境因素对露天石质文物的危害—以集安市高句丽王城、王陵和贵族墓葬为例》，《边疆考古研究》第9辑，科学出版社，2010年。
李东：《罗通山城考古调查与试掘》，《中国考古学年鉴2009》，文物出版社，2010年。
李东：《梨树县八棵树金代遗址》，《中国考古学年鉴2009》，文物出版社，2010年。
李东：《榆树市上台子清代墓群》，《中国考古学年鉴2009》，文物出版社，2010年。
李丹：《德惠市朱城子金代遗址》，《中国考古学年鉴2009》，文物出版社，2010年。
李丹：《吉林白城永平金代遗址》，《2009中国重要考古发现》，文物出版社，2010年。
李光日：《双辽市仕家子辽金时期遗址》，《中国考古学年鉴2009》，文物出版社，2010年。
梁会丽：《德惠市李春江金代遗址》，《中国考古学年鉴2009》，文物出版社，2010年。
刘玉成：《扶余县陶西林场金代遗址》，《中国考古学年鉴2009》，文物出版社，2010年。
梁会丽：《东辽河下游青铜时代文化初探》，《中国考古学会第十二次年会论文集》，文物出版社，2010年。
王聪：《扶余县西车家店金代遗址》，《中国考古学年鉴2009》，文物出版社，2010年。

王志刚：《集安市五座高句丽墓葬》，《中国考古学年鉴2009》，文物出版社，2010年。
王志刚、徐坤：《德惠市迎新辽金时期遗址》，《中国考古学年鉴2009》，文物出版社，2010年。
王立新、豆海峰：《吉林洮南四海泡子四处遗址调查与初步认识》，《边疆考古研究》第9辑，科学出版社，2010年。
徐坤：《通化市自安高句丽时期山城遗址》，《中国考古学年鉴2009》，文物出版社，2010年。
谢峰、王鹏勇、于丽群：《集安市社区办公楼高句丽时期遗址》，《中国考古学年鉴2009》，文物出版社，2010年。
杨晶：《东北地区史前玉器的编年及相关问题》，《中国考古学会第十二次年会论文集》，文物出版社，2010年。
朱永刚：《东北青铜时代区系考古学文化论纲》，《中国考古学会第十二次年会论文集》，文物出版社，2010年。
赵海龙、王东飞、刘娟：《通化县赤柏松山城遗址》，《中国考古学年鉴2009》，文物出版社，2010年。
赵海龙、王立新、夏宏宇、王春权：《东北渔猎型新石器时代文化的个案——吉林通榆长坨子Ⅲ号地点细石器的发现与研究》，《中国考古学会第十二次年会论文集》，文物出版社，2010年。
郑元喆：《高句丽山城研究》，吉林大学博士学位论文，2010年。
李丹：《吉林白城永平金代遗址》，《中国文物报》2010年1月1日第4版。
博文：《吉林发现辽代行宫遗址群》，《人民日报》（海外版）2010年1月22日第15版。
李东、解峰、王新胜：《吉林省榆树市上台子墓群发掘报告》，《北方文物》2010年第1期。
彭善国：《试述东北地区出土的金代瓷器》，《北方文物》2010年第1期。
张丽萍：《东夏国铜官印初探》，《博物馆研究》2010年第1期。
陈全家、赵海龙、方启、程新民、贺存定：《吉林省和龙西沟发现的旧石器》，《北方文物》2010年第2期。
陈全家、赵海龙、方启、王春雪：《延边和龙石人沟旧石器遗址2005年试掘报告》，《人类学学报》2010年第2期。
崔龙国：《集安高句丽壁画的服饰审美剖析》，《东北史地》2010年第2期。
穆崟臣、穆鸿利：《金完颜希尹神道碑研究述略》，《北方文物》2010年第2期。
张伟：《嫩江流域夏至东汉时期的五支考古学文化》，《北方文物》2010年第2期。
马健：《再论集安国内城遗址出土青瓷器的时代与窑口》，《考古与文物》2010年第3期。
彭善国：《蛟河七道河村渤海遗址属性辨析》，《东北史地》2010年第3期。
张福有、孙仁杰、迟勇：《高句丽千里长城调查要报》，《东北史地》2010年第3期。
张秋艳：《集安市高句丽王城国内城南城垣遗址本体保护工程设计分析》，《中国文物科学研究》2010年第3期。
张明皓：《浅析高句丽古坟壁画中的建筑形象》，《北方文物》2010年第3期。
陈全家、赵海龙、方启、贺存定：《石人沟林场旧石器地点试掘报告》，《人类学学报》2010年第4期。
董学增：《夫余人的物质生活》，《博物馆研究》2010年第4期。
吉林省文物考古研究所、镇赉县博物馆镇、赉县文物保护管理所：《吉林省镇赉县白沙滩旧石器遗址出土的石器和动物化石》，《北方文物》2010年第4期。
吉林省文物考古研究所、镇赉县文物管理所：《吉林省镇赉县乌兰吐北岗遗址发掘简报》，《北方文物》2010年第4期。
吉林省文物考古研究所：《吉林省集安市临江墓东侧青铜时代房址考古发掘报告》，《北方文物》2010年第4期。
庞志国：《1979～1980年间完颜希尹家族墓地的调查与发掘》，《东北史地》2010年第4期。
尚武：《集安麻线上活龙山西墓群调查与研究》，《东北史地》2010年第4期。
王志刚：《吉林省集安市临江墓东侧青铜时代房址出土石制品初步研究》，《北方文物》2010年第4期。
徐坤、张建宇、杜运发：《吉林省白城市孙长青遗址发掘简报》，《北方文物》2010年第4期。
杨春、徐坤、赵志军：《吉林省白城市孙长青遗址浮选结果分析报告》，《北方文物》2010年第4期。
杨春、梁会丽、孙东文、赵志军：《吉林省德惠市李春江遗址浮选结果分析报告》，《北方文物》2010年第4期。
王蕙贞、冯楠、宋迪生：《高句丽石质文物风化的保护方法研究》，《文博》2010年第6期。
董学增：《夫余史迹研究》，吉林文史出版社，2011年。
华玉冰：《中国东北地区石棚研究》，科学出版社，2011年。
吉林省文物考古研究所：《集安将军坟西南建筑遗址的考古发掘》，《边疆考古研究》第10辑，科学出版社，2011年。
吉林省文物考古研究所：《后太平——东辽河下游右岸以青铜时代遗存为主的调查与发掘》，文物出版社，2011年。
吉林省文物考古研究所：《扶余明墓》，文物出版社，2011年。

吉林省普查办、乾安县普查办：《辽春捺钵遗址群》，《第三次全国文物普查百大新发现》，文物出版社，2011年。
金旭东、赵俊杰、吕斌：《黄鱼圈珠山M1类型遗存再辨析》，《边疆考古研究》第10辑，科学出版社，2011年。
刘玉成：《珲春市八连城外城南门址》，《中国考古学年鉴2010年》，文物出版社，2011年。
刘晓溪、刘玉成：《白城市金家辽金遗址》，《中国考古学年鉴2010》，文物出版社，2011年。
刘晓溪：《吉林辉南明代辉发王城》，《中国考古新发现年度记录2010》，中国文物报社，2011年。
李东：《柳河县罗通宋金时期山城》，《中国考古学年鉴2010》，文物出版社，2011年。
李光日、王义学：《德惠市后城子金代城址》，《中国考古学年鉴2010》，文物出版社，2011年。
李丹、解峰、庞志国、马洪、高秀华：《白城市永平金代遗址》，《中国考古学年鉴2010》，文物出版社，2011年。
李丹、解峰、刘玉成：《吉林白城永平金代寺庙遗址》，《中国考古新发现年度记录2010》，中国文物报社，2011年。
魏存成：《高句丽国内城西墙外排水涵洞及相关遗迹考察》，《边疆考古研究》第10辑，科学出版社，2011年。
王飞峰：《关于千秋墓、太王陵和将军坟的几个问题》，《边疆考古研究》第10辑，科学出版社，2011年。
王聪：《镇赉县乌兰吐北岗新石器时代及辽金时期遗址》，《中国考古学年鉴2010》，文物出版社，2011年。
王志刚：《集安市高句丽时期国内城城址》，《中国考古学年鉴2010》，文物出版社，2011年。
徐坤：《白城市孙长青唐宋时期遗址》，《中国考古学年鉴2010》，文物出版社，2011年。
徐坤：《自安山城的考古收获与初步认识》，吉林大学硕士学位论文，2011年。
赵海龙、顾聆博、苏作巍：《吉林省旧石器时代考古专题调查》，《中国考古学年鉴2010》，文物出版社，2011年。
赵海龙、王利：《通化县秦汉长城》，《中国考古学年鉴2010》，文物出版社，2011年。
赵海龙：《通化县赤柏松汉代山城》，《中国考古学年鉴2010》，文物出版社，2011年。
郑春颖：《高句丽遗存所见服饰研究》，吉林大学博士学位论文，2011年。
董学增：《中国先秦古籍有关秽貊族的记载解析》，《东北史地》2011年第1期。

方铁雄、安仁顺：《吉林省图们市第三小学遗址调查简报》，《博物馆研究》2011年第1期。
魏存成：《中国境内发现的高句丽山城》，《社会科学战线》2011年第1期。
吴丽丹、姜晓东：《东北地区新石器时代玉器的四个发展阶段及其特点》，《东北史地》2011年第1期。
赵海龙：《细石叶剥制实验研究》，《人类学学报》2011年第1期。
高秀华、赵昕、王志刚、李丹：《集安禹山1041号墓出土鎏金器检测与分析》，《北方文物》2011年第2期。
李有骞：《日本海西北岸旧石器时代的细石叶技术及其与相邻地区的关系》，《北方文物》2011年第2期。
马洪：《渤海压印瓦"仏"字的构形来源》，《北方文物》2011年第2期。
陈全家、王法岗、王春雪：《嫩江流域青铜时代生业方式研究》，《华夏考古》2011年第2期。
陈全家、赵海龙、卢悦：《吉林两江镇旧石器地点发现的石器研究》，《草原文物》2011年第2期。
金旭东、褚金刚、王立新：《吉林通榆县长坨子四处遗址的调查》，《北方文物》2011年第3期。
吕军、陈颖：《吉林地区出土的玉壶春瓶及其相关问题》，《北方文物》2011年第3期。
王春燕、孙仁杰：《集安高句丽千秋墓墓室形制新论》，《北方文物》2011年第3期。
范鹏：《高句丽壁画人物首服的辨识与研究》，《北方文物》2011年第4期。
顾聆博、刘雪山、王聪：《吉林省镇赉县乌鸦山村发现两座辽墓》，《北方文物》2011年第4期。
吉林省文物考古研究所、长春市文物保护研究所：《长春市双阳区五家子遗址发掘简报》，《北方文物》2011年第4期。
吴敬：《近年来吉林省辽金时期考古发现与研究述略》，《博物馆研究》2011年第4期。
李德山：《再论好太王碑之"倭"》，《社会科学战线》2011年第5期。
于丽群、贾素娟、王静：《东团山遗址"黑衣柱把豆"制作工艺探析》，《东北史地》2011年第5期。
杨艳超、李春景：《渤海国文化遗存的区位因素分析——以和龙县渤海时期城址为例》，《商业文化（下半月）》2011年第5期。
张玉春：《高句丽瓦当》，《社会科学战线》2011年第5期。
郑鑫、金石柱：《浅析汪清县渤海国时期遗址分布与地理环境关系》，《商业文化（下半月）》2011年第5期。

耿铁华：《好太王碑辛卯年条与相关问题》，《社会科学战线》2011年第11期。
吉林省文物考古研究所、集安市博物馆：《集安国内城东、南城垣考古清理收获》，《边疆考古研究》第11辑，科学出版社，2012年。
吉林省文物考古研究所、吉林市文物管理处、永吉县文物管理所：《吉林永吉东梁岗遗址发掘报告》，《边疆考古研究》第12辑，科学出版社，2012年。
吉林省文物考古研究所、四平市文物管理委员会办公室：《吉林省梨树县风水山遗址2010年抢救性发掘》，《边疆考古研究》第12辑，科学出版社，2012年。
吉林省文物考古研究所、四平市文物管理委员会办公室：《吉林省四平市二龙湖古城址发掘报告》，《边疆考古研究》第12辑，科学出版社，2012年。
林世香、赵昕、傅佳欣：《吉林集安高句丽散莲花墓年代探讨》，《边疆考古研究》第12辑，科学出版社，2012年。
刘晓溪、刘玉成：《吉林省白城市金家金代遗址的发掘》，《边疆考古研究》第12辑，科学出版社，2012年。
刘晓溪：《辉南县明代辉发城址》，《中国考古学年鉴2011》，文物出版社，2012年。
李丹、解峰、刘玉成：《白城市永平金代寺庙遗址》，《中国考古学年鉴2011》，文物出版社，2012年。
李睿哲：《高句丽遗迹出土砖瓦研究》，吉林大学硕士学位论文，2012年。
马健、金旭东、赵俊杰：《再论邢家店类型遗存及相关问题》，《边疆考古研究》第11辑，科学出版社，2012年。
潘玲：《长城地带早期鲜卑遗存文化因素来源分析》，《边疆考古研究》第11辑，科学出版社，2012年。
孙颢：《高句丽陶器研究》，吉林大学博士学位论文，2012年。
唐淼：《长白山地及其延伸地带青铜时代墓葬分群及谱系关系》，《边疆考古研究》第11辑，科学出版社，2012年。
吴敬、顾聆博、梁娜：《吉林省舒兰市金代完颜希尹家族墓地及其私城的复查》，《边疆考古研究》第11辑，科学出版社，2012年。
赵宾福：《东北青铜时代考古学文化谱系格局的研究》，《边疆考古研究》第12辑，科学出版社，2012年。
赵海龙、顾聆博、王利：《通化县秦汉长城资源调查》，《中国考古学年鉴2011》，文物出版社，2012年。
赵俊杰：《再论高句丽"冉牟墓"的若干问题》，《边疆考古研究》第11辑，科学出版社，2012年。
周志明：《渤海石刻文献研究》，东北师范大学硕士学位论文，2012年。
郑鑫：《延边地区渤海遗址空间分布与地理环境关系研究》，延边大学硕士学位论文，2012年。

朱永刚、郑钧夫：《科尔沁沙地东北部地区新石器时代遗存初探》，《边疆考古研究》第11辑，科学出版社，2012年。
张全超、汤卓炜、王立新、段天璟、张萌：《吉林白城双塔遗址一期动物骨骼的稳定同位素分析》，《边疆考古研究》第11辑，科学出版社，2012年。
赵海龙：《2011年吉林通化赤柏松汉代古城考古新发现——为我国汉代东北史地研究提供了新材料》，《中国文物报》2012年4月27日第8版。
王立新、段天璟、汤卓炜：《吉林白城双塔发现万年前后陶器》，《中国文物报》2012年9月14日第6版。
陈全家、赵海龙、王欢：《浑江流域（2007年）发现的石器研究》，《北方文物》2012年第1期。
梁会丽：《吉林省梨树县风水山遗址文化因素分析》，《草原文物》2012年第1期。
张智勇：《东北地区直銎铜斧的分区与源流》，《文物春秋》2012年第1期。
赵俊杰：《再论高句丽山城城墙内侧柱洞的功能》，《考古与文物》2012年第1期。
赵俊杰、马健：《试论集安地区高句丽新旧墓制的过渡时段》，《东南文化》2012年第1期。
吉林省文物考古研究所、吉林省四平市文物管理委员会办公室：《吉林省境内叶赫河流域先秦遗存的调查》，《草原文物》2012年第2期。
唐小轩：《渤海三彩的几个问题》，《东北史地》2012年第2期。
王元林：《高句丽壁画墓的特质及其文化遗产价值评估》，《北方文物》2012年第2期。
赵俊杰：《从壁画中轺车图像的演变看三座高句丽壁画墓的编年》，《北方文物》2012年第2期。
赵清坡、陈全家、王春雪：《试析吉林省和龙市柳洞旧石器时代晚期遗址的古人类行为和石器技术》，《草原文物》2012年第2期。
吉林省文物考古研究所、集安市博物馆：《集安市太王镇新红村一座高句丽阶坛积石圹室墓（M28）的发掘》，《北方文物》2012年第3期。
吉林省文物考古研究所、集安市博物馆：《集安市太王镇新红村高句丽积石墓群发掘简报》，《北方文物》2012年第3期。
金泉：《吉林市博物馆馆藏元代三方官印研究》，《博物馆研究》2012年第3期。
刘晓东：《渤海王陵及相关问题绪论》，《北方文物》2012年第3期。
宋德辉、宋美萱：《吉林省白城市城四家子古城的兴衰》，《博物馆研究》2012年第3期。
徐文勇：《渤海国文字瓦研究情况述略》，《书法赏评》2012年第3期。
吉林省文物考古研究所、集安市博物馆：《集安高句丽早期遗存研究新进展——集安建疆遗址考古发掘收获》，《东北史地》2012年第4期。

吉林省文物考古研究所、四平市文物管理委员会办公室：《四平市二龙湖古城遗址2009年抢救性发掘》，《北方文物》2012年第4期。
聂勇：《吉林省镇赉县史前遗址调查与遗存分析》，《东北史地》2012年第5期。
赵俊杰、马健：《集安禹山两座高句丽时期积石墓的时代及相关问题》，《考古》2012年第5期。
刘玉成：《吉林市龙潭山鹿场遗址出土陶片的初步研究》，《东北史地》2012年第6期。
徐枫：《探析高句丽墓室壁画中莲花纹样的艺术特点》，《剑南文学》2012年第9期。
吴敬：《金代女真贵族墓汉化的再探索》，《考古》2012年第10期。
李绍俭：《略论高句丽壁画的表现形式》，《科技致富向导》2012年第29期。
李绍俭、尹国有：《浅析高句丽瓦当纹饰的构成特点》，《科技致富向导》2012年第30期。

附录二　吉林省地下文化遗产统计表（1937～2012年）

遗址名称	位置	遗迹	遗物	时代	文献出处
仙人洞遗址	桦甸市西北约23千米的寿山东坡上，西南距榆木桥子镇约2.3千米		两次发掘共获得石制品244件，骨器21件，及大量的动物化石	旧石器时代	《吉林桦甸寿山仙人洞旧石器遗址试掘报告》，《人类学学报》1994年第1期；《吉林桦甸仙人洞旧石器遗址1993年发掘报告》，《人类学学报》2007年第3期
王府屯遗址	前郭尔罗斯蒙古族自治县东南50千米的哈拉毛都乡王府屯西北沟		试掘出土14件石制品	旧石器时代	《吉林省旧石器时代考古概说》，《东北亚历史与考古信息》，1993年1、2合刊
转场遗址	蛟河市拉法镇新乡村，北距拉法乡约3千米，南距蛟河市约6千米		采集石制品6件	旧石器时代	《吉林市地区首次发现的旧石器》，《东北亚旧石器文化》，白山文化出版社，1996年
仙人桥洞遗址	蛟河市拉法镇小砬子山仙人桥下		试掘出土石制品2件	旧石器时代	《吉林市地区首次发现的旧石器》，《东北亚旧石器文化》，白山文化出版社，1996年
周家油坊遗址	榆树市西南18千米周家油坊村前河谷阶地上		发掘和调查所获石制品20件，及部分骨器、人骨化石和动物化石	旧石器时代	《吉林榆树周家油坊旧石器文化遗址》，《古脊椎动物与古人类》1981年19卷第3期；《吉林前郭查干泡发现的人类化石与古生态环境》，《史前研究》1984年第4期

续表

遗址名称	位置	遗迹	遗物	时代	文献出处
大桥屯地点	榆树市刘家乡大桥屯的黄土台地上		采集石制品17件，及部分动物化石	旧石器时代	《吉林榆树大桥屯发现的旧石器》，《人类学学报》1990年9卷第1期；《长春地区（99）发现的动物化石和旧石器》，《北方文物》2003年第2期
红嘴子地点	长春市郊幸福乡红嘴子村东南500米的伊通河畔的Ⅰ级阶地上		试掘和调查所获石制品3件，及部分动物化石	旧石器时代	《长春郊区红嘴子发现哺乳动物化石和旧石器》，《长春地质学院学报》1993年第2期
合发砖厂地点	长春市五棵树镇西南郊的松花江二级阶地上		采集石制品1件，骨器1件，及部分动物化石	旧石器时代	《长春地区（99）发现的动物化石和旧石器》，《北方文物》2003年第2期
西山遗址	吉林市郊的九站西山上		采集石制品16件	旧石器时代	《吉林市地区首次发现的旧石器》，《东北亚旧石器文化》，白山文化出版社，1996年
邵家店地点	辉南县样子哨镇邵家店村东北的山坡上		试掘和采集石制品57件	旧石器时代	《吉林辉南邵家店发现的旧石器》，《北方文物》2006年第1期
仙人洞遗址	抚松县东南2千米的马鹿沟内		采集石制品5件，及部分动物化石	旧石器时代	《吉林抚松发现旧石器时代文化遗址》，《人类学学报》1993年12卷第2期；《吉林抚松仙人洞旧石器时代遗址》，《东北亚旧石器文化》，白山文化出版社，1996年
西山遗址	抚松县新屯子镇西山上	黄色亚黏土层中发现一处用石块围成的椭圆形遗迹	发掘石制品30件	旧石器时代	《抚松新屯子西山旧石器遗址试掘报告》，《人类学学报》2009年第2期
立新遗址	安图县永庆乡立新村东北方向约2千米的第4级阶地上		试掘和采集石制品71件	旧石器时代	《延边安图立新发现的砾石石器》，《人类学学报》2008年第1期

续表

遗址名称	位置	遗迹	遗物	时代	文献出处
沙金沟遗址	安图县城（明月镇）西南约45千米的松江镇沙金沟村的北山上		采集石制品82件	旧石器时代	《安图金沙沟旧石器遗址发现的石器研究》，《华夏考古》2008年第4期
海沟金矿地点	安图县两江镇海沟金矿南1.5千米		采集石制品9件	旧石器时代	《吉林两江镇旧石器地点发现的石器研究》，《草原文物》2011年第2期
石人沟地点	安图县两江镇石人沟村北偏东1千米		采集石制品28件	旧石器时代	《吉林两江镇旧石器地点发现的石器研究》，《草原文物》2011年第2期
石门山遗址	安图县石门镇石门山南坡		发现了一枚古人类牙齿化石和大量的哺乳动物化石	旧石器时代	《吉林安图晚更新世洞穴堆积》，《古脊椎动物与古人类》1975年第3期；《吉林安图人化石》，《古脊椎动物与古人类》1982年第1期
新兴村洞穴地点	汪清县蛤蟆塘乡新兴村东山采石场		发现一些具有人工打击的碎骨和一些哺乳动物化石	旧石器时代	《汪清蛤蚂塘乡发现的动物化石》，《吉林日报》1986年9月23日
北山地点	珲春市西南郊的北山第二阶地台地上		试掘和采集石制品51件	旧石器时代	《吉林延边珲春北山发现的旧石器》，《人类学学报》2004年第2期
石人沟遗址	和龙市龙城镇石人村的西山上		发掘和调查所获石制品1331件	旧石器时代	《延边地区和龙石人沟发现的旧石器》，《人类学学报》2006年第2期；《延边和龙石人沟旧石器遗址2005年试掘报告》，《人类学学报》2010年第2期
柳洞地点	和龙市南坪镇柳洞村西北约500米		发掘和调查所获石制品231件	旧石器时代	《和龙柳洞旧石器地点发现的石制品研究》，《华夏考古》2005年3期；《延边和龙柳洞发现的旧石器》，《旧石器时代论集——纪念水洞沟遗址发现八十周年》，文物出版社，2006年；《吉林和龙柳洞2004年发现的旧石器》，《人类学学报》2006年第3期

续表

遗址名称	位置	遗迹	遗物	时代	文献出处
青头遗址	和龙市龙城镇青头村北约800米的三级阶地上		发掘和调查所获石制品216件	旧石器时代	《吉林和龙青头旧石器遗址的新发现及初步研究》，《考古与文物》2008年第2期
西沟地点	和龙市龙城镇西沟村西南约800米		采集石制品102件	旧石器时代	《吉林省和龙西沟发现的旧石器》，《北方文物》2010年第2期
石人沟林场地点	和龙市龙城镇石人沟林场东北约300米		发掘和调查所获石制品116件	旧石器时代	《石人沟林场旧石器地点试掘报告》，《人类学学报》2010年第4期
大洞遗址	和龙市崇善镇大洞村		发掘和调查所获石制品12000多件，及部分动物骨骼	旧石器时代	《和龙崇善大洞旧石器遗址（07年）发掘的石器研究》，吉林大学硕士学位论文，2008年；《和龙市大洞旧石器时代遗址》，《中国考古学年鉴2008》，文物出版社，2009年；《吉林和龙大洞旧石器时代遗址》，《中国考古新发现年度记录2010》，中国文物报社，2011年
下白龙地点	图们市月晴乡白龙村二队北约600米处		采集石制品31件	旧石器时代	《图们下白龙发现的旧石器》，《边疆考古研究》第2辑，科学出版社，2004年
大坎子遗址	镇赉县丹岱乡北约2千米的嫩江左岸的二级阶地上		发掘和调查所获石制品87件，动物化石标本56件	旧石器时代	《吉林镇赉丹岱大坎子发现的旧石器》，《北方文物》2001年第2期；《吉林省镇赉县白沙滩旧石器遗址出土的石器和动物化石》，《北方文物》2010年第4期
大布苏地点	乾安县工农湖镇大布苏泡子东岸第二级阶地前缘		发掘和调查石制品486件，及部分动物化石	旧石器时代	《吉林乾安县大布苏泡东岸遗址调查简报》，《考古》1984年第5期；《大布苏的细石器》，《人类学学报》1989年8卷第1期

续表

遗址名称	位置	遗迹	遗物	时代	文献出处
青山头遗址	前郭尔罗斯蒙古族自治县穆泉乡查干泡北岸		采集到旧石器时代石制品6件和股骨一段，及部分新石器时代遗存	旧石器时代、新石器时代	《吉林青山头人与前郭人的发现及其意义》，《吉林地质》1984年第3期；《吉林前郭查干泡发现的人类化石与古生态环境》，《史前研究》1984年第4期
南台子南遗址	集安市头道镇长江村南台子遗址的南侧		采集石制品47件	旧石器时代、新石器时代	《浑江流域（2007年）发现的石器研究》，《北方文物》2012年第1期
北屯孤山遗址	集安市财源镇北屯村北屯五队西1千米		采集石制品29件	旧石器时代、新石器时代	《浑江流域（2007年）发现的石器研究》，《北方文物》2012年第1期
歧新B地点	图们市月晴乡歧新六队一较高的台地上		采集石制品1件	旧石器时代	《延边地区图们江流域旧石器考古新发现》，《人类学学报》2003年第1期；《图们江流域旧石器地点》，《中国考古学年鉴2003》，文物出版社，2004年
歧新C地点	图们市月晴乡歧新六队一较高的台地上，位于歧新B地点南面		采集石制品40余件	旧石器时代	《延边地区图们江流域旧石器考古新发现》，《人类学学报》2003年第1期；《图们江流域旧石器地点》，《中国考古学年鉴2003》，文物出版社，2004年
后山地点	龙井市德新乡后山		采集石制品20余件	旧石器时代	《延边地区图们江流域旧石器考古新发现》，《人类学学报》2003年第1期；《图们江流域旧石器地点》，《中国考古学年鉴2003》，文物出版社，2004年

续表

遗址名称	位置	遗迹	遗物	时代	文献出处
靶山墓地	白城市西郊5千米的靶山上	墓葬5座	共计325件，清理出土267件石、骨、蚌器；采集、征集陶片、石器、骨器标本58件	新石器时代	《吉林白城靶山墓地发掘简报》，《考古》1988年第12期
迎花南山遗址	珲春市凉水镇迎花村东南1千米处山坳的两个山坡上	房址4座，灰坑1个，墓葬3座	文中介绍陶器7件，石器76件，骨器1件，铜器1件	新石器时代、青铜时代	《吉林珲春市迎花南山遗址、墓葬发掘》，《考古》1993年第8期
石砚墓地	图们市石砚二中后山	墓葬12座	共计270多件，文中介绍陶器27件（16件可复原），石器74件，骨器5件，绿松石、玉器90件，牙器1件	青铜时代	《吉林省图们石砚原始社会墓地的调查与清理》，《博物馆研究》1982年第1期
大六道沟遗址	珲春市（原珲春县）珲春河与大六道沟河交汇处	房址7座	文中介绍遗物21件，陶器12件（5件可复原），石器9件	新石器时代、青铜时代	《吉林省原始文化中几种新石器时代遗存》，《博物馆研究》1982年第1期
金谷墓地	龙井市德新乡南10千米	墓葬14座	共计560余件，清理出土陶器、石器、骨器、装饰品、铜器540余件，采集陶器、石器17件	青铜时代	《延吉德新金谷古墓葬清理简报》，《东北考古与历史》第1辑，文物出版社，1982年
河西北山墓地	珲春市凉水镇河西村四社	墓葬21座	共计110余件，有陶器、石器、骨器	青铜时代	《吉林珲春市河西北山墓地发掘》，《考古》1994年第5期
西崴子遗址	汪清县西崴子乡东部	房址10几处	共计62件，调查收集石器、陶器、骨角牙器等	青铜时代	《汪清西崴子遗址调查》，《博物馆研究》1993年第3期
马川子遗址	珲春市马川子乡马川子村河南屯北珲春河南岸台地上		文中介绍石器、陶器6件	青铜时代	《珲春县文物志》，1984年
小营子墓群	延吉市小营乡小营村四队北山坡上	石棺墓数百座，发掘52座	出土有石器、陶器等，数量不详	青铜时代	《延吉小营子遗迹调查报告》，1943年；《延吉市文物志》，1985年
水源地遗址	辽源市龙山区山湾乡七一村三队北山顶的城子山古城西约50～80米水源地南坡上		共计19件，调查采集陶器、石器	青铜时代	《辽源市文物志》，1986年

续表

遗址名称	位置	遗迹	遗物	时代	文献出处
老龙头山遗址	辽源市龙山区工农乡建新7队东部老龙头山顶北侧坡地上		共计23件，陶器19件、石器4件	青铜时代	《辽源市文物志》，1986年
南山遗址	辽源市龙山区工农乡黎明一队南山坡地上		文中介绍陶器14件	青铜时代	《辽源市文物志》，1986年
西山遗址	辽源市龙山区山湾乡福山一队西山南坡台地上	城址1处	文中介绍陶器6件	青铜时代	《辽源市文物志》，1986年
南大望遗址	辽源市龙山区工农乡王家村果园南大望山上		文中介绍陶器12件	青铜时代	《辽源市文物志》，1986年
高丽营石棺墓	辽源市龙山区灯塔乡胜利村五组后山东坡半山腰上	墓葬数量不详	陶罐1件	青铜时代或至早期铁器时代	《辽源地区发现两处青铜时代石棺墓》，《北方文物》1993年第2期
大架山遗址	辽源市宾馆东约300米处		采集石器1件、陶器数量不详	青铜时代	《辽源市文物志》，1986年
高古石棺墓	辽源市西安区灯塔乡高古村西“德庆和后山”	石棺墓7座	共计160余件，陶器1件、骨器1件、铜器7件、石器150余件	青铜时代或至早期铁器时代	《辽源市文物志》，1986年；《吉林省辽源市高古村石棺墓发掘简报》，《考古》1993年第6期
北山石棺墓	辽源市龙山区山湾乡山湾2队北山顶上	石棺墓1座	采集有陶器，数量不详	青铜时代	《辽源市文物志》，1986年
东升墓地	辽源市龙山区山湾乡东升2队靠近东辽河南岸的平地上		随葬品有陶器、铜钱，数量不详	汉代	《辽源市文物志》，1986年
谷家沟后山遗址	辽源市龙山区工农乡安国村三组谷家沟后山脚下		采集石器2件、陶器8件	青铜时代	《辽源龙山区发现一批古代器物》，《文物》2005年第2期
龙首山遗址	辽源市东侧龙首山		采集陶器、石器若干	青铜时代、汉初	《吉林辽源市龙首山遗址的调查》，《考古》1997年第2期
西断梁山遗址	东丰县一面山乡政府东北西断梁山东坡上	房址3座，灰坑6个	发掘出土石器110余件，陶器数量不详	新石器时代	《东丰县文物志》，1987年；《吉林东丰西断梁山新石器时代遗址发掘》，《考古》1991年第4期
崔大望遗址	东丰县大阳镇宝山参场南500米崔大望沟北侧漫岗上		采集石器5件，陶器数量不详	新石器时代	《东丰县文物志》，1987年

续表

遗址名称	位置	遗迹	遗物	时代	文献出处
德胜遗址	东丰县大阳乡德胜村后山偏东漫岗东坡		采集有陶器、石器，数量不详	新石器时代	《东丰县文物志》，1987年；《吉林东丰、海龙县考古调查与试掘简报》，《考古》1994年第6期
石大望遗址	东丰县大阳乡德胜村六队北约200米的山上	房址4座	出土有陶器、石器，数量不详	新石器时代、青铜时代	《东丰县石大望遗址考古调查》，《辽海文物学刊》1994年第1期；《吉林东丰、海龙县考古调查与试掘简报》，《考古》1994年第6期
龙头山遗址	东丰县大阳镇宝山村西500米的山丘岗地上	石棺墓1座	采集标本石器10件、陶器数量不详	青铜时代	《东丰县文物志》，1987年；《吉林东丰县南部古遗迹调查》，《考古》1987年第6期；《1985年吉林东丰县考古调查》，《考古》1988年第7期；《1985年吉林东丰县考古调查》，《考古》1988年第7期
狼洞山墓地	东丰县大阳镇宝山村四组西约1.5千米狼洞山的南坡上	石棺墓4座	出土石器5件、陶器1件	青铜时代或早期铁器时代	《吉林省东丰县狼洞山石棺墓调查与清理》，《北方文物》1999年第1期
大阳遗址	东丰县大阳镇西北粮食管理所后山上	墓葬1座	文中介绍陶器4件	青铜时代	《东丰县文物志》，1987年；《1985年吉林东丰县考古调查》，《考古》1988年第7期；《1987年吉林东丰南部盖石墓调查与清理》，《辽海文物学刊》1991年第2期
大阳西山头遗址	东丰县大阳镇西北1.5千米处	墓葬1座	采集有石器、陶器、铁器，数量不详	青铜时代、早期铁器时代	《东丰县文物志》，1987年；《吉林东丰县南部古遗迹调查》，《考古》1987年第6期；《1985年吉林东丰县考古调查》，《考古》1988年第7期；《1987年吉林东丰南部盖石墓调查与清理》，《辽海文物学刊》1991年第2期

续表

遗址名称	位置	遗迹	遗物	时代	文献出处
宝山遗址	东丰县大阳镇宝山村东南2.5千米处（亦称十大望遗址）		早期遗物有陶器5件、石器1件，晚期遗物数量不详	青铜时代、汉代	《东丰县文物志》，1987年；《1985年吉林东丰县考古调查》，《考古》1988年第7期
赵秋沟墓地	东丰县大阳镇宝山村东1.5千米	墓葬3座	出土部分陶器、骨器、石器、铜器	青铜时代	《1987年吉林东丰南部盖石墓调查与清理》，《辽海文物学刊》1991年第2期
宝山村东山墓	东丰县大阳镇宝山村东山上	墓葬1座	随葬陶器2件、铜器10件、石器14件、玉器1件	青铜时代	《1987年吉林东丰南部盖石墓调查与清理》，《辽海文物学刊》1991年第2期
城址山遗址	东丰县南部一面山乡政府西南4千米处		石器2件、陶器数量不详	青铜时代	《东丰县文物志》，1987年；《1985年吉林东丰县考古调查》，《考古》1988年第7期
西山帽遗址	东丰县北部永合乡富山村西南漫岗东坡上		石器2件、陶器数量不详	青铜时代	《东丰县文物志》，1987年；《1985年吉林东丰县考古调查》，《考古》1988年第7期
西山坡遗址	东丰县沙河镇乡盈仓村西1.2千米的西山东北坡地上		共计22件，采集有石器、陶器	青铜时代	《东丰县文物志》，1987年
刘大坡遗址	东丰县杨木林乡蛤蟆河村西南1千米处		采集有陶器、石器，数量不详	青铜时代	《东丰县文物志》，1987年
温家坡遗址	东丰县那丹伯镇屏风村正南约2千米温家西坡岗地上		共计11件，陶器10件、石器1件	青铜时代	《东丰县文物志》，1987年
西大岗遗址	东丰县那丹伯镇屏风村南约500米处的西大岗耕地上		共计16件，陶器15件、石器1件	青铜时代	《东丰县文物志》，1987年
长乐遗址	东丰县大阳镇长乐村后山漫丘岗西约1.5千米许		采集石器1件、陶器数量不详	青铜时代	《东丰县文物志》，1987年；《1985年吉林东丰县考古调查》，《考古》1988年第7期
转砬子山遗址	东丰县影壁山乡虎顶子村西500米许		文中介绍征集石器1件，陶器数量不详	青铜时代	《东丰县文物志》，1987年
联盟城址山遗址	东丰县横道河镇联盟村西北		石器4件、陶器数量不详	青铜时代	《东丰县文物志》，1987年

续表

遗址名称	位置	遗迹	遗物	时代	文献出处
叭哈硷子遗址	东丰县小四平乡福胜村西南2千米许的山上		采集石器5件、陶器数量不详	青铜时代	《东丰县文物志》，1987年；《吉林东丰县南部古遗迹调查》，《考古》1987年第6期
挂画地遗址	东丰县小四平乡福胜村东山上		采集石器6件、陶器数量不详	青铜时代	《东丰县文物志》，1987年
牛皮号遗址	东丰县小四平乡福胜村2千米许的牛皮号山西侧漫岗上		陶器17件	青铜时代	《东丰县文物志》，1987年
熊腰顶山遗址	东丰县一面山乡双山村南熊腰顶山顶		采集有陶器，数量不详	青铜时代	《东丰县文物志》，1987年
郭家街遗址	东丰县影壁山双龙村西1千米“郭家街”东山		采集有陶器，数量不详	青铜时代	《东丰县文物志》，1987年
烈士墓后山遗址	东丰县大阳镇卧牛山村南2.5千米一东西向漫岗上		共计32件，陶器30件、石器2件	青铜时代	《东丰县文物志》，1987年；《1985年吉林东丰县考古调查》，《考古》1988年第7期
小猪圈沟遗址	东丰县大阳镇卧牛村东北瓦房顶山小猪圈沟南坡		陶器13件	青铜时代	《东丰县文物志》，1987年
北山遗址	东丰县那丹伯镇石缝村西牛圈沟北山南坡上		共计40余件，石器8件，其余为陶器	青铜时代	《东丰县文物志》，1987年
幸福院东山遗址	东丰县影壁山乡长胜小学东侧幸福院东山漫岗东南坡上		采集有陶器、铁器，数量不详	青铜时代、汉代	《东丰县文物志》，1987年
二道岭遗址	东丰县南影壁山乡与大阳乡交界处的兴隆五队西北的漫岗上		采集陶片若干	新石器时代	《吉林东丰、海龙县考古调查与试掘简报》，《考古》1994年第6期
于会山遗址	东丰县横道河镇三合村于会山东坡上		采集有陶器，数量不详	青铜时代	《东丰县文物志》，1987年
二道岭遗址	东丰县南屯基乡榆林村		采集有陶器，数量不详	青铜时代	《东丰县文物志》，1987年
西岔沟遗址	东丰县一面山乡榆树林村西沟南坡耕地上		采集有陶器、石器，数量不详	青铜时代、汉代	《东丰县文物志》，1987年
阎大坡遗址	东丰县那丹伯镇石缝村西南阎大坡耕地上		石器9件、陶器数量不详	青铜时代	《东丰县文物志》，1987年
南山遗址	东丰县和平镇长兴村南山东坡上		共计4件，陶器3件、石器1件	青铜时代	《东丰县文物志》，1987年

续表

遗址名称	位置	遗迹	遗物	时代	文献出处
鸡爪沟遗址	东丰县三合乡义合村西部		采集有陶器、瓷器，数量不详	青铜时代、辽金时期	《东丰县文物志》，1987年
柳泉眼遗址	东丰县红石乡柳泉村东西两条钳形山冈的西侧山梁南坡		石器1件、陶器20余件	青铜时代、辽金时期	《东丰县文物志》，1987年
郑大坡遗址	东丰县那丹伯镇石缝村西山顶上		共计22件，陶器14件、石器8件	青铜时代	《东丰县文物志》，1987年
马蹄背遗址	东丰县和平镇三合村北1.5千米马蹄背岭东南坡上		采集陶器标本19件	青铜时代	《东丰县文物志》，1987年
坦克团后山遗址	东丰县大阳镇卧牛村东南2千米许的坦克团后山漫岗上		采集有陶器，数量不详	青铜时代	《东丰县文物志》，1987年
头道岭遗址	东丰县南屯基乡榆树村		采集有陶器，数量不详	青铜时代	《东丰县文物志》，1987年
柳泉东山遗址	东丰县红石乡柳泉村东约1千米的西岗坡上		采集有陶器，数量不详	青铜时代	《东丰县文物志》，1987年
三里墓地	东丰县大阳镇三里村东南2千米的漫岗上		采集有陶器，数量不详	青铜时代	《东丰县文物志》，1987年；《1987年吉林东丰南部盖石墓调查与清理》，《辽海文物学刊》1991年第2期
大架山遗址	东丰县大阳镇卧牛村与梅河口市山城镇交界处一山冈上	房址11座，灰坑4座	发掘出土文物上千件（百余件可复原）	青铜时代、汉代	《东丰县文物志》，1987年；《吉林东丰县南部古遗迹调查》，《考古》1987年第6期；《东丰县大架山青铜时代及汉代遗址》，《中国考古学年鉴1987》，文物出版社，1988年；《1985年吉林东丰县考古调查》，《考古》1988年第7期
小龙头山遗址	东丰县横道河镇东4千米许税局子村民委员会后山		文中介绍陶器3件、铁器1件	汉代	《东丰县文物志》，1987年
瓦房顶子山石棺墓地	东丰县大阳镇卧牛山村东北2.5千米许的瓦房顶子山上	石棺墓15座	随葬品有陶器、石器、铜器，数量不详	青铜时代、早期铁器时代	《辽东半岛石棚之研究》，《北方文物》1985年第3期；《吉林东丰县南部古遗迹调查》，《考古》1987年第6期

续表

遗址名称	位置	遗迹	遗物	时代	文献出处
小四平石棚墓地	东丰县小四平乡政府所在地周围	石棚墓4座	随葬品有陶器，数量不详	青铜时代	《东丰县文物志》，1987年；《1985年吉林东丰县考古调查》，《考古》1988年第7期
三里墓群	东丰县大阳镇三里村西北山上	石棺墓7座	青铜器1件，陶器残片若干	青铜时代	《东丰县文物志》，1987年
邱家沟墓群	东丰县大阳镇宝山村邱家沟内	石棺墓4座	未发现随葬品	青铜时代或早期铁器时代	《东丰县文物志》，1987年；《吉林东丰县南部古遗迹调查》，《考古》1987年第6期
五台山石棺墓	东丰县横道河子镇白蒿村南山顶石棺墓2座		陶器1件	青铜时代	《东丰县文物志》，1987年；《1985年吉林东丰县考古调查》，《考古》1988年第7期
杜家沟墓地	东丰县横道河子镇驼腰村杜家沟后山顶部	墓葬1座	未发现随葬品	青铜时代?	《1987年吉林东丰南部盖石墓调查与清理》，《辽海文物学刊》1991年第2期
驼腰村墓地	东丰县横道河子镇驼腰村后山顶部	墓葬1座	随葬石器2件	青铜时代?	《1987年吉林东丰南部盖石墓调查与清理》，《辽海文物学刊》1991年第2期
山里七队东山遗址	东丰县山里七队屯东山上	石棺墓7座	发现有陶器、铜器等，数量不详	青铜时代	《吉林东丰县南部古遗迹调查》，《考古》1987年第6期
大砬子沟墓群	东丰县南部熊大顶子东北的一山谷内	大盖石墓3座	未发现随葬品	青铜时代或早期铁器时代	《吉林东丰县南部古遗迹调查》，《考古》1987年第6期
老方家地遗址	扶余县华侨农场驻地（马家店）西南600米熊家亮泡南端东侧台地上		采集有陶器、骨器、铜器，数量不详	青铜时代、辽、金、明、清	《扶余县文物志》，1982年
长岗子遗址	扶余县伯都乡伯都屯西北3千米处马场沟子河南岸	灰坑1个，灶坑1个	发掘及采集有陶器、石器、蚌器，数量不详	青铜时代、辽金时期	《吉林扶余北长岗子遗址试掘简报》，《考古》1979年第2期
杨家沟遗址	扶余县伯都乡伯都屯东北1.5千米处台地坎上		采集有陶器，数量不详	青铜时代、汉代	《扶余县文物志》，1982年

续表

遗址名称	位置	遗迹	遗物	时代	文献出处
熊家亮遗址	扶余县华侨农场驻地（马家店）西500米的熊家亮泡的东侧台地上		采集陶器标本3件	青铜时代、汉代	《扶余县文物志》，1982年
腰岗子遗址	扶余县新民乡新民大队驻地西南漫岗子上		采集有陶器、瓷器，数量不详	青铜时代、汉代、辽金、明清时期	《扶余县文物志》，1982年
后土木古墓	扶余县朝阳乡后土木村东2千米的沙岗西侧的缓坡上	墓葬1座	清理和征集陶器11件、铜器件	青铜时代	《吉林省松原市后土木墓葬清理简报》，《北方文物》1998年第2期；《吉林松原市后土木村发现古代墓葬》，《考古》1999年第4期
老牛圈遗址	扶余县朝阳乡西六家子大队驻地北250米		采集有陶器，数量不详	青铜时代、汉代	《扶余县文物志》，1982年
南坨子遗址	扶余县大三家子乡南坨子屯西约500米处的松花江第二台地坎下的平地上		采集有陶器，数量不详	青铜时代	《吉林省前郭、扶余、德惠考古调查》，《考古》1961年第1期
鸡爪沟遗址	扶余县社里乡新山大队和兴隆沟屯之间的台地坎处		采集有陶器，数量不详	青铜时代	《扶余县文物志》，1982年
郭家泡遗址	扶余县社里乡新山大队兴隆沟屯南3千米许		采集有陶器，数量不详	青铜时代、辽金时期	《扶余县文物志》，1982年
南园子遗址	扶余县五家站镇西园子林场屯西约1千米处		采集有陶器、瓷器、建筑构件，数量不详	青铜时代、辽金时期	《扶余县文物志》，1982年
大李坨子遗址	扶余县五家子乡驻地西南7.5千米的大李坨子屯		采集有陶器，数量不详	青铜时代	《吉林省前郭、扶余、德惠考古调查》，《考古》1961年第1期
马家店墓地	扶余县县城北21千米处的华侨农场场部所在地漫岗西北部（俗称马家店岗子）		文中介绍陶器5件、石器5件	青铜时代、汉代	《扶余县文物志》，1982年
杏树地遗址	东辽县椅山乡东北5.5千米大兴村庄家街屯东侧山冈上		采集标本10件，陶器5件、石器5件	青铜时代	《东辽县文物志》，1986年

续表

遗址名称	位置	遗迹	遗物	时代	文献出处
大兴北山遗址	东辽县椅山乡东北5.5千米大兴村大兴屯北山南坡上		采集有陶器，数量不详	青铜时代	《东辽县文物志》，1986年
庙顶山西麓遗址	东辽县椅山乡东北6.5千米大兴村大兴沟屯西山上		采集标本8件，陶器1件、石器7件	青铜时代	《东辽县文物志》，1986年
河北后山岗遗址	东辽县椅山乡西北1.5千米河北村后山岗上		采集标本4件，陶器3件、石器1件	青铜时代	《东辽县文物志》，1986年
刘家后山遗址	东辽县椅山乡西北1.5千米河北村河北屯刘家后山顶上		采集有陶器、石器，数量不详	青铜时代	《东辽县文物志》，1986年
柳河小东山遗址	东辽县椅山乡东7千米柳河村小东山上		采集有陶器，数量不详	青铜时代	《东辽县文物志》，1986年
小弯沟北山遗址	东辽县椅山乡东南4千米弯月村小弯沟北山上		采集有陶器、石器，数量不详	青铜时代	《东辽县文物志》，1986年
杨树尖山遗址	东辽县椅山乡南1.5千米椅云村杨树尖山上		采集标本13件，陶器11件、石器2件	青铜时代	《东辽县文物志》，1986年
杏木东大顶子遗址	东辽县椅山乡东南约5千米杏木村土顶子屯东大顶子山上		采集有陶器、石器，数量不详	青铜时代	《东辽县文物志》，1986年
芦龙北山遗址	东辽县椅山乡东8千米芦龙村北山上		采集有陶器、石器，数量不详	青铜时代	《东辽县文物志》，1986年
河北南山岗遗址	东辽县椅山乡西北500米河北村南山岗上		采集石器1件，陶器数量不详	青铜时代	《东辽县文物志》，1986年
草庙后山遗址	东辽县椅山乡南4千米草庙村韩家油房屯后山上		采集有陶器，数量不详	青铜时代	《东辽县文物志》，1986年
腰道地遗址	东辽县椅山乡东4.5千米牛心村刘家屯南岗上（此地称腰道地）		采集有陶器、石器，数量不详	青铜时代	《东辽县文物志》，1986年
老梁前山遗址	东辽县椅山乡东南8.5千米芦龙村葫芦头沟屯老梁前山冈顶上		采集有陶器，数量不详	青铜时代	《东辽县文物志》，1986年
孙家后山遗址	东辽县椅山乡西南1千米河北村富裕沟孙长余家后山上		采集标本8件，陶器7件、石器1件	青铜时代	《东辽县文物志》，1986年

续表

遗址名称	位置	遗迹	遗物	时代	文献出处
老道东沟遗址	东辽县安石镇东南5千米东道村鞍山屯东山上		采集有陶器、石器，数量不详	青铜时代	《东辽县文物志》，1986年
众志西大岭遗址	东辽县安石镇西南约1千米众志村瓦盆窑屯西大岭东麓		采集有陶器，数量不详	青铜时代、辽金时期	《东辽县文物志》，1986年
路河后山遗址	东辽县安石镇北3.5千米路河村后山上		采集有陶器，数量不详	青铜时代	《东辽县文物志》，1986年
众志土城子遗址	东辽县安石镇西南4千米众志村黄家沟屯土城子地里		采集标本9件，陶器8件、石器1件	青铜时代	《东辽县文物志》，1986年
方家房场后山遗址	东辽县安石镇东北永长村双顶沟屯方家房场后山上		采集石器1件，陶器数量不详	青铜时代	《东辽县文物志》，1986年
双顶沟东山岗遗址	东辽县安石镇东北6千米永长村双顶沟屯东山上		采集有陶器、石器，数量不详	青铜时代	《东辽县文物志》，1986年
西大坡遗址	东辽县安石镇东南6千米前香村第一生产组北沟西大坡耕地上		采集陶器7件	青铜时代	《东辽县文物志》，1986年
三合后岗地遗址	东辽县热闹乡西北7.5千米三合村张家沟屯后山冈上		采集有陶器，数量不详	青铜时代	《东辽县文物志》，1986年
曲家沟西山遗址	东辽县热闹乡北8千米三合村曲家沟屯西山头上		采集有陶器，数量不详	青铜时代	《东辽县文物志》，1986年
寿山石砬子遗址	东辽县热闹乡西北3千米寿山村石砬子山嘴处		采集石器1件，陶器数量不详	青铜时代	《东辽县文物志》，1986年
热闹南山遗址	东辽县热闹乡南约1千米热闹村黄家店屯南山上		采集有陶器，数量不详	青铜时代	《东辽县文物志》，1986年
黑牛圈东山遗址	东辽县热闹乡北5.5千米黑牛村黑牛圈屯东山顶端		采集有陶器、石器，数量不详	青铜时代	《东辽县文物志》，1986年
礼让西山遗址	东辽县热闹乡东南6千米礼让村缸窑岭屯西山上		采集有陶器，数量不详	青铜时代	《东辽县文物志》，1986年
永康南山帽遗址	东辽县热闹乡西南5千米永康村春香屯南山上		文中介绍陶器19件、石器2件	青铜时代	《东辽县文物志》，1986年

续表

遗址名称	位置	遗迹	遗物	时代	文献出处
永治西山遗址	东辽县热闹乡南3千米永治村西山上		采集有陶器，数量不详	青铜时代	《东辽县文物志》，1986年
永治北山遗址	东辽县热闹乡南3.38千米永治村山头屯后山上		采集有陶器，数量不详	青铜时代	《东辽县文物志》，1986年
安龙大卧山遗址	东辽县宴平乡东6.5千米安龙村大卧山上		采集有陶器，数量不详	青铜时代	《东辽县文物志》，1986年
永平西陵遗址	东辽县宴平乡东3千米永平村西岭梯田地上		采集有陶器、石器，数量不详	青铜时代	《东辽县文物志》，1986年
东平罗锅地遗址	东辽县宴平乡西4.7千米东平村罗锅地里		采集器物7件，陶器6件、石器1件	青铜时代	《东辽县文物志》，1986年
康宁过岭道遗址	东辽县宴平乡康宁村西过岭道上		1960年采集器物数量不详，1986年采集器物4件，陶器3件、石器1件	青铜时代	《东辽县文物志》，1986年
安平北山遗址	东辽县宴平乡东南约150米安平村北山上		采集陶器数量不详、石器3件	青铜时代	《东辽县文物志》，1986年
安平北山头遗址	东辽县宴平乡东1.5千米安平村北山头		采集有陶器、石器，数量不详	青铜时代	《东辽县文物志》，1986年
前平后山遗址	东辽县宴平乡北约1.5千米前平村小学校后山上		采集石器7件	青铜时代	《东辽县文物志》，1986年
周家大山遗址	东辽县辽河源镇东6.5千米培英村周家大山上		采集有陶器、石器，数量不详	青铜时代	《东辽县文物志》，1986年
长治南山遗址	东辽县辽河源镇东北6千米长治村长治屯南山上		采集有陶器、石器，数量不详	青铜时代	《东辽县文物志》，1986年
宫家东山遗址	东辽县渭津镇东南4千米宫家村宫大院屯宫家沟里		采集标本11件，陶器9件、石器2件	青铜时代	《东辽县文物志》，1986年
王大院后山遗址	东辽县渭津镇东2.5千米大榆树村王大院屯后山上		采集有陶器，数量不详	青铜时代	《东辽县文物志》，1986年
乔家后山遗址	东辽县渭津镇北300米乔家村后山上		采集标本3件，陶器2件、石器1件	青铜时代	《东辽县文物志》，1986年
前山帽遗址	东辽县渭津镇东南5.5千米福民村上杨家屯东南一座高山上（俗称前山帽）		采集有陶器9件、石器1件	青铜时代	《东辽县文物志》，1986年

续表

遗址名称	位置	遗迹	遗物	时代	文献出处
邵大院南山遗址	东辽县渭津镇西南2千米渭滨村火石顶屯（旧称邵大院）南山上		采集有陶器，数量不详	青铜时代	《东辽县文物志》，1986年
大台地遗址	东辽县渭津镇东南2.2千米宫家村宫家小学西侧山上（俗称大台地）		采集有陶器、石器，数量不详	青铜时代	《东辽县文物志》，1986年
夏家街西北山遗址	东辽县渭津镇西4千米后凉村夏家街屯西北山上		采集有陶器，数量不详	青铜时代	《东辽县文物志》，1986年
上杨家北山遗址	东辽县渭津镇东南5.5千米福民村上杨家屯北山顶端		采集有陶器，数量不详	青铜时代	《东辽县文物志》，1986年
大山头遗址	东辽县渭津镇西北7千米三星村大山头屯西北山上		采集有陶器，数量不详	青铜时代	《东辽县文物志》，1986年
侯大坡遗址	东辽县渭津镇西北4.5千米小良村小良屯东山侯大坡		采集有陶器，数量不详	青铜时代	《东辽县文物志》，1986年
四方背北山遗址	东辽县渭津镇8.8千米福胜村四方背屯北山上		采集有陶器，数量不详	青铜时代	《东辽县文物志》，1986年
王家街西山遗址	东辽县渭津镇东南6千米福民村王家街屯西山上		采集有陶器，数量不详	青铜时代	《东辽县文物志》，1986年
猪场东山遗址	东辽县渭津镇西南4千米前凉村前凉水泉屯猪场东山上		采集陶器标本4件	青铜时代	《东辽县文物志》，1986年
碾子周东山遗址	东辽县渭津镇西南5.5千米增福村碾子周屯北沟东山上		采集有陶器，数量不详	青铜时代	《东辽县文物志》，1986年
前桦皮后山遗址	东辽县渭津镇西南4千米桦皮村前桦皮屯后山上		采集陶器标本3件	青铜时代	《东辽县文物志》，1986年
下屯北山遗址	东辽县凌云乡南10千米化新村下屯后山上		采集标本3件，陶器2件、石器1件	青铜时代	《东辽县文物志》，1986年
凌镇北山遗址	东辽县凌云乡政府所在地凌镇村北山东坡处		采集有陶器，数量不详	青铜时代	《东辽县文物志》，1986年
凌云小街南山遗址	东辽县凌云乡政府所在地凌镇村小街南山东坡处		采集标本3件，陶器2件、石器1件	青铜时代	《东辽县文物志》，1986年

续表

遗址名称	位置	遗迹	遗物	时代	文献出处
文关街北山遗址	东辽县凌云乡北8千米文关村文关街屯北山上		采集陶器标本3件	青铜时代	《东辽县文物志》，1986年
双龙南山遗址	东辽县凌云乡北6千米双龙村双龙屯南山上		采集有陶器，数量不详	青铜时代	《东辽县文物志》，1986年
城子沟遗址	东辽县凌云乡西南6.5千米丰田村城子沟屯后山		采集陶、石器标本20余件	青铜时代	《东辽县文物志》，1986年
孙家沟后山遗址	东辽县凌云乡北4.8千米双龙村孙家沟后山上		采集石器标本1件、陶器标本数量不详	青铜时代	《东辽县文物志》，1986年
林家沟西山遗址	东辽县凌云乡西南4千米富家村林家沟屯西山上		采集有陶器，数量不详	青铜时代	《东辽县文物志》，1986年
富安后山遗址	东辽县凌云乡北4.5千米富安村田家街屯后山上		采集有陶器，数量不详	青铜时代	《东辽县文物志》，1986年
富安小学后山遗址	东辽县凌云乡北5千米富安村小学后山上		采集标本7件，陶器6件、石器1件	青铜时代	《东辽县文物志》，1986年
岳家沟东山遗址	东辽县凌云乡东南8千米柳叶村岳家沟屯东山上		采集陶器标本4件	青铜时代	《东辽县文物志》，1986年
凌云卫生院西山遗址	东辽县凌云乡政府卫生院西山上		采集陶器标本3件	青铜时代	《东辽县文物志》，1986年
谢家街西山遗址	东辽县凌云乡北8.3千米文关村谢家街屯西山上		文中介绍陶器13件	青铜时代	《东辽县文物志》，1986年
沈有田前山遗址	东辽县石驿乡南2.5千米石驿村小家槽下屯东北山岗上（俗称沈有田前山）		文中介绍陶器6件	青铜时代	《东辽县文物志》，1986年
卫生院后山遗址	东辽县石驿乡东南1000米石驿乡卫生院后山上		采集有陶器，数量不详	青铜时代	《东辽县文物志》，1986年
姜家院大背山遗址	东辽县石驿乡西北500米大道村姜家院屯北山上		采集有陶器，数量不详	青铜时代	《东辽县文物志》，1986年
田家街北山遗址	东辽县石驿乡东南1.2千米彩岚村田家街屯北山上		采集有陶器，数量不详	青铜时代、汉代	《东辽县文物志》，1986年

续表

遗址名称	位置	遗迹	遗物	时代	文献出处
韩大院西山遗址	东辽县石驿乡西南2千米彩岚村韩大院屯西山上		采集有陶器，数量不详	青铜时代、汉代	《东辽县文物志》，1986年
刘家街北山遗址	东辽县石驿乡西南3千米泉眼村刘家屯北山上		采集有陶器，数量不详	青铜时代	《东辽县文物志》，1986年
依马后山遗址	东辽县安恕镇西南7千米依马村依马屯后山上		采集有陶器，数量不详	青铜时代	《东辽县文物志》，1986年
四道沟西山遗址	东辽县安恕镇东北3千米北安村四道屯西南西山上		采集石器1件，陶器数量不详	青铜时代	《东辽县文物志》，1986年
四道沟东山遗址	东辽县安恕镇东北3千米北安村四道屯西南约300米冻伤顶		采集标本8件，陶器7件、石器1件	青铜时代	《东辽县文物志》，1986年
窖顶山遗址	东辽县安恕镇西1.6千米花园村谢家店屯窖顶山		采集标本2件，陶器1件、石器1件	青铜时代	《东辽县文物志》，1986年
门家南山遗址	东辽县安恕镇西南3千米岳家村门家屯南山上		采集有陶器，数量不详	青铜时代	《东辽县文物志》，1986年
兴旺王大山遗址	东辽县安恕镇西南2.5千米岳家村兴旺屯南山上		采集有陶器，数量不详	青铜时代	《东辽县文物志》，1986年
城仁沟东山遗址	东辽县安恕镇6.5千米城仁沟东山上		采集标本3件，陶器2件、石器1件	青铜时代	《东辽县文物志》，1986年
烈士塔南山遗址	东辽县白泉镇烈士塔南山上		采集石器1件，陶器数量不详	青铜时代	《东辽县文物志》，1986年
庄家后山遗址	东辽县白泉镇南3.5千米安全村吴家馆子屯后山上		采集标本9件，陶器8件、石器1件	青铜时代	《东辽县文物志》，1986年
德智东山遗址	东辽县泉太镇东5.5千米德智村东山上		采集有陶器，数量不详	青铜时代	《东辽县文物志》，1986年
钓鱼台遗址	东辽县泉太镇7千米黎明村小学西约50米钓鱼台		采集标本10件，陶器5件、石器5件	青铜时代	《东辽县文物志》，1986年
悦安东山遗址	东辽县平岗乡南5.6千米悦安村东山		采集石器标本3件，陶器数量不详	青铜时代	《东辽县文物志》，1986年
悦安后山遗址	东辽县平岗乡南5.6千米悦安村后山上		采集有陶器，数量不详	青铜时代	《东辽县文物志》，1986年

续表

遗址名称	位置	遗迹	遗物	时代	文献出处
西大顶山遗址	东辽县金岗乡西南2.5千米西柳村西柳屯“城子山”上		采集铁器标本3件、石器1件、陶器数量不详	青铜时代、汉代	《东辽县文物志》，1986年
肖家南山遗址	东辽县金岗乡西北5千米光明村成山屯肖家南山上		采集石器标本7件、铁器2件、陶器数量不详	青铜时代、汉代	《东辽县文物志》，1986年
藕力嘴子西山遗址	东辽县金岗乡东南3千米东柳村藕力屯（旧名藕力嘴子）西山顶上		采集有陶器，数量不详	青铜时代	《东辽县文物志》，1986年
半拉城山遗址	东辽县中心乡东南5.9千米幸福村安和屯半拉城山上		采集有陶器，数量不详	青铜时代	《东辽县文物志》，1986年
赵家粉房西山遗址	东辽县中心乡东2.2千米河信村赵家粉房西山上		采集陶器标本10件	青铜时代	《东辽县文物志》，1986年
黑鱼泡西山遗址	东辽县中心乡西北3千米水缸村黑鱼泡屯西山上		采集石器标本2件、陶器数量不详	青铜时代	《东辽县文物志》，1986年
浸头垄遗址	东辽县石河乡西南10千米建国村蚂蚁房子屯浸头垄耕地处		采集标本有石器1件、陶器数量不详	青铜时代	《东辽县文物志》，1986年
龙头东山遗址	东辽县石河乡西南5.5千米成山村龙头屯东山上		采集有陶器，数量不详	青铜时代	《东辽县文物志》，1986年
太和西山遗址	东辽县石河乡西1千米太和村西山上		采集有陶器，数量不详	青铜时代	《东辽县文物志》，1986年
致富南山遗址	东辽县石河乡东北2.6千米正风村致富屯南山上		采集石器标本1件、陶器标本数量不详	青铜时代	《东辽县文物志》，1986年
白庙南山遗址	东辽县石河乡西南2.5千米建国村白庙屯南山上		采集有陶器，数量不详	青铜时代	《东辽县文物志》，1986年
力耕西山头遗址	东辽县建安镇南18千米力耕村西山头上		采集有陶器，数量不详	青铜时代	《东辽县文物志》，1986年
安义西南山遗址	东辽县建安镇东南7千米安义村新华屯西南1000米山冈上		采集有陶器，数量不详	青铜时代	《东辽县文物志》，1986年
大架山遗址	东辽县建安镇南16千米力耕村力耕屯北山上		采集石器标本2件、陶器数量不详	青铜时代	《东辽县文物志》，1986年
向荣西北山遗址	东辽县建安镇东16千米向荣树西北山上		采集石器标本1件、陶器标本数量不详	青铜时代	《东辽县文物志》，1986年

续表

遗址名称	位置	遗迹	遗物	时代	文献出处
许家后山遗址	东辽县甲山乡西6千米左家村张泉沟屯许家后山上		采集石器标本1件、陶器标本数量不详	青铜时代	《东辽县文物志》，1986年
小黑背山遗址	东辽县甲山乡东2千米义方村小黑背山上		采集标本8件，陶器7件、石器1件	青铜时代	《东辽县文物志》，1986年
大弯垄遗址	东辽县甲山乡南1千米下湾村李家店屯北山上，当地俗称大弯垄地		采集石器标本1件、陶器标本数量不详	青铜时代	《东辽县文物志》，1986年
康佳屯南山遗址	东辽县甲山乡北2千米明道村康家屯南山上		采集陶器标本6件	青铜时代	《东辽县文物志》，1986年
山湾西山遗址	东辽县甲山乡东北5.5千米五龙村山弯屯西山上		文中介绍陶器7件	青铜时代	《东辽县文物志》，1986年
古榆单垧地遗址	东辽县甲山乡东6千米古榆树村东沟屯单垧地上		采集有陶器，数量不详	青铜时代	《东辽县文物志》，1986年
丰乐后山遗址	东辽县甲山乡西5.5千米左家村丰乐屯后山上		采集石器标本2件、陶器数量不详	青铜时代	《东辽县文物志》，1986年
德林南山遗址	东辽县金州乡东北3千米德林村南山上		采集有陶器，数量不详	青铜时代	《东辽县文物志》，1986年
大脑袋山遗址	东辽县金州乡东北3千米德林村前车背沟屯沟里		采集陶器标本2件、石器标本1件	青铜时代	《东辽县文物志》，1986年
大度西山遗址	东辽县金州乡西北500米大度村新建屯西山上		采集标本共5件，陶器4件、石器1件	青铜时代	《东辽县文物志》，1986年
安兴西山头遗址	东辽县足民乡西南7.5千米安兴村元树屯西山头上		采集石器标本2件、陶器数量不详	青铜时代	《东辽县文物志》，1986年
庙台东山墓地	东辽县泉太镇东7千米黎明村长泡屯庙台东山	墓葬数量不详	采集随葬器物14件，石器11件、陶器3件	青铜时代	《东辽县文物志》，1986年
庄家后山墓地	东辽县白泉镇南4千米安全村庄家后山顶上	墓葬数量不详	采集有陶器，数量不详	青铜时代	《东辽县文物志》，1986年
垧半地墓地	东辽县甲山乡西1千米敬老院东侧垧半地山南坡上	石棺墓1座	采集有陶器，数量不详	青铜时代	《东辽县文物志》，1986年
老梯田墓地	东辽县平岗镇东南4.5千米悦安村老梯田的最高处	石棺墓1座	未发现随葬品	青铜时代	《东辽县文物志》，1986年
南山帽墓地	东辽县安恕镇东1.5千米曲家村南山顶	石棺墓1座	随葬品有青铜器1件，陶器数量不详	青铜时代	《东辽县文物志》，1986年
大顶子山南麓墓地	东辽县泉太镇东5.5千米黎明村大顶子山南麓	石棺墓3座	共计24件，陶器19件、石器5件	青铜时代	《东辽县文物志》，1986年

续表

遗址名称	位置	遗迹	遗物	时代	文献出处
南山墓地	东辽县中心乡西8千米双城子村桦木砬子屯南山顶	石棺墓1座	采集有陶器，数量不详	青铜时代	《东辽县文物志》，1986年
西园东山墓地	东辽县中心乡北9.5千米西园村东山顶上	墓葬数量不详	陶器40余件	青铜时代	《东辽县文物志》，1986年
腰岭子墓地	东辽县安石镇南3千米众志村腰岭子	石棺墓1座	青铜器1件	青铜时代	《东辽县文物志》，1986年
清河后山墓地	东辽县白泉镇南10.5千米清河村后山坡上	石棺墓1座	采集有陶器，数量不详	青铜时代	《东辽县文物志》，1986年
小家槽后山墓地	东辽县石驿乡南3千米石驿村小家槽下屯后山上	石棺墓2座	陶器1件	青铜时代	《东辽县文物志》，1986年
宋家街北山墓地	东辽县石驿乡西南1千米大道村宋家街屯北山上	石棺墓1座	无随葬品	青铜时代	《东辽县文物志》，1986年
彩岚北山墓地	东辽县石驿乡东南5千米彩岚村北山东坡		随葬有陶器，数量不详	汉代	《东辽县石驿乡古代墓群出土文物》，《博物馆研究》，1983年第3期
长兴后山墓地	东辽县石驿乡北部石驿至辽源公路东侧长兴沟里	长方形土坑墓百余座	采集有陶器，数量不详	汉代	《东辽县文物志》，1986年
敬老院北山墓地	东辽县石驿乡北部石驿至辽源公路东侧的山冈上	墓葬数量不详	采集有陶器，数量不详	汉代	《东辽县文物志》，1986年
马家沟城子山山城	东辽县甲山乡北1.5千米明道村马家沟屯西侧城子山上		采集标本13件，陶器9件、石器2件、铁器2件	青铜时代、汉代	《东辽县文物志》，1986年
康宁后山山城	东辽县宴平乡西约3.5千米康宁村第一生产组后山上		采集有陶器，数量不详	青铜时代、汉代	《东辽县文物志》，1986年
老道炉山城	东辽县中心乡西北3.8千米西园村靠山屯北山上（俗称老道炉山）		采集石器1件，陶器、铁器数量不详	青铜时代、汉代	《东辽县文物志》，1986年
长治“高丽山头”山城	东辽县辽河源镇东北6千米长治村长治屯南山上		采集铁器标本1件、石器1件、陶器数量不详	青铜时代、汉代	《东辽县文物志》，1986年
大架子山遗址	东辽县辽源河镇大架子村、腰堡村和邱岗村交界处	灰坑3个	清理陶器、石器若干	新石器时代、青铜时代	《东辽河上游考古调查发掘简报》，《辽海文物学刊》1995年第2期

续表

遗址名称	位置	遗迹	遗物	时代	文献出处
炮台山遗址	东辽县辽源河镇大架子村东约200米处的炮台山顶部	房址1座，灰坑2个	发掘出土陶器、石器若干	青铜时代	《东辽河上游考古调查发掘简报》，《辽海文物学刊》1995年第2期
元宝山遗址	东辽县辽源河镇大架子村南500米处的元宝山顶部		发掘及采集陶片、石器若干	青铜时代	《东辽河上游考古调查发掘简报》，《辽海文物学刊》1995年第2期
秋岗遗址	东辽县辽源河镇秋岗村北200米处的山丘上		采集陶片、石器若干	青铜时代	《东辽河上游考古调查发掘简报》，《辽海文物学刊》1995年第2期
荣华遗址	东辽县辽源河镇合兴村南1.5千米的荣华水库后山上		采集有陶片、石器、铁器，数量不详	青铜时代，铁器时代	《东辽河上游考古调查发掘简报》，《辽海文物学刊》1995年第2期
高丽坟石棺墓	东辽县平岗镇共安村三组北约500米高丽坟山顶	石棺墓2座	出土陶器3件	青铜时代或至早期铁器时代	《辽源地区发现两处青铜时代石棺墓》，《北方文物》1993年第2期
王八脖子遗址	通化市还通乡江南村一漫岭，原名万宝钹子，俗名王八脖子		数量不详	新石器时代、青铜时代	《通化市文物志》，1986年
九仙峰遗址	通化市江东新站街南山委的居民区内		数量不详	新石器时代	《通化市文物志》，1986年
桦树河口遗址	通化市火车站对面高山阳面的山坳中		数量不详	新石器时代	《通化市文物志》，1986年
西热村遗址	通化市鸭园镇西7.5千米西热村		数量不详	新石器时代	《通化市文物志》，1986年
东热村南山遗址	通化市鸭园镇东热村村头南山		采集石器标本3件，陶器数量不详	新石器时代	《通化市文物志》，1986年
东热河东遗址	通化市鸭园镇小罗圈沟河河口的东南角		采集石器标本2件、陶器数量不详	新石器时代	《通化市文物志》，1986年
向阳村遗址	通化市鸭园镇西南3千米向阳村		采集石器标本2件、陶器数量不详	新石器时代、渤海时期、辽金时期	《通化市文物志》，1986年

续表

遗址名称	位置	遗迹	遗物	时代	文献出处
鸭园隧洞山顶遗址	通化市鸭园镇火车站北部		数量不详	新石器时代、渤海时期、辽金时期	《通化市文物志》，1986年
西山南坡古墓群	通化市市区光明街道办西山南坡	墓葬数量不详	数量不详	青铜时代	《通化市文物志》，1986年
南头屯古墓群	通化市金厂镇江沿村南头屯北部	墓葬16座	数量不详	青铜时代、渤海时期	《通化市文物志》，1986年
万发拨子遗址	通化市金厂镇跃进村	房址22座，墓葬56座，灰坑160个、灰沟9条、围沟1条	发掘出土石器、陶器、青铜、鎏金器、银器、瓷器、铁器、骨器等6942件	新石器时代、青铜时代、高句丽、明代	《探寻高句丽早期遗存及起源——吉林通化万发拨子遗址发掘获重要收获》，《中国文物报》2000年3月19日第1版；《吉林通化万发拨子遗址二十一号墓的发掘》，《考古》2003年第8期
拉拉屯遗址	通化市东郊拉拉屯北约1.5千米的山冈上	房址2座，灰坑5个	出土部分陶器、石器，数量不详	青铜时代	《吉林通化二道区拉拉屯北岗青铜遗址发掘》，《辽海文物学刊》1992年第1期
南团山遗址	珲春市（原珲春县）城东北87千米珲春河和大六道沟河汇合处的南团山上	房址6座	数量不详	新石器时代	《珲春县文物志》，1984年；《吉林珲春南团山、一松亭遗址调查》，《文物》1973年第8期
一松亭遗址	珲春市（原珲春县）哈达门乡一松亭村	房址1座	数量不详	汉代、辽金时期	《珲春县文物志》，1984年；《吉林珲春南团山、一松亭遗址调查》，《文物》1973年第8期
窟窿山遗址	珲春市（原珲春县）西部高力岭山南端东侧图们江冲积盆地上，属凉水镇庆荣村		数量不详	青铜时代、渤海时期、辽金时期	《珲春县文物志》，1984年

续表

遗址名称	位置	遗迹	遗物	时代	文献出处
孤山子遗址	珲春市（原珲春县）凉水镇东南3千米的珲图公路南侧		数量不详	青铜时代、辽金时期	《珲春县文物志》，1984年
密江西岗子遗址	珲春市（原珲春县）密江乡西南图们江北岸台地上，俗称“西岗子”		数量不详	青铜时代、渤海时期	《珲春县文物志》，1984年
六道泡遗址	珲春市（原珲春县）敬信乡六道泡村东北1.5千米一处平展的山冈上		数量不详	青铜时代、渤海、辽金时期	《珲春县文物志》，1984年
杨木林子遗址	珲春市（原珲春县）杨泡乡杨木林子村落东部台地及周围		数量不详	青铜时代、渤海时期	《珲春县文物志》，1984年
大红旗河遗址	珲春市（原珲春县）杨泡乡大红旗村西南1千米处平地上		数量不详	青铜时代、辽金明清时期	《珲春县文物志》，1984年
珲春镇二完小遗址	珲春市（原珲春县）珲春镇二完小院内		数量不详	青铜时代、汉代	《珲春县文物志》，1984年
新兴洞古墓群	珲春市（原珲春县）凉水镇新兴洞村南600米东山西坡	墓葬31座	石器356件，陶器12件，骨器9件，铜器1件	汉代	《珲春县文物志》，1984年；《吉林珲春新兴洞墓地发掘报告》，《北方文物》1992年第1期
河西古墓葬	珲春市（原珲春县）凉水镇窟窿山南坡及山脚下斜坡上	墓葬数量不详	数量不详	青铜时代	《珲春县文物志》，1984年
大青嘴遗址	德惠市（原德惠县）大青咀乡东500米处		发现有石器、骨器、陶器等，数量不详	新石器时代、青铜时代	《德惠县文物志》，1983年；《吉林省农安德惠考古调查简报》，《北方文物》1985年第1期；《吉林省饮马河沿岸古文化遗存调查简报》，《考古》1986年第9期

续表

遗址名称	位置	遗迹	遗物	时代	文献出处
二青嘴遗址	德惠市（原德惠县）大青咀乡二青咀大队西500米		发现有石器、陶器等，数量不详	新石器时代、青铜时代、渤海时期	《吉林省农安德惠考古调查简报》，《北方文物》1985年第1期
亮子沟遗址	德惠市（原德惠县）松花江乡宝泉山村		文中介绍石器3件、陶器9件	青铜时代	《德惠县文物志》，1983年
后石家遗址	德惠市（原德惠县）三胜乡三胜村后石家屯南300米漫岗		数量不详	青铜时代	《德惠县文物志》，1983年
西七道泉子遗址	德惠市（原德惠县）天台乡西七道泉子村一漫岗顶部		数量不详	青铜时代	《德惠县文物志》，1983年
高家窝堡遗址	德惠市（原德惠县）万宝乡新立村高家窝堡一高岗上		数量不详	青铜时代	《德惠县文物志》，1983年
王家坨子古墓群	德惠市（原德惠县）菜园子乡新立村	墓葬数量不详	完整陶器4件	青铜时代	《德惠县文物志》，1983年；《吉林省饮马河沿岸古文化遗存调查简报》，《考古》1986年第9期
北岭墓地	德惠市（原德惠县）菜园子乡北岭村	墓葬数量不详，清理3座	出土及征集陶器16件	青铜时代、铁器时代	《德惠县文物志》，1983年；《吉林省德惠王家坨子北岭发现的古代遗存》，《北方文物》1985年第1期；《吉林省饮马河沿岸古文化遗存调查简报》，《考古》1986年第9期；《吉林德惠县北岭墓地调查与发掘》，《考古》1993年第7期
双塔遗址	洮南市（原洮安县）德顺乡双塔大队屯北的浸岗上	墓葬30座，灰坑6座，灰沟2条，柱洞14个	发现有陶器、石器、骨、蚌器等，数量不详	新石器时代、青铜时代	《洮安县文物志》，1982年；《吉林洮安县双塔屯原始文化遗址调查》，《考古》1983年第12期；《田野考古集粹——吉林省文物考古研究所成立二十五周年纪念》，文物出版社，2008年；《吉林白城双塔发现万年前后陶器》，《中国文物报》2012年9月14日第6版

续表

遗址名称	位置	遗迹	遗物	时代	文献出处
县鱼种场东岗遗址	洮南市（原洮安县）车里乡与大通乡交界处县鱼种场的东岗上		发现有陶器、石器，数量不详	新石器时代	《洮安县文物志》，1982年
狼牙坝遗址	洮南市（原洮安县）二龙乡饲养场东北约2千米沙岗上		发现有陶器、石器，数量不详	青铜时代	《洮安县文物志》，1982年
哈森查干遗址	洮南市（原洮安县）二龙乡良种场屯后		文中介绍石器4件	新石器时代	《洮安县文物志》，1982年
高平镇坨子遗址	洮南市（原洮安县）洮河乡大六家子大队刁家坨子屯西北2.5千米沙丘上		采集到陶器、石器、瓷器、铜器，数量不详	新石器时代、青铜时代、辽金时期	《洮安县文物志》，1982年
四海泡渔场家属区遗址	洮南市（原洮安县）安定镇四海泡渔场家属区西南村旁		采集到石器、陶片若干	新石器时代、青铜时代、铁器时代	《吉林洮南四海泡渔场家属区遗址的复查与初步认识》，《边疆考古研究》第8辑，科学出版社，2009年
四海泡子第Ⅰ地点	洮南市（原洮安县）安定镇四海泡子旁		采集到石器、陶片若干	新石器时代	《吉林洮南四海泡子四处遗址调查与初步认识》，《边疆考古研究》第9辑，科学出版社，2010年
四海泡子第Ⅱ地点	洮南市（原洮安县）安定镇四海泡子旁		采集到石器、陶片若干	新石器时代、青铜时代	《吉林洮南四海泡子四处遗址调查与初步认识》，《边疆考古研究》第9辑，科学出版社，2010年
四海泡子第Ⅲ地点	洮南市（原洮安县）安定镇四海泡子旁		采集到石器、陶片若干	新石器时代、青铜时代	《吉林洮南四海泡子四处遗址调查与初步认识》，《边疆考古研究》第9辑，科学出版社，2010年
四海泡子第Ⅳ地点	洮南市（原洮安县）安定镇四海泡子旁		采集到石器、陶片若干	新石器时代、青铜时代	《吉林洮南四海泡子四处遗址调查与初步认识》，《边疆考古研究》第9辑，科学出版社，2010年
苇沙河遗址	白山市（原浑江市）苇沙河乡苇沙河村南200米江岸二级台地上		文中介绍陶器5件、石器1件	新石器时代、渤海时期、辽金时期	《浑江市文物志》，1984年

续表

遗址名称	位置	遗迹	遗物	时代	文献出处
坡口遗址	白山市（原浑江市）四道沟乡坡口村五道沟河北岸		发现有陶器、铜器、石器，数量不详	青铜时代、渤海时期	《浑江市文物志》，1984年
爱民石棚墓	白山市（原浑江市）孙家堡子镇爱民五队北1500米处	石棚墓1座	未发现随葬品	青铜时代	《浑江市文物志》，1984年
金谷早期遗址	龙井市德新乡金谷水库西侧	房址6座	共计350件，有陶器、石器、骨、角、蚌器	新石器时代	《龙井县文物志》，1984年；《吉林省龙井县金谷新石器时代遗址清理简报》，《北方文物》1991年第1期
琵岩山遗址	龙井市光新乡琵岩山顶峰西面高坡上		采集有陶器、石器，数量不详	新石器时代	《龙井县文物志》，1984年
大苏早期遗址	龙井市富裕乡大苏村小学校西北100米处		采集有陶器、石器，数量不详	新石器时代	《龙井县文物志》，1984年
三合邮局遗址	龙井市三合镇邮电局西南山冈东北漫坡上		采集有陶器、石器，数量不详	新石器时代	《龙井县文物志》，1984年
金谷晚期遗址	龙井市德新乡金谷水库闸门南1千米金谷山城北侧的漫岗上	房址1座	共计88件，陶器8件（2件可复原）	青铜时代	《金谷水库南山遗址试掘简报》，《博物馆研究》1983年第3期；《龙井县文物志》，1984年
龙泉遗址	龙井市石井乡九龙村龙泉屯	房址1座	文中介绍陶器8件、石器49件	青铜时代	《龙井县文物志》，1984年
三道遗址	龙井市三道乡所在地三道西部朝阳河西岸二级台地上		采集石器2件	青铜时代	《龙井县文物志》，1984年
三开遗址	龙井市光开乡弟洞村三开屯南侧约1千米的山阴坡地里		采集有陶器、石器，数量不详	青铜时代	《龙井县文物志》，1984年
城南二屯遗址	龙井市智新乡城南村东山西侧中下部坡地上		采集有石器15件、陶器数量不详	青铜时代	《龙井县文物志》，1984年
土城屯遗址	龙井市石井乡土城屯东山略偏北的山上		采集石器1件	青铜时代	《龙井县文物志》，1984年
英东遗址	龙井市德新乡四峰村西		采集有陶器、石器，数量不详	青铜时代	《龙井县文物志》，1984年
弟洞遗址	龙井市光开乡弟洞村私吞略偏东北40米处缓坡地上		采集有陶器、石器，数量不详	青铜时代	《龙井县文物志》，1984年
磨盘山遗址	龙井市长安镇磨盘村北高崇的磨盘山顶		采集陶片多件，数量不详	青铜时代	《龙井县文物志》，1984年

续表

遗址名称	位置	遗迹	遗物	时代	文献出处
大苏晚期遗址	龙井市富裕乡大苏村化龙屯	房址1座、灰坑1座	出土陶器22件、石器3件、骨器1件、铁器5件	青铜时代	《龙井县文物志》，1984年
合水遗址	龙井市依兰乡合水村南		采集有陶器，数量不详	青铜时代	《龙井县文物志》，1984年
泗水遗址	龙井市铜佛乡泗水村		采集石器3件、陶器数量不详	青铜时代、辽金时期	《龙井县文物志》，1984年
长财遗址	龙井市智新乡西北5千米处的长财屯南北耕地里		采集石器1件、陶器数量不详	青铜时代、辽金时期	《龙井县文物志》，1984年
朝东遗址	龙井市富裕乡朝东村南500米处		文中介绍石器4件、陶器6件	青铜时代、辽金时期	《龙井县文物志》，1984年
上岩遗址	龙井市石井乡上岩村西约2千米		采集有陶器，数量不详	汉魏时期	《龙井县文物志》，1984年
船口遗址	龙井市光开乡船口村五屯烽火台附近		采集有陶器、石器，数量不详	汉魏时期	《龙井县文物志》，1984年
农林遗址	龙井市石井乡东南500米的农林屯		采集有陶器，数量不详	汉魏时期	《龙井县文物志》，1984年
长岩遗址	龙井市德新乡龙岩村长岩屯官地山周围		采集有陶器、石器，数量不详	青铜时代	《龙井县文物志》，1984年
工农遗址	龙井市光新乡工农六屯		采集有陶器，数量不详	青铜时代	《龙井县文物志》，1984年
圣教屯遗址	龙井市智新乡明东村圣教屯南500米处		采集有陶器、石器、瓷器数量不详	青铜时代、辽金时期	《龙井县文物志》，1984年
三山洞遗址	龙井市朝阳乡三峰村三山洞北山上		采集有陶器，数量不详	青铜时代	《龙井县文物志》，1984年
金谷晚期墓葬	龙井市金谷水库西侧山冈阳坡上	墓葬14座	共计563件，有陶器、石器、骨器、铜器、玉器	青铜时代	《延吉德新金谷古墓葬清理简报》，《东北考古与历史》第1辑，文物出版社，1982年；《龙井县文物志》，1984年
船口墓葬	龙井市船口村供销社北山南坡	墓葬4座	随葬品有陶器、石器、玉器，数量不详	青铜时代	《龙井县文物志》，1984年
农林古墓	龙井市石井乡所在地与明山屯之间公路两侧山坡上	墓葬1座	随葬品有陶器、骨器，数量不详	汉代	《龙井县文物志》，1984年

续表

遗址名称	位置	遗迹	遗物	时代	文献出处
合水古墓群	龙井市依兰乡合水村北山脚下	石棺墓1座	随葬品有石器5件、玉器2件	青铜时代	《龙井县文物志》，1984年
大砬子遗址	安图县明月镇东北4千米的一座石砬子		采集石器3件、陶器5件	青铜时代	《安图县文物志》，1985年
五峰遗址	安图县长兴乡五峰村		采集石器1件、陶器4件	青铜时代	《安图县文物志》，1985年
奉阳高台遗址	安图县奉阳村北沟顺山形成的平坦宽阔的高台上		采集有陶器，数量不详	青铜时代	《安图县文物志》，1985年
二龙山遗址	安图县明月镇一条从北向南延伸的二龙山		采集陶器1件、石器2件	青铜时代	《安图县文物志》，1985年
头沟遗址	安图县石门镇北山一队东南1千米处的二级台地上		采集石器1件、陶器1件，瓷器数量不详	青铜时代、辽金时期	《安图县文物志》，1985年
茶条沟遗址	安图县茶条沟北边的山岭		采集有石器2件，陶器数量不详	青铜时代	《安图县文物志》，1985年
仲坪原始遗址	安图县石门镇仲坪村北一台地上		采集有陶器、石器，数量不详	青铜时代	《安图县文物志》，1985年
榆树川遗址	安图县石门镇榆树村新兴屯村落北部		采集有陶器、石器、瓷器，数量不详	青铜时代、辽金时期	《安图县文物志》，1985年
新兴一号遗址	安图县亮兵乡新兴村		采集有陶器、建筑构件，数量不详	青铜时代、渤海时期	《安图县文物志》，1985年
奶头村炮台山遗址	安图县二道白河镇奶头山村西的炮台山		采集有陶器、石器、瓷器	青铜时代、辽金时期	《安图县文物志》，1985年
奶头山芳草岭遗址	安图县二道白河镇奶头山村西南芳草岭东南坡上		采集有陶器、石器、铁器、瓷器，数量不详	青铜时代、辽金时期	《安图县文物志》，1985年
石灰窑沟古墓群	安图县明月镇东郊石灰窑沟	墓葬20余座	采集有陶器，数量不详	青铜时代	《安图县文物志》，1985年
崇实古墓群	安图县仲坪村东沟沟口北侧山麓	墓葬数量不详	采集有陶器，数量不详	青铜时代	《安图县文物志》，1985年
龙兴东古墓群	安图县石门镇龙兴村东北约500米处的山南麓	墓葬3座	采集有陶器，数量不详	青铜时代	《安图县文物志》，1985年
龙兴屯古墓群	安图县石门镇龙兴村南部	墓葬数量不详	无随葬品	青铜时代	《安图县文物志》，1985年

续表

遗址名称	位置	遗迹	遗物	时代	文献出处
仲坪遗址	安图县城仲坪村南1千米的山峦西麓南坡下部	房址1座，墓葬12座	出土有陶器、铜器、铁器、石器等	青铜时代、渤海时期	《吉林安图县仲坪遗址发掘》，《北方文物》2007年第4期
聚宝山遗址	镇赉县西南聚宝山屯西北4千米处的圆形沙岗上	残墓1座	发掘及采集陶片若干，石器4件，玉器21件，骨器3件	新石器时代	《吉林镇赉县聚宝山新石器时代遗址》，《考古》1998年第6期
二井子遗址	镇赉县胜利乡二井子屯		文中介绍陶器4件、石器33件	新石器时代	《镇赉县文物志》，1984年
坦途北岗遗址	镇赉县坦途镇北约1千米的沙岗上		文中介绍陶器18件、石器8件、青铜器2件、骨蚌器数量不详	新石器时代、青铜时代	《镇赉县文物志》，1984年
东哈吐气遗址	镇赉县哈吐气乡哈吐气村北500米		文中介绍陶器4件、石器9件	新石器时代	《镇赉县文物志》，1984年
风水山遗址	镇赉县到保乡太平村东、西风水屯之间山上		文中介绍陶器2件、石器4件	新石器时代	《镇赉县文物志》，1984年
那汉召西北岗遗址	镇赉县到保乡到保村那汉召屯		采集有石器11件，陶器数量不详	新石器时代	《镇赉县文物志》，1984年
前二龙南岗遗址	镇赉县到保乡双龙村前二龙屯		采集有石器9件、陶器数量不详	新石器时代	《镇赉县文物志》，1984年
小黑帝庙东北岗遗址	镇赉县到保乡复兴村小黑帝庙屯东北一沙岗上		采集有石器4件，陶器数量不详	新石器时代、辽金时期	《镇赉县文物志》，1984年
一棵树村西北岗遗址	镇赉县到保乡一棵树村西北一岗上		文中介绍石器9件、陶器数量不详	新石器时代、辽金时期	《镇赉县文物志》，1984年
太平山遗址	镇赉县胜利乡满汉村太平山屯		采集有陶器、石器，数量不详	新石器时代	《镇赉县文物志》，1984年
好心太来西岗遗址	镇赉县胜利乡架其营子村好心太来屯西一沙岗上		采集有石器6件，陶器数量不详	新石器时代	《镇赉县文物志》，1984年
好心太来北岗遗址	镇赉县胜利乡架其营子村好心太来屯北一大岗子上		文中介绍陶器2件、石器6件	新石器时代	《镇赉县文物志》，1984年

续表

遗址名称	位置	遗迹	遗物	时代	文献出处
二井子西岗遗址	镇赉县胜利乡二井子屯西一漫岗上		采集有陶器、石器，数量不详	新石器时代	《镇赉县文物志》，1984年
疙瘩楼山遗址	镇赉县黑鱼泡乡报马吐村长山堡屯西南俗称“疙瘩楼山”上		文中介绍石器6件、陶器数量不详	新石器时代	《镇赉县文物志》，1984年
双龙山北岗遗址	镇赉县黑鱼泡乡嘎海村双龙屯北一沙岗上		文中介绍石器3件、陶器数量不详	新石器时代	《镇赉县文物志》，1984年
后布台东北岗遗址	镇赉县岔台乡后布台屯东北一沙岗南坡上		采集有陶器、石器，数量不详	新石器时代	《镇赉县文物志》，1984年
套拉搞北岗遗址	镇赉县莫莫格乡乌兰召村套拉搞屯北10米处一沙岗上		采集有石器2件，陶器数量不详	新石器时代	《镇赉县文物志》，1984年
苏克马遗址	镇赉县莫莫格乡苏克马屯东200米处		采集有陶器，数量不详	新石器时代	《镇赉县文物志》，1984年
脑袋窝堡北岗遗址	镇赉县莫莫格乡巴喜召村脑袋窝堡屯北一沙岗上		采集有陶器12件、石器5件	新石器时代、青铜时代、辽金时期	《镇赉县文物志》，1984年
好什吐屯西山遗址	镇赉县大屯乡大官村好什吐屯西一土岗上		采集有陶器、瓷片数量不详	新石器时代、青铜时代、辽金时期	《镇赉县文物志》，1984年
英台遗址	镇赉县大屯乡英台村		文中介绍陶器5件	新石器时代、辽金时期	《镇赉县文物志》，1984年
东方红农场西岗遗址	镇赉县东方红农场场部住宅区西一漫岗上		采集有陶器，数量不详	新石器时代	《镇赉县文物志》，1984年
东方红农场二分场遗址	镇赉县东方红农场二分场		采集有石器2件，陶器数量不详	新石器时代	《镇赉县文物志》，1984年

续表

遗址名称	位置	遗迹	遗物	时代	文献出处
老头山遗址	镇赉县五棵树乡铁力村老头山		文中介绍陶器7件	新石器时代、青铜时代	《镇赉县文物志》，1984年
曹家屯北岗遗址	镇赉县五棵树乡徐家村曹家屯北一沙岗上		文中介绍陶器4件	新石器时代、青铜时代、辽金时期	《镇赉县文物志》，1984年
乌兰吐屯北岗遗址	镇赉县丹岱乡乌兰吐村北一土岗上	房址7座，灰沟1条	发掘和采集有陶器、石器、骨角牙蚌器、玉器等，数量不详	新石器时代、青铜时代、辽金时期	《镇赉县文物志》，1984年；《吉林省镇赉县乌兰吐北岗遗址发掘简报》，《北方文物》2010年第3期
老山头遗址	镇赉县丹岱乡团结村西一土岗上		采集有陶器、石器，数量不详	新石器时代	《镇赉县文物志》，1984年
二道岗子遗址	镇赉县丹岱乡跃进村		文中介绍有陶器4件、石器5件	新石器时代、辽金时期	《镇赉县文物志》，1984年
五家子屯东北岗遗址	镇赉县嘎什根乡五家子村东北一沙岗上		文中介绍有石器9件、陶器数量不详	新石器时代	《镇赉县文物志》，1984年
段家店后岗子遗址	镇赉县嘎什根乡段家店村后岗子		采集有陶器、石器，数量不详	新石器时代	《镇赉县文物志》，1984年
甜菜站东岗遗址	镇赉县嘎什根乡甜菜站东一圆形岗上		采集有陶器，数量不详	新石器时代	《镇赉县文物志》，1984年
腰二力把北岗遗址	镇赉县嘎什根乡二力把村北一沙岗上		文中介绍石器8件、陶器数量不详	新石器时代	《镇赉县文物志》，1984年
兰杆岗子遗址	镇赉县兰杆岗子		采集有陶器、石器、瓷片、铜器，数量不详	新石器时代、辽金时期	《镇赉县文物志》，1984年
大岗村南岗遗址	镇赉县英华乡大岗村南一沙岗上		采集有陶器、石器，数量不详	新石器时代	《镇赉县文物志》，1984年

续表

遗址名称	位置	遗迹	遗物	时代	文献出处
大官屯北岗遗址	镇赉县哈吐气乡哈土气村大官屯		采集有陶器11件，石器数量不详	新石器时代、青铜时代	《镇赉县文物志》，1984年
向阳屯南岗遗址	镇赉县坦途镇向阳村南一沙岗上	墓葬8座，房址2座，灰坑1座	出土有陶器、石器、骨蚌器、铜器、铁器等，数量不详	新石器时代、青铜时代、汉代	《镇赉县文物志》，1984年；《镇赉县向阳南岗新石器时代及青铜文化遗址》，《中国考古学年鉴1986》，文物出版社，1987年
北山遗址	镇赉县保民乡三马场东北面的沙土岗上		采集有陶片、石器，数量不详	新石器时代	《吉林镇赉县马场北山遗址调查》，《考古》1996年第3期；《吉林镇赉北山遗址发现的石制品研究》，《北方文物》2008年第1期
索古台遗址	镇赉县坦途镇双山子村索古台屯		文中介绍石器3件、陶器数量不详	新石器时代	《镇赉县文物志》，1984年
龙凤山遗址	镇赉县坦途镇新风村龙凤山屯		文中介绍石器5件、陶器3件	新石器时代	《镇赉县文物志》，1984年
黄家围子遗址	镇赉县坦途镇新风村黄家围子屯北一漫岗上	墓葬7座，灰坑2个，柱洞2个	出土有石器、陶器、铜器、铁器、骨器、桦皮器等，数量不详	新石器时代、元代	《镇赉县文物志》，1984年；《吉林镇赉县黄家围子遗址发掘简报》，《考古》1988年第2期
大庆贺遗址	镇赉县坦途镇双山子村大庆贺屯		文中介绍石器1件、陶器数量不详	新石器时代、辽金时期	《镇赉县文物志》，1984年
小庆贺遗址	镇赉县坦途镇双山子村小庆贺屯		采集有陶器、石器，数量不详	新石器时代	《镇赉县文物志》，1984年
双宝岱北岗遗址	镇赉县坦途镇双宝岱村北一土岗上		采集有陶器8件、石器3件	新石器时代	《镇赉县文物志》，1984年
东双宝岱西岗遗址	镇赉县坦途镇双宝岱村东双宝岱屯西一漫岗上		采集有陶器、石器，数量不详	新石器时代、辽金、明清时期	《镇赉县文物志》，1984年

续表

遗址名称	位置	遗迹	遗物	时代	文献出处
那期海北山遗址	镇赉县东屏乡太平村东北2.5千米处		文中介绍石器22件、陶器3件	青铜时代	《镇赉县文物志》，1984年
莫石海北岗遗址	镇赉县坦途镇西明嘎村莫石海屯北一土岗上		文中介绍石器1件、陶器3件	青铜时代	《镇赉县文物志》，1984年
哈吐气南岗遗址	镇赉县哈吐气乡政府所在地南一土岗上		采集有陶器10件、铜器1件、石器数量不详	青铜时代	《镇赉县文物志》，1984年
张海村南岗遗址	镇赉县哈吐气乡张海村南一土岗上		采集有陶器、石器，数量不详	青铜时代	《镇赉县文物志》，1984年
腰杭乃遗址	镇赉县大屯乡腰杭乃村		文中介绍陶器10件	青铜时代	《镇赉县文物志》，1984年
八格歹遗址	镇赉县胜利乡八格歹村		采集有陶器、石器，数量不详	青铜时代、辽金时期	《镇赉县文物志》，1984年
胡立台西山遗址	镇赉县黑鱼泡乡胡立台村西一沙岗上		文中介绍陶器8件、石器数量不详	青铜时代	《镇赉县文物志》，1984年
套什台遗址	镇赉县黑鱼泡乡二龙村套什台屯	10个灶址	采集有陶器、石器、瓷片，数量不详	青铜时代、辽金时期	《镇赉县文物志》，1984年
河福屯西南岗遗址	镇赉县黑鱼泡乡二龙村河福屯西1千米处的沙岗上		文中介绍陶器1件	青铜时代	《镇赉县文物志》，1984年
前二龙西北岗遗址	镇赉县黑鱼泡乡二龙村前二龙屯西北沙岗上		文中介绍陶器2件	青铜时代、辽金时期	《镇赉县文物志》，1984年
魏山遗址	镇赉县岔台乡哈拉火烧村东南一沙岗上		采集有陶器、石器、瓷片，数量不详	青铜时代、辽金时期	《镇赉县文物志》，1984年
包米吉岗子遗址	镇赉县岔台乡马场西南一沙岗上		采集有陶器、石器、瓷片，数量不详	青铜时代、辽金时期	《镇赉县文物志》，1984年
珠山遗址	镇赉县莫莫格乡与岔台乡交界处		采集有陶器、石器，数量不详	青铜时代、辽金时期	《镇赉县文物志》，1984年

续表

遗址名称	位置	遗迹	遗物	时代	文献出处
前庙遗址	镇赉县岔台乡棉西村前庙屯		采集有陶器、石器、瓷片，数量不详	青铜时代、明清时期	《镇赉县文物志》，1984年
元宝吐遗址	镇赉县莫莫格乡元宝吐村		文中介绍石器2件、陶器4件	青铜时代	《镇赉县文物志》，1984年
大四家子后岗遗址	镇赉县莫莫格乡才立村大四家子屯北一沙岗上		采集有陶器、石器，数量不详	青铜时代、辽金时期	《镇赉县文物志》，1984年
四方山遗址	镇赉县莫莫格乡包力村到保屯南部		文中介绍石器8件、陶器2件	新石器时代、青铜时代	《镇赉县文物志》，1984年
米太遗址	镇赉县莫莫格乡米太村		采集有陶器、瓷片，数量不详	青铜时代、辽金时期	《镇赉县文物志》，1984年
套什吐遗址	镇赉县莫莫格乡套什吐屯西南1千米处的沙岗上		采集有陶器、石器、铜器、玉器，数量不详	青铜时代、汉代	《镇赉县文物志》，1984年
都鲁巴遗址	镇赉县莫莫格乡苏克马村都鲁巴屯		采集有陶器、石器，数量不详	青铜时代、辽金时期	《镇赉县文物志》，1984年
河宝吐东南岗遗址	镇赉县莫莫格乡巴喜召村河宝吐屯		文中介绍有石器3件、陶器6件	青铜时代	《镇赉县文物志》，1984年
北岗子遗址	镇赉县坦途镇平齐铁路坦途车站东北500米的大沙岗上	墓葬5座	出土和采集陶器14件、铜器56件、骨器14件、玉器2件、桦皮器1件、麻织品若干	青铜时代	《吉林镇赉县细石器文化遗址》，《考古》1961年第8期；《吉林省镇赉县坦途北岗子青铜时代墓葬清理报告》，《博物馆研究》1993年第1期
西岗子遗址	镇赉县坦途镇北岗子遗址北250米		采集有陶片、石器等，数量不详	青铜时代	《吉林镇赉县细石器文化遗址》，《考古》1961年第8期
包力屯西南岗遗址	镇赉县莫莫格乡包力村西南一沙岗上		采集有陶器，数量不详	青铜时代	《镇赉县文物志》，1984年；《吉林镇赉县细石器文化遗址》，《考古》1961年第8期

续表

遗址名称	位置	遗迹	遗物	时代	文献出处
包力屯北岗遗址	镇赉县莫莫格乡包力村北一沙岗上		文中介绍陶器2件、石器1件	青铜时代	《镇赉县文物志》，1984年；《吉林镇赉县细石器文化遗址》，《考古》1961年第8期
包力屯东岗遗址	镇赉县莫莫格乡包力村东一沙岗上		采集有陶器、石器，数量不详	青铜时代、明清时期	《镇赉县文物志》，1984年
半拉山遗址	镇赉县莫莫格乡米太村半拉山上		文中介绍陶器4件、石器2件、铜器1件	青铜时代、辽金时期	《镇赉县文物志》，1984年
后少力西岗遗址	镇赉县沿江乡后少力村西一土岗上		文中介绍陶器7件	青铜时代	《镇赉县文物志》，1984年
莫什海遗址	镇赉县沿江乡莫什海村		文中介绍陶器7件、蚌器1件	青铜时代	《镇赉县文物志》，1984年
国营渔场遗址	镇赉县月亮泡北岸国营渔场		文中介绍陶器3件	青铜时代	《镇赉县文物志》，1984年
南莫遗址	镇赉县沿江乡南莫村		文中介绍陶器1件、石器1件	青铜时代	《镇赉县文物志》，1984年
代鲁岗子遗址	镇赉县沿江乡南莫村代鲁岗子屯		采集有陶器、石器，数量不详	青铜时代	《镇赉县文物志》，1984年
团山子遗址	镇赉县大屯乡英台村东北一土岗		文中介绍陶器5件	青铜时代	《镇赉县文物志》，1984年
喇嘛岗子遗址	镇赉县大屯乡马场住地一土岗上		文中介绍陶器4件	新石器时代	《镇赉县文物志》，1984年
大茨勒营子遗址	镇赉县大屯乡大茨勒村		采集有陶器，数量不详	青铜时代、辽金时期	《镇赉县文物志》，1984年
好斯吐西南岗遗址	镇赉县大屯乡大官村好什吐屯西南一土岗上		文中介绍陶器4件	青铜时代、辽金时期	《镇赉县文物志》，1984年
丹岱北岗子遗址	镇赉县丹岱乡丹岱村北一土岗南坡		文中介绍陶器6件、石器1件、铜器1件	青铜时代、辽金时期	《镇赉县文物志》，1984年
跃进南岗子遗址	镇赉县丹岱乡跃进村南一土岗上		采集有陶器、石器，数量不详	青铜时代、明清时期	《镇赉县文物志》，1984年

续表

遗址名称	位置	遗迹	遗物	时代	文献出处
玻璃营子西北岗遗址	镇赉县镇南种羊场玻璃营子羊队队部西北沙岗上		文中介绍陶器4件、石器5件	青铜时代	《镇赉县文物志》，1984年
哈吐气西岗遗址	镇赉县哈吐气乡哈吐气村西一沙岗上		文中介绍陶器3件、石器8件	青铜时代	《镇赉县文物志》，1984年
呼兰北岗遗址	镇赉县哈吐气乡呼兰村北一沙岗上		采集有陶器、石器，数量不详	青铜时代	《镇赉县文物志》，1984年
二力葛吐东岗遗址	镇赉县哈吐气乡呼兰召村二力葛吐屯东一漫岗上		采集有陶器、石器，数量不详	青铜时代	《镇赉县文物志》，1984年
哈吐气乡敬老院遗址	镇赉县哈吐气乡敬老院西南角		采集有陶器、石器、瓷片，数量不详	青铜时代、辽金时期	《镇赉县文物志》，1984年
后包拉杆吐北岗遗址	镇赉县哈吐气乡张海村后包拉杆吐屯北一漫岗上		采集有陶器、石器，数量不详	青铜时代	《镇赉县文物志》，1984年
西查干北岗遗址	镇赉县哈吐气乡呼兰村西查干到堡屯北一漫岗上		文中介绍陶器2件、石器4件	青铜时代、辽金时期	《镇赉县文物志》，1984年
西明嘎南岗遗址	镇赉县坦途镇西明嘎村南一土岗上		文中介绍陶器12件、石器3件	青铜时代	《镇赉县文物志》，1984年
好斯台遗址	镇赉县坦途镇向阳村好斯台屯		文中介绍陶器5件、石器5件	青铜时代	《镇赉县文物志》，1984年
马家围子北岗遗址	镇赉县坦途镇新风村马家围子屯北一沙岗上		采集石器1件、陶器数量不详	青铜时代	《镇赉县文物志》，1984年
秦家山遗址	镇赉县坦途镇哈拉干吐村前哈拉干屯东南秦家山		采集有陶器、瓷器，数量不详	青铜时代、辽金时期	《镇赉县文物志》，1984年
二龙山北岗遗址	镇赉县坦途镇双宝岱村二龙山屯北一土岗上		文中介绍石器2件、陶器数量不详	青铜时代	《镇赉县文物志》，1984年
凤凰坨子遗址	镇赉县保民乡大龙波村凤凰坨子屯		文中介绍石器6件、陶器1件	青铜时代、辽金时期	《镇赉县文物志》，1984年
前双庙南岗遗址	镇赉县保民乡永庆村前双庙屯南一岗子上		采集有陶器、石器、瓷器，数量不详	青铜时代、辽金时期	《镇赉县文物志》，1984年

续表

遗址名称	位置	遗迹	遗物	时代	文献出处
敖包山遗址	通榆县兴隆山乡西北1.5千米敖包山上	房址13座	采集有陶器、石器、玉器、骨蚌器等，数量不详	新石器时代、辽金时期	《通榆县文物志》，1983年；《吉林通榆新石器时代遗址调查》，《黑龙江文物丛刊》1984年第4期；《吉林省通榆县敖包山遗址复查》，《博物馆研究》2006年第4期；《通榆县三处史前遗址调查与遗存分类》，《边疆考古研究》第7辑，科学出版社，2008年
乌兰塔拉遗址	通榆县向海蒙古族乡所在地西27千米		文中介绍石器5件、陶器数量不详	新石器时代	《通榆县文物志》，1983年
团结遗址	通榆县向海蒙古族乡西南15千米团结村		文中介绍石器5件、陶器数量不详	新石器时代、辽金时期	《通榆县文物志》，1983年
兴隆渔场遗址	通榆县西北兴隆水库东北岸兴隆渔场		文中介绍石器7件、陶器数量不详	新石器时代	《通榆县文物志》，1983年
新民主遗址	通榆县兴隆渔场北2.5千米新民主村		采集有陶器、石器，数量不详	新石器时代	《通榆县文物志》，1983年
东哈拉毛头遗址	通榆县四井子乡东哈拉毛头村		采集有陶器、石器，数量不详	新石器时代	《通榆县文物志》，1983年
腰哈拉毛头遗址	通榆县四井子乡腰哈拉毛头村		采集有陶器、石器、瓷片，数量不详	新石器时代、辽金时期	《通榆县文物志》，1983年
西艾力遗址	通榆县西艾力蒙古族乡所在地		文中介绍石器7件、陶器、瓷器数量不详	新石器时代、辽金时期	《通榆县文物志》，1983年
勿合营子遗址	通榆县西艾力乡东南8千米勿合营子村		文中介绍石器9件、陶器数量不详	新石器时代	《通榆县文物志》，1983年
七台届遗址	通榆县西艾力乡西北3千米七台庙村		文中介绍石器6件、陶器数量不详	新石器时代、辽金时期	《通榆县文物志》，1983年

续表

遗址名称	位置	遗迹	遗物	时代	文献出处
前万宝东南山遗址	通榆县乌兰花乡前万宝生产队东南500米处		文中介绍石器3件、陶器数量不详	新石器时代	《通榆县文物志》，1983年
张俭坨子遗址	通榆县新兴乡新村大队新发屯西北一沙岗（俗称张剑坨子）		发现有石器、陶器、玉器等，数量不详	新石器时代	《通榆县文物志》，1983年
东北坨子遗址	通榆县新兴乡新村大队新发屯东北150米处		发现有石器5件、陶器7件、蚌器112件	新石器时代	《通榆县文物志》，1983年；《吉林通榆新石器时代遗址调查》，《黑龙江文物丛刊》1984年第4期
三道岗子遗址	通榆县城郊乡永青大队正北1.5千米三道岗子上		文中介绍陶器6件、石器2件	新石器时代	《通榆县文物志》，1983年
于家沟南坨子遗址	通榆县城郊乡红旗大队于家沟生产队正南2千米第四道砂坨子上		文中介绍陶器1件、石器5件、铁器、瓷器数量不详	新石器时代、辽金时期	《通榆县文物志》，1983年
周荣屯北岗遗址	通榆县八面乡周荣屯北1千米沙岗东坡		文中介绍陶器11件、石器6件	新石器时代、辽金时期	《通榆县文物志》，1983年
东憨头郎西北坨子遗址	通榆县八面乡阳光大队东憨头郎生产队西北沙岗		文中介绍石器5件、陶器3件	新石器时代	《通榆县文物志》，1983年
项家窝堡西南岗遗址	通榆县新发乡新发大队第二生产队项家窝堡屯西南沙岗		文中介绍石器4件、陶器2件	新石器时代	《通榆县文物志》，1983年
项家窝堡西大坑遗址	通榆县新发乡新发大队第二生产队项家窝堡屯西大沙坑中		采集有石器、陶器，数量不详	新石器时代	《通榆县文物志》，1983年
白银吐海遗址	通榆县鸿兴乡白银吐海屯北		文中介绍石器5件、陶器数量不详	新石器时代	《通榆县文物志》，1983年
聚宝山后屯西南岗遗址	通榆县兴隆山乡聚宝山后屯西南小山岗上		文中介绍石器3件、陶器3件、铁器、瓷器数量不详	新石器时代、辽金时期	《通榆县文物志》，1983年
兴隆山墓地	通榆县兴隆山乡兴隆大队迎新西队西南约1.5千米的沙岗上	墓葬1座	清理和征集陶器、铜器、金器、珠饰、贝饰等378件	汉代	《通榆县兴隆山鲜卑墓清理简报》，《北方文物》1982年第3期

续表

遗址名称	位置	遗迹	遗物	时代	文献出处
民主苗圃南岗遗址	通榆县团结乡民主大队民主苗圃南部山冈		文中介绍陶器9件、石器2件、铁器1件	新石器时代、辽金时期	《通榆县文物志》，1983年
方家围子西南岗遗址	通榆县团结乡民主大队方家围子屯西南沙岗		文中介绍石器6件、陶器7件	新石器时代、辽金时期	《通榆县文物志》，1983年
靠山屯北岗遗址	通榆县团结乡前屈大队靠山屯北一沙岗上		文中介绍石器6件、陶器6件、铁器、瓷器数量不详	新石器时代、辽金时期	《通榆县文物志》，1983年
民主草库伦遗址	通榆县团结乡民主大队西南3千米“草库伦”		文中介绍陶器7件、铁器3件、石器2件	新石器时代、辽金时期	《通榆县文物志》，1983年
长坨子Ⅰ号遗址	通榆县团结乡新春村七组潘家窝棚村北的一条沙岗上		采集大量陶片、石器等，数量不详	新石器时代	《吉林通榆县长坨子四处遗址的调查》，《北方文物》2011年第3期
长坨子Ⅱ号遗址	通榆县团结乡新春村七组潘家窝棚村西北约2千米处		采集有陶片、石器等，数量不详	新石器时代、青铜时代	《吉林通榆县长坨子四处遗址的调查》，《北方文物》2011年第3期
长坨子Ⅲ号遗址	通榆县团结乡新春村七组潘家窝棚村北约4千米处		采集有陶片、石器、骨器等，数量不详	新石器时代	《吉林通榆县长坨子四处遗址的调查》，《北方文物》2011年第3期
长坨子Ⅳ号遗址	通榆县团结乡新春村七组潘家窝棚村北约6千米处		采集有陶片、石器，数量不详	新石器时代	《吉林通榆县长坨子四处遗址的调查》，《北方文物》2011年第3期
同发牧场东北岗遗址	通榆县同发畜牧场东北1千米沙岗上		采集有陶器，数量不详	新石器时代、辽金时期	《通榆县文物志》，1983年
后太平遗址	通榆县新发乡新发大队后太平生产队		采集有陶器、石器、瓷器、铁器，数量不详	新石器时代、辽金时期	《通榆县文物志》，1983年

续表

遗址名称	位置	遗迹	遗物	时代	文献出处
新胜南山遗址	通榆县新华乡桑树大队新胜屯南1千米沙岗上		采集有石器2件，陶器4件、铜钱1枚	新石器时代、辽金时期	《通榆县文物志》，1983年
新华林场东岗遗址	通榆县新华乡林场东1.5千米的沙岗南坡		采集有石器2件、陶器5件、瓷器、铁器数量不详	新石器时代、辽金时期	《通榆县文物志》，1983年
前永兴东坨子遗址	通榆县新兴乡西太大队前永兴屯东一沙丘上		采集有陶器1件、石器2件、蚌饰1件、铁器1件	新石器时代、辽金时期	《通榆县文物志》，1983年
前永兴西坨子遗址	通榆县新兴乡系太大队前永兴屯正西一沙丘东端		采集有陶器6件、石器2件、蚌器1件	新石器时代、辽金时期	《通榆县文物志》，1983年
三宝屯遗址	通榆县边昭达乡南7.5千米三宝屯东南沙岗南坡		文中介绍陶器9件、石器7件、铜钱2枚，铜器数量不详	新石器时代、辽金时期	《通榆县文物志》，1983年
龙山后地遗址	通榆县龙山乡北沙岗上		文中介绍石器7件、陶器4件	新石器时代、辽金时期	《通榆县文物志》，1983年
獾子山遗址	通榆县龙山乡海青大队双龙生产队西北大沙岗上		文中介绍石器4件、陶器、瓷器、铜器数量不详	新石器时代、辽金时期	《通榆县文物志》，1983年
东学堂后岗遗址	通榆县龙山乡长春大队东学堂屯北沙岗上		文中介绍陶器3件、石器2件、瓷器数量不详	新石器时代、辽金时期	《通榆县文物志》，1983年
黄家窝堡遗址	通榆县什花道乡东方红大队黄家窝堡屯		采集有陶器、石器，数量不详	新石器时代、辽金时期	《通榆县文物志》，1983年
瞻榆北岗子遗址	通榆县瞻榆镇北2千米的一沙岗上		采集有陶器、石器，数量不详	新石器时代、辽金时期	《通榆县文物志》，1983年；《吉林通榆新石器时代遗址调查》，《黑龙江文物丛刊》1984年第4期

续表

遗址名称	位置	遗迹	遗物	时代	文献出处
西太平川遗址	通榆县勿兰花乡西太平川屯东北的漫岗上		采集有陶器、石器、铁器，数量不详	新石器时代、辽金时期	《通榆县文物志》，1983年；《吉林通榆新石器时代遗址调查》，《黑龙江文物丛刊》1984年第4期
毡匠铺墓葬	通榆县兴隆山乡毡匠铺屯西南一沙岗上	墓葬1座	随葬器物共计378件，铜器67件，玉饰件275枚，陶器、金器数量不详	汉代	《通榆县文物志》，1983年
大岗墓葬	通榆县团结乡建设大队西南一漫岗上	墓葬1座	随葬器物有陶器1件，玉器、铜钱数量不详	汉代	《通榆县文物志》，1983年
大坝坨子遗址	通榆县新发乡孙家窝棚自然村南约5千米的一南北向漫岗上		采集有陶片、石器等，数量不详	新石器时代	《通榆县三处史前遗址调查与遗存分类》，《边疆考古研究》第7辑，科学出版社，2008年
老富大坨子遗址	通榆县包拉温都乡新立村西南8千米处		采集有陶片、石器等，数量不详	新石器时代	《通榆县三处史前遗址调查与遗存分类》，《边疆考古研究》第7辑，科学出版社，2008年
腰井子遗址	长岭县三十号乡腰井子村北一沙岗上	房址7座，灰坑1座，墓葬2座	发掘和采集陶器71件、石器215件、骨角牙蚌器63件、玉器7件	新石器时代	《长岭县文物志》，1986年；《吉林长岭县腰井子新石器时代遗址》，《考古》1992年第8期
前蛤蟆沁屯西南铁架山遗址	长岭县新风乡蛤蟆沁村前蛤蟆沁屯西南一沙岗上		文中介绍陶器19件、石器8件、青铜器1件、铜钱3枚	新石器时代、青铜时代、辽金时期	《长岭县文物志》，1986年
蛤蟆沁屯北岗遗址	长岭县新风乡蛤蟆沁村北一沙岗上		采集有陶、瓷器，数量不详，石器6件、铜钱1枚	新石器时代	《长岭县文物志》，1986年
西八大公司屯西砣子遗址	长岭县东六号乡八大公司村西八大公司屯西土坨子中段		采集有陶器、石器，数量不详	新石器时代	《长岭县文物志》，1986年
公爷府屯西岗遗址	长岭县北正镇乡乔家围子村东北一岗子上		采集石器11件、陶器数量不详	新石器时代	《长岭县文物志》，1986年

续表

遗址名称	位置	遗迹	遗物	时代	文献出处
公爷府屯西南岗遗址	长岭县北正镇乡乔家围子村公爷府屯南大岗南坡		采集有陶器、石器，数量不详	新石器时代	《长岭县文物志》，1986年
孤坨子遗址	长岭县北正镇乡后四十七号屯和水月屯中间一孤坨子上		文中介绍陶器9件	新石器时代、辽金时期	《长岭县文物志》，1986年
后四十七号屯北三道岗子遗址	长岭县北正镇乡后十四七号村后四十七号屯北第三道沙岗		文中介绍陶器17件、石器7件	新石器时代	《长岭县文物志》，1986年
佟家店屯西岗遗址	长岭县北正镇乡前四十七号村佟家店屯西		文中介绍陶器4件、石器7件	新石器时代	《长岭县文物志》，1986年
冷家坨子西岗北岗遗址	长岭县北正镇乡前四十七号村冷家坨子屯		采集有陶器、石器，数量不详	新石器时代	《长岭县文物志》，1986年
后四十七号村学校北岗遗址	长岭县北正镇乡后四十七号村学校北一沙岗上		采集有陶器、石器，数量不详	新石器时代	《长岭县文物志》，1986年
后四十七号屯北甸子南岗遗址	长岭县北正镇乡后四十七号屯北一草甸子里		采集有陶器、石器，数量不详	新石器时代	《长岭县文物志》，1986年
北正镇屯南岗遗址	长岭县北正镇乡北正镇屯南岗子上		文中介绍陶器7件、石器5件	新石器时代	《长岭县文物志》，1986年
万福屯北岗遗址	长岭县永升乡五井子村万福屯北一沙岗		采集有陶器，数量不详	新石器时代	《长岭县文物志》，1986年
永胜屯西北岗遗址	长岭县永升乡永胜村西北一沙岗		采集石器1件、瓷器1件、陶器数量不详	新石器时代、辽金时期	《长岭县文物志》，1986年

续表

遗址名称	位置	遗迹	遗物	时代	文献出处
东十一号屯南岗遗址	长岭县十家户乡东十一号村南一沙岗上		采集有陶器，数量不详	新石器时代、辽金时期	《长岭县文物志》，1986年
中兴屯北岗遗址	长岭县大兴乡中兴村北一沙岗上		文中介绍陶器6件、石器3件	新石器时代	《长岭县文物志》，1986年
大兴屯南岗遗址	长岭县大兴乡大兴村南一沙岗上		文中介绍陶器9件、石器2件	新石器时代、辽金时期	《长岭县文物志》，1986年
刘家粉坊屯东南岗遗址	长岭县大兴乡光荣村刘家粉坊屯东南一沙岗上		采集有陶器，数量不详	新石器时代、辽金时期	《长岭县文物志》，1986年
后四方坨子屯西岗遗址	长岭县大兴县四方坨子村后四方坨子屯西一沙岗上		文中介绍陶器17件	新石器时代、辽金时期	《长岭县文物志》，1986年
五十二号屯西南岗遗址	长岭县新风乡风水村五十二号屯西南一沙岗上		采集有陶器、石器	新石器时代、辽金时期	《长岭县文物志》，1986年
前四十六号屯西岗遗址	长岭县新风乡新风村前四十六号屯西一沙岗上		采集有陶器、瓷器，数量不详	新石器时代、辽金时期	《长岭县文物志》，1986年
王祥正屯东北岗遗址	长岭县八十八乡八十八号村王祥正屯北沙岗上		文中介绍陶器5件、石器3件	新石器时代、青铜时代	《长岭县文物志》，1986年
四九十一号屯西北岗遗址	长岭县八十八乡九十一号村西九十一号屯西北沙岗上		采集有陶器，数量不详	新石器时代	《长岭县文物志》，1986年
太平川镇东坨子遗址	长岭县太平川镇东部一坨子上		采集有陶器，数量不详	新石器时代	《长岭县文物志》，1986年

续表

遗址名称	位置	遗迹	遗物	时代	文献出处
前六号屯南遗址	长岭县前七号镇龙凤山村前六号屯		采集有陶器，数量不详	新石器时代	《长岭县文物志》，1986年
前七号屯北岗遗址	长岭县前七号镇前七号屯		采集有陶器，数量不详	新石器时代、辽金时期	《长岭县文物志》，1986年
公爷府屯东北岗遗址	长岭县北正镇乡乔家围子村公爷府屯东北一沙岗上		采集有陶器、石器，数量不详	新石器时代	《长岭县文物志》，1986年
前三十七号屯南岗遗址	长岭县北正镇乡水月村前三十七号屯南部沙岗上		采集有陶器，数量不详	新石器时代、辽金时期	《长岭县文物志》，1986年
前三十七号屯西南岗遗址	长岭县北正镇乡水月村前三十七号屯西南沙岗上		采集有陶器、瓷器、铁器，数量不详	新石器时代	《长岭县文物志》，1986年
前水月屯南第一山口遗址	长岭县北正镇乡水月村前水月屯南第一山口处		文中介绍陶器3件、石器3件	新石器时代	《长岭县文物志》，1986年
开山王坨子遗址	长岭县北正镇乡水月村前水月屯南开山王坨子南坡		采集有陶器、石器，数量不详	新石器时代、辽金时期	《长岭县文物志》，1986年
光荣坨子遗址	长岭县龙凤乡新立窑村新安堡屯西南光荣坨子东南坡		文中介绍陶器6件，瓷器、铁器数量不详	新石器时代、辽金时期	《长岭县文物志》，1986年
东龙凤屯东南坨子遗址	长岭县龙凤乡龙凤村东龙凤屯东南一沙坨子上		文中介绍陶器10件、石器4件、骨器1件	新石器时代	《长岭县文物志》，1986年
九十四号屯北岗遗址	长岭县三团乡九十三号村九十四号屯北一沙岗上		文中介绍石器14件、陶器2件、骨器1件	新石器时代、辽金时期	《长岭县文物志》，1986年

续表

遗址名称	位置	遗迹	遗物	时代	文献出处
东九十三号屯东岗遗址	长岭县三团乡九十三号村东九十三号屯东一岗子上		文中介绍石器5件、陶器2件	新石器时代	《长岭县文物志》，1986年
四十五号屯北坨子遗址	长岭县龙凤乡十五号村四十五号屯北一沙坨子上		文中介绍陶器8件、石器4件	青铜时代	《长岭县文物志》，1986年
潘菜园子屯西坨子遗址	长岭县龙凤乡龙凤村潘菜园子屯西一沙坨子上		采集有陶器、瓷器，数量不详	青铜时代、辽金时期	《长岭县文物志》，1986年
小腰街屯西遗址	长岭县龙凤乡龙凤村小腰街屯西		采集有陶器，数量不详	青铜时代	《长岭县文物志》，1986年
小腰街屯东北岗遗址	长岭县龙凤乡龙凤村小腰街屯东北沙岗上		采集有陶器、石器，数量不详	青铜时代	《长岭县文物志》，1986年
小腰街屯北岗遗址	长岭县龙凤乡龙凤村小腰街屯北一沙岗上		采集有陶器、瓷器，数量不详	青铜时代、辽金时期	《长岭县文物志》，1986年
靠山屯东岗遗址	长岭县龙凤乡治安村靠山屯东一漫岗上		采集有陶器，数量不详	青铜时代、辽金时期	《长岭县文物志》，1986年
敬老院东南岗遗址	长岭县龙凤乡敬老院东南1千米		采集有陶器2件、石器2件、骨器1件	青铜时代、辽金时期	《长岭县文物志》，1986年
潘菜园子屯西南屯子西北角遗址	长岭县龙凤乡龙凤村潘菜园子屯南一沙坨子上		采集有陶器，数量不详	青铜时代、辽金时期	《长岭县文物志》，1986年
潘菜园子屯内遗址	长岭县龙凤乡龙凤村潘菜园子屯西部沙丘附近		采集有陶器、瓷器，数量不详	青铜时代、辽金时期	《长岭县文物志》，1986年
龙凤乡敬老院东遗址	长岭县龙凤乡敬老院东侧一漫岗上		采集有陶器，数量不详	青铜时代	《长岭县文物志》，1986年

续表

遗址名称	位置	遗迹	遗物	时代	文献出处
于喜屯西岗遗址	长岭县龙凤乡治安村于喜屯西一漫岗上		采集有陶器、瓷器，数量不详	青铜时代、辽金时期	《长岭县文物志》，1986年
敬老院大东岗遗址	长岭县龙凤乡敬老院东一大岗子南坡		采集有陶器，数量不详	青铜时代	《长岭县文物志》，1986年
治安屯北泡子遗址	长岭县龙凤乡治安屯北泡子遗址		文中介绍陶器5件	青铜时代、辽金时期	《长岭县文物志》，1986年
潘菜园子屯西北岗遗址	长岭县龙凤乡龙凤村潘菜园子屯偏西北一漫岗		采集有陶器、瓷器，数量不详	青铜时代、辽金时期	《长岭县文物志》，1986年
腰街屯北二道岗子遗址	长岭县龙凤乡龙凤村小腰街屯北一沙岗上		采集有陶器、瓷器，数量不详	青铜时代、辽金时期	《长岭县文物志》，1986年
潘菜园子屯西南坨子遗址	长岭县龙凤乡龙凤村潘菜园子屯西南沙坨子中		采集有陶器，数量不详	青铜时代、辽金时期	《长岭县文物志》，1986年
治安屯北泡子东北岗遗址	长岭县龙凤乡治安村东北一沙岗上		文中介绍有陶器8件、青铜器2件	青铜时代、辽金时期	《长岭县文物志》，1986年
张家烧锅屯东沙坑遗址	长岭县三团乡苑家街村张家烧锅屯东一沙坑中		采集有陶器、石器，数量不详	青铜时代	《长岭县文物志》，1986年
七十六号屯东岗北坡遗址	长岭县三团乡七十六号屯东一沙岗北坡		采集有陶器、石器，数量不详	青铜时代	《长岭县文物志》，1986年
万福屯东南岗遗址	长岭县永升乡五井子村万福屯东南1千米		采集有陶器，数量不详	青铜时代、辽金时期	《长岭县文物志》，1986年
五井子屯南遗址	长岭县永升乡五井子村南耕地中		采集有陶器，数量不详	青铜时代	《长岭县文物志》，1986年

续表

遗址名称	位置	遗迹	遗物	时代	文献出处
小六号屯南岗遗址	长岭县十家户乡六号村小六号屯南沙岗上		文中介绍石器4件、陶器3件	青铜时代	《长岭县文物志》，1986年
大兴屯南遗址	长岭县大兴乡大兴村南部		采集有陶器，数量不详	青铜时代、明清时期	《长岭县文物志》，1986年
金山屯北岗遗址	长岭县大兴乡金山村北一沙岗上		采集有陶器、瓷器，数量不详	青铜时代、辽金时期	《长岭县文物志》，1986年
西洼子屯西岗遗址	长岭县大兴乡义州海村西洼子屯西一沙岗上		采集石器1件，陶器数量不详	青铜时代	《长岭县文物志》，1986年
风水屯北岗遗址	长岭县新风乡风水村北部一沙岗上		采集有陶器，数量不详	青铜时代、辽金时期	《长岭县文物志》，1986年
西风水屯北岗遗址	长岭县新风乡西风水屯北部沙岗		采集有陶器，数量不详	青铜时代、辽金时期	《长岭县文物志》，1986年
五十二号屯北岗遗址	长岭县新风乡风水村五十二号屯北部一沙岗上		采集有陶器，数量不详	青铜时代、辽金时期	《长岭县文物志》，1986年
乌树台屯西北遗址	长岭县新安镇乌树台村西		采集石器3件、陶器数量不详	青铜时代、辽金时期	《长岭县文物志》，1986年
后贾家沟子屯西遗址	长岭县新安镇八方地村后贾家沟子屯西		采集有陶器，数量不详	青铜时代	《长岭县文物志》，1986年
西十九号屯东岗遗址	长岭县八十九乡十九号村西十九号屯东一沙岗上		采集有陶器，数量不详	青铜时代、辽金时期	《长岭县文物志》，1986年
东八十一号屯东北岗遗址	长岭县八十八乡八十一号村东北一沙岗上		采集有陶器，数量不详	青铜时代、辽金时期	《长岭县文物志》，1986年
西八十一号屯东岗遗址	长岭县八十八乡八十一号村八十一号屯东一沙岗上		采集有陶器，数量不详	青铜时代、辽金时期	《长岭县文物志》，1986年

续表

遗址名称	位置	遗迹	遗物	时代	文献出处
后二十号屯北岗遗址	长岭县八十八乡二十号村后二十号屯北沙岗上		采集有石器1件，陶器数量不详	青铜时代、辽金时期	《长岭县文物志》，1986年
西八十一号屯南岗遗址	长岭县八十八乡八十一号村西八十一号屯南一漫岗上		采集有石器9件，陶器数量不详	青铜时代	《长岭县文物志》，1986年
甸子章屯北岗遗址	长岭县八十八乡后八十八号村甸子章屯北一沙岗南坡		文中介绍陶器4件	青铜时代、辽金时期	《长岭县文物志》，1986年
前八十八号屯东北岗遗址	长岭县八十八乡八十八号村八十八号屯东北一沙岗		文中介绍石器6件，陶器数量不详	青铜时代	《长岭县文物志》，1986年
后八十八号屯北岗遗址	长岭县八十八乡后八十八号村北一沙岗上		文中介绍陶器4件，石器1件	青铜时代	《长岭县文物志》，1986年
顺山堡南岗遗址	长岭县三十号乡顺山堡村南一沙岗		采集有陶器、石器，数量不详	青铜时代	《长岭县文物志》，1986年
太平川镇南坨子遗址	长岭县太平川镇南部沙岗上		文中介绍陶器4件、石器1件	青铜时代	《长岭县文物志》，1986年
后五撮屯北岗遗址	长岭县三十号乡五撮村后五撮屯北一圆形沙岗上		采集石器2件，陶器数量不详	青铜时代	《长岭县文物志》，1986年
西八十一号屯西南岗遗址	长岭县八十八乡八十一号村西八十一号屯西南沙岗		文中介绍陶器1件、石器7件	青铜时代	《长岭县文物志》，1986年
前八十八号屯东岗遗址	长岭县八十八乡八十八号村前八十八号屯		采集石器4件，陶器数量不详	青铜时代	《长岭县文物志》，1986年
后二十号屯西北岗遗址	长岭县八十八乡二十号村后二十号屯西北一漫岗上		采集石器1件，陶器数量不详	青铜时代	《长岭县文物志》，1986年

续表

遗址名称	位置	遗迹	遗物	时代	文献出处
后八十八号屯后岗遗址	长岭县八十八乡后八十八村后八十八号屯		采集有陶器、石器，数量不详	青铜时代	《长岭县文物志》，1986年
后二十号屯东北岗遗址	长岭县八十八乡二十号村后二十号屯东北一沙岗上		文中介绍陶器3件、石器1件	青铜时代	《长岭县文物志》，1986年
前六号屯墓群	长岭县前七号镇龙凤山村前六号屯	墓葬数量不详	随葬品有陶器、石器、蚌器，数量不详	新石器时代	《长岭县文物志》，1986年
东二十号屯墓群	长岭县八十八乡二十号村东二十号屯	墓葬数量不详	随葬品有陶器，数量不详	青铜时代	《长岭县文物志》，1986年
八垧地遗址	蛟河市池水乡八垧地村小郭山岗梁上		采集陶器15件、石器72件、青铜器1件	青铜时代	《蛟河县文物志》，1986年
罗锅地遗址	蛟河市池水乡柳树村东岗屯北一漫岗上		采集石器9件	青铜时代	《蛟河县文物志》，1986年
红旗村北岗遗址	蛟河市池水乡红旗村北岗顶上		无采集品	青铜时代	《蛟河县文物志》，1986年
永兴北岗遗址	蛟河市池水乡永兴屯东北岗上		采集石器12件、陶器3件	青铜时代	《蛟河县文物志》，1986年
转山子西山遗址	蛟河市池水乡红旗村转山子西山顶部		无采集品	青铜时代	《蛟河县文物志》，1986年
转山子北山遗址	蛟河市池水乡红旗村转山子北山山腰间		无采集品	青铜时代	《蛟河县文物志》，1986年
半截沟遗址	蛟河市池水乡罗圈沟村北山南坡		采集石器2件，陶器数量不详	青铜时代	《蛟河县文物志》，1986年
保家村东岗遗址	蛟河市池水乡保家村东岗南坡		采集陶器8件、石器42件	青铜时代	《蛟河县文物志》，1986年
池水屯五台山遗址	蛟河市池水乡池水屯北山东山头		采集石器8件、陶器3件	青铜时代	《蛟河县文物志》，1986年
池水村北山遗址	蛟河市池水乡池水村北山向阳坡		采集石器1件	青铜时代	《蛟河县文物志》，1986年

续表

遗址名称	位置	遗迹	遗物	时代	文献出处
泡子沿北岗遗址	蛟河市池水乡团结村西北漫岗上		采集石器8件、陶器2件	青铜时代	《蛟河县文物志》，1986年
张家屯北岗遗址	蛟河市池水乡牤牛河张家屯北岗		采集石器9件、陶器1件	青铜时代	《蛟河县文物志》，1986年
老坟沟遗址	蛟河市池水乡碾子沟村山头屯东岗端		采集石器1件、陶器1件	青铜时代	《蛟河县文物志》，1986年
山头屯东大沟遗址	蛟河市池水乡碾子沟村山头屯东大沟山头上	墓葬4座	采集石器11件，陶片数量不详	青铜时代	《吉林蛟河县石棺墓清理》，《考古》1964年第2期；《蛟河县文物志》，1986年
永兴屯崔瞎子坟遗址	蛟河市池水乡碾子沟村永兴屯崔瞎子坟高岗上		采集陶器、石器，数量不详	青铜时代	《蛟河县文物志》，1986年
福来东遗址	蛟河市松江乡松江村福来东屯东岗上		采集石器20件、陶器7件	青铜时代	《蛟河县文物志》，1986年
炮手沟大砬子遗址	蛟河市松江乡炮手沟村大砬子山上		采集石器9件、陶器14件	青铜时代	《蛟河县文物志》，1986年
代露河西山遗址	蛟河市松江乡代露河村腰代露河屯西山上		采集石器4件、陶器3件	青铜时代	《蛟河县文物志》，1986年
梨山沟遗址	蛟河市松江乡沿江村梨山沟		采集石器9件	青铜时代	《蛟河县文物志》，1986年
二道砬子遗址	蛟河市松江乡沿江村白石砬子屯二道砬子		采集石器4件、陶器4件	青铜时代	《蛟河县文物志》，1986年
杉松背南山遗址	蛟河市松江乡临江村杉松背南山		采集石器1件、陶器12件	青铜时代	《蛟河县文物志》，1986年
张家湾蛤蟆石遗址	蛟河市松江乡临江村张家湾蛤蟆石	石棺墓1座	采集石器4件、陶器4件	青铜时代	《蛟河县文物志》，1986年
南台子东张三沟遗址	蛟河市松江乡南台子村东张三沟	石棺墓3座	采集石器9件、陶器13件	青铜时代	《蛟河县文物志》，1986年
小南沟北山头遗址	蛟河市青背乡小南沟村北山头上	石棺墓10余座，清理2座	文中介绍陶器7件、石器36件	青铜时代	《吉林蛟河县石棺墓清理》，《考古》1964年第2期；《蛟河县文物志》，1986年

续表

遗址名称	位置	遗迹	遗物	时代	文献出处
青背村东山遗址	蛟河市青背乡青背村东山东南侧		采集陶器2件	青铜时代	《蛟河县文物志》，1986年
姜家屯北山遗址	蛟河市青背乡永安村姜家沟屯北山上		采集陶器6件	青铜时代	《蛟河县文物志》，1986年
姜家屯高丽城子山遗址	蛟河市青背乡永安村姜家屯		采集石器2件、陶器1件	青铜时代	《蛟河县文物志》，1986年
五道沟屯北山遗址	蛟河市青背乡四道沟村五道沟屯北山		文中介绍石器5件、陶器7件	青铜时代	《蛟河县文物志》，1986年
刘家堡子西山遗址	蛟河市青背乡新春村刘家堡子屯西山顶东端		采集陶器2件	青铜时代	《蛟河县文物志》，1986年
平安堡西山头遗址	蛟河市青背乡小南沟村平安堡屯西山头松花湖岸边		采集陶器2件、石器3件	青铜时代	《蛟河县文物志》，1986年
爱林屯东岗遗址	蛟河市青背乡农林村爱林屯东岗上		采集陶器1件、石器1件	青铜时代	《蛟河县文物志》，1986年
二道沟村西南岗遗址	蛟河市青背乡二道沟村西南岗上		采集石器29件、陶器6件	青铜时代	《蛟河县文物志》，1986年
苏尔哈渔场东山遗址	蛟河市青背乡临江村苏尔哈渔场东山上	石棺墓20余座	采集陶器4件、石器1件	青铜时代	《蛟河县文物志》，1986年；《吉林省蛟河市苏尔哈古人类文化遗址调查》，《博物馆研究》2009年第1期
顺利村东岗地遗址	蛟河市青背乡顺利村东岗耕地里		采集石器13件、陶器2件	青铜时代	《蛟河县文物志》，1986年
寒下村东大砬子遗址	蛟河市漂河镇寒下村东大砬子山顶上		采集陶器7件、石器1件	青铜时代	《蛟河县文物志》，1986年
南金窖北山遗址	蛟河市漂河镇横道河子村南金窖北山顶上		采集陶器4件、石器4件	青铜时代	《蛟河县文物志》，1986年

续表

遗址名称	位置	遗迹	遗物	时代	文献出处
死人沟北山遗址	蛟河市漂河镇横道河子村西南死人沟北山岗上		采集陶器4件、石器5件	青铜时代	《蛟河县文物志》，1986年
横道子南山遗址	蛟河市漂河镇横道河子村南山上		采集陶器4件、石器4件	青铜时代	《蛟河县文物志》，1986年
大楼船站遗址	蛟河市漂河镇小梨树沟村附近大楼船站		采集石器7件	青铜时代	《蛟河县文物志》，1986年
五道沟北山遗址	蛟河市漂河镇下崴子村五道沟屯北山		采集陶器2件	青铜时代	《蛟河县文物志》，1986年
两垧一遗址	蛟河市新站镇吉祥村前红阳屯西侧的漫岗上		采集石器68件、陶器6件	青铜时代	《蛟河县文物志》，1986年
西大姑家西山遗址	蛟河市新站镇大利村西大姑家屯西山		采集石器6件、陶器数量不详	青铜时代	《蛟河县文物志》，1986年
前红阳村罗锅地遗址	蛟河市新站镇吉祥村前红阳屯西侧的漫岗上		采集石器12件	青铜时代	《蛟河县文物志》，1986年
山嘴屯北山遗址	蛟河市拉法乡北大村山嘴屯北山漫岗上		采集石器3件、陶器数量不详	青铜时代	《蛟河县文物志》，1986年
蜂蜜山遗址	蛟河市拉法乡东向阳村东侧的漫岗上		采集石器2件、陶器3件	青铜时代	《蛟河县文物志》，1986年
北大村东北山遗址	蛟河市拉法乡北大村东北山漫岗上	石棺墓1座	采集石器4件、陶器3件	青铜时代	《蛟河县文物志》，1986年
拉法西山遗址	蛟河市拉法乡拉法西山山脚缓坡上		采集石器3件、陶器数量不详	青铜时代	《蛟河县文物志》，1986年
拉法大昌屯北山遗址	蛟河市拉法乡田宝村大昌屯北山上		采集石器3件、陶器数量不详	青铜时代	《蛟河县文物志》，1986年
北大村北山遗址	蛟河市拉法乡北大村北山上		采集石器11件、陶器数量不详	青铜时代	《蛟河县文物志》，1986年
常家村北山遗址	蛟河市拉法乡常家村北山岗上		采集石器7件、陶器数量不详	青铜时代	《蛟河县文物志》，1986年

续表

遗址名称	位置	遗迹	遗物	时代	文献出处
田家村西北岗遗址	蛟河市拉法乡田宝村西北岗上		采集石器2件、陶器数量不详	青铜时代	《蛟河县文物志》，1986年
磨石砬子遗址	蛟河市奶子山镇口钦村磨石砬子地头上		采集石器7件、陶器6件	青铜时代	《蛟河县文物志》，1986年
黄花村后屯东岗遗址	蛟河市奶子山镇黄花村后屯东岗西北坡		采集石器1件	青铜时代	《蛟河县文物志》，1986年
新立村北山遗址	蛟河市奶子山镇新立村北山头上		采集石器2件、陶器数量不详	青铜时代	《蛟河县文物志》，1986年
二荒顶子屯西岗遗址	蛟河市奶子山镇新立村二荒顶子屯西岗道边		采集石器1件、陶器数量不详	青铜时代	《蛟河县文物志》，1986年
魏家沟遗址	蛟河市天南乡五丰村魏家沟山坡地里		采集石器6件、陶器数量不详	青铜时代	《蛟河县文物志》，1986年
蜂蜜砬子遗址	蛟河市天南乡五丰村		采集石器2件	青铜时代	《蛟河县文物志》，1986年
苇子沟西大滩遗址	蛟河市天南乡丰收村大苇子沟西大滩		采集石器4件	青铜时代	《蛟河县文物志》，1986年
丰收洋砬石遗址	蛟河市天南乡丰收村洋砬石		采集石器5件	青铜时代	《蛟河县文物志》，1986年
大海浪遗址	蛟河市天南乡丰收村大海浪屯		采集石器5件	青铜时代	《蛟河县文物志》，1986年
商家西山遗址	蛟河市天南乡联江村一队商家西山东南坡		采集石器17件	青铜时代	《蛟河县文物志》，1986年
关家屯小北山遗址	蛟河市天南乡中兴村关家屯小北山		采集石器13件、陶器8件	青铜时代	《蛟河县文物志》，1986年
劳动村东山遗址	蛟河市天北乡劳动村六队东山上		采集石器3件、陶器2件	青铜时代	《蛟河县文物志》，1986年
尤家屯南岗遗址	蛟河市天北乡尤家屯南岗上		采集石器2件、陶器数量不详	青铜时代	《蛟河县文物志》，1986年
嘀哒嘴子遗址	蛟河市天北乡朝阳村东山上	石棺墓1座	采集石器11件、陶器2件	青铜时代	《蛟河县文物志》，1986年

续表

遗址名称	位置	遗迹	遗物	时代	文献出处
小伙棚沟北山遗址	蛟河市天岗镇两家子村小伙棚沟屯北山上		未采集遗物	青铜时代	《蛟河县文物志》，1986年
两块地遗址	蛟河市龙凤乡龙凤村南山上		采集石器3件、陶器数量不详	青铜时代	《蛟河县文物志》，1986年
唐家岗子遗址	蛟河市白石山镇富强村唐家岗子屯东山上		采集石器2件、陶器1件	青铜时代	《蛟河县文物志》，1986年
靠林遗址	蛟河市南岗子乡靠林村小学校东北一漫岗上		采集石器3件、陶器2件	青铜时代	《蛟河县文物志》，1986年
高家北山遗址	蛟河市南岗子乡高家村小新立屯北山上		采集陶器、石器，数量不详	青铜时代	《蛟河县文物志》，1986年
法河沿南山遗址	蛟河市新农乡法河沿南山上	石棺墓1座	采集石器11件、陶器5件	青铜时代	《蛟河县文物志》，1986年
西关门北山遗址	蛟河市新农乡南荒地村西关门北山上		采集石器2件、陶器3件	青铜时代	《蛟河县文物志》，1986年
北安屯团山子遗址	蛟河市新站镇北安村北安屯团山子漫岗上		采集石器5件	青铜时代	《蛟河县文物志》，1986年
北安屯东南岗遗址	蛟河市新站镇北安村北安屯东南漫岗上		采集石器7件	青铜时代	《蛟河县文物志》，1986年
牛头山遗址	蛟河市漂河镇二十家子村牛头山山脊上		采集石器23件、陶器1件	青铜时代	《蛟河县文物志》，1986年
转心湖西山遗址	蛟河市漂河镇蛇岭沟村转心湖屯西山		采集石器1件、陶器4件	汉代	《蛟河县文物志》，1986年
东小荒地遗址	蛟河市蛟河镇东小荒地屯		采集石器2件	汉代	《蛟河县文物志》，1986年
池水村南山墓地	蛟河市池水乡池水村南山东段南坡	石棺墓3座	随葬品有石器12件、陶器2件	青铜时代	《蛟河县文物志》，1986年
东岗屯门前地墓地	蛟河市池水乡柳树林子村东岗屯门前地	石棺墓7座	采集石器1件	青铜时代	《蛟河县文物志》，1986年
碾子沟村东山墓地	蛟河市池水乡碾子沟村村东山西坡山腰间	石棺墓1座	采集有石器，数量不详	青铜时代	《蛟河县文物志》，1986年

续表

遗址名称	位置	遗迹	遗物	时代	文献出处
南岗子屯南岗墓地	蛟河市松江乡靠山村南岗子屯南岗南坡	墓葬数量不详	未发现随葬品	青铜时代	《蛟河县文物志》，1986年
永兴屯山头墓地	蛟河市池水乡碾子沟村永兴屯山头岗南坡	石棺墓7座	未发现随葬品	青铜时代	《蛟河县文物志》，1986年
福来东南岗墓地	蛟河市松江乡松江村福来东屯南岗北岗上	石棺墓2座	采集有陶器，数量不详	青铜时代	《蛟河县文物志》，1986年
金星屯东山嘴墓地	蛟河市松江乡宋江村金星屯东山嘴南侧山腰间	墓葬数量不详	采集有石器、陶器各1件	青铜时代	《蛟河县文物志》，1986年
棺材石墓地	蛟河市松江乡代露河村与炮手沟村交界处的棺材石	石棺墓2座	采集有石器4件，陶器数量不详	青铜时代	《蛟河县文物志》，1986年
庆丰水库墓地	蛟河市天北乡庆丰村庆丰水库西北侧山根处	墓葬数量不详	采集石器4件、陶器2件	青铜时代	《蛟河县文物志》，1986年
东张三沟墓地	蛟河市松江乡南台子村东张三沟	石棺墓3座	随葬陶器5件、石器13件	青铜时代	《蛟河县文物志》，1986年
穷棒子沟墓地	蛟河市青背乡永安村姜家沟屯穷棒子沟南沟松花湖北岸	石棺墓2座	未发现随葬品	青铜时代	《蛟河县文物志》，1986年
南台子墓地	蛟河市天南乡葡萄沟村葡萄沟屯正南方向南台子坡地上	石棺墓3座	随葬品有石器2件、陶器5件	青铜时代	《蛟河县文物志》，1986年
新站蔬菜五队墓地	蛟河市新站镇蔬菜五队的一漫岗上	土坑墓1座	随葬品有石器12件、陶器1件	青铜时代	《蛟河县文物志》，1986年
东河北遗址	伊通县景台乡境内大黑山之北麓		采集石器20余件、陶器数量不详	青铜时代	《伊通县文物志》，1988年；《吉林省伊通河上游考古调查》，《北方文物》1990年第3期
羊草沟遗址	伊通县伊丹乡东北部羊草沟屯		采集石器12件，陶器数量不详	青铜时代	《伊通县文物志》，1988年
吉兴遗址	伊通县二道乡石门水库南吉兴村吉兴屯		采集石器20余件、陶器40余件	青铜时代	《伊通县文物志》，1988年；《吉林省伊通河上游考古调查》，《北方文物》1990年第3期

续表

遗址名称	位置	遗迹	遗物	时代	文献出处
杏山遗址	伊通县发展乡红卫村房身沟屯西南杏山上		采集石器9件，陶器数量不详	青铜时代	《伊通县文物志》，1988年；《吉林省伊通河上游考古调查》，《北方文物》1990年第3期
娘庙山遗址	伊通县景台乡大榆树村王家学房屯西的小山上		采集有陶器、石器，数量不详	青铜时代	《伊通县文物志》，1988年；《吉林省伊通河上游考古调查》，《北方文物》1990年第3期
头道沟遗址	伊通县大孤山镇南15千米小子河上游的头道沟里		采集有陶器，数量不详	青铜时代	《伊通县文物志》，1988年；《吉林省伊通河上游考古调查》，《北方文物》1990年第3期
何家屯遗址	伊通县伊丹乡火红村何家窝堡屯		采集有陶器、瓷器，数量不详	青铜时代、辽金时期	《伊通县文物志》，1988年；《吉林省伊通河上游考古调查》，《北方文物》1990年第3期
杨家屯遗址	伊通县黄岭子乡杨家屯		采集有陶器、石器、铜钱，数量不详	青铜时代、辽金时期	《伊通县文物志》，1988年
大榆树南山遗址	伊通县景台乡大榆树村西南果树园南山上		采集石器5件、陶器10余件	青铜时代	《伊通县文物志》，1988年
李老虎山遗址	伊通县景台乡富山村小黑牛屯一山丘上		采集有陶器，数量不详	青铜时代	《伊通县文物志》，1988年
锅底山遗址	伊通县发展乡农林村新中屯北一形似锅底的山丘		采集石器1件，陶器数量不详	青铜时代	《伊通县文物志》，1988年
西山遗址	伊通县景台镇秀山村王大院屯西的山坡上		采集石器4件，陶器数量不详	青铜时代	《伊通县文物志》，1988年；《吉林省伊通河上游考古调查》，《北方文物》1990年第3期
西下山遗址	伊通县黄岭子乡兴隆村老虎背屯西北		采集石器1件，陶器数量不详	青铜时代	《伊通县文物志》，1988年
长岭山遗址	伊通县景台镇青山村杨树园子屯西侧山坡		采集有陶器、石器，数量不详	青铜时代	《伊通县文物志》，1988年
北大山遗址	伊通县发展乡农林村北大山屯西北		采集石器3件，陶器数量不详	青铜时代	《伊通县文物志》，1988年
太平屯遗址	伊通县景台镇新山村太平屯		采集石器2件，陶器数量不详	青铜时代	《伊通县文物志》，1988年；《吉林省伊通河上游考古调查》，《北方文物》1990年第3期

续表

遗址名称	位置	遗迹	遗物	时代	文献出处
范家南岭遗址	伊通县靠山镇尖山子村西北山岭上		采集石器6件，陶器数量不详	青铜时代	《伊通县文物志》，1988年
小顶山遗址	伊通县景台镇昌盛村西河北屯		采集石器2件，陶器数量不详	青铜时代	《伊通县文物志》，1988年
边商屯遗址	伊通县景台镇新山村边商屯西南山岭		采集有陶器，数量不详	青铜时代	《伊通县文物志》，1988年
马家油房遗址	伊通县二道乡石门村马家油房北		文中介绍陶器3件、石器2件	青铜时代	《伊通县文物志》，1988年
陈家屯遗址	伊通县景台镇石灰村陈家屯西北		采集石器1件，陶器数量不详	青铜时代	《伊通县文物志》，1988年
于家沟遗址	伊通县发展乡新立村于家沟屯此		采集有陶器、石器，数量不详	青铜时代	《伊通县文物志》，1988年
小王家沟遗址	伊通县西苇乡西苇村小王家沟屯东南		采集有陶器，数量不详	青铜时代	《伊通县文物志》，1988年
白石沟遗址	伊通县景台镇秀山村白石沟屯西北一山岭上		采集石器1件，陶器数量不详	青铜时代	《伊通县文物志》，1988年
范家烧锅遗址	伊通县黄岭子乡迎风村范家烧锅屯		采集有陶器，数量不详	青铜时代、辽金时期	《伊通县文物志》，1988年
西岗子遗址	伊通县景台镇景台村二社西山东南坡上		采集有陶器，数量不详	青铜时代、辽金时期	《伊通县文物志》，1988年
小门楼遗址	伊通县黄岭子乡迎风村小门楼屯		采集有陶器，数量不详	青铜时代	《伊通县文物志》，1988年
老虎背遗址	伊通县黄岭子乡兴隆村老虎背屯西		采集有陶器，数量不详	青铜时代	《伊通县文物志》，1988年
青石砬子遗址	伊通县莫里青乡新里村东南约2千米		采集石器20余件，陶器数量不详	青铜时代	《伊通县文物志》，1988年
白台子遗址	伊通县马鞍林场北侧的一个山坡上		采集石器30余件、陶器2件	青铜时代	《伊通县文物志》，1988年；《吉林省伊通河上游考古调查》，《北方文物》1990年第3期
腰沟遗址	伊通县发展乡红卫村房身屯东南山沟里		采集有陶器、石器，数量不详	青铜时代	《伊通县文物志》，1988年
夹信子遗址	伊通县黄岭子乡杨家屯东南山坡上		采集有陶器，数量不详	青铜时代	《伊通县文物志》，1988年
东南山遗址	伊通县发展乡永久村大成号屯东南一山丘上		采集有陶器、石器，数量不详	青铜时代	《伊通县文物志》，1988年

续表

遗址名称	位置	遗迹	遗物	时代	文献出处
二道岭子遗址	伊通县伊丹乡大岭村岭西屯西二道岭子南坡		文中介绍石器1件、陶器3件	青铜时代	《伊通县文物志》，1988年
宋家屯遗址	伊通县景台镇赵家村宋家屯西漫岗南坡		采集有陶器、石器，数量不详	青铜时代	《伊通县文物志》，1988年
张家屯遗址	伊通县马鞍山镇富强村张家屯西南一山坡上		采集石器1件，陶器数量不详	青铜时代	《伊通县文物志》，1988年
石头包遗址	伊通县景台镇赵家村宋家屯东北一漫岗南坡		文中介绍陶器7件、石器4件	青铜时代	《伊通县文物志》，1988年
营城山遗址	伊通县景台镇大榆树村王家学房屯的一山丘上		文中介绍陶器5件	青铜时代	《伊通县文物志》，1988年
葫芦头沟遗址	伊通县黄岭子乡迎风村葫芦头沟屯		采集陶器3件	青铜时代	《伊通县文物志》，1988年
岭西屯古墓	伊通县伊丹镇大岭村西屯	墓葬1座	随葬品有陶器、石器，数量不详	青铜时代	《伊通县文物志》，1988年；《吉林省伊通河上游考古调查》，《北方文物》1990年第3期
腰浩特忙南砣遗址	前郭尔罗斯蒙古族自治县孤店乡腰浩特忙屯南一坨子上		采集石器29件、陶器33件	新石器时代	《前郭尔罗斯蒙古族自治县文物志》，1983年
西浩特忙遗址	前郭尔罗斯蒙古族自治县孤店乡西浩特忙屯前场院南侧一岗地上		采集陶器12件、石器10件，瓷器数量不详	新石器时代、辽金时期	《前郭尔罗斯蒙古族自治县文物志》，1983年
浩特忙东北遗址	前郭尔罗斯蒙古族自治县孤店乡腰浩特忙屯东北一沙岗上		采集有陶器、石器、瓷器，数量不详	新石器时代、辽金时期	《前郭尔罗斯蒙古族自治县文物志》，1983年
西太平遗址	前郭尔罗斯蒙古族自治县乌兰塔拉乡西太平附近的沙丘中		文中介绍石器7件	新石器时代	《前郭尔罗斯蒙古族自治县文物志》，1983年
红石砬子遗址	前郭尔罗斯蒙古族自治县吉拉吐乡东灯娄库屯南红石砬子附近		文中介绍陶器7件，石器1件	青铜时代	《前郭尔罗斯蒙古族自治县文物志》，1983年
青山头遗址	前郭尔罗斯蒙古族自治县穆家乡青山头屯西与查干泡渔场中间		文中介绍石器4件、骨器1件，陶器数量不详	青铜时代	《前郭尔罗斯蒙古族自治县文物志》，1983年
二莫后山遗址	前郭尔罗斯蒙古族自治县达里巴乡二莫屯1千米处的大沙岗上		采集有陶器、铁器、瓷器，数量不详	青铜时代、辽金时期	《前郭尔罗斯蒙古族自治县文物志》，1983年

续表

遗址名称	位置	遗迹	遗物	时代	文献出处
波拉户遗址	前郭尔罗斯蒙古族自治县大山乡波拉户屯西北约500米的土坎上		采集有陶器、瓷器，数量不详	青铜时代、辽金时期	《前郭尔罗斯蒙古族自治县文物志》，1983年
传字井遗址	乾安县兰字乡传井字村传井字屯南部沙岗		采集有陶器、石器，数量不详	新石器时代、辽金时期	《乾安县文物志》，1985年；《吉林省乾安县新石器时代遗址调查》，《北方文物》1992年第2期
西玉字井遗址	乾安县水字镇玉字村西玉字井屯西部沙岗		采集有陶器、石器，数量不详	新石器时代	《乾安县文物志》，1985年；《吉林省乾安县新石器时代遗址调查》，《北方文物》1992年第2期
大师遗址	乾安县水字镇大师村大师字井屯南部		采集石器7件，陶器数量不详	新石器时代	《乾安县文物志》，1985年；《吉林省乾安县新石器时代遗址调查》，《北方文物》1992年第2期
操字井南岗遗址	乾安县仙字乡操字井屯南部沙岗		文中介绍石器10件、陶器2件	青铜时代	《乾安县文物志》，1985年
列字井西南岗遗址	乾安县列字井屯西南漫岗上		采集有陶器、石器，数量不详	青铜时代	《乾安县文物志》，1985年
大师西北岗遗址	乾安县水字镇大师字村大师字井屯西北沙岗上		采集石器3件，陶器数量不详	青铜时代	《乾安县文物志》，1985年
大师字西北岗遗址	乾安县水字镇大师村大师字井屯西北沙岗上		采集石器1件，陶器数量不详	青铜时代	《乾安县文物志》，1985年
珍字井西岗遗址	乾安县水字镇珍字村珍字井屯		采集有陶器，数量不详	青铜时代	《乾安县文物志》，1985年
网字井遗址	乾安县水字镇网字村网字井屯东南一沙岗上		采集有陶器，数量不详	青铜时代	《乾安县文物志》，1985年
乃字井东岗遗址	乾安县道字乡乃字村乃字井屯东南一沙岗上		文中介绍陶器7件，石器3件	青铜时代、辽金时期	《乾安县文物志》，1985年
莱字井西岗遗址	乾安县道字乡仁字村莱字井屯西一沙岗上		采集石器2件，陶器数量不详	青铜时代	《乾安县文物志》，1985年

续表

遗址名称	位置	遗迹	遗物	时代	文献出处
草字井西北岗遗址	乾安县道字乡草字村草字井屯西一沙岗上		采集有陶器，数量不详	青铜时代	《乾安县文物志》，1985年
垂字井遗址	乾安县道字乡垂字村垂字井屯西200米处		采集有陶器、骨蚌器，数量不详	青铜时代	《乾安县文物志》，1985年
拱字井西南岗遗址	乾安县道字乡拱字村拱字井屯西南沙岗上		文中介绍石器4件	青铜时代	《乾安县文物志》，1985年
莫字井西南岗遗址	乾安县兰字乡莫字村莫字井屯西南沙岗上		采集石器2件，陶器数量不详	青铜时代	《乾安县文物志》，1985年
安字井西山遗址	乾安县安字乡安字村安字井屯正西一沙岗上		采集石器1件，陶器数量不详	青铜时代	《乾安县文物志》，1985年
操字井南岗遗址	乾安县仙字乡操字村操字井屯西南一沙岗上		采集石器2件，陶器数量不详	青铜时代	《乾安县文物志》，1985年
灵字井南岗遗址	乾安县仙字乡灵字村灵字井屯南一沙岗上		采集石器2件，陶器数量不详	青铜时代	《乾安县文物志》，1985年
丙字井东北岗遗址	乾安县仙字乡丙字村丙字井屯东北一沙岗上		采集有陶器，数量不详	青铜时代	《乾安县文物志》，1985年
东金字井北岗遗址	乾安县暑字乡金字村东金字井屯东北一沙岗上		采集有陶器、瓷器，数量不详	青铜时代、辽金时期	《乾安县文物志》，1985年
霜字井屯西北岗遗址	乾安县余字乡霜字井屯西北		采集有陶器、瓷器、铁器、石器，数量不详	青铜时代、辽金时期	《乾安县文物志》，1985年
西露字井东北岗遗址	乾安县让字乡西露字村西露字井屯东北沙岗		采集有陶器、瓷器，数量不详	青铜时代、辽金时期	《乾安县文物志》，1985年
西致字井东北岗遗址	乾安县让字乡东露字村西致字井屯东北沙岗		采集有陶器，数量不详	青铜时代、辽金时期	《乾安县文物志》，1985年
朝字井遗址	乾安县才字乡朝字村朝字井屯		采集有陶器，数量不详	青铜时代、辽金时期	《乾安县文物志》，1985年

续表

遗址名称	位置	遗迹	遗物	时代	文献出处
后浩字井东北岗遗址	乾安县赞字乡洁字村后洁字井屯东北沙岗		采集有陶器，数量不详	青铜时代、辽金时期	《乾安县文物志》，1985年
松字井遗址	乾安县兰字乡松字井村松字井屯		采集有陶器，数量不详	青铜时代、辽金时期	《乾安县文物志》，1985年
严字井西北岗遗址	乾安县严字乡严字村严字井屯西		采集有陶器，数量不详	青铜时代、辽金时期	《乾安县文物志》，1985年
种畜场五队遗址	乾安县种畜场五队		采集有陶器、石器、铁器，数量不详	青铜时代、辽金时期	《乾安县文物志》，1985年
中入字井遗址	乾安县所字乡中入村中入字井屯西	残墓1座	采集有青铜时代陶片若干、石器2件、青铜器13件、骨器8件	青铜时代、辽金时期	《吉林乾安县大布苏泡东岸遗址调查简报》，《考古》1984年第5期；《乾安县文物志》，1985年
后入字井遗址	乾安县所字乡后入字井屯	墓葬十余座	采集完整陶器4件、骨器67件、完整青铜器65件、石器1件	青铜时代	《吉林乾安县大布苏泡东岸遗址调查简报》，《考古》1984年第5期
学字井遗址	乾安县所字乡所字村学字井屯		采集有陶器、石器、瓷器，数量不详	青铜时代、辽金时期	《乾安县文物志》，1985年
大布苏湖东岸遗址	乾安县大布苏湖东南岸二级台地坡面上		采集有陶器、石器、瓷器，数量不详	青铜时代、辽金时期	《乾安县文物志》，1985年
望海水库遗址	乾安县大布苏湖南岸台地上，西南濒临望海水库		采集有陶器、石器，数量不详	青铜时代、辽金时期	《乾安县文物志》，1985年
所字井西北岗遗址	乾安县所字乡所字井屯西北沙岗		采集有陶器，数量不详	青铜时代、辽金时期	《乾安县文物志》，1985年
令字井西南岗遗址	乾安县所字乡令字井屯西南沙岗		采集有陶器、瓷器，数量不详	青铜时代、辽金时期	《乾安县文物志》，1985年
西下洼遗址	乾安县仙字乡左字村左字井屯		采集有陶器，数量不详	青铜时代、辽金时期	《乾安县文物志》，1985年

续表

遗址名称	位置	遗迹	遗物	时代	文献出处
操字井东南岗遗址	乾安县仙字乡操字村操字井屯东南沙岗		文中介绍陶器5件，石器数量不详	青铜时代、辽金时期	《乾安县文物志》，1985年
仙字井遗址	乾安县仙字乡仙字村仙字井屯		采集有陶器，数量不详	青铜时代、辽金时期	《乾安县文物志》，1985年
姑字井西北遗址	乾安县仙字乡姑字井屯西北		采集有陶器，数量不详	青铜时代、辽金时期	《乾安县文物志》，1985年
西物字井遗址	乾安县仙字乡西物村西物字屯		采集有陶器、瓷器，数量不详	青铜时代	《乾安县文物志》，1985年
狼牙坝墓群	乾安县大布苏湖东岸	墓葬数量不详	采集有陶器、石器、铜器、瓷器、骨器，数量不详	青铜时代	《乾安县文物志》，1985年
学字井屯西南墓群	乾安县所字乡所字村学字井屯西南部	墓葬数量不详	文中介绍石器104件、陶器9件、铜器13件、玉器1件	青铜时代	《乾安县文物志》，1985年；《吉林乾安县大布苏泡东岸遗址调查简报》，《考古》1984年第5期
拱字井墓群	乾安县道字乡拱字村拱字井屯	墓葬数量不详	采集有陶器、石器，数量不详	青铜时代	《乾安县文物志》，1985年
西山湾子遗址	双辽市柳条乡农阁村西的坨子上		采集有陶器、瓷器，数量不详	新石器时代、辽金时期	《双辽县文物志》，1984年；《双辽市东辽河右岸2007年考古调查简报》，《东北史地》2009年第1期；《后太平——东辽河下游右岸以青铜时代遗存为主的调查与发掘》，文物出版社，2011年
义和永遗址	双辽市种羊场一分场义和永屯		采集石器1件，陶器数量不详	新石器时代	《双辽县文物志》，1984年
孤坨子遗址	双辽市桂花乡大兴村宋家屯东北沙岗上		采集石器2件，陶器数量不详	新石器时代	《双辽县文物志》，1984年
向阳屯遗址	双辽市向阳乡向阳村向阳屯		文中介绍石器4件、陶器2件	新石器时代	《双辽县文物志》，1984年
郑家屯西砣子遗址	双辽市郑家屯镇西郊的坨子上		文中介绍石器8件、陶器数量不详	新石器时代	《双辽县文物志》，1984年

续表

遗址名称	位置	遗迹	遗物	时代	文献出处
巨丰遗址	双辽市郑家屯镇巨丰村西南		采集有陶器，数量不详	新石器时代、辽金时期	《双辽县文物志》，1984年
永红遗址	双辽市郑家屯镇巨丰村永红屯后的坨子上		文中介绍石器3件、陶器、瓷器数量不详	新石器时代、辽金时期	《双辽县文物志》，1984年
木头板拉遗址	双辽市桂花乡乔家村木头板拉屯西一沙岗上		采集有陶器、石器，数量不详	新石器时代	《双辽县文物志》，1984年
小王家屯遗址	双辽市茂林乡丁家村小王家屯东一沙岗上		采集有陶器、石器，数量不详	新石器时代、辽金时期	《双辽县文物志》，1984年
大架坨遗址	双辽市郑家屯镇西南的坨子上		文中介绍陶器3件、石器7件、铁器3件、铜器1件	新石器时代、鲜卑、辽金时期	《双辽县文物志》，1984年
榆树坨遗址	双辽市茂林乡喜善屯西北的坨子上		采集石器3件、陶器数量不详	新石器时代、辽金时期	《双辽县文物志》，1984年
宝山1号遗址	双辽市王奔乡宝山村西北1.5千米坨子上		采集有陶器，数量不详	新石器时代、辽金时期	《双辽县文物志》，1984年
大金山遗址	双辽市新立乡林场大金山屯北的沙岗南坡		采集有陶器、石器等，数量不详	青铜时代	《双辽县文物志》，1984年；《双辽市东辽河右岸2007年考古调查简报》，《东北史地》2009年第1期；《后太平——东辽河下游右岸以青铜时代遗存为主的调查与发掘》，文物出版社，2011年

续表

遗址名称	位置	遗迹	遗物	时代	文献出处
仕家东坨遗址	双辽市王奔乡仕家村东一坨子上	灰沟2条	试掘和采集有陶片、铁器等，数量不详	青铜时代、铁器时代	《双辽县文物志》，1984年；《双辽市东辽河右岸2007年考古调查简报》，《东北史地》2009年第1期；《后太平——东辽河下游右岸以青铜时代遗存为主的调查与发掘》，文物出版社，2011年
敖伦遗址	双辽市那木乡那木村敖伦屯北一沙岗上		采集有陶器、石器、瓷器，数量不详	青铜时代、辽金时期	《双辽县文物志》，1984年
桑树后坨子遗址	双辽市红旗乡桑树屯北2千米		采集石器3件、陶器数量不详	青铜时代	《双辽县文物志》，1984年
东贤良遗址	双辽市红旗乡金良村东贤良屯南一沙岗上		文中介绍陶器18件、铁器1件	青铜时代、辽金时期	《双辽县文物志》，1984年；《双辽市东辽河右岸2007年考古调查简报》，《东北史地》2009年第1期；《后太平——东辽河下游右岸以青铜时代遗存为主的调查与发掘》，文物出版社，2011年
后太平遗址	双辽市东明镇后太平村北	发掘墓葬37座、房址4座，灰坑24个、灰沟4个	发掘及采集有陶器、骨蚌器、瓷器、铜钱，数量不详	新石器时代、青铜时代、辽金时期	《双辽县文物志》，1984年；《双辽市东辽河右岸2007年考古调查简报》，《东北史地》2009年第1期；《后太平——东辽河下游右岸以青铜时代遗存为主的调查与发掘》，文物出版社，2011年
黄土坑遗址	双辽市东明镇后太平村西约500米的沙丘上		采集部分陶片	青铜时代	《双辽市东辽河右岸2007年考古调查简报》，《东北史地》2009年第1期；《后太平——东辽河下游右岸以青铜时代遗存为主的调查与发掘》，文物出版社，2011年

续表

遗址名称	位置	遗迹	遗物	时代	文献出处
孤家子遗址	双辽市东明镇孤家子村西侧		采集部分陶片	青铜时代	《双辽市东辽河右岸2007年考古调查简报》，《东北史地》2009年第1期；《后太平——东辽河下游右岸以青铜时代遗存为主的调查与发掘》，文物出版社，2011年
东岗遗址	四平市王奔镇东岗村西500米的台地上		试掘和采集部分陶片	青铜时代	《双辽市东辽河右岸2007年考古调查简报》，《东北史地》2009年第1期；《后太平——东辽河下游右岸以青铜时代遗存为主的调查与发掘》，文物出版社，2011年
七棵树遗址	双辽市东明镇七棵树村西南的坨子南坡		采集有陶器、蚌器、石器、瓷器，数量不详	青铜时代、辽金时期	《双辽县文物志》，1984年；《双辽市东辽河右岸2007年考古调查简报》，《东北史地》2009年第1期；《后太平——东辽河下游右岸以青铜时代遗存为主的调查与发掘》，文物出版社，2011年
勃山屯遗址	四平市红旗街道办事处勃山屯村东1千米的固定沙丘上		采集有陶器和石器，数量不详	青铜时代	《后太平——东辽河下游右岸以青铜时代遗存为主的调查与发掘》，文物出版社，2011年
勃山屯砖厂墓地	四平市红旗街道办事处勃山屯村已废砖厂南侧的固定沙丘上	土坑竖穴墓，数量不详	采集有陶器、贝壳等，数量不详	青铜时代	《后太平——东辽河下游右岸以青铜时代遗存为主的调查与发掘》，文物出版社，2011年
井岗遗址	双辽市那木乡井岗村东南砂坨子中		采集有陶器、石器，数量不详	青铜时代	《双辽县文物志》，1984年
白牛墓葬	双辽市柳条乡白牛村南沙岗上	土坑墓1座	随葬品有陶器2件，另采集部分陶片等	青铜时代	《双辽县文物志》，1984年；《双辽市东辽河右岸2007年考古调查简报》，《东北史地》2009年第1期；《后太平——东辽河下游右岸以青铜时代遗存为主的调查与发掘》，文物出版社，2011年

续表

遗址名称	位置	遗迹	遗物	时代	文献出处
盘山遗址	双辽市东明镇盘山村西南500米处的半固定沙丘之上	房址1座、灰坑1个、灰沟3条	试掘和采集陶片若干	新石器时代、青铜时代	《双辽市东辽河右岸2007年考古调查简报》，《东北史地》2009年第1期；《后太平——东辽河下游右岸以青铜时代遗存为主的调查与发掘》，文物出版社，2011年
元宝沟遗址	农安县巴吉垒乡元宝沟村	灰坑5座	出土有陶器、石器、骨器、装饰品，数量不详	新石器时代	《农安县文物志》，1986年；《吉林农安县元宝沟新石器时代遗址发掘》，《考古》1989年第12期
左家山遗址	农安县城郊乡两家子村高家屯西南500米处	发掘房址1座、烧土遗迹2处、灰坑20个	出土陶器173件、石器41、玉器1件，骨角器69件	新石器时代	《农安县文物志》，1986年；《农安左家山新石器时代遗址》，《考古学报》1989年第2期
两家子遗址	农安县城郊乡两家子村后山湾屯南部		采集石器1件，陶器数量不详	新石器时代	《农安县文物志》，1986年
卜尔墩遗址	农安县元宝乡卜尔墩村卜尔墩屯南部漫岗上		采集有陶器，数量不详	新石器时代	《农安县文物志》，1986年
田家坨子遗址	农安县小城子乡李林通村田家坨子屯	房址1座	出土及采集陶器、石器、青铜器、铁器等，数量不详	青铜时代、铁器时代	《吉林农安田家坨子遗址的发现与初步调查》，《吉林大学人文科学学报》1958年第3期；《吉林农安田家坨子遗址试掘简报》，《考古》1979年第2期；《农安县文物志》，1986年
围坨子遗址	农安县小城子乡西王家村西王家屯北部		采集石器5件，陶器数量不详	青铜时代	《农安县文物志》，1986年
高家屯遗址	农安县城郊乡两家子村高家屯南部		采集有陶器，数量不详	青铜时代	《农安县文物志》，1986年
老山头遗址	农安县伏龙泉乡泉子沟村泉子沟屯西南坡上		采集有陶器、瓷器，数量不详	青铜时代、辽金时期	《农安县文物志》，1986年
江南镇遗址	农安县靠山乡新城村江南镇屯前东南向台地上		采集有陶器、瓷器，数量不详	青铜时代、辽金时期	《农安县文物志》，1986年
顺垅地遗址	农安县靠山乡新城村江南镇屯前的东西向台地上		采集有陶器、瓷器，数量不详	青铜时代、辽金时期	《农安县文物志》，1986年

续表

遗址名称	位置	遗迹	遗物	时代	文献出处
东山地遗址	农安县靠山乡烧锅管子村二道沟屯东一台地上		采集石器3件、陶器数量不详	青铜时代、辽金时期	《农安县文物志》，1986年
南楼遗址	农安县靠山乡新城村南楼屯南一台地上		采集有陶器、石器、瓷器，数量不详	青铜时代、辽金时期	《农安县文物志》，1986年
卧牛石东山嘴遗址	农安县靠山乡卧牛石村卧牛石屯南部		采集有陶器、瓷器，数量不详	青铜时代、辽金时期	《农安县文物志》，1986年
山嘴屯遗址	农安县靠山乡卧牛石村石嘴山屯		采集有陶器，数量不详	青铜时代、辽金时期	《农安县文物志》，1986年
姚家屯遗址	农安县靠山乡卧牛石村姚家屯		采集有陶器、铁器，数量不详	青铜时代、辽金时期	《农安县文物志》，1986年
城子里遗址	农安县青山口乡江东王村城子里古城东北		采集标本64件，主要是陶器	青铜时代、辽金时期	《农安县文物志》，1986年
邢家店遗址	农安县青山口乡青山口村邢家店屯东北	墓葬26座	出土石器、陶器、骨器、铜器等61件	战国晚期汉代初期	《农安县文物志》，1986年；《吉林农安县邢家店北山墓地发掘》，《考古》1989年第4期
前金家沟遗址	农安县青山口乡南台村前金家沟子屯		采集有陶器，数量不详	青铜时代	《农安县文物志》，1986年
水田屯遗址	农安县青山口乡青山口村水田屯偏西北的山包上		采集有陶器，数量不详	青铜时代	《农安县文物志》，1986年
王公坨子遗址	农安县黄鱼圈乡王公坨子		采集有陶器、瓷器，数量不详	青铜时代	《农安县文物志》，1986年
黑鱼泡遗址	农安县黄鱼圈乡连三坑村黑鱼泡屯		采集器物78件，有陶器、瓷器、铜钱	青铜时代、渤海、辽金时期	《农安县文物志》，1986年
钱柜坨子遗址	农安县黄鱼圈乡连三坑村黑鱼泡子西钱柜坨子上		采集有陶器，数量不详	青铜时代、辽金时期	《农安县文物志》，1986年
五家户遗址	农安县黄鱼圈乡天启王村五家户屯		采集有陶器、瓷器、铜器，数量不详	青铜时代、渤海、辽金时期	《农安县文物志》，1986年

续表

遗址名称	位置	遗迹	遗物	时代	文献出处
东山遗址	农安县黄鱼圈乡八里营子村东山上		采集有陶器，数量不详	青铜时代、汉代	《农安县文物志》，1986年
小城子遗址	农安县三宝乡宝城村小城子屯东		采集有陶器，数量不详	青铜时代、汉代	《农安县文物志》，1986年
前山头遗址	农安县三岗乡永远村下沟屯与后山头屯之间		采集有陶器，数量不详	青铜时代	《农安县文物志》，1986年
后香坊遗址	农安县三岗乡山头村后香坊屯东南山丘上		采集陶器4件	青铜时代	《农安县文物志》，1986年
涵营遗址	农安县青山口乡青山口村二泡子屯		采集石器1件、陶器数量不详	汉代	《农安县文物志》，1986年
偏脸城遗址	九台市庆阳乡庆阳村靠山屯东的漫岗上		文中介绍陶器9件、石器5件	新石器时代	《九台县文物志》，1984年
北山遗址	九台市莽卡乡舍岭村后舍岭屯北山		采集有陶器、石器，数量不详	青铜时代	《九台县文物志》，1984年
八中遗址	九台市上河湾镇第八中学东南一漫岗上		采集有陶器，数量不详	青铜时代	《九台县文物志》，1984年
王家屯遗址	九台市卢家乡河南村王家屯北		采集有陶器、石器，数量不详	青铜时代、辽金时期	《九台县文物志》，1984年
沙子山遗址	九台市波泥乡平安堡村青山屯		文中介绍陶器6件、石器6件	青铜时代	《九台县文物志》，1984年
一垧八遗址	九台市九郊乡杨木林子村大杨木林子屯东一台地		采集有陶器、石器，数量不详	青铜时代、辽金时期	《九台县文物志》，1984年
城子山遗址	九台市莽卡乡七家子村七家子屯城子山东南坡		采集有陶器、石器，数量不详	青铜时代、辽金时期	《九台县文物志》，1984年
庙山遗址	九台市西营城子镇石头口门村庙山南坡		文中介绍陶器3件、石器3件	青铜时代	《九台县文物志》，1984年
迎风顶遗址	九台市波泥河子乡平安堡村平安堡屯		采集有陶器、瓷器，数量不详	青铜时代、辽金时期	《九台县文物志》，1984年
核桃贝遗址	九台市六台乡大沟村核桃贝屯西一漫岗上		采集有陶器、石器，数量不详	青铜时代	《九台县文物志》，1984年
南岭遗址	九台市沐石河镇椴树村前八棵树屯南岭		采集有陶器、瓷器，数量不详	青铜时代、辽金时期	《九台县文物志》，1984年
前八棵树遗址	九台市沐石河镇椴树村前八棵树屯东北端一漫岗上		采集有陶器、瓷器，数量不详	青铜时代、辽金时期	《九台县文物志》，1984年

续表

遗址名称	位置	遗迹	遗物	时代	文献出处
南窑遗址	九台市东湖镇荆家村南窑屯北20米处的一漫岗上	灰坑4个	出土及采集有石器、陶器、瓷器，数量不详	青铜时代、辽金时期	《九台县文物志》，1984年；《长春九台市南窑遗址发掘简报》，《博物馆研究》2009年第4期
前山根底下遗址	九台市饮马河镇张家村前山根底下屯		采集有陶器、瓷器，数量不详	青铜时代、辽金、明清时期	《九台县文物志》，1984年
西靠山屯遗址	九台市苇子沟乡靠山屯村西靠山屯北侧的岭地上		采集有陶器、石器，数量不详	青铜时代、辽金时期	《九台县文物志》，1984年
西山遗址	九台市六台乡古洞村椽子贝屯西山台地遗址		采集有陶器，数量不详	青铜时代	《九台县文物志》，1984年
刘家皮铺遗址	九台市二道沟乡山嘴村刘家皮铺屯东南一缓坡上		采集有陶器、瓷器，数量不详	青铜时代、辽金时期	《九台县文物志》，1984年
范家坟遗址	九台市九郊乡唐家村永安屯上屯西南漫岗上		采集石器2件，陶器数量不详	青铜时代	《九台县文物志》，1984年
月明楼北岭遗址	九台市庆阳乡庆阳村月明楼古墓群北侧山坡		采集有石器、陶器，数量不详	青铜时代	《九台县文物志》，1984年
黄花沟遗址	九台市放牛沟乡小岭村黄花沟屯		采集有陶器、石器，数量不详	青铜时代	《九台县文物志》，1984年
怀堂山遗址	九台市上河湾镇红朵沟村吕家屯北怀堂山东坡		采集有陶器、石器，数量不详	青铜时代	《九台县文物志》，1984年
康家西山遗址	九台市沐石河镇横道村康家屯西山西部漫岗上		采集有陶器、瓷器，数量不详	青铜时代、辽金时期	《九台县文物志》，1984年
前黄土埃子遗址	九台市六台乡大沟村前黄土埃子屯西大河东北岸		采集石器2件，陶器数量不详	青铜时代	《九台县文物志》，1984年
香油房遗址	九台市沐石河镇太和村香油房屯西南		采集有陶器，数量不详	青铜时代、辽金时期	《九台县文物志》，1984年
东偏脸地遗址	九台市沐石河镇椴树村北山屯东端一朝阳坡地上		采集有陶器、石器、瓷器，数量不详	青铜时代、辽金时期	《九台县文物志》，1984年
老山头遗址	九台市沐石河镇永安村桥头屯东侧老山头台地上		采集有陶器，数量不详	青铜时代	《九台县文物志》，1984年

续表

遗址名称	位置	遗迹	遗物	时代	文献出处
王家屯河南遗址	九台市土门岭镇李家村王家屯河南北部台地		采集有陶器、石器、瓷器，数量不详	青铜时代、辽金时期	《九台县文物志》，1984年
后山遗址	九台市六台乡大沟村西大河东岸		采集有陶器，数量不详	青铜时代	《九台县文物志》，1984年
团山子遗址	九台市石头口门水库北岸团山子屯		采集有陶器，数量不详	青铜时代	《九台县文物志》，1984年
桦树嘴子西山遗址	九台市上河湾镇桦树嘴子村桦树嘴子屯西山东南坡		采集有陶器、建筑构件，数量不详	青铜时代、辽金时期	《九台县文物志》，1984年
前杏山遗址	九台市春阳乡白家村前杏山屯北侧漫岗上		采集有陶器、瓷器，数量不详	青铜时代、辽金时期	《九台县文物志》，1984年
小东沟遗址	九台市九郊乡永安村东沟里		采集有陶器，数量不详	青铜时代	《九台县文物志》，1984年
下梨树园子遗址	九台市庆阳乡梨树村下梨树园子屯北侧的岭地上		采集有陶器，数量不详	青铜时代、辽金时期	《九台县文物志》，1984年
石头山遗址	九台市放牛沟乡羊草沟村小样草沟屯		文中介绍陶器6件、石器1件	青铜时代	《九台县文物志》，1984年
月明楼古墓群	九台市庆阳乡庆阳村月明楼屯北侧岭地南坡上	墓葬数量不详	采集有石器1件、骨角器4件、陶器数量不详	青铜时代	《九台县文物志》，1984年
二道嘴子古墓群	九台市庆阳乡双兴村二道嘴子屯西南岭岗上	墓葬数量不详	采集有陶器、石器，数量不详	青铜时代	《九台县文物志》，1984年
西山古墓群	九台市放牛沟乡团山子村范家屯西山顶	石棺墓1座	随葬品有陶器1件	青铜时代	《九台县文物志》，1984年
吴家沟古墓群	九台市波泥河乡王家瓦房村吴家沟屯北	石棺墓1座	文中介绍陶器4件	青铜时代	《九台县文物志》，1984年
果园古墓群	九台市九郊乡唐家村果园的岗上	石棺墓1座	无随葬品	青铜时代	《九台县文物志》，1984年
石砬子墓地	九台市西营城镇榆树棵树七队村东300米的石砬山上	墓葬2座	出土陶器、石器、铜器等，数量不详	青铜时代	《吉林九台市石砬山、关马山西团山文化墓地》，《考古》1991年第4期
关马山墓地	九台市西营城镇关马山村1队屯南250米的山梁上	墓葬1座	出土有陶器、青铜器、骨器、玉器等	青铜时代或早期铁器时代	《吉林九台市石砬山、关马山西团山文化墓地》，《考古》1991年第4期

续表

遗址名称	位置	遗迹	遗物	时代	文献出处
兴城遗址	和龙市东城乡兴城村三社东北500米的山冈缓坡上	房址29座、墓葬3座	发掘出土陶器、石器、骨角蚌器1000余件	新石器时代、青铜时代	《和龙兴城——新石器及青铜时代遗址发掘报告》，文物出版社，2001年
岐新六队遗址（一）	图们市月晴乡岐新六队西南1千米		采集石器7件、陶器18件	新石器时代、渤海时期	《图们市文物志》，1985年
前安山遗址	图们市红光乡前安山村东南约1千米山坡上		采集陶器11件、石器29件	新石器时代	《图们市文物志》，1985年
白龙遗址	图们市月晴乡白龙五队牛舍后院山阳坡下		采集陶器1件	新石器时代	《图们市文物志》，1985年
石建小学遗址	图们市月晴乡石建六队南500米		采集有陶器，数量不详	新石器时代	《图们市文物志》，1985年
松林遗址	图们市红光乡松林村		采集有陶器，数量不详	新石器时代	《图们市文物志》，1985年
永昌村西遗址	图们市永昌村西100米		采集有陶器，数量不详	新石器时代	《图们市文物志》，1985年
永昌西沟遗址	图们市石岘镇永昌村约1千米西山沟东坡		采集石器3件	新石器时代	《图们市文物志》，1985年
东兴遗址（一）	图们市石岘镇东兴村西南耕地中		采集陶器15件、石器1件	新石器时代、渤海时期	《图们市文物志》，1985年
河北遗址（一）	图们市石岘镇河北100米处		采集有陶器，数量不详	新石器时代	《图们市文物志》，1985年
河北四队遗址	图们市石岘镇嘎呀河西面斜缓的山坡上		文中介绍陶器8件	新石器时代、青铜时代	《图们市文物志》，1985年
曲水菜队遗址（一）	图们市长图线曲水车站南部		文中介绍石器7件、陶器2件	汉代	《图们市文物志》，1985年
下嘎遗址	图们市红光乡下嘎村		采集陶器4件	青铜时代、渤海时期	《图们市文物志》，1985年
东京村遗址	图们市月晴乡东京村		采集陶器2件、石器1件	青铜时代	《图们市文物志》，1985年

续表

遗址名称	位置	遗迹	遗物	时代	文献出处
杰满二队遗址	图们市杰满二队屯北坡地上		采集石器4件，陶器数量不详	青铜时代	《图们市文物志》，1985年
石岘原始墓群	图们市石岘造纸厂第二中学后山坡上	墓葬12座	共计270多件，文中介绍陶器27件（16件可复原）、石器74件、骨器5件、绿松石、玉器90件、牙器1件	青铜时代	《吉林省图们石砚原始社会墓地的调查与清理》，《博物馆研究》1982年第1期
下嘎原始墓群	图们市红光乡下嘎村北约2.5千米	墓葬数量不详	共计55件，陶器7件、石器46件、蚌器2件	青铜时代	《图们市文物志》，1985年
水南原始墓葬	图们市月晴乡水南屯南1.25千米山坡上	墓葬数量不详	采集石器3件	青铜时代	《图们市文物志》，1985年
新华原始墓葬	图们市市区新华街一委三组的一条小巷内	墓葬1座	文中介绍陶器2件、石器18件	青铜时代	《图们市文物志》，1985年
龙城原始墓葬	图们市石岘镇龙城村	墓葬数量不详	共计24件，陶器3件、骨器1件、石管饰1件、贝珠2件、石器17件	青铜时代	《图们市文物志》，1985年
东京村原始墓葬	图们市月晴乡东京村	墓葬数量不详	采集陶器15件、石器1件	青铜时代	《图们市文物志》，1985年
曲水苗圃原始墓葬	图们市曲水苗圃内	墓葬一座	采集石器3件，陶器数量不详	青铜时代	《图们市文物志》，1985年
砖瓦厂遗址	延吉市西郊砖瓦厂		采集陶器40件、石器50件、骨角器5件	青铜时代	《延吉市文物志》，1985年
大墩台遗址	延吉市兴安乡东兴村		文中介绍陶器4件，数量不详	青铜时代	《延吉市文物志》，1985年
长东遗址	延吉市长白乡长东村东山屯		采集有陶器，数量不详	青铜时代、辽金时期	《延吉市文物志》，1985年
东风遗址	延吉市长白乡东风村南部台地		文中介绍陶器4件、石器2件	青铜时代	《延吉市文物志》，1985年
长东三队遗址	延吉市长白乡东风村长东三队		采集石器5件、陶器8件	青铜时代	《延吉市文物志》，1985年
河龙村遗址	延吉市长白乡河龙村		采集石器3件，陶器数量不详	青铜时代	《延吉市文物志》，1985年
河龙二队遗址	延吉市长白乡河龙村二队		采集有陶器、石器，数量不详	青铜时代	《延吉市文物志》，1985年
帽儿山遗址	延吉市长白乡帽儿山		采集石器4件，陶器数量不详	青铜时代	《延吉市文物志》，1985年

续表

遗址名称	位置	遗迹	遗物	时代	文献出处
新光原始遗址	延吉市长白乡新光村三队村落内		采集有陶器、石器，数量不详	青铜时代	《延吉市文物志》，1985年
达理洞遗址	延吉市长白乡东农村		采集有陶器、石器，数量不详	青铜时代	《延吉市文物志》，1985年
新龙墓地	延吉市长白乡河龙村新龙屯北11千米余的西向山坡上	墓葬11座	发掘出土陶器、石器、骨器、玉器共361件	青铜时代	《吉林延边新龙青铜墓葬及对该遗存的认识》，《北方文物》1994年第3期
小墩台遗址	延吉市人民公园西北部小墩台四周		采集有陶器、石器，数量不详	青铜时代	《延吉市文物志》，1985年
延大遗址	延吉市延吉盆地北部二级台地上		文中介绍石器8件	青铜时代	《延吉市文物志》，1985年
民主村遗址	延吉市小营乡民主村二队西约500米		采集有陶器，数量不详	青铜时代	《延吉市文物志》，1985年
白石沟遗址	延吉市小白石沟西坡台地上		采集有陶器，数量不详	青铜时代	《延吉市文物志》，1985年
工农村遗址	延吉市小营乡工农村		采集有陶器、石器，数量不详	青铜时代	《延吉市文物志》，1985年
小营十队北沟遗址	延吉市小营乡小营村公路		采集有陶器、石器，数量不详	青铜时代	《延吉市文物志》，1985年
第二幼儿园遗址	延吉市第二幼儿园附近		采集有陶器、石器，数量不详	青铜时代	《延吉市文物志》，1985年
东兴遗址	延吉市于兴乡东兴村一队村落附近		采集有陶器、石器，数量不详	青铜时代	《延吉市文物志》，1985年
平安遗址	延吉市兴安乡平安村二队北部		采集有陶器，数量不详	青铜时代、辽金时期	《延吉市文物志》，1985年
兴农十二队遗址	延吉市烟集乡兴农村		采集有陶器、石器、铁器，数量不详	青铜时代、辽金时期	《延吉市文物志》，1985年
兴农一队遗址	延吉市烟集乡兴农一队		采集有陶器，数量不详	青铜时代、辽金时期	《延吉市文物志》，1985年
小营子古墓群	延吉市小营乡小营村四队北山坡上	墓葬数量不详	随葬品有陶器、石器、骨器、贝器、玉器，数量不详	青铜时代	《延吉市文物志》，1985年

续表

遗址名称	位置	遗迹	遗物	时代	文献出处
河龙原始墓群	延吉市长白乡河龙村西南山麓	墓葬数量不详	文中介绍石器8件、陶器3件	青铜时代	《延吉市文物志》，1985年
河龙十一队古墓群	延吉市长白乡河龙村十一队	残存墓葬6座	未见随葬品	青铜时代	《延吉市文物志》，1985年
南溪古墓群	延吉市烟集乡南溪村一、五队	墓葬数量不详	文中介绍陶器8件	青铜时代	《延吉市文物志》，1985年
帽儿山墓葬	延吉市帽儿山南麓向阳坡上	墓葬数量不详	文中介绍陶器7件、石器1件	青铜时代	《延吉市文物志》，1985年
河龙古墓区	延吉市海兰江和布尔哈通河汇合处的台地上	墓葬数量不详	采集陶器3件、石器40件	青铜时代、渤海时期	《延吉市文物志》，1985年
新光遗址	延吉市依兰乡新光村村东50米	房址4座	发掘出土陶器21件，石器不详	青铜时代	《吉林省延吉市新光遗址发掘简报》，《考古》1992年第7期
柳庭洞遗址	延吉市石井乡九龙大队柳庭洞	清理房址1座	清理出土石器58件、陶器8件	青铜时代	《吉林延吉柳庭洞发现的原始文化遗存》，《考古》1983年第10期
南岗遗址	抚松县仙人桥镇大青川村小南沟南岗		文中介绍陶器5件、石器4件	新石器时代	《抚松县文物志》，1987年
南山口遗址	抚松县新屯子镇新屯子村东南乡道平岗顶端		文中介绍陶器1件、石器1件	新石器时代	《抚松县文物志》，1987年
里阳沟遗址	抚松县抽水乡抽水村东南里阳沟北端		文中介绍陶器2件、石器2件	新石器时代	《抚松县文物志》，1987年
高丽山遗址	抚松县松郊乡久才村东的高丽山的山坡上		采集有石器，数量不详	新石器时代	《抚松县文物志》，1987年
平安遗址	抚松县兴参乡平安村		采集石器4件、陶器2件	新石器时代	《抚松县文物志》，1987年
小南沟遗址	抚松县仙人桥镇大青川村小南沟北坡		文中介绍陶器4件	新石器时代	《抚松县文物志》，1987年
中心街遗址	抚松县松郊乡中心街村东北		文中介绍石器14件、陶器15件	青铜时代	《抚松县文物志》，1987年
大山嘴子遗址	敦化市大山嘴子乡东北西南坡上		采集有陶器、石器，数量不详	新石器时代、渤海时期	《敦化市文物志》，1985年
小山嘴子遗址	敦化市大山嘴子乡小山嘴子村		采集石器1件、陶器数量不详	新石器时代	《敦化市文物志》，1985年

续表

遗址名称	位置	遗迹	遗物	时代	文献出处
大蒲柴河遗址	敦化市大蒲柴河镇		采集有陶器、石器，数量不详	新石器时代	《敦化市文物志》，1985年
东山头遗址	敦化市郊区北山东边		采集石器1件，陶器数量不详	新石器时代	《敦化市文物志》，1985年
小黑顶子遗址	敦化市太平岭乡下黑顶子村东		采集石器1件	新石器时代	《敦化市文物志》，1985年
五人班遗址	敦化市黄泥河镇五人班村		采集石器2件，陶器数量不详	新石器时代	《敦化市文物志》，1985年
林胜遗址	敦化市林胜乡西山		采集有石器，数量不详	新石器时代	《敦化市文物志》，1985年
烧锅屯遗址	敦化市大山嘴子西北沟中部		采集石器1件，陶器数量不详	新石器时代	《敦化市文物志》，1985年
孤山子遗址	敦化市大石头镇东部孤山子北坡		采集有陶器，数量不详	新石器时代	《敦化市文物志》，1985年
朝阳堡遗址	敦化市翰章乡朝阳堡屯南的山坡地上		文中介绍石器1件，陶器数量不详	新石器时代	《敦化市文物志》，1985年
六顶山遗址	敦化市城南六顶山南坡		采集有铁器1件，陶器、石器数量不详	青铜时代	《敦化市文物志》，1985年
刘木桥古墓	敦化市官地镇柳木桥村东	石棺墓1座	随葬品有石器2件、陶器1件	青铜时代	《敦化市文物志》，1985年
金沟古墓	敦化市黑石乡金沟村东南1千米	古墓2座	采集石器4件、陶器2件	青铜时代	《敦化市文物志》，1985年
光明砖厂遗址	长春市南关区幸福乡光明村砖厂东南侧		采集石器4件，陶器数量不详	青铜时代	《长春市文物志》，1986年
市公安局交通大队培训科遗址	长春市公安局交通大队培训科大楼北侧		采集有陶器，数量不详	青铜时代	《长春市文物志》，1986年
马家岭遗址	长春市幸福乡红心村小南沟屯东侧		文中介绍陶器3件	青铜时代	《长春市文物志》，1986年
肖家堡子遗址	长春市伊通河西岸肖家堡子		采集有陶器、石器，数量不详	青铜时代	《长春市文物志》，1986年
后高家店遗址	长春市南关区幸福乡红旗村后高家店		采集有陶器，数量不详	青铜时代	《长春市文物志》，1986年
后山遗址	长春市南关区幸福乡红旗村北红咀子屯西北的台地上		采集有陶器，数量不详	青铜时代	《长春市文物志》，1986年
高梁遗址	长春市南关区幸福乡黑咀子村四门李屯耕地		采集有陶器，数量不详	青铜时代	《长春市文物志》，1986年

续表

遗址名称	位置	遗迹	遗物	时代	文献出处
刁家山遗址	长春市南关区幸福乡东风村刁家山屯西台地上		采集有陶器，数量不详	青铜时代	《长春市文物志》，1986年
莲花泡遗址	长春市永春乡柳家村莲花泡屯北坡上		采集有陶器，数量不详	青铜时代	《长春市文物志》，1986年
黄家窝卜遗址	长春市永春乡柳家村黄家窝堡屯		采集有陶器，数量不详	青铜时代	《长春市文物志》，1986年
永春砖厂遗址	长春市永春乡砖厂西北断崖之上		文中介绍陶器10件、石器1件	青铜时代	《长春市文物志》，1986年
南长垄子遗址	长春市乐山镇长胜村后岭屯南长岭子		采集石器6件、陶器5件	青铜时代	《长春市文物志》，1986年
老齐坟山遗址	长春市乐山镇东二道沟村九间房屯		采集有陶器，数量不详	青铜时代	《长春市文物志》，1986年
北山遗址	长春市乐山镇西北山上		文中介绍陶器1件、石器6件	青铜时代	《长春市文物志》，1986年
磨盘山遗址	长春市新立城水库东岸磨盘山		采集石器1件，陶器数量不详	青铜时代	《长春市文物志》，1986年
东山遗址	长春市新立城水库东山东南坡的山道间		采集有陶器，数量不详	青铜时代	《长春市文物志》，1986年
小庙地遗址	长春市新立城镇卫星村一队水库北岸岭上		采集有陶器，数量不详	青铜时代	《长春市文物志》，1986年
陶家屯遗址	长春市农林乡建国村陶家屯后面		采集石器3件，陶器数量不详	青铜时代	《长春市文物志》，1986年
东老烧锅遗址	长春市农林乡建国村老东烧锅屯		采集有陶器，数量不详	青铜时代	《长春市文物志》，1986年
东硷草遗址	长春市农林乡建国村东硷草村		采集石器5件，陶器数量不详	青铜时代	《长春市文物志》，1986年
刘家炉遗址	长春市三道镇丰产村刘家炉屯正东岭南坡上		采集有陶器，数量不详	青铜时代	《长春市文物志》，1986年
河东屯遗址	长春市三道镇丰产村河东屯屯东后岭		采集有陶器，数量不详	青铜时代	《长春市文物志》，1986年
大顶子山遗址	长春市三道镇半户村大顶子山南坡山脚的台地上		采集有陶器，数量不详	青铜时代	《长春市文物志》，1986年
秃山遗址	长春市大南乡西湖村新化屯		采集有陶器，数量不详	青铜时代	《长春市文物志》，1986年
东照地遗址	长春市大南乡西湖村新化屯水库东北岸		采集有陶器，数量不详	青铜时代	《长春市文物志》，1986年
团山子遗址	长春市大南乡常山村水库东北岸团山子南坡		采集有陶器，数量不详	青铜时代	《长春市文物志》，1986年

续表

遗址名称	位置	遗迹	遗物	时代	文献出处
太平山遗址	长春市兴隆山镇兴华村果园正西岭地上		采集有陶器，数量不详	青铜时代	《长春市文物志》，1986年
陶家园子遗址	长春市兴隆山镇兴华村陶家园子		采集石器7件，陶器数量不详	青铜时代、辽金时期	《长春市文物志》，1986年
山西头遗址	长春市兴隆山镇龙泉村山西头屯东山		采集石器1件，陶器数量不详	青铜时代、辽金时期	《长春市文物志》，1986年
山上屯遗址	长春市大屯乡新兴村阜丰山附近		采集石器1件，陶器数量不详	青铜时代	《长春市文物志》，1986年
腰红嘴子遗址	长春市南关区幸福乡红嘴子村	房址2座、灰坑8个	发掘出土石器、陶器100余件	新石器时代、青铜时代	《长春市腰红嘴子与北红嘴子遗址发掘简报》，《考古》2003年第8期
北红嘴子遗址	长春市南关区幸福乡红嘴子村	房址1座	发掘出土石器、陶器30余件	新石器时代、青铜时代	《长春市文物志》，1986年；《长春市腰红嘴子与北红嘴子遗址发掘简报》，《考古》2003年第8期
二十里堡遗址	长春市永春乡柳家村二十里堡屯		文中介绍陶器8件	青铜时代	《长春市文物志》，1986年；
小南山遗址	靖宇县南郊俗称小南山的地方		采集石器8件，陶器数量不详	新石器时代	《靖宇县文物志》，1987年
李子行遗址	靖宇县珠子河北岸山上		采集有陶器、石器，数量不详	新石器时代	《靖宇县文物志》，1987年
小北山遗址	靖宇县靖宇镇东北6千米富阳村北山上		采集石器1件，陶器数量不详	新石器时代	《靖宇县文物志》，1987年
天合星东山岗遗址	靖宇县那尔轰河中游天合星村附近山冈上		采集石器1件	新石器时代	《靖宇县文物志》，1987年
沿江遗址	靖宇县那尔轰镇沿江村西南山冈上		采集石器3件，陶器数量不详	新石器时代	《靖宇县文物志》，1987年
北沟遗址	靖宇县那尔轰镇北沟村东南		采集石器2件，陶器数量不详	新石器时代	《靖宇县文物志》，1987年
三道沟遗址	靖宇县榆树川乡新立村西北山顶		采集石器12件，陶器数量不详	青铜时代	《靖宇县文物志》，1987年
江沿遗址	靖宇县榆树川乡江沿屯西和北部		采集石器6件、青铜器3件	青铜时代	《靖宇县文物志》，1987年

续表

遗址名称	位置	遗迹	遗物	时代	文献出处
二道沟遗址	靖宇县二道沟东山西北坡		采集石器5件，陶器数量不详	青铜时代	《靖宇县文物志》，1987年
六批叶遗址	靖宇县榆树川乡四方顶子村西北六批叶山中部		采集石器4件，陶器数量不详	青铜时代	《靖宇县文物志》，1987年
分水岭遗址	靖宇县榆树川乡仁合村四合沟东400米		采集有陶器、石器，数量不详	青铜时代	《靖宇县文物志》，1987年
肖家营子西山遗址	靖宇县花园口镇新华村西山山腰		采集有石器10件，陶器数量不详	青铜时代	《靖宇县文物志》，1987年
新华西南山遗址	靖宇县花园口镇新华村西南山顶		采集石器11件，陶器数量不详	青铜时代	《靖宇县文物志》，1987年
东沟遗址	靖宇县靖宇镇东南部		采集石器2件	青铜时代	《靖宇县文物志》，1987年
富国遗址	靖宇县龙泉镇富国村西侧山坡上		采集有陶器、石器，数量不详	青铜时代	《靖宇县文物志》，1987年
小营子遗址	靖宇县靖宇镇东北6千米处小营子水电站		采集有陶器、石器、蚌器，数量不详	青铜时代	《靖宇县文物志》，1987年
姜家沟遗址	靖宇县靖宇镇南郊的姜家沟屯东南山坡上		采集有陶器、石器，数量不详	青铜时代	《靖宇县文物志》，1987年
天池制药厂遗址	靖宇县靖宇镇南郊天池制药厂东南		采集有陶器、石器，数量不详	青铜时代	《靖宇县文物志》，1987年
月牙泡遗址	靖宇县靖宇镇东郊月牙泡屯东侧山顶上		采集有陶器，数量不详	青铜时代	《靖宇县文物志》，1987年
平岗遗址	靖宇县榆树川乡仁和村南2千米		采集石器8件、玉器1件，陶器数量不详	青铜时代	《靖宇县文物志》，1987年
四方顶子遗址	靖宇县榆树川乡四方顶子村西北山顶上		采集石器10件，陶器数量不详	青铜时代	《靖宇县文物志》，1987年
榆树林山顶墓葬	靖宇县榆树川乡江沿村榆树林子屯	石棺墓1座	未清理	青铜时代	《靖宇县文物志》，1987年
宝山遗址	梅河口市（原海龙县）海龙镇宝山屯村附近		采集有陶器、石器，数量不详	青铜时代	《海龙县文物志》，1984年
桦树遗址	梅河口市（原海龙县）海龙镇桦树二队村北山上		采集陶器、石器若干	青铜时代	《海龙县文物志》，1984年；《吉林东丰、海龙县考古调查与试掘简报》，《考古》1994年第6期

续表

遗址名称	位置	遗迹	遗物	时代	文献出处
靳家沟遗址	梅河口市（原海龙县）海龙镇姜家街乡俗名“靳家沟”		文中介绍陶器7件、石器2件	青铜时代	《海龙县文物志》，1984年
永安遗址	梅河口市（原海龙县）海龙镇吉乐乡永安村东山坡上		文中介绍陶器3件、石器2件、铁器1件	青铜时代	《海龙县文物志》，1984年
陈家东山遗址	舒兰市小城乡孟家村陈家屯东山上		采集石器1件	青铜时代	《舒兰县文物志》，1984年
庆合遗址	舒兰市小城乡长发村庆合屯北漫岗上		采集石器3件	青铜时代	《舒兰县文物志》，1984年
王家磨坊东山头遗址	舒兰市小城乡东村王家磨坊东山漫岗上		采集陶器11件、石器6件	青铜时代	《舒兰县文物志》，1984年
王家磨坊西山头遗址	舒兰市小城乡王家磨坊西山头山腰		采集陶器2件、石器1件	青铜时代	《舒兰县文物志》，1984年
滚兔岭遗址	舒兰市小城乡自井村任家家屯东滚兔岭山上		采集有石器、陶器，数量不详	青铜时代	《舒兰县文物志》，1984年
四合北山遗址	舒兰市小城乡四合村屯北1.5千米		采集陶器2件、石器13件	青铜时代	《舒兰县文物志》，1984年
大架子山遗址	舒兰市小城乡四合村南阳屯后山		采集有陶器、石器，数量不详	青铜时代	《舒兰县文物志》，1984年
小城乡西团山遗址	舒兰市小城乡敬老院所在地西边山上		采集有陶器，数量不详	青铜时代	《舒兰县文物志》，1984年
保合村果树园遗址	舒兰市小城乡保合村果树园		采集石器1件	青铜时代	《舒兰县文物志》，1984年
凤凰山遗址	舒兰市溪河乡唐尔屯村南1千米凤凰山上		采集陶器7件、石器6件	青铜时代	《舒兰县文物志》，1984年
小城子山遗址	舒兰市溪河乡唐尔屯南小山上		文中介绍陶器4件、石器3件	青铜时代	《舒兰县文物志》，1984年
黄鱼圈珠山遗址	舒兰市法特乡黄鱼村西珠山上	房址9座、灰坑3座、墓葬2座	发掘出土陶器、石器、骨器、金属器200余件	青铜时代、早期铁器时代	《吉林舒兰黄鱼圈珠山遗址清理简报》，《考古》，1985年第4期
上营东山头遗址	舒兰市上营石场北部东山头上		采集陶器1件、石器1件	青铜时代	《舒兰县文物志》，1984年

续表

遗址名称	位置	遗迹	遗物	时代	文献出处
道德沟口台地遗址	舒兰市上营乡中营村东1.5千米道德沟口北侧台地上		采集陶器1件、石器3件	青铜时代	《舒兰县文物志》，1984年
大钓鱼台山遗址	舒兰市上营乡中营村东大钓鱼台山上		采集石器3件	青铜时代	《舒兰县文物志》，1984年
马大西岭遗址	舒兰市上营乡中营村东马大西岭上		采集陶器3件、石器4件	青铜时代	《舒兰县文物志》，1984年
中营水库遗址	舒兰市上营乡中营村水库东南岗地上		采集陶器2件、石器9件	青铜时代	《舒兰县文物志》，1984年
健康遗址	舒兰市上营乡健康村健康屯西南		采集石器8件、陶器2件	青铜时代	《舒兰县文物志》，1984年
排路山遗址	舒兰市上营乡太平村排路上东山冈		采集陶器6件、石器1件	青铜时代	《舒兰县文物志》，1984年
新发屯北山遗址	舒兰市新安乡秀水村新发屯北山上		采集有陶器、石器，数量不详	青铜时代	《舒兰县文物志》，1984年
秀水屯北山遗址	舒兰市新安乡秀水村北面的山冈上		采集陶器1件	青铜时代	《舒兰县文物志》，1984年
永安村东南山遗址	舒兰市新安乡永安村东南山冈上		文中介绍陶器2件、石器4件	青铜时代	《舒兰县文物志》，1984年
吉舒老山头遗址	舒兰市吉舒镇南老山头漫岗上		采集有石器、陶器，数量不详	青铜时代	《舒兰县文物志》，1984年
舒兰镇红石山遗址	舒兰市舒兰镇东北红石山上		采集有陶器，数量不详	青铜时代	《舒兰县文物志》，1984年
腰八道团山子遗址	舒兰市七里乡八道村腰八道河屯东南1千米		采集有陶器，数量不详	青铜时代	《舒兰县文物志》，1984年
四滴石棺墓群	舒兰市青松乡四滴村二甲沟屯东北侧向阳坡上	石棺墓4座	随葬品有石器21件、陶器14件	青铜时代	《舒兰县文物志》，1984年
松树顶子石棺墓	舒兰市开原乡泉子沿村南山松树顶子山上	石棺墓1座	未发现随葬品	青铜时代	《舒兰县文物志》，1984年

续表

遗址名称	位置	遗迹	遗物	时代	文献出处
春田北山石棺墓	舒兰市舒郊乡春田村北1.5千米许的山冈上	石棺墓1座	未发现随葬品	青铜时代	《舒兰县文物志》，1984年
余富西山遗址	磐石市烟筒山乡余富西山上		文中介绍陶器5件、石器5件	青铜时代	《磐石县文物志》，1984年
小梨河后山遗址	磐石市小梨树乡本屯后山上		采集有陶器、石器，数量不详	青铜时代	《磐石县文物志》，1984年
蚂蚁咀子山遗址	磐石市烟筒山乡田家村蚂蚁北南屯的蚂蚁咀子山上		采集有陶器、石器，数量不详	青铜时代	《磐石县文物志》，1984年
东南山遗址	磐石市吉昌乡吉昌村东南部山上		采集有陶器、石器，数量不详	青铜时代	《磐石县文物志》，1984年
北山遗址	磐石市长崴子乡汶水村汶水屯的北山上		采集陶器4件	青铜时代	《磐石县文物志》，1984年
二道沟遗址	磐石市朝阳山乡红五月村东南二道沟里		采集有陶器、石器，数量不详	青铜时代	《磐石县文物志》，1984年
西山遗址	磐石市小梨河乡倒树屯西山		采集石器1件、陶器2件	青铜时代	《磐石县文物志》，1984年
甲黑西山遗址	磐石市明城镇永红村甲黑屯西侧		采集有陶器，数量不详	青铜时代	《磐石县文物志》，1984年
南山遗址	磐石市长崴子乡汶水村汶小学南1千米的小山山顶部		采集有陶器，数量不详	青铜时代	《磐石县文物志》，1984年
吉昌北山遗址	磐石市吉昌乡吉昌村五队北山上		清理出土随葬品27件，另采集部分陶器、石器等	青铜时代	《磐石县文物志》，1984年；《吉林磐石吉昌小西山石棺墓》，《考古》1984年第1期
魏大沟遗址	磐石市安乐乡永丰村		采集石器1件、陶器数量不详	青铜时代	《磐石县文物志》，1984年
老道沟遗址	磐石市二道岗乡西大顶子村义和屯老道沟内		采集有陶器、石器，数量不详	青铜时代	《磐石县文物志》，1984年
后山遗址	磐石市牛心乡石灰村五魁屯后山		采集石器1件，陶器数量不详	青铜时代	《磐石县文物志》，1984年
笤条北山遗址	磐石市官马乡苕条村北笤条屯北山上		采集石器1件，陶器数量不详	青铜时代	《磐石县文物志》，1984年
小西山古墓群	磐石市吉昌乡吉昌村西南小漫岗上	墓葬6座、灰坑1座	随葬品有石器18件、陶器6件、铜器3件	青铜时代	《磐石县文物志》，1984年

续表

遗址名称	位置	遗迹	遗物	时代	文献出处
西山古墓群	磐石市明城镇七间房村西山脚下台地	墓葬数量不详	未发现随葬品	青铜时代	《磐石县文物志》，1984年
北山古墓群	磐石市明城镇洞口村东北的小山丘阳坡	墓葬数量不详	未发现随葬品	青铜时代	《磐石县文物志》，1984年
双泉屯北山古墓葬	磐石市长崴子乡汶水村双泉屯北部	石棺墓3座	随葬品有石器1件、陶器1件	青铜时代	《磐石县文物志》，1984年
下桃屯北山古墓葬	磐石市明城镇桃山村下桃屯背面小山上	石棺墓1座	未发现随葬品	青铜时代	《磐石县文物志》，1984年
高丽炕山板石墓	磐石市烟筒山镇西北1千米圆形高山上	石棺墓2座	未发现随葬品	青铜时代	《磐石县文物志》，1984年
江口遗址	通化县大泉源乡江口村		发掘出土陶器、石器，数量不详	新石器时代、高句丽时期	《吉林通化市江口村和东江村发掘简报》，《考古》1960年7期
于家沟遗址	通化县大川乡南胜利村		采集有陶器、石器等，数量不详	青铜时代	《通化县文物志》，1986年；《1990年吉林省通化县南部考古调查试掘的主要收获》，《北方文物》1994年第3期
龙岗遗址	通化县大都岭乡东一山冈上		采集有陶器、石器，数量不详	青铜时代	《通化县文物志》，1986年
土珠子遗址	通化县大都岭乡龙泉村驻地东		采集石器3件，陶器数量不详	青铜时代	《通化县文物志》，1986年
江沿前岗遗址	通化县大都岭乡西南江沿村		采集石器31件，陶器数量不详	青铜时代	《通化县文物志》，1986年
东台子遗址	通化县都岭乡都岭村二队		采集有陶器、石器，数量不详	青铜时代	《通化县文物志》，1986年
西江遗址	通化县江甸子乡南部	房址1座	出土、采集有石器、陶器、铁器等，数量不详	青铜时代、铁器时代	《通化县文物志》，1986年；《1990年吉林省通化县南部考古调查试掘的主要收获》，《北方文物》1994年第3期
小龙头山遗址	通化县江甸子乡小龙头山南坡		试掘及采集有陶器、石器等，数量不详	青铜时代	《通化县文物志》，1986年；《1990年吉林省通化县南部考古调查试掘的主要收获》，《北方文物》1994年第3期

续表

遗址名称	位置	遗迹	遗物	时代	文献出处
金珠遗址	通化县江甸子乡西南金珠村		采集有石器，数量不详	青铜时代	《通化县文物志》，1986年
沿江遗址	通化县富尔江臭李沟门屯北阶地上		采集石器3件，陶器数量不详	青铜时代	《通化县文物志》，1986年
英戈布后山遗址	通化县英戈布乡英戈布村		文中介绍石器6件、陶器2件	青铜时代	《通化县文物志》，1986年
英戈布窑上遗址	通化县英戈乡窑上村		采集有陶器、石器，数量不详	青铜时代	《通化县文物志》，1986年
小都岭石范出土遗址	通化县英戈布乡小都岭村二队		采集石器10件	青铜时代	《通化县文物志》，1986年
金斗后山遗址	通化县金斗乡金斗村小学北侧		采集石器12件、陶器3件	青铜时代	《通化县文物志》，1986年
西岗遗址	通化县金斗乡金斗村西段		文中介绍石器11件、陶器1件	青铜时代	《通化县文物志》，1986年
小南沟遗址	通化县金斗乡蝲蛄河南岸		采集有陶器、石器、铁器，数量不详	青铜时代	《通化县文物志》，1986年
黎明遗址	通化县快大茂镇黎明村		发掘及采集有陶器、石器，数量不详	青铜时代	《通化县文物志》，1986年；《1990年吉林省通化县南部考古调查试掘的主要收获》，《北方文物》1994年第3期
黎明四队遗址	通化县快大茂镇黎明四队		采集石器16件、陶器1件	青铜时代	《通化县文物志》，1986年
黎明六队遗址	通化县快大茂镇黎明六队		采集石器2件	青铜时代	《通化县文物志》，1986年
二密台遗址	通化县二密镇东部二密台		采集有石器，数量不详	青铜时代	《通化县文物志》，1986年
光华十队遗址	通化县光华乡光华十队		采集石器12件	青铜时代	《通化县文物志》，1986年
砬缝石棚	通化县金斗乡砬缝村西北	墓葬1座	未发现随葬品	青铜时代	《通化县文物志》，1986年
西江墓地	通化县江甸子乡西江村东平小学西侧山坡	墓葬数量不详	采集有陶器、石器，数量不详	青铜时代	《通化县文物志》，1986年

续表

遗址名称	位置	遗迹	遗物	时代	文献出处
赤柏松古城	通化县快大茂镇西南约2.5千米的二级台地上	发掘有建筑址、陶窑、城墙、水井等遗迹	出土陶器、铜器、铁器、石器等，数量不详	汉代	《赤柏松山城》，《田野考古集粹——吉林省文物考古研究所成立二十五周年纪念》，文物出版社，2008年；赵海龙：《2011年吉林通化赤柏松汉代古城考古新发现——为我国汉代东北史地研究提供了新材料》，《中国文物报》2012年4月27日第8版
瓮圈遗址	公主岭市（原怀德县）朝阳坡乡和大榆树乡接壤处		文中介绍陶器9件、石器6件	青铜时代、辽金时期	《怀德县文物志》，1984年
大青山遗址	公主岭市（原怀德县）双龙乡大青山村水泉山南坡上	墓葬1座	随葬石器1件、陶器4件、青铜器1件	青铜时代	《怀德县文物志》，1985年；《吉林怀德大青山发现青铜短剑》，《考古》1974年第4期
二十四道沟遗址	公主岭市（原怀德县）公主岭镇东二十四道沟屯		采集有陶器、石器，数量不详	青铜时代	《怀德县文物志》，1986年
仙山村遗址	公主岭市（原怀德县）龙河乡仙山村		采集有陶器、石器，数量不详	青铜时代	《怀德县文物志》，1987年
二道岗遗址	公主岭市（原怀德县）桑树台乡西桑树台村二道岗子南坡		文中介绍石器6件，陶器数量不详	青铜时代、辽金时期	《怀德县文物志》，1988年
田家屯遗址	公主岭市（原怀德县）八屋乡放牛村田家屯东		文中介绍陶器2件	青铜时代	《怀德县文物志》，1989年
十屋遗址	公主岭市（原怀德县）十屋乡中学北部		采集有陶器、瓷器，数量不详	青铜时代、辽金时期	《怀德县文物志》，1990年
二龙湖遗址	公主岭市（原怀德县）龙河乡南缘二龙湖水库北		采集有陶器、石器、瓷器，数量不详	青铜时代、辽金时期	《怀德县文物志》，1991年
龙王庙遗址	公主岭市（原怀德县）大榆树乡涌泉堡村		采集石器1件、陶器数量不详	青铜时代	《怀德县文物志》，1992年
二里界遗址	公主岭市（原怀德县）十屋乡二里界屯南		采集有陶器，数量不详	青铜时代、辽金时期	《怀德县文物志》，1993年

续表

遗址名称	位置	遗迹	遗物	时代	文献出处
钱油房遗址	公主岭市（原怀德县）莲花山乡油房村钱油房屯东北		文中介绍陶器3件	青铜时代、辽金时期	《怀德县文物志》，1994年
黑山头遗址	公主岭市（原怀德县）朝阳坡乡黑山咀子村后山西端		文中介绍石器3件、陶器8件	青铜时代	《怀德县文物志》，1995年
朝阳观遗址	公主岭市（原怀德县）朝阳坡乡九间房村朝阳观北		采集石器3件、陶器数不详	青铜时代	《怀德县文物志》，1996年
水泉山古墓	公主岭市（原怀德县）水泉屯西南	墓葬1座	随葬品有陶器4件、青铜器2件	青铜时代	《怀德县文物志》，1997年
猴石山古墓	公主岭市（原怀德县）二十家子镇猴石村西的山丘上	墓葬1座	出土陶器18件、铜器11件、石器7件	战国晚期汉代初期	《吉林公主岭猴石古墓》，《北方文物》1989年第4期
东山头遗址	长春市双阳区（原双阳县）四家子乡杂木沟屯东山		文中介绍陶器4件、石器10件	新石器时代	《双阳县文物志》，1984年；《吉林省饮马河沿岸古文化遗存调查简报》，《考古》1986年第9期
陈家坟地遗址	长春市双阳区（原双阳县）太平乡田家村李家街屯东南		采集石器7件、陶器41件	青铜时代	《双阳县文物志》，1984年
南李家屯遗址	长春市双阳区（原双阳县）太平乡田家村李家屯东南		采集石器5件、陶器数量不详	青铜时代	《双阳县文物志》，1984年
田家街遗址	长春市双阳区（原双阳县）双阳县太平乡田家村后田家街屯		采集有陶器，数量不详	青铜时代	《双阳县文物志》，1984年
五家子遗址	长春市双阳区（原双阳县）山河乡南部五家子村	墓葬5座、房址5座、灰坑3个、灰沟2条	出土及采集有陶器、石器等，数量不详	青铜时代	《双阳县文物志》，1984年；《吉林省饮马河沿岸古文化遗存调查简报》，《考古》1986年第9期；《长春市双阳区五家子遗址发掘简报》，《北方文物》2011年第4期
高家店遗址	长春市双阳区（原双阳县）山河乡八面石村		文中介绍陶器17件、石器14件	青铜时代	《双阳县文物志》，1984年
万宝山墓地	长春市双阳区（原双阳县）山河乡万宝屯	墓葬1座	随葬陶器5件、石器1件、铜器1件	青铜时代	《吉林双阳万宝山石棺墓》，《黑龙江文物丛刊》1984年第3期

续表

遗址名称	位置	遗迹	遗物	时代	文献出处
半截桥遗址	长春市双阳区（原双阳县）土顶乡肚带河村半截桥屯		采集有陶器，数量不详	青铜时代	《双阳县文物志》，1984年
姜大排地遗址	长春市双阳区（原双阳县）土顶乡肚带河村玄羊沟屯西		采集有陶器，数量不详	青铜时代	《双阳县文物志》，1984年
东盛堂遗址	长春市双阳区（原双阳县）土顶乡三道沟村东盛堂屯南		采集有陶器，数量不详	青铜时代	《双阳县文物志》，1984年
后山果园遗址	长春市双阳区（原双阳县）土顶乡新村朝鲜族专业队后山果园		采集有陶器，数量不详	青铜时代	《双阳县文物志》，1984年
东北沟遗址	长春市双阳区（原双阳县）土顶乡一面山村东北沟屯东南一座山上		采集有陶器，数量不详	青铜时代	《双阳县文物志》，1984年
靠山遗址	长春市双阳区（原双阳县）奢岭乡爱国村靠山屯北		采集石器2件，陶器数量不详	青铜时代	《双阳县文物志》，1984年
弯垄子遗址	长春市双阳区（原双阳县）奢岭乡新兴村杜家沟屯北		采集有陶器，数量不详	青铜时代、辽金时期	《双阳县文物志》，1984年
钱家屯遗址	长春市双阳区（原双阳县）劝农山镇钱家屯		采集陶器1件	青铜时代	《双阳县文物志》，1984年
石厂遗址	长春市双阳区（原双阳县）劝农山镇流砂村石厂屯西		采集有陶器，数量不详	青铜时代	《双阳县文物志》，1984年
马鞍山遗址	长春市双阳区（原双阳县）劝农山镇兰家村的马鞍山		采集陶器13件、石器1件	青铜时代	《双阳县文物志》，1984年
望天楼遗址	长春市双阳区（原双阳县）四家子乡杂木村		文中介绍陶器10件、石器2件	青铜时代	《双阳县文物志》，1984年
双山屯北山遗址	长春市双阳区（原双阳县）泉眼乡双山村双山屯		采集有陶器、石器，数量不详	青铜时代	《双阳县文物志》，1984年
沙家烧锅遗址	长春市双阳区（原双阳县）长岭乡三姓店村沙家烧锅屯		采集有陶器，数量不详	汉代	《双阳县文物志》，1984年

续表

遗址名称	位置	遗迹	遗物	时代	文献出处
山咀子屯遗址	长春市双阳区（原双阳县）太平乡莱家村山咀子屯西南		采集有陶器，数量不详	汉代、辽金时期	《双阳县文物志》，1984年
翟家屯遗址	长春市双阳区（原双阳县）奢岭乡五星村翟家屯西		采集有陶器、瓷器、铁器、铜钱，数量不详	汉代、辽金时期	《双阳县文物志》，1984年
南山墓群	长春市双阳区（原双阳县）山河乡万宝村	清理墓葬2座	随葬器物有陶器5件、铜器1件、石器1件	青铜时代	《双阳县文物志》，1984年；《吉林省饮马河沿岸古文化遗存调查简报》，《考古》1986年第9期
磨盘山墓葬	长春市双阳区（原双阳县）太平乡军岭村北磨盘山顶	石棺墓2座	随葬品有陶器1件、石器3件	青铜时代	《双阳县文物志》，1984年
东盛堂墓葬	长春市双阳区（原双阳县）土顶乡三道沟村东盛堂屯南	石棺墓1座	采集有陶器4件	青铜时代	《双阳县文物志》，1984年
老山头遗址	永吉县岔路河镇东南		文中介绍陶器2件、石器2件	新石器时代、青铜时代、汉代	《永吉县文物志》，1983年
星星哨山头遗址	永吉县星星哨水库东岸		文中介绍石器24件，陶器数量不详	新石器时代	《永吉县星星哨水库石棺墓及遗址调查》，《考古》，1978年第3期
张家湾遗址	永吉县旺起乡东部松花湖西岸		文中介绍石器5件、陶器数量不详	新石器时代	《永吉县文物志》，1983年
大海猛遗址	永吉县乌拉街乡杨屯大队	房址14座、墓葬80座、灰坑10个	出土文物极为丰富，有陶器、石器、铜器、铁器、银器、骨角牙器，数量不详	青铜时代、汉代、渤海时期	《永吉杨屯遗址试掘简报》，《文物》1973年第8期；《吉林永吉杨屯大海猛遗址》，《考古学集刊》第5辑，中国社会科学出版社，1987年；《吉林永吉杨屯遗址第三次发掘》，《考古学集刊》第7辑，中国社会科学出版社，1991年
官地南山遗址	永吉县江密峰乡官地屯		采集有陶器、石器，数量不详	青铜时代	《永吉县文物志》，1983年

续表

遗址名称	位置	遗迹	遗物	时代	文献出处
前阿拉南山遗址	永吉县乌拉街乡前阿拉南山		采集有陶器、石器，数量不详	青铜时代	《永吉县文物志》，1983年
南窑地遗址	永吉县土城子乡聂司马大队南部		文中介绍陶器5件、石器3件	青铜时代	《永吉县文物志》，1983年
黄家楼遗址	永吉县五里河乡官地大队第四小队黄家楼村	石棺墓1座	采集有陶器、石器，数量不详	青铜时代	《永吉县文物志》，1983年
老山头遗址西团山文化遗存	永吉县岔路河镇老山头		文中介绍陶器4件、石器数量不详	青铜时代	《永吉县文物志》，1983年
旺起屯遗址	永吉县旺起乡北部	石棺墓9座	出土石器25件、陶器21件	青铜时代	《吉林省永吉县旺起屯新石器时代石棺墓发掘简报》，《考古》1960年第7期；《永吉县文物志》，1983年
狼头山遗址	永吉县西阳乡狼头山村西		采集有陶器、石器，数量不详	青铜时代	《永吉县文物志》，1983年
东磖子遗址	永吉县春登乡务本大队东磖子山上		采集有陶器、石器，数量不详	青铜时代	《永吉县文物志》，1983年
白马夫北山遗址	永吉县五里河乡白马夫一大队		采集有陶器、石器，数量不详	青铜时代	《永吉县文物志》，1983年
南大坡遗址	永吉县旺起乡旺起屯东北		采集有陶器、石器，数量不详	青铜时代	《永吉县文物志》，1983年
西山湾西山遗址	永吉县黄榆乡西山湾西山东南坡		采集有陶器、石器，数量不详	青铜时代	《永吉县文物志》，1983年
江密峰北山遗址	永吉县江密峰乡北山上		采集陶器2件	青铜时代	《永吉县文物志》，1983年
韩家屯西山头遗址	永吉县江密峰乡永胜大队韩家屯西部		文中介绍陶器7件、石器2件	青铜时代	《永吉县文物志》，1983年
学古东山遗址	永吉县乌拉街乡东北方漫岗上	房址1座、灰坑1座	出土及采集石器、陶器、铁器等156件	青铜时代、汉代	《吉林永吉县学古东山遗址试掘简报》，《考古》1981年第6期
大郑砖厂遗址	永吉县乌拉街乡东北3千米处		文中介绍陶器8件、石器2件	汉代	《永吉县文物志》，1983年

续表

遗址名称	位置	遗迹	遗物	时代	文献出处
星星哨石棺墓群	永吉县星星哨水库东岸	石棺墓86座	随葬品有陶器、石器、青铜器、木器、纺织品等，数量不详	青铜时代	《永吉星星哨水库石棺墓及遗址调查》，《考古》1973年第3期；《吉林永吉星星哨石棺墓第三次发掘》，《考古学集刊》第3辑，中国社会科学出版社，1983年
西官山石棺墓群	永吉县旺起乡北部	墓葬数量不详	采集石器、陶器40余件	青铜时代	《永吉县文物志》，1983年
红旗东梁岗墓地	永吉县口前镇红旗大队第四生产队东部	石棺墓26座、房址2座、灰坑2个	发掘及采集有陶器、石器、玉器、青铜器等，数量不详	青铜时代	《吉林口前蓝旗小团山、红旗东梁岗石棺墓清理简报》，《文物》1983年第9期；《吉林永吉东梁岗遗址发掘报告》，《边疆考古研究》第12辑，科学出版社，2012年
小团山石棺墓群	永吉县口前镇蓝旗大队第七生产队西北小团山	石棺墓5座	随葬品共计14件，有陶器、石器	青铜时代	《吉林口前蓝旗小团山、红旗东梁岗石棺墓清理简报》，《文物》1983年第9期
小城子后山石棺墓地	永吉县黄榆乡小城子大队北部山坡上	石棺墓1座	未发现随葬品	青铜时代	《永吉县文物志》，1983年
何家北山石棺墓地	永吉县金家乡何家大队四队北山坡上	石棺墓1座	随葬品4件，陶器1件、石器3件	青铜时代	《永吉县文物志》，1983年
鹰咀磖子石棺墓地	永吉县双河镇乡邵家大队北部	石棺墓6座	随葬品有陶器、石器，数量不详	青铜时代	《永吉县文物志》，1983年
春登西山遗址及石棺墓群	永吉县春登乡春登屯西南山坡上	墓葬数量不详	采集有陶器、石器，数量不详	青铜时代	《永吉县文物志》，1983年
三道通遗址	桦甸市老金厂乡苇沙河村江西三道通屯西山上		采集有陶器、石器，数量不详	新石器时代	《桦甸县文物志》，1987年
狼头山遗址	桦甸市八道河子镇李家堡村北		采集石器4件	新石器时代	《桦甸县文物志》，1987年

续表

遗址名称	位置	遗迹	遗物	时代	文献出处
五道砬子遗址	桦甸市公吉乡下甸子村饲养场北		采集石器3件	新石器时代	《桦甸县文物志》，1987年
桦兴遗址	桦甸市桦树林子乡桦兴屯北		采集石器2件	新石器时代	《桦甸县文物志》，1987年
西崴子西山遗址	桦甸市八道河子镇八道河子村西		文中介绍石器4件、青铜器1件、陶器6件	青铜时代	《桦甸县文物志》，1987年
海浪布遗址	桦甸市八道河子镇东北海浪布山		文中介绍石器4件、陶器2件	青铜时代	《桦甸县文物志》，1987年
磴山遗址	桦甸市二道甸子镇西约3千米的磴山上		文中介绍石器2件、陶器1件	青铜时代	《桦甸县文物志》，1987年
砬子山遗址	桦甸市木其河乡地窨子屯西面		采集有陶器、石器，数量不详	青铜时代	《桦甸县文物志》，1987年
民主北山遗址	桦甸市金沙乡密胜村东南		采集有陶器、石器，数量不详	青铜时代	《桦甸县文物志》，1987年
蔡家营南山遗址	桦甸市常山镇兴隆村蔡家营南面山上		采集石器1件、陶器2件	青铜时代	《桦甸县文物志》，1987年
狼头山古墓葬	桦甸市八道河子镇李家堡村北	石棺墓1座	随葬品有石器4件	青铜时代	《桦甸县文物志》，1987年
民主北山古墓葬	桦甸市金沙乡密胜村民主屯	石棺墓5座	随葬品有石器3件、陶器1件	青铜时代	《桦甸县文物志》，1987年
磴山古墓葬	桦甸市二道甸子镇梨树沟屯东北	石棺墓3座	随葬品有青铜器1件、石器27件	青铜时代	《桦甸县文物志》，1987年
西荒山古墓葬	桦甸市横道河子乡北5千米西荒山屯	墓葬8座	随葬品有石器20件、陶器20件、青铜器32件、铁器12件、装饰品320余件	青铜时代至汉代	《吉林桦甸西荒山屯青铜短剑墓》，《东北考古与历史》第1辑，文物出版社，1982年
江西屯遗址	桦甸市老金厂乡苇沙河村江西屯西山上		发掘出土陶片、石器若干	青铜时代	《吉林桦甸江西屯遗址发掘简报》，《北方文物》1986年第2期
机场遗址	四平市铁西区平西乡勤业村赵家屯南四平机场		采集有陶器、石器，数量不详	新石器时代	《四平市郊发现新石器时代遗址》，《文物》1959年第2期
山门水库遗址	四平市铁东区山门镇水库大坝西端坝基下		文中介绍陶器5件、石器7件	青铜时代	《四平市文物志》，1988年

续表

遗址名称	位置	遗迹	遗物	时代	文献出处
师范学校遗址	四平市铁西区四平市中心医院住院处后身居民区		文中介绍陶器3件	青铜时代	《四平市文物志》，1988年
半拉山遗址	四平市铁东区山门镇所在地东侧半拉山南坡		采集有陶器、石器，数量不详	青铜时代	《四平市文物志》，1988年
杨家窝堡古墓	四平市铁东区山门镇英城子村杨家窝堡屯	墓葬2座	采集有陶器，数量不详	青铜时代	《四平市文物志》，1988年
黄家坟遗址	四平市铁东区石岭子镇小桥子村康家屯东南侧的山顶上		采集陶片、石器若干	新石器时代、青铜时代	《吉林省境内叶赫河流域先秦遗存的调查》，《草原文物》2012年第2期
刘家坟遗址	四平市铁东区叶赫镇永和村小河刘家坟沟山顶		采集陶片、石器若干	青铜时代	《吉林省境内叶赫河流域先秦遗存的调查》，《草原文物》2012年第2期
王家屯东山遗址	四平市铁东区叶赫镇新立村王家屯东部		采集陶片、石器若干	青铜时代	《吉林省境内叶赫河流域先秦遗存的调查》，《草原文物》2012年第2期
周家沟墓地	四平市铁东区叶赫镇永和村焦家屯周家沟东山之上	墓葬10余座	采集部分陶器	青铜时代	《吉林省境内叶赫河流域先秦遗存的调查》，《草原文物》2012年第2期
王家屯墓地	四平市铁东区叶赫镇新立村王家屯东北西侧一道南北向山梁上	墓葬7座	采集部分陶片	青铜时代	《吉林省境内叶赫河流域先秦遗存的调查》，《草原文物》2012年第2期
红花甸子北山遗址	四平市铁东区叶赫镇板仓子村红花甸子屯北山山顶西部		采集有陶片、铁器等，数量不详	早期铁器时代	《吉林省境内叶赫河流域先秦遗存的调查》，《草原文物》2012年第2期
二龙湖古城	四平市铁东区石岭子镇二龙山村北崴子屯	发掘房址14座、灰坑8个、灰沟3个	出土及采集有陶器、石器、铁器、铜器等，数量不详	战国至汉代初期	《吉林省梨树县二龙湖古城址调查简报》，《考古》1988年第6期；《吉林省四平市二龙湖古城址发掘报告》，《边疆考古研究》第12辑，科学出版社，2012年；《四平市二龙湖古城遗址2009年抢救性发掘》，《北方文物》2012年第4期
泡子沿前山遗址	吉林市江北龙潭区胜利桥东北侧合肥路与劳动路的夹角地带棋盘街南面	房址4座、墓葬13座	出土陶器、石器、铜器、玉器等125件	青铜时代、汉代	《吉林市市区文物志》，1983年；《吉林市泡子沿前山遗址和墓葬》，《考古》1985年第6期

续表

遗址名称	位置	遗迹	遗物	时代	文献出处
土城子遗址	吉林市土城子古城东南	石棺墓32座、房址1座	出土文物有陶器、石器、青铜器，数量不详	青铜时代	《吉林江北土城子古文化遗址及石棺墓》，《考古学报》1957年第1期；《吉林市市区文物志》，1983年
长山遗址	梨树县河山乡长山村陈家屯后山上		文中介绍陶器24件、石器11件	新石器时代、青铜时代	《梨树县文物志》，1984年
张家油房遗址	梨树县刘家馆乡炭窑村张家油房北后岗子南坡		文中介绍陶器15件、石器1件	新石器时代、青铜时代	《梨树县文物志》，1984年
四楞格子山遗址	梨树县孟家岭乡大河沿屯与胡秀屯之间山坳里		采集石器4件、陶器数量不详	青铜时代	《梨树县文物志》，1984年
前王杂铺遗址	梨树县刘家馆乡三家窝村前王杂铺屯		采集有陶器、石器、骨器等，数量不详	新石器时代至金代	《梨树县文物志》，1984年
小锅顶山遗址	梨树县孟家岭乡下安村孙家沟屯北		采集陶器1件、石器1件	青铜时代	《梨树县文物志》，1984年
大脑瓜山遗址	梨树县孟家岭乡大河沿村老牛会屯北大脑瓜山东南		采集有陶器，数量不详	青铜时代	《梨树县文物志》，1984年
二龙山遗址	梨树县刘家馆子乡二龙山屯北		采集有陶器，数量不详	新石器时代、青铜时代	《梨树县文物志》，1984年
大勿兰屯遗址	梨树县刘家馆子乡大勿兰屯北的北岗子上		采集有陶器，数量不详	青铜时代、辽金时期	《梨树县文物志》，1984年
风水山遗址	梨树县西北刘家馆子镇大力虎村陈家坨子屯东一处沙丘上	房址2座、灰坑2个	出土石器13件、完整陶器48件、骨器9件、蚌器1件	青铜时代	《吉林省梨树县风水山遗址2010年抢救性发掘》，《边疆考古研究》第12辑，科学出版社，2012年
狐仙洞沟遗址	梨树县孟家岭乡四楞格子山西侧狐仙洞沟南		采集有陶器，数量不详	青铜时代	《梨树县文物志》，1984年
张家店遗址	梨树县石岭乡姜家洼子村张家店屯东		采集有陶器、瓷器，数量不详	青铜时代、辽金时期	《梨树县文物志》，1984年

续表

遗址名称	位置	遗迹	遗物	时代	文献出处
大脑瓜山古墓葬	梨树县孟家岭乡大河沿村老牛会屯北大脑瓜山南坡	石棺墓1座	随葬品有陶器，数量不详	青铜时代	《梨树县文物志》，1984年
叶赫影视城遗址	梨树县叶赫镇转山湖水库东北一座平顶山上		清理陶片及石器若干	青铜时代	《吉林省梨树县叶赫影视城青铜时代晚期遗址清理简报》，《北方文物》2004年第1期
南城子遗址	榆树县刘家乡合心村南城子屯西		文中介绍陶器4件	青铜时代	《榆树县文物志》，1983年
前排木一号遗址	榆树县大于乡村前排木屯东		采集有陶器、瓷器，数量不详	青铜时代、辽金时期	《榆树县文物志》，1983年
狼烟台遗址	榆树县刘家乡合心村南城子屯北		文中介绍陶器5件	青铜时代	《榆树县文物志》，1983年
福利屯遗址	榆树县刘家乡福利村福利屯南		采集有陶器，数量不详	青铜时代	《榆树县文物志》，1983年
前红石砬子遗址	榆树县大岭子乡大岭村郭家屯东南		采集有陶器、石器，数量不详	青铜时代	《榆树县文物志》，1983年
十八盘遗址	榆树县滨江乡龚家村十八盘屯西南		采集铁器4件，陶器数量不详	汉代	《榆树县文物志》，1983年
张家窝堡遗址	榆树县大岗乡兴国村张家窝堡屯北		采集有陶器、瓷器，数量不详	汉代、辽金时期	《榆树县文物志》，1983年
小柴树林子遗址	榆树县福安乡姜家村小柴树林屯西		采集陶器6件	汉代、辽金时期	《榆树县文物志》，1983年
马喜屯遗址	榆树县刘家乡施家村马喜屯南		采集有陶器，数量不详	汉代、辽金时期	《榆树县文物志》，1983年
老河深遗址	榆树县大坡乡后岗村	房址2座、墓葬166座	出土陶器、金器、银器、铁器、装饰品等4000余件	青铜时代、汉代、隋唐时期	《榆树县文物志》，1983年；《榆树老河深》，文物出版社，1987年
六马架子古墓葬	榆树县八号乡建民村六马架子屯西	墓葬1座	采集有陶器，数量不详	汉代	《榆树县文物志》，1983年

续表

遗址名称	位置	遗迹	遗物	时代	文献出处
复兴参场遗址	汪清县复兴乡复兴农场参场		采集陶器1件、石器1件	新石器时代	《汪清县文物志》，1983年；《吉林汪清考古调查》，《北方文物》1985年第4期
百草沟遗址	汪清县安田村东嘎呀河右岸台地上	房址1座	出土文物有陶器、石器、骨角器、铜器、装饰品，数量不详	青铜时代	《吉林汪清县百草沟遗址发掘简报》，《考古》1961年第8期；《吉林汪清考古调查》，《北方文物》1985年第4期
广兴遗址	汪清县蛤蟆塘乡西广兴村		采集有陶器，数量不详	青铜时代	《汪清县文物志》，1983年；《吉林汪清考古调查》，《北方文物》1985年第4期
牡丹池遗址	汪清县仲安乡北1.5千米嘎呀河北岸		采集有陶器、石器，数量不详	汉代	《汪清县文物志》，1983年
罗子沟遗址	汪清县罗子沟乡东部绥芬河北岸		文中介绍陶器4件、石器5件、骨器3件	汉代	《汪清县文物志》，1983年；《吉林汪清考古调查》，《北方文物》1985年第4期
上碱砖厂遗址	汪清县罗子沟乡南绥芬河河谷平原上		文中介绍陶器10件	汉代	《汪清县文物志》，1983年；《吉林汪清考古调查》，《北方文物》1985年第4期
河东遗址	汪清县罗子沟乡河东村南部		采集有陶器、石器，数量不详	汉代	《汪清县文物志》，1983年
西崴子遗址	汪清县汪清镇西西崴子村		文中介绍石器13件，数量不详	汉代	《汪清县文物志》，1983年；《延边汪清县西崴子发现新石器时代遗址》，《考古》1958年第5期
金城墓群	汪清县东光乡金城村西侧	墓葬40座	随葬品有陶器、石器、骨器、铜器、装饰品，数量不详	新石器时代	《吉林汪清金城古墓发掘简报》，《考古》1986年第2期；《吉林汪清考古调查》，《北方文物》1985年第4期
新华间墓群	汪清县百草沟镇安田村新华间屯北山南坡上	墓葬12座	出土及采集有陶器、石器、骨蚌器等，数量不详	青铜时代、汉代	《吉林汪清县百草沟遗址发掘简报》，《考古》1961年第8期；《吉林汪清考古调查》，《北方文物》1985年第4期

续表

遗址名称	位置	遗迹	遗物	时代	文献出处
新安闾遗址	汪清县百草沟镇安田村新安闾东头	居住残迹1处	发掘和采集有陶器、石器、骨角牙、铜器、铁器等，数量不详	青铜时代、汉代	《吉林汪清县百草沟遗址发掘简报》，《考古》1961年第8期
天桥岭墓群	汪清县天桥岭镇北小山脚下	墓葬7座	采集有陶器、石器、骨器，数量不详	青铜时代、汉代	《汪清县文物志》，1983年；《吉林汪清考古调查》，《北方文物》1985年第4期
复兴闾墓地	汪清县百草沟镇北约15千米的复兴闾	墓葬具体数量不详，清理4座	未发现随葬品	魏晋时期	《吉林汪清县百草沟古墓葬发掘》，《考古》1961年第8期
水北遗址	汪清县百草沟镇水北村西500米山脚下河岸漫岗地上	房址1座、灰坑1个、灰沟1条	发掘出土陶器、石器56件	青铜时代	《吉林汪清县水北青铜时代遗址的发掘》，《考古》2005年第1期
荒崴子遗址	通化市集安县老岭北坡台乡荒崴子村东岗地上		采集有陶器、石器，数量不详	新石器时代	《集安县文物志》，1983年
长岗遗址	集安市头道乡龙岗村		采集有陶器、石器，数量不详	新石器时代	《吉林省集安浑江中游的三处新石器时代遗址》，《考古》1976年第1期
东村遗址	集安市头道乡东村村		采集有陶器、石器90余件	青铜时代	《集安县文物志》，1983年
梨树遗址	集安市梨树村		采集有陶器、石器，数量不详	青铜时代	《浑江中游的考古调查》，《考古通讯》1956年第6期《吉林省集安浑江中游的三处新石器时代遗址》，《考古》1976年第1期
南台子遗址	集安市腰营乡西北南台子村		采集有陶器、石器80余件	青铜时代	《浑江中游的考古调查》，《考古通讯》1956年第6期；《吉林省集安浑江中游的三处新石器时代遗址》，《考古》1976年第1期
二道崴子西沟遗址	集安市二道崴子西沟门前		采集有陶器、石器，数量不详	青铜时代	《集安县文物志》，1983年
大朱仙沟遗址	集安市榆林乡大朱仙村南部和北部		采集有陶器、石器，数量不详	青铜时代	《吉林集安大朱仙沟新石器时代遗址》，《考古》1977年第6期

续表

遗址名称	位置	遗迹	遗物	时代	文献出处
长川遗址	集安市黄柏乡长川村西部台地上		采集有陶器、石器，数量不详	青铜时代	《集安县文物志》，1983年
胜利遗址	集安市禹山南麓鸭绿江右岸平原上		文中介绍陶器2件、石器7件	青铜时代	《集安县文物志》，1983年
长新南山遗址	大安市古城乡长新大队南部漫岗		采集有陶器、石器，数量不详	新石器时代	《大安县文物志》，1982年；《吉林大安县洮儿河下游右岸新石器时代遗址调查》，《考古》1984年第8期
后套木嘎遗址	大安市红岗乡永合大队后套木嘎屯附近	2011年发掘墓葬67座、灰坑152个、沟14条、房址7座	出土及采集有陶器、石器、瓷器、铁器，数量不详	新石器时代、青铜时代、辽金时期	《大安县文物志》，1982年；《吉林大安后套木嘎遗址发掘取得重要收获》，《中国文物报》2012年8月17日第8版
馒头山遗址	大安市来福乡福田大队所在地		采集有陶器、石器、骨器，数量不详	新石器时代	《大安县文物志》，1982年
草庙子遗址	大安市来福乡福田大队所在地西南一漫岗		采集有陶器、石器，数量不详	新石器时代	《大安县文物志》，1982年
任喜山后山遗址	大安市来福乡福田大队西南一土丘上		采集有陶器、石器、骨器，数量不详	新石器时代	《大安县文物志》，1982年；《吉林大安县洮儿河下游右岸新石器时代遗址调查》，《考古》1984年第8期
民志遗址	大安市合力乡民志大队屯西北		文中介绍石器8件，陶器数量不详	新石器时代	《大安县文物志》，1982年
民众遗址	大安市合力乡民众大队西南		采集有陶器、石器，数量不详	新石器时代	《大安县文物志》，1982年；《吉林大安县洮儿河下游右岸新石器时代遗址调查》，《考古》1984年第8期
刘贵坟山遗址	大安市舍力乡民主大队东南1千米		采集有陶器、石器，数量不详	新石器时代	《大安县文物志》，1982年；《吉林大安县洮儿河下游右岸新石器时代遗址调查》，《考古》1984年第8期
马场南山遗址	大安市舍力乡黎明大队哈哈屯马场南山漫岗上		采集有石器、陶器，数量不详	新石器时代	《大安县文物志》，1982年；《吉林大安县洮儿河下游右岸新石器时代遗址调查》，《考古》1984年第8期

续表

遗址名称	位置	遗迹	遗物	时代	文献出处
黎明大架山遗址	大安市舍力乡黎明大队哈哈屯西北		采集有陶器、石器，数量不详	新石器时代	《大安县文物志》，1982年；《吉林大安县洮儿河下游右岸新石器时代遗址调查》，《考古》1984年第8期
套格苏遗址	大安市烧锅镇乡富强大队套格苏屯		采集有陶器、石器，数量不详	新石器时代	《大安县文物志》，1982年
后商家遗址	大安市古城乡长安大队后商家屯东北二千米上		采集有石器等，数量不详	新石器时代	《吉林大安县洮儿河下游右岸新石器时代遗址调查》，《考古》1984年第8期
小西山遗址	大安市古城乡长安大队后桑家屯西北小西山上		采集有陶器、石器、铁器，数量不详	新石器时代、辽金时期	《大安县文物志》，1982年
大瓮泉北坡遗址	大安市丰收乡富有大队东南大瓮泉山西北坡上		采集有陶器、石器，数量不详	新石器时代、辽金时期	《大安县文物志》，1982年
大榆树南山遗址	大安市舍力乡长城大队大榆树屯南部沙丘上		采集有陶器、石器，数量不详	新石器时代	《大安县文物志》，1982年
汉书遗址	大安市月亮泡乡汉书大队	第一次发掘发现有房址、墓葬、灰坑等遗迹，数量不详。2001年发掘房址11座、灰坑（含窖穴）40余座，墓葬16座	第一次发掘出土有陶器、石器、骨器、青铜器、装饰品，数量不详；2001年发掘出土陶器、石器、骨器、铜器、铁器1000余件	青铜时代	《大安汉书遗址发掘的主要收获》，《东北考古与历史》第1辑，文物出版社，1982年；《大安县汉书遗址》，《中国考古学年鉴2002》，文物出版社，2003年；《汉书遗址》，《田野考古集粹——吉林省文物考古研究所成立二十五周年纪念》，文物出版社，2008年
前套木嘎遗址	大安市红岗乡永合大队		采集有陶器、石器，数量不详	青铜时代	《大安县文物志》，1982年
白砂坨遗址	大安市烧锅镇乡富裕大队西北白砂坨上		文中介绍陶器8件	青铜时代	《大安县文物志》，1982年
八里僧遗址	大安市丰收乡富胜大队八里僧屯		采集陶器6件、石器2件	青铜时代	《大安县文物志》，1982年

续表

遗址名称	位置	遗迹	遗物	时代	文献出处
后地窝堡遗址	大安市月亮泡乡后地窝堡大队本屯西北侧		采集有陶器、瓷器，数量不详	青铜时代、辽金时期	《大安县文物志》，1982年
牛克吐遗址	大安市烧锅镇乡四一大队牛克吐屯		采集有陶器3件、石器2件	青铜时代	《大安县文物志》，1982年
抱马吐墓葬	大安市大岗子乡双岗子大队抱马吐屯东南部	墓葬1座	采集玉器1件	青铜时代	《大安县文物志》，1982年
东山头遗址	大安市月亮泡乡东山头北	墓葬5座	墓葬内随葬品有陶器5件、玉器1件、骨器1件、青铜器2件，另采集陶器、石器若干	青铜时代	《吉林大安东山头古墓清理》，《考古》1961年第8期；《吉林大安东山头细石器文化遗址》，《考古》1961年第8期；《白城地区考古调查述要》，《吉林大学社会科学学报》1963年第1期
傲包山	大安市	墓葬3座	出土石镞和牙项饰若干	新石器时代	《白城地区考古调查述要》，《吉林大学社会科学学报》1963年第1期
吕家屯墓地	大安市龙沼乡兴盛大队吕家屯东西侧	墓葬5座	随葬品有陶器2件、鎏金铜器2件、青铜器1一件、铁器1件	青铜时代	《大安县文物志》，1982年
月亮泡渔场墓地	大安市月亮泡南岸端基屯东部	墓葬14座、灰坑5座	随葬品有陶器、骨器、铁器、铜器、装饰品、数量不详	汉代	《吉林大安渔场古代墓地》，《考古》1979年第11期
后宝石墓地	大安市静山乡后宝石村		征集铜器、铁器、包金器、骨器及饰件36件	汉代	《吉林大安后宝石墓地调查》，《考古》1997年第2期
永丰遗址	辉南县金川乡永丰村		采集有陶器、石器，数量不详	新石器时代	《辉南县文物志》，1986年
东横虎遗址	辉南县朝阳镇东北东横虎山上		采集石器15件，陶器数量不详	新石器时代、青铜时代	《辉南县文物志》，1986年
西横虎遗址	辉南县朝阳镇西北1.5千米处		采集石器8件，陶器数量不详	新石器时代、青铜时代	《辉南县文物志》，1986年

续表

遗址名称	位置	遗迹	遗物	时代	文献出处
大椅山河东遗址	辉南县大椅山苇沙河东面		采集石器19件，陶器数量不详	青铜时代、汉代	《辉南县文物志》，1986年
秃葫芦山遗址	辉南县永康乡西的秃葫芦山上		采集有陶器、石器，数量不详	青铜时代	《辉南县文物志》，1986年
西关遗址	辉南县辉南镇西关村南的漫岗上		采集有陶器、石器，数量不详	新石器时代、青铜时代	《辉南县文物志》，1986年
庙前堡遗址	辉南县大椅山乡庙前堡村苇沙河东岸		采集有陶器、石器，数量不详	青铜时代	《辉南县文物志》，1986年
马鞍山遗址	辉南县样子哨镇与柳河县太平川乡交汇处		文中介绍陶器6件、石器2件	青铜时代	《辉南县文物志》，1986年
富民堡遗址	辉南县样子哨镇东北富民堡后山坡上		采集有陶器、石器、骨器，数量不详	青铜时代	《辉南县文物志》，1986年
冯大院遗址	辉南县板石河镇西南冯大院后山漫岗上		采集有陶器、石器，数量不详	青铜时代	《辉南县文物志》，1986年
邵家店遗址	辉南县样子哨镇邵家店后山上		采集石器4件，陶器数量不详	青铜时代	《辉南县文物志》，1986年
宝善遗址	柳河县宝善村西北山梁上	房址2座	出土及采集有石器、陶器、铁器等，数量不详	新石器时代、青铜时代、铁器时代	《柳河县文物志》，1987年；《吉林省柳河县宝善遗址考古发掘简报》，《北方文物》2010年第4期
黎明北山遗址	柳河县驼腰岭黎明村		采集石器1件，陶器数量不详	新石器时代	《柳河县文物志》，1987年
三家子遗址	柳河县五道沟镇三家子屯南山顶上		采集石器4件，陶器数量不详	新石器时代	《柳河县文物志》，1987年
平安堡遗址	柳河县凉水镇平安堡村西		文中介绍陶器3件、石器5件	青铜时代	《柳河县文物志》，1987年
五里堡遗址	柳河县凉水镇五里堡村西山上		采集石器6件，陶器数量不详	青铜时代	《柳河县文物志》，1987年
老朴山遗址	柳河县凉水镇大西岔村西山		采集石器3件，陶器数量不详	青铜时代	《柳河县文物志》，1987年
光阳屯东山遗址	柳河县三源铺镇东光阳屯的东山坡上		采集有陶器、石器，数量不详	青铜时代	《柳河县文物志》，1987年
贾家街遗址	柳河县二道沟乡二道沟村北山		采集石器1件，陶器数量不详	青铜时代	《柳河县文物志》，1987年

续表

遗址名称	位置	遗迹	遗物	时代	文献出处
大良屯遗址	柳河县城东南		采集陶器、石器36件	青铜时代	《柳河县文物志》，1987年
扇子面遗址	柳河县全胜乡扇子面屯西南山坡上		文中介绍陶器6件、石器1件	青铜时代	《柳河县文物志》，1987年
全胜遗址	柳河县全胜乡全胜村西山		采集石器5件，陶器数量不详	青铜时代	《柳河县文物志》，1987年
龙岗遗址	柳河县全胜乡龙岗村南漫岗坡地上		采集有陶器、石器，数量不详	青铜时代	《柳河县文物志》，1987年
月牙泡遗址	柳河县驼腰岭镇南月牙泡山坡上		采集石器3件，陶器数量不详	青铜时代	《柳河县文物志》，1987年
邓家店遗址	柳河县时家店乡邓家店村西南山冈		采集石器4件，陶器数量不详	青铜时代	《柳河县文物志》，1987年
水库南山遗址	柳河县时家店乡水库南面山坡上		采集石器2件，陶器数量不详	青铜时代	《柳河县文物志》，1987年
红心村遗址	柳河县和平乡红心村		文中介绍陶器2件、石器1件	青铜时代	《柳河县文物志》，1987年
碱水遗址	柳河县孤山子镇碱水村		文中介绍陶器5件、石器4件	青铜时代	《柳河县文物志》，1987年
钓鱼台遗址	柳河县三源铺镇西郊南山上		采集陶器20件、石器1件、铁器1件	青铜时代	《柳河县文物志》，1987年
马家亮子遗址	柳河县新发乡马家亮子村西山坡上		采集石器3件，陶器数量不详	青铜时代	《柳河县文物志》，1987年
水塔山遗址	柳河县西自来水塔所在小山上		采集石器8件，陶器数量不详	青铜时代	《柳河县文物志》，1987年
王家屯遗址	柳河县王家屯		文中介绍陶器6件、石器5件	青铜时代	《柳河县文物志》，1987年
桦皮甸子北山遗址	柳河县安口镇桦皮甸子村		采集石器5件，陶器数量不详	青铜时代	《柳河县文物志》，1987年
黄崴子遗址	柳河县亨通山子乡黄崴子村南山坡		采集石器1件，陶器数量不详	青铜时代	《柳河县文物志》，1987年
前罩山遗址	柳河县新发乡前仙人村西南		文中介绍陶器7件，石器4件	青铜时代	《柳河县文物志》，1987年
南团山遗址	柳河县安口镇大庙屯东南山坡上		采集石器4件，陶器数量不详	青铜时代	《柳河县文物志》，1987年
样子沟遗址	柳河县向阳乡样子沟西山阳坡上		采集石器13件，陶器数量不详	青铜时代	《柳河县文物志》，1987年
岬山头遗址	柳河县岬山头台地上		文中介绍陶器8件、石器8件、铁器1件	青铜时代	《柳河县文物志》，1987年

续表

遗址名称	位置	遗迹	遗物	时代	文献出处
黑崴子遗址	柳河县亨通山子乡黑崴子村东南山坳里		采集有陶器、石器，数量不详	青铜时代	《柳河县文物志》，1987年
老人沟遗址	柳河县向阳乡老人沟后山上		文中介绍陶器3件、石器1件、铁器2件	青铜时代、汉代	《柳河县文物志》，1987年
边沿村遗址	柳河县向阳乡边沿村西山坡上		采集有陶器、石器，数量不详	青铜时代、汉代	《柳河县文物志》，1987年
老韩山遗址	柳河县亨通山子乡政府西南老韩头山头		采集有陶器、石器、铁器，数量不详	青铜时代、汉代	《柳河县文物志》，1987年
吉祥遗址	柳河县新发乡吉祥村南漫岗上		采集石器2件、铁器3件，陶器数量不详	青铜时代、汉代	《柳河县文物志》，1987年
王八脖子遗址	柳河县向阳乡西南山坡上		采集有铜镞22件，石器、陶器数量不详	青铜时代、汉代	《柳河县文物志》，1987年
孤山子遗址	长白朝鲜族自治县十二道沟乡孤山子村东南		采集陶器3件、石器4件	新石器时代、青铜时代	《长白朝鲜族自治县文物志》，1988年
鸡冠砬子遗址	长白朝鲜族自治县十四道沟镇鸡冠砬子村东		采集陶器6件、石器9件	青铜时代	《长白朝鲜族自治县文物志》，1988年
十三道湾遗址	长白朝鲜族自治县十三道沟乡十三道湾村西		采集陶器2件	青铜时代	《长白朝鲜族自治县文物志》，1988年
门坎子遗址	长白朝鲜族自治县十四道沟镇门坎子		采集陶器7件、石器9件	青铜时代	《长白朝鲜族自治县文物志》，1988年
东西垄地遗址	长白朝鲜族自治县十四道沟镇鸡冠砬子村西		采集石器5件、陶器1件	青铜时代	《长白朝鲜族自治县文物志》，1988年
干沟子遗址	长白朝鲜族自治县十四道沟镇干沟子村西	墓葬7座	出土及采集陶器50件、玉石器及原料155件、铜器6件、铜钱35枚、铁器4件、骨牙器3件	青铜时代至早期铁器时代	《长白朝鲜族自治县文物志》，1988年；《吉林长白县干沟子墓地发掘简报》，《考古》2003年第8期
葫芦套遗址	长白朝鲜族自治县八道沟镇东南葫芦套村北		采集陶器10件、石器8件	青铜时代	《长白朝鲜族自治县文物志》，1988年
梨田遗址	长白朝鲜族自治县梨田村		采集石器3件	青铜时代	《长白朝鲜族自治县文物志》，1988年

续表

遗址名称	位置	遗迹	遗物	时代	文献出处
南川遗址	长白朝鲜族自治县十一道沟乡南川村		采集石器2件、陶器2件	青铜时代	《长白朝鲜族自治县文物志》，1988年
金厂遗址	长白朝鲜族自治县十一道沟乡金厂村北		采集石器4件	青铜时代	《长白朝鲜族自治县文物志》，1988年
东岗参场遗址	长白朝鲜族自治县宝泉山乡东岗参场东北		采集石器1件	青铜时代	《长白朝鲜族自治县文物志》，1988年
十二道弯遗址	长白朝鲜族自治县十二道沟乡十二道弯村东南		采集石器1件	青铜时代	《长白朝鲜族自治县文物志》，1988年
金华孤山子遗址	长白朝鲜族自治县金华村西1千米		采集石器6件、陶器2件	青铜时代	《长白朝鲜族自治县文物志》，1988年
金华遗址	长白朝鲜族自治县金华村西300米		采集石器6件	青铜时代	《长白朝鲜族自治县文物志》，1988年
仙人岛遗址	长白朝鲜族自治县长白镇东南郊民主菜园		采集石器8件	青铜时代	《长白朝鲜族自治县文物志》，1988年
背阴亭遗址	长白朝鲜族自治县十二道乡背阴亭村东南3华里		采集有陶器、石器，数量不详	青铜时代	《长白朝鲜族自治县文物志》，1988年
冷沟子遗址	长白朝鲜族自治县十四道沟镇冷沟子村南300米		采集有陶器、石器，数量不详	青铜时代	《长白朝鲜族自治县文物志》，1988年
安乐遗址	长白朝鲜族自治县十四道沟安乐村		采集石器3件，陶器数量不详	青铜时代	《长白朝鲜族自治县文物志》，1988年
十八道沟遗址	长白朝鲜族自治县马鹿沟乡十八道沟村西岗		采集石器2件	青铜时代	《长白朝鲜族自治县文物志》，1988年
蛤蟆川遗址	长白朝鲜族自治县十一道沟乡蛤蟆川村西		采集石器3件、陶器6件	青铜时代	《长白朝鲜族自治县文物志》，1988年
新开沟遗址	长白朝鲜族自治县八道沟镇新开沟村西北		采集有石器，数量不详	青铜时代	《长白朝鲜族自治县文物志》，1988年
三浦洞遗址	长白朝鲜族自治县金华乡三浦洞村南		采集有石器，数量不详	青铜时代	《长白朝鲜族自治县文物志》，1988年
十二道沟遗址	长白朝鲜族自治县十二道沟乡鸭绿江东岸台地上		采集有陶器、石器，数量不详	青铜时代	《长白朝鲜族自治县文物志》，1988年
十四道沟电站墓葬	长白朝鲜族自治县十四道沟乡十五道沟河北岸台地上	墓葬4座	采集陶器3件、石器1件	青铜时代	《长白朝鲜族自治县文物志》，1988年
东江墓葬	长白朝鲜族自治县全华乡梨田村东南东江大地北部	墓葬4座	采集陶器1件	青铜时代	《长白朝鲜族自治县文物志》，1988年
蛤蟆川墓葬	长白朝鲜族自治县十一道沟乡蛤蟆川村西	墓葬2座	采集石器1件、陶器1件	青铜时代	《长白朝鲜族自治县文物志》，1988年

续表

遗址名称	位置	遗迹	遗物	时代	文献出处
干沟子墓葬	长白朝鲜族自治县十四道沟镇干沟子村西	墓葬19座	采集有陶器、石器、玉器、牙器，数量不详	青铜时代	《长白朝鲜族自治县文物志》，1988年
老道洞遗址	长白市河口乡南郊的山腰上		试掘出土陶片、石器若干	新石器时代	《吉林省白山市老道洞遗址试掘报告》，《北方文物》2007年第1期
七家子西山遗址	吉林市北郊沙河子乡七家子大队		采集有陶器、石器200余件	新石器时代	《吉林市郊区文物志》，1983年
三道岭子遗址	吉林市郊九站乡与沙河子乡交界处		采集陶器4件	新石器时代	《吉林市郊区文物志》，1983年
虎头砬子遗址	吉林市丰满乡阿什大队虎头砬子		采集陶器1件、石器11件	新石器时代	《吉林市郊区文物志》，1983年
西团山遗址	吉林市西南欢喜乡吉兴大队	墓葬49座	采集、出土遗物有石器、陶器、骨器、铜器、牙饰等	青铜时代	《西团山史前文化遗址初步发掘报告》，《东北日报》1949年2月11日第4版；《吉林西团山子石棺墓发掘记》，《考古》1960年第4期；《吉林西团山石棺墓发掘报告》，《考古学报》1964年第1期；《一九四八、一九四九年西团山发掘记录整理》，《西团山考古报告集》第一辑，吉林市博物馆，1987年；《一九五〇年西团山发掘报告资料摘录》，《西团山考古报告集》第一辑，吉林市博物馆，1987年
长蛇山遗址	吉林市大屯乡哈达大队	房址15座、灰坑17座、墓葬4座	出土石器、陶器、铜器、玉器612件	青铜时代	《吉林长蛇山遗址发掘》，《考古》1980年第2期

续表

遗址名称	位置	遗迹	遗物	时代	文献出处
猴石山遗址	吉林市郊大屯乡孤家子大队北2千米	房址17座、墓葬160座、灰坑5个	出土陶器、石器、铜器、骨角器玉器2013件	青铜时代	《吉林猴石山遗址发掘简报》，《考古》1980年第2期；《吉林市猴石山遗址第二次发掘》，《考古学报》1993年第3期
狼头山遗址	吉林市郊二道乡马相大队	墓葬14座	出土有陶器、石器、铜器等，数量不详	青铜时代	《吉林市郊区文物志》，1983年；《吉林市郊二道水库狼头山石棺墓地发掘简报》，《北方文物》1984年第4期
两半山遗址	吉林市郊白山乡红旗大队屯南2千米	墓葬1座	出土、采集有石器、陶器等，数量不详	青铜时代	《吉林两半山发现新石器时代文化遗址》，《考古通讯》1955年第4期；《两半山遗址调查》，《吉林大学社会科学学报》1963年第2期；《吉林市两半山遗址发掘报告》，《考古》1964年第1期
唐家崴子遗址	吉林市郊江南乡小孤家子大队		采集石器471件、陶器若干	青铜时代	《吉林市郊区文物志》，1983年；《吉林市唐家崴子、西沟江沿石器制造场等遗址调查》，《北方文物》2008年第1期
西沟江沿遗址	吉林市郊江南乡小孤家子大队唐家崴子遗址南约1千米		采集完整石器44件	青铜时代	《吉林市唐家崴子、西沟江沿石器制造场等遗址调查》，《北方文物》2008年第1期
王八脖子遗址	吉林市郊江南乡小孤家子大队唐家崴子遗址南约1千米，毗邻西沟江沿遗址		采集石器382件	青铜时代	《吉林市唐家崴子、西沟江沿石器制造场等遗址调查》，《北方文物》2008年第1期
三道砬子遗址	吉林市郊江南乡三道砬子山麓台地上		采集石器11件，陶片若干	青铜时代	《吉林市唐家崴子、西沟江沿石器制造场等遗址调查》，《北方文物》2008年第1期

续表

遗址名称	位置	遗迹	遗物	时代	文献出处
东团山遗址	吉林市郊江南乡永安大队	发掘遗迹有房址、窖穴、灰坑等	发掘、采集有陶器、石器、铜器等，数量不详	青铜时代、汉代、渤海、辽金时期	《吉林龙潭山遗迹报告》，《满洲史学》第1卷（1937年）第2、3号，第2卷（1938年）第2号；《吉林市附近之史迹及遗物》，《历史与考古》第一号，1946年；《吉林东团山原始、汉、高句丽、渤海诸文化遗存调查简报》，《博物馆研究》1982年；《东团山遗址》，《田野考古集粹——吉林省文物考古研究所成立二十五周年纪念》，文物出版社，2008年
白山小团山遗址	吉林市郊白山乡兰旗大队荒地屯北	墓葬3座	采集有陶器、石器，数量不详	青铜时代	《吉林市郊区文物志》，1983年
马鞍山遗址	吉林市郊白山乡鸡冠山大队吉桦公路东侧		采集陶器、石器45件	青铜时代	《吉林市郊区文物志》，1983年
巴虎东山遗址	吉林市郊二道乡巴虎大队境内		采集石器6件	青铜时代	《吉林市郊区文物志》，1983年
平顶山遗址	吉林市郊欢喜乡新立大队新立屯南山上		采集有陶器、石器，数量不详	青铜时代	《吉林市郊区文物志》，1983年
小秃山遗址	吉林市郊江南乡建华大队与永安大队交界处		采集有陶器、石器，数量不详	青铜时代	《吉林市郊区文物志》，1983年
龟盖山遗址	吉林市郊江南乡永安大队一座形似龟盖的小山上		采集有陶器，数量不详	青铜时代、汉代	《吉林市郊区文物志》，1983年
胡家坟遗址	吉林市郊江南乡永安大队		采集有陶器，数量不详	青铜时代	《吉林市郊区文物志》，1983年
安达木南山遗址	吉林市郊金珠乡安达木大队境内		采集有陶器、石器，数量不详	青铜时代	《吉林市郊区文物志》，1983年

续表

遗址名称	位置	遗迹	遗物	时代	文献出处
帽儿山遗址	吉林市郊江南乡永安大队帽儿山	发掘墓葬160多座	出土陶器、石器、玉器、铜器、铁器、金银器、木器、漆器、丝织品、玛瑙饰品等1000多件	汉代	《吉林市郊区文物志》，1983年；《吉林帽儿山汉代木椁墓》，《辽海文物学刊》1988年第2期；《帽儿山墓群》，《田野考古集粹——吉林省文物考古研究所成立二十五周年纪念》，文物出版社，2008年
马相小西山遗址	吉林市郊二道乡马相大队泡子沿屯南		采集有陶器、石器，数量不详	青铜时代	《吉林市郊区文物志》，1983年
马相小团山遗址	吉林市郊二道乡兴家东山余脉形成的圆形漫岗		采集有陶器、石器，数量不详	青铜时代	《吉林市郊区文物志》，1983年
马家屯遗址	吉林市郊江南乡日升大队电力抽水站附近江岸		采集有陶器、石器、骨器，数量不详	青铜时代、汉代、高句丽、辽金时期	《吉林市郊区文物志》，1983年
炮手口子遗址	吉林市郊江南乡永安大队境内		采集有陶器、石器，数量不详	青铜时代	《吉林市郊区文物志》，1983年
虎头山遗址	吉林市郊龙潭乡北甸子大队东		采集有陶器、石器，数量不详	青铜时代	《吉林市郊区文物志》，1983年
黄山咀子遗址	吉林市郊龙潭乡天泰大队西北山冈上		采集有陶器、石器，数量不详	青铜时代	《吉林市郊区文物志》，1983年
小石桥遗址	吉林市郊江南乡永安大队第三生产队		采集有陶器，数量不详	汉代	《吉林市郊区文物志》，1983年
马家屯遗址	吉林市郊江南乡永安大队第三生产队马家屯		文中介绍陶器5件	汉代	《吉林市郊区文物志》，1983年
骚达沟墓群	吉林市郊欢喜乡下洼子大队	石棺墓30座	随葬品有陶器、石器、玉器、青铜器、牙饰，数量不详	青铜时代	《吉林市骚达沟石棺墓整理报告》，《考古》1985年第10期；《吉林市骚达沟山顶大棺整理报告》，《考古》1985年第10期

续表

遗址名称	位置	遗迹	遗物	时代	文献出处
兴城遗址	和龙市东城乡兴城村三队北山山冈上	墓葬、房址30余座	出土遗物有陶器、石器、骨器，数量不详	新石器时代、青铜时代	《吉林省和龙兴城遗址发掘简报》，《北方文物》1998年第1期；《和龙兴城—新石器时代及青铜时代遗址发掘报告》，文物出版社，2001年
北古城遗址	和龙市西城乡东北3.5千米北古城村		采集有陶器、石器，数量不详	新石器时代	《和龙县文物志》，1984年
芦果遗址	和龙市芦果乡芦果村东南		采集有陶器、石器，数量不详	新石器时代、渤海时期	《和龙县文物志》，1984年
南坪遗址	和龙市德化乡南坪村西北		采集石器4件	新石器时代	《和龙县文物志》，1984年
龙渊墓群	和龙市德化乡龙渊村	墓葬7座	征集石器1件	新石器时代	《和龙县文物志》，1984年
洞沟古墓群	集安市洞沟河畔	共有墓葬10782座。现存墓6854座，注销墓3928座。其中禹山墓区3471座，山城下墓区1843座，万宝汀墓区1474座，七星山墓区1570座，麻线墓区2374座，下解放墓区50座	出土有陶器、铁镞、带饰、鎏金铜饰、铁鞍桥、铁甲片、铁钉、步摇叶片、金耳环、铁门钉、铁门镣等多种遗物	高句丽时期	《洞沟古墓群：1997年调查测绘报告》，科学出版社，2002年
禹山下1080号古墓	集安市东太王公社禹山大队第一生产队村落中	封土石室墓	在盗洞填土中发现一些鎏金铜泡钉、鎏金铜饰钉、鎏金铜饰片、包金小环和长短不等的金丝线段	高句丽时期	《集安洞沟两座树立石碑的高句丽古墓》，《考古与文物》1983年第2期
禹山墓区M1897	集安市洞沟古墓群禹山墓区	同坟异穴封土石室墓	出土15件遗物，有陶器、鎏金器、铁棺钉	高句丽时期	《集安两座高句丽封土墓》，《博物馆研究》1988年第1期

续表

遗址名称	位置	遗迹	遗物	时代	文献出处
禹山墓区2112号墓	集安市洞沟古墓群禹山墓区中部南缘的平敞地带	阶坛积石石圹墓	出土器物350余件。包括铁器、鎏金器、金器、银器及瓦类建筑构件等	高句丽时期	《集安洞沟古墓群禹山墓区2112号墓》，《北方文物》2004年第2期
禹山墓区JYM3319号墓	集安市北部的禹山西端小山顶上	阶坛积石砖室墓。在墓外部阶坛东南角9米外，发现一处人像石刻	以往调查与复查中，发现带有铭文的瓦当多个及盘口青瓷壶1件。此次清理出可辨识器物66件、部分残建筑构件和部分器物碎片	高句丽时期	《洞沟古墓群禹山墓区JYM3319号墓发掘报告》，《东北史地》2005年第6期
禹山墓区JYM0901	集安市太王镇果树场村	阶坛石圹墓		高句丽时期	《集安市五座高句丽墓葬》，《中国考古学年鉴2009年》，文物出版社，2010年
禹山墓区JYM0540	集安市东4千米的太正乡大碑村	阶坛石圹墓	在墓葬圹室内清理出木椁残迹。圹室、耳室、墓道内出土各类遗物440件	高句丽时期	《集安市五座高句丽墓葬》，《中国考古学年鉴2009年》，文物出版社，2010年
禹山墓区JYM1041	集安市东约3千米的太王镇禹山村一队	方坛阶梯石室壁画墓	出土铜、铁、鎏金器等近500件	高句丽时期	《集安市五座高句丽墓葬》，《中国考古学年鉴2009年》，文物出版社，2010年
禹山墓区JYM1894号墓	集安禹山南麓平缓坡地上	封土石室双室墓。四壁、耳室及甬道壁上均绘壁画		高句丽时期	《集安县文物志》，1984年
禹山68号墓	集安禹山墓区的中部		出土4件铜器	高句丽时期	《集安县两座高句丽积石墓的清理》，《吉林集安高句丽墓葬报告集》，科学出版社，2009年
禹山墓区2110号墓	集安禹山南麓中段缓坡与平野的交界处	长方形阶坛积石墓。墓东有长条状积石遗迹	出土铁器7件、铜器2件和一些残陶片，筒瓦、板瓦较多	高句丽时期	《集安高句丽王陵——1990～2003年集安高句丽王陵调查报告》，文物出版社，2004年

续表

遗址名称	位置	遗迹	遗物	时代	文献出处
禹山墓区992号墓	集安市区东北2.5千米余的太王镇禹山村北	阶坛积石圹室墓。东西两侧各有一座石砌台形建筑	出土鎏金饰品29件、金饰品4件、铜器36件、铁器4件、石器1件、陶器3件、较多建筑构件	高句丽时期	《集安高句丽王陵——1990～2003年集安高句丽王陵调查报告》，文物出版社，2004年
山城下墓区332号封土石室壁画墓	集安洞沟古墓群山城下墓区之南，禹山西麓	截尖方锥形的封土石室墓，墓室四壁、藻井及甬道两壁均绘有壁画	随葬四耳壶一件、铜器、铁器	高句丽时期	《集安洞沟三座壁画墓》，《考古》1983年第4期
山城下墓区983号封土石室壁画墓	集安山城下墓区的北部	截尖方锥形封土石室墓，墓室四壁及藻井尚有壁画遗存	陶灶、陶壶、圆帽钉2件、方帽钉1件、把手式双脚钉1件	高句丽时期	《集安洞沟三座壁画墓》，《考古》1983年第4期
山城下1411号古墓	集安山城下墓区西北角	封土石室的双室墓	仅清理东墓室，未发现任何遗物	高句丽时期	《集安洞沟两座树立石碑的高句丽古墓》，《考古与文物》1983年第2期
山城下墓区JSM12号墓	集安禹山西麓的缓坡地上	墓四边用大石块围筑方形基坛，基坛内顶部平面发现一层石砌的圹室	出土碎陶片、铁头簪1件、铁帐钩3件、铁棺环2件、圆帽铁棺钉4件	高句丽时期	《集安洞沟古墓群三座古墓葬清理》，《博物馆研究》1994年第3期
山城下墓区JSM 1408号墓	集安丸都山城南墙外侧山脚下100米处	基坛石室墓	墓室底部发现了大量的白灰碎片，在碎片上清楚地看到朱红、墨线、橘红等颜色，由于碎片过小，难以辨认所画的内容	高句丽时期	《维修中发现的两座高句丽积石石室壁画墓》，《博物馆研究》2000年第1期
山城下墓区JSM 1405号墓	集安丸都山城南墙外侧山脚下50米	阶坛石室墓，由墓室、墓道两部分组成	墓室底部发现大量脱落的白灰碎片，表面有橘红、墨线、赭色等色彩，但因残片太小，画的内容看不清	高句丽时期	《维修中发现的两座高句丽积石石室壁画墓》，《博物馆研究》2000年第1期

续表

遗址名称	位置	遗迹	遗物	时代	文献出处
山城下墓区砖厂36号墓	集安市山城下墓区南端，城后村3组北边的山梁上	阶墙积石墓。由主坛和辅坛组成	主要是瓦件标本	高句丽时期	《集安高句丽王陵——1990～2003年集安高句丽王陵调查报告》，文物出版社，2004年
万宝汀墓区1368号封土石室壁画墓	位于集安市万宝汀墓区的西部，七星山东坡的中腹	封土石室墓	清理时未见任何遗物及人骨	高句丽时期	《集安洞沟三座壁画墓》，《考古》1983年第4期
万宝汀墓区JWM0号墓	集安万宝汀墓区石洞沟门左侧山腰处	封土石室墓。墓室西壁底部还残存几块砌石，其余全被毁坏	出土陶罐2件	高句丽时期	《集安洞沟古墓群三座古墓葬清理》，《博物馆研究》1994年第3期
万宝汀78号墓	集安万宝汀平地中段西边的山根下	平面呈方形的石墓	墓道前端出土一批鎏金铜器，主要是马具	高句丽时期	《集安县两座高句丽积石墓的清理》，《吉林集安高句丽墓葬报告集》，科学出版社，2009年
万宝汀墓区242号墓	集安万宝汀平地的南部	方坛阶梯积石串墓	出土陶罐2件、铁器4件、包银铁钉5枚以及数十片陶片	高句丽时期	《集安万宝汀墓区242号古墓清理简报》，《吉林集安高句丽墓葬报告集》，科学出版社，2009年
七星山96号墓	集安市西郊约1千米许	方坛阶梯积石墓	出土铜器3件、鎏金马具57件、铁器12件，一些陶器残片	高句丽时期	《集安县两座高句丽积石墓的清理》，《吉林集安高句丽墓葬报告集》，科学出版社，2009年
七星山墓区JQM65号墓	集安七星山墓区东部元宝山片	封土石室墓	不详	高句丽时期	《吉林省集安洞沟古墓群七星山墓区两座古墓的考察》，《吉林集安高句丽墓葬报告集》，科学出版社，2009年
七星山墓区JQM66号墓	集安七星山墓区东部元宝山片	封土石室墓	不详	高句丽时期	《吉林省集安洞沟古墓群七星山墓区两座古墓的考察》，《吉林集安高句丽墓葬报告集》，科学出版社，2009年

续表

遗址名称	位置	遗迹	遗物	时代	文献出处
七星山墓区871号墓	集安市洞沟古墓群七星山墓区北边	阶墙积石墓。发现有墓域铺石、陪葬墓、建筑址	铜器3件、铁器3件，采集了部分瓦件	高句丽时期	《集安高句丽王陵——1990～2003年集安高句丽王陵调查报告》，文物出版社，2004年
七星山墓区211号墓	集安市郊通沟村6组西北侧一坡状台地上	阶坛积石墓。墓的北侧12米许，有一长条高起的石堆	出土鎏金器64件、铜器42件、铁器7件、方格纹瓦7件、篮纹板瓦5件、绳纹板瓦9件、指压纹板瓦8件、玛瑙珠1件、青瓷瓦数片、釉陶片若干	高句丽时期	《集安高句丽王陵——1990～2003年集安高句丽王陵调查报告》，文物出版社，2004年
麻线安子沟墓群	集安市麻线乡建江村	墓葬10座。阶坛积石墓2座、基坛积石墓8座。清理发掘了3座，为JMM401、JMM402和JMAM10	陶罐1件、铁器18件、金耳饰1件	高句丽时期	《集安麻线安子沟高句丽墓葬调查与清理》，《北方文物》2002年第2期
麻线沟1号壁画墓	集安市麻线乡新红村四组	封土石室墓。墓室、左右侧室和甬道的壁面上均有壁画	随葬品70余件，有金饰、鎏金器、铜器、骨饰、铁器、釉陶器等	高句丽时期	《吉林集安麻线沟一号壁画墓》，《吉林集安高句丽墓葬报告集》，科学出版社，2009年
麻线墓区2378号墓	集安市麻线墓区东北部	前圆后方形的阶墙积石墓	发现大量瓦砾和熔石	高句丽时期	《集安高句丽王陵——1990～2003年集安高句丽王陵调查报告》，文物出版社，2004年
麻线墓区626号墓	集安市麻线乡建江村北400米的山坡上	阶墙积石墓。发现有祭台、散水、熔石、陪葬墓	罐口沿1件、陶罐残片1件、板瓦8件、筒瓦16件、铁器4件	高句丽时期	《集安高句丽王陵——1990～2003年集安高句丽王陵调查报告》，文物出版社，2004年
麻线墓区2100号墓	集安市西的麻线乡红星村南	方型阶坛积石墓。发现有散水、陵墙、一处建筑遗址	出土文物550余件。有金器、鎏金器、铁器、皮革、釉陶和青瓷器残片以及瓦当、瓦片等	高句丽时期	《集安高句丽王陵——1990～2003年集安高句丽王陵调查报告》，文物出版社，2004年

续表

遗址名称	位置	遗迹	遗物	时代	文献出处
集安下解放第31号墓	集安市下解放墓区中部自山腰至山麓的封土墓中位居最高者	封土石室壁画墓。分墓道、前室、甬道、墓室等几部分	残存壁画均在墓室中	高句丽时期	《集安下解放第31号高句丽壁画墓》，《北方文物》2002年第3期
上活龙村古墓群	集安市西南8千米处	墓葬14座。积石墓3座，阶坛积石墓5座，封土洞室墓6座	铁器6件、陶器、铜器（铜镜1件、铜饰2件、铜泡饰1件）	高句丽时期	《集安县上、下活龙村高句丽古墓清理简报》，《文物》1984年第1期
下活龙村古墓群	集安市西南约16千米处	墓葬34座，均为积石墓		高句丽时期	《集安县上、下活龙村高句丽古墓清理简报》，《文物》1984年第1期
五盔坟1.2.3号墓	集安市禹山墓群最南端	截尖方锥形封土墓		高句丽时期	《集安县文物志》，1984年
五盔坟四号墓	集安市洞沟盆地的中部，今集安车站北侧	截尖方锥形的封土石室墓。墓由墓道、甬道、墓室组成。墓室四壁、藻井、棺座和甬道壁上均有壁画	仅见到鎏金铜扣、鎏金帽钉、薄片和铁钉等物。还发现棺木残段，上髹朱、黑两色漆	高句丽时期	《吉林集安五盔坟四号墓》，《考古学报》1984年第1期
五盔坟五号墓	集安市洞沟盆地的中部，今集安车站北侧	截尖方锥形的封土石室墓。墓室的四壁、藻井上、棺床及甬道左右两壁均有壁画	不详	高句丽时期	《吉林集安五盔坟四号和五号墓清理略记》，《吉林集安高句丽墓葬报告集》，科学出版社，2009年
长川古墓群	集安市东北25千米许的黄柏乡长川村北一级和二级台地上	墓葬105座	灰陶残片	高句丽时期	《集安县文物志》，1984年
长川一号壁画墓	集安市长川古墓群二级阶地正中	截尖方锥封土双室墓	一股骨残段、棺木残段	高句丽时期	《集安长川一号壁画墓》，《吉林集安高句丽墓葬报告集》，科学出版社，2009年

续表

遗址名称	位置	遗迹	遗物	时代	文献出处
长川二号封土墓	集安市长川墓群东部二级台地上	石筑单室封土墓。墓室、南北耳室以及石门上绘壁画。正东8米处有一坍塌的方坛和石墓	出土铁器、铜质鎏金饰物、黄釉陶器、木器以及织锦残片等	高句丽时期	《吉林集安长川二号封土墓发掘纪要》，《吉林集安高句丽墓葬报告集》，科学出版社，2009年
长川墓群M4壁画墓	集安市干沟河西侧的小山坡上	同坟异穴封土石室墓	未发掘	高句丽时期	《集安两座高句丽封土墓》，《博物馆研究》1988年第1期
东大坡墓地	集安市洞沟古墓群山城下墓区的一部分	清理95座，54座破坏严重。其余41座中有2座积石墓，39座封土墓	两座积石墓出土遗物6件。其中陶器2件、铁器3件、铜器1件；封土墓中出土陶器8件、铁器180件，其中棺钉165个、棺环8个、镞7件。鎏金饰3件	高句丽时期	《吉林集安东大坡高句丽墓葬发掘简报》，《考古》1991年第7期
老虎哨古墓	集安市西南约50千米处	共有墓葬17座，5座已遭严重破坏，故清理12座	出土遗物25件，主要为石器和陶器。还出土少量铁器和银器	高句丽时期	《集安县老虎哨古墓》，《文物》1984年第1期
横路九队墓群	集安市西北85千米的花甸乡横路九队西山坡下的河谷平地上	保存较好的古墓54座，残墓67座		高句丽时期	《集安县新发现的两处高句丽墓群》，《博物馆研究》1984年第1期
古马岭高丽墓沟古墓群	集安市西南90千米的高丽墓沟门	现存墓葬约50座，保存较好的墓36座		高句丽时期	《集安县新发现的两处高句丽墓群》，《博物馆研究》1984年第1期
蒿子沟墓群JHM0001	集安市国内城东侧约13千米的青石镇蒿子沟村二组西北的台地上	阶墙石圹墓。墓东16米发现祭台遗迹，墓东约70米处发现5座小型积石墓	墓上发现大量残瓦、熔石和少量陶片，另在墓表发现有铁马掌、铁钉、石铲等遗物	高句丽时期	《集安市五座高句丽墓葬》，《中国考古学年鉴2009年》，文物出版社，2010年
集安县城北1.5千米墓地	集安市禹山西端的“转山子”顶部和东侧的坡地上	墓葬31座。积石墓28座，封土洞室墓3座	出土玛瑙珠16件、陶器17件、鎏金铜器68件、铜钱、铁器等	高句丽时期	《集安高句丽墓葬发掘简报》，《考古》1983年第4期

续表

遗址名称	位置	遗迹	遗物	时代	文献出处
集安通沟第十二号高句丽壁画墓	集安市洞沟平野中部禹山南麓平缓的坡地上	墓分南北二室。墓室、龛室及甬道壁上均有壁画		高句丽时期	《吉林集安通沟第十二号高句丽壁画墓》，《吉林集安高句丽墓葬报告集》，科学出版社，2009年
集安洞沟三室墓	集安洞沟平原中部，大禹山南麓	封土石室壁画墓	出土8件釉陶、一些铁钉和兽骨	高句丽时期	《吉林集安洞沟三室墓清理记》，《吉林集安高句丽墓葬报告集》，科学出版社，2009年
集安“折天井”墓	集安市洞沟河东岸冲积平原中部	方坛阶梯石室壁画墓	不详	高句丽时期	《“折天井”墓调查拾零》，《吉林集安高句丽墓葬报告集》，科学出版社，2009年
集安JSZM0001号墓	集安国内城北1千米的禹山坡地上	阶坛积石圹室墓	出土陶器、铜质鎏金器、铁器等	高句丽时期	《集安JSZM0001号墓清理报告》，《吉林集安高句丽墓葬报告集》，科学出版社，2009年
集安JSZM145号墓	集安市禹山西端的狍圈沟沟掌山顶	阶墙式阶坛石圹墓	铜器1件、铁器、陶器3件	高句丽时期	《集安JSZM145号墓调查报告》，《吉林集安高句丽墓葬报告集》，科学出版社，2009年
大高丽墓子古墓群	集安市榆林河左岸高丽墓子山向盆地伸出的台地上	现存墓葬59座	不详	高句丽时期	《集安县文物志》，1984年
太平沟古墓群	集安市西南27千米的太平桥东	墓葬74座，另有残墓26座	不详	高句丽时期	《集安县文物志》，1984年
高地古墓群	集安高地村西南乡路两侧的河谷台地上	现存21座	不详	高句丽时期	《集安县文物志》，1984年
良民古墓群	鸭绿江右岸的冲积平原上	原有墓葬170座，今均已淹没	不详	高句丽时期	《集安县文物志》，1984年
潘家街古墓群	集安市西北80千米头道乡潘家街村北平原上	墓葬44座	不详	高句丽时期	《集安县文物志》，1984年
母背岭古墓群	集安市母背岭山阴一片凸出的山岬坡地上	墓葬20座	不详	高句丽时期	《集安县文物志》，1984年
冉牟墓	集安市洞沟古墓群下解放墓区南部平原上	截尖方锥形封土石室墓		高句丽时期	《集安县文物志》，1984年
环纹墓	集安市洞沟古墓群下解放墓区西部	截尖方锥形封土石室墓	不详	高句丽时期	《集安县文物志》，1984年

续表

遗址名称	位置	遗迹	遗物	时代	文献出处
角觝墓	集安市东北3千米禹山南麓平缓的坡地上	封土石室壁画墓。耳室、甬道、墓室绘壁画	不详	高句丽时期	《集安县文物志》，1984年
舞踊墓	集安市东北3千米	封土石室壁画墓。耳室、甬道、墓室绘壁画	不详	高句丽时期	《集安县文物志》，1984年
四神墓	集安市禹山南麓，洞沟平原的中部	截尖方锥形封土石室墓	不详	高句丽时期	《集安县文物志》，1984年
临江墓	集安市区东端，龙山西南麓一座小山上	阶坛圹室积石墓。墓的东侧发现祭台	墓上采集较多的瓦件，探沟和祭台上的遗物以生活用品为主	高句丽时期	《集安高句丽王陵——1990～2003年集安高句丽王陵调查报告》，文物出版社，2004年
西大墓	集安市麻线乡建江村5组北侧坡地上	阶坛积石墓。发现有立石板、排水沟、陵墙、祭台	出土铜器12件、铁器4件、较多建筑构件、陶器3件、石器1件	高句丽时期	《集安高句丽王陵——1990～2003年集安高句丽王陵调查报告》，文物出版社，2004年
千秋墓	集安市区西3.5千米左右的麻线河东岸	阶坛积石石室墓。在西、南两边的清淤中，发现数块刻有符号的阶坛石条。墓西南300米许的江边一级台地边缘，屡见大石砌成的墙垣	出土金器、鎏金铜器、铜器及其他金属器、玛瑙、石器、建筑饰件和构件、建筑用瓦	高句丽时期	《集安高句丽王陵——1990～2003年集安高句丽王陵调查报告》，文物出版社，2004年
太王陵	集安市禹山南麓一座小丘上	阶坛积石石室墓。除了陵园铺石和陵墙外，周边遗迹还有祭台、陪葬墓、建筑台基等。陵园外墓葬东侧偏北360米处，有好太王碑	出土砖瓦、铜、铁、金器等千余件	高句丽时期	《集安高句丽王陵——1990～2003年集安高句丽王陵调查报告》，文物出版社，2004年

续表

遗址名称	位置	遗迹	遗物	时代	文献出处
将军坟	集安市禹山墓区东缘龙山的南麓	将军坟周围发现有陪葬墓、祭台、建筑址等和陵墓相关的遗迹多处	出土鎏金头饰、铁链1件、瓦当3件、板瓦1件	高句丽时期	《集安高句丽王陵——1990～2003年集安高句丽王陵调查报告》，文物出版社，2004年
下龙头墓群	通化市大都岭乡下龙头村北150米的平地上	现存墓葬44座，保存完好的17座	不详	高句丽时期	《通化县文物志》，1986年
江沿墓群	通化市江沿村住宅南坡和村南前岗今砖厂附近	墓葬4座	不详	高句丽时期	《通化县文物志》，1986年
鹿场墓群	通化市大都岭乡繁荣村一队西300米的山脚下	墓葬6座	不详	高句丽时期	《通化县文物志》，1986年
繁荣墓群	通化市大都岭乡繁荣村东2千米处的公路两侧	墓葬7座	不详	高句丽时期	《通化县文物志》，1986年
新开墓群	通化市大都岭乡新开至繁荣公路北侧的山脚下	墓葬7座	不详	高句丽时期	《通化县文物志》，1986年
太平墓葬	通化市江甸子乡太平村东北500米的山坡突起的土台上	墓葬1座	不详	高句丽时期	《通化县文物志》，1986年
江口墓群	通化市大泉源乡江口村东北300米的小山坡西南坡	墓葬16座	不详	高句丽时期	《通化县文物志》，1986年
胜利墓群	通化市大川乡胜利村胜利小学南200米的小山坡上	墓葬4座	不详	高句丽时期	《通化县文物志》，1986年
孔家街墓地	通化市大川乡孔家街村北头的坡地上	墓葬2座	不详	高句丽时期	《通化县文物志》，1986年
西山墓地	通化市大川乡孔家街西北坡	墓葬4座	不详	高句丽时期	《通化县文物志》，1986年
孤石湾墓地	通化市大川乡建设村孤石湾沟河北山麓	墓葬3座	不详	高句丽时期	《通化县文物志》，1986年
丢倒木墓葬	通化市大川乡荣胜村一队丢倒木沟门的北山根	墓葬1座	不详	高句丽时期	《通化县文物志》，1986年
向阳村古墓群	通化市鸭园镇向阳村的南部和北部	墓葬16座	不详	高句丽时期	《通化县文物志》，1986年
黄泥岗大墓	通化市辉南县黄泥岗村黄泥岗南边最高处	方型阶坛积石墓	不详	高句丽时期	《黄泥岗大墓调查报告》，《吉林集安高句丽墓葬报告集》，科学出版社，2009年
七道沟墓群	浑江市东南130余千米的六道沟乡东南端	墓葬1座	不详	高句丽时期	《浑江市文物志》，1984年

续表

遗址名称	位置	遗迹	遗物	时代	文献出处
龙岗墓群	浑江市六道沟乡西南10千米	墓葬2座	不详	高句丽时期	《浑江市文物志》，1984年
西马鹿泡子墓群	浑江市六道沟乡西马鹿泡子村东南	原有古墓近百座，今只余残基十几座	不详	高句丽时期	《浑江市文物志》，1984年
东甸子墓群	浑江市六道沟乡西4千米	现存墓葬60余座	不详	高句丽时期	《浑江市文物志》，1984年
砬台墓群	浑江市砬台村西学校以东的山麓上	今只余残基5座	不详	高句丽时期	《浑江市文物志》，1984年
二道河子墓群	浑江市苇沙河乡四道河子村的二道河子附近	墓葬4座	不详	高句丽时期	《浑江市文物志》，1984年
贾家营墓地	浑江市贾家营村五队约300米处	墓葬3座	不详	高句丽时期	《浑江市文物志》，1984年
西川墓葬	浑江市东约50千米的湾沟乡西川水库西岸	墓葬1座	不详	高句丽时期	《浑江市文物志》，1984年
滴台墓群	浑江市滴台被淹没台地上	原有较多高句丽古墓，其中较大的有6座以上	不详	高句丽时期	《浑江市文物志》，1984年
二道沟墓群	浑江市三道沟乡南6千米左右	原有较多墓葬，现数目已不可考	不详	高句丽时期	《浑江市文物志》，1984年
大长川墓群	浑江市仙人洞东北9千米左右	被淹没耕地中原有墓葬30余座	不详	高句丽时期	《浑江市文物志》，1984年
仙人洞墓群	浑江市三道沟乡东8千米	原在村西“水库后”一带有较多高句丽墓葬	不详	高句丽时期	《浑江市文物志》，1984年
葫芦套墓群	浑江市葫芦套村东的“东岗”一带	原有古墓30余座，今均淹没于水下	不详	高句丽时期	《浑江市文物志》，1984年
大栗子墓群	浑江市大栗子镇西江岸台地上	曾有古墓十几座，现已无存	不详	高句丽时期	《浑江市文物志》，1984年
胜利墓葬	靖宇县榆树川乡胜利屯南，头道松花西岸的二级阶地上	墓葬1座	不详	高句丽时期	《靖宇县文物志》，1987年
色树背墓群	柳河县城东南20千米孤山子镇色树背村西南漫岗上坡上	墓葬70余座	不详	高句丽时期	《柳河县文物志》，1987年

续表

遗址名称	位置	遗迹	遗物	时代	文献出处
碱场后山墓葬	抚松县抽水乡碱场村北侧后山顶端的山坡上	墓葬1座	不详	高句丽时期	《抚松县文物志》，1987年
碱场西砍墓群	抚松县抽水乡碱场村西砍屯西北约500米处的高丽沟一带	现存墓葬基本已与地面一平，只能见到堆积的石块	不详	高句丽至渤海时期	《抚松县文物志》，1987年
新安墓葬	抚松县松郊乡新安村西约1千米	墓葬1座	不详	高句丽时期	《抚松县文物志》，1987年
十二道沟墓葬	长白朝鲜族自治县十二道沟乡十二道沟村北岗南坡	墓葬1座	不详	高句丽时期	《长白朝鲜族自治县文物志》，1988年
金华墓群	长白朝鲜族自治县金华村南约300米鸭绿江北岸台地上	墓葬6座	不详	高句丽时期	《长白朝鲜族自治县文物志》，1988年
长白良种场墓群	长白朝鲜族自治县十四道沟镇干沟子村东南约3500米鸭绿江北岸台地上	墓葬8座	不详	高句丽时期	《长白朝鲜族自治县文物志》，1988年
安乐墓群	长白朝鲜族自治县十四道沟镇安乐村东南约1千米鸭绿江北岸台地上	未记明	不详	高句丽时期	《长白朝鲜族自治县文物志》，1988年
国内城址	今吉林省集安市，吉林省南端鸭绿江中游右岸、通沟盆地的西部	南城墙西段保存较好，东城墙大部毁坏，只有少部分还可断断续续看到墙基，北城墙墙基保存较好，仅东段一小部分和西北角一段墙基破坏严重，西城墙北段保护较好，南段破坏严重，城墙已基本毁掉。北墙八个马面，西墙、东墙、南墙各两个马面。城门原有六处，南北各一处，东西各两处，均有瓮门	出土丰富的铜器、铁器、陶器、瓷器、石器、建筑构建等	高句丽时期	《集安县文物志》，1984年；《集安高句丽国内城址的调查与试掘》，《文物》1984年第1期；《国内城——2000～2003年集安国内城与民宅遗址试掘报告》，文物出版社，2004年

续表

遗址名称	位置	遗迹	遗物	时代	文献出处
罗通山城	罗通山北段海拔960米的主峰上，西南距柳河县城45千米。地属柳河县大通沟公社，南距公社所在地6千米	城垣保存较好，仅顶部稍有破坏。分西城和东城，共有城门五处。形制略同，均用石材砌筑成半圆形内瓮门，东北角和西北角有角楼台基遗址，为土石堆筑，西城内尚存“点将台”与蓄水池遗迹，城内尚有五个较大的台地	碎小陶片、陶罐2件、器盖1件、铁器4件、玉器2件、鎏金饰件2件、瓷片3件、铜钱23枚	高句丽时期	《高句丽罗通山城调查简报》，《文物》1985年第2期；《柳河县文物志》，1987年
龙潭山山城	吉林市区之东，距市中心约7千米	“水牢”和“旱牢”	高句丽时期的泥质红色绳纹瓦残块，泥质轮制黑灰色陶罐三件，陶壶一件，六耳铁锅一件，双环耳铁釜一件，石臼一件	高句丽时期	《吉林市龙潭山高句丽山城及其附近卫城调查报告》，《北方文物》1986年第4期
三道岭子山城	吉林市郊沙河子乡三道岭子大砬子山	黄土灰岩碎石迭筑，现残呈“厂”形，短墙为东西走向，长墙为南北走向	不详	高句丽时期	《吉林市郊区文物志》，1983年；《吉林市龙潭山高句丽山城及其附近卫城调查报告》，《北方文物》1986年第4期
龙首山城	吉林省中南部辽源市龙首山上	西城墙保存较好，四角均清晰可辨角楼痕迹，六处建筑址	各种形状的陶器残件，建筑材料，铁器，石器，釉陶器残件，马牙齿和少量黑釉缸胎粗瓷片	高句丽晚期修筑，唐代渤海早期沿用	《辽源市文物志》，1986年；《吉林辽源市龙首山城内考古调查简报》，《考古》1994年第3期
建设山城	通化市大川乡建设村东北2千米的一座高约25米的陡崖顶上	不见城墙遗迹，二处门址，小型关隘	黑烧土，木炭，陶片，经火烧过的石头，铁箭头，铁刀	高句丽时期	《通化县文物志》，1986年

续表

遗址名称	位置	遗迹	遗物	时代	文献出处
石湖关隘	通化市石湖乡所在地3.5千米的高丽城村东300米处山谷间		柱础石	高句丽时期	《通化县文物志》，1986年
南台古城	通化市三棵榆树乡正南约500米的阶地上	城墙保存完好，在东南角似有角楼	泥质灰陶罐口沿残片一件，细砂红褐色磨光陶片一件	高句丽时期，辽金沿用	《通化县文物志》，1986年
太平沟门古城	通化市三棵榆树乡通往增胜沟路西侧的一个山坳	不规则方形，墙垣用碎石砂土垒成，无砌筑的迹象，似堆筑而成，墙内破碎石较少，城址选在沟门略高的坡上，保存较好	东南部挖到大量炭屑	高句丽时期	《通化县文物志》，1986年
依木树古城	通化市三棵榆树乡增胜沟谷中的一个村落	墙垣仅余一层平铺的大石块，边缘不规整	石材不见修琢痕迹，部分大石零乱置于墙垣内外，疑为原墙垣所用	高句丽或辽金时期	《通化县文物志》，1986年
英戈布山城	通化市英戈布乡所在地英戈布村东面300米的一座坡度较缓，海拔为650米的山顶	依山修筑，山城的东墙是借山顶自然崖壁而成，西南北三面城墙均为不规则的石块砌成	不详	高句丽时期	《通化县文物志》，1986年
七道沟遗址	白山市七道沟村	地面遗迹无存	采集的陶器残片有陶片，器物口沿，器底，器耳	高句丽时期	《浑江市文物志》，1984年
东甸子遗址	白山市六道沟乡东甸子村南200米处的耕地中，东距六道沟乡4千米，南50米是鸭绿江	遗址东西长645米，南北宽400米	陶片、瓷片、网坠	高句丽时期	《浑江市文物志》，1984年
永安遗址	白山市松树乡永安村西“大庙地”一带，西南距松树乡8千米	房址6座，灰坑32个	陶簸形器	高句丽时期	《浑江市文物志》，1984年

续表

遗址名称	位置	遗迹	遗物	时代	文献出处
东马城址	白山市六道沟乡偏西南8千米的鸭绿江右岸	局部地方似有房基痕迹	一片细泥灰白色陶片，三足铁器，铁镞	高句丽时期	《浑江市文物志》，1984年
夹皮沟城址	白山市六道乡夹皮村北的鸭绿江岸边	平面呈不规则长方形，现东墙北段，北墙东段，西墙南端尚能辨认其痕迹，其余墙垣皆破坏严重	石矛，石镞，陶罐，粗陶片，铁镞，铜钱	高句丽时期	《浑江市文物志》，1984年
桦皮甸子城址	白山市六道沟乡桦皮甸子村西南1.25千米处的耕地中	略显不匀的长方形，土石混筑不见修葺整齐的墙垣，东墙保存较好，西墙只余南段，北墙为平地	少量陶片，一件青花粗瓷碗	高句丽时期	《浑江市文物志》，1984年
下崴子遗址	长白朝鲜族自治县十三道沟乡所在地十三道沟村西约2.5千米鸭绿江北岸台地上	一处用石块砌筑的方坛，两个土包	夹砂陶片和少量石器残片，两件陶器器底，陶器口沿，一件陶甑，一件石刀，土包内有三件陶器口沿，一件陶器器耳，一件石球	高句丽时期	《长白朝鲜族自治县文物志》，1988年
大方顶子城址	抚松县万良镇大方村西南4千米处的平岗上	平岗上由南向北排列着6个直径不等的石堆和一眼古井，还有一条长50米，宽1米，高0.35米的石带	不详	很可能是高句丽时期	《抚松县文物志》，1987年

续表

遗址名称	位置	遗迹	遗物	时代	文献出处
东台子遗址	集安市东500米	以回廊所沟通的四座屋宇正室和偏房	红色板瓦，筒瓦，瓦当丰富，砖为红色，大都破碎，烧造火候低，陶器有瓮，罐，盆等，铁器有斧，锸，钻，锅，镞等，装饰品有鎏金发簪和鎏金饰件等，石臼，陶纺轮	高句丽时期	《集安县文物志》，1984年
梨树园子南遗址	集安市北端	遗址偏西部有四块东西向排列的巨大的花岗岩础石，在此延长线上的地下，更有大量的础石埋藏	白玉耳杯1件，鎏金箭镞20枚，鎏金器盖1件，鎏金挂钩1件，板瓦，瓦当	高句丽时期	《集安县文物志》，1984年
地沟遗址	集安市榆树乡地沟村一带居江右岸开阔的冲积台地上	地沟	铜釜2件，铁铧冠1件，铁镰5件及唐宋时代的铜钱等，出土陶片较少	高句丽时期	《集安县文物志》，1984年
气象站遗址	集安市东约1千米余禹山南麓的洞沟平原，南距鸭绿江约500米	烧土，灶址灰层，础石及砖墙，石墙遗迹	高句丽时期的红陶网坠，红色莲纹瓦当，板瓦，筒瓦，横桥状耳，铁镞等，辽金时期的灰色兽面纹和人面纹的瓦当	高句丽时期，辽金沿用	《集安县文物志》，1984年
长川村遗址	集安市东23千米的黄柏乡长川村西部的台地上	尚存石垣痕迹	黄色泥质陶片和夹砂陶片，高句丽时典型的横桥状耳残段	高句丽时期	《集安县文物志》，1984年
采石场遗址	集安市阳岔乡通集公路转弯处东侧和北侧的山坡上		布满巨石，大都是古代开采后未及加工或尚未运走的石料	高句丽时期	《集安县文物志》，1984年
国东大穴	集安市太王乡上解放村的汞洞子沟里	天洞内略偏东南有天然石台，可能是当年置木隧的神座	不详	高句丽时期	《集安县文物志》，1984年

续表

遗址名称	位置	遗迹	遗物	时代	文献出处
丸都山城	集安市北2.5千米的高山之上	全城共有门址五处，东北二墙各有门二，南有瓮门一，西墙无门，城内保存建筑遗址三处，古蓄水池址一处，墓葬37座，三处建筑址，一为宫殿遗址，一为瞭望台遗址，一为戍卒地遗址	出土丰富的板瓦、筒瓦、瓦当、铁器、鎏金铜饰、带饰、陶罐、陶盘等	高句丽时期	《集安县文物志》，1984年；《丸都山城——2001～2003年集安丸都山城调查试掘报告》，文物出版社，2004年
霸王朝山城	集安市财源乡霸王朝村东北的高山上与集安县城相距97千米	城门二处，一南一北，一口泉眼，数块较大的石块	铁车辖，铁饰件，铁链，铁铤铜镞，铁带扣，石臼和少量陶片	高句丽时期	《集安县文物志》，1984年
关马山城	集安市西北53～54千米的深山峡谷中	北，南，东三道城墙	铁镞	高句丽时期	《集安县文物志》，1984年
望波岭关隘	集安市西北大约50千米三家子电站附近	墙垣南端连接大小七座山峰，两峰之间凹处可清楚见到石砌的墙垣	铁锁，铁马镫，陶片及炭屑，铁镞	高句丽时期	《集安县文物志》，1984年
“七个顶子”关隘	距集安市西南65千米余的凉水乡外岔沟村西	关隘分东西两段，城垣南不到200米的平地上，残存有数座高句丽积石墓	不详	高句丽时期	《集安县文物志》，1984年
湾沟“老边墙”关隘	集安市凉水乡海关村北不到1千米的通天岭东麓	以略加修整的山石垒砌而成，石垣不甚整齐	不详	高句丽时期	《集安县文物志》，1984年

续表

遗址名称	位置	遗迹	遗物	时代	文献出处
大川哨卡	集安市清河乡东北2千米大川村北的山崖上	用石材依山势围筑，平面呈圆形，周长153米，墙基宽4、残高约1米	不详	高句丽时期	《集安县文物志》，1984年
胡家坟遗址	吉林市郊江南公社永安大队	地面迹象不明	泥质灰色拍印方格纹陶片和方格纹砖	高句丽时期	《吉林市郊区文物志》，1983年
马家屯遗址	吉林市郊江南公社日升大队电力抽水站往南一带的江岸上	地面迹象不明	泥质褐色压印方格纹陶片，素面红褐色板瓦，莲瓣纹瓦当及长条形砖等	高句丽时期	《吉林市郊区文物志》，1983年
龟盖山遗址	吉林市江南公社永安大队	地面迹象不明	高句丽红、灰色方格纹板瓦，绳纹板瓦，方格纹陶片等	高句丽时期	《吉林市郊区文物志》，1983年
嘎呀河砖厂古窖藏	舒兰市白旗乡嘎呀河村东南2千米许的嘎呀河村砖厂东侧的黄土岗地里	挖土时发现锈蚀严重的铁箱子	铜釜1件，铜鍑1件，铜泡饰1件	高句丽时期	《舒兰县文物志》，1984年
横道子南山山城	蛟河市漂河镇横道子南山上	在南墙西端制高点处有一平台长约80米，宽约15～20米，在东墙东北角和西墙西北角两个突起的山咀上，各有一平台，大小相似，长约30米，宽约15米	不详	高句丽时期	《蛟河县文物志》，1986年
拉法小砬子山城	蛟河市拉法乡东部，拉法河左岸小砬子山上	城墙有三个瞭望台：西北一处，西南一处，东南一处	不详	高句丽时期	《蛟河县文物志》，1986年
六家子东山山城	蛟河市新站镇六家子村东山上	城的西南部有一门道	一片黄褐色夹砂陶片	高句丽时期	《蛟河县文物志》，1986年

续表

遗址名称	位置	遗迹	遗物	时代	文献出处
兴安古城	延吉市盆地北端斜缓的坡地上	东墙与北墙残基比周围地势略高，隐约可见，残基底部为石块砌成，东北角有角楼址	瓦有板瓦，筒瓦，陶片为泥质陶，轮制，器耳有舌状耳和桥状耳，口沿多见侈口卷沿，偶见饰有波浪纹的陶片	高句丽时期	《延吉市文物志》，1985年
砖厂山遗址	辉南县东北距板石河乡约2.5千米，南约1千米为牟家沟	现已垦为农田	大量碎陶片，器形有侈口罐，瓮，甑，大折沿的壶	高句丽时期	《辉南县文物志》，1986年
钓鱼台古城址	辉南县板石河乡西南2千米的山冈顶端，北距朝阳镇约25千米	山城平面呈长方形，按照山冈顶端的形状构筑南，北，西三面城墙	大量陶片，一件残石镐	高句丽时期	《辉南县文物志》，1986年
工农山石城	辽源市龙山区工农乡东约1.5千米，西北距市区约3.5千米	西墙中段断面夯层明显，厚薄不一，东南、西北两侧筑有方形平台	泥质灰陶器物残件，方块形戳印纹灰陶片	高句丽时期	《辽源市文物志》，1986年
城子山古城	辽源市龙山区山湾乡七一村三队的北山顶上	北城墙发现一城门，西北角和西南角均有角楼痕迹，北门外有瓮城，呈环状，有南北大道。北门瓮城与东城马面之间，有条天然水沟	陶罐口沿，桥状器耳，平底陶器残片，夹砂灰色硬陶器残件灰陶器物，瓷碗	高句丽时期	《辽源市文物志》，1986年
桃圈里遗址	长白县八道沟镇新兴村桃圈里	东西长约100米、南北宽约50米	表面散布着较多的陶器残片和黑曜石。采集的陶片主要有泥质陶和夹砂陶两种。颜色以灰陶为主，多为素面陶。种类有口沿、器耳等，器形主要有罐、碗、瓮等。瓷器残片两件	高句丽至渤海时期	《鸭绿江中上游高句丽、渤海遗址调查综述》，《北方文物》2000年第2期

续表

遗址名称	位置	遗迹	遗物	时代	文献出处
大地遗址	长白县八道沟镇北兴村大地的阶梯式耕田中	东西长约100米、南北宽约50米，现已垦为农田	采集的遗物均为陶器残片，陶片可分口沿，器底和一般陶片。颜色有灰、橘黄、黑等。陶质有夹砂和泥质陶两种	上限为高句丽，下限可至渤海时期	《鸭绿江中上游高句丽、渤海遗址调查综述》，《北方文物》2000年第2期
下乱泥塘四社遗址	临江市宝山镇下乱泥塘四社的耕地中	东西约200米，南北约100米	表面散布一些遗物，采集和征集的遗物有陶片和铜渣。采集的陶片多为泥质灰陶，均素面，火候一般，种类有器底和网坠等。发现青铜筑造的高柄浅盘灯，椴木制成的木锨	高句丽至渤海时期	《鸭绿江中上游高句丽、渤海遗址调查综述》，《北方文物》2000年第2期
城子山山城	延吉市正东5千米处	北城门遗址，东南面也有谷口和城门遗址，不少建筑遗址，水井遗址	散布着瓦片，陶瓷片，石制品，金属制品，装饰品，铜镜，铜印，铜钱等各种遗物。城内中心排列着较为规整的础石群	高句丽时期	《城子山山城和土城村土城及其筑城年代》，《延边大学学报》1987年第4期
土城村土城	延吉市“山城”东南1千米的土城村	南壁中部有半月形瓮门址，东南隅及壁处有建筑址，多石块灰土	高句丽瓦、陶片多数，灰色红色两种，绳纹或方格纹	高句丽时期	《城子山山城和土城村土城及其筑城年代》，《延边大学学报》1987年第4期
长仁遗址	和龙市龙门乡长仁村北1.5千米孟山沟南侧台地间	遗址	瓦当	渤海时期	《和龙县文物志》，1984年
青龙遗址	和龙市龙门乡青龙村西北3千米许长仁江左岸的台地上	遗址	瓦当、砖、陶片	渤海时期	《和龙县文物志》，1984年
凤照水文站遗址	和龙市龙门乡西北5千米的凤照水文站住宅区附近	遗址	砖瓦及陶片，1983年春挖坑时有陶罐1，铜器4，铁镞1	渤海时期	《和龙县文物志》，1984年
龙泉洞遗址	和龙市东城乡兴城村龙泉洞屯东北山沟内1千米的山坡上	建筑遗址，疑为寺庙址	瓦片和陶片	渤海时期	《和龙县文物志》，1984年
龙渊遗址	和龙市德化乡龙渊村东北约250米的台地上	建筑址	瓦当、陶片	渤海时期	《和龙县文物志》，1984年

续表

遗址名称	位置	遗迹	遗物	时代	文献出处
大洞遗址	和龙市崇善乡大洞村南100米许的台地上	遗址	瓦片和陶片	渤海时期	《和龙县文物志》，1984年
贞孝公主墓	和龙市龙水乡龙海村西龙头山上	墓葬	陶俑面部残片2件，鎏金铜饰件8，鎏金铜帽钉7，铁钉7，及铁片、漆片、陶片、砖等遗迹	渤海时期	《和龙县文物志》，1984年
龙头山墓群	和龙市西古城东南5千米头道镇龙海村西龙头山中部，和龙市贞孝公主墓以东的山顶至山麓间的小平台上	墓葬20座	出土有丰富的陶器、三彩器、金器、玉器、铜器、铁器、建筑构件以及墓志2方、砖瓦等	渤海时期	《和龙县文物志》，1984年；《吉林和龙市龙海渤海王室墓葬发掘简报》，《考古》2009年6期
龙海墓群	和龙市龙水乡龙海村二队南约400米处龙海中学西北角与东部水田地中	7座墓葬，石室封土墓	陶器2，铜器2，水晶珠2，玛瑙珠1，铁环1，铁钉29	渤海时期	《和龙县龙海渤海墓葬》，《博物馆研究》1983年第3期；《和龙县文物志》，1984年
河南屯墓葬	和龙市八家子镇东约4千米的河南村西缘水田中	2座墓葬	1号墓小金带扣2，金龙首饰2，金钏1，金耳环1副，银钏1；2号墓由金带扣、金銙和铊尾组成，金方环14，金带扣8，金吊环9，鞍形金饰9，柄首金饰4，刀鞘金饰4，金钗2，金花饰件26，铁刀1，砺石1	渤海时期	《和龙渤海古墓出土的几件金饰》，《文物》1973年第8期；《和龙县文物志》，1984年
明岩墓群	和龙市西城乡明岩村六队西150米	十余座墓葬	有一可复原陶罐	渤海时期	《和龙县文物志》，1984年
得味墓群	和龙市卧龙乡得味村东1.5千米的山麓下	数座，盗掘3座，8座保存较好	无	渤海时期	《和龙县文物志》，1984年
长仁墓群	和龙市龙门乡长仁村西约500米的山坡上	23座墓葬	无	渤海时期	《和龙县文物志》，1984年
青龙墓群	和龙市龙门乡青龙村西北3.5千米的山脚处	10余座墓葬	铁箭头1	渤海时期	《和龙县文物志》，1984年

续表

遗址名称	位置	遗迹	遗物	时代	文献出处
福洞墓群	和龙市福洞镇中心村西北山的缓坡上	3座墓葬	采集瓦片残片	渤海时期	《和龙县文物志》，1984年
獐项墓葬	和龙市西城乡西4千米，獐项村西北石灰采石场山麓下	2座墓葬	西墓少量铜器	渤海时期	《和龙县文物志》，1984年
惠章墓葬	和龙市勇华乡惠章三队西1千米许，图们江支流高岭河北岸的山脚下	2座墓葬	罐1，铜器9，铁器1，装饰品多件，玉环2，双耳铁锅1	渤海时期	《和龙县文物志》，1984年
河南屯古城	和龙市八家子镇东北约5千米的河南处	城址	瓦片、小铜佛像、铁佛像、铁门枢、铜铃、铁鼎	渤海时期	《和龙县文物志》，1984年
獐项古城	和龙市西城乡獐项村西北500米山麓	城址	瓦片、陶片	渤海时期	《和龙县文物志》，1984年
蚕头城	和龙市龙水乡龙海一、二队所在地	城址	砖瓦和陶片	渤海时期	《和龙县文物志》，1984年；《渤海中小城址的初步考察》，《北方文物》2000年第3期
圣教古城	和龙市东城乡红星村圣教屯西北的台地上	城址	陶片及砖瓦	渤海时期	《和龙县文物志》，1984年
古城里古城	和龙市崇善乡所在的古城里西500米图们江与红旗河汇合处的西边台地上	城址	砖、瓦、铁镞	渤海时期	《和龙县文物志》，1984年
八家子山城	和龙市八家子镇南山山顶	山城	无	渤海时期	《和龙县文物志》，1984年
松月山城	和龙市富兴乡松月村西南约1千米的山上	山城	陶片、铁镞	渤海时期	《和龙县文物志》，1984年
惠章建筑址	和龙市勇化乡惠章村三队西北200米山麓	遗址	瓦片、陶片	渤海时期	《和龙县文物志》，1984年
龙海寺庙址	和龙市龙水乡龙海村西约500米	寺庙址	砖瓦及陶片	渤海时期	《和龙县文物志》，1984年
高产寺庙址	和龙市德化乡高产村约500米的山坡	寺庙址	瓦、铁风铃、铁钉、各式建筑饰件、泥佛像的残面和残脚趾	渤海时期	《和龙县文物志》，1984年；《吉林和龙高产渤海寺庙址》，《北方文物》1985年第4期
军民桥寺庙址	和龙市西城乡通往八家子镇的公路桥西50米处的河岸台地上	寺庙址	铁鼎2、带字瓦片、莲花瓦当	渤海时期	《和龙县文物志》，1984年

续表

遗址名称	位置	遗迹	遗物	时代	文献出处
东南沟寺庙址	和龙市八家子镇河南村古城南1.5千米的东南沟沟口东山腰上	寺庙址	采集有指压纹板瓦、檐头板瓦、榫头筒瓦、莲花纹瓦当、滴水瓦、建筑饰件等	渤海时期	《和龙县文物志》，1984年
上下活龙古墓群	集安市麻线乡上、下活龙村	48座墓葬	玛瑙珠、陶罐、陶网坠、陶纺轮、铜泡、环首铁刀、铁锛、镰刀、铁带饰	渤海时期	《集安县文物志》，1984年
民主六队遗址	集安市太平乡民主村，集安火车站南2千米	遗址	陶器残片，6件可复原	渤海时期	《集安县文物志》，1984年
“小高丽墓”墓葬地	东辽县足民乡北3千米安民村小高力木屯南山上	墓地	泥质灰陶片	渤海时期	《东辽县文物志》，1986年
富民遗址	龙井市德新乡富民村富民四屯以东及北部	遗址	板瓦	渤海时期	《龙井县文物志》，1984年
滩前遗址	龙井市光开乡爱民村滩前屯北沙滩地上	居住址	城墙或墙壁旧基，瓦片、陶片、瓷器	渤海时期	《龙井县文物志》，1984年
龙曲遗址	龙井市石井乡龙曲村南海兰江右岸沿江台地上	村落遗址	建筑用瓦和陶瓷生活用器	渤海时期	《龙井县文物志》，1984年
仲坪遗址	龙井市德新乡安邦村仲坪屯以北耕地里	居住址	板瓦残片、兽骨、蚌壳及陶片	渤海时期	《龙井县文物志》，1984年
勇成遗址	龙井市东盛勇成村西300米处山坡上	遗址	砖瓦	渤海时期	《龙井县文物志》，1984年
金谷遗址	龙井市金谷村村内，距金谷水库1.5千米	遗址	板瓦残片及陶片	渤海时期	《龙井县文物志》，1984年
三合建筑	龙井市三合镇粮库管理所北侧高台地东南端	遗址	建筑础石及板瓦残片	渤海时期	《龙井县文物志》，1984年
上岩建筑址	龙井市石井乡上岩村西约2千米处	居住址	板瓦残片及陶片、瓷片	渤海时期	《龙井县文物志》，1984年
东沟建筑址	龙井市三道乡东沟村北1.5千米处朝阳河西岸台地上	建筑址	瓦片和陶片	渤海时期	《龙井县文物志》，1984年
英城建筑址	龙井市东盛涌乡英城二屯北	建筑址	瓦片	渤海时期	《龙井县文物志》，1984年
土城屯土城	龙井市八道乡西山村土城屯	中等古城	瓦当、板瓦、陶片	渤海时期	《龙井县文物志》，1984年
太阳古城	龙井市桃源乡太阳村村北河岸台地上	军事城堡	板瓦、砖块及陶片	渤海时期	《龙井县文物志》，1984年

续表

遗址名称	位置	遗迹	遗物	时代	文献出处
大灰屯古城	龙井市细鳞河乡日新村大灰屯西1千米细鳞河南岸台地上	古城	板瓦及陶片	渤海时期	《龙井县文物志》，1984年
古城村古城	龙井市依兰乡古城村村落东500米依兰河南岸台地上	古城	瓦片及陶片	渤海时期	《龙井县文物志》，1984年
英城古城	龙井市东盛涌乡英城村南海兰江北岸300米	较大古城	板瓦及陶片	渤海时期	《龙井县文物志》，1984年
金谷山城	龙井市德新乡金谷村西250米处山顶	山城	无	渤海时期	《龙井县文物志》，1984年
龙泉墓葬	龙井市石井乡九龙村龙泉屯东约300米	6、7座墓葬	陶片	渤海时期	《龙井县文物志》，1984年
龙岩墓群	龙井市德新乡龙岩村西南300米	26座墓葬	瓦片残件、铜印、铁镞	渤海时期	《龙井县文物志》，1984年
富民墓葬	龙井市德新乡富民村五屯东南100米	10座墓葬	陶罐1、铁棺环4、铁钉17、圆头钉10、折头钉4	渤海时期	《龙井县文物志》，1984年；《吉林龙井富民渤海古墓》，《博物馆研究》1986年第1期
英城墓葬	龙井市东盛乡英城村卫生所北10米处	7座墓葬	铁带具1、铁双环2、铁枪刀1、陶罐1	渤海时期	《龙井县文物志》，1984年；《吉林龙井英城渤海古墓》，《博物馆研究》1986年第1期
仲坪寺庙址	龙井市德新乡所在地1千米的仲坪屯南缘东侧	寺庙址	采集瓦当、板瓦及陶片、白石佛像	渤海时期	《龙井县文物志》，1984年
头沟遗址	安图县石门镇北山一队东南1千米处的二级台地上	遗址	陶片、陶网坠、石器	原始社会到渤海时期、辽金时期	《安图县文物志》，1985年
榆树川遗址	安图县石门镇榆树村新兴屯村落北部平地上	遗址	陶片、瓦片	原始社会到渤海时期、辽金时期	《安图县文物志》，1985年

续表

遗址名称	位置	遗迹	遗物	时代	文献出处
新兴一号遗址	安图县亮兵乡新兴村东南100米处	遗址	筒瓦、瓦片及陶片；石质矛装残柄	原始社会时期和渤海时期	《安图县文物志》，1985年
长兴遗址	安图县长兴乡东南1千米的河谷平地上	遗址	板瓦	渤海时期	《安图县文物志》，1985年
长兴北建筑址	安图县长兴乡所在地北部明岛公路东侧，供销社招待所对面	遗址	板瓦、筒瓦、陶片	渤海时期	《安图县文物志》，1985年
五峰大包地遗址	安图县长兴乡北4千米五峰村南尖顶子山下的土包地上	遗址	瓦片和陶片	渤海时期	《安图县文物志》，1985年
奉阳北沟遗址	安图县长兴乡奉阳村北500米处	遗址	瓦片和陶片	渤海时期	《安图县文物志》，1985年
五峰参场遗址	安图县长兴乡五峰村东5千米人参场附近的西山北坡上	遗址	瓦片、陶片、铁箭头	渤海时期	《安图县文物志》，1985年
裕民遗址	安图县长兴乡裕民村小学操场及其西侧的耕地上	遗址	陶罐及三足铁锅1	渤海、辽金时期	《安图县文物志》，1985年
岛兴遗址	安图县福兴乡西1千米处岛兴村北山的向阳坡上	遗址	方砖、瓦当、陶片、建筑饰件	渤海、辽金时期	《安图县文物志》，1985年
神仙洞寺庙址	安图县福兴乡神仙洞村福寿屯南约1千米处的河东部百余米处的小山西坡上	寺庙址	瓦片	渤海时期	《安图县文物志》，1985年
镜城遗址	安图县石门镇镜城村西北200米处	遗址	板瓦、陶器	渤海、辽金时期	《安图县文物志》，1985年
大东沟寺庙址	安图县石门镇北山一队东约1千米有一南北向山沟	寺庙址	砖瓦、陶片、石雕建筑饰件、陶器	渤海时期	《安图县文物志》，1985年
傅家沟遗址	安图县石门镇茶条沟西2.5千米的傅家沟	寺庙址	瓦片、陶器	渤海、辽金时期	《安图县文物志》，1985年
舞鹤寺庙址	安图县石门镇舞鹤村一队南1.5千米处的山谷中	寺庙址	兽面纹瓦当、滴水瓦、榫头筒瓦、陶器残片	渤海、辽金时期	《安图县文物志》，1985年

续表

遗址名称	位置	遗迹	遗物	时代	文献出处
碱场遗址	安图县碱场村南550米处	遗址	陶片、瓦当	渤海时期	《安图县文物志》，1985年
碱场寺庙址	安图县碱场村西南约750米山腰间的台地上	寺庙址	瓦片、建筑饰件	渤海、辽金时期	《安图县文物志》，1985年
万宝新兴遗址	安图县万宝乡西北1华里的新兴村内	遗址	瓦当、板瓦、陶器	渤海时期	《安图县文物志》，1985年
东清寺庙址	安图县古洞河右岸台地上的东清村东部菜地内	寺庙址	瓦当、青砖、建筑饰件	渤海时期	《安图县文物志》，1985年
东清遗址	安图县永庆乡东清村北部古洞河右岸台地上	遗址	瓦片	渤海时期	《安图县文物志》，1985年
高丽城遗址	安图县松江镇松江屯西北6千米	遗址	瓦片	渤海时期	《安图县文物志》，1985年
崇实遗址	安图县仲坪村东1千米大车道北侧的山坡平台上	遗址	筒瓦、板瓦	渤海时期	《安图县文物志》，1985年
五峰山城	安图县长兴乡五峰村北500米的高山上	山城	建筑材料、瓦片、陶片、砖块	渤海、辽金时期	《安图县文物志》，1985年
大砬子山城	安图县明月镇东北侧长兴河河谷5千米许，在山冈的东端	山城	陶片、铁箭头、铁锅	渤海、辽金时期	《安图县文物志》，1985年
五虎山山城	安图县茶条沟东南5千米处	山城	无	渤海、辽金时期	《安图县文物志》，1985年
榆树川古城	安图县石门镇榆树川一带	古城	瓦片残件	渤海、辽金时期	《安图县文物志》，1985年
城门山山城	安图县石门镇舞鹤村一队南约3千米处的城门山上	山城	无	渤海或辽金时期	《安图县文物志》，1985年
仰脸山城	安图县距松江镇西12.5千米两江镇小营子屯南3千米处	军事城堡	瓦片、陶网坠	渤海时期	《安图县文物志》，1985年
万宝新兴古城堡	安图县万宝乡新兴村北山上	古城堡	陶片、瓦当	渤海时期	《安图县文物志》，1985年
三道白河古城堡	安图县松江镇三道白河村东500米处	军事城堡	铁箭头	渤海时期	《安图县文物志》，1985年

续表

遗址名称	位置	遗迹	遗物	时代	文献出处
长兴东山烽火台	安图县长兴乡对面隔河谷平地的东山	烽火台	无	渤海、辽金时期	《安图县文物志》，1985年
龙兴屯古墓群	安图县石门镇龙兴村村落南部偏东处	墓群	无	渤海或辽金时期	《安图县文物志》，1985年
东清古墓群	安图县永庆乡东清村北约1.25千米一小河沟北侧地上	墓群	陶片	渤海时期	《安图县文物志》，1985年
北山遗址	敦化市北郊，北山大队南面，小石河的北岸	居住址	陶壶、陶片	渤海时期	《敦化市文物志》，1985年
镜沟遗址	敦化市大蒲柴河镇所在地东5千米	居住址	陶片、板瓦、石臼、瓷片	渤海、辽金时期	《敦化市文物志》，1985年
十八道沟遗址	敦化市马号乡所辖村，江南村，马号西6千米	居住址	陶片、石刀、陶网坠	上限不晚于渤海，辽金时期也居住	《敦化市文物志》，1985年
双胜遗址	敦化市东郊双胜大队南500米的江边上	居住址	陶片、陶网坠、砖瓦	渤海时期	《敦化市文物志》，1985年
鲶鱼岗遗址	敦化市大山嘴子乡鲶鱼岗村东400米处	遗址	陶器、板瓦	渤海时期	《敦化市文物志》，1985年
治安遗址	敦化市黑石乡治安村西南1千米处	居住址	陶片、瓦片	渤海、辽金时期	《敦化市文物志》，1985年
宋家岗遗址	敦化市黑石乡宋家岗子村西北	遗址	陶片、布纹瓦	渤海时期	《敦化市文物志》，1985年
青沟子遗址	敦化市大蒲柴河镇所在地东10千米	居住址	陶片	渤海时期	《敦化市文物志》，1985年
额穆遗址	敦化市额穆镇所在地东南	遗址	布纹瓦和陶片	渤海时期	《敦化市文物志》，1985年
六顶山瓮棺墓	敦化城南5千米的六顶山南坡	1座墓葬	陶片	渤海建国前靺鞨遗存	《敦化市文物志》，1985年

续表

遗址名称	位置	遗迹	遗物	时代	文献出处
六顶山古墓群	敦化市城南5千米许六顶山第二峰南坡	墓葬235座，祭台12处，房址2处	出土有多件筒瓦、瓦当、板瓦、墓砖、兽面纹砖等建筑构件，陶熏、三彩陶壶、陶罐等陶器多件，铜镯、铜带扣等铜饰品多件，银饰玛瑙饰若干，铁镞、铁棺钉、铁泡钉多件；贞惠公主墓出墓志1、石狮2、鎏金圆帽铜钉；第一区出玉璧、长颈陶瓶、陶罐、鎏金铜杏叶、金环、陶盂、铁环、铁带钩	渤海早期	《敦化市文物志》，1985年；吉林省文物考古研究所2004、2005年六顶山调查发掘资料
城山子山城	敦化市区西南12.5千米，牡丹江上游支流大石河南岸一座孤立高山上	山城	矛头、铁刀、铁镞，开元通宝、残瓦	渤海早期	《吉林敦化牡丹江上游渤海遗址调查记》，《考古》1962年第11期；《敦化市文物志》，1985年
马圈子古城	敦化市大蒲柴河镇浪柴河村西4千米的河套上	古城	陶片、铜钱、铁马穿、铁锅残片、残石磨、蚌壳、马牙	渤海、辽金时期	《敦化市文物志》，1985年；《吉林敦化牡丹江上游渤海遗址调查记》，《考古》1962年第11期
大甸子古城	敦化市林胜乡大甸子村北	江防要塞	无	渤海时期	《吉林敦化牡丹江上游渤海遗址调查记》，《考古》1962年第11期；《敦化市文物志》，1985年
孙船口古城	敦化市沙河沿镇孙船口村北	古城	陶片、瓦片、瓷片	渤海、辽金时期	《吉林敦化牡丹江上游渤海遗址调查记》，《考古》1962年第11期；《敦化市文物志》，1985年
通沟岭山城	敦化市官地镇老虎洞村东山上	古城	铜钱、陶片、铁镞、石器	渤海、辽金时期	《吉林敦化牡丹江上游渤海遗址调查记》，《考古》1962年第11期；《敦化市文物志》，1985年

续表

遗址名称	位置	遗迹	遗物	时代	文献出处
石湖古城	敦化市官地镇八棵树屯西南500米处	平原城	无	渤海时期	《吉林敦化牡丹江上游渤海遗址调查记》，《考古》1962年第11期；《敦化市文物志》，1985年
腰甸子城堡	敦化市大山嘴子乡腰甸子村北300米的马鞍山	居住址	无	渤海时期	《敦化市文物志》，1985年
南台子城堡	敦化市黑石乡南台村北750米江崖上	江防要塞	陶片若干	渤海时期	《吉林敦化牡丹江上游渤海遗址调查记》，《考古》1962年第11期；《敦化市文物志》，1985年
腰甸子建筑址	敦化市大山嘴子乡腰甸子屯东500米	建筑物	瓦当、布纹瓦	渤海时期	《敦化市文物志》，1985年
庙屯庙址	敦化市红石乡一心屯西300米	殿堂基址	砖瓦残片	渤海时期	《敦化市文物志》，1985年
岐新六队遗址（二）	图们市月晴乡岐新六队西南1千米的高台坡地上	遗址	板瓦、瓦当、陶片、建筑饰件、	渤海时期	《图们市文物志》，1985年
白龙村北遗址	图们市月晴乡白龙村北百米处农田中	村落遗址	板瓦、瓦当、陶片、器耳	渤海时期	《图们市文物志》，1985年
碧水四队遗址	图们市红光乡碧水村西北100米	遗址	口沿、陶片	渤海时期	《图们市文物志》，1985年
马牌苗圃遗址	图们市马牌苗圃办公室的西南部	遗址	板瓦、陶片、口沿、器耳、器底	原始社会时期、渤海时期	《图们市文物志》，1985年
东兴遗址（二）	图们市石岘镇东南1千米的东兴村西南耕地中	遗址	陶片、板瓦	原始社会时期、渤海时期	《图们市文物志》，1985年
曲水菜队遗址（二）	图们市曲水菜队五队	遗址	布纹瓦、陶片、铁车輨	渤海时期	《图们市文物志》，1985年
河北遗址（二）	图们市石岘镇河北屯500米	建筑址	柱础石、布纹瓦、陶片、器底	渤海早期	《图们市文物志》，1985年
水口遗址	图们市月晴乡水口村西500米	遗址	板瓦	渤海时期	《图们市文物志》，1985年

续表

遗址名称	位置	遗迹	遗物	时代	文献出处
白马五队渤海墓群	图们市月晴乡白马五队牛舍后院及其西侧的一个小山岗南坡下	墓群	无	渤海时期	《图们市文物志》，1985年
龙河村遗址	延吉市龙河村三、四队耕地、市变电所院墙内及其东、西两侧	聚落址	铁镞	渤海时期	《延吉市文物志》，1985年
龙河南山遗址	延吉市长白乡龙河村南山台地	建筑址	瓦当、板瓦、建筑饰件	渤海时期	《延吉市文物志》，1985年
帽儿山山顶遗址	延吉市与龙井县交界处，帽儿山山顶	守护墩台用的建筑址	瓦当、板瓦	渤海时期	《延吉市文物志》，1985年
仁坪遗址	延吉市长白乡仁坪六队的南部旱田地上	村落址	板瓦、砖块、陶器口沿	渤海、辽金时期	《延吉市文物志》，1985年
新丰遗址	延吉市长白乡新丰村五队水田中	遗址	陶片、板瓦、筒瓦、建筑饰件	渤海时期	《延吉市文物志》，1985年
南溪一队遗址	延吉市烟集乡南溪村一队村落东部台地上	居住址	瓦片、陶片	渤海时期	《延吉市文物志》，1985年
南溪四队遗址	延吉市烟集乡南溪四队东南距乡所在地500米	村落址	瓦片、陶片	渤海时期	《延吉市文物志》，1985年
台岩遗址	延吉市烟集乡台岩村三、四队村落附近	聚落址	瓦当、花沿瓦、板瓦、筒瓦、陶片、铜印	渤海时期	《延吉市文物志》，1985年
烟河六队遗址	延吉市烟集乡烟河六队于一东西向沟内，沟南台地上	聚落址	布纹瓦、筒瓦	渤海时期	《延吉市文物志》，1985年
龙渊遗址	延吉市烟集乡龙渊村七队龙渊沟北坡台地上	遗址	板瓦、陶片	渤海时期	《延吉市文物志》，1985年
河龙南山遗址	距延吉市河龙村所在地1千米花尖子山北麓平台	遗址	瓦片、陶片	渤海时期	《延吉市文物志》，1985年
小营子遗址	延吉市小营乡小营村一队	村落址	瓦片、陶片	渤海时期	《延吉市文物志》，1985年
北大古城	延吉市烟集河东岸的河谷平地上	平原城	瓦当、板瓦、筒瓦、花沿瓦、绿釉瓦	渤海时期	《延吉市文物志》，1985年
台岩古城	延吉市烟集乡台岩村四队后一开阔的缓坡地上	城址	陶片、瓦当、板瓦、筒瓦	渤海时期	《延吉市文物志》，1985年
大墩台	延吉市兴安乡政府1千米的东兴村	军事设备	无	渤海时期	《延吉市文物志》，1985年

续表

遗址名称	位置	遗迹	遗物	时代	文献出处
小墩台	延吉市人民公园北部的小山丘	烽火台	无	渤海、辽金时期	《延吉市文物志》，1985年
帽儿山墩台	延吉市与龙井县交界处，帽儿山山顶	烽火台	陶片	渤海时期	《延吉市文物志》，1985年
烟河墩台	延吉市烟集河与石人沟河汇合处北侧烟河村北山之巅	堡垒	陶器口沿3、器底1、陶片2	渤海时期	《延吉市文物志》，1985年
河龙古墓群	延吉市海兰江与布尔哈通河汇合处附近台地上	墓群，多为石棺墓	夹砂单孔陶甑1、泥质灰陶罐1、四系泥质灰陶罐1	原始社会和渤海时期	《延吉市文物志》，1985年
新丰古墓群	延吉市长白乡新丰村二队	石棺墓	陶罐、棺环、戒指	渤海时期	《延吉市文物志》，1985年
新光古墓群	延吉市长白乡新光沟两侧台地和坡地上	墓群	铁器（铁镞、铁马镫）、陶罐	渤海时期	《延吉市文物志》，1985年
发展古墓	延吉市兴安乡发展村二队的一农户院内	石圹墓1	无	渤海时期	《延吉市文物志》，1985年
烟河四队古墓群	延吉市烟集乡烟河四队村落西侧缓坡地上	石筑墓葬	无	渤海时期	《延吉市文物志》，1985年
龙潭山山城	吉林市东部的龙潭山上	山城	青铜文化的石刀、石剑、石斧及陶鬲、陶纺轮；汉代陶片和汉五铢钱；高句丽的粗绳纹瓦；渤海瓦当；北宋铜钱；辽金泥质深灰陶罐、六耳铁锅	青铜时期、高句丽、渤海、辽金时期	《吉林市市区文物志》，1983年
新房子遗址	长白朝鲜族自治县新房子乡所在地新房子村西300米	遗址	指压纹板瓦3、绳纹板瓦5、筒瓦6、铜钗1	渤海时期	《长白朝鲜族自治县文物志》，1988年
长白古城	长白朝鲜族自治县长白镇东南鸭绿江右岸第二级台地上	古城	圈点纹板瓦、绳纹板瓦、泥质桥状陶耳	渤海时期	《长白朝鲜族自治县文物志》，1988年
灵光塔	长白朝鲜族自治县长白镇西北郊塔山西南端一平坦台地上	古塔	无	渤海时期	《长白朝鲜族自治县文物志》，1988年

续表

遗址名称	位置	遗迹	遗物	时代	文献出处
东团山遗址	吉林市东郊江南公社永安大队	遗址	渤海：板瓦4、筒瓦2、陶器口沿1	原始社会、汉代、高句丽、渤海时期	《吉林市郊区文物志》，1983年
胡家坟遗址	吉林市东郊江南公社永安大队	遗址	陶片、砖	高句丽、渤海时期	《吉林市郊区文物志》，1983年
马家屯遗址	吉林市郊江南公社日升大队电力抽水站往南一带的江岸上	遗址	陶片、板瓦、瓦当、砖	青铜时期、汉代、高句丽、渤海时期	《吉林市郊区文物志》，1983年
帽儿山墓群	吉林市江南公社永安大队与裕民大队交界处的帽儿山西侧山坡上	墓群	金簪、金圈、玛瑙珠、半球形鎏金饰物、心形金叶饰物	渤海时期	《吉林市郊区文物志》，1983年
东团山平地城	吉林市东郊江南公社永安大队	古城	金碗、金簪、半球形鎏金饰物、心形金饰物	渤海时期	《吉林市郊区文物志》，1983年
河南屯遗址	白山市浑江区四道沟乡河南屯北3千米的河南屯	居住址	布纹瓦残片、陶片	渤海时期	《浑江市文物志》，1987年
西高家遗址	白山市浑江区长尾巴岗岗西的西高家屯东200米	遗址	铁镞、铁刀、陶片、瓦砾	渤海时期	《浑江市文物志》，1987年
临江镇遗址	白山市浑江区东南65千米的鸭绿江右岸	遗址	陶片、筒瓦、铁镞、马镫、石狮	渤海、辽金时期	《浑江市文物志》，1987年
临城城址	白山市浑江区临江镇沿三道沟河东行5千米左右	遗址	陶片	渤海时期	《浑江市文物志》，1987年
马鞍石遗址	桦甸市红砬石子镇高兴村河西屯南约1.5千米	房址	陶片	渤海建国前期	《桦甸县文物志》，1987年
马鞍石古墓葬	桦甸市红砬石子镇高兴村河西屯南约1.6千米	2座墓葬	陶罐1、铁刀1、铁钉	渤海早中期	《桦甸县文物志》，1987年
苏密城	桦甸市桦甸镇东北约4千米的辉发河南岸	古城	瓦当、陶片、铁镞、石磨、石臼	渤海时期	《桦甸苏密城考》，《黑龙江文物丛刊》1983年第2期；《桦甸县文物志》，1987年

续表

遗址名称	位置	遗迹	遗物	时代	文献出处
北土城子古城	在苏密城东南3千米处，桦甸市苏密沟乡小城子村北约200米	遗址	瓦当1、建筑饰件1、有孔石器1	渤海时期	《桦甸县文物志》，1987年
六家子东山遗物散布点	蛟河市新站镇六家子山城城西100米的山坡上	散布点	泥质灰陶2片	渤海时期	《蛟河县文物志》，1987年
七道河子寺庙址	蛟河市天岗镇七道河子村七道河与冰葫芦沟河汇流处北岸北坡上	寺庙址	瓦当2、勾滴8	渤海时期	《蛟河县文物志》，1987年
黄鱼圈珠山遗址	舒兰市法特乡黄鱼村西珠山上	遗址	陶罐1、陶片、铜带銙1、铁器残件多件、铜环1	渤海时期	《舒兰县文物志》，1984年
鸡冠古城	汪清县鸡冠乡所在地东北约300米的平地上	古城	板瓦、筒瓦、檐头板瓦、瓦当、陶纺轮、陶器口沿	渤海时期	《汪清县文物志》，1984年
河北古城	汪清县汪清镇东北1千米汪清河右岸的河北村砖厂	古城	板瓦、筒瓦、檐头板瓦、瓦当、花纹砖	渤海时期	《汪清县文物志》，1984年
高城古城	汪清县仲坪乡高城村西南角	古城	板瓦、筒瓦、檐头板瓦、瓦当	渤海时期	《汪清县文物志》，1984年
龙泉坪古城	汪清县新兴乡龙泉坪小学东400米的平地上	古城	板瓦、筒瓦、瓦当	渤海时期	《汪清县文物志》，1984年
石城古城	汪清县春阳乡石城村西北500米许黄泥河沟口500米的山间小平地	古城	板瓦、筒瓦、瓦当、陶片	渤海时期	《汪清县文物志》，1984年
影壁建筑址	汪清县鸡冠乡影壁村东南约750米的平地上	回廊式建筑	板瓦、筒瓦、檐头板瓦、瓦当、陶片	渤海时期	《汪清县文物志》，1984年
中大川建筑址	汪清县春阳乡中大川村西北角小学校后约50米	驿站	板瓦、筒瓦、檐头板瓦、瓦当	渤海时期	《汪清县文物志》，1984年
红云建筑址	汪清县春阳乡红云村北500米春阳水库西北的台地上	殿堂基址1座	出土有建筑构件、佛像残件、铁钉、铁风铃、陶罐、渤海三彩残件等；板瓦、筒瓦、瓦当	渤海时期	《汪清县文物志》，1984年；吉林省文物考古研究所：《吉林汪清县红云渤海建筑遗址的发掘》，《考古》1999年第6期
幸福建筑址	汪清县春阳乡幸福村西	建筑址	板瓦、筒瓦、瓦当	渤海时期	《汪清县文物志》，1984年

续表

遗址名称	位置	遗迹	遗物	时代	文献出处
转角楼建筑址	汪清县东新乡转角楼村东北角	建筑址	板瓦、筒瓦、瓦当	渤海时期	《汪清县文物志》，1984年
天桥岭建筑址	汪清县天桥岭镇南嘎呀河右岸台地上	驿站	筒瓦、檐头板瓦、瓦当、筒形罐、豆、陶网坠、石斧、石刀、磨盘	原始社会、渤海时期	《汪清县文物志》，1984年
骆驼山建筑址	汪清县春阳乡骆驼山屯火车站北1千米大北沟口山麓的台地上	寺庙址1处、房址1座	板瓦、筒瓦、瓦当	渤海时期	《汪清县文物志》，1984年
新田建筑址	汪清县百草沟乡新田村东南500米许山脚下的小平台	寺庙址1处	板瓦、筒瓦、瓦当、砖	渤海时期	《汪清县文物志》，1984年
兴隆古城堡	汪清县仲安乡兴隆村东南1.5千米的山顶上	烽火台	陶器口沿4、陶片1	渤海时期	《汪清县文物志》，1984年
安田古城堡	汪清县百草沟乡安田村新华闾西500米山顶上	古城堡	无	渤海时期	《汪清县文物志》，1984年
影壁墓群	汪清县鸡冠乡影壁村东南1千米的山麓	土坑竖穴封土墓、石圹封土墓	陶片	唐初靺鞨	《汪清县文物志》，1984年
密江西岗子遗址	珲春市密江乡所在地西南约500米图们江北岸东西向的台地上	驿站	陶片、板瓦、花岗岩石条2，石器、骨器、陶器、骨骼等40多种200余件	原始、渤海时期	《珲春县文物志》，1984年
六道泡遗址	珲春市敬信乡六道泡村东北1.5千米的山冈上	遗址	石器、陶器、装饰品	原始、渤海或辽金时期	《珲春县文物志》，1984年
杨木林子遗址	距珲春市12.5千米杨泡乡杨木林子村落东部台地及其周围	遗址	夹砂陶片、石器、泥质陶片、瓦片	青铜、渤海时期	《珲春县文物志》，1984年
东云洞遗址	珲春市图们江左岸密江盆地东部山坡上	遗址	板瓦、筒瓦、铜印	渤海时期	《珲春县文物志》，1984年
草坪遗址	珲春市春化乡草坪村东1千米兰家蹚子河东岸的台地上	建筑址	板瓦、筒瓦、瓦当、陶饰件、陶片、瓷片1、陶网坠1	渤海、辽金时期	《珲春县文物志》，1984年
黑顶子遗址	珲春市敬信乡金塘村黑顶子屯西南300米处缓坡上	遗址	渤海时期瓦片及陶片	渤海、辽金时期	《珲春县文物志》，1984年

续表

遗址名称	位置	遗迹	遗物	时代	文献出处
北大遗址	珲春市凉水乡北大村西北部靠近村后的斜坡地	聚落址	板瓦、瓷片、陶片	渤海、辽金时期	《珲春县文物志》，1984年
孟岭河口遗址	珲春市板石乡孟岭村河口屯内山坡地上	遗址	陶片	渤海、辽金时期	《珲春县文物志》，1984年
温特赫部城	珲春市珲春河冲积平原的末端三家子乡古城村	城址	碎瓦（板瓦、筒瓦、瓦当）、陶片	渤海、辽金时期	《珲春县文物志》，1984年
萨其城	珲春市珲春河下游三角形冲积平原东北边缘的南山上	山城（军事要塞）	板瓦、筒瓦、陶片、铁箭头	渤海时期	《珲春县文物志》，1984年；《渤海中小城址的初步考察》，《北方文物》2000年第3期
小城子古城	距珲春市东南10千米的珲春河南岸台地的漫岗上	古城	筒瓦、板瓦、瓦当	渤海时期	《珲春县文物志》，1984年
石头河子古城	珲春市珲春河下游三角形冲积平原中部的南缘	驿站、军事城堡	板瓦、筒瓦、陶片	渤海时期	《珲春县文物志》，1984年
英义城	珲春市珲春平原西北部，距县城6千米处英安河东岸平地上	城址	布纹瓦、陶片、铁质鱼形铡刀、瓦当、开元通宝	渤海、辽金、明代	《珲春县文物志》，1984年
亭岩山城	珲春市凉水乡北约11千米亭岩村北山上	山城	无	高句丽或渤海时期	《珲春县文物志》，1984年
通肯山山城	珲春市春化乡兰家蹬子村北约7千米	军事要塞	无	渤海、明代	《珲春县文物志》，1984年
城墙砬子山城	距珲春市东北100千米，春化乡草坪村东1.5千米的城墙砬子山上	军事重镇	铜印	渤海、辽金时期	《珲春县文物志》，1984年
营城子古城	珲春市春化乡北约7.5千米，珲春河上游河谷盆地南端	军事重镇	瓦片、陶片、瓷片、七星铁剑1	渤海、辽金时期	《珲春县文物志》，1984年
大六道沟古城堡	珲春市春化乡西南约10千米珲春河和大六道沟汇合处东北的南团山上	军事城堡	陶片若干	渤海、辽金时期	《珲春县文物志》，1984年
农坪山城	珲春市马滴达乡所在地西北约2千米一南向沟口处	山城	陶片	渤海时期	《珲春县文物志》，1984年
桃源洞南山城	珲春市马滴达乡桃源洞村东南1千米紧邻珲春河南岸的山顶上	军事城堡	无	渤海时期	《珲春县文物志》，1984年

续表

遗址名称	位置	遗迹	遗物	时代	文献出处
水流峰山城	珲春市敬信乡水流峰东约3千米	古城	无	疑似渤海时期	《珲春县文物志》，1984年
孟岭河口古城堡	珲春市板石乡孟岭村西南约8千米图们江左岸的一盆地上	古城	陶片、瓦片	渤海、辽金时期	《珲春县文物志》，1984年
凉水良种场古墓群	珲春市凉水乡良种场村后台地上	土坑墓、石棺墓	无	渤海或辽金时期	《珲春县文物志》，1984年
密江古墓群	珲春市密江乡所在地后山东南山麓密江村三队苗床地内	石圹墓	鎏金铜带具8、铁棺环3、铁钉若干	渤海时期	《珲春县文物志》，1984年
北大古墓群	珲春市凉水乡北大村所在地西北1.25千米一座山的西南斜坡台地上	土坑竖穴木棺墓	陶片、铁器、铜钱、砺石	渤海时期	《珲春县文物志》，1984年
马滴达塔基	珲春市东北50千米马滴达乡所在地东北山腰上	塔基	鎏金铜泡钉3、铁门鼻、铁门鼻挡头、铁钉、陶片、砖	渤海时期	《珲春县文物志》，1984年
马滴达寺庙址	珲春市马滴达乡所在地东部供销社北50米平地上	寺庙址	板瓦、花沿瓦、筒瓦、瓦当	渤海时期	《珲春县文物志》，1984年
新生寺庙址	珲春市距八连城南2.5千米三家子乡新生二队南开阔平地上	寺庙址	瓦当、筒瓦、花沿瓦、文字瓦、绿釉瓦、浮雕石佛像残件	渤海时期	《珲春县文物志》，1984年
五一寺庙址	珲春市珲春河下游马川子乡所在地东约350米五一村五队社员院子内	寺庙址	布纹瓦、柱础石、石质雕刻佛像、板瓦、陶片	渤海时期	《珲春县文物志》，1984年
杨木林子寺庙址	珲春市杨泡乡杨木林子村东部漫岗上	寺庙址	瓦当、筒瓦、浮雕石佛像和装饰花纹残片	渤海时期	《珲春县文物志》，1984年
大荒沟寺庙址	距珲春市西北40千米密江河上游的河谷平地	寺庙址	瓦当、板瓦、筒瓦、佛像残件	渤海时期	《珲春县文物志》，1984年
半截沟遗址	农安县青山口乡江东王村第二松花江南岸一丘陵上	遗址	陶片标本8	渤海时期	《农安县文物志》，1986年
八丈沟遗址	农安县青山口乡江东王村下窑屯东北500米八丈沟沟口	遗址	泥质陶片32	渤海时期	《农安县文物志》，1986年
下窑屯遗址	农安县青山口乡江东王村下窑屯东100米的林地与耕地交界之间	遗址	陶片标本63	渤海时期	《农安县文物志》，1986年

续表

遗址名称	位置	遗迹	遗物	时代	文献出处
邢家店西北遗址	农安县青山口乡青山口村邢家店屯西北300米处	遗址	陶片	青铜、渤海时期	《农安县文物志》，1986年
腰坨子遗址	农安县黄鱼圈乡潘家坨子村刘文举坨子屯正北500米的腰坨子	遗址	陶片、蚌壳、兽骨	渤海时期	《农安县文物志》，1986年
狐狸洞遗址	农安县黄鱼圈乡连三坑村狐狸洞屯北50米的沙坨子上	遗址	陶片	渤海时期	《农安县文物志》，1986年
连三坑遗址	农安县黄鱼圈乡连三坑村连三坑屯中部的沙岗上	村落	陶网坠、陶片、蚌壳、鱼骨	渤海、辽金时期	《农安县文物志》，1986年
林家坨子遗址	农安县黄鱼圈乡六里半村西2.5千米的林家坨子屯西北部的沙坨子上	遗址	陶片、鼎足、器耳、蚌壳	汉书文化、西团山文化、渤海时期	《农安县文物志》，1986年
东台子城址	抚松县松郊乡新安村东小清沟河与云豆沟河所夹东台子山梁南端的平坦山梁上	卫城	陶器残片、瓦类残片	渤海时期	《抚松县文物志》，1987年
前甸子墓葬	抚松县抽水乡碱厂村原前甸子屯西南约500米	3座墓葬	陶器1、铁器1、铜器1、鎏金铜器3、石器1、玛瑙饰件1	渤海时期	《抚松县前甸子渤海古墓清理简报》，《博物馆研究》1983年第3期；《抚松县文物志》，1987年
新安炼铁遗址	抚松县松郊乡新安村西约100米处的头道松花江右岸的边缘	炼铁遗址	残渣	渤海时期	《抚松县文物志》，1987年
康石墓群	柳河县城东北约34千米太平川乡康石屯西南果园内	古墓62座，清理1封土墓	陶罐1、铁镞1	渤海时期	《柳河县文物志》，1987年
榆树川城址	靖宇县头道松花江的南岸，榆树川村西南1千米的高山平地上	城址	陶片、筒瓦	渤海时期	《靖宇县文物志》，1987年
江南滑雪场古墓葬	通化市江南村石板沟门	墓群	铜带饰17、三足铁锅1、陶瓶1、骨饰1、牙饰1	渤海时期	《通化市文物志》，1986年

续表

遗址名称	位置	遗迹	遗物	时代	文献出处
和龙龙湖墓葬	和龙市龙水乡龙湖村龙头山	墓葬1座	出土部分陶器碎片和两件金银饰件	渤海时期	《吉林省和龙龙湖渤海墓葬》，《博物馆研究》1993年第1期
北大渤海墓群	和龙市把家子西北部	墓葬65座	三彩釉陶瓶、碗各1件，铜带具2副，鎏金铜环2件，铜泡2件，方格麻布1片，蚌壳5件，铁棺环14件，铁棺钉149件	渤海时期	《和龙北大渤海墓葬清理简报》，《东北考古与历史》第1期，文物出版社，1982年；《吉林省和龙县北大渤海墓葬》，《文物》1994年第1期
永吉查里巴墓群	永吉县查里巴村与汪屯村之间的一道岗梁上	墓葬47座	出土陶器、铜器、铁器、玉器等500多件	渤海早期	《吉林永吉县查里巴村发现二座渤海墓》，《考古》1990年第6期；《吉林永吉查里巴靺鞨墓地》，《文物》1995年第9期
延边凉水庆荣村渤海墓群	图们市凉水镇庆荣村	墓葬4座	出土一枚唐开元通宝钱	渤海时期	《延边地区渤海遗存之我见》，《北方文物》2003年第4期
图们凉水果园渤海墓地	图们市凉水镇凉水村果树园内	墓葬17座	出土陶器、铁器、铜器、银器及珠饰等共69件	渤海时期	《吉林省图们市凉水果园渤海墓葬清理简报》，《博物馆研究》1995年第3期
榆树老河深墓群	安图县榆树大坡公社后岗大队老河深村	墓葬37座	出土陶器、铁器、铜器、银器等遗物共180多件	靺鞨时期	《榆树老河深》，文物出版社，1987年
安图县仲坪遗址墓地	安图县城东南16千米仲坪村南1千米	墓葬11座	出土有陶器、铜器、铁器和瓦类遗物	渤海时期	《吉林安图县仲坪遗址发掘》，《北方文物》2007年第4期
安图东清墓群	安图县永庆乡东清村北坳地上	墓葬13座	陶器残片等渤海遗物	渤海时期	《东清渤海墓葬发掘报告》，《渤海墓葬研究》，吉林人民出版社，2000年

续表

遗址名称	位置	遗迹	遗物	时代	文献出处
西古城古城	延边州和龙县城东北25千米头道平原西部偏北处	渤海中京显德府故址，周边古城8座，墓葬群多处，寺庙址3处	花纹砖、绿釉柱座、绿釉瓦、鬼面残块、瓦当、板瓦、陶釉器片等	渤海时期	《和龙县文物志》，1984年；《和龙县西古城及其附近渤海遗迹调查》，《博物馆研究》1984年第1期；《西古城——2000～2005年度渤海国中京显德府故址田野报告》，文物出版社，2007年
八连城古城	珲春市西6千米	外城四面城垣，内城四面城垣、城门址，内城北部部分建筑基址，外城北部南部隔墙	不详	渤海时期	《珲春县文物志》，1984年；《吉林省珲春八连城遗址2004年调查测绘报告》，《边疆考古研究》第7辑，科学出版社，2008年
黑石古城	敦化市郊黑石屯北	城址1座	采集到灰色布纹瓦、红褐色细泥陶片以及白瓷片和青色釉瓷片	渤海时期	《吉林敦化牡丹江上游渤海遗址调查记》，《考古》1962年第11期；《敦化市文物志》，1985年
汪清遗址	延边州东北部	古遗址、墓葬、城址、建筑址等62处	出土石器、陶器、骨器	渤海时期	《吉林汪清考古调查》，《北方文物》1985年第4期
新安遗址	抚松县新安乡新安村	聚落址1处	铜双环器1件，弓形器1件，莲花瓦当、板瓦、筒瓦各1件，陶盆等陶器残片若干	渤海时期	《吉林抚松新安渤海遗址》，《博物馆研究》1985年第2期
集安洞沟平原渤海遗址	集安市洞沟平原东部，西距县城约2千米，县南200米左右为鸭绿江	房址1处	陶罐3件，陶瓶1件，陶钵2件，其他陶片若干	渤海时期	《吉林集安发现一处渤海时期遗址》，《北方文物》1985年第4期
永安遗址	白山市松树镇永安村西200米	房址6座，灰坑28个	出土陶器、铁器、铜器、石器、骨角器等遗物300多件	渤海早期	《吉林浑江永安遗址发掘报告》，《考古学报》1997年第2期
新安渤海古城遗址	抚松县新安村西	城址1座，房址1座，灰坑、灰沟各1处	出土有部分陶器残片，石器33件，较多砖瓦片、铁器7	渤海时期	《抚松县文物志》，1987年；《抚松新安渤海古城的调查与发掘》，《博物馆研究》2000年第2期

续表

遗址名称	位置	遗迹	遗物	时代	文献出处
密江东六洞二号遗址	珲春市密江乡东南2千米	房址1座	出土大量板瓦、筒瓦和莲花、菊花纹瓦当等建筑构件	渤海时期	《珲春市东六洞二号遗址发掘简报》，《北方文物》1990年第1期
珲春甩弯子渤海房址	珲春市英安乡甩弯子村西2千米处的沿江台地上	房址1座	出土大量筒瓦、板瓦瓦片，铁器和陶器残件若干	渤海时期	《吉林省珲春市甩弯子渤海房址清理简报》，《北方文物》1991年第2期
蛟河市七道河村建筑址	蛟河市天岗镇七道河村北约300米	房址1座	出土有建筑构件、陶器、石碑等	渤海时期	《吉林省蛟河市七道河村渤海建筑遗址清理简报》，《考古》1993年第2期
盘岭沟口遗址	珲春市英安镇甩湾子村盘岭沟口西南	遗址地点4处	出土大量筒瓦、板瓦、莲瓣纹瓦当等建筑构件	渤海时期	《珲春县英安镇盘岭沟口渤海遗址》，《博物馆研究》1989年第3期
贞孝公主墓塔	和龙市水乡龙头山东坡	塔基1处	采集有陶俑残片、鎏金铜饰件、鎏金铜帽钉、铁钉、漆片、陶片、砖等	渤海时期	《渤海贞孝公主墓发掘清理简报》，《社会科学战线》1982年第1期
八连城东南寺庙址	珲春市西6千米	殿堂基址1座	采集到佛像残片、莲花瓦当等	渤海时期	《延边文物简编》，延边人民出版社，1988年
三家子良种场寺庙址	珲春市三家子乡良种场	寺庙遗址1处	采集到石佛像残件和莲花瓦当等遗物	渤海时期	《珲春县文物志》，1984年
五家子东岗遗址	洮南市大通公社惠清大队五家子屯东岗上		采集砖瓦、陶瓷片等，数量不详	辽金	《洮安县文物志》，1982年
闫家坨子北岗遗址	白城市洮河公社大六家子大队闫家坨子屯北300米的北岗上		采集砖瓦、陶瓷片、铜钱等，数量不详	辽金	《洮安县文物志》，1982年
七门斯冷遗址	洮南市福顺乡庆太大队七门斯冷屯南漫岗上	砖室墓4座	采集砖瓦、陶瓷片等，数量不详	辽金	《洮安县文物志》，1982年
小黑坨子遗址	洮南市向阳公社向东大队福胜屯南5千米小黑坨子南侧	建筑台基1处	采集砖瓦等，数量不详	辽金	《洮安县文物志》，1982年
林兔场遗址	洮南市向阳公社向东大队西南3千米的漫岗上		采集砖瓦、陶瓷片等，数量不详	辽金	《洮安县文物志》，1982年

续表

遗址名称	位置	遗迹	遗物	时代	文献出处
下三合堂遗址	洮南市万宝乡三利大队下三合堂屯内		采集砖瓦、陶瓷片、铁器等，数量不详	辽金	《洮安县文物志》，1982年
河夹信子遗址	洮南市二龙乡仁义大队河夹信子屯	5处建筑址	采集砖瓦、础石、陶器等，数量不详	辽金	《洮安县文物志》，1982年
阿斯冷昭遗址	洮南市二龙乡兴义大队屯后		采集瓦件、础石、陶瓷器、铁器、铜器等，数量不详	辽金	《洮安县文物志》，1982年
新德古战场遗址	洮南市幸福乡新德大队二喇嘛窝堡屯东北1.5千米		采集铜镜1件	辽金	《洮安县文物志》，1982年
吉庆岗子遗址	白城市岭下公社东部土岗		采集砖瓦板石、陶瓷片、青花、铜钱等，数量不详	辽金、明清	《洮安县文物志》，1982年
七官营子遗址	洮南市向阳乡玉成大队七官营子屯西南400米耕地中		采集砖瓦、陶片、铜印等	辽金、明代	《洮安县文物志》，1982年
高丽房身遗址	白城市平安镇乡平安村南1.5千米三甲村两棵树屯西		采集砖瓦、陶瓷片、铁器、铜器、石器、铜钱等，数量不详	辽金	《白城市文物志》，1986年
民生遗址	白城市民生村民生屯北约1千米处		采集砖瓦、陶瓷片、石器、铜钱等，数量不详	辽金	《白城市文物志》，1986年
义和昌遗址	白城市平安镇乡西6千米处	红烧土	采集砖瓦、陶瓷片、石器、铁锅等，数量不详	辽金	《白城市文物志》，1986年
林场遗址	白城市平安镇乡喇嘛仓村西南1.5千米处	窖藏1处	采集砖瓦、陶瓷片、铁器等，数量不详	辽金	《白城市文物志》，1986年
永丰遗址	白城市大岭乡永丰村		采集砖瓦、陶瓷片、石器、铜钱等，数量不详	辽金	《白城市文物志》，1986年
发家遗址	白城市青山乡发家屯西500米		采集砖瓦、陶瓷片、铁器、石器、铜钱等，数量不详	辽金	《白城市文物志》，1986年
富裕遗址	白城市青山乡富裕村东北1.5千米处		采集砖瓦、陶瓷片、石器、铜钱等，数量不详	辽金	《白城市文物志》，1986年
赫家街遗址	白城市侯家乡赫家街村北约300米的漫岗上		采集砖瓦、陶瓷片、石器等，数量不详	辽金	《白城市文物志》，1986年

续表

遗址名称	位置	遗迹	遗物	时代	文献出处
白庙子遗址	白城市平安镇乡红光村政府所在地东约500米处		采集陶瓷片、铜器、石臼、铜钱等，数量不详	辽金	《白城市文物志》，1986年
南三弯遗址	白城市平安镇火车站东南约2千米的东大岗西坡下		采集砖瓦、陶瓷片等，数量不详	辽金	《白城市文物志》，1986年
纯阳遗址	白城市保平乡纯阳村		采集陶瓷片、石器、铜钱等，数量不详	辽金	《白城市文物志》，1986年
西五家户遗址	白城市侯家乡西五家户村政府所在地北约1.5千米		采集瓦片、陶瓷片、石臼、铜钱等，数量不详	辽金	《白城市文物志》，1986年
阳山遗址	白城市保平乡阳山村东南2.5千米的台地上		采集砖瓦、陶瓷片、石器等，数量不详	辽金	《白城市文物志》，1986年
白土坑遗址	白城市平安镇乡北2千米康巴虎屯东北200米处		采集砖瓦、陶瓷片、铁器、石器、铜钱等，数量不详	辽金	《白城市文物志》，1986年
两棵树遗址	白城市平安镇乡三甲村两棵树屯南500米处		采集砖瓦、陶瓷片、石器、铜钱等，数量不详	辽金	《白城市文物志》，1986年
李老道屯遗址	白城市平安镇乡新胜村东南1千米处		采集砖瓦、陶瓷片、铁器、铜钱等，数量不详	辽金	《白城市文物志》，1986年
李芳甫屯遗址	白城市平安镇乡李芳甫屯北500米处		采集砖瓦、陶瓷片、铁器、铜钱等，数量不详	辽金	《白城市文物志》，1986年
海城里屯遗址	白城市平安镇乡新胜村（原名海城里）北500米处		采集瓦片、陶片、石臼、铜钱等，数量不详	辽金	《白城市文物志》，1986年
战家窝堡遗址	白城市侯家乡于家村战家窝堡屯西南500米处		采集砖瓦、陶瓷片、铁器、铜器、石臼等，数量不详	辽金	《白城市文物志》，1986年
前帮统屯遗址	白城市侯家乡民乐村南前帮统屯南部		采集砖瓦、陶片、铁器、铜器、石器、铜钱等，数量不详	辽金	《白城市文物志》，1986年
吴家房框子遗址	白城市保平乡保胜屯西250米处		采集砖瓦、陶瓷片、铁器、石器、铜钱等，数量不详	辽金	《白城市文物志》，1986年
飞机场遗址	白城市北郊东风乡大青山村北2.5千米处		采集砖瓦、陶瓷片、铁器、铜钱等，数量不详	辽金	《白城市文物志》，1986年

续表

遗址名称	位置	遗迹	遗物	时代	文献出处
前蔡家遗址	白城市郊平安镇乡政府西南500米处		采集砖瓦、陶瓷片、铁器、石器等，数量不详	辽金	《白城市文物志》，1986年
红旗村遗址	白城市大岭乡西南2.5千米，民乐村北1千米处		采集砖瓦、陶瓷片、石臼等，数量不详	辽金	《白城市文物志》，1986年
新兴遗址	白城市青山乡所在地正北7千米处		采集砖瓦、陶瓷片、石臼等，数量不详	辽金	《白城市文物志》，1986年
后喇嘛仓遗址	白城市平安镇乡红光村后喇嘛仓西500米处	窖藏1处	采集砖瓦、陶瓷片、石臼等，数量不详	辽金	《白城市文物志》，1986年
张喜俭屯遗址	白城市侯家乡西五家户村张喜俭屯西南1.5千米处		采集砖瓦、陶瓷片、铜器、石器、铜钱等，数量不详	辽金	《白城市文物志》，1986年
新合遗址	白城市平安镇乡西南3.5千米处的新合小学北部		采集砖瓦、陶瓷片、铜器、石器等，数量不详	辽金	《白城市文物志》，1986年
孙长青遗址	白城市洮北区平安镇一心村孙长青屯北侧100米处的耕地中	灰坑5座、坑4座、灰沟4条	出土陶器、瓷器、铁器、铜钱、动物骨骼等至少47件，采集砖瓦、陶瓷片、铁器、石器、铜钱等，数量不详	辽代	《白城市文物志》，1986年；《吉林省白城市孙长青遗址发掘简报》，《北方文物》2010年第4期
红旗寺庙址	白城市大岭乡西南2.5千米处	7处基址	采集建筑构件、陶器等，数量不详	辽金	《白城市文物志》，1986年
白城金家遗址	白城市洮北区三合乡金家村六队东北约1000米处	台基式建筑1座、房址2座、灰沟2条、灰坑5个	出土、采集建筑构件、陶瓷器、铁器、骨器、铜钱等300余件	辽金	《吉林省白城市金家金代遗址的发掘》，《边疆考古研究》第12辑，科学出版社，2012年
白城永平遗址（原名马家窝堡寺庙址）	白城市洮北区平安镇永平村东南约300米处	台基式建筑6座、1座地面式居住址、房址11座、甬路1条、排水设施1条	出土建筑构件、陶瓷器、铁器、铜器、玉石器、骨器等上千件	辽金	《白城市文物志》，1986年；《吉林白城永平金代遗址》，《中国考古新发现年度记录（2009）》，2010年；《吉林白城永平金代寺庙遗址》，《中国考古新发现年度记录2010》，2011年

续表

遗址名称	位置	遗迹	遗物	时代	文献出处
八间房西北岗遗址	镇赉县到保乡双龙村八间房屯西北500米处的一条砂岗上		采集陶瓷片等，数量不详	辽金	《镇赉县文物志》，1985年
双龙村南岗遗址	镇赉县到保乡双龙村（屯）南150米处的一条土岗上		采集陶片等，数量不详	辽金	《镇赉县文物志》，1985年
车力村东南岗遗址	镇赉县到保乡车力村（屯）东南500米处的一个砂岗上		采集陶片、铜器等，数量不详	辽金	《镇赉县文物志》，1985年
永利屯东岗遗址	镇赉县到保乡太平村永利屯正东1.5千米处的一条砂岗上		采集陶片等，数量不详	辽金	《镇赉县文物志》，1985年
后棉山召南岗遗址	镇赉县到保乡双龙村后棉山召屯正南300米处的一条岗子上		采集陶瓷片等，数量不详	辽金	《镇赉县文物志》，1985年
后六家子屯南遗址	镇赉县大屯乡代头村后六家子屯南30米处		采集陶瓷片等，数量不详	辽金、清代	《镇赉县文物志》，1985年
后卧卜屯东南岗遗址	镇赉县莫莫格乡卧卜村后卧卜屯东100米处一个砂岗西端		采集布纹瓦、陶瓷片等，数量不详	辽金、清代	《镇赉县文物志》，1985年
小河堡吐遗址	镇赉县岔台乡大河堡吐村小河堡吐屯北500米处的一个砂岗上		采集砖瓦、陶瓷片等，数量不详	金代	《镇赉县文物志》，1985年
西二龙屯南岗遗址	镇赉县沿江乡西二龙村（屯）南1000米处的一个土岗东端南坡		采集布纹瓦、陶瓷片等，数量不详	辽金	《镇赉县文物志》，1985年
西二龙屯北岗遗址	镇赉县沿江乡西二龙村（屯）正北约1千米处的一个小漫岗上		采集陶片等，数量不详	辽金	《镇赉县文物志》，1985年
电线杆地遗址	镇赉县沿江乡东二龙村小东屯东南约250米处的耕地中		采集砖瓦、陶瓷片等，数量不详	辽金	《镇赉县文物志》，1985年
五家子遗址	镇赉县大屯乡五家子村（屯）西30米处		采集陶片等，数量不详	辽金	《镇赉县文物志》，1985年
后六家子西岗遗址	镇赉县大屯乡代头村后六家子屯西南1.5千米处的一个大土岗子上的耕地中		采集砖瓦、陶片等，数量不详	辽金	《镇赉县文物志》，1985年

续表

遗址名称	位置	遗迹	遗物	时代	文献出处
小茨勒营子遗址	镇赉县大屯乡大茨勒营子村小茨勒营子屯北200米处的耕地中		采集布纹瓦、陶片等，数量不详	辽代	《镇赉县文物志》，1985年
乌兰吐遗址	镇赉县丹岱乡乌兰吐村（屯）南30米处		采集砖瓦、陶片等，数量不详	辽金	《镇赉县文物志》，1985年
立新屯东岗子遗址	镇赉县丹岱乡立新村（屯）东200米处的一个圆形土岗的南坡上		采集陶片等，数量不详	辽金	《镇赉县文物志》，1985年
浩特勒岗子遗址	镇赉县丹岱乡丹岱村（屯）北750米处的砂岗上		采集砖瓦、陶瓷片、铜钱等，数量不详	辽金	《镇赉县文物志》，1985年
兰杆西北道遗址	镇赉县嘎什根乡林场东1.5千米处的一个大砂岗西部		采集陶瓷片、铜钱等，数量不详	辽金	《镇赉县文物志》，1985年
后二力把东北岗遗址	镇赉县嘎什根乡二力把村后二力把屯东北250米处的一个圆形土岗上		采集陶瓷片、铜钱等，数量不详	辽金	《镇赉县文物志》，1985年
保民西南岗遗址	镇赉县保民乡政府所在地西南2千米左右的一条大岗子上		采集陶片等，数量不详	辽金	《镇赉县文物志》，1985年
镇赉大岗林场七棵树村东岗遗址	镇赉县大岗林场场部西南11千米		采集陶瓷器、铁器、铜钱等，数量不详	辽金	《镇赉县大岗林场七棵树村东岗辽代遗址调查》，《博物馆研究》2003年第1期
半拉山遗址	大安市新荒公社永兴大队的沙坨子	有砖室墓	采集陶瓷片等，数量不详	辽金	《大安县文物志》，1982年
大瓮泉南坡遗址	大安市三收公社富有大队（白音哥屯）东南1.5千米的一带环形漫岗中		采集砖瓦、陶瓷片、铁镞等，数量不详	辽金	《大安县文物志》，1982年
万山遗址	大安市静山公社万山大队（即宏发屯）的东北500米处	烧土层	采集砖瓦、陶瓷片等，数量不详	辽金	《大安县文物志》，1982年
新立卜遗址	大安市洮儿河南岸的2千米的丰收公社新立卜大队屯东		采集布纹瓦、陶瓷片、铜钱等，数量不详	辽金	《大安县文物志》，1982年
东岗子遗址	大安市丰收公社富胜大队所在地东面岗坡上		采集砖瓦、陶瓷片、铜镜、铁铧、石器、铜钱等，数量不详	辽金	《大安县文物志》，1982年

续表

遗址名称	位置	遗迹	遗物	时代	文献出处
老庙屯遗址	大安市叉干公社东南1.5千米老庙屯北一个名叫"坝口山"的沙丘的南坡		采集砖瓦、陶片等，数量不详	辽金	《大安县文物志》，1982年
青山遗址	大安市四棵树公社青山大队	6座建筑基址	采集布纹瓦、石柱础、陶瓷片等，数量不详	辽金	《大安县文物志》，1982年
临渠山遗址	大安市叉干公社长城大队东南，大榆树屯正南的一座沙丘上		采集砖瓦、陶瓷片、铁器等，数量不详	辽金	《大安县文物志》，1982年
山弯建筑址	大安市四棵树乡山弯大队南2千米处的沙坨子南坡		采集建筑构件、陶瓷片等，数量不详	辽金	《大安县文物志》，1982年
东山头建筑址	大安市月亮泡镇东山头大队东		采集建筑构件、陶瓷片等	辽金	《大安县文物志》，1982年
后地窝堡运河	大安市月亮泡镇后地窝堡屯北、月亮泡和榔头泡之间	运河1处	出土木船1只	辽金	《大安县文物志》，1982年
兴隆山西岗遗址	通榆县兴隆山公社兴隆山屯正西500米处的土岗南坡		采集陶片等，数量不详	辽金	《通榆县文物志》，1985年
三合屯西坨子遗址	通榆县兴隆山公社三合屯西500米处的沙岗上		采集瓷片、铁器等，数量不详	辽金	《通榆县文物志》，1985年
新发堡东岗遗址	通榆县团结公社民主大队新发堡屯东200米处的沙岗上		采集陶片、铁器等，数量不详	辽金	《通榆县文物志》，1985年
方家围子东南岗遗址	通榆县团结公社民主大队方家围子屯东南2.5千米处的沙岗上		采集陶瓷片等，数量不详	辽金、明代	《通榆县文物志》，1985年
方家围子南岗遗址	通榆县团结公社民主大队方家围子屯南2千米的一座山岗上		采集陶瓷片、铁器、铜器等，数量不详	辽金	《通榆县文物志》，1985年
神树坨子遗址	通榆县团结公社新春大队塌了盖屯西南2.5千米处的神树坨子上		采集陶片、铁器等，数量不详	辽金	《通榆县文物志》，1985年
灶底坑东岗遗址	通榆县团结公社建设大队东北2千米处的水坑东部		采集陶瓷片等，数量不详	辽金	《通榆县文物志》，1985年

续表

遗址名称	位置	遗迹	遗物	时代	文献出处
保安镇北岗遗址	通榆县团结公社解放大队保安镇屯北1千米处的沙岗上		采集陶片、铜器、铁器等，数量不详	辽金	《通榆县文物志》，1985年
前万宝东甸子遗址	通榆县乌兰花公社前万宝生产队东250米处的草甸子上		采集砖瓦、陶瓷片、石臼等，数量不详	辽金	《通榆县文物志》，1985年
前泡子沿西北岗遗址	通榆县乌兰花公社西木大队前泡子沿生产队西北500米处的一条漫岗上		采集陶瓷片等，数量不详	辽金	《通榆县文物志》，1985年
傅青屯南坨子遗址	通榆县新发公社德胜大队傅青屯正南1千米的一座沙坨子上		采集陶瓷片、铜钱等，数量不详	辽金	《通榆县文物志》，1985年
傅青屯西北坨子遗址	通榆县新发公社德胜大队傅青屯西北2千米处的沙包上		采集陶片、铜镜等，数量不详	辽金	《通榆县文物志》，1985年
董家窑遗址	通榆县新发公社德胜大队董家窑屯和孟家窝堡屯之间	房址1处	采集陶片等，数量不详	辽金	《通榆县文物志》，1985年
后太平东南山遗址	通榆县新发公社新发大队后太平屯东南1千米的沙包上		采集陶瓷片等，数量不详	辽金	《通榆县文物志》，1985年
腰五九屯北坨子遗址	通榆县新兴公社新兴大队腰五九屯西北700米处的一座沙丘上		采集陶片等，数量不详	辽金	《通榆县文物志》，1985年
大宁西泡子东南岗遗址	通榆县瞻榆公社大宁大队西泡子东南1千米的沙岗上		采集陶片、铁器、铜钱等，数量不详	辽金	《通榆县文物志》，1985年
腰宝安南坨子遗址	通榆县新华公社保安大队腰宝安屯正南约1.5千米处的沙丘上		采集陶瓷片、石磨等，数量不详	辽金	《通榆县文物志》，1985年
西力布克西北岗遗址	通榆县新华公社大有大队西力布克生产队西北500米处的一条沙岗上		采集陶瓷片、铁器等，数量不详	辽金	《通榆县文物志》，1985年
十三马架子遗址	通榆县新华公社新华大队林场西约100米的沙岗南坡		采集陶瓷片、铁器、铜器、银器、玉石器、铜钱等，数量不详	辽金	《通榆县文物志》，1985年

续表

遗址名称	位置	遗迹	遗物	时代	文献出处
西井沿遗址	通榆县新华公社新林大队西井沿村西大片地中		采集砖瓦、陶瓷片等，数量不详	辽金	《通榆县文物志》，1985年
西战西南岗遗址	通榆县边昭公社西战大队西南1千米处的大孤沙岗上		采集陶瓷片等，数量不详	辽金	《通榆县文物志》，1985年
边昭“老街基”遗址	通榆县边昭公社西南1千米，铁西大队南150米处的沙岗上		采集瓦片、陶瓷片、铁器等，数量不详	辽金、明清	《通榆县文物志》，1985年
东憨头郎东地遗址	通榆县八面公社阳光大队东憨头郎屯东1.5千米处的耕地中		采集陶片等，数量不详	辽金	《通榆县文物志》，1985年
大黑山遗址	通榆县八面公社四家子大队大辽阳生产队东南1.5千米处的大黑山南坡		采集陶瓷片等，数量不详	辽金	《通榆县文物志》，1985年
靶场遗址	通榆县什花道公社所在地西南约2.5千米的沙岗上	墓葬1处	采集陶瓷片等，数量不详	辽金	《通榆县文物志》，1985年
兴隆屯遗址	通榆县瞻榆乡兴隆屯东北750米处沙丘上		采集陶片、铁器等10件	辽代	《通榆县辽代遗址新发现》，《博物馆研究》2001年第4期
暑字井遗址	乾安县暑字乡暑字村暑字井屯中学校园西20米处		采集陶瓷片等，数量不详	辽金	《乾安县文物志》，1986年
岁字井遗址	乾安县暑字乡岁字村岁字井屯西北1.5千米处的耕地中		采集陶瓷片等，数量不详	辽金	《乾安县文物志》，1986年
双山子遗址	乾安县暑字乡吕字井屯西南1.7千米处的一道砂岗上		采集布纹瓦、陶瓷片等，数量不详	辽金	《乾安县文物志》，1986年
宙字井西北岗遗址	乾安县余字乡列字村宙字井屯西北约80米处的土岗上		采集陶片、铁器等，数量不详	辽金	《乾安县文物志》，1986年
辰字井屯南岗遗址	乾安县余字乡辰字村辰字井屯南400余米处的一座漫岗上		采集陶瓷片、铁器、石臼、铜钱等，数量不详	辽金	《乾安县文物志》，1986年
成字井遗址	乾安县余字乡成字村西南部的台地边缘上		采集陶瓷片、马镫、铜镜等，数量不详	辽金、清代	《乾安县文物志》，1986年

续表

遗址名称	位置	遗迹	遗物	时代	文献出处
付天字井屯东南岗遗址	乾安县余字乡天字村付天字井屯东南2千米的一个略呈圆形的土岗东南坡		采集青砖、陶瓷片、铁箭头、石壶等，数量不详	辽金	《乾安县文物志》，1986年
水字井北岗遗址	乾安县水字镇水字村水字井屯西北150米处的一个砂岗中部的南坡		采集陶片等，数量不详	辽金	《乾安县文物志》，1986年
东夜字井遗址	乾安县鳞字乡称字村东夜字井屯西60米处		采集布纹瓦、陶片等，数量不详	辽金	《乾安县文物志》，1986年
西陶字井遗址	乾安县鳞字乡西陶村西陶字井东100米处的耕地中		采集陶瓷片等，数量不详	辽金	《乾安县文物志》，1986年
东宾字井西岗遗址	乾安县鳞字乡宾字村东宾字井屯西约1000米处的岗坡上		采集陶瓷片等，数量不详	辽金	《乾安县文物志》，1986年
东唐字井西北遗址	乾安县鳞字乡西陶村东唐字井屯西北500米处的耕地中		采集陶瓷片等，数量不详	辽金	《乾安县文物志》，1986年
东陶字井西北遗址	乾安县鳞字乡东陶字村东陶字井屯西北40米处的耕地中		采集陶瓷片等，数量不详	辽金	《乾安县文物志》，1986年
东南陶字井南岗遗址	乾安县鳞字乡东陶村东南陶字井屯南约300米处的耕地中		采集陶瓷片、铜钱等，数量不详	辽金	《乾安县文物志》，1986年
大咸字井西南岗遗址	乾安县让字乡大咸字村大咸字井屯		采集青砖、陶瓷片等，数量不详	辽金	《乾安县文物志》，1986年
河字井西岗遗址	乾安县让字乡河字村河字井屯西2千米处的一个漫岗上		采集陶瓷片等，数量不详	辽金	《乾安县文物志》，1986年
西号字井西岗遗址	乾安县让字乡西号字村西号字井屯西100米处的一个砂岗上		采集布纹瓦、陶瓷片等，数量不详	辽金	《乾安县文物志》，1986年
大珠字井西岗遗址	乾安县让字乡大珠字村大珠字井屯		采集陶瓷片等，数量不详	辽金	《乾安县文物志》，1986年

续表

遗址名称	位置	遗迹	遗物	时代	文献出处
让字井北岗遗址	乾安县让字乡让字村让字井屯北1.25千米处的一个砂岗中部的南坡		采集陶瓷片、箭头等，数量不详	辽金	《乾安县文物志》，1986年
河字井西北岗遗址	乾安县让字乡河字村河字井屯西北1.25千米处的一个砂岗的顶部		采集陶片等，数量不详	辽金	《乾安县文物志》，1986年
克字井遗址	乾安县才字乡克字村克字井屯东南50米处的一个正方形场院		采集陶瓷片等，数量不详	辽金	《乾安县文物志》，1986年
白字井遗址	乾安县才字乡白字村白字井屯		采集陶瓷片等，数量不详	辽金	《乾安县文物志》，1986年
帅字井北岗遗址	乾安县赞字乡帅字村帅字井屯		采集陶瓷片等，数量不详	辽金	《乾安县文物志》，1986年
西父字井东北岗遗址	乾安县赞字乡父字村西父字井屯东北1千米处的一条漫岗上		采集陶瓷片等，数量不详	辽金	《乾安县文物志》，1986年
羔字井东北岗遗址	乾安县赞字乡羔字村羔字井屯东北1千米左右的一条砂岗东南端的南坡上		采集陶瓷片等，数量不详	辽金	《乾安县文物志》，1986年
三八水库遗址	乾安县赞字乡西北3千米处的三八水库		采集砖瓦、陶瓷片等，数量不详	辽金	《乾安县文物志》，1986年
温字井遗址	乾安县兰字乡温字村温字井屯正东约1千米处的大布苏湖岸边的耕地中		采集青砖、陶片、铁器等，数量不详	辽金	《乾安县文物志》，1986年
马场遗址	乾安县兰字乡马场驻地西北约500米处的耕地之中		采集青砖、陶瓷片等，数量不详	辽金	《乾安县文物志》，1986年
叔字井东南遗址	乾安县兰字乡叔字村叔字井屯东南约1千米处的大布苏湖的西岸		采集砖瓦、陶瓷片等，数量不详	辽金	《乾安县文物志》，1986年
纯字井遗址	乾安县兰字乡松字村纯字井屯		采集陶瓷片等，数量不详	辽金、清代	《乾安县文物志》，1986年
犹字井遗址	乾安县兰字乡从字村犹字井屯东北约1.2千米处的一个椭圆形大水泡的北岸边上		采集青砖、陶瓷片等，数量不详	辽金	《乾安县文物志》，1986年

续表

遗址名称	位置	遗迹	遗物	时代	文献出处
传字井东岗遗址	乾安县兰字乡传字村传字井屯东约2千米处的一个砂岗东端的南坡		采集陶瓷片、铜钱等，数量不详	辽金	《乾安县文物志》，1986年
得字井屯北遗址	乾安县大布苏镇得字村得字井屯北10米处的场院内		采集陶瓷片、砺石、铜锅、铁犁等，数量不详	辽金	《乾安县文物志》，1986年
后过字井西岗遗址	乾安县大布苏镇建字村后过字井屯西150米处的砂岗中部的南坡		采集陶瓷片等，数量不详	辽金	《乾安县文物志》，1986年
小命字井东岗遗址	乾安县大布苏镇凤字村小命字井屯东500米处的砂岗中部的耕地中		采集陶片等，数量不详	辽金	《乾安县文物志》，1986年
小过字井遗址	乾安县大布苏镇建字村小过字井屯北10米处的耕地中		采集陶片等，数量不详	辽金	《乾安县文物志》，1986年
君字井屯西南坨子遗址	乾安县严字乡君字村君字井屯西南1250米处的砂丘		采集陶片等，数量不详	辽金	《乾安县文物志》，1986年
唱字井遗址	乾安县安字乡唱字村唱字井屯西北60米处的一条砂岗东端的南坡上		采集青砖、陶瓷片、铜钱等，数量不详	辽金	《乾安县文物志》，1986年
前训字井遗址	乾安县所字乡训字村前训字井屯东侧的耕地中	骨灰罐墓	采集陶瓷片等，数量不详	辽金	《乾安县文物志》，1986年
老猪场遗址	乾安县仙字乡操字井屯西南约2千米处的大院		采集陶瓷片、石磨等，数量不详	辽金	《乾安县文物志》，1986年
姑字井遗址	乾安县仙字乡姑字村姑字井屯北100米处的大布苏湖南岸的二级台地上		采集陶瓷片等，数量不详	辽金	《乾安县文物志》，1986年
丙字井北岗遗址	乾安县仙字乡丙字村丙字井屯正北约500米处的一条砂岗东部的南坡		采集陶片等，数量不详	辽金	《乾安县文物志》，1986年
辰字井屯西南岗遗址	乾安县余字乡辰字村辰字井屯西南200米处的土岗南坡		采集陶瓷片、铜盆、石器等，数量不详	辽金	《乾安县文物志》，1986年
辰字井屯东南岗建筑址	乾安县余字乡辰字村辰字井屯东南400余米处的一座漫岗西部		采集砖瓦、螭吻、瓷片等，数量不详	辽金	《乾安县文物志》，1986年

续表

遗址名称	位置	遗迹	遗物	时代	文献出处
东谷字井东北岗建筑址	乾安县兰字乡兰字村东谷字井屯东北约1千米处		采集砖瓦等，数量不详	辽金	《乾安县文物志》，1986年
大化农场建筑址	乾安县大布苏湖北岸的二级台地上		采集砖瓦、陶瓷片等，数量不详	辽金	《乾安县文物志》，1986年
西丙字井建筑址	乾安县仙字乡丙字井屯南1千米处的圆形土岗上		采集青砖、陶瓷片等，数量不详	辽金	《乾安县文物志》，1986年
为查渠道	乾安县余字乡境内		没有采集到遗物	辽金	《乾安县文物志》，1986年
春捺钵遗址	乾安县地字井村、腾字井村、藏字井村和赞字乡花敖泡南侧等四处地方	土台1540多处	采集陶瓷片、铁器、铜钱等，数量不详	辽金	《辽春捺钵遗址群》，《第三次全国文物普查百大新发现》，文物出版社，2011年
半拉山遗址	前郭尔罗斯蒙古族自治县穆家乡莫古气村七家子屯北约2.5千米处		采集砖瓦、陶瓷片、石臼、铜钱等，数量不详	金代	《前郭尔罗斯蒙古族自治县文物志》，1983年
大榆树遗址	前郭尔罗斯蒙古族自治县平风乡大岗子村大榆树屯东的山冈两侧		采集陶瓷片、铁器、石器等，数量不详	金代	《前郭尔罗斯蒙古族自治县文物志》，1983年
新立屯遗址	前郭尔罗斯蒙古族自治县新丰乡新立屯西端的社员院内		采集砖瓦、陶瓷片等，数量不详	金代	《前郭尔罗斯蒙古族自治县文物志》，1983年
三不管遗址	前郭尔罗斯蒙古族自治县八郎乡三不管屯南约50米处		采集陶瓷片、石磨等，数量不详	金代	《前郭尔罗斯蒙古族自治县文物志》，1983年
七家子遗址	前郭尔罗斯蒙古族自治县穆家乡七家子屯西南约1千米山冈上		采集陶瓷片、铜钱等，数量不详	金代	《前郭尔罗斯蒙古族自治县文物志》，1983年
穆家遗址	前郭尔罗斯蒙古族自治县穆家乡穆家崴子屯东北约500米处的山包南侧缓坡的耕地中	红烧土	采集陶瓷片、铜钱等，数量不详	金代	《前郭尔罗斯蒙古族自治县文物志》，1983年
古城遗址	前郭尔罗斯蒙古族自治县重新乡古城屯东侧		采集陶瓷片、石器、铜钱等，数量不详	金代	《前郭尔罗斯蒙古族自治县文物志》，1983年

续表

遗址名称	位置	遗迹	遗物	时代	文献出处
下格斯户遗址	前郭尔罗斯蒙古族自治县大山乡下格斯户屯东南约100米处的山冈上		采集陶瓷片、铜箭头等，数量不详	辽金、明清	《前郭尔罗斯蒙古族自治县文物志》，1983年
长龙遗址	前郭尔罗斯蒙古族自治县长龙乡长龙屯西中学校院北侧	瓮棺墓	采集陶瓷片、铜镞、石器、铜钱等，数量不详	辽金	《前郭尔罗斯蒙古族自治县文物志》，1983年
小城子遗址	前郭尔罗斯蒙古族自治县查干花乡白音花村小城子屯西北约500米处		采集砖瓦、陶瓷片、铁铧、铜镜等，数量不详	辽金	《前郭尔罗斯蒙古族自治县文物志》，1983年
老房框子遗址	前郭尔罗斯蒙古族自治县哈拉毛都乡那木斯屯北300米的山坡台地上		采集砖瓦、陶瓷片、铜钱等，数量不详	金代	《前郭尔罗斯蒙古族自治县文物志》，1983年
郑家围子遗址	前郭尔罗斯蒙古族自治县套浩太乡郑家围子屯东约2.5千米的草原上	有墓葬	采集铁器、铜镜等，数量不详	金元	《前郭尔罗斯蒙古族自治县文物志》，1983年
白依哈遗址	前郭尔罗斯蒙古族自治县平凤乡白依哈屯中		采集砖瓦、瓷片、铁器、铜人等，数量不详	金代	《前郭尔罗斯蒙古族自治县文物志》，1983年
后十五里岗子遗址	松原市（原扶余县）新民公社新民大队村北漫岗上		采集陶瓷片、铜器、铁器、铜钱等，数量不详	辽金	《扶余县文物志》，1984年
单家遗址	扶余县社里公社西北8千米，单家村东南耕地上		采集布纹瓦、陶瓷片、铁器、铜钱等，数量不详	辽金	《扶余县文物志》，1984年
富康遗址	扶余县社里公社西北4千米，富康村村北狭长的台地坎边缘		采集布纹瓦、陶瓷片、石器等，数量不详	辽金	《扶余县文物志》，1984年
兴隆沟遗址	扶余县社里公社新山大队西南，距大队约1.5千米的兴隆沟村村西斜坡耕地上		采集布纹瓦、陶瓷片、石器等，数量不详	辽金	《扶余县文物志》，1984年
双庙地遗址	扶余县增盛公社西南10千米，台地坎下，公社敬老院周围的耕地上		采集陶瓷片、铜器、玉器、石器、铜钱等，数量不详	辽金	《扶余县文物志》，1984年
两家子遗址	扶余县增盛公社沿江大队（小两家子村）东侧台地坎的边缘上		采集砖瓦、陶瓷片、铁器、铜钱等，数量不详	辽金	《扶余县文物志》，1984年

续表

遗址名称	位置	遗迹	遗物	时代	文献出处
乡约屯遗址	扶余县新站公社通途五队（乡约屯）屯北台地坎的坎上和坎下		采集砖瓦、陶片、铁器、铜器、铜钱等，数量不详	辽金	《扶余县文物志》，1984年
城子地遗址	扶余县王家子公社公正大队（旧名孟家崴子）松花江北岸二级台地上		采集布纹瓦、陶片、铁器、石臼、铜钱等，数量不详	辽金	《扶余县文物志》，1984年
莲花遗址	扶余县五家子公社莲花大队（旧称杨家岗子）的莲花泡北岸土岗上		采集布纹瓦、陶片、铜镜、铜钱等，数量不详	辽金	《扶余县文物志》，1984年
袁家小城子遗址	扶余县五家子公社西北7.5千米袁家大队小城子屯东边土包上		采集布纹瓦、陶瓷片等，数量不详	辽金	《扶余县文物志》，1984年
青年水库遗址	扶余县五家站镇西北1千米青年水库西南角一个漫岗上	有墓葬	采集布纹瓦、陶瓷片、铁器、铜钱等，数量不详	辽金	《扶余县文物志》，1984年
万发街遗址	扶余县三义公社西7.5千米，万发村内及村外耕地上		采集陶片等，数量不详	辽金	《扶余县文物志》，1984年
西团山遗址	扶余县万发公社西3千米，龙凤村西的西团山屯		采集砖瓦、陶瓷片、铜钱等，数量不详	辽金	《扶余县文物志》，1984年
李家排遗址	扶余县万发公社东3千米，站发大队西侧的李家排村后		采集砖瓦、陶瓷片、铁器、石臼、铜钱等，数量不详	辽金	《扶余县文物志》，1984年
八岔遗址	扶余县北陶公社西南6千米，八岔村后台地坎边缘		采集砖瓦、陶瓷片、铜器、铜钱等，数量不详	辽金	《扶余县文物志》，1984年
南砂岗遗址	扶余县蔡家沟公社四方台村西南		采集砖瓦、陶片、石臼、铜钱等，数量不详	辽金	《扶余县文物志》，1984年
永发屯遗址	扶余县蔡家沟公社万家坨子大队永发屯村后		采集布纹瓦、陶瓷片、铁器、铜器、石臼、铜钱等，数量不详	辽金	《扶余县文物志》，1984年
新安遗址	松原市（原扶余县）伯都公社新安大队东北1.5千米处		采集砖瓦、陶瓷片等，数量不详	辽金	《扶余县文物志》，1984年
老宅子遗址	扶余县伊家店公社西南约里许，拉林灌区干渠东侧		采集砖瓦、陶瓷片、铁器、铜器、石臼、铜钱等，数量不详	辽金、明清	《扶余县文物志》，1984年

续表

遗址名称	位置	遗迹	遗物	时代	文献出处
江家岗遗址	扶余县伊家店公社东北4千米，拉林河西岸的一处土岗上		采集砖瓦、陶瓷片、铁器、铜器、铜钱等，数量不详	辽金	《扶余县文物志》，1984年
平房店遗址	扶余县徐家店公社范家大队平房店村内		采集砖瓦、陶瓷片、铁器、铜器、石器等，数量不详	辽金	《扶余县文物志》，1984年
北大沟遗址	扶余县徐家店公社范家大队平房店村西约400米的台地坎上		采集布纹瓦、陶瓷片、玉器、石器等，数量不详	辽金	《扶余县文物志》，1984年
大坨子遗址	扶余县大林子公社北偏西7.5千米，韭菜坨子大队西1千米，大坨子村北		采集砖瓦、陶瓷片、铁器、石器、铜器等，数量不详	辽金	《扶余县文物志》，1984年
三合屯遗址	扶余县大林子公社西北10千米，三合屯村南，紧邻水渠的一块岗地上		采集陶瓷片、铁器等，数量不详	辽金	《扶余县文物志》，1984年
小房身遗址	扶余县更新公社胡家大队西1千米，小房身村东半部及村东200米远的土岗上		采集砖瓦、石器等，数量不详	辽金	《扶余县文物志》，1984年
李家崴子遗址	扶余县更新公社所在地北7千米，曾家大队东北2千米的台地坎上		采集砖瓦、陶片、石臼等，数量不详	辽金	《扶余县文物志》，1984年
孟家崴子遗址	扶余县更新公社所在地东南2.5千米，新红（九间房）大队东1.5千米，台地坎下孟家崴子村中		采集石臼等，数量不详	辽金	《扶余县文物志》，1984年
李家坨子遗址	扶余县拉林公社东南6千米，宏图大队西500米李家坨子村		采集布纹瓦、陶片、铁器、石臼等，数量不详	辽金	《扶余县文物志》，1984年
万生遗址	扶余县弓棚子公社万生大队杨小铺屯西北1.5千米处		采集陶片、铜器、铜钱等，数量不详	辽金、清代	《扶余县文物志》，1984年
林家窝铺遗址	扶余县东南90千米五家站人民公社		采集砖瓦、陶片、石臼等，数量不详	辽金	《扶余县文物志》，1984年
孤家子遗址	扶余县五家站西12千米		采集砖瓦、陶片、石器、铜钱等，数量不详	辽金	《扶余县文物志》，1984年
田家崴子遗址	扶余县五家站西6千米		采集砖瓦、石器等，数量不详	辽金	《扶余县文物志》，1984年
孟家崴子遗址	扶余县五家站西5千米		采集砖瓦、铜钱等，数量不详	辽金	《扶余县文物志》，1984年

续表

遗址名称	位置	遗迹	遗物	时代	文献出处
陶西林场遗址	扶余县东南部陶赖昭镇陶西村西约2.2千米处	灰坑7个、房址3座、灶10座、窑址1座	出土瓦件、陶器、瓷器、铁器、铜器、骨器、铁器等至少214件	金代	《吉林省扶余县陶西林场遗址发掘简报》，《北方文物》2009年第3期
西车家店遗址	松原市扶余县西车家店村东约1千米处	房址3处、灰坑11个	出土砖瓦、陶器、瓷器、铁器、铜器、骨器、石器等至少289件	金代	《吉林省扶余县西车家店金代遗址的发掘》，《北方文物》2009年第3期
后乔家围子屯东岗遗址	长岭县正北镇乡乔家围子村后乔家围子屯东部大沙岗的南坡和东坡		采集陶瓷片等，数量不详	辽代	《长岭县文物志》，1987年
前乔家围子屯西北岗遗址	长岭县正北镇乡乔家围子村前乔家围子屯西北大沙岗的南坡脚下耕地中		采集陶片等，数量不详	辽代	《长岭县文物志》，1987年
固鲁乍屯北二道岗遗址	长岭县东六号乡固鲁乍村驻地固鲁乍屯北第二道岗子的东部南坡		采集陶瓷片、铁器等，数量不详	辽金	《长岭县文物志》，1987年
小腰街屯北三道岗遗址	长岭县龙凤乡龙凤村小腰街屯北1.5千米处		采集陶瓷片等，数量不详	辽代	《长岭县文物志》，1987年
喇嘛仓屯北岗遗址	长岭县流水乡中兴村喇嘛仓屯的北岗		采集陶片等，数量不详	辽代	《长岭县文物志》，1987年
艾莲花屯北岗遗址	长岭县流水乡爱国村艾莲花屯民房北60米处的沙岗东端南坡上		采集陶瓷片等，数量不详	辽金	《长岭县文物志》，1987年
三十九号屯东北岗遗址	长岭县新风乡三十九号村东北约2千米处的大沙岗上的耕地中		采集陶瓷片等，数量不详	辽金	《长岭县文物志》，1987年
韩家屯东南遗址	长岭县永升乡义和村韩家屯东南1.2千米处的耕地中		采集陶片等，数量不详	辽代	《长岭县文物志》，1987年
腰义州海屯西岗遗址	长岭县大兴乡义州海村腰义州海屯西1千米处的一条沙岗东段的南坡		采集陶片等，数量不详	辽代	《长岭县文物志》，1987年

续表

遗址名称	位置	遗迹	遗物	时代	文献出处
小窝堡屯北岗遗址	长岭县十家户乡十三号村小窝堡屯北1千米处的沙岗西部的阳坡上		采集青砖、陶瓷片、铁器、铜钱等，数量不详	辽金	《长岭县文物志》，1987年
腰十七号屯东岗遗址	长岭县十家户乡十七号村腰十七号屯东约100米处沙岗南坡上		采集陶瓷片、铜钱等，数量不详	辽金	《长岭县文物志》，1987年
前八十八号屯南遗址	长岭县八十八乡八十八村前八十八号屯南1千米处的林带中		采集陶片等，数量不详	辽代	《长岭县文物志》，1987年
后二十号屯东岗遗址	长岭县八十八乡二十号村后二十号屯东150米处的沙岗上		采集陶片等，数量不详	辽代	《长岭县文物志》，1987年
东五十九号屯东南岗遗址	长岭县八十八乡八十八村东五十九号屯东南500米处的沙岗上		采集陶片等，数量不详	辽代	《长岭县文物志》，1987年
东二十号屯西北岗遗址	长岭县八十八乡二十号村东二十号屯西北500米处的一个沙岗上		采集陶片等，数量不详	辽代	《长岭县文物志》，1987年
刘家粉坊北岗遗址	长岭县大兴乡光荣村刘家粉坊屯北1千米处的一个小漫岗上		采集陶片、铁器、铜钱等，数量不详	辽代	《长岭县文物志》，1987年
西山屯西岗遗址	长岭县八十八乡九十一村西山屯西100米处的一个沙岗顶部的风剥坑内		采集陶片等，数量不详	辽代	《长岭县文物志》，1987年
井家窝堡屯南岗遗址	长岭县正北镇乡正北镇村井家窝堡屯南约1千米的土岗上		采集陶片等，数量不详	辽代	《长岭县文物志》，1987年
正北镇屯东岗遗址	长岭县正北镇屯东500米处的一座土岗南坡耕地中		采集陶片等，数量不详	辽代	《长岭县文物志》，1987年
前水月屯南第二山口遗址	长岭县正北镇乡水月村前水月屯南2.5千米处的第二山口及两侧岗子上		采集陶瓷片等，数量不详	辽代	《长岭县文物志》，1987年

续表

遗址名称	位置	遗迹	遗物	时代	文献出处
佟家店马场遗址	长岭县正北镇乡前四十七号村佟家店屯西北2千米处的佟家店马场西30米处的耕地中		采集陶瓷片等，数量不详	辽代	《长岭县文物志》，1987年
佟家店屯西遗址	长岭县正北镇乡前四十七号村佟家店屯西50米处的耕地中		采集陶片等，数量不详	辽代	《长岭县文物志》，1987年
佟家店屯东北岗遗址	长岭县正北镇乡前四十七号村佟家店屯东北100余米处的沙坨子南坡和西坡		采集陶片等，数量不详	辽代	《长岭县文物志》，1987年
前四十七号屯南岗遗址	长岭县正北镇乡前四十七号村前四十七号屯南1千米处的沙岗南坡		采集陶片等，数量不详	辽代	《长岭县文物志》，1987年
前四十七号屯西北坨子遗址	长岭县正北镇乡前四十七号村前四十七号屯西北1千米处的沙坨子南坡		采集陶片等，数量不详	辽代	《长岭县文物志》，1987年
小腰街屯东北岗遗址	长岭县龙凤乡龙凤村小腰街屯东北150米处的大漫岗南坡		采集陶片、铁器等，数量不详	辽代	《长岭县文物志》，1987年
潘菜园子屯东头遗址	长岭县龙凤乡龙凤村潘菜园子屯东头住户门前的一个沙丘上部及周围地中		采集陶片等，数量不详	辽代	《长岭县文物志》，1987年
潘菜园子屯北岗遗址	长岭县龙凤乡龙凤村潘菜园子屯北600米的岗上		采集陶瓷片等，数量不详	辽代	《长岭县文物志》，1987年
海青坨子西北岗遗址	长岭县海青乡海青村海青坨子西北岗的向阳坡处		采集陶瓷片等，数量不详	辽代	《长岭县文物志》，1987年
朝阳山屯西北岗遗址	长岭县东岭乡朝阳村朝阳山屯西北500米左右的台地上		采集陶瓷片等，数量不详	辽代	《长岭县文物志》，1987年
海峰屯西岗遗址	长岭县东岭乡海峰村海峰屯西岗东南坡的耕地中		采集砖瓦、陶瓷片、铁器等，数量不详	金代	《长岭县文物志》，1987年
张家炉屯东南岗遗址	长岭县东岭乡张家炉屯东南约2千米处的大岗子上		采集陶瓷片、铁器等，数量不详	辽代	《长岭县文物志》，1987年

续表

遗址名称	位置	遗迹	遗物	时代	文献出处
新风马场北岗遗址	长岭县新风乡新风马场居民区东部北侧约20米的岗坡上		采集陶片等，数量不详	辽代	《长岭县文物志》，1987年
前蛤蟆沁屯西南岗遗址	长岭县新风乡蛤蟆沁村蛤蟆沁屯西南500米处的沙岗		采集陶瓷片等，数量不详	辽代	《长岭县文物志》，1987年
张江窝堡屯遗址	长岭县新风乡张江村张江窝堡屯东头的北侧及屯内		采集陶瓷片等，数量不详	辽代	《长岭县文物志》，1987年
十八号屯西北岗遗址	长岭县十家户乡十八号村十八号屯西北约400米处的沙岗中部的阳坡上		采集青砖、陶瓷片等，数量不详	辽代	《长岭县文物志》，1987年
十三号屯西北岗遗址	长岭县十家户乡十三号村十三号屯西北约800米处的沙岗西端的向阳坡上		采集青砖、陶瓷片等，数量不详	辽代	《长岭县文物志》，1987年
东十一号屯北岗遗址	长岭县十家户乡十一号村东十一号屯北1千米处的沙岗西半部的南坡		采集陶瓷片等，数量不详	辽代	《长岭县文物志》，1987年
大拉拉屯遗址	长岭县永久乡葛平房村大拉拉屯北500米处		采集砖瓦、陶瓷片等，数量不详	辽代	《长岭县文物志》，1987年
后韩家街屯北岗遗址	长岭县大兴乡百兴村后韩家屯北10米处的岗坡上		采集陶瓷片、石器等，数量不详	辽金	《长岭县文物志》，1987年
高家窝堡屯东岗遗址	长岭县大兴乡光荣村高家窝堡屯东4.5千米处的沙岗		采集陶片等，数量不详	辽代	《长岭县文物志》，1987年
种子队北岗遗址	长岭县新风乡三十九号村西南约2千米处的沙岗的东南坡上		采集陶瓷片等，数量不详	辽代	《长岭县文物志》，1987年
后太平山屯南岗遗址	长岭县新风乡新风村后太平山屯		采集陶片等，数量不详	辽代	《长岭县文物志》，1987年
新风马场南岗遗址	长岭县新风乡张江窝堡村新风马场南约1.5千米处		采集陶片等，数量不详	辽代	《长岭县文物志》，1987年
刘家窑屯北岗遗址	长岭县新风乡风水村刘家窑屯北250米处的大沙岗中部的南坡		采集陶片等，数量不详	辽代	《长岭县文物志》，1987年

续表

遗址名称	位置	遗迹	遗物	时代	文献出处
胜利园屯北岗遗址	长岭县新风乡风水村胜利园屯西北约200米沙岗略偏东部的南坡		采集陶片等，数量不详	辽代	《长岭县文物志》，1987年
十三泡南岸遗址	长岭县新风乡三十九号村正北约2.5千米十三泡南岸台地上的耕地中		采集陶片等，数量不详	辽代	《长岭县文物志》，1987年
大王家窝堡屯遗址	长岭县新安镇王家窝堡村大王家窝堡屯内的东部		采集陶瓷片等，数量不详	辽代	《长岭县文物志》，1987年
东四合屯南遗址	长岭县新安镇闹宝村东四合屯东南约30米处的南坡		采集陶片、铁器等，数量不详	辽代	《长岭县文物志》，1987年
狐狸岗子遗址	长岭县新安镇新三屯西5千米处沙岗的南坡		采集陶片等，数量不详	辽代	《长岭县文物志》，1987年
古井屯遗址	长岭县新安镇乡交界村古井屯		采集陶瓷片、铁器、石器等，数量不详	辽金	《长岭县文物志》，1987年
韩家窑屯东南岗遗址	长岭县新安镇王家窝堡村韩家窑屯通往西四合屯乡路的南侧		采集陶片等，数量不详	辽金	《长岭县文物志》，1987年
后贾家沟屯西岗遗址	长岭县新安镇八方地村后贾家沟屯西400米处，一道沙岗东端南坡脚下的耕地中		采集陶瓷片等，数量不详	辽金	《长岭县文物志》，1987年
后八十八号屯东北岗遗址	长岭县八十八乡后八十八村后八十八号屯东北20米处的一个沙岗西部北坡的林带中		采集陶片等，数量不详	辽金	《长岭县文物志》，1987年
甸子章屯东南岗遗址	长岭县八十八乡后八十八村甸子章屯东南200米的一个沙岗中部北坡的风剥坑内		采集陶片等，数量不详	辽金	《长岭县文物志》，1987年
腰八十八号屯西北岗遗址	长岭县八十八乡八十八村腰八十八号屯西北1千米处的一个沙岗东端南坡的耕地中		采集陶片等，数量不详	辽金	《长岭县文物志》，1987年
三十号乡马场东南岗遗址	长岭县三十号乡马场东南约400米处的岗子南坡耕地中		采集陶瓷片等，数量不详	辽金	《长岭县文物志》，1987年

续表

遗址名称	位置	遗迹	遗物	时代	文献出处
福庆长屯北岗遗址	长岭县前进乡所在地（福庆长屯）北1千米一个土岗的南坡和东坡		采集砖瓦、陶瓷片等，数量不详	辽金	《长岭县文物志》，1987年
小东尹家屯西北岗遗址	长岭县前进乡南城子村所在地（小东尹家屯）西北50米处的一道土岗南坡		采集砖瓦、陶瓷片等，数量不详	辽金	《长岭县文物志》，1987年
大阎家粉坊屯南岗遗址	长岭县前进乡五美村大阎家粉坊屯南1千米处的一条漫岗南坡		采集砖瓦、陶瓷片、铜钱等，数量不详	辽金	《长岭县文物志》，1987年
坨子屯东岗遗址	长岭县前进乡和平村所在地孔家窝堡屯西北250米，坨子屯东头的土岗上		采集陶片、铁器、铜器、石臼等，数量不详	辽金	《长岭县文物志》，1987年
公爷府屯南岗遗址	长岭县北正镇乡乔家围子村公爷府屯南约1.5千米处的岗南坡		采集陶片等，数量不详	辽金	《长岭县文物志》，1987年
后马莲坨子屯北岗遗址	长岭县东六号乡马莲村后马莲坨子屯（村驻地）北岗西端南坡脚下		采集陶片、铁器、石臼等，数量不详	辽金	《长岭县文物志》，1987年
九号屯西坨子遗址	长岭县东六号乡九号村九号屯西2千米处的大坨子中段东坡脚下		采集陶片、铁锅等，数量不详	辽金	《长岭县文物志》，1987年
腰十号屯西坨子遗址	长岭县东六号乡三合村腰十号屯		采集陶片、铁器、石臼等，数量不详	辽金	《长岭县文物志》，1987年
山湾屯北岗遗址	长岭县东六号乡山湾村山湾屯西北和北部土岗的南坡		采集陶瓷片等，数量不详	辽金	《长岭县文物志》，1987年
佟家店屯西北岗遗址	长岭县北正镇乡前四十七号村佟家店屯	红烧土	采集陶片等，数量不详	辽金	《长岭县文物志》，1987年
大房身屯北岗遗址	长岭县三青山乡大房身村大房身屯北、乡政府西北1千米处的漫岗南坡耕地中		采集砖瓦、陶瓷片、铜钱等，数量不详	辽金	《长岭县文物志》，1987年
后夏家窝堡屯遗址	长岭县三青山乡大房身村后夏家窝堡屯内及屯东漫岗南侧斜坡的耕地中		采集砖瓦、陶瓷片、铁器、铜钱等，数量不详	辽金	《长岭县文物志》，1987年

续表

遗址名称	位置	遗迹	遗物	时代	文献出处
西三不管屯南遗址	长岭县三青山乡义发坎村所在地东南500米西三不管屯前的漫岗上		采集陶瓷片等，数量不详	辽金	《长岭县文物志》，1987年
西大榆树屯西北遗址	长岭县三青山乡小榆树村西大榆树屯西北1.5千米左右的耕地中的凸起处		采集青砖、陶瓷片等，数量不详	辽金	《长岭县文物志》，1987年
孙大院屯南遗址	长岭县三青山乡半截岗村孙大院屯前道街东部，靠近居民的前院墙的耕地中		采集青砖、陶瓷片等，数量不详	辽金	《长岭县文物志》，1987年
孙大院屯东北地遗址	长岭县三青山乡半截岗村孙大院屯东北500米处的耕地中		采集砖瓦、陶瓷片等，数量不详	辽金	《长岭县文物志》，1987年
孙大院屯西北岗遗址	长岭县三青山乡半截岗村孙大院屯西北250米的漫岗上		采集砖瓦、陶片、铜钱等，数量不详	辽金	《长岭县文物志》，1987年
西伏山屯西北岗遗址	长岭县三青山乡前伏山村村政府西北1.5千米处的漫岗前坡耕地中		采集青砖、陶瓷片等，数量不详	辽金	《长岭县文物志》，1987年
三门唐家屯北遗址	长岭县三青山乡前伏山村三门唐家屯正北150米处		采集砖瓦、陶瓷片、铁锅等，数量不详	辽金	《长岭县文物志》，1987年
西三教寺屯南岗遗址	长岭县太平山镇三教寺村所在地（西三教寺屯）南250米，苏家窝堡屯西端一个沙岗的南坡、东坡下及北半部		采集布纹瓦、陶瓷片、铁器、石器等，数量不详	辽金	《长岭县文物志》，1987年
栾家窝堡屯西北岗遗址	长岭县太平山镇卢家屯村栾家窝堡屯西北的350米处		采集布纹瓦、陶瓷片等，数量不详	辽金	《长岭县文物志》，1987年
吕家窑东南坨子遗址	长岭县龙凤乡治安村于喜屯偏东500米处的一道漫岗西端南坡下		采集陶片等，数量不详	辽金	《长岭县文物志》，1987年
治安屯西北岗遗址	长岭县龙凤乡治安村（屯）西北2千米处，在乡间荒路西耕地中		采集陶瓷片、铜器等，数量不详	辽金	《长岭县文物志》，1987年
于喜屯大东岗遗址	长岭县龙凤乡治安村于喜屯偏东500米处的一道漫岗西端南坡下		采集砖瓦、陶瓷片、玉石器	辽金	《长岭县文物志》，1987年

续表

遗址名称	位置	遗迹	遗物	时代	文献出处
西九号屯东遗址	长岭县十家户乡十四号村西九号屯		采集陶瓷片、铜钱等，数量不详	辽金	《长岭县文物志》，1987年
腰骆驼来屯北岗遗址	长岭县龙凤乡骆驼来村腰骆驼来屯北的漫岗南侧耕地中		采集陶瓷片等，数量不详	辽金	《长岭县文物志》，1987年
治安屯北泡子东北岗遗址	长岭县龙凤乡治安村（屯）北泡子东北岗后坡		采集布纹瓦、陶瓷片等，数量不详	辽金	《长岭县文物志》，1987年
西骆驼来北大边遗址	长岭县龙凤乡骆驼来村西骆驼来北1千米，第二道沙岗子南坡下		采集陶瓷片等，数量不详	辽金	《长岭县文物志》，1987年
董家屯北岗遗址	长岭县光明乡张大院村董家屯北约500米处的一座大岗子上		采集陶瓷片等，数量不详	辽金	《长岭县文物志》，1987年
赵有屯北岗遗址	长岭县光明乡张大院村赵有屯北侧的一条土岗上		采集陶瓷片等，数量不详	辽金	《长岭县文物志》，1987年
腰二龙山屯北岗遗址	长岭县光明乡二龙村腰二龙山屯北的一座大岗子的东南坡上		采集瓷片等，数量不详	辽金	《长岭县文物志》，1987年
大力街屯北岗遗址	长岭县光明乡蒙古村大力街屯北的一条大岗上		采集陶瓷片等，数量不详	辽金	《长岭县文物志》，1987年
八十三号屯东北岗遗址	长岭县三团乡七十六号村八十三号屯东北岗上		采集陶片、铜钱等，数量不详	辽金	《长岭县文物志》，1987年
苗家屯南岗遗址	长岭县三团乡三团村苗家屯		采集陶瓷片等，数量不详	辽金	《长岭县文物志》，1987年
六合居屯北遗址	长岭县腰坨子乡六合居村六合居屯西端，通往新安镇的公路南侧，村政府所在地北60米的耕地中		采集青砖、陶瓷片、铁箭头等，数量不详	辽金	《长岭县文物志》，1987年
东两宝山屯西南遗址	长岭县腰坨子乡两宝山村东两宝山屯西南500米处的耕地中		采集青砖、陶瓷片等，数量不详	辽金	《长岭县文物志》，1987年

续表

遗址名称	位置	遗迹	遗物	时代	文献出处
二段屯遗址	长岭县腰坨子乡头段村二段屯东端南侧		采集青砖、陶瓷片、铜钱等，数量不详	辽金	《长岭县文物志》，1987年
头段屯南小山遗址	长岭县腰坨子乡头段村头段屯东南2.5千米，小沙丘东南坡下的耕地中		采集砖瓦、陶瓷片等，数量不详	辽金	《长岭县文物志》，1987年
头段屯东北岗遗址	长岭县腰坨子乡头段村（屯）东北1千米处，沙岭中部的小树林中		采集陶瓷片等，数量不详	辽金	《长岭县文物志》，1987年
高喜窑屯南岗遗址	长岭县二里界乡太平坨子村高喜窑屯正南750米处的一条沙岗南坡		采集陶瓷片等，数量不详	辽金	《长岭县文物志》，1987年
高家油坊屯西南岗遗址	长岭县二里界乡新发村高家油坊屯西南1.5千米处，一沙岗中段南坡		采集陶片等，数量不详	辽金	《长岭县文物志》，1987年
高家油坊屯西岗遗址	长岭县二里界乡新发村高家油坊屯西稍偏南1千米处的沙岗的南坡上		采集陶片等，数量不详	辽金	《长岭县文物志》，1987年
后窗户坨子屯西岗遗址	长岭县二里界乡孟家村后窗户坨子屯正西1千米处的沙岗上		采集陶瓷片等，数量不详	辽金	《长岭县文物志》，1987年
高家油坊屯南遗址	长岭县二里界乡孟家村高家油坊屯南3千米处的耕地中		采集陶瓷片、石器等，数量不详	辽金	《长岭县文物志》，1987年
西洼子屯西北遗址	长岭县三县堡乡陈檀木村西洼子屯西北500米处的一条林带中		采集砖瓦、陶瓷片等，数量不详	辽金	《长岭县文物志》，1987年
刘万年屯东遗址	长岭县三县堡乡庄家屯村刘万年屯东的耕地中		采集陶瓷片、铁器、石器等，数量不详	辽金	《长岭县文物志》，1987年
阎甲长屯东遗址	长岭县三县堡乡后三县堡村阎甲长屯东5米处，一个坑内和坑上耕地中	红烧土	采集砖瓦、陶瓷片、石器、铜器等，数量不详	辽金	《长岭县文物志》，1987年
上台子屯东南遗址	长岭县三县堡乡陈檀木村上台子屯东南800米处的耕地中		采集青砖、陶瓷片、石器等，数量不详	辽金	《长岭县文物志》，1987年

续表

遗址名称	位置	遗迹	遗物	时代	文献出处
前三县堡屯西南遗址	长岭县三县堡乡三县堡村前三县堡屯	红烧土	采集陶瓷片等，数量不详	辽金	《长岭县文物志》，1987年
西兰家坨子屯西南遗址	长岭县腰坨子乡战胜村西兰家坨子西、距南侧民房10米处的耕地中		采集青砖、陶瓷片等，数量不详	辽金	《长岭县文物志》，1987年
西兰家坨子屯东遗址	长岭县腰坨子乡战胜村西兰家坨子屯东150米处的耕地中		采集砖瓦、陶瓷片、铜钱等，数量不详	辽金	《长岭县文物志》，1987年
姜家店屯西北岗遗址	长岭县海青乡海青坨子村姜家店屯西北200米处的土岗向阳坡处		采集青砖、陶瓷片等，数量不详	辽金	《长岭县文物志》，1987年
范家坨子屯遗址	长岭县海青乡高产村范家坨子屯内的西半部		采集青砖、陶瓷片等，数量不详	辽金	《长岭县文物志》，1987年
大阎坨子遗址	长岭县海青乡阎坨子村大阎坨子屯中部		采集青砖、陶瓷片、铜器、银器等，数量不详	辽金	《长岭县文物志》，1987年
东岭乡南岗遗址	长岭县东岭乡政府所在地南岗的向阳坡处		采集陶瓷片等，数量不详	辽金	《长岭县文物志》，1987年
霍家屯南岗遗址	长岭县东岭乡海峰村霍家屯南约200米处的环形岗子中部的耕地中		采集陶瓷片等，数量不详	辽金	《长岭县文物志》，1987年
六家子屯遗址	长岭县东岭乡六家子村（屯）内		采集陶瓷片、石器等，数量不详	辽金	《长岭县文物志》，1987年
张家炉屯南岗遗址	长岭县东岭乡张家炉村张家炉屯南1.5千米处的一条大岗子中西部耕地中		采集陶片等，数量不详	辽金	《长岭县文物志》，1987年
长岭镇南坨子遗址	长岭县长岭镇南门外村猪场西20米处的耕地中		采集陶瓷片、铜器等，数量不详	辽金	《长岭县文物志》，1987年
兴龙山屯西北岗遗址	长岭县新安镇闹宝村兴龙山屯西北500米处的一道沙岗东部的南坡脚下		采集青砖、陶瓷片等，数量不详	辽金	《长岭县文物志》，1987年

续表

遗址名称	位置	遗迹	遗物	时代	文献出处
胜利园屯南岗遗址	长岭县新风乡风水村胜利园屯南200米处的一道沙岗中部的南坡		采集陶片等，数量不详	辽金	《长岭县文物志》，1987年
七撮房屯东南岗遗址	长岭县七撮乡七撮村七撮房屯东南750米处的一条沙岗南坡脚下		采集陶瓷片等，数量不详	辽金	《长岭县文物志》，1987年
小太平川屯东北岗遗址	长岭县七撮乡六合元村小太平川屯东北1千米的一条沙岗中部的南坡		采集陶瓷片等，数量不详	辽金	《长岭县文物志》，1987年
六合元屯西北遗址	长岭县七撮乡六合元村六合元屯西北500米处的耕地中		采集陶瓷片等，数量不详	辽金	《长岭县文物志》，1987年
三十三号屯南岗遗址	长岭县七撮乡三十三号村（屯）南500米处的一条沙岗		采集陶瓷片等，数量不详	辽金	《长岭县文物志》，1987年
十八号屯东岗遗址	长岭县十家户乡十八号村十八号屯东约300米处的一个沙岗西北坡上		采集青砖、陶瓷片等，数量不详	辽金	《长岭县文物志》，1987年
十八号屯东南岗遗址	长岭县十家户乡十八号村（屯）东南约1千米处的沙岗西部的南坡		采集青砖、陶瓷片等，数量不详	辽金	《长岭县文物志》，1987年
三门刘家屯北遗址	长岭县永久乡宁家村三门刘家屯北300米处		采集砖瓦、陶瓷片、铜钱等，数量不详	辽金	《长岭县文物志》，1987年
六户屯南岗遗址	长岭县新风乡新民村六户屯南50米处的一道沙岗中部的南坡		采集陶瓷片等，数量不详	辽金	《长岭县文物志》，1987年
新风屯东岗遗址	长岭县新风乡新风村（屯）东侧的一道沙岗		采集陶瓷片等，数量不详	辽金	《长岭县文物志》，1987年
后四十六屯西南坨子遗址	长岭县新风乡新风村后四十六屯西南800米处的沙岗		采集陶片等，数量不详	辽金	《长岭县文物志》，1987年
夏家街屯北遗址	长岭县新安镇王家窝堡村夏家街屯北500米处的乡路东侧耕地中		采集陶瓷片等，数量不详	辽金	《长岭县文物志》，1987年

续表

遗址名称	位置	遗迹	遗物	时代	文献出处
前敖包坨子屯北岗遗址	长岭县新安镇闹宝村前敖包坨子屯西约500米，一道沙岗南坡的耕地中		采集砖瓦、陶瓷片等，数量不详	辽金	《长岭县文物志》，1987年
后二十号屯东北岗遗址	长岭县八十八乡二十号村后二十号屯东北1.5千米处的一个沙岗上		采集陶瓷片等，数量不详	辽金	《长岭县文物志》，1987年
前八十八号屯西南遗址	长岭县八十八乡八十八村前八十八号屯西南1.5千米处的一片林地的南端		采集陶瓷片等，数量不详	辽金	《长岭县文物志》，1987年
粮库东南岗遗址	长岭县太平川镇西南隅		采集青砖、陶片等，数量不详	辽金	《长岭县文物志》，1987年
小油料厂遗址	长岭县太平川镇内西南部的一道沙岗的西坡上		采集陶片等，数量不详	辽金	《长岭县文物志》，1987年
太平川镇南岗遗址	长岭县太平川镇南约1千米处的一道沙岗的东端		采集陶瓷片、铜器等，数量不详	辽金	《长岭县文物志》，1987年
平字二号屯北岗遗址	长岭县前七号镇龙凤村平字二号屯		采集陶片等，数量不详	辽金	《长岭县文物志》，1987年
后四号屯东北岗遗址	长岭县前七号镇大四号村后四号屯东北约500米处的一道沙岗		采集陶片等，数量不详	辽金	《长岭县文物志》，1987年
三十五号屯南岗遗址	长岭县三十号乡三十二号村三十五号屯南约500米处的沙岗上		采集陶瓷片等，数量不详	辽金	《长岭县文物志》，1987年
三十七号屯泡子北岗遗址	长岭县三十号乡三十二号村三十七号屯西北约1千米处的漫岗上		采集砖瓦、陶瓷片、石臼等，数量不详	辽金	《长岭县文物志》，1987年
三十七号屯西岗遗址	长岭县三十号乡三十二号村三十七号屯西500米处一个小漫岗上的耕地中		采集陶瓷片等，数量不详	辽金	《长岭县文物志》，1987年

续表

遗址名称	位置	遗迹	遗物	时代	文献出处
前邢家窝堡屯西北岗遗址	长岭县大兴乡中兴村前邢家窝堡屯西北约1千米处的沙岗东段的南坡上		采集陶片、石器等，数量不详	辽金	《长岭县文物志》，1987年
新风屯北岗遗址	长岭县新风乡新风村新风屯（乡政府所在地）的一个沙岗		采集陶瓷片等，数量不详	辽金	《长岭县文物志》，1987年
焦家街屯北岗遗址	长岭县大兴乡百兴村焦家街屯北30米处的一沙岗		采集陶片等，数量不详	辽金	《长岭县文物志》，1987年
小巴山水库东岸遗址	长岭县巨宝山镇靠山屯村小巴山水库东岸的耕地中		采集陶瓷片等，数量不详	辽金	《长岭县文物志》，1987年
小巴山屯东岗遗址	长岭县巨宝山镇小巴山屯东100米处，一道沙岗西南的耕地中		采集陶瓷片等，数量不详	辽金	《长岭县文物志》，1987年
倪家窝堡屯北岗遗址	长岭县永升乡永胜村倪家窝堡屯北750米处，一道沙岗东段的南坡		采集陶瓷片等，数量不详	辽金	《长岭县文物志》，1987年
顺山堡屯西遗址	长岭县永升乡顺山村顺山堡屯西250米处的耕地中		采集青砖、陶瓷片等，数量不详	辽金	《长岭县文物志》，1987年
金山笸箩屯西岗遗址	长岭县十家户乡十三号村金山笸箩屯西150米处，一道沙岗中部的南坡		采集陶瓷片等，数量不详	辽金	《长岭县文物志》，1987年
东十一号屯东南岗遗址	长岭县十家户乡东十一号村东十一号屯东南约200米处的沙岗西段的南坡上		采集陶瓷片等，数量不详	辽金	《长岭县文物志》，1987年
十八号屯遗址	长岭县十家户乡十八号村（屯）一道沙岗中部的南坡		采集陶瓷片等，数量不详	辽金	《长岭县文物志》，1987年
腰王小店屯北遗址	长岭县永久乡明塔村腰王小店屯北100米处		采集砖瓦、陶片等，数量不详	辽金	《长岭县文物志》，1987年
西王小店屯西遗址	长岭县永久乡明塔村西王小店屯西200米处		采集砖瓦、陶瓷片、铁器等，数量不详	辽金	《长岭县文物志》，1987年

续表

遗址名称	位置	遗迹	遗物	时代	文献出处
曹家屯西南遗址	长岭县永久乡核心村曹家屯西南300米处		采集砖瓦、陶瓷片、铜钱等，数量不详	辽金	《长岭县文物志》，1987年
上头子屯南遗址	长岭县永久乡核心村上头子屯的一个沙岗的北岗的南坡上		采集砖瓦、陶片等，数量不详	辽金	《长岭县文物志》，1987年
壕里屯北遗址	长岭县永久乡柳蒿泉子村壕里屯略偏东北100米处		采集砖瓦、陶瓷片等，数量不详	辽金	《长岭县文物志》，1987年
孙小铺屯北遗址	长岭县永久乡柳蒿泉子村孙小铺屯北1.5千米处		采集砖瓦、陶瓷片、铁器等，数量不详	辽金	《长岭县文物志》，1987年
西葛平房屯遗址	长岭县永久乡葛平房村西葛平房屯内的西端		采集陶瓷片、铁器等，数量不详	辽金	《长岭县文物志》，1987年
北姜家屯遗址	长岭县永久乡北姜家村（屯）一道沙岗西端的南坡		采集砖瓦、陶瓷片等，数量不详	辽金	《长岭县文物志》，1987年
腰季家沟子屯西岗遗址	长岭县永久乡核心村腰季家沟子屯西600米处的一道沙岗南坡的耕地中		采集砖瓦、陶瓷片、铁器等，数量不详	辽金	《长岭县文物志》，1987年
邹家皮铺屯东岗遗址	长岭县永久乡桑家窝堡村邹家皮铺屯东100米处，一道沙岗南坡耕地中		采集砖瓦、陶瓷片等，数量不详	辽金	《长岭县文物志》，1987年
前柳蒿泉子屯东沟北遗址	长岭县永久乡柳蒿泉子村前柳蒿泉子屯东500米的耕地中		采集砖瓦、陶瓷片等，数量不详	辽金	《长岭县文物志》，1987年
吴家屯南岗遗址	长岭县永久乡柳蒿泉子村吴家屯南150米处，一条沙岗西坡的耕地中		采集陶瓷片等，数量不详	辽金	《长岭县文物志》，1987年
大义州海屯东岗遗址	长岭县大兴乡义州海村大义州海屯东1千米处，一道沙岗中部南坡		采集陶瓷片等，数量不详	辽金	《长岭县文物志》，1987年
前四十六号屯东遗址	长岭县新风乡新风村前四十六号屯，一道沙岗西部的西南坡脚下		采集陶瓷片等，数量不详	辽金	《长岭县文物志》，1987年
三十九号屯北遗址	长岭县新风乡三十九号村（屯），一道沙岗的南坡		采集陶片等，数量不详	辽金	《长岭县文物志》，1987年

续表

遗址名称	位置	遗迹	遗物	时代	文献出处
前贾家沟屯东南岗遗址	长岭县新安镇八方地村前贾家沟屯东南约200米处的一道沙岗		采集陶瓷片、铁器、铜钱等，数量不详	辽金	《长岭县文物志》，1987年
西八十一号屯西南岗遗址	长岭县八十八乡八十一村西八十一号屯西南800米处一个风剥坑中		采集陶瓷片等，数量不详	辽金	《长岭县文物志》，1987年
顺山堡屯西南岗遗址	长岭县三十号乡顺山堡村（屯），一条沙岗的北坡脚下		采集陶瓷片等，数量不详	辽金	《长岭县文物志》，1987年
三十二号屯东岗遗址	长岭县三十号乡三十二号村（屯）东约500米处的一条沙岗上		采集陶瓷片等，数量不详	辽金	《长岭县文物志》，1987年
三十七号泡子西北岸遗址	长岭县三十号乡三十二村三十七号屯西1.5千米处的天然大水泡子		采集陶瓷片等，数量不详	辽金	《长岭县文物志》，1987年
东新小学北遗址	长岭县永久乡东新村东新小学北300米处		采集砖瓦、陶瓷片、铜钱等，数量不详	辽金	《长岭县文物志》，1987年
东新屯遗址	长岭县永久乡东新村（屯）中部		采集砖瓦、陶瓷片、铁器等，数量不详	辽金	《长岭县文物志》，1987年
上岗子屯北岗遗址	长岭县巨宝山镇大榆树村上岗子屯北500米处，一道沙岗中部南坡的耕地中		采集陶瓷片等，数量不详	辽金	《长岭县文物志》，1987年
刘家粉坊屯东岗遗址	长岭县大兴乡光荣村刘家粉坊屯东300米处，一道沙岗西端的西坡上		采集陶片等，数量不详	辽金	《长岭县文物志》，1987年
栾家窝堡屯南岗遗址	长岭县太平山镇卢家屯村栾家窝堡屯南50米处的岗子南坡		采集陶瓷片、石器等，数量不详	辽金	《长岭县文物志》，1987年
元宝坨子遗址	长岭县太平山镇车木铺村（屯）正北1.5千米处，李家炉屯正西500米处，元宝坨子的东南侧		采集布纹瓦、陶瓷片、石磨、铜钱等，数量不详	辽金	《长岭县文物志》，1987年
沙井子屯遗址	长岭县太平山镇南太平山村西北约2千米的沙井子屯		采集陶瓷片、铁器、石器等，数量不详	辽金	《长岭县文物志》，1987年

续表

遗址名称	位置	遗迹	遗物	时代	文献出处
沙井子屯老城遗址	长岭县太平山镇南太平山村沙井子屯北500米处的一个漫岗的南坡		采集砖瓦、陶瓷片等，数量不详	辽金	《长岭县文物志》，1987年
周家屯东南遗址	长岭县太平山镇西保安村周家屯东南1千米处耕地中		采集布纹瓦、陶瓷片等，数量不详	辽金	《长岭县文物志》，1987年
周家屯东岗遗址	长岭县太平山镇西保安村周家屯东侧的漫岗南坡		采集布纹瓦、陶瓷片等，数量不详	辽金	《长岭县文物志》，1987年
张家楼屯东北岗遗址	长岭县太平山镇北太平山村张家楼屯东北150米，西保安小学东50米处的漫岗的东坡和南坡		采集布纹瓦、陶瓷片、石磨、铁器等，数量不详	辽金	《长岭县文物志》，1987年
栾家窝堡屯西北岗遗址	长岭县太平山镇卢家屯村栾家窝堡屯西北1千米处，一小沙岗的南、东坡下		采集陶瓷片等，数量不详	辽金	《长岭县文物志》，1987年
小葡萄花屯北岗遗址	长岭县东六号乡大二号村小葡萄花屯北1千米处，一座漫岗的南坡		采集陶瓷片、铁器等，数量不详	辽金	《长岭县文物志》，1987年
于喜屯东岗遗址	长岭县龙凤乡治安村于喜屯东50米处，通往靠山屯乡路的南侧		采集陶瓷片等，数量不详	辽金	《长岭县文物志》，1987年
后靠山屯西北岗遗址	长岭县二里界乡靠山屯村后靠山屯西偏北500米的一个沙岗上		采集陶片等，数量不详	辽金	《长岭县文物志》，1987年
郎家窝堡屯东岗遗址	长岭县二里界乡新发村郎家窝堡屯正东500米处的一个沙岗		采集陶片等，数量不详	辽金	《长岭县文物志》，1987年
张三屯东北遗址	长岭县三县堡乡于家油坊村张三屯（曾叫张三衙役屯）东北500米处的耕地中		采集砖瓦、陶瓷片等，数量不详	辽金	《长岭县文物志》，1987年
宋家洼子屯西南岗遗址	长岭县三县堡乡胡家岭村宋家洼子屯西南1千米处的沙岗东端南坡耕地中		采集布纹瓦、陶瓷片等，数量不详	辽金	《长岭县文物志》，1987年

续表

遗址名称	位置	遗迹	遗物	时代	文献出处
宋家洼子屯东岗遗址	长岭县三县堡乡胡家岭村宋家洼子屯东400米处，一个沙岗顶部向阳坡上		采集布纹瓦、陶瓷片等，数量不详	辽金	《长岭县文物志》，1987年
东沟屯北岗遗址	长岭县三县堡乡黑泉眼村东沟屯北2千米许的一个土岗上		采集砖瓦、陶瓷片等，数量不详	辽金	《长岭县文物志》，1987年
陈檀木屯南遗址	长岭县三县堡乡陈檀木村（屯）南100米处的场院和林带中		采集布纹瓦、陶瓷片等，数量不详	辽金	《长岭县文物志》，1987年
刘豁屯南遗址	长岭县三县堡乡北岭村刘豁屯南1千米处的耕地中		采集陶瓷片等，数量不详	辽金	《长岭县文物志》，1987年
前三县堡屯东南遗址	长岭县三县堡乡三县堡村前三县堡屯东南25米处的向阳坡地上		采集布纹瓦、陶片、铁器、铜器等，数量不详	辽金	《长岭县文物志》，1987年
七家子屯东北岗遗址	长岭县腰坨子乡头段村七家子屯东北500米处，一道大沙岭中		采集陶瓷片等，数量不详	辽金	《长岭县文物志》，1987年
东赵家窑屯东南遗址	长岭县腰坨子乡五家户村的东赵家窑屯的东南大约100米处、大沙岭前耕地中		采集陶瓷片、铁器等，数量不详	辽金	《长岭县文物志》，1987年
煤窑屯南遗址	长岭县永久乡柳蒿村后柳蒿屯（现名：煤窑）南150米的沟坡上		采集陶瓷片等，数量不详	辽金	《长岭县文物志》，1987年
朝阳屯南遗址	长岭县巨宝山镇朝阳山村（屯）南300米的耕地之中		采集陶瓷片等，数量不详	辽金	《长岭县文物志》，1987年
靠山屯北岗遗址	长岭县巨宝山镇靠山村靠山屯北500米处，一条沙岗西端缓坡上的耕地中		采集青砖、陶瓷片等，数量不详	辽金	《长岭县文物志》，1987年
骆驼脖子屯北岗遗址	长岭县利发盛乡邢坨子村骆驼脖子屯北300米处的沙岗上		采集布纹瓦、陶瓷片等，数量不详	金代	《长岭县文物志》，1987年
洪福一号遗址	双辽市向阳乡洪福屯外，一沙坨的南坡下		采集陶瓷片、铁器、铜器等，数量不详	辽金	《双辽县文物志》，1984年
盘山遗址	双辽市东明乡盘山村中间		采集砖瓦、陶瓷片、铁器等，数量不详	辽金	《双辽县文物志》，1984年
那木遗址	双辽市那木乡那木村北300米的坨子上		采集陶瓷片等，数量不详	辽金	《双辽县文物志》，1984年

续表

遗址名称	位置	遗迹	遗物	时代	文献出处
桑树遗址	双辽市红旗乡桑树屯四周		采集砖瓦、陶瓷片、铁器、银片、铜钱等，数量不详	辽金	《双辽县文物志》，1984年
霍家遗址	双辽市红旗乡霍家村南1千米处，霍家坨子南坡的耕地之中		采集砖瓦、陶瓷片、铁器、铁钱、铜钱等，数量不详	辽金	《双辽县文物志》，1984年
哈拉火烧遗址	双辽市建设乡建新村哈拉火烧屯西，平齐铁路金宝屯火车站至双建火车站中间的铁道西侧的沙坨子上		采集陶片等，数量不详	辽金	《双辽县文物志》，1984年
吉顺屯遗址	双辽市东明乡铁洛村吉顺屯北500米的沙坨子中		采集陶片、铁器等，数量不详	辽金	《双辽县文物志》，1984年
六合一号遗址	双辽市双山乡三合村六合屯东北角		采集陶瓷片等，数量不详	辽金	《双辽县文物志》，1984年
八里营子遗址	双辽市双辽农场八里营子屯的一漫岗之上		采集陶瓷片等，数量不详	辽金	《双辽县文物志》，1984年
生辉屯遗址	双辽市王奔乡光明村西北1千米生辉屯西的耕地中		采集砖瓦、陶瓷片、铁器等，数量不详	辽金	《双辽县文物志》，1984年
孤家子遗址	双辽市红旗乡勃山村东南1.5千米，孤家子屯南1千米的耕地之中		采集陶瓷片、铁器、铜印等，数量不详	辽金	《双辽县文物志》，1984年
宝山二号遗址	双辽市王奔乡宝山村西北200米的乡果园东墙外		采集陶瓷片、铜器、铜钱等，数量不详	辽金、明清	《双辽县文物志》，1984年
义顺一号遗址	双辽市红旗乡义顺村，乡卫生院西南1千米处		采集砖瓦、陶瓷片、石磨等，数量不详	辽金	《双辽县文物志》，1984年
义顺二号遗址	双辽市红旗乡义顺村，乡政府所在地东北1千米的耕地中		采集砖瓦、陶瓷片、石磨等，数量不详	辽金	《双辽县文物志》，1984年
勃山一号遗址	双辽市红旗乡勃山屯北500米的耕地中		采集砖瓦、陶瓷片等，数量不详	辽金	《双辽县文物志》，1984年
胜利遗址	双辽市服先镇胜利村西750米处漫岗的东南坡		采集陶瓷片等，数量不详	辽金	《双辽县文物志》，1984年
永家屯遗址	双辽市永家屯		采集砖瓦、陶瓷片、铜钱等，数量不详	辽金	《双辽县文物志》，1984年
合亲里遗址	双辽市双山乡合亲里屯西漫岗之上		采集砖瓦、陶瓷片、铁器、铜器、铜钱等，数量不详	辽金	《双辽县文物志》，1984年
安边堡遗址	双辽市永加乡安边堡北沙岗之上		采集陶瓷片、铁器、石器等，数量不详	辽金	《双辽县文物志》，1984年

续表

遗址名称	位置	遗迹	遗物	时代	文献出处
兴隆屯遗址	双辽市兴隆乡兴隆屯正南200米处岗地上		采集陶瓷片、铁器、石器等，数量不详	辽金	《双辽县文物志》，1984年
双龙遗址	双辽市新立乡双龙屯西700米处，一条沙岗中段的南坡		采集陶瓷片等，数量不详	辽金	《双辽县文物志》，1984年
前齐家遗址	双辽市秀水乡山玻璃村前齐家屯东南角		采集建筑构件、陶瓷片、铁器、石器、铜钱等，数量不详	辽金	《双辽县文物志》，1984年
山玻璃遗址	双辽市秀水乡山玻璃屯西北700米处的沙岗南坡		采集建筑构件、陶瓷片、铁器等，数量不详	辽金	《双辽县文物志》，1984年
元吉遗址	双辽市秀水乡元吉村元吉屯西南1千米处		征集陶瓷片、铁器等5件	辽金	《双辽县文物志》，1984年
后太平遗址	双辽市东明镇后太平村	房址3座、灰坑8座、灰沟1条	出土陶器片、铁器、铜器、石器、铜钱等，数量不详	辽金	《后太平——东辽河下游右岸以青铜时代遗存为主的调查与发掘》，文物出版社，2011年
仕家子遗址	双辽市王奔镇光明村稍户屯西北小清河左岸台地南坡上	灰坑44个、灰沟2条、房址3座	出土陶器、瓷器、铜器、铁器、骨器、石器、铜钱等150余件	辽金、明清	《吉林双辽仕家子遗址发掘报告》，《东北史地》2009年第5期
白家屯遗址	榆树市保寿乡跃进村白家屯北15米处		采集布纹瓦、陶片等，数量不详	金代	《榆树县文物志》，1983年
朱达遗址	榆树市保寿乡朱达村朱达屯西		采集布纹瓦、陶片、铁器等，数量不详	金代	《榆树县文物志》，1983年
火利岗子遗址	榆树市保寿乡跃进村火利岗子屯东		采集布纹瓦、陶片等，数量不详	金代	《榆树县文物志》，1983年
烟沟屯遗址	榆树市保寿乡赵家村烟沟屯东南与屯相接的漫岗的东坡上		采集布纹瓦、陶瓷片等，数量不详	金代	《榆树县文物志》，1983年
前和尚屯遗址	榆树市保寿乡胜利村前和尚屯南200米处一漫岗的东坡上		采集布纹瓦、陶片等，数量不详	金代	《榆树县文物志》，1983年
曹家遗址	榆树市保寿乡南山村曹家屯北		采集布纹瓦、陶瓷片、石器等，数量不详	金代	《榆树县文物志》，1983年
太平庄遗址	榆树市环城乡靳家村太平庄西与屯紧紧相邻的一处高地的缓坡上		采集砖瓦、陶瓷片、石器、铜钱等，数量不详	金代	《榆树县文物志》，1983年

续表

遗址名称	位置	遗迹	遗物	时代	文献出处
后卡路屯遗址	榆树市双井乡卢家村后卡路屯南100米处一漫岗的东南坡上		采集布纹瓦、陶片、铁器、铜钱等，数量不详	金代	《榆树县文物志》，1983年
双窝堡屯遗址	榆树市恩育乡幸福村双窝堡屯北约30米处一漫岗的朝阳坡上		采集砖瓦、陶瓷片等，数量不详	金代	《榆树县文物志》，1983年
单家遗址	榆树市城发乡永富村单家屯南1千米处的一个漫岗上		采集砖瓦、陶瓷片等，数量不详	金代	《榆树县文物志》，1983年
榔头咀子遗址	榆树市刘家乡永合村榔头咀子屯西南200米处一漫岗的南坡上		采集布纹瓦、陶瓷片等，数量不详	金代	《榆树县文物志》，1983年
白土崖子遗址	榆树市滨江乡互助村白土崖子屯东南400米处		采集布纹瓦、陶片等，数量不详	金代	《榆树县文物志》，1983年
双合屯遗址	榆树市滨江乡龚家村双合屯东		采集砖瓦、陶瓷片、铁器、铜器、铜钱等，数量不详	金代	《榆树县文物志》，1983年
老牛道遗址	榆树市滨江乡合发村老牛道屯西南200米处		采集布纹瓦、陶瓷片等，数量不详	金代	《榆树县文物志》，1983年
忠善屯遗址	榆树市先锋乡忠善村忠善屯北1.25千米处		采集布纹瓦、陶瓷片等，数量不详	金代	《榆树县文物志》，1983年
老牛沟遗址	榆树市先锋乡老牛沟村老牛沟屯西150米处一漫岗的南坡上		采集布纹瓦、陶瓷片等，数量不详	金代	《榆树县文物志》，1983年
二棵树屯遗址	榆树市先锋乡三道村二棵树屯南面的一片低洼地内		采集砖瓦、陶片、铁器、铜钱等，数量不详	金代	《榆树县文物志》，1983年
靠山屯遗址	榆树市李合乡石塘村靠山屯南约50米处一高岗的南坡上		采集砖瓦、陶瓷片、铜锅等，数量不详	金代	《榆树县文物志》，1983年
长岭屯遗址	榆树市李合乡长岭村长岭屯北一漫岗的南坡上		采集砖瓦、陶瓷片、铜钱等，数量不详	金代	《榆树县文物志》，1983年
小房身屯遗址	榆树市李合乡靠山村小房身屯东南约1千米处一漫岗的南坡上		采集砖瓦、陶瓷片、石函、铜钱等，数量不详	金代	《榆树县文物志》，1983年
东下沟遗址	榆树市福安乡东沟村东下沟屯东南700米一漫岗的朝阳坡上		采集砖瓦、陶瓷片、铜钱等，数量不详	金代	《榆树县文物志》，1983年

续表

遗址名称	位置	遗迹	遗物	时代	文献出处
兴隆屯遗址	榆树市双井乡兴隆村前兴隆沟屯南700米一漫岗的东南坡上		采集砖瓦、陶瓷片等，数量不详	金代	《榆树县文物志》，1983年
高乡屯遗址	榆树市恩育乡付家村高乡屯的一漫岗上		采集砖瓦、陶瓷片等，数量不详	金代	《榆树县文物志》，1983年
火燎岗子遗址	榆树市恩育乡中兴村火燎岗子的朝阳坡上		采集砖瓦、陶瓷片、石器、铜器等，数量不详	金代	《榆树县文物志》，1983年
苏家岗子遗址	榆树市恩育乡恩育村苏家岗子屯西南的朝阳坡地里		采集瓦片、陶瓷片、铁器、铜器、铜钱等，数量不详	金代	《榆树县文物志》，1983年
西关屯遗址	榆树市恩育乡西关村西关屯南700余米处一漫岗的东南坡上		采集砖瓦、陶瓷片、铁锅等，数量不详	金代	《榆树县文物志》，1983年
封堆屯遗址	榆树市双井乡封堆村中封堆屯北500米的耕地里		采集砖瓦、陶瓷片、铜镜、铜钱等，数量不详	金代	《榆树县文物志》，1983年
前柳树沟遗址	榆树市福安乡柳树沟村前柳树沟屯一漫岗的东南坡上		采集布纹瓦、陶片、玉器、铜钱等，数量不详	金代	《榆树县文物志》，1983年
西十五号遗址	榆树市前进乡致富村西十五号屯内和屯西耕地上		采集砖瓦、陶瓷片、石器、铁器等，数量不详	金代	《榆树县文物志》，1983年
后楼遗址	榆树市武龙乡兴隆村万合屯西600米处		采集砖瓦、陶瓷片、石器、铁器、铜钱等，数量不详	金代	《榆树县文物志》，1983年
大四号遗址	榆树市红星乡四号村大四号屯东700米处		采集陶瓷片、铁器、石臼、铜钱等，数量不详	金代	《榆树县文物志》，1983年
后石羊屯遗址	榆树市红星乡后石羊村正东200米处		采集布纹瓦、陶瓷片、铜钱等，数量不详	金代	《榆树县文物志》，1983年
小邹家遗址	榆树市武龙乡小邹家屯南一道漫岗的中间		采集布纹瓦、陶瓷片、石臼、铜钱等，数量不详	金代	《榆树县文物志》，1983年
谢家屯老房身遗址	榆树市红星乡谢家屯东北900米处		采集砖瓦、陶瓷片、铁器、铜器、石臼、铜钱等，数量不详	金代	《榆树县文物志》，1983年

续表

遗址名称	位置	遗迹	遗物	时代	文献出处
六百步遗址	榆树市红星乡孙家村孙家屯东南300米处一漫岗的中间		采集砖瓦、陶瓷片、石器、铜钱等，数量不详	金代	《榆树县文物志》，1983年
程家岗遗址	榆树市育民乡双发村程家岗东南750米处的一漫岗上		采集砖瓦、陶瓷片、铁器、铜器、铜钱等，数量不详	金代	《榆树县文物志》，1983年
马鞍山遗址	榆树市育民乡全民村小八号屯东1千米处的一处丘陵地		采集砖瓦、陶瓷片、石器、铜钱等，数量不详	金代	《榆树县文物志》，1983年
怀场沟遗址	榆树市太安乡三号村怀场沟屯南500米处一岗地之上		采集砖瓦、陶瓷片、石器、铁器、金银器、铜钱等，数量不详	金代	《榆树县文物志》，1983年
太安砖场遗址	榆树市太安乡复州村复州岗屯南500米的太安砖厂内		采集砖瓦、陶瓷片、铜钱等，数量不详	金代	《榆树县文物志》，1983年
十一号遗址	榆树市八号乡十一号屯正南1千米处岗地上		采集砖瓦、陶瓷片、铜器、铜钱等，数量不详	金代	《榆树县文物志》，1983年
十二号遗址	榆树市弓棚乡十二号村大十二号屯东南1千米处的一块漫岗的南坡上		采集砖瓦、陶瓷片、铁锅、铜钱等，数量不详	金代	《榆树县文物志》，1983年
东坝全沟遗址	榆树市太安乡腰乡村东坝全沟屯东50米处一岗地南坡上		采集砖瓦、陶瓷片等，数量不详	金代	《榆树县文物志》，1983年
陈家沟遗址	榆树市八号乡九号村陈家沟屯	红烧土	采集砖瓦、陶瓷片、铁器、石器、铜钱等，数量不详	金代	《榆树县文物志》，1983年
小南园子遗址	榆树市弓棚乡长发村小南园子屯西以外40米处		采集砖瓦、陶瓷片、石器、铁器、铜钱等，数量不详	金代	《榆树县文物志》，1983年
大乌拉巴沟遗址	榆树市弓棚乡朝阳村大乌拉巴沟屯中		采集砖瓦、陶片、铁器、石器、铜钱等，数量不详	金代	《榆树县文物志》，1983年
小九号遗址	榆树市弓棚乡长发村小九号屯西部		采集砖瓦、陶瓷片、铜钱等，数量不详	金代	《榆树县文物志》，1983年

续表

遗址名称	位置	遗迹	遗物	时代	文献出处
西良屯遗址	榆树市双井乡西良村西良屯后，榆树——三岔河公路北侧300米的耕地里		采集砖瓦、陶瓷片、铜钱等，数量不详	金代	《榆树县文物志》，1983年
孙家屯遗址	榆树市红星乡孙家村孙家屯东部		采集砖瓦、陶瓷片、铁器、铜钱等，数量不详	金代	《榆树县文物志》，1983年
朱家桥子遗址	榆树市大坡乡城南村朱家桥子屯西的岗地上	红烧土	采集布纹瓦、陶瓷片、石臼等，数量不详	金代	《榆树县文物志》，1983年
六马架子遗址	榆树市八号乡建民村六马架子屯西南1.25千米处的漫岗之上		采集砖瓦、陶瓷片等，数量不详	金代	《榆树县文物志》，1983年
淹死狼沟遗址	榆树市弓棚乡和平村淹死狼沟屯北500米处的一漫岗之上		采集布纹瓦、陶瓷片、石臼、铁锅等，数量不详	金代	《榆树县文物志》，1983年
大后沟遗址	榆树市秀水乡后沟村大后沟屯东北1千米的一处岗地之上	墓葬数座	采集砖瓦、陶瓷片等，数量不详	金代	《榆树县文物志》，1983年
前两家子遗址	榆树市大坡乡两家村前两家子屯西北500米处的岗地上		采集砖瓦、陶瓷片等，数量不详	金代	《榆树县文物志》，1983年
卡路河子遗址	榆树市大于乡双合村卡路河子屯东一耕地上	三处建筑址	采集砖瓦、陶瓷片等，数量不详	金代	《榆树县文物志》，1983年
双合屯遗址	榆树市大于乡双合村双合屯北一岗地上		采集砖瓦、陶片、铁器、石器、铜钱等，数量不详	金代	《榆树县文物志》，1983年
大车家屯遗址	榆树市大于乡周家村大车家屯西500米的岗地上		采集砖瓦、陶瓷片等，数量不详	金代	《榆树县文物志》，1983年
东三家窝堡遗址	榆树市弓棚乡同意村东三家窝堡屯中		采集布纹瓦、陶瓷片、石臼、铁器等，数量不详	金代	《榆树县文物志》，1983年
腰长发屯遗址	榆树市滨江乡长新村腰长发屯北400米处的耕地上		采集砖瓦、陶瓷片、铁器等，数量不详	金代	《榆树县文物志》，1983年
三合屯遗址	榆树市闵家乡三合屯西700米一朝阳坡上		采集砖瓦、陶瓷片等，数量不详	金代	《榆树县文物志》，1983年
东山屯北岗遗址	榆树市怀家乡兴农村东山屯北250米处	有骨灰罐墓	采集砖瓦、陶片等，数量不详	金代	《榆树县文物志》，1983年

续表

遗址名称	位置	遗迹	遗物	时代	文献出处
太安水井遗址	榆树市太安乡复州岗屯北沼泽地内	水井1口	出土陶瓷器、石器、铁器等数件	金代	《榆树县太安金代水井清理简报》，《长春文物》第2期
黄鱼圈珠山遗址	舒兰市法特乡黄鱼村西珠山上		采集砖瓦、陶片、铜钱等，数量不详	金代	《舒兰县文物志》，1985年
腰开原河岸地遗址	舒兰市开原乡腰开原村南呼兰河东岸		采集砖瓦、陶片、石臼、铜钱等，数量不详	金代	《舒兰县文物志》，1985年
八棵树遗址	舒兰市白旗乡八棵树村四队屯西松花江边一块略高的耕地里	钱币窖藏	出土铜钱1450千克	金代	《舒兰县文物志》，1985年
虫王庙后道上地遗址	舒兰市溪河乡前进村六队屯南150米许的一块略高于四周的耕地里		采集铜镜、石臼、铜钱等，数量不详	金代	《舒兰县文物志》，1985年
曹家遗址	舒兰市天德乡曹家村四队屯北约100米许的耕地里		采集布纹瓦、陶瓷片、铜钱等，数量不详	金代	《舒兰县文物志》，1985年
王府沟遗址	农安县青山口乡南台村王府沟屯中		采集砖瓦、陶瓷器、铁器、铜器等，数量不详	辽金	《农安县文物志》，1987年
国家屯遗址	农安县榛柴乡咸家村国家屯中	红烧土、灰坑等	采集陶器、瓷器、铁器、铜器等，数量不详	辽金	《农安县文物志》，1987年
西大房身遗址	农安县榛柴乡榛柴村西大房身屯正西	红烧土、灰坑等	采集陶器、瓷器、铜钱等，数量不详	辽金	《农安县文物志》，1987年
庙后遗址	农安县青山口乡唐家村庙后屯北	灰坑	采集陶器、铜器、铁器等，数量不详	辽金	《农安县文物志》，1987年
丁家屯遗址	农安县三宝乡卜尔敦村丁家屯东北部		采集砖瓦、陶瓷器、铜器等，数量不详	辽金	《农安县文物志》，1987年
南城州遗址	农安县头道岗村南城州屯内		采集砖瓦、陶瓷器、铁器、铜器等，数量不详	辽金	《农安县文物志》，1987年
东卜尔敦遗址	农安县果园村东卜尔敦屯西半部		采集砖瓦、陶瓷器、铁器等，数量不详	辽金	《农安县文物志》，1987年
程家坨子遗址	农安县哈拉海镇东南1.5千米程家坨子村大程家坨子屯中	灰坑、红烧土、石函墓	采集陶瓷器、石器等，数量不详	辽金	《农安县文物志》，1987年

续表

遗址名称	位置	遗迹	遗物	时代	文献出处
穆家屯遗址	农安县三宝乡广兴店村穆家屯西		采集砖瓦、陶瓷器、铜器等，数量不详	辽金	《农安县文物志》，1987年
韩达营子遗址	农安县哈拉海镇韩达营子村韩达营子屯		采集板瓦、陶瓷器、铁器等，数量不详	辽金	《农安县文物志》，1987年
王士文屯遗址	农安县华家乡新河村王士文屯东南500米处的耕地中	红烧土	采集陶瓷器，数量不详	辽金	《农安县文物志》，1987年
高台子遗址	农安县柴岗乡兴隆堡村高台子屯西500米处耕地中		采集砖瓦、陶瓷器等，数量不详	辽金	《农安县文物志》，1987年
大青堡遗址	农安县柴岗乡大青堡村大青堡屯中		采集砖瓦、陶瓷器、铁器等，数量不详	辽金	《农安县文物志》，1987年
刘家店遗址	农安县柴岗乡火石村刘家店屯正北1500米处		采集砖瓦、陶瓷器、铜器等，数量不详	辽金	《农安县文物志》，1987年
小庙地遗址	农安县鲍家乡小桥子村于家店屯西		采集砖瓦、陶瓷器、铁器等，数量不详	辽金	《农安县文物志》，1987年
前岗子遗址	农安县前岗乡中心小学内	房址	采集砖瓦、陶器、瓷器、铁器、铜器等，数量不详	金代	《农安县文物志》，1987年
王家屯遗址	农安县高家店镇田家油房村王家屯内		采集砖块、陶瓷器等，数量不详	辽金	《农安县文物志》，1987年
北岗遗址	农安县前岗乡三合村三合卜屯北侧	窖藏	采集砖瓦、陶瓷器、铁器、铜器等，数量不详	辽金	《农安县文物志》，1987年
欢喜岭遗址	农安县新农乡元成功村欢喜岭屯内	窖藏	采集布纹瓦、陶片、铜器，数量不详	金代	《农安县文物志》，1987年
后獾子洞遗址	农安县滨河乡政府所在地西南1.5千米的獾子洞村境内		采集砖瓦、陶瓷器、六耳锅、石臼等，数量不详	辽金	《农安县文物志》，1987年
西沟遗址	农安县开安乡西沟村西沟屯		采集布纹瓦、瓦当、陶片、铁器、铁器等，数量不详	辽金	《农安县文物志》，1987年
老房身遗址	农安县鲍家乡双庙村政府东北3千米处		采集布纹瓦、陶片、铁器等，数量不详	辽金	《农安县文物志》，1987年
苏吉良子遗址	农安县永安乡苏吉良子村苏吉良子屯东面坡地上		采集布纹瓦、陶瓷片、铁器等，数量不详	辽金	《农安县文物志》，1987年
谢家屯遗址	农安县三盛玉乡长江村谢家屯前400米处的台地上		采集布纹瓦、陶瓷片、铁器等，数量不详	辽金	《农安县文物志》，1987年
瓦窑盆遗址	农安县三盛玉乡四道岗村五道岗屯东边1千米		采集布纹瓦、陶瓷片，数量不详	辽金	《农安县文物志》，1987年

续表

遗址名称	位置	遗迹	遗物	时代	文献出处
田家屯遗址	农安县永安乡艾干吐村田家屯内		采集青砖、陶瓷器、铁器等，数量不详	金代	《农安县文物志》，1987年
范家屯遗址	农安县永安乡六合村范家屯西1千米处岗地上		采集砖瓦、陶器等，数量不详	辽金	《农安县文物志》，1987年
大烟地遗址	农安县新阳乡保卫村揽头房子屯西坡地上		采集砖瓦、陶瓷器等，数量不详	辽金	《农安县文物志》，1987年
泉子沟遗址	农安县伏龙泉乡泉子沟村圈子沟屯东南150米处的朝阳坡地上		采集布纹瓦、陶瓷片、铁器等，数量不详	辽金	《农安县文物志》，1987年
孙家园子遗址	农安县高家店镇太平岭村孙家园子屯南300米处的缓坡上		采集布纹瓦、陶瓷片、铜器等，数量不详	辽金	《农安县文物志》，1987年
二台子遗址	农安县新阳乡顺山村蔡家沟屯西坎上500米处		采集砖瓦、陶瓷器等，数量不详	辽金	《农安县文物志》，1987年
大王屯遗址	农安县小城子乡潘家屯村大王屯正南700米处		采集陶瓷片、铜器、铁器等，数量不详	辽金	《农安县文物志》，1987年
王家窝堡遗址	农安县合隆镇陈家店村王家窝堡屯前		采集布纹瓦、陶器等，数量不详	辽金	《农安县文物志》，1987年
高大房子遗址	农安县新农乡蒿子站村高大房子屯	窖藏	采集布纹瓦、瓦当、陶瓷器、铁器等，数量不详	金代	《农安县文物志》，1987年
白庙子遗址	农安县伏龙泉乡泉子沟村圈子沟屯北500米的岗地上		采集砖瓦、陶瓷器等，数量不详	辽金	《农安县文物志》，1987年
王录屯遗址	农安县杨树林乡牛尾巴山村王录屯南1千米处漫岗上		采集布纹瓦、陶瓷片、铜器、铁器等，数量不详	辽金	《农安县文物志》，1987年
拉拉屯遗址	农安县新阳乡前进村拉拉屯东部		采集陶器、铁器等，数量不详	辽金	《农安县文物志》，1987年
林家屯遗址	农安县万金塔乡赵家屯村林家屯北漫岗上		采集砖瓦、陶瓷器、铜器、白银等，数量不详	金代	《农安县文物志》，1987年
长街遗址	农安县青山口乡青山口村二泡子屯北		采集砖瓦、陶瓷片，数量不详	辽金	《农安县文物志》，1987年
新镇江口遗址	农安县黄鱼圈乡潘家坨子村新镇江口屯东一台地上		采集砖瓦、陶片、铜器等，数量不详	辽金	《农安县文物志》，1987年
太平池遗址	农安县龙王乡太平村太平池水库北岸台地的南坡上		采集砖瓦、陶瓷片、铜钱等，数量不详	辽金	《农安县文物志》，1987年
房身地遗址	农安县青山口乡二道沟村二道沟屯东南1000米处		采集砖瓦、陶瓷片、铁器等，数量不详	辽金	《农安县文物志》，1987年

续表

遗址名称	位置	遗迹	遗物	时代	文献出处
新立屯遗址	农安县青山口乡柳条沟村新立屯北偏西500米处		采集砖瓦、陶片、铜器等，数量不详	辽金	《农安县文物志》，1987年
三道岗遗址	农安县高家店镇东南6千米的三道岗村境内		采集陶瓷片、铁器等，数量不详	辽金	《农安县文物志》，1987年
西岗子遗址	农安县万顺乡榆树村陈林屯北漫岗的南坡		采集砖瓦、陶瓷片等，数量不详	辽金	《农安县文物志》，1987年
敖宝图遗址	农安县巴吉垒乡元宝沟村敖宝图屯北50米处的台地上	灰坑、红烧土	采集陶瓷片等，数量不详	辽金	《农安县文物志》，1987年
后岗子遗址	农安县巴吉垒乡东铁村大土龙屯北50米处的一处漫岗上		采集砖瓦、陶瓷片、铁器、铜器等，数量不详	金代	《农安县文物志》，1987年
大成堂遗址	农安县万顺乡大成村大成堂屯西漫岗上		采集布纹瓦、陶瓷片、铁器等，数量不详	辽金	《农安县文物志》，1987年
放牛沟遗址	农安县万顺乡大成村后放牛沟屯南一条漫岗上	灰坑、红烧土	采集布纹瓦、陶瓷片等，数量不详	辽金	《农安县文物志》，1987年
小山遗址	农安县万顺乡平山村小山屯正南一条漫岗上		采集陶瓷器、铁器、铜器、骨器等，数量不详	辽金	《农安县文物志》，1987年
万山堡遗址	农安县烧锅乡新立村万山堡屯北150米处的漫岗上		采集陶瓷片，数量不详	辽金	《农安县文物志》，1987年
东五里界遗址	农安县城郊乡东五里界村村委会南100米处的台地上		采集布纹瓦、陶片，数量不详	辽金	《农安县文物志》，1987年
南关遗址	农安县农安镇南关村		采集布纹瓦、陶瓷片，数量不详	辽金	《农安县文物志》，1987年
草房王遗址	农安县站北村草房王组以北约300米处	灰坑13个、灰沟2条	出土陶器、瓷器、铜器、铁器、石器、骨器等至少37件	金代	《吉林省农安草房王遗址发掘简报》，《北方文物》2009年第4期
农安辽塔	农安县城西门外百余米处	砖室1处	出土铜器、银器、瓷器、木器等7件	辽代	《吉林省农安塔在修缮工程中发现古物》，《文物参考资料》1953年第7期
万金塔塔基	农安县万金塔村东部万金塔古城北门外108米	塔基1处、地宫1处	出土建筑构件、瓷器、铜器、铁器等60件左右	辽代	《农安万金塔基出土文物》，《文物》1973年第8期

续表

遗址名称	位置	遗迹	遗物	时代	文献出处
揽头窝堡遗址	德惠市边岗乡丹城子村揽头窝堡遗址	房址12座	出土陶器、瓷器、骨器、铁器、铜器、石器、琉璃器等700余件	金代	《德惠市金代榄头窝堡金代遗址》，《中国考古学年鉴1999》，文物出版社，2001年；《德惠榄头窝堡遗址发掘主要收获》，《博物馆研究》2001年第1期；《吉林德惠市揽头窝堡遗址六号房址的发掘》，《考古》2003年第8期
獾子洞遗址	德惠市达家沟乡獾子洞村	灰坑	采集瓦件、陶瓷片、石臼、铜钱等，数量不详	金代	《德惠县文物志》，1983年
石碑泡子遗址	德惠市朝阳乡长泡子村石碑泡子屯东南100米的台地上		采集砖瓦、陶瓷片、铜器、铁器、石臼等，数量不详	辽金	《德惠县文物志》，1983年
大高丽庙子遗址	德惠市大青咀乡小岭村大高丽庙子屯东100米的漫岗上		采集砖瓦、陶瓷片等，数量不详	辽金	《德惠县文物志》，1983年
新发屯遗址	德惠市大青咀乡双泉眼村新发屯东200米的漫岗上		采集砖瓦、陶片、石臼、铜钱等，数量不详	辽金	《德惠县文物志》，1983年
后永利庄遗址	德惠市朱城子乡雾开河西岸750米处的后永利庄屯	窖藏	采集砖瓦、陶片、铁器、铜钱等，数量不详	金代	《德惠县文物志》，1983年
葫芦头沟遗址	德惠市达家沟乡安山村葫芦沟屯一条漫岗上		采集布纹瓦、陶瓷片、铁器等，数量不详	辽金	《德惠县文物志》，1983年
贺药铺遗址	德惠市松花江乡老少沟村		采集布纹瓦、陶瓷片等，数量不详	辽金	《德惠县文物志》，1983年
新立屯遗址	德惠市升阳乡东南1.5千米处獾子洞		采集砖瓦、陶瓷片、铁器、铜钱等，数量不详	金代	《德惠县文物志》，1983年
小三道沟遗址	德惠市升阳乡德升村小三道沟屯东漫岗上		采集砖瓦、陶瓷片、石器等，数量不详	金代	《德惠县文物志》，1983年
义和屯遗址	德惠市边岗乡金星村义和屯西的岗地上	灰坑	采集砖瓦、陶片、铜器等，数量不详	金代	《德惠县文物志》，1983年
华家店遗址	德惠市边岗乡金星村华家店屯西头	灰坑	采集砖瓦、陶瓷片、铜钱等，数量不详	金代	《德惠县文物志》，1983年
上台子遗址	德惠市边岗乡金星村上台子屯	灰坑	采集砖瓦、陶瓷片、石臼、铜钱等，数量不详	金代	《德惠县文物志》，1983年

续表

遗址名称	位置	遗迹	遗物	时代	文献出处
兴隆号遗址	德惠市夏家店乡腰窝堡村兴隆号屯后漫岗南端坡地上	红烧土、灰坑等	采集砖瓦、陶瓷片、铁器、铜钱等，数量不详	金代	《德惠县文物志》，1983年
福德兴遗址	德惠市大青咀乡新兴村福德兴屯住宅区		采集砖瓦、陶瓷片、石臼、铜钱等，数量不详	金代	《德惠县文物志》，1983年
夹信子遗址	德惠市大青咀和二青咀之间的川地中		采集砖瓦、陶片、铁器、石臼、铜钱等，数量不详	金代	《德惠县文物志》，1983年
三青咀遗址	德惠市夏家店乡三青咀岭东南坡地上	红烧土、灰坑等	采集砖瓦、陶片、瓷器、铁器等，数量不详	金代	《德惠县文物志》，1983年
前太平桥遗址	德惠市大青咀乡兴胜村东1千米处的太平桥西侧坡地上		采集砖瓦、陶瓷片、铜器、铁器、石臼等，数量不详	金代	《德惠县文物志》，1983年
小岭遗址	德惠市大青咀乡小岭屯西的漫岗东南坡上		采集砖瓦、陶瓷片、铁器、铜钱等，数量不详	金代	《德惠县文物志》，1983年
二青咀遗址	德惠市大青咀乡二青咀岭东的坡地上		采集砖瓦、陶瓷片、铁器、铜钱等，数量不详	金代	《德惠县文物志》，1983年
腰五家子遗址	德惠市大青咀乡民主村腰五家子屯的台坎地上		采集砖瓦、陶瓷片、铜钱等，数量不详	金代	《德惠县文物志》，1983年
东山咀遗址	德惠市升阳乡东1.5千米处东山咀屯至西山咀屯中间的一片坡地上		采集砖瓦、陶瓷片、铁器、铜钱等，数量不详	金代	《德惠县文物志》，1983年
东店地遗址	德惠市朱城子乡别家村王家屯东漫岗上		采集砖瓦、基石、陶瓷片、铁器等，数量不详	金代	《德惠县文物志》，1983年
刘家油房遗址	德惠市沃皮乡刘家油房村刘家油房	灰坑	采集布纹瓦、陶瓷片、铁器、铜钱等，数量不详	金代	《德惠县文物志》，1983年
赛家屯遗址	德惠市万宝乡万祥村赛家屯与水泉沟屯之间漫岗南坡		采集砖瓦、陶片、铜器等，数量不详	金代	《德惠县文物志》，1983年
房身地遗址	德惠市大青咀乡榆树林子村西北1.5千米处		采集砖瓦、陶瓷片、铜钱等，数量不详	金代	《德惠县文物志》，1983年
财神庙遗址	德惠市天台乡新发村财神庙屯西100米处的漫岗南坡		采集砖瓦、陶片等，数量不详	金代	《德惠县文物志》，1983年

续表

遗址名称	位置	遗迹	遗物	时代	文献出处
西双榆树遗址	德惠市达家沟乡六家子村		采集布纹瓦、陶瓷片、铁器、铜钱等，数量不详	金代	《德惠县文物志》，1983年
任家坨子遗址	德惠市菜园子乡新立村南500米的沙坨子上		采集布纹瓦、陶片、瓷器、铜器、石臼等，数量不详	金代	《德惠县文物志》，1983年
马架子遗址	德惠市布海乡侯家村马架子屯后		采集砖瓦、陶瓷片、铜印等，数量不详	辽金	《德惠县文物志》，1983年
厉家油房遗址	德惠市朝阳乡双丰村厉家油房屯北250米台地上		采集陶器、瓷器、铁器、铜钱等，数量不详	金代	《德惠县文物志》，1983年
石虎沟遗址	德惠市五台乡太平村石虎沟屯500米处		采集砖瓦、陶瓷片、铁器、石臼、铜钱等，数量不详	金代	《德惠县文物志》，1983年
前二道沟遗址	德惠市五台乡狼洞村前二道沟屯南300米处漫岗南坡		采集砖瓦、陶瓷片等，数量不详	金代	《德惠县文物志》，1983年
东永发遗址	德惠市朝阳乡半拉山村东永发屯东台地南坡上		采集砖瓦、陶瓷片、石臼、铜钱等，数量不详	金代	《德惠县文物志》，1983年
高家屯遗址	德惠市杨树乡西化吉村高家屯西北250米漫岗南坡上	红烧土、灰坑等	采集砖瓦、陶片、铁器等，数量不详	金代	《德惠县文物志》，1983年
东王家崴子遗址	德惠市大房身乡洋草村东王家崴子屯漫岗南面的缓坡上		采集砖瓦、陶瓷片、铁器等，数量不详	金代	《德惠县文物志》，1983年
南坟地遗址	德惠市万宝乡驻地南1千米漫岗南坡		采集砖瓦、陶瓷片、铁器、铜钱等，数量不详	辽金	《德惠县文物志》，1983年
岭东遗址	德惠市大青咀乡兴胜村东北2千米处小岭		采集砖瓦、陶瓷片、铁器、铜钱等，数量不详	金代	《德惠县文物志》，1983年
房身沟遗址	德惠市菜园子乡姚家村东500米许漫岗南坡上		采集瓦件、陶瓷片、铜钱等，数量不详	金代	《德惠县文物志》，1983年
小李坨子遗址	德惠市菜园子乡大泡秀村		采集布纹瓦、陶瓷片等，数量不详	辽金	《德惠县文物志》，1983年
四家子遗址	德惠市菜园子乡姚家村四家子屯西北1千米的漫岗上		采集布纹瓦、陶片等，数量不详	辽金	《德惠县文物志》，1983年
大马坨子遗址	德惠市郭家乡大房身村大马坨子屯南50米的漫岗上		采集砖瓦、陶瓷片等，数量不详	辽金	《德惠县文物志》，1983年
邹家堡子遗址	德惠市达家沟乡达家沟村		采集布纹瓦、陶瓷片等，数量不详	辽金	《德惠县文物志》，1983年

续表

遗址名称	位置	遗迹	遗物	时代	文献出处
上黄家堡子遗址	德惠市天台乡顾家村上黄家堡子屯一条漫岗上		采集布纹瓦、陶瓷片等，数量不详	辽金	《德惠县文物志》，1983年
老房身遗址	德惠市达家沟乡岫岩村十二马架子屯南1千米许漫岗上		采集布纹瓦、陶片、铜器、石臼等，数量不详	辽金	《德惠县文物志》，1983年
吉旦沟遗址	德惠市大房身乡吉旦沟村王家屯中间的漫岗南坡	灰坑	采集砖瓦、陶瓷器、铁器、铜器等，数量不详	金代	《德惠县文物志》，1983年
腰高丽庙遗址	德惠市大青咀乡朝阳沟村腰高丽庙子屯东北300米的耕地中		采集砖瓦、陶瓷片等，数量不详	辽金	《德惠县文物志》，1983年
东糖房沟遗址	德惠市万宝乡山西头村东糖房沟屯东的漫岗南坡上		采集砖瓦、陶瓷片、石臼、铜钱等，数量不详	金代	《德惠县文物志》，1983年
湾子吕遗址	德惠市和平乡前进村湾子吕屯东一条漫岗南坡		采集布纹瓦、陶瓷片、铜器等，数量不详	金代	《德惠县文物志》，1983年
王家屯遗址	德惠市同太乡兴隆村一条漫岗的南坡上		采集布纹瓦、陶瓷片、铁器、铜钱等，数量不详	辽金	《德惠县文物志》，1983年
大沙坨子遗址	德惠市菜园子乡大沙坨子村东500米一沙丘之上		采集砖瓦、陶瓷片等，数量不详	辽金	《德惠县文物志》，1983年
孟家屯遗址	德惠市郭家乡孟家村与团山子村一条漫岗之上		采集砖瓦、陶片、铜钱等，数量不详	辽金	《德惠县文物志》，1983年
东穆家遗址	德惠市天台乡东穆家屯一条漫岗南坡	灰坑	采集陶瓷片等，数量不详	辽金	《德惠县文物志》，1983年
迎新遗址	德惠市迎新村二队	灰坑7座、灰沟6条、灶址4座	出土陶器、瓷器、铜器、铁器、石器、骨器等114件	金代	《吉林省德惠市迎新遗址考古发掘报告》，《北方文物》2009年第4期
李春江遗址	德惠市米沙子镇西南的李春江屯	房址6处、灰坑30个、灰沟2条、墓葬1座、露炊遗迹5处	出土砖、陶器、瓷器、铁器、铜器、骨器、石器等至少285件	金代	《吉林省德惠市李春江遗址发掘报告》，《北方文物》2009年第3期
朱城子七队遗址	德惠市西南的朱城子镇万发店村七队	灰坑10个、灰沟7条、灶2个	出土陶器、瓷器、石器、铁器、铜钱、骨器等38件	金代	《吉林省德惠市朱城子七队遗址发掘简报》，《北方文物》2009年第3期
小李屯遗址	九台市卢家乡前央村小李屯北侧漫岗上		采集砖瓦、陶瓷片等，数量不详	辽金	《九台县文物志》，1986年

续表

遗址名称	位置	遗迹	遗物	时代	文献出处
王家岭遗址	九台市城子街镇王家岭村王家岭屯北侧朝阳的坡地上		采集布纹瓦、陶瓷片、铜钱等，数量不详	金代	《九台县文物志》，1986年
高家窝堡遗址	九台市胡家乡红石村高家窝堡屯南侧的向阳坡地上		采集布纹瓦、陶瓷片、铁器、铜器、玉石器、铜钱等，数量不详	金代	《九台县文物志》，1986年
前腰站遗址	九台市沐石河镇八棵树村前腰站屯西南端缓坡上	灰坑	采集陶片、铁器、铜钱等，数量不详	金代	《九台县文物志》，1986年
八家子遗址	九台市沐石河镇八家子村小八家子屯南500米处		采集布纹瓦、陶瓷片、铜器等，数量不详	金代	《九台县文物志》，1986年
东郑家遗址	九台市放牛沟乡团山子村东郑家屯一条山岭脚下		采集陶瓷片、铜器等，数量不详	金代	《九台县文物志》，1986年
肖家坟遗址	九台市卢家乡杨树村杨树河子河东屯南500米的一片坡地上		采集砖瓦、陶瓷片、铜器等，数量不详	金代	《九台县文物志》，1986年
碱场王家屯遗址	九台市城子街镇碱场村王家屯北侧的漫岗上		采集布纹瓦、陶片、铜钱等，数量不详	金代	《九台县文物志》，1986年
小善家遗址	九台市纪家乡陶家村小善家屯东侧漫岗上		采集砖瓦、陶瓷片、铜钱等，数量不详	金代	《九台县文物志》，1986年
杨家屯遗址	九台市城子街镇胜利村杨家屯西侧的坡地上		采集布纹瓦、陶瓷片、铁器等，数量不详	金代	《九台县文物志》，1986年
三节地遗址	九台市卡伦镇幸福村腰拉拉屯正北1.5千米的漫岗		采集砖瓦、陶瓷片、铁器等，数量不详	金代	《九台县文物志》，1986年
孟家店遗址	九台市纪家乡分水村孟家店东沟一条台地上		采集砖瓦、陶瓷片、铜钱等，数量不详	金代	《九台县文物志》，1986年
大荒地遗址	九台市兴隆乡大荒地村南100米漫岗的向阳坡上		采集砖瓦、陶瓷片、铁器等，数量不详	金代	《九台县文物志》，1986年
徐家屯遗址	九台市卢家乡段家村徐家屯东侧的石头人地		采集布纹瓦、陶瓷片、铜钱等，数量不详	金代	《九台县文物志》，1986年
山嘴子遗址	九台市波泥河乡太平庄山嘴子屯东300米处漫岗的向阳坡上	3处建筑遗址	采集砖瓦、陶瓷片、铜钱等，数量不详	金代	《九台县文物志》，1986年
卢家北山遗址	九台市卢家乡卢家村北山屯西北角坡地上		采集砖瓦石块、陶瓷片、铜钱等，数量不详	金代	《九台县文物志》，1986年
火烧窝棚遗址	九台市龙家堡镇杨树村火烧窝棚屯漫岗的向阳坡上		采集砖瓦、陶瓷器、铁器、铜器、铜钱等，数量不详	金代	《九台县文物志》，1986年

续表

遗址名称	位置	遗迹	遗物	时代	文献出处
后碱场遗址	九台市城子街镇碱场村后碱场屯一弧形漫岗的朝阳坡		采集布纹瓦、陶瓷片、铜钱等，数量不详	金代	《九台县文物志》，1986年
房身地遗址	九台市三台乡套子里村揑家窝堡屯北500米的平川地里		采集砖瓦、陶瓷片、铜钱等，数量不详	金代	《九台县文物志》，1986年
二道沟遗址	九台市二道沟乡二道沟村二道沟屯西侧的平缓地带		采集砖瓦、陶瓷片、铜钱等，数量不详	金代	《九台县文物志》，1986年
顺垄地遗址	九台市卡伦镇十里村八里堡屯北200米处漫岗东南坡		采集陶瓷片、铁器、铜钱等，数量不详	金代	《九台县文物志》，1986年
南窝堡房身地遗址	九台市上河湾镇四台村南窝堡屯东南200米处漫岗向阳坡上		采集砖瓦、陶瓷片、铜钱等，数量不详	金代	《九台县文物志》，1986年
袁家店房身地遗址	九台市沐石河镇前梨村袁家店屯北750米的台地坎上		采集布纹瓦、陶瓷片、铜钱等，数量不详	金代	《九台县文物志》，1986年
富家坟遗址	九台市莽卡乡松江村北1千米处的富家坟地		采集砖瓦、陶片等，数量不详	辽金	《九台县文物志》，1986年
干沟上屯遗址	九台市上河湾镇干沟村干沟上屯北侧的漫岗的向阳坡地上		采集砖瓦、陶瓷片、铁器、铜钱等，数量不详	金代	《九台县文物志》，1986年
王家林子遗址	九台市沐石河镇拉腰子村王家林子屯东北端漫岗上		采集砖瓦、陶瓷片、铜钱等，数量不详	金代	《九台县文物志》，1986年
高丽井子遗址	九台市沐石河镇康家村康家屯南100米处的缓平坡地上		采集瓦件、陶瓷片、石磨等，数量不详	金代	《九台县文物志》，1986年
石羊屯遗址	九台市上河湾镇石羊村石羊屯东侧的坡地上		采集砖瓦、陶瓷片等，数量不详	金代	《九台县文物志》，1986年
赵家沟遗址	九台市上河湾镇四台村赵家沟屯东岭的向阳坡地上		采集砖瓦、陶瓷器、铜钱等，数量不详	金代	《九台县文物志》，1986年
古榆树遗址	九台市西营城子镇古榆树村古榆树下沟屯北侧的漫岗上		采集布纹瓦、陶瓷片等，数量不详	金代	《九台县文物志》，1986年
下甸子遗址	九台市卢家乡前央村下甸子屯西北500米处的较平缓坡地上		采集砖瓦、陶瓷片等，数量不详	金代	《九台县文物志》，1986年
前代家屯遗址	九台市其塔木镇北山村前代家屯西200米处漫岗上		采集砖瓦、陶瓷片等，数量不详	金代	《九台县文物志》，1986年

续表

遗址名称	位置	遗迹	遗物	时代	文献出处
腰八台遗址	九台市苇子沟乡石头嘴子村腰八台屯西北250米处的坡地上		采集布纹瓦、陶瓷片等，数量不详	金代	《九台县文物志》，1986年
孟家沟遗址	九台市三台乡西沟村孟家沟屯东北200米处的漫岗的向阳坡上		采集陶瓷片、铁器、铜器、铜钱等，数量不详	金代	《九台县文物志》，1986年
小卡伦遗址	九台市卢家乡卢家村小卡伦屯西北端漫岗的坡地上		采集砖瓦、陶瓷片等，数量不详	金代	《九台县文物志》，1986年
东三家子遗址	九台市卡伦镇东三家子村东、西三家子屯的中间漫岗的南坡		采集砖瓦、陶瓷片等，数量不详	金代	《九台县文物志》，1986年
段家屯遗址	九台市卢家乡段家村段家屯居民住宅区一条缓坡地上		采集砖瓦、陶瓷片、铜钱等，数量不详	金代	《九台县文物志》，1986年
西小荒地遗址	九台市兴隆乡红星村村址东100米处的大漫岗上	红烧土	采集砖瓦、陶瓷器、铜器、铜钱等，数量不详	金代	《九台县文物志》，1986年
六道岗子遗址	九台市上河湾镇双合村高丽房屯北侧一漫岗上		采集陶瓷片等，数量不详	金代	《九台县文物志》，1986年
车瓦地遗址	九台市六台乡大沟村核桃贝河北屯北漫岗东南坡上		采集砖瓦、陶瓷片等，数量不详	金代	《九台县文物志》，1986年
塌拉腰子遗址	九台市卡伦镇南岗村南岗屯北500米漫岗上		采集砖瓦、陶瓷片、六耳锅等，数量不详	金代	《九台县文物志》，1986年
任家坟遗址	九台市苇子沟乡靠山屯村北沟屯东80米处坡地下半部		采集陶瓷片、石磨等，数量不详	金代	《九台县文物志》，1986年
锣锅地遗址	九台市龙家堡镇和平村五家子屯北150米处漫岗上		采集砖瓦、陶瓷片等，数量不详	金代	《九台县文物志》，1986年
东川子贝遗址	九台市城子街镇秀水村东川子贝屯北侧的缓坡上		采集陶片等，数量不详	辽金	《九台县文物志》，1986年
下窑遗址	九台市放牛沟乡荆家村下窑北屯		采集陶瓷片、六耳锅等，数量不详	金代	《九台县文物志》，1986年
八家子房身地遗址	九台市兴隆乡五家子村八家子屯西漫岗上		采集砖瓦、陶瓷片、铁器等，数量不详	金代	《九台县文物志》，1986年
东沙河子遗址	九台市苇子沟乡西地村东沙河子屯北侧缓坡地上		采集陶瓷片、铁器、铜镜等，数量不详	金代	《九台县文物志》，1986年
刘家房西遗址	九台市饮马河镇挖铜沟村东挖铜沟屯西北300米处的漫岗上		采集砖瓦、陶瓷片、铁器、铜钱等，数量不详	金代	《九台县文物志》，1986年

续表

遗址名称	位置	遗迹	遗物	时代	文献出处
荒山遗址	九台市二道沟乡荒山村二社西500米		采集布纹瓦、陶瓷片等，数量不详	金代	《九台县文物志》，1986年
村近屯遗址	九台市庆阳乡西山村村近屯西侧平缓的坡地上		采集布纹瓦、陶瓷片、铜钱等，数量不详	金代	《九台县文物志》，1986年
孙家店遗址	九台市庆阳乡西山村孙家店屯北侧的坡地上		采集布纹瓦、陶瓷片、铁器、铜器等，数量不详	金代	《九台县文物志》，1986年
杨家坟遗址	九台市牛头山水库西北较大台地坎上		采集布纹瓦、陶瓷片等，数量不详	金代	《九台县文物志》，1986年
庙沟遗址	九台市苇子沟乡庙沟村一社西南100米处的缓坡地上		采集布纹瓦、陶瓷片、铁器、铜钱等，数量不详	金代	《九台县文物志》，1986年
东朝阳沟遗址	九台市饮马河镇朝阳沟村东朝阳沟屯西100米处的漫岗上		采集布纹瓦、陶器等，数量不详	金代	《九台县文物志》，1986年
高锋子尖遗址	九台市苇子沟乡西地村高锋子尖屯北侧的台地坎上		采集布纹瓦、陶瓷片等，数量不详	金代	《九台县文物志》，1986年
后小屯遗址	九台市九郊乡头道沟村后小屯一条漫岗上		采集砖瓦、陶瓷片、铁器、铜钱等，数量不详	金代	《九台县文物志》，1986年
小拉腰子遗址	九台市沐石河西岸小拉腰子屯西端的坡地上		采集砖瓦、陶片等，数量不详	金代	《九台县文物志》，1986年
瓦盆窑遗址	九台市其塔木镇八家子村瓦盆窑屯东北80米处漫岗的向阳坡上		采集砖瓦、陶瓷片等，数量不详	金代	《九台县文物志》，1986年
大韩屯遗址	九台市胡家乡周家村大韩屯北一条岗坡地上		采集砖瓦、陶片、铜钱等，数量不详	金代	《九台县文物志》，1986年
张家油房遗址	九台市庆阳乡于家村张家油房屯北侧	灰坑	采集布纹瓦、陶瓷片、铁器、铜钱等，数量不详	金代	《九台县文物志》，1986年
姜家村遗址	九台市纪家乡姜家村西500米处漫岗上		采集砖瓦、陶瓷片、六耳锅等，数量不详	金代	《九台县文物志》，1986年
榆树林子遗址	九台市放牛沟乡小岭村榆树林子屯漫岗上		采集陶瓷片、铁器、石器等，数量不详	金代	《九台县文物志》，1986年
小北山遗址	九台市城子街镇秀水村小北山屯东北端一朝阳的缓平坡地上		采集砖瓦、陶瓷片等，数量不详	金代	《九台县文物志》，1986年
高丽庙子遗址	九台市胡家乡宝山村宝山屯河南1.5千米处的漫岗上		采集砖瓦、陶瓷片、石臼等，数量不详	金代	《九台县文物志》，1986年

续表

遗址名称	位置	遗迹	遗物	时代	文献出处
前横道沟遗址	九台市沐石河镇张家村前横道沟屯北侧的平缓坡地上		采集布纹瓦、陶瓷片等，数量不详	金代	《九台县文物志》，1986年
十二垧地遗址	九台市上河湾镇福林村老虎林子屯北侧的漫岗上		采集建筑饰件、陶瓷片等，数量不详	金代	《九台县文物志》，1986年
朝鲜队遗址	九台市放牛沟乡荆家村朝鲜队屯东北40米处耕地内		采集砖瓦、陶瓷片、六耳锅、铜钱等，数量不详	金代	《九台县文物志》，1986年
幸福乡卫生院遗址	长春市幸福乡卫生院院内		采集砖瓦、陶片等，数量不详	金代	《长春市文物志》，1987年
东洼地遗址	长春市幸福乡光明村张家粉房屯东一条漫岗的南坡上		采集砖瓦、陶片、铁器等，数量不详	金代	《长春市文物志》，1987年
西刘家沟遗址	长春市幸福乡红咀子村西刘家沟屯		采集砖瓦、陶片、铜钱等，数量不详	金代	《长春市文物志》，1987年
东刘家沟遗址	长春市幸福乡红旗村东刘家沟屯		采集砖瓦、陶片等，数量不详	金代	《长春市文物志》，1987年
姚家烧锅遗址	长春市郊三道镇先锋村姚家烧锅屯北约300米的一个漫岗坡地上		采集砖瓦、陶片等，数量不详	金代	《长春市文物志》，1987年
山弯子遗址	长春市南关区净月乡与郊区三道镇交界处		采集布纹瓦、陶瓷片等，数量不详	金代	《长春市文物志》，1987年
腰兴隆泉遗址	长春市郊区兴隆山镇龙泉村腰兴隆泉屯西		采集布纹瓦、陶瓷片等，数量不详	金代	《长春市文物志》，1987年
西兴隆泉遗址	长春市郊兴隆山镇龙泉村西兴隆泉屯		采集布纹瓦、陶瓷片、铁器、铜钱等，数量不详	辽金	《长春市文物志》，1987年
郭家遗址	长春市郊区兰家乡郭家村张文约屯西水泡子西北角		采集砖瓦、陶瓷片、铁器、铜钱等，数量不详	辽金	《长春市文物志》，1987年
黄家坟遗址	长春市郊区大南乡红田村土别岭屯东北300米处		采集砖瓦、陶片等，数量不详	金代	《长春市文物志》，1987年
后分水遗址	长春市长（春）德（惠）公路、长（春）九（台）公路分支点西北约2千米处		采集砖瓦、陶片等，数量不详	金代	《长春市文物志》，1987年
西三间遗址	长春市郊区合心乡三间村西三间屯西水库北岸		采集布纹瓦、陶瓷片、六耳铁锅、铜钱等，数量不详	金代	《长春市文物志》，1987年

续表

遗址名称	位置	遗迹	遗物	时代	文献出处
小城子砖厂遗址	长春市小南火车站北行2.5千米许		采集砖瓦、陶片等，数量不详	金代	《长春市文物志》，1987年
南阳堡遗址	长春市区西南约15千米的大屯镇，南阳堡屯与刘家屯之间	房址4座、灰坑6座	出土陶器、瓷器、铁器、石器、骨器及铜钱等600余件	金元	《长春市郊南阳堡金代村落址发掘》，《北方文物》1998年第4期；《近年来吉林省基建考古综述》，《博物馆研究》2000年第1期
老茂生食品厂遗址	长春市宽城区奋进乡团山村		采集布纹瓦、陶片等，数量不详	金代	《长春市文物志》，1987年
二道梁子遗址	长春市双阳区（原双阳县）太平乡二道梁子煤矿砖厂东北		出土铁器10件	金代	《双阳县文物志》，1986年
贾家屯遗址	长春市双阳区（原双阳县）太平乡长山村贾家屯东南100米处一座漫岗上		采集陶瓷片等，数量不详	金代	《双阳县文物志》，1986年
大龙庙屯遗址	长春市双阳区（原双阳县）佟家乡大新村大龙庙屯北100米处一道漫岗上		采集布纹瓦、陶瓷片等，数量不详	金代	《双阳县文物志》，1986年
蔡家屯遗址	长春市双阳区（原双阳县）佟家乡大龙村蔡家屯南100米处的一座朝阳坡上		采集陶瓷片等，数量不详	金代	《双阳县文物志》，1986年
王殿功屯遗址	长春市双阳区（原双阳县）佟家乡大龙村王殿功屯北150米处的一座漫岗东坡上		采集砖瓦、陶瓷片等，数量不详	金代	《双阳县文物志》，1986年
周家屯遗址	长春市双阳区（原双阳县）佟家乡佟家村周家屯西北50米漫岗的南坡上		采集砖瓦、陶瓷片、铜钱等，数量不详	金代	《双阳县文物志》，1986年
隆兴遗址	长春市双阳区（原双阳县）佟家乡隆兴村南500米一耕地上		采集陶瓷片等，数量不详	金代	《双阳县文物志》，1986年
周河崴子遗址	长春市双阳区（原双阳县）佟家乡大龙村周河崴子屯西北50米的漫岗南坡上		采集布纹瓦、陶瓷片，数量不详	金代	《双阳县文物志》，1986年

续表

遗址名称	位置	遗迹	遗物	时代	文献出处
周家沟遗址	长春市双阳区（原双阳县）奢岭乡普安村周家沟屯东一条漫岗上		采集布纹瓦、陶瓷片、六耳铁锅等，数量不详	金代	《双阳县文物志》，1986年
东黑鱼泡遗址	长春市双阳区（原双阳县）奢岭乡五星村黑鱼泡屯东50米一向阳坡地上		采集布纹瓦、陶瓷片等，数量不详	金代	《双阳县文物志》，1986年
西偏脸地遗址	长春市双阳区（原双阳县）奢岭乡幸福村所在地西马葭屯西300米处		采集砖瓦、陶瓷片等，数量不详	金代	《双阳县文物志》，1986年
梁家坟遗址	长春市双阳区（原双阳县）奢岭乡奢岭村下的烧锅屯的梁家坟地		采集砖瓦、陶瓷片等，数量不详	金代	《双阳县文物志》，1986年
庙堂地遗址	长春市双阳区（原双阳县）奢岭乡东南三华里的宋家街屯紧靠屯东的一条漫岗上		采集砖瓦、陶片等，数量不详	金代	《双阳县文物志》，1986年
大排地遗址	长春市双阳区（原双阳县）奢岭乡奢岭村滕家洼子屯西南1千米处的大排地南端		采集布纹瓦、陶片等，数量不详	金代	《双阳县文物志》，1986年
西黑鱼泡遗址	长春市双阳区（原双阳县）奢岭乡五星村西黑鱼泡屯北100米处的向阳坡地上		采集布纹瓦、陶瓷片等，数量不详	金代	《双阳县文物志》，1986年
双榆屯遗址	长春市双阳区（原双阳县）奢岭乡双榆村双榆屯西300米		采集砖瓦、陶瓷片、砺石等，数量不详	金代	《双阳县文物志》，1986年
三家子遗址	长春市双阳区（原双阳县）山河乡三家子屯饮马河西岸		采集布纹瓦、陶片、六耳铁锅、铜钱、铜扣等，数量不详	金代	《双阳县文物志》，1986年
王家坟遗址	长春市双阳区（原双阳县）新安乡山咀村一条漫岗上		采集布纹瓦、陶片等，数量不详	金代	《双阳县文物志》，1986年
小王家坟遗址	长春市双阳区（原双阳县）新安乡东营屯小王家坟地的耕地上		采集布纹瓦、陶瓷片等，数量不详	金代	《双阳县文物志》，1986年
刘大房遗址	长春市双阳区（原双阳县）佟家乡大龙村刘大房屯西的向阳坡上		采集布纹瓦、陶片等，数量不详	金代	《双阳县文物志》，1986年

续表

遗址名称	位置	遗迹	遗物	时代	文献出处
十五垧地遗址	长春市双阳区（原双阳县）新安乡双胜村陈家岭屯一片叫做“十五垧地”的耕地上		采集砖瓦、陶瓷片等，数量不详	金代	《双阳县文物志》，1986年
马棚铺遗址	长春市双阳区（原双阳县）新安乡双胜村马棚铺屯东一片丘陵中间		采集布纹瓦、陶瓷片、铜钱等，数量不详	金代	《双阳县文物志》，1986年
瓦片子地遗址	长春市双阳区（原双阳县）新安乡山咀村后山咀子屯一漫岗上		采集布纹瓦、滴水等，数量不详	金代	《双阳县文物志》，1986年
朱家坟地遗址	长春市双阳区（原双阳县）新安乡东营村西朱家坟地的耕地上		采集砖瓦、陶片等，数量不详	金代	《双阳县文物志》，1986年
东大排地遗址	长春市双阳区（原双阳县）新安乡罗家村罗家屯偏北丘陵漫岗上		采集布纹瓦、陶瓷片等，数量不详	金代	《双阳县文物志》，1986年
老窑地遗址	长春市双阳区（原双阳县）新安乡向阳村向坡子屯北“老窑地”的漫岗上		采集布纹瓦、陶瓷片等，数量不详	金代	《双阳县文物志》，1986年
于家遗址	长春市双阳区（原双阳县）双阳河乡于家村		采集布纹瓦、陶片等，数量不详	金代	《双阳县文物志》，1986年
栗家屯遗址	长春市双阳区（原双阳县）双阳河乡黑鱼村栗家屯北约200米处的一个漫岗的东坡上		采集砖瓦、陶瓷片、铜钱、石臼等，数量不详	金代	《双阳县文物志》，1986年
小高家遗址	长春市双阳区（原双阳县）双阳河乡林家村小朱家窝堡屯与小高家烧锅屯之间的向阳坡地上		采集陶片、六耳铁锅等，数量不详	金代	《双阳县文物志》，1986年
西莲花泡遗址	长春市双阳区（原双阳县）双阳河乡梨树村西莲花泡屯以西的果园内		采集布纹瓦、陶瓷片、六耳铁锅、铜钱等，数量不详	金代	《双阳县文物志》，1986年
鲁家屯遗址	长春市双阳区（原双阳县）双营子回族乡鲁家村鲁家屯东一漫岗上		采集瓦件、陶瓷片等，数量不详	金代	《双阳县文物志》，1986年
小西庄遗址	长春市双阳区（原双阳县）双营子回族自治乡尹家村小西庄屯西的一漫岗上		采集布纹瓦、陶瓷片，数量不详	金代	《双阳县文物志》，1986年

续表

遗址名称	位置	遗迹	遗物	时代	文献出处
李面铺遗址	长春市双阳区（原双阳县）劝农山乡林山村李面铺屯东的向阳坡地上		采集陶瓷片、铜钱、六耳铁锅等，数量不详	金代	《双阳县文物志》，1986年
下河洼子遗址	长春市双阳区（原双阳县）长岭乡下河村下河洼子屯西200米处一乡路旁	灶坑	采集建筑构件、陶瓷片等，数量不详	金代	《双阳县文物志》，1986年
小朱家窝堡遗址	长春市双阳区（原双阳县）双阳河乡林家村小朱家窝堡屯的一条漫岗的南坡上		采集砖瓦、陶瓷片、六耳锅等，数量不详	金代	《双阳县文物志》，1986年
盘古屯遗址	长春市双阳区（原双阳县）鹿乡乡刘家村盘古屯东北一岗地上		采集布纹瓦、陶瓷片等，数量不详	金代	《双阳县文物志》，1986年
小东沟遗址	长春市双阳区（原双阳县）泉眼乡勤劳村小东沟屯原生产队队部西的一个漫岗南坡上		采集布纹瓦、陶瓷片，数量不详	金代	《双阳县文物志》，1986年
南大排遗址	长春市双阳区（原双阳县）四家子乡杂木沟村南面二里许一道坡地上		采集布纹瓦、陶片、石块等，数量不详	金代	《双阳县文物志》，1986年
孤家子遗址	长春市双阳区（原双阳县）齐家乡范家村北700米处		采集布纹瓦、陶瓷片、铜钱、石臼铜镜等，数量不详	金代	《双阳县文物志》，1986年
后杏树顶子遗址	长春市双阳区（原双阳县）石溪乡杏树村后杏树顶子屯西北400米处的耕地上		采集布纹瓦、陶瓷片、铜钱等，数量不详	金代	《双阳县文物志》，1986年
后荒营遗址	长春市双阳区（原双阳县）七顶乡治国村后荒营子屯西南100米处的耕地上		采集布纹瓦、陶片、铁镞等，数量不详	金代	《双阳县文物志》，1986年
岗子遗址	吉林市金珠乡岗子大队境内	窖藏1处	出土铁器1件，铜钱250余千克。采集陶瓷片、布纹瓦等，数量不详	金代	《吉林市郊区文物志》，1984年
小红旗屯遗址	吉林市江南公社荣光大队一片菜地里		采集瓦件、陶片、铜器等，数量不详	金代	《吉林市郊区文物志》，1984年

续表

遗址名称	位置	遗迹	遗物	时代	文献出处
孤家子遗址	吉林市孤店子镇孤家子大队砖厂厂区内		出土铁器1件，铜钱约50千克	金代	《吉林市郊区文物志》，1984年
马家屯遗址	吉林市郊区马家屯		采集陶片等，数量不详	辽金	《吉林市郊区文物志》，1984年
哨口遗址	吉林市九站公社哨口大队屯内		采集、征集布纹瓦、陶器等，数量不详	金代	《吉林市郊区文物志》，1984年
张老瓦块地遗址	吉林市（原永吉县）乌拉街镇东北8千米		出土布纹瓦、陶瓷片、铜器等，数量不详	金代	《永吉县文物志》，1985年
土城子瓦片地遗址	吉林市（原永吉县）土城子乡聂司马大队东岗子屯东南约500米处的漫岗上		采集瓦件、陶片、铜器等，数量不详	金代	《永吉县文物志》，1985年
太平南城子地遗址	吉林市（原永吉县）太平乡赵家油坊大队第四小队的南城子地处		采集建筑构件、陶瓷片等，数量不详	金代	《永吉县文物志》，1985年
三道埠子遗址	永吉县金家乡三道埠子大队第五、六小队所在地	烧土	出土六耳铁锅1件	金代	《永吉县文物志》，1985年
桦皮厂乔屯遗址	吉林市（原永吉县）桦皮厂镇乔屯大队西200米处的水条里		采集建筑构件、陶瓷片等，数量不详	金代	《永吉县文物志》，1985年
双河镇瓦块地寺庙址	永吉县双河镇苇子沟大队苇子沟屯南2千米处的漫岗上		采集砖瓦等，数量不详	辽金	《永吉县文物志》，1985年
潘家后山古寺庙遗址	吉林市（原永吉县）桦皮厂镇乐园大队东北800米处的潘家后山南坡上		采集建筑构件等，数量不详	金代	《永吉县文物志》，1985年
大脑瓜山建筑址	永吉县黄榆乡西南7千米的大脑瓜山西侧		采集布纹瓦、勾滴、陶瓷片等，数量不详	金代	《永吉县文物志》，1985年
黄榆西山头建筑址	永吉县黄榆乡西1千米处的西山上		采集砖瓦、陶片等，数量不详	金代	《永吉县文物志》，1985年
后大桥遗址	伊通县爱民乡大桥村后大桥屯西南300米处		采集砖瓦、陶瓷片、石臼等，数量不详	金代	《伊通县文物志》，1988年
后宋家洼子遗址	伊通县五一乡宋家洼子村后宋家洼子屯西100米处的一条丘陵之南坡		采集布纹瓦、陶瓷片等，数量不详	金代	《伊通县文物志》，1988年

续表

遗址名称	位置	遗迹	遗物	时代	文献出处
头道沟子遗址	伊通县三道乡西李村头道沟子屯正南50米处		采集砖瓦、陶瓷片、三足铜锅、铜钱等，数量不详	金代	《伊通县文物志》，1988年
卧龙泉屯遗址	伊通县靠山镇姜家村卧龙泉屯西400米处一个丘陵的坡面上		采集布纹瓦、陶瓷片、铜钱等，数量不详	金代	《伊通县文物志》，1988年
石家屯遗址	伊通县靠山镇护山村石家屯正北80米处的原野上		采集布纹瓦、陶片、铜钱等，数量不详	金代	《伊通县文物志》，1988年
怀家屯遗址	伊通县靠山镇尖山子村怀家屯东南200米处的漫岗上		采集砖瓦、陶片、铜器、铜钱等，数量不详	金代	《伊通县文物志》，1988年
韩家屯遗址	伊通县靠山镇下沟村韩家屯东约500米的平地中		采集布纹瓦、陶瓷片，数量不详	金代	《伊通县文物志》，1988年
河西屯遗址	伊通县靠山镇政府西500米处的耕地中		采集布纹瓦、陶片等，数量不详	金代	《伊通县文物志》，1988年
李家屯遗址	伊通县黄岭子乡保家村李家屯西南200米处的耕地之中		采集布纹瓦、陶瓷片，数量不详	金代	《伊通县文物志》，1988年
新立屯遗址	伊通县黄岭子乡兴隆村新立屯北100米的耕地中		采集砖瓦、陶片、铜钱等，数量不详	金代	《伊通县文物志》，1988年
小孙屯遗址	伊通县黄岭子乡柳杨村小孙屯正北50米处的一个漫岗上		采集布纹瓦、陶片等，数量不详	金代	《伊通县文物志》，1988年
泉眼沟遗址	伊通县三道乡城子村泉眼沟屯南500米		采集布纹瓦、陶瓷片、铜钱等，数量不详	金代	《伊通县文物志》，1988年
车家屯遗址	伊通县伊丹乡车家村车家屯东北约70米的一漫岗上		采集陶瓷片等，数量不详	金代	《伊通县文物志》，1988年
腰姜家屯遗址	伊通县爱民乡聂家村腰姜家屯内		采集陶片、铁器等，数量不详	金代	《伊通县文物志》，1988年
山湾子遗址	伊通县大孤山镇山西村山湾子屯西南100米处的一个向阳小坡的顶部之东段		采集砖瓦、陶片等，数量不详	金代	《伊通县文物志》，1988年
西青堆子遗址	伊通县头道乡新德村西青堆子屯内		采集陶片、铁器、铜钱等，数量不详	金代	《伊通县文物志》，1988年
新里屯遗址	伊通县靠山镇靠山村新里屯		采集砖瓦、陶片、铜钱等，数量不详	金代	《伊通县文物志》，1988年
东曹家屯遗址	伊通县三道乡曹家村曹家屯正北100米处		采集砖瓦、陶片等，数量不详	金代	《伊通县文物志》，1988年
三道岗子遗址	伊通县三道乡三道村三道岗子屯正北200米处		采集砖瓦、陶瓷片、铜器等，数量不详	金代	《伊通县文物志》，1988年

续表

遗址名称	位置	遗迹	遗物	时代	文献出处
四门张家遗址	伊通县东尖乡东尖村四门张家屯东北100米处		采集砖瓦、陶片、铁器、铜钱等，数量不详	金代	《伊通县文物志》，1988年
李家岗子遗址	伊通县三道乡七一村李家岗子屯西		采集砖瓦、陶瓷片、铜器、衣服等，数量不详	金代	《伊通县文物志》，1988年
仁家沟遗址	伊通县黄岭子乡和平村仁家沟屯东北80米处的漫岗上		采集砖瓦、陶瓷片、铜钱等，数量不详	金代	《伊通县文物志》，1988年
前刘家屯遗址	伊通县黄岭子乡和平村刘家屯东100米处的一个漫岗上		采集砖瓦、陶片等，数量不详	金代	《伊通县文物志》，1988年
程家屯遗址	伊通县靠山镇下沟村程家屯北侧的一块平地上		采集砖瓦、陶瓷片等，数量不详	金代	《伊通县文物志》，1988年
围子屯遗址	伊通县小孤山镇东大有村围子屯西南1.5千米处的小丘顶部		采集陶片等，数量不详	金代	《伊通县文物志》，1988年
后刘家屯遗址	伊通县黄岭子乡和平村后刘家屯东北100米的耕地中		采集砖瓦、瓷片、铁器等，数量不详	金代	《伊通县文物志》，1988年
周户屯遗址	伊通县靠山镇周户屯北50米处		采集砖瓦、陶瓷片等，数量不详	金代	《伊通县文物志》，1988年
太平沟屯遗址	伊通县靠山镇太平村太平沟屯东1千米处		采集砖瓦、陶瓷片、铜钱等，数量不详	金代	《伊通县文物志》，1988年
孙家沟遗址	伊通县发展乡立新村孙家沟屯东南约1千米的漫坡上		采集砖瓦、陶瓷片等，数量不详	金代	《伊通县文物志》，1988年
腰宋家洼子遗址	伊通县五一乡跃进村腰宋家洼子村小学校西10米处的耕地中		采集砖瓦、陶瓷片等，数量不详	金代	《伊通县文物志》，1988年
三姓店遗址	伊通县五一乡小营城子村三姓店屯北100米处的耕地中		采集砖瓦、陶瓷片、铁器等，数量不详	金代	《伊通县文物志》，1988年
田家屯遗址	伊通县东尖乡任家村田家屯北350米处一漫坡上		采集砖瓦、陶瓷片、六耳铁锅、铜钱等，数量不详	金代	《伊通县文物志》，1988年
两姓屯遗址	伊通县莫里青乡劳动村两姓屯西南300米的一个漫岗上		采集砖瓦、陶瓷片、铁铧、铜钱等，数量不详	金代	《伊通县文物志》，1988年
西高家屯遗址	伊通县莫里青乡劳动村西高家屯北50米处一漫岗之上		采集砖瓦、陶片、铜钱等，数量不详	金代	《伊通县文物志》，1988年
高家屯遗址	伊通县莫里青乡劳动村高家屯西南50米的耕地之中		采集砖瓦、陶瓷片、铜钱等，数量不详	金代	《伊通县文物志》，1988年

续表

遗址名称	位置	遗迹	遗物	时代	文献出处
陈家屯遗址	伊通县景台乡石灰村陈家屯河西岸的南窑山东麓一小坡地上		采集砖瓦、陶瓷片等，数量不详	金代	《伊通县文物志》，1988年
大米屯遗址	伊通县爱民乡刘家村大米屯后300米处的“小官地儿”中		采集陶瓷片等，数量不详	金代	《伊通县文物志》，1988年
长山遗址	梨树县河山乡长山村后陈家屯后一漫岗的南坡上		采集陶瓷片、铁器、铜钱等，数量不详	辽金	《梨树县文物志》，1984年
四楞格子山遗址	梨树县孟家岭乡大河沿屯与胡秀屯之间的两个相邻的山坳中		采集砖瓦、陶瓷片等，数量不详	辽金	《梨树县文物志》，1984年
八宝屯遗址	梨树县胜利乡郭家窝堡村八宝屯北一阶状台地上		采集砖瓦、陶瓷片、铜钱等，数量不详	辽金	《梨树县文物志》，1984年
小城子遗址	梨树县小城子乡驻地——小城子街西半部		采集砖瓦、陶瓷片、石磨、铁锅、铜佛等，数量不详	辽金	《梨树县文物志》，1984年
后城子遗址	梨树县喇嘛甸子乡彭家窝堡村彭家窝堡屯北漫岗地上		采集砖瓦、陶瓷片、石磨、铜钱等，数量不详	辽金	《梨树县文物志》，1984年
南岗子遗址	梨树县河山乡河山村南岗子南坡	土坑墓	采集砖瓦、陶瓷片等，数量不详	辽金	《梨树县文物志》，1984年
肖大岗子遗址	梨树县小城子乡江东道小学西约50米的肖大岗子东坡		采集砖瓦、陶瓷片、石器等，数量不详	辽金	《梨树县文物志》，1984年
于家屯遗址	梨树县大房身乡胡家村于家屯南一漫岗的南坡上		采集砖瓦、陶瓷片等，数量不详	辽金	《梨树县文物志》，1984年
袁家坟遗址	梨树县孟家岭乡下安村袁家坟北侧山坡地上		采集砖瓦、陶瓷片、缸胎器等，数量不详	辽金	《梨树县文物志》，1984年
孟家岗子遗址	梨树县团结乡阎家窝堡村孟家岗子西坡上	三座砖室墓	采集砖瓦、陶瓷片、石臼等，数量不详	辽金	《梨树县文物志》，1984年
八盘碾子遗址	梨树县十家堡乡八盘碾子村八盘碾子屯北		采集布纹瓦、陶片、石臼等，数量不详	辽金	《梨树县文物志》，1984年
东四家子遗址	梨树县胜利乡四家子村东四家子屯北		采集砖瓦、陶瓷片、石器、铁器等，数量不详	辽金	《梨树县文物志》，1984年
东五家窝堡遗址	梨树县刘家馆子乡东五家窝堡屯西一座漫岗上	十余处灶址	采集陶片等，数量不详	辽金	《梨树县文物志》，1984年

续表

遗址名称	位置	遗迹	遗物	时代	文献出处
石虎地遗址	梨树县刘家馆子乡炭窑村张家油坊西一座漫岗的南坡		采集砖瓦、陶瓷片等，数量不详	辽金	《梨树县文物志》，1984年
东四马架遗址	梨树县沈洋乡沈洋村东四马架东一座漫岗的南坡		采集陶瓷片、铜钱等，数量不详	辽金	《梨树县文物志》，1984年
南杏山遗址	梨树县杏山乡南杏山屯后一漫岗南坡		采集陶瓷片等，数量不详	辽金	《梨树县文物志》，1984年
腰节地遗址	梨树县孟家岭乡四台子村腰节地		采集砖瓦、陶瓷片、石器、铜钱等，数量不详	辽金	《梨树县文物志》，1984年
郭家屯遗址	梨树县梨树农场七里界分场郭家屯北一座漫岗的南坡上		采集陶瓷片等，数量不详	辽金	《梨树县文物志》，1984年
马家岗子遗址	梨树县梨树农场于家街分场马家岗子东南坡		采集陶瓷片等，数量不详	辽金	《梨树县文物志》，1984年
齐家烧锅遗址	梨树县石岭子乡大孤家子村齐家烧锅屯西北一山间谷地中		采集陶瓷片、石臼等，数量不详	辽金	《梨树县文物志》，1984年
苏家小洼子遗址	梨树县孟家岭乡孟家岭村王家大窝堡屯东南苏家小洼子		采集砖瓦、陶瓷片、六耳铜锅、铁铧等，数量不详	辽金	《梨树县文物志》，1984年
王家围子遗址	梨树县刘家馆子乡大力虎村王家围子屯南一漫岗的南坡上		采集陶片、石器、铜钱等，数量不详	辽金	《梨树县文物志》，1984年
高家遗址	梨树县喇嘛甸乡高家村高家屯西50米处		采集砖瓦、陶瓷片等，数量不详	辽金	《梨树县文物志》，1984年
东北洼子遗址	梨树县董家窝堡乡袁家岭村袁家岭屯东北洼子西坡		采集砖瓦、陶瓷片、铁锅、铜钱等，数量不详	辽金	《梨树县文物志》，1984年
泉眼岭南岗子遗址	梨树县泉眼岭乡所在地西南一漫岗上		采集陶瓷片等，数量不详	辽金	《梨树县文物志》，1984年
西山坡遗址	梨树县白山乡刘家窝堡村一座人称“西山”的土岗南坡		采集砖瓦、陶瓷片等，数量不详	辽金	《梨树县文物志》，1984年
老房身遗址	梨树县刘家馆子乡南六家子村老房身屯后约30米的漫岗上		采集砖瓦、陶瓷片等，数量不详	辽金	《梨树县文物志》，1984年

续表

遗址名称	位置	遗迹	遗物	时代	文献出处
东平安遗址	梨树县梨树乡东平安村东平安屯南		采集砖瓦、陶瓷片、铁器、铜镜等，数量不详	辽金	《梨树县文物志》，1984年
高家岗子遗址	梨树县东河乡胜利村高家岗子屯西一漫岗上	多处红烧土痕迹	采集砖瓦、陶瓷片、铁器、铜钱等，数量不详	辽金	《梨树县文物志》，1984年
张富荣屯遗址	梨树县临海乡绿海村张富屯后土岗的西南坡		采集砖瓦、陶瓷片、铁锅、铜镜、石块等，数量不详	辽金	《梨树县文物志》，1984年
马地方遗址	梨树县梨树乡马地方村四队村南河滩上		采集砖瓦、陶瓷片等，数量不详	辽金	《梨树县文物志》，1984年
大房身遗址	梨树县泉眼岭乡西泉村大房身屯南一座漫岗上		采集砖瓦、陶瓷片、石臼、铁锅、铜钱等，数量不详	辽金	《梨树县文物志》，1984年
小山屯遗址	梨树县沈洋乡翻身村小山屯东南的向阳坡地上		采集陶瓷片等，数量不详	辽金	《梨树县文物志》，1984年
小老爷庙遗址	梨树县万发乡吕家岗子村小老爷庙屯东南		采集砖瓦、陶瓷片等，数量不详	辽金	《梨树县文物志》，1984年
房身地遗址	梨树县董家窝堡乡董家窝堡村项家窝堡后老房身地，地处一土岗东南坡		采集砖瓦、陶瓷片等，数量不详	辽金	《梨树县文物志》，1984年
安家屯遗址	梨树县四棵树乡安家屯后		采集陶瓷片、铜钱、小铜人等，数量不详	辽金	《梨树县文物志》，1984年
大勿兰屯遗址	梨树县刘家馆子乡勿兰村大勿兰屯西一座漫岗南坡		采集陶片等，数量不详	辽金	《梨树县文物志》，1984年
西道上遗址	梨树县太平乡宋家围子村宋家围子屯与毕家堡子间的一块坡地上		采集砖瓦、陶瓷片等，数量不详	辽金	《梨树县文物志》，1984年
大泉眼遗址	梨树县梨树乡夏家村大泉眼屯南		采集砖瓦、陶瓷片等，数量不详	辽金	《梨树县文物志》，1984年
东北岗遗址	梨树县林海乡靠山村张家局子屯东北一座漫岗南坡		采集砖瓦、陶瓷片等，数量不详	辽金	《梨树县文物志》，1984年
八棵树遗址	梨树县十家堡镇八棵树村三队东200米一条东西向岗梁的中部	房址1座、灰沟4条、窖穴3个	出土陶器、瓷器、铁器、铜钱等、玉器、铁器等38件	金代	《吉林省梨树县八棵树金代遗址发掘报告》，《北方文物》2009年第4期
英城子遗址	四平市铁东区山门镇英城子村英城子屯东部		采集砖瓦、陶片等，数量不详	辽金	《四平市文物志》，1988年
前英城子遗址	四平市铁东区山门镇英城子村前英城子屯后		采集砖瓦、陶瓷片等，数量不详	辽金	《四平市文物志》，1988年

续表

遗址名称	位置	遗迹	遗物	时代	文献出处
叶赫沟遗址	四平市铁东区山门镇新立村杨家屯东叶赫沟西部		采集砖瓦、陶瓷片等，数量不详	辽金	《四平市文物志》，1988年
王家瓦房遗址	四平市铁东区山门乡解放村王家瓦房屯北		采集砖瓦、陶瓷片等，数量不详	辽金	《四平市文物志》，1988年
北周家沟遗址	四平市铁东区山门镇解放村周家沟屯北山弯中		采集陶瓷片、铁器、铜器等，数量不详	辽金	《四平市文物志》，1988年
广发玉遗址	四平市铁东区城东乡房身沟村房身沟屯西约50米处的一座漫岗南坡	一座灶台	采集砖瓦、陶瓷片等，数量不详	辽金	《四平市文物志》，1988年
房身沟遗址	四平市铁东区城东乡房身沟村房身沟屯西南条子河支流左岸台地上		采集砖瓦、陶瓷片等，数量不详	辽金	《四平市文物志》，1988年
机砖一厂遗址	四平市铁东区城东乡机砖一厂南侧，一条南北走向漫岗东坡耕地中		采集砖瓦、陶瓷片等，数量不详	辽金	《四平市文物志》，1988年
四家子遗址	四平市铁东区城东乡合力村四家子屯南侧，一条东南西北走向漫岗的东坡耕地中		采集砖瓦、陶瓷片、石臼、铜钱等，数量不详	辽金	《四平市文物志》，1988年
南河家信子遗址	四平市铁东区长发乡河家信子村南河家信子屯西侧、河夹信子河（南条子河上游）左岸台地上		采集砖瓦、陶瓷片、铜钱等，数量不详	辽金	《四平市文物志》，1988年
大塔子沟遗址	四平市铁东区长发乡塔山村塔子沟屯东侧，塔子山脚下		采集砖瓦、陶瓷片、石臼、铜钱等，数量不详	辽金	《四平市文物志》，1988年
放牛沟遗址	四平市铁东区长发乡永乐村放牛沟屯西300米的耕地中		采集砖瓦、陶瓷片、铜钱等，数量不详	辽金	《四平市文物志》，1988年
项家沟遗址	四平市铁东区长发乡小塔子村项家沟屯南侧、一条东西走向山冈南坡耕地中		采集陶瓷片等，数量不详	辽金	《四平市文物志》，1988年
条子河遗址	四平市铁西区条子河乡条子河村条子河屯西北侧、一条东西走向漫岗南坡耕地中		采集砖瓦、陶瓷片等，数量不详	辽金	《四平市文物志》，1988年
赵家屯遗址	四平市铁西区条子河乡勤业村赵家屯西南150米一耕地中		采集砖瓦、陶瓷片等，数量不详	辽金	《四平市文物志》，1988年

续表

遗址名称	位置	遗迹	遗物	时代	文献出处
果木园子遗址	四平市铁西区平西乡巨丰村果木园子屯南200米、一条漫岗东坡耕地中		采集砖瓦、陶瓷片、铜钱等，数量不详	辽金	《四平市文物志》，1988年
太平沟遗址	四平市铁西区平西乡太平沟村太平沟屯西侧、一条漫岗南坡耕地中		采集砖瓦、陶瓷片、铜钱等，数量不详	辽金	《四平市文物志》，1988年
居家大院遗址	四平市铁西区平西乡巨丰村居家大院屯南侧、一条漫岗东坡耕地中		采集砖瓦、陶瓷片、铜钱等，数量不详	辽金	《四平市文物志》，1988年
双榆树遗址	四平市铁西区平西乡泉沟村双榆树屯西300米、南条子河左岸二级台地上		采集砖瓦、陶瓷片等，数量不详	辽金	《四平市文物志》，1988年
杨小店遗址	四平市铁西区平西乡泉沟村杨小店屯南侧、南条子河左岸二级台地上		采集砖瓦、陶瓷片、铜钱等，数量不详	辽金	《四平市文物志》，1988年
杨小店后屯遗址	四平市铁西区平西乡泉沟村杨小店屯东侧、南条子河左岸台地上		采集砖瓦、陶瓷片、石臼等，数量不详	辽金	《四平市文物志》，1988年
八家子遗址	四平市铁西区平西乡泉沟村八家子屯东侧、南条子河左岸台地上		采集砖瓦、陶瓷片等，数量不详	辽金	《四平市文物志》，1988年
郭家屯遗址	四平市铁西区平西乡三合村郭家屯西南侧一条漫岗的南坡耕地中		采集砖瓦、陶瓷片等，数量不详	辽金	《四平市文物志》，1988年
栾家屯遗址	四平市铁西区平西乡巨丰村栾家屯南侧“王小铺”门前耕地中		采集砖瓦、陶瓷片、石臼等，数量不详	辽金	《四平市文物志》，1988年
小塔	四平市铁东区长发乡小塔子村小塔子屯西北一座小山上	塔址1处、建筑址1处	采集砖瓦、石柱础等，数量不详	辽金	《四平市文物志》，1988年
河夹信子遗址	四平市铁东区长发乡河夹信子村二社	房址2座	出土布纹瓦、陶片等，数量不详	辽金	《四平市河夹信子辽金时代遗址》，《中国考古学年鉴1995》，文物出版社，1997年
前坡林子遗址	四平市铁西区平西乡致富村前坡林子屯东南1.5千米的一处台地上	房址1座、窑址1座、灰坑4个	出土石器、骨器、陶器、瓷器、铁器以及铜、铁钱等完整器物30余件，还有大量砖瓦、陶瓷残片	金代	《四平市前坡林子遗址发掘简报》，《北方文物》2006年第3期

续表

遗址名称	位置	遗迹	遗物	时代	文献出处
林家粉房遗址	公主岭市（原怀德县）秦家屯西北的杨树林村林家粉房屯		采集砖瓦、陶瓷片等，数量不详	辽金	《怀德县文物志》，1985年
石佛屯遗址	公主岭市（原怀德县）双龙乡石佛村石佛屯东北约200米处的耕地中		采集砖瓦、陶瓷片等，数量不详	辽金	《怀德县文物志》，1985年
太师坟遗址	公主岭市（原怀德县）秦家屯乡戳子街村的吴家粉坊屯与王家窝堡屯之间的耕地中		采集砖瓦、陶瓷片等，数量不详	辽金	《怀德县文物志》，1985年
双桥遗址	公主岭市（原怀德县）刘房子乡双桥村西北约500米处一坡地上		采集陶片、石臼等，数量不详	辽金	《怀德县文物志》，1985年
朱家屯遗址	公主岭市（原怀德县）莲花山乡刘家炉村朱家屯东北约500米的岗地上		采集砖瓦、陶瓷片等，数量不详	辽金	《怀德县文物志》，1985年
三道圈遗址	公主岭市（原怀德县）十屋乡三道圈村		采集砖瓦、陶瓷片等，数量不详	辽金	《怀德县文物志》，1985年
索家洼子遗址	公主岭市（原怀德县）育林乡团结村索家洼子屯西北50余米处	有砖室墓	采集砖瓦、陶瓷片、石器等，数量不详	辽金	《怀德县文物志》，1985年
西北岗子遗址	公主岭市（原怀德县）八屋乡郝家围子村郝家围子屯西北2.5千米处		采集砖瓦、陶瓷片等，数量不详	辽金	《怀德县文物志》，1985年
小西屯遗址	公主岭市（原怀德县）大岭乡永和村小西屯东约200米处的原野上		采集砖瓦、陶瓷片等，数量不详	辽金	《怀德县文物志》，1985年
公北沟遗址	公主岭市（原怀德县）宝泉乡公北沟村屯内偏南部	灶址	采集砖瓦、陶瓷片、铁器、铜钱等，数量不详	辽金	《怀德县文物志》，1985年
莫家屯遗址	公主岭市（原怀德县）莲花山乡弓棚子村莫家屯的场院内	砖室墓1座	采集砖瓦、陶瓷片等，数量不详	辽金	《怀德县文物志》，1985年
南岗子遗址	公主岭市（原怀德县）八屋乡张家屯村范家窝堡屯南1千米的岗地上		采集砖瓦、陶瓷片、铜钱等，数量不详	辽金	《怀德县文物志》，1985年
小朝阳沟遗址	公主岭市（原怀德县）莲花山乡钱油房村小朝阳沟屯西约200米的漫岗上		采集砖瓦、陶瓷片、铜钱等，数量不详	辽金	《怀德县文物志》，1985年

续表

遗址名称	位置	遗迹	遗物	时代	文献出处
八垧地遗址	公主岭市（原怀德县）大榆树乡大榆树村果园南侧	砖室墓1座	采集砖瓦、陶瓷片、石器、铜镜等，数量不详	辽金	《怀德县文物志》，1985年
三皇庙遗址	公主岭市（原怀德县）四道岗乡河南村三皇庙屯北约750米的平地上		采集砖瓦、陶瓷片等，数量不详	辽金	《怀德县文物志》，1985年
大崴子遗址	公主岭市（原怀德县）玻璃城子乡太平村大崴子屯西北约200米的平地上		采集砖瓦、陶瓷片、铁器、铜钱等，数量不详	辽金	《怀德县文物志》，1985年
下台子遗址	公主岭市（原怀德县）五星乡下台子村第四生产合作社屯内	灶址	采集砖瓦、陶瓷片、铜钱等，数量不详	辽金	《怀德县文物志》，1985年
东深地遗址	公主岭市（原怀德县）平安乡平安岭村西南约400米处的漫岗向阳坡地上		采集砖瓦、陶瓷片、铁器等，数量不详	辽金	《怀德县文物志》，1985年
王家屯遗址	公主岭市（原怀德县）毛城子乡于糖坊村王家屯南约750米的漫岗南坡		采集砖瓦、陶瓷片等，数量不详	辽金	《怀德县文物志》，1985年
楼上村遗址	公主岭市（原怀德县）平安乡楼上村第八生产合作社西侧		采集砖瓦、陶瓷片、铁器等，数量不详	辽金	《怀德县文物志》，1985年
王杂铺遗址	公主岭市（原怀德县）宝泉乡王杂铺村第二生产合作社		采集砖瓦、陶瓷片、铜钱等，数量不详	辽金	《怀德县文物志》，1985年
林家屯遗址	公主岭市（原怀德县）怀德镇西岭村林家屯南约500米的漫岗南坡		采集砖瓦、陶瓷片、铜钱等，数量不详	辽金	《怀德县文物志》，1985年
项家屯遗址	公主岭市（原怀德县）毛城子乡新河村南约750米的项家屯前100米处		采集砖瓦、陶瓷片等，数量不详	辽金	《怀德县文物志》，1985年
西范家窝堡遗址	公主岭市（原怀德县）毛城子乡鞠家店村西，范家窝堡屯南约200米的岗地南坡		采集砖瓦、陶瓷片、铁器、铜钱等，数量不详	辽金	《怀德县文物志》，1985年
道下地遗址	公主岭市（原怀德县）平安乡平安岭村一、二生产合作社西约150米处		采集砖瓦、陶瓷片、石臼、铜钱等，数量不详	辽金	《怀德县文物志》，1985年

续表

遗址名称	位置	遗迹	遗物	时代	文献出处
姚家烧子遗址	公主岭市（原怀德县）响水乡兴隆沟村姚家烧子屯耕地中		采集砖瓦、陶瓷片、金属箭头等，数量不详	辽金	《怀德县文物志》，1985年
刘家店遗址	公主岭市（原怀德县）育林乡团结村刘家店屯西南约100米的漫岗上		采集砖瓦、陶瓷片等，数量不详	辽金	《怀德县文物志》，1985年
张家洼子遗址	公主岭市（原怀德县）毛城子乡榆树林子村张家洼子屯北约200米的漫岗南坡		采集砖瓦、陶瓷片、铁器等，数量不详	辽金	《怀德县文物志》，1985年
后腰屯遗址	公主岭市（原怀德县）莲花山乡赵家围子村后腰屯西约1千米处的老房身地		采集砖瓦、陶瓷片、铁器等，数量不详	辽金	《怀德县文物志》，1985年
大凤凰岭遗址	公主岭市（原怀德县）五星乡五星村大凤凰岭屯西侧		采集砖瓦、陶瓷片等，数量不详	辽金	《怀德县文物志》，1985年
刘家围子遗址	公主岭市（原怀德县）莲花山乡赵围子村刘家围子屯西		采集砖瓦、陶瓷片等，数量不详	辽金	《怀德县文物志》，1985年
长发屯遗址	公主岭市（原怀德县）大岭乡长发村长发屯		采集砖瓦、陶片、铜钱等，数量不详	辽金	《怀德县文物志》，1985年
楼上屯遗址	公主岭市（原怀德县）刘房子乡刘房子村楼上屯		采集陶片、铁器等，数量不详	辽金	《怀德县文物志》，1985年
老房身遗址	公主岭市（原怀德县）五星乡老房身村第四生产合作社屯西约500米处		采集砖瓦、陶片等，数量不详	辽金	《怀德县文物志》，1985年
小东屯遗址	公主岭市（原怀德县）双龙乡长青村小东屯西北约500米的平坦耕地中		采集砖瓦、陶瓷片、铁器、铜器、石臼等，数量不详	辽金	《怀德县文物志》，1985年
西房身沟遗址	公主岭市（原怀德县）二十家子乡解放村第一生产合作社（西房身沟屯）正北100米处		采集砖瓦、陶瓷片等，数量不详	辽金	《怀德县文物志》，1985年
新立遗址	公主岭市（原怀德县）五星乡新立村第一生产合作社屯落南侧		采集砖瓦、陶瓷片等，数量不详	辽金	《怀德县文物志》，1985年
贾家沟遗址	公主岭市（原怀德县）五星乡贾家沟屯内		采集砖瓦、陶片、铁器、石器等，数量不详	辽金	《怀德县文物志》，1985年

续表

遗址名称	位置	遗迹	遗物	时代	文献出处
东黄花屯遗址	公主岭市（原怀德县）四道岗乡黄花村东黄花屯北约750米的耕地上		采集砖瓦、陶瓷片、铁器、铜器、铜钱等，数量不详	辽金	《怀德县文物志》，1985年
徐家屯遗址	公主岭市凤响乡尖山子村徐家屯	房址1座	出土砖瓦、瓷器等，数量不详	金代	《公主岭市徐家屯辽金遗址》，《中国考古学年鉴（1995）》，文物出版社，1997年
赵油坊遗址	公主岭市西南约8千米，现属南崴子乡六家窝堡赵油坊屯所辖	灰坑2个、灰沟1条	出土陶器、瓷器、铁器、石器、骨器等至少37件	青铜时代、金代	《吉林公主岭市赵油坊遗址发掘简报》，《北方文物》2001年第3期
云顶岭南遗址	东辽县中心乡西南3千米云顶村农民房玉祥承包地上		采集布纹瓦、陶片等，数量不详	辽金	《东辽县文物志》，1986年
南岗子遗址	东辽县中心乡东南2.7千米幸福村南岗子屯东约200米的平地上		采集布纹瓦、瓷片、铁器、石臼、铜钱等，数量不详	辽金	《东辽县文物志》，1986年
古庙地遗址	东辽县建安镇西南9千米碾山村“古庙地”耕地中		采集瓦片、陶瓷片等，数量不详	辽金	《东辽县文物志》，1986年
东大包地遗址	东辽县建安镇东北5.5千米桦川村东大包地		采集陶瓷片等，数量不详	辽金	《东辽县文物志》，1986年
“高丽城地”遗址	东辽县建安镇东5.5千米万英村“高丽城地”里		采集布纹瓦、瓷片、铁器、铜钱等，数量不详	辽金	《东辽县文物志》，1986年
前于街遗址	东辽县建安镇西南8.5千米榆泉村“前于街”耕地里		采集布纹瓦、陶瓷片等，数量不详	辽金	《东辽县文物志》，1986年
杨树排子地遗址	东辽县建安镇西南8.5千米榆泉村郑家街屯杨树排子地		采集布纹瓦、陶瓷片等，数量不详	辽金	《东辽县文物志》，1986年；《吉林东辽公路沿线文物调查简报》，《博物馆研究》1992年第1期
东道果园前山遗址	东辽县安石镇东南4千米东道村果园前山		采集陶瓷片等，数量不详	辽金	《东辽县文物志》，1986年
梯田埂遗址	东辽县安石镇西北4.5千米路岗村梯田埂子山南坡耕地上		采集陶瓷片等，数量不详	辽金	《东辽县文物志》，1986年
南大包地遗址	东辽县安石镇北3千米路河村老杜家屯南侧平岗地上		采集布纹瓦、陶瓷片等，数量不详	辽金	《东辽县文物志》，1986年
先进东南地遗址	东辽县安石镇南6千米先进村曲家街屯北山脚下		采集瓦片、瓷片、石器等，数量不详	辽金	《东辽县文物志》，1986年

续表

遗址名称	位置	遗迹	遗物	时代	文献出处
古盖地遗址	东辽县安石镇南5.6千米先进村杨家街屯北侧耕地里		采集陶瓷片等，数量不详	辽金	《东辽县文物志》，1986年
十花道西山遗址	东辽县安石镇西北4.6千米路岗村十花道屯西山坡下方		采集陶瓷片等，数量不详	辽金	《东辽县文物志》，1986年
三角地遗址	东辽县石河乡西南1.7千米太和村五间房屯“三角地”里		采集布纹瓦、陶瓷片、铁器等，数量不详	辽金	《东辽县文物志》，1986年
韩家房前地遗址	东辽县金州乡北500米大度村李家店屯韩家房前耕地里		采集布纹瓦、陶瓷片、铁器、铜器、玉器等，数量不详	辽金	《东辽县文物志》，1986年
尚贤三道沟遗址	东辽县足民乡西南7千米尚贤村三道沟里		采集瓦片、陶瓷片等，数量不详	辽金	《东辽县文物志》，1986年
四甲山遗址	东辽县甲山乡南2千米四甲山上	火烧土	采集陶片等，数量不详	辽金	《东辽县文物志》，1986年
百条垄遗址	东辽县甲山乡西6千米左家村张泉沟百条垄地里		采集陶瓷片等，数量不详	辽金	《东辽县文物志》，1986年
五龙下洼地遗址	东辽县甲山乡东北5.5千米五龙村下洼地里		采集陶瓷片、石器等，数量不详	辽金	《东辽县文物志》，1986年
大砬子遗址	东辽县椅山乡东南6千米丰乐村大砬子山南下方		采集布纹瓦、陶片等，数量不详	辽金	《东辽县文物志》，1986年
北坡地遗址	东辽县椅山乡北5.9千米文化村北坡地上		采集布纹瓦、陶片等，数量不详	辽金	《东辽县文物志》，1986年
园田地遗址	东辽县椅山乡东6千米柳河村园田地上		采集瓦片、陶片等，数量不详	辽金	《东辽县文物志》，1986年
烟茬地遗址	东辽县椅山乡北约6千米文化村烟茬地里		采集布纹瓦、陶瓷片等，数量不详	辽金	《东辽县文物志》，1986年
草庙坝里地遗址	东辽县椅山乡南5千米草庙村草庙屯北的耕地里		采集陶瓷片、石器等，数量不详	辽金	《东辽县文物志》，1986年
刘何屯后山遗址	东辽县椅山乡北4千米文化村刘何屯后山		采集布纹瓦、陶瓷片、石器等，数量不详	辽金	《东辽县文物志》，1986年
安北东山脚遗址	东辽县宴平乡东北10千米安北村火茸沟屯东山脚下的冲积扇形地里		采集陶瓷片等，数量不详	辽金	《东辽县文物志》，1986年

续表

遗址名称	位置	遗迹	遗物	时代	文献出处
东山头遗址	东辽县渭津镇东南4千米宫家村宫大院屯东山头南坡		采集青砖、陶片等，数量不详	辽金	《东辽县文物志》，1986年
段家沟遗址	东辽县渭津镇南9千米福胜村四方背屯南一沟口处		采集布纹瓦、陶片等，数量不详	辽金	《东辽县文物志》，1986年
居安头道沟遗址	东辽县辽河源镇东北约500米居安村头道沟北山坡和西南坡		采集瓦片、陶瓷片、铜钱等，数量不详	辽金	《东辽县文物志》，1986年
火茸沟后山遗址	东辽县宴平乡东北10千米安北村火茸沟屯后山南坡处		采集陶瓷片等，数量不详	辽金	《东辽县文物志》，1986年
苇塘沟遗址	东辽县宴平乡东北8.2千米安东村苇塘沟屯泉水北侧的耕地处		采集陶片等，数量不详	辽金	《东辽县文物志》，1986年
前李沟遗址	东辽县平岗镇共安村五组南750米高台小平地上		采集陶瓷片等15件	辽金	《吉林东辽公路沿线文物调查简报》，《博物馆研究》1992年第1期
大坡地遗址	东辽县平岗镇共安村六组西约50米西山南坡台地上		采集铁器、陶瓷片等7件	辽金	《吉林东辽公路沿线文物调查简报》，《博物馆研究》1992年第1期
庙顶山遗址	东丰县二龙乡双庙村东约1千米许的山冈		采集砖瓦、陶瓷片等，数量不详	金代	《东丰县文物志》，1987年
点将台遗址	东丰县红石乡合兴村南		采集瓷片、石臼等，数量不详	金代	《东丰县文物志》，1987年
康家堡遗址	东丰县红石乡秀水村康家堡屯向南1千米处的一条漫岗南坡上		采集布纹瓦、瓷片、石斧等，数量不详	金代	《东丰县文物志》，1987年
罗圈背遗址	东丰县二龙乡屯基村西南约1千米许的山冈南坡		采集陶片等，数量不详	金代	《东丰县文物志》，1987年
徐家坟遗址	东丰县沙河镇乡盈仓村西约500米，老徐家坟台地上		采集布纹瓦、陶瓷片、铁器、铜钱等，数量不详	金代	《东丰县文物志》，1987年
安福遗址	东丰县猴石乡安福村东南平地上		采集瓦片、陶瓷片等，数量不详	金代	《东丰县文物志》，1987年
砖庙沟遗址	东丰县沙河镇乡宏升村南约1千米许的岗地漫坡上		采集布纹瓦、陶片等，数量不详	金代	《东丰县文物志》，1987年
二龙遗址	东丰县二龙乡二龙村所在地北面约1.5千米的耕地上		采集陶片等，数量不详	金代	《东丰县文物志》，1987年

续表

遗址名称	位置	遗迹	遗物	时代	文献出处
屯基遗址	东丰县二龙乡屯基村东南约1.5千米许的水库尽端耕地上		采集布纹瓦、陶片等，数量不详	金代	《东丰县文物志》，1987年
狍子圈遗址	东丰县拉拉河乡永乐村西约30米处，一座漫岗南坡上		采集布纹瓦、陶瓷片等，数量不详	金代	《东丰县文物志》，1987年
纸房沟遗址	东丰县拉拉河乡兴龙村西侧山腰的一块平坦地段上		采集布纹瓦、陶瓷片等，数量不详	金代	《东丰县文物志》，1987年
老窑坑遗址	东丰县那丹伯镇建国村西约1.5千米的平地上	红烧土	采集布纹瓦、陶瓷片、铁器等，数量不详	金代	《东丰县文物志》，1987年
谢家顶子遗址	东丰县东丰镇北部约5千米许的一条山冈中间平坦的山坡上		采集布纹瓦、陶瓷片等，数量不详	金代	《东丰县文物志》，1987年
西沟遗址	东丰县那丹伯镇前进村西沟梯田上	红烧土、木炭	采集陶片等，数量不详	金代	《东丰县文物志》，1987年
野猪沟遗址	东丰县镇郊乡苗胜村西北沟靠近泉眼西侧的山坡耕地上		采集陶瓷片等，数量不详	金代	《东丰县文物志》，1987年
大长垄遗址	东丰县东丰镇西南约4千米的青龙村大长垄包地的后半部坡上		采集陶瓷片等，数量不详	金代	《东丰县文物志》，1987年
东河遗址	东丰县仁合乡东河村北约500米一块包地上		采集陶瓷片等，数量不详	金代	《东丰县文物志》，1987年
小龟盖地遗址	东丰县仁合乡太和村西南约700米处一块坡地上		采集布纹瓦、陶片等，数量不详	辽金	《东丰县文物志》，1987年
东河套遗址	东丰县五岗道乡胜利村河东约30米处的台地上		采集布纹瓦、陶片等，数量不详	金代	《东丰县文物志》，1987年
孤坟遗址	东丰县五道岗乡二道岗村南沟的一条漫岗东段上		采集布纹瓦、陶瓷片、石器等，数量不详	金代	《东丰县文物志》，1987年
永宁遗址	东丰县五道岗乡永宁村西北部约150米处，一座漫岗中段南坡平台上		采集陶瓷片、铜钱等，数量不详	金代	《东丰县文物志》，1987年
黄土坑遗址	东丰县沙河镇团结村北约500米处的半山坡上		采集砖瓦、陶瓷片等，数量不详	金代	《东丰县文物志》，1987年
大坡地遗址	东丰县五道岗乡蚂蚁村蚂蚁水库西北约30米的一处坡地上		采集陶片等，数量不详	金代	《东丰县文物志》，1987年
小城子遗址	东丰县杨木林乡城子村东约1.5千米处耕地上		采集陶瓷片等，数量不详	金代	《东丰县文物志》，1987年

续表

遗址名称	位置	遗迹	遗物	时代	文献出处
大郎头遗址	东丰县黄泥河乡均乐村东北约500米处的大郎头山东端的南坡	红烧土、木炭	采集砖瓦、陶瓷片、铁器、铜钱等，数量不详	金代	《东丰县文物志》，1987年
金凤岭遗址	东丰县大兴乡金凤岭村南400米一块台地上		采集布纹瓦、陶瓷片等，数量不详	金代	《东丰县文物志》，1987年
东沟遗址	东丰县那丹伯镇十八道村东约250米，老栾东沟小沟塘的第二山包北侧	红烧土、木炭	采集陶片、铜器、铁器等，数量不详	金代	《东丰县文物志》，1987年
新胜遗址	东丰县大兴乡新胜村北约100米许的一处包地上		采集瓦片、陶瓷片等，数量不详	金代	《东丰县文物志》，1987年
金星遗址	东丰县大兴乡金星村西南约100米的一条山沟口，靠西部向阳坡地上		采集布纹瓦、陶瓷片等，数量不详	金代	《东丰县文物志》，1987年
毛家沟遗址	东丰县三合乡兴太村西部约1千米许的山冈西北缺口沟内偏西的一块坡地上		采集陶瓷片、铁锅、铜钱等，数量不详	金代	《东丰县文物志》，1987年
小阳遗址	东丰县一面山乡小阳村东200米大梨树西平地上		采集布纹瓦、陶瓷片等，数量不详	金代	《东丰县文物志》，1987年
赵家沟遗址	东丰县三合乡义新村东约1千米许一条山沟西侧漫岗坡地上		采集瓦片、陶瓷片、石臼、铜钱等，数量不详	金代	《东丰县文物志》，1987年
南台地遗址	东丰县三合乡中安村西南约800米的一块台地上		采集陶瓷片等，数量不详	金代	《东丰县文物志》，1987年
义新遗址	东丰县三合乡义新村东部约1千米许，小河西侧约100米的坡地上		采集瓦片、陶瓷片等，数量不详	金代	《东丰县文物志》，1987年
大榆树遗址	东丰县大阳镇宝山村榆树沟南坡地上		采集陶瓷片等，数量不详	金代	《东丰县文物志》，1987年
小西岗遗址	东丰县三合乡东胜村车家街西北部俗称小西岗的西端		采集布纹瓦、陶瓷片等，数量不详	金代	《东丰县文物志》，1987年
庆和遗址	东丰县三合乡庆和村北部约300米的一座山冈南坡耕地上		采集陶瓷片、石臼等，数量不详	金代	《东丰县文物志》，1987年
小城子遗址	东丰县南屯基乡北屯基村东南方向，约1500米的一块台地上		采集陶片、石臼等，数量不详	金代	《东丰县文物志》，1987年
双泉眼沟遗址	东丰县南屯基乡腰堡村北沟的一块坡地上		采集布纹瓦、陶瓷片等，数量不详	金代	《东丰县文物志》，1987年

续表

遗址名称	位置	遗迹	遗物	时代	文献出处
房框子遗址	东丰县沙河镇乡庆丰村北约1千米处老赵家后山底部漫坡耕地上		采集陶瓷片等，数量不详	金代	《东丰县文物志》，1987年
北福兴遗址	东丰县南屯基乡北福兴村南约400米的一块台地上		采集砖瓦、陶瓷片等，数量不详	金代	《东丰县文物志》，1987年
苇塘沟遗址	东丰县南屯基乡永兴村水库东侧坡地上		采集瓦片、陶瓷片、石臼等，数量不详	金代	《东丰县文物志》，1987年
团林子遗址	东丰县南屯基乡西南丘陵地带，团林村学校路东一块坡地上		采集布纹瓦、陶瓷片等，数量不详	金代	《东丰县文物志》，1987年
黄泥河遗址	东丰县黄泥河村东约1.5千米		采集布纹瓦、陶瓷片等，数量不详	金代	《东丰县文物志》，1987年
红星遗址	东丰县黄河乡北部红星村东南约1.5千米许的一片耕地上		采集布纹瓦、陶瓷片等，数量不详	金代	《东丰县文物志》，1987年
黄泥河村西遗址	东丰县黄泥河村西部约1千米		采集砖瓦、陶瓷片等，数量不详	金代	《东丰县文物志》，1987年
高粮沟遗址	东丰县影壁山乡虎顶村高粮地沟北山漫坡岗地上		采集陶片等，数量不详	金代	《东丰县文物志》，1987年
邱家沟遗址	东丰县大阳镇宝山村沟里（当地俗称邱家沟）东侧坡地上		采集陶片、铜钱等，数量不详	金代	《东丰县文物志》，1987年
东兴遗址	梅河口市（原海龙县）兴华乡东兴村岳家街屯东南的一座小山上		采集陶瓷片、铁器、铜器、铜钱等，数量不详	金代	《海龙县文物志》，1984年
搭连沟遗址	梅河口市（原海龙县）牛心顶子乡正北的搭连沟村陈家屯东北的半山区		采集砖瓦、陶瓷片等，数量不详	金代	《海龙县文物志》，1984年
河东村遗址	梅河口市（原海龙县）东北部大沙河东岸的半山区，牛心顶乡河东村西北1千米处		采集布纹瓦、陶瓷片、石狗、铜钱等，数量不详	金代	《海龙县文物志》，1984年
兴华遗址	梅河口市（原海龙县）兴华乡兴华村西	烧土	采集砖瓦、陶瓷片等，数量不详	金代	《海龙县文物志》，1984年
高杨树遗址	梅河口市（原海龙县）北部一座营乡高杨树村西南2千米许的耕地中	十余个用石头搭砌的炉灶	采集布纹瓦、陶瓷片等，数量不详	金代	《海龙县文物志》，1984年

续表

遗址名称	位置	遗迹	遗物	时代	文献出处
民安遗址	梅河口市（原海龙县）东北部康大营乡民安村所在地民安屯前的一片原野上	烧土	采集砖瓦、陶瓷片、铁铧等，数量不详	金代	《海龙县文物志》，1984年
刘堡后山遗址	梅河口市（原海龙县）中和乡刘堡村后山的南坡		采集布纹瓦、陶瓷片等，数量不详	金代	《海龙县文物志》，1984年
转山遗址	梅河口市（原海龙县）中和乡东下村坑榆屯西南200米许的一座小山上		采集砖瓦、陶瓷片等，数量不详	金代	《海龙县文物志》，1984年
庙沟遗址	梅河口市（原海龙县）一座营乡太平河村一条南北向大沟		采集砖瓦、陶瓷片、石臼、铜钱等，数量不详	金代	《海龙县文物志》，1984年
老道沟遗址	梅河口市（原海龙县）一座营乡中心村东北一条东西沟的山沟里		采集砖瓦、陶瓷片、石臼、铜碗等，数量不详	金代	《海龙县文物志》，1984年
海龙镇九龙口塔基	梅河口市海龙镇北300米处一个山丘的南坡	台基1处、石圹1处	出土砖瓦、陶塑等，数量不详	辽金	《吉林海龙镇郊辽金时期建筑遗址的发掘》，《北方文物》1988年第1期
砖庙遗址	磐石市吉昌乡砖庙村本屯		采集布纹瓦、陶片、铁器等，数量不详	金代	《磐石县文物志》，1987年
南山遗址	磐石市小梨河乡长丰村风倒树屯南山头子（当地人称蚂蚁山）的南坡道下		采集布纹瓦、陶片、铁器、铜钱等，数量不详	金代	《磐石县文物志》，1987年
西马架遗址	磐石市细林乡树庆村陈家屯西约100米处		采集陶瓷片、铁锅、石器等，数量不详	金代	《磐石县文物志》，1987年
小屯遗址	磐石市吉昌乡冰窖村冰窖小屯东南300米处的耕地上		采集砖瓦、陶片等，数量不详	金代	《磐石县文物志》，1987年
胜利屯遗址	磐石市黑石乡胜利屯南1千米处		采集布纹瓦、陶片、石臼、铜钱等，数量不详	金代	《磐石县文物志》，1987年
东石头河遗址	磐石市细林乡新益村东石头河屯西500米处		采集布纹瓦、石臼、铜钱等，数量不详	金代	《磐石县文物志》，1987年
八面佛遗址	磐石市小梨河乡振兴屯东500米的八面佛山山上		采集砖瓦、陶片、铁器、铜钱等，数量不详	金代	《磐石县文物志》，1987年
杜家屯遗址	磐石市宝山乡宝山村杜家屯东南约100米处的一个略高出地面的平台上	红黑色烧土和烧粒	采集布纹瓦、陶片等，数量不详	金代	《磐石县文物志》，1987年
安乐屯遗址	磐石市宝山乡安乐村小安乐水库坝基北端	烧土	采集布纹瓦、陶片、石臼等，数量不详	金代	《磐石县文物志》，1987年

续表

遗址名称	位置	遗迹	遗物	时代	文献出处
长条屯遗址	磐石市牛心乡东北约5千米的长条村的南部		采集布纹瓦、陶片、铁箭头、石臼、铜钱等，数量不详	金代	《磐石县文物志》，1987年
大沟村遗址	磐石市宝山乡大沟村东的水库水面内		采集布纹瓦片等，数量不详	金代	《磐石县文物志》，1987年
西孤顶子遗址	磐石市杜家屯西约150米		采集布纹瓦、陶片等，数量不详	金代	《磐石县文物志》，1987年
八家子遗址	磐石市石咀乡碾盘村八家子屯东北向约500米处	红烧土	采集布纹瓦、陶瓷片、石臼等，数量不详	金代	《磐石县文物志》，1987年
白石砬子遗址	磐石市黑石乡黄瓜营村白石砬子屯西750米的地方		采集布纹瓦、陶片、铁箭头等，数量不详	金代	《磐石县文物志》，1987年
神仙炉岗遗址	辉南县朝阳镇东47千米山冈上		采集砖瓦、陶瓷片等，数量不详	金代	《辉南县文物志》，1987年
板庙子遗址	辉南县金川乡北部的立新村	有窖藏	采集陶片、铁器、铜钱等，数量不详	金代	《辉南县文物志》，1987年
保安堡遗址	辉南县安子河乡东北约4千米的保安堡村北漫岗上		采集布纹瓦、陶片等，数量不详	金代	《辉南县文物志》，1987年
北丛家街遗址	辉南县蛟河口乡蛟河口村蛟河东岸地		采集砖瓦、陶瓷片等，数量不详	金代	《辉南县文物志》，1987年
文胜遗址	辉南县文胜村东约300米的山坡台地上	有窖藏	采集砖瓦、陶瓷片、铁器、铜钱等，数量不详	金代	《辉南县文物志》，1987年
星光遗址	辉南县城东南7千米的辉发城镇星光村		采集陶瓷片等，数量不详	金代	《辉南县文物志》，1987年
武家屯遗址	辉南县城东北约23千米，辉发城镇东1千米武家屯南面台地上		采集砖瓦、陶瓷片等，数量不详	金代	《辉南县文物志》，1987年
富民堡北沟遗址	辉南县样子哨镇碱水河村富民堡东北侧的北沟内		采集砖瓦、陶片、铁器、铜钱等，数量不详	金代	《辉南县文物志》，1987年
陆家崴子遗址	柳河县城东北40千米圣水河子乡陆家崴子屯北山坡上	窖藏1处	采集陶片、铜钱等，数量不详	金代	《柳河县文物志》，1987年
北山屯遗址	柳河县城东北约37千米圣水河子乡北山屯北面的山坡上	窖藏1处	采集砖瓦、瓷片、铜器、铜钱等，数量不详	金代	《柳河县文物志》，1987年
北孤山子遗址	柳河县城东北35千米太平川北孤山子村南		采集砖瓦、陶瓷片、铁器、铜钱等，数量不详	金代	《柳河县文物志》，1987年

续表

遗址名称	位置	遗迹	遗物	时代	文献出处
北团山遗址	柳河县城东北36千米太平川乡立新村北山南坡		采集陶片等，数量不详	金代	《柳河县文物志》，1987年
小城子遗址	柳河县城西南12千米安口镇大庙屯北	红烧土、锅灶	采集、征集陶瓷片、铁器、铜器等，数量不详	金代	《柳河县文物志》，1987年
新立遗址	靖宇县榆树川乡新立村西山主峰东坡山梁上		采集陶片、铁器等，数量不详	金代	《靖宇县文物志》，1988年
林家屯遗址	靖宇县兔子牙河北岸的林家屯北300米处的西山坡地上		采集陶瓷片等，数量不详	金代	《靖宇县文物志》，1988年
西南岔村后山遗址	靖宇县西南岔镇政府所在地西1.5千米的西南岔村北的后山南坡		采集陶瓷片、铁器、铜钱等，数量不详	金代	《靖宇县文物志》，1988年
江沿村遗址	靖宇县那尔轰镇沿江村南500米处的西山岗的东侧二级阶地的南侧边缘		采集布纹瓦、陶瓷片、石器等，数量不详	金代	《靖宇县文物志》，1988年
前甸子遗址	抚松县抽水乡碱厂村头道松花江右岸约70米处的二级台地上		采集布纹瓦、陶瓷片、石器等，数量不详	金代	《抚松县文物志》，1988年
白石砬子遗址	通化县大川乡南13.8千米处		出土陶瓷片、铁器、铜器、石磨、铜钱等，数量不详	金代	《通化县文物志》，1987年
富江遗址	通化县富江乡中心小学	窖藏1处	采集瓷片、铜锅、铁镞头、铜钱等，数量不详	金代	《通化县文物志》，1987年
下排遗址	通化县三棵榆树乡下排村		出土铁器等15件	金代	《通化县文物志》，1987年
江南村遗址	通化市环通乡江南村第一居民组		采集陶网坠、铜钱等488个	金代	《通化市文物志》，1986年
浑江党校遗址	白山市（原浑江市）河口乡北2千米的市委党校院内	窖藏1处	出土一批铁器10余件，采集陶片、铜镜等，数量不详	金代	《浑江市文物志》，1987年
通沟河口遗址	集安市国内城南侧鸭绿江北岸的冲积台地上	房址8座	出土陶瓷器、铜钱等，数量不详。采集瓦当、陶瓷器、铜器、铜钱等，数量不详	金代	《集安县文物志》，1984年；《集安县通沟河口辽、金遗址》，《中国考古学年鉴1986》，文物出版社，1988年

续表

遗址名称	位置	遗迹	遗物	时代	文献出处
太王陵南遗址	集安市太王陵南150米的平地上		采集铜印、铜钱等，数量不详	金代	《集安县文物志》，1984年
集安金代遗址	不详	房址4处	出土30余件陶瓷器以及铜钱等	金代	《集安县金代遗址》，《中国考古学年鉴1985》，文物出版社，1986年
永胜遗址一号建筑基址	敦化市江南镇永胜村北约1千米的牡丹江东岸台地之上	建筑台基1座、房址2座、灰坑11个、沟1条	出土建筑材料、陶器、瓷器、铁器、铜器、铜钱、骨角器等至少114件	金代	《吉林敦化市永胜金代遗址一号建筑基址》，《考古》2007年第2期
镜沟遗址	敦化市大蒲柴河镇所在地东5千米处	灰坑	采集布纹瓦、陶瓷片、石臼等，数量不详	金代	《敦化市文物志》，1985年
十八道沟遗址	敦化市马号乡江南村		采集陶瓷片、石臼、铜钱等，数量不详	金代	《敦化市文物志》，1985年
双胜遗址	敦化市双胜大队南500米的江边上		采集陶片等，数量不详	金代	《敦化市文物志》，1985年
治安遗址	敦化市黑石乡治安村西南1千米处		采集瓦片、兽面瓦当、陶片等，数量不详	金代	《敦化市文物志》，1985年
青沟子遗址	敦化市大蒲柴河镇所在地东10千米处		采集瓦片、陶片、石臼、铜钱等，数量不详	金代	《敦化市文物志》，1985年
板石沟遗址	敦化市大蒲柴河镇腰甸子村西1.5千米		出土铁器14件、铜钱200多枚。采集布纹瓦、陶瓷片、铁器、铜钱等，数量不详	金代	《敦化市文物志》，1985年
石人沟遗址	敦化市大蒲柴河镇所在地东南20千米的石人沟河畔		采集陶片、铁器、铜器等，数量不详	金代	《敦化市文物志》，1985年
下湖砬子遗址	敦化市大蒲柴河镇所在地东南3千米处		采集陶片、铜钱等，数量不详	金代	《敦化市文物志》，1985年
柳树河遗址	敦化市大蒲柴河镇柳树河村西南，富尔河的东北岸		采集铁器、铜印等，数量不详	金代、东夏	《敦化市文物志》，1985年
新民遗址	敦化市额穆镇新民村南牡丹江的北岸		采集陶片、六耳铁锅等，数量不详	金代	《敦化市文物志》，1985年
夹信子遗址	敦化市青沟子乡临江村东南500米左右的江岸边		采集陶片、铜器、铜钱等，数量不详	金代	《敦化市文物志》，1985年
湖西遗址	敦化市大山嘴子乡大山嘴子村北6.5千米的山坡上		采集陶片、六耳铁锅、铜钱等，数量不详	金代	《敦化市文物志》，1985年
长兴遗址	敦化市翰章乡长兴村西3千米许	几处房址	采集陶片、铜器、铜钱等，数量不详	金代	《敦化市文物志》，1985年

续表

遗址名称	位置	遗迹	遗物	时代	文献出处
新立遗址	敦化市翰章乡新立村南	石函墓	采集陶片、石函构件等，数量不详	金代	《敦化市文物志》，1985年
凤凰沟遗址	敦化市大蒲柴河镇所在地东南8千米处		采集陶片、铜钱等，数量不详	金代	《敦化市文物志》，1985年
江东“二十四块石”遗迹	敦化市江东区的高岗上，西面30米为长图铁路，南靠敦化至延吉的公路	灶址1处	出土板瓦，数量不详	金代	《吉林敦化市江东、林胜“二十四块石”遗迹的调查和发掘》，《考古》2009年第6期
官地二十四块石遗址	敦化市官地镇东胜村路南		采集瓦片、陶片等，数量不详	金代	《敦化市文物志》，1985年
林胜（海青房）“二十四块石”遗迹	敦化市林胜乡东南1千米处，北面约500米为敦化至宁安公路	炭灰、红烧土等	出土铁器、板瓦等，数量不详	金代	《吉林敦化市江东、林胜“二十四块石”遗迹的调查和发掘》，《考古》2009年第6期
腰甸子二十四块石遗址	敦化市大山嘴子乡腰甸子村东口处		采集瓦件等，数量不详	金代	《敦化市文物志》，1985年
腰甸子建筑址	敦化市大山嘴子乡腰甸子屯东500米处		采集建筑构件、陶片等，数量不详	金代	《敦化市文物志》，1985年
榆树川遗址	安图县石门镇榆树村新兴屯村落北部平地上		采集布纹瓦、陶片等，数量不详	金代	《安图县文物志》，1985年
江源遗址	安图县万宝乡南1.5千米处沿南山形成的台地上		采集陶瓷片等，数量不详	金代	《安图县文物志》，1985年
裕民遗址	安图县长兴乡裕民村小学操场及其西侧的耕地上	石砌古井	采集陶器、铁器、铜器等，数量不详	金代	《安图县文物志》，1985年
镜城遗址	安图县石门镇镜城村西北200米处		采集布纹瓦、滴水、陶片、石臼等，数量不详	金代	《安图县文物志》，1985年
舞鹤寺庙址	安图县石门镇舞鹤村一队南1.5千米处的山谷中		采集砖瓦、陶瓷片等，数量不详	金代	《安图县文物志》，1985年
城墙砬子沟遗址	安图县长新村北1250米		采集砖瓦、础石、陶片、铜器等，数量不详	金代	《安图县文物志》，1985年
长寿屯遗址	安图县长寿屯及其附近	古井1口	采集瓷器、铜器等，数量不详	金代	《安图县文物志》，1985年

续表

遗址名称	位置	遗迹	遗物	时代	文献出处
长明屯遗址	安图县长兴乡悬羊砬子沟沟口南坡平台上		采集砖瓦、铁器、石臼等，数量不详	金代	《安图县文物志》，1985年
西北岔遗址	安图县长兴乡西北村北部平地上		采集砖瓦、陶瓷片等，数量不详	金代、明清	《安图县文物志》，1985年
西北岔下屯遗址	安图县长兴乡西北村东南1.5千米处		采集布纹瓦、瓦当、滴水等，数量不详	金代	《安图县文物志》，1985年
东南岔遗址	安图县长兴乡西北岔下屯村落南约1千米东南岔沟西部平地上		采集布纹瓦、陶片等，数量不详	金代	《安图县文物志》，1985年
仲坪遗址	安图县石门镇仲坪小学北部的耕地上		采集布纹瓦、陶片、铜器等，数量不详	金代	《安图县文物志》，1985年
龙水坪遗址	安图县福兴乡龙水坪长乐洞沟中间的山坡上		采集瓦件、陶片、铁器等，数量不详	金代	《安图县文物志》，1985年
新兴二号遗址	安图县亮兵乡新兴屯		采集布纹瓦、兽面瓦当、滴水、陶片等，数量不详	金代	《安图县文物志》，1985年
红旗遗址	安图县万宝乡红旗村东南隅旱田地上		采集陶瓷片等，数量不详	金代	《安图县文物志》，1985年
金光遗址	安图县万宝乡金光村南300米的旱田地上		采集陶瓷片等，数量不详	金代	《安图县文物志》，1985年
太平前屯遗址	安图县万宝乡太平前屯东山坡地上		采集陶瓷片等，数量不详	金代	《安图县文物志》，1985年
青沟子遗址	安图县新合乡青沟子村沟口西山坡上		采集陶瓷片、铁印等，数量不详	金代	《安图县文物志》，1985年
新合村遗址	安图县新合乡新合村北山的向阳坡上		采集陶片、石臼、铜钱等，数量不详	金代	《安图县文物志》，1985年
旗杆顶子遗址	安图县新合乡西7.5千米旗杆顶子村东的河谷平地上		采集陶瓷片等，数量不详	金代	《安图县文物志》，1985年
宝马遗址	安图县二道白河镇宝马城东约500米处的河岸平地上		采集砖瓦、陶片、铁器等，数量不详	金代	《安图县文物志》，1985年
富岩遗址	汪清县百草沟乡富岩村东南300米处的水田地里		出土瓷器、铜器、石磨、铜器等，数量不详	金代	《汪清县文物志》，1984年
广兴建筑址	汪清县蛤蟆塘乡广兴屯南250米的水田里	础石遗迹	采集瓦件、石臼、铜钱等，数量不详	金代	《汪清县文物志》，1984年

续表

遗址名称	位置	遗迹	遗物	时代	文献出处
汪清县兴隆村二十四块石遗址	吉林省汪清县百草沟镇兴隆村内			金代	《吉林省汪清县兴隆村的二十四块石遗址》，《北方文物》2002年第3期
图们第三小学遗址	图们市第三小学操场内		出土陶器、瓷器、铁器、铜器等37件	金代	《吉林省图们市第三小学遗址调查简报》，《博物馆研究》2011年第1期
图们大街遗址	图们市大街北部		出土瓦块、陶片、铁器等，数量不详	金代	《图们市文物志》，1986年
永昌遗址	图们市永昌屯东北1千米的山冈下		采集布纹瓦、陶片等，数量不详	金代	《图们市文物志》，1986年
石建七队二十四块石遗址	图们市月晴乡石建七队村南，北距乡所在地6.5千米		采集布纹瓦等，数量不详	金代	《图们市文物志》，1986年
马牌二十块石遗址	图们市月晴乡马牌三队东，水渠的西侧		采集建筑构件等，数量不详	金代	《图们市文物志》，1986年
土城里寺庙址	图们市红光乡水南村五队		采集砖瓦等，数量不详	金代	《图们市文物志》，1986年
新光遗址	延吉市新光沟口西侧的高台上		采集建筑构件等，数量不详	金代	《延吉市文物志》，1986年
理化遗址	延吉市长白乡理化沟中部西坡平台上		采集陶片等，数量不详	金代	《延吉市文物志》，1986年
民兴遗址	延吉市延边建筑材料厂西北百米处的缓坡地上		采集布纹瓦、滴水、瓷片、铜器等，数量不详	金代	《延吉市文物志》，1986年
锦城二队建筑址	延吉市烟集乡锦城村二队北山的缓坡上	水井	采集滴水等，数量不详	金代	《延吉市文物志》，1986年
大马遗址	龙井市铜佛乡大马村西屯西山脚下台地上		采集铁器、铜钱等60件	金代	《龙井县文物志》，1984年
英城遗址	龙井市东盛涌乡英城村一、二、三屯北侧耕地中		采集瓦件、陶片等，数量不详	金代	《龙井县文物志》，1984年
龙岩遗址	龙井市德新乡龙岩村西南1千米八道河左岸平底上		采集砖瓦、陶瓷片等，数量不详	金代	《龙井县文物志》，1984年
英城六屯遗址	龙井市英城村六屯西约300米处	水井一口	采集瓦件、陶片、铁器等，数量不详	金代	《龙井县文物志》，1984年

续表

遗址名称	位置	遗迹	遗物	时代	文献出处
信兴遗址	龙井市信兴村南耕地里		采集瓦件、陶瓷片、铁器、铜器等，数量不详	金代	《龙井县文物志》，1984年
圣教屯遗址	龙井市智新乡明东村圣教屯南500米的小山包下		采集瓦件等，数量不详	金代	《龙井县文物志》，1984年
小六道遗址	珲春市春化乡小六道村附近		采集布纹瓦、陶瓷片、铜器等，数量不详	金代	《珲春县文物志》，1984年
东云洞遗址	珲春市图们江左岸密江盆地东部山坡上		采集瓦件、陶片、铜印等，数量不详	金代	《珲春县文物志》，1984年
黑顶子遗址	珲春市敬信乡金塘村黑顶子屯西南300米处的缓坡地上		采集兽面瓦当、滴水、瓷器等6件	金代	《珲春县文物志》，1984年
河西遗址	珲春市凉水平原西部石头河西岸，河西村附近的平地上		采集建筑构件、陶瓷片等，数量不详	金代	《珲春县文物志》，1984年
北大遗址	珲春市凉水乡北大村西北部靠近村后的斜坡地上		采集布纹瓦、陶瓷片等，数量不详	金代	《珲春县文物志》，1984年
孟岭河口遗址	珲春市板石乡孟岭村河口屯内山坡地上		采集陶瓷片等，数量不详	金代	《珲春县文物志》，1984年
葫芦鳖遗址	珲春市马滴达乡桃源洞村葫芦鳖屯后珲春河南北两岸冲积地上		采集瓷片等，数量不详	金代	《珲春县文物志》，1984年
闹枝沟遗址	珲春市春化乡闹枝沟沟口处太平川屯东200米许的平地上		采集布纹瓦、陶瓷片、铁器等，数量不详	金代	《珲春县文物志》，1984年
桦树咀子遗址	珲春市春化乡桦树咀子村北500米北山南侧的台地上		采集瓦件、陶片等，数量不详	金代	《珲春县文物志》，1984年
城四家子古城	白城市洮北区德顺乡南3.5千米处	城外有墓葬、窑址	采集砖瓦、陶瓷片、铁器、铜器、石器、铜钱等，数量不详	辽金	《洮安县文物志》，1982年
蒙古屯古城	白城市金祥乡跃进大队蒙古屯西南		采集布纹瓦、陶瓷片等，数量不详	辽金	《洮安县文物志》，1982年
土城子古城	白城市永胜乡长胜大队黄家堡屯内		采集陶瓷片、铁器等，数量不详	辽金	《洮安县文物志》，1982年
小城子古城	白城市岭下镇岭下大队两家子屯西南750米处		采集砖瓦、陶瓷片等，数量不详	辽金	《洮安县文物志》，1982年
海城子古城	洮南市兴业乡兴业大队海城子屯西北1千米许		采集陶瓷片等，数量不详	辽金	《洮安县文物志》，1982年

续表

遗址名称	位置	遗迹	遗物	时代	文献出处
好斯台古城	镇赉县坦途乡向阳村好斯台屯		采集布纹瓦、陶瓷片等，数量不详	辽金	《镇赉县文物志》，1985年
大乌兰吐古城	镇赉县丹岱乡大乌兰吐屯西南300米处的一条砂岗东端		采集砖瓦、陶片、铁箭头、铜钱等，数量不详	辽金	《镇赉县文物志》，1985年
闹宝古城	白城市林海乡闹宝村内		采集砖瓦、陶瓷片等，数量不详	辽金	《闹宝古城址调查》，《博物馆研究》1994年第1期
前二龙山古城	大安市联合公社前二龙山大队本屯南80米处的一平地之上	城外有墓葬	采集砖瓦、陶瓷片、铁片等，数量不详	辽金	《大安县文物志》，1982年
新荒古城	大安市新荒公社所在地腰新荒屯南		采集砖瓦、陶片、铁器、铜钱等，数量不详	辽金	《大安县文物志》，1982年
金善古城	大安市两家公社同兴大队金善屯南三里，红岗油矿金善农场场部所在地	房址	采集砖瓦、陶瓷片等，数量不详	辽金	《大安县文物志》，1982年
古城屯古城	大安市古城公社古城大队古城屯所在地		采集陶瓷片、铁器、铜镜、铜钱等，数量不详	辽金	《大安县文物志》，1982年
长发古城	通榆县兴隆山公社东长发屯西北1.5千米处	6处建筑遗迹	采集砖瓦、陶瓷片等，数量不详	辽金	《通榆县文物志》，1985年
拉户嘎古城	通榆县边昭公社腰围子大队拉户嘎屯东南1千米处的漫岗上		采集砖瓦、陶瓷片、铜佛手等，数量不详	辽金	《通榆县文物志》，1985年
西学堂古城	通榆县龙山公社长青大队西学堂村西北2千米处的敖包山上		采集砖瓦、陶瓷片、铜钱等，数量不详	辽金、明代	《通榆县文物志》，1985年
为字井古城	乾安县余字乡为字村霜字井屯北200米处		采集砖瓦、陶瓷片、铜壶、铜钱等，数量不详	辽金	《乾安县文物志》，1986年
有字井古城	乾安县让字乡有字村有字井屯东南约500米处的椭圆形水泡的西南岸边		采集陶瓷片等，数量不详	辽金	《乾安县文物志》，1986年
羔字井古城	乾安县赞字乡羔字村羔字井屯东北1.5千米处		采集陶瓷片等，数量不详	辽金	《乾安县文物志》，1986年
莫字井古城	乾安县兰字乡莫字村莫字井屯西南约2.5千米处的一条砂岗的南坡		采集青砖、陶瓷片、石臼等，数量不详	辽金	《乾安县文物志》，1986年

续表

遗址名称	位置	遗迹	遗物	时代	文献出处
道字井古城	乾安县道字乡道字村道字井屯东300米处的一道土岗南坡		采集陶瓷片、石磨、铁铧等，数量不详	辽金	《乾安县文物志》，1986年
塔虎城	前郭尔罗斯蒙古族自治县县城西北50千米的北上台子村，西北距大安县城10千米		清理出土、采集、征集砖瓦、陶器、瓷器、铁器、铜器、石器等，数量不详	金元	《吉林他虎城调查简记》，《考古》1964年第1期；《记塔虎城出土的辽金文物》，《文物》1982年第7期；《前郭县塔虎城辽金遗址》，《中国考古学年鉴2001》，2002年
哈朋店古城	前郭尔罗斯蒙古族自治县哈拉毛都乡所在地王府屯南约12千米的哈朋店屯北侧		采集砖瓦、陶瓷片等，数量不详	金代	《前郭尔罗斯蒙古族自治县文物志》，1983年
大土城子古城	前郭尔罗斯蒙古族自治县大山乡屯东南约250米处		采集青砖、陶瓷片、铁刀、铜钱、木器等，数量不详	金代	《前郭尔罗斯蒙古族自治县文物志》，1983年
那拉街古城	前郭尔罗斯蒙古族自治县王府站乡东那拉街屯东北		采集布纹瓦、陶片等，数量不详	辽金	《前郭尔罗斯蒙古族自治县文物志》，1983年
扎罕布拉格古城	前郭尔罗斯蒙古族自治县吉拉吐乡扎罕布拉格屯东南约30米山冈的凹处		采集布纹瓦、陶瓷片等，数量不详	辽金	《前郭尔罗斯蒙古族自治县文物志》，1983年
偏脸子古城	前郭尔罗斯蒙古族自治县新丰乡偏脸子屯西南约250米的平原上		采集青砖、陶瓷片、铁刀、铜钱等，数量不详	辽金	《前郭尔罗斯蒙古族自治县文物志》，1983年
大喇嘛坨子古城	前郭尔罗斯蒙古族自治县乌兰图嘎乡好老宝村大喇嘛坨子屯东约300米处		采集青砖、陶瓷片、铁器、铜器、石磨、铜钱等，数量不详	金代	《前郭尔罗斯蒙古族自治县文物志》，1983年
小城子古城	前郭尔罗斯蒙古族自治县查干花乡白音花村小城子屯南约50米处		采集陶瓷片、铜器、铜钱等，数量不详	金代	《前郭尔罗斯蒙古族自治县文物志》，1983年
旱龙坑南、北古城	前郭尔罗斯蒙古族自治县深井子乡旱龙坑屯南和屯北		采集陶瓷片、铁器、石器、铜钱等，数量不详	辽金	《前郭尔罗斯蒙古族自治县文物志》，1983年
西哈什坨子古城	前郭尔罗斯蒙古族自治县乌兰塔拉乡西哈什坨子屯东约200米处		采集陶瓷片、铜钱等，数量不详	辽金	《前郭尔罗斯蒙古族自治县文物志》，1983年

续表

遗址名称	位置	遗迹	遗物	时代	文献出处
石头城子古城	扶余县新城局公社石头城子大队		采集砖瓦、陶瓷片、铁器、铜器、石器、铜钱等，数量不详	辽金	《扶余县文物志》，1984年
伯都古城	松原市（原扶余县）伯都公社所在地东南200米处		采集砖瓦、陶瓷片、铜器、铜钱等，数量不详	辽金	《扶余县文物志》，1984年
杨家古城	松原市（原扶余县）伯都公社杨家大队西南1.5千米处		采集砖瓦、陶瓷片等，数量不详	辽金	《扶余县文物志》，1984年
新安古城	松原市（原扶余县）伯都公社新安大队所在地东北500米处		采集砖瓦、陶瓷片等，数量不详	辽金	《扶余县文物志》，1984年
土城子古城	松原市（原扶余县）伯都公社联合大队一漫坡之上		采集砖瓦、陶瓷片等，数量不详	辽金	《扶余县文物志》，1984年
班德古城	松原市（原扶余县）风华公社风华大队下班德村西500米处	红烧土	采集砖瓦、陶瓷片、铁器、铜器、石器、铜钱等，数量不详	辽金、明代	《扶余县文物志》，1984年
小城子古城	松原市（原扶余县）善友公社中官大队小城子屯北200米处		采集陶瓷片、铜钱等，数量不详	辽金	《扶余县文物志》，1984年
下岱吉古城	扶余县长春岭镇的西北，下岱吉电灌站的东侧		采集陶瓷片、铜钱等，数量不详	辽金、明代	《扶余县文物志》，1984年
南城子古城	扶余县新站公社东井大队南约1千米的坎上	灰坑	采集陶瓷片、石器等，数量不详	辽金	《扶余县文物志》，1984年
西南城子古城	扶余县新站公社西井大队西南约1.5千米处		采集陶瓷片等，数量不详	辽金、明代	《扶余县文物志》，1984年
朱家城子古城	扶余县五家站镇东北4千米，保安大队朱家城子屯北部		采集布纹瓦、陶瓷片、石臼等，数量不详	辽金	《扶余县文物志》，1984年
隆科古城	扶余县大林子公社所在地（街基）东北11.5千米		采集砖瓦、瓷片等，数量不详	辽金	《扶余县文物志》，1984年
王家屯古城	扶余县东部，永发屯和王家屯之间		采集砖瓦、陶片、石臼、铜钱等，数量不详	辽金	《扶余县文物志》，1984年
四道门古城	扶余县中部，三井子公社永庆大队四道门屯旁		采集瓷片、铁器、铜器、铜钱等，数量不详	辽金	《扶余县文物志》，1984年
贾津沟子古城	扶余县石桥公社欢迎大队东北1.5千米		采集陶瓷片、铁器、铜钱等，数量不详	辽金、明代	《扶余县文物志》，1984年
韭菜城子古城	扶余县永平公社韭菜城子大队东南		没有采集到遗物	辽金	《扶余县文物志》，1984年

续表

遗址名称	位置	遗迹	遗物	时代	文献出处
半拉子城古城	扶余县大三家子公社半拉城子大队南750米处		采集砖瓦、陶瓷片、铜钱等，数量不详	辽金	《扶余县文物志》，1984年
南城子古城	长岭县前进乡政府所在地福庆长屯南5千米		采集砖瓦、陶瓷片、铁器、铜器、铜钱等，数量不详	辽金	《长岭县文物志》，1987年
十三号古城	长岭县十家户乡十三号村（屯）北约800米处一道砂岗西部的南坡		采集布纹瓦、陶瓷片等，数量不详	辽金	《长岭县文物志》，1987年
东五十九号屯古城	长岭县八十八乡八十八号村的东五十九号屯西北50米处的耕地中		采集青砖、陶瓷片等，数量不详	辽金	《长岭县文物志》，1987年
乌树台古城	长岭县新安镇乌树台村（屯）正西约1千米处的一个椭圆形的泡泊		采集青砖、陶瓷片等，数量不详	辽金	《长岭县文物志》，1987年
大金山古城	双辽市新立乡林场大金山屯南150米处	附近有墓葬	采集砖瓦、陶瓷片、铁器、铜器、石器等，数量不详	辽金	《双辽县文物志》，1984年
山东屯古城	双辽市卧虎镇孤店村山东屯西100米处		采集陶瓷片等，数量不详	辽金	《双辽县文物志》，1984年
种德古城	双辽市秀水乡种德村种德屯西侧的沙岗之南坡	附近有墓葬	采集陶瓷片等，数量不详	辽金	《双辽县文物志》，1984年
大坡古城	榆树市大坡乡所在地东南2千米	窖藏1处	采集建筑构件、陶瓷片、铁器、铜器等，数量不详	金代	《榆树县文物志》，1983年；《吉林省文物考古研究所收藏的二批铜钱》，《博物馆研究》1994年第1期
山泉城古城	榆树市恩育乡新胜村山泉城屯北侧的平岗上		采集砖瓦、陶片、铜钱等，数量不详	金代	《榆树县文物志》，1983年
哈拉海古城	榆树市先锋乡城子村后城子屯西北20多米处的平原上		采集砖瓦、陶瓷片、铁器、铜钱等，数量不详	金代	《榆树县文物志》，1983年
榆树城子古城	榆树市武龙乡武龙村前榆树城子屯西30米处		采集砖瓦、陶瓷片、铁器、石臼、铜钱等，数量不详	金代	《榆树县文物志》，1983年
前城子古城	榆树市城东北约12.5千米，城发乡双合村前城子屯北侧的平岗上		采集砖瓦、陶瓷片、铜钱等，数量不详	金代	《榆树县文物志》，1983年

续表

遗址名称	位置	遗迹	遗物	时代	文献出处
泗河城古城	榆树市泗河乡政府所在地居民区东北角		采集砖瓦、陶瓷片、铜佛牌等，数量不详	金代	《榆树县文物志》，1983年
新城村城子古城	榆树市新庄乡政府所在地西南约四千米新城村城子屯屯内及其西侧		采集布纹瓦、陶片、铁镞、石球、铜钱等，数量不详	金代	《榆树县文物志》，1983年
城子村城子屯古城	榆树市城西北部7.5千米，双井乡城子村城子屯西北隅的一漫岗上		采集砖瓦、陶瓷片、铜器、铜钱等，数量不详	金代	《榆树县文物志》，1983年
闵家乡古城	榆树市城西南6千米处，闵家乡古城村城子屯里		采集瓦片、陶瓷片、铁锅、铜钱等，数量不详	金代	《榆树县文物志》，1983年
新立古城	榆树市新立乡政府所在地偏西南约1.5千米，新立村西城子屯西北部		采集铜钱等，数量不详	金代	《榆树县文物志》，1983年
合心村南城子古城	榆树市刘家乡合心村南城子屯西700米处		采集砖瓦、陶瓷片、铁刀、铜佛、铜钱等，数量不详	金代	《榆树县文物志》，1983年
小城子山堡寨	舒兰市溪河乡唐尔屯南的小城子山上		采集陶片等，数量不详	金代	《舒兰县文物志》，1985年
黄鱼圈珠山堡寨	舒兰市法特乡黄鱼村西珠山上		采集陶片等，数量不详	金代	《舒兰县文物志》，1985年
五台山堡寨	舒兰市吉舒镇郊高台子村南2里许的五台山上		没有采集到遗物	辽金（？）	《舒兰县文物志》，1985年
嘎呀河古城	舒兰市白旗乡嘎呀河村东南嘎呀河南岸		采集砖瓦、陶瓷片、铁器、铜印、铜钱等，数量不详	金代	《舒兰县文物志》，1985年
双印通古城	舒兰市溪河乡双印通屯东北500米的岗地上		采集砖瓦、陶片、铁器、石臼、铜钱等，数量不详	金代	《舒兰县文物志》，1985年
溪河界壕与烽台	舒兰市第二松花江右岸的溪河乡			辽金（？）	《舒兰县文物志》，1985年
农安古城	农安县县镇之内	窖藏、石棺墓	采集陶器、瓷器、铜器、铁器、玉器等，数量不详	辽金	《农安县文物志》，1987年
万金塔古城	农安县万金塔乡政府所在地	万金塔塔基、地宫	采集砖瓦、陶瓷片、铁器等，数量不详	辽金	《农安县文物志》，1987年

续表

遗址名称	位置	遗迹	遗物	时代	文献出处
广元店古城	农安县靠山镇新城村广元店屯东南50米		采集砖瓦、陶瓷器、铁器、铜器、金银器等，数量不详	辽金	《农安县文物志》，1987年
小城子乡古城	农安县小城子乡小城子村村委会西侧200米处		采集砖瓦、陶瓷片等，数量不详	辽金	《农安县文物志》，1987年
三宝乡小城子古城	农安县三宝乡宝城村小城子屯东南100米	陶窑、炉灶、火炕、灰坑等	采集砖瓦、陶瓷片、铁器等，数量不详	辽金	《农安县文物志》，1987年
西好来宝古城	农安县榛柴乡西好来宝村西好来宝屯西北		采集砖瓦、陶瓷片、铜器、石磨等，数量不详	辽金	《农安县文物志》，1987年
靠山古城	农安县靠山镇靠山村境内		采集砖瓦、陶瓷片等，数量不详	辽金	《农安县文物志》，1987年
二泡子古城	农安县青山口乡青山口村二泡子屯北50米处		采集砖瓦、陶瓷片、铜铁器等，数量不详	辽金	《农安县文物志》，1987年
南台子古城	农安县青山口乡南台子村南台子屯正南1千米的高台地上		采集砖瓦、陶瓷片、铜钱、铁器、石器等，数量不详	辽金	《农安县文物志》，1987年
岳王城古城	农安县黄鱼圈乡八里营子村东山上		采集布纹瓦、陶瓷片、铜钱等，数量不详	辽金	《农安县文物志》，1987年
城子里古城	农安县青山口乡江东王村东北2千米台地上		采集陶片、铁器等，数量不详	辽金	《农安县文物志》，1987年
瓦盆城古城	农安县黄鱼圈乡八里营子村西北200米的耕地中		采集砖瓦、陶瓷片、铜钱、铁器等，数量不详	辽金	《农安县文物志》，1987年
顺山古城	农安县新阳乡顺山村西段家沟北500米处山地上		采集砖瓦、陶瓷片、铁器、铜钱等，数量不详	辽金	《农安县文物志》，1987年
花园古城	农安县小城子乡花园村花园屯南200米处		采集砖瓦、陶片、铁器等，数量不详	辽金	《农安县文物志》，1987年
小城子古城	农安县万金塔乡东北10千米的小城子屯东400米处		采集陶瓷片、铁器、铜器等，数量不详	辽金	《农安县文物志》，1987年
温道沟古城	农安县伏龙泉乡下甸子村温道沟屯东北100米处		采集砖瓦、陶瓷片、铁器、铜钱等，数量不详	辽金	《农安县文物志》，1987年
马家城子古城	农安县三盛玉乡三盛玉村马家城子屯后的岗地上		采集砖瓦、陶片、铁器等，数量不详	辽金	《农安县文物志》，1987年

续表

遗址名称	位置	遗迹	遗物	时代	文献出处
上台子古城	农安县榛柴乡上台子村		采集砖瓦、陶瓷器、铁器、铜器等，数量不详	辽金	《农安县文物志》，1987年
库金堆古城	农安县开安乡库金堆村村委会西南2.5千米处		采集砖瓦、陶片、铁器、铜钱等，数量不详	辽金	《农安县文物志》，1987年
土城子古城	农安县万顺乡土城子村小城子屯南侧		采集砖瓦、陶瓷片、铁器、石器等，数量不详	辽金	《农安县文物志》，1987年
双马架古城	农安县鲍家乡双马村双马架屯北100米处		采集布纹瓦、陶片、铁器、铜钱等，数量不详	辽金	《农安县文物志》，1987年
盛家窝堡古城	农安县三岗乡盛家村盛家窝堡屯北1千米的耕地中		采集布纹瓦、陶片等，数量不详	辽金	《农安县文物志》，1987年
城子里烽火台遗址	农安县青山口乡江东王村城子里古城东北角50米高的山顶上		采集砖瓦、铁器等，数量不详	辽金	《农安县文物志》，1987年
顺山堡烽火台遗址	农安县新阳乡裕民村顺山堡屯南1000米处		采集砖瓦、陶片等，数量不详	辽金	《农安县文物志》，1987年
梨树园子古城	德惠市大房身乡梨树园子村城子下屯后漫岗南坡上		采集砖瓦、陶瓷器、铜器等，数量不详	辽金	《德惠县文物志》，1983年
丹城子古城	德惠市边岗乡丹城子村		采集砖瓦、陶瓷片、铜钱等，数量不详	辽金	《德惠县文物志》，1983年
后城子古城	德惠市布海乡后城子屯西北约500米处	房址2座、灰坑6个、窑穴3个	出土陶器、瓷器、铁器、铜器、骨器、石器、玉器等300余件	金代	《吉林省德惠县后城子金代古城发掘》，《考古》1993年第8期
朝阳双城子古城	德惠市朝阳乡西北2.5千米		采集砖瓦、陶瓷片、铁器、铜钱等，数量不详	辽金	《德惠县文物志》，1983年
杨家大桥古城	德惠市大青咀乡太平村驻地500米处杨家大桥屯西南角的漫岗上	红烧土	采集砖瓦、陶瓷片、铁器、铜钱等，数量不详	辽金	《德惠县文物志》，1983年
马家古城	德惠市边岗乡马家村后一台地上		采集建筑构件、陶片等，数量不详	辽金	《德惠县文物志》，1983年
边岗双城子古城	德惠市边岗乡丹城子村揽头窝堡北600米漫岗上		采集建筑构件、陶瓷片、铜钱等，数量不详	辽金	《德惠县文物志》，1983年
鲍家古城	德惠市松花江乡鲍家村与兴隆泉村交界处		采集布纹瓦、陶片等，数量不详	辽金	《德惠县文物志》，1983年

续表

遗址名称	位置	遗迹	遗物	时代	文献出处
榆树林古城	德惠市郭家乡宋家村德农公路旁一条漫岗上		采集布纹瓦、陶瓷片、铜钱等，数量不详	辽金	《德惠县文物志》，1983年
城岗子古城	德惠市东北26千米的菜园子镇菜园子村北700米的一条东西走向的漫岗上	建筑址1处、灰坑11个	出土石器、陶器、瓷器、铁器、铜器、银器等50余件	辽金	《吉林德惠市城岗子金代古城发掘简报》，《北方文物》2000年第3期；《德惠县文物志》，1983年
杏山堡古城	德惠市达家沟乡北2千米的杏山村后一个圆顶形小山的顶峰上		采集布纹瓦、陶片等，数量不详	辽金	《德惠县文物志》，1983年
高家古城	德惠市松花江乡榆树村与高家城子村交界处		采集布纹瓦、陶片等，数量不详	辽金	《德惠县文物志》，1983年
卧虎古城	德惠市边岗乡卧虎村		采集布纹瓦、陶片等，数量不详	辽金	《德惠县文物志》，1983年
向阳古城	德惠市郭家乡向阳村向阳屯南500米一台地上		采集砖瓦、陶瓷器、铁器等，数量不详	辽金	《德惠县文物志》，1983年
黄花城子古城	德惠市和平乡福来村黄花城子屯		采集布纹瓦、陶瓷片、铁器等，数量不详	辽金	《德惠县文物志》，1983年
孟家古城	德惠市郭家乡孟家村孟家屯内		采集砖瓦、陶瓷片、铁器、铜钱等，数量不详	金代	《德惠县文物志》，1983年
梁家屯古城	德惠市五台乡太平村梁家屯南漫岗上		采集砖瓦、陶瓷片等，数量不详	辽金	《德惠县文物志》，1983年
桦树嘴子西山山城	九台市上河湾镇桦树村境内		采集铁镞、六耳铁锅、陶瓷器等，数量不详	金代	《九台县文物志》，1986年
董家屯东山山城	九台市上河湾镇高丽房子南山山城西约2千米		采集六耳铁锅、铁镞、瓷器等，数量不详	金代	《九台县文物志》，1986年
广东山山城	九台市三台乡东北约4.5千米孟家沟屯南一个圆形山头上		采集瓦片等，数量不详	辽金	《九台县文物志》，1986年
和气古城	九台市卡伦镇和气村西北30米许的平岗地带		采集砖瓦、陶瓷片、铁器、铜钱等，数量不详	金代	《九台县文物志》，1986年
靰鞡草城子古城	九台市龙家堡镇长岭村靰鞡草城子屯北侧		采集陶片、铁器等，数量不详	金代	《九台县文物志》，1986年
宝山屯古城	九台市胡家乡宝山村宝山屯西500米处的漫坡上上		采集砖瓦、陶瓷片、铜钱等，数量不详	金代	《九台县文物志》，1986年

续表

遗址名称	位置	遗迹	遗物	时代	文献出处
北城子古城	九台市上河湾镇四台村北栈房屯		采集砖瓦、瓷片、六耳铁锅、铜钱等，数量不详	金代	《九台县文物志》，1986年
吴家城子古城	九台市春阳乡吴家城子屯东侧		采集砖瓦、瓷片等，数量不详	辽金	《九台县文物志》，1986年
赵家沟古城	九台市上河湾镇北4千米处赵家沟屯东岭上		采集砖瓦、六耳铁锅等，数量不详	金代	《九台县文物志》，1986年
大营城子古城	九台市加工河乡大营城子村大营城子山顶		不详	辽金	《九台县文物志》，1986年
大城子古城	九台市饮马河镇大城子村大城子屯北200米处		采集砖瓦、陶瓷片、银器、铜器、铜钱等，数量不详	金代	《九台县文物志》，1986年
太和古城	九台市城子街镇正南2.5千米沐石河西岸的第一阶地上		采集方砖、布纹瓦、铁镞等，数量不详	辽金	《九台县文物志》，1986年
三台古城	九台市三台乡三台村南500米处的漫岗上		采集布纹瓦、陶瓷片等，数量不详	辽金	《九台县文物志》，1986年
小城子古城	九台市饮马河镇小城子村小城子屯北250米处的漫岗地带		采集布纹瓦、陶瓷片等，数量不详	辽金	《九台县文物志》，1986年
东尤屯古城	九台市莽卡乡张庄子村东尤屯北400米的开阔地上		采集砖瓦、陶瓷片、六耳铁锅、铜钱等，数量不详	金代	《九台县文物志》，1986年
城子山古城	九台市莽卡乡七家子村西南城子山山顶		采集布纹瓦、陶片等，数量不详	辽金	《九台县文物志》，1986年
榆树岗子古城	九台市西营城子镇榆树岗子村榆树岗子屯东的平原地带		采集砖瓦、陶瓷片、六耳铁锅、铜钱等，数量不详	金代	《九台县文物志》，1986年
八家子古城	九台市其塔木镇八家子村小学西200米处的漫岗上		采集砖瓦、陶瓷片、铜器、铜钱等，数量不详	金代	《九台县文物志》，1986年
偏脸城古城	九台市庆阳乡庆阳村正北300米处的漫岗上		采集布纹瓦，数量不详	辽金	《九台县文物志》，1986年
江西古城	九台市莽卡乡江西村南部开阔地带	红烧土	采集布纹瓦、陶片、铁器、铜钱等，数量不详	金代	《九台县文物志》，1986年
邱家沟古城	九台市莽卡乡邱家村西100米的山坡上		采集玉石饰件1件	辽金	《九台县文物志》，1986年

续表

遗址名称	位置	遗迹	遗物	时代	文献出处
小城子古城	长春市宽城区奋进乡		采集砖瓦、陶片、六耳铁锅、铜钱等，数量不详	金代	《长春市文物志》，1987年
姚家城子古城	长春市双阳区（原双阳县）奢岭乡双榆树村姚家城子屯北漫岗上		采集砖瓦、陶瓷片、铁器、铜钱等，数量不详	金代	《双阳县文物志》，1986年
后跨家屯古城	长春市双阳区（原双阳县）佟家乡隆兴村后跨家屯北缓坡上		采集布纹瓦、陶瓷片、铁器、铜钱等，数量不详	金代	《双阳县文物志》，1986年
庄家屯古城	长春市双阳区（原双阳县）佟家乡庄家村庄家屯西100米处的耕地		采集瓦件、陶瓷片等，数量不详	辽金	《双阳县文物志》，1986年
栗家屯古城	长春市双阳区（原双阳县）双阳河乡黑鱼村栗家屯		采集砖瓦、陶片等，数量不详	辽金	《双阳县文物志》，1986年
南城子古城	长春市双阳区（原双阳县）太平乡长山村东南400米		采集砖瓦、陶瓷片等，数量不详	金代	《双阳县文物志》，1986年
房城子古城	长春市双阳区（原双阳县）创新村饮马河畔		采集砖瓦、陶瓷片等，数量不详	辽金	《双阳县文物志》，1986年
东营城子古城	长春市双阳区（原双阳县）新安乡向阳村向阳坡子屯		采集砖瓦、陶瓷片、铁器、铜钱等，数量不详	金代	《双阳县文物志》，1986年
土城子古城	吉林市龙潭乡湘潭街以西江北公园东北角		出土过铁器、铜钱等，数量不详	辽金	《吉林市市区文物志》，1983年
官地古城	吉林市第二松花江右岸约250米处漫岗上，龙潭山山城西南		采集陶片等，数量不详	辽金（？）	《吉林市市区文物志》，1983年
富尔哈古城	吉林市（原永吉县）乌拉街镇南5千米万家大队与富尔大队之间		采集布纹瓦、陶瓷片等，数量不详	辽金、明代	《永吉县文物志》，1985年
大常古城	吉林市（原永吉县）乌拉街镇大常大队	城外有墓葬	采集陶瓷片、铁器、石器、铜钱等，数量不详	金代	《永吉县文物志》，1985年
三家子古城	吉林市（原永吉县）乌拉街镇大架子大队西南处		采集陶瓷片、铜钱等，数量不详	金代	《永吉县文物志》，1985年
韩城子古城	吉林市（原永吉县）乌拉街镇高屯大队后岗屯西北500米处		采集陶片、铁器、铜器、石臼、铜钱等，数量不详	金代	《永吉县文物志》，1985年

续表

遗址名称	位置	遗迹	遗物	时代	文献出处
杨木古城	吉林市（原永吉县）杨木乡杨木大队第三小队北约百米		出土过铁镞、铜钱等，数量不详	金代	《永吉县文物志》，1985年
吴城子古城	永吉县一拉溪镇北约4.5千米处		采集建筑构件等，数量不详	金代	《永吉县文物志》，1985年
骆起古城	吉林市（原永吉县）两家子乡骆起大队西500米处		采集砖瓦、陶片等，数量不详	金代	《永吉县文物志》，1985年
官通古城	吉林市（原永吉县）乌拉街镇官通大队第一小队西侧约250米		采集陶瓷片等，数量不详	辽金、明代（？）	《永吉县文物志》，1985年
漂尔烽燧遗址	永吉县旺起公社漂尔大队西南侧漫岗上		不详	辽金（？）	《永吉县文物志》，1985年
桄子沟烽燧遗址	永吉县五里河子公社西2千米桄子沟大队北侧一高约30米的山顶端		不详	辽金（？）	《永吉县文物志》，1985年
柳条沟东山烽燧遗址	吉林市（原永吉县）两家子乡柳条沟大队东约1千米一个山冈上		出土过铜钱，数量不详	辽金（？）	《永吉县文物志》，1985年
前大屯古城	伊通县东尖乡东尖村前大屯内	窑址1处	采集砖瓦、陶瓷片、铁器、铜器等，数量不详	金代	《伊通县文物志》，1988年
前城子古城	伊通县新兴乡前城子村前城子屯北端		采集砖瓦、瓷片等，数量不详	金代	《伊通县文物志》，1988年
大营城子古城	伊通县大孤山镇万福德村大营城子屯东北约100米处的农田中		采集砖瓦、陶瓷片等，数量不详	金代	《伊通县文物志》，1988年
城合店古城	伊通县新兴乡远大村城合店屯东一条坡岗上		采集瓦件、陶瓷片等，数量不详	金代	《伊通县文物志》，1988年
宋家洼子古城	伊通县五一乡宋家洼子村宋家洼子屯西100米的漫岗之上		采集砖瓦、陶瓷片、铁器、铜钱等，数量不详	金代	《伊通县文物志》，1988年
城子村古城	伊通县三道乡城子村北的岗地上		采集砖瓦、陶瓷片等，数量不详	金代	《伊通县文物志》，1988年
裴家小上沟古城	伊通县二道乡黑顶子村裴家小上沟屯东一道山岭的主峰上		采集铁器、铜器等，数量不详	辽金	《伊通县文物志》，1988年
马家油房古城	伊通县二道乡石门村马家油房屯西的山岭之南端		采集陶片等，数量不详	辽金	《伊通县文物志》，1988年

续表

遗址名称	位置	遗迹	遗物	时代	文献出处
城楞子古城	梨树县东河乡王平房村城楞子屯		采集砖瓦、陶片、铜器、铁器、铜钱等，数量不详	辽金	《梨树县文物志》，1984年
梨树偏脸城	梨树县白山乡岫岩村一漫岗上	窑址12处	征集砖瓦、陶器、瓷器、铁器、铜器、石器等，数量不详	辽金	《吉林梨树县偏脸城址调查记》，《考古通讯》1958年第3期；《吉林梨树县偏脸古城复查记》，《考古》1963年第11期；《梨树县文物志》，1984年；《偏脸城内发现金代陶窑》，《博物馆研究》1994年第1期
南窑古城	梨树县金山乡旱河村南窑屯后岗东南坡上		采集砖瓦、陶瓷片、石器、铁器、铜钱等，数量不详	辽金	《梨树县文物志》，1984年
大房身小城子古城	梨树县大房身乡郝家村小城子屯南，梨树镇至喇嘛甸乡的公路北侧1.5千米处		采集砖瓦、陶瓷片、石器、铁器等，数量不详	辽金	《梨树县文物志》，1984年
玻璃城子古城	梨树县泉眼岭乡玻璃城子村玻璃城子屯西北一漫岗上		采集砖瓦、陶瓷片、石器、铜器、铜钱等，数量不详	辽金	《梨树县文物志》，1984年
胜利小城子古城	梨树县胜利乡小城子村小城子屯北		采集砖瓦、陶瓷片、石器、铜器等，数量不详	辽金	《梨树县文物志》，1984年
三面城古城	梨树县十家堡乡西黑嘴子村三面城屯西南500米，昭苏太河北岸1千米处		采集砖瓦、陶瓷片等，数量不详	辽金	《梨树县文物志》，1984年
董家窝堡小城子古城	梨树县榆树台镇西南郊1.5千米处，董家窝堡乡潘家村小城子屯	红烧土、锅灶坑	采集陶瓷片、铜器等，数量不详	辽金	《梨树县文物志》，1984年
姚家古城	梨树县蔡家乡姚家村城楞子屯西，汲水河北岸50米处		采集砖瓦、陶瓷片、铁器、铜钱等，数量不详	辽金	《梨树县文物志》，1984年
十家堡小城子古城址	梨树县十家堡乡靠山村小城子屯		采集砖瓦、陶瓷片、石器、铜钱等，数量不详	辽金	《梨树县文物志》，1984年

续表

遗址名称	位置	遗迹	遗物	时代	文献出处
郭家店小城子古城	梨树县郭家店乡小城子村拖拉机站北200米，郭家店镇至小城子公路东侧30米处		采集砖瓦、陶瓷片、铜器、铁器、铜钱等，数量不详	辽金	《梨树县文物志》，1984年
花城子古城	梨树县郭家店乡花城子村花城子屯北		采集砖瓦、陶瓷片、石器等，数量不详	辽金	《梨树县文物志》，1984年
三家子城子山古城	梨树县三家子乡王相村杨家屯东北200米一座小山顶上		采集陶瓷片、石臼等，数量不详	辽金	《梨树县文物志》，1984年
孟家岭城子山古城	梨树县孟家岭乡苏家村前张家沟屯北，张家大架山南麓一支脉——城子山山顶上		采集陶瓷片、石器等，数量不等	辽金	《梨树县文物志》，1984年
大河东古城	梨树县石岭乡塔子沟村大河东屯东南500米	城外有窑址、火炕	采集石臼4个	辽金	《梨树县文物志》，1984年
牛城子古城	四平市平西乡新发村牛城子屯		采集砖瓦、陶瓷片等，数量不详	辽金	《四平市文物志》，1988年
秦家屯古城	公主岭市（原怀德县）西北部约45千米秦家屯东南约250米处		出土陶器、瓷器、铜器、铁器、石器、金器等，数量不详	辽金	《吉林怀德秦家屯古城调查记》，《考古》1964年第2期
偏脸城古城	公主岭市（原怀德县）双城堡乡偏脸城村		采集砖瓦、陶瓷片等，数量不详	辽金	《怀德县文物志》，1985年
城子上古城	公主岭市（原怀德县）朝阳坡乡城子上村西侧		采集砖瓦、陶瓷片等，数量不详	辽金	《怀德县文物志》，1985年
黄花城古城	公主岭市（原怀德县）双城堡乡黄花城村		采集砖瓦、陶瓷片等，数量不详	辽金	《怀德县文物志》，1985年
兴城古城	公主岭市（原怀德县）双城堡乡兴城村东小城子屯		采集砖瓦、陶瓷片等，数量不详	辽金	《怀德县文物志》，1985年
毛城子古城	公主岭市（原怀德县）毛城子乡毛城子村第四生产合作社屯东50米处一向阳坡地上		采集砖瓦、陶瓷片等，数量不详	辽金	《怀德县文物志》，1985年
前城子古城	公主岭市（原怀德县）玻璃城子乡广宁村前城子屯西侧		采集砖瓦、陶瓷片、铁器、铜钱等，数量不详	辽金	《怀德县文物志》，1985年
顾家屯古城	公主岭市（原怀德县）龙河乡建设村顾家屯北		采集陶瓷片等，数量不等	辽金	《怀德县文物志》，1985年
小城子古城	公主岭市（原怀德县）陶家屯乡小城子村		采集陶瓷片等，数量不等	辽金	《怀德县文物志》，1985年

续表

遗址名称	位置	遗迹	遗物	时代	文献出处
胜利古城	公主岭市（原怀德县）五星乡胜利村地二生产合作社西100米处	火坑址	采集砖瓦、陶瓷片、铁器等，数量不详	辽金	《怀德县文物志》，1985年
尹家屯古城	公主岭市（原怀德县）黑林子乡尹家屯村瓦盆窑屯		采集砖瓦、陶瓷片、石器、铜器等，数量不详	辽金	《怀德县文物志》，1985年
土城子古城	公主岭市（原怀德县）城郊乡土城子村五队村南		采集砖瓦、陶片等，数量不详	辽金	《怀德县文物志》，1985年
十屋古城	公主岭市（原怀德县）十屋乡十屋村果园内		采集陶瓷片等，数量不等	辽金	《怀德县文物志》，1985年
五家子古城	公主岭市（原怀德县）八屋乡五家子村小五家子屯西北		采集砖瓦、陶瓷片、铜器等，数量不详	辽金	《怀德县文物志》，1985年
寿山山城	东辽县热闹乡西2.5千米热闹村后面的山头上		不详	辽金	《东辽县文物志》，1986年
靠山城子山山城	东辽县甲山乡北约6千米大台村靠山屯城子山上		采集陶瓷片等，数量不等	辽金	《东辽县文物志》，1986年
小城沟山城	东辽县辽河源镇西2.5千米大架山村后大架山屯小城沟处		采集布纹瓦等，数量不详	辽金	《东辽县文物志》，1986年
北城子古城	东辽县甲山乡西南6千米山西村北约500米处		采集陶器、石臼等，数量不详	辽金	《东辽县文物志》，1986年
城子沟古城	东辽县金岗乡西南4千米光明村城子沟屯南侧耕地上		不详	辽金	《东辽县文物志》，1986年
于家烟房北城子古城	东辽县白泉镇西北1.5千米德忠村于家烟房屯北旱田地里		不详	辽金	《东辽县文物志》，1986年
苏家街南城子古城	东辽县金岗乡南2千米西柳村苏家街屯南城子地里		采集陶器、石臼、铜钱等，数量不详	辽金	《东辽县文物志》，1986年
小城沟古城	东辽县安恕镇东6千米城仁村城仁屯北侧梨树河冲积平地上		采集砖瓦、陶瓷片、铜器、石器、铜钱等，数量不详	金代	《东辽县文物志》，1986年
城子山古城	辽源市龙山区山湾乡七一村三队的北山顶上		采集砖瓦、陶瓷片、铁器等，数量不详	金代	《辽源市文物志》，1988年

续表

遗址名称	位置	遗迹	遗物	时代	文献出处
高古村古城	辽源市西安区灯塔乡高古村三队		采集瓦件、陶瓷片、铜器、铁器、石臼、铜钱等，数量不详	金代	《辽源市文物志》，1988年
城址山山城	东丰县横道河镇西约6千米的城址山山上		采集陶瓷片、铁箭头、铜钱等，数量不详	金代	《东丰县文物志》，1987年
小城子山城	梅河口市（原海龙县）城南乡正义村附近，大柳河北岸一个临河的小山上		采集砖瓦、陶瓷片等，数量不详	金代	《海龙县文物志》，1984年
小城子古城	梅河口市（原海龙县）杏岭乡政府东北3.5千米小城村一统河北岸的平川之中		采集砖瓦、陶瓷片、铜钱等，数量不详	金代	《海龙县文物志》，1984年
方家街古城	梅河口市（原海龙县）山城镇南5千米，小杨乡古城村，方家街所在地		采集瓦片、陶瓷片、铁器等，数量不详	金代、明代	《海龙县文物志》，1984年
明城古城	磐石市明城镇五星朝鲜族村		采集布纹瓦、铁镞、石臼、铜钱等，数量不详	金代	《磐石县文物志》，1987年
富太古城（那丹佛勒城）	磐石市黑石乡富太村南约1千米的白石砬子西侧300米左右一漫岗尽头	红烧土	采集布纹瓦、石器、铜匙、铜钱等，数量不详	金代	《磐石县文物志》，1987年
金家屯古城	磐石市细林乡金家屯正南1.5千米处的馒头山南端的漫岗上	红烧土、碎木炭	采集陶片、石器、铁刀等，数量不详	金代	《磐石县文物志》，1987年
下柳家古城	磐石市细林乡新益村下柳家屯南约1千米的黄家大山的南坡，石头河与辉发河的汇合处		发现过1个石臼	金代	《磐石县文物志》，1987年
翻身屯古城	磐石市辉发河南岸，黑石乡翻身屯西北约500米的一处漫岗上	少量红烧土	采集陶瓷片、铁锅等，数量不详	金代	《磐石县文物志》，1987年
后虎咀子山城	磐石市小梨河乡西梨河村双龙泉屯后虎咀子山上		采集陶片、铁箭头等，数量不详	金代	《磐石县文物志》，1987年
炮台山山城	磐石市烟筒山镇余富村西的炮台山上		采集陶片、铁箭头等，数量不详	金代	《磐石县文物志》，1987年
大马宗岭山城	磐石市安乐乡大马宗村东北约1.5千米处的“高丽城”山上		采集铁箭头、铜碗、铜勺等，数量不详	金代	《磐石县文物志》，1987年

续表

遗址名称	位置	遗迹	遗物	时代	文献出处
小城子古城	辉南县朝阳镇东北约7千米的小城子村		采集砖瓦、陶瓷片、铁器、铜器、石臼等，数量不详	辽代	《辉南县文物志》，1987年
永安古城	桦甸市横道河子乡永安村永安屯东南500米处的岗上		采集砖瓦、铁锅、铜钱等，数量不详	金代	《桦甸县文物志》，1987年
治安古城	桦甸市横道河子乡文华村治安屯西北一漫岗上		采集石臼、铜钱等，数量不详	金代	《桦甸县文物志》，1987年
新屯古城	桦甸市金沙乡复兴村，又名胡家崴子		采集铁器等，数量不详	金代	《桦甸县文物志》，1987年
小嘎河山城	桦甸市桦树乡嘎河村小嘎河屯西北松花湖边的山顶上		没有采集到遗物	金代（？）	《桦甸县文物志》，1987年
孤顶子烽燧遗址	桦甸市八道河子镇向阳村北			金代（？）	《桦甸县文物志》，1987年
治安烽燧遗址	桦甸市横道河子乡文华村治安屯西边的西大砬子山上		出土过金代铜钱	金代	《桦甸县文物志》，1987年
新安古城	柳河县城东南约22千米孤山子镇新安村后岗		采集砖瓦、陶片、铜器、铜钱等，数量不详	金代	《柳河县文物志》，1987年
江沿古城	靖宇县榆树川乡江沿村西端		采集陶片、石臼、铜钱等，数量不详	金代	《靖宇县文物志》
蛟河新站界壕	蛟河市新站镇六家子村与吉祥村交界处		采集铁镞1件、铜钱数枚	辽金	《蛟河县文物志》，1987年；《蛟河新站辽代界壕考察》，《博物馆研究》2001年第2期
前进古城	蛟河市前进乡张广才岭东庙岭上		出土铁器42件	辽金	《蛟河前进山城调查》，《博物馆研究》2001年第4期
三合屯古城	蛟河市拉法乡大甸子村西北一条漫岗上		未发现遗物	金代（？）	《蛟河县文物志》，1987年
春光北山城址	蛟河市乌林乡春光村本屯北1千米许的北山东端山顶上		未采集到遗物	金代（？）	《蛟河县文物志》，1987年
上参营古城	蛟河市新农乡红光村上参营		采集六耳铁锅、一罐铜钱、两个石臼等	金代	《蛟河县文物志》，1987年

续表

遗址名称	位置	遗迹	遗物	时代	文献出处
下参营古城	蛟河市新农乡南荒地村下参营		采集铜钱等，数量不详	金代	《蛟河县文物志》，1987年
敖东城	敦化市区的东南部，城址南邻牡丹江	房址3座、灰坑7个、沟1条	出土陶器、瓷器、铁器、铜器、铜钱、骨角器、动物骨骼等至少870件	金代	《吉林敦化市敖东城遗址发掘简报》，《考古》2006年第9期
马圈子古城	敦化市大蒲柴河镇浪柴村西4千米许的河套上		采集陶片、铁器、石磨、铜钱等，数量不详	金代	《敦化市文物志》，1985年
通沟岭山城	敦化市官地镇老虎洞村东山上		采集陶片、铁器、铜钱等，数量不详	金代	《敦化市文物志》，1985年
黑石古城	敦化市黑石乡政府所在地北侧的冲积平原上		采集砖瓦、陶瓷片、铜钱等，数量不详	金代	《敦化市文物志》，1985年
背荫砬子城堡	敦化市额穆镇桦树林子村西1.5千米的背荫砬子上		采集铁器、铜器等，数量不详	金代	《敦化市文物志》，1985年
帽儿山山城	敦化市额穆镇西北岔村东北1千米的帽儿山上		采集铁器等，数量不详	金代	《敦化市文物志》，1985年
西北岔山城	敦化市额穆镇西北岔村东南800米左右的南山上		采集铁器等，数量不详	金代	《敦化市文物志》，1985年
五峰山城	安图县长兴乡五峰村北500米的一座高山上		采集砖瓦、陶片等，数量不详	金代	《安图县文物志》，1985年
大砬子山城	安图县明月镇东北顺长兴河河谷行5千米许的小山冈东端		采集陶片、铁器等，数量不详	金代	《安图县文物志》，1985年
五虎山山城	安图县茶条沟东南5千米处	房场遗址10余处，石堆10余处	未发现遗物	金代	《安图县文物志》，1985年
万宝古城	安图县万宝乡西南500米的古城村		不详	金代	《安图县文物志》，1985年
宝马古城	安图县二道白河镇西北4千米处的丘陵南坡上		采集砖瓦、础石、陶瓷片等，数量不详	金代	《安图县文物志》，1985年
江源古城堡	安图县万宝乡南1千米江源村东约200米处		采集陶瓷片等，数量不等	金代	《安图县文物志》，1985年
三道古城堡	安图县三道乡三道村东南300米的山冈上		采集陶瓷片等，数量不等	金代	《安图县文物志》，1985年
东古城	和龙市头道平原东端的东城乡		采集瓦件、陶器、铜印等，数量不详	金代	《和龙县文物志》，1984年
海兰古城	和龙市东城乡海兰村南部山冈上		采集兽面瓦当、滴水等，数量不详	金代	《和龙县文物志》，1984年

续表

遗址名称	位置	遗迹	遗物	时代	文献出处
罗子沟古城	汪清县罗子沟乡所在地		采集瓦件、铜器、铜钱等，数量不详	金代	《汪清县文物志》，1984年
广兴山城	汪清县蛤蟆塘乡新兴村广兴屯西北的后山上		采集陶片、铜印、铜钱等，数量不详	金代	《汪清县文物志》，1984年
东四方台山城	汪清县蛤蟆塘乡中部东四方台山顶上	古井一处	采集铁器、铜钱等，数量不详	金代	《汪清县文物志》，1984年
北城子山城	汪清县东新乡新华村北城子屯东北250米的北山坡上		采集铁器等，数量不详	金代	《汪清县文物志》，1984年
东阳建筑址	汪清县蛤蟆塘乡东阳村西500米处		采集板瓦、兽面瓦当、滴水等，数量不详	金代	《汪清县文物志》，1984年
满台城山城	图们市石岘镇永昌村北5千米的山岭上		采集布纹瓦、铜器、铜钱等，数量不详	金代	《图们市文物志》，1986年
长东古城	延吉市长白乡长东村南100米处的小孤山上		采集陶瓷片等，数量不等	金代	《延吉市文物志》，1986年
船口山城	龙井市开山屯镇北7.5千米船口村五屯西北300米处		采集瓦件、陶片等，数量不详	金代	《龙井县文物志》，1984年
城子沟山城	龙井市桃源乡太阳村城子沟		采集2块擂石	金代	《龙井县文物志》，1984年
白石砬子山城	龙井市桃源乡太阳村东南1.5千米白石砬子山上		未采集遗物	金代	《龙井县文物志》，1984年
偏脸山城	龙井市铜佛乡永胜村东偏脸山上		采集陶瓷片、石臼等，数量不详	金代	《龙井县文物志》，1984年
三山洞山城	龙井市朝阳乡三峰村三山洞北山顶上		采集石球、石饼、铁镞等，数量不详	金代	《龙井县文物志》，1984年
城子山山城	图们市长安镇（原属龙井县）磨盘村山城里屯西城子山上		采集瓦件、陶瓷器、铜器、铁器、玉器等，数量不详	金代、东夏	《龙井县文物志》，1984年
养参峰山城	龙井市智新乡城南村西南5千米处养参峰山巅		采集铁器等，数量不详	金代	《龙井县文物志》，1984年
清水山城	龙井市三合镇清水村清水洞屯西北2千米		采集布纹瓦、础石、铜器等，数量不详	金代	《龙井县文物志》，1984年
朝东山城	龙井市富裕乡朝东村西1千米处汗王山山顶上		采集布纹瓦1件	金代	《龙井县文物志》，1984年
斐优城	珲春市三家子乡古城村		采集瓦件、陶片、铜印等，数量不详	金代、东夏	《珲春县文物志》，1984年

续表

遗址名称	位置	遗迹	遗物	时代	文献出处
英义城	珲春市珲春平原西北部，英安河东岸坎上的台地上	清理房址1座	清理出土陶器、铁器、铜钱等，数量不详。采集布纹瓦、兽面瓦当、陶片、铡刀、铜钱等，数量不详	金代	《珲春县文物志》，1984年；《珲春市英义城金代遗址》，《中国考古学年鉴1994》，1997年
城墙砬子山城	珲春市春化乡草坪村东1.5千米的城墙砬子山上		不见遗物，出土过铜印	金代、东夏	《珲春县文物志》，1984年
营城子古城	珲春市春化乡北约7.5千米处		采集布纹瓦、兽面瓦当、陶片等，数量不详	金代	《珲春县文物志》，1984年
草帽顶子古城	珲春市春化乡桦树村和草帽顶子村之间的山冈上		采集陶片等，数量不详	金代	《珲春县文物志》，1984年
弓形山城	珲春市春化乡西北25千米处的原大北城屯北山南坡上		未发现遗物	金代	《珲春县文物志》，1984年
沙河子古城	珲春市春化乡梨树沟屯西北1.5千米珲春河大桥之西的山岭上		采集布纹瓦、陶片、铁器、铜印等，数量不详	金代	《珲春县文物志》，1984年
大六道沟古城堡	珲春市春化乡西南10千米珲春河和大六道沟河汇合处东北的南团山上		采集陶片若干	金代	《珲春县文物志》，1984年
干沟子山城	珲春市东北25千米干沟子沟口东北山上		采集瓦片、陶片、铁器、铜器、擂石、铜钱等，数量不详	金代	《珲春县文物志》，1984年
小红旗河古城堡	珲春市杨泡乡小红旗河二队屯西北1千米处的平岗上		未见遗物	金代（？）	《珲春县文物志》，1984年
尹凤鸣屯窑址	白城市永胜乡东方红大队尹凤鸣屯西北约5千米的敖包岗上	窑址1处	采集砖瓦、陶器等，数量不详	辽金	《洮安县文物志》，1982年
四发白灰窑址	白城市青山乡四发村西约500米处	窑址4处	采集石块、白灰块、陶瓷片等，数量不详	辽代	《白城市文物志》，1986年
八家子白灰窑址	白城市青山乡八家子村西南1千米处	窑址3处	采集白灰等，数量不详	辽代	《白城市文物志》，1986年
马家窝堡砖窑窑址	白城市马家窝堡村东南约500米的台地南坡下	窑址1处	采集青砖等，数量不详	辽金	《白城市文物志》，1986年
纯阳砖窑址	白城市保平乡阳山村西台地上	窑址1处		辽金	《白城市文物志》，1986年

续表

遗址名称	位置	遗迹	遗物	时代	文献出处
叉古敖瓦窑址	大安市月亮泡镇叉古敖大队屯后	窑址1处	采集砖瓦等，数量不详	辽金	《大安县文物志》，1982年
后太平北坨子窑址	通榆县新发乡新发大队后太平五队东北1千米的沙丘上	窑址3处	采集青砖、陶瓷片等，数量不详	辽金	《通榆县文物志》，1985年
渔场窑址	乾安县余字乡张字村后张字井屯北500米处	窑址4处	采集陶片等，数量不详	辽金	《乾安县文物志》，1986年
中入字井窑址	乾安县所字乡中入字村中入字井屯西北700米处狼牙坝的西侧	土包9个	采集陶瓷片等，数量不详	辽金	《乾安县文物志》，1986年
那拉街窑址	前郭尔罗斯蒙古族自治县王府站乡那拉街屯东约100米处	窑址4处	采集陶片等，数量不详	辽金	《前郭尔罗斯蒙古族自治县文物志》，1983年
靳家屯砖窑址	长岭县三青山乡前伏山村靳家屯南200米处水沟的南岸	窑址1处	采集砖块等，数量不详	辽金、清代	《长岭县文物志》，1987年
于喜屯东南窑址	长岭县龙凤乡治安村于喜屯东南1千米	窑址1处	采集砖块等，数量不详	金代、清代	《长岭县文物志》，1987年
下窑屯古窑址	农安县青山口乡江东王村下窑屯东50米处	窑址1处	采集陶片等，数量不详	辽金	《农安县文物志》，1987年
南沟古窑址	农安县黄鱼圈乡天启王村南沟的南山坡上	窑址1处	采集布纹瓦、陶器、铜器等，数量不详	辽金	《农安县文物志》，1987年
白家西沟窑址	九台市胡家乡双泉村白家西沟屯后岭坎下	窑址1处	采集缸胎器等，数量不详	辽金	《九台县文物志》，1986年
老窑沟窑址	长春市双阳区（原双阳县）新安乡向阳村曹家屯	窑址1处	采集青砖、布纹瓦等，数量不详	辽金	《双阳县文物志》，1986年
侯屯砖瓦窑址	吉林市（原永吉县）乌拉街镇大常大队第二生产队候屯东北1千米的沙岗上	窑址1处	采集砖瓦等，数量不详	辽金	《永吉县文物志》，1985年
前大屯古窑址	伊通县东尖乡东尖村前大屯古城之内		采集砖瓦等，数量不详	辽金	《伊通县文物志》，1988年
前牛沟窑址	公主岭市（原怀德县）五星乡凤翔村前牛沟屯东北500米的一个向阳山坡的中部	窑址1处	采集陶器等，数量不详	辽金	《怀德县文物志》，1985年
东辽尚志窑址	东辽县安石镇尚志村三组西约500米处的土岗上	窑址1座	出土陶器58件	金代	《吉林东辽县尚志金代窑址的清理》，《考古》2004年第6期

续表

遗址名称	位置	遗迹	遗物	时代	文献出处
东河古窑址	东丰县仁合乡东河村	窑址1处	采集瓦片等，数量不详	辽金	《东丰县文物志》，1987年
义和古窑址	东丰县三合乡义和村西南200米许的大架山南端沙坑一侧	窑址1处	采集陶片等，数量不详	辽金	《东丰县文物志》，1987年
砖庙古窑址	磐石市吉昌乡砖庙村西南山的半山腰处	窑址2处	采集砖瓦、陶片等，数量不详	金代	《磐石县文物志》，1987年
满达哈墓群	洮南市兴业乡红岭大队满达哈屯东	墓葬10座	出土陶器、铁器、铜器、银器等，数量不详	辽代	《洮安县文物志》，1982年
洪四海屯墓群	洮南市向阳乡文化大队洪四海屯西部	墓葬1座	出土陶器2件	辽代	《洮安县文物志》，1982年
荆家街东岗墓群	洮南市兴业乡红源大队荆家街屯东200米处的漫岗上	墓葬多座	征集陶器1件	辽代	《洮安县文物志》，1982年
丰满辽墓	洮南市黑水镇丰满村西北2.5千米漫岗中部南坡	墓葬1座	出土瓷器、铁器、铜器、骨器、玉器等22件	辽代	《丰满古墓清理简报》，《白城文博》1985年第7期
新合辽墓群	白城市平安镇乡西南3.5千米的新合小学院内	墓葬12座	出土陶器等，数量不详	辽代	《白城市文物志》，1986年
纯阳辽墓群	白城市保平乡纯阳村运河西漫岗上	墓葬2座	发现几片陶片	辽代	《白城市文物志》，1986年
北大湾辽墓群	白城市平安镇乡北康巴虎屯东北2千米处	20、30个骨灰罐、石函2具		辽代	《白城市文物志》，1986年
农校北地墓群	白城市农业学校北侧	墓葬1座	出土陶器、瓷器等6件	辽代	《白城市文物志》，1986年
珠山墓葬	镇赉县岔合乡北部与莫莫格乡的交界处	墓葬1座	出土铁器、骨器、玛瑙器等，数量不详	辽代	《镇赉县文物志》，1985年
西报马墓群	镇赉县大屯乡报马村西报马屯内东头	墓葬3座	出土瓷器、铁器等4件	辽代	《镇赉县文物志》，1985年
乌鸦山村辽墓	镇赉县嘎什根乡乌鸦山村中心的村道上	墓葬2座	只残留一枚铜钱	辽代	《吉林省镇赉县乌鸦山村发现两座辽墓》，《北方文物》2011年第4期
大安铁西辽墓	大安市郊四棵树乡铁西村和来宝村所在屯东部	墓葬10座	出土陶器1件，许多花纹砖	辽代	《对大安市铁西辽墓的发掘》，《博物馆研究》1993年第2期
前阳墓群	大安市四棵树乡治安大队前阳屯	墓葬至少4座	出土过陶器等，数量不详	辽代	《大安县文物志》，1982年

续表

遗址名称	位置	遗迹	遗物	时代	文献出处
薛家窝棚古墓	大安市平安公社长征大队薛家窝棚屯东250米耕地上	墓葬1座	出土铜器、料珠、铁器等5件	辽代	《大安县文物志》，1982年
潘顺屯古墓	大安市联合乡长发大队南约100米处的漫岗南坡	墓葬2座	出土铁器、骨器等，数量不详	辽金	《大安县文物志》，1982年
东关北坨子墓葬	通榆县瞻榆镇东关大队东北约3千米处沙坨子南坡上	墓葬1座	出土漆器、陶瓷片等，数量不详	辽代	《通榆县文物志》，1985年
前四家子南岗墓葬	通榆县龙山公社前四家子屯南1千米处的沙岗东南坡上	墓葬1座	出土陶器、瓷器、铜器、铜钱等4件	辽代	《通榆县文物志》，1985年
方家围子东南岗墓葬	通榆县团结乡民主大队方家围子屯东南1千米处的小山包东坡上	墓葬1座	出土陶器2件	辽代	《通榆县文物志》，1985年
西力布克墓群	通榆县新华镇大有大队西力布克生产队南约150米处	人骨50余具	出土铁器等，数量不详	辽代	《通榆县文物志》，1985年
三合屯北岗墓群	通榆县兴隆山镇三合屯北约750米处的土岗南坡上	墓葬3座		辽代	《通榆县文物志》，1985年
老虎坨子墓群	通榆县同发牧场场部东约1200米的老虎坨子南坡上	发现人骨5具	出土铜器、铁器、金银首饰、玛瑙珠等，数量不详	辽代	《通榆县文物志》，1985年
团结屯辽墓	通榆县开通镇团结屯东南角的砂丘中	墓葬1座	出土陶器、瓷器、玉器、铜器7件	辽代	《吉林通榆县团结屯辽墓》，《考古》1984年第9期；《通榆县文物志》，1985年
同发辽墓	通榆县同发畜牧场西南约10千米的砂丘东南坡下	墓葬1座	出土陶器、铁器、漆器等5件	辽代	《吉林同发辽墓》，《考古》1985年第7期；《通榆县文物志》，1985年
朝字井墓葬	乾安县朝字村朝字井屯东北30米处	墓葬1座	出土铁器1件	辽代	《乾安县文物志》，1986年
辰字井屯西南岗墓群	乾安县余字乡辰字村辰字井屯西南200米处的土岗的北坡和西坡上	墓葬多座	出土铁器、石器、陶器等，数量不详	辽代	《乾安县文物志》，1986年
成字井墓群	乾安县余字乡成字村成字井屯的西南部	墓葬多座	出土铜器、铁器、陶器等，数量不详	辽代	《乾安县文物志》，1986年

续表

遗址名称	位置	遗迹	遗物	时代	文献出处
宙字井西北岗墓葬	乾安县余字乡列字村宙字井屯西北100米处	墓葬1座	出土马镫、铁镞、陶罐等数件	辽代	《乾安县文物志》，1986年
基建队院内墓葬	乾安县让字乡让字村让字井屯政府所属的基建队院里	墓葬1座	被盗，无器物	辽代	《乾安县文物志》，1986年
让字井墓葬	乾安县让字乡让字村让字井屯的中部	墓葬1座	被盗，无器物	辽代	《乾安县文物志》，1986年
大珠字井墓葬	乾安县让字乡大珠村大珠字井屯西20米处	墓葬1座	出土陶罐1件	辽代	《乾安县文物志》，1986年
圣字井屯墓群	乾安县才字乡圣字村圣字井屯东南约500米处的土岗南坡	土包3个	墓地周围采集陶瓷片等，数量不详	辽代（？）	《乾安县文物志》，1986年
帅字井墓葬	乾安县赞字乡帅字村小帅字井屯北10米处的土岗南坡	墓葬1座	未发现遗物	辽代	《乾安县文物志》，1986年
唱字井屯墓葬	乾安县安字乡唱字村唱字井屯西北约60米处	墓葬1座		辽代	《乾安县文物志》，1986年
长发屯古墓	前郭尔罗斯蒙古族自治县孤店乡长发屯西约50米的乡道旁	墓葬2座	出土金耳饰1件	辽代	《前郭尔罗斯蒙古族自治县文物志》，1983年
青山头古墓群	前郭尔罗斯蒙古族自治县穆家乡青山头屯北1千米处青山头南侧的半山腰上	墓葬4座	出土陶器、铁器、银器等，数量不详	辽代	《前郭尔罗斯蒙古族自治县文物志》，1983年
达里巴古墓	前郭尔罗斯蒙古族自治县达里巴乡达里巴屯北约1.5千米处	墓葬1座	未发现遗物	辽代	《前郭尔罗斯蒙古族自治县文物志》，1983年
茅山辽墓	前郭尔罗斯蒙古族自治县镇郊乡单家围子村南	墓葬1座	出土陶器、骨器、料珠等4件	辽代	《吉林前郭茅山辽墓》，《考古》1988年第7期
查干吐莫辽墓	前郭尔罗斯蒙古族自治县套浩太乡查干吐莫村东北3千米	墓葬18座	出土陶器、瓷器、铁器、石器、骨器、漆器及铜钱等共28件	辽代	《吉林前郭查干吐莫辽墓发掘》，《边疆考古研究》第4辑，科学出版社，2006年
东尹家屯西南墓葬	长岭县前进乡南城子村东尹家村西南约300米处	墓葬1座	出土瓷器、玉器等2件	辽代	《长岭县文物志》，1987年

续表

遗址名称	位置	遗迹	遗物	时代	文献出处
韩家窑屯东北墓葬	长岭县新安镇王家窝堡村韩家窑屯一道沙岗的西端	墓葬1座	出土陶器、铁器等数件	辽代	《长岭县文物志》，1987年
平字二号屯东墓葬	长岭县前七号镇龙凤山村平字二号屯东北约50米处	墓葬1座	无随葬品	辽代	《长岭县文物志》，1987年
南泉子屯墓葬	长岭县三县堡乡南泉子村南泉子屯中间	墓葬1座	未见随葬品	辽代	《长岭县文物志》，1987年
南窑屯北墓葬	长岭县三县堡乡黑泉眼村南窑屯北400米处	墓葬1座	未见随葬品	辽代	《长岭县文物志》，1987年
东六号屯北岗墓葬	长岭县东六号乡东六号村北岗西半部南坡	墓葬数座	出土铁器、陶器、铜器等，数量不详	辽代	《长岭县文物志》，1987年
古井屯东瓮棺葬	长岭县新安镇交界村古井屯的东头	墓葬1座		辽金	《长岭县文物志》，1987年
于喜屯东罐葬	长岭县龙凤乡治安村于喜屯东约1千米处	墓葬1座	采集陶瓷器3件	辽金	《长岭县文物志》，1987年
新风屯东罐葬	长岭县新风乡新风村东约200米处	墓葬1座	没有遗物	辽代	《长岭县文物志》，1987年
东岗墓葬	双辽市王奔乡东岗村	墓葬1座	出土铁器、铜器等七八十件	辽代	《双辽县文物志》，1984年
桑树墓葬	双辽市红旗乡桑树屯北1千米处沙丘南坡	墓葬4座	出土瓷器、铜器等10件左右	辽代	《双辽县文物志》，1984年
双山墓葬	双辽市双山镇北1千米处	墓葬1座	出土陶器2件	辽代	《双辽县文物志》，1984年
安边墓葬	双辽市永加乡安边堡西北500米的坨子南坡	墓葬数量不详	墓地附近采集陶片、铁器等，数量不详	辽金	《双辽县文物志》，1984年
和亲里墓群	双辽市双山乡和亲里村和亲里屯西部	墓葬多座	出土陶瓷器等，数量不详	辽金	《双辽县文物志》，1984年
兴隆屯墓葬	双辽市兴隆乡兴隆屯正南1千米处砂岗的南坡	墓葬3座	墓地地面采集砖块、陶片等，数量不详	辽金	《双辽县文物志》，1984年
连丰墓群	双辽市兴隆乡连丰屯西北1.5千米处沙岗的南坡	墓葬20余座，清理2座	没有随葬品	辽代（？）	《双辽县文物志》，1984年
骆驼岭辽墓	双辽市骆驼岭水库南山冈坡地上	墓葬1座	出土陶器、瓷器、马具等40余件	辽代	《吉林双辽骆驼岭辽墓清理简报》，《考古与文物》1983年第6期

续表

遗址名称	位置	遗迹	遗物	时代	文献出处
大哈拉巴山辽墓	双辽市农场东北5千米，大哈拉巴山南200米	墓葬2座	出土陶器、瓷器、骨器及铜钱等10件	辽代	《吉林双辽县发现两座辽墓》，《考古》1983年第8期
高力戈辽墓群	双辽市王奔公社高力戈屯西南500米	墓葬15座	清理出陶器、瓷器、铁器、铜器、骨器、蚌器、玉器等32件。被破坏的墓中收回器物10件	辽代	《吉林双辽县高力戈辽墓群》，《考古》1986年第2期
付家屯古墓群	农安县万金塔乡双山村付家屯西小土丘的南坡上	墓葬212座	出土动物骨骼、铁器等5件	辽金	《农安县文物志》，1987年
西好来宝古墓	农安县榛柴乡西好来宝村校园内	墓葬1座		辽金	《农安县文物志》，1987年
吴家店古墓	农安县柴岗乡火石村吴家店屯西600米处耕地中	墓葬1座	出土铜器、铜钱等2件	辽金	《农安县文物志》，1987年
段家沟古墓	农安县新阳乡顺山村西段家沟北侧	墓葬1座	未见随葬品	辽金	《农安县文物志》，1987年
山根古墓	农安县小城子乡境内河谷的南缘	墓葬1座	出土铁器、铜器等2件	辽金	《农安县文物志》，1987年
朱家坨子墓葬	德惠市朝阳乡朱家坨子屯东北50米处的沙丘南坡	挖出过人骨	出土金器、铁器等多件	辽金	《德惠县文物志》，1983年
南山古墓	九台市上河湾镇双合村高丽房屯南山向阳坡上	墓葬1座	未发现遗物	辽金	《九台县文物志》，1986年
东三岔河古墓	九台市其塔木镇戢家村东三岔河屯西北500米的深沟里	墓葬1座	未发现遗物	辽金	《九台县文物志》，1986年
赵家沟古墓	九台市上河湾镇四台村赵家沟屯南漫岗的北坡下	墓葬1座	未发现遗物	辽金	《九台县文物志》，1986年
孙家屯古墓	伊通县五一乡连家店村孙家屯西南700米处	数量不详	出土瓷碗、金簪等，数量不详	辽金	《伊通县文物志》，1988年
花城子古墓群	梨树县郭家店乡西花城子屯北的岗地上	墓葬3座	出土陶瓷器、铁器、铜钱等10余件	辽代	《梨树县文物志》，1984年
东南岗子古墓群	梨树县林海乡双山子村的东南岗子的南坡上	墓葬4座	出土陶瓷器、铜器、玛瑙器等，数量不详	辽代	《梨树县文物志》，1984年
偏脸城石棺墓	梨树县偏脸城内北屯的西北耕地中	墓葬1座	出土铁器、铜器等6件	辽代	《梨树县文物志》，1984年

续表

遗址名称	位置	遗迹	遗物	时代	文献出处
小勿兰屯墓葬	梨树县刘家馆乡小勿兰屯北侧的漫岗上	墓葬1座	出土瓷器、铜器等5件	辽代	《梨树县文物志》，1984年
偏脸城城东、城西辽墓	梨树偏脸城城外东、西	数量不详	不详	辽代	《吉林梨树县偏脸城址调查记》，《考古通讯》1958年第3期
胡家屯辽墓	梨树县偏脸城北约2.5千米	墓葬2座	出土陶器、瓷器、玉器、金属器等15件	辽代	《吉林梨树胡家屯辽代壁画墓》，《博物馆研究》1996年第3期
孤家子山辽墓	梨树县孤家子镇赵家村南山沙土岗中	墓葬1座	出土陶器、铁器、铜器等共21件	辽代	《梨树孤家子山辽墓清理简报》，《博物馆研究》1988年第1期
永青辽墓	公主岭市桑树台乡永青七队	墓葬1座	出土陶壶1件	辽代	《吉林省公主岭市永青辽墓清理报告》，《北方文物》2006年第3期
吉锅古墓	前郭尔罗斯蒙古族自治县达里巴乡吉锅屯北侧约30米处	墓葬2座	出土铜镜、铁镞等4件	金代	《前郭尔罗斯蒙古族自治县文物志》，1983年
西山屯金墓	扶余县东南69千米的西山屯	墓葬1座	出土铁器、金器、玉器等17件（套）	金代	《吉林省扶余县的一座辽金墓》，《考古》1963年第11期
长岭镇南岗墓葬	长岭县长岭镇南500米处一道沙岗的南坡脚下	墓葬1座	出土陶器、瓷器、铜器、铜钱等8件	金代	《长岭县文物志》，1987年
姜家沟墓葬	榆树市育民乡莲山村姜家沟屯东南2.5千米姜家沟内南面缓坡上	墓葬多座		金代	《榆树县文物志》，1983年
前排木墓葬	榆树市大于乡大于村前排木屯	墓葬1座	未发现随葬品	金代	《榆树县文物志》，1983年
鞠家屯墓葬	榆树市大岭乡鞠家屯西南200米处	墓葬1座		金代（？）	《榆树县文物志》，1983年
西长发屯墓葬	榆树市滨江乡长新村西长发屯北约700米的耕地中	墓葬1座		金代	《榆树县文物志》，1983年
龙家亮子墓葬	榆树市怀家乡义山村龙家亮子屯东	墓葬1座		金代（？）	《榆树县文物志》，1983年

续表

遗址名称	位置	遗迹	遗物	时代	文献出处
后贲家岗墓葬	榆树市大坡乡南坊村后贲家岗屯西北300米处高岗上	墓葬数座	未发现随葬品	金代	《榆树县文物志》，1983年
完颜希尹家族墓地	舒兰市小城子乡东北2千米	墓葬14座	清理出土瓷器、铁器、铜器、玉器等，数量不详	金代	《舒兰县文物志》，1985年；《完颜希尹家族墓地的调查和发掘》，《博物馆研究》1990年第3期
后马家坨子古墓	农安县前岗乡全新村后马家坨子屯北护林带中	墓葬1座	未发现随葬品	金代	《农安县文物志》，1987年
西沟古墓	农安县开安乡西沟村西沟屯	墓葬1座		金代	《农安县文物志》，1987年
石人屯古墓	农安县新刘家乡林家中学南侧30米处	墓葬1座	出土陶器4件、铜钱20余枚	金代	《农安县文物志》，1987年；《长春市周围的金代墓葬》，《博物馆研究》1987年第2期
魏家屯古墓	农安县滨河乡政府西北2千米处岗地上	墓葬1座	出土瓷器2件、陶器若干	金代	《农安县文物志》，1987年
前二道沟墓群	德惠市五台乡狼洞村前二道沟屯南200米处	数量不详	地面采集陶瓷片、铜钱等，数量不详	金代	《德惠县文物志》，1983年
完颜娄室墓地	长春市东10余千米的石碑岭，现属市郊三道乡丰产村刘家炉屯	碑亭1座、墓葬1座	出土建筑构件、陶器、铁器等数百件，具体数量不详	金代	《长春市郊完颜娄室墓地考古新收获》，《北方文物》1990年第4期；《长春市石碑岭金代墓地发掘简报》，《考古》1991年第4期
前石虎屯金墓	长春市郊区合心乡哈达村	数量不详		金代	《长春市周围的金代墓葬》，《博物馆研究》1987年第2期
石羊石虎山金墓	长春市东南20余千米的净月潭南岸小山上	墓葬1座		金代	《长春市周围的金代墓葬》，《博物馆研究》1987年第2期
将军岭墓葬	长春市双阳区（原双阳县）太平乡将军岭村石羊屯西500米处的光屁股山东南缓坡上	墓葬1座		金代	《双阳县文物志》，1986年
徐家店古墓	长春市双阳区（原双阳县）石溪乡黄家村徐家店屯南1千米	墓葬1座	墓区采集布纹瓦、陶片等，数量不详	辽金	《双阳县文物志》，1986年

续表

遗址名称	位置	遗迹	遗物	时代	文献出处
红旗果树场金墓	吉林市西南4千米一个南北走向的山冈上	墓葬1座	出土陶盆2件	金代	《吉林市郊红旗果树场遗址发掘简报》，《北方文物》2001年第3期
苇子沟瓮棺墓地	永吉县双河镇苇子沟大队西侧山地上	墓葬2座	没有随葬品	金代	《永吉县文物志》，1985年
石人山古墓	伊通县发展乡红卫村石人背屯西南1.5千米的山坡上	墓葬1座		金代	《伊通县文物志》，1988年
营房后沟古墓	伊通县西苇乡民主村营房后沟屯西200米处	墓葬多座	出土铜钱等，数量不详	金代	《伊通县文物志》，1988年
冀家窝堡古墓	伊通县伊丹镇东升村冀家窝堡北山之南坡	墓葬多座	出土银条、铜钱等，数量不详	金代	《伊通县文物志》，1988年
杨木屯古墓	伊通县二道乡福安村杨木屯	墓葬1座	未发现随葬品	金代	《伊通县文物志》，1988年
霍家店古墓	伊通县新兴乡朝阳村霍家店屯西	墓葬1座		金代	《伊通县文物志》，1988年
王家屯古墓	伊通县伊丹镇新民村王家屯西	骨灰罐数个	未见随葬品	金代	《伊通县文物志》，1988年
虫王庙墓葬	四平市铁东区靠山村虫王庙屯北山脚下	墓葬1座	出土铜钱14枚	金代	《四平市文物志》，1988年
太平沟墓葬	公主岭市（原怀德县）毛城子乡太平沟村石龙河屯东北约500米	墓葬1座		金代	《怀德县文物志》，1985年
红旗村墓葬	公主岭市（原怀德县）城郊乡红旗村东约100米处	墓葬1座	地表上散布砖瓦、陶瓷片等，数量不详	金代	《怀德县文物志》，1985年
三道沟墓地	东辽县金州乡西北10千米新华村三道沟屯北沟里	墓葬1座		金代	《东辽县文物志》，1986年
辽源新华金墓	辽源市金州公社新华七队的山坡上	墓葬1座		金代	《辽源发现金代石刻》，《吉林文物》9期三版，1983年4月10日
蹚子沟墓葬	长白朝鲜族自治县十二道沟乡十二道沟村北1.5千米蹚子沟河北岗南坡	墓葬多座		金代	《长白朝鲜族自治县文物志》，1988年
毕家套子墓葬	蛟河市天南乡联江村毕家套子	墓葬多座		金代	《蛟河县文物志》，1987年
富太墓葬	蛟河市南岗子乡小富太村蚕场屯东北的漫岗上	墓葬6座		金代（？）	《蛟河县文物志》，1987年

续表

遗址名称	位置	遗迹	遗物	时代	文献出处
石人沟古墓	敦化市大蒲柴河镇东南15千米的山岭中	墓葬1座		金代	《敦化市文物志》，1985年
十八道沟古墓	敦化市马号乡江南村牡丹江北帽儿山的脚下	墓群1处		金代	《敦化市文物志》，1985年
林胜古墓	敦化市林胜乡林胜村东南1.5千米处	墓群1处		金代	《敦化市文物志》，1985年
马架子古墓群	安图县永庆乡朝阳村西约3千米处的山麓缓坡上	墓葬6座		金代	《安图县文物志》，1985年
西北岔下屯古墓群	安图县西北岔下屯村东部山麓	墓葬10多座		金代	《安图县文物志》，1985年
石人沟古墓群	延吉市烟集乡石人沟六队西北1.5千米二北沟内	墓葬3座		金代	《延吉市文物志》，1986年
理化古墓区	延吉市长白乡理化村一队南750米	墓葬多座		金代	《延吉市文物志》，1986年
大屯古墓群	龙井市太阳乡柳新村大屯北岗南坡山脚下	墓葬多座		金代	《龙井县文物志》，1984年
仁化古墓	龙井市东盛涌乡仁化村富宁屯东南约500米的山麓坡地上	墓葬1座		金代	《龙井县文物志》，1984年
二龙乡窖藏	洮南市二龙乡阿斯冷昭村西北约500米耕地中	窖藏1处	出土瓷器、铁器、铜器等26件	金代	《洮安县二龙乡发现一批金代窖藏文物》，《吉林文物》20期二版，1986年6月30日
小阎家粉坊屯窖藏	长岭县前进乡五美村小阎家粉坊屯	窖藏1处	出土瓷器、铡刀等3件，还有粟粒	金代	《长岭县文物志》，1987年
辛店窖藏	长岭县广太乡农林村辛店屯中的街道上	窖藏1处	出土瓷器1件、铜钱100余千克	金代	《长岭县文物志》，1987年
大房身窖藏	长岭县东岭乡张家炉村大房身屯	窖藏1处	出土陶罐1件、铜钱30千克	金代	《长岭县文物志》，1987年
扶余土城子屯窖藏	松原市伯都乡联合大队土城子屯	窖藏1处	陶罐1件、铜钱20000余枚	金代	《扶余一处窖藏出土的古钱》，《博物馆研究》1984年第3期
榆树丰产村窖藏	榆树市太安乡东北6千米许的丰产村丰产屯	窖藏1处	出土陶器3件、铜钱350余千克	金代	《榆树县太安乡丰产村金代窖藏铜钱研究》，《长春文物》第1期

续表

遗址名称	位置	遗迹	遗物	时代	文献出处
陆家窝堡窖藏	榆树市环城乡南门村陆家窝堡屯	窖藏1处	出土陶器2件、铜钱79.5千克，16168枚	金代	《陆家窝堡金代窖藏铜钱的清理简报》，《长春文物》第2期
农安窖藏	农安县北城垣中段南约250米	窖藏1处	出土瓷器、陶器、玉器、铁器、铜器及铜钱等130余件	金代	《吉林农安金代窖藏文物》，《文物》1988年第7期
盛家村窖藏	农安县三岗乡盛家村村委会驻地后院	窖藏1处	出土釉陶器、铁器等十几件	金代	《农安县文物志》，1987年
下坎窖藏	农安县万金塔乡五里堡村下坎屯	窖藏1处	出土陶器、石磨等2件，铜钱37.5千克	金代	《农安县文物志》，1987年
卡伦窖藏（顺垄地遗址窖藏）	九台市卡伦镇十里村八里堡屯	窖藏1处	出土铁器1件、铜钱160余千克，31180枚	金代	《吉林九台卡伦金代窖藏铜钱》，《文物》1985年第1期；《九台县文物志》，1986年
谢屯窖藏	九台市莽卡乡谢屯村五社	窖藏1处	出土铁器7件、铜钱66千克，13341枚	金代	《九台县文物志》，1986年
北边遗址窖藏	九台市苇子沟乡西地村北边屯北边遗址东南侧的河床上	窖藏1处	出土铜钱16千克，6338枚	金代	《九台县文物志》，1986年
兴隆窖藏	九台市兴隆公社	窖藏1处	出土陶罐1件、铜钱50余千克	金代	《九台发现一罐铜钱》，《吉林文物》8期四版，1983年1月5日
荣光窖藏	吉林市郊江南公社荣光大队	窖藏1处	出土铜器、铁器等56件	金代	《吉林市郊发现的金代窖藏文物》，《文物》1982年第1期
望云山窖藏	吉林市望云山东南坡	窖藏1处	出土铜器、铁器、瓷器等8件	金代	《在基建中出土文物二则》，《吉林文物》8期四版，1983年1月5日
江南水工机械厂窖藏	吉林市江南水工机械厂院内	窖藏1处	出土铁器等11件	金代	《在基建中出土文物二则》，《吉林文物》8期四版，1983年1月5日
大常古城窖藏	吉林市（原永吉县）乌拉街镇大常古城东墙北端	窖藏1处	出土陶罐1件，铜钱100余千克	金代	《永吉县文物志》，1985年
汪屯南老城窖藏	吉林市（原永吉县）乌拉街镇汪屯大队东南250米	窖藏2处	出土陶瓮1件，第一次出土铜钱100余千克，第二次出土铜钱数百千克	金代	《永吉县文物志》，1985年

续表

遗址名称	位置	遗迹	遗物	时代	文献出处
学古窖藏	吉林市（原永吉县）乌拉街镇东4千米	窖藏4处	出土铁器、铜器6件，铜钱近150千克	金代	《永吉县文物志》，1985年
缸窑二道窖藏	吉林市（原永吉县）缸窑镇二道大队南250米	窖藏1处	出土陶瓷器2件，铜钱140千克	金代	《永吉县文物志》，1985年
大口钦前团窖藏	吉林市（原永吉县）大口钦镇前团大队第五小队处	窖藏1处	出土六耳铁锅1件，铜钱140千克	金代	《永吉县文物志》，1985年
艾屯窖藏	吉林市（原永吉县）大口钦镇艾屯大队	窖藏1处	出土陶罐2个，铜钱数量不详	金代	《永吉县文物志》，1985年
韩家屯窖藏	吉林市（原永吉县）江密峰镇永胜大队	窖藏1处	出土陶罐1个，铜钱50余千克	金代	《永吉县文物志》，1985年
苗圃养鱼池窖藏	吉林市（原永吉县）江密峰镇永胜大队养鱼池附近	窖藏1处	出土陶罐1件，铜钱50余千克	金代	《永吉县文物志》，1985年
永吉县大郑村窖藏	吉林市（原永吉县）乌拉街镇大郑村	窖藏1处	出土六耳铁锅1件，铜钱65千克	金代	《吉林永吉县出土窖藏铜币》，《考古》1988年第2期
毛城子窖藏	公主岭市毛城子乡毛城子村四社	窖藏1处	出土瓷器、铁器等34件	金代	《公主岭市新发现两处金代窖藏文物》，《博物馆研究》1989年第2期
育林窖藏	公主岭市育林乡育林村北部树林沟边断层中	窖藏1处	出土陶器、瓷器、铁器等9件	金代	《公主岭市新发现两处金代窖藏文物》，《博物馆研究》1989年第2期
公主岭市前城子屯窖藏	公主岭市玻璃城子乡广宁村前城子屯广宁古城西北500米处	窖藏1处	出土铜器、铁器4件	金代	《吉林公主岭市新发现辽金窖藏文物》，《博物馆研究》1996年第1期
苇塘沟窖藏	东辽县宴平乡东北8千米安乐村苇塘沟屯内	窖藏1处	出土陶罐1个，铜钱50余千克	金代	《东辽县文物志》，1986年
东辽县三良村窖藏	东辽县凌云乡三良村大庙北沟小山包略低处	窖藏1处	出土瓷器、铁器、铜钱等10件	金代	《吉林东辽县发现辽金文物》，《考古》2001年第10期
红旗窖藏	东丰县太阳镇红旗村红旗水库北1千米许的后山坡	窖藏1处	出土陶瓷器2件，征集铜钱500千克	金代	《东丰县文物志》，1987年
刘堡窖藏	梅河口市（原海龙县）中和乡刘堡村村西田地里	窖藏1处	征集瓷器11件、铜钱48千克	金代	《海龙县文物志》，1984年
磨盘山遗址窖藏	桦甸市白山镇隆兴村	窖藏1处	出土陶器、铁器等13件，铜钱123枚	金代	《吉林省桦甸县白山镇出土一批金代遗物》，《博物馆研究》1983年第1期

续表

遗址名称	位置	遗迹	遗物	时代	文献出处
罗圈沟窖藏	桦甸市桦郊乡罗圈沟村村外西南小河旁的耕地中	窖藏1处	出土铁器6件，铜钱12000余枚	金代	《桦甸县文物志》，1987年
四道沟窖藏	桦甸市木其河乡四道沟村村南约2千米的獾子洞沟耕地旁	窖藏1处	出土铜钱150千克左右	金代	《吉林桦甸出土金代窖藏铜钱》，《文物》1985年第1期；《桦甸县文物志》，1987年
苏密沟窖藏	桦甸市苏密沟乡苏密沟林场小学北200米左右的河边耕地中	窖藏1处	出土铜钱100千克左右	金代	《桦甸县文物志》，1987年
橡胶厂窖藏	桦甸市桦甸镇内吉林市光明橡胶厂	窖藏1处	出土铜钱150多千克	金代	《桦甸县文物志》，1987年
福民村窖藏	柳河县大通沟乡福民村二队	窖藏1处	出土钱币约70千克	金代	《吉林省文物考古研究所收藏的二批铜钱》，《博物馆研究》1994年第1期
任家街窖藏	通化县大都岭乡下龙头村任家街	窖藏1处	出土铁器等数件，铜钱35千克，约6200枚	金代	《通化县文物志》，1987年
河口窖藏	通化县快大茂镇东6.2千米	窖藏1处	出土铜钱11000余枚，重55千克	金代	《通化县文物志》，1987年
自安村窖藏	通化市江东乡自安村	窖藏1处	出土瓷缸1件，铜钱150千克	金代	《通化市文物志》，1986年
姜家沟窖藏	江源县（原浑江市）榆木桥子乡姜家沟沟口的西山坡上	窖藏1处	出土铜钱30余千克	金代	《浑江市文物志》，1987年
钟家村窖藏	集安市西北约45千米的清河公社钟家村南岔沟南山坡下的耕地里	窖藏1处	出土陶瓷器、铁器等63件	金代	《吉林缉安县钟家村发现金代文物》，《考古》1963年第11期；《集安县文物志》，1984年
集安城镇窖藏	集安市城镇公社鸭绿江右岸	窖藏1处	出土陶罐1件，铜钱约15千克	金代	《吉林辑安发现宋钱》，《考古》1962年第11期
保家村三家屯窖藏	蛟河市池水乡保家村三家屯	窖藏1处	出土铜钱60千克	金代	《蛟河县文物志》，1987年
拉法窖藏	蛟河市拉法乡粮库西墙外40米处	窖藏1处	出土铜钱350千克，约数万枚	金代	《蛟河县文物志》，1987年
新立屯窖藏	蛟河市青背乡农林村新立屯东北1千米许的农田中	窖藏1处	出土铜钱约250克	金代	《蛟河县文物志》，1987年
东南库窖藏	蛟河市青背乡东升村东南库屯南耕地中	窖藏1处	出土铜钱200多千克	金代	《蛟河县文物志》，1987年

续表

遗址名称	位置	遗迹	遗物	时代	文献出处
苇塘窖藏	蛟河市新农乡苇塘村	窖藏1处	出土铜钱20余千克	金代	《蛟河县文物志》，1987年
和龙龙新窖藏	和龙县头道镇东4千米处龙新村村北500米许的丘陵向阳坡地上	窖藏1处	出土铁器、铜器48件	金代	《吉林和龙出土的金代窖藏铜、铁器》，《北方文物》1990年第4期
图们碧水窖藏	图们市红光乡碧水九屯山下	窖藏1处	出土铁器、铜钱等145件	金代	《延边图们市红光乡碧水发现金代窖藏》，《博物馆研究》1993年第2期
后少力古城	镇赉县沿江乡后少力村西北约250米的大土岗上	城外发现建筑址11处	采集砖瓦、陶瓷器、铁器等，数量不详	元代	《镇赉县文物志》，1985年；《吉林省镇赉县后少力古城调查》，《北方文物》2003年第4期
十家子古城	镇赉县丹岱乡十家子村（屯）内部		采集陶瓷片等，数量不详	元代	《镇赉县文物志》，1985年
双辽电厂贮灰场遗址	双辽县城西南约11千米，那木乡的乌兰吉与种马场（道班）两个自然屯之间	房址7座、露炊遗迹2处、灰坑11个、灰沟2条	出土陶器、瓷器、铁器、铜器、石器、琉璃器、骨器等400余件	元代	《吉林双辽电厂贮灰场辽金遗址发掘简报》，《考古》1995年第4期
羊营子遗址	前郭县穆家乡羊营子屯西和屯北		采集砖瓦、陶瓷片、铜锅、铜钱等，数量不详	元代	《前郭尔罗斯蒙古族自治县文物志》，1983年
江心岛遗址	德惠市岔路口乡毛家村张家坨子东北1500米的第二松花江江心岛上		采集陶片、瓷片、铁器、铜器等，数量不详	元代	《德惠县文物志》，1983年
镇赉县立新村窖藏	镇赉县丹岱乡立新村村西	窖藏1处	出土瓷器、铁器等12件，100余根竹签	元代	《镇赉金代窖藏文物》，《博物馆研究》1995年第1期；《吉林镇赉县出土金代窖藏文物》，《考古》2000年第1期
前郭三岔沟窖藏	前郭尔罗斯蒙古族自治县王府乡三岔沟村后沟子屯	窖藏1处	出土瓷器、铁器等14件	元代	《吉林省前郭县金代窖藏瓷器》，《北方文物》1991年第2期
双建遗址	双辽市建设乡双城村套拉干土屯西坨子上	窖藏1处	出土陶器、瓷器、铁器、骨器等30件	元代	《双辽县文物志》，1984年
双胜窖藏	敦化市双胜村村委会东北约200米处	窖藏1处	出土瓷器、陶器、铁器、铜器等129件	元代	《吉林省敦化市双胜村元代窖藏》，《边疆考古研究》第7辑，科学出版社，2008年；《绚丽多彩的敦化双胜元代窖藏文物》，《东北史地》2009年第1期

续表

遗址名称	位置	遗迹	遗物	时代	文献出处
敦化新房子村窖藏	敦化市林胜乡新房子村一山坡上	窖藏1处	出土瓷器40多件	元代	《吉林敦化市出土金代窖藏瓷器》，《博物馆研究》1996年第3期
东辽县三良村遗址	东辽县凌云乡三良村大庙北沟小山包略低处	窖藏（？）1处	出土瓷器、铁器、铜钱等10件	元代	《吉林东辽县发现辽金文物》，《考古》2001年第10期
良种场东山遗址	洮南市二龙乡良种场大队东南约400米的岗地中部	钱币窖藏1处	采集砖瓦、青花、铁器、铜钱等，数量不详	明代	《洮安县文物志》，1982年
张海屯北岗遗址	镇赉县哈吐气乡张海村北1千米处的漫岗上		采集陶瓷片等，数量不详	明代	《镇赉县文物志》，1985年
新立屯陶窑址	大安市两家子镇三家子大队新立屯南100米的漫岗东坡	窑址1处	采集陶片、石臼等	明代（？）	《大安县文物志》，1982年
永发河遗址	通榆县团结乡建设大队所在地南1千米的沙岗南坡		采集陶器等，数量不详	明代（？）	《通榆县文物志》，1985年
塌了盖村北陶窑址	通榆县团结乡新春大队塌了盖村北约1千米的第三道土岗上	窑址1处	采集陶器等，数量不详	明代（辽？）	《通榆县文物志》，1985年
嘎尔奇遗址	扶余县四马架公社嘎尔奇大队西500米处	灰坑很多	采集陶瓷器、铁器、骨器、铜钱等，数量不详	明清	《扶余县文物志》，1984年
仲仕遗址	松原市（原扶余县）伯都乡仲仕大队东北约400米处	有灰坑	采集砖瓦、陶瓷片等，数量不详	明清	《扶余县文物志》，1984年
联合遗址	松原市（原扶余县）伯都乡联合大队西南2.5千米处		采集砖瓦、陶瓷片等，数量不详	明清	《扶余县文物志》，1984年
富达遗址	扶余县社里公社西北10千米台地坎边缘富达大队居民点内	有灰坑	采集陶瓷片等，数量不详	明清	《扶余县文物志》，1984年
西山头屯东北地遗址	长岭县三青山乡依家坨子村西山头屯东北200米		采集砖块、陶瓷片等，数量不详	明清	《长岭县文物志》，1987年
西山头屯西北岗遗址	长岭县三青山乡依家坨子村西山头屯西北500米处的漫岗的南坡		采集砖块、陶瓷片等，数量不详	明清	《长岭县文物志》，1987年
五道岗子遗址	双辽市建设乡前进村五道岗子屯西200米处		采集陶瓷片等，数量不详	明清、辽金	《双辽县文物志》，1984年

续表

遗址名称	位置	遗迹	遗物	时代	文献出处
头台子遗址	吉林市九站公社头台子大队境内			明代（？）	《吉林市郊区文物志》，1984年
伊勒门建筑址	永吉县金家乡伊勒门大队第十二生产队		地表散布砖瓦，数量不详	明清	《永吉县文物志》，1985年
下屯遗址	磐石市明城乡梨树村梨树下屯南面的农田和丘陵上		采集砖瓦、陶瓷片等，数量不详	明清	《磐石县文物志》，1987年
乌拉古城	吉林市（原永吉县）乌拉镇北约250余米的地方		出土铜器、玉器等18件，采集砖瓦、陶器、瓷器等，数量不详	明代	《明代扈伦四部乌拉部故址——乌拉古城调查》，《文物》1966年第2期
叶赫古城	梨树县的南端，西北距四平市约28千米		采集建筑构件、瓷器等，数量不详	明代	《叶赫古城调查记》，《文物》1985年第4期
北崴子古城	梨树县石岭乡二龙山村北崴子屯东南1.5千米一岗阜上		未见遗物	明代（？）	《梨树县文物志》，1984年
城子山古城	四平市铁东区山门镇头道村城子山东北坡		采集砖瓦、陶瓷片等，数量不详	明代	《四平市文物志》，1988年
大城子古城	四平市铁西区条子河乡红嘴子村大荒嘴子屯西，紧临屯西侧一座土丘上		采集砖瓦、陶瓷片等，数量不详	明清	《四平市文物志》，1988年
辉发城	辉南县朝阳镇东北17.5千米的辉发河东岸	房址20余座、灶址11个、灰坑30余个	出土陶器、瓷器、铜器、铁器等近千件。采集、征集砖瓦、陶器、瓷器、铜器、铁器、金银器等，数量不详	明代	《辉发城调查简报》，《文物》1965年第7期；《吉林辉南明代辉发王城》，《中国考古新发现年度记录2010》，2011年
扶余油田砖厂明墓	松原市宁江区政府西北8千米处的扶余油田砖厂厂区内	墓葬76座	出土瓷器、陶器、铁器、铜器、金银器、木器、玉石器等共1481件。采集遗物5件	明代	《扶余明墓》，文物出版社，2011年
土城子屯明墓	松原市西北约8千米，伯都乡所在地西南约7千米的一处耕地中	墓葬11座	出土、征集瓷器、铁器等10余件	明代	《夫余县明墓发掘简报》，《黑龙江文物丛刊》1983年第3期
油库门明墓	松原市第二松花江北岸150米处油库门前	墓葬2座	出土瓷器、铜器、铁器、料器、骨器等236件，征集瓷器、铜器、铁器、料器、骨器等197件	明代	《吉林扶余发现两座明墓》，《考古》1991年第10期

续表

遗址名称	位置	遗迹	遗物	时代	文献出处
岱吉屯明墓	扶余县石桥乡欢迎村岱吉屯	墓葬9座、葬鹿坑1座	出土瓷器、铁器、铜器、料器等95件，征集瓷器1件	明代	《吉林扶余岱吉屯元墓出土瓷器》，《文物》1994年第9期；《吉林扶余岱吉屯元墓第二次清理简报》，《文物》1996年第11期
石桥欢迎砖场明墓	扶余县贾津沟子河下游东岸的一个漫岗上	墓葬2座	出土瓷器、铁器、铜器、料器等58件，征集瓷器、铜器、料器等76件	明代	《扶余市石桥欢迎砖场元墓清理简报》，《文物》1995年第4期
榆树屯墓葬	松原市（原扶余县）朝阳乡民生管理区榆树屯西北	墓葬1座	出土瓷器、铁器、骨器等9件	明代	《扶余县文物志》，1984年
德惠顺城堂明墓	德惠朝阳乡双城子村顺城堂屯	墓葬4座	出土瓷器、铜器、铁器等共148件	明代	《吉林德惠顺城堂明墓清理简报》，《辽海文物学刊》1988年第2期
博尔哈通古墓	九台市莽卡乡谢屯村博尔哈通屯	墓葬1座	出土瓷器、铜器、玉石器等10余件	明代	《九台县文物志》，1986年
永吉旧站明墓	吉林市（原永吉县）乌拉街镇旧站村村后松花江畔	墓葬1座	出土瓷器、铁器等12件	明代	《吉林永吉旧站金代墓调查简报》，《北方文物》1989年第1期
三八石窖藏	梅河口市（原海龙县）中和乡三八石村村西北河滩地上	窖藏（墓葬？）1座	出土瓷器、铜器、铁器等数件	明代	《海龙县文物志》，1984年
方家街明墓	梅河口市大柳河上游南岸小杨公社	墓葬1座	出土瓷器、铜器、料珠等，数量不详	明代	《方家街出土一批明代遗物》，《东北师大学报》1985年第4期
梅河口市大湾乡西玉井明墓	梅河口市大湾乡东南5.5千米许的西玉井明村东南角	墓葬1座	清理出土瓷器、铁器、银器等20余件	明代	《梅河口市大湾乡西玉井明墓清理简报》，《博物馆研究》1987年第2期
西凤明墓	辉南县朝阳镇西郊辉南钢厂附近的西凤山下	墓群1处	出土瓷器、铜器、铁器、金银器、骨器、石器等48件	明代	《辉南县文物志》，1987年
钓鱼台明墓	柳河县城东北2千米的钓鱼台村东南山坡上	墓葬1座	出土瓷器、铜器、铁器、料珠等20件	明代	《柳河县文物志》，1987年
柳河县西大桥明墓	柳河县柳河镇西大桥附近的一统河东岸平地上	墓葬1座	清理出土瓷器2件	明代	《柳河县出土明代早期瓷器》，《博物馆研究》1990年第2期

续表

遗址名称	位置	遗迹	遗物	时代	文献出处
福洞墓葬	和龙市福洞镇东500米的福洞河右岸平地上	墓葬1座	出土铜器、银器、铁器等10件	明代	《和龙县文物志》，1984年
大洞墓葬	和龙市崇善乡大洞村内	墓葬1座	出土铜器、玛瑙器等31件	明代	《和龙县文物志》，1984年
河南村墓葬	和龙市河南村西500米海兰江右岸台地上	墓葬1座	出土金器、铜器、瓷器、珠饰等47件（套）	明代	《和龙县文物志》，1984年
龙井朝东明墓	龙井市富裕乡朝东村南约1千米的图们江北岸第二阶台地北端山脚下	墓葬13座	清理出土陶器、瓷器、铜器、铁器、骨器等230多件	明代	《龙井县朝东明代女真人墓的发掘》，《博物馆研究》1986年第2期
珲春黄家店明墓	珲春市凉水乡所在地东南10千米的黄家店沟口	墓葬7座	出土、征集、采集瓷器、陶器、铜器、铁器等76件	明代	《吉林珲春黄家店古墓清理简报》，《博物馆研究》1987年第1期
珲春西甸子遗址	珲春市三家子满族乡东岗子村五组西甸子耕地中	墓葬16座、房址2座、灰坑1座	出土、征集瓷器、陶器、铁器、铜器等，数量不详	明代	《珲春东岗子五组西甸子元明时代的文化遗存》，《博物馆研究》1993年第1期
哈森查干西山遗址	洮南市二龙乡哈森查干良种场西南4千米的耕地中		采集砖块、陶瓷片等，数量不详	清代	《洮安县文物志》，1982年
大黑帝庙遗址	镇赉县到保乡大黑帝庙村北土岗上		采集青砖、陶瓷片、蚌壳等，数量不详	清代	《镇赉县文物志》，1985年
郝大兔子建筑址	通榆县八面乡四家子大队北2.5千米处		采集板瓦、陶瓷片、铁器等，数量不详	清代	《通榆县文物志》，1985年
半拉格森西南甸子建筑址	通榆县包拉温都乡半拉格森屯西南1.5千米的小甸子上		采集砖瓦、瓷片等，数量不详	清代	《通榆县文物志》，1985年
西力布克东南岗砖窑址	通榆县新华镇大有大队西力布克生产队东南2.5千米处的孤坨子南坡脚下	窑址1处	采集青砖等，数量不详	清代（？）	《通榆县文物志》，1985年
张良窝堡遗址	乾安县余字乡天字村小天字井屯正北300米处		采集陶瓷片等，数量不详	清代	《乾安县文物志》，1986年
大字井西北岗遗址	乾安县让字乡体字村大字井屯西北1.5千米处		采集陶瓷片等，数量不详	清代	《乾安县文物志》，1986年

续表

遗址名称	位置	遗迹	遗物	时代	文献出处
河字井遗址	乾安县让字乡河字村河字井屯内东部的民房附近		采集陶瓷片等，数量不详	清代	《乾安县文物志》，1986年
效字井遗址	乾安县才字乡效字村效字井屯一道土岗东部的南坡		采集青砖、陶瓷片、铜钱等，数量不详	清代	《乾安县文物志》，1986年
变电塔遗址	乾安县大布苏镇东2千米变电塔西侧50米处		采集陶瓷片等，数量不详	清代	《乾安县文物志》，1986年
夙字井遗址	乾安县大布苏镇夙字村夙字井屯内		采集陶瓷片等，数量不详	清代、辽金	《乾安县文物志》，1986年
及字井西南岗遗址	乾安县大布苏镇及字村及字井屯西南300米处一条砂岗北部		采集陶瓷片等，数量不详	清代、辽金	《乾安县文物志》，1986年
小命字井屯西遗址	乾安县大布苏镇夙字村小命字井屯西150米处		采集陶瓷片等，数量不详	辽金、清代	《乾安县文物志》，1986年
改字井东南岗遗址	乾安县大布苏镇改字村改字井屯东南1千米处的砂岗中部的南坡上		采集陶瓷片等，数量不详	辽金、清代	《乾安县文物志》，1986年
昂格来遗址	前郭尔罗斯蒙古族自治县查干花乡昂格来屯东		采集砖瓦、陶瓷片等，数量不详	清代	《前郭尔罗斯蒙古族自治县文物志》，1983年
后山遗址	松原市（原扶余县）伯都乡溪浪河大队后山村西北150米处	有灰坑	采集砖瓦、陶瓷片、铜钱等，数量不详	清代	《扶余县文物志》，1984年
马家店南遗址	松原市（原扶余县）华侨农场南约300米处的平地上		采集陶瓷片等，数量不详	清代	《扶余县文物志》，1984年
西胜遗址	扶余县弓棚子镇西胜大队西胜屯西北约150米处		采集砖瓦、陶瓷片等，数量不详	清代	《扶余县文物志》，1984年
前借贷屯北地遗址	长岭县三青山乡西伏山村前借贷屯正北150米的耕地中		采集陶瓷片等，数量不详	清代	《长岭县文物志》，1987年
太平坨子屯东南遗址	长岭县二里界乡太平坨子村（屯）民房区东侧前面的耕地中		采集陶瓷片等，数量不详	清代	《长岭县文物志》，1987年
三十号乡马场西岗遗址	长岭县三十号乡乡马场西约500米处		采集陶瓷片等，数量不详	清代	《长岭县文物志》，1987年

续表

遗址名称	位置	遗迹	遗物	时代	文献出处
小太平川屯西岗遗址	长岭县七撮乡六合元村小太平川屯正西500米处		采集陶瓷片等，数量不详	清代	《长岭县文物志》，1987年
大老道坨子屯东遗址	长岭县巨宝山镇金宝山村大老道坨子屯东150米的沙岗中部南坡		采集灰砖、陶瓷片等，数量不详	清代	《长岭县文物志》，1987年
西杨树洼屯东北遗址	长岭县巨宝山镇朝阳山村西杨树洼屯东北200米处		采集陶片等，数量不详	清代	《长岭县文物志》，1987年
东朝阳山屯北岗遗址	长岭县巨宝山镇朝阳山村东朝阳山屯北150米处的一道沙岗西南端缓坡上的耕地中		采集陶瓷片等，数量不详	清代	《长岭县文物志》，1987年
西朝阳山屯西遗址	长岭县巨宝山镇朝阳山村西朝阳山屯西20米处		采集布纹瓦、陶瓷片等，数量不详	清代	《长岭县文物志》，1987年
胜利屯东遗址	长岭县大兴乡金山村胜利屯东50米处的耕地中		采集陶瓷片等，数量不详	清代	《长岭县文物志》，1987年
陈家店屯南遗址	长岭县大兴乡号宝村陈家店屯南500米处的耕地中		采集灰砖、陶瓷片等，数量不详	清代	《长岭县文物志》，1987年
西街后屯北岗遗址	长岭县新安镇八方地村西街后屯西约百米处的耕地中		采集陶瓷片等，数量不详	清代	《长岭县文物志》，1987年
西九十三号屯东遗址	长岭县三团乡西九十三号村东		采集陶片、石臼等5件，数量不详	清代、辽金	《长岭县文物志》，1987年
倪家窝堡屯南遗址	长岭县永升乡永胜村倪家窝堡屯南约1千米处的耕地中		采集陶瓷片等，数量不详	清代	《长岭县文物志》，1987年
七十六号屯东岗遗址	长岭县三团乡七十六村东约400米处的小岗顶部		采集陶瓷片、铜钱等13件	清代	《长岭县文物志》，1987年
赵家窝堡屯窑址	长岭县永久乡桑家窝堡村赵家窝堡屯东南300米处	窑址1处	采集青砖、布纹瓦等，数量不详	清代	《长岭县文物志》，1987年

续表

遗址名称	位置	遗迹	遗物	时代	文献出处
许家窑屯西窑址	长岭县前进乡和平村坨子屯西150米处	大土堆1处	采集砖瓦等，数量不详	清代	《长岭县文物志》，1987年
任小铺屯东北窑址	长岭县太平山镇北太平山村任小铺屯东北1.5千米的耕地中	窑址1处	采集砖瓦等，数量不详	清代	《长岭县文物志》，1987年
白菜遗址	双辽市红旗乡白菜村西南500米的耕地中		采集砖瓦、陶瓷片等，数量不详	清代	《双辽县文物志》，1984年
张塔庙遗址	双辽市桂花乡新兴村北500米处		采集砖瓦、石器、铜器、铁器等，数量不详	清代	《双辽县文物志》，1984年
曹英屯窑址	榆树市向阳乡曹英屯正东700米处	窑址1处	采集砖瓦等，数量不详	清代	《榆树县文物志》，1983年
鳇鱼圈遗址	舒兰市法特乡黄鱼村黄鱼屯里			清代	《舒兰县文物志》，1985年
梅家坟遗址	长春市双阳区（原双阳县）奢岭乡新兴村西范家沟屯西500米处		采集建筑构件、陶片等，数量不详	清代	《双阳县文物志》，1986年
金珠驿站遗址	吉林市金珠乡金珠大队金珠站屯			清代	《吉林市郊区文物志》，1984年
安达木炮台山遗址	吉林市金珠乡安达木南山之巅	炮台1处		清代	《吉林市郊区文物志》，1984年
乌拉街东门外窑址	吉林市（原永吉县）乌拉街镇永乐路口东200米左右	窑址1处	采集砖瓦等，数量不详	清代	《永吉县文物志》，1985年
前营城子古城	梨树县三家子乡营城子村前营城子屯西南部		以前出土过石臼、石杵	清代（？）	《梨树县文物志》，1984年
泡子沿遗址	东丰县大兴乡安胜村水库堤坝西侧山坡耕地中		采集陶瓷片等，数量不详	清代	《东丰县文物志》，1987年
迷魂沟遗址	东丰县大兴乡金凤岭村南沟		采集陶瓷片等，数量不详	清代	《东丰县文物志》，1987年
小城子古城	桦甸市苏密沟乡小城子村窑地屯	城外有墓葬1座		清代（？）	《桦甸县文物志》，1987年
青沟子寺庙址	安图县新合乡青沟子村北750米森林铁路南侧的旧砖场内		采集陶瓷片、铜器等，数量不详	清代	《安图县文物志》，1985年
后宝石村公主墓	大安市大赉镇北静山乡后宝石村	墓葬2座	出土瓷器、铜器等3件	清代	《大安县后宝石村公主陵发掘侧记》，《博物馆研究》1989年第3期

续表

遗址名称	位置	遗迹	遗物	时代	文献出处
兴隆山公主墓	通榆县兴隆山乡同发屯	墓葬2座	出土金银器、铜器、玉器等273件	清代	《吉林通榆兴隆山清代公主墓》，《文物》1984年第11期
陶字井屯墓葬	乾安县麟字乡西陶村西陶字井屯东100米处	墓葬1座	出土银器1件	清代（？）	《乾安县文物志》，1986年
昂格来古墓	前郭尔罗斯蒙古族自治县查干花乡昂格来屯西	墓葬1座	出土瓷器2件、数枚铜钱	清代	《前郭尔罗斯蒙古族自治县文物志》，1983年
好套营子古墓	前郭尔罗斯蒙古族自治县乌兰图嘎乡好套营子屯西百余米处	墓葬1座	出土银器、铜钱、木桌、陶器、铜盅等12件	清代	《前郭尔罗斯蒙古族自治县文物志》，1983年
富康墓葬	扶余县社里乡富康大队四队	墓葬5座	出土、征集铁器、铜器、铜钱等十几件	清代	《扶余县文物志》，1984年
西九十三号屯南墓葬	长岭县三团乡九十三号村九十三号屯南2.5千米处	墓葬1座		清代（？）	《长岭县文物志》，1987年
双辽公主陵	双辽市双辽农场后衙门屯东北500米处	陵墓1座		清代	《双辽县文物志》，1984年
榆树韩家屯墓地	榆树市环城乡朝阳村韩家屯西侧约150米处一条缓坡中部	墓葬6座	出土瓷器、铜扣、铜钱等20件	清代	《长春市榆树韩家屯墓地发掘简报》，《博物馆研究》2008年第3期
榆树上台子墓群	榆树市新立镇柞树村上台子组东南约500米的岗地上	墓葬8座	出土瓷器、陶器、铜器、铁器、玛瑙器、银器等200余件	清代	《吉林省榆树市上台子墓群发掘报告》，《北方文物》2010年第1期
于荫霖墓	舒兰市天德乡东南			清代	《舒兰县文物志》，1985年
柴岗屯古墓	农安县柴岗乡柴岗村柴岗屯西南1.5千米处耕地中	墓葬6座		清代	《农安县文物志》，1987年
成多禄墓	九台市其塔木镇成家村山圈屯北侧300米处缓坡上	墓葬1座	出土玉石器、铜器、金银器等，数量不详	清代	《九台县文物志》，1986年
赵家坟墓葬	长春市双阳区（原双阳县）石溪乡红土村岳家沟屯东500米处	墓地1处	不详	清代	《双阳县文物志》，1986年
前刘家油房墓葬	长春市双阳区（原双阳县）双营子乡庞家村刘家油房屯西南300米处的耕地	墓葬1座	不详	清代	《双阳县文物志》，1986年

续表

遗址名称	位置	遗迹	遗物	时代	文献出处
何家坟墓葬	长春市双阳区（原双阳县）劝农山乡刘家村腰二道沟屯	墓葬1处	出土石供桌、铜佛像等，数量不详	晚清	《双阳县文物志》，1986年；《何家坟墓地调查》，《长春文物》第5期
卢家墓葬	长春市双阳区（原双阳县）佟家乡芦家村芦家屯东100米处的耕地上	墓葬1座	不详	清代	《双阳县文物志》，1986年
大兰旗墓群	吉林市白山公社大兰旗大队大兰旗屯里	墓葬1处	出土陶瓷器、铁器、铜器等35件	清代	《吉林市郊区文物志》，1984年
望云山清墓	吉林市望云山东南坡	墓葬几座	出土瓷器、铁器、铜器、玉石器等134件	清代	《在基建中出土文物二则》，《吉林文物》8期四版，1983年5日
周户村古墓	伊通县靠山镇周户村东南1.5千米处	墓葬3座	出土青花瓷等，数量不详	清代	《伊通县文物志》，1988年
寿山屯古墓	伊通县营城子镇营城子村寿山屯南约100米处	墓葬6座		清代	《伊通县文物志》，1988年
柳家屯古墓	伊通县莫里青乡兴宏村柳家屯东南150米的南坡	墓葬1座	出土朝珠、银器、陶器等，数量不详	清代	《伊通县文物志》，1988年
山门街古墓群	四平市铁东区山门镇山门街西南角	墓葬3座	出土瓷器、铁器、铜器、银器等六七十件	清代	《四平市文物志》，1988年
瓮圈古墓	公主岭市（原怀德县）大榆树乡大榆树村第二成产合作社	墓葬10余座	出土瓷器、铜器等，数量不详	清代	《怀德县文物志》，1985年
辽源市陶瓷厂墓	辽源市陶瓷厂后山城子山古城西北250米处的坡地里	墓葬1座	出土陶瓷器、铜器等4件	清代	《辽源市文物志》，1988年
和福墓	敦化市额穆镇新民村西2.5千米的一个山坳间	墓葬1处		清代	《敦化市文物志》，1985年
西汪家古墓	敦化市大嘴子乡西汪家村西1千米处	墓葬1座		清代	《敦化市文物志》，1985年
大城古墓群	安图县石门镇大城村西1千米处孟家沟北侧小山谷的松树林内	墓葬3座		清代	《安图县文物志》，1985年
珲春五一村清墓	珲春市马川子乡五一村	墓葬1座	出土铁器、瓷器、铜器等21件	清代	《图们江流域女真人满族人墓葬、葬具及其演变》，《博物馆研究》1992年第3期

续表

遗址名称	位置	遗迹	遗物	时代	文献出处
高屯窖藏	吉林市（原永吉县）乌拉街镇高屯大队北约250米	窖藏1处	出土瓷器、铁器、金银器、珍珠等，数量不详	清代	《永吉县文物志》，1985年
居安稻田地窖藏	东辽县辽河源镇居安村拉津河右侧稻田地里	窖藏1处	出土陶罐1件，铜钱约50千克	清代	《东辽县文物志》，1986年
十里洼窖藏	靖宇县西南岔镇十里洼	窖藏1处	出土铜钱10.5千克，约1467枚	清代	《靖宇县文物志》，1988年
太王乡民主四队窖藏	集安市太王乡民主四队	窖藏1处	出土铜钱140余枚	清代	《集安县文物志》，1984年
小富太河窖藏	蛟河市松江乡临江村小富太河屯	窖藏1处	出土铜钱10余千克	清代	《蛟河县文物志》，1987年
蛇岭沟窖藏	蛟河市漂河镇蛇岭沟村蛇下屯	窖藏1处	出土陶罐1件，铜钱约20千克	清代	《蛟河县文物志》，1987年
新开河窖藏	蛟河市天南乡新开河村四队	窖藏1处	出土陶罐1件，铜钱约50千克	清代	《蛟河县文物志》，1987年
池水乡粮食管理所窖藏	蛟河市池水乡粮食管理所院内	窖藏1处	出土陶器、铁器等4件，铜钱约200千克	清代	《蛟河县文物志》，1987年
柳树河子窖藏	蛟河市青背乡东升村柳树河子	窖藏1处	出土铜钱250多千克，50000余枚	清代	《蛟河县文物志》，1987年
延吉解放路窖藏	延吉市解放路中段，原进学街派出所东侧	窖藏1处	出土铜钱12千克	清代	《略述延吉市发现的朝鲜古铜钱》，《博物馆研究》1989年第2期
延吉北大有机合成厂窖藏	延吉市北大有机合成厂院内	窖藏1处	出土铜钱约3千克	清代	《略述延吉市发现的朝鲜古铜钱》，《博物馆研究》1989年第2期

后　　记

2012年10月，“吉林省地下文化遗产的考古发现与研究”课题入选吉林省委宣传部发起的“吉林省历史文化资源建设工程”，并以重大委托项目列入吉林省社会科学基金项目（项目编号：2012WT05），本书即是这一项目的最终研究成果。

项目负责人赵宾福教授统筹项目的整体运作，设计全书的内容架构，撰写部分内容，并审定全稿。杜战伟博士(四川大学讲师)协助负责人组织协调课题组的工作，拟定书稿大纲，并撰写部分章节。

该书稿各章节分别由以下同志撰写和审阅：前言、第一章、第二章、第三章、第四章由杜战伟博士、赵宾福教授撰写，赵宾福教授审阅；第五章、第六章由张博博士撰写，王培新教授审阅；第七章、第八章、第九章、第十章、第十一章由郝军军博士（山西大学讲师）撰写，冯恩学教授审阅。另外，附录一由杜战伟博士、张博博士、郝军军博士完成；附录二由杜战伟博士、丁风雅博士、张博博士、郝军军博士完成。

最后，衷心感谢“吉林省历史文化资源建设工程”专家组成员为本课题进一步完善提出诸多宝贵意见和建议；衷心感谢为本项目顺利进行提供诸多支持和帮助的吉林省社会科学院院长邵汉明研究员、吉林省社会科学院科研处蒋戎处长；衷心感谢吉林大学边疆考古研究中心资料室为本书的完成提供了诸多方便；衷心感谢科学出版社王琳玮编辑为本书的出版所付出的辛勤工作。

由于作者水平所限，书中难免存在疏漏和谬误之处，敬请广大读者批评指正。

编　者

2017年4月